FARBIGE FASSADEN

Mane Hering-Mitgau

FARBIGE FASSADEN

Die historische Putzfassung, Steinfarbigkeit und Architekturbemalung in der Schweiz

Eidgenössische Technische Hochschule Zürich
Institut für Denkmalpflege und Bauforschung (IDB)

Verlag Huber
Frauenfeld Stuttgart Wien

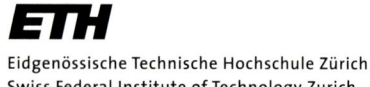
Eidgenössische Technische Hochschule Zürich
Swiss Federal Institute of Technology Zurich

Herausgegeben vom Institut für Denkmalpflege und Bauforschung

Publiziert mit Unterstützung des Schweizerischen Nationalfonds zur Förderung der wissenschaftlichen Forschung

Wir danken folgenden Institutionen für die freundliche Förderung dieses Werkes

Kanton Aargau, Lotteriefonds · Kanton Basel-Landschaft, Lotteriefonds · Kanton Basel-Stadt, Lotteriefonds · Kanton Bern, Lotteriefonds · Kanton Glarus, Kulturförderung · Kanton Graubünden, Kulturförderung · République et Canton du Jura, Office de la culture · Kanton Luzern, Bildungs- und Kulturdepartement · République et Canton de Neuchâtel, Office de la protection des monuments et des sites · Kanton Obwalden, Kultur- und Denkmalpflege · Kanton Schaffhausen, Lotteriefonds · Kanton Schwyz, Kulturförderung · Kanton Solothurn, Lotteriefonds, Denkmalpflege · Kanton St. Gallen, Kulturförderung · Kanton Thurgau, Amt für Denkmalpflege · Repubblica e Cantone Ticino, Divisione della cultura e degli studi universitari, Bellinzona · République et Canton de Vaud, Section des monuments et sites · Kanton Wallis, Lotteriefonds, Denkmalpflege · Kanton Zug, Lotteriefonds, Denkmalpflege · Kanton Zürich, Lotteriefonds · Stadt Zürich, Denkmalpflege

Stiftung zur Förderung der Denkmalpflege, Zürich · Bernische Denkmalpflege-Stiftung · Dr. Georg und Josi Guggenheim-Stiftung, Zürich · Jakob und Emma Windler-Stiftung, Stein am Rhein

© 2010 Verlag Huber Frauenfeld
an Imprint of Orell Füssli Verlag AG, Zürich, Switzerland
Alle Rechte vorbehalten
www.verlaghuber.ch

Dieses Werk ist urheberrechtlich geschützt. Dadurch begründete Rechte, insbesondere der Übersetzung, des Nachdrucks, des Vortrags, der Entnahme von Abbildungen und Tabellen, der Funksendung, der Mikroverfilmung oder der Vervielfältigung auf andern Wegen und der Speicherung in Datenverarbeitungsanlagen, bleiben, auch bei nur auszugsweiser Verwertung, vorbehalten. Vervielfältigungen des Werkes oder von Teilen des Werkes sind auch im Einzelfall nur in den Grenzen der gesetzlichen Bestimmungen des Urheberrechtsgesetzes in der jeweils geltenden Fassung zulässig. Sie sind grundsätzlich vergütungspflichtig.

Sollten bei aller Sorgfalt versehentlich Urheberrechte verletzt worden sein, so geschah dies ohne Wissen. Wir möchten die Inhaber des Copyrights bitten, sich mit dem Verlag in Verbindung zu setzen.

Buchgestaltung: Stephan Cuber, Zürich
Umschlaggestaltung: Barbara Ziltener, Frauenfeld
Foto Umschlag vorn: Eric Favre-Bulle, Lausanne
Scans und Bildbearbeitung: ERC Electronic Repro Center AG, Uster
Druck: fgb·freiburger graphische betriebe, Freiburg

ISBN 978-3-7193-1494-1

Bibliografische Information der Deutschen Nationalbibliothek
Die Deutsche Nationalbibliothek verzeichnet diese Publikation in der Deutschen Nationalbibliografie; detaillierte bibliografische Daten sind im Internet über http://dnb.d-nb.de abrufbar.

Buchumschlag vorn:
Botyre-Ayens (VS), Detail eines Diamantquaders an der Hausecke, Originalmalerei 1620, Aufnahme vor der Restaurierung 1999/2000

Inhalt

9 Entstehung und Aufbau des Buchs
13 Fassadenfarbigkeit in der Schweiz

1 Fassadenflächen

1.1 Fugen- und Quadermalerei
21 Überblick
23 Ritzfugen 14. Jahrhundert
27 Weisse Putzfugen 13.–15. Jahrhundert
30 Weisse Putzfugen 16./17. Jahrhundert
34 Weisse Fugenstriche 16./17. Jahrhundert
38 Quaderwände in Sgraffito 17. Jahrhundert
40 Rote Fugenstriche 16. Jahrhundert
43 Buntfarbige Quader 15.–17. Jahrhundert
49 Perspektivische Darstellungen
52 Gequaderte Sockelgeschosse

1.2 Mauerwerke und Friese aus Backstein und Farbe
59 Überblick
61 15./16. Jahrhundert
71 Zur Ikonografie der Casa Santa 16./17. Jahrhundert
74 18./19. Jahrhundert

1.3 Farb- und Steinwechsel im Mittelalter
83 Überblick
85 Karolingische Rot-Weiss-Malerei
88 Arkaden und Fenster
91 Torbögen in Steinversatz
93 Rot-Weiss, Rot-Schwarz
94 Mehrfarbige Rundfenster
95 Streifungen im Mauergefüge

1.4 Gemalte Marmorierungen
101 Überblick
103 Imitationen um und nach 1600
104 Imitationen 17. Jahrhundert
111 Imitationen 18. Jahrhundert
114 Imitationen 19. Jahrhundert

1.5 Farbigkeit von Naturstein und Steinimitationen
119 Überblick
123 Roter Sandstein
128 Roter Porphyr
131 Gelbe und graugelbe Rauwacken und Kalktuffe
134 Gelber Jurakalk · Neuenburger Stein, pierre jaune, Kalkstein des Hauterivien
141 Grüne Serpentine und Gneise
142 Sogenannter Schwarzer Marmor · Kalkstein von Saint-Triphon
146 Graugekörnter Tessiner Granitgneis

2 Gebäudekanten

2.1 Gemalte Quader an Ecken, Fenstern und Gesimsen

- 151 Überblick
- 153 Quadermalerei an Kirchen um 1500 in Graubünden · Die Baumeister Andreas Bühler, Bernhard von Puschlav und ihr Umkreis
- 161 Quadermalerei an Kirchen nach 1500 im Wallis · Die Zusammenarbeit von Baumeister Ulrich Ruffiner und Maler Hans Rinischer
- 166 Schwarze und graue Quaderungen
- 180 Rote Eckquader
- 183 Gelbe Eckquader
- 188 Gelb und Schwarz am selben Bau · Wallis
- 190 Abgeeckte Schmalseiten
- 194 Zierkonturen, Ornamente und Grotesken

2.2 Eckquader aus Stein, Mörtel und Farbe

- 201 Überblick
- 203 Regelmässige rechtwinkelige Werksteinquader
- 208 Unregelmässige Werksteinquader – rechtwinkelig verputzt
- 212 Unregelmässige Werksteinquader – vermutlich auf Sicht
- 214 Mörtelquader in Steinfarbe
- 218 Mörtelquader mit Buntfarben und Ornamentierungen

2.3 Mittelalterliche Eckverbände mit späteren Farbfassungen

- 225 Überblick am Beispiel der Stadt Zürich
- 227 Steinquader, Bossenbehau, Farbfassungen

2.4 Quaderungen an Türmen in Schwarzweiss

- 239 Überblick
- 241 Putzwände mit Quaderdarstellungen in Farbe und in Mörtel, 16. und 17. Jh.

2.5 Scheinquader mit Diamanten, Tafeln, Zylindern und Kugeln

- 249 Überblick
- 251 Flächige Diamantquader in Grautönen
- 255 Perspektivische Diamantquader in Grau und Braun
- 261 Diamantquader in Buntfarben
- 270 Stilisierte Bossen
- 273 Tafelbossen mit imitierter Krönelung
- 275 Perspektivische Tafelquader
- 279 Zylinder- und Kugelbossen
- 282 Scheinquader in illusionistischem Versatz

3 Wandauflagen

3.1 Fenster mit Putzrahmen (collarino) und Blindfenster

- 289 Überblick
- 291 Einfache weisse collarini
- 293 Weisse Putzrahmen mit Architektur- und Schmuckmotiven
- 299 Weisse Putzrahmen mit Rot
- 301 Das Blindfenster

3.2 Putzgliederungen in Weiss

- 311 Überblick
- 313 Einfache Wandfelder
- 315 Wandfelderung mit Füllornamenten
- 317 Wandfelderung, dargestellte Werksteinteile, Zierden

3.3 Die weisse Architekturmalerei zwischen 1650 und 1700

- 331 Überblick
- 333 Kirchen und Kapellen in Graubünden
- 352 Turmbauten in Graubünden
- 356 Profanbauten in Graubünden
- 364 Weisse Architekturmalerei ausserhalb von Graubünden

3.4 Lisenen und Pilaster

- 375 Überblick
- 377 Glatte, gequaderte und kannelierte Schäfte in Grautönen
- 399 Farblich abgesetzte Pilaster aus Steinquadern
- 403 Lisenen- und Pilastermalerei in Buntfarben
- 413 Illusionistisch gemalte Schaftquaderungen und Ziermotive
- 422 Pilaster von besonderer Schmuckhaftigkeit in Graubünden

3.5 Farblich abgesetzte Fassadengliederungen

- 429 Überblick
- 431 Steingrau auf heller Putzwand – Kirchen
- 443 Steingrau auf heller Putzwand – Profanbauten
- 457 Rot auf weisser Putzwand
- 470 Gelb auf weisser Putzwand
- 479 Weiss auf gelber Putzwand
- 486 Weiss und Gelb auf grauer (schwarzer) Putzwand
- 491 Historische Vielfarbigkeit · Maurice Vallat junior

3.6 Gemalte Werkstücke

- 495 Überblick
- 497 Einzelne Werkstücke und Gesamtgliederungen 16./17. Jh.
- 509 Einzelne Werkstücke und Gesamtgliederungen 17./18. Jh.
- 520 Einzelne Werkstücke und Gesamtgliederungen 18./19. Jh.

3.7 Bunte Kirchtürme im 17. und 18. Jahrhundert

- 535 Überblick
- 537 Kirchtürme des 17. und 18. Jahrhunderts · Graubünden
- 549 Kirchtürme des 18. Jahrhunderts · Tessin, südliches Sopraceneri
- 554 Ornamentdekor, Kirchturmuhren

Anhang

- 563 Verzeichnis der Bauwerke
- 573 Literaturverzeichnis
- 577 Abbildungsnachweis
- 579 Orts- und Künstlerregister

Dieses Buch entstand aus einer Dokumentation der Farbigkeit von Fassaden historischer Putz- und Steinbauten in der Schweiz, die Mane Hering in ihrer langjährigen Tätigkeit am Institut für Denkmalpflege der ETH Zürich bearbeitet hat. Das Projekt war zunächst Teil des schon von Albert Knoepfli initiierten Forschungsbereichs «Farbe». Die Festschrift für Albert Knoepfli mit dem Titel «Von Farbe und Farben» gibt einen ausgezeichneten Einblick in die damalige Arbeit des Instituts und in die von ihm vorangetriebene Verbreitung fachlicher Betrachtung, die von kunstwissenschaftlichen Themen über restauratorische bis hin zu geologischen Fragen reicht. Historische Farbigkeit in der Schweiz wurde nicht nur als Thema der Oberflächenerscheinung gesehen, sondern so weit als möglich in einem komplexen Rahmen technik- und materialgeschichtlicher Fragestellungen diskutiert.

Das im vorliegenden Band untersuchte Feld der Fassadenfarbigkeit schien in diesem Umfeld zunächst nur ein Teilthema zu sein – es entwickelte sich aber zu einem grossen Dokumentationsprojekt, dessen Rahmen die Möglichkeiten einer einzelnen Autorin fast zu sprengen schien. Die Fertigstellung ist nun nach fast drei Jahrzehnten gelungen. Die ursprüngliche Idee, mit der Farbigkeit zugleich die Objektgeschichte auch im technologischen und restauratorischen Sinn zu untersuchen, hätte die Beschränkung auf eine exemplarische Auswahl erfordert und die angestrebte Überblicksdarstellung nicht ermöglicht. Deshalb wird das Buch heute als Dokumentation eines historischen Bestands publiziert. Die Vielfalt des verwendeten Quellenmaterials schliesst zwar – soweit irgend recherchierbar – die dokumentierten Objekt- bzw. Veränderungsschichten ein, verzichtet aber auf Untersuchungen am Bau, auf Analytik, Bauforschung und die Diskussion der konservatorischen Fragen.

Manche der im Buch vorgestellten Zustände sind heute schon verloren, viele sind bedroht: Gerade die unspektakulären Reste zeigen aber oft einen fabelhaften Reichtum handwerklicher und künstlerischer Praktiken. Einige der Farbfassungen wie etwa die weissen Architekturmalereien und die illusionistischen Eckquaderketten gelangten in der Schweiz zu besonders eindrucksvollen Ausbildungen.

Die Idee des Projekts war es, einen landesweiten Überblick über Schönheit und Vielfalt der farbigen Fassaden zu bekommen, auf ihre Gefährdung aufmerksam zu machen und den Leser für ihre Erhaltung zu sensibilisieren. Mit der heutigen Publikation kann diesem Anliegen Rechnung getragen werden. Das Buch ist aber gleichzeitig selbst schon «historisches Material» – eine Dokumentation der bereits in der Zeit der Bearbeitung eingetretenen Verluste. Die Bilder des Buchs sind daher unwiederholbare Dokumente. Oftmals sind die auf den ersten Blick unspektakulär erscheinenden gealterten Oberflächen bei näherem Ansehen grossartige Zeugnisse vergangener künstlerischer Praktiken – für ihre Wertschätzung und ihre Erhaltung möchte das Buch werben.

Uta Hassler, im November 2009

Entstehung und Aufbau des Buchs

Die Schweiz ist reich an Bauwerken mit farbigen Fassaden. Am bekanntesten sind die Putzdekorationen der mächtigen Steinbauten in Graubünden oder die Fassadenmalereien in der Altstadt von Luzern und in den Gassen rund um das Rathaus von Stein am Rhein. Solche Wanddekorationen mit oft witzigen Bildmotiven und originellen Flächenornamenten fanden seit jeher Beachtung. Sie werden instand gehalten, restauriert und in alter Tradition neu erstellt. Fast unbekannt ist jedoch, dass es auch in allen anderen Landesgegenden Baudenkmäler mit wertvollen Farbfassaden gibt. Sie springen weniger ins Auge, weil die Wandflächen ohne sprechende Bilder auskommen, dafür aber durch farblich differenzierte, architektonische Strukturen gestaltet und belebt sind. Gerade deshalb prägen sie ganze Baulandschaften, Epochen und Stile. Derartige Fassaden stehen im Mittelpunkt dieses Buches.

In der Regel geht es um Gebäude aus Quader- und Bruchsteinwerken. Ihre für gewöhnlich verputzten Maueroberflächen sind in unterschiedlichen Farben gefasst und mit flach dargestellten oder vorspringenden Architekturmotiven gegliedert. Einzelne Werksteinteile wie Gewände, Pilaster, Simse, Quaderketten heben sich in ihrer Naturfarbe oder durch verändernde Farbanstriche von der Farbe der Putzflächen ab. Bauliche Realität und gemalte Illusion spielen ineinander, und es entstehen Mauerbilder von hohem, ästhetischem Reiz.

Als oberste Wandschicht freilich unmittelbar dem Wetter und damit noch mehr als die Putze der Verwitterung ausgesetzt, werden die beschädigten und unansehnlich gewordenen Farboberflächen bei Sanierungen oft achtlos samt der Putzschicht bis auf den Mauerstein abgeschlagen. Dabei geht jedes Mal ein künstlerisch wertvolles Bauelement und somit unwiederbringliches Kulturgut verloren. Die Sorge nun um diese Verluste gab den Anstoss zu einem Forschungsunternehmen, das aus der Tätigkeit des Instituts für Denkmalpflege an der Eidgenössischen Technischen Hochschule Zürich hervorging. Um einen Gesamtüberblick über das Phänomen «Fassadenfarbigkeit» zu gewinnen und bekannt zu machen, sollte eine Beispielsammlung historischer Farboberflächen aus allen Landesteilen angelegt und unter kunsthistorischem und denkmalpflegerischem Blickwinkel erschlossen werden. Die Putze waren als Träger der Farbfassungen einbezogen, sofern ihre Oberflächenstrukturen wesentlich zur farbigen Erscheinung der gesamten Fassade beitragen. So entstand seit Beginn der 1980er Jahre eine Dokumentation, mit deren Aufbau und Bearbeitung mich der damalige Institutsleiter Georg Mörsch betraute. Sie war Teil des Forschungsbereichs «Farbe, Stein, Mörtel», den bereits Albert Knoepfli, der Gründer des Instituts, als eins seiner Kerngebiete ins Leben gerufen hatte.

Bei der Feldarbeit von Ort zu Ort unterwegs mit Notizblock und Fotoapparat, habe ich anfangs jede farblich bemerkenswert erscheinende Putzoberfläche seit dem Mittelalter bis ins 20. Jahrhundert aufgenommen, ohne zunächst zwischen den architektonisch konzipierten Farbfassungen («Architekturbemalung») und den Bemalungen mit eingefügten Bildern aus Mythologie, Heilsgeschichte, Historie und Alltag («Fassadenmalerei») zu unterscheiden. Angesichts der Vielgestaltigkeit rein architektonischer Farboberflächen stellte sich aber bald heraus, dass neben der farbigen Putzfassung und Architekturbemalung auch die Farbe des Werksteinmaterials einen erheblichen Teil des gesamten Fassadenbildes ausmacht. Damit wuchsen Anzahl und Aspekte gerade dieser Art von Farbfassungen beträchtlich, so dass sich der Hauptakzent wie von selbst auf die vorwiegend architektonischen Gestaltungen legte.

Die eigentliche Fassadenmalerei, die die Mauer weniger im Sinn eines konstruktiven Bauteils gestaltet als vielmehr zum Bildträger von Gemälden und Scheinarchitekturen umfunktioniert, fand zwar durchaus Eingang im kunsthistorischen Kontext. Sie war aber ebenso wie die ungezählten Heiligenbilder an Häusern und Kirchen, die Wappenmalereien an Stadttoren, Burgtürmen, Schlossbauten und Landvogteien nicht der unmittelbare Gegenstand der Untersuchung. Auch die mit purer Ornamentik übersäten Fassaden kommen nur nebenbei zur Sprache, weil sie die Mauerwände in erster Linie zierend dekorieren, nicht aber architektonisch strukturieren.

Wünschenswert wäre es gewesen, den bemerkenswerten monochromen Farboberflächen einen eigenen Abschnitt zu widmen. Doch die schwierigen, zur Datierung aber unentbehrlichen Abklärungen von Art, Zustand und Schichtenfolge dieser unverzierten, sehr oft erneuerten und dabei Farbe und Farbton verändernden Flächenanstriche sowie die komplexen Fragestellungen zum Beispiel nach Herkunft und Bedeutung blickfangender Rotfassungen hätten den Rahmen des Buchs gesprengt.

Des Umfangs wegen beiseite blieb auch die grosse Menge der Bemalungen im 19. Jahrhundert, in dem sich mit neuen Techniken ein neuer, pluralistischer Stil entwickelte, sowie die farbige Fassadengestaltung im 20. Jahrhundert, die gänzlich eigene Wege ging. Raum erhielten hingegen die häufig anzutreffenden historischen Ausläufer, die auf typische Weise die traditionellen Stilmotive bis gegen 1900 fortführen. Sie werden anhand besonders aufschlussreicher Beispiele im Einzelnen diskutiert. Stellenweise erwähnt und mitunter abgebildet sind Bemalungen von Holzbauten, wenn sie dazu dienen, Steinbauwerke vorzutäuschen. Die Holzbaubemalung selbst, eine hierzulande eigenständige, besonders im Berner Oberland und in Appenzell Innerrhoden hochentwickelte Dekorationskunst, war aber von Anfang an nicht in die Unternehmung einbezogen.

Somit handelt das Buch von farbigen Fassaden unter dem Aspekt der Putzfassung, Steinfarbigkeit und Architekturbemalung. Ihr wesentliches Merkmal ist das Zusammenspiel von Farbe, Licht und Form plan aufgemalter sowie dreidimensional hervortretender Wandstrukturen.

Eine der grundlegenden Fragen betrifft, wie schon angedeutet, die Befundsituation und die Datierung der Farbschichten sowohl im Ganzen als auch im Detail. Sie stellt sich und sucht vor allem nach Antworten, wenn eine Restaurierung bevorsteht, die sich an historischer Substanz orientieren will. Die ersten Dekore aus der Bauzeit wurden bei späteren Umbauten für gewöhnlich erneuert, da sie witterungsbedingt beschädigt waren. Lediglich an wettergeschützten Stellen wie etwa unter Dachvorständen oder an einer einstmaligen Aussenwand, die durch einen späteren Anbau zur Innenwand wurde, können noch Reste recht alten Originalbestands vorhanden sein. Dieser erscheint je älter, desto bruchstückhafter und verblichener. Das ursprüngliche Farbpigment ist zwar noch feststellbar, aber nicht mehr die Intensität des Tons und nur noch selten die Motivik. Nach restaurierendem Eingriff während der letzten Jahrzehnte wurden solche Reste manchmal als authentisches Putzfragment in situ freigelegt, konserviert und retuschiert, manchmal auch mit einer neuen Putzschicht zugedeckt oder mutmasslich zu einem wieder kompletten Fassadenbild ergänzt. Ein anderes Mal hat man den einstigen Farbdekor auf der gesamten Fassadenfläche mehr oder weniger genau mit modernem Material rekonstruiert oder kopiert, wenn nicht gänzlich neu erfunden. Oft geschah es, dass der im 19. Jahrhundert gern vorgenommene Austausch der hellen und dunklen Tonwerte im 20. Jahrhundert wieder rückgängig gemacht wurde. Das heisst, es präsentieren sich die ursprünglich dunklen Wandauflagen auf hellen Fassadenflächen, die in helle Auflagen auf dunkler Fläche verändert worden waren, heute wieder im anfänglichen Dunkel auf Hell – Farbverkehrungen, die jeweils so oder so dem gesamten Bauwerk einen recht unterschiedlichen Charakter verleihen. Ähnlich ging man mit den sichtbaren Eckverzahnungen um, deren bis ins 18. Jahrhundert lebendiger, leicht unregelmässiger Kantenverlauf im 19. Jahrhundert zugunsten einer exakt abgemessenen Rechtwinkeligkeit verändert wurde. Die «Rückführung» im späteren 20. Jahrhundert knüpfte dann allerdings selten an das ursprüngliche Aussehen an, sondern erfand völlig neu-, wenn nicht gar abartige Formen dieses historisch bedeutsamen Quaderkettenmotivs.

Von früheren Zuständen oder abgegangenen Bemalungen lassen sich manchmal informative, zeitgenössische Schwarzweissfotos, aber auch farbige Wiedergaben der Bauwerke aus der Zeit vor der Fotografie finden. Bei Letzteren ist die Farbigkeit kritisch zu beurteilen, da die Maler, vor allem die Freskanten barocker Wandbilder, die wirklichen Fassadenfarben zuweilen im Sinn ihrer farblich anders abgestimmten Bildkompositionen veränderten. Beispielhafte Zusammenhänge liefern hierfür die Kirchenbauten von Sarnen und Arlesheim. Ein hoher Stellenwert unter den Bildquellen kommt den Handzeichnungen von Johann Rudolf Rahn zu, die er in den Jahren vor und nach 1900 auf Reisen für seine Statistik der schweizerischen Kunstdenkmäler anfertigte. Die Bauwerke sind mit grosser Präzision wiedergegeben bis zu hineingeschriebenen Materialnotizen, so dass sie den damaligen Zustand der Wandoberflächen zuverlässig überliefern. Besonders interessante Aufschlüsse ergaben sich hier unter anderem für den Wohnturm in Chironico, die Kirche von Giubiasco oder das sogenannte Frauentor bei Cumbel. Für allgemeine Hinweise auf farbig gefasste Fassaden in der frühen Neuzeit habe ich auf zeitgenössische Tafelbilder, Buchillustrationen und Wandmalereien zurückgreifen können, von denen die augenscheinlichsten abgebildet sind.

Um den landesweiten Überblick über die Aussenfarbigkeit innerhalb der langen Zeitspanne von circa tausend Jahren zu erreichen, schien es im Lauf des Sammelns und der anfangs naheliegenden topografischen Bearbeitung schliesslich sinnvoller, die Fassaden thematisch nach dem Aussehen ihrer Oberflächen zu ordnen. Diese Ordnung erlaubte es, dem stetig anwachsenden Material immer wieder neue Erkenntnisse abzugewinnen. So konnten formale Verwandtschaften, handwerkliche Besonderheiten, landschaftliche Unterschiede, der Einfluss historischer Stilepochen, die Verbreitung der Vorkommen, die Verwendung farbintensiven Bausteins oder das vielerorts Typische und ab und an Einmalige dargestellt werden. Dank dieser Systematik war es auch möglich, Bezüge zur bildenden Kunst und zur Baugeschichte jenseits der Landesgrenzen sowie zu ikonografischen und künstlerischen Phänomen hervorzuheben. Dabei ergaben sich Themen wie etwa die Rolle des roten Backsteins bei Loretokapellen, die Farbwirkung unterschiedlich bearbeiteter Putzoberflächen, die mehrfarbigen Wandfelderungen oder die fliessenden Übergänge zwischen Imitat und Illusionismus bis hin zu den persönlichen «Farbhandschriften» einzelner Baumeister. Das Ergebnis ist die sowohl zeitliche als auch regionale Erfassung der wichtigsten historischen Wandkonzeptionen in der Schweiz. Für die weiträumige Erschliessung farbiger Fassaden erwies sich dieses Vorgehen als ein methodisch tauglicher Weg.

Als Wegweiser für die Augenscheine und wichtigstes Arbeitsinstrument dienten *Die Kunstdenkmäler der Schweiz*, die seit 1927 kontinuierlich erscheinen und mit inzwischen weit über hundert Bänden einen beträchtlichen Teil des Landes erfassen sowie *Das Bürgerhaus in der Schweiz*, das der Schweizerische Ingenieur- und Architektenverein als Planwerk in dreissig Bänden zwischen 1910 und 1937 herausbrachte. Sodann enthalten die Restaurierungsberichte der Denkmalämter, die seit circa vierzig Jahren von Kanton zu Kanton in unterschiedlicher Ausführlichkeit und Dichte erscheinen, dienliche Hinweise zu Farbfassungen einzelner Baudenkmäler. Darüberhinaus waren ausgewählte Bände der seit 1965 von der Gesellschaft für schweizerische Volkskunde herausgegebenen *Bauernhäuser der Schweiz* von Nutzen und der *Kunstführer durch die Schweiz* in der dreibändigen Ausgabe der 1970er Jahre und deren Neubearbeitung seit 2005 zum Nachschlagen unentbehrlich. An Letzterem orientieren sich insbesondere die Orts- und Gebäudenamen. Schliesslich publizierte der Ufficio dei musei etnografici Bellinzona zwischen 1997 und 2003 ein *Inventario delle decorazioni pittoriche nel Cantone Ticino* in sieben Bildheften, die vor allem die vielen Tessiner Fassadendekorationen des 19. Jahrhunderts verzeichnen. Hieraus konnten ebenso wie aus dem zwischen 1984 und 2004 in elf Bänden erschienenen *Inventar der neueren Schweizer Architektur 1850–1920* einige Fassaden zitiert werden.

Einen Überblick über die Farbigkeit und architektonischen Bemalungen des Aussenbaus gibt es in der Schweiz nicht. Das Interesse an äusseren Farboberflächen ist in der baugeschichtlichen Literatur auch hierzulande immer noch gering. Die Zusammenstellung *Façadenmalerei in der Schweiz* von Salomon Vögelin, zwischen 1876 und 1887 in fünfundzwanzig Folgen im Anzeiger für Schweizerische Alterthumskunde herausgebracht, nennt, wie der Titel besagt, ausschliesslich Fassadenmalerei, also Bilderfassaden. Ebenso konzentrieren sich jüngere Untersuchungen auf ikonografische und stilkritische Aspekte der Fassadenmalerei, die insbesondere für die Städte Basel (Maria Becker, 1994) und Luzern (Jochen Hesse, 1999) vorliegen. Hier ist auch die einschlägige Literatur zu den namhaften, den Beginn der Neuzeit prägenden Bildkünstlern genannt, die in der Schweiz teils restauriert erhaltene, teils noch in Entwürfen und Kopien überlieferte Fassadenmalereien schufen: Hans Holbein d. J., Niklaus Manuel, Tobias Stimmer, Hans Bock d. Ä. und weitere Maler aus ihrem Umkreis.

Zum Thema der Architekturbemalung konsultiert man mit Gewinn das 1930 in Berlin erschienene Grundlagenwerk *Die farbige Architektur bei den Römern und im Mittelalter* von Hermann Phleps, das hie und da ein schweizerisches Bauwerk erwähnt. Am Rande berücksichtigt wird die Schweiz auch bei den ausführlich abgehandelten Schlagwörtern *Farbigkeit der Architektur* (Friedrich Kobler, Manfred Koller, 1974/1975) und *Fassadenmalerei* (Christian Klemm, 1978) im Reallexikon zur deutschen Kunstgeschichte. Das praxisorientierte, 1998 in erweiterter Auflage erschienene Heft *Architekturmalerei an Fassaden* von Walter Tafelmaier, Georg Donauer und Gerhard Jehl bildet einige sgraffitierte Fensterrahmen aus dem Engadin ab. In jüngerer Zeit kam das Thema Farbigkeit mit wichtigen Beiträgen an der internationalen Tagung von ICOMOS über *Historische Architekturoberflächen* zur Sprache, die 2002 in München stattfand und deren Referate im Jahr darauf gedruckt erschienen.

Ging ich den Hinweisen in älteren Publikationen nach, stellte sich an Ort und Stelle erschreckend oft heraus, dass die erwähnte Bemalung inzwischen verschwunden war. Selbst viele bemalte Fassaden, die ich noch selber gesehen habe, waren bei späteren Kontrollfahrten durch einen modernen Dekor oder eine unbemalte Neubaufassade ersetzt. Andererseits begegnete mir auf jeder Feldtour eine stattliche Anzahl von Bauwerken mit interessanten und allemal dokumentationswerten Farbfassungen, die in der Literatur nirgends erwähnt sind. Sie machen etwa dreissig Prozent des gesamten Materials aus.

Weitere wertvolle Informationen erhielt ich von Kollegen und Kolleginnen der Denkmalämter, Restaurierungswerkstätten und Kunstdenkmäler-Inventarisation. Sie machten mich auf aktuelle Bauplätze mit neuen Funden, Instandsetzungen oder Rekonstruktionen von Farbfassungen aufmerksam und gewährten mir Einblick in Untersuchungsberichte und Aktenbestände ebenso wie meine Kollegen von der Forschungsstelle für Technologie und Konservierung des Instituts für Denkmalpflege.

Unterwegs waren dem Sammeln des Materials in verschiedener Hinsicht praktische Grenzen gesetzt: Dass die jeweils für mehrere Tage vorbereiteten Reiserouten noch an weiteren «fassadenfarbigen» Ortschaften vorbeiführten, unterlag zum Teil dem Zufall. Ausserdem hing das Fotografieren von den Jahreszeiten, dem Wetterglück und der Enge der Gassen ab. Wiederholungen kamen wegen des Zeitaufwands nur beschränkt infrage, ebenso nochmalige Augenscheine, wenn ein Gebäude in der Zwischenzeit restauriert worden war. Die häufigsten Reisen führten nach Graubünden und ins Tessin, wo sich die meisten verputzten Steinbauten mit Farbfassungen befinden, im Tessin noch viele in originalem Bestand. Aus Gründen der Distanz vom Arbeitsort Zürich habe ich, abgesehen von der Südschweiz, entferntere Kantone in späteren Etappen und weniger häufig besucht, so dass das Belegmaterial geografisch eine unterschiedliche Dichte aufweist. Trotzdem war es meine Absicht, alle Landesgegenden mit repräsentativen und aussagekräftigen Werken zu berücksichtigen.

Die schliesslich getroffene Auswahl in dem Buch umfasst sakrale und profane Bauten vom frühen Mittelalter bis in die Neuzeit. Sie stellt knapp ein Viertel der weit über zweitausend dokumentierten Bemalungen dar und ist dem praktischen Vorgehen entsprechend subjektiv bestimmt. Grundsätzlich habe ich ältere, wenn möglich unberührte gegenüber restaurierten oder gänzlich erneuerten Oberflächen bevorzugt. Die Beispiele erscheinen in Form knapper Einzelmonografien. Die Nummerierung mit drei Ziffern entspricht der Gesamtgliederung und sichert das Auffinden der Verweise. Den Angaben der für Gebäude und Farbfassung wichtigsten Baudaten folgen jeweils die Beschreibung der Fassung und die Hinweise zu Bestand, Erhaltung, Befund und Restaurierungsgeschichte der Farboberflächen. Unter dem Stichwort Bemerkungen wird das Exemplarische der jeweiligen Fassade erläutert. Hier kommen die kunstlandschaftlichen, kunsthistorischen und Fragen der handwerklichen Praxis ebenso zur Sprache wie die entwicklungs- und stilgeschichtlichen Zusammenhänge innerhalb der Schweiz und jenseits der Landesgrenzen. Hier werden auch die denkmalpflegerischen Massnahmen vor allem aus der jüngeren Zeit diskutiert. Text und Bild sind möglichst genau aufeinander abgestimmt. Das Jahr der Aufnahme ist jedes Mal vermerkt, es bezieht sich auf den beschriebenen Zustand der einzelnen Farbdekoration und fast immer auch auf das abgebildete Foto. Ebenso ist die grundlegende, zumindest bis zum Aufnahmejahr erschienene Literatur beim jeweiligen Objekt zitiert;

das Literaturverzeichnis umfasst nur die allgemeinen und die häufig benutzten Titel. Die vielen seither vorgenommenen Restaurierungen, Umbauten oder Verluste habe ich, sofern ich davon erfuhr, samt Zeitpunkt nachgetragen, in einzelnen Fällen auch mit Fotos des erneuerten Zustands und neueren Publikationen ergänzt.

Die verschiedenen Fassungsarten wurden anhand der Beispiele in einzelnen Kapiteln dargestellt und in die drei grossen Abschnitte Fassadenflächen, Gebäudekanten und Wandauflagen unterteilt. Die Kapitel beginnen jeweils mit einem Überblick. Die Varianten innerhalb einer bestimmten Fassungsart werden durch Untertitel gebündelt. Die Werke folgen einander chronologisch. Wenn die Datierungen wegen unklarer Befundlage zu grosse Zeiträume umschliessen, sind Werke nach formalen Kriterien gruppiert. Den schnellen Zugriff auf einzelne Orte und Bauten gewährt das Verzeichnis der Bauwerke im Anhang sowie das Register.

Insgesamt repräsentieren die beschriebenen Fassaden die breite Artenvielfalt und den Variantenreichtum farbiger Architekturoberflächen von Putz- und Steinbauten aus allen Landesteilen der Schweiz. Im Folgenden sind die Einzelbetrachtungen zusammengefasst.

Fassadenfarbigkeit in der Schweiz

Der erste Abschnitt *Fassadenflächen* behandelt fiktive Darstellungen gemauerter Quaderwerke auf Verputz in Verbindung mit farblich auffälligem, natürlichem oder imitiertem Baustein.

Darunter fällt die flächendeckende *Fugen- und Quadermalerei (1.1.1 – 1.1.31),* die vom Mittelalter bis zur Neuzeit in allen Landesgegenden vorkommt. Anfangs werden nur Mauerfugen durch Einritzungen, mit heller Linierung aus Mörtelbändern, mit Farbstrichen in Weiss und Rot auf heller oder dunkler Putzfläche dargestellt, später die Quadersteine selbst, die buntfarbig gemustert, teilweise auch perspektivisch, in verschiedenen, auch kombinierten Putz- und Maltechniken wiedergegeben sind. Die Absicht ist, auf dem Putzmörtel, der in der Regel die nur aus einfachem Bruchstein hochgezogenen Mauern unterschiedlich dicht abdeckt, das Bild eines möglichst gleichmässig gefügten Mauerwerks aus sorgfältig behauenen Steinquadern herzustellen. Es sollte schön und kostbar aussehen.

Bei den *Mauerwerken und Friesen aus Backstein und Farbe (1.2.1 – 1.2.24)* geht es sowohl um die natürliche rote Farbe des Backsteins als auch um seine fiktive Darstellung. Er wird entweder als Mauerfläche aufgemalt oder liegt in Schmuckbändern mit Farbornamentik auf hellem Putz, wodurch die rote Farbe vor allem als wirkungsvoller Dekor ins Auge fällt. In der frühen Neuzeit konzentriert sich die Verwendung des roten Backsteins auf das südliche, vom Backsteinbau Oberitaliens beeinflusste Alpengebiet und in sehr eindrucksvoller Weise auf Schloss Vufflens in der Waadt. Roter Backstein dient aber auch als ikonografisches Erkennungszeichen. Erscheint er doch im 16./17. Jahrhundert immer wieder in Wandbildern und Nachbauten der Casa Santa (Loretokapellen), um möglichst authentisch auf das aus rotem Backstein erbaute Ur- bzw. Vorbild in Loreto zu verweisen. Schliesslich erblüht die dekorative Backsteinverwendung wieder in der starken Bautätigkeit des späteren 19. Jahrhunderts, wo allenthalben fingierte, in Mustern versetzte und mit Emblemen bemalte Backsteinmauerwerke aufkommen.

Der *Farb- und Steinwechsel im Mittelalter (1.3.1 – 1.3.18)* an Arkaden, Bogenfenstern und Torbögen ist eine allgemeine Erscheinung des mittelalterlichen Kirchenbaus. Durch die auffällige, farbige Gestaltung wird hier ein einzelner konstruktiver Bauteil, in diesem Fall der Bogen, gleichzeitig zu einem signifikanten Schmuckmotiv. Die Farbenpaare zeigen mit Vorliebe Rot-Weiss und Grau-Weiss. Vor allem bei der Verbindung mit Rot ist es denkbar, dass die Sinnbildlichkeit des Bogens, der seit der Antike als ein Zeichen herrschaftlicher Hoheit galt, durch die Farbe zusätzlich an Bedeutung gewann (Purpur als Herrschaftssymbol). Meistens bestehen die Bögen aus wechselweise versetzten Quadern verschiedenfarbiger Gesteinsarten. Der Steinwechsel kann aber ebenso gut auch durch Malerei dargestellt werden. Das hierzulande bedeutendste Vorkommen ist die bauzeitliche Bemalung der karolingischen Kirchen von Müstair, San Vittore und Mistail aus der Zeit um 800 sowie die mehrfarbige Streifung im Mauergefüge der Chorpartie von San Carlo in Prugiasco-Negrentino um 1100.

Eine überraschende Vielfalt zeigen Fassaden, für deren Gestaltung farblich signifikante Gesteine bzw. deren gemalte Imitationen verwendet wurden. Zunächst sind es *Gemalte Marmorierungen (1.4.1–1.4.23)* insbesondere an Bauwerken im Alpengebiet vom 17. bis zum 19. Jahrhundert. Als gemalte Inkrustationen im Innenraum bereits mittelalterlich verbreitet, gingen sie, witterungsbedingt, am Aussenbau verloren. Die frühesten, hier aufgeführten Fassadenmarmorierungen stammen erst aus der Zeit um 1600. Bezeichnenderweise sind dies die buntfarbigen, stark stilisierten und äusserst dekorativen Marmorierungen des Bündner Wandermalers Hans Ardüser (*1557). In seiner originellen, in Innenräumen, aber auch noch an Aussenfassaden erhaltenen Bild- und Architekturmalerei spielen sie als Einzelmotiv eine wichtige Rolle. In der Folgezeit weicht der Realitätsgrad der gemalten Imitation vom natürlichen Marmorbild einmal mehr, einmal weniger stark ab. Wirklich verwechselbare Imitate der Farb- und Gefügebilder sind am Aussenbau sowieso nicht zu erwarten, da auf dem Bildträger Putz keine Glanzpolituren wie auf den für Innenräume verwendeten Materialien herzustellen sind (eine Ausnahme bildet die Stuccolustro-Marmorierung der Casa Fanconi in Poschiavo). Das Farb- und Strukturbild wird jeweils von der persönlichen Handschrift des malenden Handwerkers und vom Zeitstil bestimmt. Erst das 19. Jahrhundert denkt sich frappierend naturähnliche Marmorierungen aus.

Die erstaunlichsten Farbgestaltungen indes kamen durch die *Farbigkeit von Naturstein und Steinimitationen (1.5.1–1.5.31)* zustande, da die Schweiz über eine grosse Zahl farblich sehr verschiedener Gesteinsarten verfügt, die im Bau verwendbar sind. Wo sie in ausreichender Menge anstanden und genutzt wurden, prägen sie die Architektur ganzer Orte und Landschaften, wie etwa der rote Sandstein die Stadt und das Land um Basel, der gelbe Jurakalk die Stadt Neuenburg und ihre weitere Umgebung oder der rote Porphyr die Landzunge von Carona. Neben diesen Gesteinsarten sind noch weitere, farblich besonders ausdrucksstarke Gesteine interessant, so die gelben und graugelben Rauwacken und Kalktuffe im Goms, die grünen Serpentine und Gneise im südlichen Graubünden, der sogenannte Schwarze Marmor von St-Triphon im Unterwallis oder der gekörnte Tessiner Granitgneis. Sie alle wurden für gliedernde Bauelemente oder ganze Fassadenflächen eingesetzt und in unterschiedlicher Weise durch Farbanstriche verstärkt, vergleichmässigt. In künstlerischer Absicht wurden sie sogar farblich durch Anstrich verändert, wenn nicht überhaupt lediglich durch Malerei auf Putz imitiert. Die ausgewählten Bauwerke verteilen sich auf das gesamte Land, die ältesten stammen aus dem späten Mittelalter, die jüngsten aus dem Historismus. Der besonders schwierige Nachweis, ob und aus welcher Zeit historische Anstriche direkt auf Steinoberflächen vorhanden waren, kommt im Einzelnen zur Sprache.

Der zweite Abschnitt *Gebäudekanten* ist den Quaderverbänden an den Mauerecken und -kanten gewidmet, die sich farblich vom meistens hellen Wandputz absetzen. Diese die Baustabilität verstärkende Eckverzahnung wird mit Vorliebe gleichzeitig als Fassadenschmuck ausgebildet, sei es, dass die Stein- oder aufgesetzten Putzquader Farbfassungen oder besondere Oberflächenstrukturen erhalten, sei es, dass sie zusätzlich auf den Putz aufgemalt und verziert werden. Von allen Bauelementen sind es neben den Fenstereinfassungen vor allem die Eckverbände, die das Phänomen der schmuckhaften Fassadenfarbigkeit ausmachen.

In diesem Zusammenhang kommen seit dem Mittelalter die mit Farbe auf deckenden Verputz *Gemalten Quader an Ecken, Fenstern und Gesimsen (2.1.1–2.1.64)* in unterschiedlichsten Erscheinungsweisen immer wieder vor. An den Bauecken und Seitenkanten der Fenster meistens als Läufer und Binder versetzt, bilden sie eine auffällige Fassadenzier, als seien die Baukanten senkrecht mit mäandrierenden Ornamentbändern belegt. Anfangs werden die Kirchen, später auch Profanbauten mit diesen putzbündig gezahnten Quaderketten verziert. Die Grautöne wiegen vor, regional gibt es auch Rot, Gelb und Ocker, ausnahmsweise sogar zwei Farben am selben Bau wie etwa im Wallis. Das Schmuckbedürfnis wird zusätzlich mit abgeeckten Schmalseiten, Zierkonturen, Ornamenten, ja mit der Zufügung von Grotesken befriedigt. In der Zeit um 1500 statteten die Baumeister Andreas Bühler und Bernhard von Puschlav in Graubünden und nach 1500 Ulrich Ruffiner im Wallis zusammen mit seinem Malerkollegen Hans Rinischer ihre weiss verputzten Kirchenbauten mit derlei wirkungsvollen, aufgemalten Quaderverzahnungen aufs Üppigste aus. Sie sind die ersten namentlich bekannten Architekten, die farbrelevante Bauelemente als ein persönliches Stilmittel nicht nur im Innenraum, sondern auch am Aussenbau einsetzen.

Fast noch häufiger angewandt wurden *Eckquaderungen aus Stein, Mörtel und Farbe (2.2.1– 2.2.26)*. Die von der hellen Putzfläche sich absetzende Steinfarbe kam durch den Quader selbst, einen aufliegenden Anstrich oder durch Einfärbung des bündig anschliessenden Putzmörtels zustande. Hier spielen je nach Lichteinfall die Schattenbildungen auf den strukturierten Oberflächen und den eventuell abgestuften Kanten der Quader eine kennzeichnende Rolle. Die vom Bauhandwerker und Architekten grundsätzlich angestrebte, rechtwinkelig verlaufende Verzahnung der Eckquader wurde mit Hilfe von Putz und Farbe fingiert, wenn, wie meistens, nur unregelmässiges Quadermaterial zur Verfügung stand. Es überrascht allerdings, dass auch bewusst unregelmässig behauene Werksteinquader auf Sicht versetzt wurden, wobei aus deren Mangel an rechtwinkelig verlaufenden Kanten offensichtlich das baukünstlerische Motiv einer reizvollen Eckzier entstand. Derartige Eckquaderungen sind vor allem an Häusern des 16. Jahrhunderts in Zug, aber auch anderswo zu finden. Mit ihren ausgewogenen Proportionen unterscheiden sie sich allerdings wesentlich von der modernen, bis heute mehr oder minder in allen Landesteilen immer noch üblichen «wilden» Renovation oder Freilegung von Eckverzahnungen samt unbündig verlaufender Putzanschlüsse in regelloser Beliebigkeit.

Nochmals zur Debatte stehen die sichtbaren Quaderketten und ihre denkmalpflegerische Behandlung im Kapitel *Mittelalterliche Eckverbände mit späteren Farbfassungen (2.3.1–2.3.9)*. Beides zeigt sich besonders gut in der Altstadt von Zürich. Hier wurden bei Restaurierungen in den letzten Jahrzehnten viele Farbreste gefunden, die mehreren historischen Bildquellen gegenübergestellt werden konnten. Zu den interessantesten gehört ein bemaltes, 1722 datiertes Holzmodell vom Haus Zum Spiegel. Dass, wie es scheint, viele der mittelalterlichen Eckverbände später immer wieder wirkungsvolle, vom weissen Putz abgehobene Farbeinfassungen in Grau- und Schwarztönen erhielten, spricht für den nachhaltigen Wunsch der Bürgerschaft, die Gassen mit einem differenziert gehandhabten, baulichen Schmuck zu prägen.

Die vor allem in Graubünden im 16./17. Jahrhundert aufgemalten oder aufgeputzten *Quaderungen an Türmen in Schwarzweiss (2.4.1–2.4.9)* können eine gewisse typologische Eigenständigkeit beanspruchen. Nur an den Türmen, den höchsten, Land- und Ortschaft beherrschenden Bauwerken angebracht, wurden sie auf Sicht für grosse Distanzen konzipiert. Das Flächenverhältnis zwischen dunkler Eckverzahnung und heller Restwand verschiebt sich wegen der insgesamt relativ kleinen «Bildfläche» zugunsten der Verzahnung. Dadurch nimmt dieses einfache Motiv einen beträchtlichen Teil der Wandfläche ein, dominiert das Aussehen des gesamten Turms und wirkt somit auf weite Sicht.

Im Unterschied dazu sind die gemalten *Scheinquader mit Diamanten, Tafeln, Zylindern und Kugeln (2.5.1–2.5.44)* für den Blick aus unmittelbarer Nähe gedacht. Sie bieten die farblich und motivisch phantasievollsten Erfindungen bei der Umsetzung geometrischer Quaderbossen auf die flache Wand. Sowohl die zweidimensional reduzierten als auch die in raffinierten Perspektivprojektionen dargestellten Stirnflächen erzielen ungeahnte grafische und malerische Qualitäten und entwickelten vom 16. Jahrhundert an eine verblüffende Phantasie in der Kombination von Farben, Formen und Illusionismus. Als architektonisches Schmuckmotiv an Gebäudeecken bilden sie eine schweizerische Spezialität, die sich auf fast alle Landesgegenden erstreckt. In Rapperswil ist diese Art von Scheinquadern an einer besonders grossen Anzahl von Hausecken vorhanden und in Botyre-Ayens die farbenfreudigste Diamantierung mit der Maison peinte überliefert.

Im dritten Abschnitt *Wandauflagen* stehen die Bauelemente, die die Wand strukturieren, im Mittelpunkt. Das sind vor allem die Fenster und Eingänge, die aufliegenden Lisenen, Pilaster und Gesimse. Je nachdem, ob sie aus Stein oder Mörtel bestehen, einzeln oder gemeinsam die Fassade gliedern, ob sie farbig gefasst oder illusionistisch dargestellt sind und wie die Putzflächen darauf Bezug nehmen, bestimmen und individualisieren sie das Gesicht der Fassade in höchst unterschiedlicher Weise. An den hier zusammengestellten Farbfassungen lassen sich die wichtigsten Phänomene festmachen.

Aus der Fülle der Fenstergestaltungen wurden zwei mit besonderer Farbrelevanz herausgegriffen, nämlich das *Fenster mit Putzrahmen (collarino) und das Blindfenster (3.1.1–3.1.26)*. Die Fenster mit den collarini (Krägelchen) sind hierzulande von besonderem Interesse, da ihre weissen, in luxuriöser Ausführung auch buntfarbigen Putzrahmen an Kirchen, Wohn- und Wirtschaftsgebäuden eine ganze Baulandschaft, nämlich das Tessin, über Jahrhunderte beherrschen. Ihr Merkmal besteht darin, dass sie die einzige gestaltete Farbfläche auf der Mauerwand bilden. Die ältesten erhaltenen Fenster dieser Art sind spätmittelalterlich, hergestellt werden sie bis heute. Handwerklich handelt es sich um geglättete, weiss gekalkte, sorgfältig beschnittene und mit konstruktiver Binnenzeichnung versehene Putzfelder auf anfangs kaum vermörtelten Bruchsteinmauerwerken. Die dargestellten Formen der Sohlbänke, Stürze und Aufsätze passen sich, ländlich vereinfacht, dem jeweiligen Zeitstil an. – Die andere, hier vorgestellte Art von Fensteranlage ist das Blindfenster, das als fiktives, mit den Mitteln der Malerei kunstvoll ausgestattetes Bauelement eine besondere Rolle bei der Gestaltung der Fassade spielt. Denn stets dient es der visuellen Symmetrie des Fassadenaufbaus, wenn der Aufriss im Inneren des Gebäudes den Durchbruch der Mauer für ein zu öffnendes Fenster nicht erlaubt. Die geschlossene Wandfläche innerhalb des gemalten oder aufgesetzten Fensterrahmens bietet sich für effektvolle Scheinmalereien wie vorgetäuschte Fensterflügel, Gitter, Butzenscheiben, angelehnte Klappläden oder amüsante Genreszenen mit Hausbewohnern geradezu an. Sowohl die Blindfenster als auch die Tessiner collarini sind konstruktive Elemente, die auf ebenso unterschiedliche wie aussergewöhnliche Weise zugleich die Rolle von Zierwerken übernehmen.

Die *Putzgliederungen in Weiss (3.2.1–3.2.10)* entwickelten sich handwerklich aus der Herstellungsart der weissen collarini und erreichten ihren Höhepunkt in Tessiner Herrenhäusern des 17. Jahrhunderts. Technik und Anwendung sind verfeinert, indem die Mauer eine geschlossene, wenig geglättete und nicht gestrichene Naturputzdecke in der Farbe der jeweiligen Mörtelsande erhält. Die in zeitüblichen Formen wiedergegebenen Architekturelemente liegen als dünne zweite, gut geglättete und weiss geschlämmte Putzschicht auf. Durch die unterschiedliche Lichtreflexion der hier rauen und dort glatten Oberflächen ergeben sich je nach Lichtverhältnissen stark variierende Farbtöne, die den eigentümlichen Reiz dieser Putzfassungen ausmachen. Hinzu kommt, dass die Kanten der aufliegenden Architekturen bei Sonnenschein schmale Schlagschatten werfen und der Wandoberfläche ein scheinbar stärkeres Profil verschaffen. Bei den heutigen Rekonstruktionen mit modernen Putzen und vorzugsweise gelben Anstrichen auf den ehemals ungestrichenen Naturoberflächen ging die reizvolle, hauptsächlich vom Material und seiner historischen Verarbeitung abhängige Farbwirkung verloren.

Im Aussehen ähnlich erscheint die sogenannte *Weisse Architekturmalerei zwischen 1650 und 1700 (3.3.1–3.3.34)*. Im Unterschied zu den Putzgliederungen besteht sie aber nicht aus einer zweiten Putzschicht. Denn die Konturen und Binnenzeichnungen werden in Nagelrisstechnik, das heisst mit Hilfe nagelähnlicher Werkzeuge direkt in den hellen, ungestrichenen Naturputz eingeritzt, der stark geglättet wird, bis er, dank der feinen, während der Bearbeitung an die Oberfläche steigenden Kalkpartikel des Mörtels, eine leicht glänzende, weisse Oberfläche erhält. Bei dem Dekor handelt es sich um Architektursysteme mit Baudetails im Stil der Renaissance, die Ton in Ton vom Boden bis zur Traufe völlig flach auf die Wand projiziert sind. Diese ausgesprochen schöne, vom Piemont herkommende Wandbemalung breitete sich in der kurzen Zeitspanne der 2. Hälfte des 17. Jahrhunderts in bestimmten Talschaften von Graubünden wie eine Mode aus und bekleidet insbesondere die Kirchen. Meistens stärker ornamentiert, taucht sie auch an einzelnen Grossbauten ausserhalb Graubündens auf, die baulich direkt oder indirekt mit der Ursprungsregion in Verbindung stehen. Die weisse Architekturmalerei ist der einzige Wanddekor, bei dem von einem individuell geprägten Zeitstil gesprochen werden kann.

Sehr viele Aussenmauern erhielten in ihrer gesamten Höhe nur eine Gliederung durch gemalte oder aufgemauerte *Lisenen und Pilaster (3.4.1–3.4.58)*, die die Bauecken betonen und die Wände rhythmisch unterteilen. Die Beispiele dieser äusserst verbreiteten Wandstruktur entstammen der hierfür bemerkenswertesten Zeit zwischen 1600 und 1850. Die Auflagen heben sich mehrheitlich in grauen, durchaus aber auch buntfarbigen Tönen vom meistens hell gestrichenen Putz ab und haben glatte, öfter noch gefugte bzw. gequaderte Schäfte. Die Quader werden auf unterschiedlichste Weise perspektivisch, ab und zu auch mit geometrischen Bossen (ähnlich wie bei den Eckverbänden) dargestellt. Daraus ergibt sich eine beträchtliche Variationsbreite in der dekorativen Wirkung. Vor allem die Pilaster bieten mit der variablen Ausformung ihrer Postamente und Kapitelle und noch zusätzlichen Ornamenten sehr schmuckhafte Details. Während die vielfarbige Scheinmalerei mehr in den östlichen und südlichen Landesteilen zu Hause ist, kam die Fassadenfarbigkeit in den westlichen Landesteilen eher durch leicht vortretende Wandauflagen aus Werkstein zustande. Zusammen mit dessen weisser oder gelber Naturfarbe (diverse Kalksteine), der meistens hellen Putzfassung und den Schattentönen des Wandprofils bilden sie einen farblich nuancierten Dreiklang. – Ein besonderer Hinweis gilt dem vorwiegend im Aargau tätigen Architekten Jost Kopp, der die Pilasterordnungen am Äusseren seiner beiden um 1820 errichteten Kirchen in Meisterschwanden und Seengen mit drei delikaten hellen Farbtönen in zarter Abstufung gefasst hat, was man mit gutem Gewissen als beachtliches Kunstmittel einer persönlichen «Farbhandschrift» bezeichnen kann.

Einen weiten Raum beanspruchen die *Farblich abgesetzten Fassadengliederungen (3.5.1–3.5.63)*. Die Auswahl orientiert sich an der hierfür regesten Zeit zwischen dem 16. und 19. Jahrhundert. Es sind einheitliche Gesamtgliederungen aus den Grundelementen Fenster, Eingang, Sturz, Gesims und Bogen. Als aufgemauerte Bauteile reliefieren sie die Wand und setzen sich in ihrer jeweiligen Farbfassung vom Flächenanstrich kontrastreich ab. Aufgemalte Scheinarchitektur spielt hier eine Nebenrolle. Wie auch bei den Eckquaderungen herrscht das Farbenpaar von Steingrau auf (gebrochenem) Weiss vor, Rot und Gelb auf Weiss sind seltener. Ob die Werkstücke selbst steinsichtig oder überstrichen sind, ändert sich von Bau zu Bau, die Rückverfolgung historischer Zustände erweist sich als schwierig. Schon die annähernd schwarze Fassung allein des Eingangs und der Fenster oder ein gelb gefasstes Stockwerkgesims geben einer weiss verputzten Hausfassade ein eigenes Gesicht; umso mehr fallen ganze Wandgliederungen mit deutlich gestufter Farbigkeit auf. Wieder sind Vorlieben einzelner Baumeister, besonders im 18. Jahrhundert, auszumachen: So wendet Bartholomäus Schmid aus Hospental mehrfach den ihm eigenen wandüberspannenden Blendbogen zwischen Pilasterstellungen in grauer, gefugter Fassung an, J. Caspar Bagnato scheint mit Vorzug Rottöne einzusetzen und die Innerschweizer Singers und Purtscherts gliedern die einzelnen Partien ihrer Kirchenfassaden mit einer typischen, mehrfach durch feine Linien gerahmten Binnenfelderung. Eine andere Art von Felderung, die die Fensterbrüstungen ausnutzt, um die ganze Wand mit einem kleinteiligen Raster zu überziehen, kennzeichnet die noblen Bürgerhausfassaden des späteren 18. Jahrhunderts in den Kantonen Waadt und Jura. Die Farbe der Wandauflagen wechselt hier zwischen grauem, weissem und gelbem, zum Teil geädertem Kalk- und Sandstein. Es gibt auch Farbfassungen, bei denen der Wandputz nicht den üblicherweise helleren, sondern den dunkleren Ton aufweist, so zum Beispiel bei Gliederungen in Weiss auf gelber Putzwand oder in Gelb auf einem sogar fast schwarzen Putz, der für einige bemerkenswerte Bauten im Kanton Neuenburg nachgewiesen wurde. Zu erwähnen ist schliesslich die exzeptionelle Farbigkeit der um 1900 errichteten Bauten von Maurice Vallat junior aus Porrentruy, die zwar aus dem internationalen Historismus des 19. Jahrhunderts erwachsen sind, hierzulande aber eine unvergleichbare Eigenständigkeit aufweisen. – Im Farbakkord dieser Art von Fassadengliederungen spielen die Fensterläden eine nicht zu unterschätzende Rolle. Stets waren und sind sie in der Regel grün gestrichen und ergänzen die zweifarbige Wanddisposition zu einem dreifarbigen Gesamteindruck. Besonders in und um Basel werden ganze Gassenzeilen und Ortsbilder vom Dreiklang aus roten oder gelben Werksteinteilen, weisser Putzwand und grünen Läden beherrscht.

Anstelle der üblichen Fassadengestaltung mit vortretend versetzten Werkstücken aus Haustein gibt es fiktive, direkt auf den Putz *Gemalte Werkstücke (3.6.1–3.6.32)*. Auch sie bilden eine einheitliche Gesamtgliederung der Wand, können aber dank des Einsatzes von Pinsel und Farbe das einzelne Werkstück zusätzlich in ein malerisches Motiv mit hohem Dekorationswert umsetzen. Zudem lösen derartige Scheinarchitekturen einen als Raffinesse empfundenen Überraschungseffekt aus. Die Schönheit der Farbe kommt mehr in den Details der Werkstücke selbst als im Kontrast zur Farbfläche der Putzwand zum Ausdruck, so dass die Mauer nicht nur den Charakter einer strukturierten Fassade, sondern gleichzeitig den eines komponierten Bildes erhält. Die hier ausgewählten Fassaden sind Musterbeispiele der Architekturmalerei vom späten 16. bis zum späten 19. Jahrhundert aus verschiedenen Landesteilen. Seit der Zeit, als die Bauwerke dokumentiert wurden, gingen etliche künstlerisch hochstehende, originale Malereien gerade dieser Wandoberflächen verloren oder wurden renoviert. Die übrigen, historischen Bestände befinden sich materiell in heiklem Zustand. Die Beschreibungen gehen besonders hier mit Fotos der noch ursprünglichen Situation darauf ein.

Schliesslich gilt der Blick den *Bunten Kirchtürmen im 17. und 18. Jahrhundert (3.7.1–3.7.25)*. Neben den bereits erwähnten Türmen mit Quaderungen in Schwarzweiss wurden Kirchtürme besonders in Graubünden und im Tessin auch mit vielfarbigen Fassungen versehen, die die gliedernden Wandauflagen hervorheben oder sie fiktiv darstellen. Die Farbigkeit liegt auf den freistehenden Bauteilen, das heisst den Uhren- und Glockengeschossen und, sofern vorhanden, den oktogonalen Aufsätzen und Laternen. Die Friese der Kranzgesimse sind ornamentiert, die Pilaster und Säulen marmoriert, die Schallöffnungen umquadert. Die Brüstungspartien erhielten versenkte Spiegel oder Baluster. Sichtbar angebrachte Kartuschen tragen die Jahreszahlen. Die Zifferblätter zeigen Zierrahmen, zeitweise auch Bilddarstellungen. Auf die in ihrer Flächenausdehnung eher kleinen vier bzw. acht Turmseiten konzentriert, breitet sich eine grosse Mannigfaltigkeit von Farbgebungen aus, so dass die Turmspitzen wie kostbare Schmuckstücke weithin sichtbar vor den grandiosen Panoramen der alpinen Bergwelt erscheinen.

Herzlichen *Dank* schulde ich vielen Menschen, die über lange Jahre am Entstehen des Buches Anteil nahmen. Zu ihnen gehören die Kollegen und Kolleginnen in der Denkmalpflege, die mir bereitwillig Auskunft gaben, wenn ich nach farbigen Oberflächen fragte. Ihrer Befürwortung verdanke ich auch die kantonalen Beiträge für den Druck des Buches. Georg Mörsch gab als Leiter des Instituts für Denkmalpflege an der ETH den Anstoss zu dem Unternehmen. Er liess mir bei der Bearbeitung weitgehend freie Hand. Seit meinem Ruhestand hatte ich das Glück, das Buchmanuskript noch als mehrjähriger Gast im Institut fertig schreiben zu können, später auch unter der Institutsleitung von Uta Hassler. Ihrem Entgegenkommen und Einsatz verdanke ich den grosszügigen Druckkostenanteil des Schweizerischen Nationalfonds und der Stiftung für Denkmalpflege. Schon Albert Knoepfli hatte Farben und Mörtel seit der Institutsgründung ins Zentrum der Forschung gestellt. Seine ungezählten Denkansätze zu diesem Thema sind mir bis heute unvergesslich. Um verwitterte Farbreste auf historischen Mauerwerken zu erkennen und einzuschätzen, lernte ich viel von Oskar Emmenegger. Als das Buch begann, Gestalt anzunehmen, halfen mir immer wieder Gespräche mit Josef Grünenfelder in Cham, wenn ich in methodischen und inhaltlichen Sackgassen steckte. Er fand jedes Mal einen Ausweg. Dankbar bin ich ebenso Jürg Ganz in Frauenfeld und Wolfgang Stopfel in Freiburg/Breisgau, die mir in brenzligen Situationen mit Rat und Tat zu Hilfe kamen. Als der Text stand, las ihn Jutta von Simson in Berlin und entknüpfte verknotete Sätze mit Langmut und liebevollem Wohlwollen. Wenn mich das Eigenleben des Computers zur Verzweiflung brachte und der Mut verliess, weiterzumachen, stand Dieter Mayer-Rosa auf Telefonanruf in der Tür, wusste, welche Tasten zu drücken waren und löste das Problem mit dem Zuspruch ‚Du schaffst das'. Auch meine Brüder Wolfgang und Rötger Mitgau waren nie der Meinung, der Aufwand, dieses Buch zu schreiben, lohne nicht. Zu guter Letzt waren es nochmals glückliche Umstände, dass mir der Verlag Huber Frauenfeld in Stephan Cuber einen erfahrenen, meine Extrawünsche mit Umsicht erfüllenden Grafiker zur Seite stellte und Hansrudolf Frey, der Verlagsleiter, selber weder Risiko noch Mühe scheute, das Buch in der vorliegenden Form erscheinen zu lassen. Ich hoffte, sie und alle hier nicht genannten Helfer mögen nun gern darin blättern.

1 FASSADENFLÄCHEN

1.1 Fugen- und Quadermalerei

Überblick

Die Qualität einer Mauer aus Steinen und Mörtel hängt neben der Eignung des Materials wesentlich von der Bearbeitung und dem Versatz des einzelnen Bausteins ab. Sind die Steine winkelrecht, scharfkantig und glattflächig zu Quadern regelmässiger Grössen behauen (Werkstein, Haustein) und mit schmalen Mörtelfugen sorgfältig versetzt, kommt ein gleichmässiges, rechtwinkeliges, für das Auge «schönes» Fugenbild zustande. Es vermittelt den Eindruck einer stabilen und auch kostspieligen Mauer. Die plane und ebenmässige Oberfläche eines solchen Mauergefüges bleibt steinsichtig oder erhält eine dünne Schlämmschicht, wird aber in der Regel nicht deckend verputzt. Sie ist dauerhaft, witterungsbeständig und zugleich ein sinnfälliges Zeichen für Anspruch, Noblesse und Rang eines Bauwerks. Bei den Römern galt dieses «opus quadratum» als Perfektion der Mauertechnik.

Stehen nun wie im Alpenland und in ländlichen Gegenden aus Transport- und Kostengründen keine Quadersteine zur Verfügung, sondern nur einfache Bruch- oder Lesesteine in unterschiedlicher Art, Grösse und Form, die gar nicht oder höchstens flüchtig behauen wurden, müssen die beim Aufeinanderschichten der Steinbrocken entstehenden Hohlstellen und Löcher mit mehr oder weniger Mörtel gestopft werden, um das Gefüge abzudichten und statisch zu sichern. Es entsteht dann ein unregelmässiges Mauerbild meist ohne geometrische und farbliche Ordnung (opus spicatum). Bei anspruchsvolleren Bauwerken überdeckt man deshalb die Oberfläche mit einer oder mehreren, zuweilen noch mit Schlämmen oder Farbanstrichen versehenen Verputzschichten. Sie ebnen das Mauerwerk aus und schützen es vor Verwitterung. Um nun den Anschein des an sich besseren Quadermauerwerks zu erwecken, hat man zu allen Zeiten den Putz über diesen funktionellen Zweck hinaus gern mit einem Fugen- bzw. Quaderbild bemalt und dadurch ein Gefüge aus Werkstein vorgetäuscht.

Die Selbstverständlichkeit dieser Handhabung macht ein Bildwörterbuch aus der Zeit um 1490 plausibel, das den Begriff Farbe ausgerechnet mit der Quadermauer eines Bauwerks verbildlicht, in das das Wort «gefarbt» eingeschrieben ist und gefärbt oder farbig meint (Abb. 2).

Die Fugen- und Quadermalerei reicht in römische Zeit zurück, wurde im Mittelalter wieder aufgenommen und bis in die Neuzeit fortgeführt. Über Jahrhunderte dem Wetter ausgesetzt, blieben solche bemalten Putzschichten am Aussenbau im Unterschied zum Innenraum natürlicherweise kaum erhalten. Hinzu kommt, dass unfigürliche, einfache Putzbemalungen nie viel

1   Curogna, Oratorio San Cristoforo, nach 1578, originale farbige Putzoberfläche mit Schwundrissen (1.1.20)

2   Ars memorativa. Augsburg um 1490 (Offizin Anton Sorg, Nachdruck Augsburg 1925). Spätmittelalterliches Bildwörterbuch in Holzschnitten. Bild 13: Hl. Katharina, im Hintergrund ein Kirchengebäude aus Quadermauerwerk, beschriftet «gefarbt.13». Verbildlichung des Begriffs Farbe anhand der Farbigkeit einer Fassade

Beachtung fanden und bei Schadhaftigkeit entweder übermalt oder kurzerhand abgeschlagen und erneuert wurden. Trotzdem haben sich Originalreste historischer Oberflächen aus früheren Bauzeiten erhalten, so dass sich vom unterschiedlichen Aussehen der Mauerbilder je nach Epoche und Gegend eine Vorstellung gewinnen lässt. Im Folgenden wird anhand von Fassaden mit signifikanten Fugen- und Quaderdarstellungen auf diese Vielfalt und Verbreitung hingewiesen. Die Auswahl betrifft alle Landesgegenden, gibt einen Überblick vom Mittelalter an bis ins 19. Jahrhundert und orientiert sich an Originalzuständen bzw. Rekonstruktionen nach Befund.

Ritzfugen, weisse Putzfugen, weisse Fugenstriche (1.1.1 – 1.1.12). Im Lauf der Entwicklung wandelte sich vor allem die Art der Fugendarstellung. Im Mittelalter sind es in den mehr oder weniger deckenden Putz, der sogenannten pietra rasa, eingeritzte Striche, und zwar zunächst nur horizontale im Sinn von Lagerfugen *(Bubikon)*, dann auch senkrechte, die Lager- und Stossfugen darstellen *(Chironico)*. Dieses simple Einritzen der Fugen mit der Kelle, daher auch Kellenstrich genannt, ist die einfachste Art der Imitation von Werksteingefügen. Ohne technischen und künstlerischen Anspruch gliedert und belebt es die Wandfläche und war während des ganzen Mittelalters vor allem im Alpenraum verbreitet. Aufwändiger und anspruchsvoller sind sodann die einige Zentimeter breit eingedrückten und weiss gekalkten oder mit weiss gestrichenem Feinputz aufgefüllten Fugen, die mit der Oberfläche bündig oder leicht erhaben als deutlich sichtbares, sich hell absetzendes Netz erscheinen *(Susch, Castel San Pietro, Celerina)*. In Südtirol überziehen sie heute noch viele spätgotische Kirchen.

Diese hellen, einmal schmalen, einmal breiten Fugen aus Mörtel *(St-Ursanne, Salgesch, St-Blaise, Fiez* u. a.) oder aus aufgemalten Farbstrichen *(Freiburg, Cumbel)* sind hierzulande die gängigsten Fugendarstellungen in der frühen Neuzeit. Von nun an werden die Netze weitmaschiger, das heisst, sie fingieren grössere Quaderformate. In der Regel liegen die weissen Fugenbilder auf hellen Wandputzen. Eine Ausnahme bildet die Maison Tavel in *Genf* mit einem nachweislich sehr dunklen, fast schwarzen Wandanstrich, der hier ohne Verputz direkt auf das Quadergefüge aufgebracht wurde. Das weitmaschige weisse Fugennetz ist für gewöhnlich so ebenmässig angelegt, dass es die Unregelmässigkeit des natürlichen Fugenbilds augenfällig korrigiert. An dieser Stelle erwähnenswert sind die noch heute erkennbaren Reste weisser aufgemalter Fugenlinien am romanischen Chorhaupt des *Basler Münsters*, die ebenfalls nicht den natürlichen Fugen der hier roten Sandsteinquader folgen, sondern überdimensioniert grosse Quader darstellen. Sie gehören vermutlich zum 1597 belegten Maueranstrich in Rot («kesselbraun», d. h. caput mortuum). Ein weiterer, eher seltener roter Maueranstrich mit Fugeneinteilung, vermutlich in Weiss, wurde auch für die erste, spätgotische Bauperiode des Rathauses von *Zurzach* nachgewiesen (zu Basel und Zurzach s. Lit.). Eine bemerkenswert späte, die Tradition fortsetzende weisse Fugenmalerei erhielt sich original am 1747/53 errichteten und 1764 bemalten Kirchturm von *Rasa* (3.7.18).

Quaderwände in Sgraffito (1.1.13 – 1.1.15). Auch die klassische Sgraffitotechnik verwendet neben den üblichen, mit ornamentalen und figürlichen Mustern überzogenen Wänden reine flächendeckende Fugennetze bzw. Quaderdarstellungen. Hell und Dunkel von Wandgrund und Netz sind bei dieser Technik austauschbar. Die optische Wirkung entspricht der der Mörtelfugen, hier belegt mit drei Beispielen des 17. Jahrhunderts *(Lugano, Guarda, Zuoz)*.

Rote Fugen, buntfarbige Quader, perspektivische Darstellungen (1.1.16 – 1.1.24). Rote Fugenmalerei ist vielfach noch in Innenräumen mittelalterlicher Kirchen und repräsentativer Profanbauten, am Aussenbau aber kaum mehr erhalten. Die freigelegten, konservierten und ergänzten Reste in *Utzenstorf, La Sarraz* und *Nyon* sind seltene Beispiele. Das gilt noch mehr für die besonders schmückenden buntfarbigen Quader- und quaderartigen Musterungen, die es noch in den italienisch beeinflussten Landesteilen gibt, nämlich in *Giubiasco, Curogna, Scuol, Arosio* und, sehr früh, am Chor von *Castel San Pietro* aus der Mitte des 14. Jahrhunderts. In ihrem Illusionismus bemerkenswert dekorativ sind dreidimensional dargestellte Quader, hier spätmittelalterlich in *Mendrisio* und spätbarock mit der in die gesamte Illusionsmalerei der Kirche eingebundenen Turmbemalung von *Kloster Fahr*, belegt. Eine perspektivische Quaderdarstellung auf der gesamten Wandfläche wie in Mendrisio und Fahr findet sich eher selten, wir kennen sie hierzulande hingegen häufig bei Eckquaderungen (2.5.30 – 2.5.36).

Gequaderte Sockelgeschosse (1.1.25 – 1.1.31). So wie man der Stabilität wegen die Sockel und Sockelgeschosse oft aus grossformatigen Sichtquadern aufmauerte, wurden auch sie ersatzweise mit Quadern bemalt, während die Wohngeschosse darüber andere Dekorationen trugen – ein Phänomen, das sowohl bei Kirchen, öffentlichen Gebäuden als auch bei Bürger- und Bauernhäusern bis zu den Massivsockeln des Holzbaus *(Saanen, Mörel)* anzutreffen ist. Die gemalte Sockelquaderung lebte insbesondere im 19. Jahrhundert wieder auf *(Linescio, Delémont)*.

Literatur. Phleps 1930, S. 39-51 · Bornheim Fugenmalerei 1961, S. 5-21 · Kobler/Koller RDK 1981, «Farbigkeit der Architektur», Sp. 296f («Quaderimitation») · André Meyer Architekturpolychromie 1983, S. 24-28 · Emmenegger 1994, bes. S. 23-29 · Hans Rudolf Sennhauser, Alfred Hidber.- Das alte Zurzacher Rathaus. In: Beiträge zur Geschichte des Bezirks Zurzach, 2/2000, S. 51f · Schwelle zum Paradies. Die Galluspforte des Basler Münsters. Hg. Hans-Rudolf Meier, Dorothea Schwinn Schürmann. Basel 2002, bes. S. 141 · Autenrieth ICOMOS 2003 · Kobler Mauerfugen ICOMOS 2003.

Ritzfugen 14. Jahrhundert

1.1.1 Bubikon (ZH, Zürcher Oberland)

Johanniter-Komturei. Altes Bruderhaus, nach 1192. Horizontale Ritzlinien im Verputz aus der Bauzeit um 1200. Restaurierungen um 1940 und 1959 sowie 1979 – 1982. Aufgenommen 1995.

Bau (Abb. 5). Mehrgeschossiges Giebelhaus aus verputzten Bollen- und Bruchsteinen in der Nordostecke der dreiseitigen, einen Hof bildenden Bauanlage. Stammt im Kern aus der Gründungszeit nach 1192, wurde im 13. und 14. Jh. erweitert und erhöht.

Putzritzungen (Abb. 3, 4, 6). Auf allen sichtbaren Fassaden, das heisst, auf der südlichen Eingangsseite, der Nord- und der Ostseite liegt ein einschichtiger, grobkörniger, hellgrauer Verputz, der als pietra rasa die Köpfe der Mauersteine teilweise, die Eckquader fast gänzlich sichtbar lässt. Er ist mit unregelmässigen, horizontalen Ritzlinien überzogen, deren Abstand im Durchschnitt etwa 25 cm beträgt. Die relativ schmalen Linien wurden tief mit einem spitzen Werkzeug (Kellenkante) eingeritzt, laufen durchgehend von Mauerecke zu Mauerecke und werden nur von schmalen Fensteröffnungen unterbrochen. Die gleiche Putzgliederung befindet sich auch im Innern (unterer Saal) sowie an der Vorhalle der Kapelle und am Beinhaus, die im Winkel nach Süden angebaut sind. (Bei den Horizontalfugen im Innern der Kapelle an der Südpartie der Ostwand handelt es sich vergleichsweise um flache, breite Bänder, die etwa aus derselben Zeit stammen.)

Erhaltung und Zustand. Während der Originalputz mit seiner Horizontalritzung an den Hofseiten der Gebäude mit grossen, z.T. aus Zement bestehenden Flicken durchsetzt und nur noch in inselartigen Resten konserviert ist (Abb. 4), blieb er relativ gut an der Ost- und Nordseite des Bruderhauses bis zum Giebelansatz bzw. bis zur Traufkante in seinem ursprünglichen, etwas abgewitterten Bestand erhalten.

Bemerkungen. Es handelt sich nur um horizontale, keine senkrechten Ritzlinien. Da sie aber auf Sicht gezogen und gut erkennbar sind, gliedern sie die Mauer, und der frei geführte Strich

belebt die Wandfläche in ähnlicher Weise wie die Lager- und Stossfugenritzung in *Chironico* (1.1.2). Trotz der Reduktion auf den reinen Horizontalstrich lässt sich die Ritzung durchaus als eine Art Vorstufe zur Quaderimitation von Chironico betrachten. Eine ähnliche Horizontalritzung aus dem späten 14. Jh. hat sich zum Beispiel an der heute im Stoffelhaus verbauten, aber freigelegten Ostmauer der ehemaligen Vorburg von *Fürstenau* im Domleschg (vgl. 2.1.19) erhalten, ebenso an den Aussen- und Innenseiten der beiden Wohngeschosse im Mittelteil des Schlossturms von *Sargans,* wo die Ritzlinien bemerkenswerterweise rot gestrichen waren. Fugenritzungen kamen in letzter Zeit bei Restaurierungen mittelalterlicher Bauten verschiedentlich, vor allem in Graubünden und im Wallis, zum Vorschein.

Literatur. KDM ZH II (Hermann Fietz), 1943, S.160-172 (keine Erwähnung der Putzritzung) · Zürcher Denkmalpflege 1, Bericht 1958/59, Zürich 1961, S.14f und 10. Bericht 1979–1982, 1. Teil, Zürich 1986, S.19f · Roland Böhmer.- Kapelle des Johanniterhauses Bubikon. Bern 2006, S.31/32 Plan (SKF) · Den Hinweis auf Sargans verdanke ich Alfred Hidber, Zurzach.

3   Bubikon, Johanniter-Komturei, Altes Bruderhaus, nach 1192, Detail der horizontalen Ritzfugen an der Ostseite
4   Bubikon, Vorhalle der Kapelle, 13. Jh., Putzoberfläche mit modernen Flicken
5   Bubikon, Johanniter-Komturei, Altes Bruderhaus, Ostseite, nach 1192

6	Bubikon, Detail der Putzoberfläche mit eingeritzten Lagerfugen, Bruderhaus Ostseite
7	Chironico, Torre dei Pedrini, wohl 14. Jh.
8	Chironico, Zeichnung von Johann Rudolf Rahn 1889

1.1.2 Chironico (TI, Leventina)

Torre dei Pedrini. Wohnturm mit Fugenritzung, beides gleichzeitig, wohl 14. Jh.; aufgenommen 1983.

Bau (Abb. 7). Der hohe Turm mit quadratischem Grundriss (Seitenlänge im EG aussen ca. 4,60 m) und flachem Giebeldach liegt am talseitigen Dorfrand. Das Mauerwerk mit wenigen, unregelmässig verteilten Fensteröffnungen besteht im unteren Bereich aus grösseren, im oberen aus kleineren Bruchsteinen. An der Seite zum Ort (Norden) ein jüngerer Anbau.

Ritzfugen (Abb. 9, 10). Der Turm ist ringsum einschichtig mit einem von Natur aus braungelben, gut geglätteten Kalkputz überzogen. Bis auf ca. 8 m Höhe sind horizontale und vertikale Linien so in den Putz eingeritzt, dass sie den Eindruck von Lager- und Stossfugen langgestreckter Quader hervorrufen. Stellenweise bleiben die Köpfe der darunter liegenden Bruchsteine sichtbar. Oberhalb der Partie mit den Fugenritzungen überdeckt der gleiche Putz die Bruchsteine fast vollständig. Die Fugenritzung kommt an den drei freiliegenden Seiten gut zur Wirkung.

Erhaltung und Zustand. Der originale Putz ist im renovierten Sockelbereich verschwunden und am Turmschaft mit vielen neuen, farblich nicht eingetönten hellen, aber mit Ritzfugen versehenen Flicken ergänzt worden.

Bemerkungen. Die Quaderimitation im untersten Teil des Baus ruft, soweit noch vorhanden, den Eindruck eines solide gemauerten Sockels hervor, von dem sich die Obergeschosse durch die geschlossene, ungegliederte, aber lebendig bewegte Mauer- und Putzoberfläche deutlich absetzen. Auffallend sind die relativ genaue Linienführung der Fugen und die verhältnismässig grossen Abmessungen der fiktiv angedeuteten Hausteine.

Formal scheint die einfache Ritzung dieses Fugennetzes eine unmittelbare Vorstufe der gleichmässig und mehrere Zentimeter breit in den Putz eingedrückten Fugenimitationen zu sein, die an den im Folgenden aufgeführten Fassaden von *Susch*, *Castel San Pietro* und *Celerina* beschrieben werden (1.1.3–1.1.5). Farblich jedoch liegt ein wesentlicher Unterschied darin, dass das eingeritzte Fugennetz in Chironico als schattendunkle Strichzeichnung auf einer einfarbigen,

helleren Putzoberfläche erscheint, während an den anderen Fassaden die eingedrückten Fugenimitationen weiss gefasst wurden und sich als helle Bänder von der dunkleren Eigenfarbe des Putzes abheben. Beide Fugendarstellungen wurden im Alpengebiet seit dem hohen Mittelalter auf verputzten Bruchsteinmauern angewandt, wovon in der Regel aber nur kleinere Reste erhalten geblieben sind. Chironico weist glücklicherweise noch einen bemerkenswert umfangreichen Originalbestand auf.

Die Oberflächengestaltung dieses Bauwerks hielt übrigens schon Johann Rudolf Rahn für notierenswert. Auf seine Zeichnung von 1889 (Abb. 8) schrieb er ins Sockelgeschoss «Putz und eingeritzte Fugen» und in die Obergeschosse zweimal «Putz». Auf der Abbildung in seiner Statistik schweizerischer Kunstdenkmäler von 1893, die der Zeichnung folgt, fehlen diese Bemerkungen, da sie in den zugehörigen Text eingingen (zur Dokumentation historischer Bauzustände durch die Zeichnungen von Rahn in der Zentralbibliothek Zürich vgl. 1.3.16 *Prugiasco*).

Literatur. Rahn 1893, S. 497, fig. 43, 44.

9   Chironico, Torre dei Pedrini, Ostseite, Mittelpartie mit ursprünglichem Putz und Ritzfugen
10 Chironico, Ostseite, Detail des einschichtigen, weitgehend deckenden Putzes mit eingeritzten Lager- und Stossfugen

Weisse Putzfugen 13.–15. Jahrhundert

1.1.3 Susch (GR, Unterengadin)

Gefängnisturm, ehem. Wohnturm. Errichtet 12./13. Jh., weisse Putzfugen aus der Bauzeit. Um 1950/60 restauriert mit zahlreichen Putzflicken in Zement. Aufgenommen 1997.

Bau (Abb. 11). Das Mauerwerk des freistehenden, 3-gesch. Wohnturms mit unregelmässig verteilten Tür- und Fensteröffnungen besteht aus Bollen- und gehauenen Eckquadersteinen. Das Mauerwerk war an allen vier Seiten von Anfang an mit einer Naturputzschicht zum grossen Teil überdeckt und einem Fugennetz bemalt. Der Ort wird bereits 1161 erwähnt, ob der heutige Bau im 12. oder erst im 13. Jh. entstand, ist offen.

Weisse Putzfugen (Abb. 12). Der Fugenmörtel erhielt bereits einen Kellenstrich, bevor die Mauersteine überputzt und auf den Putz Lager- und Stossfugen aufgetragen wurden. Die Fugen verlaufen verhältnismässig geradlinig, sind weiss gekalkt und deutlich umrandet. Sie vermitteln das Bild eines ziemlich gleichmässigen Mauerverbands aus relativ kleinformatigem Steinwerk, bei dem die Steinköpfe zum Teil sichtbar sind. Die Abmessungen von Höhe und Breite richten sich im Wesentlichen nach der Grösse der Steine an den Bauecken.

Erhaltung und Zustand. Durch Abwitterung des Putzes traten die (zum Teil abgeflacht behauenen) Bollenköpfe im Lauf der Zeit stärker hervor, so dass das Fugennetz heute weniger in Erscheinung tritt, als es ursprünglich der Fall gewesen sein dürfte. Ausserdem beeinträchtigen die in der Mitte des 20. Jh. mit Zement geschlossenen Fehlstellen das Mauerbild empfindlich.

Bemerkung. Es handelt sich um ein sehr frühes, mittelalterliches Beispiel von Quaderimitation am Äussern eines Wohnbaus, die durch ein deutliches, weiss markiertes Fugennetz hervorgerufen wird und noch in grossem Umfang original erhalten ist. Die Ebenmässigkeit des Fugenbilds auf einer weitgehend geschlossenen Putzschicht wie im 14./15. Jh. etwa in *Castel San Pietro* (1.1.4) oder *Celerina* (1.1.5) ist in dieser frühen Zeit allerdings noch nicht vorhanden.

Literatur. KDM GR III (Erwin Poeschel), 1940, S. 526 · Hinweis und Informationen verdanke ich Oskar Emmenegger, Zizers.

11 Susch, Wohnturm 12./13. Jh., leicht verputztes Bruchsteinmauerwerk (pietra rasa)
12 Susch, weisse Putzfugen, ursprünglicher Bestand

1.1.4 Castel San Pietro (TI, Mendrisiotto)

Kirche S. Pietro («Chiesa rossa»). Weisse Putzfugen und rote Fugenmalerei aus der Bauzeit 1343. Restaurierung u. a. mit Putzflicken 1944/46 und grundlegend erneut 1996–2002. Aufgenommen 1983.

Bau. Zu einer ehem. Burg abseits vom Dorf gehörende, kleine Saalkirche mit Rundapsis und bedeutender Ausmalung des Inneren. Aussen ist das Bruchsteinmauerwerk einschichtig deckend verputzt. Auf der Eingangsfassade liegt eine zweite, rote Putzschicht darüber, die an eine legendäre Bluttat im Jahr 1390 erinnern soll, aber wohl erst Ende 16. Jh. aufgebracht wurde (2002 gänzlich erneuert). Der Name «Chiesa rossa» nimmt auf diesen roten Fassadenanstrich Bezug.

Weisse und rote Fugen (Abb. 13–15). Ein weisses Fugennetz überzieht die gesamte Südseite sowie die westliche Eingangsseite, deren spätere rote, zum Teil abgefallene Putzschicht die Reste des ursprünglichen Fugennetzes sichtbar werden lässt. Die Apsis hat rote Fugen, die 1946 völlig neu verputzte Nordseite keine Gliederung (zur Instandsetzung 1946 s. ZAK). Die Fugen des Schiffs sind mit zwei Linien in den grauweissen, grob strukturierten Naturputz eingeritzt, in sgraffitoähnlicher Manier ausgekratzt, kantenbegradigt und mit weiss getünchtem Feinputz ausgefüllt, so dass die Fugen als 1 bis 2 cm breite Bänder leicht vorstehen. An der Apsis sind der Putz stark geglättet, die Bänder rot aufgemalt und schmaler dimensioniert, die Lagerfugen zudem mit zwei Linien eingeritzt.

Erhaltung und Zustand. Südseite und Apsis weisen umfangreiche ältere Putz- und unschöne neuere Zementflicken auf, die das Fugenbild stören. Die rote Fugenmalerei an der Apsis ist nur noch in geringen Resten vorhanden. Auf der gesamten Oberfläche liegt eine ungleichmässige, z.T. dichte dunkle Moosschicht.

Bemerkungen. Das ursprüngliche Erscheinungsbild des Aussenbaus von 1343 zeigte ein geometrisch regelmässiges Fugennetz von äusserst präzisem Lineament, das dank seiner Geschlossenheit ein sauber gefügtes Quadermauerwerk vortäuscht. Noch gut sichtbar ist es an der West- und der talwärts orientierten, blickfreien Südseite; ob ehemals auch auf der hangwärts gerichteten, neu verputzten Nordseite Fugen aufgebracht waren, ist möglich, aber am Bau nicht mehr festzustellen. Gegenüber den weiss auf rauen, relativ dunklen Putz gesetzten Fugen des Schiffs fielen die Fugen auf dem glatten, eher hellen Putz der Apsis durch ihre rote Farbe stärker ins Auge. Dadurch wurde zunächst der Eindruck einer mit grösserer Sorgfalt bearbeiteten Oberfläche hervorgerufen, ausserdem aber auch die liturgische Bauhierarchie verdeutlicht, die die Chorpartie als Ort des geweihten Altars kostbarer gestaltet als das Schiff (zum seltenen Vorkommen von roten Fugen vgl. 1.1.16–1.1.18).

Soweit bisher bekannt, handelt es sich bei der Chiesa rossa um die ältesten datierten Aussenfassaden mit einem quaderimitierenden Fugennetz in der Schweiz. Das ältere, aber undatierte Fugennetz in *Susch* (1.1.3) bildet entwicklungsgeschichtlich eine Vorstufe, das jüngere in *Celerina* (1.1.5) setzt die Tradition fort. Originalreste einer ähnlichen, jedoch weniger qualitätvollen weissen Fugenmalerei des 14./15. Jh. befinden sich unter dem Dachrand des Wohn- und Wirtschaftsgebäudes via Nobili Rusca 5 in *Mendrisio* (s. 1.3.8). In der Präzision der Fugenschnitte nah verwandt sind später die zahlreichen Quaderimitationen um 1500 an Kirchen und Kapellen in Südtirol (s. 1.1.5).

Literatur. Rahn 1891, S.472 · ZAK 8, 1946, S.121, Tf. 37 · Martinola Inventario 1975, p.133-141, ill. 219-221 · Vera Segre.- Castel San Pietro. Bern 2006, S.9-24 (SKF); keine Erwähnung der Fugennetze.

13   Castel San Pietro, Chiesa rossa 1343/45, Südseite, weisses Putzfugennetz
14   Castel San Pietro, Fugenfüllung mit getünchtem Feinputz
15   Castel San Pietro, rote Fugenmalerei an der Apsis

1.1.5 Celerina (GR, Oberengadin)

San Gian. Kirche errichtet 1478 (Jz. über dem Eingang). Am grossen Turm weisse Putzfugen aus der Bauzeit. Letzte Restaurierung 1978/80. Aufgenommen 1997.

Bau (Abb. 16) Neubau einer Saalkirche mit mächtigem Turm an der Nordseite des Chores. In die Eingangsmauer wird der kleinere, ältere Turm eines Vorgängerbaus integriert. Ein Blitzschlag zerstört 1682 den Helm des grossen Turms.

Weisse Putzfugen (Abb. 17). Auf dem Bruchsteinmauerwerk des grossen Turms liegt ein grob strukturierter, einschichtiger, ehemals relativ dicht deckender Naturputz. In den feuchten Putz wurde ein gleichmässiges Netz breiter Fugenrillen eingedrückt und mit Kalk weiss nachgezogen. Die Farbigkeit spielt zwischen einem warmen Hellgrau (Putzfläche) und einem leicht gebrochenen Weiss (Fugen). Das Fugennetz lief ehemals vom Boden bis zum Helmansatz rings um den Turm und fingierte ein Mauerwerk aus durchgehend regelmässigen Steinquadern.

Erhaltung und Zustand. Im Mittelteil des Turmschafts ist Putz samt Fugenmalerei noch gut erhalten, auf Höhe des Glockengeschosses zum Teil abgegangen, die Schattenseite (Nordosten) hat Putz und Fugennetz fast ganz verloren. Der bereits im 17./18. Jh. aufgebrachte Putz am unteren Schaft blieb undekoriert und liegt als zweite Schicht über dem mit Fugen versehenen Originalputz.

Bemerkungen. Mit dieser Art, ein Fugennetz auf Putz herzustellen, steht der Bau noch unmittelbarer als *Castel San Pietro* (1.1.4) in der Tradition von Südtirol und dem Veltlin, denn der inschriftlich genannte Baumeister stammte aus Plurs (Piuro) bei Chiavenna: Eine Steintafel über dem Eingangsportal nennt Jahr, Namen und Herkunft: «m. ccccxxv/iii . magister/Gulielm de/plurio fecit».

Ältere Beispiele dieser Art sind der Wohnturm in *Susch* (1.1.3), dessen Fugennetz zwar auf einem weniger deckenden Putz, aber in gleicher Technik aufgebracht wurde, sowie *Castel San Pietro* (1.1.4) mit seiner ausserordentlich präzisen Strichführung. Celerina zeitlich näherstehend, jedoch feiner und präziser herausgearbeitet, sind zum Beispiel die Putzfugen an der Pfarrkirche von *Brixen* (1503) oder an der 1519 errichteten Calvenschlachtkapelle bei *Laatsch* im südtiroler Vintschgau, die den gesamten Bau samt Turm überziehen (Abb. 18). Auch in der zeitgleichen, alpenländischen Malerei finden sich oft schöne Mauerbilder aus Quadermauerwerk mit deutlich wiedergegebenen Fugen, so zum Beispiel bei der Burg im Wandbilderzyklus

16 Celerina, San Gian, grosser Turm 1478, weisse Putzfugen
17 Celerina, geschlossene Putzfläche mit gleichmässigem Fugenbild
18 Laatsch, Calvenschlachtkapelle 1519, Oberfläche mit präziser Fugenzeichnung

1.1 FASSADENFLÄCHEN   Fugen- und Quadermalerei

der Georgslegende von S. Maria in Selva in *Locarno* um 1460/80 (Abb. 19), bei der Casa Lauretana des Bildstocks von S. Maria di Loreto in *Lugano* aus der Zeit 1480/1500 (1.2.15) sowie auf den zahlreichen Altartafeln von Michael Pacher (vgl. Abb. 140) oder Marx Reichlich (Jakobusaltar aus Neustift/Brixen, 1506, München Alte Pinakothek).

Literatur. Rita Muggli, Oskar Emmenegger.- Kirche San Gian bei Celerina/Schlarigna. Bern 1983 (SKF) · Zu Laatsch: André Meyer.- Verputz und Tünche an mittelalterlichen Bauten. In: Putz und Farbigkeit an mittelalterlichen Bauten. Deutscher Burgenverein. Marksburg 1993, S. 27.

Weisse Putzfugen 16. / 17. Jahrhundert

1.1.6   St-Ursanne (JU)

Rue basse 8. Rundturm im südlichen Stadtring, errichtet wohl im 16. Jh., weisses Fugennetz aus der Bauzeit. Ursprünglicher Bestand mit zahlreichen Putzflicken aus verschiedenen Zeiten. Aufgenommen 2001.

Bau. In der geschlossenen Häuserzeile entlang des Doubs steht flussseitig und nahe der Nepomukbrücke ein abgerundetes Türmchen, das Teil des 3-gesch. Wohnhauses rue basse 8 ist. Es weist vier unregelmässig über vier Geschosse verteilte, annähernd quadratische Fenster mit z.T. abgefasten Gewänden sowie zahlreiche Taubenlöcher auf und schliesst mit einem abgewalmten Satteldach in Art eines Quergiebels auf der Firsthöhe des Hausdachs ab.

Weisse Putzfugen (Abb. 20). Das Bruchsteinmauerwerk ist mit einem unten stärker, oben weniger stark geglätteten, einschichtigen Naturputz von grauem Farbton bedeckt, auf dem ein Fugennetz liegt. Die Fugen haben eine Breite von ca. 1 cm, sind eingesenkt, geglättet, weiss gefasst und so weitmaschig verteilt, dass sie sehr gross dimensionierte Quadersteine fingieren. Im Schutz des Dachüberstands blieben noch vier Lagen fast komplett erhalten, im Wandbereich darunter zahlreiche Teilstücke des weissen Lineaments, die bis in Bodennähe hinabreichen.

Bemerkungen. Wie die Reste vermuten lassen, überzog das Fugennetz ursprünglich den gesamten Turm und stellte damit eine ebenmässige Maueroberfläche aus besonders grossen Steinquadern dar. Da im Ort eine Reihe von Fenstern mit ähnlichen Gewändeabfasungen durchwegs Jahreszahlen des 16. Jh. tragen, dürfte auch das Türmchen baulich spätestens aus dem 16. Jh. stammen (oberstes Fenster jünger). Putz, Fugennetz und die abgefasten Fenstergewände bilden eine Einheit. Gegenüber den Putzfugenbildern der älteren Bauwerke in *Susch, Castel San Pietro* und *Celerina* (1.1.3 – 1.1.5) fällt in St-Ursanne die Weitmaschigkeit und das geometrische Regelmass des Netzes auf. Bemerkenswert ist zudem die gute Erhaltung eines umfangreichen Originalbestands in der Westschweiz.

19 Locarno, S. Maria in Selva, Wandmalerei im Chor, Fensterleibung, dargestelltes Quadermauerwerk, 1460/80
20 St-Ursanne, Rundturm am Stadtring, wohl 16. Jh., grossformatiges Quaderbild

1.1.7 Salgesch / Salquenen (VS)

Karengasse Haus Nr.10. Fugenbänder und Tuffsteinimitation im Putz, 1616 (Jz. am Giebel). Originalbestand. Aufgenommen 1997.

Bau. Einfaches, 3-gesch. Wohnhaus auf unregelmässigem Grundriss an Strassengabel. Auf dem verputzten Bruchsteinmauerwerk sind an allen Wänden umfangreiche Reste eines ursprünglich fast das gesamte Haus überziehenden Fugennetzes erhalten. Im teilweise glatt verputzten Giebel der vorderen Eingangsseite steht in schwarzer Schrift umrahmt «PI[?] 1616», darüber eine stilisierte Lilie (Abb. 21).

Weisse Putzfugen und Quadersteinimitation (Abb. 21, 22). Auf dem braungrauen, mit Nagelbrett tief gelochten Naturputz liegt ein Netz von ca. 2,5 cm breiten, leicht vertieften, geglätteten und weiss gestrichenen Bändern in unterschiedlichen Abständen. Sie rufen den Eindruck von Lager- und Stossfugen verschieden grosser Steinquader in quer- bis hochrechteckigen, auch dem Quadrat nahekommenden Formaten hervor.

Erhaltung und Zustand. Zahlreiche Flicke, abgefallener Putz, Risse sowie spätere Um- und Anbauten.

Bemerkungen. Kennzeichnend für dieses Fugennetz sind die beträchtlich breiten, bandartigen Fugen, die ungleichmässigen und relativ grossen Abmessungen der imaginierten Quader sowie die stark strukturierte Putzoberfläche, die ein tuffsteinähnliches Aussehen hervorruft. Die Gesamtwirkung ist altertümlich. Offenbar handelt es sich bei diesem spezifischen Erscheinungsbild um eine Wandgliederung, die zu Anfang des 17. Jh. im Wallis öfter angewendet wurde: Noch im Originalbestand vorhanden ist sie zum Beispiel an dem Haus gegenüber der Post in *Susten* aus der Zeit um 1620 und einem Haus in *Gampinen* (um 1600) oder – in jüngster Zeit rekonstruiert – am Mageran-Haus an der Herrengasse in *Leuk Stadt,* das Anfang des 17. Jh. neu errichtet wurde (Abb. 23).

Literatur. Keine. Hinweis von Oskar Emmenegger, Zizers · Zu Susten: Emmenegger 1994, S.30f · Zu Leuk: Kunsthistorisches Inventar der Stadt Leuk (Vallesia XXX, 1975, S.102).

21 Salgesch, Wohnhaus, umfangreiche Reste der Originaloberfläche von 1616
22 Salgesch, Putzdetail mit Tuffimitat und Fugenbändern
23 Leuk Stadt, Mageran-Haus, Fugennetz A. 17. Jh., komplett erneuert

1.1.8 St-Blaise (NE)

Rue de la Gare 1, La Maison Neuve. Errichtet 1660 (Jz. am Treppenturmportal). Putzfugen. Umfassende Veränderungen 1889ff, Turmaufstockung 1902. Aufgenommen 2003.

Bau (Abb. 24). Grosses, 3-gesch. Stadtpalais an Strassenkreuzung mit zwei freistehenden Fassaden und Treppenturm. Vortretender Sockel aus weissem, Eckquaderung aus gelbem Jurakalk, das Mauerwerk aus verputztem Bruchstein.

Heller Verputz mit heute schwarz gestrichenen Fugen (Abb. 25). Der vom Sockel an die Fassaden in allen Geschossen überziehende, ehemals sandfarben helle, heute stark verschmutzte Verputz weist eine grob strukturierte und in Partien des Sockelbereichs eine Steinscharrierung imitierende Oberfläche auf. Die eingetieften Fugen sind schwarz nachgezogen. Die gelben, sorgfältig scharrierten und stellenweise mit Randschlag versehenen Eckquader werden teilweise vom Putz in ihren unregelmässigen Naturformaten umrandet und teilweise so überdeckt, dass der Eindruck gequaderter Lisenen entsteht.

Bemerkungen. Der vorhandene Verputz dürfte aus der Zeit des Umbaus um 1900 stammen. Es ist aber durchaus denkbar, dass die Fassaden bereits zur Bauzeit einen Verputz mit (vermutlich weissem) Fugennetz besassen, wie er zum Beispiel am gartenseitigen Treppenturm des 1615 errichteten Hauses Grand'rue 3 (alt: 29) in *Auvernier* bis vor Kurzem noch vorhanden war (abgeschlagen anlässlich der jüngst erfolgten Erneuerung, s. Emery). – Ähnlich wie in St-Blaise dürfte auch der wohl 1936 erneuerte und mit einem Fugennetz gegliederte Verputz an der Nordseite des ehem. Pfarrhauses (ancienne cure) in *Neuchâtel,* rue de la Collégiale 2/4 auf eine ältere, spätestens Ende des 17. Jh. (evtl. zur Zeit der 1682 datierten Wappensteinkartusche) aufgebrachte Fassadenoberfläche zurückgehen.

Literatur. MAH NE II (Jean Courvoisier), 1963, p.62-67 (keine Erwähnung des Verputzes) · Zu Auvernier: Marc Emery.- Inventaire et conservation des monuments d'art et d'histoire: Vers un regard pluriel. (Musée Neuchâtelois Nos. 3.4, 1987, p.130, fig. 4).

1.1.9 Fiez (VD)

Maison Henri Gilliard, sogenannte Maison bernoise. Errichtet 1683 (Jz. am Oberlicht des Hauseingangs). Weisse Fugen an Haus und Torbau aus der Bauzeit und später. Zurückhaltend konserviert und ergänzt um 1995. Aufgenommen 2000.

Bau. Freistehendes, behäbig breit gelagertes, 2-gesch. Bauernhaus mit Krüppelwalmdach und Holzlaube an der Eingangsseite (vordere Giebelwand). An der Strassenseite der Ummauerung ein hoher rundbogiger Tordurchgang mit Satteldächlein. Die beiden Trauf- und die Eingangsfassaden erfuhren Veränderungen (u. a. Fenster), die rückseitige Giebelwand dürfte noch weitgehend der Anlage von 1683 entsprechen.

Weisse Putzfugen. Das Haus ist ringsum, die Tormauer an der Aussen- und Innenseite verputzt und mit einem weissen Fugennetz von ca. 1,5 cm breiten Linien versehen. Noch aus der Bauzeit 1683 dürften der Bestand am strassenseitigen Obergeschoss (Abb. 26) und die Reste an der hinteren Giebelseite des Hauses herrühren. Verwendung fand ein heller Naturputz, in den die Fugen eingedrückt und weiss gestrichen wurden (Abb. 27). Die Partien am EG der Eingangsfassade und am Tor zeigen nur aufgemalte, nicht eingedrückte Linien und zum Teil einen gelben Anstrich (Abb. 28). Sie weisen zahlreiche Fehl- und Flickstellen auf. Wahrscheinlich handelt es sich hier um eine spätere Fassung bzw. Erneuerung. Aus einer dritten Phase dürfte das weiss aufgemalte Fugenlineament im OG der Eingangsfassade und an der hofseitigen Trauffassade auf ebenfalls gelbem Putz stammen.

24 St-Blaise, La Maison Neuve, erbaut 1660 mit Putzfugen, Bestand wohl um 1900

25 St-Blaise, Eckquaderung und Putzoberfläche mit schwarz nachgezogenen Fugen

Bemerkungen. Vermutlich war bereits zur Bauzeit das ganze Haus samt Tormauer mit Fugennetzen bedeckt, die mindestens zweimal in grösseren Teilen erneuert und vielfach geflickt worden sind. Es handelt sich um ein bemerkenswertes waadtländisches Beispiel einer ehedem verbreiteten, aber nur noch selten vorhandenen Quaderimitation auf Naturputz an einem Wohnhaus («L'enduit de ses murs est encore décoré d'assises simulée, en peinture, détail caractéristique noté aussi à Valeyres», s. Lit.). Reste eines ähnlichen Fugennetzes erhielten sich zum Beispiel noch an einem Wohn- und Wirtschaftsgebäude aus dem 14./15. Jahrhundert in *Mendrisio,* via Nobili Rusca 5 (1.3.8). Die Mauerbilder der Walliser Profanbauten aus dem 17. Jh. haben durch ihre weitmaschigen und breit gebänderten Fugennetze hingegen einen anderen Charakter (1.1.7).

Literatur. Maison bourgeoise XXV, 1933, p. XLII, pl. 40 · Den Hinweis auf den Bau verdanke ich Eric Teysseire, Denkmalpflege Kt. Waadt.

26 Fiez, Maison bernoise, Strassenfront mit Resten von Putzfugen 1683
27 Fiez, Eckpartie der Strassenfront, Fugen eingedrückt und weiss gestrichen
28 Fiez, Strassenseite der Tormauer, geschlossenes Fugenbild, z.T. ergänzt

1.1 FASSADENFLÄCHEN   Fugen- und Quadermalerei

Weisse Fugenstriche 16./17. Jahrhundert

1.1.10 Fribourg/Freiburg

Jesuitenkollegium St. Michael. Ostflügel (heutiges Gymnasium), erbaut 1585/86, später folgten Veränderungen. Weisse Fugenstriche, wohl aus der Bauzeit. Rekonstruiert 1992/93. Aufgenommen 1995.

Bau. Die Anlage des Kollegiums besteht im Wesentlichen aus drei langgestreckten, 3-gesch. Flügeln, die einen weitläufigen Hof bilden. Für das Mauerwerk wurden grosse Quader aus Molassesandstein verwendet, für den Sockelbereich hingegen vorwiegend Quader aus Kalktuff (geeignetere Sperre für aufsteigende Bodenfeuchtigkeit).

Weisse Fugenstriche (Abb. 29, 30). Die Hof- und Stirnseite des Ostflügels sind mit einer mehrschichtigen, die Sandsteinquader deckenden Kalkschlämme, hellgrauem Kalkanstrich und aufgemaltem weissen Fugennetz versehen. Die gemalten Lager- und Stossfugen entsprechen nicht genau den darunter liegenden Quaderfugen, sondern sind zugunsten eines gleichmässigeren Quadermauerbildes leicht verschoben. Die bis zu drei Lagen versetzten Tuffquader am Mauersockel blieben ohne Verputz und Bemalung, ebenso sind die Fassaden des West- und des Nordflügels (Abb. 29, links) heute unverputzt und steinsichtig. Auf dem z.T. überarbeiteten Sandstein des Westflügels liegen noch zahlreiche kleine Flecken älteren Verputzes, allerdings ohne Fugenstriche.

Erhaltung und Zustand. Die heutige Schlämmschicht und Fugenmalerei des Ostflügels ist nach dem Vorbild von Originalresten unter der Dachtraufe rekonstruiert worden. Die Reste liegen z.T. unter der Neufassung. Da die Oberfläche der Tuffquader im Sockelbereich keine Hinweise auf eine ehemalige Beschichtung zeigte, verzichtete man hier auf eine neue Fassung.

Bemerkungen. Die am Ostflügel rekonstruierte Fugenbemalung stammt vermutlich aus der Bauzeit nach 1585 und befand sich wohl an allen Flügeln des Kollegiums und ebenso am Kirchenbau von Abraham Cotti (Reste erkennbar). Die dünne, mit sehr feinem Sand versetzte Kalkschlämme und das geometrisch genaue Fugennetz wiederholen idealisierend das darunter liegende Mauerbild der Sandsteinquader mit ihrer grüngrauen Naturfarbe, ihrer ebenmässigen Oberflächenstruktur und dem schmalen Fugenspalt der sorgfältig behauenen, versetzten und vermörtelten Werkstücke. Abgesehen von dem ästhetischen Aspekt diente eine die Abwitterung verzögernde Schlämmschicht auch als Schutz des Steins. An vielen historischen Sandsteinfassaden in Freiburg weisen Beschichtungsreste darauf hin, dass derartige Schlämmschichten und Fugenzeichnungen üblich gewesen sind. Die heutige Steinsichtigkeit zahlreicher Bauwerke dürfte also nicht ihrem ursprünglichen Aussehen entsprechen (vgl. die Häuser in Fribourg von 2.1.17, 2.1.18). Offen bleibt die Frage, ob auch die Tuffsteine des Mauersockels überschlämmt oder verputzt waren. Die heutige Situation macht einen unfertigen Eindruck; man würde bei dem durch Malerei egalisierten aufgehenden Sandsteinmauerwerk eher einen entsprechenden, ebenmässigen Sockel erwarten. – Das Jesuitenkolleg in Fribourg präsentiert sich als Beispiel eines Fugennetzes von ästhetisch hoher Qualität. Zu Abraham Cotti vgl. 2.2.9.

Literatur und Auskünfte. KDM FR III (Marcel Strub), 1959, p.137-143 · De Quervain Gesteinsarten 1983/85 Bd. 10, S.1-28 · Dank für Auskünfte von Hermann Schöpfer, Kunstdenkmäler-Inventarisation Freiburg; Peter Zubal, Atelier St-Luc, Freiburg; Christoph Zindel, Kunstgewerbeschule Bern.

29 Fribourg, Jesuitenkollegium, Ostflügel 1585, Putz mit gleichmässigem Fugennetz
30 Fribourg, weitmaschiges, weiss aufgemaltes Fugennetz, erneuert

1.1.11 Cumbel (GR, Lugnez)

Porclas («Frauentor»). Tormauer einer ehemaligen Strassensperre, ca. 1,5 km talabwärts von Cumbel. Errichtet 14. Jh. (die Restaurierungstafel von 1858 nennt die Jzz. 1321 und 1352). Ehemalige Fugenstriche und Wappenbild, wohl 17. Jh.; aufgenommen 1996.

Bau (Abb. 32, 33). Freistehende, ca. 6 m hohe Tormauer mit Schindeldach, der Durchgang nordostseits spitzbogig. Noch um 1830 führte der Fahrweg durch das Tor (Litho von H. Gaugain), später oberhalb an ihm vorbei. Heute steht das Bauwerk unmittelbar neben der Autostrasse. Zum Bauanlass («Werdenberger Fehde») siehe Poeschel.

Fugenmalerei (Abb. 31, 34). Zwei Tuschzeichnungen von Johann Rudolf Rahn aus dem Jahr 1906 geben eine nicht mehr vorhandene Fugenbemalung wieder. Danach besteht das seinerzeit schadhafte Bauwerk aus Bruchstein (plattigem Kalk) und war (wie heute) unter Aussparung der Hausteine des spitzen Torbogens gänzlich verputzt. Etwa ab Mannshöhe trug der Putz auf der gesamten Fläche beider Hauptseiten ein gleichmässiges Fugennetz, in das südwestseits ein grösseres Wappenbild mit Waffentrophäen integriert war (dieses wurde 1912 durch ein kleines, mit «Sanct Mauritius, AB 1912» bezeichnetes Steinrelief ersetzt).

Erhaltung. Nach Poeschel und den Schrifttafeln im Durchgang wurde das Tor 1858 und 1912 restauriert, wobei man offensichtlich den gesamten Putz erneuerte, ohne dass man das Wandbild erhalten oder die Fugenstriche wieder aufgebracht hätte. Aus jüngerer Zeit stammen einige Flicke im Verputz.

Bemerkungen. Auffallend an Rahns Zeichnungen sind die breiten Striche der ehemaligen Fugenmalerei und die aus ihren weiten Abständen resultierenden, enormen Quadergrössen, die den Wehrcharakter des Bauwerks mit illusionistischen Mitteln überzeugend verdeutlichen: Hier der einfache (billige) Bruchstein, aus dem die Mauer de facto besteht, und da der (teure), aber nur aufgemalte Quadermegalith, aus dem ein Wehrbau eigentlich besteht.

Die von Rahn wiedergegebenen horizontal bzw. radial versetzten Scheinquader an der Wand und über dem Stichbogen des Durchgangs nehmen auf das grosse Wappenbild Bezug (Abb. 31),

31 Cumbel, Porclas, Zeichnung Joh. Rudolf Rahn 1906, Bergseite mit grossem Wappenbild
32 Cumbel, Bergseite mit kleinem Steinrelief des hl. Mauritius von 1912
33 Cumbel, Porclas, 14. Jh., mehrfach restauriert, heute glatt verputzt
34 Cumbel, Zeichnung Joh. Rudolf Rahn, Zustand 1906 mit weitmaschigem Fugennetz

35 Genf, Maison Tavel, Hausteinfassade um 1334, Schwarzanstrich und weisses Fugennetz nach 1680, restauriert (Foto ca. 1985)
36 Genf, Obergeschoss mit skulpturaler Fassadengliederung um 1334 (Foto 2003)

so dass die Quadermalerei wohl nicht aus der mittelalterlichen Bauzeit stammt, sondern gleichzeitig mit dem stilistisch ins 17. Jh. zu datierenden Bild entstand.

Literatur. Erwin Poeschel.- Das Burgenbuch von Graubünden. Zürich/Leipzig 1930, S. 248, Tf. 68 (Litho von H. Gaugain) · Karl Rahn, Ursula Isler-Hungerbühler.- Bündner Kunst- und Wanderstudien. Aus Johann Rudolf Rahns Skizzenbüchern. Chur 1986, S. 172 mit Abb.

1.1.12 Genève/Genf

Rue du Puits-Saint-Pierre 6, Maison Tavel. Bürgerhaus, heute historisches Museum. Älteste Bauteile 13. Jh., im Wesentlichen neu errichtet nach Brand 1334, verschiedene Veränderungen bis ins 19. Jh.; Strassenfassade mit Skulpturen um 1334 und Schwarzanstrich mit Fugenmalerei wohl im Zuge der umfangreichen Bautätigkeit nach 1680. Bauuntersuchung und Restaurierung 1972–1984. Aufgenommen 1992 und 2003.

Bau (Abb. 35). Grösserer Baukomplex mit Schaufassade in geschlossener Strassenzeile. Die Fassade (Osten) verfügt über drei Wirtschafts- und Wohngeschosse auf hohem Kellergeschoss, gegliedert in unten fünf, oben vier ungleiche Fensterachsen. Rechts anschliessend ein vorstehender Rundturm auf Vierkantpfeiler, den Dachfirst überragend. Mehrere gotische Fenster mit abgefasten Gewänden, im EG ein kleines spitzbogiges Masswerkfenster und ein spitzbogengerahmtes, vertieftes Tympanon mit dem Wappen Tavel. Die übrigen hochformatigen Rechteckfenster stammen vom Umbau im 17. Jahrhundert.

Fugennetz und Wandskulpturen (Abb. 36–38). Die Hauswand und der Turm bestehen aus sorgfältig behauenen Steinquadern. Im Sockelbereich ist es weisser, ungefasster Kalkstein, darüber im Wesentlichen grünstichig heller, vereinzelt rote Einschlüsse aufweisender Sandstein (molasse, pierre du lac) und am Turm oberhalb der Dachkante verschiedenes Material, u. a. Kalktuff und Ziegel. Die Haus- und Turmwände sind nicht verputzt, aber oberhalb des Sockels einheitlich mit einer tief dunkelgrauen, inzwischen aufgehellten Kalktünche gestrichen und sehr regelmässig mit weissen Fugen versehen, die nicht den Steinfugen folgen. Die jüngeren Fenster des Mittelgeschosses unterbrechen die spätgotischen, abgewinkelten und ehemals fensterrahmenden Gesimse, auf deren Ecken sich acht der insgesamt zehn spätgotischen Menschen- und Tierköpfe befinden (drei der vier Tierköpfe sind stark abgewittert). Die Gesimse sowie das Wappentympanon haben ihre natürliche helle Sandsteinfarbe.

Befund der Farbfassungen. Vor der jüngsten Restaurierung waren Wände und Skulpturen hell gestrichen (nach Auskunft von Gerard Deuber eine Fassung aus dem Anfang des 19. Jh.). Die gotischen Skulpturen wiesen unter dieser hellen Schicht beträchtliche Reste ihrer ursprünglichen Buntfassung auf, wohingegen die schwarzweisse Quadermalerei der Wände aus dem 17. Jh. nur noch in minimalen Resten vorhanden war. Die buntfarbige Fassung der Skulpturen wurde freigelegt (inzwischen weitgehend abgegangen), die schwarzweisse der Wand auf der gesamten Fassade einschliesslich des Turms rekonstruiert. Hinweise auf die Farbigkeit der Wand vor dem 17. Jh. sind nicht festgestellt worden.

Bemerkungen. Das Haus Tavel gehört zu den bedeutendsten Bauten unter den mittelalterlichen Stadthäusern der Schweiz mit Fassadenskulpturen höchsten künstlerischen Ranges. Ehemals noch verfeinert durch ihre Buntfarbigkeit, müssen die Köpfe auf dem dunklen Wandgrund wie Schmuckstücke erschienen sein. Dieses zum Teil wieder vorhandene Aussehen – selbst in ihrer heute hellen Natursteinfarbe haben die Bildwerke nichts von ihrem bildhauerischen Wert verloren – existierte aber vermutlich nur vom späten 17. bis ins frühe 19. Jahrhundert. Das spätmittelalterliche Erscheinungsbild ist nicht mehr fassbar.

Der Farbauftrag auf der Wand vereinheitlicht das farblich und strukturell unterschiedliche Hausteinmaterial. Dass aber keine der natürlichen hellen Sandsteinfarben, sondern ungewöhnlicherweise eine Schwarzfassung gewählt wurde, könnte mit der zuvor erfolgten dunkelfarbigen Neufassung im Innern der *Kathedrale St-Pierre* in Verbindung gebracht werden: Nach verschiedenen mittelalterlichen Fassungen mit Buntfarben erhielten die Pfeiler, Gesimse und Bögen der Kathedrale eine schwarze, weiss gefugte Quaderfassung. Sie erfolgte aufgrund einer Verfügung des Stadtrats aus dem Jahr 1643. Es ist durchaus denkbar, dass sie für die in unmittelbarer Nachbarschaft der Kathedrale liegende Maison Tavel als Vorbild diente.

Literatur. Maison bourgeoise II, 1912, S.XVII-XIX, Taf. 3-4 · Gerard Deuber.- La Maison Tavel à Genève. In: Unsere Kunstdenkmäler 1982, S.68-73 · Armand Brulhart, Erica Deuber-Pauli.- Ville et Canton de Genève. Genève 1985, p. 47s. (Arts et monuments, hg. Gesellschaft für Schweizerische Kunstgeschichte) · Les couleurs dans la ville. Etude sur les façades de Genève. Genève 1985, ill. p.93. (Département des Travaux Publics du Canton de Genève, Service des Monuments et des Sites) · Informationen verdanke ich Cathérine Courtiau und Gerard Deuber, Genf, sowie Théo-Antoine Hermanès, Siena (umfassender Bericht der Bauuntersuchungen vorgesehen) · Zur Kathedrale: Théo-Antoine Hermanès.- Traveaux effectués à l'intérieur… In: Cathédrale Saint-Pierre Genève 1973-1993. Rapport de restauration. Genève 1993, p.100-103.

37 Genf, Maison Tavel, gotische Kopfskulpturen mit Resten originaler Buntfassung
38 Genf, Detail der getünchten Steinoberfläche mit den aufgemalten Fugen

1.1 FASSADENFLÄCHEN   Fugen- und Quadermalerei

Quaderwände in Sgraffito 17. Jahrhundert

1.1.13 Lugano (TI)

Kathedrale San Lorenzo, Sakristei («Borghetta»). Sgraffitierte Quaderimitation, Jz. 1670. Weitgehend original. Aufgenommen 1981.

Bau. Die 2-gesch. Sakristei ist stumpfwinkelig an das Südquerhaus der nach Westen gerichteten Kirche angebaut und in den Hof des Bischofspalasts eingebunden. Das heute zugemauerte rundbogige Marmorportal, das die 3-achsige Hofwand dominiert, wurde aus anderem Zusammenhang hierher versetzt (Jz. 1488 im Scheitel).

Hofwand mit Quaderbild in Sgraffito. Im dicht abdeckenden und gut geglätteten, graubräunlichen Verputz wurden die Quaderflächen in Sgraffitotechnik so herausgekratzt, dass ihre Kanten als Stege der weiss gekalkten Oberfläche stehen blieben und sich wie ein doppelliniges Netz von Lager- und Stossfugen gleichmässig über die gesamte Wand ziehen. Den Traufabschluss bildet ein Bogenfries. Das schräge Gewände des hohen, an die Kirchenmauer stossenden Stichbogenfensters ist ins Quaderbild einbezogen (Abb. 39), nicht jedoch die Gewände der vier kleinen, rechtwinkelig eingelassenen (deshalb späteren?) Fensteröffnungen links des Marmorportals. Über dem Scheitel des Fensterbogens ist ein Medaillon mit der Darstellung des Kirchenpatrons St. Laurentius in das Fugenbild integriert. Mitten im linken Wandabschnitt trägt eine Quaderfläche, gut lesbar, die sgraffitierte Jahreszahl 1670 (Abb. 40).

Erhaltung und Zustand. Der weitgehend erhaltene, schöne Originalbestand ist im Bereich der oberen Fenster und am Traufrand durch Wasserschäden gefährdet (Schäden verstärkt bei Augenschein 2005). Erneuert sind der Sockel (Zement-Besenwurf) und die untersten drei Steinlagen.

Bemerkungen. Die einfache Quaderimitation der Sakristei von San Lorenzo ist handwerklich sorgsam ausgeführt und trägt vielleicht deshalb, aber ungewöhnlicherweise eine Jahreszahl (auch bei 1.1.14). Das Mauerbild vertritt die schlichte, sich im Wesentlichen auf Fugennetze beschränkende Form fassadendeckender geometrischer Sgraffitomusterungen, die bereits spätmittelalterlich in Rom und vor allem in der Toskana, hierzulande erst im 16. und 17. Jh. geläufig waren und heute noch besonders im Tessin erhalten sind, so zum Beispiel im 16. Jh in *Morcote* Casa Tettamanti, Palazzo Paleari, Alta Casa Ruggia (Abb. 41) und in *Ascona* Casa degli Angioli. Ähnlich einfache Quaderflächen in Sgraffito aus dem 17. Jh. weisen die Casa

39 Lugano, S.Lorenzo, Borghetta, Putzquader und Medaillon hl. Laurentius in Sgraffito
40 Lugano, sgraffitierte Jahresziffern 1670
41 Morcote, Alta Casa Ruggia, Innenhof, Quaderungen in Sgraffito, 16. Jh.

Serodine in *Ascona* (1.1.26) und die Santa Casa Lauretana in *Sonvico* (1.2.12) auf. Interessant ist der Hinweis, dass die Bearbeitung von Fassadenoberflächen mit sgraffitierten (z.T. mit Ornamentfriesen durchsetzten) Quaderimitationen von Tessiner Baumeistern nach Osteuropa, u.a. nach Polen gebracht wurde, so insbesondere von Giovanni Battista Quadro aus Lugano, der 1550/55 dem Rathaus von *Posen* sein heutiges Aussehen gab (Andrzejewski).

Literatur. Isidoro Marcionetti.- La chiesa di San Lorenzo in Lugano. Storia e simbologica. Lugano 1972, Tav. 53 (hl. Laurentius) · Eduardo Agustoni.- Facciate dipinte e artisti dei Laghi. In: Decorazioni Luganese 2002, S.10, Anm. 3 · Marek Andrzejewski.- Schweizer Baumeister im Polen des 16.-18. Jahrhunderts. In: Kunst + Architektur 2004/3, S.39.

1.1.14 Guarda (GR, Unterengadin)

Haus Nr. 51. Wohnhaus 1645 (Jz. auf Spruchtafel), Scheune 1613 (Jz. im Sgraffito). Architektonischer und dekorativer Sgraffitodekor aus der jeweiligen Bauzeit. Konserviert und ergänzt 1940. Aufgenommen 1999.

Quaderdarstellungen in Sgraffito (Abb. 42). Während die giebelseitig zum Brunnenplatz («Plazzetta») stehende Hauptfassade des 2-gesch. Bauernhauses durchgehend mit reichen Architektur- und Ornamentmotiven samt Spruchtafeln sgraffitiert ist, ist die rückversetzt angebaute Scheune nur mit einem Naturputz bedeckt. Lediglich auf den Ecken, die giebelseitig von zwei mächtigen, geböschten Stützpfeilern bis zum Dachansatz verstärkt werden, liegt eine sgraffitierte Quaderung aus Läufern und zweifachen Bindern mit konturierten, abgeflachten Diamantbuckeln, die auf der flachen Wand in einfaches Quaderwerk übergehen. Dem obersten Quader des strassenseitigen Pfeilers sind unterhalb des abschliessenden Klötzchenfrieses die Jahresziffern 1613 eingeschrieben.

Bemerkung. Beispiel eines weitgehend originalen, datierten und gut erhaltenen Fugennetzes, das innerhalb eines grösseren, mit aufwändigem Sgraffitodekor ausgestatteten Hauskomplexes einen untergeordneten Bauteil mit einem einfachen Motiv verziert. Die einfacheren Formen des Scheunendekors gegenüber dem Hausdekor – hier sind die Diamantquader noch flach, dort schon perspektivisch dargestellt – dürften auch mit der Zeitdifferenz (1613 bzw. 1645) zusammenhängen.

Literatur. KDM GR III (Erwin Poeschel) 1940, S.512 · Nott Caviezel.- Guarda. Bern 1985, S.24 (SKF).

42 Guarda, Haus Nr. 51, sgraffitierte Putzquaderung und Jahresziffern

1.1.15 Zuoz (GR, Oberengadin)

San Bastiaun 18, Haus Willi. Wohn- und Geschäftshaus. Umfassend saniert. Sichtfenster einer flächendeckenden Diamantquaderung in Sgraffito wohl 17.Jh., aufgenommen 1999.

43   Zuoz, Haus Willi, sanierte Strassenfassade
44   Zuoz, Haus Willi, Originalrest der sgraffitierten Diamantquaderung, 17. Jh.

Mauerverband aus Diamantquadern in Sgraffito (Abb. 43, 44). Der Neuverputz des dreieinhalbgesch. Baus mit neuer Eck- und Lisenenquaderung in Sgraffito spart an der rechten, strassenseitigen Hauskante auf EG-Höhe ein ca. 1,5 × 1,5 m grosses Feld der darunter liegenden Mauer aus. Dabei werden vier Lagen von jeweils zwei, präzise versetzt dargestellten Diamantquadern sichtbar. Die Konturen sind sorgfältig in den geglätteten Verputz eingeritzt. Die unteren und seitlichen Schattenpartien der Diamantbuckel haben Naturputzfarbe, die Lichtflächen waren weiss gekalkt. Die Putzoberfläche ist aufgehackt (Haftgrund für Überputzung). Auf Grund dieses Originalbefunds ist anzunehmen, dass die ganze ursprüngliche Wandfläche oder grosse Teile davon als Mauerverband aus Diamantquadern dargestellt war – ein seltenes Beispiel sgraffitierter Flächenquaderung im Diamantschnitt.

Literatur. KDM GR III (Erwin Poeschel) 1940, S.430.

Rote Fugenstriche 16. Jahrhundert

1.1.16 Utzenstorf (BE)

Kirche ehem. St. Martin. Neubau von Schiff und Chor 1522 mit roten Fugenstrichen. Jüngste Freilegung, Konservierung und Wiederherstellung um 1996/97. Aufgenommen 2001.

Bau. Einschiffiges Langhaus mit eingezogenem Polygonalchor und später, 1557, zugefügtem Nordturm. Belichtung durch hohe spitzbogige Masswerkfenster (je drei im Schiff und eins pro Wandabschnitt im Chor) sowie ein Rund- und ein Schartenfenster im Westgiebel. Der Chor ist aussen insgesamt, das Schiff nur zum Teil mit roten Fugen bemalt. Der hell verputzte Turm hat keine Farbfassung.

Rote Fugenstriche (Abb. 45–48). Schiff und Chor haben einen relativ rauen, hell gestrichenen Verputz, der an den steinsichtig belassenen Langhausecken, Fenstergewänden und Traufgesimsen bündig ausläuft. Das rote Fugennetz am Chor bedeckt diesen durchgehend von der Sockelschräge bis zur Dachkante, am Schiff liegt es nur auf den Bauecken und umfasst die Fenster. Das gekehlte und mit roten Stossfugen bemalte Traufgesims läuft um den gesamten Bau. Bei den Sichtsteinen folgen die Fugenstriche etwa den Quaderkanten, deren ungleichmässige Seitenbeschnitte sie rechtwinkelig begradigen. Auf den verputzten Wandflächen am Chor ist das Fugenbild nur unterhalb der Fenster in sauberen Lagen, zwischen den Fenstern in Höhe und Breite jedoch unregelmässig aufgemalt. Während der Anstrich am Chor mit der gleichen hellen Farbe auf Putz und Sichtquadern liegt, sind am Schiff die verputzte Mauerfläche und die rot gefugte Sichtquaderung in zwei hellen Farbstufen voneinander abgesetzt, wobei die undekorierten Wandflächen heller erscheinen. Für die Sichtsteine wurde Berner Sandstein und Kalktuff verwendet. Das sichtbare Quaderwerk des Turms (vorwiegend Tuff) ist hell überstrichen, die Fugen heben sich von den porösen Steinflächen dank feiner Mörteloberfläche leicht ab.

Befund und Restaurierung. Die heute sichtbare Fassung stammt im Wesentlichen von 1522. Lediglich ein Tuff imitierender gelblicher Anstrich auf den in ihrer Naturfarbe grünlichen Sandsteinquadern gehört den Befunden nach zu einer wenig später aufgebrachten, im Übrigen aber deckungsgleichen, zweiten Farbschicht. Nach Originalresten zu schliessen war ursprünglich am Schiff ein mit rotem Horizontalstrich kenntlich gemachter Sockelstreifen vorhanden. Der später angebaute Turm wurde, wie das Schiff, mit rot gefugten Fenstereinfassungen und Eckquadern ausgestattet, möglicherweise sogar auch mit rotem Fugennetz auf den Mauerflächen. Diese spätgotische Aussenfassung wurde im 17. Jh. von einer neuen Putzschicht mit grauem Fugennetz, vermutlich im 19. Jh. nochmals mit neuer Oberfläche und schliesslich in den 1930er Jahren mit einer 10 cm (!) starken Zementschicht überdeckt. Bei der jüngsten

45 Utzenstorf, St. Martin, Chorpartie, getüncht mit roten Fugenstrichen, 1522

1.1 FASSADENFLÄCHEN Fugen- und Quadermalerei

Freilegung blieben am Chor grosse Teil des ursprünglichen Verputzes samt Fugenbild erhalten. Der heutige Putz des Schiffs ist hingegen weitgehend neu (Originalrest beim Seiteneingang). Die Sockelbemalung am Schiff und das eventuell vorhanden gewesene rote Fugennetz am Turm wurden nicht rekonstruiert.

Bemerkungen. Selten erhaltene, spätgotische Aussenfassung eines Kirchenbaus mit rot gefugter Quaderimitation, die die liturgisch bedeutende Ostpartie durchgehend und das Schiff stellenweise überzieht. Im Unterschied zu der regelmässig aufgetragenen Quaderkontur der Läufer und Binder an den Bauecken und der gleichmässigen Umrandung der Bogenpartie um die Masswerke springen die ungeordneten Grössenunterschiede der Quaderzuschnitte am Chor und seitlich der Fenster signifikant ins Auge. Insgesamt stellt sich ein schönes, weitgehend geschlossenes Erscheinungsbild dar und somit ein farblich sehr bemerkenswertes Beispiel einer spätmittelalterlichen Quaderimitation. Vgl. die restlichen roten Fugen am Chor der Chiesa rossa von 1343/45 in *Castel San Pietro* (1.1.4).

Informationen. Für detaillierte Hinweise zu Befund und Restaurierung danke ich Ueli Fritz, Bern.

1.1.17 La Sarraz (VD)

Mittelalterliches Schloss. Hoffassade des Nordflügels mit roten Fugenstrichen, wohl 16. Jh., Restaurierung 1989/90. Aufgenommen 2000.

Rote Fugenstriche (Abb. 49). Der als Wohnbau hinter den mächtigen Türmen der Schlossanlage errichtete Nordflügel war an seiner 2-gesch., zum Binnenhof orientierten Fassade mit einem roten Fugennetz überzogen. Die konservierten Reste dieses Linienwerks liegen auf einem welligen, ungeglätteten (neu) geweisselten Verputz und erhielten sich im Bereich der beiden spätgotischen Fenster am rechten Fassadenteil. Der Abstand der Lagerfugen fingiert unterschiedlich hohe Quaderlagen. Es ist anzunehmen, dass die Fugenstriche vor dem Einsatz der beiden spätgotischen Fenster im EG und OG aufgemalt wurden, da Fenstergewände und Fugenlineament nicht aufeinander abgestimmt sind.

Bemerkungen. Die Fugenbemalung fällt in die Bauzeit der beiden rechtwinkelig zueinander liegenden und den Hofraum bildenden Wohnflügel des Schlosses, die im Zuge der jeweiligen Erneuerungen nach den zwei Grossbränden 1475 und 1536 entstanden. Im Zusammenhang mit anderen roten Fugennetzen am Äusseren wie die in *Utzenstorf* (1.1.16) und *Nyon* (1.1.18) dürfte eher eine Datierung gegen Ende der möglichen Zeitspanne zwischen 1475 und 1536 in Frage kommen. Vermutlich umfasste die Fugenmalerei die gesamte Nord-, vielleicht auch die Ostfassade. Sie griff damit ein im Schloss vorhandenes Wandmotiv wieder auf, das bereits an den inneren Schiffswänden der am Burgring um 1360/70 erstellten Kapelle St. Antoine vorhanden war. – Rote Fugenmalerei auf hellen Putzen erhielt sich aus verständlichen Gründen in Innenräumen besser als an Aussenmauern, wie es zahlreiche mittelalterliche Beispiele belegen, so etwa die Fugennetze in der Klosterkirche von *Romainmôtier* (Abb. 50), in der Abtei *Bonmont* von *Chéserex,* im Kloster *Kappel am Albis* (Zwinglisaal), in der Predigerkirche *Basel* oder im Haus zur Hohen Eich, Spiegelgasse 13 in *Zürich.*

Literatur. Eric Teysseire.- Le château de La Sarraz. In: ICOMOS 90. Lausanne 1990, p.100-103 (mit Hinweis auf Restaurierungsbericht).

46 Utzenstorf, St. Martin, Südostecke, rote Eckquaderfugen und umquadertes Masswerkfenster
47 Utzenstorf, Chorfenster mit übertünchten Quadern und bündig anschliessendem Wandputz
48 Utzenstorf, Eckquader mit seitlicher Begradigung durch rote Fugenstriche

1.1.18 Nyon (VD)

Schloss, Nordwestturm (Tour de l'horloge). Im Kern angeblich romanisch, Wehrgang und Zeltdach errichtet um 1576/77. Am Wehrgang rote Fugenstriche aus der Bauzeit. Totalrenovation im Gang (Abschluss voraussichtlich 2005). Aufgenommen 2000.

Rote Fugenstriche (Abb. 51). Der ringsum sichtbare, von den vorkragenden Konsolen des Pechnasenkranzes getragene Wehrgang am markanten, viereckigen Nordwestturm ist wie der Turmschaft hell verputzt und zusätzlich mit einem regelmässigen, weitmaschigen Netz roter Quaderfugen bemalt. Diese Fugenmalerei wurde nach Befund rekonstruiert.

Bemerkung. Der sich vom Schlosskomplex abhebende, viereckige Einzelturm wird durch die Fugenmalerei in seiner oberen Partie besonders hervorgehoben. Die rote Farbe verleiht dem Fugennetz einen schmückenden Charakter und macht den Turm zum Blickfang der gesamten Anlage.

Literatur. Château de Nyon, Restauration et transformation. In: Bulletin des Amis des Musées de Nyon, no 47, juin 2000, p. 2-6, ill. (keine Erwähnung der roten Fugenmalerei).

Buntfarbige Quader 15. – 17. Jahrhundert

1.1.19 Giubiasco (TI)

Santa Maria Assunta, Westfassade. Ehemalige Einfassung eines Christophorusbildes mit fünffarbiger Quadermalerei, beides 1. H. 15. Jh.; 1931 restauriert und neu verputzt ohne Quadermalerei, 1943 neues Christophorusbild. Aufgenommen 1983 (inzwischen nochmals restauriert 2000/01).

49 La Sarraz, Schloss, verputzte Hoffassade mit Resten roter Fugenmalerei, 16. Jh.
50 Romainmôtier, Klosterkirche, Schiffsgewölbe mit roter Fugenmalerei, 11. Jh.
51 Nyon, Schlossturm, rote Fugenmalerei am Wehrgang 1576/77, rekonstruiert

Bau (Abb. 54). Einschiffige Kirche mit romanischem Turm 12. Jh., im 15. und 17. Jh. beträchtlich erweitert. Im Neuverputz der purifizierten Westfassade geben Konturen den Verlauf der älteren Giebel und ein etwas dunkleres Feld die ungefähre Ausdehnung der ehemaligen Quadermalerei an.

Ehemalige Quadermalerei (Abb. 53). Dank einer Zeichnung und Beschreibung aus dem Jahr 1885 von Johann Rudolf Rahn ist die spätmittelalterliche Quaderbemalung der Fassade überliefert. Sie wurde 1931 entfernt, übrig blieb nur das 1943 historisierend neu gemalte Christophorusbild, das sie eingefasst hatte. Rahn beschreibt die Quadermalerei wie folgt: «Das Giebeldreieck ist von einer weissen Borte umrahmt, und mit einer gelben Schichte beginnend, in waagrechte Streifen abgetheilt, die abwechselnd roth und grün bemalt und durch weisse Lineamente als Quaderschichten charakterisiert sind. Unter dem Giebel nimmt zur Rechten des schmucklosen viereckigen Portales ein grosses Quadrat den Rest der Frontbreite ein. Eine gelbe Bordüre umrahmt dasselbe und Kreuzstreifen von gleicher Farbe theilen es vierfach ab. Diese Quartiere ihrerseits sind durch lilafarbene Streifen in 9 kleine Quadrate getheilt: eine weisse Mitte, mit rothen Kreuzarmen und grünen Eckquartieren …».

Bemerkungen. Die Quadermalerei, die fast die gesamte damalige Fassade einnahm, bildete eine geometrisch ungewöhnlich differenziert gegliederte, für das Christophorusbild sinnfällige Umrahmung, die mit ihrer ungewöhnlichen Anzahl von fünf Farben die Farbigkeit des Bildes fortgeführt zu haben scheint. Denn nach der Skizze von Rahn gleicht die Figur des originalen Christophorus weitgehend der des gleichzeitigen Christophorusbilds an der Westfassade von S. Biagio in *Ravecchia-Bellinzona,* so dass man annehmen kann, dessen rot betonte, um Weiss, Ocker und Grün und Blauviolett vermehrte Farbigkeit bestimmte auch das Bild von Giubiasco. Durch den Verlust seiner architektonisch-dekorativen Einbindung wirkt das heute völlig rahmenlos neu gemalte Bild isoliert wie ein künstlich auf die Wand applizierter Fremdkörper. Sowohl die Art als auch die Vielfarbigkeit der ehemaligen Quadermalerei war äusserst bemerkenswert, und Ähnliches scheint aus spätmittelalterlicher Zeit auf Schweizer Boden heute nirgends mehr erhalten zu sein. – Eine Vorstellung der Quaderfarbigkeit von Giubiasco vermittelt aber die Chiesa parrocchiale im nicht weit entfernten, italienischen Ort *Musso* am Comer See (Abb. 52): Auf der gesamten, mit vier Lisenen und Blendbogenfries gegliederten Giebelfassade liegt ein feiner, geglätteter Verputz. Darauf wurde oberhalb der Seitenportale über die Lisenen hinweg ein weiss gefasstes Fugennetz eingeritzt. Die Quaderflächen waren im Wechsel gelb, grün und rot bemalt, die Lisenen durch ein zusätzliches Rautenmuster in Rot und Gelb bereichert. Über dem Hauptportal befand sich eine heute gänzlich abgewitterte

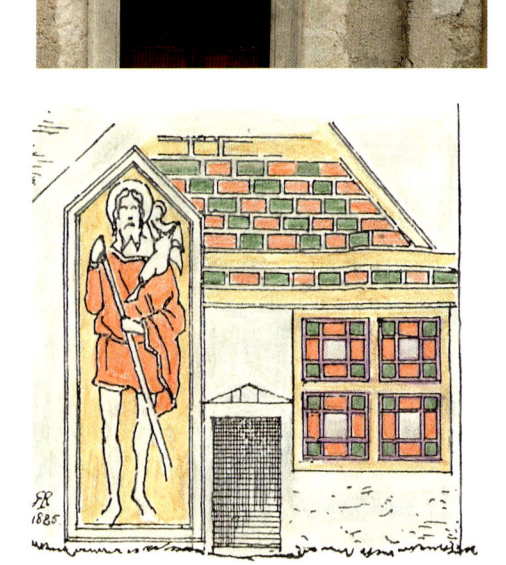

52 Musso/Comer See, Kirchenfassade mit mehrfarbiger Quadermalerei, 15. Jh. (Foto 1983)
53 Giubiasco, Johann Rudolf Rahn, Strichzeichnung der Fassade S. Maria Assunta im Zustand von 1885 mit Wiedergabe des Architekturdekors aus der Mitte des 15. Jh., nach Beschreibung koloriert
54 Giubiasco, S. Maria Assunta, mittelalterliche Westfassade nach Restaurierung 1931 (Foto 1983)

Bilddarstellung, deren eingeritzte Rahmung noch erkennbar ist. Da die Portale später in die bereits bemalte Wand eingesetzt sind und das mittlere die Jz. 1507 trägt, muss die Malerei vorher entstanden sein, wahrscheinlich gleichzeitig mit dem Neubau des Kirchenschiffs im 15. Jh. (die um 1980 aufgefrischten Quaderfarben eines Probefelds waren 1999 weitgehend verblichen, die originalen Farbreste aber immer noch gut zu sehen). Ein späteres, erst nach 1578 zu datierendes Beispiel buntfarbiger Bequaderung erhielt sich an der Eingangswand des Oratorio San Cristoforo in *Curogna* (1.1.20), hier allerdings nicht im Quaderversatz, sondern in Schachbrettmusterung angelegt.

Literatur. Rahn 1893, S. 86, fig. 64 (irrtümlich mit S. Biagio bezeichnet) · Den Hinweis auf Musso verdanke ich Hans Peter Autenrieth, München. Zum hohen Dokumentationswert der Zeichnungen von Rahn s. 1.3.16.

1.1.20 Curogna (TI, Cugnasco)

Oratorio San Cristoforo. Kleiner, spätmittelalterlicher Apsidensaal, errichtet vor 1450 mit Wandmalerei vom 15.–17. Jh. im Inneren. Nach 1578 Verlängerung nach Westen und Aussenbemalung der Westfassade u. a. mit buntfarbiger Würfelquaderung. Weitgehend ursprünglicher Bestand. Aufgenommen 1999.

Bemalung der West- und Eingangsfassade (Abb. 55). Die kleine Giebelfassade trägt eine Architekturmalerei. Sie besteht aus weissen Seitenpilastern mit schwarz konturierten Kapitellen und zierlichen, aufgelegten Säulen, deren Schäfte ein gelb und tiefrot eingefasstes Scheibenornament verziert. Dasselbe Ornament (Reste ebenfalls von Säulen?) wiederholt sich zu Seiten der Tür. Zwischen Sockel und Türsturzhöhe liegt eine im Schachbrettmuster angeordnete und in versetzten hellen Rot- und Gelbtönen gemalte Würfelquaderung, die von einem Netz sich kreuzender Licht- und Schattenkanten in Weiss und dunklen Gelb- bzw. Rottönen unterteilt wird (Abb. 1, 58). Die Kreuzstellen der Kanten sind perspektivisch abgeschrägt. Oberhalb der Würfelquaderung ist die Wand rot gestrichen und bildet den Hintergrund einer stehenden Christophorusfigur (nur in Resten erhalten). Die zahlreichen und tiefen Schwundrisse im noch umfangreich vorhandenen Originalputz und die verblassten Farben verunklären die erstaunlich differenzierten feinen Details. Im Sockel- und Giebelbereich wurden Fehlstellen ergänzt (1947). Die anderen Fassaden sind unbemalt.

Bemerkungen. Die Quadermalerei stellt hier bemerkenswerterweise nicht einen Versatz von Läufern und Bindern dar, sondern aufeinandergeschichtete, buntfarbige Würfelsteine. Wie ehedem in *Giubiasco* das Wandbild des hl. Christophorus (1.1.19), wurde in Curogna noch circa 150 Jahre später derselbe Heilige – hier der Kirchenpatron – von einer Architekturrahmung eingefasst, zu der auch eine Quadermalerei gehört. Die Farben sind im Wesentlichen gleich wie in

55 Curogna, Oratorio San Cristoforo, Westfassade, Originalputz kurz nach 1578

56 Musso/Comer See, Kirchenfassade 15. Jh., Proberestaurierung der Farbigkeit ca. 1980

57 Cavalese/Trentino, Hausfassade mit konservierter Würfelquadermalerei, 14./15. Jh.

58 Curogna, Oratorio San Cristoforo, Westfassade, Seitenpilaster und mehrfarbige Würfelquaderung im Detail
59 Scuol, Haus à Porta, Detail der Bemalung mit weitgehend ursprünglicher Putzstruktur
60 Bormio/Altavaltellina, Wohnhaus, Malerei mit ähnlicher Stufenquaderung, Originalbestand

Giubiasco, in *Musso* (Abb. 56) oder auch an einem Haus im italienischen *Cavalese*/Trentino (Abb. 57), dessen Quadermalerei ebenfalls in Schachbrettmusterung erscheint. – Das kleine Curogna unterstand kirchlich dem Bistum Como, dessen derzeitiger Bischof Bunoni anlässlich seiner Visitation 1578 nicht nur die Vergrösserung der Kapelle, sondern ausdrücklich auch die Bemalung ihrer Fassade anordnete. Sie ist ein Beispiel lang anhaltender Tradition.

Literatur. MAS TI II (Virgilio Gilardoni), 1983, p.159-165.

1.1.21 Scuol (GR, Unterengadin)

Haus à Porta. Errichtet 1613 (Inschriftkartusche unter den Wappen, heute blind), später mehrmals verändert. Quadermalerei aus der Bauzeit. Diese auf einer wiederhergestellten älteren Fassadendisposition freigelegt, konserviert und ergänzt 1979. Aufgenommen 1999.

Bau (Abb. 59, 61). Zweigesch. Wohnhaus. Die bis auf Höhe des Dachansatzes bemalte Giebelseite ist zur Strasse orientiert. Rundbogiges Mittelportal, schräg darüber zwei grosse, aufgemalte Tartschen (Wappenschilde) mit den Steinböcken des Gotteshausbundes. Die Fenster sind verschieden gross und ungleich verteilt.

1.1 FASSADENFLÄCHEN Fugen- und Quadermalerei

61   Scuol, Haus à Porta, dreifarbige Bemalung 1613, erneuert 1979

Dreifarbige Quader- und Fugenmalerei. In den nur im unteren Bereich erneuerten, weiss gestrichenen, relativ rauen Originalputz ist von der sockellosen Bodenhöhe an über beide Wohngeschosse ein Fugennetz eingeritzt und ockergelb nachgezogen. Darüber hinaus wurden schräg verlaufende, zur Mittelachse spiegelsymmetrische Quadertreppen in Grau und Ockergelb gestrichen, die jeweils mit einem weissen Stufenlauf wechseln (links sieben, rechts neun Läufe). In den Wandzwickeln neben dem Rundportal und nahe der Fassadenkante im OG wird das fingierte Quaderwerk nur durch die ockergelben Fugen gekennzeichnet. Die Fenster mit den nach oben ungewöhnlich hohen Schrägleibungen unterbrechen die farbige Quadermusterung, ebenso die im 17./18. Jh. zugefügten, ehemals grau, heute weiss gefassten Mörtelquader an den Hausecken. Alle Fenster sind mit aufgesetzten Mörtelrahmen versehen. Die der kleinen Fenster (zwei im EG, eins im OG) schmücken ockergelb konturierte Ranken, die der vier grossen Fenster im OG ein Zopfmuster aus ockergelben und weissen Rauten. Der innere Portalbogen und die drei Keilsteine sind aufgemörtelt, weiss gestrichen und werden von einem grau gemalten Band eingefasst. Am Bogen links des Toreingangs (heute mit Kellerfenster, ehem. Kellereingang?) wechseln wandbündig gemalte graue und weisse Bogensteine. Das jüngere, erhöhte, ehemals hölzerne Giebelfeld weist ausser den neuen gemalten Allianzwappen Porta-Bezzola nur weissen Verputz ohne Dekor auf.

Bemerkungen. Die mit drei Farben ungewöhnlich bunte, unperspektivische Fugen- und Quadermalerei ruft durch die spiegelsymmetrischen Treppenläufe eher den Eindruck einer geometrisch ornamentalen Flächenmusterung hervor als den eines Sichtmauerwerks. Es stellt sich die Frage, ob die heutigen Fenster, vor allem die grösseren, die die Musterung empfindlich stören, zum ursprünglichen Konzept der Bemalung gehörten oder später vergrössert wurden. Die lageweise wechselnden Farben der Quader, die vertikal das Bild einer schräg verlaufenden Stufenfolge bilden, ist in dieser spezifischen Art mit oberitalienischen Hausdekorationen vergleichbar, so etwa im grenznahen *Bormio* (Abb. 60) oder auch in *Castiglione d'Olona* / Lombardei. Hier allerdings wurde statt Buntfarbenmalerei das Hell-Dunkel der Sgraffitotechnik ohne gegenläufige Symmetrie angewandt. Dem bisher in der Schweiz einmaligen Erscheinungsbild der Fassadenbemalung am Haus à Porta eignet eine gewisse Altertümlichkeit (woran die Wappen nicht unbeteiligt sind) und eine überraschende Farbfreudigkeit.

Literatur. KDM GR III (Erwin Poeschel), 1940, S.481 (nur Erwähnung der heute unbeschrifteten Wappenkartusche) · Informationen und Fotos verdanke ich Oskar Emmenegger, Zizers.

62 Arosio, Pfarrkirche, Westfassade, 1640/47 erhöht
63 Arosio, Originalbemalung des ehemaligen Giebelfelds, 17. Jh.

1.1.22 Arosio (TI, Malcantone)

Pfarrkirche S. Michele, Westfassade. Dreifarbige Fugen- und Quadermalerei, frühestens Mitte 17. Jh., Originalbestand. Aufgenommen 1983.

Bau (Abb. 62). Der mittelalterliche Saalbau aus Bruch- und vereinzelten Ziegelsteinen wurde 1640/47 beträchtlich erhöht und später mehrfach verändert. Den älteren, unteren Teil der Westfassade gliedern ein mittelalterliches Rundbogenportal, ein Rundfenster und eine das Giebelfeld füllende Quadermalerei. Da die Malerei auch über die Ecklisenen läuft, dürfte sie während oder nach der Erhöhung des Schiffs entstanden sein.

Dreifarbige Quadermalerei. Im ursprünglichen Bestand fast komplett erhalten ist die Bemalung des Giebelfelds (Abb. 63, 64). An der Mauer darunter sind unter einer späteren Putzschicht mit Flicken aus verschiedenen Zeiten nur noch Reste ab Bodenhöhe bis zur Mauerkante vorhanden (Abb. 65). Die Bemalung liegt auf einem zweischichtigen Putz aus grobkörnigem Grundputz und feinkörnigem, glatten Deckputz (Intonaco). Im Giebelfeld wird die rote Deckputzfläche durch weisse Fugen in sieben fingierte Steinlagen unterteilt, wobei die unterste Lage keinen roten Anstrich erhielt, sondern die gelbliche Naturfarbe des Putzes trägt. Die Stossfugen sind an ihren Rändern leicht eingeritzt, die Lagerfugen mit Schnurschlag gekennzeichnet. Auf den beiden seitlich abschliessenden roten Schrägbalken spart die Rotfassung einen Zahnfries aus, so dass auch er in der gelblichen Naturfarbe des Verputzes erscheint. Die Bogenfelder am Rand des Giebels, die nach Abbruch eines ehemaligen Daches oder Vorzeichens stehen blieben, wechseln farblich felderweise zwischen weissem Kalkanstrich und Naturputzfarbe. Das Rundfenster ist schmal umrahmt, die Keilsteine seiner Leibung waren rot und gelb oder ocker gemalt (s. 1.3.15).

Zustand und Erhaltung. Die gute Erhaltung des Giebelfelds dürfte mit baulichen Gegebenheiten zusammenhängen (Wetterschutz dank ehemaligem Dach?).

Bemerkungen. Die dreifarbige Quaderbemalung lag ehedem auf dem gesamten unteren Teil der Westwand. Das relativ grosse Steinformat erinnert mehr an imitierten Haustein als an roten Ziegel, so dass eine Verknüpfung mit dem hellroten Porphyr, der nicht weit von Arosio auf der Halbinsel von Carona ansteht und als Baustein diente, denkbar ist (s. 1.5.5–1.5.8). Die dekorative Wirkung muss durch die Intensität des noch im unteren Mauerbereich vorhandenen Rots beachtlich gewesen sein. Dass auch die hellgelben Quadersteine des Portalgewändes und der Scheitelstein mit dem reliefierten Kreuz wie das Rundfenster darüber in das gemalte Steinbild integriert waren, ist möglich; Farbreste sind aber nicht mehr vorhanden. Bemerkenswert ist die Mitverwendung des natürlichen Putztons als dritte Farbe zur Differenzierung von Quaderflächen, Fries und Bogenlauf. Bei der Kirchenfassade von Arosio handelt es sich um eine malerisch ungewöhnliche, ansprechende Quadermalerei des 17. Jahrhunderts; ähnliche Beispiele sind nicht bekannt.

Perspektivische Darstellungen

1.1.23 Mendrisio (TI)

Via Nobili Torriani / via S. Damiani, Palazzo Torriani. Gesamtanlage mit Baugeschichte vom 13.–18. Jh.; perspektivische Quadermalerei im Hof 15. Jh., Architekturbemalung an der Strassenfassade 17./18. Jh.; Gesamtrestaurierung 1988/92. Aufgenommen 1999.

Bau. Mehrgeschossiger Baukomplex auf abschüssigem Gelände an Strassenecke in Ortsmitte. Gruppierung zahlreicher Gebäulichkeiten um zwei Binnenhöfe. Die Bauteile um den hinteren Hof, in dem sich die hier interessierende Quadermalerei befindet, stammen vorwiegend aus dem 13. bis 15., die strassenwärts orientierten aus dem 17. und 18. Jahrhundert. Die Aussen-

64 Arosio, Detail der dreifarbigen Giebelfeldbemalung
65 Arosio, Westfassade, Reste der Bemalung im unteren Mauerbereich

1.1 FASSADENFLÄCHEN   Fugen- und Quadermalerei   49

66 Mendrisio, Palazzo Torriani, perspektivische Quadermalerei, 15. Jh.
67 Mendrisio, Detail der umfangreichen Originalreste, konserviert 1988/92
68 Mendrisio, Detail mit roten Konstruktionslinien

fassade zur via Nobili Torriani weist eine gemalte Balkonbalustrade in Ockergelb (konservierte Originalreste) sowie Eckquader und Fenstergewände in Grau mit weissen Fugen, Licht- und Schattenpartien auf (rekonstruiert).

Perspektivische Quadermalerei (Abb. 66–68). Das OG der Arkadenwand im hinteren Binnenhof trägt zwischen den (neuen) Fenstern beträchtliche, konservierte Originalreste einer flächendeckenden, geometrischen Musterung aus querrechteckigen Kuben, die mit zwei Grautönen und Weiss sowie roten Konstruktionslinien einen perspektivischen Versatz vortäuschen und wie endlos gestaffelte, von links nach rechts schräg aufwärts führende Treppenstufen wirken. Zu diesem Dekor gehören zwei über die gesamte Wand laufende Gesimse und die Reste eines Kapitells samt Bogenansatz auf zwei darunter liegenden, verschiedenen Putzschichten. Diese Bauglieder sind zum Teil aus rotem Backstein gemauert, zum Teil mit roter Farbe aufgemalt. Das untere Gesims ist mit einem Klötzchenfries ausgestattet, das obere einfach profiliert. Kapitell und Bogen gehörten zu einem der drei ursprünglichen Rundbogenfenster, die auf dem oberen Gesims aufstanden (Versuch einer Rekonstruktion bei Cardani, fig. 7).

Bemerkungen. Es handelt sich bei diesem Wanddekor um eine raffiniert konstruierte Musterung aus Rechtecken und Rhomben, deren Schrägabfolge mit der Quaderung am Haus à Porta in *Scuol* (1.1.21) zwar vergleichbar ist, deren perspektivische Darstellungsweise aber ein völlig anderes Aussehen hervorruft. In diesem Umfang ist bisher kein anderes Beispiel einer spätgotischen Quadermalerei auf einer gesamten Aussenwand in der Schweiz bekannt. Erhalten sind solche Wandmusterungen aber noch in Innenräumen, so im Palazzo Torriani selbst oder z.B. im *Schloss Chillon*. Die Verbindung von schwarz-weisser Flachmalerei und Baugliedern aus rotem gemauerten und mit Farbe imitierten Backstein ist von grosser Noblesse und erinnert an die Sgraffitomusterungen und roten Backsteingewände einiger Fassaden an der Uferstrasse von *Bissone*.

Literatur. Casa borghese XXVI, 1934, tav. 12, 13 · Rossana Cardani Vergani.- Il palazzo Torriani e la problematica del restauro nel nucleo storico di Mendrisio. In: ZAK 57, 2000, S. 289-298 · Weitere Hinweise verdanke ich Oskar Emmenegger, Zizers.

1.1.24 Fahr (AG, Unterengstringen)

Benediktinerinnenkloster. Kirchturm neu errichtet 1689/96, gemaltes Scheinquaderwerk am unteren Schaft 1746/48, Gebrüder Torricelli. Umfassende Restaurierung der Aussenmalereien 1964/66 und 1969 sowie der des Kirchturms 1977/78 (Malerei am Turm rekonstruiert). Aufgenommen 1996.

Bau. Der heutige Habitus der mittelalterlichen Klosteranlage stammt im Wesentlichen aus dem 18. Jahrhundert. Die Kirche erhielt zwischen 1746 und 1748 bemerkenswerte illusionistische Wandmalereien, die zum grossen Teil von den Brüdern Giuseppe und Gianantonio Torricelli aus Gandria (Tessin) geschaffen wurden. Im Inneren umfassen sie den Sakralraum, am Äusseren die Nordwand der Kirche samt dem bündig integrierten unteren Schaft des westwärts anschliessenden Turms, die Ostwand des an den Turm stossenden Anbaus (Latrine) und die Westwand der östlich angrenzenden Konventgebäude und Neuen Propstei, so dass drei bemalte Mauern den hier befindlichen Friedhof umschliessen.

Graue, perspektivische Quadermalerei mit Tafelsteinschnitt am unteren Turmschaft (Abb. 69). Die gesamte Turmwand ist vom Boden bis zur Dachtraufe mit grossen gleichmässigen, breit geböschten und schmal verfugten Tafelquadern bemalt, durchbrochen nur von drei kleinen, übereinanderliegenden Rechteckfenstern (Lüftungsöffnung neu). Der obere, über das Kirchendach hinausragende Schaft ist weiss gestrichen und mit gemalten grauen Eckquadern in einfachem Diamantschnitt versehen. Das achtseitige Glockengeschoss und sein Aufsatz weisen keinen Dekor auf. Die Turmhaube war 1756 mit rot gestrichenen Eichenschindeln gedeckt (heute farblich unauffällige Kupferdeckung).

Bemerkungen. Der damalige Propst Joseph von Roll, im Tessin tätig, bevor er nach Fahr kam, zog für die anspruchsvolle Neuausstattung der Kirche verschiedene Tessiner Künstler bei, so auch die Gebrüder Torricelli. Die von ihnen geschaffene buntfarbige Illusionsmalerei aus Architekturräumen mit Szenerien und Allegorien bezieht die Turmwand weder farblich noch kompositorisch (keine übereinstimmende Lichtführung), geschweige denn ikonografisch mit ein. Verbindend sind jedoch Illusionismus und Monumentalität in der Bemalung von Kirche, Seitentrakt und Turm, dessen Schaft durch die graue, grossformatige Tafelsteinquaderung zu einem gemauerten Postament für den hell aus dem Kirchendach herausragenden Turmaufsatz umgedeutet wird. Hier tritt ein malerisch-barockes Konzept zutage, bei dem sich Schein und Sein aufs Raffinierteste durchdringen. Die ehemals rot gestrichene Eichenschindelhaube könnte vielleicht eine farblich zusammenbindende Rolle gespielt und damit noch einen besonderen Akzent gesetzt haben. Vertraut mit dem repräsentativen Aussehen italienischer Rustikamauerwerke, dürfte es Auftraggeber und Künstlern wünschenswert gewesen sein, in Fahr ein ähnliches Erscheinungsbild herzustellen und, da der Turm bereits vorhanden war und zudem Geldmangel herrschte, dieses Vorhaben mit illusionistischen, das heisst weniger kostspieligen Mitteln durchzuführen. Entstanden ist dabei ein äusserst bemerkenswerter gemalter Mauerverband der Barockzeit (zum gemalten Tafelquader vgl. 2.5.30 – 2.5.36). – Wegen der hierzulande seltenen illusionistischen Darstellung ganzer Mauerverbände sei auf eine weitere bemerkenswerte Bemalung mit perspektivischen Tafelsteinen hingewiesen. Es handelt sich um das Gemeindehaus in *Solothurn* (Urbangasse 40), dessen mehrmals rekonstruierter Grisailledekor mit Quadermauerwerk und Scheinarchitekturen auf die Bauzeit von 1658 zurückgeht.

Literatur. KDM AG VII (Peter Hoegger), 1995, S. 284-288 (Baugeschichte), S. 294 (Turm), S. 300-305 (Wandmalereien aussen) · Zu Solothurn: Markus Hochstrasser, Samuel Rutishauser in: Archäologie und Denkmalpflege im Kanton Solothurn 5, 2000, S.124f mit Abbildungen.

69 Fahr, Klosterkirche, Turm mit illusionistischer Schaftquaderung, 1748

Gequaderte Sockelgeschosse

1.1.25 Brusio (GR, Puschlav)

Katholische Pfarrkirche S. Carlo Borromeo. Erbaut 1617/18, Eingangsfront mit Architekturgliederung in Grau und Rot. Erneuert 1965/66. Aufgenommen 1983.

Fassade (Abb. 70). Die Eingangsfassade der 1-schiffigen Kirche wird seitlich von zweimal abgestuften Strebepfeilern, die über dem Dachansatz mit Türmchen bekrönt sind, und profilierten Giebelgesimsen eingefasst. In der Fassadenmitte befinden sich ein einfaches Portal (Sturz bez. «D.O.M. et divo Carlo dicatum 1617»), darüber ein (verändertes) dreiteiliges Fenster (Serlio-Motiv) und zwischen beiden ein Wandbild mit der Kreuzigung Christi. In der Giebelspitze die Inschrift «IHS 1618».

Graue Sockelquaderung und rot gefasste Architekturglieder (Abb. 71). Über einer das schräge Niveau ausgleichenden Lage grauer Sockelsteine (Granitplatten von 1965/66) ist die Wand bis auf Höhe des Portalsturzes mit hellgrauen, von schwarzen und weissen Fugenstrichen umrandeten Quadern bemalt und darüber weiss gekalkt. Die Seitenpfeiler, der profilierte Giebelrand, die Fenstereinfassung sind rot gestrichen und die Buchstaben der Inschrift erscheinen ebenfalls in roter Farbe. Das Portalgewände besteht aus grüngrauem Serpentin (stammt aus Selva, oberhalb von Poschiavo).

Vorzustand und Restaurierung von 1965/66. Mit der heutigen Farbigkeit wurde die Originalfassung nach Befund rekonstruiert. Vor der Restaurierung war die Wand gelb gestrichen, was inzwischen durch Abbau des Kalks wieder leicht durchschlägt. Der Grundton darunter war weiss.

Bemerkungen. Der durch gemalte Quader dargestellte hohe Gebäudesockel ist ein wesentlicher Teil der architektonisch einfachen, klaren und farblich markanten Gesamtgliederung. Mit der betonten Eckbegrenzung, dem flachen Giebel, dem Serlio-Fenster und dem klassischen Portalgewände erinnert sie eher an italienische Bauformen des 16. Jh. als an spätgotische Traditionen des Alpengebiets, an der sich die Turmdekoration orientiert (s. 2.4.4). Die Art, das Sockelgeschoss hervorzuheben – wenn nicht durch behauene, dann durch gemalte Quader –, ist ein baugeschichtlich bevorzugtes Motiv bis in die Architekturbemalung des 19. Jh., wie die folgenden Bauwerke 1.1.26 – 1.1.31 zeigen. Eine mit Brusio bereits zeitgleiche Quadermalerei, die das gesamte Erdgeschoss zum Gebäudesockel macht, weist zum Beispiel die Schmitte in *Belfaux* auf (3.6.5).

Literatur und Hinweise. KDM GR VI (Erwin Poeschel), 1945, S.8-10. Nach Auskunft von Hans Rutishauser, Denkmalpflege Graubünden, wird die Kirche Frühjahr 2000 neu untersucht.

1.1.26 Ascona (TI, Locarnese)

Casa Serodine. Neubau unter Verwendung älterer Teile errichtet 1620 (datierte Bauinschrift am Portal). Gleichzeitig die Prunkfassade mit Skulpturen und Reliefs aus Stuckmörtel in den OG sowie eingeritzten Quadern im EG. Jüngste Restaurierung um 1990. Aufgenommen 1984 und 1998.

Fassade (Abb. 72). Die 3-gesch. und 3-achsige, annähernd quadratisch disponierte Prunkfassade bildet mit den unmittelbar anschliessenden Nachbarhäusern und dem Vis-à-vis von Pfarrkirche und Rathaus einen unverwechselbaren Platzraum mitten im Ort. Wesentlich teil daran

70 Brusio, Pfarrkirche, Westfront, Farbfassung 1617/18
71 Brusio, Bausockel aus Granitquadern und Granit imitierender Quadermalerei

haben die Skulpturen über den Fenstern im piano nobile und die beiden figürlichen Friese, die seitlich, in klassischer Dreiteilung, von Quadern und Pilastern mit prächtigen Kompositkapitellen eingerahmt werden. Kunstgeschichtlich folgt die Bauplastik italienischen Vorbildern (u. a. Michelangelo, Medicikapelle in Florenz), ist künstlerisch von hoher Qualität und als Fassadendekor hierzulande einzigartig. Dargestellt sind Geschichten und Gestalten aus dem Alten Testament sowie Allegorien (siehe Literatur).

Sockelquaderung im EG. Im Zusammenhang mit der Fugenmalerei ist die Wandbehandlung von Interesse: Alle drei Geschosse sind verputzt, die Glättung der Oberflächen nimmt pro Geschoss nach oben ab. Im EG ist zusätzlich eine doppellinige Konturierung fingierter Quadersteine in den Putz eingeritzt, die bei der letzten Restaurierung zum Teil mit neuer Linienführung ausgebessert und glatt weiss überstrichen wurde (Abb. 73, 74). Im 1. OG sind auf dem Wandputz noch Reste einer relativ alten weissen Kalkschlämme vorhanden, das 2. OG zeigt die weitgehend ursprüngliche, grob strukturierte Naturputzoberfläche. (In den MAS sind noch Reste eingeritzter figürlicher Wandbilder an der bis 1821 freiliegenden Seefront erwähnt.)

Bemerkungen. Es handelt sich um das seiner Fassadenskulpturen wegen bedeutende Wohnhaus der Künstlerfamilie Serodine, laut Inschrift um- und ausgebaut vom Vater Cristoforo und einem seiner älteren Söhne, dem Bildhauer und Stukkateur Giovanni Battista, dem die Bauplastik zuzuschreiben ist (der jüngste Sohn, der vor allem als Maler in Rom tätige und unter den Familienmitgliedern berühmteste Giovanni Serodine, wird in der Inschrift nicht genannt). Die Quaderritzungen und die rustikale Putzquaderung an der linken Hauskante des Erdgeschosses (rechts nicht ausgeführt, Skizzierung vorhanden) dienen der Disposition der OG als Sockel und erinnern an die mit Vorliebe in Rustika ausgebildeten Sockelgeschosse italienischer Palazzi des Cinque- und Seicento. Es ist anzunehmen, dass die Scheinquaderung durch Zweifarbigkeit von weisser Kalkschlämme und dunklerer Naturputzfarbe ursprünglich deutlicher hervortrat, um die figürlich dekorierten Hauptgeschosse zu kontrastieren und die Funktion eines Sockelgeschosses zu erfüllen.

Literatur. Casa borghese XXVIII/II, 1936, XLIX, tav. 65, 66 · MAS TI II (Virgilio Gilardoni), 1979, p. 50-64 · Vera Segre Rutz.- La facciata della casa dei Serodine ad Ascona. In: ZAK 46, 1989/1, S. 39-48 · (Yvonne Bölt, Maurizio Checchi).- La chiesa parrocchiale dei Santi Pietro e Paolo e la Casa Serodine. Locarno 1993.

72 Ascona, Casa Serodine 1620, Platzfassade mit Putzsockel und Ritzquaderung
73 Ascona, Detail der Ritzquaderung vor der Restaurierung 1990 (Foto 1984)
74 Ascona, Detail der Ritzquaderung nach Überarbeitung und Neuanstrich (Foto 1998)

1.1 FASSADENFLÄCHEN   Fugen- und Quadermalerei

1.1.27 Saanen - Underbord (BE, Oberland)

Kastlan-Haldi-Haus (Nr. 302). Errichtet 1742 für Landeshauptmann Christian Haldi. Reich verzierter Blockbau, am gemauerten Sockelgeschoss Quadermalerei, dat.1743. Konserviert und z.T. übermalt 1971. Aufgenommen 2003.

Fugenmalerei in schwarzer Strichzeichnung, Eckquader gelb (Abb. 75, 76). Auf dem weiss verputzten Mauersockel liegt ein schwarzes Liniennetz, das breite Fugen und regelmässige, in den Ecken mit einbeschriebenen, schwarzen Viertelkreisen verzierte Quaderflächen darstellt. Die Mauerkanten (ehemalige Hausecke und zwei Eingänge) sind durch dunkelgelb gefasste Eckquader markiert. In der Fassadenmitte steht in grossen Ziffern die Jahreszahl mit den Initialen «1743 I.B». Der spätere Anbau rechts erhielt die gleiche, 1813 datierte Bemalung, jedoch ohne die kleinen Eckfüllungen der Quaderflächen (Abb. 77).

Bemerkung. Typisches Beispiel der reich mit Schnitzereien und Blumenbemalung geschmückten grossen bäuerlichen Holzhäuser insbesondere des Berner Oberlands, deren Mauersockel im späten 17. und 18. Jh. hie und da eine Architekturmalerei erhielten. Bemerkenswert der noch weitgehend alte Bestand sowie die Eckverzierung und die dekorativen, in die Malerei integrierten Jahreszahlen. Ähnliche Bemalung von 1767 in *Rougemont*, Les Allamans, Ancienne pension des Mélèzes (Maisons rurales VD II, 2002, p. 210).

Literatur. Bauernhäuser BE I (Heinrich Christoph Affolter), 1990, S.318, 489f · Jürg Schweizer.- Kunstführer Berner Oberland. Bern 1987, S.130.

1.1.28 Neunkirch (SH, Klettgau)

Obertorturm. Errichtet 1419(?), am äusseren Torbogen die Jzz. 1572, 1574, an den Uhren 1733, 1839, 1862, 1883, 1916 (auf Mauertafel), 1991. Die Quader- und Pilastermalerei möglicherweise 1733. Letzte Erneuerung der Malerei 1991. Aufgenommen 2000.

Torturm. Spätgotischer, ehemaliger Wehrturm am östlichen Stadteingang. Hoher, 5-gesch. Turm mit Zeltdach und Glockenreiter. Das Turmtor wird stadtein- und -auswärts von zwei starken Pfeilern gestützt und seitlich von zwei angebauten, kleinen Rundbogendurchgängen begleitet. Im Geschoss unter dem Dach eine Turmwächterwohnung. Die Zifferblätter der Uhren werden von gemalten bzw. reliefierten Ädikulen gerahmt.

Hellgraue gemalte Sockelquaderung (Abb. 78). Der weiss verputzte Turmschaft hat einen hellgrauen architektonischen Dekor mit fast schwarzem Lineament. Nur die Uhren sind zusätzlich durch Hellblau und Rot sowie weisse und graue Lichter hervorgehoben. Der Mauerdekor besteht aus gequaderten Eckpilastern, Fensterrahmen und einem Fugennetz im Torgeschoss (zu den Pilastern s. 3.4.11). Beim Tordurchgang liegt auf den ungleich bearbeiteten, z.T. aus rotem, z.T. aus grauem Sandstein bestehenden Quadern partienweise nur eine hellgraue Schlämme, so dass die jeweilige Steinbearbeitung deutlich hervorkommt, partienweise aber auch ein kaschierender dicker, hellgrau gestrichener Verputz. Die schwarzen (erneuerten) Fugenstriche entsprechen nicht den darunter liegenden Steinfugen, sondern stellen regelmässige Lagen grosser Mauerquader bzw. keilförmiger Bogensteine dar.

Bemerkungen. Der im Fluchtpunkt der Hauptstrasse (Vordergasse) liegende und die geschlossene mittelalterliche Ortsanlage wesentlich mitbestimmende Turm (der korrespondierende

75 Saanen-Underbord, Kastlan-Haldi-Haus 1742, Sockelbemalung der Bauzeit
76 Saanen-Underbord, Detail mit Jahresziffer und Bauherren-Initiale von 1743
77 Saanen-Underbord, Detail der Neufassung 1813

Turm am westlichen Gassenende wurde 1825 abgebrochen) erhielt vermutlich im 18. Jh. (1733?) seine Architekturbemalung, deren Sockelquader- und Pilastermalerei eher an Privathäusern aus dieser Zeit als an einem Tor- und ehemaligen Wehrturm der Stadtummauerung zu finden ist.

Literatur. KDM SH III (Reinhard Frauenfelder), 1960, S.166-170 (Bemalung nicht erwähnt).

1.1.29 Mörel (VS)

Haus de Sepibus. Errichtet 1793 (Jz. am Giebel). Holzbau auf Steinsockel mit Quaderbemalung aus der Bauzeit. Freigelegt und konserviert im Zuge umfangreicher Baumassnahmen 1998/99. Aufgenommen 2001.

Bau. Prächtiges Gommer Herrenhaus, erbaut von Leopold de Sepibus, Landvogt, Zehnden- und zeitweise Landeshauptmann des Wallis. Die hohe Giebelfront bildet zusammen mit den Hauptfassaden von Pfarrkirche und Beinhaus samt Treppenanlage, Brunnen und Bäumen den charaktervollen Kirchplatz. Reste einer Sockelbemalung befinden sich an der platzabgelegenen linken (westlichen) Traufseite.

Quadermalerei (Abb. 79). Am hohen, den Geländehang ausgleichenden Sockelgeschoss sind zwischen den Fenstern noch beachtliche Reste eines gemalten Mauerverbands mit schwarzen Fugen gross dimensionierter Quader auf gelblich verfärbtem, ehemals wohl weissem Putz vorhanden. Oben und seitlich schwarze und ockergelbe Rahmenleisten. An der hinteren Hausecke Spuren einer schwarzen Eckquaderbemalung. Die drei Stichbogenfenster, noch z.T. mit alten Gewändesteinen (Tuff oder Rauwacke), waren schwarz umrandet und, soweit erkennbar, schwarz und/oder ockergelb gefasst. In der Leibung des mittleren Fensters sind Reste schwarzer Ornamentmalerei erkennbar. Die in den KDM erwähnte (möglicherweise nicht ursprüngliche) Mörteleckquaderung der Frontseite ist nicht mehr vorhanden.

Bemerkung. Es ist denkbar, dass bei diesem, im Zuge des jüngsten Umbaus an der Bergseite modernisierten Patriziersitz der hohe, frontseitig sogar zwei Geschosse umfassende Steinsockel ursprünglich an allen Sichtseiten mit der Fugen- und Quaderbemalung ausgestattet war und diese erst bei späteren Veränderungen abgeschlagen bzw. übertüncht wurde. Das noble Aussehen eines umführenden, dreifarbig in Schwarz und Ockergelb auf Weiss bemalten Steinsockels, der die reich geschnitzten Holzgeschosse trägt, wäre dem historisch und architektonisch bedeutenden Bauwerk durchaus angemessen.

Literatur. KDM VS III (Walter Ruppen), 1991, S.30, 38.

1.1.30 Linescio (TI, Valle di Campo)

Ristorante Bronz-Zanolini. Wohnhaus Ende 19. Jh., gemalte Fassadenarchitektur mit Sockelquaderung gleichzeitig, originaler Bestand. Aufgenommen 1982.

Fassadenbemalung mit gequadertem Sockelgeschoss (Abb. 80, 81). Der am oberen Ortseingang freistehende Baukubus hat drei Geschosse, drei zu zwei Fensterachsen, ein flaches, gewalmtes Steindach und glatt verputzte Fassaden. Das untere wird von den beiden oberen Geschossen an drei der Hausseiten durch eine rote Quaderung, unterteilte Ecklisenen und ein weisses Profilgesims abgesetzt. Während die perspektivisch profilierten Fenstergewände im Erdgeschoss nur mit Ohren versehen sind, werden die uni hell gestrichenen Obergeschosse an der Hauptfassade zur Strasse von ausgreifenden Gewänden mit Aufsätzen und Lätzen in Ocker,

78 Neunkirch, mittelalterlicher Obertorturm, Fugenbemalung der Sockelquader, wohl 1733

79 Mörel, Haus de Sepibus 1793, Steinsockel mit Quadermalerei aus der Bauzeit

Rot und Blau verziert. Die Quaderfugen sind schwarz und weiss als Schatten und Licht markiert, so dass sie eingetieft erscheinen ebenso wie die im EG weissen und in den OG grünen Lisenenfüllungen, die von perspektivisch gemalten weissen bzw. ockergelben Rahmenprofilen eingefasst werden.

Bemerkung. Es handelt sich hier um ein besonders schönes und relativ gut erhaltenes Beispiel der im Südtessin typischen historisierenden Architekturbemalung mit bunten Farben und einer Sockelquaderung an der Hauptfassade, die auf Bauelemente der Renaissance (Fensterohren, Pilasterrahmung) zurückgreift. Bei einer wiederholten Besichtigung 2004 waren Farboberfläche und Verputz inzwischen stark beschädigt. – Ähnlich die zeitgleiche, noch in Resten vorhandene rote Sockelquadermalerei an der Talseite der Casa Moretti in *Sornico* (2.1.31).

Literatur. Decorazioni Valmaggia 1998, p.83.

1.1.31 Delémont/Delsberg (JU)

Rue de la Préfecture 12. Erbaut 1. H. 18. Jh. für die Delsberger Adelsfamilie Grandvillers. Bemalung mit Sockelquaderung E. 19. Jh., Rekonstruktion 1990/91. Aufgenommen 2001.

Bau (Abb. 82). Stattliches Herrenhaus («maison de maître»), ehemals freistehend, seit Anfang 20. Jh. in Gassenzeile eingebunden. Baukubus mit Satteldach. Rechts schliesst ein leicht zurücktretender, 1-achsiger Anbau mit niedrigerer Traufhöhe an. Auf den Dächern originelle Gauben mit runder Fensterrahmung. Haupt- und Nebenbau von gleicher Fassadengliederung, am Anbau jedoch kein Trauffries.

Fassadengliederung mit gequadertem Sockelgeschoss. Die verputzten Fassaden werden durch einen hohen Sockel aus weissem Kalkstein, grau gestrichene Quaderlisenen an den Ecken und Steingesimse zwischen allen Geschossen gegliedert. Der Anstrich der Obergeschosse ist hell (blau), der des Erdgeschosses grau und mit einem Fugennetz aus blauen Kanten- und weissen bzw. dunkelblauen Licht- und Schattenlinien so bemalt, dass die Quaderflächen scheinbar tiefer liegen als die Stege der Fugen. Zwischen Steinsockel und Fenstern wurden die Quader in doppelter Höhe und über den Fenstern keilsteinförmig dargestellt. Die Steingewände aller

80   Linescio, Ristorante Bronz-Zanolini, typische Buntfassung des späten 19. Jh. im Tessin
81   Linescio, Detail des hellrot gequaderten Sockelgeschosses

Fenster samt ihrer profilierten Bänke sowie das Türgewände samt Oberlicht sind ebenfalls grau gestrichen. Unter dem mächtigen profilierten Traufgesims läuft ein Fries aus Blütenkapseln zwischen Rahmenleisten in Ockertönen.

Farbbefunde. Während im EG noch der Verputz des 18. Jh. vorhanden war, lag auf den Obergeschossen ein hydraulischer Verputz aus dem 19. Jh.; zu dieser Zeit waren das EG grau, die OG grün gestrichen. Die heute rekonstruierte Farbfassung kam Ende des 19. Jh. auf die Fassade und wurde wie ursprünglich wieder in Ölmalerei ausgeführt. Als Blau der Obergeschosse diente Ultramarin.

Bemerkungen. Die Fassadengliederung mit einem gequaderten Sockelgeschoss, Lisenen, Gurtgesimsen und Trauffries hält sich formal an herkömmliche Traditionen. Der kühle Farbklang, der horizontale Versatz von Keilsteinen und der zurückhaltend feine Farbakzent des Ornamentfrieses lassen sich hingegen mit historistischen Stileigenheiten des späten 19. Jh. in Verbindung bringen. Die Farbfassung der gegliederten Schauseite verleiht dem Haus einen vornehmen und unverwechselbar eigenen Charakter.

Literatur. Maison de Grandvillers, rue de la Préfecture 12, Delémont. [Hg.] République et Canton du Jura, Departement de l'environnement et de léquipement, Service des constructions et des domaines. [Kurzbeiträge nach Bausanierung 1990/91 von Michel Hauser, Laurent Theurillat] · Informationen von Michel Hauser, Denkmalpfleger Kt. Jura.

82 Delémont, Maison de Grandvillers 1. H. 18. Jh., Fassadenfassung E. 19. Jh.

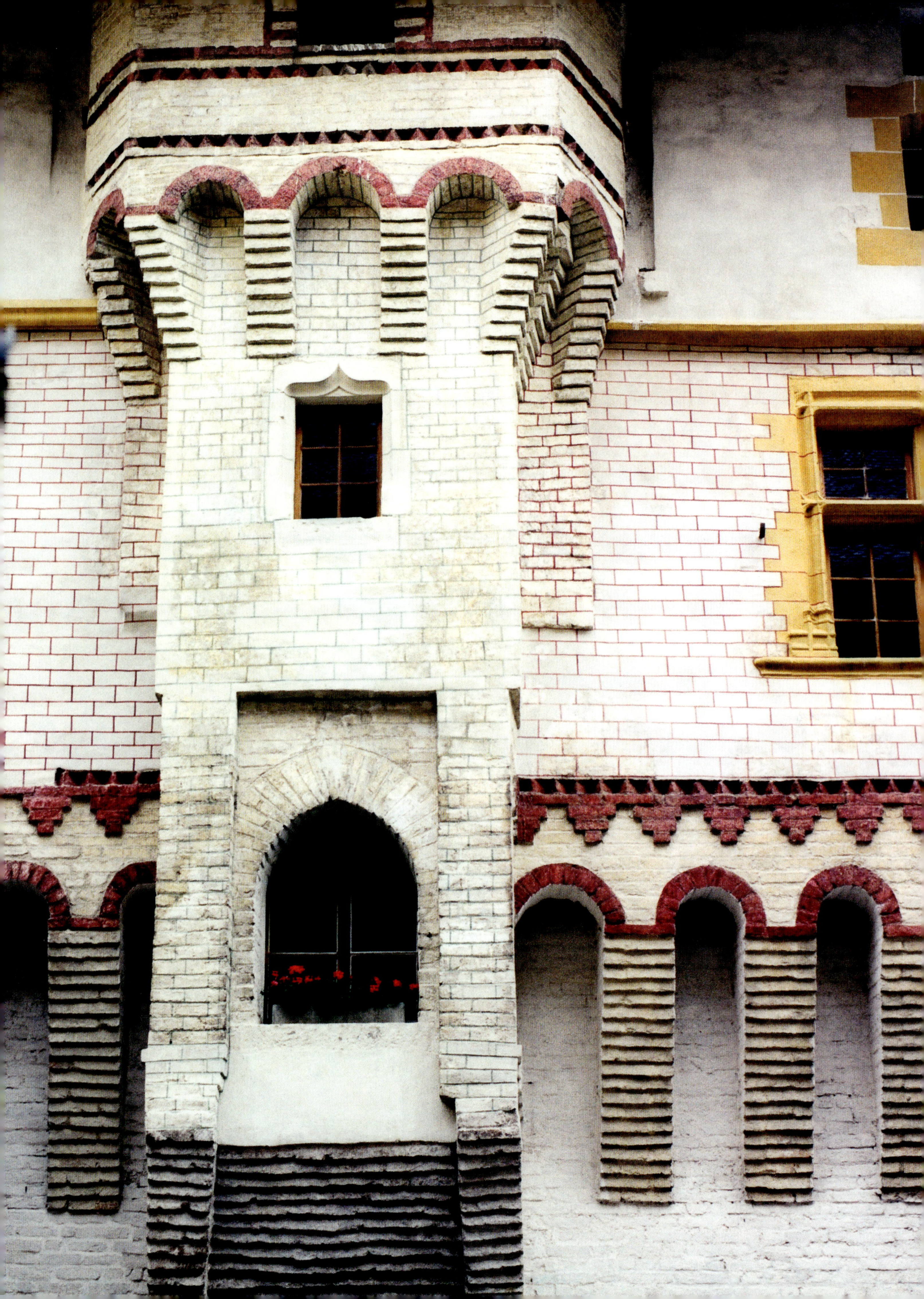

1.2 Mauerwerke und Friese aus Backstein und Farbe

Überblick

Roter Backstein (Ziegel) spielt wegen seiner auffälligen Farbe schon eo ipso eine besondere Rolle in der Fassadenfarbigkeit. Zudem lässt sich aus Lehm (Ton) ein gut zu verarbeitender, belastungsfähiger, witterungsbeständiger und für Zierwerk geeigneter Baustoff herstellen, da man ihn sowohl zu Quadersteinen als auch zu sogenannten Formsteinen (Formziegeln) mit gekrümmten Profilen und Ornamenten formen und brennen kann. Er bestimmte mit seinem typischen warmen Rot und den daraus hergestellten Friesen und Gesimsen die Innen- und Aussenwände der Gebäude (vorzugsweise Kirchen) und beherrschte dort, wo ausreichende und geeignete Lehmbestände vorhanden waren, ganze Bauepochen, so zum Beispiel in Oberitalien oder in Norddeutschland während des hohen und späten Mittelalters. Die zusätzliche Fassung mit roter Farbe war gang und gäbe. Auch in der Schweiz existierte mit der Zisterzienserabtei *St. Urban* während der 2. Hälfte des 13. Jahrhunderts eine bedeutende Ziegelmanufaktur.

15./16. Jahrhundert (1.2.1–1.2.11). Trotzdem gehört das Land nicht zu den typischen Backsteinbaugebieten. Roter Backstein wurde hier eher in kleinen Mengen verwendet, und dies vor allem in den italienischsprachigen Landesteilen, die auch in dieser Hinsicht Einflüsse von Italien her aufnahmen. Im 15./16. Jahrhundert sind es immer wieder aus rotem Backstein gemauerte und zusätzlich rot gefasste Zierfriese, die aber auch aus Mangel an Naturmaterial auf den meistens hellen Kalkputz von Bruchsteinmauerwerken mit roter Farbe imitierend dargestellt wurden.

Gängig waren insbesondere die Klötzchen-, Zacken- und Konsolfriese sowie die einfachen und die sich überkreuzenden Bogenfriese *(Pura, Poschiavo* S. Vittore, *Bellinzona* S. Maria delle Grazie, *Giornico),* inbegriffen zusätzlich gemalter Palmetten- und Blattranken, die sich noch als schöner, weitgehend ursprünglicher Bestand etwa in *Coldrerio, Morcote, Miglieglia* erhalten haben. Den kunstlandschaftlichen Zusammenhang jenseits der südlichen Landesgrenzen verdeutlichen beispielsweise die Backsteinbögen am Dach- und am Giebelrand von San Vincenzo in *Gera Lario* am Comer See, die noch im Originalbestand rot überfasst und auf einer Mauervorlage fiktiv weitergemalt (Abb. 84) bzw. während der kürzlichen Restaurierungsarbeiten neu gefasst erscheinen (Abb. 85). Hinzu treten neben den einfachen spätmittelalterlichen Fenstergewänden aus Backstein die besonders zierenden, teils gemauerten, teils gemalten Fenstereinfassungen mit den gezahnten Rändern *(Locarno* Castello, Palazzo Rusca). Die in diesem

83   Vufflens, Schloss 1415–1430, farbig gefasster Backsteinbau (1.2.2)

84　Gera Lario, Provinz Como/Lombardei. Kirche S.Vincenzo Martire 14. Jh., Hallenbau mit eingezogenem Flachchor, Portikus, Annexen und Turm. Heller, partienweise gekalkter Naturputz über Bruchsteinmauerwerk. Die Fensterleibungen und die einfachen bzw. überkreuzten Blendarkaturen an den Traufen bestehen aus rotem Backstein mit roter Farbfassung, der Bogenlauf ist z.T. in Rot auf Putz gemalt. Bestand weitgehend original

85　Gera Lario, Eingangsfassade während der Restaurierung (Foto 1999)

Zusammenhang einzige gemalte Backsteinoberfläche aus dem Spätmittelalter in kräftigem Rot mit weissen Fugen existiert noch am Chorhaus von S.Maria in Selva in *Locarno*.

Bemerkenswert, da hierzulande ebenfalls einzigartig, sind die beiden von italienischen Baumeistern errichteten Schlossbauten aus Backstein in der Waadt, von denen *Oron-le-Châtel* eine feine, zurückhaltende Rot-Weiss-Farbigkeit aufweist, während *Vufflens-le-Château* in geradezu spektakulärer Buntheit nach Befund rekonstruiert wurde (Abb. 83).

Zur Ikonografie der Casa Santa 16./17. Jahrhundert (1.2.12–1.2.15). Eine materialikonographische, in der Schweiz gut belegte Besonderheit ist der rote Backstein der «Casa Santa». Es handelt sich dabei um das aus Backstein errichtete Wohnhaus der heiligen Familie, das im Jahr 1294, der Legende nach von Engeln, aus Nazareth geholt und schliesslich ins italienische Loreto bei Ancona transportiert worden sei, wo es Ende des 16. Jahrhunderts mit der Fertigstellung der das Heiligtum umschliessenden Kirchenanlage zum Zentrum einer der bedeutendsten europäischen Wallfahrten wurde. Die sich nach Norden und somit auch in der Schweiz ausbreitende Verehrung der «Madonna di Loreto» war am jeweils dafür ausersehenen und geweihten Ort mit dem Bau einer Kapelle verbunden, die die Casa Santa von Loreto mit ihren charakteristischen Einzelheiten kopiert, unter anderem eben auch mit der Wiedergabe des roten Baumaterials. So verfügt etwa *Sonvico,* ein ungewöhnlich grosser Bau gegenüber den sonst eher kleinen Loretokapellen, über eine bemerkenswerte Fassadengliederung aus rotem Backstein. Darüber hinaus gibt es in Kirchen und an Hausfassaden des Tessins zwischen dem 15. und 17. Jahrhundert zahlreiche Wandbilder der Madonna di Loreto, die ebenfalls die Casa Santa in Backstein oder zumindest mit rotem Ziegeldach darstellen, über der die Gottesmutter erscheint (*Monticello, Bormio, Lugano* u. a.).

18./19. Jahrhundert (1.2.16–1.2.24). In Mode kam die Imitation von rotem Backsteinmauerwerk erneut im 19. Jahrhundert durch Farbanstrich, zuweilen auch mit zusätzlicher Ritzung der Fugen im Putz. Die Rottöne wechselten oft von Stein zu Stein, und man setzte auf das rote Mauergefüge helle, hausteinfarbene Wandgliederungen in Form von Eckquadern und Fenstergewänden (*Bellinzona*), Seitenpfosten und Gebälken (*Arlesheim*) sowie neugotischen Masswerkfriesen (*Loco* «grotto»). Anspruchsvolle Bauherrschaften liessen Illusionsmalereien hinzufügen (*Poschiavo*) oder die gemalten Backsteine in orientalisierenden Teppichmustern aufbringen (*Stampa, Lausanne*). Die hier herausgegriffenen Bauwerke legen nur einige der äusserst vielfältigen roten Backsteinimitationen des Historismus dar.

Literatur. RDK Bd. 1, 1937 (Backstein) · Zur mittelalterlichen Backsteinbehandlung in Italien: Hans Peter Autenrieth.- Il colore dell'architettura. In: Lanfranco e Wiligelmo. Il Duomo di Modena [Ausstellungskatalog]. Modena 1984, S. 241-263 · Ders.- Das Baumaterial des Mittelalters in Oberitalien. In: Historisches Bauwesen, Material und Technik. Jahrbuch für Hausforschung, Bd. 42, 1994, S.147-164.

15./16. Jahrhundert

1.2.1 Locarno (TI)

Santa Maria in Selva. Gemaltes Backsteinmauerwerk am Chorhaus, 1399/1400. Umfangreiche Originalreste mit Reparaturen. Aufgenommen 1989.

Bau (Abb. 86). Von der spätmittelalterlichen Kirche mit qualitätvoller Innenausmalung stehen nur noch der Rechteckchor und der Turm. Das Langhaus wurde 1884 abgebrochen. Der übrig gebliebene Ostteil mit einem 1886 angefügten Vorraum dient heute als Friedhofskapelle.

Gemaltes Backsteinmauerwerk (Abb. 87, 88). Unter der südseitigen Dachtraufe und am Ostgiebel hat sich der deckende, ursprüngliche Verputz über dem mit Backsteinen durchsetzten Bruchsteinmauerwerk erhalten. An den geschützteren Stellen ist sein leuchtend roter Anstrich mit weissem Fugennetz, der den Eindruck von Backsteinmauerwerk hervorruft, noch in beträchtlichen Beständen vorhanden. Als Schmuckelemente darin eingelassen sind grün glasierte Tonschalen («scodelle»), an der Traufseite in zwei lockeren Reihen, am Giebel um das Rundfenster in vier Kreuzen, an den Dachschrägen dicht gereiht und darunter in zwei Ringen angeordnet.

Zustand. Der horizontale Beschnitt an der abrupt abbrechenden Unterkante des roten Verputzstreifens der Südseite lässt vermuten, dass hier alter Verputz willentlich abgeschlagen wurde und ehemals grössere Partien verputzt und möglicherweise als Backstein bemalt waren. An der Ostwand trägt der Mauerstreifen mit den ringförmig verlegten Tonschalen unterhalb des Giebels noch den alten, groben, unten mit einer roten Linie abschliessenden Naturputz,

86   Locarno, S. Maria in Selva 1399/1400, ehem. Chorhaus mit Backsteinmalerei
87   Locarno, Detail der Giebelkante, Originalmalerei aus der Bauzeit
88   Locarno, Detail der Traufseite, im Mauerwerk grün glasierte Tonschalen

1.2 FASSADENFLÄCHEN   Mauerwerke und Friese aus Backstein und Farbe

89 Vufflens, Innenhof des Schlosses, Nordwestecke

der das Mauerwerk nur zum Teil deckt (pietra rasa). Die unterste östliche Wandpartie, in der zwei, mit konzentrischen Rundbögen abschliessende Fenster sitzen, ist heute unverputzt. Die Fenster jedoch zeigen in ihren Leibungen und auf den äusseren, aus Backsteinen gemauerten Bögen ebenfalls roten Verputz und weisse Fugen (geringe Reste erkennbar). Gilardoni weist zu Recht auf die ehemals dekorative Wirkung der gesamten Ostwand hin und hält es für wahrscheinlich, dass ursprünglich ein (roter?) Verputz bis zum Boden herabreichte.

Bemerkungen. Die Backsteinimitation von Santa Maria in Selva steht in der Tradition der mittelalterlichen Architektur Italiens, das in vielfältigster Weise seine Bauten, sowohl auf Backstein- als auch auf Bruchsteinmauern, mit roten Farbfassungen versah, die die Backsteine entweder «verschönerten» oder imitierten. Ebenfalls italienischer, schon antiker Herkunft ist die dekorative Verwendung von Tonschalen (z. B. in der Umfassungsmauer des Circo di Massenzio oder am mittelalterlichen Turm von S. Maria Maggiore in *Rom*). Für den dargestellten Backstein am Aussenbau scheint Maria in Selva mit seinen erstaunlich umfangreichen Originalresten auf Schweizer Boden für das Mittelalter in dieser Art einmalig zu sein; der Erhaltungszustand verschlechterte sich in den letzten Jahren bedenklich. Die Tonschalen im Mauerwerk sind hierzulande noch in den Ost- und Westgiebeln der Kirche S. Maria della Misericordia in *Ascona* bekannt (hier gelb glasiert und in unfarbig naturverputztes Mauerwerk eingelassen); vorhanden waren sie, ausnahmsweise nördlich der Alpen, etwa auch am 1902/03 abgebrochenen Dominikanerinnenkloster Oetenbach in *Zürich* (S.KDM ZH Neue Ausgabe II/I, 2002, S. 224f). Als Vergleich in unmittelbarer Nähe, jedoch jenseits der Grenze, sei auf das Haus Via Francesco Muralto 39 in *Como* verwiesen, dessen imitiertes Backsteingefüge zwar keine reale Tonschale, dafür aber ein gemaltes Rundornament schmückt (siehe Abb. 99).

Literatur. Rahn 1893, S.129 · MAS TI I (Virgilio Gilardoni), 1972, p. 263f · Zur mittelalterlichen Backsteinbehandlung in Italien: Hans Peter Autenrieth 1994.

1.2.2 Vufflens-le-Château (VD)

Schloss. Errichtet 1415–1430. Buntfarbig gefasstes Backsteinmauerwerk des Innenhofs aus der Bauzeit. Wiederhergestellt anlässlich der Gesamtrestaurierung 1960/70. Aufgenommen 2000.

Bau (Abb. 83, 89, 158, 245). Ausserordentlich imposante Burganlage mit einem Turmbauensemble, das von dem mächtigen, ungewöhnlich hohen Hauptturm dominiert wird. Reiner, in diesen Ausmassen einzigartiger Backsteinbau in der Schweiz, errichtet von Ziegelbrennern und Architekten aus der Lombardei und dem Piemont, zu denen intensive Verbindungen des Schloss- und Bauherrn Henri de Colombier bestanden.

Farbfassung im Innenhof. Das enge, steil ummauerte Hofgeviert überrascht durch die, dank umfangreicher Befunde, wiedergewonnene farbige Backsteinfassade des westlichen Flügels, der vor dem Donjon liegt. Er wurde 1530/1544 zum Bewohnen ausgebaut, aufgestockt und farblich, der vorherigen Fassung gleich, erneuert. Ab der Höhe der unteren Konsolreihe des Pechnasenkranzes (Maschikulis) ist das Mauerwerk weiss verputzt und am vorstehenden Mittelteil mit grünen, an den Seitenteilen mit roten Fugen bemalt. Die Bögen des Pechnasenkranzes werden ebenso wie die Zacken- und Zickzackfriese, die die Seitenteile unten und den Mittelteil oben zieren, rot hervorgehoben. Vom Umbau stammen das Portal, die Kreuzstockfenster im ersten und die einfachen Fenster im zweiten Geschoss, das mit einem gelben Gesims abgesetzt und glatt weiss verputzt ist. Während das Portal und die obersten Fenster mit gemalter gelber Quaderung eingefasst wurden, erhielten die aus grauem Kalkstein bestehenden Kreuzstockgewände eine deckende gelbe Fassung, die an den Seitenpfosten unregelmässig ins Mauerwerk greift (vgl. Abb. 245).

90 Oron-le-Châtel, Schloss, Detail des Wehrgangs mit Musterung in Rot, Weiss und Schwarz
91 Oron-le-Châtel, Schloss 14./15. Jh., Wehrgang aus farbig gefasstem Backstein

Bemerkungen. Nach Grandjean handelt es sich bei Weiss, Rot (und Grün) um die ursprüngliche Farbigkeit um 1430, die beim Umbau 1544 erneuert und um das Gelb der Gewände bereichert wurde. Er verweist auf Weiss-Rot-Fassungen zahlreicher Backsteinfassaden dieser Art im Piemont, insbesondere in der Region Vercelli. In der Schweiz ist Vufflens in seiner farblichen Prächtigkeit einzigartig, bedingt durch die Herkunft der oberitalienischen Baumeister. In derselben Tradition steht der ebenfalls aus Backstein gemauerte, farblich aber zurückhaltender gefasste Wehrgang von *Oron-le-Châtel* (1.2.3). – Zum Farbwechsel an den Konsolen des Pechnasenkranzes siehe 1.3.12.

Literatur. Marcel Grandjean.- Le château de Vufflens. In: ZAK 52, 1995, S.89-123, insbesondere S.111-113 · Mitteilung zum Gestein der Fenster von Théo-Antoine Hermanès, Siena.

1.2.3 Oron-le-Châtel (VD)

Mittelalterliches Schloss, Wehrganggeschoss. Gesimse, Friese und Fenstereinfassungen aus zum Teil farbig gefasstem Backstein, 14./15. Jh.; restauriert 1965ff. Aufgenommen 1984.

Backsteindekoration in Rot, Weiss und Schwarz (Abb. 90, 91). Die weiss verputzten Bruchsteinmauern der polygonal geschlossenen Burganlage sind im Wehrganggeschoss ringsum mit unterschiedlich verwendetem Backstein verziert. Während die Schau- und Eingangsseiten (Südost und Südwest) nur Fenstergewände aus roten, seitlich gezahnten Sichtbacksteinen und unter der Dachtraufe einen Backsteinfries aus rot und weiss gefassten Zacken (Deutsches Band) und Klötzchen zeigen, ist an der Rückseite (Nordwest) das gesamte Halbgeschoss aus Sichtbackstein gemauert. Dessen kleine Stichbogenfenster haben ebenfalls im Farbwechsel gezahnte Seitengewände, hier allerdings aus einer weissen und roten Farbfassung der Backsteine. Sie sind oben eingefasst mit den gleichen, aber jeweils zweizeilig laufenden Zacken- und Klötzchenfriesen und unten mit einem rot-weissen Zickzackfries sowie einem sogar in drei Farben rot, weiss und schwarz gefassten Zackenfries.

Bemerkungen. Zusammen mit den Schiesserkern an den Mauerecken wirkt das Wehrganggeschoss wie ein breites, umlaufendes Schmuckband unterhalb des Dachansatzes der architektonisch sonst weiter nicht gegliederten Aussenwände. Zu den gezahnten Fenstergewänden vgl. *Locarno* Castello (1.2.7), zu den Backsteinfriesen Schloss *Vufflens* (1.2.2) sowie den Wehrgang über der Eingangsmauer des Schlosses *La Sarraz* (1.1.17).

Literatur. Marcel Grandjean.- Le château de Vufflens. In: ZAK 52, 1995, S.110, 114.

1.2.4 Morcote (TI, Luganese)

Kapelle S. Antonio Abate, E. 15. Jh.; Dachgesims aus Backstein mit Resten von Farbfassung und Rankenmalerei. Zum Teil erneuert. Aufgenommen 1984.

Backsteingesims und gemalter Blattrankenfries (Abb. 92). An den Trauf- und Giebelrändern des Daches verläuft über dem ehemals einschichtig in pietra rasa-Technik verputzten Bruchsteinmauerwerk ein Ziergesims aus rotem Backstein. Es setzt sich aus einem relativ stark vortretenden Zickzack- und einem Zackenfries zusammen und ist unter den Dachziegeln mit Steinplatten abgedeckt. Aus dem Altbestand haben sich an den Traufrändern noch weisse Fugenstriche erhalten. Auch zeigen die im 19. Jh. erneuerten Teile eine rot-weisse Farbfassung auf den Steinzacken, vermutlich wie bei einigen der Fenstergewände eine Rekonstruktion des ursprünglichen Aussehens (vgl. Abb. 100). Nach unten zu wird das Backsteingesims von einem gemalten, breiten Band roter Blattranken auf weissem Grund, einem schmalen Band weisser Rosetten auf dunkelrotem Grund und einer roten Fusslinie abgeschlossen. Am Giebel fehlen der gemalte und der erhabene Zickzackfries. Wahrscheinlich war das gesamte Backsteingesims eine Zeit lang weiss verputzt (Reste sichtbar).

Bemerkungen. Angesichts des recht einfach behandelten Bruchsteinmauerwerks erstaunt das viel- und feinteilige Zierwerk, zu dem auch das ebenso aufwändig ausgeführte runde Giebelfenster gehört (siehe Abb. 159). Der Zacken- und Zickzackverband ist seit der Antike und insbesondere im Mittelalter eine der am meisten verbreiteten Schmuckformen im Backsteinbau (vgl. *Oron-le-Châtel* Abb. 91) und auch die Kombination mit gemaltem Rankenwerk findet sich andernorts wie z. B. An den Traufseiten des Hochschiffs von Saint-Gervais in *Genf*, das 1435/46 erbaut und 1902/04 weitgehend erneuert wurde (Abb. 93).

92 Morcote, Kapelle S. Antonio Abate E. 15. Jh., Reste bauzeitlicher Backsteinbemalung
93 Genève, St-Gervais 1446, bauzeitliche Backsteinbemalung, erneuert 1902/04
94 Pura, Casa Crivelli um 1500 mit gemauerten und gemalten Backsteinfriesen

1.2.5 Pura (TI, Malcantone)

Contrada Bornago, Casa Crivelli. Gemauerte und gemalte rote Friese, um 1500. Rechter Hausteil jüngst restauriert. Aufgenommen 1982.

Friese in Rot auf Weiss (Abb. 94, 95). Die zweiteilige, in stumpfem Winkel sich öffnende und links um eine Fensterachse vorstehende Gassenfront des 3-gesch. Wohnhauses ist hell verputzt und auf halber Höhe mit zwei Friesen verziert: Über das Hauptgeschoss zieht sich ein von profilierten Stäben eingefasster, versetzter Würfelfries aus rotem Backstein, der im Bogen über zwei gassenseitige und ein nebenseitiges Fenster verläuft. Direkt über den Bögen liegt horizontal ein zweiter, rot-weiss gemalter, sechszeiliger Würfelfries (Schachbrettmuster), der ringsum von kleinen Halbkreisbögen und am rechten (evtl. auch am linken) Ende von zwei Rosetten begleitet wird. Dieser gemalte Fries führt, soweit mit blossem Auge erkennbar, nicht um die Hausecke herum. Oben an den zwei kleinen Rundbogenfenstern sind Reste einer roten Einfassung vorhanden. Die radiale Gliederung durch eine Muschel innerhalb des Bogenschlags über den Hauptfenstern, die der Fassadenplan in der Casa borghese angibt, lässt sich am Ort nicht (mehr?) erkennen. Von den Eingangstoren hat allein das linke einen Backsteinbogen. Er weist (heute) keine Farbreste auf.

Zustand. Während der rechte Hausteil unter Erhalt des alten Putzes in Weiss und Rot neu gestrichen wurde, zeigt die linke Haushälfte noch einen recht alten (vermutlich den ursprünglichen), wenn auch schadhaften Naturputz, auf dem der gemalte Fries in gut erkennbaren Resten erhalten ist.

Bemerkungen. Die unbekümmert aus einem roten Backstein- und einem roten Farbenfries zusammengesetzte Fassadendekoration dieses spätgotischen, wenig veränderten Profangebäudes hat ihren Ursprung in Oberitalien (die Familie Crivelli stammte aus Mailand – zu ihrer lokalen Bedeutung s. Segre). Sie ist heute in ihrer noblen Erscheinung und ihrem beträchtlichen Alter an einem Bürgerhaus «un esempio rarissimo e forse unico nel nostro paese» (Casa borghese). Als ähnliche, etwas einfachere Varianten aus gleicher Zeit sind die gemauerten und gemalten Backsteinfriese im Hof des Palazzo Torriani in *Mendrisio* (1.1.23) zu erwähnen, ebenso der äusserst bemerkenswerte Zierfries am Landhaus Malacrida in *Coldrerio* (1.2.6).

Literatur. Casa borghese XXVI/I, 1934, tav. 132-134 · Decorazioni Malcantone 1997, p. 22 · Segre 1998 (wie bei 1.4.8), p. 27.

1.2.6 Coldrerio Costa di sopra (TI, Mendrisiotto)

Landhaus Malacrida. Zierfries aus Backstein und Malerei, wohl noch 15. Jh.; ursprünglicher Bestand. Aufgenommen 1982.

Backsteinfries mit gemalten Palmetten (Abb. 96, 97). Den 3-gesch., leicht vorstehenden Wohn- und Eckteil des freiliegenden Dreiseithofes umläuft an den beiden sichtbaren Seiten und um die vorstehende Ecke ein dekorativer Backsteinfries, der an der Giebelseite durch ein späteres Fenster unterbrochen ist. Darüber öffnen sich alte Taubenlöcher. Das Bruchsteinmauerwerk ist nur in der oberen Wandhälfte mit weiss gekalktem Naturputz bedeckt, von dem sich der um ein halbes Geschoss unterhalb der Dachkante liegende Fries dekorativ abhebt: Ein Zackenband (Deutsches Band) auf Konsölchen, ein Fussgesims mit Resten einer roten Farbfassung samt weisser Fugen, darunter ein gemalter roter Streifen; in den Konsolfeldern jeweils eine grüne Palmette auf weissem Grund.

Bemerkungen. Hierzulande kaum noch andernorts vorhanden sind Fassadendekore aus vielfarbigen und mit Ornamentmalerei versehenen Zierfriesen an einem schlichten ländlichen Bau aus dem späten Mittelalter (vgl. 1.2.5 *Pura*). Schöne, rot gefasste, aber einfachere und später enstandene Konsolfriese aus Backstein stellen zum Beispiel die Dachgesimse an der Westfassade von S. Maria delle Grazie in *Bellinzona* (1480/1502) oder an der Kuppel der Kirche von *Vico Morcote* (1625/27) dar.

Literatur. Martinola 1975, p. 199, ill. 347.

95 Pura, Reste des Originalbestands
96 Coldrerio, Backsteinfries mit grüner Palmettenbemalung, Originalbestand
97 Coldrerio, Landhaus Malacrida, wohl noch 15. Jh., Hauptfassade

1.2 FASSADENFLÄCHEN Mauerwerke und Friese aus Backstein und Farbe

1.2.7 Locarno (TI)

Castello, Innenhof. Fenstergewände in Backstein, 15. Jh.; erneuert 1924/29. Aufgenommen 1998.

Anlage. Die von den Mailänder Herzögen Visconti errichtete Burg stammt im Wesentlichen aus der Mitte des 15. Jahrhunderts. Sie bildet einen in sich geschlossenen, vielteiligen Baukomplex wehrhaften Charakters, dessen Schauseiten zum Innenhof orientiert sind. Hier befinden sich auch die meisten der mit Ziergewänden in Backstein ausgestatteten Fenster.

Fenster mit Ziergewänden aus Backstein (Abb. 98). Die Obergeschosse des südseitigen Arkaden- und westseitigen Loggia-Flügels öffnen sich in grossen Spitzbogenfenstern, das Erdgeschoss des Westflügels zusätzlich in zwei Stichbogenfenstern. Die mehrfach und fein gekehlten Leibungen der Bogenläufe und einige mit Blendarkaturen versehene Sohlbänke sind aus Backstein gemauert. Die auf der verputzten Wandfläche liegenden, breiten Rahmungen hingegen sind gemalt und bestehen aus einem Lauf lückenloser und bis zum Bogenbeginn aus einem zweiten Lauf gezahnter Backsteine, der über dem Bogen in verschiedenen Zierformen fortgesetzt wird. Das abgebildete Obergeschossfenster des Westflügels zeigt zum Beispiel ein gemaltes Profil in schwarz-weissem Steinwechsel. Ein breites Marmorgesims mit Blatt-, Perl- und Konsolfriesen, das über den gesamten Gebäudeteil läuft, bildet zugleich die Fensterbank. Auf den Gewändesteinen aller Fenster liegen Reste von rotem Verputz mit weissen Fugenstrichen, die den darunter befindlichen Steinfugen weitgehend entsprechen.

Zustand. Bei der Restaurierung des mittelalterlichen Bestands 1924/29 wurden die zum Teil zugemauerten Fenster wieder geöffnet und ihre Gewände zu grossen Teilen rekonstruierend neu verputzt und gemalt (mit Keim-Farben). Den vorherigen Zustand des baulich stark veränderten Innenhofs dokumentieren zwei informative Handzeichnungen von 1891 (Rahn, fig. 70, 80).

Bemerkungen zu den spätmittelalterlichen Backsteingewänden mit gezahntem Rand. Ziergewände aus natürlichem und gemaltem Backstein mit der charakteristischen Zahnung der Seitenränder müssen im italienischen Einflussgebiet des Tessins an noblen Profanbauten des Quattro- und Cinquecento häufig vorhanden gewesen sein (ähnlich z. B. am Castello Sforzesco, *Mailand*). Zum Vergleich beigezogen sei ein Wohnhaus im grenznahen *Como* (Via Francesco Muralto 39), das, obwohl stark verändert, noch zwei Spitzbogenfenster mit Originalresten einer seitlich gezahnten Backsteinmalerei aus dem Cinquecento aufweist (Abb. 99). Darüber hinaus ist es mit

98 Locarno, Castello 15. Jh., Backsteingewände mit Farbfassung, erneuert 1924/29
99 Como, Wohnhaus mit Backsteinmalerei 16. Jh.
100 Morcote, S. Antonio Abate, Hospiz, Backsteinfassung E. 15. Jh., Rekonstruktion 19. Jh.
101 Locarno, Palazzo Giovanni Rusca, Backsteinfassung 15./16. Jh., erneuert um 2000

102 Poschiavo, Stiftskirche, Übergang der roten Bogenfassung in rote Flachmalerei, Originalbefund am Turm
103 Poschiavo, Stiftskirche, Turm mit rot gefassten Bogenfriesen E. 15. Jh.
104 Lugano, S.Maria degli Angeli 1499–1515, überkreuzte Backsteinbögen

Zinnen und mit einem an Tonschalen («scodelle», s. 1.2.1) erinnernden Rosettenring bereichert. Im südlichen Alpenland der Schweiz sind die Fenster dieser Art jedoch weitgehend verschwunden oder erneuert. Beispiele in Form einer Kopie aus dem 19. Jh. liefern das dreifarbig rot-weiss-schwarz gefasste Fenster an der zum borgo gelegenen Seite des spätmittelalterlichen ehem. Antoniterhospizes in *Morcote* (Abb. 100, vgl. 1.3.13) und die erst kürzlich rekonstruierten Fenster am Nordflügel des Palazzo Giovanni Rusca in *Locarno* (Abb. 101). Vgl. auch die Fenster im Wehrganggeschoss von *Oron-le-Châtel* (1.2.3).

Literatur. Rahn 1893, S. 90-115 · MAS TI I (Virgilio Gilardoni), 1972, p. 24-61, ill. 194 (Originalbestand) · Elfi Rüsch, Riccardo Carazzetti.- Locarno. Das Schloss und die Casorella. Bern 2002 (SKF).

1.2.8 Poschiavo (GR, Puschlav)

Stiftskirche San Vittore. Dekorationen am Turm, E. 15. Jh.; freigelegt, konserviert und ergänzt 1970/80, aufgenommen 1983.

Rot gemalte, gemauerte und gefasste Bogenfriese am Turm (Abb. 102, 103). Der im 13. Jh. steinsichtig errichtete, romanische Turm hatte fünf Fenstergeschosse und erhielt anlässlich des Chorneubaus durch Andreas Bühler im Jahr 1497 ein sechstes Geschoss samt Zeltdach und zusätzlich seinen gesamten Farbdekor. Unter den vier oberen Gesimsen laufen Schmuckbänder unterschiedlicher Musterung in roter Freskomalerei auf hellem ungetünchtem Putz, im obersten spätgotischen Geschoss wurden ausserdem die Fensterarkaden und der Bogenfries bemalt (zwischen ihnen die Namen der Kirchenpatrone und die Jz. 149? in Resten roter Schrift). Von besonderem Interesse ist die verschiedene Ausbildung der Bogenfriese: Die beiden obersten Gesimse werden von ringsum laufenden einfachen, gemalten Blendarkaturen mit rot gefüllten Bogenfeldern begleitet und die Spitzarkaden (Kalktuff) der vierteiligen Fenster im obersten Geschoss durch eine rot-weisse Steinwechselmalerei wie ein Schmuckband hervorgehoben. Darüber schliesst eine gemauerte Kreuzbogenblende (Kalktuff) den Turmschaft ab. Sie ist rot gefasst und wird fiktiv mit roter Farbe um eine halbe Kreuzarkade auf den Mauerecken fortgesetzt.

Bemerkungen. Der Turm von San Vittore zeigt besonders auffallend, wie ein und dasselbe Bauwerk, über 200 Jahre nach seinem Entstehen mit einem einzigen Ziermotiv, nämlich dem Bogenlauf in Rot auf Weiss, in grösster Variantenvielfalt geschmückt werden kann. Die ausschliessliche Verwendung der roten Farbe legt es nahe, als Vorbild rote Backsteinarkaturen zu vermuten, wie sie als einfache und überkreuzte Blendbögen am mittelalterlichen Kirchenbau allenthalben, insbesondere in Oberitalien und im Tessin vorkommen, zum Beispiel an S. Maria degli Angeli in *Lugano* (Abb. 104), am Turm der Benediktinerabtei in *Villar San Costanzo* bei Cuneo/Piemont (Abb. 105) oder in *Gera Lario* (Abb. 84, 85). – Die Turmbemalung ist eigenständig und wurde nicht der Quaderbemalung des Kirchenneubaus angepasst; zur Bemalung des Kirchenschiffs siehe 2.1.1.

Literatur. KDM GR VI (Erwin Poeschel), 1945, S. 35 f · Emmenegger 1994, S. 28 (zum Fugenmörtel) · Fotos und Auskünfte zur Freilegung von Oskar Emmenegger, Zizers.

1.2.9 Miglieglia (TI, Malcantone)

Beinhaus von San Stefano. Rot bemalte Blendarkatur um 1500. Weitgehend ursprünglicher Bestand. Aufgenommen 1983.

Bau. Kleines, hell verputztes Bruchsteingebäude mit Satteldach in Sichtweite unterhalb der Pfarrkirche San Stefano. Die beiden Traufseiten und die Ostgiebelwand werden durch eine Reihe von Blendarkaden zwischen eckverstärkenden Mauerstücken und die Westwand durch das symmetrische Ensemble von Eingang mit Flankenfenstern und Okulus gegliedert.

Gemauerte und gemalte Bogennischen und Ornamentfries in Rot. Über alle oberen Mauerabschlüsse zieht sich eine rote friesartige, auf der Südseite besonders reich ausgeführte Bemalung

105 Villar San Costanzo/Piemont, Benediktinerabtei, rot gefasste Backsteinfriese
106 Miglieglia, Beinhaus von S. Stefano, Südseite mit roter Schablonenmalerei um 1500

(Abb. 106, 107). Hier sind die Blendnischen rot umrandet, ihre Leibungen mit Rosetten, die Nischenmitte mit einem Stern, ihre Stirnseiten in den Zwickeln ebenfalls mit Sternen und darüber mit ausgreifenden Palmetten verziert. Auf den Eckverstärkungen laufen die Blendarkaden in eingeritzter Flachmalerei weiter. Die Palmetten und wahrscheinlich auch die Rosetten wurden mit Schablonen ausgeführt (erkennbar an stehen gebliebenen Randstegen). Von der gleichen, aber einfacher gestalteten Malerei der Nordseite sind nur noch kümmerliche Reste vorhanden. Die steigende Arkatur am Ostgiebel zieren rote Konturen, Fusslinie und Sterne (Abb. 108). Der Farbfries am Westgiebel ist vermutlich eine jüngere Erneuerung.

107 Miglieglia, Beinhaus, Bogennischen- und Palmettenfries, Originalmalerei

108 Miglieglia, Beinhaus, rot gefasste Blendarkaden am Ostgiebel, Originalbestand

109 Miglieglia, Kirche S. Stefano, Backsteinmalerei am Chorhaus um 1500

Erhaltungszustand und Situation. Beträchtliche Partien des Verputzes sind abgefallen, an der Nordseite wurde eine grosse Öffnung eingebrochen, das Innere ist ruinös. Die alten Gebäude der Umgebung (rustici) fielen inzwischen neuen Wohnhäusern zum Opfer.

Bemerkungen. Die postromanische, gleichzeitig mit der am Chorhaus von San Stefano erst um 1500 entstandene Rundbogenarkatur trägt eine recht bemerkenswerte und anderswo am Aussenbau nicht mehr zu findende Rotbemalung, die Ornamentik mit Scheinarchitekturen in Form fingierter Nischen und Nischenvertiefungen verbindet. Für die Palmetten gibt es Ähnliches aus dieser Zeit z. B. als Bildrahmen in *Roveredo* (KDM GR VI, Abb. 213) oder als Gewölbedekoration in der Casa Crivelli von *Pura* (Casa borghese XXVI/I, tav. 134). Da die rote Fussleisten- und Keilsteinmalerei der Blendarkatur am Chorhaus von *San Stefano* unmissverständlich Backsteine darstellt (Abb. 109), darf man auch für das Beinhaus annehmen, dass die ausschliessliche Verwendung von Rot die kunstvollen, ornamentierten Formstücke aus Backstein (Bauterrakotten) imitieren soll.

Literatur. Zur Postromanik: Johann Rudolf Rahn, Wanderungen im Tessin. Zürich 1917, S. 50 · Virgilio Gilardoni, Il Romanico. Bellinzona 1967, p. 671.

1.2.10 Bellinzona (TI)

Santa Maria delle Grazie, erbaut 1480–1502. Gemalte Kreuzbogenfriese an der Nordseite, wohl aus der Bauzeit. Weitgehend ursprünglicher Bestand. Aufgenommen 1984 (vom Brand 1996 nicht betroffen; im Zuge der nachfolgenden, 2006 abgeschlossenen Gesamtrestaurierung wurde die Aussenfarbigkeit erneuert).

Rote gemalte Kreuzbogenfriese (Abb. 110–112). An den nordseitig freiliegenden, verputzten Langhaus-, Kapellen- und Chortraufen sowie auf gleicher Höhe am Turmschaft befinden sich Friese aus grossen, roten, mit Ritzlinien konturierten Kreuzbögen. Eingeritzt, aber farblos sind auch die kleinen, sie rahmenden Kreuzbogenläufe. Ein weiterer Fries am Fuss des Glockenge-

1.2 FASSADENFLÄCHEN Mauerwerke und Friese aus Backstein und Farbe

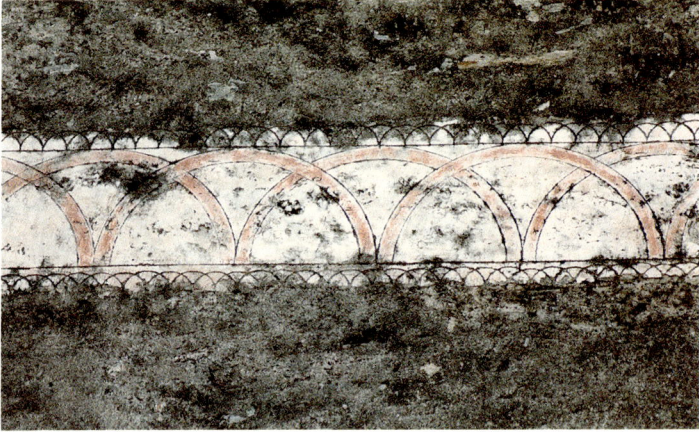

schosses zeigt einen nur einfach eingeritzten Kreuzbogenlauf, der von zwei breiten, roten Streifen eingefasst wird. Der Putz des Kirchenschiffs ist hell, um die Fenster als Rahmung geglättet und weiss gefasst, und im Bereich der Friese später z.T. überstrichen. Auf dem Putz am Turmschaft liegen unterhalb des Glockengeschosses alte Reste einer hellen Kalkschicht. Das Glockengeschoss selbst wurde in jüngerer Zeit weiss gestrichen und mit rot-weissen Quaderungen bemalt (1.3.11). Die Kreuzbogenfriese sind noch gut erkennbar, da sie durch den Traufvorstand geschützt sind bzw. am Turmschaft auf geglättetem und weiss gestrichenem Putz liegen, während der umgebende Naturputz im Lauf der Zeit stark nachdunkelte. Am Giebel der Westfassade, die ganz und gar von einem Putz mit Kratzverzierungen bedeckt ist, wird das Traufgesims in Form eines rot gefassten Konsolfrieses mit roter Begleitlinie fortgesetzt.

Bemerkungen. Gewiss kam das Spiel mit Rot und Weiss ursprünglich erheblich mehr zur Wirkung als zur Zeit der Aufnahme 1984 und damit die Schmuckhaftigkeit der Kreuzbogenfriese. Die rote Farbe dürfte auch hier Backstein darstellen. Der Bau selbst ist weitgehend aus Bruchstein gemauert, das Dachgesims des Turms besteht neben dem Konsolfries und Teilen des Westportals jedoch aus natürlichem Backstein. Die Backsteinfriese vervollständigen das rote gemalte Zierfrieswerk von Santa Maria delle Grazie und bilden zusammen mit der auffälligen Kratzornamentik auf dem Putz der Westfassade die Schmuckmotive der Aussenfassaden. Im Sinn künstlerischer Bauausstattung korrespondiert somit die Aussenfarbigkeit der Kirche mit den kunstgeschichtlich bemerkenswerten Wandmalereien im Inneren.

110   Bellinzona, S. Maria delle Grazie, rot gemalte und geritzte Bogenfriese an der Schiffstraufe 1502, erneuert
111   Bellinzona, dreifacher Fries am Turmschaft, Originalmalerei (inzwischen restauriert)
112   Bellinzona, S. Maria delle Grazie, gemalte Kreuzbogenfriese um 1502

1.2.11   Giornico (TI, Leventina)

San Pellegrino. Gemalter Kreuzbogenfries, 1589. Ursprünglicher Bestand. Aufgenommen 1983.

Gemalter roter Kreuzbogenfries unterhalb der Dachtraufe (Abb. 113). Die 1345 geweihte kleine Wallfahrtskirche an der alten Gotthardroute wurde 1589 um den Eingangsteil (Ost) erweitert. Hier befinden sich an der Nordwand ca. 20 cm unterhalb der Traufe auf Resten originalen, weiss geschlämmten Verputzes ein verblasster roter Kreuzbogenfries mit stilisierten Lilien an einigen der Fusspunkte und auf der Gegenseite die Reste eines Blattfrieses. Die Eingangsfassade ist ebenso wie das Innere mit bemerkenswerten figürlichen Malereien ausgestattet, die hier jedoch nicht zur Diskussion stehen.

Bemerkung. San Pellegrino wurde an dieser Stelle aufgenommen als ein «spätes», wenig bekanntes Beispiel für das Motiv des mit Vorliebe aus Backstein gemauerten mittelalterlichen Kreuzbogens (Doppelarkade) in Form eines roten gemalten Frieses (vergleichbar mit 1.2.8 *Poschiavo* und 1.2.10 *Bellinzona*).

Literatur. San Pellegrino di Giornico. Testi di Alfred A. Schmid et altri. Bellinzona 1977.

113　Giornico, S. Pellegrino, gemalter Kreuzbogenfries an der Traufe 1589
114　Sonvico, S. Casa Lauretana 1636, Detail des Gebälks, Nordwestecke

Zur Ikonografie der Casa Santa 16. / 17. Jahrhundert

1.2.12　Sonvico (TI, Luganese)

Santa Casa Lauretana. Backstein an der Westfassade und im Inneren, 1636 (Schrifttafel über dem Hauptportal). Restaurierung 1920. Aufgenommen 1984. Der mit Quadern sgraffitierte, originale Wandputz wurde jüngst abgeschlagen.

Bau (Abb. 116). Dreiteilig gegliederte Kirchenfassade mit Giebelaufsatz zwischen Seitenvoluten. Während die Mauer mit einem hellen Verputz bedeckt ist, in den illusionistische Quader mit scharrierten Spiegeln in Sgraffitotechnik eingeritzt sind, wurden Pilaster, Gebälke, Voluten und Eckaufsätze sowie die Gewände der Fenster und des Hauptportals aus rotem Backstein gemauert. Das Innere ist eine Nachbildung der Casa Santa von Loreto (s. unten).

Natürlicher und auf Putz gemalter Backstein. Die Gliederungselemente der Fassade bestehen weitgehend aus leuchtend rotem Backstein, über dem sowohl geschlossene Partien als auch fleckenartige Reste von rotem Verputz mit weiss gemalten oder in den weissen Mörtel eingeritzten Fugen liegen (Abb. 114–117). Da dem Augenschein nach die Putz- und roten Farbreste auf dem Backstein aus verschiedenen Zeiten stammen, lässt sich nicht ausmachen, ob ursprünglich insgesamt oder nur an bestimmten Stellen eine Backstein imitierende Fassung lag. Im Inneren sind die Wände durch einen roten Anstrich als Backsteinmauern dargestellt und erinnern damit an die Casa Santa von Loreto. Die gemalten bzw. eingeritzten Fugen bilden unterschiedliche Netze, was von mehreren übereinanderliegenden Erneuerungen herrührt.

Zur Bedeutung des Backsteins bei Loretokapellen. Die Verwendung von natürlichem oder imitiertem Backstein hat ikonografische Gründe. Die meisten im 16. und 17. Jh. nachgebauten Kapellen der Maria Loreto übernehmen im Sinne kennzeichnender Attribute unter anderem das Backsteinmauerwerk und die fragmentarischen Wandbilder des Sanktuariums der Casa Santa im italienischen *Loreto* (bei Ancona). Der Legende nach handelt es sich bei diesem um das von Engeln im Jahr 1294 von Nazareth nach Loreto versetzte Geburtshaus Mariens. Im späten Mittelalter entwickelte es sich zu einer bedeutenden Stätte der Marienwallfahrt und

115 Sonvico, Fassade, Portaleinfassung aus Backstein, alter Fugenmörtel, Fugenritzlinien und rote Farbreste
116 Sonvico, S.Casa Lauretana 1636, Fassade mit roter, ikonografisch bedingter Backsteingliederung
117 Sonvico, südliches Giebelstück, Putzoberfläche mit sgraffitierter Quaderung und Backsteinvolute, ursprünglicher Bestand, inzwischen erneuert

wurde an vielen Orten auch in der Schweiz nachgebaut. Das geschah vorwiegend in Form einer Kapelle, die im Inneren und hin und wieder auch aussen roten Backstein wie beim Urbau verwendete oder imitierte. Unter ihnen ist die Casa Lauretana in Sonvico ein besonders grosses und prächtiges Bauwerk, das besonders aussen den roten Backstein als Bedeutungsträger einsetzte. Ebenso ist auf den damals häufigen Wandbildern der Maria Loreto das signifizierend beigefügte Wohnhaus gern als Kirche in rotem Backstein oder mit rotem Ziegeldach dargestellt (s. 1.2.13 – 1.2.15).

Literatur. P. Crescentino da S.Severino M.- Chiese e capelle di Loreto nella Svizzera. Loreto 1967, p. 25 - 30.

1.2.13   Monticello (GR, Misox)

Santa Maria della Neve. Wandbild der Maria Loreto, nach 1513. Letzte Restaurierung 1977. Aufgenommen 1998.

Darstellung der Casa Santa als roter Backsteinbau (Abb. 118). An der Chorsüdwand im Inneren der 1513 geweihten Kapelle fällt ein beachtliches Bild der Maria Loreto auf, bei dem es sich um eine Variante des 1524 entstandenen Bildes im Oratorio der Madonna del Ponte Chiuso im nahe gelegenen *Roveredo* handelt (Abb. 119). Die Casa Santa, über der die Muttergottes in einer Strahlenmandorla erscheint, ist wie immer als Kirche dargestellt, und zwar hier sehr augenfällig als roter, von Engeln in die Lüfte gehobener Backsteinbau, der damit unverkennbar auf die Casa Santa in Loreto verweist (siehe die Bemerkungen zur Ikonografie bei 1.2.12 *Sonvico*). Die mit der Krone über Maria schwebenden Engel wurden erst kürzlich wieder freigelegt. (Um eine Verdoppelung zu vermeiden, waren sie vermutlich übermalt worden, als man dem Wandbild in der 2. Hälfte des 17. Jh. zusammen mit der Altarausstattung einen Stuckrahmen hinzufügte, auf dem seinerseits zwei Putten sitzen und eine Marienkrone halten.) Ein weiteres Beispiel einer Casa Santa aus rotem Backstein ist das Hausbild in *Bormio* (1.2.14).

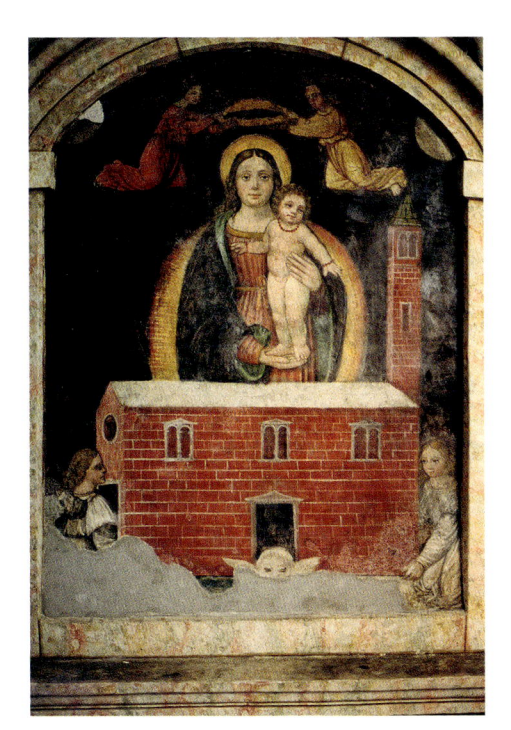

Literatur. KDM GR VI (Erwin Poeschel), 1945, S. 224, Abb. 254 · P. Crescentino (wie bei 1.2.12), p.60 · Agustoni Mesolcina / Misox 1996, S.12.

1.2.14 Bormio (Italien, Veltlin)

Via Roma 82. Fassadenbild mit Maria Loreto und Heiligen von Cipriano Valorsa aus Grosio/ Veltlin, 1. H. 16. Jh., aufgenommen 1983.

Darstellung der Casa Santa als roter Backsteinbau (Abb. 120). Über dem Portal einer später veränderten Hausfassade befindet sich ein stark beschädigtes, spätgotisches Heiligenbild, auf dem noch die von Engeln getragene, als dreischiffige Basilika wiedergegebene Casa Santa erkennbar ist (die darüber thronende Maria und das Kind gingen fast vollständig, die sie begleitenden fünf Heiligen zum Teil verloren). Die Kirchenmauern sind rot mit sorgfältig eingeritztem Fugennetz dargestellt. Auch hier, nah der Landesgrenze und kunstlandschaftlich mit dem südöstlichen Graubünden verbunden, wurde unverkennbar das Backsteinmauerwerk der Casa Santa von Loreto verbildlicht (s. 1.2.12).

118 Monticello, Kapelle S. Maria della Neve, Wandbild der Maria Loreto mit roter Backsteinkirche, nach 1513
119 Roveredo, Madonna del Ponte chiuso, Wandbild Maria Loreto 1524, Detail der roten Backsteinkirche
120 Bormio/Altavaltellina, Wohnhaus, rote Backsteinkirche auf dem Fassadenbild der Maria Loreto

1.2.15 Lugano (TI)

Santa Maria di Loreto. Wandbild der Maria Loreto, ehem. Bildstock, errichtet gegen Ende des 15. Jh.; aufgenommen 1982.

Bildstock (Abb. 121). Um den verehrten Bildstock aus dem Ende des 15. Jh. wurde 1524 die Kirche Maria Loreto errichtet. Der rahmende Säulentabernakel aus Stuck kam erst später, in der 2. Hälfte des 17. Jh., hinzu.

Darstellung der Casa Santa mit rotem Ziegeldach. Das spätgotische Wandbild stellt eine altertümliche, an die byzantinische Hodegetria erinnernde Muttergottes dar, die in einer Regenbogen-Mandorla über der von Engeln emporgehobenen Casa Santa thront. Das legendäre Geburtshaus der Mutter Jesu ist wie üblich als Kapelle dargestellt, die zwar nicht wie dieses aus roten Backsteinen errichtet, stattdessen aber mit einem leuchtend roten Ziegeldach gedeckt ist und somit ikonografisch auf das Motiv des roten Ziegel- bzw. Backsteins der Casa Santa in Loreto verweist (siehe 1.2.12 *Sonvico*). Auch auf anderen Darstellungen der Maria Loreto werden, wenn nicht die Mauern, so die Dächer ziegelrot gemalt. Als Beispiele anzuführen sind das zu einem dreischiffigen, mit beachtlichem Turm vergrösserte Kirchengebäude auf dem Wandbild an einer Hausfassade in der via Maistra von *Carona* (Abb. 122), welches an das lauretanische Marienbild über dem Portal der benachbarten Wallfahrtskirche *Madonna d'Ongero* aus dem 2. Viertel des 17. Jh. anknüpft, oder das 1614 datierte Fresko in der Pfarrkirche von *Morcote* mit der Stiftungsinschrift «D. Camilla de Salvis F. F.», bei dem Wand *und* Dach in Rottönen erscheinen (Abb. 123).

Literatur. P. Crescentino (wie 1.2.12), p. 18-24.

18. / 19. Jahrhundert

1.2.16 Campo (TI, Valle di Campo)

Palazzo Giovanni Battista Pedrazzini. Kamin (Schornstein) um 1750. Aufgenommen 1982.

Gemalte Backsteine als Eckquader (Abb. 124). Zu den Bemalungen der bemerkenswerten und zahlreichen Kamine aus dem 18. Jh. in Campo gehören auch dargestellte Backsteine. Einer der Kaminschäfte auf der Nordseite des Palazzo Pedrazzini (vis-à-vis der Privatkapelle) zeigt an seinen drei Sichtseiten eine rote Eckquadermalerei mit sorgfältig unterteilten Fugen und eingeritzten Umrissen und in der Mitte unten jeweils eine rote Herzbrosche. Die zierliche Malerei liegt auf einer das Bruchsteinmauerwerk gänzlich deckenden Putzschicht. Sie entstand zeitlich und räumlich in unmittelbarer Nachbarschaft mit den beachtlichen Architekturmalereien am Dachreiter (3.7.13) und den Malereien im Inneren der Kapelle sowie den Heiligenbildern an der Südfassade des Palazzo. Ob Giuseppe Mattia Borgnis, der Maler der Kapellenausstattung (1749), auch die Kaminbemalung ausführte, ist nicht bekannt, aber denkbar.

Bestand original, die Farbschicht ist zum Teil abgefallen. Als Barockfassung bemerkenswert.

Literatur zum Palazzo s. Casa borghese XXVIII/II, 1936, tav. 121-123.

121 Lugano, S.Maria di Loreto, Bildstock der Maria Loreto, E. 15. Jh., rotes Ziegeldach
122 Carona, Via Maistra, Fassadenbild der Maria Loreto mit roten Kirchendächern, um 1600
123 Morcote, Pfarrkirche, Wandbild der Maria Loreto 1614, rotes Mauerwerk und Ziegeldach

124 Campo, Palazzo Giovanni Battista Pedrazzini, Kamin mit gemalten Backsteinquadern um 1750
125 Prato, Kaminaufsatz mit gemalten Backsteinquadern, wohl 1822
126 Dongio, Fenstergewände aus Granit mit imitierender Backsteinbemalung, 19. Jh.

1.2.17 Prato (TI, Val Lavizzara)

Wohnhaus südlich unterhalb der Kirche. Kaminaufsatz 19. Jh. (evtl. 1822), Originalbestand. Aufgenommen 1983.

Rot gefasste Backsteine als Eckquader (Abb. 125). Der unterste Bau einer 3-gesch. Häuserzeile, dessen Türsturz die Jz. 1733 trägt, erhielt später einen Kaminaufsatz aus Backstein. Die Ecken seines weiss gestrichenen Schafts wurden mit roten Backsteinen in etwas grösserem Format als die für den Hut verwendeten Backsteine bemalt. Möglicherweise kam der Kaminaufsatz zur selben Zeit auf das Haus, als dessen Eingangswand mit einem «Arma Poncetta [1]822» bezeichneten Wappenbild, einer schwarzen Eckquadermalerei und einem Nischenfigürchen der Maria Immakulata bereichert wurde. Die Kaminbemalung ist von auffallend dekorativer Wirkung.

1.2.18 Dongio (TI, Valle di Blenio)

Landwirtschaftliches Anwesen 19. Jh., ab 1910 Werkstatt der Bleniotalbahn. Der Bahnbetrieb wurde 1973 eingestellt. Aufgenommen 1982.

Bauensemble. Von den drei, leicht verschoben, traufständig zusammengebauten Häusern stammen die beiden bergwärts liegenden Gebäude samt ihrer Backsteinbemalung wohl noch aus dem 19. Jh. Das talwärts orientierte dritte (unbemalte) Haus dürfte Anfang des 20. Jh. hinzugebaut worden sein, nachdem 1911 die Eisenbahnlinie Biasca–Aquarossa in Betrieb genommen worden war. Es trägt noch die Bezeichnung «Cucina opera del tram».

Gemalte Backsteine (Abb. 126). Die Backsteinmalerei der oberen Häuser umfasst die Umrahmung sämtlicher Fenster und Eingänge an der Strassenfront sowie die drei freistehenden Ecken. Sie liegt auf Verputz bzw. direkt auf Naturstein (Granit). Die hellrot, mit weissen Fugen gemalten Backsteingewände erhielten zierende Keilsteine, am Stichbogentor sogar mit perspektivischem Kugelbesatz. Obwohl schlicht, gliedert und belebt die Malerei die Schaufront der sich erstreckenden Gebäudegruppe und passt sie damit dem bemerkenswerten, klassizistischen Gepräge des Ortes an.

Bestand original, schadhaft.

1.2.19 Arogno (TI, Valle Mara)

Kapelle S. Rocco. Fassadenbemalung 19. Jh., aufgenommen 1982.

Imitiertes Backsteinmauerwerk mit Architekturbemalung (Abb. 127). Die Eingangsfront des mittelalterlichen kleinen Saalbaus mit Rundapsis aus verputztem Bruchstein wurde im 19. Jh. mit einem Backsteingefüge und rahmenden, hellen Seitenpilastern bemalt, deren Schäfte gefüllt und deren Kapitelle mit dem Gebälk auf der Giebelwand verkröpft sind. Das Giebelfeld ist mit «San Rocco» beschriftet. Die Farbe der einzelnen Backsteine variiert zwischen Hell- und Dunkelrot, ein typisches Merkmal des 19. Jahrhunderts (vgl. 1.2.22).

Bestand original, Putz rissig und zum Teil abgefallen. (Inzwischen neuer Putz mit glattem Rotanstrich, Auskunft von Edoardo Agustoni, 2002).

1.2.20 Arlesheim (BL)

Eremitage, ehem. Öl- und Tabakstampfe der Waldhäuser. Erbaut um 1817, aus dieser Zeit wohl die Architekturbemalung. Aufgenommen 2001.

Bau und Bemalung (Abb. 128–130). Der langgestreckte, 1-gesch. Wirtschaftsbau mit Mansarddach aus der Zeit um 1817 erhielt wohl anlässlich seines Umbaus zu einem Wohnhaus im Jahr 1860 einen neuen, uni mattgrün gestrichenen Verputz. Unter dieser heute vor allem an der wegseitigen Giebelmauer abblätternden, jüngeren Putzschicht kommt die Architekturbemalung auf dem älteren, wohl um 1817 aufgebrachten Putz zum Vorschein. Er bedeckte die gesamte, nur durch ein einziges Fenster unter dem Krüppelwalm geöffnete Mauer und zog sich um die Ecke zur Eingangsfassade herum. Ob allerdings die gesamte Hauptfassade gleichert

127 Arogno, Kapelle, Backsteinmalerei in mehreren Rottönen 19. Jh., nicht mehr vorhanden
128 Arlesheim, Eremitage, Ölstampfe 1817, gemalte rote Quader und gelbe Pilaster unter abblätternder Putzschicht
129 Arlesheim, Bemalung (1817) und abblätternde Putzschicht (1860) auf der wegseitigen Giebelmauer
130 Arlesheim, Bemalung des bauzeitlichen Putzes von 1817 mit Hacklöchern für die wohl 1860 aufgebrachte, inzwischen weitgehend abgefallene Putzschicht

131 Loco, ehem. Quellhaus («grotto») mit neugotischer Architekturmalerei von G. Meletta, nicht mehr vorhanden

bemalt war, lässt sich nur vermuten, da sie von der späteren, hier noch weitgehend intakten Putzschicht überdeckt ist.

Architektur- und Backsteinmalerei an der Giebelwand. Trotz zahlreicher Hacklöcher und verblasster Farben erkennt man ein gleichmässig rotes, grossformatiges Ziegelmauerwerk mit doppelten Fugenstrichen in Schwarz und Gelb und an den Ecken gelbe Pilaster, die auf Höhe des Dachansatzes ein gelber Architrav verbindet. Den Architravbalken fasst unten eine schwarze, oben eine weisse Linie ein. An Stellen, an denen der deckende zweite Verputz erst jüngst abfiel, haben Rot und Gelb noch eine erstaunliche Farbintensität.

Bemerkungen. Im Vergleich zu anderen gemalten Mauerverbänden aus Backstein fallen das zweifarbige Fugennetz und die relativ grossen Steinformate auf, was auch als Darstellung einer roten Sandsteinquaderung interpretiert werden könnte, zumal roter Sandstein das traditionelle Baumaterial in der Gegend von Arlesheim (Basel) war. Die Einfachheit der aufgelegten, mit San Rocco in *Arogno* (1.2.19) vergleichbaren Werkstücke in Gelb lässt sich als ein Vorläufer der im späten 19. Jh. aufkommenden, raffinierten Gliederung von Backsteinwänden verstehen, wie sie etwa am Wohnhaus Piazza Nizzola in *Loco* ausgeprägt ist (3.6.32). Das Waldhaus in der Arlesheimer Eremitage, dem grössten, um 1780 angelegten Landschaftsgarten der Schweiz, steht hier als Beispiel eines roten, Back- oder Sandstein imitierenden Mauerverbandes nördlich der Alpen.

Literatur. KDM BL I (H.R. Heyer), 1969, S. 163f · Hans-Rudolf Heyer.- Die Eremitage in Arlesheim. Bern 2000 (SKF), keine Erwähnung der Malerei · Den Hinweis verdanke ich Brigitte Frei-Heitz, Denkmalpflege Kt. Basel-Landschaft.

1.2.21 Loco (TI, Valle Onsernone)

Wirtschaftsgebäude («grotto»), nördlich der Kirche. Bemalung von Giovanni Meletta aus Loco, 2. H. 19. Jh., aufgenommen 1998. Sanierung 1999 unter Verlust der Malerei.

Neugotische Architekturmalerei mit illusionistischem Backsteinmauerwerk (Abb. 131). Kleiner Bruchsteinbau auf einem steilen, terrassierten, ehemaligen Weinberg oberhalb der Kirche; errichtet in zwei Geschossen auf fast quadratischem Grundriss. Drei der Aussenmauern schmückte eine bemerkenswerte Bemalung, von der noch beachtliche Reste die westliche

Trauf- und talwärts gerichtete Giebelseite bedeckten, ehe sie bei der Sanierung 1999 abgeschlagen wurde. Das aufgemalte Mauerwerk bildeten irreal, wie vorstehende Klötze dargestellte Backsteine in drei Rottönen. Die gemalte Architekturgliederung in Form einfacher Eckquader, Blendarkaturen am Dachansatz und Masswerken über Fenstern und Eingängen hob sich in heller Steinfarbe von dem roten Mauerwerk ab.

Bemerkungen. Das früher als «grotto» zur Weinlagerung dienende Gebäude befindet sich über einer Quelle, die ehemals von einem Becken gefasst wurde und über einen oberirdischen Kanal die nächstliegenden Häuser des Dorfes mit Wasser versorgte. Die aufwändige, qualitätvolle, neugotische Bemalung des bescheidenen Gebäudes hängt möglicherweise mit seiner Rolle als Quellhaus zusammen. Ob ein historischer (familiärer?) Bezug zu dem Wohnhaus an der Piazza Nizzola in *Loco* besteht, das ebenfalls von Giovanni Meletta bemalt wurde (3.6.32), liess sich bisher nicht abklären.

Literatur. Decorazioni Locarno 1999, p.112.

132 Poschiavo, Casa Matossi, historistische Backsteinmalerei mit Waffenemblemen

1.2.22 Poschiavo (GR, Puschlav)

Casa Matossi-Lendi. Kernbau vor 1700, Fassadenbemalung samt umfassender Innenausstattung von Giovanni Sottovia 1856. Restauriert 1978. Aufgenommen 1983.

Historistische Backsteinmalerei am Gartentrakt (Abb. 132). Dem 1856 zum Palazzo umgestalteten und mit einfacher Architekturbemalung ausgestatteten Hauptbau von fünf zu fünf Achsen und drei Geschossen samt Mezzanin wurde gartenseitig ein 1-achsiger Anbau unter gleichem, abgewalmten Dachfirst angefügt und in bemerkenswerter Weise bemalt: Im Sockelgeschoss mit einer grau-weissen, backsteinrot abgesetzten Diamantquaderung, im 1.OG mit grau-weisser Streifung, die nach oben zu nur noch den Fensterbereich umfasst; darauf liegend illusionistisch gemalte Gesimse und Fenstergewände mit aufwändigen, zum Teil gotisierenden Brüstungen und Aufsätzen aus rotem Backstein. In den beiden Obergeschossen herrscht übereck das in hell- und dunkelrot gemalte Backsteinmauerwerk vor, an dem, wie angehängt, grosse, gelb gemalte Steinkartuschen mit historischen Waffen, Schilden und Fahnen erscheinen. Zinnen und Blendarkaturen bilden den Abschluss der Dachkante.

Bemerkung. Diese motivreiche, zum Teil phantastische Illusionsmalerei an der Casa Matossi charakterisiert prototypisch den anspruchsvollen Dekorationsstil des Historismus, der gern den in mehreren Rottönen dargestellten Backstein verwendete. Zu Sottovia siehe 1.4.22.

Auskünfte von Diego Giovanoli, Denkmalpflege Graubünden (u. a. Fassadenplan von 1856).

1.2.23 Bellinzona (TI)

Vicolo Cusa 1. Ehem. Lackfabrik, 2. H. 19. Jh.; aufgenommen 1982. Umbau zum Wohnhaus und Verlust des Fassadendekors mit der Backsteinimitation 1983.

Putzfassade mit eingeritzter Backsteinimitation und Architekturgliederung (Abb. 133, 134). Der 2-gesch., neben einem Wohnhaus auf einem Felssockel in Bruchstein errichtete, leicht vorstehende Anbau hatte eine geschlossene Schauwand. Ihre in den Putz geritzte Oberflächengestaltung war rein fiktiv: Zweimal drei Spitzbogenfenster mit grünen Klappläden bzw. holzimitierenden Kreuzstöcken, Eckquaderung, Konsolfries unter dem Dachrand und Firmenschild («Flli Bale[s]tra Fattori Verniciatori»). Die hellgelben Bauelemente hoben sich vom roten Backsteinmauerwerk ab und gliederten die geschlossene Wand. Auf der Schmalseite setzte sich die gleiche Wandgliederung, jedoch mit realen Fensteröffnungen, fort.

133 Bellinzona, ehem. Lackfabrik, Backsteinimitat, Putzquader, Scheinfenster 2. H. 19. Jh., nicht mehr vorhanden
134 Bellinzona, Detail der Putzritzung und Farbfassung
135 Stampa, Palazzo Castelmur, helle Quader- und rote Backsteinbemalung um 1854

Bemerkung. Der heutige Bau erinnert in keiner Weise mehr an die frühindustrielle, durch ihre architektonischen, mehrfarbig gestrichenen Putzritzungen reizvoll ausgestattete Fabrikanlage.

1.2.24 Stampa-Coltura (GR, Bergell)

Palazzo Castelmur. Herrenhaus 1723, 1850 / 54 wesentlich vergrössert zu einem neugotischen Palazzo mit Ecktürmen durch Baron Giovanni de Castelmur. Quader- und Backsteinbemalung anlässlich des Umbaus. Originalbestand, schadhaft. Aufgenommen 1999.

Bemalung mit hellen Quadern und rotem Backsteinmuster (Abb. 135, 136). Nachdem das breit gelagerte, 3-gesch. ältere Wohnhaus zu einem schlossartigen Bau mit zwei talwärts orientierten Ecktürmen erweitert wurde, erhielten alle Fassaden eine Bemalung mit hellen Quadern und feinen, ockerroten Fugen sowie gemustert verlegten, roten Backsteinen. Während die beiden unterschiedlichen Bausteinbemalungen auf der dem Dorf zugewandten Giebel- und den beiden Traufseiten jeweils im Wechsel auf drei verschiedene Fassadenabschnitte verteilt sind, wur-

1.2 FASSADENFLÄCHEN   Mauerwerke und Friese aus Backstein und Farbe

136 Stampa, Backsteinversatz in teppichartiger Musterung
137 Lausanne, Avenue du Grammont 1, Backstein- und Masswerkimitate 1906 (Foto 2000, vor der inzwischen erfolgten Restaurierung)

den die Türme nur mit hellen Quadern und die dem Tal zugewandte Fassade nur mit roten Backsteinen bemalt. Das gekehlte Dachgesims des Altbaus erhielt eine neugotische Masswerkmusterung in Schwarz auf weissem Grund. Die einzelnen, sehr gross bemessenen Quader sind naturweiss mit lichtgelber und roter Streifung, die Backsteine hingegen in drei intensiven, bis ins Violett reichenden Rottönen gefasst, wobei Letztere in konzentrischen Rauten so versetzt wurden, dass sie ein geometrisches, teppichartiges Muster bilden. Die Fensterrahmen kontrastieren in farblicher Umkehrung: Im hellen Quadergrund sind sie rot, im roten Backsteingrund hell gestrichen. Die Turmquaderung beschränkt sich in der Sockelpartie auf einfarbiges Naturweiss, am Schaft wiederholt sich die dreifarbige Streifung.

Zustand. Partienweise starker schwärzlicher Moosbewuchs. Zahlreiche Putzflicke aus verschiedener Zeit, teils mit, teils ohne Farbfassung. Farben verblasst, aber an geschützten Stellen (unter Dachvorstand, Fenstergesimsen) ist die originale Intensität noch gut erkennbar.

1.2 FASSADENFLÄCHEN   Mauerwerke und Friese aus Backstein und Farbe

Bemerkungen. Der kastellartige Bau beherrscht mit seiner zinnenbekränzten und von Türmen flankierten Hauptfassade Hang und Tal und versinnbildlicht den Namen des Bauherrn Castelmur, Begründer einer namhaften Zuckerbäckerdynastie. Durch die zartfarbene Quadermalerei, vor allem aber durch das Teppichmuster der Backsteinbemalung erhält der neugotische Bau einen orientalischen Einschlag, der im Historismus oft und in verschiedener Weise zum Ausdruck kommt. Als weiteres Beispiel für eine neugotische Farbigkeit mit dem Motiv des gemustert versetzten Backsteinimitats ist die 1906 erbaute und besonders prachtvoll mit Fugen in Putzritzung und illusionistischem Steinmasswerk dekorierte Villa Avenue du Grammont 1 in *Lausanne* zu nennen. (Abb. 137, 949).

Literatur. Nico Renner.- Historische Schlösser und schlossartige Villen in der Schweiz. Ein Katalog. In: Kunst und Architektur 2000/2, S.62 (mit Literaturangaben) · Zu Lausanne siehe INSA Bd. 5, 1990, S.336 · Hinweis von Eric Teysseire, Denkmalpflege Kt. Waadt.

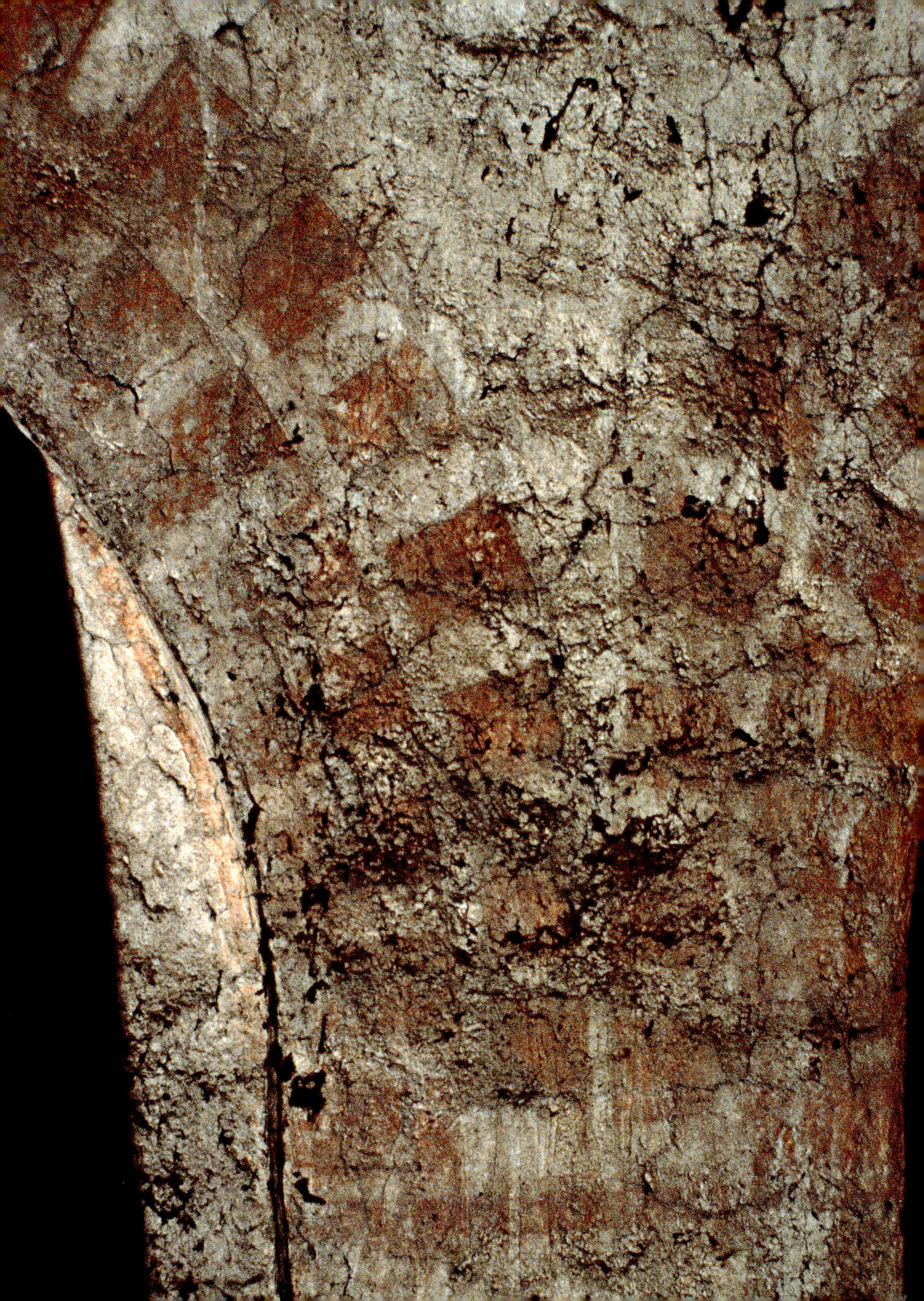

1.3 Farb- und Steinwechsel im Mittelalter

Überblick

In Folge geht es speziell um den Farbwechsel von Bogenöffnungen an Aussenmauern, bei denen die Bögen aus keilförmigen Werkstücken entweder verschiedenfarbiger Bausteine gemauert, mit verschieden gefärbten Mörteln verputzt oder quaderweise in verschiedenen Farben bemalt wurden. Kommt ein Farbanstrich mit ins Spiel, kann er sowohl allein den Anschein eines Steinwechsels hervorrufen als auch den bereits gemauerten farblich verstärken. Aus der Entfernung nimmt das Auge zunächst nur den auffallenden Farbwechsel wahr, erst aus der Nähe erkennt es, ob das Wechselspiel mit Naturstein, Putz oder Farbanstrich hergestellt wurde. Die optische Wirkung ist im Prinzip die gleiche. Die Farbwahl hängt ausser von der künstlerischen Absicht jeweils vom verfügbaren Baustein und der Eigenfarbe oder Färbung des Mörtels ab. Besteht der Wechsel aus einem Anstrich oder aus Verputz, wurde eher Rot-Weiss als Grau-Weiss oder Rot-Schwarz bevorzugt.

Wechselfarbigkeit bestimmt aber nicht nur die Bogenläufe, auch geschlossene Mauerverbände oder einzelne Bauglieder können durch Streifung verschiedenfarbigen Quadergesteins belebt werden.

Besonders im Hochmittelalter ist der wechselfarbige Versatz grosser Keilsteine eine verbreitet gehandhabte Mauertechnik, sowohl im Innenraum als auch am Aussenbau. Durch seine Auffälligkeit betont der rhythmisierte Farbwechsel die herrschaftliche Bedeutung des Bogens als Hoheitszeichen, besonders wenn Rot im Spiel ist und an Purpur erinnert, der seit der Antike den imperialen Bereich symbolisiert.

Die hiesige Auswahl mittelalterlicher Farbwechsel am Äusseren umfasst die *Karolingische Rot-Weiss-Malerei (1.3.1, 1.3.2)* mit den Sakralbauten von *Müstair, San Vittore, Mistail*, den Stein- und Farbwechsel an *Arkaden und Fenstern (1.3.3–1.3.6)* mit den hochmittelalterlichen Kirchen von *Romainmôtier, Muralto, Chur, Basel* St. Alban sowie den Farbwechsel an hoch- und spätgotischen *Torbögen in Steinversatz (1.3.7–1.3.10)* mit den Toreingängen in *Carona* Santa Maria di Torrello, *Mendrisio, Coldrerio, Locarno*. Sodann werden die Farbenpaare *Rot-Weiss, Rot-Schwarz (1.3.11, 1.3.12)* des bemalten Kirchturms von Santa Maria delle Grazie in *Bellinzona* und der Backsteinwechsel am Bergfried des Schlosses *Vufflens* beschrieben. Im Abschnitt *Mehrfarbige Rundfenster (1.3.13–1.3.15)* weisen die der Kirchen von *Morcote* und *Celerina* sogar eine Dreifarbigkeit auf, während der Okulus aus dem 17. Jahrhundert in *Arosio*

138 Müstair, Klosterkirche, karolingische Aussenbemalung an der nördlichen Hochschiffwand, seit 1492 unter Dach, Originalbestand um 800 (1.3.1)

139 Zürich, Fraumünster. Wiedergabe der Kirche, Ausschnitt aus einer Darstellung der Gründungslegende, Leinenstickerei 1539. Während das Bauwerk zwar vereinfacht, aber zum Teil realistisch abgebildet ist, wurde der nie vorhandene rot-weisse Farbwechsel des Turmsockels, der Strebepfeiler, des übergrossen Portalbogens und der hinteren Turmdeckung aus bilddekorativen Gründen hinzugefügt (Schweizerisches Landesmuseum Zürich)

für die lange Nachwirkung des mittelalterlichen rot-weissen Farbwechsels steht. Als beispielhaft für *Streifungen im Mauergefüge (1.3.16–1.3.18)* sind die einzigartige romanische Ostapsis von *Prugiasco-Negrentino* zu nennen und für die oberitalienische, auch im südlichen Alpenraum der Schweiz vertretene Form der stumpfwinkelig ineinander übergehenden, regelmässigen Bogen- und Mauerstreifung das Arcosolgrab in *Locarno* aus dem Jahr 1347 und das von Andreas Bühler im Jahr 1504 errichtete Westportal in *Cazis*.

Die ausgesprochen dekorative Wirkung der Wechselfarbigkeit manifestiert sich auch in Werken der bildenden Kunst, insbesondere bei spätgotischen Architekturdarstellungen (Abb. 139, 140). Reale Wiedergabe und phantasievolle Erfindung halten sich hier die Waage und zeigen, dass Bildquellen auch in diesem Zusammenhang als Zeitzeugen kritisch zu betrachten sind.

Literatur. Phleps 1930, S. 56-84.

140 Altartafel, Michael Pacher 1481. Heilung einer Besessenen durch den hl. Wolfgang, im Hintergrund das von ihm begründete Mittelmünster von Regensburg als eine im Bau befindliche, gotische Kirchenfassade: Die Portalgewände sind traditionell rot-weiss dargestellt, die Fenstergewände jedoch rot-grün, da für sie derselbe grünliche Baustein verwendet wurde wie im unteren, noch unverputzten Mauerbereich. Der Giebel ist bereits verputzt und mit dem im südöstlichen Alpenraum üblichen weissen Fugennetz bemalt. Wegen des mittäglich grellen, von rechts (Süden) einfallenden Sonnenlichts sind die im Schatten liegenden grünen Gewändesteine der Bögen schwarz wiedergegeben. Die über die Buntfarben hinaus erkennbare Marmorierung dürfte eine künstlerische Zutat des Malers sein. Die Bilder des aus Südtirol stammenden Pacher zeugen von der frappierend realistischen Darstellungsweise dieses Künstlers (St. Wolfgang, Oberösterreich)

Karolingische Rot-Weiss-Malerei

1.3.1 Müstair (GR, Münstertal)

Klosterkirche St. Johann. Gemalte Steinwechsel in Rot und Weiss, um 800. Aufgenommen 1984.

Der karolingische Bau wurde um 800 unter Einflussnahme Kaiser Karls des Grossen errichtet und innen mit einer hoch bedeutenden ersten Wandmalerei ausgestattet. Gleichzeitig entstand eine geometrische Rot-Weiss-Malerei am Aussenbau. Diese wurde durch spätere Veränderungen verdeckt (Einwölbung mit Erhöhung des Kirchendachs und des Nordannexes kurz vor 1492, Anbau des südseitigen Glockenturms um 1500 und Übertünchung der Aussenmauern). Rekonstruktion 1947/51 an den drei Ostapsiden (Abb. 141), darunter liegende Originalreste blieben erhalten.

Verschiedene rot-weisse Steinwechsel- und Ornamentmalereien. Der karolingische Bau war allseitig an den Bögen der umlaufenden Blendnischengliederung und der Fenster sowie an den Traufgesimsen bemalt. Die gestelzten Rundbögen der Blendnischen und die Bögen der wenigen Fenster werden durch zwei Läufe hochrechteckiger bzw. fast quadratischer, leicht keilförmiger, roter Steine markiert. Die hellen Zwischenräume sind auffallend breit. In den Zwickeln der östlichen Blendnischen werden sie durch Schmuckspangen verbunden. Den Nischenbogen begleitet innen eine rote Linie. Das breite, zweifach gestufte Traufgesims wird an den Untersichten durch versetzte rot-weisse Steinlagen, an den Stirnflächen durch Blattstäbe verziert (an Mittel- und Nordapsis erhalten). Darunter verläuft ein heute rot-gelbes Zickzack- bzw. Deutsches Band; das Gelb gehört nicht zu den ursprünglichen Tönen des Farbauftrags, sondern war wahrscheinlich der Ton des Naturputzes.

An der nördlichen Hochschiffwand blieben beträchtliche Originalreste der karolingischen rot-weissen Malerei erhalten, da sie sich seit 1492 unter schützendem Dach befinden (Abb. 138, Abb. 142, 143). Sie weist dieselben Motive auf, vermehrt durch ein schwarzes Wellenband (Laufender Hund). Die Konturen sind in den mit einer Kalkschlämme gestrichenen und auf Bruchstein liegenden Verputz eingeritzt, die Farben (roter Ocker, Pflanzenschwarz, Kalkweiss) in fresco aufgemalt. Möglicherweise kam in der Musterung hier auch die gelbliche Eigenfarbe des Naturputzes zur Geltung. An der südlichen Hochschiffwand schimmert noch stellenweise unter dem heutigen Anstrich der gleiche Dekor durch, ebenso an der Westfront, deren Giebel wie der im Osten mit einem horizontalen, gemalten Fries abgesetzt ist.

141 Müstair, Klosterkirche St. Johann, Chorpartie um 800, Detail der restaurierten Bemalung (Foto 1982)
142 Müstair, Aussenbemalung einer Blendnische des nördlichen Hochschiffs, seit 1492 unter Dach, karolingischer Originalbestand um 800

1.3 FASSADENFLÄCHEN Farb- und Steinwechsel im Mittelalter

143 Müstair, Detail der karolingischen Bemalung

Bemerkungen. Die feinen und mit klassischen Ornamenten bereicherten rot-weissen Steinmalereien am Äusseren dieser in ihrer Grösse und Vollständigkeit heute singulären karolingischen Kirche erinnern an spätantike bzw. frühchristliche Backsteinbauten Oberitaliens, etwa an das Mausoleum der Gala Placidia (424/25) und an San Vitale (525/47) in *Ravenna* oder an die karolingische Kirche San Salvatore in *Brescia*. Ihre gemauerten Bogenläufe und Rollenfriese an den Dachgesimsen sind optisch von gleicher Gestalt; Brescia weist wie Müstair zudem noch Reste einer backsteinbemalten Putzschicht auf. Unter diesen geografisch naheliegenden Einflüssen sind die roten gemalten Steine von Müstair zunächst zwar als Backsteinimitation und die hellen Partien dazwischen als überbreite Fugen zu sehen. In grösserem Zusammenhang betrachtet, darf bei diesem Bauwerk und seinem kaiserlich hohen Rang als Gründung Karls des Grossen aber durchaus von einem gemalten rot-weissen Steinwechsel im Sinne herrschaftlicher Farbsymbolik gesprochen werden. Dabei könnte Rot als kaiserlicher Purpur zu verstehen sein und die rot-weisse Aussenfassung mit dem gleichen Farbenwechsel des karolingischen Münsters von *Aachen* in Verbindung gebracht werden. Eine ähnliche und zweifellos von Müstair beeinflusste rot-weisse Steinmalerei erhielt sich noch an den Kirchen in *Mistail* und *San Vittore* (1.3.2), was sie samt Müstair zu einer äusserst bemerkenswerten Bautengruppe mit karolingischer Aussendekoration zusammenschliesst.

Literatur, Berichte, Auskünfte. Joseph Zemp, Robert Durrer.- Das Kloster St. Johann zu Münster in Graubünden. Mitteilungen der schweizerischen Gesellschaft für Erhaltung historischer Kunstdenkmäler. NF 5-7. Genf 1906/10, S. 23f und Abb. 21-23 · Phleps 1930, S.60 · KDM GR V (Erwin Poeschel), 1943, S.305f · Bornheim 1978, S.7, 13 · Kobler/Koller 1981, Sp. 315 · Oskar Emmenegger, Bericht der Restaurierungsarbeiten 1965/87, abgefasst 1993, Abschnitt 2.5 sowie mündliche Auskünfte und Fotos · Ders.- Karolingische und romanische Wandmalereien in der Klosterkirche. In: Die mittelalterlichen Wandmalereien im Kloster Müstair. Zürich 2002, S.79f. (Veröffentlichungen des Instituts für Denkmalpflege an der ETH Zürich, 22).

1.3.2 San Vittore (GR, Misox)

Kapelle San Lucio im Ortsteil Pala. Gemalte Steinwechsel in Rot und Weiss, 2. H. 8. Jh.; konserviert und erneuert 1977/78, aufgenommen 1983.

Bau (Abb. 144). Kleiner, auf einem Fels errichteter, karolingischer Rundbau. Sein Zweck ist ungeklärt (Baptisterium?). Die jüngere, angebaute Kapelle, deren figürliche Wandbilder aus dem 14. Jh. stammen, geht möglicherweise auf einen Vorgängerbau zurück.

144 San Vittore, S. Lucio, Blendnischen mit versetztem Steinwechsel in rot-weisser Malerei, 2. H. 8. Jh.
145 San Vittore, freigelegte Farbreste der karolingischen Bemalung

Rot-weisse Steinwechselmalerei. Die weiss verputzte Rotunde aus Bruchstein (Putz z.T. noch karolingisch) wird durch grosse, flache Blendnischen mit gestuften Rundbögen und durch ein abgetrepptes Traufgesims gegliedert. Zwei der Bögen sind mit zwei versetzten Lagen rot und weiss wechselnder Keilsteine in fresco bemalt, die unteren in hochrechteckigen, die oberen in fast quadratischen Abmessungen. Am Äusseren der Rotunde befindet sich sonst keine Malerei.

Erhaltungszustand. Die in beachtlichem Umfang erhaltene, in romanischer Zeit mit einem grauen Zackenmuster überdeckte karolingische Rot-Weiss-Malerei wurde freigelegt (Abb. 145), konserviert und retuschiert. Dass nur zwei Bögen an der Südseite farblich hervorgehoben waren und die anderen unbemalt blieben, findet eventuell seine Erklärung im Ost-West-Verlauf der alten Strasse mit Blick auf eben diese verzierten Partien.

Bemerkungen. Obwohl die Aussengliederung und der rot-weiss gemalte Steinversatz eng mit *Müstair* (1.3.1) zusammenhängen und beide Dekorationen baugeschichtlich den Bogenmauerungen oberitalienischer Backsteinbauten nahestehen, lässt sich bei S. Lucio eher von einer optischen Umwandlung in einen rot-weissen Steinwechsel sprechen als von hell verfugten Backsteinen. Sind hier doch die roten und weissen Keile gleich breit und erinnern auch durch ihre Grösse eher an Werksteinquader. Dasselbe gilt für die Quadermalerei von St. Peter in

1.3 FASSADENFLÄCHEN   Farb- und Steinwechsel im Mittelalter

Mistail (Abb. 146), wo am Äusseren eine doppelbogig versetzte, in Ziervoluten endende, rotweisse Steinwechselmalerei aus der Zeit um 800 an den zwei nördlichen Langhausfenstern freigelegt und an zwei der Chorfenster nachgewiesen wurde. Diese drei karolingischen Bauwerke Graubündens sind hierzulande die einzigen mit erhaltener ursprünglicher Aussenbemalung.

Hingewiesen sei in diesem Zusammenhang noch auf S. Stefano in *Miglieglia* (TI, Malcantone) als ein Beispiel der Fortführung rotweissen Steinwechsels in anderer Technik, nämlich durch Putzauftrag statt Farbanstrichs (Abb. 147). An der Südseite, leicht verdeckt durch den romanischen Turm, also älter als dieser, blieben Reste eines rot-weissen Rundbogens erhalten (ehem. Eingang?). Auf seiner Stirnseite liegt ein einschichtiger, weiss getünchter Putz, auf den im Format eines stehenden Backsteins ein mit rotem Ziegelmehl versetzter zweiter Putz aufgespachtelt wurde. Rot und Weiss wechselten gleichmässig, denn die Stellen, auf denen ehemals roter Putz lag, sind an der für seine bessere Haftung aufgerauten Unterlage deutlich erkennbar.

Literatur. Zu S. Vittore: KDM GR VI (Erwin Poeschel) 1945, S. 214-218 (Malerei derzeit noch überdeckt) · Oskar Emmenegger.- Klosterkirche St. Johann in Müstair. Maltechnik und Restaurierungsprobleme. In: Wandmalerei des frühen Mittelalters, hg. von Matthias Exner. München 1998, S. 56 Anm. 1 · Kunstgeschichtliches Seminar Universität Zürich.- St. Peter Mistail GR. Basel 1979, S. 5 (SKF) · Restaurierungsberichte, Auskünfte und Fotos von Oskar Emmenegger, Zizers.

Arkaden und Fenster

1.3.3 Romainmôtier (VD)

Stiftskirche des ehem. Cluniazenserpriorats. Gemalter Farbwechsel in Rot-Weiss(Grau) und Rot-Schwarz an Langhaus und Turmschaft, wohl 11. Jh.; umfassende Bauuntersuchungen und Konservierung seit 1991. Aufgenommen 2000.

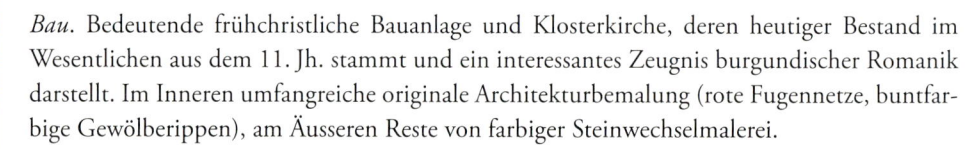

Bau. Bedeutende frühchristliche Bauanlage und Klosterkirche, deren heutiger Bestand im Wesentlichen aus dem 11. Jh. stammt und ein interessantes Zeugnis burgundischer Romanik darstellt. Im Inneren umfangreiche originale Architekturbemalung (rote Fugennetze, buntfarbige Gewölberippen), am Äusseren Reste von farbiger Steinwechselmalerei.

Bemalte Blendarkaturen (Abb. 148). Auf der Arkatur der vorgeblendeten Lisenengliederung am südlichen Langhaus und am Turmschaft lag ein weisser Verputz, in den ein rot-weiss (original grau) und ein rot-schwarz gemalter Steinwechsel sowie ein über den Bögen verlaufender und ebenfalls rot-weiss gemalter Zackenfries eingeritzt waren. Zudem waren in den Bogenfeldern figürliche Strichzeichnungen vorhanden (Tiere und insbesondere ein Engel an der Nordostecke des Glockengeschosses). Die umfangreichen Reste erlauben eine relativ genaue Vorstellung von der ursprünglichen Dekoration (genauere Angaben und Detailabbildungen s. Eglise de Romainmôtier).

Bemerkungen. Im Vergleich mit den karolingischen rot-weissen Steinwechselmalereien in *Müstair*, *Mistail* und *San Vittore* (1.3.1, 1.3.2) ist die Aussenfarbigkeit in Romainmôtier bunter und formenreicher geworden und zudem durch ikonologisch bemerkenswerte, figürliche Zeichnungen erweitert. Zu den figürlichen Darstellungen vgl. die Köpfe in den Schilden der bemalten romanischen Blendarkatur aussen am südlichen Obergaden des Münsters in *Konstanz*.

Literatur, Auskünfte. Florens Deuchler.- Ref. Kirche Romainmôtier VD. Basel 1980 (SKF) mit älterer Literatur · Eglise de Romainmôtier. (Etat de Vaud, Publication du Service des bâtiments 54, décembre 1996), S. 25-31 · Detaillierte Informationen von Andreas Küng, Zürich.

1.3.4 Basel

St. Alban. Romanischer Kreuzgangflügel des ehem. Klosters, kurz nach 1100. Versetzter Steinwechsel in Rot und Weiss. Aufgenommen 1984.

Steinwechsel der Bogenläufe in Rot und Weiss (Abb. 149). Die von zierlichen Säulen aus rotem Buntsandstein getragenen zwanzig Rundbögen des nördlichen Kreuzgangflügels bestehen aus roten Sand- und hellen Kalksteinquadern unterschiedlicher, relativ grosser Abmessungen. Sie sind mit wenigen Ausnahmen regelmässig wechselnd versetzt. Als Fuss- und Scheitelsteine dienten fast immer die hellen Kalksteinquader. Die Steinoberflächen sind ungefasst, rote Farbspuren finden sich heute nur auf den Eckpfeilern des Gangs.

Bemerkungen. Die rot-weiss versetzten Keilsteine der Bögen dieses hierzulande ältesten romanischen Kreuzgangs repräsentieren eine bauliche Schmuckform, die insbesondere die salische Architektur des 11. Jh. kennzeichnet wie zum Beispiel die wegweisenden Bauten des Kaiserdoms zu *Speyer* (1030/1106), der Benediktinerabtei von *Reichenau/Mittelzell* (1030/1048) oder des Münsters in *Schaffhausen* (1087/1103). Sie umfassen am gesamten Bau jeweils bevorzugte Bauteile wie Bogenläufe, Fenster, Portale. Die Auffälligkeit eines wechselfarbigen Bogens unterstreicht seine mittelalterliche Bedeutung als Herrschaftszeichen.

Literatur. KDM BS III (C.H.Baer) 1941, S.128-133 · De Quervain Gesteinsarten 1983/85, Bd. 2, S. 26.

1.3.5 Muralto (TI)

Collegiata S. Vittore. Steinwechsel an den Blendarkaden der Ostapsiden, 1090/1110. Restauriert 1980/84. Aufgenommen 1995.

Rundbogenfriese in Rot und hellem Grau (Abb. 150). Die drei gestaffelten Apsiden der frühromanischen Basilika schliessen unter der Dachtraufe mit Bogenfriesen auf Konsölchen ab. Die Bögen der Mittel- und Südapsis bestehen wie das gesamte Mauerwerk aus grauen Granitquadern (heute unverputzt und neu verfugt) und sind durch kleine rote Backsteine untergliedert, während die Bögen der Nordapsis sowie die meisten Bogenzwickel ganz aus Backstein gemau-

links
146 Mistail, St. Peter, ehemaliger Fensterbogen mit gemaltem Steinwechsel um 800
147 Miglieglia, S.Stefano, früher Rest eines rot-weissen Farbwechsels aus Putzmörtel
148 Romainmôtier, Stiftskirche 11. Jh., Turmschaft mit Farbresten im Bogenlauf

unten
149 Basel, St. Alban, romanischer Kreuzgang, Steinwechsel aus hellen Kalkstein- und roten Sandsteinquadern
150 Muralto, S.Vittore, romanische Chorapsis, Blendarkatur mit rotem Backstein

ert wurden. Die relative Regelmässigkeit der eingesetzten Backsteine legt nahe anzunehmen, dass sie unverputzt als einzige farbige Zierde am Aussenbau sichtbar waren. Reste hellen Verputzes mit Fugenstrich auf dem Mauerwerk der Hauptapsis weisen darauf hin, dass der Quaderverband verputzt und die historische (ursprüngliche?) Farbigkeit nicht wie heute rot-grau, sondern rot-weiss war.

Bemerkungen. Muralto steht als Beispiel für die im 11./12. Jh. vorwiegend in der Lombardei anzutreffenden steinsichtigen oder hell verputzten Blendbogenfriese mit dekorativ eingesetzten roten Backsteinen. Als naheliegende Vergleiche bieten sich S. Vicenzo in *Gravedona* am Comer See (um 1072) und der architekturgeschichtliche Schlüsselbau S. Abbondio in *Como* (Weihe 1095) an; formale Beziehungen bestehen auch zu *Prugiasco* (1.3.16).

Literatur. MAS TI I (Virgilio Gilardoni) 1972, p. 348-402 · Hans-Peter Autenrieth.- Architettura e colore in S. Abbondio. In: S. Abbondio lo spazio e il tempo. Como 1984, p. 251-261 · Elfi Rüsch.- San Vittore in Muralto. Bern 2005 (SKF).

1.3.6 Chur (GR)

Kathedrale. Obergadenfenster, wohl aus der Bauperiode 1171/78, im 17. Jh. z.T. vermauert, 1924 wieder geöffnet, Restaurierung der Farbfassung 1976/77. Aufgenommen 1983.

Gemalter Steinwechsel in Grau und Weiss (Abb. 151). Der südliche Obergaden öffnet sich in allen drei Langhausjochen jeweils mit zwei einzelnen und im Chorquadrat mit drei gestaffelten Rundbogenfenstern. Die Gewände sind heute (nach Befund) durchgehend in regelmässigem, grau-weissem Steinwechsel bemalt. Auf der Wand und einem der südseitigen Strebepfeiler waren zur Zeit der Restaurierung 1976/77 noch Spuren der gleichen Bemalung festzustellen (nicht erneuert). Die Farbfassung wird für mittelalterlich gehalten.

Bemerkungen. Grau-weisser Steinwechsel erscheint auch im Gewände des ungewöhnlich gross dimensionierten *Rundbogenfensters* über dem Westportal, hier allerdings nicht als Farbanstrich, sondern in Form eines im Stufengewände umlaufenden Rundstabs aus weissem Gestein (Marmorspolien aus der karolingischen Vorgängerkirche), durch kleine Rundstücke dunkelgrauen Kalkschiefers dekorativ gegliedert. Es handelt sich um einen äusserst bemerkenswerten Aussendekor des Mittelalters an einem als Bischofskirche ausgezeichneten spätromanischen Bau.

Literatur. KDM GR VII (Erwin Poeschel), 1948, S. 52, 62, 97 · Hans Rutishauser.- Die Konservierung der Westfassade der Kathedrale St. Mariä Himmelfahrt in Chur. In: Denkmalpflege GR, Jahrberichte 2003, S. 130-133 · Auskünfte Alfred Wyss, André Meyer, Hans Rutishauser.

151 Chur, Kathedrale, gemalter Steinwechsel wohl von 1171/78, erneuert nach Befund

Torbögen in Steinversatz

1.3.7 Carona (TI, Luganese)

S. Maria Assunta di Torello. Chorherrenstift, gegründet 1217 durch Bischof Guglielmo della Torre von Como, aufgehoben 1349. Hoftor wohl aus der Stiftszeit. Aufgenommen 1996.

Rundbogiges Hoftor mit Steinwechsel in Rot und Weiss (Abb. 152, 153) in der nördlichen Ummauerung der ehemaligen, heute landwirtschaftlich genutzten Konventgebäude. Das gesamte Gewände wurde mit grossen, abwechselnd versetzten Quadern aus rotem Porphyr (aus der Umgebung) und fast weissem Kalkstein errichtet. Die auf Höhe des Bogenscheitels abschliessende Umfassungsmauer ist weitgehend aus ungleichmässigen Porphyrquadern mörtellos aufgeschichtet, im Steinmaterial ähnlich den Aussenmauern der Kirche (s. Abb. 209).

Bemerkung. Der ungewöhnlich schöne Torbogen behielt sein mittelalterliches Aussehen; Farb- oder Verputzspuren sind nicht (mehr?) vorhanden. Das grosse Quaderformat, die sorgfältige Bearbeitung und der auffallend ebenmässige Versatz zeugen von handwerklicher Qualität und der anspruchsvollen, bischöflichen Bauherrschaft des ehem. Stifts der Augustiner-Chorherren.

1.3.8 Mendrisio (TI)

Via Nobili Rusca 5, Wohn- und Wirtschaftsgebäude, 14./15. Jh. Aufgenommen 1982.

Rundbogiges Eingangstor mit Steinwechsel in Rot und Weiss (Abb. 154) in der schmalen, zur Strassengabel hin stumpf abgewinkelten Front eines 3-gesch. Eckbaus (angeblich ältestes Haus von Mendrisio). Den Bogen bilden grosse Werksteine aus rotem Porphyr (aus Carona) und grau-weissem Kalkstein (wohl Kieselkalk vom Monte Generoso). Die Quaderformate sind unregelmässig. Die Seitenpfosten wurden in Zement ersetzt. Das umgebende Mauerwerk besteht aus unverputzten Bruchsteinen. Möglicherweise lag früher ein Naturputz mit hellem Fugennetz darüber, der noch unter der Dachtraufe in Resten vorhanden ist. Es handelt sich um eins der wenigen noch erhaltenen Tore des Spätmittelalters an einem Profanbau.

Literatur. Martinola 1975, p. 313, ill. 518.

152 Carona, S. Maria di Torrello, Hoftorbogen, 13./14. Jh.
153 Carona, Farbwechsel aus rotem Porphyr und weissem Kalkstein
154 Mendrisio, Wohn- und Wirtschaftsgebäude, Eingangstorbogen aus rotem Porphyr und weissem Kalkstein, 14./15. Jh.

1.3.9 Coldrerio (TI, Mendrisiotto)

Palazzo Cigalini, 17./18. Jh. mit älteren Teilen, u. a. einem Strassentor aus dem 14. Jh.; aufgenommen 1982.

Strassenseitiges Spitzbogentor mit Steinwechsel in Weiss und Grau (Abb. 155). Wagendurchfahrt zum Innenhof. Gewände aus weiss und grau wechselnden Werksteinen (Marmor und vermutlich Kalkstein), umgebendes Mauerwerk aus naturverputztem Bruchstein. Das Tor gehört zum Restbestand einer spätmittelalterlichen Villenanlage, vermutlich errichtet von derselben, aus Como stammenden Adelsfamilie Cigalini, die im 17. Jh. den Neubau erstellen liess. Der grauweisse Steinwechsel an Fassadenportalen mittelalterlicher Palazzi ist in Como zu Hause (vgl. Abb. 169) und dürfte wie die Bauherrschaft von dorther kommen. Der nicht runde, sondern spitze Bogen von Coldrerio ist jedoch eine Rarität.

Literatur. Casa borghese XXVI, 1934, tavv. 27-29 · Martinola 1975, p. 194.

1.3.10 Locarno (TI)

Castello Visconteo. Tordurchgang im südöstlichen Eckbau (porta viscontea), wohl kurz nach 1342. Restauriert 1925. Aufgenommen 1998.

Rundbogentor in Rot und Weiss (Abb. 156). Die Seitenteile sind aus weissen Kalksteinquadern hochgemauert. Der Bogen beginnt mit einer Reihe unten lang- und oben schmalseitig versetzter, roter Backsteine und wird von zwei mächtigen hellen, rötlich angewitterten Kalksteinquadern unterbrochen. Er setzt sich in deren Abmessung mit zwei Reihen Backsteine fort und wird im Scheitel mit dem Wappenstein der Visconti (die ein Kind verschlingende Schlange) aus hellem Marmor geschlossen. Das umgebende rohe Mauerwerk (weissbräunliche Bollensteine, graue Bruch- und Quadersteine aus Gneis, rote Backsteine) ist unverputzt und beeinträchtigt dadurch die Wirkung des äusserst dekorativen Portalbogens. Einen ähnlichen Farbwechsel weist der Torspitzbogen in der Nordostmauer des Innenhofs auf.

Bemerkungen. Dieses Tor der von den Mailänder Visconti in lombardischer Bautradition errichteten Burg (vgl. Sant'Ambrogio in *Mailand*) ist typisch für die oberitalienische Verwendung von Backstein und Kalkstein in zierendem Wechsel. Aber auch in näherer Umgebung gibt es vergleichbare Bausteinanwendungen, so z. B. bei den Fenstereinfassungen an der Westfassade von San Biagio in *Ravecchia-Bellinzona*.

Literatur. MAS TI I (Virgilio Gilardoni), 1972, p. 39 · De Quervain Gesteinsarten 1983/85, Bd. 8, S. 57 · Elfi Rüsch, Riccardo Carazzetti.- Locarno. Das Schloss und die Casorella. Locarno 2002, S. 10 (SKF).

155 Coldrerio, Palazzo Cigalini, Torbogen aus weissem Marmor und grauem Kalk(?)stein, 14. Jh.
156 Locarno, Castello, Durchgangstor aus rotem Backstein und weissen Kalksteinquadern, um 1342

Rot-Weiss, Rot-Schwarz

157 Bellinzona, S.Maria delle Grazie, 1503. Turm mit Steinwechselmalerei in Rot-Weiss (Foto 1984)
158 Vufflens, Bergfried des Schlosses, Farbwechsel von Back- und Naturstein, 15. Jh.

1.3.11 Bellinzona (TI)

Santa Maria delle Grazie, erbaut 1480–1502. Rot-Weiss-Bemalung am Glockengeschoss des Turms, ursprünglich wohl aus der Bauzeit, später erneuert. Aufgenommen 1984 (Totalsanierung 2002 im Gang, Restaurierung der Turmbemalung 2006 abgeschlossen).

Rot-Weiss-Malerei (Abb. 157). Das Glockengeschoss hebt sich durch einen hellen, geglätteten Verputz vom naturverputzten Turmschaft ab. Auf diesem Verputz liegt ringsum an den Ecken und um alle vier spitzbogigen Schallöffnungen eine rot und weiss wechselnde Quadermalerei, wobei die hellen Scheinquader die Farbe des Putzes haben und an den Bauecken jeweils mit dem schwarzen Strich einer fingierten Stossfuge unterteilt sind. Die Fläche wird unten von einem schmalen, in den Putz geritzten und rot eingefassten Bogenfries und oben an der Traufe von einem Zahnschnittfries aus rotem Backstein umgrenzt.

Zustand und Bemerkungen. Der unbemalte Putz seitlich der Schallfenster ist in grösseren Partien gänzlich vom Bruchsteinmauerwerk abgefallen, der bemalte Putz hingegen besser intakt. Die rote Farbe dürfte zum Teil später aufgefrischt worden sein. Die rot-weisse Quadermalerei korrespondiert mit den erwähnten Bogen- und roten Backsteinfriesen am Turm, die motivisch auch am Langhaus und an der Westfassade vorkommen (1.2.10). Die Turmbemalung repräsentiert ein spätmittelalterliches Beispiel der in langer Tradition stehenden rot-weissen Steinwechselmalerei (vgl. 1.3.1, 1.3.2).

1.3.12 Vufflens-le-Château (VD)

Schloss. Errichtet 1415–1430. Bergfried (Donjon) mit Eckkonsolen aus verschiedenfarbigem Back- und Naturstein. Spätere Erweiterungen, Restaurierungen 2. H. 19. Jh. und in den Jahren 1960/70. Aufgenommen 2000.

Bau. Ausserordentlich prächtige Burganlage aus einem Ensemble von Turmbauten, das vom mächtigen, ungewöhnlich hohen Hauptturm dominiert wird. Reiner, in diesen Ausmassen einzigartiger Backsteinbau in der Schweiz, errichtet von Ziegelbrennern und Architekten aus der Lombardei und dem Piemont, zu denen intensive Verbindungen des Schloss- und Bauherrn Henri de Colombier bestanden.

Gelber Backstein und verschiedenfarbiger Naturstein (Abb. 158). Die ungewöhnlicherweise nicht aus roten, sondern aus hellen, gelblichen Backsteinen bestehenden langgestreckten Konsolen des Pechnasenkranzes am Hauptturm weisen jeweils einen symmetrisch eingesetzten schwarzen und an den Eckkonsolen mehrere schwarze und rote Bausteine auf. Es dürfte sich hierbei nicht um Back-, sondern um Naturstein handeln. Oberhalb der Pechnasen besteht das Mauerwerk aus Tuffsteinquadern mit Zackenfriesen aus Backstein. Welche Rolle diese farbigen (evtl. farbig gefassten) Steine in der ehemaligen Farbfassung der Türme spielten, wurde nicht genauer abgeklärt. Zur äusserst bemerkenswerten Farbfassung des Innenhofs siehe 1.2.2.

Literatur. Marcel Grandjean.- Le château de Vufflens. In: ZAK 52, 1995, S. 89-123, besonders S. 110.

Mehrfarbige Rundfenster

1.3.13 Morcote (TI, Luganese)

Kapelle S. Antonio Abate, Ende 15. Jh., Rundfenster im Giebel. Ursprünglicher Bestand. Aufgenommen 1984.

Steinwechselmalerei in Rot, Weiss, Schwarz (Abb. 159). Die vierfache Stufung des Rundfensters ist mit verschiedenfarbigen, von weissen Fugenstrichen unterteilten Steinen bemalt. Zuinnerst sind die Steine rot mit schwarz begrenzten Fugen, in der Mitte schwarz und weiss mit rot begrenzten Fugen und zuoberst rot und weiss mit rot begrenzten Fugen. Die Bemalung der Gewändestufen wird auf der Wandfläche fortgeführt durch zwei konzentrische Ringe radial angeordneter und hell überputzter Backsteine, die durch zwei Ringe querkant laufender und rot überputzter Backsteine voneinander abgesetzt sind. Die Fugen wurden hier in den dünn aufliegenden Naturputz eingeritzt. Die Mauer besteht aus bunt gemischtem Bruchstein und dünner Putzdecke.

Bemerkungen. Das Rundfenster dominiert als einzige, mit einem differenzierten Dekor ausgestattete Maueröffnung die steil über dem Luganersee aufragende, zweigeschossige Giebelfassade der ehemaligen Antoniterkapelle. Es ist das beachtlichste Detail der übrigen Backsteindekoration an diesem Gebäude (s. 1.2.4 und Abb. 100) und ein seltenes Beispiel dreifarbiger Fensterbemalung am Aussenbau. Zudem weist es einen bemerkenswert gut erhaltenen Originalbestand auf.

1.3.14 Celerina (GR, Oberengadin)

San Gian. Radfenster über dem Eingangsportal, 1478. Ursprünglicher Bestand. Aufgenommen 1997.

Steinwechsel in Rot, Weiss, Gelb (Abb. 160). Rundfenster mit Schrägwandung und einem Speichenrad aus gelber Rauwacke in der Öffnung. In den einschichtigen Naturputz sind auf der Mauerfläche zwei Ringe hoch- und schmalkantig laufender Keilsteine eingeritzt und zueinander versetzt in Weiss und Rot gefasst, wobei die Schmalseiten der roten Steine des inneren Rings ein stückweit in der weissen Wandung sichtbar gemacht sind. Das Rad umringt ein rot konturierter Zackenfries, dessen Dreiecke im Wechsel rot, weiss und gelb gefüllt sind.

Zustand und Bemerkungen. Putz und Nagelriss des unberührten Fensters sind intakt, die Farben auf der Mauerfläche und in der unteren, der Witterung ausgesetzten Partie der Wandung ver-

159 Morcote, Kapelle S. Antonio Abate, Rundfenster mit farbiger Originalfassung, E. 15. Jh.
160 Celerina, San Gian, Radfenster in der Farbigkeit von 1478

161 Arosio, Pfarrkirche, Farbreste im regengeschützten Teil des Rundfensters, 17. Jh.

blasst. Das ungewöhnliche Gelb im Farbdreiklang nimmt Bezug auf die gelbe Naturfarbe der Rauwacke, aus der auch das Portalgewände besteht (hier keine Farbfassung). Vergleichbar sind die mit rot-weisser Steinwechsel- und Zackenmusterung bemalten Rundfenster an der ehemals äusseren Chorwand der Kathedrale von *Chur* (um 1200).

Literatur siehe 1.1.5 · W. Effmann, Farbenschmuck am Äusseren des Domes zu Chur. In: Zeitschrift für christliche Kunst 1903, Sp. 227-234.

1.3.15 Arosio (TI, Malcantone)

Pfarrkirche S. Michele. Rundfenster über dem Westportal, frühestens M. 17. Jh., aufgenommen 1983.

Rot-weisse Steinwechselmalerei (Abb. 161). In der schrägen Wandung des über dem Portal eingelassenen Rundfensters sind noch Reste eines gemalten rot-weissen Steinwechsels erhalten. Das Fenster sitzt in der Mitte des ehemaligen Giebels und ist in dessen rot-weisse Quadermalerei integriert (s. 1.1.22). Dieses nach 1650 zu datierende Rundfenster vertritt beispielhaft die verbreitete und lange Nachwirkung der mittelalterlichen Tradition rot-weissen Steinwechsels.

Streifungen im Mauergefüge

1.3.16 Prugiasco-Negrentino (TI, Valle di Blenio)

San Carlo. Polychromes Mauerwerk an der nördlichen Ostapsis, um 1100. Aufgenommen 1995.

Bau (Abb. 162). Die wegen ihrer topografischen Lage und ihrer hoch- und spätmittelalterlichen Ausmalungen im Inneren höchst bemerkenswerte Kirche wurde als romanischer Apsidensaal um 1100 errichtet, an der Südseite möglicherweise schon im 13. Jh. um einen zweiten Apsidensaal

162 Prugiasco-Negrentino, San Carlo, im Wesentlichen erbaut um 1100

unter gemeinsamem Dach vergrössert und durch einen freistehenden Turm ergänzt. Der südlich folgende Sakristeianbau stammt aus nachmittelalterlicher Zeit.

Das polychrome, teilverputzte Sichtmauerwerk. Die ältere und grössere der beiden talwärts orientierten und auf Fels errichteten Apsiden zeigt weitgehend steinsichtiges Mauerwerk aus grauem Granit (Gneis), naturweiss-gelblicher Rauwacke und einigen ockergelben Tuffsteinen am Sockel und links am Mittelfenster (Abb. 164). Das Halbrund der Apsis öffnet sich in drei Fenstern und wird von zwei Lisenen gegliedert, die auf dem Ringsockel aufstehen und unter der Dachtraufe pro Feld durch vier, fünf bzw. sechs Blendbögen verbunden sind. Die Lagen der sehr unterschiedlich grossen Quader bilden eine unregelmässige Streifung in Grau, Weiss und Gelb. Der Bogenfries ist sowohl innerhalb der Bögen als auch an seiner Stirnseite zum grössten Teil hell verputzt und weist stellenweise ebenso wie der Fugenmörtel und die innere Bogenleibung des Mittelfensters Einritzungen von Lagerfugen auf (Abb. 165). Johann Rudolf Rahn notierte 1898 auf seiner bis ins Einzelne präzisen und informativ beschrifteten Zeichnung: «Die Fugen an der innersten Leibung des Fensters sind nur mit der Kelle in den Putz gerissen» (Abb. 163). Die schmale Steinlage über dem Bogenfries wechselt, insbesondere links im Halbrund, regelmässig zwischen heller Rauwacke und dunklem Granit, wobei die Lager- und Stossfugen durch ihre rote Farbfassung auffallen (Abb. 164). An Details erwähnenswert sind ausserdem die horizontalen Ritzlinien auf dem grössten der Granitquader im Mittelfeld der Apsis und die drei in dekorativer Symmetrie versetzten Granitsteine im äusseren Bogen des Mittelfensters (Abb. 165).

Erhaltung und Zustand. Ausser wenigen Mörtelflicken aus jüngster Zeit im unteren Bereich ist das heutige Erscheinungsbild des unverputzten Steingefüges alt, möglicherweise sogar ursprünglich. Vermutlich war aber der Bogenfries durchgehend verputzt wie auf Rahns Zeichnung. Ob auch die roten Fugen an der Dachtraufe durchliefen, kann man mit blossem Auge nicht erkennen, aber annehmen.

163 Prugiasco-Negrentino, beschriftete Zeichnung von Johann Rudolf Rahn 1898
164 Prugiasco-Negrentino, Hauptapsis in farbigem Mauergefüge
165 Prugiasco-Negrentino, Mittelfenster der Hauptapsis

Bemerkungen. Das Besondere an der älteren Apsis von Prugiasco ist die schmückende Verwendung der natürlichen grauen, weiss- und ockergelben Farben von Granit, Rauwacke und Tuff für die flächige Wand und den durch weissen Putz und rotes Lineament hervorgehobenen oberen Mauerabschluss der Blendarkatur, womit sich der Bau im Einflussbereich der lombardischen Romanik befindet. In der Schweiz ist bisher kein weiteres Beispiel von polychromem Sichtmauerwerk mit farbigem Teilverputz in der Art von Prugiasco bekannt. – In Hinblick auf die Überlieferung von Bauzuständen vor und nach 1900 sind die in der Zentralbibliothek Zürich verwahrten Zeichnungen von Rahn auch über Negrentino hinaus von hohem Wert, so für 1.1.2 *Chironico*, 1.1.11 *Cumbel* Porclas, 1.1.19 *Giubiasco*, 1.2.7 *Locarno* Castello, 2.1.12 *Naters*, 2.1.20 *Chillon*, 2.2.16 *Lostallo*, 2.2.19 *Savognin*, 2.5.3 *Flims*, 3.3.21 *Ilanz* und 3.5.52 *Riva San Vitale* Santa Croce.

Literatur. Virgilio Gilardoni.- Il Romanico. Vol.2, Catalogo dei monumenti nella Repubblica e Cantone del Ticino. Bellinzona 1967 · Elfi Rüsch.- Sant'Ambrogio vecchio di Prugiasco-Negrentino. Bern 1999, S.7 (SKF) · Jacques Gubler.- Johann Rudolf Rahn: Geografia e monumenti. [Ausstellungskatalog] Museo d'arte di Mendrisio. Lugano 2004, ill. p.145.

1.3.17 Locarno (TI)

Piazza S.Francesco, Nischengrab (arca) des Giovanni Orelli, inschriftlich von einem Stefano da Vellate 1347 errichtet. Häufig renoviert. Aufgenommen 1983.

Bauwerk (Abb. 166). Letztes von mehreren Grabmälern Locarneser Patrizier erhaltenes Monument. Es befindet sich auf dem Platz vor der Kirche S.Francesco. Den Sockelteil des kleinen gotischen Giebelbaus bildet ein Flachbogen, über dem das spitzbogige Arcosolium liegt. Auf dem Scheitelstein das qualitätvolle Relief eines Adlers (Wappen Orelli). Die Nische selbst ist heute historisierend ausgemalt (20. Jh.).

Mauergefüge mit Streifenquaderung in weissen und braunen Lagen (Abb. 166, 167). Der gesamte Bau ist lageweise abwechselnd in weissen und braunen (nicht wie in der gesamten Literatur als schwarz bezeichneten) Quadern hochgezogen, so dass das Mauerbild in horizontalen, gleichmässig breiten, im Giebel etwas schmaleren Streifen erscheint. Den radial versetzten, wechselfarbigen Steinquadern des Nischenbogens entspricht, je nach Lage mehr oder weniger stumpf abgewinkelt, ein jeweils heller bzw. dunkler Mauerstreifen. Die beiden Baumaterialien bestehen aus einem grobkörnigen, kristallinen, weissen Marmor und einem metamorphen, braunen Gestein aus Quarz, Amphibol und Erz (Steinbestimmung von Andreas Küng, Institut für Denkmalpflege).

Bemerkungen. Typisch für diesen dekorativen, das ganze Bauwerk einheitlich überziehenden Stein- und Farbwechsel ist die geometrisch und optisch exakte Korrespondenz zwischen den radial verlaufenden Bogenquadern und den streifigen Steinlagen der Wand. Fassaden mit derartigem Quaderversatz begegnet man besonders häufig im benachbarten italienischen Comasco. Schöne Beispiele hierfür sind der Broletto in *Como* (um 1215) und das Baptisterium S. Maria del Tiglio in *Gravedona* am Comer See (um 1200) mit weissen bis roten und grauen Streifungen aus dem weissen, eisenhaltigen und deshalb rot verfärbenden Marmor von Musso und dem hell verwitternden, grauen Kalkstein aus Varenna. Überdies zeigen viele Palazzi in *Como,* wenn auch nicht ganze Mauerverbände, so doch aufwändige, in dieser Art gemauerte Portalanlagen (meistens aus Kalksteinen) wie etwa die Strassenportale des 16. Jh. am Palazzo Pantera (Abb. 169). Für die Verbreitung und Beliebtheit des wechselfarbigen Quaderversatzes spricht die Bemerkung Leone Battista Albertis (1404–1472) in seinen «De re aedificatoria» (lib. VI, cap. 5), es seien nämlich die «Mauern der Landhäuser unserer Vorfahren mit ihren abwechselnden weissen und schwarzen Streifen so geschmackvoll anzusehen, dass man sich

166 Locarno, Grabmal des Giovanni Orelli, braun-weiss gestreiftes Mauergefüge 1347
167 Locarno, Detail der Baugesteine sowie Künstlerinschrift und Jahreszahl

besseres kaum wünschen möchte». Das Orelli Grabmal repräsentiert diese italienische Mauerungsart, von der hierzulande kaum noch Werke aus der frühen Neuzeit existieren (vgl. 1.3.18 *Cazis*).

168 Cazis, Pfarrkirche, Portal in weiss-grauem Steinwechsel, Andreas Bühler 1504

169 Como, Palazzo Pantera, Portal in weiss-grauem Steinwechsel 15. Jh.

Literatur. Rahn 1893, S. 127f, fig. 95, 96 · MAS TI I (Virgilio Gilardoni) 1972, p. 240s, ill. 303.

1.3.18   Cazis (GR, Heinzenberg)

Pfarr- und Klosterkirche SS. Peter und Paul. Neubau 1504 von Andreas Bühler. Westportal in wechselndem Steinversatz. Restauriert. Aufgenommen 1983.

Westportal aus grauen und weissen Werkstücken (Abb. 168). Das breite, rundbogige Portal hat monolithische Seitenpfosten aus grauem, geädertem Gestein (lokaler Skalärastein) und einen aus Quadern desselben Gesteins im Wechsel mit weissen Quadern radial gemauerten und abgefasten Bogen (das weisse Gestein ist unbestimmt, stammt aber nicht aus der Gegend). Der gewinkelte Randbeschnitt der Bogensteine weist darauf hin, dass wohl ehemals eine streifige Fortsetzung im Mauergefüge wie am Orelli-Grabmal in *Locarno* (1.3.17) vorhanden war, bevor die Keilsteine ohne Berücksichtigung ihres rechtwinkeligen Kantenverlaufs offensichtlich neu versetzt wurden. Formaler Einfluss vom grenznahen Oberitalien ist historisch denkbar (vgl. *Como,* Palazzo Pantera, Abb. 169).

Literatur. KDM GR III (Erwin Poeschel) 1940, S. 182-188 (ohne Erwähnung des Portals) · Mündliche Auskünfte von Francis de Quervain und Alfred Wyss.

1.3 FASSADENFLÄCHEN   Farb- und Steinwechsel im Mittelalter

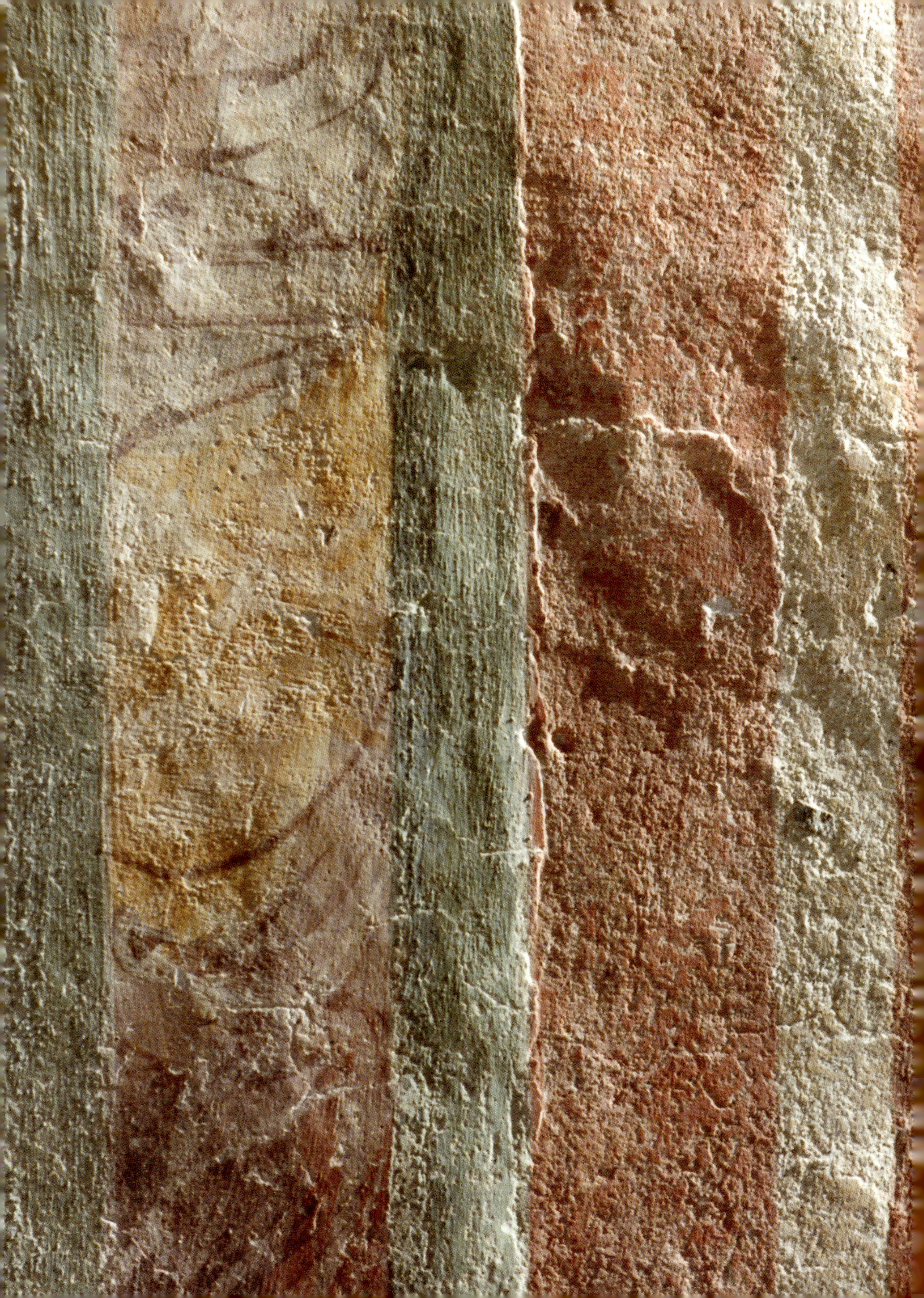

1.4 Gemalte Marmorierungen

Überblick

Die beschriebenen Beispiele umfassen Marmorimitationen am Äusseren, die auf den gesamten Wandputz oder auf Scheinquader an Bauecken, auf dargestellte oder gemauerte Pilaster, Lisenen, Säulen, Gesimse, Friese, auf Fenster- und Portalumrahmungen gemalt sind. Da sich ihre farbige Eigenart kontrastreich vom hell verputzten Umfeld abhebt, bilden sie einen lebendigen, vom volkstümlichen bis zum herrschaftlich noblen, vor allem aus der Nähe wirkungsvollen Fassadenschmuck.

Es handelt sich um originale bzw. freigelegte oder nach Befunden rekonstruierte Bemalungen zwischen dem frühen 17. und späten 19. Jahrhundert, einer Zeitspanne, in der das fiktive Marmorieren am Aussenbau in grosser Vielfalt gebräuchlich war und in Restbeständen überliefert ist. Nennenswerte Reste, die älter wären, wie beispielsweise die spätmittelalterliche, gemalte Marmorplattenverkleidung an einem Wohnhaus in *Cavalese* / Trentino (Abb. 171), sind hierzulande kaum mehr erhalten. Es dürfte sie aber auch hier gegeben haben, denn im wettergeschützten Innenraum sind sie als Imitationen inkrustierter Wandsockel in Anlehnung an römische Kunstübung bekannt. Derartige Marmorinkrustationen malten mit Vorliebe zum Beispiel die im Tessin tätigen oberitalienischen Wandermaler Ende des 15. Jahrhunderts wie etwa Antonio da Tradate in der Parrocchiale von *Palagnedra* oder in S. Bernardo ob *Monte Carasso* (Abb. 172).

Marmorierungen vor und nach 1600 (1.4.1 – 1.4.4). Das Hauptmerkmal der spätmittelalterlichen Marmorierungen war die Umgestaltung des Naturbildes in ein symmetrisches Ornament. Mit einer gewissen Symmetrie, auf jeden Fall fern vom natürlichen Vorbild, versah auch noch der im Bündnerland als Wandermaler und Schulmeister tätige *Hans Ardüser* (1557 bis nach 1614) seine originelle Bild- und Architekturmalerei mit zahlreichen Marmorierungen, von denen hier die Hausfassaden in *Filisur* und *Scharans* zeugen.

Imitationen im 17. Jahrhundert (1.4.5 – 1.4.12) und *Imitationen im 18. Jahrhundert (1.4.13 – 1.4.19).* Im fortschreitenden 17. und im 18. Jahrhundert entwickelte sich am Aussenbau von den italienisch beeinflussten südlichen Landesteilen her ein Marmorierungsstil, der prinzipiell versucht, naturgetreu zu sein. So stellt das Aussehen der Imitate im Allgemeinen unverkennbar Marmor dar, wobei diese naturalistischen Oberflächen sich durchaus auf einen regional vorhandenen und verwendeten Marmor zurückführen lassen. Schöne Beispiele hierfür

170 Grono, SS. Rocco e Sebastiano. Detail der buntfarbig marmorierten Bild- und Architekturrahmungen an der Westfassade, vor 1633 (1.4.6)

171   Cavalese, Val di Fiemme/Trentino, Wohnhaus. Freigelegter Rest einer gemalten Fassadenfassung mit imitierten Marmoroberflächen 14./15. Jh., die Reste der Bildmalerei sind älter

172   Monte Carasso, S. Bernardo. Gemalte Marmorinkrustation im Inneren mit gespiegelter Symmetrie von Form und Farbe. Antonio da Tradate, um 1480

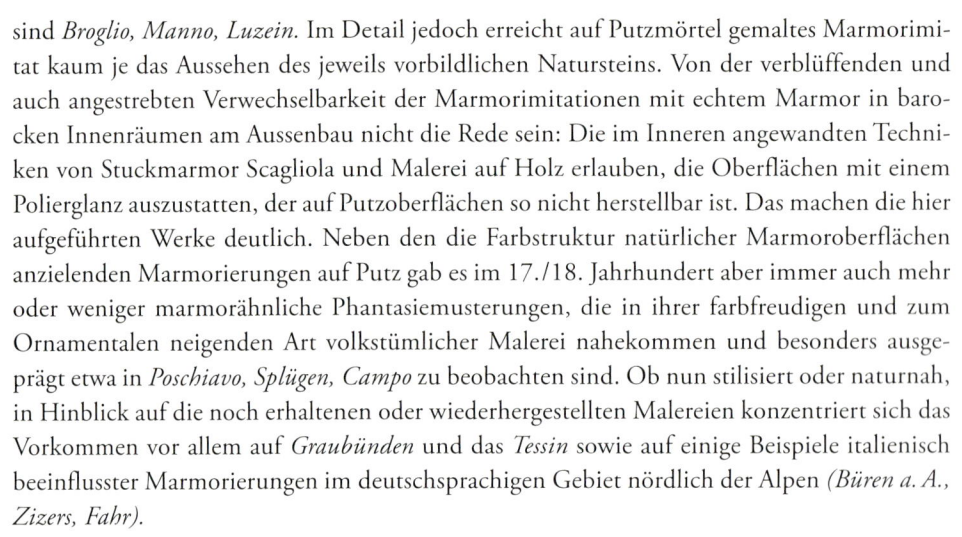

sind *Broglio, Manno, Luzein*. Im Detail jedoch erreicht auf Putzmörtel gemaltes Marmorimitat kaum je das Aussehen des jeweils vorbildlichen Natursteins. Von der verblüffenden und auch angestrebten Verwechselbarkeit der Marmorimitationen mit echtem Marmor in barocken Innenräumen am Aussenbau nicht die Rede sein: Die im Inneren angewandten Techniken von Stuckmarmor Scagliola und Malerei auf Holz erlauben, die Oberflächen mit einem Polierglanz auszustatten, der auf Putzoberflächen so nicht herstellbar ist. Das machen die hier aufgeführten Werke deutlich. Neben den die Farbstruktur natürlicher Marmoroberflächen anzielenden Marmorierungen auf Putz gab es im 17./18. Jahrhundert aber immer auch mehr oder weniger marmorähnliche Phantasiemusterungen, die in ihrer farbfreudigen und zum Ornamentalen neigenden Art volkstümlicher Malerei nahekommen und besonders ausgeprägt etwa in *Poschiavo, Splügen, Campo* zu beobachten sind. Ob nun stilisiert oder naturnah, in Hinblick auf die noch erhaltenen oder wiederhergestellten Malereien konzentriert sich das Vorkommen vor allem auf *Graubünden* und das *Tessin* sowie auf einige Beispiele italienisch beeinflusster Marmorierungen im deutschsprachigen Gebiet nördlich der Alpen *(Büren a. A., Zizers, Fahr)*.

Imitationen im 19. Jahrhundert (1.4.20 – 1.4.23). Das 19. Jahrhundert führt die Tradition der Marmorierung fort. Es werden nun aber nicht nur hervorzuhebende Bauglieder, sondern mit Vorliebe ganze Wände marmoriert, und zwar als Eckverbände aus Läufern und Bindern, als Verschalungsplatten oder, höchst raffiniert und einzigartig, als zweifarbige und im Strukturbild variierende Gesamtgliederung in Stuccolustro an der Casa Fanconi in *Poschiavo*. Dabei strebte man ein möglichst naturalistisches Erscheinungsbild an, die rustikal volkstümliche Umdeutung der Marmorstrukturen ins Ornamentale kommt nicht mehr vor.

Literatur. Hüttmann 1886, S. 271-284 · Knoepfli 1970 · Klein Marmorierung und Architektur 1976 · De Quervain Steine 1979, S. 25-28 · Kobler/Koller 1981, Sp. 294 · André Meyer Architekturpolychromie 1983, S. 52-54 · Möller Steinstrukturbilder 1989.

Imitationen um und nach 1600

1.4.1 Filisur (GR, Albulatal)

Haus Nr. 84. Fassadenmalerei an der Seite des Gemeindehausplatzes von Hans Ardüser, Jz. 1595 (zu den spätere Malereien am selben Haus s. 3.4.58). Freigelegt, konserviert und retuschiert 1985/86. Aufgenommen 1997.

Marmorierung (Abb. 173). Die gemalten Seitenpfosten der beiden gemeinsam gerahmten Fenster im Hauptgeschoss bestehen aus einem Pilasterschaft auf Säulenbasis und einem direkt aufliegenden Architrav. Schäfte und Architrav werden zum Teil von dem Wappenschild des aufsteigenden Bündner Steinbocks (Gotteshausbund) verdeckt. Darunter steht die Jz. 1595. Die Spiegel der grauschwarzen Schäfte sind, soweit vom Schild nicht verdeckt, mit senkrechten, gelben Wellenlinien bemalt. Sie geben eine Marmorierung wieder, die durch die flammenförmige Binnenmusterung konzentrisch verlaufender Linien an eine Holzmaserung erinnert. Derartige motivische Mehrdeutigkeiten und die irreal wiedergegeben Architekturen (rechteckiger Pilaster auf runder attischer Basis, jedoch ohne Kapitell) sind Eigenheiten des Manierismus um 1600, die Ardüser auf volkstümliche Weise übernimmt (vgl. 1.4.2 *Scharans*). Weiteres zu Ardüser s. 3.3.26 *Lantsch/Lenz*.

Literatur. Alfred Wyss.- Hans Ardüser. In: UKdm 1973, H.3, S.171-184 · Paul Zinsli.- Der Malerpoet Hans Ardüser. Chur 1986.

1.4.2 Scharans (GR, Domleschg)

Haus Gees. Bau um 1540 (Jz. im Innern 1543). Fassadenmalerei von Hans Ardüser, Jz. 1605 (1.OG). Aufgenommen 1983 (vor Restaurierung um 1990).

Marmorierung (Abb. 174). Unter den verschiedenen Fensterumrahmungen der Giebelseite des 3-gesch. Wohnhauses fällt eine Marmorierung zwischen dem Fensterpaar im 1.OG auf: Auf dem Putz (ursprünglich weiss getüncht, bei Restaurierung von 1939 gelb gestrichen) erscheinen im Hintergrund der beiden mittleren Säulen bewegte rote Wellenlinien. Ihr zum Teil konzentrischer Verlauf ähnelt einer Holzmaserung ebenso wie Ardüsers Marmormalerei in *Filisur* (1.4.1) oder andernorts (*Lantsch/Lenz* Haus Nr. 11, Ecklisene am Äussern; *Lantsch/Lenz* Haus Nr. 26, Beeli von Belfort, Fenstergewände der ersten Fassadenbemalung, 3.3.26; *Parpan* Schlössli, Fenstergewände im Innern). Sie ist ein höchst bemerkenswertes ornamentales Motiv im eigenwilligen, naiven Malstil Ardüsers (s. auch 3.4.54 *Scharans*).

Literatur: Vögelin 1884/1887, S.339 · Bürgerhaus XVI, 1925, Tf.60,66 · KDM GR III (Erwin Poeschel), 1940, S.136f · Zinsli (wie 1.4.1) S. 24f.

1.4.3 Broglio (TI, Val Lavizzara)

Casa Pometta. Bau und Aussenbemalung im Wesentlichen 1622/23. Malereien im Hof restauriert 1982, am Äusseren original. Aufgenommen 1983.

Gemalte Marmorintarsien (Abb. 175). Zur äusseren Bemalung des Palazzo gehören prächtige, ehemals vorherrschend grüne Fensterumrahmungen mit Hermen oder kannelierten Säulen, Architraven, Blumen- und Fruchtgehängen sowie eine groteske Eckquaderung (s. 2.1.62). Die hier interessierenden stichbogigen Fensterleibungen an der östlichen Giebelseite (ehem. Stras-

173 Filisur, Wohnhaus mit marmorierter Architekturmalerei, Hans Ardüser 1595

174 Scharans, Haus Gees, Architekturmalerei mit Marmorierungen, Hans Ardüser 1605

senseite) sind mit Marmorintarsien aus roten Rauten auf schwarzem Grund bemalt, im Rot mit starker, im Schwarz mit feiner weisser Äderung. Die Malerei befindet sich bemerkenswerterweise in originalem und, dank des witterungsgeschützten Ortes, gut erhaltenem Zustand. Die Imitation kommt dem Aussehen eines Naturmarmors relativ nah.

Literatur. Casa borghese XXVIII, 1936, tavv. 117, 118 · Decorazioni Valmaggia 1998, p. 47.

1.4.4 Lodano (TI, Valle Maggia)

Doppelseitiger Bildstock am Weg zwischen Lodano und Moghegno, wohl Anfang 17. Jh., weitgehend original. Aufgenommen 1983.

Gemalte Marmorintarsien (Abb. 176) an beiden Nischenfronten mit gelben, weiss gerahmten und rot-weiss geäderten Rauten und Schilden auf rotem Grund (Wegseite) bzw. violettem Grund (Waldseite). In den Nischen Muttergottesfiguren und Heilige. Das für einen Bildstock relativ hohe Alter, die Doppelseitigkeit und die aufwändige Bemalung der Oberfläche als Intarsie heben diesen unter dem reichen Bestand an Bildstöcken im Tessin hervor.

Imitationen 17. Jahrhundert

1.4.5 Manno (TI, Malcantone)

Strada bassa / via San Rocco. Gewände eines früheren Fensters, 17. Jh., Originalbestand. Aufgenommen 1983.

Gemaltes Fenstergewände mit Giebelaufsatz in weisser bzw. grünlicher und roter Marmorierung (Abb. 177). In der rückversetzten Verbindungsmauer zwischen einem Wohnhaus und einem Nutzgebäude liegt über dem (neuen) Strassendurchgang ein vermauertes Fenster mit einem

175 Broglio, Casa Pometta, Fensternische mit Marmorintarsien, Originalmalerei 1622/23
176 Lodano, Bildstock mit Marmorintarsien, Originalmalerei 17. Jh.
177 Manno, gemaltes Fenstergewände in Nachahmung Tessiner Buntmarmore, 17. Jh.

178 Grono, SS. Rocco e Sebastiano, Bemalung des Giebels in Anlehnung an Bollenmarmor
179 Grono, hl. Rochus in marmorierter Rahmung, vor 1633

perspektivisch gemalten, klassischen Gewände. Am besten erhalten sind der obere Teil des mehrfach profilierten Rahmens und der dreieckige Giebelaufsatz. Der Rahmen ist als hell geäderter Stein dargestellt, fast weiss die Licht-, graugrün die Schattenpartien. Die Giebelfüllung ist geädert rot. Da im Tessin sowohl weisse, grünlichgraue Brekzien als auch der rote Brocatello beheimatet sind (Marmorbrüche in Arzo), könnte es sich um Imitationen dieser Buntmarmore handeln. Sollte das Graugrün der Schattenpartien nicht im Sinn einer Farbperspektive seinen dunkleren Ton erhalten haben, sondern noch ein anderes Gestein imitieren, könnte es sich seiner Struktur nach auch an grünlichem Lavezstein orientieren. – Bemerkenswerter Rest einer Fensterrahmung mit besonders qualitätvoller Marmorimitation.

1.4.6 Grono (GR, Misox)

Kapelle SS. Rocco e Sebastiano. Baubeginn 1615, Weihe 1633. Marmorierungen in der Architekturmalerei der Eingangsfassade, wohl aus der Bauzeit. Freigelegt, konserviert und retuschiert 1982/92. Aufgenommen vor und nach Freilegung.

Gemalte Bilddarstellungen in einer Scheinarchitektur mit verschiedenartiger Marmorierung der einzelnen Bauelemente. Die westliche Giebelwand, deren Mittelachse das Portal und das darüber liegende Rundfenster bilden, wird durch eine gemalte Adikula aus Pilastern und Architrav gegliedert. Über Portal und Rundfenster befinden sich jeweils annähernd quadratische Bildfelder (Muttergottes, Verkündigung), neben dem Portal grosse Nischen mit Standfiguren (Patronatsheilige). Alle Bauteile sind in Buntfarben mit verschiedenartigen Ornamentmustern, mehr aber mit Marmorierungen ausgestattet. Insbesondere weisen die Bildrahmen eine violette und die Nischen eine buntfarbige, jeweils rot geäderte Marmorierung auf (Abb. 170, Abb. 179), während die Zwickel im Giebelfeld mit einem roten Konturenlineament unregelmässiger Bollen auf hellem Verputz bemalt sind (Abb. 178).

Bemerkungen. Auffallend ist der unterschiedliche Grad von Abstraktion und das sehr verschiedene Aussehen der Marmorimitate, die damit in gewisser Weise den zahllreichen, unterschiedlichen und vielfarbigen Marmorvorkommnissen im Innern der Kapelle (Hoch- und Seitenaltäre, Chorschranken, Tauf- und Weihwasserbecken) entsprechen.

Literatur. KDM GR VI (Erwin Poeschel), 1945, S. 137-139 · Agustoni Mesolcina/Misox 1996, S. 78-82.

1.4.7 Büren an der Aare (BE, Seeland)

Schloss (Stadtseite). Neu errichtet 1620/25 von Werkmeister Daniel II Heintz. Wandbild des Marcus Curtius an der westlichen Seitenfront von Joseph Plepp, 1623. Restauriert 1972. Aufgenommen 1997. Hauptfront renoviert mit Bildresten von Plepp und Neubemalung 2003/06.

Bau (Abb. 180). Mächtiger, 3-gesch. Baukubus mit hohem, an der platzseitigen Hauptfront über Rûnde abgewalmtem Satteldach, das von seitlichen Erkertürmen durchstossen wird. Der Aussenbau war, zumindest an den freiliegenden Fassaden zum Platz (Hauptgasse) und zur aarewärts führenden Gasse, mit einem Bildprogramm in Architekturrahmung bemalt, die auszuführen der Berner Maler Joseph Plepp 1623 beauftragt worden war. Von dieser Bemalung blieb heute lediglich das Wandbild des Marcus Curtius an der Seitenfassade erhalten. Die Malereien an der Platzfront wurden 1938 weitgehend abgeschlagen. Eine Vorstellung ihres Aussehens überliefert ein kleines Ölbild des Schlosses aus südöstlicher Vogelschau vom selben Maler (s. Lit.) sowie eine Pause, die vor dem Verlust angefertigt wurde (Auskunft von Jürg Schweizer, Denkmalpflege Bern). Die Neugestaltung 2003/06 wird hier nicht thematisiert.

Illusionistisch gemalte Ädikula mit roter Marmorierung von Säulen und Fries (Abb. 180, 181). Das Bild des auf einem Schimmel vorwärts stürmenden Marcus Curtius wird von einer Ädikula eingerahmt, deren Rundbogen aus Quader- und Hakensteinen besteht. Ihm vorgelagert sind zwei Säulen auf Postamenten, die ein hohes, verkröpftes Gebälk und einen gesprengten Giebel tragen. In Giebelmitte befindet sich eine Tafel mit der Künstlersignatur «1623 I. P.», auf Bodenhöhe eine Platte mit lateinischem Sinnspruch zur Geschichte des Marcus Curtius. Die Säulen samt ihrer Sockel, der Gebälkfries und die Bodenplatte sind rot marmoriert, die mit Eierstäben verzierten Kämpfer gelb gefasst, die übrigen Architekturteile in hell- und dunkelgrauer Steinfarbe dargestellt. Auffällig sind einige unübliche, manieristische Konstruktionsdetails wie der hinter den Bogenquadern verschwindende Fries oder der merkwürdig gestutzt erscheinende Giebel, der sich mit versetzten Gesimsstücken in die Tiefe entwickelt.

Bemerkungen. Der bedeutende Schlossbau und seine im Kanton Bern einzigartige Aussenmalerei ist eines der herausragenden Beispiele für den Einsatz von Marmorimitat in Verbindung mit einer klassischen Säulenordnung. Den im Prinzip gleichen Farbakkord – Säulen und Fries als roter Marmor, Kapitelle gelb, Architekturen in grauen oder gelblichen Steinfarben – zeigen interessanterweise auch andere Fassadenbemalungen, so die am Oberen Schloss in *Zizers* aus der Zeit vor 1694 (Abb. 182) oder die der Hofwand des Westanbaus an der Klosterkirche *Fahr*

180 Büren a. A., Schloss, Ansicht der Stadtseite mit Wandbild von Joseph Plepp 1623 (Foto 1997)
181 Büren a. A., marmorierte Ädikularahmung des Wandbilds
182 Zizers, Oberes Schloss, Architekturmalerei vor 1694
183 Fahr, Klosterkirche, Scheinarchitektur der Tessiner Maler Torricelli 1746/48

von 1746/48 (Abb. 183 und 1.1.24). Ohne dieser Beobachtung hier weiter nachzugehen und daraus eventuell einen «Farbkanon» abzuleiten, sei allgemein darauf hingewiesen, dass Marmorierungen einzelner, ausgewählter Bauteile innerhalb gemalter Scheinarchitekturen an Aussenfassaden vor allem im 18. Jh. gängig sind (z. B. auch Claverhaus in *Zug*, s. 3.1.25). Es ist denkbar, dass auch die Fassadenmalerei Oberitaliens (Genua) Einfluss nahm. Elemente wie ihre auffällige Buntfarbigkeit und Marmorierung könnten nördlich der Alpen durch die Tessiner Torricelli, die die Malereien von Fahr schufen, noch weiter verbreitet worden sein. – Zur Bemalung der aareseitigen älteren Schlossfassade von *Büren* siehe 2.1.60.

Literatur. Bürgerhaus V, 1917, Taf. 38 - 42, XLI (Plepp, Aussenmalereien) · Zu Joseph Plepp: Im Schatten des Goldenen Zeitalters. Künstler und Auftraggeber im Bernischen 17. Jahrhundert. Ausstellung Kunstmuseum Bern 1995, Bd. 1 Katalog, Nr. 59, Bd. 2 Essays, S. 141-164, Tf. 7 (Vogelschau) · Zur Neugestaltung 2003/06: Schloss Büren an der Aare 2007.

184 Cevio Piazza, Casa Respini, Portal in der Umfassungsmauer, 2. H. 17. Jh.
185 Cevio Piazza, Eckturm der Umfassungsmauer mit originaler Putzoberfläche

1.4.8 Cevio Piazza (TI, Valle Maggia)

Casa Respini, già Franzoni. Tormauer mit Ecktürmen, 2. H. 17. Jh., Marmor imitierende Quaderungen aus der Bauzeit. Ursprünglicher Bestand. Aufgenommen 1982.

Mauer mit Tor und Türmen (Abb. 184, 185). Die das rückversetzte Herrenhaus zur Strasse hin abschliessende Mauer öffnet sich in einem Prunktor, das von Ecktürmen flankiert wird. Die Türme sind hofseitig offen und erhielten als Eckstützen je eine toskanische Säule. Der Tordurchgang besteht aus einem Portal mit mächtigem, stark vorkragenden, gebrochenen Segmentgiebel auf Säulen. Dahinter erhebt sich ein ausladender Dachüberbau. Alle Architekturglieder sind ebenso wie die Stuckfiguren auf den Gebälkstücken des Giebels und die Reliefs am Architrav weiss gefasst. Zum Wappen im Giebelfeld siehe Segre.

Marmorimitationen (Abb. 186, 187). Der Durchgang selbst wird über dem Sockel (Gneisplatten) und der Säulenbasis (Lavezstein) von grossen Kunststeinquadern (mit weissem Kalkstuck überzogene Gneisstücke) gebildet, die an den Seiten querliegen und den viermal gebrochenen Bogenabschluss radial einfassen. Anstelle der Fugen befinden sich etwa 3 cm breite und 2 cm tiefe, schattige Rillen. Die gesamte Oberfläche des Kunststeins ist als Marmorimitation schwarz, braun, rot und ockerfarben gefasst. Die Türme, nur aus Bruchstein und ohne gehauenen Eckverband errichtet, wurden mit Naturputz überzogen und an allen Ecken mit einer Quaderung im Läufer-Binder-Versatz bemalt, die fast die gleiche, Marmor imitierende Farbigkeit erhielt. Um die Fenster liegt ein weisses Voluten- und Lilienornament auf einer zusätzlichen Putzschicht (collarino).

Zustand. Die originalen bemalten Oberflächen, vor allem die Putzwände sind löchrig und rissig, unten an den Türmen in grösseren Partien abgefallen und insgesamt farblich verblasst.

Bemerkungen. Zur Prachtentfaltung eines aufwändigen Torportals ist die Verwendung einer Marmoroberfläche (Imitation) naheliegend, für eine einfache Eckquaderung hingegen eher ungewöhnlich. Sie erklärt sich aber ebenso wie das Motiv der mit Eckpavillons besetzten Umfassungsmauer, der Säulen und des gesprengten Giebels sowie der speziellen Wappenikonografie (Segre) als Zeichen herrschaftlichen Anspruchs des Bauherrn: Das Haus war der Wohnsitz des Landvogts. Das eher ländliche Ornament der weissen collarini orientiert sich am regional Üblichen, wie auch die einfache weisse Putzgliederung am Haus selbst. Bemerkenswert ist der weitgehend unberührte Originalbestand. (Das Haus wurde um 1996 restauriert).

Literatur. Casa borghese XXVIII/II, 1936, tav. 114 · De Quervain, 1983/85, Bd. 8, S. 42 · Vera Segre.- Segni di distinzione su alcune dimore private di area ticinese. In: Kunst + Architektur in der Schweiz, 1998, S. 32-33.

1.4.9 Cevio Vecchio (TI, Valle Maggia)

Casa Franzoni (Museo valmaggese). Südportal, Gewände 2. H. 17. Jh. (evtl. 1688, Jz. am Ostportal). Restauriert um 1988. Aufgenommen 1989.

Bau siehe 2.5.7 und 3.1.11.

Gemalte Marmorpaneele (Abb. 189). Die Leibungen des Portals an der südlichen Hauptfassade, das eine Scheinarchitektur umrahmt, sind seitlich mit Paneelen bemalt, deren dreischichtige Füllungen aus violetten, weiss geäderten Halb- und Vollschilden sowie rot und gelb geäderten Zwischenstücken bestehen. Diese sind perspektivisch so dargestellt, dass sie sich scheinbar von ihrem vertieft liegenden, violetten Grund abheben.

Bemerkungen. Die Imitation strebt, ähnlich wie schon bei der Casa Pometta in *Broglio* (1.4.3), das Aussehen einer möglichst realistischen Marmoroberfläche an. Damit vergleichbar ist die auch wie in Cevio auf Rot und Gelb abgestimmte Rahmung des Stifterbildes über dem Portal der Kirche im nahe bei Cevio gelegenen *Cerentino* (Abb. 190) mit Wappen Leoni. Hier wird die 1707 datierte Bildnische der Immakulata durch eine tektonische, von Atlanten gestützte Umrahmung eingefasst, deren Sockelpartie eine qualitätvolle, noch weitgehend original erhal-

186 Cevio Piazza, Casa Respini, Detail des Portals mit marmorierter Fassung auf Kunststein
187 Cevio Piazza, in Putzmörtel eingeritzter, marmorierter Eckquader am linken Turm

188 Poschiavo, Reformierte Kirche, gewundene Säulenschäfte aus stilisiertem Brekzienmarmor, Illusionsmalerei 1708
189 Cevio Vecchio, Casa Franzoni, Portalnische mit marmorierten Scheinpaneelen
190 Cerentino, Stifterbild an der Kirche mit marmorierter Rahmung 1707, Detail

tene Marmorierung aufweist. Beide Oberflächen sind prototypische Beispiele buntfarbiger Marmorimitationen im Südtessin.

Literatur. Casa borghese XXVIII/II, 1936, tavv. 112, 113.

1.4.10 Poschiavo (GR, Puschlav)

Reformierte Kirche. Turmbau 1677/85. Zweite Farbfassung 1708, diese 1971/72 wiederhergestellt. Aufgenommen 1983.

Gemalte Säulen mit marmorierten Schäften (Abb. 188). Unter der vorwiegend roten und grünen Bemalung des weiss verputzten, überkuppelten Turmes fallen besonders die Säulenschäfte an den Ecken des Glockengeschosses auf. Sie sind von einem weitmaschigen, unregelmässigen, dunkelroten Liniennetz überzogen, dessen Binnenflächen einmal weiss belassen, einmal grün oder hellrot und zum Teil mit einem zusätzlichen roten Kern gefüllt erscheinen, wobei sich die Farben so verteilen, dass die Schäfte die Form einer Spirale in Hellrot und Grün annehmen. Die Basis und das korinthische Kapitell sind mit aufgesetzten Lichtern rot, das ionische Kapitell darüber ist grün gefasst. Der Schaft erinnert an einen (stark stilisierten) Brekzienmarmor, die rote und grüne Farbe von Basis und Kompositkapitell an die im Puschlav anstehenden roten Marmore und grünen Serpentine (vgl. 1.5.23–1.5.25).

1.4 FASSADENFLÄCHEN   Gemalte Marmorierungen

Bemerkungen. Das Motiv der Spiralform dürfte eine Reminiszenz an die gewundenen Säulen des zunächst frühchristlichen und dann von Gianlorenzo Bernini errichteten Baldachins über dem Grab Petri von St. Peter in *Rom* sein, das in der europäischen Baugeschichte immer wieder auftaucht und schliesslich neben dem Symbolgehalt auch den Charakter eines puren Ornaments erhielt. Die ungewöhnlich einfallsreich dekorierten Säulenschäfte in Poschiavo bilden die originellste Variante der übrigen Marmordarstellungen an der Turm- und Fassadenbemalung der reformierten Kirche und ein höchst beachtliches Beispiel ländlich dekorativer Marmorierungen am Aussenbau überhaupt. – Eine vergleichbare Stilisierung gemalten Brekzienmarmors weisen die Säulenschäfte in der Architekturrahmung an der Eingangsfassade der Parrocchiale von *Monte Carasso* auf, hier, im italienischen Einflussgebiet des Tessins, allerdings schon mit der Jz. 1600 datiert. – Zur gesamten Farbigkeit des Turms siehe 3.7.23, zur älteren Farbigkeit der Westfassade siehe 1.5.11.

Literatur. KDM GR VI, 1945, S.69-71 (keine Bemerkung zur derzeit kaum sichtbaren Farbigkeit) · Oskar Emmenegger, Albert Knoepfli.- Das Farbgewand der reformierten Kirche von Poschiavo. In: UKdm 1973, Heft 2, S.131-137 · Emmenegger 1994, S.34.

1.4.11 Sevgein (GR, Ilanz)

Katholische Pfarrkirche, Neubau 1687/91. Restauriert 1969. Aufgenommen 1983.

Marmoriertes Hauptportal (Abb. 191). Die Westfassade ist durch hohe Gebälke, verkröpfte Pilaster, ein Mittelfenster sowie vier bemalte Rundbogen- und eine Kleeblattnische im Giebel gegliedert. Den farblichen Gesamteindruck beherrscht der weisse Verputz, so dass das rot und gelb gefasste Portal den Blickfang bildet: Rot die Schäfte der toskanischen Säulen (Kunststein aus Bruchstein mit Tuffbrocken, von Kalkmörtel überzogen) und der bekrönende Obelisk, gelb hingegen die hohen Postamente, die Kapitelle und der gesprengte Volutengiebel. Die rotgelbe Marmorierung der Türumrahmung verbindet die beiden Farben auf einfache und zugleich raffinierte Weise miteinander. (Ein farblich gleiches Portal weist auch die Wallfahrtskapelle zum Hl. Grab in *Sevgein* auf.)

Literatur. De Quervain Gesteinsarten 1983/85, Bd. 1, S. 251.

1.4.12 Cunter (GR, Oberhalbstein)

Katholische Pfarrkirche. Westfassade, über dem Mittelfenster Jz. 1672. Pilastermarmorierung wohl aus der Bauzeit, erneuert 1980. Aufgenommen 1983.

Marmorierte Pilaster (Abb. 192). Die architektonische Gliederung der weiss verputzten Kirchenfassade in zwei Geschosse und fünf Joche wird wesentlich bestimmt durch die rote Marmorierung der Pilaster und verfeinert durch ihre schwarzweiss marmorierten Kapitelle und die schwarz gestrichenen fünf Triglyphen im Fries des Gebälks unter dem Giebelfuss. Die Marmorierung selbst erscheint rot und blassrot geflammt. Die Fassade stellt eine ausgesprochen konstruktiv architektonische Anwendung imitierender Marmormalerei dar.

Literatur. De Quervain Gesteinsarten 1983/85, Bd. 1, S.97.

191   Sevgein, Pfarrkirche, Portalgewände mit Marmorfassung 1691
192   Cunter, Pfarrkiche 1672, Fassadengliederung durch Pilaster mit Marmorfassung

Imitationen 18. Jahrhundert

1.4.13. Orselina (TI, Locarnese)

Madonna del Sasso. Westfront der Kirche, Architekturmalerei 17./18. Jh., umfassend renoviert 1890. Aufgenommen 1998.

Marmorierte Scheingiebel (Abb. 193). Die Front der im 16. Jh. errichteten Kirchenfassade, die gleichzeitig die Rückwand des historischen Portikus von 1891 bildet, ist mit barocken Scheinarchitekturen bemalt, zu denen auch marmorierte Aufsätze über den beiden, das Mittelportal flankierenden Fenstern gehören. Die illusionistisch mit Lichthöhungen und Schattenschlag gemalten Aufsätze haben mächtige Randprofile mit Ohren und eingerollten Voluten und sind als roter, weissfleckiger Marmor dargestellt (in Anklang etwa an die Macchia vecchia aus Arzo). Die etwas grobe Wiedergabe könnte auf die Erneuerung Ende des 19. Jh. zurückgehen.

Literatur. MAS TI I (Virgilio Gilardoni), 1972, p. 452s (allgemeine Bemerkungen zur Malerei).

1.4.14 Luzein (GR, Prättigau)

Haus Nr. 66, Sprecherhaus («Grosses Haus»). Hoftor wohl 1708, Originalbestand. Aufgenommen 1997.

Gemalte schwarze Steinoberfläche, wahrscheinlich Marmorimitat (Abb. 194). Während die strassenseitige Dekorationsmalerei am «Grossen Haus» gänzlich erneuert ist, erhielt sich in der Dachkehle seiner westlichen Hoftormauer noch die ursprüngliche Bemalung. Dargestellt sind Quader mit weissen Fugen und einer schwarz gekörnten Oberfläche, die unten von einem schwarzen Rundstab mit lebhafter weisser Äderung eingefasst wird. Beides könnte als Phantasieimitat schwarzer Marmore, möglicherweise aber auch als Stellvertretung eines gekörnten Alpenkalks betrachtet werden, dessen Verfügbarkeit im Prättigau denkbar ist. Am später grau mit gelber Randlinie übermalten Torbogen selbst kommt an Stellen, an denen die oberste Farbschicht abblättert, eine ähnliche, tiefschwarze und weisse Malerei zum Vorschein. Sie muss, bedeckte sie ausser den oberen Mauerabschluss auch den gesamten Bogenlauf, äusserst effektvoll gewirkt haben (ähnlich die Farboberfläche in 2.1.52 *Bondo)*.

Literatur. Bürgerhaus XVI, GR Norden B, 1925, Tf. 96-101 (Hoftor Tf. 98, 2) · KDM GR II (Erwin Poeschel), 1937, S. 107f · Hinweis auf Alpenkalk von Josef Grünenfelder, Zug.

193 Orselina, Madonna del Sasso, Scheinaufsätze der Fenster mit roter Marmorierung
194 Luzein, Sprecherhaus, originale Reste einer schwarzen Marmorierung wohl 1708

195 Fischingen, Iddakapelle, Rotfassung der Wandgliederung, marmorierend restauriert
196 Scharans, Wohnhaus mit marmoriertem Scheinpilaster wohl 1702

1.4.15 Fischingen (TG)

Ehem. Klosterkirche, Iddakapelle. Errichtet 1704/08 von Christian Huber, unter Einfluss von Caspar Moosbrugger. Erneuerung im Wesentlichen 1962/68. Aufgenommen 1997.

Hellroter Anstrich, marmorierend restauriert (Abb. 195). Die kolossale Pilasterordnung der drei Kreuzarme und der Kuppel des weiss verputzten Zentralbaus war nach Befund nicht marmoriert, sondern einheitlich hellrot gefasst, wurde aber bei der letzten Restaurierung in meliertem Rot (caput mortuum mit Kalk) erneuert. Das Farbintervall Weiss-Rot steigert zusammen mit der farblich ähnlichen Fassung des älteren Kirchturms (errichtet 1587, erhöht 1727 und 1751) die Wirkung der hochverehrten, an topografisch exponiertem Ort errichteten Grabkapelle, die auch im baulichen Entwurf auf Fernsicht konzipiert ist. Die heutige Aussenfarbigkeit ist das Resultat einer farblich modifizierenden Restaurierung, die versucht, sowohl bei Nah- als auch bei Fernsicht, den Eindruck eines möglichst gleichmässigen hellen Rottons zu erzielen (zur Rotfassung s. 3.5.35).

Literatur. KDM TG II (Albert Knoepfli), 1955, S.125-148 (Baugeschichte) · Informationen von Jürg Ganz, Frauenfeld.

1.4.16 Scharans (GR, Domleschg)

Haus Nr. 48. Dekore der Giebelfront 1668 und 1702. Restauriert nach 1940. Aufgenommen 1983.

Gemalte Füllung des Pilasterschafts an der Giebelwand rechts (Abb. 196). Die Binnenfläche des gemalten, dunkelgrauen Pilasters, der erst oberhalb des Sockelgeschosses ansetzt, ist mit einer stark bewegten Äderung in Schwarz, Gelb und Rot auf weissem Grund verziert. Vermutlich gehört der Pilaster nicht zu der älteren, 1668 datierten Rollwerkmalerei an den Fenstern, der eine Eckquaderung in Grisaille zugeordnet war, sondern entstand später, zusammen mit dem von Löwen gehaltenen und «HRR 1702» bezeichneten Kranz über dem Eingang.

Bemerkung. Die Art der Marmordarstellung entspricht nicht mehr der strengen Formgebung, der das Renaissance-Motiv der die Fensterrahmen beherrschenden Rollwerke angehört. Sie repräsentiert vielmehr eine buntfarbige grafische Strichmanier mit rustikalem Einschlag, deren Erscheinung sich vom Aussehen einer natürlichen Marmoroberfläche entfernt hat.

Literatur. Bürgerhaus XVI, 1925, Tf. 60, 66 – KDM GR III (Erwin Poeschel), 1940, S.138.

1.4.17 Splügen (GR, Rheinwald)

Haus Albertini (Nr. 59). Nach Dorfbrand von 1716 neu errichtet 1719 (gemalte Jz. am Giebelfenster). Marmorimitation, teilweise ergänzt um 1980. Aufgenommen 2000.

Eckquadermalerei und Dachgesims mit Marmorimitation (Abb. 197). Das am Steilhang über hohem Sockel in vier Geschossen und drei Fensterachsen errichtete und mit seinem Hauptgiebel talwärts orientierte Patrizierhaus bedeckt ein weisser Verputz (im unteren Bereich z.T. neu) und eine auffällige Marmorierung: Sie besteht aus vielfarbig bunten und relativ wild überkreuzten Strichen unterschiedlicher Breite und dekoriert sowohl Eckquader als auch Dachgesimse. Die Eckquaderung befindet sich nur an der vorderen Giebelseite (links ab Boden, rechts ab 3.OG über dem Dachansatz des Anbaus), ist untersockelt, als Läufer und Binder versetzt und je Stein mit perspektivisch in Weiss und Ocker abgeböschten Tafeln versehen. Das Dachgesims seinerseits lädt weit aus, ist stark profiliert und führt um drei der Hausseiten herum. Am Giebelansatz der Hausfront bildet es kapitellartige Endstücke, an der rechten Traufkante ist es mit einem leicht vorstehenden Pilaster verkröpft. – Die äusserst wirkungsvolle, geäderte und zum Teil alte Marmorierung fasst die hellen Fassaden mit ihren wohlproportioniert verteilten, kleinen, mit blauen Holzläden zu verschliessenden Fensteröffnungen wie ein Bilderrahmen ein. Ungewöhnlich ist das mächtige Traufgesims und sein Einbezug in die Dekoration.

Literatur. Bürgerhaus XII, 1923, Tf. 90, S.LV.

1.4.18 Campo (TI, Valle di Campo)

Palazzo Martino Pedrazzini, 1746. Marmorimitation, ursprünglicher Bestand mit Reparaturen. Aufgenommen 1982.

Eckquadermalerei mit extrem unrealistischer Marmorierung (Abb. 198). Zur Bild- und Architekturbemalung des freistehenden, stattlichen 3-gesch. Satteldachhauses gehören farblich variierende, gemalte Eckquader, die in roten, grünen, gelben und weissen Rauten geometrisch gemustert und u. a. mit Zickzacklinien geädert sind. Der Dekor ist stark stilisiert und erinnert nur entfernt an Marmor.

Literatur. Casa borghese XXVIII/II, 1935, tavv. 123, 124 · Decorazioni Valmaggia 1998, p. 50.

1.4.19 Peccia (TI, Val Lavizzara)

Haus Nr. 28. Bauensemble im Kern 16./17. Jh., später mehrfach verändert. Wandbilder aus verschiedener Zeit, u. a. auch Marmormalerei, wohl E. 18. Jh., Originalbestand. Aufgenommen 2000.

Rest einer Marmorinkrustation (Abb. 199). Am älteren Anbau eines erneuerten Wohnhauses westlich der Kirche (an der Strassenseite bez. als «Casa del legato scolastico») blieben mehrere Malereifragmente erhalten. An der traufseitigen Hauskante: Kleiner Verkündigungsengel wohl um 1600 (Fenster in einem jüngeren Verputz), Maria der Verkündigung (nicht zum Engel gehörig) und darunter Fragment eines stehenden Mannes samt Inschrift (Ogi non si fa cre … e diman si tor di … cosi), Letzteres wohl spätes 18. Jahrhundert. An der giebelseitigen Hauskante, die ihren Verputz weitgehend verloren hat: Zwei Reste einer roten Ranken- und eine buntfarbigen Marmormalerei. Diese erscheint als rot gerahmtes Inkrustationsfeld auf vorwiegend weissem Putzgrund und besteht aus unregelmässigen wolkigen Gebilden mit mehr gra-

197 Splügen, Haus Albertini, marmorierte Scheinquader und Dachgesimse 1719
198 Campo, Palazzo Martino Pedrazzini, stilisiertes Marmorimitat, Originalmalerei 1746

fischer als malerischer Wirkung, ohne sich an einer natürlichen Marmoroberfläche zu orientieren. Obwohl es sich nur um ein kleines, beschlagenes Putzfeld handelt, wird es hier verzeichnet, da die originelle eigenständige Bildstruktur seiner Bemalung nochmals eine weitere Variante barocker Marmorierungen darstellt.

Imitationen 19. Jahrhundert

1.4.20 Melide (TI, Luganese)

Cantine di mezzo, lungolago Giuseppe Motta 64, Wohnhaus 2. H. 19. Jh.; Restaurierung vor 1992, aufgenommen 1982 und 1999.

Gemalte Marmorimitation. Die beiden Wohngeschosse des in Hanglage zur Strasse hin auf hohem Sockel errichteten Hauses waren noch bei der Aufnahme 1982 durchgehend mit Marmorplatten im Format von Werksteinquadern bemalt. Die gleichmässig verteilten und einheitlich gehaltenen Farbtöne wechselten zwischen Hellgrau und schwach Rosa, nur ab und zu erschien ein Stein mit lebhaft gemusterter Marmoroberfläche (Abb. 200). Unter dem Dachvorstand ein umlaufender Fries mit grossen Festons auf blauem Grund (Schablonenmalerei). Der Sockel wies unter einem jüngeren hellgrauen Anstrich einen rötlichen Ockerton auf.

Bemerkungen. Es handelte sich um eine einfache, aber bemerkenswerte und typische Marmorimitation des 19. Jh., die kühl in den Farben, flächendeckend und in den OG original und gut erhalten war. Bei seiner Restaurierung erhielt der Bau im Sockelgeschoss eine hellgrau gekörnte durchgehende Bänderung und in den Wohngeschossen eine glatte helle Quadermalerei mit weiss-braun eingetieften Fugen (Abb. 201). Bei der jüngsten Restaurierung wurden zwar die Friesmalereien, aber nicht die ehemaligen Farbtöne und die charakteristische Marmorierung der Wandquaderung wiederhergestellt.

Literatur. Decorazioni Luganese 2002, p. 177 (ohne Erwähnung des ehem. Marmorimitats).

199 Peccia, einfaches Wohnhaus mit Originalresten von Marmormalerei, wohl 18. Jh.
200 Melide, Wohnhaus mit marmorierter Scheinquaderung 19. Jh. (Foto 1982)
201 Melide, Renovation ohne Wiederherstellung der Marmorimitate (Foto 1999)

1.4.21 Linescio (TI, Valle di Campo)

Bildstock 19. Jh., neubarocke Malerei aus dem Umkreis des Giovanni Antonio Vanoni. Originalbestand. Aufgenommen 1982.

Gemalte Marmorpaneele an den Stirnseiten der Bildnische (Abb. 202). Auf den rosa gefassten Wandflächen sind perspektivisch abgesenkte Paneele aus Marmor in lichtem Gelb, Blau und Rot mit jeweils gleichfarbiger und zusätzlich weisser Äderung eingelassen, in die oben und unten rosa marmorierte, nur noch als Rest vorhandene Nasen eingreifen. In der Nische das Gnadenbild der Madonna von Ré, seitlich Johannes Baptista und Antonius von Padua, im Giebelfeld ein Kruzifix. Über dem Marienbild die Stiftungsinschrift des Giovanni Antonio Sartore, der als vornehm gekleidete Figur zu Füssen der Madonna kniet.

Bemerkungen. Die qualitätvolle Marmormalerei des 19. Jh. orientiert sich an den realistischen Imitationen der Barockzeit, hier zum Beispiel vertreten durch das Südportal der Casa Franzoni

202 Linescio, Bildstock mit Resten einer originalen, neubarocken Marmormalerei

203 Poschiavo, Casa Fanconi, Marmorimitat in Stuccolustro, Giovanni Sottovia 1856

in *Cevio Vecchio* (1.4.9), bevorzugt aber statt kräftiger Farben eher Pastelltöne. Der Bildstock repräsentiert samt der Art seiner Marmormalerei die zahlreichen neubarocken Bildstöcke der südlichen Täler im Sopraceneri.

1.4.22 Poschiavo (GR, Puschlav)

Piazza comunale, Casa Fanconi (Nr. 231). Baubestand weitgehend wohl kurz vor 1700. Fassadengestaltung 1856, Giovanni Sottovia. Restauriert 1981. Aufgenommen 1983.

Imitation von rotem und schwarzem Marmor in Stuccolustro (Abb. 203). Herrschaftlicher, heute 3-gesch. Eckbau mit Mezzanin und ungewöhnlich aufwändiger, prächtiger Wandverkleidung: Über dem Sockelgeschoss in hellrot gefasster Mörtelquaderung wurden die Wohngeschosse an der Platzseite mit quadratischen, rot geäderten Marmorplatten in Stuccolustro verkleidet und die Fensterachsen mit schwarz marmorierten Lisenen unterteilt, auf denen im Obergeschoss ein zierliches Säulchen aufliegt. Zwischen 1. und 2.OG verlaufen profilierte Gesimse, über dem 2.OG zusätzlich eine Blendarkatur mit Dreipässen und Kugeln in den Zwickeln, darüber ein ockergelb gefasster, in kleine Quadratfelder unterteilter Fries. Die horizontalen und vertikalen Gliederungselemente sind miteinander verkröpft. Im Mezzanin setzt sich die Achsengliederung in ockergelben Säulchen fort. Zwischen ihnen und den Fenstern ist die Wandfläche als Marmorimitation mit bunter Schrägäderung und Füllfeldern bemalt. Die mittlere Fensterachse wird durch ein Gitter in Schwarzmarmor und einen (um 1950 vergrösserten) Erker hervorgehoben. Die Farbfassung der Gassenseite ist ähnlich, aber einfacher.

Bemerkungen. Für kirchliche Innenausstattungen des 17./18. Jh. gebräuchlich, ist die Anwendung der Stuccolustro-Technik für die Aussendekoration eines Profanbaus wegen ihrer Witterungsempfindlichkeit eher ungewöhnlich. Die mit dieser Technik herstellbare fein glänzende Oberfläche verleiht der Fassade eine aussergewöhnliche Noblesse. Am Sassalbo, oberhalb von Poschiavo, befindet sich ein grosses Lager von vorwiegend roten, lebhaft gezeichneten Buntmarmoren, das im Puschlav für dekorative Arbeiten in der Barockzeit hie und da genutzt wurde, wegen Schwierigkeiten bei der Gewinnung jedoch nur selten (de Quervain, Steine 1979, S.153). Die Vermutung liegt nahe, dass für das vorherrschend rote Imitat der Casa Fanconi dieses Marmorvorkommen als Vorbild diente. – Von Giovanni Sottovia (geb. 1830/35) stammen auch der beachtliche Backsteindekor der Casa Matossi in *Poschiavo* (1.2.22) sowie die Farbfassungen der Palazzi im sogenannten Spaniolenviertel am südlichen Rand des Ortes, die auf seine Entwürfe zurückgehen (vgl. 1.4.23). Damit zählt Sottovia zu den namentlich fassbaren Architekten, die ihre Bauwerke am Äusseren mit farbigem Aufwand gestaltet haben.

Informationen von Diego Giovanoli, Denkmalpflege Graubünden.

1.4.23   Ponto Valentino (TI, Valle di Blenio)

Villa am nördlichen Ortseingang, Putzbau, errichtet 1897. Ursprünglicher Bestand. Aufgenommen 1982.

Gemalte Marmor- und Steinimitationen (Abb. 204, 205). Das freistehende, 3-gesch. Walmdachhaus mit zwei zu fünf bzw. vier Achsen ist rosarot verputzt und ringsum mit Steinquadern und -platten in illusionistischer Licht- und Schattengebung bemalt. Dargestellt sind glattgelbe Quader an den Hausecken und beideitig der Fenster im Läufer-Binder-Versatz mit jeweils einer zusätzlichen Lage über den Fenstern in beiden Obergeschossen. Zwischen den geschosstrennenden Gesimsen und den Fensterbänken aus Naturstein sind die Brüstungen als querrechteckige Platten mit hellroter, geäderter Marmorierung gemalt. Der Fries unter der Dachtraufe zeigt eine Malerei von rotem Marmor mit ungleichmässigen hell- und dunkelroten Einschüssen. Die langen Hausflanken sind als Schauseiten anspruchsvoller ausgestattet als die beiden Schmalseiten.

Bemerkungen. Die steinillusionistische Aussenbemalung ganzer Gebäude ist für den historistischen Villenbau in den südlichen Alpentälern des späten 19. Jh. kennzeichnend, wofür dieses Wohnhaus steht. Als Vergleichsbeispiele könnten die Marmorierungen der Gewände und Eckquader an der Casa S. Abbondio in *Gentilino* (Luganese) oder die der Zierplatten unter den Erkerfenstern im Spaniolenviertel von *Poschiavo* (Puschlav) angeführt werden (siehe die Bemerkungen zu 1.4.22).

204   Ponto Valentino, Villa, Scheingliederung mit steinfarbigen und marmorierten Oberflächen 1897
205   Ponto Valentino, gemalte Fensterbrüstung mit Marmorimitation

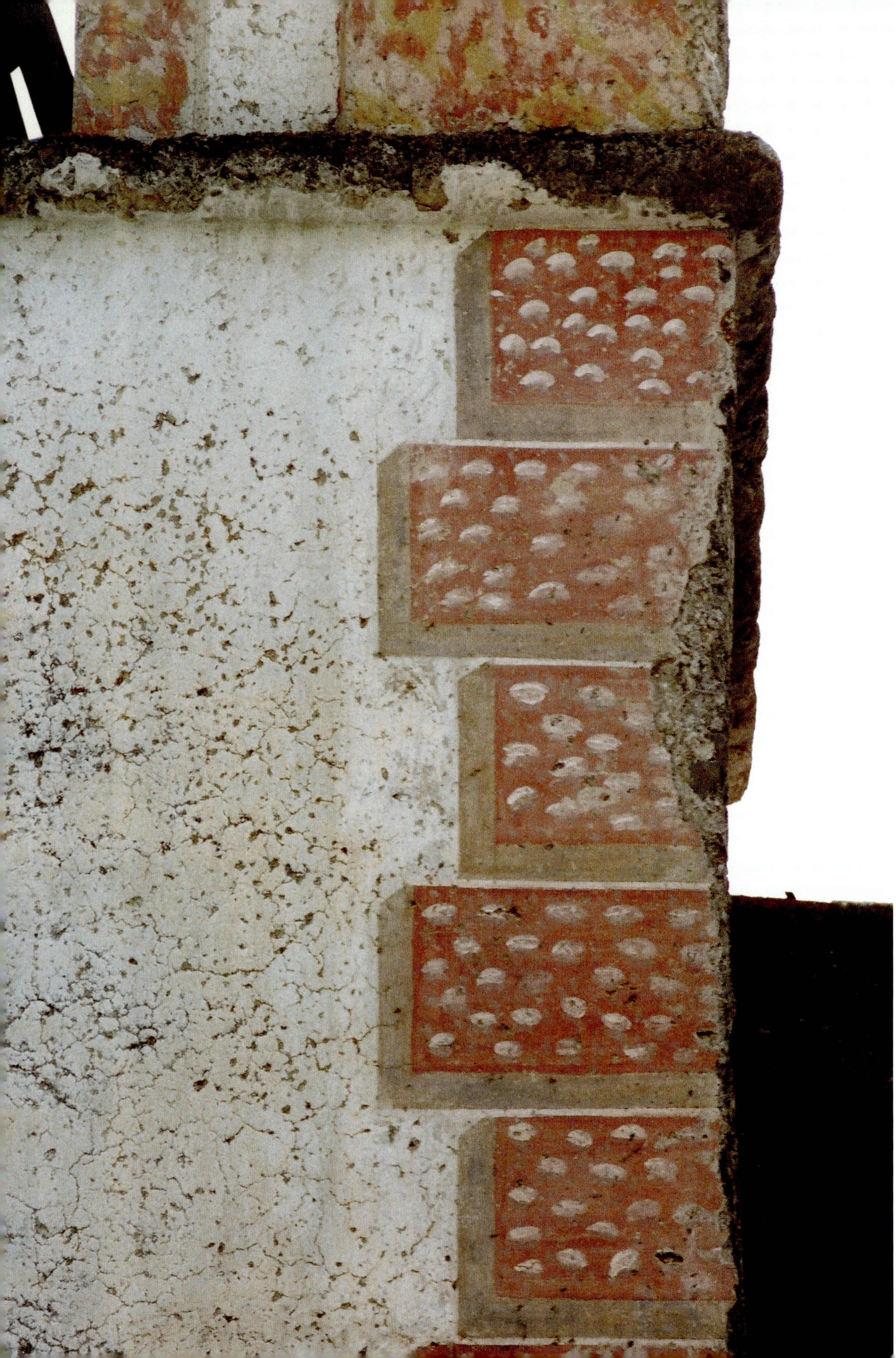

1.5 Farbigkeit von Naturstein und Steinimitationen

Überblick

In diesem Kapitel geht es um Baustein, der durch auffällige Eigenfarbe und individuelle Oberflächenstruktur anspricht und deshalb sowohl mit farbgleicher Überfassung als auch durch Nachahmungen mit Farbe auf Putz oder als Kopie in Kunststein eingesetzt wurde. Die zusammengestellten Bauwerke weisen vom Mittelalter bis ins 19. Jahrhundert Fassaden auf, deren jeweilige Oberfläche teils noch der ursprüngliche, teils ein erneuerter, sich möglichst an einem alten oder älteren Befund orientierende Farbauftrag ist.

Es werden folgende, für bestimmte Regionen besonders charakteristische Gesteinsarten dargestellt: Für die Nordschweiz *Roter Sandstein (1.5.1–1.5.4),* für das Luganese *Roter Porphyr (1.5.5–1.5.8),* für Graubünden und Wallis *Gelbe und graugelbe Rauwacken und Kalktuffe (1.5.9–1.5.13),* für das westliche Mittelland mit dem Zentrum Neuenburg *Gelber Jurakalk* bzw. *Neuenburger Stein, pierre jaune, Kalkstein des Hauterivien (1.5.14–1.5.22)* in seinen besonders leuchtend gelben Varietäten, für Puschlav und Bergell *Grüne Serpentine und Gneise (1.5.23–1.5.25),* für das untere Rhonetal und östliche Genferseegebiet *Sogenannter Schwarzer Marmor bzw. Kalkstein von St-Triphon (1.5.26–1.5.29)* und schliesslich für das Gebiet des Sopraceneri *Hellgrauer gekörnter Tessiner Granitgneis (1.5.30, 1.5.31).* Der schwarze Alpenkalk und der Melchtaler Marmor, die im Aussehen dem Kalkstein von St Triphon ähnlich sind und als farblich auffällige Bausteine in der Ost- und Innerschweiz verwendet wurden, werden hier nicht eigens aufgeführt, da sie in anderem Zusammenhang vorkommen (2.2.5 *Näfels,* 2.2.10 *Neudorf* und *Pfäfers,* 3.5.1 *Sachseln).*

Neben ganzen Mauerflächen sind es vorwiegend die Gebäudekanten, die Fenster- und Türgewände sowie die Gesimse, für welche farblich auffälliger Werkstein verwendet wurde – eine übliche, auch durch historische Bildquellen gut überlieferte Gepflogenheit (Abb. 207). In der Regel hat man die Steinoberfläche in der jeweiligen Naturfarbe gestrichen, um sie vor Verwitterung zu schützen, vor allem aber, um die als unschön empfundenen Unregelmässigkeiten zugunsten eines «schönen» Steinbilds zu vereinheitlichen und den Farbton zu intensivieren (Abb. 208–210). Nachweislich nahm man aber auch Varietäten des natürlichen Farbtons für eine malerische Differenzierung der Wandoberfläche zum Vorbild, wie etwa am Rathaus in *Basel*, bei dem für 1510/11 eine zweifarbige, in Hell- und Dunkelrot auf den roten Sandstein aufgetragene Quaderbemalung nachgewiesen ist.

206   Obervaz-Muldain, Kirche. Originale Eckquadermalerei mit dekorativer Steinimitation datiert 1676, inzwischen restauriert (1.5.7)

207 Altartafel, Rudolf Stahel, Konstanz 1522. Geburt Christi in der Vision der hl. Brigida. Die grau verputzte Stallwand mit farblich differierenden Hausteingewerken aus rotem Sandstein gibt zeitgenössische Baugewohnheiten der Region wieder (Rosgartenmuseum Konstanz)

208 Basel, Münster, Westfassade Georgsturm, Ende 11. Jh.; alte, helle bis rote Molassesandsteinquader mit Resten diverser roter Anstriche und neuer dunkelroter Sandstein ohne Anstrich. Für das Jahr 1597 ist ein roter Maueranstrich überliefert; seine Bezeichnung mit «kesselbraun» meint das violettstichige, unter caput mortuum bekannte Dunkelrot

209 Carona, ehem. Chorherrenstift S. Maria di Torrello, 1217 (vgl. 1.5.5). Westmauer der Kirche aus rotem Porphyr (hellrote Varietät). Die sorgsam behauenen Eckquader waren vermutlich steinsichtig, der unregelmässige Quaderverband der Mauer hingegen erhielt einen farblich angepassten Verputz mit rosa Anstrich. Er dürfte zusammen mit den wohl im Cinquecento hinzugefügten Bildern des Stifters und des hl. Christophorus neben dem Portal aufgebracht worden sein

Ausserdem diente der Farbanstrich dazu, unregelmässig behauene Steinquader innerhalb von Eckverbänden an der Nahtstelle zum Mauerputz mit scheinbar rechten Winkeln und geraden Kanten zu versehen, so etwa in *Hallau* (1.5.2), *Liestal* (1.5.3), *La Sarraz* (1.5.16), *Ligerz* (1.5.19), oder er kam zum Einsatz, weil es, meistens aus finanziellen Gründen, am gewünschten Baustein fehlte wie in *Brusio, Prada, Soglio* (1.5.23–1.5.25). Es kommen aber auch der farbige Naturstein und statt seiner ein farbgleicher Anstrich auf Verputz an ein und demselben Bau vor. Beispiele hierfür sind die Kapelle in *Stalden-Neubrück* (1.5.13), die Pfarrkirche in

Carona (1.5.5) und die Markthalle «La Grenette» in *Vevey* (1.5.29). Die Steinimitation kann sogar durch eine farbgleich angestrichene Mörtelimitation wie in *Sta. Maria Val Müstair, Mörel, Poschiavo, Thusis* (1.5.9 – 1.5.12) erfolgen.

Bei den auf Putz gemalten Imitaten einzelner Werksteinteile wurde interessanterweise die natürliche Unregelmässigkeit der Farben und Strukturen vor dem 19. Jahrhundert gern in ornamentale Muster transformiert, so in *Obervaz* (1.5.7), *Willisdorf* (1.5.8) oder *Prato* (1.5.31). Erst zur Zeit des Historismus, in der die Imitation von Gesteinsarten zur Ausbildung des Malers gehörte, wird aus der phantasievollen Nachahmung eine möglichst genaue Kopie (1.5.6 *Comprovasco,* 1.5.30 *Cevio*).

Durchgehend unverputzte, das heisst steinsichtige Quadermauerwerke wurden unter den farblich sprechenden, hier aufgeführten Gesteinen vor allem aus dem gelben Neuenburger Stein hochgezogen (1.5.22 *Nidau*). Auf Putz kopierte, flächenfüllende Mauerverbände oder Verschalungen kamen vor allem im 19. Jahrhundert auf (1.5.6 *Comprovasco*). Ein ungewöhnliches und hierzulande einzigartiges Beispiel von fingiertem roten Sandstein ist die neugotische katholische Kirche in *Neuchâtel* (1.5.4), deren Mauern aus rot eingefärbtem und zusätzlich rot gestrichenem Kunststein mit blau gestrichenen, gliedernden Diensten errichtet ist.

Bemerkenswert sind die farblichen «Umfassungen», bei denen die Anstrichfarbe nicht die Naturfarbe des darunter liegenden Steins wiederholt, sondern sie in die am Ort vorherrschende

210 Brugg, Lateinschule, 1640. Illusionsmalerei aus Phantasiequadern in Rotbraun, die Nischenfiguren und Ornamente in schattiertem Weiss. Letzteres übernimmt die natürliche Farbe des hellen Muschelkalksteins der Fenster- und Portalgewände. Gemalte Steinskulpturen am Aussenbau sind hierzulande eine Rarität

1.5 FASSADENFLÄCHEN   Farbigkeit von Naturstein und Steinimitationen und vertraute Baufarbe umändert. So erhielt der graue Kalkstein der Fenstergewände am Schloss *Vufflens* einen Gelbanstrich, der dem lokal üblichen gelben Neuenburger Stein entspricht (Abb. 245), und die aus gelbem Neuenburger Stein angefertigten Vasen auf dem Treppenanstieg zur Kathedrale in *Solothurn* (1.5.21) wurden ebenso wie die Attikafiguren der Fassade weiss gestrichen, um sie dem weissen Jurakalkstein anzupassen, aus dem die Kirche und im Wesentlichen die ganze Stadt errichtet ist. Erwähnenswert sind in diesem Zusammenhang weiterhin die aus unterschiedlich schwarzem Kalk- und Plattensandstein hergestellten Portale, Fenster und Eckquader des Freulerpalasts in *Näfels* (2.2.5), die schon zur Bauzeit 1642/47 vereinheitlichend dunkelgrau gefasst waren.

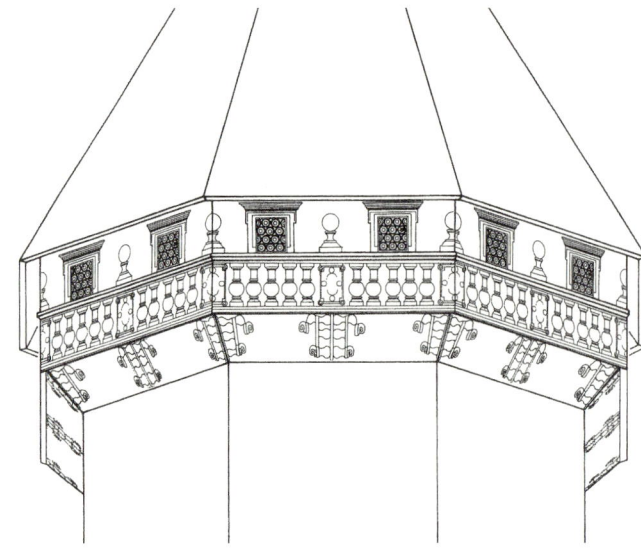

Die Vortäuschung von Stein durch Farbe ist auch ein bemerkenswertes Phänomen des hier nicht im Einzelnen berücksichtigten Holzbaus. Schöne Beispiele dafür sind der spätmittelalterliche Wasserturm in *Luzern,* der an der Bretterverschalung seiner Laube eine 1669 von Melchior Raufft signierte Werksteinbemalung in Grisaille erhielt (Abb. 211, 212), die Holzwände der Bleiche in *Appenzell* mit ihrer vermutlich 1756 aufgebrachten grauen Steinquaderbemalung (Abb. 214) und das gelb verschindelte Gasthaus zum Löwen von 1810 in *Grossdietwil.* Seine hölzernen Fenstergewände, Gesimse und Eckpilaster wurden wie Steinwerkstücke zugerichtet, steingrau gefasst und auf den Pilastern sogar noch mit Quaderfugen bemalt (Abb. 213). Ähnlich steinfarben grau erscheinen auch die hölzerne Ecklisenen und Fensterge-

211 Luzern, Wasserturm, Holzaufbau um 1339 über älterem Sandstein-Mauerwerk. Der umführende hölzerne Laubengang erhielt 1669 eine steinimitierende Farbfassung und Architekturbemalung, die ein gemauertes Obergeschoss samt Balustrade vortäuscht; signiert von Maler Melchior Raufft

212 Luzern, Wasserturm, Planzeichnung der nach dem Brand der Kapellbrücke 1994 entdeckten Architekturbemalung (Denkmalpflege Luzern, Heinz Pantli)

213 Grossdietwil, Gasthaus zum Löwen, errichtet 1. H. 16. Jh., erweitert 1810. Mächtiger verschindelter Holzbau mit Kreuzwalmdach. Die hölzernen Ecklisenen, Gesimse und Fensterrahmen imitieren Werksteinteile

214 Appenzell, Bleiche, Holzbau über Steinsockel, im Kern 1536/38. Um insgesamt den Eindruck eines Steinbaus zu vermitteln, wurde die Holzoberfläche steingrau gefasst und mit einem schwarz-weissen Quaderfugennetz samt Zierquadern im Diamantschnitt versehen. Fassung wohl 1756, grüne Ornamentmalerei 1809

wände am Gasthaus Degen (1891) aus dem zugerischen *Hünenberg,* das 1991 ins Freilichtmuseum nach *Ballenberg* versetzt wurde. Es repräsentiert einen um 1860/90 weithin üblichen, heute kaum mehr vorhandenen Haustyp (wenn auch hier mit einem ungewöhnlichen roten anstelle des sonst hellen Anstrichs seiner Verschindelung). Ebenso war es besonders im *Bernbiet* verbreitet, die Bauernhäuser im 19. Jahrhundert mit grauen Anstrichen von Holz- in scheinbare Steinbauten umzuwandeln (z. B. *Herolfingen)* oder den Häusern von *Appenzell Ausserrhoden* durch weisse Anstriche ihrer Holzwände das Aussehen von Putzbauten zu verleihen.

Der Aspekt, unter dem die Objekte zusammengestellt wurden, konzentriert sich auf eine Auswahl farblich signifikanter Baugesteine samt verschiedener Arten ihrer Imitation. Ausgenommen sind Marmore, die in natura am Äusseren keine Rolle spielen, umso mehr aber in gemalter Imitation. Sie werden im vorherigen Kapitel gesondert beschrieben.

Literatur. Schreiber 1865 · Hüttmann 1886, S. 270f (Nachahmung der Steinarten) · Phleps 1930, S. 46 (zu Basel Münster), S. 117-120 · De Quervain Gesteine 1969 · De Quervain Steine 1979 · Moser (zu gelbem Jurakalk), Bissegger (zu St-Triphon), Grünenfelder (zu Näfels), Rutishauser (zu Solothurn). In: Von Farbe und Farben 1980, S. 76, 82, 101-104, 117-119 · Hans Peter Autenrieth.- Aspetti della policromia romanica in Lombardia e a Pavia. In: Annali di storia pavese 14/15, 1987, p. 22 (zu Carona-Torello) · Kobler/Koller 1981 Sp. 292 · Brigitte Meles.- «Diejenige Restauration ist die beste, deren Spuren nicht zu entdecken sind». Die Restaurierungen des Basler Münsters im 19. Jahrhundert. In: Die Münsterbauhütte Basel 1985–1990. Basel 1990, S. 22 · Heydrich 1990, Abb. VIII (zu Basel Rathaus) · Grimm 1990 · Eltgen 1995 · Hesse 1999, S. 62f, 287f (zu Luzern Wasserturm) · KDM AI (Rainald Fischer) 1984, S. 377- 381 (zu Appenzell Bleiche) · KDM ZG II Neue Ausgabe (Josef Grünenfelder), 2006, S. 300 (zu Hünenberg) · Zu Steinfarben siehe Möller 1988, Koller 2003.

215 Neunkirch, Bergkirche, Turm 1484, Eckquaderung aus rotem Sandstein

Roter Sandstein

1.5.1 Neunkirch (SH, Klettgau)

Turm der Bergkirche. Heutiger Bau errichtet um 1400 mit älteren Resten. Turm 1484, Bauerweiterung 1598. Restaurierung des Äussern 1878, jüngste Restaurierung 1999/2000. Aufgenommen 2000.

Rote Eckquaderung (Abb. 215, 216). An das durchgehend weiss verputzte Langhaus schliessen der leicht eingezogene Rechteckchor an sowie nordöstlich ein mächtiger Flankenturm mit teilgewalmtem Käsbissendach. Die Ostpartie und der Turm fallen durch markant hervorstechende Eckquader auf. Sie bestehen mehrheitlich aus rotviolettem, aber auch aus graugrünem Sandstein und sind in ungleichen Formaten mit teilweise nicht lotrechten Kanten behauen; die Oberflächen blieben ungeglättet. Zwischen den fünf Schaftgeschossen befinden sich stark vorstehende Gesimse aus rotem Sandstein.

Bemerkungen. Es ist anzunehmen, dass diese Eckquader ursprünglich teilüberputzt in regelmässigerer Form sichtbar waren, so wie sie an den Kirchenmodellen (Stadtwappenemblem) auf den beiden Brunnenstöcken an der Hauptgasse von *Neunkirch* erscheinen, die 1767 und 1769 als Nachbildungen der Bergkirche von einem Steinmetzmeister namens Johannes Stamm angefertigt wurden (Abb. 217). Die heutigen Kleinskulpturen sind zwar neue Kopien, auch deren Vorgänger im Ortsmuseum dürften nicht die Sandsteinoriginale des 18. Jh. sein, aber formal auf diese zurückgehen. Das Sichtbarmachen extrem unregelmässiger Eckquadersteine, wie heute an der Bergkirche zu sehen, entspricht sicher nicht dem Bauhandwerk von 1484. Zu dieser Zeit wurde eher eine Vergleichmässigung des Quaderlaufs angestrebt, der, wenn das verfügbare Bausteinmaterial selbst nicht in sauberen Formaten zu bearbeiten war, eine Korrektur mit Hilfe von Putz und Farbe wie in *Hallau* erhielt (1.5.2). Im Spätmittelalter ist in Höhe, Breite und Länge der einzelnen Steine stets mit einer leichten Unregelmässigkeit zu rechnen, in der Neuzeit, insbesondere im 17./18. Jh., wurden die Eckquaderläufe jedoch mehrheitlich in völliger Regelmässigkeit gemauert oder aufgemalt. Die heute unregelmässige Erscheinung der Eckquader am Kirchturm von 1484 in Neunkirch geht vermutlich auf die Restaurierung von 1878 zurück, die auch andere Details am Äusseren des Schiffs veränderte.

Literatur. KDM SH III (Reinhard Frauenfelder), 1960, S.170f (Brunnen), S.172-178 (Kirche).

1.5.2   Hallau (SH, Klettgau)

Bergkirche, ehem. Wallfahrtsort. Errichtet 1491 (Jzz. im Chor), Verbreiterung des südöstl. Seitenschiffs und Änderungen am Turm 1598 (Jz. am südwestl. Seitenschiffportal). Rotfassung 1751 durch den Maler Johann Konrad Blank von Schaffhausen, entfernt 1823, bei der letzten Renovation 1976/78 wiederhergestellt. Aufgenommen 2000.

Bau. Langgestreckter, spätgotischer Kirchenbau mit 3-jochigem Schiff, eingezogenem Polygonalchor und mächtigem Frontturm in freier Lage auf der Terrasse eines Rebbergs oberhalb des Dorfes. Die Farbigkeit des Aussenbaus ist Rot auf Weiss. Der Innenraum weist die gleichen Farben und zusätzlich ein helles Grau auf, die sich auf die Gewölberippen und Fenstermasswerke (1491), das Taufbecken (1509), die Säulen samt Postamenten (1598), die Kanzel (1598 und 1673) und die Empore (19. Jh.) konzentrieren.

Eckquaderung, Fenster und Portale in Rot auf grauem und rotem Sandstein (Abb. 218–220). Das Mauerwerk ist ringsum weiss deckend verputzt, die Portale und Masswerkfenster hingegen, die dreifach abgetreppten Strebepfeiler am Chor, die Eckquaderung am Turm, der Schiff- und Turmsockel und die Traufgesimse wurden rot gefasst. Der rote Farbauftrag liegt sowohl auf grauem, ins Grünliche tendierendem Platten- oder Schilfsandstein (vorwiegend Schiff und Turm) als auch auf tief violettrotem Sandstein (vorwiegend Chor). Während die Struktur der Steinoberflächen an den Gewänden und Strebepfeilern des Chors durch den direkt aufliegenden roten Farbanstrich durchscheint, ist der Baustein an den Turmecken durch Putz und Farbe gänzlich abgedeckt. Die schwarzen Linien der Fugen und Ränder sind an den Strebepfeilern teilweise, am Turm insgesamt fiktiv auf den Wandputz gemalt. Am Chor stimmen sie mehr oder weniger mit den Steinfugen überein und behalten hier wie auch am Turm die leichten Unregelmässigkeiten natürlicher Quaderformate bei.

Befund und Wiederherstellung. «1751 liess die Gemeinde in einem Anflug von Farbenfreudigkeit durch Maler Johann Konrad Blank von Schaffhausen die Kirche aussen und innen rot anstreichen … 1823 machte man den roten Farbanstrich von 1751 wieder rückgängig …» (KDM S.68). Bei der Restaurierung 1976/78 gaben Reste roter Farbe den Ausschlag, die Fassung von 1751 zu rekonstruieren.

Bemerkungen. Der schon aus weiter Ferne imposante Anblick des exponierten grossen Kirchenbaus wird durch seine Farberscheinung in Rot und Weiss noch beträchtlich verstärkt. Der gleichmässige, heute leuchtende Rotton liegt auf den Werksteinteilen aus violettrotem bzw. graugrünem Sandstein und vereinheitlicht somit die unterschiedliche Farbigkeit der beiden

216   Neunkirch, Turm der Bergkirche, Eckverzahnung in unregelmässigen Quaderformaten
217   Neunkirch, Modell der Bergkirche mit regelmässiger Eckverzahnung, Stadtwappenemblem auf dem Stock des Oberen Brunnen, datiert 1767, heutige Kopie 20. Jh.

Natursteine. Für diese Farbfassung gibt es einen archivalischen Beleg von 1751. Wie der spätmittelalterliche Bau von 1491 und nach den Veränderungen 1598 farblich aussah, wissen wir nicht. Auch aus der Gegenüberstellung mit den architektonisch eng verwandten Bauten des Turms der Bergkirche (1.5.1) und des Schiffs der Stadtkirche im benachbarten *Neunkirch*, für die ebenfalls violetter und graugrüner Sandstein zum Einsatz kamen, lassen sich keine Rückschlüsse hinsichtlich Aussenfarbigkeit gewinnen, da deren historische Farbfassungen nur spekulativ sind. – Zu weiteren roten Eckquaderungen siehe 2.1.38 – 2.1.41.

Literatur. KDM SH III (Reinhard Frauenfelder), 1960, S.66-78 · De Quervain Gesteinsarten 1983/85, Bd. 2, S.157.

1.5.3 Liestal (BL)

Reformierte Stadtkirche. Neubau 13. Jh., nachfolgende Veränderungen, insbesondere 1506/07 neuer Chor, 1619/20 neuer Südturm. Rote Quadermalerei 1620, diese nach Befund rekonstruiert 1997/2000. Aufgenommen 2001.

Bau mit roter Quadermalerei (Abb. 221 – 223). Die heute 1-schiffige Halle schliesst mit eingezogenem Polygonalchor. Südseitig zwischen Schiff und Chor steht ein fünf Geschosse hoher, schlanker Turm. Der weiss verputzte Bau erhielt bei der jüngsten Restaurierung wieder seine im Zuge des Turmneubaus von 1619/20 aufgebrachte Rotbemalung mit weissen Fugen: Flächendeckend am Turmsockel, als Läufer und Binder an den Ecken des Turmschafts und um die Strebepfeiler, als gequaderte Lisenen an den Ecken der Westfassade sowie als einfachen Anstrich um alle Fenster samt Masswerk, Portalen und Gesimsen. Die sehr unregelmässigen Eckquader werden auf dem Putz mit Hilfe roter Farbe und weisser Fugen zu exakter Regel- und Ebenmässigkeit ergänzt und ausgeglichen, so dass die Fugen schliesslich völlig gleiche und einheitliche Quaderformate markieren.

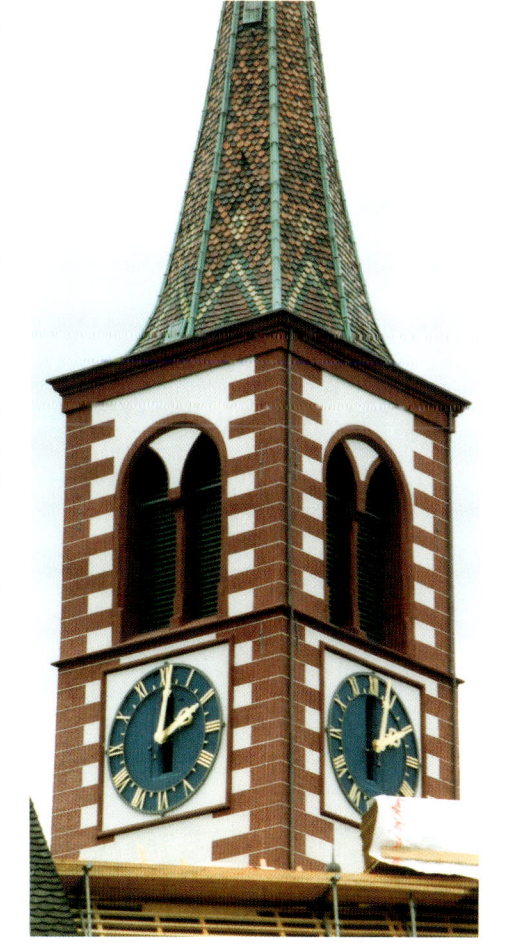

218 Hallau, Bergkirche 1491, Turm mit rot gemalter, relativ regelmässiger Eckquaderung
219 Hallau, Fenster und Strebepfeiler mit deckender und lasierender roter Farbfassung
220 Hallau, Strebepfeilerecke mit farblich vergleichmässigender Quaderfassung
221 Liestal, Stadtkirche, Südturm mit erneuerter sandsteinroter Farbfassung von 1619/20

Bemerkung. Nach den KDM (S. 212) wurden die Sockelpartie des Turms aus Tuffsteinquadern errichtet, die drei mittleren Geschosse aber aus Bruchstein, wobei im Uhrengeschoss für die Viereckrahmung der Zifferblätter roter Sandstein und im Glockengeschoss «Tennikeragglomerat» (gelbbräunliches Gestein vorwiegend aus Kalkgeröll und Muschelschalen) zum Einsatz kamen. Die rote Quaderfarbe gibt also vor, es sei ausschliesslich der in der Region Basel übliche rote Sandstein verwendet worden.

Literatur. KDM BL II (H. R. Heyer), 1974, S. 209-212 · Den Hinweis auf den frisch restaurierten Bau verdanke ich Brigitte Frei-Heitz, Denkmalpflege Kt. Basel-Landschaft.

1.5.4 Neuchâtel/Neuenburg

Katholische Kirche Notre-Dame («Eglise-Rouge»), rue Edouard-Desor 1. Erbaut 1897–1906 von Guillaume Ritter. Rot gefärbter Kunststein mit rotem Anstrich. Restaurierung aussen 1920, Gesamtrestaurierung 1986–2000. Aufgenommen 2003.

Bau. Der gross dimensionierte, neugotische Hallenbau umfasst Westturm, Narthex, ein jeweils 4-jochiges Lang- und Querhaus mit Strebepfeilern sowie einen fünfseitigen Chorschluss mit Sakristeien im Norden und Süden. Von dem ehemals sehr reichen Bauschmuck am Äusseren (Steinguss) blieben nur verschiedene Masswerke, feingliedrige Kapitelle und Weinrankenfriese erhalten. Die ruinösen Teile, insbesondere den grossen Fialenkranz am Dachansatz, trug man 1955 und 1957 ab. In technischer und baugeschichtlicher Hinsicht ist die Kirche ein über die Landesgrenzen hinaus, bedeutender Sakralbau des Historismus.

Roter Kunststein, dunkelblau gefasste Dienste, weisser Steinsockel (Abb. 224–226). Als Baumaterial wurde ein Mörtelgemisch aus Kalk, Kies und einem mit Rotpigment durchfärbten Zement verwendet. Wände und Bauskulpturen bestehen aus Gussteilen, die scharf eingeritzten Fugen stellen die Mauer als ein Quaderwerk dar. Die farbliche Unregelmässigkeit des Kunststeins wird durch einen zusätzlichen Rotanstrich ausgeglichen. Einen besonderen Farbakzent bilden die dunkelblau gefassten Dienste, die wie Zierstäbe den gesamten Bau im unteren Wandbereich umstellen: Sie befinden sich an den drei Portalgewänden (West, Süd, Nord) sowie an den Ecken und in den Mauerwinkeln der Strebepfeiler zwischen deren Postament und erster Abtreppung. Die Basen, Schaftringe und Kapitele der Dienste sind rot wie das Mauerwerk. Für den umlaufenden Bausockel wurde sehr heller, fast weisser Jurakalkstein verwendet. Das Dach fällt durch eine feine Masswerkmusterung in Schwarz, Weiss und Rot auf (Naturschiefer). – Im Scheitel des Chorhaupts stehen ein Aussenaltar und ein Säulenkreuz. Postament und Säule bestehen aus grauem Kunststein, der Säulenschaft ist gelb, das Kapitell und die Zapfen am Kreuz sind blau und gold gefasst. Für das Kreuz selbst und die tabula wurde hingegen dasselbe rote Kunststeinmaterial wie für den Kirchenbau verwendet. Signifikante Aufstellung für ein Altarensemble.

Befund bei der jüngsten Restaurierung: Festgestellt wurden Reste des originalen, dünnen Farbanstrichs (Kalk, Kasein, Eisen, roter Ocker), die zur Orientierung für die rekonstruierende Neufassung dienten. Der ursprüngliche Rotton vor dem jüngsten Neuanstrich könnte durch Alterung etwas dunkler gewesen sein.

Bemerkungen. Notre-Dame wurde innerhalb der Stadtanlage an prominentem Ort errichtet, auch mit der Absicht, zur frühgotischen, vorwiegend aus gelbem Jurakalkstein gebauten Stiftskirche (Collégiale) hoch über der Stadt einen Gegenakzent auf dem Niveau des Seeufers zu setzen. Ungewöhnlich ist die Rotfärbung des Kunststeins, die sich auffallend von der in Neuenburg vorherrschenden gelben und weissen Fassadenfarbigkeit der Jurakalksteine absetzt. Der schon durch Grösse und Bauplatz hervorgehobene Anspruch dieser neuzeitlich ersten katholischen Kirche in der seit 1530 reformierten Stadt wird durch dieses, gerade auf Distanz wirksame kräftige Rot noch beträchtlich verstärkt (lokale Bezeichnung: «Eglise-Rouge»). Zusam-

222 Liestal, Stadtkirche, Strebepfeiler am Chor mit vollkommen gleichmässiger Eckverzahnung
223 Liestal, Detail der neuen Farbfassung auf den alten Stein- und neuen Putzoberflächen
224 Neuchâtel, Notre-Dame 1897/1906, neugotischer Bau aus rotem Kunststein

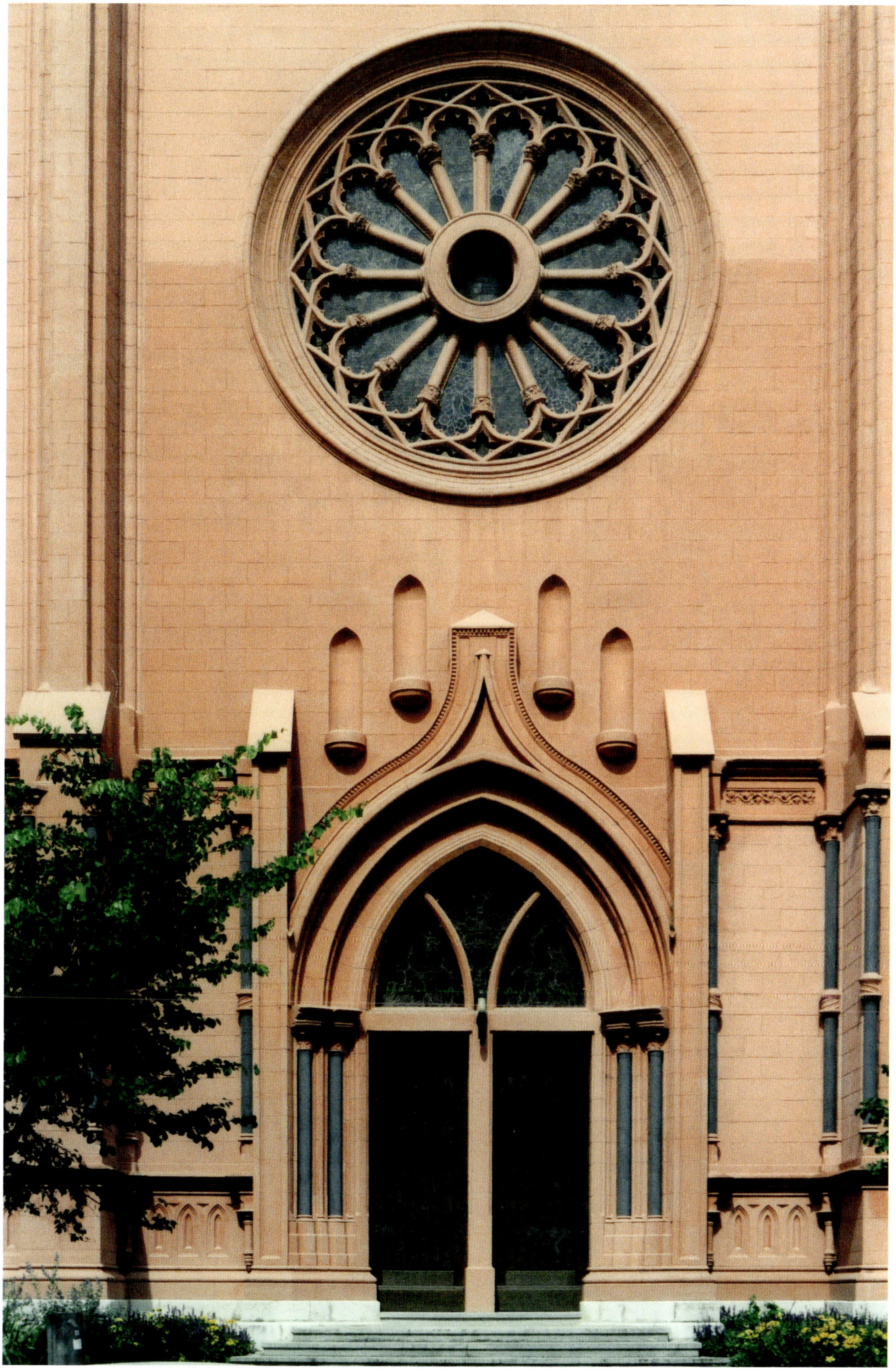

225 Neuchâtel, Notre-Dame, Detail des Südportals
226 Neuchâtel, Strebepfeilerwerk mit tiefblau gefassten Diensten
227 Carona, «La Loggia», Illusionsmalerei mit imitiertem rotem Porphyr, 1591/92

men mit dem vorzüglichen Bauschmuck in Steingusstechnik und dem buntfarbigen Dach ergibt die farbliche Verfeinerung durch den weissen Sockel und die blauen Dienste einen differenzierten und noblen Gesamteindruck. Die rote Farbigkeit nimmt Bezug auf den oberrheinischen roten Sandstein und die daraus errichteten romanisch-gotischen Münster in *Basel* (s. Abb. 208), *Freiburg/Breisgau* und *Strassburg*.

Literatur. INSA 7, 2000, S. 225f (mit Lit., keine Erwähnung der Farbigkeit) · Eglise Notre-Dame de Neuchâtel. Histoire d'une restauration de 1986–2000. (Paroisse Notre-Dame de Neuchâtel, Hermann Milz). Saint-Blaise o.J.

Roter Porphyr

1.5.5 Carona (TI, Luganese)

Pfarrkirche SS. Andrea e Giorgio. Fassade 1598 (Jz. am Portal). Mehrfach restauriert. Aufgenommen 2001.

Farbliche Angleichung an roten Porphyr (Abb. 228). Die weiss verputzte, 3-jochige Fassade wird durch vier mit dem Hauptgesims verkröpfte Pilaster unterteilt, deren zwei mittlere sich im flach abschliessenden Volutengiebel als vertikale Leisten des dreiseitig umgeführten Blendrahmens fortsetzen. Der Blendrahmen besteht aus rotem Porphyr, die Pilasterschäfte hingegen aus rot gestrichenem Mörtel (Anstrich in den letzten Jahren stark verblasst). Es ist offensichtlich, dass die rote Fassung der Pilasterschäfte das natürliche Rot der Porphyrblenden aufnimmt, auch wenn die charakteristischen dunkel- und hellroten Einschlüsse des Natursteins bei der jüngsten Restaurierung nicht imitiert wurden.

Bemerkungen. Die Verwendung von rotem Porphyr (Granophyr) als Baustein ist selten, war aber über Jahrhunderte auf der kleinen Halbinsel von Carona, wo er ansteht, in allen Ortschaften gang und gäbe. Am Aussenbau der Pfarrkirche bestehen noch das Glockengeschoss und die Vasenaufsätze des Turms aus rotem Porphyr. Weiterhin wurde er in der nahen Umgebung von *Carona* unter farbkünstlerischem Gesichtspunkt, besonders in Verbindung mit Weiss bzw. Hellgrau eingesetzt, so etwa in der Wallfahrtskirche der *S. Maria d'Ongero* aus dem 2. Viertel des 17. Jh. (vgl. Abb. 607), deren Vorzeichen am Haupteingang von toskanischen Säulen aus hellgrauem Granit auf Postamenten aus rotem Porphyr getragen wird (Abb. 229). Das Farbintervall Rot-Weiss wurde auch schon mittelalterlich um 1217 am Westportal der Kirche des ehem. Augustinerchorherrenstifts *S. Maria di Torrello* bewusst als Schmuckelement eingesetzt, wo die Schäfte der beiden Gewändesäulen aus rotem Porphyr, ihre Basen, Schaftringe und Kapitelle hingegen aus hellgrauem Kalkstein (vgl. 1.3.7) bzw. sogar aus weissem Marmor bestehen (Abb. 230). Die gemalte Imitation von rotem Porphyr ist ihrerseits mehrfach im reich mit Fassaden- und Architekturmalereien versehenen Carona vorhanden, am prominentesten an der Fassade der *Casa comunale* («La Loggia»), deren Figuren- und Wappenmalerei von 1591/92 in eine aufwändige Scheinarchitektur integriert ist. Bei ihrer jüngsten Restaurierung um 1996 wurden im Unterschied zu den Mörtelschäften der Pfarrkirche auch die farblichen Unregelmässigkeiten der roten Porphyroberfläche rekonstruiert (Abb. 227). Die Loggia bildet mit Pfarrkirche und Pfarrhaus ein besonders schönes Bauensemble und ihre Fassadenbemalung mit dargestelltem rotem Porphyr erfuhr in der stilistisch ähnlichen Bemalung der Pfeilerloggien der Wallfahrtskirche von Madonna d'Ongero eine farbliche Wiederholung. Als eine weitere Imitation von rotem Porphyr könnte auch die rote Quadermalerei an der Fassade der Pfarrkirche von *Arosio* im nahen Malcantone gelten (s. 1.1.22). – Der rote Porphyr, gleich ob als Naturstein oder als gemaltes Imitat eingesetzt, springt durch seine auffällige Farbstruktur ins Auge, deretwegen er insbesondere für einzelne Werkstückteile bei qualitativ anspruchsvollen Bauwerken verwendet wurde.

228 Carona, Pfarrkirche, Fassadengliederung mit Porphyr und Porphyrimitat, 1598
229 Carona, S. Maria d'Ongero, Stützen aus rotem Porphyr und grauem Granit, 17. Jh.
230 Carona, S. Maria di Torrello, Portal aus rotem Porphyr und weissem Marmor, 1217

Literatur. Casa borghese XXVI, 1934, tav. 112, 113 (Casa comunale) · Decorazioni Luganese 2002, p.12s (Erwähnung), p.64 (Loggia) · Zum roten Porphyr: De Quervain Gesteine 1969, S.100.

1.5.6 Comprovasco (TI, Valle di Blenio)

Villa oberhalb des ehem. Bahnhofs. Erbaut 1890 von Ferdinando Gianella, Fassadenbemalung von Luigi Faini aus Mailand. Aufgenommen 1982.

231 Comprovasco, Imitation einer Quadermauer aus rotem Porphyr und gelben Werksteinstücken, 1890
232 Obervaz-Muldain, Quader- und Gesimsmalerei in porphyrartiger Stilisierung, 1676, unrestauriert
233 Willisdorf, Quaderbossen mit rotem Porphyr ähnlicher Farbigkeit, 17./18. Jh.
234 Mörel, Pfarrkirche, Strebepfeiler aus gelblichem Kalktuff vor 1547, mit Flicken

Imitation von rotem Porphyr (Abb. 231). Das freistehende Wohnhaus hat zwei Geschosse auf hohem Sockel samt Mezzanin und Belvedere. Drei der 2- bzw. 3-achsigen Hausseiten sind mit Platten bemalt, die die durch hell- bis dunkelrote Einschlüsse leicht gespenkelte Oberflächenstruktur des roten Porphyrs wiedergeben. Auf dieser fiktiven Mauerverschalung liegt in hellgelber Steinfarbe eine neoklassizistische Architekturgliederung aus Ecklisenen mit Spiegeln, Gesimsen mit Zahnung bzw. Laufendem Hund, Fenstergewänden mit Ohren und Kartuschenaufsätzen bzw. Keilsteinen. Der Sockel ist hellrot gestrichen und hat eine horizonale Ritzliniengliederung; zwischen den Fenstern im Mezzanin sind Amoretten mit Tieren und Gerätschaften dargestellt. Die zweifarbige, sorgfältig und reich an Formen ausgeführte Architekturbemalung verleiht dem Gebäude einen vornehmen Charakter. – Für einen Villenbau des Historismus typische, naturnahe Steinimitationsmalerei.

Literatur. Decorazioni Tre Valli 200, p.75 (kein Hinweis auf Porphyr).

1.5.7 Obervaz-Muldain (GR, Vaz)

Katholische Kirche St. Johannes Baptista. Eckquaderung am bemalten Turm mit Jz. 1676. Aufgenommen 1983 vor der um 1990 erfolgten Restaurierung.

Ornamentale Steinimitation, evtl. roter Porphyr (Abb. 206, 232). Die Eckmalerei am naturverputzten Turmschaft unterhalb des mehrfarbig verzierten Glockengeschosses (s. 3.7.8) besteht aus perspektivisch umrandeten, roten Quadern im Läufer-Binder-Verband, auf deren Stirnseiten weisse Tupfer liegen. Die Fugen bildet der naturhelle Mauerverputz. Die mit einem bemerkenswerten Schlingband verzierte Gesimsmalerei übernimmt die Farbigkeit der Quadersteine. Ob hier ein reines Phantasieornament oder ein stilisiertes Imitat von rotem Porphyr dargestellt ist, an den die hellen Tupfer erinnern, ist ebenso wie bei *Willisdorf* (1.5.8) beides möglich.

Literatur. KDM GR II (Erwin Poeschel), 1937, S. 296-300 (Turmbemalung unerwähnt).

1.5.8 Willisdorf (TG)

Kapelle St. Sebastian. Bemalung 17./18. Jh., nach Befund rekonstruiert 1968/70, aufgenommen 1998.

Ornamentale Steinimitation, evtl. roter Porphyr (Abb. 233). Die unter der Diamantquaderung aufgeführte Kapelle (2.5.18) wird hier nochmals erwähnt, da es sich bei den roten, violetten und gelben, jeweils getupften Steinoberflächen um eine entfernte, ins Ornamentale umgesetzte Orientierung an rotem Porphyr handeln könnte (vgl. 1.5.7 *Obervaz-Muldain*).

Literatur. KDM TG V (Alfons Raimann), 1992, S. 310f.

Gelbe und graugelbe Rauwacken und Kalktuffe

1.5.9 Sta. Maria Val Müstair (GR, Münstertal)

Haus Nr. 97 östlich der ev. Kirche, über dem Portal Inschrift und Jz. 1676. Zustand original mit zahlreichen Reparaturen. Aufgenommen 1997.

Gelb gefasste natürliche und imitierte Rauwacke. Vor allem die strassenseitige Giebelfront des 2-gesch. Wohnhauses ist mit der ortsüblichen und auch sonst in Graubünden oft anzutreffenden gelben Wandgliederung aus Torumrahmung, Fenstergewänden und Eckquaderung geschmückt. Es fällt auf, dass die meisten Fenstergewände (Abb. 235) aus der grobporösen, im Münstertal anstehenden und als Baustein verwendeten Rauwacke, die Portalumrahmung und die Eckquaderung (Abb. 236) jedoch aus Mörtel gefertigt sind, der die typische raue, gelbliche Oberfläche des Natursteins durch unregelmässig eingedrückte Löcher und einen gelben Farbanstrich imitiert. Ein solcher vereinheitlichender dünner Farbauftrag liegt heute auch auf dem Naturstein. – Das Haus ist ein repräsentatives Beispiel für die häufige Art der Verwendung von Naturstein und Putzimitat mit Farbanstrich am selben Bau (zum Putzimitat vgl. 1.5.11).

1.5.10 Mörel (VS)

Pfarrkirche, Chor. Errichtet 1527–1547 von Ulrich Ruffiner. Strebepfeiler am Chor aus Kalktuffstein. Restauriert 1983/85, aufgenommen 2000.

Gelblich bis grauweisser Kalktuff mit Mörtelergänzungen (Abb. 234). Die dreifach abgetreppten Strebepfeiler des dreiseitig schliessenden, spätgotischen Polygonalchors bestehen aus einem besonders porösen, zerklüfteten, teils gelben, teils hellgrauen Tuffstein, so dass die einzelnen Quader zahlreiche Mörtelflicke aufweisen. Diese wurden farblich den gelben Partien des Steins angeglichen und mit einer, die löchrige Steinoberfläche nachempfundenen, gemalten Tupfung versehen.

Bemerkung. Beispiel einer differenziert angepassten Restaurierung, ihre Orientierung an einem älteren (ursprünglichen?) Zustand ist denkbar. Ob ein historischer Befund vorliegt, wurde nicht abgeklärt. – Zur Quadermalerei an den Turmecken siehe 2.1.15.

Literatur. KDM Wallis III (Walter Ruppen), 1991, S. 15.

235 Sta. Maria Val Müstair, Fassade mit Gewänden aus gelblicher Rauwacke, 1676
236 Sta. Maria Val Müstair, Imitation von Rauwacke in gelb gefasstem Putz am selben Haus

1.5.11 Poschiavo (GR, Puschlav)

Reformierte Kirche, Westfassade. Gequaderte, gelblich graugetönte Mörtellisenen, 1642/49. Restauriert 1971/72. Aufgenommen 1983.

Bau. Einschiffiger Saal mit schlichter, weiss verputzter Giebelfassade und seitlicher Gliederung durch Lisenen aus der Bauzeit 1642/49 (nach Emmenegger 1994: um 1685). Die gemalte rote Marmoräderung der Gesimse und deren begleitende bunte Blattfriese kamen erst 1708 hinzu, als der 1677/85 errichtete Turm seine zweite Farbfassung erhielt.

Mörtellisenen im Aussehen von Rauwacke oder Kalktuff (Abb. 237). Die leicht von der Mauerecke nach innen gerückten, erhabenen und mit dem Traufgesims verkröpften Lisenen bestehen aus Mörtel. Die Fugung, die auch jedes zweite Kompartiment senkrecht unterteilt, ist weiss gekalkt. Die raue Oberflächenstruktur und die helle Grautönung (Holzkohlezusatz im Mörtel) ruft den Eindruck von Quadern aus Rauwacke oder Kalktuff hervor.

Vorzustände und Restaurierung. Bei einer Übertünchung vermutlich im 18. Jh. sind die Lisenen ca. 2 cm dick übermörtelt und mit einer anders eingeteilten, aber ebenfalls weiss markierten Ritzung versehen worden. 1867 wurden die vor allem im unteren Bereich zerstörten Lisenen erneuert. 1971/72 erfolgte die Konservierung des Originalbestands und die Ergänzung der Fehlstellen mit einem Graumörtel. Die Struktur wurde mit einem Reisigbesen aufgebracht.

Bemerkungen. Lisenen und Giebelgesims wirken wie eine Einrahmung der Eingangsfassade. Die hellgraue, der Mitte des 17. Jh. zugehörige Farbe kontrastiert stark mit der Buntfarbigkeit der erst 1708 zugefügten ornamentalen Fassaden- und Turmbemalung`(s. 1.4.10). Die nicht gemalte oder farbig gefasste, sondern aus gefärbtem Mörtel gefertigte und Tuffstein darstellende Lisenengliederung steht hier, zusammen mit dem Schlössli in *Thusis* (1.5.12), als eins von vielen Beispielen für die handwerklich unterschiedlichen Möglichkeiten farbrelevanter Steinimitationen durch Mörtel (vgl. auch die bemerkenswerten Fassadengliederungen vor und nach 1700 von *Schloss Waldegg* bei *Solothurn*).

Literatur. Oskar Emmenegger, Albert Knoepfli.- Das Farbgewand der reformierten Kirche von Poschiavo. In: UKdm 1973, S.131-137 · Emmenegger 1994, S.38.

1.5.12 Thusis (GR, Heinzenberg)

Schlössli. Erbaut 1670, verändert nach Brand 1727. Erneuert 1983. Aufgenommen 2001.

Gelbe Mörtelquaderung am Turm, Imitation wahrscheinlich von Kalktuff (Abb. 238, 239). Die Ecken des herrschaftlichen Baus und seines Turms sind durch eine Quaderung im Läufer-Binder-Versatz markiert. Sie ist mit Mörtel vorstehend aufgetragen, am Hauptbau geglättet und dunkelgrau, am Turm hingegen strukturiert und gelb mit rein weisser Fugenumrandung gefasst. Beide Quaderungen setzten sich von dem gebrochen weiss gestrichenen Wandputz deutlich ab. Die Oberflächen der gelben Quader haben geglättete Randschläge und aufgeraute Spiegel. Es liegt auf der Hand, sie als eine Imitation von Kalktuff zu interpretieren, der in der Gegend von Thusis als Baustein zu Hause ist. Die heutige, kräftig ockergelbe Eckquaderung ist neu hergestellt. Am Turm war sie im Unterschied zum Hauptbau aber offensichtlich schon vor 1727 vorhanden, wie eine Zeichnung aus der Zeit vor der Brandkatastrophe zeigt (KDM). Möglicherweise stammt sie an den beiden Gebäudeteilen aus verschiedener Zeit, was die un-

237 Poschiavo, Reformierte Kirche, Mörtellisenen mit imitierter Tuffoberfläche, 1642/49
238 Thusis, Schlössli 1670, Mörtelquaderung als gelbes Tuffimitat, wohl vor 1727
239 Thusis, Detail der Mörtelquaderung am Turm mit weisser Umrandung

terschiedliche Farbgebung erklären könnte. – Zur Imitation einer Kalktuffoberfläche mit Mörtel vgl. *Poschiavo,* Reformierte Kirche (1.5.11).

Literatur. Bürgerhaus XVI, 1925, bes.Tf. 56 · KDM GR III (Erwin Poeschel), 1940, Abb. 204 (Zeichnung vor Brand 1727).

1.5.13   Stalden-Neubrück (VS)

Kapelle, Türflügel des Portals mit Jz. 1727. Restauriert um 1980. Aufgenommen 1997.

Gelb gefasster natürlicher und imitierter Kalktuff (Abb. 240, 241). Die bei zwei Brücken über dem Steilufer der Vispa malerisch gelegene Kapelle hat ein leicht eingezogenes Rechteckchörlein, einen Dachreiter und ist weiss verputzt. Während die Pfosten und Stürze des Eingangs und der ihn begleitenden Fenster sowie die Pfosten des Glockenstuhls samt seiner offenen Laterne aus gelb gestrichenem Kalktuff bestehen, sind die Eckquaderungen und alle übrigen Fenstergewände nur in Gelb mit weissen Fugen auf die Putzmauer gemalt. Die neue Farbfassung geht auf alten Befund zurück.

240   Stalden-Neubrück, Kapelle 1727
241   Stalden-Neubrück, imitierte und gefasste Werksteinteile aus gelbem Kalktuff

242 Estavayer, Kollegiatskirche, Chorfenster aus gelbem Jurakalk, 16. Jh.
243 Estavayer, Verzahnung unverputzter Sandsteinquader mit dem Fenstergewände
244 La Sarraz, Schloss, Verzahnung von Fenstergewände und Putzbemalung, 16. Jh.

Bemerkungen. Ein interessanter analoger Befund für eine ockergelb gemalte Bauecke (Eckquaderung) und gleichfarbig gefassten Tuff (Fenstergewände) liegt für die Maison Ambüel in *Sion* vor: Es handelt sich dort um die älteste der sieben festgestellten Farbschichten an der Hauptfassade; sie wird baugeschichtlich in die Mitte des 17. Jh. datiert (s. 1.5.27). Das im Prinzip gleiche Farbintervall von weissem Mauergrund und gelben Eckquadern und Gewänden, am selben Bau oft eine Kombination aus gefasstem Naturstein und gelber Imitationsmalerei, ist im Wallis heute insbesondere zwischen Ernen und Visp anzutreffen (*Binn-Schmidigenhäusern* Kapelle, *Stalden* Kirchturm, 2.1.49 *Visp* Burgerkirche, 3.5.40 *Visp* Gerichtsgebäude). Trotz oder gerade ihrer Einfachheit wegen ziehen die Fassaden mit der Farbkombination Weiss-Gelb den Blick auf sich, da sie den Bau in auffälliger Weise kennzeichnen.

Auskünfte und Unterlagen zu den Befunden von Eric Favre-Bulle, Atelier St-Dismas, Martigny.

Gelber Jurakalk   Neuenburger Stein, pierre jaune, Kalkstein des Hauterivien

1.5.14   Estavayer-le-Lac (FR)

Kollegiatskirche St. Laurentius. Spätmittelalterliche Stufenhalle mit längerer Baugeschichte. Südöstliches Chorfenster A. 16. Jh., Aussenrestaurierung 1970 / 76, aufgenommen 2000.

Gewände des südöstlichen Chorfensters aus gelbem Jurakalk (Abb. 242, 243). Für die spätgotischen Masswerke und Gewände der Chor- und Schiff-Fenster wurde der gelbe Neuenburger Stein verwendet, während das aufgehende Mauerwerk im Sockelbereich aus hellem Muschelsandstein und darüber bis zur Traufe aus hellem grünlichgrauem Molassesandstein besteht. Das breite, weisse Lineament der Mörtelfugen im Molassequaderwerk verläuft unregelmässig, die Greiflöcher in den Quadern werden von dem gleichen hellen Mörtel gefüllt (bei der letzten Restaurierung zum Teil erneuert). Auffällig sind die farblichen Unterschiede der Fassaden zwischen Weiss (Sockel), grünlichem Hellgrau mit weissem Fugennetz (Mauerverband) und

Gelb (Fenster) sowie die Verzahnung der gelben Gewändesteine mit den grauen Mauersteinen. Die unterschiedlichen Hoch- und Langformate der beiden Gesteinsquader verursachen eine sehr unregelmässige, auf merkwürdige Art beliebig mäandernde Aussenkontur. Heute liegen weder Putz, Schlämme oder Farbe auf den Quadern bzw. Werkstücken und im Restaurierungsbericht werden auch keine älteren Reste einer Fassung erwähnt. Es könnte sein, dass die heutige, verschiedenfarbige Steinsichtigkeit historisch ist und möglicherweise von Anbeginn bestand.

Bemerkungen. Diese Art unregelmässiger Verzahnung verschieden grosser Quader aus gelbem Jurakalk im Verbund einerseits mit gesteinmetzten Gewändestücken und andererseits mit dem benachbarten Mauerwerk aus andersfarbigem Baustein ist ein auffälliges und typisches Vorkommen bei Fenstern der Spätgotik und frühen Neuzeit in der Westschweiz, insbesondere dort, wo der gelbe Neuenburger Stein verwendet wird. Die Antwort auf die Frage, ob das Sichtbarlassen einer solchen, scheinbar «unsauberen» Mauertechnik eine neuzeitlich restaurative Handhabung ist oder schon historisch eine Gewohnheit war, erleichtert der Vergleich mit Fenstern der Schlösser in *La Sarraz* (Abb. 244), wo der ursprüngliche Mauerputz des 16. Jh. die gelben Fensterquader nicht überzieht, sondern sichtbar lässt (s. 1.1.17), und in *Vufflens* (Abb. 245), wo sogar bei den Hoffenstern von 1544 eine gelbe Farbfassung auf grauem Kalkstein ausdrücklich gelben Jurakalk in der beschriebenen Art fingiert (s. 1.2.2). Ganz offensichtlich ist hier die beschriebene Art der Einmauerung eines gelben Fenstergewändes als dekoratives Farbmoment bewusst verwendet worden.

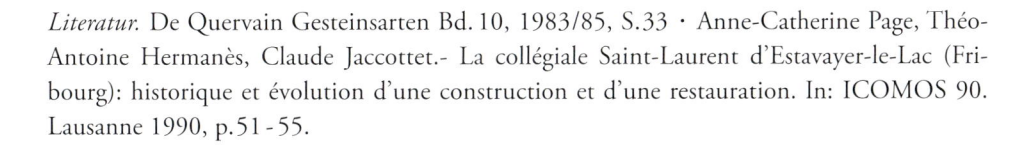

Literatur. De Quervain Gesteinsarten Bd. 10, 1983/85, S. 33 · Anne-Catherine Page, Théo-Antoine Hermanès, Claude Jaccottet.- La collégiale Saint-Laurent d'Estavayer-le-Lac (Fribourg): historique et évolution d'une construction et d'une restauration. In: ICOMOS 90. Lausanne 1990, p. 51-55.

1.5.15 Cossonay (VD)

Rue du Temple 11, Maison de Banneret, ehem. Rathaus. Spätgotischer Bau, spätere Veränderungen, u. a. 1654 (Jz. über Eingang). Restauriert 1972/73. Aufgenommen 2000.

Bau mit Pfeilern und Gewänden aus gelbem Jurakalk und grünlichgrauem Sandstein (Abb. 246). Der noch spätgotisch geprägte Bau verfügt an der Platzfront über einen dreibogigen, von rechteckigen Eingängen flankierten Arkadengang und zwei Obergeschosse mit ungleicher Achsenteilung. Oberhalb des Gangs ist das aufgehende Mauerwerk heute weiss verputzt. Die drei Arkaden im EG bestehen aus hellen, grünlichgrauen Sandsteinquadern, die bis zum Bogenansatz mit Quadern aus gelbem Jurakalk angeböscht und damit zu Stützpfeilern ausgebildet wurden. Die gelben, mit breiten Fugen versetzten Quader fallen durch ihre von Pfeiler zu Pfeiler unterschiedliche Scharrierung auf, die es nahelegt, sie drei verschiedenen Bauphasen zuzuordnen, wobei der Pfeiler rechts in seiner Vorderpartie wohl der älteste ist, gefolgt von dem auf der linken Seite, nach dessen Vorbild dann die Quader der beiden mittleren bearbeitet wurden. Diese sorgfältig ausgeführte Oberflächenbearbeitung lässt vermuten, dass die Quader auf Sicht bestimmt waren, wohingegen die hellen Sandsteinquader der Arkaden zur Zeit der Pfeilerverstärkung eher verputzt als sichtbar gewesen sein dürften. Gleiches gilt vermutlich auch für die ebenfalls aus beiden Gesteinsarten angefertigten Fenstergewände.

Bemerkung. Die den Stadtkern des Kirchplatzes wesentlich mitbestimmende Fassade ist ein typisches Beispiel des historischen Baubestands in Cossonay selbst, aber auch im Gebiet südlich von Yverdon, in dem sowohl der gelbe Jurakalk als auch ein heller Baustein (grünlicher Sand- oder weisser Kalkstein) in Erscheinung treten. Die Antwort auf die Fragen, ob generell beide Gesteine gleichzeitig verbaut wurden, ob die Verwendung des andersfarbigen Steins von einer späteren Veränderung stammt und zu welchen Zeiten eine bestimmte Steinfarbe dekorativ sichtbar gemacht wurde, muss, wenn überhaupt möglich, einer einzelnen und gezielten

245 Vufflens, Schloss, Verzahnung des Fenstergewändes als Farbfassung, 1544

246 Cossonay, Maison de Banneret, gelber Jurakalk an Pfeilern und Gewänden

Bau- und Befunduntersuchung vorbehalten bleiben. Hier soll nur auf diese Gesichtspunkte hingewiesen werden, die für den Charakter des Baus von beträchtlicher Bedeutung sind.

1.5.16 La Sarraz (VD)

Rue du château 2. Wohnhaus erbaut wohl 1662 (Jz. am Türsturz), spätere Veränderungen. Ecken und Fensterrahmen gelb, restaurierter Zustand. Aufgenommen 2000.

Putzbau mit Eck- und Fensterquaderung aus gelbem Jurakalk (Abb. 247, 248). Freistehendes, 3-gesch. Eckhaus mit abgewinkelter Fassade auf einem Sockel mit Ecksteinen und unregelmässigem Walmdach zu Füssen des Schlosshügels. Die gelben Jurasteinquader der Tür- und Fensterkanten sowie zweier versetzter Eckpilaster rechts sind lasierend gelb gestrichen und heben sich, zum Teil mit einer schwarzen Linie konturiert, vom dunkelgrauen (strassenseitig neuen) Wandputz deutlich ab. An der linken Hausecke ist eine gelbe, schwarz-weiss gefugte Lisene aufgemalt. Während das Gewände des seitlichen Haupteingangs mit Sockelsteinen, Profilfasen sowie Wappen und Jahreszahl im Sturz als solches gelb gefasst ist, wurden die Binder- und Läufersteine am frontseitigen Nebeneingang und an den Fenstern mit gelber Farbe in Form einfacher Rahmen überstrichen; die Zahnkontur der gelben Quadersteine ist im Mauerverband unter dem auslaufenden Verputz erkennbar. Die stadtorientierte Seitenfront zeigt noch einen alten (den ursprünglichen?), relativ hellfarbigen Verputz und Reste des gelben Fensteranstrichs.

247 La Sarraz, Wohnhaus rue du château, Detail der motivisch verändernden Gelb- und Grauanstriche
248 La Sarraz, Wohnhaus, Fassadengliederung mit gelbem Jurakalk, wohl 1662

249 Gampelen, Pfarrhaus 1666/68, Hausteinteile aus gelbem Jurakalk und Muschelsandstein
250 Gampelen, erhaltene ältere Reste des ausgleichenden, gelben Farbanstrichs

Bemerkungen. Der behäbige, prominent situierte Altstadtbau ist ein typisches Beispiel für die farblich dekorative Verwendung des gelben Jurakalks an einem Profanbau des 17./18. Jahrhunderts. Die heute hohe Farbstufe zwischen dunklem Grau und leuchtendem Gelb dürfte ursprünglich zwischen hellem Grau und mattem Gelb flacher ausgefallen sein.

1.5.17 Gampelen (BE, Seeland)

Pfarrhaus. Errichtet 1666/68, ältere Fenstersteine (Jz. 1577) wiederverwendet. Gelbanstrich auf gelbem Jurakalk und grauem Muschelsandstein. Aussenrestaurierung 1984/85. Aufgenommen 2003.

Bau (Abb. 249). Repräsentativer Wohnbau bernischer Prägung, in Hanglage und an prominentem Standort. Zwei Geschosse mit sechs zu zwei Fensterachsen auf hohem Kellersockel, Haupt- und Eingangsfront traufseitig. Treppenaufgang zu einem Portal mit Inschrift (Chronogramm: 1668) und gesteinmetztem Wappen im Giebelaufsatz, dessen Sandsteinkartusche nacheinander rot, grau und ocker gefasst war.

Hausteinteile mit Gelbanstrich. Wände weiss verputzt. Fenstergewände mit Mittelpfosten und ausgeprägten Sohlbänken aus gelbem Jurakalk, an den Rändern mit gelber Farbe auf Putz begradigt. Die Hauptfassade auf steinsichtigen Sockelquadern und seitlich mit angeböschten Lisenen aus ebenfalls z. T. durch Putz und Farbe egalisierten Muschelsandsteinquadern eingefasst. Auf den Fenstersteinen angeblich Spuren alter Gelbfassung (KDM). Die Lisenen sind neu gelb gestrichen, im Winkel zum (nicht neu gestrichenen) Sockel sind noch Reste einer älteren dunkel-ockergelben Farbschicht vorhanden (Abb. 250). Die unterschiedliche Oberflächenstruktur und Farbigkeit der beiden Gesteinsarten ist gut erkennbar.

Bemerkungen. Die gelben Hausteinteile fungieren als gliedernde Bauelemente und machen die Hausfront zu einer noblen Schaufassade (besonders schöne Eckgestaltung). Sie ist im Berner Seeland ein Beispiel für einen bereits in der Bauzeit archivalisch belegten und in Resten aus dem 18. oder 19. Jh. auch noch vorhandenen, farbgleichen Anstrich (gelb) auf zwei verschiedenfarbigen Bausteinen (gelber Jurakalk und grauer Muschelsandstein).

Literatur. KDM BE Land II (Andres Moser), 1998, S. 31f, 208-213.

1.5.18 Thierrens (VD)

Pfarrhaus. Errichtet 1732 (Jz. am grossen Tor der Strassenfassade). Jüngst restauriert und ausschliesslich zu Wohnzwecken sanft verändert. Aufgenommen 2000.

Putzbau mit gelb gefassten Gewänden und Ecken (Abb. 251, 252). Langgestrecktes ehemaliges Bauernhaus mit 2-gesch. Wohn- und hohem Wirtschaftsteil unter gemeinsamem First (Walmdach), ringsum deckend verputzt und (neu) weiss gestrichen. Strassen- und Gartenfassaden mit annähernd gleicher Disposition der Eingänge und Fensterreihen, der je zwei verschieden hohen Rundbogentore und der Rundfenster unter dem Dach im Stall- und Scheunenteil. An der Strassenseite schön profilierte Fensterbänke, bei den Toren einfache Kämpfer und Scheitelsteine. Sämtliche Türen, Fenster, Tore und Okuli sowie alle Bauecken sind bündig mit gelber Farbe gerahmt bzw. mit Lisenen markiert, nur das Gewände am Haupteingang steht leicht vor. Auf den Fensterläden die auch an Pfarrhäusern in der Waadt geläufigen, gemalten Sparren in den Kantonsfarben weiss-grün. Ecksteine, Stufen und Schwellen aus grauem Baustein ohne Farbanstrich.

Bemerkungen. Es handelt sich um ein farblich wirkungsvolles Fassadenbild, das mit gelbem Anstrich die Naturfarbe des in der Region verwendeten Jurakalksteins imitiert. Der wahrscheinlich ältere, leicht strukturierte Verputz deckt den Mauerverband so dicht ab, dass der verwendete Baustein nicht sichtbar ist. – Typisches Beispiel für die Fassadenfarbigkeit im Gebiet des gelben Jurakalks bei einem Profanbau des mittleren 18. Jahrhunderts (vgl. 3.5.39 *Môtier*).

1.5.19 Ligerz (BE, Bieler See)

Oberdorf Haus Nr. 15, Aarbergerhus. Wohnhaus erwähnt 1395, prägender Umbau 1740/41. Erneuerung und Veränderungen 2001. Aufgenommen 2003.

Putzbau mit Hausteinteilen aus gelbem Jurakalk, z.T. gelb gefasst, grüne Läden (Abb. 254). Langgestrecktes, see- und gassenseits traufständiges Haus, weiss verputzt. Im EG unregelmässige Verteilung der (z.T. älteren) Tür- und Fensteröffnungen, im OG gleichmässige (jüngere) Fensterreihe. Das Satteldach an der freistehenden Giebelseite teilweise abgewalmt. Alle Tür- und Fenstergewände sowie die gequaderten Ecklisenen tragen eine gelbe Farbschicht und bestehen zum Teil gänzlich, zum Teil aus unregelmässigen und durch Farbe auf Putz optisch ergänzten Hausteinen (Abb. 253). Die Untersuchung einer vermutlich aus dem 18. oder 19. Jh. stammenden Farbprobe ergab ein feinkörniges, recht homogenes Pigment gelben Ockers (Konrad Zehnder, ID/ETHZ, 18.7.2001). – Der Bau steht für die farbliche Vereinheitlichung durch Anstrich des Verputzes in der Farbe des Haussteins und repräsentiert heute eine schöne, für die

251   Thierrens, Pfarrhaus, gemalter Fensterrahmen und gefasste Sohlbank in Gelb
252   Thierrens, Pfarrhaus 1732, typische Fassadenfarbigkeit im Gebiet des gelben Jurakalks
253   Ligerz, Aarbergerhus, unregelmässiges Gewände aus gelbem Jurakalk, farblich im Putz ergänzt
254   Ligerz, Aarbergerhus, Fassadenfarbigkeit Gelb auf Weiss nach Umbau 1740/41

Gegend im 18. Jh. typische Gesamtfarbigkeit in Gelb auf Weiss mit grünen Läden. Vor dem Umbau von 1741 lag anstelle der gelben Lisenenbemalung eine Diamantquaderbemalung auf den freiliegenden Bauecken (KDM S. 387).

Literatur. KDM BE Landband III (Andres Moser), 2005, S. 385-388.

1.5.20 Allens (VD, bei Cossonay)

Haus Nr. 348. Bauernhausensemble aus einem Wohn/Stallgebäude und einer Scheune, erbaut 2. H. 19. Jh., interessante Aussenfarbigkeit am Hauptgebäude, weitgehend unverändert. Aufgenommen 2000.

Putz- und Steinbau mit Fenstergewänden, Eckpilastern und Gesims aus gelbem und weissem Jurakalk (Abb. 255, 256). Das 2-gesch., mit sechs zu vier Fensterachsen beachtlich grosse und langgestreckte Hauptgebäude ist weiss verputzt mit Ausnahme der Erdgeschosspartie des Stallteils, deren weisses, auf Haftfähigkeit für einen vorgesehenen Verputz rau scharriertes Kalksteinquaderwerk heute unverputzt sichtbar ist. Derselbe, aber gut geglättete Kalkstein wurde auch für die Tor- und Fenstergewände und die unteren Schaftteile der Ecklisenen am Stallteil sowie für den umlaufenden, relativ hohen Gebäudesockel verwendet, wohingegen die Eckpilaster, das Gurtgesims, die Rahmen der Eingänge und Fenster einschliesslich ihrer Verdachungen an den Wohnteilen aus gelbem Jurakalk von ausserordentlich starker Farbintensität bestehen. Die differenzierten Werkstückteile wurden äusserst sorgfältig bearbeitet.

Bemerkungen. Das wohlproportionierte Landhaus mit bürgerlichem Habitus wird wesentlich durch die Farbdiffenzen der weissen, leicht körnigen Oberfläche des Putzes (heute an der vorderen Traufseite verschmutzt) und den strahlend weissen bzw. dottergelben bis ockerfarbenen Kalksteinoberflächen bestimmt. Es stellt beispielhaft die Fortführung der gelben und weissen Fassadenfarbigkeit mit natürlichem (ungefasstem) Kalkstein bis ins 19. Jh. dar.

1.5.21 Solothurn

Kathedrale St. Ursen. Neubau nach Plänen von Gaetano Matteo Pisoni 1762–1773. Skulpturen von Johann Baptist Babel 1772/75. Baustein: grauweisser Solothurner Kalkstein; Bauskulptur: gelber Jurakalk, grauweiss gefasst. Wiederhergestellt 1977. Aufgenommen 2003.

Gelber Neuenburger Stein (Jurakalk) mit farbverändernder Graufassung. Zum Prospekt der monumentalen Westfassade und ihrer vorgelagerten Freitreppe aus grauweissem Solothurner Kalkstein gehört ein Skulpturenzyklus aus gelbem Neuenburger Stein, der grauweiss gefasst wurde. Es handelt es sich um die zehn Attikastatuen samt ihrer Plinthen, die von Figuren gehaltene grosse Wappenkartusche am Giebelaufbau, die drei Portalreliefs sowie die beiden Figuren der Brunnen, die die Treppe am untersten Lauf flankieren und die zehn Deckelvasen auf den Treppenbalustraden (Abb. 257). Aufgrund umfangreicher schriftlicher Überlieferung sind alle figürlichen Werke Johann Baptist Babel zuzuschreiben, nur die Vasen werden nicht ausdrücklich erwähnt. Sie bestehen aber ebenfalls aus gelbem, grauweiss gefasstem Neuenburger Stein und gehören mit zum Gesamtkonzept des Fassadenprospekts. Die Bauprotokolle berichten, dass auf Wunsch Babels für die Skulpturen anstelle des weissen, harten und spröden Solothurner Kalksteins der zum Behauen besser geeignete, gelbe Neuenburger Stein zum

255 Allens, Bauernhaus, Wandgliederung aus gelbem und weissem Jurakalk, 19. Jh.
256 Allens, Detail des jeweils farbintensiven Bausteins
257 Solothurn, Kathedrale 1762/1773, optisch monochromer Bau aus weissem Jurakalk und weiss gefasster Bauskulptur aus gelbem Jurakalk

Einsatz kam. Gleichzeitig bestimmte die Bauherrschaft aber, die Statuen für «ein gebührendes aussehn ... steinfarb anstreichen zu lassen», das heisst der grauweissen Farbe des für den Bau verwendeten Gesteins anzupassen.

Bemerkung. Dieser für den Frühklassizismus in der Schweiz bedeutendste Bau ist ein Beispiel der Umfärbung einer natürlichen Steinfarbe durch Anstrich entsprechend der ortsüblichen, den grauweissen Kalkstein verwendenden Bautradition, aber auch im Sinne des klar und streng konzipierenden Klassizismus, der die hellen, unbunten Farben Weiss und Grau bevorzugte. Umfärbungen gemäss Bautradition und Zeitstil gab es schon früher bei den Kreuzstockfenstern in Schloss *Vufflens* (Abb. 245), wenn auch hier im umgekehrten Farbentausch, indem der graue Baustein durch einen gelben Farbanstrich dem gelben Neuenburger Stein angepasst wurde.

Literatur. Peter Felder.- Johann Baptist Babel, 1716-1799. Basel 1970, S.62-68 (sowie Quellen) · Hans Rutishauser.- Die Steinfassung der Figuren von Johann Baptist Babel an der St. Ursen-Kathedrale zu Solothurn. In: Von Farbe und Farben 1980, S.101-104 · De Quervain Gesteinsarten Bd.7, 1984, S.107-109.

1.5.22 Nidau (BE, Seeland)

Hauptstrasse 32, Rathaus. Errichtet 1756/58 von Jacques III Borel und Abraham Berthoud. Steinoberfläche überstockt wohl im 19. Jh., Restaurierung 1992/94. Aufgenommen 2003.

Hausteinfassade aus gelbem Jurakalk (Abb. 258). In die Gassenzeile eingebundene 3-gesch. Fassade mit vier Fensterachsen. EG mit tief liegender Quaderverfugung als Sockelgeschoss auf Sockelstreifen aus weissem Jurakalk. Klassische Architekturgliederung mit profilierten Gurtgesimsen und verkröpften Ecklisenen. Stichbogenfenster in den OG mit konsolgestützten Fensterbänken. Auf den Bögen des EG vier qualitätvolle Scheitelsteine mit zwei Masken und zwei Rocaillen (Bildhauer Abraham Lambelet). Vor der jüngsten Restaurierung waren auf dem Mauerstein Reste eines gelben und in den Fugen Reste eines roten Anstrichs vorhanden. Die Bindemittelanalyse ergab keinen Datierungshinweis.

Bemerkung. Hervorragendes und typisches Beispiel einer der ungezählten, gänzlich aus Hausteinquadern hochgezogenen Fassaden im Verbreitungsgebiet des gelben Jurakalks. Die gelbe

258 Nidau, Rathaus 1756/58, monochrome Hausteinfassade aus gelbem Jurakalk
259 Brusio, Pfarrhaus 17. Jh., grüne Gewändemalerei in Anlehnung an Serpentin
260 Poschiavo, Reformierte Kirche, Portalgewände aus grünem Serpentin

Eigenfarbe des Steins wurde im Allgemeinen mit einem zusätzlichen, lasierenden Farbanstrich verstärkt. Ob er am Rathaus in Nidau vorhanden war, lässt sich nicht mehr feststellen; die heutige Fassade weist keinen Gelbanstrich auf. Das eigentlich monochrome Fassadengelb ist hier jedoch ausnahmsweise wohl noch durch Rot in den Fugen bereichert gewesen.

Literatur und Dokumentation. Bürgerhaus V, 1917, S. XLVII-XLIX, Tf. 50, 5 · Bindemittelanalyse des Fugenmörtels (Institut für Denkmalpflege, 9.9.1993) · Zur Baugeschichte s. KDM BE Land Bd. III (Andres Moser) 2005, S. 66-70.

261 Prada-Annunziata, Hausecke mit grüner, Serpentin imitierender Quadermalerei

Grüne Serpentine und Gneise

1.5.23 Brusio (GR, Puschlav)

Reformiertes Pfarrhaus. Erbaut 17. Jh., später verändert. Gemaltes Portalgewände aus der Bauzeit, nach originalen Farbresten um 1980 erneuert. Aufgenommen 1983.

Gemalte Imitation von grünem Serpentin oder graugrünem Gneis (Abb. 259). Das rundbogige Portal an der Strassenseite des 3-gesch., weiss verputzten Hauses wird durch einen hellgrünen gemalten Aufsatz aus profiliertem Architrav über volutenbegleiteten Seitenpfosten und drei Ziertürmchen erhöht. Der Bogenlauf selbst ist ebenfalls grün gestrichen. Die Malerei imitiert Portalgewände aus dem natürlichen, grünen Serpentin oder dem graugrünen Gneis, die beide nahe bei Poschiavo anstehen und in der Talschaft häufig für Steinmetzarbeiten, insbesondere für Portale Verwendung fanden. Beispiele aus der Zeit sind das um 1642/49 errichtete Serpentin-Portal der reformierten Kirche in *Poschiavo* (Abb. 260) oder der Torbogen der unmittelbar neben dem Pfarrhaus stehenden Casa Trippi in *Brusio* mit einer skulptierten Wappenkartusche von 1606 im Scheitel.

Literatur. KDM GR VI (Erwin Poeschel), 1945, S. 19 · De Quervain Steine 1979, S. 49ff, 158f.

1.5.24 Prada-Annunziata (GR, Puschlav)

Haus Nr. 668, 17./18. Jh., Veränderungen und Reparaturen am Haus aus verschiedener Zeit, Malerei in originalem Bestand. Aufgenommen 1993.

Gemalte Imitation von grünem Serpentin (Abb. 261). Das auf hohem Sockelgeschoss errichtete, 2-gesch. und traufseitig 4-achsige Wohnhaus aus Bruchsteinmauerwerk weist noch seinen zweischichtigen, originalen Naturputz mit Resten einer grünen Architekturbemalung an allen vier Hausseiten auf. Die Malerei umfasst eine Eckquaderung mit abgeschrägtem Sockelstein auf der Höhe des 1. OG, Fenstergewände mit profilierten Sohlbänken und ein Blindfenster mit grünem Gewände und rot gerahmter Rautenverglasung. Die Konturen sind im Nagelriss, die Malereien in fresco mit Grüner Erde ausgeführt.

Bemerkungen. Das Haus liegt gegenüber der *Kapelle Santa Annunziata* mit ihrer angebauten Kaplanei, für die Serpentin sowohl als Naturstein (Eingang mit Jz. 1640, Gesimse) als auch imitiert durch Farbe (Fassungen der Pilastergliederung und der ornamentierten Traufgesimse) verwendet wurde (Farbfassung der Pilaster um 1965 nach Befund rekonstruiert). Der grüne Serpentin am Kirchenbau dürfte dem Bauherrn die Anregung gegeben haben, sein Haus ebenfalls mit einer grünen, allerdings nur gemalten Fassadengliederung zu schmücken. In diesem Zusammenhang zu erwähnen sind zum Beispiel auch die hellgrünen Quadermalereien in *Poschiavo* (Vecchio Monastero Santa Maria) oder die Fenstergewände und Eckquaderung in originaler grüner Farbfassung am 1707 datierten Südstall vom Kloster *Müstair*.

Hinweise auf die Beispiele in Poschiavo von Hans Rutishauser, Denkmalpflege Kt. Graubünden.

1.5.25 Soglio (GR, Bergell)

Casa Max und Stalazzo, erbaut um 1695. Eckquaderung im Winkel von Casa Max und Stalazzo sowie Gesimse aus der Bauzeit. Originalbestand. Aufgenommen 1999.

Imitation von grünlichem Gneis durch Kunststein (Abb. 262). Für die Portal- und Fenstergewände des mit zwei Geschossen und Mezzanin repräsentativ ausgestatteten Baus wurde ein grünstichiger, in der Umgebung gewonnener Gneis verwendet wie auch bei den anderen Palästen der von Salis in *Soglio* und *Bondo*. Die gliedernde Eckquaderung sowie die geschosstrennenden Gesimse (bei der Casa Max das unterste, beim Stalazzo sämtliche) wurden hingegen in Kunststein aus grobem Sand und Kalkmörtel aufgebracht und ihre Oberflächen durch Randschlag, Löcherung oder Punktlinierung so behandelt und gefasst, dass sie farblich und strukturell der Oberfläche des natürlichen Werksteins sehr nahe kommen. In gleicher Art wurden die Eckquader und Gesimse der im Jahre 1701 gegenüber errichteten Casa Battista hergestellt.

Literatur. Bürgerhaus XII, 1923, Tf. 124-135 · KDM GR V, 1943, S. 443 (Fassadenbeschreibung) · Zu Gneis und Kunststein: De Quervain Steine 1979, S. 158, 167f und de Quervain Gesteinsarten Bd. 1, 1983, S. 261 · Emmenegger 1994, S. 38, 40.

Sogenannter Schwarzer Marmor Kalkstein von Saint-Triphon

1.5.26 Chillon (VD, bei Veytaux)

Schloss, mittelalterliche Wehrburganlage. Türme mit Pechnasenkränzen unter partieller Verwendung des Kalksteins von Saint-Triphon. Gesamtanlage in mehreren Zügen umfassend konserviert. Aufgenommen 2000.

Konsolen und Mauerstreifung aus schwarzgrauem St-Triphon-Stein (Abb. 263). Zu der landseitigen (östlichen) Ringmauer der Burginsel im Genfer See gehören drei hochmittelalterliche Türme, die im 14./15. Jh. an ihren halbrunden Aussenpartien einen Pechnasenkranz in Form von Bögen auf Konsolen erhielten. Während das Mauerwerk der Türme aus Bruchstein mit Verputz in pietra rasa und die Bogenränder aus porösem, einem gelblichen Kalktuff ähnelnden Gestein bestehen, sind die dicht gereihten, dreifach abgetreppten Konsolen aus dem schwärzlich glänzenden Kalkstein von St-Triphon hergestellt. Dasselbe Gestein durchsetzt auch den unregelmässigen Mauerverband unterhalb der Konsolen mit jeweils vier grossen, präzis übereinander liegenden Quadersteinen. Sie bilden gleichmässige senkrechte, allerdings nicht mit den Konsolen korrespondierende Streifen innerhalb einer kleinen, dadurch aber herausgehobenen Partie der Flachmauer.

262 Soglio, Casa Max, Gneisimitat durch grüne Kunststeinquaderung, um 1695

Bemerkungen. Das bei frischem Bruch fast schwarze, matt glänzende Gestein («Schwarzer Marmor») verliert im Freien zwar mehr oder weniger stark die Dunkelheit seines Farbtons, es setzt sich hier aber immer noch deutlich vom hellen Mauerverband ab. Ob die Verwendung dieses besonders beständigen und zugleich sehr dekorativen Bausteins einem konstruktiven Zweck oder nur zur Zierde diente, bleibt offen. Derselbe Baustein wurde übrigens auch im Schlossinnern verwendet (drei Säulen im salle de compte / Gerichtssaal, 14. Jh.).

1.5.27 Sion / Sitten (VS)

Rue du Grand Pont 29/rue Ambüel 1, Maison Ambüel. Wohnhaus mit vorgotischem Kern. Vielfach umgebaut und erweitert. Nachweis von mehreren Farbschichten verschiedener Eckquaderungen an der Hauptfassade (Ost). An der Südostecke sind Reste der Schicht des späten

263 Chillon, Schloss, mittelalterlicher Pechnasenkranz auf Konsolen aus Kalkstein von St-Triphon, sogenannter Schwarzer Marmor

17. Jh. konserviert. Neue Architekturmalerei nach Stadtbrand 1788, diese wurde nach Befund 1989/90 erneuert. Aufgenommen 2000.

Eckquadermalerei in Nachahmung des Kalksteins von St-Triphon (Abb. 264). Die langgestreckte 4-gesch. Hauptfassade wird von einer nach 1788 aufgebrachten, einheitlichen Architekturmalerei in Grau, Ockergelb und Rot gegliedert (s. 3.6.22). Zu dieser gehört auch eine Eckquaderung im Läufer- und Binderverband. Sie greift auf eine ältere, ins späte 17. Jh. zu datierende Eckquaderung zurück, die noch in Resten vorhanden und bei der letzten Restaurierung an der südlichen (linken) Ecke der Hauptfassade im 4.OG sichtbar gemacht worden ist: Die Quadersteine sind perspektivisch wiedergegeben, haben einen breiten, gestuften Rand und eingetiefte Tafeln. Ihre Steinfarbe weist unterschiedliche, schattierte Grautöne auf. Der alte Wandputz erscheint heute weiss, hatte gemäss Untersuchungsbericht aber einen rosa Ton. Die Eckquaderung der heute wiederhergestellten jüngeren Bemalung übernimmt formal das Aussehen der älteren, wobei die weiss geäderten Grautöne der jüngeren Fassung jetzt mit einem ockergelben Wandputz korrespondieren.

Befunde nach Farbschichtenanalyse 1989. Zeitliche Abfolge der im Wesentlichen an der Strassenfassade nachgewiesenen Eckquadermalereien: 1) Ockergelbe Eckquader am 1530/50 angebauten Hausteil sowie gelb gefasste Tuffsteingewände im 3.OG des Mitteltrakts. 2) Einfache schwarze Quader auf gelbgrauem Wandputz, wohl 16. Jh. 3) Grössere schwarze Quader mit weisser Fuge auf weissem Wandputz, ohne Zeitangabe. 4) «Sehr schöne Quader im Grauton mit verschiedenen Schattierungen» (Untersuchungsbericht) auf hellem, rosa getöntem Wandputz, spätes 17. Jh.; von diesen dürfte der konservierte, heute sichtbare Rest stammen. 5) Graue, weiss geäderte Quader, Teil der Architekturmalerei nach 1788, im Aussehen ähnlich wie 4).

Bemerkungen. Die graue, hell schattierte Steinfarbe der gemalten Werkstückteile (Schicht 4) dürfte sich am Kalkstein aus St-Triphon orientieren, der für die Gewände, Gesimse und Eckquaderungen des benachbarten *Hôtel de Ville* (1657/67) auf Sicht verwendet wurde (Abb. 265). Dieser prominente, ebenfalls in der Stadtmitte an der rue du Grand Pont befindliche Putzbau mit Uhrenturm erhielt im Jahr 2000 einen neuen, wieder wie nachweislich vor dem Stadtbrand von 1788 weiss gestrichenen Putz (vor 2000 war er rot), der allerdings die Randschläge der mächtigen Eckquadersteine teilweise überdeckt. Durch die Verwendung von «St-Triphon» im Freien bleicht der beim frischen Bruch schwarzgraue, weissgeäderte Farbton («Schwarzer Marmor») aus und erhält im Lauf der Zeit einen hellgrauen Ton, der auch am Maison Ambüel erscheint. Die unmittelbare Nachbarschaft des Rathauses könnte bei dem vornehmen Bürgerhaus Ambüel somit durchaus zur farblichen Imitation des St-Triphon-Gesteins angeregt haben.

Literatur. Maison bourgeoise XXVII, 1935, XXs, pl. 35s, 42 · Renaud Bucher.- La maison Ambuel. (Sedunum nostrum 51, 1993) · Weitere Informationen mit Unterlagen der Farbschichtuntersuchung 1989 (Eric Favre-Bulle, Atelier Saint-Dismas, Martigny) verdanke ich Renaud Bucher, Denkmalpflege Kt. Wallis.

1.5.28 Ollon (VD, Ancien Chablais)

Hôtel de Ville, heute Gasthaus. Erbaut 1782, restauriert 1851, 1989 (Jzz. am Keilstein des Mitteleingangs). Gewände und Eckpilaster aus Kalkstein von St-Triphon. Aufgenommen 2001.

Fassadengliederung mit natürlichem, hellgrauen St-Triphon-Stein (Abb. 266). Stattlicher, am Ortseingang freistehender Putzbau mit Bogenöffnungen im EG (Markthalle) und drei Wohngeschossen in fünf zu fünf Fensterachsen sowie Drittelswalmdach mit Ründe. Besenwurfputz hellgelb gestrichen (neu); sämtliche Gewände – an den Bogenöffnungen mit Keilstein, bei den Fenstern mit Stichbögen – sowie die vier Eckpilaster leicht vorstehend aus «Schwarzem Marmor», steinsichtig und hellgrau mit wenigen weissen Adern; Fensterklappläden grün gestri-

264 Sion, Maison Ambüel, St-Triphon imitierende Quadermalerei, Befund E. 17. Jh.
265 Sion, Hôtel de Ville 1657/67, Quader aus dem typisch geäderten Stein von St-Triphon

266 Ollon, ehem. Hôtel de Ville 1782, Fassadengliederung aus Kalkstein von St-Triphon
267 Vevey, La Grenette, Anstrich der Mörtelrahmungen durch farbliche Anpassung an das Gestein
268 Vevey, La Grenette 1808, Stützen der Halle aus Kalkstein von St-Triphon

chen. Nicht nur die Strassenfront, auch die beiden unverändert intakten Trauffassaden tragen zum erfreulichen Gesamteindruck bei. Beachtliches Wirtshausschild mit Kreuz, um 1800.

Bemerkungen. Das Hôtel de Ville vertritt einen der typischen Profanbauten für Ollon und die Region nahe bei St-Triphon, bei denen besonders in den Jahrzehnten vor und nach 1800 vielfach auch am Äusseren der Kalkstein von St-Triphon auf Sicht verwendet wurde. Der Farbdreiklang von hellem Putz (gebrochenes Weiss), grauem Stein und grünen Läden war derzeit nach Augenschein das Übliche am Ort. Ein schönes weiteres Beispiel ist das 1818 datierte Haus no 421 am Place du Cotterd in *Ollon.*

Literatur. Maison bourgeoise XV, 1925, pl. 54.

1.5.29   Vevey (VD)

La Grenette. Markthalle und ehem. Kornhaus am Marktplatz. Erbaut 1808 durch Abraham Fraisse aus Lausanne. Verwendung des grauen Kalksteins von St-Triphon und grau gestrichene Architekturteile. Instandgehalten. Aufgenommen 2000.

Bau. Der zum See orientierte, frei in der Tiefe des Platzes stehende klassizistische Bau umfasst im Frontbereich eine offene, von 18 toskanischen Säulen getragene Halle mit Giebel und im rückwärtigen Gebäudeteil eine Anzahl geschlossener Räumlichkeiten (heute Geschäfte). Über dem Walmdach mit roter Ziegeldeckung (neu) erhebt sich ein ansehnlich hoher Uhrenturm mit Glockenlaterne.

Natürlicher, steinsichtiger St-Triphon sowie Anpassungen durch uni grauen Anstrich (Abb. 267, 268). Die tragenden Säulen der Halle und die Eckpfeiler des geschlossenen Rückteils bestehen samt Basis und Kapitell aus St-Triphon-Stein (Säulenschäfte monolithisch). Die Säulen und die Quader der Pfeiler sind von Stück zu Stück sehr unterschiedlich weiss und schwarz geädert, rissig und vielfach geflickt. Der zunächst dunkle Grauton des Steins änderte in den Partien, die der Sonne ausgesetzt sind, seine Farbe in ein weissliches Grau. Die die Türen und Fenster gemeinsam mit wenig Vorstand umfassenden, aufgemörtelten Rahmen im rückwärtigen Gebäudeteil sowie das profilierte Dachgesims wurden uni in zwei verschiedenen mittleren Grautönen (neu) gefasst.

Bemerkungen. Imposante Säulenhalle. Das stark in sich variierende Grau des Natursteins charakterisiert das kleine, harmonisch proportionierte Bauwerk und kommt als unbunte Farbe dem Stilempfinden des Klassizismus entgegen. Die heute eintönigen Grauanstriche auf den nicht aus Kalkstein gefertigten Bauteilen entsprechen nicht den lebendigen Farbnuancen des Naturmaterials, so dass man in ihnen eher ein Beispiel farblicher Anpassung als ein differenziertes Imitat sehen kann. Ob sich die ehemalige, originale Graufassung am Naturstein orientierte und womöglich auch eine Äderung wiedergab, liess sich nicht feststellen.

Literatur. Maison bourgeoise XV, 1925, pl. 41 sowie Baunotizen · De Quervain Gesteinsarten Bd. 10, 1985, S. 206f.

Graugekörnter Tessiner Granitgneis

1.5.30 Cevio Vecchio (TI, Valle Maggia)

Pfarrkirche mit Vorhalle im Wesentlichen 17. Jh., neoklassizistische Westpartie mit Eingangsfassade 1848 (Jz. am Tympanon). Aufgenommen 1983.

Imitation von Tessiner Granitgneis durch Mörtel (Abb. 269, 270). Die Stützen der barocken Vorhalle (Jz. 1668 am Portal) sind toskanische Säulen aus hellgrauem, gekörnten Gneis, der vermutlich aus dem Maggiatal stammt («feldspatreiche Gneise, im Bauwesen allgemein Granit genannt», De Quervain). Ihre Oberfläche dürfte für die neoklassizistische Wandverkleidung der Eingangsfassade vorbildlich gewesen sein: Über einem Sockel aus Steinplatten liegt eine horizontale Streifung aus hellem Mörtel mit grauen Farbspritzern, die die Struktur und Farbe des Gneises imitieren.

Bemerkung. Die gleiche Situation ist bei der Wallfahrtskirche Santa Maria del Ponte in *Cevio Rovana* zu beobachten: Die Vorhalle des 17. Jh. weist Säulen aus Gneis («fleckiger Biotitgneis») und Mörtelvorlagen an der Eingangswand auf, deren hellgraue sprenkelige Farbfassung optisch den Steinsäulen angepasst wurde (Wanddekor ebenfalls 19. Jh.). Granit wurde im 19. Jh. auch sonst gern imitiert, wie es z. B. das strassenseitige Sockelgeschoss der Casa Matossi in *Poschiavo* zeigt (1.2.22). Sehr interessant ist die Granitimitation schon 1672 am Kirchturm von *Bever* (3.7.5).

Literatur. Zum Tessiner Gneis siehe De Quervain Steine 1979, S. 84f und Gesteinsarten Bd. 8, 1983/85, S. 40f · Annegret Diethelm.- Die Kirchen und Kapellen von Cevio. Locarno 2004, S. 4-9 (Datierung der Westfassade 1875).

1.5.31 Prato-Sornico (TI, Val Lavizzara)

Casa Gagliardi. Eckquadermalerei um 1600. Noch teilweise ursprünglicher Bestand, aufgenommen 1983, abgeschlagen 1994.

Gemalte, ornamentale Imitation von Tessiner Granitgneis (Abb. 271, 272). Die talseitige (südwestliche) Giebelwand des hohen, 2-gesch. Hauses verfügte 1983 noch über ihren ursprünglichen, leicht rosafarbenen Naturputz, der neben buntfarbigen Fensterumrahmungen, Muttergottesbild und Wappen auch noch mit einer grauweissen Eckquaderung bemalt war. Die im Läufer-Binder-Versatz umrissenen und mit perspektivischen Unterkanten dargestellten Qua-

269 Cevio Vecchio, Pfarrkirche, Säulenstütze aus graugekörntem Granitgneis, Vorhalle 1668
270 Cevio Vecchio, angepasste Fassadenverkleidung aus Gneis imitierendem Mörtel, Westwand 1848

der erhielten jeweils mit drei Reihen weisser, halbseitig schwarz umrandeter Tupfen eine flott gemalte, phantasievolle Verzierung. Sie erinnerte an das hellgraue, körnige Aussehen des Tessiner Gneises. Die beachtliche Grösse und Regelmässigkeit des Tupfenmotivs setzten das Vorbild der Steinstruktur aber in ein geometrisches Ornament um.

Bemerkungen. Bei der Restaurierung der nordwestlichen Hauswand applizierte man eine moderne Eckquaderung, die in keiner Weise der originellen Ausbildung aus der Zeit um 1600 entspricht. Im Anschluss daran wurden bedauerlicherweise 1994 an den tal- und dorfseitigen Fassaden Putz und Architekturbemalung gänzlich abgeschlagen und samt dem Rest der ursprünglichen Eckquader unschön ersetzt; konserviert wurden nur das Muttergottes- und das Wappenbild. – Im Nachbarort *Peccia* existierte am Haus Bazzi eine gleiche, 1609 datierte, Votiv- und Stifterbilder einfassende Eckquaderung, die wahrscheinlich von dem selben Maler stammte (nach KF Schweiz 2, 2005 abgenommen und in der Elektrizitätszentrale Piano di Peccia neu montiert).

Literatur. Decorazioni Valmaggia, 1998, p.95 (mit aktueller Abb. und ohne Erwähnung des historischen Zustands) · Zum Haus Bazzi: Casa rurale Ct.TI,2, Abb. 166.

271 Prato-Sornico, Casa Gagliardi, Eckquadermalerei mit ornamentaler Stilisierung von gekörntem Granitgneis um 1600, links moderne Erneuerung

272 Prato-Sornico, Detail der ursprünglichen, inzwischen abgeschlagenen Malerei

1.5 FASSADENFLÄCHEN   Farbigkeit von Naturstein und Steinimitationen

2 GEBÄUDEKANTEN

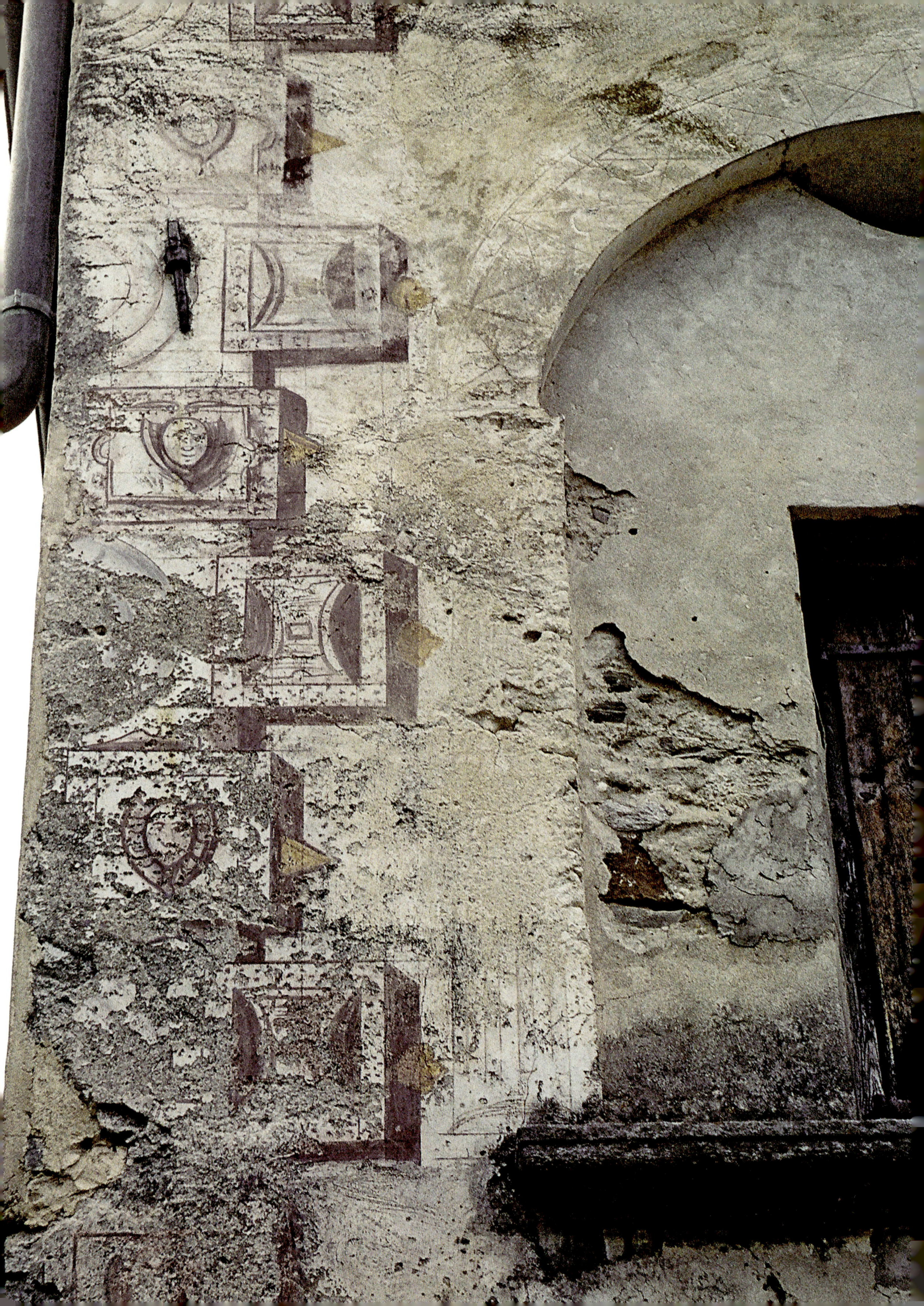

2.1 Gemalte Quader an Ecken, Fenstern und Gesimsen

Überblick

Das einfachste und häufigste Gestaltungselement verputzter Aussenmauern bilden die als Läufer und Binder versetzten Quadersteine an den Baukanten. Der farbliche Unterschied von Stein und normalerweise hellem Wandputz, der gezahnte Verlauf auf der Mauerseite und die unterschiedlich behandelten Sichtflächen machen aus dem Eckquaderwerk einen gliedernden und gleichzeitig schmückenden Bauteil. Zugunsten eines einheitlichen und harmonischen Wandaufbaus erhalten die Fensterrahmen, der Sockel, die Gesimse und der obere Mauerabschluss beim Dachansatz oft die gleiche Farbe wie die Eckquaderung, und zuweilen werden sogar die Ränder der Maueröffnungen mit gezahnten Säumen eingefasst.

War nun die Eckmauerung zusammen mit der ganzen Wand überputzt, malte man die Eckquader in Farbe auf den Putz. Da dieses auf sehr vielfältige Weise geschah, werden hier die bemerkenswertesten Arten solcher Quadermalereien vorgestellt. Die gemauerten und gemörtelten Eckverbände folgen unter dem Gesichtspunkt ihrer Farbrelevanz im anschliessenden Kapitel.

Quadermalerei an Kirchen um 1500 in Graubünden (2.1.1–2.1.11), Quadermalerei an Kirchen nach 1500 im Wallis (2.1.12–2.1.15). Der Akzent der Quadermalereien liegt zunächst auf den verschiedenfarbigen, markanten Bequaderungen, mit denen einerseits die um 1500 aus Tirol eingewanderten Baumeister um *Andreas Bühler* und *Bernhard von Puschlav* in Graubünden und andererseits der aus Prismell (Valsesia/Piemont) stammende *Ulrich Ruffiner* im Wallis ihre Kirchenbauten versahen. Von Ruffiner weiss man sogar, dass er dafür den aus Sitten stammenden Maler *Hans Rinischer* beizog. Erstmals wird hier die Quadermalerei als ein farbiges Architektur- und Dekorationssystem des Aussenbaus von beachtlicher Eigenständigkeit vorgestellt und anhand einer Reihe spätgotischer Kirchengebäude mit namentlich fassbaren Baumeistern in Verbindung gebracht, die sie im Sinn eines persönlichen Stilmittels einsetzten.

Schwarze und graue Quaderungen (2.1.16–2.1.37). Es folgt die über Jahrhunderte geübte und in allen Landesteilen sowohl im kirchlichen als auch im profanen Bereich angewandte Eckbemalung in Schwarztönen, von der hier die raren frühen und somit interessantesten Beispiele des 16. und 17. Jahrhunderts ausgewählt wurden. Aus Gründen der Alterung bzw. der jeweiligen Konservierung oder Rekonstruktion der einzelnen Bemalungen schwankt heute der Farbton zwischen tiefem Schwarzgrau und lichtem Grauweiss.

273 Broglio, Casa Pometta, groteske Eckquadermalerei, Originalbestand von 1622/23 (2.1.62)

274 Kolorierter Holzschnitt aus «Statuta Ordinis Cartusiensis», Urs Graf zugeschrieben, gedruckt Basel 1510. Zwei der neun Darstellungen zur Gründungsgeschichte des Kartäuserordens geben eine im Bau befindliche und eine fertiggestellte Klosteranlage wieder, auf denen Eingangstor, Kirche, Konventsgebäude und Uhrturm mit roten bzw. weissen Eckquaderungen erscheinen (Kantonsbibliothek Frauenfeld)

Rote Eckquader (2.1.38–2.1.41). Abgesehen von Basel und seiner Umgebung, wo die Farbigkeit mit Rot aufgrund des dort verwendeten roten Sandsteins vorherrscht (s. 1.5.1-1.5.4), kommen rote Eckverbände eher selten vor. Die aufgeführten, einzeln verstreuten Beispiele lassen sich kaum miteinander verbinden. Nur im Wallis scheint es möglich, dass der gelbliche Tuffstein manchmal auch mit einem rötlichen Ton überstrichen bzw. imitiert wurde. *Gelbe Eckquader (2.1.42–2.1.47)* sind hingegen für das westliche Mittelland um Neuenburg mit dem dort üblichen Baustein des gelben Jurakalks (Neuenburger Stein, Hauterivien) und für das Wallis mit den hier verwendeten gelblichen Kalktuffen und Rauwacken das Normale. *Gelb und Schwarz am selben Bau (2.1.48–2.1.51).* Im Wallis gibt es im 16. und 17. Jahrhundert auch häufig diese Farbkombination, ein Motiv, das den Fassaden einen besonders dekorativen Charakter verleiht.

Abgeeckte Schmalseiten (2.1.52–2.1.57). Sodann folgen Varianten von Eckquaderdarstellungen mit besonderem Zierrat. Unter ihnen stellen diejenigen, die die Rechtwinkeligkeit des mauerwärts orientierten Kantenverlaufs geometrisch in ebenso einfacher wie reizvoller Weise abändern, eine Eigenheit des 17./18. Jahrhunderts dar, die vorwiegend in Gebieten südlich des Alpenkamms auftritt. *Zierkonturen, Ornamente und Grotesken (2.1.58–2.1.64).* Schliesslich kommen die von Blattranken, Voluten und Eckbollen umspielten oder von phantastischen Masken, Tiergestalten und Blattgewächsen besetzten Läufer und Binder hinzu. Sie gehören zu den malerischen Raritäten.

Soweit möglich wurden originale bzw. nach Befund erneuerte Bemalungen zusammengestellt. Die aufgebrachte Farbe entspricht im Prinzip der ortsüblichen, natürlichen Steinfarbe (siehe auch S.119–S.147). Wird jedoch mit Hilfe des Farbauftrags umgefärbt, kann man darin eine baukünstlerische Absicht vermuten. Sind die Bemalungen erneuert, ist im Einzelnen freilich ohne erhaltene, materiell und zeitlich bestimmbare Farbreste kaum eine ältere oder sogar ursprüngliche Bemalung nachzuweisen. Grundsätzlich gilt, dass ein Putzrest mit gealterter, das heisst abgewitterter Farbschicht nur Auskunft über das Farbpigment, nicht aber über die Intensität des ursprünglichen Farbtons gibt.

Auch Bildquellen erbringen in Hinblick auf farbig gemalte Eckquaderungen kaum mehr als allgemeine Anhaltspunkte. Die Malerei im 15./16. Jahrhundert stellt zwar häufig Quaderläufe an Gebäudeecken dar, die sich in idealer Regelmässigkeit der Eckverzahnung andersfarbig von der hell verputzten Mauer absetzen (Abb. 274). Ob damit aber ein gemauerter, gefasster oder

275 Stein am Rhein, Kloster St. Georgen, Wandmalerei in Grisaille mit gelb gefassten Bauelementen, 1515/16, im Wesentlichen Ambrosius Holbein und Thomas Schmid zugeschrieben. Im Hintergrund des Bildes der Eroberung von Sagunt durch die Karthager eine Reihe von Häusern mit gelben Toreingängen, Fenstern und Baukanten. Die am Mauerwerk unterhalb der Fensterbänke heruntergelaufene Farbe zeigt wirklichkeitsgetreu, dass auf den Stein- bzw. Putzoberflächen ein Farbanstrich liegt

aufgemalter Eckverband wiedergegeben ist, lässt sich nicht sagen, es sei denn, dass etwa Risse, auslaufende Farbe oder Fehlstellen im Stein realistisch dargestellt werden (Abb. 275). Wie weit Bilddokumente zu zeitgenössisch realen Baugewohnheiten und Farbgebungen Auskunft geben, ist immer vom unmittelbaren Kontext abhängig.

Literatur. Phleps 1926, S.34-36 · Phleps 1930, S.65f · Kobler/Koller RDK 1974/75, Sp. 297f (Farbigkeit der Architektur) · Anderes Grisaillemalereien 1980, S.125-132 · André Meyer 1983, S. 28-32.

Quadermalerei an Kirchen um 1500 in Graubünden
Die Baumeister Andreas Bühler, Bernhard von Puschlav und ihr Umkreis

2.1.1   Poschiavo (GR, Puschlav)

Stiftskirche San Vittore. Schiff und Chor 1497 von Andreas Bühler. Turmbemalung und Quadermalereien aus der Bauzeit. Konserviert und restauriert 1975/76. Aufgenommen 1983.

Bau. Von einem romanischen Vorgängerbau stammt noch der heutige Turm aus dem 13. Jh., der gleichzeitig mit dem 1497 errichteten Neubau von Schiff und Chor um ein Geschoss erhöht wurde. Baumeister des Neubaus sind Andreas Bühler und Sebold Westtolf (von Letzterem die Einwölbung des Schiffs 1503). Namen und Jahreszahlen beider Architekten im Chorinneren. Die farbliche Dekoration am Turm und an der Kirche entstanden im Wesentlichen zur gleichen Zeit um 1500. Die Fenster der Langhaus-Nordseite wurden samt Bemalung 1903 erneuert. Zur Farbigkeit des Turms siehe 1.2.8.

Quadermalereien auf weissem Putzbau (Abb.276–278). Das hohe, 4-jochige Kirchenschiff und der niedrige, eingezogene Polygonalchor werden von Strebepfeilern gestützt und durch grosse Masswerkfenster belichtet. Sämtliche Pfeiler und Fenstergewände tragen eine weiss gefugte Quadermalerei, gelb am Chor und am Okulus der Westfassade, grauschwarz am Schiff. Die Malerei greift jeweils in unregelmässiger Läufer- und Binderverzahnung auf die Wand über. Dabei geraten die nicht aufeinander abgestimmten Quaderbilder der Fenster und Pfeiler so

276 Poschiavo, San Vittore, graue und gelbe Quadermalerei von Andreas Bühler 1497
277 Poschiavo, Dachgesims mit Fugenstrichen, darunter ein hierzulande seltener Bogenfries mit Lilien
278 Poschiavo, Strebepfeiler und Fenster des Schiffs mit grauer Quadermalerei
279 La Punt-Chamues-ch, St. Andreas, Südseite, Quadermalerei von Bernhard v. Puschlav 1505

nah aneinander, dass die Restflächen der weissen Putzwand ein auffälliges Negativbild ergeben. Jeweils in gleicher Farbe wurden auch die Traufgesimse mit einer Lage Quadersteine bemalt. Bemerkenswert ist der am Schiffsdach zusätzlich ringsum laufende, schwarz-weisse Lilienfries. Die Sockel am Chor und am Schiff erhielten, wo vorhanden, einen jeweils gleichfarbigen Anstrich, wodurch sich bildartig gerahmte Wandabschnitte ergeben.

Zustand und Restaurierung 1975/76. Der ursprüngliche, relativ raue, getünchte Verputz ist samt der umrissenen und in fresco gemalten Quader noch grossenteils vorhanden. Er hatte im 19. Jh. einen rosa Anstrich und unter der Traufe einen Kreuzbogenfries erhalten. Der Originalputz wurde freigelegt, konserviert, die Malerei in Kalksecco ergänzt und mit Kieselester fixiert.

Bemerkungen. Die Farbfassungen am romanischen Turm und am gotischen Kirchenneubau sind, obwohl zeitgleich, weder farblich noch formal aufeinander abgestimmt. Da der weitgehend steinsichtige Turm anlässlich des Kirchenneubaus romanisierend erhöht wurde (oberstes Geschoss), erhielt er eine entsprechend zurückhaltende rot-weisse Fassung, die nur die Blendarkaden, Fensterbögen und Gesimse als schmückende Friese hervorhebt. Der gotische Neubau hingegen wurde deckend hell verputzt und mit einer auffallenden, zweifarbigen Quaderung bemalt, der eine starke, baulich strukturelle Funktion zukommt. San Vittore ist die bedeutendste und grösste der zahlreichen, mit Quadermalerei versehenen Bündner Saalkirchen aus der Zeit um 1500. Etliche von ihnen wurden von den aus Tirol stammenden und in Graubünden tätigen Baumeistern Andreas Bühler und Bernhard von Puschlav errichtet, die den spätgotischen Bündner Kirchenbau wesentlich prägten. Ein Charakteristikum ihrer Kirchenbauten waren offensichtlich die in den letzten Jahren wieder freigelegten ein- oder zweifarbigen Quaderbemalungen am Äusseren, deren jeweilige Farbgebung in Grau- bzw. Gelbtönen sich oft im Innenraum an Gewölberippen, Diensten und Fensterleibungen wiederholen.

Literatur und Informationen. KDM GR VI (Erwin Poeschel), 1945, S. 29-48 (keine Erwähnung der architektonischen Farbgebung) · Oskar Emmenegger, Restaurierungsbericht und Dokumentation, Zizers, nach 1976 · Nott Caviezel.- Gotische Hallenkirchen und Stufenhallen in der Schweiz. 2. Aufl., Bern 2001 · Ders.- Andreas Bühler, Bernardo da Poschiavo (Kurzbiografien). In: Historisches Lexikon der Schweiz (Neuausgabe, bzw. abrufbar unter www.hls.ch) · Ders.- Spätgotische Sakralarchitektur der inneren Alpen (in Vorbereitung). Dank an Oskar Emmenegger und Nott Caviezel für weitere Hinweise.

2.1.2 La Punt-Chamues-ch (GR, Oberengadin)

St. Andreas. Im Wesentlichen erbaut 1505 von Bernhard von Puschlav (Jz. und Signatur im Chorgewölbe). Langhaus und Turm mit Quadermalerei aus der Bauzeit. Konserviert und restauriert 1982. Aufgenommen 1997.

Bau. Spätgotischer Neubau unter Verwendung von älterem Mauerwerk. Vierjochiger Saal mit eingezogenem Rechteckchor unter gemeinsamem Dach und Westturm (Schaft romanisch, Glockengeschosse 1505; Veränderungen 1673 und im 19./20. Jh.). Spitzbogige Masswerkfenster nur an der Süd- und Ostseite; am Langhaus dreifach abgetreppte Strebepfeiler, deren Wasserschläge von schwarzen Schieferplatten abgedeckt werden. Innen reicher Bestand an figürlichen Wandmalereien aus verschiedenen Bauepochen.

Quadermalereien auf weissem Putzbau (Abb. 279, 280). Die Aussenmauern tragen eine weiss gefugte Quadermalerei, in Ockerbraun an den Postamenten und Stirnseiten der Strebepfeiler, den Fenstern und Gesimsen, den Chorhausecken sowie am Uhrengeschoss des Turms, in Schwarzgrau an den beiden Glockengeschossen. Den Traufen und der westlichen Giebelkante entlang läuft ein ockerbrauner Bogenfries mit kalkweiss gehöhten Lilienblüten als Konsölchen. Die Quader an den Bauecken sind in relativ gleichmässigem Verband von Läufern und Bindern dargestellt. An Pfeilern und Fenstern hingegen wechseln hohe und flache Lagen, und nur die Läufersteine der obersten Pfeilerstufe gehen in die Wandfläche über. Die Schwarzfassungen von Hauptportal und Rautenfenster im Westgiebel sowie die Rundbogenöffnungen im Turm sind unverzahnt umquadert. Den Portalbogen umgreift zusätzlich ein Schachbrettband mit Medaillons; die Quaderung an den Turmecken fusst auf Konsolen. Das Netzgewölbe im Innern der Kirche ist heute wieder gelb mit weissen Binnen- und schwarzen Randkonturen gefasst.

Farbbefund, Konservierung und Restaurierung 1982. Von der im Lauf der Zeit mehrfach übertünchten Aussenbemalung des Bernhard von Puschlav waren die Nagelrisskonturen in einem gelblichen, braungelb geschlämmten Putzmörtel noch zu grossen Teilen vorhanden (festgestellt wurde ein Kalkmörtel mit Zuschlägen von rötlichem und gelblichem Eisenoxyd und -hydroxyd sowie von Holzkohle). Sie blieben unter der heutigen, in Mineralfarben auf wieder gelblichem Naturputz gemalten Rekonstruktion erhalten. Vom Original freigelegt wurden ein Rapport des Lilienornaments an der Nordseite und die Portaleinfassung. Von mehreren Fassungen am Turm wurde die besterhaltene von 1505, die Bernhards von Puschlav, wiederhergestellt. Im Innern hingegen erscheint heute nicht die Bernhardsche, sondern die Fassung von 1789 (Jz. im Chorgewölbe). Von den weiteren Turmbemalungen ist besonders die der romanischen Bauphase erwähnenswert, von der ein schmales, rot gemaltes Band und um die Bögen ein rot-weiss gemalter Steinwechsel festgestellt wurde (dokumentiert).

Bemerkungen. Die auffällige Zweifarbigkeit der Quadermalerei und der Lilienfries charakterisieren den Bau ähnlich wie den von San Vittore in *Poschiavo* (2.1.1, dort auch weitere Bemerkungen).

280 La Punt-Chamues-ch, St. Andreas, Bemalung am Langhaus ockergelb, am Turm auch grau

Literatur. KDM GR III (Erwin Poeschel), 1940, S. 344-347 · Oskar Emmenegger, Restaurierungsbericht, Zizers, Juli 1982.

2.1.3 Ilanz (GR, Oberland)

Reformierte Pfarrkirche St. Margarethen. Neu erbaut nach Brand 1483 von Baumeistern aus dem Umkreis des Andreas Bühler, geweiht 1520. Separat stehender Glockenturm, ehemals Wohn- und Wehrturm einer mittelalterlichen Burganlage. Quadermalerei an Schiff, Chor und Turm. Aufgenommen 1983 und 1996, vor und nach der jüngsten Restaurierung der Kirche.

Weisse, gelbe und graue Eckquadermalereien (Abb. 281, 282). Alle Ecken des 1-schiffigen Langhauses und des eingezogenen, dreiseitig geschlossenen Chors sind mit Läufern und Bindern markiert, die in den ehemals einschichtigen Naturputz regelmässig eingeritzt und an Fugen und Rändern weiss, auf den Binnenflächen grau gestrichen waren (Abb. 281). Bei der jüngsten Restaurierung wurden der Putz geweisst und die Quader am Schiff in Hellgrau, am Chor jedoch andersfarbig in Gelb aufgemalt. Ausserdem änderte man die ehemals relativ gleichen Quadergrössen in eine Abfolge unregelmässiger Hoch- und Breitformate. Der weissgrau gestrichene Putz des mächtigen Einzelturms seitlich der Kirche trägt weisse Eckquader und weiss umrandete Rundbogenöffnungen. Die hellgraue Schiffsquaderung findet sich, bereichert mit Ornamentmalerei, an den spätgotischen Bögen und Gewölberippen im Inneren wieder.

Bemerkungen. Die heutige Erscheinung der äusseren Farbigkeit von Schiff und Turm ist durch die Umkehrung einer Grau-Weiss- und Weiss-Grau-Fassung charakterisiert. Hinzu tritt die leuchtende Buntfarbe des Chors, der dadurch hervorgehoben wird. Inwieweit die bei der letzten Restaurierung veränderten Farben und Formen der Quaderwiedergaben auf alte Befunde zurückgehen, wurde nicht abgeklärt. Die Eckquaderung als solche und ihre Verschiedenfarbigkeit an ein und demselben Bauwerk liesse sich aber in Zusammenhang mit den farbigen Quaderfassungen des Bündner Kirchenbaus um 1500 durchaus als ursprünglicher Zustand sehen (vgl. 2.1.1 *Poschiavo* San Vittore, Bemerkungen).

Literatur. KDM GR IV (Erwin Poeschel), 1942, S. 54-56.

2.1.4 Stierva (GR, Albulatal)

Katholische Pfarrkirche St. Maria Magdalena. Romanischer Turm, Glockengeschoss 17. Jh.; Neubau der Kirche 1519/21 von Lorenz Höltzli. Quadermalerei am gesamten Kirchenschiff. Restauriert 1980/81. Aufgenommen 1983.

Quadermalereien in Ockergelb (Abb. 283). Der 1-schiffige, mit eingezogenem Chor dreiseitig schliessende Kirchenbau ist verputzt, gebrochen weiss getüncht und mit einer ockergelben, weiss gefugten, al fresco aufgetragenen Eckquaderung bemalt. Die Leibungen des westlichen Stufenportals und der spitzbogigen Masswerkfenster wurden gleichfarbig gequadert und mit Läufern und Bindern umrahmt. Den obersten Keilstein schmückt jeweils eine Lilie. Die Einfassung der beiden Chorfenster verzahnt sich mit der jeweiligen Eckquaderung. Die vorspringende Profilkante des fast ganz umlaufenden Sockels und die untersten Ecksteine sind ebenfalls gelb gefasst. Das bemerkenswerte spätgotische Netzgewölbe und der Chorbogen im Inneren weisen die gleiche Farbigkeit wie die Aussenbemalung auf. Die Erneuerung von 1980/81 geht auf Reste einer alten, möglicherweise der ursprünglichen Farbfassung zurück.

Die wieder freigelegte, schwarz auf weissem Putz liegende Bemalung der östlichen Zwillingsfenster am romanischen Turmschaft sowie die erneuerte Gelbfassung und Ornamentik am barocken Glockengeschoss gehören nicht zum Dekorationskonzept des spätgotischen Kirchen-

281 Ilanz, Reformierte Pfarrkirche, Quadermalerei, Umkreis Andreas Bühler um 1520 (Foto 1983)
282 Ilanz, Erneuerung der Quaderfassung in Gelb am Chor und Grau am Schiff (Foto 1996)

schiffs, sondern stammen jeweils aus der Zeit, in der diese Bauteile errichtet wurden. Wie die Eckquaderbemalung tragen auch sie zur Eigenart der Kirche von Stierva bei.

Bemerkungen. Die Hausteinteile der im Wesentlichen spätgotischen Kirche (Portal, Masswerke, Sockel, Eckquader, Gewölberippen) sind aus Rauwacke der Umgebung gefertigt. Die aufgetragene ockergelbe Farbfassung orientiert sich an dem natürlichen, relativ starken Gelbton dieses Gesteins und vergleichmässigt und intensiviert ihn. Der heutige, restaurierte Farbauftrag liegt dicht und deckend auf dem Stein, so dass dessen Oberfläche selbst nicht mehr durchscheint. Die Kirche Stierva gehört mit ihrer Fassung am Äusseren und im Inneren zur Gruppe der quaderbemalten Bündner Saalkirchen um 1500. Ihr Baumeister, der Steinmetz Lorenz Höltzli stammte wie Andreas Bühler, der San Vittore in *Poschiavo* errichtete (2.1.1), aus Tirol.

Literatur. KDM GR II (Erwin Poeschel), 1937, S.311-314 · De Quervain Gesteinsarten Bd. 10 1983/85, S.369f.

2.1.5 Flims (GR, Oberland)

Reformierte Kirche. Neubau 1512 von Andreas Bühler. Schiff, Polygonalchor und Turm mit Quadermalerei. Restauriert 1955, 1985. Aufgenommen 1996.

Neu gemalte weisse Quader mit roten Konturen auf gebrochen weiss getünchtem Putz (Abb. 284). Läufer und Binder um Ecken und Masswerkfenster sowie die Gurtgesimse am romanischen Turmschaft sind aufgemalt, die Netzgewölbe im Inneren dunkelgrau gefasst. Originalbefund nicht abgeklärt. Als weiteren Bau von Bühler nicht mit gelben oder grauen, sondern mit weissen Quadern siehe *Zillis* (2.1.8).

Literatur. KDM GR IV (Erwin Poeschel), 1942, S.9-11.

2.1.6 Salouf (GR, Oberhalbstein)

Katholische Pfarrkirche St. Georg. Chor-Neubau 1498, Schiffsgewölbe 1501 (Jz. und Steinmetzzeichen von Baumeister Petrus von Bamberg). Aus dieser Zeit Quadermalerei am Glockengeschoss des Turms und Putzrahmungen am Kirchenbau. Jüngste Aussenrestaurierung 1993. Aufgenommen 1997.

Quader- und Ornamentmalerei in hellem Ocker (Abb. 285). Der romanische Turmschaft erhielt um 1500 im Zuge des Chorneubaus (1498) und der Schiffseinwölbung (1501) sein heutiges Glockengeschoss samt Spitzhelm mit Wimpergen. Sich absetzend vom steinsichtigen Mauerwerk des Schafts, wurden seine Wandflächen gebrochen weiss verputzt und in hellem Ockerton mit weiss gefugtem Eckquaderwerk und Rechteckrahmen um die rundbogigen Schallöffnungen bemalt. Auch das profilierte Dachgesims und die Tuffgewände der kleinen Rundöffnungen in den Wimpergen sind in gleicher Farbe gefasst. Zudem hat man die spätgotischen Spitzbogenfenster am naturverputzten Kirchenschiff mit einer zweiten, geglätteten Putzschicht in Weiss umrahmt und die beiden südlichen Langhausfenster zusätzlich an den Fensterbänken mit eingeritzten Wasserschlägen versehen und über den Spitzbögen mit einer grossen, ockergelben Lilie bemalt (Abb. 287). Rippen, Dienste und Bögen des bemerkenswerten Netzgewölbes im Inneren sind dunkelgrau gefasst. Bei der Aussenrestaurierung 1993 wurden die ursprünglichen Verputze weitgehend konserviert, neu übertüncht und die Malereien retuschiert.

Bemerkungen. Die Innen- und Aussenbemalung geht wahrscheinlich auf Petrus von Bamberg zurück. Sie orientiert sich an den spätgotischen Kirchen in Graubünden mit der imitierten

283 Stierva, Katholische Pfarrkirche, ockergelbe Quadermalerei ringsum, 1519/21
284 Flims, Reformierte Kirche, weisse Quadermalerei, wohl von Andreas Bühler 1512

Quaderdekoration am Äusseren, deren Hauptmeister Bernhard von Puschlav und Andreas Bühler sind. Das Lilienmotiv findet sich auch in *Poschiavo* San Vittore (2.1.1), *La Punt-Chamues-ch* (2.1.2) und *Stierva* (2.1.4).

Literatur. KDM GR III (Erwin Poeschel), 1940, S. 264-267 · Auskünfte zur jüngsten Restaurierung verdanke ich Oskar Emmenegger, Zizers.

2.1.7 Zuoz (GR, Oberengadin)

Kapelle St. Katharina. Neubau 1509/10, vermutlich von Bernhard von Puschlav (Signatur innen am Chorbogen). Fugennetze bzw. Quaderimitationen an allen Fassaden des Schiffs. Weitestgehend ursprünglicher Bestand. Aufgenommen 1999.

Weisses Fugennetz an Ecken und Fenstern (Abb. 286). Die 1-schiffige, eingezogen dreiseitig schliessende Kapelle mit steilem Dach und seitlich gerücktem Westturm besteht aus grossen Quadersteinen (wohl Rauwacke). In den nur grob verriebenen, löchrigen Naturputz ist mit Ausnahme des Turms an allen Ecken, in den Leibungen und als Umrandungen der Spitzbogenfenster ein Fugennetz eingeritzt, dessen tiefe Kerben mit weissem Mörtel gefüllt sind. Die Putzpartien auf den Binnenflächen der so dargestellten Quader sind stärker geglättet als der übrige Wandputz. Reste grauer Farbe lassen sich vor allem in den geschützten Fensterleibungen ausmachen.

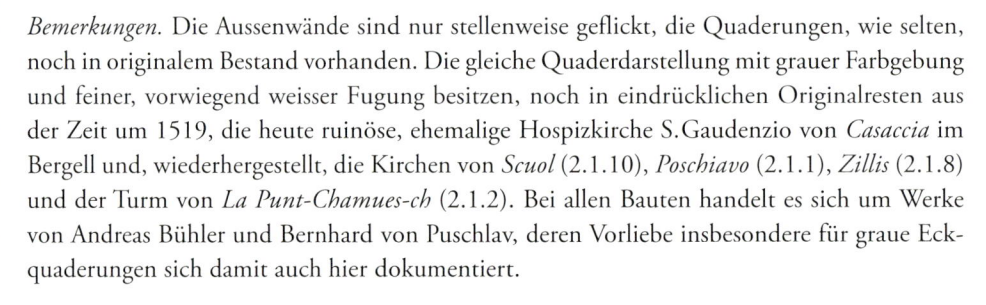

Bemerkungen. Die Aussenwände sind nur stellenweise geflickt, die Quaderungen, wie selten, noch in originalem Bestand vorhanden. Die gleiche Quaderdarstellung mit grauer Farbgebung und feiner, vorwiegend weisser Fugung besitzen, noch in eindrücklichen Originalresten aus der Zeit um 1519, die heute ruinöse, ehemalige Hospizkirche S.Gaudenzio von *Casaccia* im Bergell und, wiederhergestellt, die Kirchen von *Scuol* (2.1.10), *Poschiavo* (2.1.1), *Zillis* (2.1.8) und der Turm von *La Punt-Chamues-ch* (2.1.2). Bei allen Bauten handelt es sich um Werke von Andreas Bühler und Bernhard von Puschlav, deren Vorliebe insbesondere für graue Eckquaderungen sich damit auch hier dokumentiert.

Literatur. KDM GR III (Erwin Poeschel), 1940, S.429-430 (keine Erwähnung der Fugenmalerei).

285 Salouf, Katholische Pfarrkirche, Quadermalerei am Glockengeschoss um 1500
286 Zuoz, Kapelle St. Katharina, Fugenmalerei an Ecken und Fensterleibungen, wohl von Bernhard v. Puschlav 1509/10
287 Salouf, gemalte Lilie über einem weiss gerahmten Spitzbogenfenster
288 Zillis, St. Martin, Chor mit weisser Quadermalerei von Andreas Bühler 1509

2.1.8 Zillis (GR, Schams)

St. Martin, Chor. Erbaut 1509 von Andreas Bühler (Jz. und Signatur innen auf einer Gewölbekappe) mit Fugen- und Quadermalerei. Weitgehend ursprünglicher Bestand. Aufgenommen 1983.

Hellgraue Quadermalerei (Abb. 288). An das, wegen seiner Bilderdecke berühmte romanische Langhaus schliesst sich ein gotischer Polygonalchor an. Er besteht aus naturverputztem Bruchsteinmauerwerk mit einer Eckquaderung, deren schwarzgrau gestrichene Fugen und Konturen in den Putz geritzt und deren Binnenflächen weiss gekalkt und hellgrau gestrichen sind (Grau nur noch in geringen Resten vorhanden). In gleicher Weise wurden das Dachgesims, die gesamte Leibung und die Rahmung der Masswerkfenster behandelt. Die Masswerke selbst, aus Rauwacke gehauen, erhielten zusätzlich zu deren gelblicher Naturfarbe eine ockergelbe Farbfassung und dunkle Fugenstriche.

Bemerkungen. Die ursprüngliche Farbgebung der Quadermalerei erschien weissgrau auf hellgrauem, heute bräunlich verwittertem Putz (s. 2.1.7 *Zuoz*, Bemerkungen). Die konstruktiven Teile des Chorgewölbes sind, wie auch sonst bei Bühler, analog zum Äusseren in Grau gefasst. (Der Chor befand sich 2004 in Restaurierung). Zu Bühlers Aussenbemalung mit Quadern siehe die Bemerkungen bei 2.1.1 *Poschiavo* San Vittore.

Literatur. KDM GR V (Erwin Poeschel), 1943, S. 223-230 (keine Erwähnung der Quadermalerei).

2.1.9 Sta. Maria Val Müstair (GR, Münstertal)

Reformierte Pfarrkirche. Aussen am Chorhaupt Jz. 1492 im Putz, innen am Gewölbe signiert von Andreas Bühler und noch einmal datiert 1492. Gemalte Quaderumrisse an Schiff und Chor. Putzflicke aus verschiedenen Zeiten. Aufgenommen 1999.

Eck-, Gesims- und Fensterquaderungen (Abb. 289, 290). Spätgotisches Kirchenschiff mit eingezogenem, dreiseitig schliessendem Chor, älterer Turm an der Südseite. An allen Ecken des hellgrau naturverputzten, spätgotischen Baus werden sehr unregelmässig behauene Eckquader aus Rauwacke in Varietäten grauer, gelblicher und rötlicher Naturfarbe sichtbar. Sie sind mit weissen Konturen und in ihrer jeweiligen Steinfarbe in den bündig auslaufenden Wandputz hinein zu regelmässigen Rechteckformen ergänzt. Die Quader an den Dachgesimsen sind gelb, die Stossfugen und der untere Rand weiss markiert. Die Leibung der Spitzbogenfenster ist in der Bogenpartie ebenfalls deckend gelb mit weissen Fugen gestrichen. An den Seitenpartien jedoch wechseln natürliche Oberfläche der Rauwacke und grau gestrichener Putz, von weissen Fugen unterteilt, die in die schmale Putzrahmung auf der Wandfläche übergehen.

Bemerkung. Eine Besonderheit dieser weitgehend original erhaltenen Quaderung eines Bühler-Baus ist das teilweise Sichtbarlassen der natürlichen Werksteinoberfläche und deren Vervollständigung zu rechteckigen Sichtflächen auf dem Verputz im jeweiligen, zwischen Grau, Gelb und Rot variierenden Farbton der verwendeten Rauwacke. Bei anderen Kirchenbauten Bühlers und seines Umkreises, die Quadermalereien am Äusseren aufweisen, wurden eher die farblich einheitlichen, gemalten Quaderbilder auf, den Mauerverband insgesamt deckendem Verputz bevorzugt und nicht die sich von Stein zu Stein im Ton ändernde Farbigkeit (zur optischen Vervollständigung unregelmässiger Eckquader durch steinfarbige Bemalung des Putzes siehe 2.2.9 *Fribourg* Montorge und 2.2.10 *Neudorf*).

Literatur. KDM GR V (Erwin Poeschel), 1943, S. 372-379 · De Quervain Gesteinsarten Bd. 10 1983/85, S. 214.

289 Sta. Maria Val Müstair, Reformierte Pfarrkirche, Eckverband mit gefassten Quadersteinen, Andreas Bühler 1492

290 Sta. Maria Val Müstair, Detail der farblich auf dem Putz ergänzten Quaderumrisse

291 Scuol, Reformierte Kirche, graue Quadermalerei von Bernhard v. Puschlav 1516
292 Ilanz, Alte Pfarrkirche St. Martin, Quadermalerei, datiert 1662 und 1663

2.1.10 Scuol (GR, Unterengadin)

Reformierte Kirche. Erbaut 1516 von Bernhard von Puschlav. Quadermalerei an Schiff und Chor. Restauriert 1972. Aufgenommen 1999.

Graue Quadermalerei auf weissem Putzbau (Abb. 291). Der 1516 an einen romanischen, steinsichtigen Turm anschliessende Putzbau eines Gewölbesaals mit eingezogenem Polygonalchor wird ringsum von Strebepfeilern gestützt. Diese mit kräftigen Postamenten im Sockel verkröpften und dreifach abgetreppten Strebepfeiler sind mit grauen, weiss gefugten Quadern bemalt. Es wechseln jeweils ein hoher als Binder und ein niedriger als Läufer um die Pfeiler geführter Quader (Unregelmässigkeiten nur bei den Wasserschlägen). Die Leibungen und Rahmen der hohen Lanzettfenster an der Südseite und am Chor sowie das Rund- und Rautenfenster im Westen sind gleichfarbig grau mit weissen Fugen gefasst, ebenso die Portalgewände, deren Bogenansätze auf ausladenden Scheinquadern stehen. Die innere Grauquaderung am Gewölbe zeigt nicht weisse, sondern schwarze Fugen.

Bemerkung. Die graue Bemalung der Strebepfeiler ist für das weisse, weithin sichtbar frei auf einem Hügel liegende Kirchenschiff ein auffälliges Kennzeichen. Zur graufarbigen Quadermalerei der Bauten von Bernhard von Puschlav und Andreas Bühler siehe die Bemerkungen bei *Zuoz* (2.1.7).

Literatur. KDM GR III (Erwin Poeschel), 1940, S.474-478.

2.1 GEBÄUDEKANTEN   Gemalte Quader an Ecken, Fenstern und Gesimsen

2.1.11 Ilanz (GR, Oberland)

Alte Pfarrkirche St. Martin. Mittelalterlicher Bau mit vielen Veränderungen. Gelbliche Quadermalerei von 1662 und 1663 (Jz. an den Giebeln). Restauriert 1951 und 1986/90. Aufgenommen 1997.

Quadermalerei auf weissem Putzbau (Abb. 292). Bei der letzten, wesentlichen Veränderung der Kirche 1662/63 erhielten das Schiff und seine Ostanbauten eine gelbe Eckquadermalerei, eine die Leibungen einschliessende Steinwechselrahmung der Masswerk- und Rundfenster in Gelb und Weiss sowie einen Zackenfries am West- und an allen drei Ostgiebeln, dem Initialsignaturen (M/GAC und AN), Sternzeichen und Jahreszahlen in den beiden Firstspitzen des Schiffs integriert sind. Der wellige Wandputz und die akkuraten Kontureinritzungen sind weitgehend ursprünglich, der Farbton wechselte bei der jüngsten Restaurierung von tiefem Ockergelb (stammte möglicherweise von 1951) in eine helle Sandfarbe.

Bemerkungen. Diese Bemalung von 1662/63 ist ein Beispiel für die lange Tradition der Eckquadermalerei an Bündner Kirchen um 1500. Die zum Malprogramm gehörende Beschriftung der Giebel übernimmt zwar ein typisches Stilelement der zeitgenössischen weissen Architekturmalerei (S. 330–373). Das ausschliesslich verwendete Motiv des nur mit Farbe und ohne zweite Putzschicht dargestellten Quadersteins sowie das Farbkonzept von Dunkel auf Hell (statt Hell auf Dunkel wie bei der weissen Architekturmalerei) knüpfen aber unverkennbar an die spätgotischen Kirchenbauten von Andreas Bühler und Bernhard von Puschlav an.

Literatur. KDM GR IV (Erwin Poeschel), 1942, S. 48-50.

Quadermalerei an Kirchen nach 1500 im Wallis
Die Zusammenarbeit von Baumeister Ulrich Ruffiner und Maler Hans Rinischer

2.1.12 Naters (VS)

Beinhaus. Vollständiger Neubau 1514 von Ulrich Ruffiner (Jz. und Meisterzeichen am Portal der Oberkapelle). Farbfassung gleichzeitig, Zuschreibung an Hans Rinischer. Erneuert 1985–1988. Aufgenommen 1982 und 2000. Siehe auch 2.1.48.

Bau (Abb. 293, 294). Kleiner, dreiseitig schliessender, doppelgeschossiger Bau südlich neben der Pfarrkirche. An der zur Kirche orientierten Seite flankiert eine doppelläufige Treppe die Öffnung zur Gruft und führt zum hoch liegenden Kapellenportal. Beide Öffnungen sind rundbogig. An West- und Ostfront befinden sich zwei kleine Rundbogeneingänge sowie je ein Okulus und ein Rechteckfenster; im Osten auf Kapellenhöhe drei grosse Spitzbogenfenster.

Schwarze Eck- und Fensterquaderungen sowie gelbe Gewändefassungen (Abb. 295, 296). Auf dem weiss gestrichenen Wandputz sind alle Ecken, die Spitzbogen und das Rundfenster mit gleichmässigen Läufern und Bindern schwarz bemalt. Die aus gelblichem Tuffstein gehauenen Eingänge und das Rechteckfenster hingegen erhielten eine gelbe Lasur, die von den Seitengewänden der Bogenöffnungen ober- und unterhalb der Treppe als gemalte Läufer auf die Wand übergreifen. Alle Fugen sind mit weissen Farbstrichen fingiert, alle gelben Umrahmungen mit einer schmalen schwarzen Linie vom Wandputz abgesetzt.

Zustand und Erhaltung. Eine Handzeichnung von Johann Rudolf Rahn, datiert am 31.8.1909 (Zentralbibliothek Zürich), gibt die Bemalung in relativ gut erhaltenem, ursprünglichen Zu-

293 Naters, Beinhauskapelle, Eckquadermalerei, original von Ulrich Ruffiner 1514 (Foto 1982)
294 Naters, Chorpartie, Oberflächen restauriert (Foto 2000)

295 Naters, Beinhauskapelle, Detail des Originalbestands von 1514 (Foto 1982)

296 Naters, Gewändepartie aus gelb gefasstem und schwarz konturiertem Tuffstein, restauriert (Foto 2000)

stand wieder, in dem sie sich auch noch bis zur jüngsten Restaurierung befand: Auf dem gut geglätteten Einschichtputz lag eine dünne weisse Kalkschlämme, die Quaderkonturen waren eingeritzt und die schwarze bzw. gelbe Farbe bedeckte die Oberflächen der unregelmässig behauenen Gewändesteine des gelblichen, porösen Kalktuffs zwar dünn, aber deckend.

Bemerkungen. Beachtenswert ist die «Umfärbung» des Gewändesteins an einigen der Öffnungen von Gelb (Kalktuff) zu Schwarz (Anstrich) und damit zu einem ausgewogenen Dreiklang von Schwarz und Gelb auf Weiss (vgl. 2.1.48–2.1.51) sowie die Vereinheitlichung der Quaderformate durch gemalte Konturen und Fugen. Die Farbfassung wird ebenso wie die des benachbarten Kirchturms (2.1.14) Hans Rinischer zugeschrieben, mit dem Ulrich Ruffiner, der Architekt beider Bauwerke, nachweislich zusammenarbeitete. – Wie in Graubünden mit Andreas Bühler und Bernhard von Puschlav (siehe 2.1.1–2.1.10) ist damit nochmals ein Baumeister im Zusammenhang mit spätgotischen Aussenfassungen namentlich fassbar, nämlich der aus Prismell (Valsesia im Piemont) stammende und in Raron wohnhafte Ulrich Ruffiner. Überdies lässt sich hier auch der ausführende Maler benennen: Es ist Hans Rinischer aus Sitten, der neben Tafel- insbesondere Wandmalereien schuf und zwischen 1510 und seinem Tod 1529/30 die Innen- und Aussenpolychromien an Bauten Ruffiners übernahm. Er signiert mit HR. Eine derart langzeitige Zusammenarbeit zweier Künstler bei Bauwerken und deren Polychromierung in spätgotischer Zeit wurde bisher kein zweites Mal festgestellt. Das Beinhaus in Naters, die Kirche und Teile des benachbarten Wohnturms von *Raron* (2.1.13), der Kirchturm von *Naters* (2.1.14) und, zumindest in der Nachfolge, auch der von *Mörel* (2.1.15) gingen als erhaltene und bemalte Bauwerke aus dieser Künstlergemeinschaft hervor.

Literatur. Rudolf Riggenbach.- Ulrich Ruffiner von Prismell und die Bauten der Schinerzeit im Wallis. Brig 1952 · Heinz Horat.- Kunsthistorisches Inventar des Dorfkerns von Naters.

In: Vallesia XXXIV, 1979, S.310, Tf. Xc · Walter Ruppen.- Naters und «Natischer Bärg». Bern 1984, S.13f (SKF) · Gaëtan Cassina.- L'oeuvre commun de l'architecte Ulrich Ruffiner et du peintre Hans Rinischer. (Etudes de lettres, Revue de la Faculté des lettres de l'Université de Lausanne, 1997/4, p.56-59) · Klaus Aerni, Gaëtan Cassina, Philipp Kalbermatter, Elena Ronco, Gregor Zenhäusern.- Ulrich Ruffiner von Prismell und Raron. Der bedeutendste Baumeister im Wallis des 16. Jahrhunderts. Sitten 2005, S.78f (ohne Hinweis auf Rinischer).

2.1.13 Raron (VS)

Kirche St. Romanus «Auf der Burg». Chor und Turm erstellt von Ulrich Ruffiner 1512 (Jz. und Steinmetzzeichen des Baumeisters aussen und innen mehrfach angebracht). Malerei auf dem Eckverband und im Inneren 1518 von Hans Rinischer (Jzz. und Signaturen bei der Empore). Ursprünglicher Bestand. Aufgenommen 2001.

Bau. Kirche mit Polygonalchor und Südturm in imposanter Lage auf einem Felsvorsprung über dem Rhonetal. Von der ehemaligen Burganlage wurde der Palas (14. Jh.) zunächst als Saal, dann als 3-schiffige Halle wiederverwendet. Die teilweise gemalten Eckquader am Äusseren befinden sich am Neubau von Chor und Turm sowie, jedoch kaum mehr erkennbar, an den gleichzeitig in das ältere Mauerwerk des Palas eingesetzten Masswerkfenstern (s. Fassadenplan, Stöckli S.24). Mit dem Bau der Kirche wurde der in Raron wohnhafte, aus Prismell stammende Ulrich Ruffiner beauftragt. Die Architekturfassungen aussen und innen sowie die Bildmalerei (Jüngstes Gericht) führte wie auch an anderen in dieser Zeitspanne entstandenen Kirchenbauten Ruffiners der Walliser Hans Rinischer aus (s. 2.1.14 *Naters,* 2.1.15 *Mörel*).

Eck-, Fenster- und Gesimsverquaderung in Dunkelgrau (Abb. 297–299). Die Bauecken, die Ecken der Strebepfeiler, das Traufgesims und die Gewände der Masswerkfenster bestehen aus gelblichen Tuffsteinquadern, über deren mauerwärts unregelmässig behauene Ränder der wanddeckende, weiss gekalkte Putz ausläuft. Die winkelrechten Ergänzungen der Quaderformate sind in den Putz eingeritzt, die Flächen auf Putz und Stein grau gestrichen, die Fugen (nur auf dem Stein) weiss aufgemalt. Ursprünglich dürfte es sich bei der Quaderfassung sogar um ein fast schwarzes Grau gehandelt haben, wie es noch am Gesims unter dem schützenden Dachvorstand in Resten sichtbar ist. Da sich die Farbfassung nicht an den natürlichen Fu-

297 Raron, St. Romanus, Masswerkfenster und Traufprofil aus Tuffstein mit Quaderfassung, Originalbestand 1512
298 Raron, Chorpartie mit Quadermalerei von Ulrich Ruffiner 1512
299 Raron, Fenstergewände, farbliche Vervollständigung des Quaderbilds auf dem bündig anschliessenden Wandputz, Originalbestand 1512

300 Naters, Pfarrkirche, Turm Ulrich Ruffiner, Bemalung wohl von Hans Rinischer 1514

genschnitt hält, erzielt sie eine sehr präzise Regelmässigkeit im Wechsel von Läufern und Bindern.

Bemerkungen. Das Hervorheben der Eckquader in Schwarz auf Weiss mit geometrisch exaktem Fugenschnitt muss ehemals eine stark gliedernde Wirkung gehabt haben. Zudem fällt auf, dass die Architekturbemalung am Aussenbau die natürliche gelbliche Farbe des darunter liegenden Tuffsteins zu Schwarz (Grau) verändert, während die – übrigens äusserst dekorative – gelbe Architekturbemalung im Innern an Pfeilern, Gewölberippen und auf der Wand die Eigenfarbe des Tuffsteins nicht verändert, sondern wiederholt (erneuert 1970/71). Die gleiche grauschwarze Eckbehandlung ist auch am romanischen, nordöstlich der Kirche liegenden Wohnturm zu sehen, und zwar an den in der 1. Hälfte des 16. Jh. (nach 1538?) hinzugefügten Partien. Deren bauliche Verwandtschaft mit dem von Ruffiner errichteten Zentrigenhaus in *Raron* legt nahe, dass der Umbau des Wohnturms ebenfalls von Ulrich Ruffiner vorgenommen wurde und er auch nach dem Tod von Hans Rinischer, der 1529/30 verstarb, die Gewohnheit der farblich gefassten Eckquaderung beibehielt. – Weiteres zum farbgleichen bzw. farbverändernden Anstrich von Tuffstein sowie zur Zusammenarbeit derselben beiden Künstlerkollegen vergleiche die Beinhauskapelle in *Naters* (2.1.12).

Literatur. Gaëtan Cassina.- L'oeuvre commun de l'architecte Ulrich Ruffiner et du peintre Hans Rinischer (Etudes de lettres, Revue de la Faculté des lettres de l'Université de Lausanne, 1997/4, p.53-55) · Zum Wohnturm s. Werner Stöckli.- Die Burg von Raron. Beobachtung anlässlich der Restaurierungsarbeiten 1970–1972. In: Raron, Burg und Kirche. Redaktion Alfred A. Schmid. Basel 1972, S.16f (keine Bemerkung zur Aussenfarbigkeit der Kirche) · Klaus Aerni u. a., Ulrich Ruffiner (wie 2.1.12), S.83f, S.89.

2.1.14   Naters (VS)

Turm der Pfarrkirche. Errichtet 12. Jh., verändert 1514 (Jz. am 5.OG der Nordseite) von Ulrich Ruffiner und mit Quaderwerken bemalt, vermutlich von Hans Rinischer. Restauriert 1977/80. Aufgenommen 2000.

Bau. An den romanischen Turm schliesst südseitig der spätere Kirchenbau an (1659/61). Die Bemalung zeigt nur der Turm, die dieser 1514 erhielt, als Baumeister Ruffiner ihn mit neuem Helm versah. Dass das damalige Kirchenschiff Ruffiners, das dem Neubau von 1659/61 weichen musste, auch eine Bemalung wie der Turm besass, ist möglich, aber nicht mehr nachweisbar. Im selben Jahr 1514 errichtete Ulrich Ruffiner südlich der Kirche die in gleicher Art bemalte Beinhauskapelle (2.1.12).

Grauschwarze Quader- und spätgotische Masswerkmalerei (Abb. 300, 301). Soweit freistehend, sind alle vier Seiten des Turms vom Boden an weiss verputzt und schwarz bemalt. Der Schaft ist in sechs unterschiedlich befensterte Geschosse gegliedert. Vom 2. Geschoss an bildet jeweils eine annähernd quadratische Blendnische mit sieben Zwergarkaden den Rahmen für die ein-, zwei- und dreifachen, durch abgefaste Pfeiler unterteilten Rundbogenfenster. Die Turmecken, Nischen- und Fensterkanten sind mit gleichmässigen Läufern und Bindern, alle Bögen mit Formquadern bemalt. Das 3. Geschoss, mit dem sich der Turm aus dem Kirchenschiff herauszuheben beginnt, wird von einem profiliert gemalten Gesims abgesetzt. Darüber hinaus erhielten die Arkaden verschiedenen zusätzlichen Zierat, nämlich Wimperge in Form von Kielbögen mit Krabben und Kreuzblumen, Kleeblattfriese, vier- und fünfblättrige Rosetten sowie bei den Schartenfenster der beiden untersten Geschosse stark profilierte Gewände und Fialenaufsätze. Auffällig sind die Wasserschläge an den Fensterbänken. Im 3. Geschoss der Nordseite befindet sich ein späteres, 1739 datiertes und durch seine vorwiegend rote Farbe hervorgehobenes Uhrenfeld.

Erhaltung, Zustand und Restaurierung 1977/80. Die Bemalung war schon Anfang des 20. Jh. so viel stärker verblasst als am Beinhaus, dass Johann Rudolf Rahn sie auf seiner am 31.8.1909 datierten Handzeichnung des Kirchturms (Zentralbibliothek Zürich) nicht mehr wiedergab. Bei der Restaurierung reichten die vorhandenen Originalreste aber aus, die Neufassung weitgehend dem Original anzugleichen. Die Kirche von *Raron* (2.1.13) und, vor seiner jüngsten Erneuerung, auch das benachbarte Beinhaus in *Naters* (2.1.12) zeigen bzw. zeigten noch das ursprüngliche Aussehen der Quadermalerei.

Bemerkungen. Auffallend ist der Gegensatz zwischen dem präzisen Quaderbild mit seinen scharfen weissen Fugenlinien und den frei und in mehreren Grautönen gemalten Binnenzeichnungen der gotischen Zier- und Masswerke. Die Malerei stellt zwar durchaus noch zeitgemässe gotische Bauformen dar, weist aber mit dem vorherrschenden und rein schwarzen Quadermotiv auf eine sich erst im Lauf des 16. und 17. Jh. verbreitende Aussenbemalung hin. Nimmt man an, dass auch das nicht mehr vorhandene gotische Kirchenschiff in gleicher Art bemalt war, so muss das platzeinnehmende Bauensemble von Pfarrkirche und Beinhaus inmitten der kleinen Ortschaft damals noch eindrücklicher gewesen sein als heute. Besondere Beachtung verdient das gemalte gotische Masswerk (Abb. 301), das zweifellos ein häufiges, heute aber weitgehend verschwundenes Motiv in der seinerzeitigen Aussendekoration anspruchsvoller Bauten war. Eine Vorstellung des ursprünglichen Aussehens am Turm von Naters vermittelt die noch substantiell weitgehend originale Rahmung einer vergitterten Aussennische der Pfarrkirche in *Ernen* (Abb. 302), die ebenfalls von Ruffiner zwischen 1510 und 1518 errichtet und von Rinischer ausgemalt wurde. Heute sind zwar noch dessen Architekturfassungen im Inneren vorhanden, am Äusseren aber nichts mehr mit Ausnahme der Nischenrahmung an der Südwestecke, die vermutlich in einen grösseren Dekorationszusammenhang gehört hat. – Zur Zusammenarbeit von Ruffiner und Rinischer siehe Beinhaus *Naters* (2.1.12).

Literatur. Walter Ruppen.- Naters und «Natischer Bärg». Bern 1984, S.6-8 (SKF) · Gaëtan Cassina.- L'oeuvre commun de l'architecte Ulrich Ruffiner et du peintre Hans Rinischer. (Etudes de lettres, Revue de la Faculté des lettres de l'Université de Lausanne, 1997/4, p. 47-66) · Klaus Aerni u. a., Ulrich Ruffiner (wie 2.1.12), S.78f ohne Hinweis auf Rinischer.

301 Naters, gemaltes gotisches Fenstergewände am Turm, restauriert

302 Ernen, Pfarrkirche, Ulrich Ruffiner, Rahmung einer Aussennische, wohl von Hans Rinischer, Originalmalerei 1510/1518

2.1.15 Mörel (VS)

Turm der Pfarrkirche. Errichtet 13. Jh., Aufstockung und Quaderbemalung gleichzeitig mit Neubau der Kirche 1527–1547 von Ulrich Ruffiner (Schriftband mit Meisterzeichen und Jz. 1547 nachgewiesen, heute aber verloren). Restauriert 1983/85. Aufgenommen 2000.

Eckquaderung und Kantenfassung in rötlichem Ockergelb (Abb. 303). Der Turm ist ab Traufhöhe des nördlichen Seitenschiffs weiss verputzt und an den Bauecken, an den Kanten der romanischen Blendnischen und Zwillingsfenster sowie an dem romanisierend aufgesetzten Glockengeschoss Ruffiners mit weiss gefugten, rötlichgelben Quaderungen bemalt. Schiff und dreiseitig schliessende Chorpartie sind ohne Bemalung nur glatt weiss verputzt. Farbliche Akzente bilden hier die aus einem Kalktuff mit intensivem ockergelbem Ton bestehenden, wegen vieler Mörtelflicken scheckig erscheinenden Strebepfeiler am Chor (1.5.10) sowie die Gewände der südseitigen Portale bzw. des Kielbogenfensters an der Sakristei. Die Tuff-Okuli an der Westfront und an der Ostseite der nebenstehenden Kapelle tragen gelbe Quaderfassungen. Es stellt sich die Frage, ob ursprünglich nicht alle steinsichtigen Bauteile mit ockergelber Farbe vereinheitlicht und die Turmbemalung entsprechend ockergelb, das heisst ohne den heutigen Rotton, gefasst waren. Obwohl es sich nicht um eine schwarze, sondern um eine buntfarbige Quadermalerei handelt, liegt aufgrund gleicher Motivik der Zusammenhang mit den Ruffiner-Bauten in *Naters* und *Raron* nahe (2.1.12–2.1.14). Rinischer, der 1529/30 starb, war als Maler selber wohl nicht mehr beteiligt (zur Zusammenarbeit von Ruffiner und Rinischer siehe 2.1.12).

Literatur. KDM Wallis III (Walter Ruppen), 1991, S. 15-17 · Klaus Aerni u. a., Ulrich Ruffiner (wie 2.1.12), S. 77 mit Hinweis auf eine 1547 datierte Inschrift beim Zifferblatt.

303 Mörel, Turm der Pfarrkirche mit Quaderbemalung, Ulrich Ruffiner 1527/1547
304 Zürich-Witikon, Vordere Eierbrecht, ehem. Speicher mit Eckquadermalerei um 1500

Schwarze und graue Quaderungen

2.1.16 Zürich-Witikon

Burenweg 18 (Vordere Eierbrecht). Ehem. Speicher (?), errichtet wohl um 1500, zum Wohnhaus umgebaut 1580/81, später mehrmals vergrössert. Eckquadermalerei wohl aus der ersten Bauzeit. Reste freigelegt und konserviert 2002. Aufgenommen 2004.

Schwarzgraue Eckquadermalerei (Abb. 304, 305). Der spätmittelalterliche, 2-gesch., ehemals freistehende kleine Massivbau, der zunächst dreiseitig umbaut (Bohlenständer dendrochronologisch 1580/81 datiert), im 17./18. Jh. erweitert und im 20. Jh. schliesslich in einen grösseren Wohnkomplex integriert wurde, weist an seiner heute einzigen, strassenwärts orientierten Aussenmauer eine gemalte, schwarzgraue Eckquaderung auf. Die Quader sind weiss gefugt und erhielten eine weisse, vom hellen Wandputz mit schwarzem Strich abgesetzte Umrandung. An beiden, leicht aus der Mauerflucht hervortretenden Bauecken blieben im Bereich des OG die Malreste von sechs Steinlagen erhalten, die an der rechten Mauerkante sogar noch ein wenig um die Ecke führen. Ein altes (ursprüngliches?), vergittertes Fenster im EG ist gleichfarbig umrandet.

Bemerkungen. Das Beispiel dokumentiert eine ausserordentlich frühe, höchstwahrscheinlich schon um 1500 zu datierende und in originalem Zustand konservierte Eckquadermalerei an einem einfachen Wirtschaftsbau. Die leichte Unregelmässigkeit in der Linienführung ist von besonderem Reiz.

Literatur. Zürcher Denkmalpflege, 10. Bericht 1980-1984, 2. Teil, Stadt Zürich. Zürich 1986, S. 209f · Stadt Zürich. Archäologie und Denkmalpflege. Bericht 1999-2002. Zürich 2003, S. 114.

2.1.17 Fribourg/Freiburg

Stalden 16. Wohnhaus, im Kern wohl 14./15. Jh.; an der Gassenfassade Eckquader und Jz. 1515. Restauriert um 1960/70. Aufgenommen 1999.

Schwarzgraue, gemalte Eckquader und Fensterrahmungen (Abb. 306). Die schmale, 3-gesch., in der Gassenzeile leicht rückversetzte Fassade ist weiss verputzt und über dem Fenster im 2.OG mit der schwarz gemalten Jz. 1515 versehen. Auf den seitlichen Hauskanten liegt eine einfache, dunkelgraue Läufer-Binder-Quaderung, auffallenderweise ohne weisse Fugen. Die gotisch abgefasten Tür- und Fenstergewände im EG und die profilierten Gewände der beiden vier- und dreiteiligen Fensterbänder in den OG sind gleichfarbig grau gefasst und auf der Wand mit Farbe zusätzlich grau umrahmt. Dabei wurden die Stürze in der Mitte erhöht, um den Eindruck von Staffelfenstern hervorzurufen. Das profilierte, ebenfalls grau gefasste und durchlaufende Fensterbankgesims verschmilzt im 1.OG ebenso wie die seitlichen Fensterpfosten mit der Eckquaderung und ist im 2.OG links durch eine grau gemalte Weiterführung auf den korrespondierenden Läufer abgestimmt. Der Fensterabstand zur jeweiligen Eckquaderung ist ungleich.

Bemerkungen. Die Asymmetrie der Fassadenbemalung und die Staffelung der Fenster könnte formal gotischen Ursprungs sein und mit der Jz. 1515 in Verbindung stehen. Vorausgesetzt, bei der Erneuerung der Fassadenbemalung wurde der möglicherweise noch in Originalresten vorhanden gewesene (nicht dokumentierte) Vorzustand rekonstruiert, könnte es sich hier um ein sehr frühes, datiertes Beispiel der einfachen schwarzgrauen und für Fribourg im 15./16. Jahrhundert wahrscheinlich prototypischen Fassadenbemalung handeln. Ungeklärt bleibt allerdings, ob die Verputzung und Bemalung der Fassaden derzeit generell üblich war oder von der jeweiligen Art und Qualität des Mauergefüges abhing. Heute stehen in *Fribourg* jedenfalls unverputzte Haustein- und Putzfassaden mit (erneuerter) Bemalung nebeneinander (z.B. Planche supérieur 2-8).

Informationen verdanke ich Hermann Schöpfer, Kunstdenkmäler-Inventarisation Ct. Fribourg.

2.1.18 Fribourg/Freiburg

Rue de la Samaritaine 40. Wohnhaus mit Eckquaderung und Fenstereinfassungen, 16./17. Jh., erneuert um 1970/80. Aufgenommen 2000.

Schwarzgraue, gemalte Eckquader und Fenstereinfassungen (Abb. 307). Der wohl hochmittelalterliche und später vergrösserte, 3-gesch. Kopfbau einer geschlossenen Gassenzeile zeigt an beiden weiss geschlämmten Hausteinfassaden eine schwarzgraue Bemalung, die vor allem an der schmalen Platzfront zur Geltung kommt. Die Eckbemalung stellt im EG eine Lisene, in den OG Läufer- und Bindersteine ohne Fugen, aber mit schwarzer Konturlinie und schwarzem Schlagschatten an der unteren Läuferkante dar. Unter der Traufe verläuft ein einfaches breites, fast schwarzes Gesimsband. Die farbgleichen Fensterrahmungen umschliessen sowohl die einfachen Öffnungen im EG als auch die gotischen Staffel- und Kreuzstockfenster in den OG beider Fassaden. Auffallend sind bei den Rahmen der breitere Quaderzuschnitt der gotischen Sohlbank- und der Sturzecken sowie der Einzug auf Höhe des Querbalkens bei den Kreuzstockfenstern. Die Fenster der Schauseite zum Platz werden zusätzlich von profilierten, schwarzgrau gefassten und bis zur Hausecke durchlaufenden Steinbankgesimsen zusammengefasst.

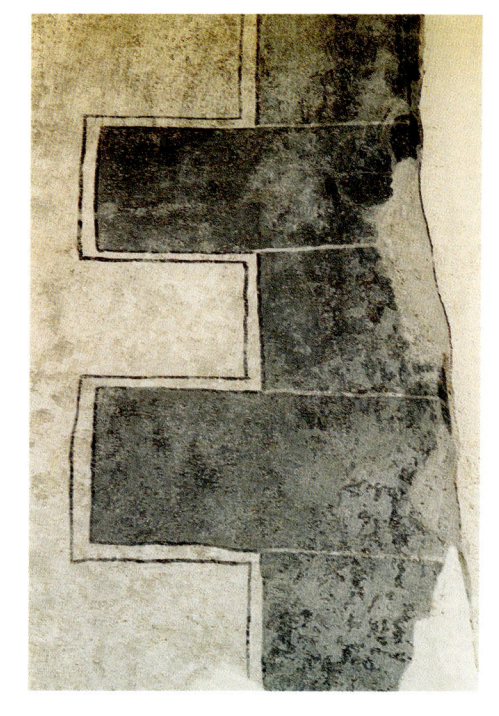

305 Zürich-Witikon, Detail der konservierten Farbreste
306 Fribourg, Stalden 16, gemalte Eckquader, Fensterrahmungen, Jahresziffern 1515

307 Fribourg, rue de la Samaritaine 40, Eckquader und Fenstereinfassungen, 16./17. Jh.
308 Fribourg, Place Jean François Reyff 25, Fenster aus ungleichmässigen Steinquadern ohne regulierende Farbfassung, 16./17. Jh.
309 Belfaux, Schmitte um 1570, gemalte Eckquader und Fenstereinfassungen 1603
310 Fürstenau, Stoffelhaus, graue Eckquadermalerei datiert 1545, oben der jüngste Sgraffitodekor aus dem 17./18. Jh.

Bemerkungen. Die Fassade repräsentiert die schwarze Farbfassung des 16./18. Jh. von zahlreichen Freiburger Altstadthäusern aus hell geschlämmtem Hausteinmauerwerk. Typisch und anders als bei der wohl älteren Fassade des Hauses Stalden 16 (2.1.17) ist bei dieser jüngeren Fassadengestaltung das wirkungsvolle, dekorative Motiv der besonders breiten Fensterrahmung mit den einzelnen, oft auch auf halber Höhe der Seitenpfosten ausladenden Quadern. Es geht auf die natürlichen, im Mauerverband unregelmässig verzahnten Gewändesteine zurück, die zugunsten von Regelmässigkeit und Symmetrie mit Hilfe deckender Farbe korrigiert werden. Jüngere Restaurierungen lassen aber auch die unregelmässigen, natürlichen Quadersteine ohne regulierende Farbüberfassungen sichtbar (Abb. 308, *Fribourg*, Place Jean François Reyff 25). Eine recht ähnliche Eck- und Fensterumquaderung befindet sich an der Ost- und Südfront des Südanbaus der Schmitte in *Belfaux* (Abb. 309), deren Westfront die unter 2.1.61 aufgeführte Ornamentquaderung zeigt.

2.1.19 Fürstenau (GR, Domleschg)

Stoffelhaus. Spätgotischer Steinbau, ehem. Sommerresidenz der Bischöfe von Chur. Freilegung der südlichen und östlichen Fassadenfassungen 1995. Aufgenommen 2000.

Schwarzgraue Eckquadermalerei (Abb. 310). Bei der jüngsten Restaurierung wurden die Reste der vier, im 14., 15., 16. und 17./18. Jh. entstandenen, grauen Oberflächengestaltungen freigelegt und sichtbar gemacht (Eckbemalungen, Fensterrahmungen). Von den drei jüngeren Fassungen auf hellem Verputz interessiert hier die vorletzte Änderung an der Ostfassade, bei der zu den Fenstereinfassungen des 15. Jh. anstelle der eigentlich zu diesen gehörenden Diamantquaderungen in Schwarz-Weiss einfache graue Läufer und Binder mit schwarzer Fugen- und Konturzeichnung traten. Ungewöhnlicherweise sind sie mit der schwarz auf den Putz gemalten Jahreszahl 1545 genau datiert und deshalb hier aufgeführt. Ihr heutiges Erscheinungsbild ist erneuert. – Im Inneren des Hauses befinden sich bemerkenswerte Wandmalereien aus dem 14. Jahrhundert.

Literatur. Augustin Carigiet.- Das Stoffelhaus in Fürstenau. (Archäologischer Dienst Graubünden, Kantonale Denkmalpflege Graubünden, Jahresberichte 1996, S.178-188) · Markus Rischgasser.- Fürstenau - Stadt im Kleinstformat. Bern 2001, S. 21 (SKF).

2.1.20 Chillon (VD, bei Veytaux)

Schloss, mittelalterliche Wehranlage. Südostturm («Uhrturm») mit Quaderbemalung, wohl kurz nach 1586 (Wappentafel). Originalbestand. Aufgenommen 2001.

Graue Eck- und Gesimsquaderung (Abb. 311, 312). Mächtiger, hochmittelalterlicher Rechteckturm in der äusseren Ringmauer neben dem Eingang zur Burg. Spätmittelalterlich mehrmals erhöht und verstärkt. An der Landseite sehr grosse Sonnenuhr (in Restaurierung). Die Hofmauern (Bruchstein) mit altem, weiss gekalktem Verputz und einer hellen, bräunlichgrauen, weiss gefugten und umrandeten Quadermalerei auf den Bauecken und dem gekehlten Dachgesims (Tuffstein). Die heute ausgeblichene bräunlichgraue Farbe war ursprünglich wohl schwarzgrau, wie unter der Dachtraufe noch erkennbar. An der freien Hofecke ist in Höhe der Holzgalerie eine, mit «HXVM 1586» bezeichnete Wappentafel des Vogts Hans Wilhelm von Mülinen eingelassen. Unter ihm wurden die durch das Erdbeben von 1585 verursachten Schäden im Eingangsbereich der Burg behoben. Im Zuge dieser Reparaturen dürfte auch die Quadermalerei, die auf die Kontur des Wappensteins Rücksicht nimmt, angebracht worden sein. Sie befindet sich, verbunden mit einer dazupassenden grauen Fensterumrahmung, auch an der Hofseite des Eingangstrakts, ist hier jedoch kürzlich zum Teil erneuert worden. (An der hofseitigen Westwand eine ältere, 1951 erneuerte Sonnenuhr.)

Bemerkung. Schönes, noch spätmittelalterliches und mit dem Jahr 1586 des Wappensteins zu verbindendes Beispiel einer einfachen Quadermalerei im originalen Bestand, der weitgehend noch der auf einer 1886 von Johann Rudolf Rahn gezeichneten Ansicht entspricht (Zürich Zentralbibliothek, Grafische Sammlung Arch.XIV-15, Abb. s. Lit., zu weiteren Zeichnung von Rahn und ihrem Dokumentationswert vgl. 1.3.16). Zur späteren Eckquadermalerei am Schloss Chillon s. 2.1.25.

Literatur. Jacques Gubler.- Johann Rudolf Rahn: Geografia e monumenti. [Ausstellungskatalog] Museo d'arte di Mendrisio. Lugano 2004, ill. p.157.

2.1.21 Sommeri (TG)

Kirche mit Polygonalchor und Turm 15. Jh., Eckquader geschlämmt und aufgemalt, möglicherweise gotisch. Erneuert 1977/79. Aufgenommen 2000.

Dargestellte Eckquader in Hellgrau und Gelb, graue Fensterumrahmungen (Abb. 313, 314). An allen Ecken des weiss verputzten Baus sind vom Sockelprofil bis zum Dachansatz sorgfältig mit gekrönelter Oberfläche und glatten Randschlägen behauene Steinquader erkennbar, die sich durch eine weisse Kalkschlämme hindurch dunkel abhebenden. An Schiff und Chor wechseln ein Läufer und ein Binder, am Turm hingegen ein Läufer und zwei nebeneinander versetzte Binder. Darüber liegt eine, zum Teil in die bündige Putzfläche hineingemalte schwarze Quaderkonturierung von lichtgrau dargestellten Läufern und Bindern, die auf die Formate der Steinquader keine Rücksicht nimmt. Die senkrechten Kanten sind mit heute verblasstem Gelb und einer weissen Lichthöhung auf der Quaderseite perspektivisch wirksam verbreitert. Beide Ecken der Westfassade wurden deckend überputzt, so dass unter der Quaderbemalung keine Naturquader durchscheinen. Die Lanzett- und Rundfenster, die rundbogigen Scharten am Turm (Oberbau und Spitzhelm erst 1858 hinzugefügt) und die Traufkanten sind in Hellgrau mit schwarzem Rand umrahmt.

311 Chillon, Schloss, Südostturm, Eckquadermalerei wohl um 1586, Originalbestand
312 Chillon, Detail der weiss gefugten Quadermalerei an Ecken und Gesims
313 Sommeri, Kirche, geschlämmte und bemalte Eckquader, möglicherweise 15. Jh.

Bemerkungen. Bei der letzten Restaurierung wurden drei Putzschichten festgestellt, deren unterste die farbigen Reste einer gemalten Eckquaderung von Läufern und Bindern aufwies und möglicherweise einen gotischen Zustand wiedergibt. Aufgrund dieses Befunds wurde 1977/79 unter Beibehaltung des vorhandenen Putzes wieder eine Quadermalerei aufgebracht.

Informationen zur Restaurierung verdanke ich Jürg Ganz, Frauenfeld.

2.1.22 Roggwil (TG)

Schloss. Mittelalterlicher Bergfried, kompakt umbaut von vier weiteren Gebäuden, im Wesentlichen 18. Jh.; Eckquadermalerei am Turm 1606 (Jz. an Südostecke aufgemalt), an den späteren Bauteilen weitergeführt. Nach Befund wiederhergestellt 1976/82, Aussenanstrich wiederum erneuert 1999. Aufgenommen 2000.

Graue Eckquadermalerei und Fensterrahmung (Abb. 315). Der gesamte Baukomplex ist weiss verputzt, wobei die zum Teil recht buckelige Maueroberfläche erkennbar bleibt. Alle freistehenden Bauecken sind mit grossen, grauen Eckquadern bemalt (Rebschwarz mit Kalk), die Umrandungen schwarz, die Fugen zusätzlich weiss markiert. Die Rahmen der verschiedenformatigen Fenster (z.T. aus Holz), wurden gleichfarbig gefasst. Die Erneuerung von 1977, die auf den alten Farbresten der Eckquaderbemalung am Turm beruhte, hatte einen tief dunkelgrauen Ton; der Farbton von 1999 ist heller.

Bemerkungen. Zum repräsentativen Eindruck des Schlossensembles im Ortsbild trägt die Eckquaderbemalung, obwohl von schlichter Einfachheit, wesentlich bei. Die heutigen, relativ grossen Abmessungen der einzelnen Quader verleihen dem Bau gemeinsam mit dem buckligen Mauerwerk einen altertümlichen Charakter.

Information. Zwischenbericht vom 10.12.1976 zur Bauuntersuchung, Hans Peter Mathis, Denkmalpflege Frauenfeld.

2.1.23 Flaach (ZH, Weinland)

Schloss, ehem. Gerichtsherrensitz. Erbaut um 1520, Quertrakte mit Treppengiebeln 1612, Eckquadermalerei an deren Fassaden 17./18. Jh., Entfernung des Fassadenputzes samt Malerei 1949, Rekonstruktion 1985/86. Aufgenommen 2000.

Hellgraue, schwarz umrandete Eckquadermalerei, Portal- und Fensterumrahmungen (Abb. 316). Dreiteilige Bauanlage aus verschiedenen Epochen, heute einheitlich weiss verputzt. Die beiden, den um 1520 errichteten Mittelbau flankierenden Quertrakte sind mit grauen Läufern und Bindern bemalt. An freistehenden Bauecken ist die Quadermalerei umführend, an fluchtend angebauten Fassaden nur sichtseitig an den Baukanten aufgetragen. Der Quaderlauf reicht über die Dachansätze hinaus bis zur ersten Staffel der jeweils beidseitigen Treppengiebel. Rundbogenportal, einfache und Kreuzstockfenster sind gleichfarbig eingefasst und wie die Quader mit breiten schwarzen Linien umrandet. Bei der Rekonstruktion des 1949 entfernten Verputzes orientierte man sich am Originalputz der Schlossscheune aus dem Jahr 1705/06.

Bemerkungen. Anlässlich der jüngsten Restaurierung wurden ausser der im Detail ungesicherten Quadermalerei Reste einer schwarzen Ornamentmalerei aus der Zeit um 1520 zwischen den Balkenköpfen der Hauptfassade des Mitteltraktes freigelegt und gesichert (wieder überdeckt). Die heutigen grauen, markant konturierten Eck- und Fenstereinfassungen unterstüt-

314 Sommeri, Kirche, Detail der bemalten Quadersteine, wiederhergestellt
315 Roggwil, Schloss, Eckquadermalerei, am Turm datiert 1606, wiederhergestellt

zen in hohem Masse die Aussengliederung auf den drei Hauptseiten des komplexen, freistehenden Baukörpers.

Literatur. Zürcher Denkmalpflege, 12. Bericht 1987-1990. Zürich/Egg 1997, S.48-65.

2.1.24 Lauperswil (BE, Burgdorf)

Reformierte Kirche. Erbaut um 1580. Quadermalerei am Turm und am Portal später, evtl. 1645/46. Renoviert 1967. Aufgenommen 1997.

Eckquaderung in schwarzer Umrisszeichnung (Abb. 317). Einschiffiger, weiss verputzter Saalbau mit Polygonalchor und Südturm, dessen mächtiger Schaft zwischen Schiff und Chor weit vor der Mauerflucht steht. Der Turm zeigt Läufer und Binder an allen sichtbaren Ecken und Sockelsteine am geböschten Fuss, die alle nur in schwarzen Umrisslinien erscheinen. Zudem wurden am rundbogigen, abgefasten, grünlichen Sandsteingewände des südlichen Chorportals der äussere Rand und die weisse Verfugung rot konturiert. Sonst weist der Aussenbau keine farbige Dekoration auf.

Bemerkungen. Der Innenraum birgt im Unterschied zum Äusseren eine aufwändigere Architekturmalerei, unter anderem eine Scheinquaderung mit Diamantbossen am Chorbogen – ein Motiv, das sonst eher am Aussenbau erscheint (s. S. 249–273). Gemäss Amtsrechnung stammt die Innenausmalung von 1645/46. Es ist nicht auszuschliessen, dass zur selben Zeit auch eine Eckquaderung am Äusseren aufgebracht wurde, wobei die heutige, 1967 erstellte, zwar auf «Spuren gemalter Eckquader» (Fischer) zurückgeht, aber als pure Umrisszeichnung ohne Einfärbung der Quaderflächen historisch bisher ohne Parallele ist.

Literatur. Fischer, Denkmalpflege Kt. Bern 1964-1967, S. 26 · Barbara Sammet.- Kirche von Lauperswil. Basel 1975 (SKF).

2.1.25 Chillon (VD, bei Veytaux)

Schloss, mittelalterliche Wehranlage. Mittlerer Binnenhof, Eingangsbau zum Warenmagazin. Quadermalerei, Jz. 1643. Ursprünglicher Bestand. Aufgenommen 2000.

Schwarz und grau gemalte Eckquader und Fenstereinfassungen (Abb. 318, 319). Das mit drei Geschossen unter abgeschlepptem Dach zum Warenmagazin des Arsenals führende, weiss verputzte Treppenhaus ragt leicht in den Hof hinein. Auf den zum Teil blossliegenden Quadersteinen der beiden vorderen Bauecken sind vom Boden bis zur Traufe noch beträchtliche Putzreste mit der ursprünglichen Farbfassung eines regelmässigen Eckverbandes von Läufern und Bindern vorhanden: Spiegel hellgrau, Fugen weiss, Randschlag dunkelgrau mit weisser Kontur an der inneren und schwarzer, teilweise perspektivischer Kontur an der äusseren Kante. Die drei schmalen Fenster wurden durch Übermalung der Steineinfassungen mit gewinkelten Ecken wirkungsvoll verbreitert; in den beiden unteren Geschossen ist die Malerei fast ganz verloren gegangen. Im Traufbereich und an der Giebelwand der Eingangsseite erhielt sich die Farbenintensität unter dem schützenden Dachvorstand relativ gut. Die über dem Eingangssturz eingeritzte Jz. 1643 dürfte sich auf die beschriebene Farbfassung beziehen (die Reste einer gelben Quadermalerei beim Eingang samt der mit «liberté et patrie» beschrifteten Nische wohl Ende 18. Jh.).

Bemerkung. Bei dieser relativ aufwändig in zwei Grautönen, Schwarz und Weiss gehaltenen, sorgfältig aufgebrachten Quadermalerei aus der Mitte des 17. Jh. handelt es sich um die nennenswertesten Originalreste gemalter Aussenfarbigkeit am Schloss Chillon. Zur früheren Eckquadermalerei im vorderen Binnenhof am Südostturm s. 2.1.20.

316 Flaach, Schloss um 1520, Eckquadermalerei aus dem 17./18. Jh., wiederhergestellt
317 Lauperswil, Kirchturm, Eckbemalung eventuell 1645/46, erneuert

2.1 GEBÄUDEKANTEN   Gemalte Quader an Ecken, Fenstern und Gesimsen

318 Chillon, Schloss, Detail der perspektivischen Quaderkonturierung
319 Chillon, gemalte Eckquader und Fenstereinfassungen am Zugang zum Warenmagazin, Originalbestand 1643
320 Regensdorf, Zehntenspeicher, Eck-, Tür- und Fensterbemalung samt Sonnenuhr 1626, wiederhergestellt

2.1.26 Regensdorf-Watt (ZH, Unterland)

Ehem. Zehntenspeicher. Sonnenuhr mit Jz. 1626, Eckquadermalerei und Fensterumrahmungen wohl aus gleicher Zeit. Rekonstruiert 1979/80. Aufgenommen 1996.

Dunkelgraue, gemalte Eckquader und Fensterumrandungen (Abb. 320). Das mehrfach veränderte, 2-gesch., weiss verputzte Speichergebäude ist älteren Datums als die 1626 datierte Sonnenuhr am Giebel der Eingangsseite (der Steinaufsatz über der Jahreszahl stammt vom vorherigen, durch Konturierung angedeuteten Treppengiebel). Wohl gleichzeitig mit der Sonnenuhr dürften die graue, schwarz gefugte und umrissene Quaderung an den Ecken und die farbgleiche Umrahmung der unregelmässig verteilten kleinen Lüftungs- und Taubenfenster aufgebracht worden sein. Die breiten schwarzen Konturlinien der beiden Fenster unter dem Dachvorstand an der Traufseite zur Strasse umspielen den Sturz in unkonventionell-originellen Schnörkeln.

Bemerkungen. Die Aussenbemalung dieses Speichers ist ein repräsentatives Beispiel für die bereits um 1500 bekannte, bis ins 18. Jh. an Putzbauten übliche und häufigste graue Farbgebung von Eckquadern und Fensterrahmen in einfacher Ausführung. Ihr ähnelt die graue Eckquadermalerei und Fensterfassung am nahe gelegenen, etwas älteren Speicher von *Spreitenbach* (Aargau).

Literatur. Zürcher Denkmalpflege, 10. Bericht 1979-1982, 1. Teil. Zürich 1986, S. 98f (Baugeschichte).

2.1.27 Balsthal (SO)

Kapelle St. Ottilien. Ursprungsbau 1511, gotisierender Neubau 1662 mit Quadermalereien. Nach Originalresten erneuert 1978/80. Aufgenommen 2001.

Schwarzgraue Quadermalerei an Ecken, Fenstern und Traufe (Abb. 321). Die Ecken des kleinen, dreiseitig geschlossenen, weiss verputzten Saalbaus werden von verzahnten Läufern und Bindern, die Gewände der spitzbogigen Lanzett- und rundbogigen Doppelfenster, das abgefaste Gewände des Nordeingangs und das Traufgesims hingegen von unverzahnten Quadern markiert. Die Fugen sind an der Mauerwand mit schwarzen, am Gesims mit weissen und die Aussenkonturen aller Quader allein mit schwarzen Linien kenntlich gemacht. Die graue Quaderfarbe wurde bei der Restaurierung etwas dunkler als bei den originalen, zum Teil konservierten Putzresten gemischt (Mineralfarbe mit einem Anteil organischem Binder). An der, einer stark befahrenen Durchgangsstrasse ausgesetzten Nordseite hellte der Farbton inzwischen fleckig auf, die intakte Farboberfläche an der Südseite behielt hingegen ihre volle dekorative Wirkung. – Eine ähnliche, nach Befund des 16./17. Jh. erneuerte Bemalung der Bauecken, Eingänge und Fenster weist der Speicher im Mühledorf von *Niedergösgen* auf.

Bemerkungen siehe *Regensdorf*, Zehntenspeicher (2.1.26).

Literatur: KDM SO III (Gottlieb Loertscher), 1955, S.37-40 (keine Erwähnung der Aussenbemalung) · *Informationen* verdanke ich Georg Carlen, Denkmalpflege Luzern · Zu Niedergösgen s. Denkmalpflege im Kanton Solothurn 1985, Separatdruck aus Jahrbuch für solothurnische Geschichte 1986, S.320.

2.1.28 Zernez (GR, Unterengadin)

Schloss Wildenberg. Quadermalerei am Eckturm, vermutlich um 1622. Restauriert 1990/94. Aufgenommen 1997.

Turm mit hellgrauen, gemalten Quaderecken und -gesimsen (Abb. 322, 323). Den Winkel der zweiflügeligen, barocken Schlossanlage bildet ein mittelalterlicher Wehrturm. Seine um 1622 hinzugefügten, nur von Schlüssellochscharten durchbrochenen drei Obergeschosse (Haube erst 18. Jh.) erhielten einen vermutlich gleichzeitig aufgebrachten, grob strukturierten Naturputz von relativ dunkler ockergelber Farbe. Darauf liegt eine sorgfältige Bemalung grauer Eckquader mit weissen Umrissen und ringsum laufender, quadersteinhoher Gesimsbänder in jedem Geschoss mit querovalen, in Weiss umrissenen Spiegeln. Die Schartenfenster sind farblich entsprechend umrahmt. – Bemerkenswert an dieser Quadermalerei des 17. Jh. sind sowohl das Farbenpaar von Hellgrau auf Dunkelocker als auch das Motiv des Spiegels und die dekorativ zur Wirkung kommenden Schlüssellochöffnungen.

Literatur: Bürgerhaus XII, 1923, Tf. 48-51 · KDM GR III (Erwin Poeschel), 1940, S.545f · Luzi Dosch.- Zernez. Bern 1996 (SKF). Malerei nicht erwähnt.

321 Balsthal, Kapelle St. Ottilien, Quadermalereien 1662, wiederhergestellt
322 Zernez, Schloss Wildenberg, Quadermalereien am Turm um 1622
323 Zernez, bemalte Bauecke, gerahmtes Schlüssellochfenster, gemaltes Gesims

2.1.29 Gelfingen (LU, Seetal)

Schloss Heidegg. Erbaut im Wesentlichen um 1527/32. Eckquadermalerei am Schlossturm wohl nach 1665, am Lehenmannshaus nach 1704. Restauriert 1995/98. Aufgenommen 2001.

Hellgraue Eckquadermalerei (Abb. 324, 325). Der in hoher, exponierter Lage situierte und im 17. Jh. zu einem repräsentativen Landadelsitz ausgebaute ehemalige Wehrturm erhielt 1665, im Zuge des letzten, um zwei auf fünf Geschosse aufgestockten Umbaus, seinen einheitlichen, heute wiederhergestellten und hellgelb geschlämmten Verputz mit einfacher, eingeritzter Eckquaderung in Hellgrau. Diese umfasst vom Boden bis zur Traufe alle Ecken des Wohnturms samt bergseitig angebautem Treppenturm und liegt auch auf den den Sockelbereich anböschenden, megalithischen Bossenquadern. Tür- und Fensterrahmen sind im gleichen Hellgrau gefasst. Das an der Talseite niedriger liegende Lehenmannshaus aus dem Jahr 1704 weist die gleiche, allerdings nicht auf hellgelbem, sondern auf weissem Putz liegende Bemalung auf (erneuert). Die zum Bauensemble gehörende Kapelle ist unbemalt.

Bemerkung. Einfache, aber auf weite Entfernung wirksame Bemalung einer imposanten, herrschaftlichen Turmbauanlage. Erneuerung nach Befund.

Literatur. Denkmalpflege und Archäologie im Kanton Luzern. Jahrbuch der kantonalen Denkmalpflege 1998, S.72-81 · Dieter Ruckstuhl.- Schloss Heidegg. Bern 2001, S.17 (SKF).

324 Gelfingen, Schloss Heidegg, Eckquadermalerei am Turm, wohl um 1665
325 Gelfingen, Farbfassung auch auf Felsfundament und Quaderbossen

2.1.30 Alchenflüh (BE, Burgdorf)

Bernstrasse 27. Mühle 1637 (Bauinschrift und Jz. am Eingang), spätere Veränderungen. Strassenfassade mit Quadermalerei, wohl aus der Bauzeit. Kürzlich erneuert (nach Auskunft der Bauherrschaft aufgrund von Farbresten). Aufgenommen 2001.

Graue Eckquadermalerei und Fensterumrahmung (Abb. 326, 327). Zweigesch. Bau mit mächtigem Krüppelwalmdach, die bemalte giebelseitige Hauptfront unter tiefer Ründe. An den Ecken des EG abgeschrägte Stützpfeiler, Hauseingang mit Kielbogen, asymmetrisch angeordnete Fenster, einige davon zweiteilig. Ein profiliertes Gesims trennt die Geschosse. Das Mauerwerk ist heute weiss verputzt. Die grauen Sandsteingewände sind gut geglättet, abgefast, zum Teil mit Stäben besetzt und in der Steinfarbe ummalt. Die Ecken und Stützpfeiler erhielten eine farbgleiche Bemalung mit grossformatigen Quadern. Alle Konturen werden von einer den Rand perspektivisch betonenden, schwarzen Doppellinie begleitet.

Bemerkung. Die farbliche Fassadengliederung befindet sich nur an der Strassenfassade, sie ist grosszügig und wirkungsvoll. Derartige Farbfassungen kommen im Bernbiet eher selten vor.

326 Alchenflüh, Mühle 1637, Strassenfront mit bauzeitlicher Quadermalerei, erneuert
327 Alchenflüh, Malerei auf Stützpfeiler, Hauskante und am Fensterrahmen
328 Sornico, Casa Moretti, nordwestlicher Hausteil mit Eckquadermalerei

2.1.31 Sornico (TI, Valle Maggia)

Casa Moretti. Eckquader am nordwestlichen Hausteil, Jz. 1646; verändert im 19. Jh., aufgenommen 2000.

Weissgraue Eckquaderung (Abb. 328, 329). Der grössere, flussaufwärts liegende, 3-gesch. Teil des Doppelhauses weist an beiden Ecken seiner schmalen Giebelseite eine augenfällige, helle Eckquaderung auf. Die leicht in den Putz eingeritzten Konturen sind schwarz nachgezogen, die Quader weissgrau gestrichen. An der flussseitigen Ecke ist auf Höhe der Fenster im 1. OG die ursprüngliche Jz. 1646 im Putz zu lesen (Abb. 329), soweit erkennbar leicht eingeritzt und (eventuell später) rot nachgezogen. Der heutige, relativ intensive rosa Anstrich des Mauerputzes dürfte ebenso wie das Weissgrau der Quader aus den 1930er/40er Jahren stammen. Die korrespondierende Quaderung an der Hauskante zur Dorfgasse zeigt zwar eine ältere, aber vermutlich auch nicht die ursprüngliche Fassung: Quader zartrosa, Mauerputz hell gekalkt. Da zu der Eckquaderung die zeitgleichen geometrischen Sgraffitorahmen der Fenster gehören (s. 3.1.14), ist anzunehmen, dass, analog zu diesen, auch die Eckquader sich anfänglich Ton in Ton vom gekalkten Mauerputz abhoben und die Farbe Rosa aus jüngerer und jüngster Zeit stammt.

Bemerkungen. Eher selten zu finden ist eine in puren Ziffern an unauffälliger Stelle auf den Putz geschriebene Jahreszahl, die sich offensichtlich auf die Eckquaderung bezieht (die vier weiteren Jahreszahlen am Aussenbau, 1634, 1641 und zweimal 1645, sind auf Wappen und Türstürzen angebracht). Aus dem Rahmen fällt die Kombination der Eckquaderung mit den

1646

im Tessin nicht üblichen geometrischen Fensterumrahmungen in Sgraffitotechnik. Die Eck- und Fenstermalerei an der kirchseitigen Fassade stammt zwar aus der gleichen Zeit (1641), gehört aber formal nicht zu der hier beschriebenen Dekoration (s. 2.5.19).

Literatur. Casa borghese XXVIII, 1936, tav. 119, 120 (Aufrisse der Giebel- und einer Traufseite mit der Eckquaderung) · Decorazioni Valmaggia 1998, p. 92s.

329 Sornico, Casa Moretti, Detail der Quadermalerei mit Jahresziffern 1646 im Putz
330 Stein am Rhein, «No-e-Wili-Huus», altertümliche Quadermalerei an einer Hausecke, vielleicht schon 2. H. 16. Jh., erneuert
331 Stein am Rhein, Brotlaubegass 14, regulierende Eckquaderbemalung, erneuert

2.1.32 Stein am Rhein (SH)

Schwarzhorngass/Ecke Bärengass, «No-e-Wili-Huus». Baudaten 1567 (am Fachwerkgeschoss) und 1580 (am Rundbogenportal). Eckquadermalerei erneuert um 1980. Aufgenommen 2004.

Graue Eckquadermalerei (Abb. 330). Dreiseitig freistehendes, 3-gesch., weiss verputztes Eckhaus. Die Nordwestecke wird von einer hellgrauen, schwarz umrandeten Quadermalerei mit breiten unteren Schattenstreifen und perspektivischer Verkantung umklammert. Die Quader sind so voneinander abgesetzt, dass der weisse Wandputz die Fugen bildet.

Bemerkungen. Angebliches Wohnhaus des legendären Bäckergesellen, der 1478 einen Überfall der Österreicher auf die Stadt und damit deren Eroberung vereitelt haben soll, indem er sie dazu brachte, noch eine Weile zu warten («no e Wili»), währenddessen sich die Einwohner zum Gegenangriff formierten. Beachtlicher Bau mit altertümlichem Habitus, dem auch das Erscheinungsbild des nur auf einer einzigen Hausecke befindlichen Quaderlaufs entspricht. Die Rekonstruktion beruht auf älterem Befund (Hinweis Urs Ganter, Denkmalpflege Schaffhausen); ob eine ähnliche Bequaderung schon zur Bauzeit vorhanden war oder erst später aufgebracht wurde, lässt sich nicht sagen. Eckquadermalereien in Grau waren jedenfalls in *Stein am Rhein,* wie man heute noch sieht, über Jahrhunderte üblich, so u. a. an dem unmittelbar an das Obertor anschliessenden Haus Brotlaubegass 14, das – ebenfalls im Kern mittelalterlich – bei einem seiner späteren Umbauten auch eine um 1980 erneuerte Eckquaderbemalung erhalten hat (Abb. 331). Die bildlichen Fassadenmalereien, für die Stein a. Rhein berühmt und einzigartig in der Schweiz ist und von denen noch einige aus dem 16., die Mehrzahl aber aus dem 19. und 20. Jh. stammen, befinden sich nur am Rathaus und an Bauten in dessen unmittelbarer Umgebung. Die einfache, graue Eckquadermalerei scheint hingegen in der gesamten Altstadt vorhanden gewesen zu sein.

Literatur. KDM SH II (Reinhard Frauenfelder), 1958, S. 275.

2.1.33 Steffisburg (BE, Oberland)

Kirche. Erbaut 1681 vom Berner Werk- und Münsterbaumeister Abraham Dünz I. Turm und Südmauer mittelalterlich. Restaurierung 1980/83 mit neuer Quaderbemalung. Aufgenommen 2003.

Hellgraue Eckquaderung und Fensterrahmung (Abb. 332). Der 1-schiffige, im Osten dreiseitig schliessende Barocksaal ist neu weiss verputzt (Eck- und Fensterrahmenmaterial Tuff und Kalkstein). Auf den Ecken der West-, Nord- und Ostfassaden liegt eine aufgemalte Läufer-Binder-Quaderung mit grauen Konturlinien und hellgrau gefassten Binnenflächen. Von gleicher Farbigkeit sind die Umrahmungen der Eingänge und Fenster, welche jeweils rechts und links vorkragende Quadersteine an der Fensterbank, auf halber Höhe und beim Bogenansatz aufweisen. Die unterschiedliche Breite der Kontur fingiert Licht- und Schattenseite. Es sind keine Fugen aufgemalt.

Bemerkung. Einfache Quadermalerei in zurückhaltender Farbigkeit, die durch hervorgehobene Konturen und relativ grossen Abmessungen heute als einziges Gliederungsmotiv die ebenen Wandflächen bestimmt. Die Neubemalung erfolgte, ohne dass Materialbefunde des Vorzustands erhoben wurden. Das Fehlen der Fugenstriche ist ahistorisch und verwandelt das eigentlich dargestellte Konstruktionselement der Quaderverzahnung in einen mehr oder weniger beliebigen Ornamentrapport.

Literatur. Hans Peter Würsten.- Dorfkirche Steffisburg BE. Bern 1989, S.16 (SKF).

2.1.34 Einigen-Ghei (BE, Oberland)

Gheiweg 67, sogen. Heidenhaus. Spätmittelalterliches gemauertes Wohnhaus, 1685 z.T. in Holz- und Riegelwerk vergrössert. Restauriert 1975 mit erneuerter Quadermalerei. Aufgenommen 2003.

Schwarze Eckquadermalerei (Abb. 333). Allein stehendes, altertümliches und heute stark eingewachsenes Wohnhaus auf einer steil abfallenden Felsnase oberhalb des Thunersees. Die alten gemauerten, zwei Geschosse hohen Teile sind weiss verputzt und aufgrund von «Spuren einer Ecksteinbemalung» (Fischer) mit ungewöhnlich grossen schwarzen, weiss gefugten Eckquadern bemalt.

Bemerkung. Die mächtige Eckquaderung passt zum archaischen Habitus des Hauses. Ihre Wiederherstellung dürfte durchaus auf eine beim Umbau von 1685 angebrachte, wenn nicht ältere Eckquaderung zurückgehen.

Literatur. Fischer, Denkmalpflege Kt. Bern 1960/61, S.70 («Reste eines Wehrturms») · Jürg Schweizer.- Kunstführer Berner Oberland. Bern 1987, S.94.

2.1.35 Rorbas (ZH, Tösstal)

Reformierte Pfarrkirche. Erbaut 1585, Umbau mit Quadermalerei 1686. Freigelegt, ergänzt und rekonstruiert 1990. Aufgenommen 1996.

Quadermalerei in graubrauner Steinfarbe (Abb. 334, 335). Das 1585 vollendete Kirchenschiff mit mächtigem Chorturm wurde 1686 nach Westen erweitert, weiss verputzt und an allen Bauecken sowie um die Masswerkfenster des Glockengeschosses mit einer regelmässig gezahnten Quaderung in graubrauner Steinfarbe entsprechend der Naturfarbe der Mauerwerksquader aus Tuff bemalt. Die Läufersteine am Turm sind ungewöhnlich lang bemessen. Die Rundbogenfenster und das Traufgesims des Schiffs sind gleichfarbig eingefasst. Bei den Fenstern werden die durch den Putz hindurch erkennbaren, unregelmässigen Gewändesteine durch die fugenlose Einfassung verbreitert und vereinheitlicht. Alle Eckquader erhielten einfache weisse Fugenlinien, während ihre Ränder am Turm von einer, am Schiff sogar von zwei schwarzen Linien begleitet werden. Die gemauerten, profilierten Gesimse zwischen den Turmgeschossen zeigen die gleiche graubraune, unten mit einer schwarzen Linie abgesetzte Farbe. Die Erneuerung erfolgte anhand von Farbresten der originalen Quadermalerei, Fenstereinfassungen und Nagelrisskonturen.

Bemerkungen. Die einfache, massstäblich ausgewogen proportionierte und in freundlich hellem Farbton gehaltene Quadermalerei macht die auf einer erhöhten Geländeterrasse exponiert liegende Kirche zusätzlich zu einem Blickfang des ganzen Ortes. Die Malerei ist ein Beispiel farbiger Wandgliederung des 17. Jh., bei der die Farbe stellvertretend für den Naturton von einem der ortsüblichen Bausteine, in diesem Fall dem Tösstaler Kalktuff, verwendet

332   Steffisburg, Kirche 1681, neue Eck- und Fensterrahmenmalerei
333   Einigen-Ghei, «Heidenhaus», mächtige Eckquadermalerei wohl 1685, erneuert

wird, um die dekorative Wirkung der Quaderverzahnung durch geometrische Präzision zu verstärken.

Literatur. Zürcher Denkmalpflege, 11. Bericht 1983-1986. Zürich/Egg 1995, S. 486 · Ebd., 13. Bericht 1991-1994. Zürich/Egg 1998, S. 278-281.

2.1.36 Unterengstringen (ZH)

Meierhof des Benediktinerinnenklosters Fahr. Eckquadermalerei um 1700. Rekonstruiert 1981/82. Aufgenommen 1995.

Hellgraue Eckquadermalerei (Abb. 336). Das freistehende, mit seinem hohen Giebeldach über zwei Geschossen recht stattliche Wohnhaus ist weiss verputzt und an allen vier Bauecken mit hellgrauen, regelmässig verzahnten Quadern bemalt, deren helle Randschläge von grauen Fugen- und schwarzen Konturlinien umrahmt sind. Die Fenstereinfassungen sind farbgleich.

Bemerkung. Das Haus präsentiert die typische, weit verbreitete hellgraue Eck- und Fenstereinfassung des 17./18. Jh. mit Randschlagquadern. Eine ähnlich aussehende, frühe und nach Spuren wiederhergestellte Eckquaderung aus dem Jahr 1619 besitzt die Fassade der Nikolauskapelle in *Oberwil* (ZG).

Literatur. Zürcher Denkmalpflege, 10. Bericht 1979-1982, 1. Teil. Zürich 1986, S. 229f · KDM AG VII (Peter Hoegger), 1995, S. 360.

2.1.37 Wattwil (SG, Toggenburg)

Kapuzinerinnenkloster Maria der Engel. Pächterhaus, am Eingang Jz. 1756. Eckquadermalerei und Fenstereinfassungen wohl gleichzeitig. Renovationen 1974/75 und 1981/82, Malerei neu. Aufgenommen 1998.

334 Rorbas, Pfarrkirche, dekorative Quadermalereien an allen Fassaden 1686
335 Rorbas, Fassung an der Nordostecke des Schiffs mit den nur teilweise zu sehenden Läufern beim Turmansatz
336 Unterengstringen, Meierhof des Klosters Fahr, Eckbemalung um 1700

2.1 GEBÄUDEKANTEN   Gemalte Quader an Ecken, Fenstern und Gesimsen

337   Wattwil, Pächterhaus des Kapuzinerinnenklosters, Eckbemalung wohl 1756
338   Brig, Altes Stockalperhaus, gelbrote Eckquadermalerei, 17. Jh. (Foto 1982)

Hellgraue Eckquadermalerei und gleichfarbige Fenstereinfassungen (Abb. 337). Das im Hof der Klosteranlage freistehende, langgezogene, weiss verputzte Wohn- und Wirtschaftsgebäude zeigt am 2-gesch., giebelseitig zum Klostergeviert hin orientierten Wohnteil eine hellgraue Eckquadermalerei mit ockergelben Fugen und Konturen. Die Farbfassung korrigiert die darunter liegenden, unregelmässigen Eckquader (graugrüner Sandstein) zu optisch regelmässigen Läufern und Bindern. – Beispiel für die typische hellgraue Eck- und Fenstereinfassung mit einfachen Quadern im 18. Jahrhundert.

Rote Eckquader

2.1.38   Brig (VS)

Simplonstrasse 26, Altes Stockalperhaus (Restaurant Schlosskapelle). Errichtet 1533, umfassend erweitert vor 1640 und zwischen 1640 und 1660. Gelbrote Eckquadermalerei 17. Jh., erneuert 1973/74. Aufgenommen 1982.

Gelbrote Eckquader (Abb. 338). Der unmittelbar neben dem Stockalperschloss liegende, verschachtelte Bau mit Treppenturm, Innenhof, Loggien, Balustraden und Erker wurde 1973/74 neu hell verputzt und an allen Bauecken mit einer kräftigen gelbroten Quaderung bemalt (bei Kontrolle 2001 stark verblasst). Gleichfarbig gefasst sind die Fenstergewände aus gelblichem Kalktuff, ungefasst jedoch die ebenfalls aus Kalktuff gefertigten Balustraden. Vor der letzten Restaurierung waren, nach Birchler, die Fenstergewände offenbar nicht rot, sondern, ihrer Steinfarbe entsprechend, «ockergelb» gefasst. Eine Eckquadermalerei erwähnt Birchler nicht, sie wurde wohl bei der jüngsten Restaurierung aufgebracht (rekonstruiert?).

Bemerkungen. Rote und rötliche Eckquaderungen sind im Wallis neben denen in gelber Farbe durchaus vorhanden, so am Kirchturm *Mörel* (2.1.15), an der Kaplanei *Naters* (2.1.50), am Cricerhaus *Visp* (2.1.59) oder auch am Junkerhof in *Naters (*wohl 1675). Ob das heutige Rot allerdings immer auf ein historisches Rot zurückgeht oder ob ursprünglich ein der natürlichen

Tufffarbe entsprechendes, vielleicht ins Rötliche tendierendes Ockergelb aufgetragen war, bleibt offen.

Literatur. Maison bourgeoise XXVII, 1935, pl. 92 · Linus Birchler.- Das Stockalperschloss in Brig. [Bern] 1962, S.7f (SKF).

2.1.39 Leggia-Roveredo (GR, Misox)

Kapelle San Remigio, mittelalterlich. Rote Eckquadermalerei, wohl 1. H. 17. Jh., rekonstruiert um 1975. Aufgenommen 1998.

Rote Eckquader (Abb. 339). Abseits, einsam und malerisch am östlichen Steilhang der Valle Mesolcina liegende Kapelle. Erwähnt 1219, zu dieser Zeit wahrscheinlich auch die Erstellung des heute weiss verputzten Baus. An der talwärts orientierten Giebelfront (Süden) Reste freigelegter, mittelalterlicher Heiligenbilder. Die rote Quadermalerei an allen vier Bauecken stammte nach Poeschel aus dem 17. Jh. Sie wurde samt Verputz um 1975 total erneuert. Die darunter befindlichen grauen Eckquadersteine (Granit) sind heute durch offene Putzfenster sichtbar. In der näheren Umgebung gibt es etliche, im 17. Jh. errichtete bzw. umgebaute Kirchen mit roter Eckquaderung (alle erneuert): *Soazza* Parrocchiale (Umbau 1626/39) und Turm von San Rocco (1. H. 17. Jh.), *Cabbiolo* San Nicolao (Weihe 1611) – offensichtlich eine lokale Vorliebe dieser Zeit.

Literatur. KDM GR VI (Erwin Poeschel), 1945, 148f.

2.1.40 Fischingen (TG)

Kloster, Westflügel, Katharinenkapelle. Rote Eckquadermalerei 1635/37. Rekonstruiert 1989/1990. Aufgenommen 1997.

Rote Eckquader (Abb. 340). Die Katharinenkapelle ist Teil des von Abt Placidus Brunschwiler 1635/37 errichteten Konventflügelbaus. Ihr in den Klosterhof vorragender, dreiseitig schliessender Chor ist weiss verputzt und an den Kanten mit roten Quadern bemalt, die von blau-

339 Leggia-Roveredo, Kapelle San Remigio, rote Eckquadermalerei, 1. H. 17. Jh.
340 Fischingen, Kloster, Kathartinenkapelle, gemalte rote Eckverzahnung 1635/37

grauen, weissen und schwarzen Konturen umrandet sind. Die Fensteröffnungen der Seitenmauern sind dunkelgrau gerahmt.

Bemerkungen. Die Rekonstruktion 1989/90 erfolgte nach Befunden, die die rote Farbe und mit Resten der Fugenstriche auch die Formate der ursprünglichen Quaderbemalung überliefern (graue Fensterrahmung ohne Befund). Die Buntfarbigkeit des Chörleins auf der Klosterhofseite (Ostfassade) entspricht der Farbfreudigkeit an den westseitigen Portalen des Brunschwiler Baus. Eine ebenfalls rote Eckquadermalerei wurde zusammen mit einem grauen Anstrich der Fenstergewände an der Eingangsfassade der Kapelle St. German in *Risch-Buonas* aus der Bauzeit von 1631/35 nach historischen Resten wiederhergestellt (Heinz Horat in Tugium 10/1994, S.76). Regionale, seltene Rotfassungen.

Literatur. KDM TG II (Albert Knoepfli), 1955, S.182 (keine Erwähnung der Quadermalerei, da weitgehend abgegangen).

2.1.41 Visperterminen (VS)

Wallfahrtsweg mit 10 Rosenkranzkapellen. Szenische Kreuztragung mit hl. Veronika (Kapelle IX). Schnitzwerke annähernd lebensgrosser Figuren um 1700, Fassung der Architekturkulisse u.a. mit roten Quaderungen, vor 1731. Restauriert 1985/93. Aufgenommen 1997.

Rote Quaderung (Abb. 341). Zur Stadtkulisse Jerusalems im Hintergrund des Geschehens gehört ein grauer Torturm, dessen Bauecken und rundbogiger Durchlass mit grossen roten, schwarz verfugten Steinquadern markiert sind. Die ländliche Barockmalerei stellt die Eckquader in wirksamer, wenn auch nicht konsequenter Lichtperspektive dar. Der Maler orientierte sich – noch betont durch das Genremotiv eines Butzenglasfensters mit winkendem Kind – eher an einem Wohnhaus als an einem Wehrturm. Beispiel aus der bildenden Kunst für die rote Eckquaderung des Wallis im 17. und 18. Jh., siehe die Bemerkungen bei *Brig* (2.1.38).

Literatur. Walter Ruppen.- Der Wallfahrtsort der Waldkapelle Mariä Heimsuchung in Visperterminen. Hg. Pfarrei Visperterminen. Brig-Glis o. J.

341 Visperterminen, Rosenkranzkapelle am Wallfahrtsweg, gemalte Architekturkulisse mit roten Quaderungen, nach 1731

342 St-Blaise, La Maison de la Dîme, gelbe und rote Fugen-, Quader- und Ziermalerei 1581, nach Befund rekonstruiert (Foto 1989)

Gelbe Eckquader

2.1.42 St-Blaise (NE, Vignoble)

La Maison de la Dîme (Oberdorf). Ehemaliges Zehndenhaus mit Treppenturm, errichtet 1581 (Jz. am Turmportal, sowie Neuenburger Stadtwappen mit Jz. 1675). Verschiedenartige Quader- und Ziermalereien. Restaurierung 1988/89. Aufgenommen 2003.

Bau. Grosses Gebäude mit weitläufigen Kellerräumen im EG, zwei Wohngeschossen, 8-eckigem Treppenturm im Winkel zum Anbau und Krüppelwalmdach. Repräsentative Lage an Strassenplatz mit zwei Schaufassaden (Süd, West). Fenstergewände mit ornamentalen und figürlichen Steinmetzarbeiten auf Pfosten und Stürzen an der südlichen Giebelseite und am Turmportal aus gelbem Neuenburger Stein (Hauterivien).

Gelbe, rot konturierte Eckquaderung und Fensterrahmung auf weissem Verputz mit gelber Fugenritzung (Abb. 342–345). Bei der Restaurierung wurde die nicht mehr sichtbare, aber farblich, motivisch und technisch (Putzritzung) festgestellte Aussenfassung dokumentiert und rekonstruiert. Die Originalreste befanden sich insbesondere am linken Mittelfenster im 1.OG und am rechten Fenster im 2.OG der Giebelfassade. Danach besass die deckend weiss verputzte Mauer ein regelmässig eingeritztes, gelb markiertes Fugennetz und ein gelbes Eckquaderwerk mit roten Fugen und Konturen. Die mit Reliefs verzierten Fenster wurden gelb gefasst und zusätzlich ebenso wie die schmucklosen Fenster mit gelber, rot umrandeter Einrahmung verbreitert, deren Seitenpartien jeweils zwei bis drei Paare fugenlos auskragender Quadersteine aufweisen. Zudem erhielten die reliefierten Fenster gelbe gemalte Giebelaufsätze, die ihrerseits rot-weiss gerahmt sind und rot-weisse Zierrosetten tragen.

Bemerkungen. Äusserst dekorative, mit Rot und Weiss bereicherte Quadermalerei im ockergelben Ton des Jurakalks, der am Ort vorherrschend als Baustein verwendet wurde (Neuenburger Stein). Der gemalte Fenstergiebel orientiert sich an den regional verbreiteten, steinernen und reliefierten Giebelfenstern aus der Zeit vor und nach 1600 (vgl. z.B. 2.1.43 *Peseux* sowie *St-Blaise* Hôtel du Cheval Blanc, *La Coudre* rue de la Dîme 77, *Hauterive* La Maison Court, *Valangin* La Maison Touchon). Die wohl auf die erste Bauzeit zurückgehende Bemalung der Maison de la Dîme dürfte mit dem spezifischen Motiv des Giebelfensters als Fassadenfassung verbreitet gewesen sein.

343 St-Blaise, La Maison de la Dîme, Südgiebel vor der Restaurierung
344 St-Blaise, Treppenturm, Westseite (Foto 2003)
345 St-Blaise, Fenster der Südfassade während der Restaurierung 1989

Literatur. MAH NE II (Jean Courvoisier) 1963, p.60-62 · Bruno Rossi.- Quatre exemples de polychromie de façade en pays neuchâtelois. In: ICOMOS 90. Lausanne 1990, p.42 · Fotos und Informationen von Marc Stähli, Auvernier.

2.1.43 Peseux (NE, Vignoble)

Grand' rue 13-15, la Maison Sergeans. Wohn- und Geschäftshaus, errichtet 1597 (Jz. am Fenstergiebel, 1.OG), aufgestockt 1685 (Jz. am Fenstersturz, 2.OG). Eckquadermalerei und Zierfarbigkeit. Letzte Restaurierung 1986/87. Aufgenommen 2003.

Bau. Dreigesch., weiss verputztes Haus mit unregelmässigen zwei bzw. drei Fenstern pro Geschoss, die Schaufassade giebelständig in der Strassenzeile neben späteren Nachbarhäusern. Im 1.OG auf profiliertem Gesims zwei übergiebelte mehrteilige Fenster mit Reliefschmuck von 1597, die Fenster im 2.OG sowohl mit einfachen steinernen als auch gemalten und im 3.OG nur mit gemalten Gewänden versehen. Letztere wohl alle 1685.

Eckquader und Fensterrahmung in Gelb mit roter bzw. weisser Kontur (Abb. 346, 347). Rekonstruiert wurde eine Eckquadermalerei im EG in roten Umrissen, in den OG gelb mit roten Fugen und Konturen; sodann eine gemalte zusätzliche Umrahmung an den gelb gefassten (stark überarbeiteten) Fenstergewänden in Form gelber Pfosten mit jeweils zwei seitlich unten und oben ausladenden Quadersteinpaaren, gleichfalls mit roter Umrandung, aber ohne Fugen. Der Reliefdekor und die Wappen auf den Fensterstürzen und -giebeln sind grün (Palmblätter), rot, weiss, gelb und schwarz gefasst (weiblicher und männlicher Kopf, Abb. 347, vier Löwenköpfe).

Befunde. Nachgewiesen wurden die Buntfarben an den ältesten Fenstern im 1.OG (1597) und am Wappen des jüngeren Fensters (1685); sodann die rot gefasste Putzritzung einer fingierten Eckquaderung und Quaderrahmung der Fenster in den beiden OG, wobei angenommen wird, dass diese Befundreste bereits eine spätere Instandsetzung des gleichen Dekors aus der Bauzeit seien (1685); nochmals eine weitere Instandsetzung der vorhandenen Farbigkeit im Jahr 1780. Gegen 1880 folgte eine Erneuerung der Fassade mit einem grüngrauen Anstrich, ockerfarbenen, weiss umrandeten Fensterrahmungen im 3.OG (Abb. 348), grünen Fensterläden und einer Überstockung der Steinteile. Dieses Aussehen wurde 1940 weitgehend erneuert (z.T. mit Ölfarbe). Nach drohendem Abbruch des Hauses 1967 wurde es 1989 in dem für die Bauzeit des 16./17. Jh. angenommenen Zustand rekonstruiert.

346 Peseux, La Maison Sergeans, Fassadengestaltung in Gelb mit buntfarbiger Bauskulptur, z.T. wohl schon 1597 (Foto während der Restaurierung)
347 Peseux, männlicher Kopf am Fenstersturz, im Giebel darüber Jahreszahl 1597, neu gefasst
348 Peseux, Fensterrahmen mit Befund des Zustands von 1880 (Foto 1987)

349 Gals, Bauernhaus E. 16. Jh., Gelbfassung 1609/10, erneuert

Bemerkungen. Die Maison Sergeans stellt denkmalpflegerisch ein besonders interessantes Beispiel dar, weil hier fünf verschiedene Farbschichten auf der Fassade festgestellt und dokumentiert wurden. Wie auch in *St-Blaise* (2.1.42) und *Gals* (2.1.44) zeigt sich hier im Gebiet des gelben Neuenburger Steins eine offenbar um 1600 gängige Fassadenfarbigkeit.

Literatur. MAH NE II (Jean Courvoisier) 1963, p. 208-209 (Baugeschichte) · Marc Emery (réd.). Maisons du Littoral Neuchâtelois, histoires et restaurations. La Maison Sergeans à Peseux (Musée Neuchâtelois 1988 no 3, p. 102 fig. 2, p. 156-164) · Rossi (wie 2.1.42), p. 43 · Fotos Marc Stähli, Auvernier, Hinweise Jacques Bujard, Denkmalpflege Kt. Neuenburg.

2.1.44 Gals (BE, Seeland)

Britschmattstrasse 2. Kleines Bauernhaus (Stock), E. 16. Jh., Umbau 1609/10. Gelbfassung aus der Umbauzeit. Restauriert 1986/87. Aufgenommen 2003.

Ockergelbe Eck- und Fassadengliederung auf weissem Verputz (Abb. 349). Der 2-gesch. Bau mit Wohn-, Stallteil und Laube unter gemeinsamem Krüppelwalmdach liegt mit der giebelständigen Eingangsfront an einer Strassengabel. Diese Schaufassade wird durch einen rundbogigen Mitteleingang mit flankierenden Schartenfenstern über hohem Sockelabsatz und durch zwei Drillings- bzw. Zwillingsfenster auf durchgehendem profiliertem Gurtgesims im 1.OG gegliedert. Die Werksteinteile aus gelbem Neuenburger Stein sind gelb gefasst und werden von gelb auf den Verputz gemalten Eckquadern mit roten Fugen, Konturen und Begleitlinien ergänzt.

Bemerkung. Das Bauernhaus in topografisch bevorzugter Lage bietet mit seiner gelben, der Neuenburger Steinfarbe angepassten und durch rote Linierung belebten Farbgliederung einen Blickfang im Ortsbild. Wie in *St-Blaise* (2.1.42) und in *Peseux* (2.1.43) handelt es sich auch hier vermutlich um eine regional typische Farbfassung um 1600.

Literatur. KDM BE Landband II (Andres Moser) 1998, S.176.

2.1.45 Naters (VS)

Pfarrhof. Platzseitig Rest eines Wohnturms um 1200, rückwärtiger Teil ehemaliger Blockbau auf Steinsockel von 1461, mit Mauerwerk ummantelt 1566 und 1661, in dieser Zeit vermutlich auch verputzt und mit Gelbbemalung versehen. Umbau im 19. Jh., restauriert 1973/75, aufgenommen 2000.

Eckquadermalerei und Fenstergewände in Gelb (Abb. 350). Die breit gelagerte Giebel- und die beiden Trauffassaden des auf hohem Sockel in drei Geschossen errichteten rückwärtigen Hausteils werden vor allem durch die gelb lasierten Tuffsteingewände ihrer Fensterbänder, Zwillings- und Einzelfenster charakterisiert, deren Gewändesteine durchgehend gotisch abgefast sind. Der äussere Rand der Fensterrahmen ist zum Teil nur mit gelber Farbe auf den hellen Putz gemalt (erneuert). Überdies sind die drei freistehenden Bauecken mit einer einfachen gelben Eckquaderung bemalt (erneuert).

Bemerkungen. Das baugeschichtlich äusserst interessante, ins Mittelalter zurückreichende Haus könnte ein sehr frühes Beispiel für gelbe oder rötlichgelbe Farbigkeit am Aussenbau sein, die sich kunstgeschichtlich zum Beispiel mit dem bedeutenden, im wesentlich von Thomas Schmid und Ambrosius Holbein geschaffenen Wandbilderzyklus aus den Jahren 1515/16 im Festsaal von *Kloster St. Georgen* in *Stein am Rhein* belegen lässt: An etlichen Steingebäuden, so auch an den Giebelhäusern im Hintergrund der «Eroberung von Sagunt» erhielten Portale, Fenster und Kanten einen Farbanstrich, dessen Realität die auf der Mauer deutlich sichtbar herunterlaufenden «Rotzfahnen» mehr als deutlich dokumentieren (Abb. 275). Dass der Einsatz von Farben – hier Gelb und Rotgelb – der damaligen Baugewohnheit entspricht, wird auch durch diesen, in Grisaille gemalten Bilderzyklus deutlich, dessen wenige Buntfarben offensichtlich nicht allein in künstlerischer Absicht verwendet wurden. – Die gelbe Eckquadermalerei am Bau kommt heute ausser im Kanton Neuenburg am häufigsten im Wallis vor, wobei sich die originalen bzw. wiederhergestellten Beispiele auf das 18. Jh. konzentrieren (siehe die folgenden Bauwerke unter 2.1.46 – 2.1.51).

Literatur. Heinz Horat.- Kunsthistorisches Inventar des Dorfkerns von Naters. In: Vallesia XXXIV, 1979, S. 294f, S. 326 · Walter Ruppen.- Naters und «Natischer Bärg». Bern 1984, S.13f (SKF) · Zu Stein am Rhein: KDM SH II (Reinhard Frauenfelder), 1958, S.112-143 · Maria Becker, Matthias Frehner.- Das Kloster St. Georgen zu Stein am Rhein. Bern 1998, S.40-52 (SKF) mit neuster Literatur. Keine Erwähnung der Architekturfarbigkeit.

2.1.46 Visp (VS)

Hälen-Stein 3, Blatterhaus. Errichtet im 15. Jh., erweitert 1760 (Jz. am Wappenstein über dem Portal). Aus dieser Zeit wohl die gelbe Farbfassung. Restauriert 1994. Aufgenommen 2000.

350 Naters, Pfarrhof, Eckquadermalerei in Angleichung an die gelben Tuffsteingewände, wohl 16./17. Jh.
351 Visp, Blatterhaus, gelbe Eckquadermalerei und Gelbfassungen, wohl 1760

352 Evolène, Wohnhaus, gelbe Eckquadermalerei, Initialen und Jahreszahl 1767

Eckquadermalerei und Fenstergewände in Gelb (Abb. 351). Das zum Platz giebelständige, 3-gesch., glatt weiss verputzte Eckhaus besitzt frontseitig eine wiederhergestellte gelbe Eckquadermalerei mit weissen Fugen, ringsum laufend ein stark profiliertes, gelb gestrichenes Dachgesims sowie Fenster- und Portalgewände aus Kalktuff mit gelber Farblasur.

Bemerkung. Beispiel des im Wallis oft als Haustein verwendeten gelblichen Kalktuffs, der zur farblichen Intensivierung und Vereinheitlichung der Oberfläche einen farbgleichen mehr oder weniger deckenden Farbauftrag, das heisst zusätzlich einen Anstrich oder eine Lasur erhält (vgl. 1.5.13 *Stalden-Neubrück*, 2.1.12 *Naters* Beinhaus, 2.1.45 *Naters* Pfarrhof, 2.1.49 *Visp* Burgerkirche, 3.5.40 *Visp* Gerichtsgebäude).

2.1.47   Evolène (VS, Val d'Hérence)

Eckhaus am Kirchplatz. Holz- und Steinbau mit Teilen von 1600 und 1767 (Jzz. an der Strassenfassade). Gelbe Eckquadermalerei 1767. Haus weitgehend erneuert. Aufgenommen 1997.

Gelbe Eckquadermalerei mit schwarzer Umrandung (Abb. 352). Älterer Rest einer weiss verputzten Steinmauer im 1.OG des giebelseitig zur Dorfstrasse orientierten Strickbaus. Die seitlichen Mauerkanten erhielten eine schwarz umrandete gelbe Quadermalerei mit Ritzkonturen und die obere und untere Mauerkante wurden mit gleichfarbigen breiten Gesimsbändern bemalt. Zugehörig sind zwei gelbschwarze Rahmenkartuschen mit den Initialen P.F.C und der Jz. 1767. In der Wandmitte ein Doppelfenster mit Sturz in Form zweier Eselsrücken, darauf die Jz. 1600 (Fenster des sogen. Saals bzw. Sälti). Die Gewände des Doppelfensters waren gelb mit schwarzen Fugen gefasst (vermutlich auch 1767), später weiss überstrichen. Die linke Mauerkante wurde vor längerer Zeit erneuert, die rechte, kaum noch sichtbare, ist wahrscheinlich Originalbestand.

Bemerkung. Es handelt sich hier um sorgfältig aufgebrachte, ursprüngliche Reste einer 1767 datierten, gelben Architekturbemalung an einem Bauteil von 1600. Gelbe, schwarz umrandete Quadermalereien mit beigefügten farbgleichen Kartuschen für Jahreszahl und Initialen der Bauherrschaft sind verschiedentlich im Val d'Hérance erhalten, insbesondere in *Les Haudères*.

Literatur. Bauernhäuser Kt. Wallis I, 1987, Abb.175 (keine Erwähnung der Malerei).

Gelb und Schwarz am selben Bau   Wallis

2.1.48   Naters (VS)

Beinhaus. Neubau 1514 von Ulrich Ruffiner (Jz. und Meisterzeichen am Portal der Oberkapelle). Farbfassung gleichzeitig, Zuschreibung an Hans Rinischer. Erneuert nach 1985. Aufgenommen 2000.

Bau. Zur Baugeschichte und Aussenbemalung siehe unter 2.1.12. Nach Horat handelt es bei den Portalen und Fenstern des Beinhauses (wie auch bei dem des Kramladenhauses von 1508) um die ältesten Tuffsteinarbeiten in Naters.

Schwarze und gelbe Quadermalerei (Abb. 353). Weisser Putzbau, die Portal- und Fenstergewände bestehen aus gelblichem Kalktuff. Alle Portale sowie das Rechteckfenster des Untergeschosses im Chorscheitel sind auf dem Stein gelb lasierend, auf dem Wandputz gelb deckend gefasst und erhielten an der nördlichen Hauptfassade noch zusätzlich gemalte Läufersteine. Die Spitzbogenfenster im Chorpolygon sowie das Rundfenster im Westgiebel erscheinen samt der Eckquader hingegen in Schwarz. Alle Fugen wurden unabhängig von den natürlichen Steinzuschnitten weiss aufgemalt.

Bemerkungen. Die beiden aufgetragenen Farben Schwarz und Gelb übernehmen (imitieren) oder intensivieren die beiden natürlichen Farbtöne der im Wallis vorwiegend verwendeten Bausteine, nämlich die grau bis schwärzlichen Töne von Granit, Gneis, Giltstein, St-Triphon (sogen. Schwarzer Marmor) und die Gelbtöne von Kalktuff oder Rauwacke (1.5.13, 1.5.27). Da hier am Beinhaus in Naters die Hausteinteile nur aus gelblichem Tuff bestehen, ihre Oberflächen aber einmal gelb, einmal schwarz lasiert bzw. gestrichen wurden, scheint die besonders dekorative Wirkung dieser Farbkombination beabsichtigt zu sein. Sie kommt im Wallis öfters vor.

Literatur siehe 2.1.12.

353   Naters, Beinhauskapelle, gelbe und schwarze Quadermalerei auf gelbem Tuff, 1514
354   Visp, Burgerkirche, Vorzeichen mit gelber Malerei auf gelbem Tuff, 1710/30
355   Visp, Chorpartie mit teilweise schwarz gefasstem gelbem Tuff, 1710/30

2.1.49 Visp (VS)

Burgerkirche. Neubau des Schiffs 1710/30, Turm wohl 14. Jh., Restaurierung 1972/73. Aufgenommen 2000.

Gelbe und schwarze Eckquadermalerei sowie gelbe Fenstergewände auf weisser Putzwand (Abb. 354, 355). Das nur annähernd geostete Gotteshaus liegt auf einer Hügelkuppe, so dass insbesondere die südwestliche Flanke von Langhaus und Chor mit ihrer charakteristischen gelben und schwarzen Farbigkeit unverdeckt sichtbar wird: Die Gewände sämtlicher Fenster sowie Portale und Chortürmchen bestehen aus gelblichen, weiss verfugten Kalktuffquadern, die mit einem kräftigen Gelb lasiert sind. Obwohl für die Gewände der Rundbogenfenster an der Sakristei und die kleinen Rechteckfenster unten an der Chorwand der farbgleiche gelbliche Kalktuff verwendet wurde, fasste man diese nicht gelb, sondern schwarz. Der gleiche Farbunterschied besteht im gemalten Eckquaderwerk: Am Chor ist es schwarz, am Vorzeichen des Haupteingangs jedoch gelb.

Bemerkung. Hinsichtlich Farbgebung ungewöhnlich ist einerseits die Abänderung einer natürlichen Steinfarbe durch einen Farbanstrich – von Gelb zu Schwarz wie auch beim Beinhaus in *Naters* (2.1.48) – und andererseits die unterschiedliche Farbgebung gleicher Architekturglieder an ein und demselben Bauwerk. Auf welche Zeit die heutige Farberscheinung des barocken Kirchenbaus zurückgeht, wurde nicht untersucht, ebenso blieb die Rotfassung am mittelalterlichen Turm unberücksichtigt.

Literatur. Walter Ruppen.- Visp VS, Siedlung und Bauten. Bern 1984, S.13-18 (SKF).

2.1.50 Naters (VS)

Kirchgasse 17, Kaplanei. Errichtet 1701 unter Verwendung älterer Teile. Eckquadermalerei in zwei Farben, vielleicht aus beiden Bauzeiten. Erneuert um 1990. Aufgenommen 2000.

Ockergelbe und schwarze Eckquader und Fensterrahmen (Abb. 356, 357). Das freistehende, mit zwei Geschossen über hohem Sockel errichtete Stein- und Holzhaus liegt nördlich der Pfarrkirche. Die Steinmauern sind weiss verputzt und vorwiegend mit ockerfarbenen, weiss gefugten Eckquadern bemalt, die Fenster in gleicher Farbe umrandet. Nur die vorstehende Mauerkante neben dem Holzteil im 1.OG der Giebelseite erhielt eine schwarze Quaderung und das unmittelbar benachbarte (ältere?) Fenster ein schwarz gemaltes Gewände mit profilierten, seitlich auskragenden Horizontalabschlüssen. Vorbildlich für diese, wenn nicht baugeschichtlich bedingte Zweifarbigkeit dürfte die mit schwarzer Eckquadermalerei und gelb gefassten Kalktuffgewänden ausgestattete, zweihundert Jahre ältere Beinhauskapelle südlich der Pfarrkirche gewesen sein (2.1.48).

Literatur. Walter Ruppen.- Naters und «Natischer Bärg». Bern 1984, S.15 (SKF) · Heinz Horat.- Kunsthistorisches Inventar des Dorfkerns von Naters. In: Vallesia XXXIV, 1979, S. 331 (keine Erwähnungen der Aussenfarbigkeit).

356 Naters, Kaplanei, schwarze und gelbe Eckquader
357 Naters, Schwarz- und Gelbfassungen aus verschiedenen Bauzeiten
358 Simplon Dorf, Alter Gasthof, farbliche Unterscheidung zweier Gebäudeteile

2.1.51 Simplon Dorf (VS)

Alter Gasthof in der Dorfmitte. Verschachtelter Komplex aus Holz- und Mantelmauerbauten mit langer Baugeschichte, ältester Nachweis 1325. Eckquader- und Fensterbemalung an den 1602 und um 1684 errichteten, 1782 veränderten Gebäudeteilen. Gesamtrestaurierung 1991/96. Aufgenommen 2001.

Schwarze und gelbe Eckquader- und Fensterrahmenmalerei (Abb. 358). Die Bemalung liegt auf den weiss verputzten, 3-gesch. Fassaden der beiden trauf- bzw. giebelseitig zum Tal orientierten Gebäudeteile. Ursprünglich waren hier vermutlich Gast- und Wirtsstuben untergebracht, heute beherbergen sie Gemeindeverwaltung und Museum. Die Fassade des 1602 erstellten und 1782 aufgestockten Traufbaus erhielt eine schwarze, weiss gefugte Eckquaderbemalung sowie eine gleichfarbige, ebenfalls weiss gefugte Rahmung der auffallend breiten, stichbogig schliessenden Fensternischen im 1. OG und der Rechteckfenster im 2. OG. Der weiter vorn stehende, um 1684 datierte, ebenfalls 1782 veränderte Giebelbau mit Nischenfenstern in beiden OG wurde gleicherart in Gelb gefasst. Unbemalt blieben der Zwischentrakt, der beide Gebäude mit einer Treppe verbindet, sowie die vier bergseitig orientierten Gebäudeteile, die im Kern älter sind.

Bemerkung. Die Farbfassungen wurden aufgrund von Resten wiederhergestellt (altes Foto mit Eckquadermalerei unter dem Dach des Giebelbaus im Museum). Als früheste Datierung für beide Bemalungen kommt das letzte Umbaudatum 1782 in Frage. Die sinnfällige Unterscheidung der beiden Bauteile geschieht durch ihre unterschiedlichen Farben. Die Verbindung von Schwarz und Gelb ist im Wallis gebräuchlich, im Dorf selbst ist der «Alte Gasthof» aber der einzige Bau mit dieser Farbkombination.

Literatur. Martin Schmidhalter.- Ergebnisse der archäologischen Bauuntersuchung des «Alten Gasthofes» in Simplon-Dorf und Hans Ritz.- «Alter Gasthof», sanfte Renovation. In: Das Museum auf Wanderschaft. Walliser Bote, Beilage vom 25.9.1993, S. 15-17 · Bauernhäuser Wallis, 2. Basel 2000, S. 272-279; keine Erwähnung der Fassadenbemalungen.

Abgeeckte Schmalseiten

2.1.52 Bondo (GR, Bergell)

Haus Nr. 71. Errichtet vor 1696 (Jz. am Türsturz). Eckquadermalerei wohl gleichzeitig. Ursprünglicher Bestand. Aufgenommen 1999.

Schwarze Eckquader mit konkav abgeschrägten Kanten (Abb. 359). Das 3-gesch., breit gelagerte und weitgehend unveränderte Wohnhaus mit Giebeldach ist über Bruchsteinmauerwerk relativ glatt verputzt, hell (gelblich) gestrichen und (ausser an der Rückfront) mit schwarzer, weiss gepunkteter Bemalung verziert. Diese umfasst eine Eckquaderung mit Läufern und Bindern, ein Dachgesims und Fensterrahmen. Die Konturen der bemalten Flächen sind in den Putz geritzt. An wettergeschützten Stellen erkennt man Farbigkeit und Details, insbesondere die konkav abgeschrägten Ecken und die Marmor oder Granit imitierende Oberfläche der Werksteine noch gut. Über dem Eingang befindet sich ein von Löwen gehaltener Vierpass mit Resten einer längeren, 1683(?) datierten Inschrift (gemalt), auf dem Oberlicht-Sturz die Bezeichnung «16BDB96FF» (gemeisselt).

Bemerkungen. Es handelt sich um eine im 17./18. Jh. typische, einfache Fassadenbemalung, deren vorstechendes Element die Eckquader mit den abgeschrägten Kanten sind. Eine ähnliche, 1974/75 uni grau mit weisser Umrandung wiederhergestellte Quaderung befindet sich an der Casa Ferrari-a Marca von 1642 in *Soazza,* Misox (Abb. 360). Zusammen mit den grau gemalten Fensterrahmen und Gurtbändern vervollständigt sie die einfache architektonische Gliederung der gesamten Fassade ebenso wie die am Albergo Cardinello in *Isola di Madèsimo* (auf der italienischen Seite des Splügenpasses), die, gleich Bondo, noch im Originalbestand von 1722 in Schwarz mit weisser Punktierung erhalten ist (Abb. 361). Zu den Fragen von Marmor- bzw. Granitimitationen siehe *Luzein* (1.4.14), *Cevio* und *Prato* (1.5.30, 1.5.31).

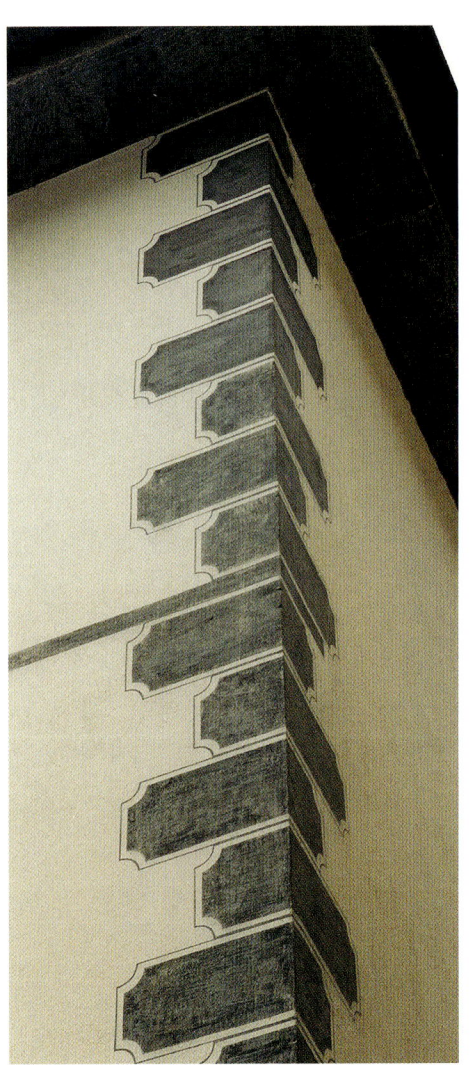

359 Bondo, Haus Nr. 71, Quadermalerei mit abgeeckten Kanten, Originalbestand 1696
360 Soazza, Casa Ferrari-a Marca, erneuerte Quadermalerei mit abgeeckten Kanten, 1642

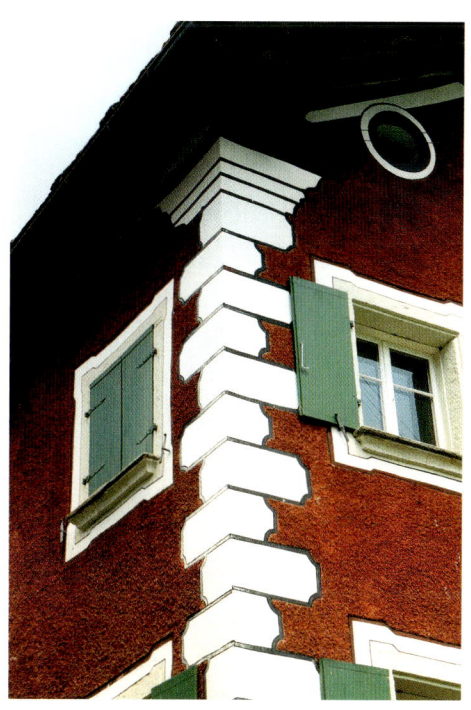

361 Isola di Madèsimo / Spluga, abgeeckte Quaderkanten, Originalmalerei 1722
362 Nufenen, «Rothuus», abgeeckte Kanten schwarz konturierter Quadermalerei, 1789

2.1.53 Nufenen (GR, Rheinwald)

Haus Nr. 11, sogen. Rothuus. Errichtet 1789, Bauherr Johann Jakob Hössli (1758–1832), Präfekt von Hinterrhein und Landammann von Rheinwald (Monogramm JJHÖ zwischen der Jz. 1789 am bergseitigen Scheunenzugang). Weisse Eckquader und Fensterrahmen auf roter Putzwand, bauzeitlich. Nach Befund restauriert um 1990. Aufgenommen 2003.

Bau. Freistehender Bauernhof mit ausladendem, talwärts (Süden) giebelständigem Haupthaus in zwei Geschossen; an der Giebelfront hohes Sockelgeschoss mit Eingang und ausgebauter Dachstock. Bergseitig folgen ein Quer- und ein Scheunenanbau. Der Hof diente bis ca. 1970 auch stets als Herberge. Der Hausname «Rothuus» nimmt auf den intensiv rot durchfärbten Wandputz des Haupthauses Bezug. Der Querbau und die übrigen zum Hof gehörigen Gebäude, unter anderem ein Gartenpavillon aus der Bauzeit, sind farblich neutral.

Weisse, konkav abgeschrägte und schwarz konturierte Eckquader (Abb. 362). Das markanteste Schmuckelement des Haupthauses sind die grossen, glatt weissen und mit starker schwarzer Konturlinie vom roten Besenwurf abgesetzten Läufer und Binder, die entgegen dem Kanon, unten einen Sockelstein und oben ein Plattenkapitell einschliessen. Mit diesem Gliederungselement harmonieren die Steingewände der Fenster, die eine zweifache, sehr breite, geohrte Rahmung in zwei Weisstönen aufweisen, sodann die weissen, schwarz gefelderten Dachgesimse und schliesslich die zwei Oval- und das mittlere Kleeblattfenster im Hauptgiebel, über welchem sich ein Puttenkopf in Grisaille befindet. Hinzu kommen grüne Holzläden.

Bemerkungen. Das Haus erhielt eine äusserst bemerkenswerte Fassadenfarbigkeit in Rot und Weiss mit prononcierter Schwarzkonturierung der Einzelelemente. Zu erwähnen ist insbesondere das Motiv der abgekanteten Eckquader. In den Nachbarorten *Splügen* und wahrscheinlich auch *Hinterrhein* sind weitere rote Häuser nachweisbar.

Literatur. KDM GR V (Erwin Poeschel), 1943, S. 258 · Kurt Wanner.- Das «Bodenhaus» in Splügen. Geschichte und Geschichten eines Bündner Hotels. Splügen 1997, S. 15, 17 · Hinweis auf Befunde (Putzproben) von Oskar Emmenegger, Zizers.

363   Carona, via Maistra, Fassade mit zwei Architekturbemalungen A. 17. Jh. und 18. Jh.
364   Carona, Detail der Eckquaderung in Blau mit roter Abkantung, bemerkenswerter Originalrest 18. Jh., nicht mehr vorhanden

2.1.54   Carona (TI, Luganese)

Via Maistra (mittlere Gasse), Maria-Loreto-Haus. Eckquaderung der 2. Dekorationsschicht, wohl 18. Jh., Reste des Originalbestands. Aufgenommen 1999. Heute nicht mehr vorhanden.

Blaue Läufer und Binder mit abgeeckten Kanten (Abb. 363, 364). Über der älteren, das Fassadenbild der Maria Loreto im Mittelgeschoss umrahmenden Scheinarchitekturmalerei aus dem frühen 17. Jh. liegt eine jüngere, zum Teil abgefallene Putzschicht, die die beiden oberen Geschosse und möglicherweise auch die Erdgeschosse der see- und gassenseitigen Hausfassaden umfasste. Sie ist weiss geschlämmt und auffällig mit blauen, rot umrandeten Gesimsbändern sowie mit blauen Eckquadern bemalt, deren perspektivisch rot linierte Kanten schräg abgeeckt und eingekerbt sind.

Bemerkungen. Der höchst interessante Originalbestand in Blau und Rot wurde bei der Sanierung des Hauses 2001 restlos abgeschlagen. Eine farbgleiche Bemalung mit Eckquadern, Gesims und Fensterrahmen befindet sich in schönen Resten noch auf der Gassenfassade der Osteria della fontana in *Vico Morcote* (notiert 1984). – Zum Fassadenbild der Maria Loreto in Verbindung mit dargestelltem roten Backstein siehe Abb. 123.

Literatur. Edoardo Agustoni.- Facciate dipinte e artisti dei Laghi. In: Decorazioni Luganese 2002, p. 14 sowie p. 70.

365 Sornico, Wohnhaus, bunte Eckquader mit gebogenen Kanten, original 18. Jh.
366 Carabbia, Wohnhaus, ockergelbe Scheinarchitektur, Quader mit geschweiften Kanten, original 18. Jh., nicht mehr vorhanden
367 Piano di Campo, Wohnhaus, Eckquader der Dekorationsmalerei mit abgebogenen Ecken, original 1783

2.1.55 Sornico (TI, Valle Maggia)

Haus no 2 (neben der ehem. Landvogtei). Erbaut im Wesentlichen 17. Jh., späterer Anbau mit Eckquadermalerei wohl 18. Jh., aufgenommen 2004.

Buntfarbige Eckquadermalerei mit gebogener Schmalkante (Abb. 365). Zweigesch., mit dem versetzten, älteren Rückhaus durch einen Anbau auf Rundpfeilerstütze verbundenes Wohnhaus. Glatt verputzt und an den freistehenden Ecken mit Läufern und Bindern bemalt: Diese sind weiss gefasst und mit gelben, roten und grünen, flott aufgesetzten Pinselstrichen verziert. Die eingeritzte, an den Schmalseiten abgewinkelte und im Bogen weitergeführte Kontur wurde schwarz nachgezogen.

Bemerkung. Schönes Beispiel einer rustikalen, buntfarbigen Eckbemalung in originaler, wenn auch weitgehend verblasster Erhaltung.

2.1.56 Carabbia (TI, Luganese)

Wohnhaus gegenüber der Casa Laurenti. Architekturbemalung im ursprünglichen Bestand, wohl 18. Jh., aufgenommen 1982. Seit jüngster Bausanierung um 1990 nicht mehr vorhanden.

An den Hauskanten ockergelbe Läufer und Binder mit geschweiften Schmalseiten (Abb. 366). Der 4-gesch. Hausteil mit Pultdach war an seiner 2-achsigen, der Casa Laurenti abgewandten Schmalseite naturverputzt, weiss gekalkt und mit einer durchgehend nagelumrissenen, ockergelben Architekturbemalung versehen: Quader mit Läufern und Bindern an den Eckkanten, geschosstrennende Gurtbänder auf Sohlbankhöhe, Fensterrahmungen und geschweifte Übergiebelungen im 2. OG. Links ein gemaltes und ein vermauertes Fenster. Die Kanten der Quader hatten einen geschweiften Umriss und jeder Quader wurde von einer dunkelockerfarbenen Linie umrandet.

Bemerkung. Die einst bemalte Fassade dieses baulich einfachen Hauses in unmittelbarer Nachbarschaft der herrschaftlichen Casa Laurenti (3.2.3) korrespondierte mit deren beachtlicher architektonischer Putzdekoration und trug zur eindrucksvollen Wirkung des kleinen Platzes,

368 Zug, Unter Altstadt 11, schwarze Quadermalerei mit Zierkontur, evtl. 1528
369 Visp, «Crizerhaus», rote ornamentierte Eckquader- und Fenstermalerei, 1577(?)

den das gesamte Bauensemble bildet, bei. – Weitere Beispiele gemalter Fenster sind unter 3.1.26 beschrieben und abgebildet.

2.1.57 Piano di Campo (TI, Valle di Campo)

Wohnhaus am unteren Ortseingang. Bezeichnet am Türsturz «17 CF IHS T 83» und am gemalten Gesimsband nochmals mit der Jz. 1783, die sich auf die gesamte Architekturbemalung bezieht. Ursprünglicher Bestand. Aufgenommen 1982.

Graue Läufer und Binder mit konkav abgebogenen Ecken (Abb. 367). An der linken Hauskante erhielt sich eine auf hellen Verputz gemalte Quaderung mit weisser Verfugung, hellgrauen Binnenflächen und schwarzer Konturlinie, die die Abbiegung der Ecken verstärkt und hervorhebt. Zur Dekoration gehören ein gleichfarbiges Traufgesimsband und eine Rahmung der Fenster im OG, die von Volutenornamenten in zwei Ockertönen umrankt wird (Fenstergitter gleichzeitig). Im schützenden Dachbereich sind Farbe und Details gut erhalten. Zufügung einer Sonnenuhr 1881.

Bemerkung. Einfache, für die ländliche Region typische Bemalung, interessant, da datiert und original erhalten.

Literatur. Casa rurale, Ticino I, 1976, S. 142, w59 (Sonnenuhr).

Zierkonturen, Ornamente und Grotesken

2.1.58 Zug

Unter Altstadt 11. Wohnhaus mit Jz. 1528 (Wappenschilde des Portals). Verzierte Eckquadermalerei, vielleicht gleichzeitig. Nach Resten rekonstruiert 1991. Aufgenommen 1992.

Graue Eckquadermalerei mit dreifacher, verzierter Kontur (Abb. 368). Die besonders schmale, weiss verputzte Gassenfassade des 3-gesch., traufständigen Hauses mit ehemaliger Aufzugslukarne wird in ihrer gesamten Breite von gereihten, dreiteiligen Stichbogenfenstern eingenommen. Ihre schon beträchtliche Funktion als wandgliedernde Elemente wird durch die Bemalung, die die Fenster integriert, zusätzlich verstärkt: Auf den Hauskanten liegen graue, schwarz und weiss gefugte Läufer und Binder unterschiedlicher Höhe mit dreifacher schwarz-weisser Kontur. Die Läuferecken sind mit schwarzen Kügelchen besetzt. Die Steingewände von Portal und Fenstern, ebenfalls grau lasiert und schwarz-weiss umrandet, überschneiden in auffallender Weise die Scheinquaderung. Zudem ist die gesamte farbige Fassadendisposition leicht asymmetrisch organisiert.

Bemerkungen. Der Illusionismus, die Asymmetrie und die ebenso einfache wie verspielte Kugelverzierung machen den Reiz der Fassade aus. Es handelt sich um die einzige wiederhergestellte Aussenbemalung in dieser Altstadtgasse. (Im Innern wurden gemalte Bollenfriese und grauschwarze Anstriche, vermutlich aus gleicher Zeit, nachgewiesen.)

Literatur. Bürgerhaus X, 1922, Tf. 20 · KDM ZG II (Linus Birchler) 1959, S. 434-436 · Rüdiger Rothkegel, Heinz Horat.- Das Wohnhaus Untergasse 11 in Zug (Tugium 7/1991, S. 66-69).

2.1.59 Visp (VS)

Schützenhausgasse 3, «Cricerhaus». Wohnhaus mit Jz. 1529 (am Portalbogen des giebelseitigen Anbaus) und 1577 (auf dem Türflügel des traufseitigen Bogenportals). Ornamentierte Eckquadermalerei, möglicherweise um 1577. Rekonstruiert 1983/84. Aufgenommen 2000.

Rotgelbe Eckquadermalerei und Gewändefassungen mit schwarzen Blattranken (Abb. 369). Das am Steilhang mit zwei Fassaden sichtbare, 4-gesch. Eckhaus trägt eine wiederhergestellte, auffallende Bemalung auf weissem (weitgehend alten) Wandputz. Die abgefasten, mehrfach gekehlten Kalktuffgewände der drei Rundbogenportale und des rundbogigen Ladenfensters im EG sowie die der unregelmässig verteilten Einzel- und Reihenfenster in den Obergeschossen sind rot lasiert und mit weissen Fugen versehen. Im gleichen Rot wurden die Bauecken mit regelmässigen gezahnten Quadern bemalt. Die Quaderung, das traufseitige Portal, die oberen Fensterecken und die Dachkante werden ausserdem von schwarzen Ranken mit symmetrisch angeordneten Klee- und gefiederten Blättern sowie Knospen begleitet. – Bemerkenswert ist hier die seltene florale Bereicherung einer Eckquaderung an einem gotischen Haus.

Literatur. Maison bourgeoise XXVII, 1935, p. XXVIII, pl. 79, 80 · Walter Ruppen.- Visp. Bern 1984, S. 21 (SKF).

2.1.60 Büren an der Aare (BE, Seeland)

Schloss (Aareseite). Errichtet 1590, später verändert. Ornamentierte Eckquadermalerei, wohl aus der Bauzeit. Konserviert und restauriert 1973. Aufgenommen 1997.

Graue Eckquader mit Mauresken (Abb. 370). Der ältere, zur Aare orientierte Hausteil mit 3-gesch., leicht vorstehender Fassade ist auf weissem Wandputz mit gleichmässigen hellgrauen, weiss gefugten und perspektivisch schwarz umrandeten Eckquadern bemalt. Diese werden von schwarzem Rankenwerk aus Stengeln, Blättern und Blüten (Mauresken) umspielt; Reste davon befinden sich auch frei auf der Wandfläche, ohne Bezug zu den Fenstern. Es handelt sich um eins der seltenen Vorkommen von Mauresken am Aussenbau, hier in Verbindung mit Quadermalerei. Weitere, original konservierte Maureskenmotive befinden sich vor allem in *Basel*, so am Haus Zum grossen Christoffel (Imbergässlein 31, 2. H. 15. Jh.), als Fensterrahmung am Wohnhausteil der Papiermühle (St. Albantal, datiert 1554) und, nach Befund neu angelegt, an der Torbaufassade des Bischofshofs (Rittergasse 1) sowie als Teil eines schwarzen Ornamentbandes an der bergseitigen Aussenmauer des Wohnhauses am Stalden 2 in *Fribourg*. – Zur jüngeren Stadtseite des Schlosses siehe 1.4.7.

Literatur. Bürgerhaus V, 1917, Tf. 38 unten · Zur Papiermühle: Wyss 1979, S. 275f · Zum Bischofshof: KDM BS VII, Altstadt Grossbasel I (Anne Nagel u. a.), 2006, S. 136, Abb. 134.

2.1.61 Belfaux (FR)

Maison de Gléresse, «Forge/Schmitte». Erbaut um 1570 (Jz. in Resten an der Strassenfassade). Bauliche Erweiterungen mit Architekturmalerei 1603 (Jz. aussen am Stifterbild und innen im Treppenhaus) und 1636. Konserviert und restauriert 1983/84. Aufgenommen 2000.

Graue Architekturmalerei, u.a. Eckquader mit Ziervoluten (Abb. 371). Zur grauen Architekturmalerei des 3-gesch. Winkelbaus (s. 3.6.5) gehören im Inneren sowie am Äusseren neben figürlichen Darstellungen die Flächenquaderung der Sockelbereiche, die Architekturrahmungen der Fenster und Türen und, nur aussen, die perspektivischen Eckquader. Diese sind an der Ecke des Südflügels neben dem Bauherrenbildnis in den Lücken zwischen Bindern und Läu-

370 Büren a. Aare, Schloss, graue Eckquadermalerei mit Mauresken, wohl 1590
371 Belfaux, Schmitte, Eckquadermalerei mit Ziervoluten, wohl 1603

fern jeweils mit einer aufrecht stehenden, blattbesetzten, schwarzen Doppelvolute verziert. Das zierliche Motiv ist ein bemerkenswertes, am Äusseren selten vorkommendes, gotisierendes Ornament (weiteres Beispiel: Maggenbergkapelle in *Tafers* mit fast gleichen Voluten am Bogenansatz des Südfensters, s. 2.5.6).

Literatur bei 3.6.5 · Alfred A. Schmid.- Die Schönste im Lande. Zur Geschichte der Maggenberg-Kapelle (Freiburger Nachrichten 19.6.1992, S.15). Nur baugeschichtliche Bemerkungen.

2.1.62 Broglio (TI, Val Lavizzara)

Casa Pometta. Herrschaftlicher Landsitz, errichtet im Wesentlichen 1622/23. Gleichzeitige Aussenbemalung u.a. mit grotesker Eckquaderung. Malereien im Hof restauriert 1982, am Äusseren Originalbestand. Aufgenommen 1983.

Bau. Zweigesch. Putzbauten als Zweiflügelanlage mit offenen Arkaden zum ummauerten Binnenhof. Die Malerei befindet sich an den Hofseiten und an den Aussenseiten des Ostwest-Traktes. Im Hof Wappenschilde (Familie Correggione d'Orelli und 13 Kantone), ein fragmentiertes Madonnenbild, grau-weisse Diamantquaderung an den Arkaden und am Dachgesims sowie ockerfarbene Blumenvasen auf bärtigen Löwenköpfen in den Arkadenzwickeln. Zur äusseren Bemalung gehören an der Ostmauer buntmarmorierte Fensterleibungen (s. 1.4.3), an der Nordmauer bemerkenswerte, vorherrschend grüne Fensterrahmungen mit Hermen

372 Broglio, Casa Pometta, Eckbemalung, Hofseite (links) restauriert, ehem. Strassenseite (rechts) Originalbestand von 1622/23

373 Broglio, Detail der grotesken Quaderbossen, Masken, konzentrischen Ringe und gelben Spitzdorne, Originalmalerei

bzw. kannelierten Säulen, Architraven, Blumen- und Fruchtgehängen sowie eine um die Ecken der östlichen Giebelseite führende Quaderung. Im hiesigen Zusammenhang interessiert die Quaderung.

Groteske Eckbemalung u. a. mit verschoben versetzten Quadern in zwei Violetttönen und Ocker (Abb. 273, 372, 373). Die Quaderbemalung liegt von der Mauerkante leicht abgerückt und besteht aus annähernd quadratischen, breit gerahmten und perspektivisch wie vorstehend dargestellten Schauseiten, auf denen jeweils im Wechsel ein liegender Halbzylinder mit Binnenrahmen und Mittelbrosche bzw. ein umrahmtes Maskengesicht erscheint. Auf den wandwärts gerichteten Seiten der Quader sitzen im Wechsel ein ockergelber Spitzdorn oder Knopf und kantenwärts ein Ziergriff. Die Quader selbst liegen mit weitem Abstand verschoben übereinander, scheinbar abgestützt von Kleinquadern. Die Verbindung zur Mauerecke bildet bei jedem zweiten Quader eine halbe Rundscheibe konzentrischer Ringe.

Bemerkungen. Die eingeritzte und dann nur in violetter Umrisszeichnung auf den hellen Wandputz gemalte Eckquaderung erhält durch die unrealen Perspektivprojektionen und die grotesken Ziermotive, von denen allein Dorn, Knopf und Brosche farblich ockergelb gefüllt sind, einen eher grafisch-malerischen als architektonischen Charakter. Die Ostmauer mit dieser auffälligen Eckbemalung bildete nicht wie heute die Rückseite des Landsitzes, sondern lag an der alten Hauptstrasse, woraus sich die Aufwändigkeit des Dekors erklärt. Ein besonderer Wert liegt, im Unterschied zu den erneuerten Malereien des Binnenhofs, in der unberührten, ursprünglichen Putzoberfläche der Ost- und Nordmauern, wo die Quadermalerei im oberen Bereich noch relativ gut erhalten blieb.

Literatur. Casa borghese XXVIII, 1936, tavv. 117, 118 · Decorazioni Valmaggia 1998, p. 47.

2.1.63 Zug

Burg, heute Museum. Komplexe Baugeschichte seit dem Frühmittelalter. Burgturm im Wesentlichen 12./13. Jh., Bemalung seiner Eckquader nach Mitte 16. Jh.; diese konserviert und restauriert 1982 im Rahmen einer umfassenden Wiederherstellung. Aufgenommen 1992.

Bau (Abb. 374). Kompakte Bauanlage in doppeltem Bering oberhalb der Pfarrkirche St. Oswald mit massivem, bis zu vier Geschossen hohen Wohnturm und Riegelbau-Annexen. Der zunächst nur in pietra rasa mit waagerechten Fugenstrichen verputzte Turm erhielt später einen deckenden weissen Verputz mit einer Bemalung der Eckquader in Grisaille.

Quadermalerei in Grau, Schwarz und Weiss mit grotesken Motiven (Abb. 375). Die unregelmässigen, grossformatigen und an den Bauecken z. T. mit rohen, sehr ungleichen Bossen vorstehenden Tuffsteinquader des Wohnturms sind an den heute sichtbaren Ecken bzw. Kanten mit grossen rechteckig umrandeten Läufern und Bindern bemalt. Ihre verzahnten Ränder erscheinen perspektivisch verkürzt, die breiten Randschläge der Sichtseiten gestuft. Den Schmuck des Mittelfeldes bildet jeweils ein flächenfüllendes Bildmotiv aus Blattformen, Tiergestalten und Masken. Die Rahmen zeigen je nach fiktivem Lichteinfall schwarze oder weisse Kanten, die Figurenbilder sind schwarz konturiert und weiss gehöht.

Befund und Restaurierung. Freilegung umfangreicher originaler Bestände im Inneren und am Aussenbau (Abb. 376). Im oberen nordseitigen Bereich der Westfassade haben sich aussen grössere Reste konservierter und retuschierter Originalmalerei auf ursprünglicher dicker Kalkputzschicht erhalten. Sie dienten zur Rekonstruktion der verlorenen Partien.

Bemerkungen. Es handelt sich um eine höchst originelle Bildschöpfung mit markanten, manieristischen, z. T. grotesken Ornamentmotiven, witzig und von äusserst dekorativer Wirkung auf einem stark bewegten, urtümlich anmutenden Bossenquaderwerk. Als kunstgeschichtlich

374 Zug, Burg, mächtige gemalte Eckquader am Turm in Grau, nach 1550

375　Zug, Burg, Detail der bemalten Eckquader mit grotesker Scheinquaderung
376　Zug, Originalrest eines Quaderspiegels mit Blattornament

interessante Parallele gilt der mit einer Fratze in gleichem Stil bemalte Konsolstein in einem Zuger Wohnhaus (St.-Oswaldsgasse 16/18). Das phantastische Zierwerk ist nicht nur als Dekor einer Burg, sondern generell als Eckbemalung hierzulande bisher einzigartig.

Literatur. Josef Grünenfelder, Toni Hofmann, Peter Lehmann.- Die Burg Zug. Archäologie, Baugeschichte, Restaurierung. Zug 2003, bes. S.122-131, 441f · Hinweise von Josef Grünenfelder, Denkmalpflege Zug, und Oskar Emmenegger, Zizers.

2.1.64　Zuoz (GR, Oberengadin)

Haus Nr. 51. Erbaut 1820 (Jz. in Kartusche über dem linken Rundbogeneingang). Architekturbemalung aus der Bauzeit, heute nur am rechten Hausteil. Erneuert 1986 (Jz. am rechten Strassengiebel). Aufgenommen 1999.

Groteske Eckquaderungen und Fensterrahmen (Abb. 377, 378). Während der linke Teil des giebelständigen, 3-gesch. Doppelwohnhauses nur einen Besenwurf und hell gestrichene Fenstergewände aufweist, ist der rechte Teil weiss verputzt und mit Fensterrahmen in Form von Ädikulen sowie zwei bemerkenswerten Eckbemalungen ausgestattet. Die Werkstückteile wurden alle schwarz mit hellgrauer Marmoräderung und roten Konturen aufgetragen. Die Volutenkapitelle der Säulen sind insbesondere beim Mittelfenster über dem Eingang ebenso wie dessen baldachinartiger Giebelaufsatz auf malerische Weise verformt. Die phantasievollsten

Details befinden sich aber bei der Quaderung vor allem an der vorderen Hausecke, wo die senkrechten Kanten bei den Bindern in Profilen von Fratzen und bei den Läufern in Volutenarmen mit dreifach gezwirbelter Kugelspitze ausgebildet sind. An der hinteren Hausecke buchten die Quaderkanten vehement aus und tragen statt Fratzen und Voluten jeweils einen kecken Kugelknopf. – Putz und Malerei sind neu, dürften aber die ursprüngliche Malerei weitgehend getreu kopieren. Der stilistisch in die Zeit um 1820 passende Dekor erweist sich als überraschend eigensinnig, witzig und auch heute von lockerer Hand gemalt.

377 Zuoz, Haus Nr. 51, schwungvoll gemalte Ädikulen
378 Zuoz, Eckquadermalerei in Schwarzmarmor mit Fratzen und Spitzvoluten 1820

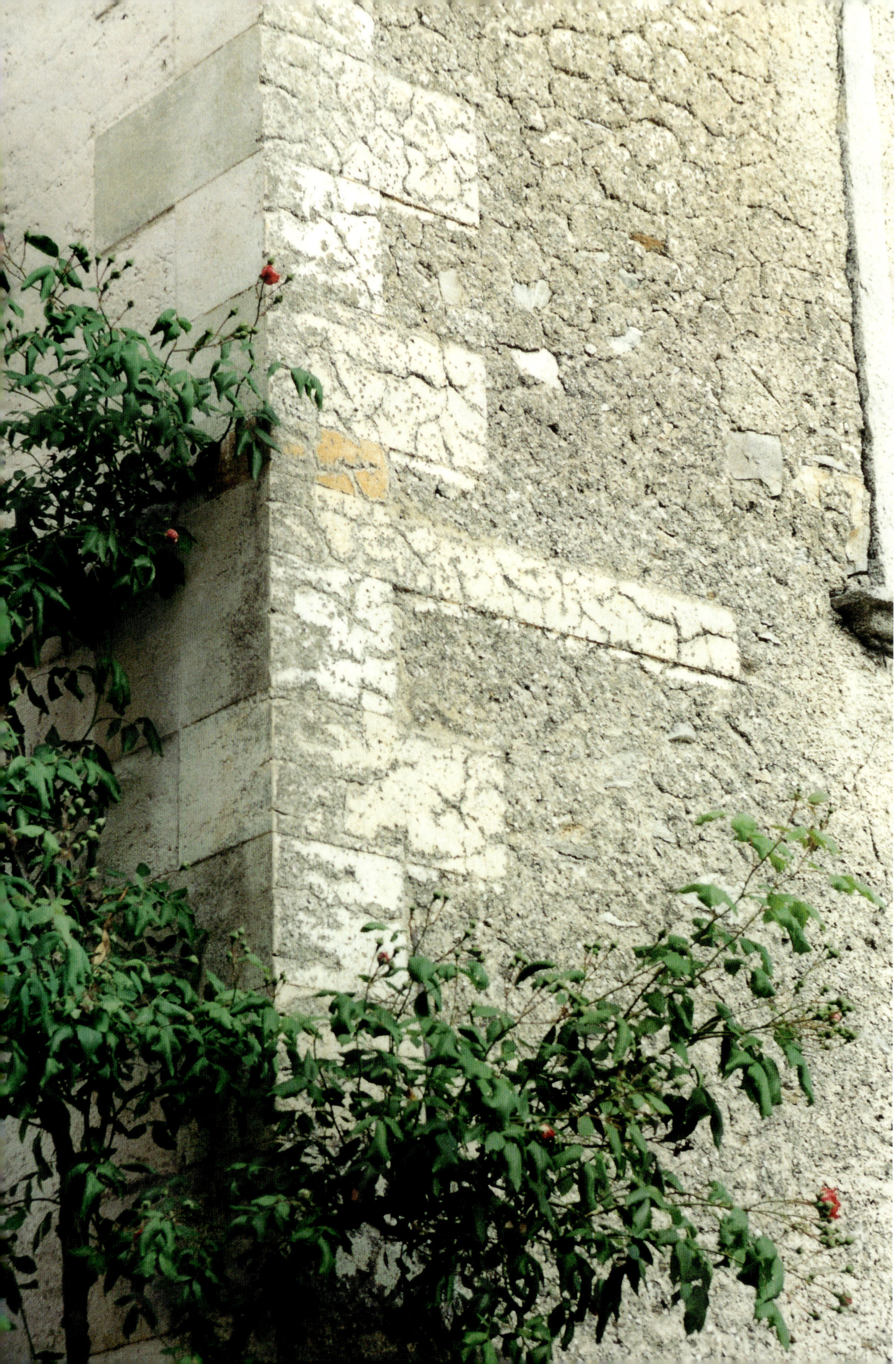

2.2 Eckquader aus Stein, Mörtel und Farbe

Überblick

Die hier vorgestellten Eckquaderungen sind nicht auf Putz gemalt, sondern blieben als Werksteine oder Mörtelauflagen sichtbar und heben sich entweder mit ihrer Naturfarbe oder durch lasierenden Farbanstrich vom anschliessenden, meist hellen Wandputz dunkel ab. Der in der Regel an der Seite zur Mauerfläche gezahnte Quaderverlauf (Läufer-Binder-Versatz) bildet zusammen mit den unterschiedlich strukturierten Oberflächen und ihrem jeweiligen Farbton ein signifikantes Architekturelement an der Fassade. Eine wichtige Rolle spielen dabei die je nach Lichtverhältnissen von den mehr oder weniger rauen Oberflächen verschieden reflektierten Tonwerte, denen eine nicht zu unterschätzende farbliche Qualität beizumessen ist. Die Auswahl umfasst Bauwerke zwischen dem 13. und 18. Jahrhundert aus verschiedenen Landesteilen und konzentriert sich auf die wichtigsten Gesichtspunkte dieser weit verbreiteten und zeitlosen Form der Aussenfarbigkeit.

Das heutige, zumindest an der Oberfläche fast immer restaurierte Aussehen geht für gewöhnlich auf Befunde von Vorzuständen zurück, die aus unterschiedlichen Zeiten stammen. Die hier angeführten Quaderungen kommen vermutlich ihrer historischen Erscheinung relativ nahe. Unberücksichtigt blieben ahistorische Erneuerungen, die sich ergehen in vielkantigen, abgerundeten, stumpf- und spitzwinkeligen, megalithischen Sichtflächen sowie in nicht bündig mit dem Verputzanstoss abgestimmten Quadereinbettungen. Diese Art von Erneuerung wurde vor allem in der Zeit um 1960/80 häufig vorgenommen und brachte ebenso verfälschende wie skurrile «Ecklösungen» hervor.

Regelmässige rechtwinkelige Werksteinquader (2.2.1–2.2.7). Bei anspruchsvollen Bauwerken wurde als Ideal grundsätzlich die geometrisch regelmässige Ordnung, das heisst der winkelrechte Behau des Werksteins in annähernd gleichen Kubusformaten und somit die möglichst ebenmässige Verzahnung angestrebt, die notfalls durch korrigierenden Putzmörtel bewerkstelligt wurde. Historische Bildquellen wie zum Beispiel der Genfer Altar von Konrad Witz machen das deutlich (Abb. 380). Die folgenden Bauten weisen Quaderungen aus Werkstein von hoher Qualität und entsprechend handwerklich guter Oberflächenbearbeitung auf.

Unregelmässige Werksteinquader – rechtwinkelig verputzt (2.2.8–2.2.11). Oft waren die Quaderformen unregelmässig, weil aus Transport- und Kostengründen kein erstklassiges Steinmaterial zur Verfügung stand oder weil man zur Verbesserung der Statik Bindersteine einsetzte, die

379   Verdasio, Casa Bertulla, ehem. Pfarrhaus. Eckquader und Ansatz eines Gesimsbandes aus Putzmörtel. Farbigkeit rosa, weiss und grau. Originale Oberfläche um 1695 (2.2.22)

möglichst weit in das Bruchsteinmauerwerk eingreifen. In dem Fall wurde der jeweils bis zur Steinkante bündig geführte oder auf der Steinoberfläche auslaufende Putzmörtel entsprechend dem fehlenden oder dem überständigen Steinmaterial je nachdem in der Eigenfarbe des Steins oder in der hellen Farbe des Wandputzes gestrichen. Das Ziel war immer, optisch regelmässige Kantenränder und rechteckig gezahnte Eckkonturen herzustellen.

Unregelmässige Werksteinquader – vermutlich auf Sicht (2.2.12–2.2.15). Interessanterweise hat man aber wahrscheinlich nicht nur an untergeordneten, sondern sogar an prominenten Bauwerken auch die Unregelmässigkeit von Steinquadern hie und da sichtbar belassen, sofern der gesamte Verlauf des Eckverbandes ausgewogen erschien. Besonderer Beliebtheit erfreute sich offenbar der gestalterische Ausdruck solch ungleich abgekanteter und ausserdem mit starken Tafelbossen zu einer Art Zierwerk bearbeiteter Eckquader in der Altstadt von *Zug.*

Mörtelquader in Steinfarbe (2.2.16–2.2.19). Die ehemals weit verbreiteten, original noch zahlreich, aber nur rudimentär erhaltenen Quaderungen aus aufgesetzten Putzmörteln in Naturfarbe werden hier lediglich mit vier repräsentativen Beispielen aus der Frühzeit belegt.

380 Konrad Witz, Altar aus St-Pierre in Genf 1444. Ausschnitt aus der Anbetung der Hl. Drei Könige. Der Geburtsstall wird durch einen Putzbau dargestellt. Die sorgfältig behauenen und verfugten Steinquader am Eingang, der einem Kirchenportal nachgebildet ist, sind im Sinn eines regelmässig verzahnten Versatzes von Läufern und Bindern umputzt. Heller Mörtel und roter Baustein setzen sich scharf voneinander ab, die feinen Licht- und Schattenlinien verstärken diesen optischen Eindruck. Die zum Teil abblätternde Putzschicht – als Symbol der verfallenen Kirche des alten Bundes gedeutet – gibt den Blick auf die Steinmauer frei (Musée d'art et d'histoire Genève)

Die Mörtelquaderungen spielen eine wichtige Rolle für die architektonische Farbigkeit und stellen Fassadenbilder her, die gestalterisch denen mit Werksteinquaderungen gleichkommen, optisch allerdings ein andersartiges Farbspiel von Oberflächenstrukturen hervorbringen.

Mörtelquader mit Buntfarben und Ornamentierungen (2.2.20–2.2.26). Die buntfarbig gefassten und auf den Oberflächen zusätzlich ornamentierten Mörtelauflagen hingegen sind seltener nachzuweisen und scheinen sich, teilweise unter italienischem Einfluss, auf Graubünden und das Tessin zu konzentrieren.

Literatur. Phleps 1930, S.92 · André Meyer 1983, S.33 · Emmenegger 1994, bes. S.38-40.

Regelmässige rechtwinkelige Werksteinquader

2.2.1 Steckborn (TG)

Turmhof. Kernbau um 1282, Erweiterungen A.17.Jh. (u.a. Treppenturm, Wappentafel mit Jz. 1615, erneuert) und M.19.Jh.; verzahnte Eckquaderung am Kernbau aus der Bauzeit. Letzte Restaurierungen 1922/23 und 1976/77. Aufgenommen 2000.

Eckquader mit rohen Bossen (Abb. 381). Unmittelbar am Bodenseeufer liegender, kompakter Gebäudekomplex eines ursprünglichen Kastells. Der kubische Kernbau, ehemals Turm und heute 4-gesch. Wohnteil mit Dachhaube und vier Ecktürmchen (um 1614), besteht aus faust- bis kopfgrossem Bollen- und Bruchsteinmauerwerk. Alle vier Ecken weisen regelmässig rechteckig behauene Quader mit breiten Randschlägen und Bossen in Rohform auf, deren Kronen zum Teil abgeflacht sind. Die einzelnen Quader haben ungleiche Formate, so dass sich eine zwar rechtwinkelige, aber in Höhe und Breite ungleiche Eckverzahnung ergibt. Bei der jüngsten Restaurierung wurden der 1922 abgeschlagene Mauerverputz als helle Deckschicht wieder aufgebracht (Mineralfarbenanstrich), die damalige Zementverfugung entfernt und das Oberflächenprofil der abgewitterten Eckquader mit Hartsandsteinplatten rekonstruiert.

Bemerkung. Markantes Beispiel eines hochmittelalterlichen Eckverbandes aus mächtigen Bossenquadern, die sich hellgrau und mit starker Schattenbildung vom weissen Wandputz abheben und somit dem Bau einen wehrhaften Charakter verschaffen.

Literatur. KDM TG VI (Alfons Raimann, Peter Erni), 2001, S.344-349 · Dokumentation der Restaurierung 1976/77, Kantonale Denkmalpflege Frauenfeld, sowie Auskünfte von Jurg Ganz.

381 Steckborn, Turmhof, verzahnter Versatz von Eckquadern mit rohen Bossen, um 1282

2.2.2 Schänis (SG)

Ehem. Stifts-, heute Pfarrkirche. Turm errichtet 1486 (Jz. am unteren Fenster der Nordseite). Verzahnte Eckquaderung, Quader z.T. wohl hochmittelalterlich, z.T. aus der Bauzeit. Letzte Aussenrestaurierungen 1910/12 und um 1970. Aufgenommen 2000.

Eckquader mit Tafelbossen bzw. flach behauenen Sichtflächen. Turm an nordseitiger Chorschulter, hell verputzt, drei Steingesimse. Eckquaderung mit ungewöhnlich langen Läufern. Die Quader an den vorderen Ecken (Nordwest, Nordost) weisen einen breiten Rand auf und treten mit ihren weich abgekanteten Tafelbossen kräftig vor (Abb. 382), die an den hinteren Ecken

(Südwest, Südost) sind nur randlos flach behauen und wandbündig versetzt. Das Steinmaterial ist teilweise alt, teilweise geflickt, überarbeitet bzw. ersetzt.

Bemerkungen. Beispiel einer mittelalterlich gängigen Eckquaderung mit polsterartigen Tafelbossen und weit ausgreifenden Läufern. An den Vorderseiten sind die Quaderflächen regelmässig und aufwändig, an den rückwärtigen Seiten ungenau und flach behauen, wodurch die Bauecken an der Schauseite merklich hervorgehoben werden. Es besteht ein starker Farb- und Lichtkontrast von Dunkel und Hell. In den KDM wird zu Recht vermutet, die Bossenquader seien wiederverwendete Werksteine eines romanischen Vorgängerturms (nach Flury-Rova evtl. von einem Turm der Burg *Niederwindegg*). Die rückwärtigen einfachen Quader dürften hingegen eigens für den neuen Kirchturm hergestellt worden sein. Die Wiederverwendung sorgfältig behauenen und damit kostbaren Quadermaterials war üblich. Der zugleich gliedernde und zierende Farbeffekt der Eckquaderung ist unübersehbar.

Literatur. KDM SG V (Bernhard Anderes), 1970, S.178, 191 · Moritz Flury-Rova.- Die Stifts- und Pfarrkirche St. Sebastian in Schänis. Bern 2006 (SKF).

2.2.3 Diessenhofen (TG)

Siegelturm. Errichtet 1545 (Jz. an der stadtseitigen Durchfahrt, Kopie). Verzahnte Eckquaderung am Schaft. Letzte Neuverputzungen 1868, 1943/44 und 1990. Aufgenommen 2000.

Eckquader mit scharf abgekanteten Tafelbossen (Abb. 383). Stadttorturm mit vier Treppengiebeln. Das Mauerwerk ist weiss verputzt. Alle Bauecken sowie Tordurchfahrt und Fenstergewände sind mit Sandsteinquadern markiert, deren Fronten breite Ränder und präzise rechtwinkelig umkantete, gekrönelte Tafelbossen aufweisen (teils original, teils ausgetauscht). Die Steinoberflächen wurden auf der Stadtseite sorgfältiger als auf der Vorstadtseite bearbeitet.

Bemerkungen. Die heutige Erscheinung der Quader stellt sich solcherart dar, dass wieder das Bild einer historisch alten, mit kleinen Ungenauigkeiten relativ gleichmässig verlaufenden

382 Schänis, Stiftskirche, Eckquader am Turm mit Tafelbossen, 1486 und früher
383 Diessenhofen, Siegelturm, Eckquader mit z.T. scharf abgekanteten Tafelbossen, 1545
384 Rorschach, Mariaberg, Eckquader mit Tafelbossen am Konventgebäude, M. 16. Jh.

Verzahnung entstand. Bei der Restaurierung 1868 waren Quaderkanten und Zahnkontur im Sinn des 19. Jh. geometrisch exakter herausgearbeitet worden. Heute stellt der Bau das Beispiel eines rückgeführten, frühneuzeitlichen Eckverbands aus Sichtstein dar. Sein Farbkontrast zur hellen Wand, sein lebendiger, genauer, aber nicht reissbrettartiger Verlauf in der Randverzahnung und die handwerklich sorgfältige Steinmetzarbeit bestimmen den Charakter des Turms, der zum «Wahrzeichen» der Stadt wurde. Die Absicht und Wirksamkeit eines derartigen Baudetails werden bereits auf dem Holzschnitt des *Stadtprospekts* von Diessenhofen in der Chronik des *Johannes Stumpf* von 1548 deutlich (KDM Abb. 26). Zeitlich nah und formal vergleichbar ist die Eckquaderung am Konventtrakt des Klosters Mariaberg in *Rorschach* SG (Abb. 384).

Literatur. KDM TG V (Alfons Raimann), 1992, S. 55-58.

385 Kreuzlingen, Klosterkirche, Eckquader am Turm mit gekrönelten Spiegeln, 1659/75

2.2.4 Kreuzlingen (TG)

Ehem. Klosterkirche. Turm mit verzahnter Eckquaderung, errichtet um 1659/75. Letzte Restaurierungen 1896/99, vor und nach Brand 1963 sowie 1971. Aufgenommen 2000.

Eckquader mit Spiegeln (Abb. 385). Viergesch., von profilierten Gesimsen unterteilter, weiss verputzter Chorschulterturm. Sandsteinquader an allen sichtbaren Bauecken mit breitem Randschlag und vertieften, stark gekrönelten Spiegeln (teils alt, teils ausgetauscht). Die heutige beträchtliche Ungleichheit vor allem der Läuferlängen, die den unterschiedlichen Quaderformaten folgt, ist augenfällig. Dieses, wahrscheinlich alte historische Aussehen wurde nach dem Brand 1963 wiederhergestellt, nachdem die neubarocke Restaurierung von 1896/99 Mörtelquader in geometrisch exakt gezahntem Verlauf aufgesetzt hatte. Die Eingangsfassade und die Ölbergkapelle erhielten aufgrund historischer Darstellungen eine Eckquadermalerei in der Steinfarbe der Turmquaderung (1979).

Bemerkungen. Beispiel für eine typische Eckquadersteinbearbeitung des 17./18. Jh. mit schöner, geometrisch zwar unregelmässiger, doch ausgewogener Verzahnung. Das Gesamtbild ähnelt der Eckquaderung des Siegelturms in *Diessenhofen* (2.2.3).

Literatur. Albert Knoepfli, Alfons Raimann, Alfred Hungerbühler.- Kreuzlingen TG. Bern 1986 (SKF) · Albert Knoepfli.- Die Restaurierung und Rekonstruktion der ehem. Augustinerstiftskirche St. Ulrich. In: Albert Knoepfli – erster Denkmalpfleger des Kantons Thurgau. Frauenfeld 2003, S. 71 und Beatrice Sendner-Rieger.- Baumassnahmen an der ehem. Klosterkirche St. Ulrich 1955-1961 und 1971-2003. Ebd. S. 105-109.

2.2.5 Näfels (GL)

Freulerpalast. Erbaut 1642/48 (Inschrifttafel mit Jz. 1646 am Hauptportal) mit schwarz gefasster Fassadengliederung in Stein und Mörtel. Baumeister unbekannt. Änderungen im 19. Jh., umfassende Restaurierungen 1937/42 und 1983/91. Aufgenommen 2000.

Bau (Abb. 386). Prächtig ausgestalteter Herrschaftssitz in Form einer zweiflügeligen, 3-gesch. Anlage. Auf dem hellen Verputz der Aussenmauern liegt eine bereits ursprünglich schwarz (dunkelgrau) gefasste Architekturgliederung. Die farbrelevanten Gestaltungselemente umfassen die Portale und Fenstergewände (grauer Sandstein), die Eckquaderungen (schwarzer Alpenkalk) und schliesslich die gequaderten Trenngesimse, die Pilasterauflagen in den Giebeln des Hauptbaus und die Rahmungen der Dachlukarnen (Mörtel). Zur äusseren Farbigkeit gehören zudem noch die in den Glarner Standesfarben Schwarz, Weiss, Ocker und Rot geflammten Fensterläden sowie die Dekorationsmalerei am Kapellenerker. Im Folgenden liegt der Akzent auf den Quaderungen, die das Wandrelief ausmachen.

386 Näfels, Freulerpalast, Stein- und Mörtelquaderungen, 1642/48

387 Näfels, Eckquader aus Alpenkalk und Gurte aus Mörtel, ehemals schwarz gefasst

Steinquaderung an den Bauecken, Mörtelquaderung an den Trenngesimsen (Abb. 387). Auf den Fassaden liegen gezahnte Eckverbände und gequaderte Gesimse, die zwischen den Geschossen verlaufen. Von den einzelnen Eckquadern sind heute nur die relativ hohen Tafelbossen sichtbar, der Rest des Quaders ist weiss überputzt und gehört somit optisch zur Mauerfläche. Durch diese Verkleinerung der sichtbaren Steinoberflächen entstehen scheinbar quadratische Läufer bzw. hochrechteckige Binder und ungewöhnlich breite Abstände zwischen den Quadern. Letzteres gilt auch für die aus Mörtel hergestellten Gesimse («Putzgurte»), so dass diese beiden, für die Wandgliederung wesentlichen Bauelemente einen auffallend ornamentalen Charakter erhalten. Es ist fraglich, ob die Quaderung schon ursprünglich so disponiert war. – Beim Steinmaterial der Quader handelt es sich um den in frischem Zustand fast schwarzen, weiss geäderten und während der Alterung stark aufhellenden Alpenkalk (vgl. 2.2.10 *Neudorf, Sachseln* und *Pfäfers*). Zur Bauzeit trugen nicht nur diese Quaderverbände einen nachgewiesenen, schwarzen Farbanstrich, sondern auch alle Bauglieder aus Mörtel sowie die Portal- und Fenstergewände, die aus grauem Plattensandstein bestehen. Diese Schwarzfassung wurde bei der letzten Restaurierung nach Befund rekonstruiert, hat aber inzwischen ihre Dunkelheit zum Teil bereits wieder verloren.

Bemerkung. Unter den Profanbauten des 17. Jh. in der Schweiz weist der Freulerpalast sowohl farblich als auch formal eine äusserst bemerkenswerte und in ihrer Art einmalige Fassadengliederung auf: Die aus farblich unterschiedlichem Werkmaterial bestehenden Bauglieder wurden alle gleich gefasst, so dass sie sich in einheitlichem Schwarz von der hell verputzten Mauer kontrastreich abheben und zusammen mit der farblich lebhaften, nach Originalbefund wiederhergestellten Bemalung der Klappläden ein markantes Wandrelief bilden. (Von der anlässlich der Restaurierung von 1937/42 erwähnten «reichen Sgraffito-Dekoration» ist nach der damaligen Neuerstellung des Mauerputzes nichts mehr vorhanden.) Aus der farblichen Egalisierung der verschiedenen Baumaterialien lässt sich ein künstlerisches Farbkonzept aus der Bauzeit für die gesamte Anlage erschliessen, denn auch an Steinmetzarbeiten im Inneren wurden Reste einer bauzeitlichen, dunkelgrauen Farbfassung festgestellt.

Literatur. Bürgerhaus VII, 1919, S.XVII-XIX, Tf. 12-23 · Josef Grünenfelder.- Farbige Fensterläden am Freulerpalast. In: Von Farbe und Farben 1980, S.117-119 · Jürg Davatz.- Der Freulerpalast in Näfels. Glarus 1995.

2.2.6 Delémont / Delsberg (JU)

Château. Errichtet 1716/21 als Sommerresidenz der Fürstbischöfe von Basel, heute Regierungsgebäude. Gequaderte Bauecken. Restauriert in jüngster Zeit. Aufgenommen 2001.

Gequaderte Ecklisenen aus Jurakalkstein (Abb. 388). Weitläufige Schlossanlage in Hufeisenform. Am ehemaligen, 2-gesch., weiss verputzten Stallgebäude im Nordosten (strassenwärts) befindet sich eine Eckquaderung aus weiss-gelblichem, schwarz geädertem Jurakalk. Die gleichmässig übereinander versetzten Steine haben abgerundete Schmalseiten und erscheinen vorgeblendet, so dass die unvermörtelten Fugen dunkle Rillen bilden. Diese, die Ecken stark betonende Quaderung ist das Hauptelement einer gemauerten Wandgliederung mit Steinsockel, drei umführenden Gesimsen und Feldermarkierungen unter den Fensterbänken.

Bemerkungen. Das «imposante Barockschloss am Schnittpunkt französischer und süddeutscher Einflüsse» (KF Schweiz) vertritt mit diesen farblich abgehobenen Wandauflagen eine seltene Art von Eckquaderung, deren Versatz nicht aus Läufer- und Bindersteinen besteht, sondern als Lisene erscheint und dadurch besonders dekorativ wirkt, was durch die geäderte Steinfarbigkeit noch verstärkt wird.

2.2.7 St. Gallenkappel (SG)

Pfarrkirche. Errichtet 1754/64, Baumeister Jakob Grubenmann. Verzahnte Eckquaderung. Restauriert 1975/77. Aufgenommen 2000.

Eckquader mit gekrönelten Spiegeln (Abb. 389, 390). Der Mauerputz ist kalkweiss gestrichen. Die Eckquaderung am Langhaus, am dreiseitigen Chorpolygon und am hohen Turmschaft (Nordosten) sowie der umlaufende Sockel, die Fenstergewände des Turms und des Chorhauptes bestehen aus graugrünem, granitischem Sandstein (Sockelquader scharriert). Die Sichtseiten der präzise behauenen und eng verfugten Eckquader haben schmale Randschläge und fein gekrönelte Spiegel. Das Höhenmass der Quader variiert leicht, ebenso ihre Rechtwinkeligkeit, woraus eine lebendig bewegte Aussenkontur von Läufern zu Bindern resultiert.

388 Delémont, Château, gequaderte Ecklisene aus geädertem Jurakalk, 1716/21
389 St. Gallenkappel, Pfarrkirche, Quaderbearbeitung Jakob Grubenmann, 1754/64
390 St. Gallenkappel, gekrönelte und scharrierte Oberflächen mit changierendem Farbeffekt

Bemerkungen. Beispiel eines schönen, noblen Quaderbilds aus gutem und sorgfältig bearbeiteten Steinmaterial als einzigem, aber wirkungsvollem Gliederungs- und Schmuckelement eines im Äusseren sonst schlichten Barockbaus. Durch die Feinstruktur der Steinoberfläche entsteht je nach Jahreszeit, Witterung und Sonnenstand ein wechselndes Licht- und Schattenspiel von eigener farblicher Qualität. Der 1755 ergangene Auftrag an einen Maler Jos. Anton Hüppi, den Turm rot oder grün anzustreichen (KDM S.482f), dürfte sich wie auch anderswo auf die geschindelte Haube beziehen (z.B. Kirchturmzwiebel *Luven* GR, heute rot geschindelt, siehe Abb. 999). Eine ähnlich gleichmässige und wohlproportionierte Eckquaderung, jedoch mit glatten Oberflächen, besitzt die 1743 erbaute Kapelle der Hl. Familie im benachbarten *Bürg* (Eschenbach), deren gegliederter und gleichermassen dekorativer Charakter den Läufersteinen zu verdanken ist, die hier besonders weit ausgreifen (Abb. 391, 392).

Literatur. KDM SG IV (Bernhard Anderes), 1966, S.485 · Benno Schubiger.- St.Gallenkappel. Bern 1980 (SKF).

Unregelmässige Werksteinquader – rechtwinkelig verputzt

2.2.8 Ernen (VS)

Sogenanntes Tellehüs. Ehem. Wohn- und Gasthaus sowie Suste, heute Gemeindehaus. Holzbau auf Mauersockel, errichtet von Meier Hans Folken 1576/1578 (Jzz. und Bauinschrift im Firstbug und in der Sockelmalerei). Letzte Aussenrestaurierung 1986. Aufgenommen 1997.

Eckquaderung und Fenstergewände aus unregelmässig behauenen Kalktuff-Quadern mit Putzergänzung in Steinfarbe (Abb. 393). In die kunstgeschichtlich und ikonografisch bedeutende (früheste datierte) Darstellung der Tell-Legende auf dem weiss verputzten Mauersockel der südlichen Giebelseite sind ein Zwillings- und ein einfaches Fenster einbezogen. Diese werden von Gewändesteinen eingefasst, die ebenso wie die weitgehend gelb überstrichene Eckquaderung aus Werkstücken unzureichender Abmessungen und unregelmässiger Kanten bestehen. Die einzelnen Werkstücke wurden so versetzt, dass zur Fensteröffnung hin die kompletten, spätgotisch profilierten Quaderkanten und die vorragenden Sohlbänke stehen, zur Mauerseite hingegen die zum Teil unbehauenen Steinränder, über die der Wandputz ausläuft. Die fehlen-

391 Bürg/Eschenbach, Kapelle Hl. Familie, regelmässige Sandsteinquaderung, 1743
392 Bürg/Eschenbach, glatte und farblich einheitliche Steinoberflächen
393 Ernen, Tellenhaus, Fenstergewände aus gelbem Kalktuff, farblich auf dem Verputz ergänzt, 1576/78

den Teile des jeweiligen Werkstücks wurden dann ergänzend mit der ockergelben Farbe des Tuffsteins auf den Putz gemalt.

Bemerkungen. Der den Dorfplatz beherrschende Hauptbau von Ernen stellt das seltene erhaltene Beispiel einer sehr frühen, figürlichen Sockelbemalung in der Schweiz dar. Im hiesigen Zusammenhang interessiert die Vervollständigung der im Bildfeld liegenden Fensterrahmen, das heisst die optische Komplettierung von Werkstückteilen durch Farbanstriche in der jeweiligen Steinfarbe auf dem anschliessenden Putzmörtel, die eingesetzt wurden, wenn das Steinmaterial in den benötigten Formaten nicht zur Verfügung stand. Ähnlich ist die Situation bei der Eckquaderung der reformierten Kirche von 1492 in *Santa Maria* im bündnerischen Münstertal (2.1.9).

Literatur. KDM VS II (Walter Ruppen) 1979, S.69-72.

2.2.9 Fribourg / Freiburg

Klosterkirche Montorge (Bisemberg). Erbaut 1626/28 von Abraham Cotti. Quaderungen an Ecken, Fenster- und Portalgewänden aus der Bauzeit. Restauriert 1992/93. Aufgenommen 1995.

Bau (Abb. 396). Schlichter, verputzter Rechteckbau an der Nordseite des Klosterkomplexes mit markanter farbiger Gliederung seiner drei Sichtseiten (Ost, West, Nord) durch Läufer- und Binderversatz an den Mauerecken und an den Kanten der grossen, rechteckigen Fensteröffnungen (Südseite z.T. verbaut).

Quaderungen. Der weiss geschlämmte Mauerverputz besteht aus auffallend grobkörnigem Material. Die unregelmässigen Werksteinquader aus farblich sich abhebendem, grüngelbem Sandstein werden mit Hilfe von weisser bzw. dem Gestein entsprechend grüngelb eingefärbter Schlämme je nach Bedarf so vergrössert oder verkleinert, dass optisch der Eindruck gleichmässiger, gezahnter Ränder entsteht (Abb. 394). Die Umrisslinien sind in den Putz gekratzt, die Fugen weiss aufgesetzt. Die Fensterrahmen im Norden und Osten sowie das Westportal weisen jeweils vier bzw. zwei Läuferpaare auf. Die Fenstergruppe über dem Portal erscheint heute asymmetrisch. Der Sockel (Tuffstein) ist nur an der Nordseite durchgehend in der gleichen grüngelben Farbe getüncht.

394   Fribourg, Kloster Montorge, Konventbau, Ergänzung der Sandsteinquader durch grünliche Farbschlämme
395   Fribourg, Friedhofskapelle, Eckverband aus unkorrigierten Sandsteinquadern
396   Fribourg, Klosterkirche Montorge, Ostseite, gequaderte Ecken und Fenster, 1626/28

397 Neudorf, Kirche 1677/78, gotischer Turmschaft mit signifikanter, dunkler Quaderung
398 Neudorf, Steinquader aus dunkelgrauem, geädertem Alpenkalk, im Putz ergänzt

Erhaltung und Zustand. An der Nordseite ist der originale Putz noch zu ca. 80 Prozent erhalten. Die ursprünglichen, typischen Spuren der Maurerkelle und die Ganghöhen des Gerüsts sind noch erkennbar. Die Zementflicken älterer Reparaturen wurden hier bei der jüngsten Restaurierung 1992/93 entfernt und durch neue, besser eingepasste Flicken ersetzt. Auf dem Putz ist nur die weisse, auf den Quadern die grüngelbe Schlämmschicht neu, während auf den West- und Ostseiten Putz und Farbschicht weitgehend rekonstruiert wurden. Obwohl auch von grober Struktur, unterscheidet sich die neue Putzoberfläche, vor allem die der Ostwand, vom Original der Nordseite und entspricht nicht dessen historischem Duktus.

Bemerkungen. Die steinfarbige Quaderung ziert sowohl die Bauecken als auch die Tür- und Fensterrahmungen und setzt sich von der weissen, strukturierten, Licht und Schatten stark reflektierenden Wandoberfläche in differenzierten Tönungen deutlich ab. Die grüngelbe Schlämmfassung imitiert die Farbe der darunter liegenden Steinquader, egalisiert deren Formate im Sinne einer gleichmässigen Zahnung und fingiert durch feine Fugenstriche sorgfältig behauene und präzise versetzte Quadersteine. Ein Vergleich mit dem kleinen Friedhofsbau (Abb. 395), dessen Eckquader nicht übermalt sind, macht den Umfang der «kosmetischen Verbesserung» deutlich. Montorge ist ein repräsentatives Beispiel für diese vor allem im 17. und 18. Jh. verbreitete Art, konstruktiven Eckquaderungen aus Naturstein durch imitierende Malerei ein handwerklich perfektes und gleichzeitig dekoratives Aussehen zu verleihen.

Vergleichsbeispiele. Ähnlich ist die Situation am Äusseren der 1610/1617 errichteten *Kapuzinerkirche* in *Fribourg* (MAH FR III, fig. p. 172). Bei ihrem Bau war übrigens derselbe Baumeister Abraham Cotti beteiligt, der auch das Freiburger *Jesuitenkolleg* mit seiner farbgleichen, flächendeckenden Fugenmalerei errichtete (1.1.10). Mit Putz und Farbe ergänzt wurden unter anderen auch die Eckquaderläufe der Kirchen von *Neudorf* (2.2.10) und *Liestal* (1.5.3).

Literatur. MAH FR III (Marcel Strub), 1959, p. 192s · Informationen zur Erneuerung verdanke ich Restaurator Peter Subal, Fribourg.

2.2.10 Neudorf (LU)

Kirche. Neubau 1677/78 unter Wiederverwendung des gotischen Turmschafts. Verschiedene Eckquaderungen. Restaurierung 1971/72. Aufgenommen 2001.

Gezahnte Stein- und Putzquaderung in Dunkelgrau mit weisser Äderung an den Turmecken (Abb. 397, 398). Dem leicht eingestellten, älteren Frontturm mit offener Portalhalle schliesst sich das jüngere Schiff mit eingezogenem, dreiseitig schliessendem Chor an (im Inneren eine beachtenswerte Ausstattung). Die sichtbaren Ecken des hohen, weiss verputzten, von zwei Gurtgesimsen unterteilten Turmschafts sind mit Quadern aus dunkelgrauem, weiss geädertem Gestein markiert (Alpenkalk). Ihr roher, ungeformter Behau wurde mit Hilfe von gleichfarbig bemaltem Putz und schwarzen Fugen- und Konturstrichen optisch zu einem regelmässigen, gezahnten Eckverband vervollständigt. Der Verputz imitiert auch die weisse Äderung. Der umlaufende, abgeböschte Sockel und die Gewände der Maueröffnungen (Rundbogeneingang, Schartenfenster, spitzbogige Glockenfenster) bestehen aus demselben Baustein, auf dem, abgesehen vom Sockel, eine komplett deckende, weiss geäderte Graufassung mit schwarzen Fugen liegt. Die Eckquader an Schiff, Chor und Sakristei sind ebenfalls unregelmässig behauen, aber dem weiss getünchten Wandputz mit weisser Schlämme farblich angeglichen und nicht zu Vierkantquadern korrigiert.

Bemerkungen. Grossformatige, graue und sehr auffällige Eckquaderung an einem spätgotischen Turm in exponierter Lage auf einer Anhöhe im Ort. Die Regelmässigkeit des Verlaufs wurde jedoch erst bei der Restaurierung 1971/72 hergestellt, vorher waren unterschiedlich grosse Steinquader zu sehen. Ein Befund wurde nicht festgestellt, es ist aber denkbar, dass schon im Zuge des Kirchenneubaus 1677/78 die dunklen Eckquader des älteren Turms als

Farbakzent und in relativer Rechtwinkeligkeit existierten. Ein ähnlicher Farbeffekt, hervorgerufen durch den auch hier verwendeten, dunkelgrauen und weiss geäderten Alpenkalkstein, ist zum Beispiel bei den zeitgleichen Kirchen von *Sachseln* (3.5.1) und *Pfäfers* (Abb. 399) zu beobachten.

Literatur. KDM LU IV (Adolf Reinle), 1956, S. 251-253 (keine Bemerkung zu den Quaderungen).

2.2.11   Nidau (BE, Seeland)

Reformierte Kirche. Turm spätgotisch, Schiff im Wesentlichen 1678/82 errichtet. Gelbe Quaderungen. Restaurierungen 1953/54 und nach 1986/89. Aufgenommen 2003.

Hausteinteile, mit gelb gestrichenem Putz begradigt. Langhaus mit dreiseitig schliessendem Chor, der Turm im Südosten leicht eingestellt, Mauern weiss verputzt. Die Werksteinteile des aufgehenden Mauerwerks bestehen aus gelbem Neuenburger Kalkstein (Portal- und Fenstergewände sowie Eckverbände), der umführende Sockel aus weissem Jurakalk. Die Werksteine der Bauecken weisen unterschiedlichste Abmessungen auf, sind grob gekrönelt und gelb geschlämmt bzw. dank gelb gestrichenem Verputz sowie weissen Fugen- und gelben bzw. ockerfarbenen Konturstrichen als völlig regelmässige Vierkantquader wiedergegeben – am Chor in verzahntem (Abb. 400), an Turm und Schiff in übereinanderliegendem Versatz. Die Sichtseiten der das Portal einfassenden Steine sind gestockt und mauereinwärts ebenfalls mit Farbe auf Putz ergänzt (Abb. 401).

Bemerkung. Die Kirche von Nidau liegt im Verbreitungsgebiet des farblich besonders dekorativen gelben Neuenburger Kalksteins und repräsentiert einen von vielen Putzbauten mit Werkstücken aus eben diesem Baustein, die mit Hilfe von Mörtel und Farbe ebenso wie solche aus andersfarbigem Gestein reguliert und «verbessert» wurden, wenn keine massstäblich präzise behauenen Quader zur Verfügung standen.

Literatur. KDM BE Landband III (Andres Moser), 2005, S. 76-83.

399   Pfäfers, Klosterkirche, Eckquader aus geädertem Alpenkalk, 1688
400   Nidau, Reformierte Kirche, Sockel aus weissem, Eckquader aus gelbem Jurakalk am Chorpolygon
401   Nidau, farblich auf Putz ergänzter Portalbogen aus gelbem Jurakalk, 1678/82

Unregelmässige Werksteinquader – vermutlich auf Sicht

2.2.12 Zug

Unter Altstadt 8. Wohnhaus mit Jz. 15[4?6?]7 (am Portal). Verzahnte Eckquaderung aus gleicher Zeit, bis heute unverändert. Aufgenommen 2000.

Graue Sandsteinquader unterschiedlicher Grössen und Umrisse mit hohen Tafelbossen (Abb. 402). Altstadthaus in geschlossener Gassenzeile. Schmale, 4-gesch. Fassade, heute verputzt in hellblau gebrochenem Weiss, an der linken Ecke leicht vorstehend. Hier befindet sich eine Quaderung aus Werksteinen (grauer Sandstein), die zwar in der Art von Läufern und Bindern versetzt sind, aber Lage für Lage unterschiedliche Formate und nur teilweise rechtwinkeligen Behau aufweisen. Die Sichtseiten verfügen auch an den schräg laufenden Kanten über breite Randschläge und jeweils über eine relativ hohe Tafelbosse.

Bemerkungen. Da die Oberflächenbearbeitung die individuellen Umrisse jedes Quaders berücksichtigt, waren wohl deren Unregelmässigkeiten von Anfang an auf Sicht bestimmt. Die gleiche Art von Eckquaderung erscheint prominent in *Zug* zum Beispiel bereits 1497 am alten Stadthaus, dem heutigen Rathauskeller (Tugium 23/2007, Abb. S. 149), 1505 am Rathaus (Bürgerhaus X, 1922, Tf. 20) oder 1530 am ehem. Kornhaus (Tugium 3/1987, S. 26-28, Abb. 15, 16). Schon Linus Birchler verwies auf sie in den Kunstdenkmälern als «eine besondere Eigentümlichkeit der Häuser des 16. Jahrhunderts» in Zug (KDM ZG II, 1935, Nachdruck 1959, S. 426). Auch beim Sammeln des hier vorliegenden Materials waren solche besonders dekorativen, unregelmässigen Eckverzahnungen mit polsterartig hochstehenden Tafelbossen anderswo in der Schweiz nicht zu entdecken, wohl aber unregelmässige Eckverzahnungen mit flachen und vermutlich auf Sicht bearbeiteten Steinoberflächen (s. 2.2.13–2.2.15).

Hinweise von Josef Grünenfelder, Zug.

402 Zug, Unter Altstadt 8, unregelmässige Quaderformate auf Sicht, spätestens 1567

2.2.13 Stein am Rhein (SH)

Turm der Stadtkirche. Nach Baufälligkeit neu errichtet 1597/1600. Eckquaderung höchstwahrscheinlich auf Sicht. Wieder freigelegt 1956. Aufgenommen 2004.

Hellgraue Sandsteinquader mit unterschiedlichen Längen und Kanten (Abb. 403, 404). Die Ecken des weiss verputzten, mit Steingesimsen in drei Geschosse unterteilten Turmschafts werden aus Läufern und Bindern von auffallend unregelmässiger Höhe und Länge gebildet. Obwohl zahlreiche Steinkanten nicht rechtwinklig verlaufen, sind alle meist gekrönelten Spiegel mit einem Randschlag eingefasst, der präzise dem jeweiligen Kantenlauf folgt. Im 2. und 3. OG der Westseite stehen auf zwei Quadern in sorgfältig gemeisselten spätgotischen Minuskeln die Sprüche «gott. geb. witer gnad» und «gott. sei. globbt» (KDM S. 59).

Bemerkungen. Mit grosser Wahrscheinlichkeit kann man davon ausgehen, dass die Sandsteinquaderung der Bauecken schon ursprünglich auf Sicht berechnet war. Dafür sprechen der präzise Randschlag an allen Quaderkanten und ebenso die beiden zitierten Bitt- und Lobsprüche der Steinmetze, von denen man annehmen kann, dass sie lesbar sein sollten und nicht überputzt waren. Überdies sind auf den bedeutendsten der Stadtprospekte Steins von Merian 1642, Menzinger 1662, Herrliberger 1741 und auch auf anderen Darstellungen immer deutlich sichtbare Eckquaderungen am Turm der Stadtkirche wiedergegeben (KDM Abb. 61, 62, 58, 18). Das Zudecken der Eckquaderung, die 1956 wieder hervorgeholt wurde, als man im Nachgang der umfassenden Sanierung von 1931/32 «die vielen Eingriffe früherer Zeiten, so gut es anging, zu beheben» versuchte (KDM S. 52), dürfte im 19. Jh. erfolgt sein, zu einer Zeit also, in der die

403 Stein am Rhein, Stadtkirche, unregelmässiger Eckverband, wohl auf Sicht, um 1600
404 Stein am Rhein, Sandsteinquader unregelmässiger Formate mit Randschlag
405 Gampelen, Fanel, Treppenturm, Unregelmässigkeit der Quader wohl auf Sicht, 1646
406 Gampelen, Randschläge entlang nicht rechtwinkeliger Quaderkanten

Unregelmässigkeit von Sichtquaderwerken nicht geschätzt wurde. – Zu unregelmässigen Eckverbänden, die bei Baubeginn vermutlich auf Sicht angelegt waren, vgl. 2.2.14 *Gampelen*.

Literatur. KDM SH II (Reinhard Frauenfelder), 1958, S.55, 58f · Albert Knoepfli.- Das Kloster Stein am Rhein. Basel 1979, S.8–10 (SKF, bearbeitet von Maria Becker, Bern 1998, S.14).

2.2.14 Gampelen (BE, Seeland)

Fanel. Bauernhaus, ehemals Gasthof und Fährhaus an der Zihl. Neubau 1646 (Jzz. an Turmportal und Ökonomieteil). Eckquaderung am Treppenturm. Restaurierung um 1980/90. Aufgenommen 2003.

Gelbe Quader mit unterschiedlichen Längen und Kanten aus Neuenburger Stein (Abb. 405, 406). Herrschaftlich disponiertes Bauernhaus in Form eines freiliegenden, langgestreckten Einzelbaus. Von dem traufseitig zu Strasse und Fluss orientierten, in Wohn- und Ökonomietrakt unterteilten Gebäude interessiert der polygonale Treppenturm in der Frontmitte. Dessen (neu) weiss verputzte Wandabschnitte werden durch gelbe Werksteinstücke gegliedert, aus denen das bemerkenswerte Türgewände, die Fensterrahmen, ein profiliertes Stockwerkgesims und insbesondere eine an drei Ecken sichtbare, verzahnte Quaderung bestehen, um die es hier geht. Die einzelnen Quader weisen unterschiedliche Höhen und Längen auf und haben Seitenkanten, die teilweise schräg oder sogar abgewinkelt verlaufen und von glatten Randschlägen begleitet werden, die ihrerseits fein gestockte Spiegel einrahmen.

Bemerkungen. Die Randschläge, die den teilweise nicht winkelrechten Quaderkanten folgen, lassen vermuten, dass die Unregelmässigkeit des Versatzes ohne Putzkorrekturen auf Sicht gedacht war. Das ehemalige Fährhaus von Gampelen wird hier neben *Zug* (2.2.12) und *Stein am Rhein* (2.2.13) als weiteres wahrscheinliches Beispiel für das Vorkommen von geometrisch unkorrigierten Eckquadern an einem prominenten Bauteil zur Diskussion gestellt. Normalerweise entsprechen die geometrisch unkorrigierten, sichtbaren Quader eher der einfacheren und weniger kostspieligen Mauertechnik, die für untergeordnete Gebäudeteile wie etwa eine Stallmauer Anwendung fand (Abb. 407).

Literatur. KDM BE Landband II (Andres Moser), 1998, S.218f.

2.2.15 Le Maley (NE, St-Blaise)

Ehem. Bauernhaus. Erbaut 1780 (am Türsturz bez. mit «I.I 17 M 80 D»). Erneuert, Eckquaderungen z.T. ursprünglich. Aufgenommen 2003.

Bau mit diversen, unregelmässigen Eckquaderungen. Kleine Ansiedelung einfacher Bauernhäuser an der Landstrasse. Das grösste, traufseitig zur Strasse orientierte Gebäude mit Krüppelwalmdach, Anbau und Stalltrakt wurde jüngst zu einem 3-gesch. Wohnhaus verändert. Seine Strassen- und Wohnfronten sind weiss verputzt. Für die Werksteine der stichbogigen Tür-, Tor- und Fenstereinfassungen sowie für die Eckquaderung wurden sowohl weisser als auch gelber Neuenburger Kalkstein verwendet. Die Ecken der ursprünglichen und nicht restaurierten Giebelseite des ehemaligen Ökonomieteils sind mit unterschiedlich grossen, an der vorderen Ecke gelben geglätteten, an der hinteren Ecke weissen gebosselten Quadern verstärkt. Die vorderen gelben Quader wurden an der Strassenseite in einem neuen, nicht bündig auslaufenden Putz tief eingebettet und dabei im Umriss korrigiert, an der Giebelwand aber ursprünglich belassen, wo sie in das in pietra rasa verputzte Bruchsteinmauerwerk integriert sind (Abb. 407).

Bemerkung. Die alte Giebelwand des ehemaligen Ökonomietrakts ist ein schönes Beispiel für Eckquadersteine an einem untergeordneten Gebäudeteil, wo sie selten geometrisch korrigiert werden, sondern viel eher in ihrer natürlichen Grösse, unregelmässigen Form und in ihrer vom umgebenden Mauerwerk abweichenden Farbe sichtbar bleiben. Ab und an ist bei anderen Eckquaderungen aus gelbem Neuenburger Stein das gleiche auch noch original vorhanden, so etwa an der rückwärtigen Ökonomiepartie des Hauses Chemin de Mureta 5 im Oberdorf von *St-Blaise*.

407 Le Maley, ehem. Bauernhaus, einfacher, an der rechten Mauerkante ursprünglicher Eckverband, 1780
408 Lostallo, Wohnhaus, Mörtelquaderung mit ursprünglicher Oberfläche um 1600, Wandputz erneuert
409 Lionza, Casa Tondutti, Mörtelquader mit weissen Konturen, links dreifarbig gefelderte Kaminwand, gut erhaltener Originalbestand 1697

Mörtelquader in Steinfarbe

2.2.16 Lostallo (GR, Misox)

Haus Nr. 10. Errichtet um 1600 (Zeichnung Rahn beschriftet «datiert über der Thür 1603», heute verschwunden). Mörtelquaderung z.T. historisch, z.T. erneuert. Umgebaut vor 1945, saniert 1975. Aufgenommen 2003.

Aufgesetzte dunkle Mörtelquader (Abb. 408). Der hangwärts leicht zurückliegende, giebelseitig zur Durchgangsstrasse orientierte 2- bzw. 3-gesch. Bau ist weiss verputzt und an drei Hausecken vom Boden bis zum Dachansatz mit grossen Quadern aus Mörtel markiert. Diese stehen leicht vor, sind voneinander abgesetzt, haben randlose, durch Lochung mit Nagelbrett grob strukturierte Flächen und erscheinen in präziser Verzahnung. Nach Augenschein sind sie teils erneuert, teils als alter Bestand erhalten. – An der Giebelfront zwei bemerkenswerte Heiligenbilder aus der Bauzeit (hl. Georg und Madonna mit hl. Antonius).

Bemerkungen. Das Haus wurde stark verändert. Eine 1870 datierte Zeichnung von Johann Rudolf Rahn in der Zentralbibliothek Zürich stellt noch den ursprünglichen Zustand mit Holzloggien und Rundbogenportal, allerdings ohne Eckquaderung dar. Die Mörtelquader im oberen Bereich der beiden Strassenecken scheinen zum Teil alt zu sein und könnten aus der Bauzeit stammen. Die strukturbedingte dunkle Wirkung der Quaderflächen wird bei sonnigem Licht variiert und verstärkt. Eine vergleichbare und hier noch komplett im ursprünglichen Bestand erhaltene Mörtelquaderung befindet sich an der Casa Tondutti in *Lionza* (Abb. 409, siehe auch 3.3.33).

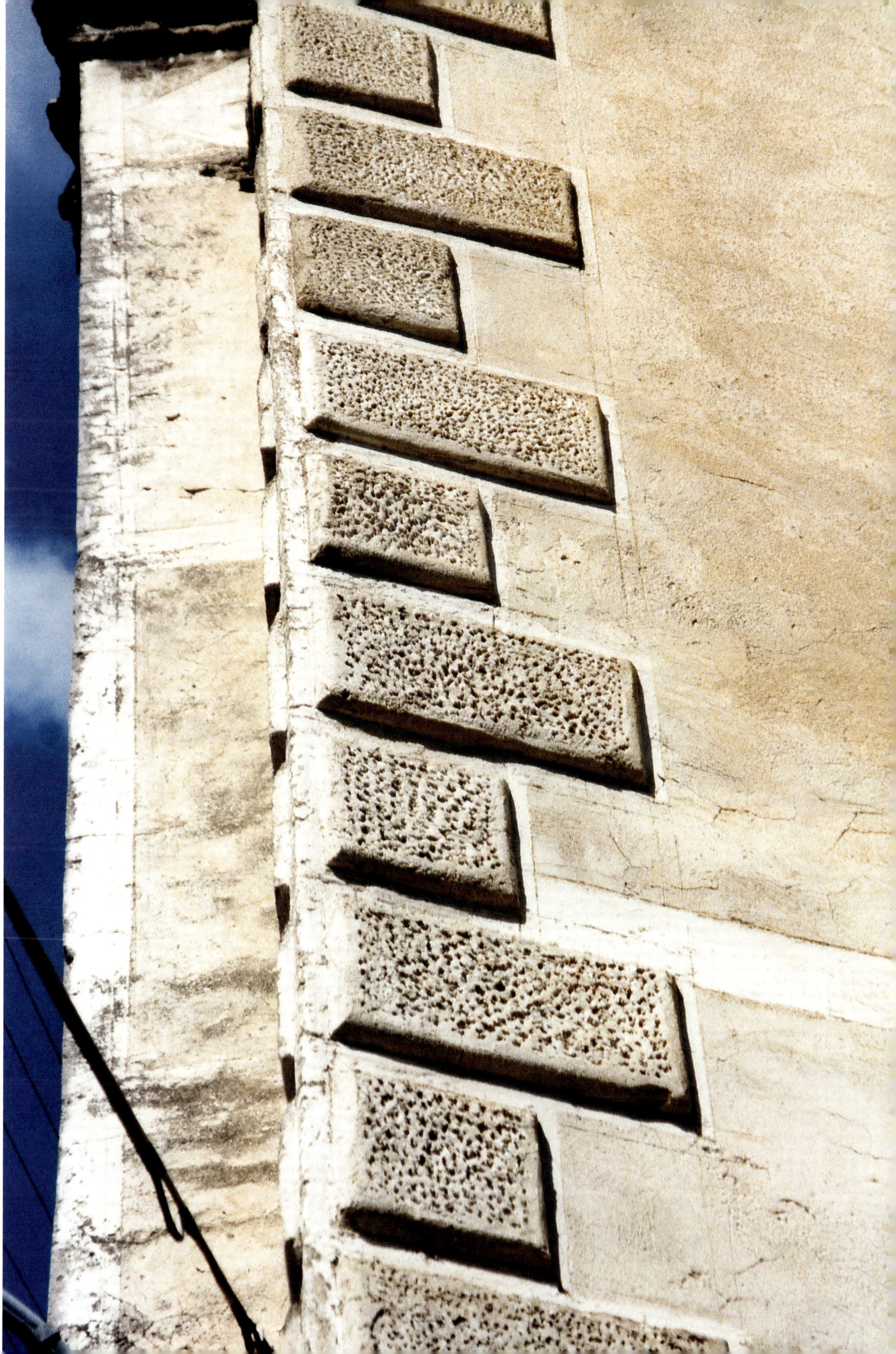

Literatur. KDM GR VI (Erwin Poeschel), 1945, S.329 als Casa Piva bezeichnet (keine Erwähnung der Quaderung), Abb.378 (Zeichnung von Rudolf Rahn).

2.2.17 Turtmann (VS)

Lange Gasse, Haus Meyer. Errichtet 1655 (Jz. am Eingang). Mörtelquaderung original. Aufgenommen 1997.

Bau. Langgestrecktes 3-gesch. Wohnhaus. In der Mitte der zur Strasse traufständigen Hauptfassade steht ein stumpfwinkelig abgeschrägter Treppenturm mit Quergiebel oberhalb des Dachrands. Über dem aufwändigen Portalgewände ist eine grosse prächtige Wappentafel eingelassen (beides weisser Marmor). Der Fries des Sturzgebälks trägt die Bezeichnung «C. G∗Cast[elanus]. ET∗C.G. Ao 1655».

410 Turtmann, Haus Meyer, flache Mörtelquaderung, Originalbestand 1655

411 Turtmann, Tourellier, Mörtelquaderung und Dachfries, Originalbestand 1662

Dunkle Mörtelquaderung (Abb. 410). Bruchsteinmauerwerk mit geglättetem Naturputz. Die Quaderung an den Bauecken besteht aus einer zweiten aufgesetzten Putzschicht mit rauer, gestupfter Oberfläche und scharf umrissenen Kanten, so dass die Putzschicht darunter, zusätzlich geglättet, ein schmales, sich hell absetzendes Fugen- und Konturennetz bildet. Auf den Hausecken liegt ein einfacher Läufer- und Binderversatz, am Turm mit doppelter Binderlage, wodurch die Quaderungen hier zu Lisenen werden. Die einzelnen sowie die Reihen- und die gestaffelten Drillingsfenster sind glatt weiss gerahmt; ein ebenfalls glattes, weisses Putzband, das die vorstehenden Dachpfetten umläuft, führt am oberen Mauerabschluss entlang. Auf einigen Fensterrahmen und vorkragenden Sohlbänken der mehrteiligen Fenster liegen Reste vermutlich späterer, hellroter Farbe.

Bemerkungen. Nobler, für Turtmann im 17. Jh. typischer Bau mit Treppenturm und Putzdekor, dessen Wandoberflächen noch weitgehend original, wenn auch in schadhaftem Zustand erhalten sind (Haus z. Zt. unbewohnt). Er fällt durch seinen zwar einfachen, aber sehr wirkungsvollen und durch unterschiedliche Mörteloberflächenbehandlung auf Hell-Dunkel-Werte abgestimmten Fassadendekor auf. Eine vergleichsweise sehr ähnliche, handwerklich übereinstimmende und ebenfalls noch originale Putzquaderung erhielt sich auch am sogenannten, 1662 datierten *Tourellier* am Dorfplatz (Abb. 411).

2.2.18 Ittingen (TG)

Kartause. Mörtelquader am Chor der Kirche, 1703. Der weitgehend originale Bestand konserviert und im Bodenbereich ergänzt um 1982. Aufgenommen 1999.

Weisse Mörtelquaderung (Abb. 412). Flach schliessende Chorpartie mit Querhaus, auf den Wänden gut geglätteter Naturputz von hellgrauem Farbton. Die sechs Ecken werden von einer aufgemörtelten Quaderung mit weissem Kalkanstrich und schwarzen Begleitlinien bedeckt. Die glatt umrandeten Quaderspiegel weisen eine krustenartige Struktur aus bogigen Stegen auf.

Bemerkung. Im Unterschied zu den älteren Mörtelquaderungen in Dunkel auf Hell an den Häusern in *Lostallo* und *Turtmann* (2.2.16, 2.2.17) ist die Quaderung von Ittingen in Hell (Kalkweiss) auf Dunkel (Naturgrau) angelegt, wobei dank der starken Strukturierung ein äusserst lebendiges Lichtspiel entsteht. Das Farbintervall Hell auf Dunkel verbindet die Mörtelquaderung mit den Wandgliederungen der weissen Architekturmalerei am Chor und im grossen Kreuzgang der Kartause (s. 3.3.34).

Literatur. Emmenegger 1994, S.38-40 · Jürg Ganz.- Kartause Ittingen - von einst zu jetzt. Frauenfeld 2002, S.50-52.

2.2.19 Savognin (GR, Oberhalbstein)

Ortsteil Sot-Curt, Nr. 2 (alt Nr. 141), Haus Amilcar. Über dem Eingang die Jz. 1638. Eckquaderungen teils wohl aus dieser Zeit, teils später. Aufgenommen 1983.

Bau (Abb. 413). Freistehendes, stattliches Wohnhaus mit zwei Steingeschossen über hohem Mauersockel (1638) und einem dritten Riegelgeschoss mit Krüppelwalmdach (18. Jh.). Malereien am südwestlichen Stubenteil mit Fassadenbild einer Muttergottes (wohl 19. Jh.) und drei Hauszeichen, deren zwei von Steinbockpaaren begleitet werden (17. Jh.).

Eckquaderungen aus unterschiedlichen, aufgesetzten Mörteln. Die gemauerten, relativ glatt verputzten und weiss geschlämmten Geschosse (Originalputz stellenweise noch vorhanden) sind an allen vier Hausecken mit Quadern versehen. Den vermutlich ursprünglichen Bestand um 1638 weist die Südwestecke auf: Das Quaderbild ist in Umrissen als Läufer- und Binder-Ver-

412 Ittingen, Klosterkirche, Mörtelquaderung mit gemaltem Randschlag 1703
413 Savognin, Haus Amilcar, erbaut 1638
414 Savognin, Zeichnung Johann Rudolf Rahn 1908

2.2 GEBÄUDEKANTEN Eckquader aus Stein, Mörtel und Farbe

415 Savognin, Haus Amilcar, Ecke rechts mit eingeritzten, geputzten und gemalten Quadern 1638
416 Savognin, Ecke links mit späteren, grob bearbeiteten Mörtelquadern
417 Cevio Vecchio, Kelter der Case Franzoni, Mörtelquader mit bunten Farbresten, 2. H. 17. Jh.

satz in den Putz eingeritzt und mit einer zweiten dünnen, fein strukturierten, hellbraunen Putzschicht aufgesetzt, wobei die Fugen auf die zweite Putzschicht weiss aufgemalt wurden (Abb. 415). Die gleich dimensionierten Quader der anderen Hausecken sind grob aus Mörtel geformt und mit Nagelbrett strukturiert (Abb. 416). Sie stammen aus jüngerer Zeit. Nach einer 1908 datierten Zeichnung von Johann Rudolf Rahn in der Zentralbibliothek Zürich umfasste die alte Eckquaderung auch das Sockelgeschoss (Abb. 414), heute setzt sie erst auf Höhe der Fensterbank im 1. Wohngeschoss an.

Bemerkung. Die Südwestecke zeigt noch eine schöne, wenn auch stark beschädigte Putzquaderung, die höchstwahrscheinlich aus dem Baujahr 1638 stammt. Originalbeispiele aus dieser Zeit sind selten.

Literatur. Bürgerhaus XII, 1923, Tf. 80 · KDM GR III (Erwin Poeschel), 1940, S. 295, keine Erwähnung der Putzgliederung.

Mörtelquader mit Buntfarben und Ornamentierungen

2.2.20 Cevio Vecchio (TI, Valle Maggia)

Casa Franzoni (Museo valmaggese). Kelter 2. H. 17. Jh., unrestaurierte, ursprüngliche Wandoberfläche. Aufgenommen 2000.

Mörtelquaderung mit Resten gelber Farbe (Abb. 417). Langgestrecktes, im Wesentlichen zum Keltern verwendetes Ökonomiegebäude im Hof vis-à-vis der beiden Herrenhäuser Franzoni. Rechts ein kleiner Wohnteil mit Stichbogentür über Treppenaufgang, links der in zwei weiten Bögen auf niedrigen Mauersockeln geöffnete Kelterraum. Auf den hellgrauen Naturputz des aufgehenden Mauerwerks sind entlang aller Bogenränder wechselweise grosse und kleine, keilförmige Mörtelquader aufgesetzt. Sie stehen wenig vor, lassen breite Fugenrillen frei, sind gut geglättet und kalkweiss geschlämmt. Die weisse Schlämme bildet die Rahmen (Randschläge)

418 Cevio Vecchio, Toreingang zu den Case Franzoni, Scheinarchitektur mit grotesker Stützfigur, Originalmalerei um 1680 (Foto 1989)
419 Cevio Vecchio, restaurierter Toreingang (Foto 2004)
420 Cevio Vecchio, ehem. Ökonomiegebäude mit roter und weisser Mörtelgliederung, 1620

der in hellem Ockerton gefassten Binnenflächen, die ihrerseits mit Strukturen in dunklerem Ockergelb bemalt sind. Interessanterweise weisen sowohl das Eingangstor als auch der hintere Ausgang des ummauerten Ensemble der Case Franzoni eine illusionistische Pilastermalerei auf, deren ockergelbe Quadergliederung in gleicher Weise behandelt ist (Abb. 418, 419).

Bemerkung. Seltene, noch originale Putzquaderbemalung in drei Farbtönen aus dem 17. Jh., die auf die ikonografisch bemerktenswerten Illusionsmalereien des Tors und der Gartenmauer Bezug nimmt.

Literatur. Casa borghese XXVIII, 1936, p. LXVII.

2.2.21 Cevio Vecchio (TI, Valle Maggia)

Wohn- und Ökonomiegebäude hangwärts hinter dem Baukomplex der Case Franzoni. Am Türsturz die Jz. 1620. Verputze in weitgehend altem, möglicherweise ursprünglichem Bestand. Aufgenommen 1982.

Fassadengliederung mit roten und weissen Mörtelquadern (Abb. 420). Zum Tal traufständig orientiertes, 3-gesch. Gebäude mit rückversetztem Anbau aus gleicher Zeit. Steingedeckte Giebeldächer. Das Bruchsteinmauerwerk trägt an den Talseiten beider Hausteile einen hellen, geschlossenen Einschichtputz, auf dem vier Gurtbänder, die Fensterrahmen und insbesondere eine verzahnte Eckquaderung als sehr dünne, gut geglättete und weiss gekalkte zweite Putzschicht aufliegen. Die Fehlstellen wurden in jüngster Zeit repariert.

Bemerkenswert am Hauptbau ist der rote Anstrich jedes dritten Mörtelquaders und des Gurtbands im 3. OG. Das Rot könnte aus älterer Zeit stammen und auf eine ursprüngliche Farbfassung zurückgehen. Es handelt sich hier um die seltene Buntfarbigkeit der im Tessin üblichen, sonst aber rein weissen Putzgliederung (s. S. 310–329).

2.2.22 Verdasio (TI, Centovalli)

Casa Bertulla, ehem. Casa Parrocchiale. Erbaut um 1695 (Jz. am Fuss des Specksteintischs vor dem Hauseingang). Unrestaurierte, ursprüngliche Wandoberfläche. Aufgenommen 2004.

Bau. Das 2- bzw. 3-gesch. Walmdachhaus mit talabgewandter Eingangsfassade Richtung Bergflanke (Norden) gehört zu einem herrschaftlichen, platzbildenden Komplex ineinander verschachtelter Häuser, von denen es den sowohl aussen als auch innen am wenigsten veränderten Teil bildet. Von Interesse ist die Farbfassung der Fassaden nach Norden und Westen; die südliche Rückseite an der unteren, engen und dunklen Gasse besteht nur aus rohem Bruchsteinmauerwerk.

421 Verdasio, Casa Bertulla, Eckquader, Gesimsbänder und Fensterrahmen mit Kugelaufsätzen aus Putzmörtel in Weiss und Grau auf rosa Wandputz, Originalbestand 1695
422 Verdasio, witterungsgeschützte Wandpartie mit Putz ohne Schwundrisse

Fassadengliederung mit farbig gefassten Putzquadern und Gurtgesimsen (Abb. 379, 421, 422). Die 2-gesch., 1-achsige Eingangsfassade mit noblem Tür- und Fenstergewände aus profilierten Granitplatten ist glatt verputzt und wird an der freien Ecke rechts sowie an der Kante links mit flach aufgetragenen Mörtelquadern und einem geschosstrennenden Gurtgesims gegliedert. Das Gesims ist an der westlichen Hausseite nur im Ansatz vorhanden und wurde nicht weitergeführt. Die illusionistisch verbreiternde Mörtelrahmung der Tür kam später hinzu, die des Fensters ist alt. Die Wandflächen waren rosa geschlämmt und die aufliegenden Putzgliederungen weiss gekalkt, wobei die Binder weiss blieben, die Läufer und die Gesimse hingegen einen zusätzlichen Anstrich in einem leicht rosastichigen Grau erhielten (auf dem mit breiten Schwundrissen durchzogenen Putz der westlichen Seitenfassade ist die Graufassung weitgehend abgewittert).

Bemerkung. In der Art der Herstellung und im Aussehen gehört der Wanddekor zu den im Tessin des 17. Jh. verbreiteten weissen Putzgliederungen (s. S. 310–329), fällt jedoch aus dem Rahmen durch die ungewöhnliche farbliche Differenzierung, bei der der Wandputz zartrosa und die aufgelegten Bauelemente wechselweise naturweiss und hellgrau erscheinen. Recht bemerkenswerter Originalbefund ohne weitere Parallele.

Literatur. Casa borghese XXVIII, 1936, tav. 96 (Foto der Seitenansicht) · Decorazioni Locarno 1999, p. 75

2.2.23 Cinuos-chel (GR, Unterengadin)

Haus Nr. 272, 1. H. 17. Jh. (Bauinschrift über dem Eingang nach Auskunft der Eigentümer ehem. mit Jz. 1618). Buntfarbige Mörtelquader sowie Sgraffiti. Wohnteil restauriert 1934 und um 1980. Aufgenommen 1999.

423 Cinuos-chel, Haus Nr. 272, rosa gefasste Mörtelquaderung wohl 1618
424 Ardez, Haus Nr. 119, gemörtelter Eckpilaster mit Buntfassung 1610, typischer Putzdekor im Unterengadin

Bau. Freistehendes, grosses Bauernhaus mit 2-gesch. Wohn- und leicht versetzt angebautem Ökonomieteil, unter gemeinsamem Giebeldachfirst. Weiss verputztes Bruchsteinmauerwerk, der Wohnbau verziert mit farbigen Mörtelquadern (1980 konserviert, wiederhergestellt und ergänzt), der Ökonomiebau mit sgraffitierten Zierquadern und Sonnenrädern (originaler Bestand).

Fassadendekor aus hellrot und dunkelrot gefasster Mörtelquaderung (Abb. 423). An den Fassaden zum Hof und zur Strasse sind der rundbogige Hauseingang, die Rund- und Rechteckfenster sowie die Ecken von präzise umrandeten, relativ hohen abgeschrägten und mit Nagelbrett gelochten Mörtelquadern eingefasst. Ihre Flächen sind hellrot und die Fugen dunkelrot gestrichen (Restaurierung 1980 nach Befund wohl des 19. Jh., der die ursprüngliche rote Farbigkeit des 17. Jh. wiedergeben dürfte), darunter liegt ockergelbe Farbe (evtl. von 1934). Die Formate differieren: An den Fenstern wechseln grosse, kleine und keilformige Quader, der Rundbogen des Eingangs wird von Keilsteinen begleitet und ist in ein gequadertes Rechteckfeld eingebettet, die Eckquader sind nicht verzahnt, sondern als Lisenen versetzt. Neben der erloschenen Bauinschrift über dem Eingang sind noch die zwei zugehörigen Steinböcke und die Jz. der Restaurierung 1934 erkennbar. Die auf die Giebelwand aufgetragenen Putzfelder bilden ein Herz (Beschriftung verloren), eine Sonnenuhr und ein Kreuz. Auf dem Giebelrand liegt ein roter gemalter Fries aus Laufendem Hund, Bögen und Klötzchen.

Bemerkungen. Typisches Beispiel eines der buntfarbigen und besonders dekorativen Putzdekore im Unterengadin (s. auch 2.2.24 und 2.2.25). Weitere, farblich noch differenziertere Putzdekore dieser Art in *Ardez,* so Haus Nr. 119 (Abb. 424) mit Quaderpilastern, Tür- und Fensterumrahmungen (Jz. 1610) und Haus Nr. 121 mit Umrahmung des Bogeneingangs an der Giebelseite (Jz. 1660), sowie in *Guarda* die Häuser Nr. 43 (Jz. 1705 am Tor) und Nr. 74 (Jz. 1706 am Wappen), wo dieser Dekorationsstil bis ins 18. Jh. weitergeführt wird. In Cinuos-chel mit seinem grossen Häuserbestand aus dem 16./17. Jh. zeigen die übrigen Fassaden ausschliesslich die eigentlich nicht hier, sondern im Oberengadin üblichen grau-weissen Sgraffitodekorationen.

2.2.24 Ardez (GR, Unterengadin)

Haus Nr. 124. Älterer Sgraffitodekor unter jüngerer Mörtelquaderung, Letztere wohl 1671 (Inschriften und Wappen bei den Eingängen). Konserviert und restauriert 1985. Aufgenommen 1999.

Mörtelquader mit roten Strichelungen, Fugen und Konturen (Abb. 425). Die breite Hauptfassade des 2-gesch., weiss verputzten Eckhauses übernimmt die Biegung der geschlossenen Gassenzeile. Sie wird ebenso wie die Nebenfassade an der schmalen Seitengasse von dekorativen Mörtelquaderungen verziert. Diese liegen als Pilaster mit hochgesetzten Sockelsteinen auf den Bauecken und bilden als rechteckig bzw. keilförmig zugeschnittene Quader die Rahmen der beiden Rundportale und der Fenster im OG. Die Sohlbänke der Fensterreihe an der Hauptfassade werden in einem aufgemörtelten, durchlaufenden Gesims zusammengefasst. Die naturfarbigen Oberflächen der Quader und des Gesimsbandes sind mit Nagelbrett behandelten, rot gestrichelt und mit roten Randlinien bzw. Fugen versehen. Den Sockelstein an der rechten Hausecke schmückt eine zierliche, auf den Wandputz ebenfalls in Rot gemalte Doppelvolute.

Bemerkung. Die wohl um 1600 zu datierende Sgraffitodekoration, die zwei Generationen später von dem heute wiederhergestellten Mörteldekor überdeckt wurde, umfasste schon eine Eckmarkierung von gleicher Quaderbreite, jedoch mit dem feinen Lineament grau-weisser Diamantquader. Der ältere Sgraffitodekor wirkte vornehmer als der jüngere Mörteldekor, der von etwas derber, dafür aber äusserst schmuckfreudiger Art ist.

Hinweis und Informationen verdanke ich Oskar Emmenegger, Zizers.

425 Ardez, Haus Nr. 124, Mörtelquader mit Zierstrichelung und Fugen in Rot 1671
426 Scuol, Haus Nr. 86, gelb gefasste Mörtelgliederung mit gelb gemalter Jz. 1723
427 Claino-Osteno / Provinz Como, Torbogeneinfassung aus roten, weiss umrandeten Mörtelquadern an einem Haus mit Bildszenen in Sgraffito, 16./17. Jh.

2.2.25 Scuol (GR, Unterengadin)

Haus Nr. 86 am Büglgrond. Fassaden mit Mörtelgliederung 1723 (Jz. im Giebel). Restauriert. Aufgenommen 1999.

Gelbe Mörtelquader und -bänder (Abb. 426). Auf der giebelseitigen, zum Platz orientierten Hauptfassade und auf der freien Traufseite des heute rosaweiss verputzten Eckhauses liegen, den beiden Hauptgeschossen und jeweiligen Fensterachsen entsprechend, waagerechte und senkrechte Bänder, die ein annähernd quadratisches Rahmenfeld für jeweils eins der schräg eingetieften Fenster bilden. Das grosse rundbogige Haupttor und die Hausecke werden ausserdem von weit ausgreifenden, verzahnten und am Bogen keilförmigen Mörtelquadern eingefasst. Alle Mörtelauflagen sind gut geglättet und hellgelb gestrichen. Anstelle eines Sockels an der vorderen Hausecke leitet eine originelle Profilierung von der Abschrägung zur Mauerkante über. Den Giebel belichtet eine vierteilige Fenstergruppe mit zwei Kleeblattokuli; die profilierten Fensterstürze und die gerahmte Jahreszahl sind nicht in Gelb gemörtelt, sondern gemalt.

Bemerkungen. Das Haus besitzt in seinen farblich abgehobenen Mörtelauflagen eine einfache, prägnante Architekturgliederung, die nur die beiden Werksteinelemente des Quaders und des Gurtes anwendet. Sie ist kennzeichnend für Fassaden des 17./18. Jh. im Unterengadin (besonders in *Guarda*). Vorbildlich für die gezahnten Keilsteinrahmungen aus buntfarbigen Mörtelquadern an den Bogenöffnungen, wie sie auch die Häuser in *Cinuos-chel* und *Ardez* aufweisen (2.2.23, 2.2.24), ist das unmittelbar angrenzende Italien. Ein schönes, wenn auch stark beschädigtes Beispiel dafür bietet der Rundbogeneingang am Haus Piazza beta 2/4 in *Claino-Osteno*, Val d'Intelvi / Provinz Como (Abb. 427).

2.2.26 Brissago (TI)

Palazzo Branca-Baccalà. Im Wesentlichen erbaut um 1700, später mehrfach verändert. Mörtelquaderung aus der Bauzeit. Sanierung 1990ff. Aufgenommen 1998.

Rot gefasste ornamentierte Eckquader (Abb. 428). Zur gesamten Aussenfarbigkeit des 4-gesch. Baus siehe 3.5.28 und 3.6.18. Da der Bau eine der bemerkenswertesten farbigen Architekturgliederungen besitzt, wird hier ausführlicher auf die auch im hiesigen Zusammenhang interessante Ausformung der aufgemörtelten Eckquader hingewiesen. Im 1. OG sind es grosse, als Läufer und Binder versetzte Quader mit abgeschrägten Kanten und glatten, neu in hellroter Marmorierung gefassten Flächen. Im 2. OG sind die Läufersteine aus zwei Quadern mit quadratischen Sichtseiten zusammengesetzt, deren hochstehende Tafeln mit Nagelbrett tief gelocht und samt der Ränder in kräftig roter Marmorierung gefasst sind. Im 3. OG wurden die Binder verdoppelt und erreichen damit die Breite der Läufer, so dass die Quaderung kantengleich senkrecht und nicht verzahnt ansteigt. Ausserdem erhielten die zweifach gestuften, ebenfalls rot marmorierten Tafelbossen ein eingeritztes Muster, das die Felder diagonal teilt und kreuzweise schraffiert. Die breiten Fugen und bei den oberen Geschossen auch die Mauerkante werden vom weissen Wandputz gebildet.

Bemerkung. Die verspielte Zier der Eckquaderung nimmt von Geschoss zu Geschoss zu, womit diesem Bauelement innerhalb der gesamten Wandgliederung eine wichtige Rolle zukommt. Über eine Wandgliederung mit vergleichbarer, wenn auch nicht rot, sondern grau gefasster Eckquaderung, aber mit ähnlich fein eingeritztem und gepunktetem Binnenornament auf den geglätteten Sichtflächen in Form fingierter Tafelbossen verfügt der um 1740 erbaute sogenannte Palazzo in *Sils im Domleschg* (Abb. 429 und 3.5.15). Beide hierzulande in der beschriebenen Art singuläre Aussenfassungen orientieren sich unmittelbar an oberitalienischer Bautradition des Seicento.

Literatur. Casa borghese XXVIII/II, 1936, tav. 70, 71 · MAS TI II (Virgilio Gilardoni), 1979, p. 322-332 · Decorazioni Locarno 1999, p. 41.

428 Brissago, Palazzo Branca, rot gefasste Mörtelquader mit Ritzornamenten um 1700
429 Sils im Domleschg, «Palazzo», graue Mörtelquader mit fingierten Tafelbossen um 1740

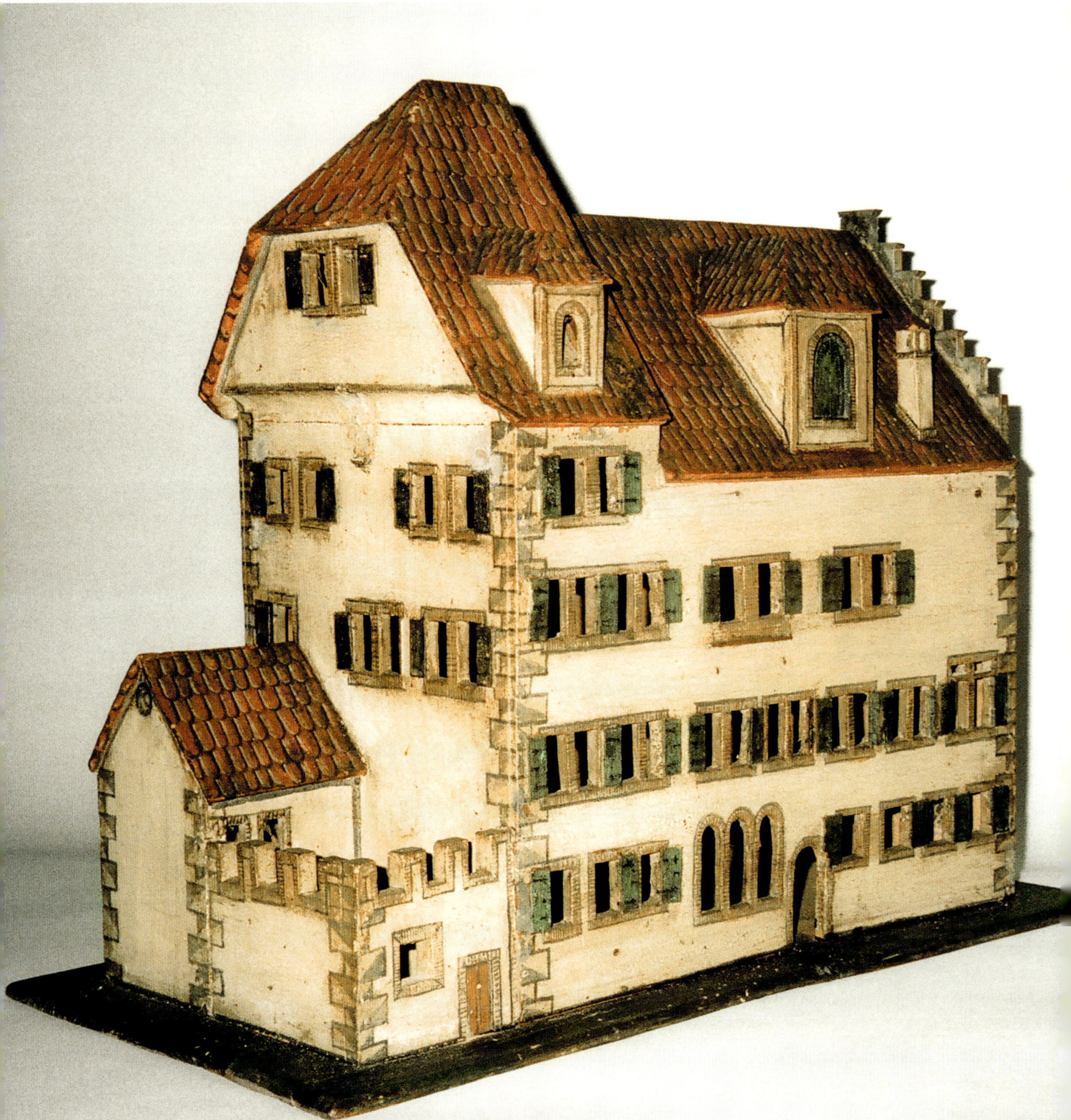

2.3 Mittelalterliche Eckverbände mit späteren Farbfassungen

Überblick am Beispiel der Stadt Zürich

Da die Altstadt von Zürich zahlreiche bemerkenswerte Eckquaderverbindungen aufweist, wird hier anhand einer Auswahl auf die optische Rolle dieses farbigen Baumotivs im Gassenbild einer bedeutenden, weitgehend hochmittelalterlichen Stadtanlage hingewiesen. Dabei handelt es sich vorwiegend um jeweils bauzeitliche Eckverbände in Form von Bossenquadern, die nachweisbare, vermutlich in späterer Zeit aufgebrachte Farbfassungen erhielten und sich von den hell verputzten Wandflächen durch ihre dunklere Steinfarbigkeit abheben.

Diese gequaderten Bauecken bestimmen heute in erster Linie die Aussenfarbigkeit der Zürcher Altstadt (die beachtliche profane Wandmalerei im Inneren der Häuser kommt hier nicht zur Sprache). Denn von den bildlichen und ornamentalen Fassadenmalereien des 16. und 17. Jahrhunderts, die als Zeichnungen im Regimentsbuch Gerold Eschers aus der Zeit um 1700 überliefert sind (Guyer), hat sich nichts erhalten und nur wenig von den buntfarbigen Fensterläden und Erkern des 18. Jahrhunderts, wie sie Johann Felix Corrodi in der Gassenzeile des Rennwegs im Jahr 1744 malte (Pestalozzi). Eine schwache Erinnerung an diese abgegangenen Zürcher Fassadenbemalungen überlieferte noch der ehemalige Maierhof des Klosters St. Blasien in *Urdorf,* der bei der Umnutzung als Badhaus im frühen 18. Jahrhundert eine Bemalung mit Eckquadern und ornamentierten Fensterrahmen erhielt (die Quaderung wurde 1978 rekonstruiert, die Ornamentmalerei nur nach Befund dokumentiert). Die heutigen undekorierten und vorwiegend unbunten, das heisst hellen Fassadenanstriche in Zürich gehen auf das 19. Jahrhundert zurück.

Steinquader, Bossenbehau, Farbfassungen (2.3.1–2.3.9). Die an etlichen mittelalterlichen Eckverquaderungen gefundenen Farbreste stammen wohl erst aus der Zeit zwischen dem 16. und 18. Jahrhundert. Sie dienen heute als Anhaltspunkte für das jeweilige Farbkonzept der jüngsten Restaurierungen. Die Quader selbst, meistens für die Gebäude zwischen dem 13. und 16. Jahrhundert erstellt und verwendet, sind relativ roh bearbeitet und haben Bossenbuckel oder grob behauene Sichtflächen. Die bis zu 10 cm vorstehenden, ungleichmässigen Buckel und die rauen Oberflächen brechen Licht und Schatten so stark, dass diese wechselnden Hell-Dunkel-Töne, unterstützt von der später aufgebrachten Farbfassung, den Bauecken eine gestaltende Qualität verleihen, die die gesamte Fassade prägt.

430   Zürich, Holzmodell des mittelalterlichen Altstadthauses Zum Spiegel, datiert 1722, Ansicht von Nordosten (Spiegelgasse/Napfplatz). Die grossformatige und farblich verfeinerte Eckquaderung könnte das Haus 1591 erhalten haben, am Bau selbst wurde sie bisher jedoch nicht nachgewiesen. Es handelt sich um eine idealtypische Farbfassung des 17. Jahrhunderts in Zürich. Schweizerisches Landesmuseum Zürich (2.3.6)

An ein und derselben Gebäudekante wurden durchaus verschiedene, farblich differierende Gesteinsarten verwendet, so zum Beispiel der dunkelgraue granitische Sandstein, der gelbbraune Molassesandstein, der grünlichgraue Plattensandstein (2.3.4). Es lag also nahe, die Eckquaderung «steinfarbig» zu überfassen und damit farblich zu vereinheitlichen, einmal in einem grauen, das andere Mal in einem eher braunen Ton. Das bestätigt auch eine Vorschrift in der Ordnung des Malerhandwerks von 1630, die besagt, dass die Steinmetzen «an den behussungen … die egg … von steinfarw infassen unnd mit schwartz und wyss versetzen …» sollen (Siegenthaler). Das heisst, die Hausteine wurden in der Farbe des Steins (mit Kienruss und Kalk) übertüncht und mit einer dunklen («schwartz») und hellen («wyss») Linie umrahmt. Da diese Vorschrift auf älteren Gepflogenheiten fusst, ist anzunehmen, dass schon vor 1630 die Eckquaderungen farbig gefasst und mit Rahmenlinien von der verputzten Wandfläche abgehoben gewesen sind und damit über den konstruktiven Zweck hinaus einen visuell markanten Charakter hatten. Dass die Eckquader nicht mit Putz oder farblich vereinheitlichender Kalkschlämme überdeckt, sondern auf Sicht versetzt waren, lässt sich auch aus dem Stadtplan von Jos Murer (1576) ablesen, der weitgehend den mittelalterlichen Zustand der Gebäude und hier insbesondere die grossen unter ihnen mit Eckquaderungen wiedergibt. Dass diese schon im Mittelalter eine Farbfassung hatten, ist möglich, liess sich aber bisher weder mit Befunden noch Bild- oder Textquellen nachweisen.

Die Farbfassungen korrigieren die unregelmässigen Formate der Quader mit der Absicht, die Kanten rechtwinkelig und die Zahnung des Saums ausgewogen erscheinen zu lassen. Das geschieht von Haus zu Haus mehr oder weniger genau (2.3.1–2.3.3). Je perfekter korrigiert wurde, desto später dürfte das Erscheinungsbild der Eckquaderung zu datieren sein. Schon im 15. Jahrhundert kann aber wohl mit Regelmässigkeit gerechnet werden, wie es am steinernen Sockelgeschoss des 1444 bezeugten Hauses Zum Raben von Hans Leu (Abb. 431) und später dann an den Fassaden des Schaffhauser Hauses und seiner Nachbarn 1576 (Abb. 432) sowie an den prominenten Gebäuden auf dem Stadtplan von Jos Murer zu sehen ist (Holzschnitt 1576, koloriertes Exemplar im Baugeschichtlichen Archiv, Unterer Rech am Neumarkt).

Daneben gibt es aber auch raffinierte Eckquadergestaltungen in der Art des Hauses Zum Hinteren Rehböckli (2.3.3), wo auf den Buckeln der Quader durch ein oben helles und unten dunkles Grau die natürliche Licht- und Schattenbildung offensichtlich verstärkt werden sollte. Das lässt sich ebenfalls mit zeitgenössischen Bildquellen verbinden, wie zum Beispiel mit dem Modell des Hauses Zum Spiegel, das den Bauzustand von 1591 und damit vermutlich auch die zugehörige Farbgebung überliefert: Eine weiss verputzte Fassade, deren Tür- und Fenstergewände in gleichmässiges Hellgrau gefasst und deren Ecken mit regelmässigen grauen Quadern bemalt sind, wobei die Steinflächen der Eckquader diagonal in Hell- und Dunkelgrau unterteilt wurden (Abb. 430). Eine ebensolche Eckquadergestaltung erscheint an Häusern und Mauern von Zürich-Stadelhofen in einer Zeichnung der 1605/06 illustrierten Reformationsgeschichte Heinrich Bullingers (Abb. 433). Es liegt nahe, dass mit dieser oft zu beobachtenden zweifarbigen Darstellung von Quadern die malerisch stilisierte Wiedergabe von Licht und Schatten gemeint ist und sich an realen Ausführungen wie etwa der Eckquaderung des Hinteren Rehböcklis orientiert.

Die alle Steine zu einer völlig regelmässig gezahnten Eckquaderung verbindende oder sie gänzlich imitierende Farbfassung, die zusätzlich die Umrandung perspektivisch darstellt, ist erst 1705/06 mit dem Langhaus von St. Peter belegt (2.3.9). Die jüngsten Rekonstruktionen der Hausecken Zum Blauen Himmel (2.3.7) und Zum Lämmli (2.3.8) halten sich mit ihren Licht- und Schattenrändern offensichtlich an Fassungen dieser Art.

Im Grossen und Ganzen lässt sich sagen, dass sich die Zürcher Eckquaderung in Steinfarbigkeit von hellen Wandputzen dunkel absetzte, dass sie über ihre konstruktive Aufgabe hinaus ein geometrisch möglichst regelmässiges Schmuckwerk bildete und zusammen mit den gleichfarbig umrahmten Fenstern und Türen die Hausfassaden in nobler Weise belebte.

431 Altartafel, Hans Leu d. Ä., 1492/96. Legende der Stadtpatrone vor dem Zürcher Stadtprospekt. Ausschnitt des 1444 belegten Hauses Zum Raben mit einer regelmässigen Eckquaderung aus dem hier üblichen grauen Sandstein am massiven, weiss verputzten Sockelgeschoss; hier auch das gemalte Hauszeichen eines schwarzen Raben. Schweizerisches Landesmuseum Zürich

432 Darstellung des Blitzeinschlags vom 13. April 1576 in das kurz nach 1500 erbaute Schaffhauser Haus, Obere Zäune 6. Auffällige Quadermauerwerke bzw. Eckquaderungen, deren Licht- und Schattenpartien deutlich durch eine diagonale Unterteilung der Quaderflächen markiert sind (s. 2.3.3). Buchillustration aus einer Sammlung von Berichten zum Zeitgeschehen des Chorherrn Johann Jakob Wick (1522–1588). Zentralbibliothek Zürich, MsF25, fol.13v

433 Aquarellierte Federzeichnung aus einer von Heinrich Thomann 1605/06 illustrierten Ausgabe der Reformationschronik Heinrich Bullingers. Im Reformationsjahr 1523 stürzen Bilderstürmer ein Wegkreuz in Zürich-Stadelhofen um. Eckquader mit diagonaler Teilung an Häusern und Mauer (s. 2.3.3). Zentralbibliothek Zürich, MsB316, fol.99r

Literatur. F. O. Pestalozzi.- Zürich. Bilder aus fünf Jahrhunderten. Zürich 1925, Abb. 16 (Ölbild Corrodi) · Paul Guyer.- Bilder aus dem alten Zürich. Öffentliche Gebäude und Zunfthäuser nach Zeichnungen um das Jahr 1700 aus dem Regimentsbuch von Gerold Escher. Zürich 1954 · Hansjörg Siegenthaler.- Das Malerhandwerk im Alten Zürich. Zürich 1963, S. 26 · Zur «Steinfarbe» siehe RDK «Farbigkeit der Architektur», Sp. 293, 307 · De Quervain Steine 1979, S. 117-129 (Der Stein in der Baugeschichte Zürichs) · De Quervain Gesteinsarten Bd. 6, 1984 · Dieter Nievergelt.- Farbgestaltung der Augustinergasse Zürich: nach den Originalfarben restauriert. In: Applica 102, 1995, no 18, S.14-15 · Hinweise und Unterlagen der Bauuntersuchungen verdanke ich Urs Baur, Peter Baumgartner, Martin Stampfli und insbesondere Jürg Hanser (Denkmalpflege und Baugeschichtliches Archiv, Zürich).

434 Zürich, Zum Hohen Brunnen, farblich markanter Eckverband aus Bossenquadern 14. Jh., Fassung wohl 16./17. Jh., nach Befund rekonstruiert

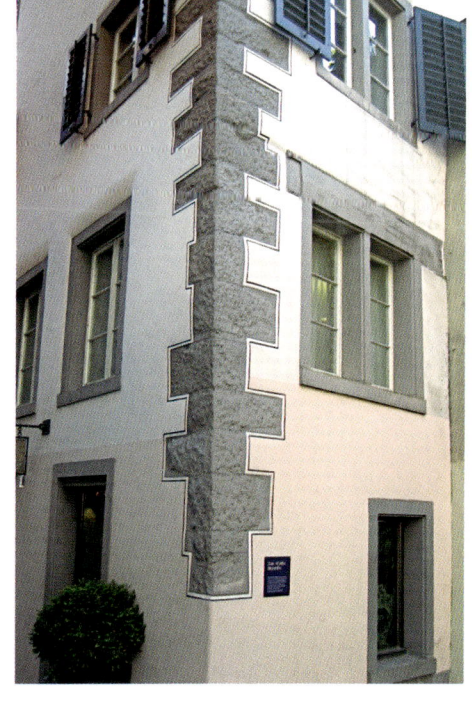

Steinquader, Bossenbehau, Farbfassungen

2.3.1 Zürich

Schlüsselgasse 3, Zum Hohen Brunnen. Kernbau E. 13. Jh., Erweiterung A. 14. Jh. mit Eckquadern aus Bossensteinen, Farbfassung wohl 16./17. Jh., ehemals farbig umrahmte Fenster. Rekonstruktion der Quader 1986/87. Aufgenommen 1995.

Putzbau. Eckhaus in enger Gassenzeile am Steilhang von St. Peter. Im 14. Jh. zu einem 5-gesch. Steinhaus aufgestockt und mit einem 3-gesch. Dach versehen. Veränderungen u. a. 1626 und 1644. Das grosse, von sieben bis elf Familien bewohnte Gebäude wird als spätmittelalterliche «Mietkaserne» bezeichnet.

Eckquaderung, dunkelgrau und schwarz gefasst (Abb. 434, 436). Die bergwärts freistehende, nordöstliche Gassenecke zeigt bis zur Dachtraufe einen Eckverband von Quadern aus grauem, granitischen und feinkörnigen Sandstein in unterschiedlichster Grösse mit sehr roh bearbeiteten Bossen; der Randschlag ist nicht sichtbar. Die Quaderflächen wurden mit dunkelgrau (steinfarbig) gestrichenem Putzmörtel rechtwinklig ergänzt und stehen farblich in starkem Kontrast zu dem gebrochen weissen, glatten Verputz der Wände. Auf den Fugen liegt ein dunkler Farbstrich, der auch um die rechteckigen Kanten führt. Eine schwarze Linie begleitet den trotz Korrektur sehr unregelmässigen Verlauf des Zahnrandes.

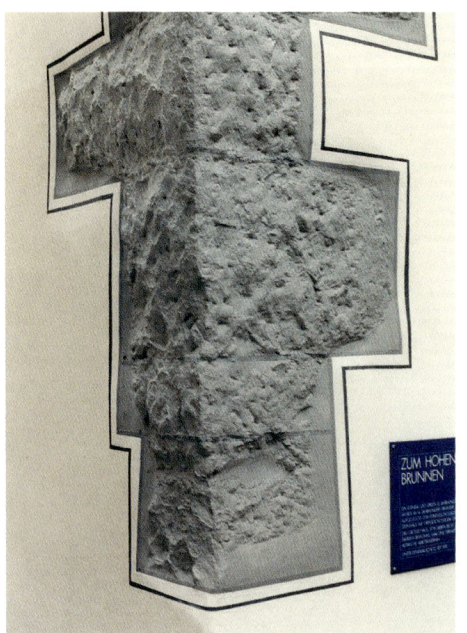

Vorzustand und Restaurierung 1986/87. Die Quaderbossen sind etwas abgearbeitet. Der Verputz, die Mörtelergänzungen und die Anstriche (Mineralfarben) wurden 1986/87 erneuert. Die neue Farbfassung beruht auf Befunden der Bauuntersuchung, bei der Reste von Dunkelgrau im Randbereich, Hellgrau auf den Bossen der Quader und Reste der schwarzen Begleitlinie (Abb. 435), mehrere Schichten von hellem Anstrich auf dem Mauerputz sowie eine breite graue, mit schwarzer Doppellinie eingefasste Umrahmung an einem der alten Fenstergewände festgestellt wurden (Letztere am 3. OG zur Schlüsselgasse, nicht wiederhergestellt). Die ebenfalls nachgewiesene Quaderung an der Südostecke des Baus tritt nicht mehr in Erscheinung.

Bemerkungen. Schon die mit zwei Grautönen intensivierte Licht- und Schattenbildung der vorspringenden Buckelquader hebt die Hausecke hervor, was die Hell-Dunkel-Fassung von Mauerputz und Eckverband noch beträchtlich verstärkt. Der rohe Beschlag und die ungleichen Formate der Steine bestätigen die baugeschichtliche Datierung ins Mittelalter (14. Jh.). Die vermutlich spätere, die Werksteine zu Rechteckquadern ergänzende Farbfassung bildete zusammen mit der nicht wiederhergestellten, farblichen Verbreiterung der Fenstergewände eine bemerkenswerte Fassadengliederung. Sie könnte spätestens zur Zeit der für 1626 und 1644 überlieferten Veränderungen ausgeführt worden sein. Über ähnliche, in Bosse stehende Eckquader des 13./14. Jh. mit späterer Farbfassung verfügen die Wohnhäuser Zum Höfli (2.3.2), Zum Hinteren Rehböckli (2.3.3) und Zum Schwarzen Horn (Nägelihof 1), Letzteres heute allerdings statt dunkel gefasst und gerahmt, unhistorisch hell wie sein moderner Putz überstrichen (Abb. 437).

Literatur. KDM ZH V Stadt 2 (Hans Hoffmann, Paul Kläui), 1949, S. 226f · Zürcher Denkmalpflege, Stadt Zürich, Bericht 1987/88. Zürich 1991, S. 29-32, S. 137 · KDM ZH Neue Ausgabe II.II (Regine Abegg, Christine Barraud Wiener), 2003, S. 139f.

2.3.2 Zürich

Laternengasse 4, Zum Höfli. Bau 1. H. 13. Jh., durchgreifender Um- und Ausbau 1557 (Jz. am Fenstersturz, Westfassade). Eckversatz mit Bossenquadern aus der ersten Bauzeit, Farbfassung 1557. Rekonstruktion 1976/77. Aufgenommen 1995.

Bau (Abb. 438). Ungewöhnlich grosses, 4-gesch. Wohnhaus mit sichtbarem Bossenquaderwerk an den gassenseitigen Nordost- und Südostecken sowie gemalter Eckquaderung an der limmatseitigen Südwestecke.

Eckquaderungen, hellgrau und schwarz gefasst bzw. gemalt. Die an der Nordostecke vom Boden bis ans Dach reichenden und an der Südostecke nur in sieben Lagen unterhalb des Dachs sichtbaren Eckquader (granitischer Sandstein vom Obersee) haben verschiedene Formate, fast kei-ne rechten Winkel und ungleichmässige Bossenbuckel über kaum sichtbaren Randschlägen (Abb. 438, 441). Sie werden durch Putzmörtel und einen vereinheitlichenden lichtgrauen Anstrich zu rechtwinkeligen Quadern ergänzt und durch einen breiten, gleich lichtgrauen und von zwei schwarzen Linien eingefassten Konturstreifen vom glatten, zartblau (seit 2003 aprikosenfarbig) gestrichenen Mauerputz abgesetzt. Dort, wo die Bauecken überputzt und keine Quader sichtbar sind (teilweise an der Südostecke, komplett an der Südwestecke), ist die Eckquaderung auf den Putz aufgemalt (Abb. 439).

435 Zürich, Zum Hohen Brunnen, Nordostecke, Freilegung von Resten der historischen Graufassung mit Begleitlinien
436 Zum Hohen Brunnen, Detail der Oberflächenbearbeitung
437 Zürich, Zum Schwarzen Horn, Bossenquaderung 13./14. Jh., modern der hellen Putzfarbe angeglichen

438 Zürich, Zum Höfli, Bossenquaderung 13. Jh., Farbfassung 1557, hellblauer Putzanstrich 1976/77 (Foto 1995)
439 Zum Höfli, Südwestecke mit gänzlich aufgemalter Quaderung, aprikosenfarbiger Putzanstrich 2003
440 Zum Höfli, Ostecke, Befund der historischen Fassung und Konturierung
441 Zum Höfli, Detail der Eckfassung (Foto 1995)

Vorzustand und Restaurierung 1976/77 (Abb. 440). Bei der Bauuntersuchung stiess man auf beträchtliche weisse Putzreste, auf den schwarz eingefassten Konturstreifen und auf eine hellgraue Steinübermalung. Die Restaurierung des Quaderverbands orientierte sich an diesem Befund.

Bemerkungen. Die Farbfassung macht optisch aus den unregelmässigen Hausteinen ein Quaderwerk mit rechten Ecken in relativ ausgewogenem Versatz, obwohl sie die ungleichen Höhen- und Längenformate nicht korrigiert. Die Absicht, eine in sich ausgewogene Quaderverzahnung zu schaffen, wird insbesondere an der nur grafisch markierten Südwestecke deutlich, die das lebendige Quaderbild der Nordost- und Südwestecken übernimmt. Da es nahe liegt, die Farbfassung mit dem bauarchäologisch nachgewiesenen, umfassenden Umbau von 1557 in Verbindung zu bringen (Schneider, Hanser), darf das Haus Zum Höfli als die bisher einzige genaue Datierung einer nachträglichen farbigen Gestaltung mittelalterlicher Bossenquader im 16. Jh. gelten.

Literatur. KDM ZH IV Stadt 1 (Konrad Escher), 1939, S. 96 (Plan) · wsp [W. Spinner] in NZZ vom 20.12.1977, Nr. 298, S. 45 · Dieter Nievergelt.- Stadt Zürich: Bauten aus dem Mittelalter bis zum 19. Jahrhundert. In: UKdm 1979, 1, S. 41f · De Quervain Gesteinsarten Bd. 6, 1984, S. 42, 47 · Zürcher Denkmalpflege, 9. Bericht 2. Teil, Stadt Zürich 1974-1979. Zürich 1985, S. 34 sowie 9. Bericht 3. Teil, Stadt Zürich 1969-1979. Zürich 1989, S. 85f · KDM ZH Neue Ausgabe III.II (Regine Abegg, Christine Barraud Wiener, Karl Grunder, Cornelia Stäheli), 2007, S. 63.

2.3 GEBÄUDEKANTEN   Mittelalterliche Eckverbände mit späteren Farbfassungen

2.3.3 Zürich

Preyergasse 16, Zum Hinteren Rehböckli. Erbaut spätestens um 1310. Eckquaderung mit Bossensteinen aus der Bauzeit, Farbfassung wohl 16. Jh., Rekonstruktion 1985/86. Aufgenommen 1995.

Bau (Abb. 442). 5-gesch. Wohnhaus, von dem vier Geschosse noch weitgehend in mittelalterlicher Substanz erhalten sind, zu der auch die Bossenquader an der freistehenden Nordostecke gehören.

Eckquaderung mit raffinierter Fassung in mehreren Grautönen (Abb. 443). Die roh, mit Randschlag behauenen, in Höhe und Länge ungleichen Bossensteine (heller, bräunlicher Sandstein) sind durch Putz und einen im oberen Lichtbereich helleren, im unteren Schattenbereich dunkleren, grauen Anstrich solcherart zu rechtwinkeligen Quadern je nach Bedarf verlängert oder verkürzt, dass die Läufer- bzw. Binderabmessungen lageweise übereinstimmen (die unterschiedlichen Grautöne heute kaum mehr erkennbar). Die gemalten Quaderkanten sind dunkelgrau konturiert (Randschlagimitation). Der regelmässig gezahnte Randverlauf aller überfassten Quadersteine wird von einem hellgrauen, schwarz umrandeten Streifen begleitet. Die die Lagerfugen markierenden Linien sind eingeritzt. Das graue Quaderbild setzt sich vom hellen Mauerputz deutlich ab.

Vorzustand und Restaurierung 1985/86. Verputz und Anstrich der gesamten Aussenwand wurden erneuert. Die bauarchäologische Untersuchung des Eckbereichs stellte das helle und das dunkle Grau auf den Bossen, die Formatkorrektur samt gemaltem Randschlag, die Ritzung der Lagerfugen und das hellgraue, schwarz umrandete Band fest (Abb. 444). Ausserdem wurde eine Graufassung der Fenstergewände dokumentiert.

Bemerkungen. Die unregelmässigen Quader wurden mit Putz und Farbe zu einem regelmässigen, die Hausecke verzierenden Quaderlauf umgeformt. Von allen Zürcher Altstadthäusern konnte hier der umfangreichste originale Putz- und Farbbestand festgestellt und rekonstruiert werden. Auffallend sind die farblich abgestufte, sehr präzise hergestellte Verzahnung und vor allem die zwei verschiedenen Grautöne auf den Bossen, die das natürliche Licht- und Schattenspiel verstärken. Dem lässt sich eine Buchillustration aus den Zeitberichten des Chorherrn Johann Jakob Wick von 1576 gegenüberstellen, die das Mauerwerk dreier Zürcher Hausfassaden mit einer feinen, jede einzelne Quaderfläche unterteilenden Schattenschraffur darstellt (Abb. 432). Noch deutlicher und inzwischen auch typisiert zeigt dies weiterhin eine farbige Federzeichnung von 1605/06, die ein von Heinrich Bullinger beschriebenes, historisches Ereignis in Zürich aus dem Reformationsjahr 1523 wiedergibt: Im Hintergrund der Szene, bei der der Bilderstürmer Klaus Hottinger mit seinen Gehilfen ein grosses Wegkreuz in Zürich-Stadelhofen umstürzt (Jezler), sind die Gebäude- und Mauerecken mit Läufer- und Binderverbänden wiedergegeben, deren Quaderflächen schematisch diagonal in je ein helles und ein dunkles Farbkompartiment unterteilt erscheinen (Abb. 433). Beide Blätter, denen als Vergleich noch das Modell des Hauses Zum Spiegel hinzugefügt werden kann (2.3.6, Abb. 430), dürften die bauliche Gepflogenheit des 16. Jh. abbilden und einen Anhaltspunkt für die Datierung der Eckquaderung vom Hinteren Rehböckli geben.

Literatur. Bürgerhaus IX, 1921, Tf. 8 · Peter Jezler.- Tempelreinigung oder Barbarei? Eine Geschichte vom Bild des Bilderstürmers. In: Bilderstreit, Kulturwandel in Zwinglis Reformation. Zürich 1984, S. 75-82 · De Quervain Gesteinsarten Bd. 6, 1984, S. 42 · Zürcher Denkmalpflege, Stadt Zürich, Bericht 1985/86. Zürich 1989, S. 113-116 · Jürg E. Schneider, Felix Wyss, Jürg Hanser.- Das Haus «Zum Hinteren Rehböckli» an der Preyergasse 16 in Zürich. Ein Beitrag zur Monumentenarchäologie in der Zürcher Altstadt. In: Nachrichten des Schwei-

442 Zürich, Zum Hinteren Rehböckli, Bossenquaderung um 1310, Farbigkeit wohl 16. Jh.
443 Zum Hinteren Rehböckli, Detail der rekonstruierten Regulierung durch Mörtel und Farbe

zerischen Burgenvereins 62, 1989, S. 33-39 · KDM ZH Neue Ausgabe III.II (Regine Abegg, Christine Barraud Wiener, Karl Grunder, Cornelia Stäheli), 2007, S. 166 f.

2.3.4 Zürich

Graue Gasse 8, Zum Strumpfband oder Zum Roten Strumpf. Eckverband aus Bossenquadern, wohl spätmittelalterlich, spätere Veränderungen. Renovation um 1971/72. Aufgenommen 1995.

Bau. Viergesch. Wohnhaus, mit seiner 2-achsigen Traufseite zur Gasse orientiert. Das bergseitige Nachbarhaus (Nr. 10) ist rückversetzt, so dass die anschliessende, 1-achsige Giebelseite und die zugehörige Hausecke mit dem sichtbaren Quaderverband freistehen.

Eckquaderung (Abb. 445, 446). Die Steinquader haben wenig vorstehende, grob behauene Buckel und Randschläge, relativ rechtwinkelige Kanten, wenig differierende Höhenmasse und Binderlängen. Die Läuferlängen variieren hingegen beträchtlich. Die Naturfarbe wechselt je nach Gesteinsart von Quader zu Quader zwischen Hellgrau und Ockerbraun (bei dem hohen, 70 cm über Boden befindlichen, grauen Quader handelt es sich um einen Sandstein der Oberen Süsswasser-Molasse, s. De Quervain Gesteinsarten Bd. 6, 1984, S. 42). Alte Farbreste wurden nicht festgestellt (die roten Spuren auf den unteren Quadern stammen von Sprayereien am EG, die jüngst übertüncht wurden). Der neue, hellgraue Verputz spart die Steine ziemlich genau nach ihren Formaten aus.

Bemerkung. Die relative Gleichmässigkeit der Quaderformate und des Oberflächenbehaus spricht für eine Datierung in die Übergangszeit zwischen Mittelalter und Neuzeit. Es ist anzunehmen, dass die Farbunterschiede der einzelnen Steine durch einen einheitlichen steinfarbenen Anstrich ausgeglichen und ähnlich der durch Befund festgestellten Eckquaderungen in der Schlüssel-, Laternen- und Preyergasse mit nachmittelalterlichen Farblinien umrahmt waren (2.3.1–2.3.3). Beispiel der auch bei einem bescheidenen, kleinbürgerlichen Altstadthaus üblichen Erscheinung von Eckquaderwerk.

444 Zum Hinteren Rehböckli, Nordostecke, Befund der Farbreste mit zwei Grautönen und schwarzer Kontur
445 Zürich, Zum Strumpfband, spätmittelalterliche Bossenquaderung, heute ohne Farbfassung
446 Zum Strumpfband, mehrere Gesteinsarten, ehemals wohl durch Farbfassung vereinheitlicht

2.3.5 Zürich

Limmatquai 42, Zum Rüden, Gesellschaftshaus zur Constaffel. Bau M. 14. Jh. mit Eckquaderung aus Werksteinen; mehrmals veränderte Bemalungen der Fassadenoberfläche, letzte umfassende Sanierung des Äusseren 1936/37. Aufgenommen 1995.

Bau (Abb. 448). Freistehendes, repräsentatives Gebäude am Limmatufer. Bis zur Aufschüttung des Uferquais 1836 lag die heutige Strassenfassade unmittelbar am Wasser. Der Bau stammt im Wesentlichen aus den Jahren kurz nach 1348 und vom Umbau 1659/64. Die Bauecken und die limmatseitigen Rundbogenöffnungen der ehemaligen Laubenhalle im EG sind bereits auf dem Stadtplan von Jos Murer 1576 mit markanten Quadereinfassungen dargestellt. Das Haus erhielt bei dem Umbau 1659/64 massive Giebelwände bis ans Dach mit einer optisch regelmässigen Quaderung aus Läufern und Bindern auch im 2. Fachwerkgeschoss, eine gesamte helle Verputzung sowie eine ornamentale Fensterrahmenmalerei ringsum über alle Geschosse. Eine recht genaue Vorstellung des Aussehens vermitteln zwei Zeichnungen des Zürchers Gerold Escher aus der Zeit um 1700 (Guyer Tf. 17 und KDM Abb. 56/57). Nach der architektonischen Neufassung anlässlich einer Aussenrenovation 1757 mit gequaderten Ecklisenen in den beiden unteren und Pilastern am obersten Geschoss sowie «steinfarbenem Anstrich» der Bauglieder (KDM S.82) orientierte sich die im Jahr 1886 erstellte, dritte Bemalung am Stil der von 1664 und schmückte Fenster und Gesimse mit historischen Zierwerken und allegorischen Köpfen. Auch die Eckverbände waren wieder quadergenau aufgemalt (Abb. 447). Bei der Sanierung 1936/37 wurden alle alten Mörtel- und Farbschichten entfernt, man verputzte neu mit einem relativ rauen, dunklen Mörtel und verzichtete auf jegliche Malerei.

Eckquaderung (Abb. 449). Die aus hellen gelblichen Werksteinen bestehenden Quader und die Konsolsteine des vorkragenden dritten Fachwerkgeschosses sind flach und z.T. uneben behauen (Überarbeitung 1936/37). Sie weisen in Breite und Höhe sehr unterschiedliche Formate auf. Der leicht vorstehende, heute bräunliche Wandputz von 1936/37 sparte die Steine entsprechend ihrer jeweiligen Grösse rechtwinklig aus, so dass sich eine willkürliche Zahnung ergibt.

447 Zürich, Zum Rüden, Blick auf die nördliche Giebelseite, Bemalung von 1886 (Foto um 1900)
448 Limmatquai mit Gesellschaftshaus Zum Rüden (rechts) und Rathaus (links), typische Farbigkeit der Zürcher Altstadt
449 Zum Rüden, Quaderung in unregulierter Zahnung, nordwestliche Hausecke

Bemerkungen. Sowohl nach den Bildquellen des Hauses selbst als auch nach den archäologischen Befunden an anderen Eckquaderungen in der Zürcher Altstadt (2.3.1–2.3.3) ist der Eckverband des Rüden immer im Sinn eines regelmässigen Versatzes langer Läufer und kurzer Binder überputzt und gefasst gewesen. Ausserdem war offenbar auch immer die Farbverteilung auf Eckverband und Mauerputz umgekehrt als heute: Steine dunkel, Putzflächen hell. Es wäre zu bedenken, ob man bei künftigen Baumassnahmen die Eckquaderung in dieser dekorativ wirksamen Weise rekonstruiert. – Aufschlussreich ist die Gegenüberstellung des Eckverbandes von *Storchengasse 7*/ Ecke In Gassen: Er weist ebenfalls vom Putz ausgesparte Hausteinquader auf; hier jedoch in jüngerer Zeit farblich im selben Naturweiss wie der Putz überschlämmt, spielen sie als Gestaltungselement keine Rolle (Abb. 450). – Der Rüden ist das bedeutendste mittelalterliche Altstadthaus in Zürich, für das mehrere verschiedene Fassadenmalerein mit gestalteten Eckbetonungen nachgewiesen sind.

Literatur. Bürgerhaus IX, 1921, Tf. 36-38 · KDM ZH IV, Stadt 1 (Konrad Escher), 1939, S. 401-409 · Paul Guyer.- Bilder aus dem alten Zürich. Öffentliche Gebäude und Zunfthäuser nach Zeichnungen um das Jahr 1700 aus dem Regimentsbuch von Gerold Escher. Zürich 1954, S. 32-34 · KDM ZH Neue Ausgabe III.II (Regine Abegg, Christine Barraud Wiener, Karl Grunder, Cornelia Stäheli), 2007, S. 78-86.

2.3.6 Zürich

Münstergasse 24 / Spiegelgasse 2 / Napfgasse 3 und 5, Zum Spiegel. Mehrteiliges Wohnhaus mit langer Baugeschichte. Ältester Bestand 13. Jh. (Unterer Spiegel) mit grauen Sandsteinquadern z.T. in Bosse, heute steinsichtig ohne Farbgestaltung. Hölzernes Hausmodell von 1722 mit aufgemalter Eckquaderung. Erneuerte Oberflächen 1927, Baurenovation 1994/96. Aufgenommen 1995.

Bau. Der den Raum am Hang zwischen Münster-, Spiegel- und Napfgasse sowie Napfplatz füllende, 4-gesch. und mit dem Hauptfirst in der Falllinie stehende Bau erwuchs aus sechs, vom 13. bis ins 19. Jh. entstandenen und umgebauten Hausteilen. Hier zur Diskussion steht die heute nur an der Nordkante sichtbare Quaderung der Hausecken des Unteren Spiegel (Spiegelgasse/Münstergasse). Sie, und somit auch dieser Bauteil, wird ins späte 13. Jh. datiert.

Eckquaderung und Fassung von Fenstergewänden und Dachgesimsen (Abb. 451). Das Eckquaderwerk zeigt enorm grossformatige Steinquader mit teilweise abgearbeiteten Bossenbuckeln, die an der Mauerkante zur Spiegelgasse ab Mannshöhe bis zur Dachkante ansteigen und vor allem in der Hohe durch extrem grobe Bearbeitung und urtümliche Unregelmässigkeit auffallen (an der Giebelseite zur Münstergasse z.T. zweifach nebeneinander versetzt, heute überputzt und nicht sichtbar). Der dunkle braungraue und grobkörnige Verputz wurde bis an den Rand des jeweiligen Quadersteins geführt, ohne dessen Format zu verändern (aufgebracht 1927). Eine Farbfassung auf dem Stein ist nicht vorhanden. Hingegen sind die Gewände der Ende 16. Jh. eingebauten Staffel- und Kreuzstockfenster im unteren Hausteil, die aus dem gleichen grauen Sandstein bestehen, nach älteren roten Farbresten auch heute wieder rot lasiert. Bei der Bauuntersuchung anlässlich der jüngsten Restaurierung wurde festgestellt, dass das gekehlte, aus Backstein bestehende Traufgesims am alten Dachfuss des unteren Hausteils eine auf Putz gemalte, grauschwarze Sandsteinimitation mit weissen Fugen trug. Dieses bemalte Gesims gehörte wie das Dach zum Umbau von 1591, als der untere und obere Hausteil miteinander verbunden wurden.

450 Zürich, Storchengasse 7, unregulierte, mit der Putzfarbe geschlämmte Quaderung
451 Zürich, Zum Spiegel, altertümliche Bossenquaderung an der nördlichen Mauerkante der Spiegelgasse, 13. Jh.

2.3 GEBÄUDEKANTEN Mittelalterliche Eckverbände mit späteren Farbfassungen

Hausmodell mit Aussenfassung in Grau auf Weiss und Jz. 1722 (Abb. 430, 452). Im Schweizerischen Landesmuseum Zürich befindet sich ein Holzmodell des Hauses Zum Spiegel (Grundriss ca. 50 × 60 cm). Es ist an der Fassade zur Münstergasse mit einem Staffelgiebel, zum Napfplatz mit einem auch heute vorhandenen höheren Dach (1566, nach 1576) und einem Hof mit Wasch- und Badstube (angebaut 1631, abgebrochen 1841) ausgestattet. Über dem Portal steht die Jahreszahl 1722. Interessant ist die äussere Farbfassung: Weisse Hauswände, rotes Ziegeldach, eine umlaufende rote Traufkante mit Fugenstrichen und Bogenlauf in Schwarz, graue Portal- und Fenstereinfassungen, grüne Läden, vor allem aber eine dominante Quaderung gleichmässiger Läufer und Binder an allen Bauecken. Jeder Quaderstein ist diagonal in ein lichtes hellgraues und ein schattiges dunkelgraues Feld unterteilt, wobei an den hinteren Ecken das helle Feld oben, an den vorderen jedoch entgegen der natürlichen Belichtung unten liegt – eine malerische Freiheit, die sich der Modellbauer samt kleiner Unregelmässigkeiten herausnimmt.

452 Zum Spiegel, Holzmodell des Hauses 1722, Ansicht von Nordwesten (Spiegelgasse/Münstergasse), allseitige, regelmässige Eckquaderung und Fenstereinfassung in Steinfarbe
453 Zürich, Zum Blauen Himmel, Quader an der Ecke Obere Zäune 14. Jh., Farbfassung rekonstruiert in der Art des 17./18. Jh.

Bemerkungen. Da beim Modell das von Verkaufsfenstern flankierte Portal im EG der Münstergassenfassade schon auf Murers Stadtplan von 1576 erscheint, dürfte sich die Jahreszahl 1722 an ebendiesem Portal nicht auf ein Baudatum, sondern auf die Anfertigung des Holzmodells beziehen. Somit gäbe es das Aussehen des «Spiegels» im Jahr 1722 wieder, das dem von 1591 entspräche, da die bisher erforschte Baugeschichte zwischen 1591 und dem mittleren 19. Jh. keine nennenswerten Veränderungen am Äusseren ausweist. Die Farbfassung des Modells stellt regelmässige, grossformatig markante, geometrisch betonte und als Zierwerk verfeinerte Quaderläufe dar. Da am Bau selbst zwar das oben erwähnte, gemalte Steinimitat des Traufgesimses, aber kein steinimitierender Farbbefund auf den Eckquadern festgestellt worden ist, lässt sich die Fassadenfassung des Modells nicht schlüssig für den «Spiegel» in Anspruch nehmen. Es ist aber mit seinen zahlreichen, auch am Bau vorhandenen Details (Erker an Napf- und Münstergasse, nordseitige Aufzugslukarne, Krüppelwalm, Schwebegiebel und Bughölzer der erhöhten Dachpartie) und nur wenigen Abweichungen (Giebelstaffeln, rundbogige Fenstergruppe, Bodengefälle) doch als ein recht genaues Porträt des Baus zu betrachten. Das wiedergegebene Eckquadermotiv mit der Betonung des Licht- und Schattenspiels lässt sich ohne Weiteres mit der Quaderfassung des Hinteren Rehböckli (2.3.3) vergleichen und auch in die zeitgenössische Art deren bildlicher Umsetzung reihen (Abb. 432, 433). Am Spiegel selbst könnte es im Zuge der Zusammenführung beider Hausteile 1591 aufgebracht und bei der umfassenden Fassadensanierung 1927 restlos entfernt worden sein. Auf jeden Fall stellt das recht qualitätvolle Modell, welchen Zweck es auch immer hatte, in schönster Weise die mit Eckquader-, Gesims- und Gewändefassungen untergliederte Baufassade im Zürich des 16. Jahrhunderts dar.

Literatur, Hinweise. KDM ZH V, Stadt 2 (Hans Hoffmann, Paul Kläui), 1949, S.123-125 · Umfangreiche Baudokumentation, Auskünfte, Unterlagen und Beobachtungen zur Baugeschichte verdanke ich Jürg Hanser, Baugeschichtliches Archiv Zürich. Das Hausmodell wurde in der Publikation der jüngsten bauarchäologischen Ergebnisse aufgrund meiner Hinweise bereits bekannt gemacht, siehe Felix Wyss, Jürg Hauser, Dolf Wild.- Das Haus zum Spiegel in Zürich … Baugeschichtliche Untersuchungen anlässlich Umbau und Renovation 1987-1996. In: Zürcher Denkmalpflege, Stadt Zürich, Bericht 1995/96. Zürich 1997, S.43-53 · KDM ZH Neue Ausgabe III.II (Regine Abegg, Christine Barraud Wiener, Karl Grunder, Cornelie Stäheli), 2007, S.329-333.

2.3.7 Zürich

Napfgasse 8 / Obere Zäune 19, Zum Blauen Himmel, seit ca. 1920 auch Zum Turm. Eckquaderung mit Farbfassung. Quader Ecke Obere Zäune A. 14. Jh., Ecke Napfplatz wohl nach 1547 (Jz. am Fenstersturz 2. OG Napfplatz). Fassadenrenovation 1983/84. Aufgenommen 1995.

Bau. Turmartiger Steinbau 12./13. Jh., mehrfach umgebaut und erweitert zu einem grösseren 4-gesch. Wohnhaus. Die heute sichtbare Quaderung befindet sich an den freistehenden Nordost- (Napfplatz) und Südostecken (Obere Zäune). Das Innere birgt bemerkenswerte Wandmalereien aus verschiedenen Zeiten.

Eckquaderung, hellgrau gefasst mit verändertem Fugenschnitt, Mauerputz hellblau (Abb. 453, 454). Die Quadersteine selbst sind von sehr ungleicher Grösse, haben grob bearbeitete Sichtflächen mit Randschlag und beginnen im Südosten im 1. OG und im Nordosten erst oberhalb der bis auf ca. 2 m Höhe abgerundeten und gefasten Hausecke. Der neue, hellblau gestrichene Mauerverputz stösst weich an die Steine. Die ergänzend auf den Putz gemalte, hellgraue Quaderimitation nimmt keine Rücksicht auf Lage und Formate der Quadersteine, sondern fingiert vom Boden bis zur Dachtraufe einen weitgehend regelmässig gezahnten Läufer-Binder-Versatz. Die gemalten Kanten werden oben und links von einer weissen, unten und rechts von einer schwarzen Linie umrandet.

Vorzustand und Restaurierung 1983/84 (Abb. 455). Bei der Bauuntersuchung wurden auf den Quadern Farbreste von «Grau mit weissem Strich» festgestellt. Ein Blau auf dem alten Putz war nicht vorhanden.

Bemerkungen. Auffallend ist die stark regulierende und komplettierende Bemalung auf Putz und Quaderwerk sowie die Hell-Dunkel-Umrandung der Fugen und Kanten, die den Lichteinfall von oben links perspektivisch andeutet. Beides stammt von der jüngsten Restaurierung, die sich so weit wie möglich an die spärlichen Befunde gehalten hat und sie zu einer Quadermalerei in der Art des 17./18. Jh. ergänzte. Die Erkennbarkeit der eher dezenten Malerei auf dem welligen Verputz hängt stark vom Lichteinfall bzw. von sonnigem oder trübem Wetter ab. Der blaue Anstrich des Putzes von 1984 nimmt – obwohl keine blauen Farbspuren nachgewiesen wurden – sinnfällig auf den seit 1543 gebräuchlichen Hausnamen Bezug.

Literatur. KDM ZH V, Stadt 2 (Hans Hoffmann, Paul Kläui), 1949, S.98 · Zürcher Denkmalpflege, Stadt Zürich, 10. Bericht 2. Teil, Stadt Zürich 1980/84. Zürich 1986, S.159-162 · KDM ZH Neue Ausgabe III.II (Regine Abegg, Christine Barraud Wiener, Karl Grunder, Cornelie Stäheli), 2007, S.353f.

2.3.8 Zürich

Limmatquai 100, Zum Lämmli. Kernbau 2. H. 13. Jh., Veränderungen nach 1576 und 1629. Steinquader der Eckverbände aus allen drei Bauzeiten. Durchgehende neue Quadermalerei an den Ecken der Strassenfront 1987/88. Aufgenommen 1995.

Bau (Abb. 456). Viergesch., zum Limmatquai giebelständig orientiertes Wohn- und Geschäftshaus mit vorkragendem Dachstock (verbrettertes Riegelwerk). Die Eckquaderbemalung befindet sich am massiv gemauerten 1. bis 3. OG der Hauptfassade.

Eckquaderung, hellgrau gefasst bzw. aufgemalt. Der Eckquaderverband weist vor allem im 3. OG lange Läufersteine und stellenweise an die Bindersteine anschliessende zusätzliche Quader auf. Die flach behauenen Sichtseiten haben einen breiten, relativ feinen Randschlag und gröber bearbeitete Spiegel (Abb. 457). Die aufliegende, Quader darstellende hellgraue Malerei berücksichtigt weitgehend die in Höhe und Breite unregelmässigen Grössen der Quadersteine im 3. OG und übermalt – ebenfalls den jeweiligen Steinlagen und Formaten entsprechend – den neuen, durchgehenden, weiss gestrichenen Mauerverputz in den beiden anderen Wohn-

454 Zürich, Zum Blauen Himmel, Quader an der Ecke Napfplatz wohl 16. Jh.
455 Zum Blauen Himmel, freiliegende Eckquader während der Restaurierung mit historischen Farbresten (Napfplatz 1. OG)
456 Zürich, Zum Lämmli, Baukern 13. Jh., Sichtquaderung an der Hauptfassade zum Limmatquai

geschossen. Die Quader sind perspektivisch umrandet, indem unten und rechts ein dunkles Schatten-, links hingegen ein helles Lichtband schräg aneinanderstossen, so dass sie leicht vor der Wandfläche zu stehen scheinen.

Bemerkung. Die Eckquader waren vor der letzten Restaurierung mit unbemaltem Verputz überdeckt, dessen monochromer Farbanstrich aus den 1920er Jahren stammte. Die Erneuerung 1988 machte die jüngeren, relativ gut erhaltenen Eckquader von 1629 am 3. OG wieder steinsichtig, überputzte jedoch die älteren, an den Oberflächen stark verwitterten Quader der andern beiden Geschosse. Die neu aufgebrachte Quadermalerei orientiert sich mit ihrem Sichtbarmachen der recht unregelmässigen Steinlagen und -formate an anderen Zürcher Eckverbandbemalungen des 16./17. Jh., was den Umbauzeiten entspricht. Die perspektivische Umrandung scheint in dieser Art der Illusion aber wohl erst im 18. Jh. möglich zu sein (vgl. 2.3.9).

Literatur. KDM ZH V, Stadt 2 (Hans Hoffmann, Paul Kläui), 1949, S.52 · Zürcher Denkmalpflege, Stadt Zürich, Bericht 1987/88. Zürich 1991, S.119-121 · KDM ZH Neue Ausgabe III.II (Regine Abegg, Christine Barraud Wiener, Karl Grunder, Cornelie Stäheli), 2007, S.168f.

457 Zürich, Zum Lämmli, neue Putz- und Farbfassung im Stil des 16./17. und des 18. Jh.
458 Zürich, St. Peter, Detail der weissen Eckquadermalerei, Nordostecke

2.3.9 Zürich

Pfarrkirche St. Peter. Umbau 1705/06 mit neuem Langhaus. Eckquadermalerei und Fenstereinfassungen aus der Umbauzeit. Rekonstruiert 1970/74. Aufgenommen 1995.

Bau. Das Langhaus der mittelalterlichen Chorturmkirche wurde 1705/06 abgetragen und als 3-schiffige Emporenhalle neu errichtet. Es erhielt aussen eine Eckquader- und Fensterrahmenbemalung auf blauem Wandputz.

Gemalte Eckquader und Fenstereinfassungen in weisser Steinfarbe auf graublauem Verputz (Abb. 458, 460). Die Läufer- und Bindersteine der Quaderung sind an allen Gebäudeecken von unten bis an die Dachkante in völliger Eben- und Regelmässigkeit so auf den Verputz gemalt, dass die Flächen gebrochen weiss und die abgeschrägt aneinanderstossenden Kanten oben ganz weiss, seitlich in hellem und unten in dunklerem Braunton erscheinen. Diese gemalte Lichtperspektive erweckt den Eindruck, als stünden die Quader mit ihren Spiegeln vor der Wand. Auch die gleichfarbige Umrahmung der Rundbogenfenster und Okuli mit profilierten Fensterbänken, Kämpferplatten und Keilsteinen, deren obere eine Palmette tragen, sind illusionistisch dreidimensional dargestellt.

Befunde vor der Restaurierung 1970/74. Seit dem 19. Jh. war das Schiff nur mit einer dunklen Eckquaderung auf hellem Verputz und ohne Fenstereinrahmungen bemalt (Germann Abb. 49). Im Zuge der Restaurierung fanden sich Reste des ursprünglichen blauen Putzes im Bereich der schützenden Dachhaube über dem vorderen nordseitigen Eingang und die illusionistische Fenstermalerei samt blau und gelb gemusterter Putzanstriche am Westfenster auf der Südempore im Kircheninneren (Abb. 459). Für die Eckquadermalerei gab es am Bau selbst keine Hinweise.

Bemerkungen. Darstellungen des mittelalterlichen Vorgängerbaus überliefern bereits ein Mauerwerk mit sichtbaren Eckquadern (ZAK Abb. S.14f). Die Rekonstruktion der weissen Eckmalerei und des blauen Wandputzes am heutigen Schiff von 1705/06 konnte sich über den Baubefund hinaus einerseits auf die spätere der beiden Zeichnungen von St. Peter im bereits erwähnten Regimentsbuch des Gerold Escher stützen, welche grosse helle Quader von völliger Regelmässigkeit abbildet (Abb. 460). Andererseits belegt eine Bemerkung in den Kirchenakten von 1706, dass die Kirche «ußwendig an allen vier Seiten blau angestrichen, die Eggstein aber samt den Liechteren mit einer dünnen weißen öll farb eingefaßet werden» sollte (zitiert nach

KDM, S.156). Da der Eckverband auf Eschers Zeichnung mit regelmässiger Verzahnung wiedergegeben ist, die am Bau vermauerten Steinquader selbst aber unterschiedliche Formate aufweisen, ist für 1706 eine Ganzbemalung anzunehmen und die Bezeichnung «samt den Liechteren» durchaus als eine Perspektivumrandung zu interpretieren. Somit wäre St. Peter ein datiertes Beispiel für eine barocke Eckquadermalerei: Gänzlich gemalt, in geometrisch präzise abgemessenem Läufer-Binder-Versatz, illusionistisch dreidimensional dargestellt, und, wie auch sonst in Zürich, mit gleichfarbigen Fensterumrahmungen verbunden. Ungewöhnlich ist hier nur, dass sie nicht dunkel auf hellem Grund, sondern umgekehrt, hell auf dunkel erscheint, wobei das Blau des Verputzes eine Ausnahme bildet.

Literatur. KDM ZH Neue Ausgabe II.I (Regine Abegg, Christine Barraud Wiener), 2002, S.155f, S.160 · Paul Guyer.- Bilder aus dem alten Zürich. Öffentliche Gebäude und Zunfthäuser nach Zeichnungen um das Jahr 1700 aus dem Regimentsbuch von Gerold Escher. Zürich 1954, S.8f · Ulrich Ruoff, Jürg Schneider.- Die archäologischen Untersuchungen in der Kirche St. Peter, Zürich sowie Peter Germann.- Bericht des Architekten über die Restaurierungsprobleme. Beides in: ZAK 33, 1976, S.17 sowie S.54-57 · Zürcher Denkmalpflege, 9. Bericht 3. Teil, Stadt Zürich 1969-1979. Zürich 1989, S.16.

459 St. Peter, Fensterrahmenmalerei und Probemuster des Putzanstrichs in Gelb und Graublau, originaler Befund von 1705/06 im Inneren an einem Fenster der Südempore

460 St. Peter, Ansicht aus dem Regimentsbuch des Gerold Escher mit dem 1705/06 neu erbauten Langhaus (Aarau, Kantonsbibliothek, MsMurF33)

2.3 GEBÄUDEKANTEN   Mittelalterliche Eckverbände mit späteren Farbfassungen

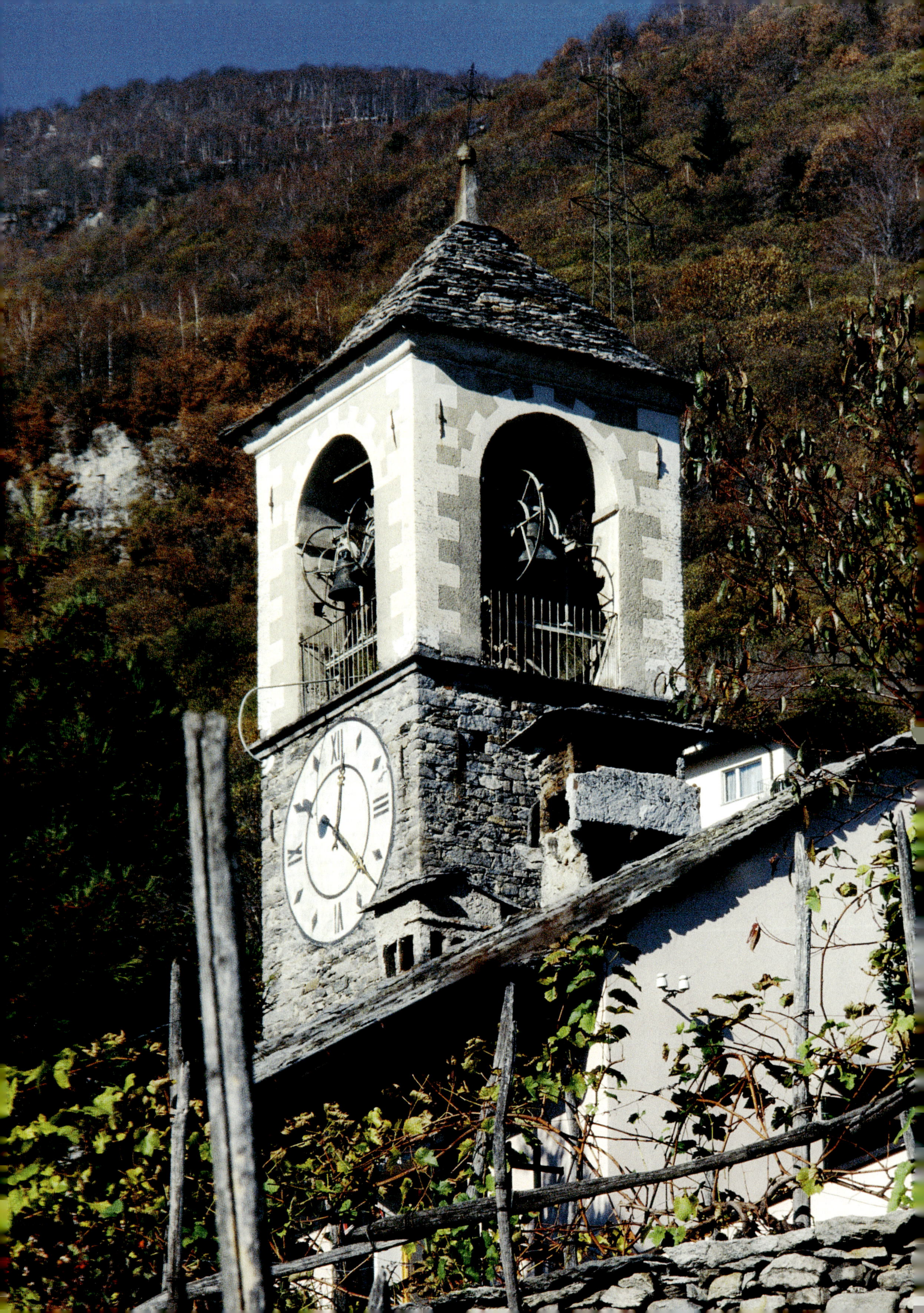

2.4 Quaderungen an Türmen in Schwarzweiss

Überblick

Das 16. und 17. Jahrhundert hinterliess vornehmlich im Alpengebiet zahlreiche Kirchtürme mit weiss verputzten Schäften und schwarzer, weiss gefugter Quaderung auf Ecken und Gesimsen, an Fenstern, Scharten und Glockenschallöffnungen. Da das zugehörige Kirchenschiff am Äusseren in der Regel keine nennenswerte Farbfassung aufweist, heben sich die Türme umso mehr ab und bilden mit ihrer dekorativen Gliederung geradezu ein Wahrzeichen der Ortssilhouette oder der Landschaft – eine Wirkung, die in ähnlicher Weise auch die buntfarbig gefassten Bündner und Tessiner Kirchtürme kennzeichnet (s. S. 535-559).

Putzwände mit Quaderdarstellungen in Farbe und in Mörtel, 16./17. Jahrhundert (2.4.1–2.4.9). Der Variationsreichtum dieses Aussendekors liegt weniger im Formalen, das sich auf das Bild von Quaderversatz und Fuge beschränkt, als vielmehr in den Tonwerten von Schwarz und Weiss, die je nach Materialzusammensetzung und Alterung alle Nuancen zwischen Grauschwarz und gebrochenem Weiss umfassen. Ausserdem kehrte das dekorative Spiel mit dem Schwarz-Weiss-Intervall hie und da die Töne um, indem die Quaderdarstellungen nicht nur dunkel auf hellem, sondern auch hell auf dunklerem Putzgrund erscheinen wie in *Contra* und *Mergoscia* (2.4.9). Ab und zu beigefügte Buntfarben, etwa die roten Fugen in *Lumbrein-Surin* (2.4.8), fallen kaum ins Gewicht, da Schwarzweiss dominiert. Nur für die gemalten Zifferblätter der Turmuhren wurden gern auch Rot und Ocker verwendet. Bei grösseren Bauten kommen Friese und Ziermotive geometrischer Ornamentik hinzu, die aber untergeordnet bleiben wie in *Binn-Willern* (2.4.2) oder *Brusio* (2.4.4). Nur der einzige, hier aufgeführte profane Turm vom Rathaus in *Poschiavo* weist als besonderes Zierelement ausnahmsweise Balusterfriese auf (2.4.6). Interessant wegen seiner authentischen Datierung zweier verschiedener Quaderungen (1522 und 1672) sind der Turm von *Schmitten* (2.4.1) und die Turmbemalung von *Lutry,* die mit optisch besonders ansprechenden Schwarzquaderungen der Masswerkfenster am Schiff korrespondiert (2.4.3).

Das heutige, mehrheitlich restaurierte Erscheinungsbild zeigt vorwiegend deckende Farbfassungen. Im Tessin, wo seinerzeit die weissen, als zweite Mörtelschicht aufgebrachten Architekturgliederungen typisch waren (S. 310–329), wurden auch die schwarzweissen Quaderungen an Türmen eher in dieser Putztechnik als mit Farbanstrich hergestellt (2.4.9). Ebenso im bündnerischen Lugnez, das zahlreiche Aussenfassungen in der für Graubünden typischen Putztechnik der weissen Architekturmalerei aufweist, wurde nicht nur der Farbanstrich, son-

461 Contra, Kirchturm von 1682 mit der ursprünglichen weissen Putzquaderung des Glockengeschosses, Blick von Südosten (2.4.9)

462   Stein am Rhein, Kloster St. Georgen, Festsaal mit Wandbilderzyklus 1515/16, Ambrosius Holbein, Thomas Schmid und ihrem Umkreis zugeschrieben. Der soeben fertiggestellte, weiss verputzte Stadtturm im Bild der Erbauung Roms zeigt sich mit dunkelgrauen Eckquadern und Fenstereinfassungen. Samt der Maurer am Werk werden lokale Baugepflogenheiten dargestellt

dern auch diese spezielle Handwerkstechnik für Turmquaderungen in Schwarzweiss angewandt, wie es der Kirchturm von *Lumbrein-Sontg Andriu* (2.4.7) und insbesondere der der Pfarrkirche im Hauptort *Lumbrein* zeigen (3.3.7).

Entwicklungsgeschichtlich geht diesen Turmbemalungen die Quadermalerei an spätgotischen Kirchen um 1500 in Graubünden und im Wallis voraus, deren Hauptbauten Bernhard von Puschlav, Andreas Bühler und Ulrich Ruffiner erstellten (2.1.1–2.1.15). Der innerhalb dieser von Quadermalerei geprägten Bautengruppe besonders auffällige Turm der Pfarrkirche von *Naters* könnte im Zusammenhang der schwarzweissen Turmdekorationen als deren möglicher Beginn betrachtet werden (2.1.14). Auch im profanen Bereich gab es zu dieser Zeit offensichtlich Türme mit markanter, schwarzer (grauer) Eckquaderung wie es zum Beispiel die Stadttürme auf dem 1515/16 entstandenen Wandbilderzyklus im Kloster St. Georgen in *Stein am Rhein* zeigen (Abb. 462). Die Maler orientierten sich bei der Wiedergabe an realen, zeitgenössischen Bauwerken, was unmissverständlich etwa in dem von gelben Fensterbänken auf der weissen Wand herunterlaufenden «Rotz» zum Ausdruck kommt (Abb. 275). Ob nun beim Turm die dunkle Eckquaderung aufgemalt war oder aus steinsichtigem Quaderwerk bestand, spielt für die optische Wirkung keine Rolle.

Die hier folgenden Turmfassungen in Schwarzweiss gehören nicht mehr dem ausgehenden Mittelalter an, sie gehören ins Erscheinungsbild der frühen Neuzeit. Die wenigen gemalten Ornamente übernehmen auch nicht mehr das gotische Zierwerk, wie es beim Turm von *Naters* der Fall war, sie orientieren sich vielmehr an zeitgenössischen Formen. Besonders im 17. Jahrhundert scheint die für den Innenraum der Kirchen übliche, unbunte Schwarzweiss-Fassung auch die Türme zu erfassen: So war zum Beispiel die erste, 1679 datierte Fassung am Turm der

Reformierten Kirche in *Poschiavo* nachweislich nur schwarz und weiss gehalten, bevor man sie 1708, neuer Mode folgend, buntfarbig übermalte (s. besonders 3.7.23). Derlei ausgesprochen buntfarbige Fassungen erhielten die Türme dann im späten 17., vorwiegend aber erst im 18. Jahrhundert mit Schwerpunkt Graubünden und Tessin.

463 Schmitten, Turm der Pfarrkirche mit schwarzer Quaderung, inschriftlich 1522, Originalbestand
464 Schmitten, Schaftquader am selben Turm in der Art der weissen Architekturmalerei, inschriftlich 1672, Originalbestand

Putzwände mit Quaderdarstellungen in Farbe und in Mörtel, 16. und 17. Jahrhundert

2.4.1   Schmitten (GR, Albulatal)

Turm der Pfarrkirche Allerheiligen. Grauschwarze Eck- und Fensterquaderung am Glockengeschoss, helle Eckquaderung am Turmschaft, Inschriften 1522 und 1672. Renoviert 1963–1970 mit Wiederherstellung der grauschwarzen Eckquaderung. Aufgenommen 1983.

Bau (Abb. 463, 464). Mächtiger Westturm, errichtet 1522 (Inschrift «anno domini XIX 1522» an der Nordseite unterhalb des Helmgiebelgesimses), ohne Verband der östlich anschliessenden spätgotischen Kirche von 1470/90 angefügt.

Quaderungen. Das durch Gesimse von Schaft und Helmaufsatz abgesetzte Glockengeschoss hat an seinen Ecken und an den leicht spitzbogigen, abgefasten Gewänden der vier grossen Schallöffnungen dargestellte Binder- und Läufersteine. Sie sind von regelmässiger Grösse, dunkelgrau gestrichen, weiss umrandet und heben sich vom gelblichen Naturputz der Mauer deutlich ab. Anders erscheinen hingegen die Ecken des Turmschafts, an denen ungleich grosse Quadersteine mit hellem Putz überzogen, als regelmässige Läufer und Binder umrissen und auf den Sichtflächen fein geglättet wurden. Im Unterschied zum Glockengeschoss hoben sie sich vom umgebenden Putz jedoch hell ab. Der untere Teil des Turmschafts wurde bei der letzten Instandsetzung neu verputzt und weist keine sichtbare Quaderung mehr auf.

465 Binn, Turm der Pfarrkirche mit schwarzer Eck- und Fensterquaderung
466 Binn, Detail der Fensterumquaderung, datiert 1561

Bemerkungen. Interessant ist besonders die dunkelgraue Quaderung des Glockengeschosses. Da die erwähnte inschriftliche Jahreszahl 1522 auf dem hellen Verputz ebenfalls in Dunkelgrau erscheint, könnte sie nicht nur das Baudatum des Turms, sondern auch das Entstehungsjahr seiner dunkelgrauen Quadersteinmalerei angeben. Eine zweite, spätere Inschrift, nämlich «1672. KM SB DK SB MA», ist in den Putz des westlichen Helmgiebels gedrückt (Abb. 463). Sicherlich ist dieses Datum für den Verputz der Giebelaufsätze und auch für den des Turmschafts verbindlich, die beide dieselbe Oberflächenstruktur aufweisen. Somit müsste es sich 1672 nicht nur um eine Baumassnahme im Giebelbereich gehandelt haben, sondern auch um eine Neudekorierung des Schafts in der Art der weissen Architekturmalerei, die in der zweiten Hälfte des 17. Jh. beliebt war (s. S. 330–373). Anderes vermutet Wyss, bei dem es heisst, es habe «die graue Steinquadernachahmung, die nur im Glockengeschoss wiederhergestellt wurde, einst den ganzen Turm» bedeckt. Schwarze Farbreste sind vom Boden aus an den Schaftecken jedoch nicht erkennbar und die Frage, warum bei der jüngsten Restaurierung die dunkle Quadermalerei nur beim Glockengeschoss, aber nicht beim angeblich gleichartig bemalten Turmschaft wiederhergestellt wurde, bleibt offen.

Literatur. KDM GR II (Erwin Poeschel), 1937, S.373f · Alfred Wyss.- Schmitten GR. Basel 1974, S.7 (SKF).

2.4.2 Binn-Willern (VS, Binntal)

Turm der Pfarrkirche. Dunkelgraue gemalte Eckquader und Fensterrahmungen, 1561 (Jz. über dem westseitigen Zwillingsfenster). Restaurierungen 1959/61 und um 1980. Aufgenommen 1997.

Bau (Abb. 465, 466). Die auf einem Felssporn stehende, beachtlich ausgestattete Kirche wurde Ende des 13. Jh. errichtet und im 16. und 17. Jh. verändert. Die Quadermalerei befindet sich nur am Turm und ist 1561 datiert.

Quadermalerei. Die Ecken des weiss verputzten Turmschafts sind, soweit sichtbar, vom Boden an mit gleichmässigen grauen Quadern im Läufer- und Binderversatz bemalt. Die Gewände der Schallöffnungen im Glockengeschoss – nach Nord und Süd sind es einfache Rundbögen, nach Ost und West rundbogige Zwillingsfenster – wurden in gleicher Farbe umquadert. Dabei bilden drei grosse und zwei kleine graue Steine die Bögen der einfachen Öffnungen und fünf ungleich grosse, grau und weiss wechselnde, konzentrisch versetzte Steine die der Zwillingsfenster. Chorseitig erscheint unter der Schallöffnung ein Uhrenzifferblatt in einem roten gemalten Rechteckfeld.

Zustand und Restaurierungen. Auf älteren Fotos vor der Restaurierung 1959/61 ist der Quaderdekor fast nicht mehr zu erkennen. Bei der damaligen Neubemalung wurden im Bereich der Schallöffnungen Läufersteine rekonstruiert, die von den Ecken bis zum Fenstergewände reichten, was man bei der Erneuerung von Putz und Bemalung 1980 rückgängig machte, so dass zwischen Eckquadern und Fenstergewänden keine Verbindung mehr besteht. Die zweigeteilten Jahresziffern an der Westseite, die sich vorher an den Turmkanten befanden, stehen heute über den Scheitelsteinen der Zwillingsbögen.

Bemerkungen. Der schlichte, aber markante Aussendekor beschränkt sich auf den Turm an der Schauseite der Kirche und bietet dem Kirchgänger, der vom Dorf aus steil bergansteigt, einen Blickfang vor der imposanten Kulisse des fast 3800 m hohen Breithornmassivs. Er gehört zu den frühen Beispielen der einfachen dunkelgrauen Eckquadermalerei (2.1.16–2.1.37), hier bereichert durch den schmuckvollen Versatz bei den Fenstern.

Literatur. KDM VS II (Walter Ruppen), 1979, S.145.

2.4.3 Lutry (VD, Lavaux)

Reformierte Pfarrkirche. Bau gotisch, Turm 1544 (Jz. am westlichen Schartenfenster). Graue gemalte Eck- und Fensterumquaderung, möglicherweise 16. Jh., Restaurierungen 1899, 1904/08, 1961. Aufgenommen 2000.

Bau. Einschiffige, ehemalige Benediktinerklosterkirche mit Polygonalchor um 1260, Erneuerungen nach Brand 1344 mit sukzessivem Anbau von Kapellen auf der Nordseite und schliesslich 1544 Neubau des an der Nordwestecke eingestellten Turms. Nach weiteren baulichen Veränderungen entsteht 1577 im Inneren die bedeutende, italienisch beeinflusste Dekorationsmalerei der Gewölbekappen (Humbert Mareschet).

Quadermalerei. Der leicht vor die Hausteinfassade des Haupteingangs tretende, 3-gesch. Turmschaft ist im Unterschied zu dieser weiss verputzt und an allen freistehenden Ecken mit gleichmässigen, grauen Läufern und Bindern bemalt (Abb. 467). Die wenigen Fensteröffnungen erhielten eine gleichfarbig gemalte Umquaderung mit weissen Fugen. Das obere der beiden Gesimse besteht aus einer Lage ebenfalls aufgemalter Quadersteine. Die südliche Langhaus- und nördliche Kapellenmauer (Abb. 468) sowie das Chorpolygon sind ebenfalls weiss verputzt, von steinsichtigen Strebepfeilern gestützt und durch gotische, je nach Bauzeit unterschiedliche Masswerkfenster gegliedert. Die durchgehend einheitliche, schwarzgraue Quaderfassung und weisse Fugenzeichnung ihrer mehrfach profilierten Gewände hebt die zum Teil ausserordentliche Grösse der Fenster zusätzlich hervor.

Zustand. Die heutige Aussenbemalung ist eine Erneuerung (Rekonstruktion?) aus der Zeit der letzten Instandsetzung. An der westlichen Turmwand des Glockengeschosses befinden sich sowohl an den Ecken als auch in der Umrandung des Zwillingsfensters Steinquader unregelmässigen Formats und dunklerer Färbung, die auf das vorherige Aussehen hinweisen könnten.

Bemerkungen. Trotz ihrer Einfachheit gliedert und dekoriert die schwarzweisse Quaderfassung des Turms und der Kirchenfenster den Aussenbau in auffälliger Weise. Es ist denkbar, dass sie im Zuge der umfangreichen Bautätigkeit entstand, bei der 1577 die prächtige Renaissancemalerei am Langhausgewölbe fertiggestellt wurde, um den erst 1544 neu errichteten Turm und den älteren gotischen Kirchenbau am Äusseren ebenfalls zu verzieren und farblich zusammenzubinden. Ungeklärt bleibt dabei, ob die Eingangsfassade mit ihrem bemerkenswerten Portal und Masswerkfenster (1570) sowie die heute steinsichtigen Strebepfeiler ehemals auch Verputz und Fassung trugen. Zur Datierung grauer Eckquadermalereien des 16. Jh. vgl. *Binn* (2.4.2), *Fribourg* (2.1.17) und *Fürstenau* (2.1.19).

2.4.4 Brusio (GR, Puschlav)

Katholische Pfarrkirche S. Carlo Borromeo. Fertiggestellt 1618. Schwarzgraue Eck- und Fensterquaderungen am Turm aus der Bauzeit. Erneuert 1965/66. Aufgenommen 1983.

Bau. Der Turm ist mittelachsig an den Chorschluss des gewesteten Kirchenschiffs angebaut, durch Gesimse in vier Geschosse und durch grosse, in den beiden oberen Geschossen gekuppelte Schallöffnungen gegliedert. Obenauf sitzt ein flaches Zeltdach.

Quaderungen (Abb. 469). Der weiss verputzte Turmschaft erhielt eine schwarzgraue, wie Läufer und Binder versetzte Eckquaderbemalung. Ebenfalls in schwarzgraue Quader gefasst sind alle Leibungen, Mittelpfosten, Bänke und Frontseiten der Schallöffnungen, die an den Rundbögen als Kämpfer- und Keilsteine ausgebildet sind. Die gemauerten und nach oben zu immer differenzierteren Gesimse wechseln grau und weiss von Profil zu Profil und sind z.T. mit einem feinen Zahnschnitt versehen. Zum Dachgesims mit gemaltem Konsolfries zählt noch der

467 Lutry, Turm der Pfarrkirche, schwarze Eckquaderung, möglicherweise zurückgehend auf 1577
468 Lutry, gotisches Masswerkfenster mit schwarzer, weiss gefugter Quaderfassung

2.4 GEBÄUDEKANTEN Quaderungen an Türmen in Schwarzweiss

oberste Mauerabschnitt, bemalt mit je drei liegenden Rauten, deren grösste jeweils über dem Zwillingsbogen der Fenster platziert ist.

Vorzustand und Restaurierung von 1965/66. Die originale Malerei lag auf einem geglätteten Mehrschichtputz, war al fresco aufgebracht und z.T. überlasiert. Die Ergänzungen wurden auf neuem weissen Kalkanstrich in Kalkmalerei ausgeführt.

Bemerkungen. Beachtenswert ist die durch eine feine, zurückhaltende Ornamentmalerei bereicherte Quaderdekoration, die den Turm gegenüber dem schmucklos weiss gestrichenen Kirchenschiff hervorhebt. Im Gegensatz zu den nachmittelalterlichen, italienisch orientierten Bauformen und Farben der Eingangsfassade (1.1.25 sowie Abb. 70) knüpft der Turmdekor an die Tradition gotischer Eckquaderbemalungen im Bündner Kirchenbau um 1500 an (2.1.1-2.1.11).

Literatur. KDM GR VI (Erwin Poeschel), 1945, S.8-10.

2.4.5 Cinuos-chel (GR, Oberengadin)

Reformierte Kirche. Samt Turm erbaut 1615. Turmbemalung wahrscheinlich etwas später. Erneuert um 1960/70. Aufgenommen 1999.

Quadermalerei am Turm (Abb. 470). Der schlanke, hochaufragende Turm an der Nordostseite der kleinen, mit Polygonalchor schliessenden Kirche läuft in einem Spitzhelm über vier Giebeln aus. Die Ecken des nicht unterteilten, weiss verputzten Schafts sind mit breiten, gequaderten Lisenen, die rundbogigen Schallöffnungen und Giebelfenster mit Gewändesteinen in Schwarz bemalt, wobei deren Bögen durch grosse Kämpferplatten und Scheitelsteine besonders markiert werden. Überall, auch auf den Sohlbänken, setzen breite weisse Fugen die fingierten Werksteine voneinander ab. Kranzgesims, Wasserspeier und Schindeldeckung sind heute ebenfalls in die zum Teil tiefschwarze Farbgebung einbezogen.

Bemerkungen. Das Beispiel steht für eine schwarze Turmbemalung, die die Quaderung an den Ecken nicht im üblichen Läufer-Binder-Versatz, sondern als Lisene darstellt. Im Unterschied zur Architektur der kleinen Kirche selbst, die, obwohl erst 1615 errichtet, baugeschichtlich noch am gotischen Stil der Zeit um 1500 festhält, zeigt die Turmbemalung eher Züge des fortgeschrittenen 17. Jh.; ob daraus eine spätere Entstehung abzuleiten ist, muss offen bleiben, zumal nicht geklärt ist, wie weit die neue Bemalung im Einzelnen auf alte Befunde zurückgeht.

Literatur. KDM GR III (Erwin Poeschel), 1940, S.399f, Abb. 396 (ohne erkennbare Bemalung) · KF Oberengadin (Emil Maurer), 1984, S.108f (keine Erwähnung der Turmbemalung).

2.4.6 Poschiavo (GR, Puschlav)

Torre comunale am Rathaus. Wesentlicher Bestand eines ehem. Wehr- und Wohnturmkomplexes aus dem 12./13. Jh.; spätere Umbauten und Umnutzungen. Oberstes Turmgeschoss 1651. Konserviert 1976/77. Aufgenommen 1983.

Schwarz-Weiss-Fassung (Abb. 471). Unter den zahlreichen Putz- und Farbfassungen am Äusseren des Baukomplexes aus unterschiedlichen Zeiten interessiert hier die des obersten, 1651 aufgesetzten und gleichzeitig dekorierten Turmgeschosses (Jz. in schwarzen Ziffern mehrmals aufgemalt): Auf weissem Wandputz liegt eine schwarze, weiss gefugte Quadermalerei, die die

469 Brusio, Turm der Pfarrkirche mit differenzierter Schwarzquaderung, 1618
470 Cinuos-chel, Kirchturm mit Eck- und Fenstereinfassungen in Schwarz, vielleicht schon 17. Jh.

471 Poschiavo, Torre comunale, Turmaufsatz mit Schwarzdekor, datiert 1651
472 Lumbrein-Sontg Andriu, Kirchturm mit aufgemalter Quaderung in Schwarz, 1660

Ecken in Form von Lisenen, die Rahmen der Rundbogenöffnungen sowie die aufgesetzten und profilierten Fuss-, Schulter- und Dachgesimse umfasst. Bemerkenswert sind die umlaufenden Baluster- und Klötzchenfriese am unteren und oberen Rand. Zusammen mit dem jeweils massgerecht gesetzten Fugenschnitt verleihen sie den Mauerflächen einen streng gegliederten und dennoch schmückenden Charakter. – Die Torre comunale zeigt als einziger profaner Turm im hiesigen Zusammenhang, dass die beschriebenen Schwarzweiss-Quaderungen nicht nur auf Kirchtürme beschränkt waren.

Literatur. KDM GR VI (Erwin Poeschel), 1945, S.73f · Informationen sowie eine umfassende Bau- und Restaurierungsdokumentation verdanke ich Oskar Emmenegger, Zizers.

2.4.7 Lumbrein-Sontg Andriu (GR, Lugnez)

Kapelle St.Andreas. Eckquaderungen in Schwarzgrau und Putzfarbe aus der Bauzeit 1660. Restauriert um 1975. Aufgenommen 1983.

Bau. Das Schiff mit eingezogenem Chor wird an seiner Nordseite durch einen Zwiebelturm vervollständigt. Am First des ursprünglichen Westgiebels ist in Rot das Baujahr «16 IHS 60» zu lesen; das Satteldach wurde später erhöht. Der gesamte Bau ist weiss verputzt.

Eckquaderung (Abb. 472). Alle Turmecken werden durch eingeritzte, schwarzgraue, alle Gebäudeecken aber durch bräunliche Quader im Läufer-Binder-Versatz hervorgehoben. Die Quader am Turm sind aufgemalt, die Quader am Schiff hingegen vom weissen Anstrich des Putzes ausgespart, so dass die relativ dunkle bräunliche Naturfarbe des Putzmörtels sichtbar blieb. Die Quader weisen grosse Formate auf.

Erhaltung und Zustand. Der weitgehend originale Verputz ist nur im Sockelbereich erneuert und jüngst rein weiss gestrichen worden. Die Turmquadermalerei ist erneuert.

Bemerkungen. Bauanlage und Quaderschmuck der Kapelle sind ähnlich wie bei der nur um wenige Jahre älteren Pfarrkirche im Hauptort *Lumbrein* (s. 3.3.7). Da an den Ecken des Schiffs die Sgraffitotechnik der sogenannten weissen Architekturmalerei angewandt wurde (S. 330–373), könnte es sein, dass der Putzgrund ursprünglich keinen hellweissen Anstrich hatte, sondern wie üblich nur seine naturhelle Kalkfärbung aufwies und der Kontrast im Ton zwischen weissem Mauergrund und dunklen Eckquadern gegenüber heute geringer ausfiel. Das Spiel zwischen Schwarz und Weiss von St. Andreas könnte also ehemals so ausgesehen haben, wie es an der Pfarrkirche wiederhergestellt worden ist: Betont schwarze Quaderung am Turm und betont naturhelle Quaderung am Schiff.

Literatur. KDM GR IV (Erwin Poeschel), 1942, S. 190f.

2.4.8 Lumbrein-Surin (GR, Lugnez)

Turm der Kapelle St. Nikolaus. Grauschwarze Quadermalerei aus der Bauzeit 1695. Letzte Erneuerung und Aufnahme 1983.

Bau. An der Südseite der 1-schiffigen, dreiseitig geschlossenen Kapelle ist ein Turm mit steingedecktem Zeltdach eingestellt. Schiff und Chor sind ungegliedert, die Bemalung befindet sich nur am Turm.

Quaderung (Abb. 473). Der weiss verputzte Turmschaft öffnet sich oben über zwei Geschosse hinweg an allen Seiten in rundbogigen Schallfenstern und mehreren, auf drei Höhen verteilten Scharten. Die grauschwarze Architekturbemalung (neu) umfasst die Eckquader im Läufer-Binder-Versatz, die Fenstereinfassung mit Pilastern, Kämpfern und schwarz-weiss wechselnden Bogensteinen, die Schartengewände sowie die beiden Gesimse am Sockel und zwischen den beiden oberen Geschossen. Die Fugen der Eckquader sind rot markiert, Rot erscheint auch auf Teilen des aus der Mitte gerückten Uhrenzifferblatts an der Westwand.

Bemerkungen. Die architektonische Malerei gliedert den Schaft in besonders ausgewogenen Proportionen und hebt den Turm der äusserlich sonst schmucklosen Kapelle hervor. Durch die relativ grossformatigen Einzelformen wirkt sie auf weite Entfernung. Die Farbigkeit harmoniert mit der grauen Steinplattenbedachung. Ungewöhnlich ist die Verwendung von Rot für die Fugen – eine Ausnahme unter den auf Schwarz und Weiss abgestimmten Turmbemalungen. Ein weiteres Beispiel für die Mitverwendung einer Buntfarbe ist der Turm der katholischen Pfarrkirche in *Almens* im Domleschg aus dem Jahr 1702 (Abb. 474).

Literatur. KDM GR IV (Erwin Poeschel), 1942, S. 198.

2.4.9 Contra (TI, Locarnese)

S. Bernardo, Glockengeschoss des Turms. Weisse Putzquaderung, wohl aus der Bauzeit 1682. Unrestaurierter Originalbestand. Aufgenommen 1996 (danach erneuert).

Bau (Abb. 461). Der Turm wurde 1682 nördlich an den Chor der weitgehend älteren Kirche angebaut. Den hohen Turmschaft aus unverputztem Bruchsteinmauerwerk bekrönt ein annähernd würfelförmiges Glockengeschoss mit vier grossen, rundbogigen Schallöffnungen und steingedecktem Zeltdach über einem ausladenden, profilierten Traufgesims. An der West- und Nordseite sind die Schallöffnungen im unteren Bereich später zugemauert worden.

Quaderung (Abb. 475, 476). Auf dem Bruchsteinmauerwerk des Glockengeschosses liegt ein heller, braungrauer Naturputz, dessen Oberfläche an den Bauecken und den Bögen der weiten Schallöffnungen zu Quadern und Keilsteinen im Läufer-Binder-Verband bearbeitet und kalk-

473 Lumbrein-Surin, Kirchturm mit schwarzer, rot gefugter Quadermalerei, 1695
474 Almens, Kirchturm 1702 mit schwarzen Quadern und roten Fugen, 1979 renoviert

weiss geschlämmt wurde. An geschützten Partien sowie an den obersten Eckquadern und Bogensteinen sind noch die in den Putz geritzten Randschläge erkennbar. Die in den Leibungen der Bogenansätze behauenen Kämpferplatten werden an der Aussenmauer durch einen weissen Putzstreifen weitergeführt.

Erhaltung und Zustand. Der unberührte Originalbestand hatte sich relativ gut erhalten. Besonders an der Nord- und Westseite waren die unteren Partien des Putzes etwas rissig und witterten ab.

Bemerkungen. Die einzelnen Quader an den Ecken sind grösser als die am Bogen und somit geometrisch nicht aufeinander abgestimmt. Da nur das Glockengeschoss die Verzierung trägt und Kirche sowie Turmschaft sonst keinerlei Schmuck aufweisen, wird die hohe, von Weitem sichtbare Turmspitze zum Kennzeichen des Dorfes. Die Quader setzen sich nicht wie üblich dunkel gegen hell, sondern hell gegen dunkel ab. Mit nahezu dem gleichen Dekor wurde wenig später, 1694, auch das Glockengeschoss der Kirche im Nachbarort *Mergoscia* versehen (1985 abgeschlagen). Hier lag jedoch die weisse Quaderung nicht auf Ecke und Bogen, sondern bildete den Rahmen um die rundbogigen Schallöffnungen, so dass dessen Negativform an den Ecken wie ein dunkler Quaderlauf erschien (Abb. 477). Der Dekor von Contra gehört typologisch und handwerklich den weissen, architektonischen Putzdekorationen des 17. Jh. im Tessin an (s. S. 310–329). Bei der Aufnahme waren die immer seltener werdenden Originaloberflächen noch vorhanden, beim Augenschein 2005 Putz und Farbfassung jedoch auch hier gänzlich erneuert (Abb. 476).

Literatur. MAS TI III (Virgilio Gilardoni), 1983, p.132-135 (die Dekoration wird hier nicht erwähnt).

475 Contra, Kirchturm 1682 mit weisser Putzquaderung auf den Bauecken des Glockengeschosses, Originalbestand (Foto 1996)
476 Contra, restaurierter Zustand (Foto 2005)
477 Mergoscia, Kirchturm 1694 mit weisser gequaderter Putzrahmung um die Schallöffnungen des Glockengeschosses, nicht mehr vorhanden

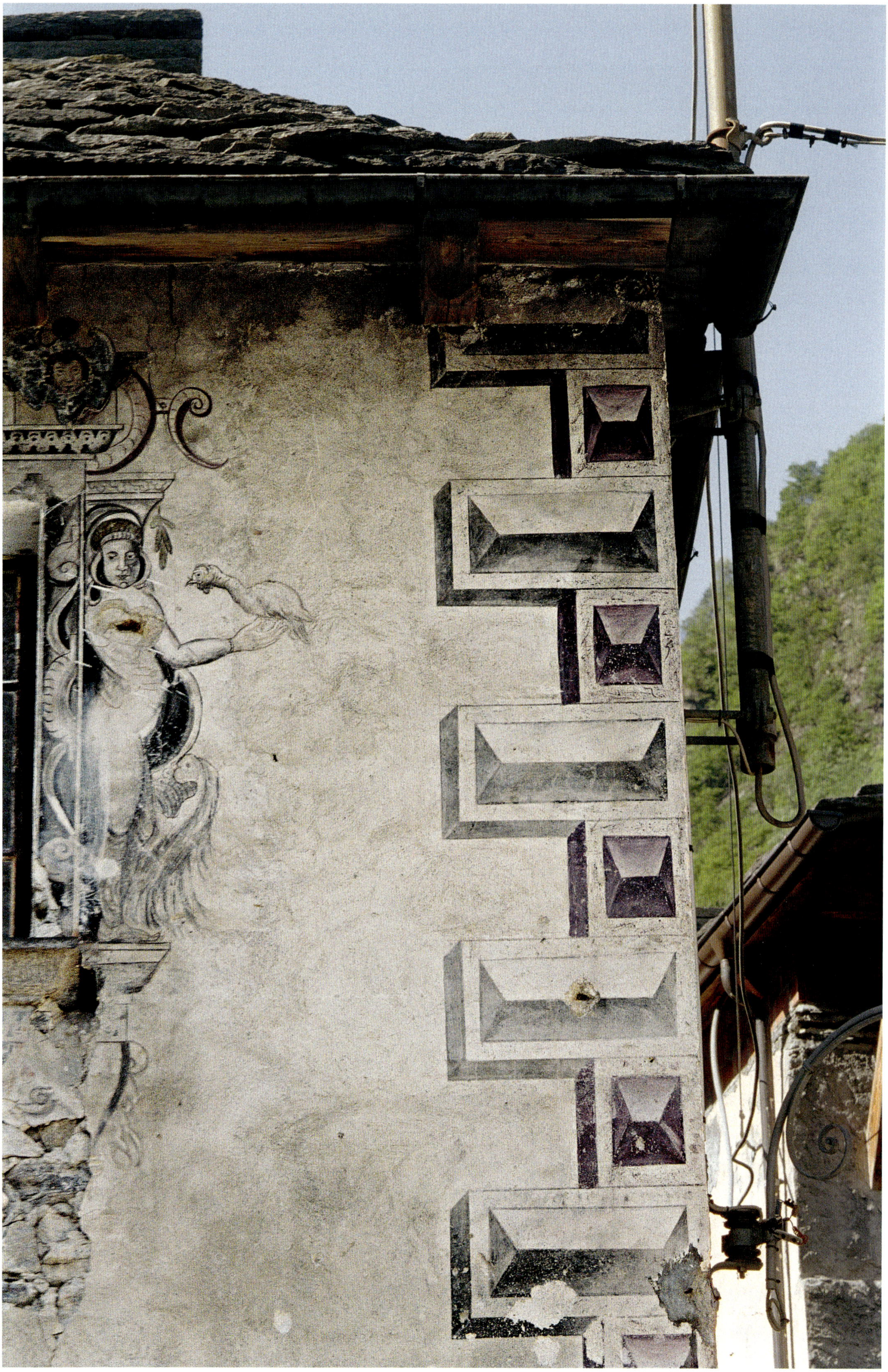

2.5 Scheinquader mit Diamanten, Tafeln, Zylindern und Kugeln

Überblick

Die hier beschriebenen Bauwerke erhielten – teilweise zur Bauzeit, teilweise erst später – auf den Putz gemalte Eckquader, deren Sichtflächen innerhalb des Randschlags nicht flach und glatt, sondern als vorstehende Bossen (Buckel) in Form geometrischer Körper dargestellt sind. Dabei bevorzugte man die Pyramide (Diamant), den Würfel oder Quader (Tafel), den liegenden Zylinder und die Kugel oder Scheibe, die wie beim Relief jeweils nur halb oder teilweise aus der Grundfläche hervortreten. Die üblichen Bezeichnungen Diamant- und Tafelquader wurden aus der Edelsteinschleiferei übernommen, deren einfachster, dem natürlichen Kristall des Diamanten nachgebildeter Schliff die Form einer vierseitigen Doppelpyramide hat (Oktaeder). Flacht man die Spitze ab und der Diamant erhält statt ihrer eine ebene Fläche («abgestumpfte Krone»), nennen ihn die Juweliere Tafelstein. Neben diesen beiden Ausbildungen kommt bei querrechteckigen Quaderseiten oft noch zusätzlich die Gestalt der Dachform mit Walmen und Firstkante hinzu oder, malerisch abgewandelt, ein liegender Zylinder. Die Diamantbossenbearbeitung kam im 16. Jahrhundert auf, gerade zu der Zeit, als sich der Diamantschliff hoher Wertschätzung erfreute. Die geometrisch einfacheren Tafel- und Kugelbossen hingegen gab es schon früher (Abb. 479, 480).

Der der fiktiven Darstellung zugrunde liegende Steinquader mit geometrisch behauener Sichtseite wurde, besonders in Italien, für ganze Mauergefüge oder Sockelgeschosse (Rustika-Mauerwerk), aber auch für Eckverzahnungen verwendet. Seine Herstellung verursacht mehr Aufwand als die des glattflächigen, mauerbündigen Quadersteins. Er bildet sozusagen dessen luxuriöse Ausführung und verleiht dem Gebäude je nachdem ein wehr- und dauerhaftes, ein vornehm nobles, ein kostbar geschmücktes, auf alle Fälle ein hervorstechendes Aussehen.

Diese signifikante Hausteinbearbeitung wurde hierzulande gern und mehr als anderswo durch Malerei ersetzt und insbesondere als verzahnter Verband an den Bauecken dargestellt. Aber auch die Schäfte gemalter Lisenen und Pilaster versah man oft mit Diamant- und Tafelquadern (s. 3.4.40–3.4.46).

Die Feinunterteilung der vorgestellten Scheinquaderungen wird hier im Überblick sinngemäss wie folgt zusammengefasst.

478   Sornico, Casa Moretti. Diamantquaderung in Grau und Violett an der Ostfassade, hier auch zwei gemalte Fensterumrahmungen mit Karyatiden und Grotesken, Wappen mit Jahrzahl 1641, Originalmalerei (2.5.19)

Flächige und perspektivische Diamantquader in Grau- und Brauntönen (2.5.1–2.5.13), Diamantquader in Buntfarben (2.5.14–2.5.22) und perspektivische Tafelquader (2.5.30–2.5.36). Die ältesten, erhaltenen Eckverzahnungen in Bossenquadermalerei aus dem 16. Jahrhundert sind noch zweidimensional wiedergegeben und somit einem geometrischen, vertikalen Ornamentband ähnlich. Später wurden mehr oder weniger korrekt die Regeln der Perspektive angewendet, so dass eine relativ perfekte Scheinquaderung die Hausecken bestimmt. Mit Vorzug wendete man die Lichtperspektive an, indem helle Farbflächen dem natürlichen Tageslicht entgegen, also oben, und dunkel getönte Flächen ihm abgewandt, also unten, erscheinen. Meistens werden aber weder Fluchtpunkt noch Lichteinfall konsequent beachtet, nur einzelne Elemente wie etwa eine Seitenfläche perspektivisch dargestellt oder Kanten durch helle Licht- bzw. durch dunkle Schattenlinien vereinheitlicht. Es kommt auch vor, dass die Grate der Pyramide auf zwei sich überkreuzende Linien von Ecke zu Ecke reduziert sind, wodurch das Quaderbild zum merkwürdigen Zwitter zwischen Illusionismus und Ornament gerät. In der Farbwahl überwiegt die Grauskala, zu allen Zeiten wurde aber auch mit Buntfarben gearbeitet. Die Tradition hält sich bis ins 19. Jahrhundert.

Stilisierte Bossen (2.5.23–2.5.26), Tafelbossen mit imitierter Krönelung (2.5.27–2.5.29). Neben der dreidimensionalen Illusion gehörte zu den Motiven des Steinbildes aber auch immer die Reduktion der geometrischen Formen auf reine Umrisszeichnungen und Farbflächen mit unterschiedlichsten Mustern aus einbeschriebenen Dreiecken. Besonders originell und dekorativ erscheinen hin und wieder Tafelbossen, bei denen die Krönelung bearbeiteter Steinoberflächen angedeutet wurde, und zwar nicht als Imitation, sondern im Sinn einer malerisch durch Farbpunkte belebten Bildfläche. Auch hier ist wie bei den stilisierten Bossen die sich kreuzende diagonale Unterteilung der rechteckigen Sichtfläche beliebt. Bei den Tafelsteinen beschränkt

479   Bern, Marktgasse mit Zeitglockenturm. Ausschnitt aus der Degradierung verurteilter Predigerbrüder. Diebold Schilling, Luzerner Bilderchronik 1513, fol.319v (Zentralbibliothek Luzern). Die Kanten und der Torbogen des Stadtturms werden von Quadern mit Kugelbossen eingefasst. Die Verwendung von nicht nur zwei, sondern vier verschiedenen Farben im Wechsel dürfte künstlerischer Erfindung entspringen

480   Schaffhausen, Neue Abtei 1484. Mächtige Eckquader aus grauem Sandstein mit Tafel- und Kugelbossen

sich diese auf eine einzige Schrägteilung. Das dokumentierte Material legt nahe anzunehmen, dass sowohl gemalte Steinoberflächen als auch die linearen Flächenunterteilungen eher der früheren Neuzeit als dem 18./19. Jahrhundert angehören.

Zylinder- und Kugelbossen (2.5.37–2.5.41). Die Bossen in Zylinder- und Kugelformen bilden die phantasievollsten Steinoberflächen, da sie sich am stärksten von der Realität entfernen und der Quaderversatz zu einem reinen Zierlauf an den Hausecken wird. Eine besondere Vorliebe für diese Ausformung bestand in *Rapperswil* während des 17. Jahrhunderts, wo sich bis heute ungewöhnlich viele Häuser mit auffälligen Eckbemalungen erhalten haben.

Scheinquader in illusionistischem Versatz (2.5.42–2.5.44). Im frühen 17. Jahrhundert tauchen Quadermalereien mit perspektivischen Projektionen extremer Irrealität auf, das heisst imitierte Steinquader, die in Wirklichkeit nie hätten versetzt werden können. Ganz offensichtlich manifestieren sich hier stilistische Eigenheiten des internationalen Manierismus um 1600 und prägen unverwechselbar ein einzelnes Motiv der Architekturmalerei.

Die Varianten von Scheinquadern mit geometrischen Bossen sind unerhört vielfältig, wie unter anderen Orten *Botyre-Ayens* oder *Willisdorf* deutlich machen (2.5.17, 2.5.18). Die aufgeführten Zierquaderungen entstanden vom 16. bis zum 19. Jahrhundert und stammen aus fast allen Landesgegenden, stellen aber nur eine Auswahl dieser originellen, ebenso architektonisch-konstruktiven wie ornamental-dekorativen Fassadengestaltung dar. Sie wurden in der Schweiz über Jahrhunderte zu einem bestimmenden Element der Farbigkeit am Aussenbau und bilden das bei Weitem erfindungsreichste und witzigste Einzelmotiv.

Literatur: RDK (Bosse, Buckelquader, Diamantquader).

481 Knonau, Meyerhaus, Wohnteil mit altertümlicher Diamantquadermalerei, vielleicht um 1548, Zustand nach Instandsetzung 2000
482 Knonau, freigelegte alte Farboberfläche während der Restaurierung 1993

Flächige Diamantquader in Grautönen

2.5.1 Knonau (ZH)

Sogenanntes Meyerhaus. Älteste Teile vermutlich schon vor 1450 (Erwähnung als Gasthaus zum Leuen). Grundlegender Umbau um 1578 (eingetiefte Jz. mit roten Farbresten am Sturzbalken des Eingangs), evtl. mit gleichzeitiger Quadermalerei und Fensterumrandung am Wohnteil. Letzte Restaurierung 1993, aufgenommen 1995, Ausbesserungen 2000.

Bau. Zweigeschossiges, in Stein und Holz errichtetes Wohn- und Wirtschaftsgebäude unter gemeinsamem Satteldach. Das Haus liegt mitten im Ort am Dorfbach und erfuhr seit Baubeginn zahlreiche Veränderungen. Sie ergeben eine komplizierte, auch die Aussenfarbigkeit betreffende Baugeschichte.

Diagonal unterteilte Quadermalerei (Abb. 481). Die schmale, massiv gemauerte und weiss verputzte Ost- und Eingangsfront des Wohnteils ist seitlich der Fensterbänder vom Boden bis zum Dach mit mächtigen Quadern bemalt. Ihre Formate variieren zwischen Quadrat, Quer- und Hochrechteck. Die Flächen sind durch weisse Linien diagonal geviertelt und die einander gegenüberliegenden Felder in zwei Grautönen so gefasst, dass, von Quader zu Quader wechselnd, einmal die oberen und unteren, einmal die beiden seitlichen Felder den dunklen bzw. den hellen Ton tragen. Die grauen Sandsteingewände der Fenster sind im EG von einer schwarzen Doppellinie mit Eckzwickeln und im OG von einer einfachen Linie umrandet. Reste gleicher und wohl auch gleichzeitiger Bemalung befinden sich an der Nordost-, jüngere Reste an der Nordwestecke.

Befund, Vorzustand und Restaurierung 1993. Laut Restaurierungsbericht handelt es sich um eine Kalkmalerei, die mit schwarzem Stift auf dem ältesten, weiss gekalkten Putzgrund und mit Ritzlinien auf den Mörtelflicken von dessen bald erfolgter erster Reparatur vorgezeichnet wurde, das heisst gleichzeitig wie die Reparatur wohl noch im 16. Jh. entstanden ist. Darüber lagen mindestens sechs undekorierte Kalkanstriche verschiedener Färbungen (u.a. Ocker, Rot, Grün). Die Wandoberfläche war, vor allem durch aufsteigende Bodenfeuchte des vorbeifliessenden Dorfbachs, von Baubeginn an schadensanfällig und erhielt im Lauf der Zeit zahlreiche, verschiedene Mörtelflicke. Im Sockelbereich waren Putz und Malerei gänzlich abgefallen. 1993 wurden die noch vorhandenen Restbestände der Quadermalerei freigelegt (Abb. 482), gefestigt (Abb. 483), retuschiert und ergänzt (Abb. 484) bzw. im Sockelbereich samt Verputz rekonstruiert. Da das Mauerwerk wegen Überfeuchtung nicht hinreichend auszutrocknen war, traten bereits nach einem Jahr neue Schäden auf, die 2000 ausgebessert wurden. Die vergleichsweise stabilen Reste an der Nordostecke wurden nur konserviert.

Bemerkungen. Die gemalten, eine Art Lisenen bildenden Quader nehmen weder auf die Hauskante, um die sie *nicht* herumführen, noch auf die Fenster Bezug. Die farbliche Vierteilung orientiert sich am Motiv des Diamantquaders, wobei aber die wechselnden Hell- und Dunkelflächen nicht dem natürlichen Lichteinfall folgen. Betrachtet unter den verschiedenen perspektivischen Darstellungsmöglichkeiten geometrischer Buckelquader, rufen sie einen urtümlichen Eindruck hervor. Dies und das hohe Alter machen ihre Besonderheit aus. Eine in ihrer Altertümlichkeit vergleichbare Quadermalerei gab es als Türeinfassung an einem 1667 datierten Haus in *Mayoux* / Val d'Anniviers, die 1954 noch als historischer Bestand vorhanden war (Bauernhaus Wallis Bd. 2, Abb. 218).

Literatur. Umfangreiche und sorgfältige Restaurierungsdokumentation, Kantonale Denkmalpflege Zürich, abgefasst 21.12.1993 von Ludmilla Labin. Daraus die Abbildungen 482-484. Dankenswerte Hinweise von Peter Baumgartner, Kantonale Denkmalpflege Zürich · Zürcher Denkmalpflege, 14. Bericht 1995-1996. Zürich/Egg 2001, S.160-163 (Peter Rebsamen) · Dank für Auskünfte des Eigentümers Karl Engelhardt nach neuerlichen Ausbesserungen 2004.

2.5.2 Ettiswil (LU)

Schloss Wyher («Weiherhaus»). Wasserschloss, im Wesentlichen um 1510 erbaut, diverse spätere Veränderungen (Jzz. 1510 und 1670 am Eingang zum Herrenhaus, 1546 am Fenster beim Westturm). Eckbemalung mit Diamantverzierung, A. 17. Jh., Gesamtrestaurierung 1975ff. Aufgenommen 2001.

Diamantquaderähnliche Eckmalerei (Abb. 485). Das im vierseitig ummauerten Hof weitgehend freistehende, 3-gesch. und weiss verputzte Herrenhaus hat eine wiederhergestellte Eckquadermalerei mit phantasiereicher Diamantbuckelung: Als Binder und Läufer sind nur jeweils wandwärts orientierte, versetzte Quadratflächen diagonal geviertelt und mit zwei Pyramiden konzentrisch in den drei Farbtönen Hellgrau, Schwarz und Weiss versetzt bemalt. Die verbleibenden Flächen gegen die Mauerkante sind glatt hellgrau gestrichen. Die Binnengeometrie besteht aus schwarzen Linien, die wandseitige, vor- und zurückspringende Kontur wird von einer schwarzen Rahmenlinie begleitet. Die hellsten Facetten der Buckel befinden sich in allen Quadraten immer an der gleichen Stelle. Trotz des perspektivischen Schrägstrichs im Winkel der Rahmenleiste kommt optisch kaum eine dreidimensionale Wirkung zustande. Die Steingewände der Fenster sind ebenfalls hellgrau gefasst und schwarz umrandet.

Befunde und Bemerkungen. Bei der Bauuntersuchung 1974 traten fünf Schichten verschiedener Eckbemalungen sowie Reste von gemalten Fenstereinfassungen und Gesimsen zutage, die mit den Bau- und Umbauzeiten des Schlosses vom frühen 16. bis ins 19. Jh. in Verbindung stehen; schon Reinle wies 1963 auf beträchtliche Partien eines ziegelroten Verputzes des 16. Jh. an allen

483 Knonau, Festigung der noch vorhandenen historischen Farbreste 1993
484 Knonau, retuschierte und ergänzte Malerei 1993

Fassaden hin (KDM LU VI, 1963, S.371). Von all dem heute sichtbar sind nur ein freigelegter Rest weisser Blattranken auf Schwarz zwischen den beiden OG an der Eingangsfassade, spätgotisch 16. Jh., sowie ein rekonstruiertes Scheinfenster mit Butzenscheiben an der Südostfassade, um 1600. Aus historischen Überlegungen und da die Reste der Eckbemalung aus der Zeit nach 1600 (vorletzte Schicht) am umfangreichsten waren, wurde diese rekonstruiert. Sie stellt eine gross dimensionierte, flächige und dank starker Stilisierung überaus dekorative Variante eines Ecksteinverbandes mit Diamantbuckeln dar und ist heute der einzige Aussendekor der gesamten, weithin sichtbaren Schlossanlage.

Literatur. KDM LU V (Adolf Reinle), 1959, 94-98 (keine Erwähnung der dazumal nicht sichtbaren Eck- und Fensterbemalungen) · André Meyer 1983, S.31f, Kat. 8.

2.5.3 Flims-Waldhaus (GR, Oberland)

Haus Nr. 190, Alte Post, heute Wohnhaus. Gemalte Eckquader mit Diamantbuckeln, Fenstergewände, Figuren und Jz. 1588. Kürzlich restauriert. Aufgenommen 1996.

Diamantquadermalerei (Abb. 486). Freistehender, 3-gesch. Massiv- und Holzbau. Alle Ecken des gemauerten Teils sind mit gleichmässigen, doppelt umrandeten Diamantquadern in Weiss, Grau und Schwarz bemalt. Anstelle der Diamantspitzen sitzen rechteckige Spangen. Die lichten Felder befinden sich bei den Läufern seitlich, bei den Bindern oben und unten. Die profilierten Gewände der kleinen, unregelmässig verteilten Fenster sind in Dunkelgrau gemalt. Die strassenseitige Hauswand zeigt ausserdem die Wappen der drei Bünde mit Gebetsspruch, einen Hirsch, zwei Fische, diverse Maurergeräte sowie die gerahmte Jahreszahl und ein Schild mit ebenfalls 1588 datierten Initialen und Hauszeichen (Bauherr?).

Bemerkungen. Eine 1906 entstandene, aquarellierte Zeichnung von Johann Rudolf Rahn (Abb. 487) überliefert mit archäologischer Genauigkeit den damaligen Bestand, der heute noch weitgehend vorhanden ist. Bei der jüngsten Restaurierung wurden lediglich die Eckquader im bodennahen Mauerbereich neu gemalt. Das architektonische Werkstück des Diamantquaders erscheint hier in rein flächiger Malerei als ein dekoratives, das Haus augenfällig verzierendes Bildmotiv.

Literatur. KDM GR IV (Erwin Poeschel), 1942, S.18f.

485 Ettiswil, Schloss Wyher, Diamantsteinverzierung an den Bauecken, A. 17. Jh.
486 Flims-Waldhaus, Alte Post, Fassadenbemalung mit Diamantquaderdekor, Fensterrahmen, Tieren, Wappen, Maurerwerkzeugen und Jahreszahl 1588
487 Flims-Waldhaus, Zeichnung von Johann Rudolf Rahn, 1906 (Zentralbibliothek Zürich)

488 Gonten, Loretokapelle 1686 mit gemalten Inschriften und Ornamenten, die graue Diamantquaderung wohl erst 18. Jh.

2.5.4 Gonten (AI)

Kapelle Maria Loreto. Erbaut 1686 (Jz. im Giebel). Bemalung mit Ornamentik und Stiftungsinschriften aus der Bauzeit, Diamant- und Eckquadermalerei wohl erst 18. Jh.; Bau um 2 m nach Westen versetzt und Malereien nach Originalresten erneuert 1980/82. Aufgenommen 2000.

Diamant- und einfache Eckquadermalerei in Grau, Ornamentik in Buntfarben, schwarze Schriftzeilen (Abb. 488). Kleiner giebelständiger, dreiseitig geschlossener Rechteckbau mit vorkragendem Schindeldach, dessen Untersicht mit schwarzen Ranken auf rotem Grund bemalt ist. Die in Ocker, Rotviolett, Blau und Schwarz auf den weiss verputzten Fassaden aufgebrachte Malerei befindet sich an der Eingangsfront und der Südseite (hier nur in kleinen Resten) und besteht aus lockeren Volutenbändern neben dem Rundbogeneingang und dem Rundfenster darüber, rudimentären Hausteinteilen (Seitenstücke eines Gebälks am Portalbogenansatz, zwei Konsolen), grossen Monogrammen Jesu und Mariae und umfangreichen Dedikationstexten in Fraktur mit Kreuzsymbolen im Giebel und an der Südseite. Ausser dieser ländlichen Buntmalerei weist der Bau ringsum eine Eckquaderung in zwei Grautönen und schwarzen Konturen auf, die an den vorderen Ecken als flächige, quadratisch abgemessene Diamantquader erscheinen. Deren Binder bestehen aus einem einzigen, deren Läufer hingegen aus zwei nebeneinander angeordneten Diamanten mit einer um 90 Grad gedrehten Verteilung der lichten und dunklen Facetten. Der Eingang und die Fenster wurden ebenfalls grau mit schwarzen Konturen eingefasst.

Bemerkungen. Es handelt sich an der Hauptfront um eine graue, rein geometrische Diamantquadermalerei, die ausnahmsweise mit einer ländlich bunten, ausführliche Inschriften umrankenden Dekorationsmalerei einhergeht. Die Bunt- bzw. Graumalereien sind weder farblich noch formal oder stilistisch aufeinander abgestimmt, sie dürften aus verschiedenen Zeiten stammen (Datierung s. oben). Die Art der Diamantquaderdarstellung kommt ausserhalb Graubündens eher selten vor; als weiteres Beispiel dafür könnte noch die heutige Eckbemalung der Alten Kirche St. German im solothurnischen *Lommiswil* erwähnt werden. Die Loretokapelle von Gonten vertritt eine der seltenen Putzbaubemalungen im Appenzellerland, da sowohl in Inner- als auch Ausserrhoden der Holzbau vorherrscht.

Literatur. KDM AI (Rainald Fischer OFMCap.), 1984, S. 416, Abb. 473, 474.

489 Rapperswil, Schmitte, grossformatige Quaderflächen mit Diamantbossen E. 16. Jh., erneuert

Perspektivische Diamantquader in Grau und Braun

2.5.5 Rapperswil (SG)

Kluggasse 16 (ehem. Halsgasse), Haus zur Schmitte bzw. Haus Elsener. Erbaut 1581, Erker mit Jz. 1596, Bau im Wesentlichen unverändert. Eckquadermalerei wohl aus den Bauzeiten. Rekonstruktion 1977. Aufgenommen 2004.

Diamantquader in Grisaille (Abb. 489). An allen Ecken bzw. Kanten des dreiseitig freistehenden, 4-gesch. Kopfbaus einer geschlossenen Gassenzeile wurden grossformatige Quader in vier Grautönen aufgemalt. Während die Hell- und Dunkelwerte auf den von breitem Randschlag eingefassten Diamantfacetten dem Lichteinfall von oben entsprechen und ein scheinbares Hervortreten der Diamantspitze bewirken, sind weder die breiten Randschläge noch die auffallend breiten und dunklen Fugen perspektivisch dargestellt. Neumalerei nach Befund. Beispiel einer frühen, noch inkonsequenten Perspektivdarstellung.

Literatur. Anderes Grisaillemalereien 1980, S. 131, Abb. 19 d.

2.5.6 Tafers (FR, Sensebezirk)

Kapelle von Schloss Maggenberg. Errichtet und bemalt A. 17. Jh. (wohl um 1618), Giebelmalereien um 1750. Freilegung und Ergänzung 1992 abgeschlossen. Aufgenommen 2000.

Bau. Die kleine freistehende, weiss verputzte Kapelle trägt über einem grau gefassten Quadersockel Bemalungen aus zwei Perioden: Aus der Bauzeit um 1618 stammen die Diamantquader an allen vier Ecken, die Scheingewände an den beiden Rundbogenfenstern der Langseiten, ein vierfarbiges Medaillon über dem Rundbogenportal und ein Kreuzigungsbild an der Südwand, das dem Maler Hans Offleter d. J. zugeschrieben wird. In der Zeit um 1750/60, als die Kapelle eine bemerkenswerte Innenausstattung erhielt, wurden aussen an den Giebelwänden grosse Zifferblätter von Scheinuhren und Wappenschilde hinzugefügt.

2.5 GEBÄUDEKANTEN Scheinquader mit Diamanten, Tafeln, Zylindern und Kugeln

Diamantquader in Grisaille (Abb. 490). Bestimmendes Motiv der älteren Bemalung sind die gross dimensionierten, perspektivisch dargestellten Eckquader mit breiten Rändern und hohen Diamanten, deren untere Flächen bei den Bindern in asymmetrisch verkürzter Aufsicht wiedergegeben sind. An den Ecken der Eingangsseite zeigt der oberste Diamantquader jeweils zusätzlich einen eingetieften Ovalspiegel. Bossen in vier Grautönen, Kantenlinien in Schwarz und Weiss.

Bemerkungen. Trotz der inkonsequenten Perspektive – die Läuferkanten sind von unten, die Binderdiamanten von oben gesehen – fingiert die Malerei einen mächtigen, stark vortretenden Eckverband aus grüngrauem Sandstein mit präzis geschnittenen Diamantbossen. Zusammen mit der Sockelquaderung und dem gemalten Traufbalken ist das Motiv des Eckverbands das wesentliche Gliederungselement am Aussenbau, während der übrigen Malerei eine eher schmückende Rolle zukommt. Originalbestand von nennenswertem Umfang. – Eine formal und farblich sowie in ihrer Entstehungszeit um 1610 vergleichbare Eckquadermalerei befindet sich als Teil einer Gesamtdekoration in Grisaille am Höchhus in *Steffisburg* (Abb. 492), das Motiv des raffinierten, asymmetrisch verkürzten Diamanten – hier in korrekter Ansicht von unten – erscheint innerhalb der 1615 datierten Fassadenmalerei der Casa Casella in *Carona* (Abb. 491).

490 Tafers, Maggenberg-Kapelle, Scheinquaderung mit Diamantbossen, A. 17. Jh., erneuert
491 Carona, Casa Casella, Quadermotiv im Sockelfries der Kolossalordnung, Architekturmalerei mit Jz. 1615, Originalrest
492 Steffisburg, Höchhus, Scheinquaderung mit Diamantbossen, 1610, erneuert

Baugeschichtliche Hinweise: Alfred A. Schmid.- Die Schönste im Lande. Zur Geschichte der Maggenberg-Kapelle (Freiburger Nachrichten 19.6.1992, S.15).

2.5.7 Cevio Vecchio (TI, Valle Maggia)

Casa Franzoni (Museo valmaggese). Herrenhaus 2. H. 17. Jh., Sgraffitodekor wohl 1684 (Jz. 16(8?)4 im Putz der Rückseite) sowie Buntmalerei wohl 1688 (Jz. am Ostportal). Aufgenommen 1982, noch im Originalbestand. Sgraffiti inzwischen rekonstruiert um 1990.

Bau. Der 3-gesch. langgestreckte, naturverputzte Hauptbau des ummauerten Bauensembles ist versehen mit sgraffitierten Putzgliederungen in Form von Eckquadern und Fensterädikulen (s. 3.1.11) sowie mit mehreren perspektivisch gemalten, z.T. buntfarbig marmorierten Portalgewänden (s. 1.4.9).

Diamantquaderung in Sgraffito (Abb. 493). In eine zweite, sorgfältig geglättete, klar umrissene und weiss gekalkte Putzschicht sind die Quaderfugen, der Randschlag und die Diamantbuckel durch Ritzung solcherart liniert bzw. flächig herausgekratzt, dass die Verteilung von hellen und dunklen Partien im Sinne der Lichtperspektive eine dreidimensionale Wirkung erhält, an der Eingangsecke zusätzlich unterstützt von einer Farbumrandung in Ocker, die die Farbigkeit vom Scheingewände des Ostbalkons übernimmt. Beispiel einer zurückhaltenden, aber überaus noblen Tessiner Putzgliederung mit ausnahmsweise sgraffitierten Details. Das Foto dokumentiert noch den ursprünglichen Zustand mit Verwitterungsspuren vor der Erneuerung um 1990, bei der die ockergelbe Umrandung entfiel. Reste des Originals sind inzwischen nur noch an der Nordwestecke der Hausrückseite vorhanden, dort auch, auf Augenhöhe nahe der Nordwestecke, die Putzeinritzung eines Kreuzes auf breitem Fussbalken, neben dem links ein Z, rechts ein L und darunter die Jz. 168(?)4 stehen (letzter Augenschein 2004).

Literatur. Casa borghese XXVIII/II, 1936, tav. 113.

493 Cevio, Casa Franzoni, Diamantquaderung in Sgraffito, Originalbestand von 1684, inzwischen erneuert
494 Bütschwil, Weisses Haus, Diamantquaderbemalung um 1650, erneuert

2.5.8 Bütschwil (SG, Thurtal)

Sogenanntes Weisses Haus. Bau M. 17. Jh., Veränderung der Hauptfassade und Giebelausbau 18. Jh., Quadermalerei aus der ersten Bauzeit. Rekonstruiert 1971. Aufgenommen 2004.

Bau. Dreigesch. Wohnhaus mit acht zu drei Fensterachsen, Satteldach, frontseitigem Quergiebel und rückseitigem, polygonem Treppenturm. Weiss verputzt, alle Gewände aus Holz.

Diamant- und einfache Eckquadermalerei in Grisaille (Abb. 494). Alle Hausecken sind ab hellgrauem Sockelstreifen mit grossen, perspektivisch wiedergegebenen Läufern und Bindern in mehreren Grautönen bemalt, die schattiert herausgehobene Diamantbossen tragen. Die fünf Ecken des Treppenturms werden hingegen nur mit einer einfachen Quaderverzahnung markiert. Die Holzrahmen der Eingänge und Fenster sind ebenso wie das Holzgesims über dem EG der Hauptfassade grau und die Holzläden an den Haupt- und Strassenfassaden grün gestrichen, nur die Läden neben dem rückwärtigen Eingang erhielten eine zusätzliche Rankenmalerei.

Bemerkung. Prominentester historischer Profanbau am Ort mit spätmittelalterlich wehrhaftem Charakter (ehemalige Ringmauer abgetragen), der seine Stattlichkeit nicht nur dem Bauvolumen, sondern auch der durchaus nennenswerten Diamantquaderbemalung verdankt.

Literatur. Menga Frei, Moritz Flury-Rova (Hg.).- Bernhard Anderes. Ein Leben für die st. gallischen Kunstdenkmäler. St. Gallen 2004, S.108-111.

2.5.9 Galgenen (SZ, March)

Fuchsronsstrasse 43, Haus Krieg. Verputzter Holzbau um 1760 (Jz. 1761 an Kellertür). Reste von Diamantquadermalerei aus der Bauzeit, klassizistische Aussenbemalung datiert 1801 (Jz. am Kellerzugang). Bauliche Veränderungen 1914 und nach 1926. Originalmalerei, nicht erneuert. Aufgenommen 2000.

Diamantquadermalereien. Der weiss verputzte Holzbau erhielt offensichtlich bereits um 1760, als er errichtet wurde, eine eingeritzte Lisenenmalerei mit Diamantquaderung in Schwarz und zwei Weisstönen. Überdeckt von einem teilweise abgefallenen, jüngeren Sockelquaderanstrich, ist sie unten an der linken Strassenecke noch in Resten vorhanden (Abb. 495). Die bemerkenswerte, jüngere Architekturmalerei von 1801 (s. 3.6.28) kopiert farbgleich diese am Bau bereits vorhandene Eckgliederung in vereinfachter Form und ohne Einritzungen (Abb. 496), womit sie ein altertümliches Motiv übernimmt, das eigentlich nicht zu ihrem raffinierten klassizistischen Formenrepertoire aus Scheinverdachungen, Vasen und Festons gehört.

Literatur. KDM SZ I (Linus Birchler), 1927, S.328 und KDM SZ Neue Ausgabe II (Albert Jörger), 1989, S.142f, Abb. 144 (Foto von 1910 noch mit der gleichen älteren Eckbemalung an der rechten Hausfront).

495 Galgenen, Haus Krieg, Quadermalerei mit kleinen Diamantbuckeln, Reste der Originalmalerei um 1760
496 Galgenen, Erneuerung der älteren Quadermalerei 1801, Originalbestand

2.5.10 Turtmann (VS)

Ilumstrasse, Wohnhaus mit Jz. 1602 im Giebel. Eckquadermalerei vermutlich später. Erneuerung 1996/97. Aufgenommen 1997.

Bau (Abb. 497). Das mit seiner seitlich stumpf abgewinkelten Giebelfront zum Gemeindehausplatz ortientierte, 4-gesch., weiss verputzte Wohnhaus hat ungleich verteilte ein- bis vierteilige Fenster sowie im EG ein Fenster und ein Portal jeweils mit Rundbogen. Die Gewände sind gotisch abgefast.

Eckquadermalerei und Fenstereinfassungen in Grisaille (Abb. 498). Die drei Mauerecken der Platzseite, von denen nur eine rechtwinkelig gekantet ist, sind vom Boden bis zum Dach mit gleichmässigen, randlosen Quadern bemalt. Die quadratischen und hochrechteckigen Stirnflächen wurden bis an den Rand diagonal geviertelt und in vier Grautönen gestrichen, wobei der hellste Ton immer oben, der zweithellste jedoch an der einen Mauerkante rechts, an der anderen links liegen. Dadurch ergibt sich im Gesamtbild des Quaderverlaufs eine dem natürlichen Lichteinfall widersprüchliche Verteilung der hellen und dunklen Felder. Farblich dazu passend sind die Fenstergewände in Dunkelgrau mit schwarzer Randlinie und weissen Fugen gefasst.

Bemerkungen. Das heutige Erscheinungsbild der Quaderung wird von einem harten Kontrast zwischen Dunkel und Hell sowie grob geritzten Umrisslinien dominiert. Es fehlen der übliche Randschlag und die Quaderkanten. Ausserdem wurden die für Läufer und Binder normalen Stirnseitenformate von langen und kurzen Querrechtecken zu Quadrat und Hochrechteck verkleinert. Am auffälligsten ist aber die inkonsequent angewendete Lichtspiegelung bei den Facetten, so dass die Eckgestaltung insgesamt mehr wie ein Besatzmuster als wie der Verlauf konstruktiver Quadersteine mit Diamantbuckeln wirkt. Beispiel einer beliebigen Neubemalung, die den historischen Gepflogenheiten nicht entspricht.

497 Turtmann, Wohnhaus Ilumstrasse, datiert 1602, stumpf abgewinkelte, sanierte Hauptfassade mit Diamantquaderläufen
498 Turtmann, Detail der randschlaglos erneuerten Quaderbemalung
499 Bischofszell, Michaelskapelle, Bemalung des Chorpoygons mit mächtigen Diamantquadern wohl 17. Jh.

2.5.11 Bischofszell (TG)

Michaelskapelle. Eckquadermalerei am Polygonchor, wohl 17. Jh., Wiederherstellung 1970/73. Aufgenommen 2000.

Bau. Die nordostseits neben der Stiftskirche liegende, ehemalige Beinhauskapelle stammt im Kern aus dem 14. Jh. und erhielt vermutlich nach 1469 ihren dreiseitig geschlossenen Chor. Seine Zweigeschossigkeit wird durch ein starkes Steingesims markiert. Bemalung umfasst beide Geschosse.

Perspektivisch dargestellte Diamantquader in Grisaille (Abb. 499). Die vier Ecken der hell verputzten Chorpartie sind mit grossen Diamantquadern bemalt. Durch die dem natürlichen Lichteinfall entsprechend verteilten vier Grautöne der umrandeten Facetten erscheinen die Diamantfelder eingetieft, die Diamanten scharf vorstechend und die ebenfalls umrandeten Quader selbst erhaben vor dem Mauergrund. Der konsequent von links oben kommende Lichteinfall, die wirksam grossen Dimensionen der Quader und die präzise Linienführung legen die Entstehung im 17. Jh. nahe. Die Michaelskapelle von Bischofszell steht hier als Beispiel für eine mit Hilfe der Lichtperspektive dreidimensional und effektvoll dargestellte Diamantquaderung. Eine ähnliche, auch nachträglich angebrachte, aber etwas einfachere Diamantquaderung befindet sich am spätgotischen alten Rathaus in *Werdenberg* (Grabs), hier ebenfalls rekonstruiert nach Befund. Ob die Kapelle eine ältere, womöglich schon mittelalterliche Betonung der Bauecken am Chor aufwies, ist nicht bekannt.

Literatur. Albert Knoepfli, Beatrice Sendner.- Bischofszell. Kunst, Kultur, Geschichte. Bern 1994, S.36f (SKF).

500 Seedorf, Benediktinerinnenkloster, Eckbetonung der Bauanlage durch Diamantquadermalerei, nach 1722
501 Vira, Casa Antognini, Detail der Originalbemalung

2.5.12 Seedorf (UR)

Benediktinerinnenkloster. Gemalte Diamantquader an den Eckbauten der Klosterflügel, nach 1722. Rekonstruiert 1958/60. Aufgenommen 1983.

Diamantquaderung in Grisaille (Abb. 500). Die heutige, dreiflügelige Klosteranlage mit ihren turmartigen Eckrisaliten sowie der Kirchenneubau (Caspar Moosbrugger) wurden zwischen 1682 und 1722 errichtet. Den einzigen Bauschmuck tragen die Ecktürme vom Boden bis zum Dach in Form einer gemalten Eckquaderung mit Diamantbuckeln in drei Grautönen. Sie wurden vermutlich gleich nach der Vollendung des letzten, westlichen Flügeltrakts 1722 zugefügt und aufgrund erhaltener Reste 1958/60 vollständig erneuert.

Bemerkungen. Da eine vervollständigende Randlinie die Quadersteine vom Bildgrund des weiss getrichenen Mauerputzes absetzt und bei allen Buckeln die hellen Flächen oben, die mittelgrauen seitlich und die dunklen unten angeordnet sind, fällt für das Auge das natürliche Licht durchgehend von oben ein und die Diamantsteine erscheinen illusionistisch dreidimensional. Als einziger Farbakzent an den Aussenmauern betonen und verdeutlichen sie die Eckbegrenzungen des Klostergevierts.

Literatur. KDM UR II (Helmi Gasser), 1986, S. 207 (Erwähnung).

2.5.13 Vira (TI, Gambarogno)

Casa Antognini, 18. Jh., gemalte Eckquader aus der Bauzeit. Rekonstruiert 1984. Aufgenommen 1983 und 1995.

Bau (Abb. 501–504). Dreigesch., heute hellgelb verputztes Wohnhaus mit Walmdach. Die Ecken der 3-achsigen Platz- und 5-achsigen Gassenfronten sind mit gemalten Diamantquadern, die Steingewände der Fenster und Türen mit braunen, schwarzen und weissen Begleitlinien hervorgehoben.

Diamantquader und Fensterumrandung in Brauntönen. Der ursprüngliche Verputz war weiss gekalkt (Abb. 502), der neue Putz von 1984 wurde hingegen in einem hellen Gelb gestrichen (Abb. 503). Die ehemaligen, in drei Braunabstufungen mit Diamantschnitt, Randschlägen und Schattenkanten bei den Bindern perspektivisch gemalten Eckquader wurden zusätzlich mit Schwarz (Binnenzeichnung, Kanten) und Weiss (Umrandung), jedoch ohne Randschläge rekonstruiert (Abb. 504). Bei der Fensterumrandung wurde der breite schwarze Schattenwurf rechts nur an der oberen, aber nicht an der unteren Ecke perspektivisch abgeschrägt. Die doppelt profilierten Fensterbänke bestehen aus steinsichtigem Granit, an der Platzseite stammen noch alle, an der Gassenseite nur noch vier aus dem 18. Jahrhundert.

Vorzustand und Rekonstruktion 1984. Die Originalbemalung wies viele Fehlstellen, Übermalungen und Flicke auf. Die Neubemalung ist eine Rekonstruktion, die sich farblich und formal nur zum Teil am Original orientiert: Der ursprüngliche, naturweisse Kalkanstrich wurde nicht wieder aufgebracht, sondern durch einen gelben Farbanstrich ersetzt, der sich bereits nach zehn Jahren abzulösen beginnt. Ausserdem verzichtete man auf den geraden Randschlag der Steinquader und damit – ähnlich wie in *Turtmann* (2.5.10) – auf eines ihrer funktionsbedingten, wesentlichen Merkmale.

Bemerkungen. Die Malerei der Casa Antognini repräsentierte eine im 17./18. Jh. weit verbreitete und häufig vorkommende Dekorationsmalerei an Wohnhäusern, hier allerdings nicht in Grau-, sondern ausnahmsweise in Brauntönen. In Vira war es die einzige noch erhaltene Aussenbemalung aus dieser Zeit. Ihre relativ anspruchsvolle, perspektivische Darstellung entsprach der Grösse und der prominenten Ecksituation des Hauses im Dorfkern. Die heutige Rekonstruktion entfernte sich allerdings beträchtlich vom farblich differenzierten, barocken Erscheinungsbild des 18. Jahrhunderts.

Literatur. MAS TI III (Virgilio Gilardoni), 1983, p. 94, ill. 98 (Zustand vor der Rekonstruktion).

Diamantquader in Buntfarben

2.5.14 Basel

Stapfelberg 6. Linker Hausteil erbaut nach 1551. Buntfarbige Eckquadermalerei wohl nach 1589. Konserviert 1979, aufgenommen 1984.

Bau. Dreigesch., 2-achsiger Hausteil in geschlossener Gassenzeile. Heller, z.T. alter Verputz, rot gestrichene und schwarz umrandete Fenstergewände in Stein, grüne Klappläden. Die obigen Datierungen sind von der Besitzergeschichte ableitbar.

Eckquadermalerei mit Diamantbossen (Abb. 505, 506). Gassenseitig blieben an der linken Hauskante auf Höhe der beiden Obergeschosse beachtliche Reste mächtiger, perspektivisch gemalter Quader erhalten. Die Sichtflächen sind mit einem Diamantbuckel und breiten Randschlägen wiedergegeben, die Läufer in zwei Rottönen, Grau und Weiss, die Binder in zwei Grautönen und Weiss. Der Quaderkubus ist in perspektivischer Unteransicht dargestellt; die hellsten und dunkelsten Farbabstufungen ergeben jeweils die Licht- und Schattenpartien.

Befunde und Konservierung von 1979. Nach Aktennotizen der Basler Denkmalpflege (31.5./ 26.6.1979 und 27.3.1980) liegt die umrissene Quadermalerei über Ecksteinen auf einer 3 bis 4 mm dicken Kalkschlämme, die über dem Fassadenputz ausläuft. Da dieser unter der Schlämme verschmutzt ist, muss die Malerei später als der Verputz und somit wahrscheinlich auch später als der Hausbau entstanden sein. Die originale Malerei wurde 1979 so weit wie möglich erhalten und retuschiert, aber nicht ergänzt. Ausserdem stellte man weitere, vermutlich spätere Malereien fest: Rote Voluten und Rollwerkgehänge über und unter den Fenstern des rechten Hausteils sowie ein kreisrundes Wappen oder Hauszeichen unmittelbar neben der Quadermalerei. Ihre Reste waren so gering, dass sie nicht wieder sichtbar gemacht wurden.

502 Vira, Casa Antognini 18. Jh., bauzeitliche Diamantquader in Brauntönen (Foto 1983)
503 Vira, Rekonstruktion nach der Sanierung 1984
504 Vira, Detail der neuen Eckbemalung mit ersten Schäden

505 Basel, Stapfelberg 6, Reste einer mächtigen Diamantquadermalerei nach 1589
506 Basel, Detail der perspektivischen Darstellung und Buntfarbigkeit

Bemerkungen. Die imposanten, in drei Farben mit zwei Abstufungen (bei Rot und Grau) perspektivisch relativ korrekt dargestellten Scheinquader gehören zu den spärlichen Resten der bedeutenden Basler Fassaden- und Architekturmalerei, die im 16. Jh. ihren Höhepunkt erreicht hatte. Perspektivische Eckquaderungen im Diamantschnitt, bei denen zu den üblichen Grautönen Rot hinzugefügt wurde, erscheinen vorzugsweise an profanen Gebäuden des 16. und 17. Jh., so um 1550 in *Fribourg* (2.5.15), 1641 in *Sornico* (2.5.19) oder auch 1670/80 in *Elm* (2.5.20). Die Eckquaderung des Basler Hauses zeichnen einerseits die grossen Formate und anderseits der Wechsel von roten Läufern und grauen Bindern aus.

Literatur. Marie-Claire Berkemeier-Favre.- Die Zunftstuben zu Schuhmachern im «Fälkli» am Stapfelberg. In: Vom Gestern ins Heute, E. E. Zunft zu Schuhmachern Basel. Basel 1994, S.99-118. Weitere Hinweise von Frau Berkemeier · KDM BS VII, Altstadt Grossbasel I (Anne Nagel, Martin Möhle, Brigitte Meles), 2006, S.322, Abb. 368 · Zur Basler Fassadenmalerei s. Becker 1994.

507 Fribourg, Detail der dreifarbigen Diamanten und Tafeln
508 Fribourg, Stalden 20, Illusionsmalerei mit Eck- und Fensterquaderungen um 1550

2.5.15 Fribourg / Freiburg

Stalden 20, Wohnhaus. Illusionistische Fenster- und Eckquadermalerei um 1550 (Jz. auf dem Spruchband eines gemalten Engels). Restauriert 1979/80. Aufgenommen 2000.

Quadermalerei mit Randschlägen, Diamant- und Tafelbossen (Abb. 507, 508). Der vermutlich dem 13. Jh. entstammende, 3-gesch., weiss verputzte Eckbau in geschlossener Häuserzeile ist im 1. und 2. OG an Gassenseite und Platzecke mit gebuckelten Quadern in Rot, Schwarz, Weiss und zwei Grautönen bemalt. Die perspektivisch dargestellten Kanten bewirken ein optisch stark hervortretendes Quaderbild in scheinbarer Fortsetzung des gemauerten Stützpfeilers am Sockelgeschoss. Die Laufer tragen Diamantbuckel mit seitlichen Lichtfeldern, die Binder hingegen flache Tafeln mit Licht- und Schattenumrandung. Die gross dimensionierten Sohlbänke und Stürze der z.T. gestaffelten Fensterreihen zur Gasse und an der Platzecke sind ebenfalls perspektivisch gemalt und gassenseitig durch zusätzliche, stark profilierte Steingesimse zusammengefasst. Die freien Seiten der Fenster werden hier jeweils von drei, fast würfelförmigen Diamant-Läufern und Tafel-Bindern begleitet. Die hellgrau gefassten Gewändesteine an den andern Fenstern zum Platz haben keine Buckel.

Bemerkungen. Bei der Restaurierung konnte umfangreicher Originalbestand an Putz und Malerei gehalten werden. Die Quader selbst sind ebenso wie die Tafeln auf den Bindern und die Füllungen der Fensterstürze perspektivisch präzise wiedergegeben. Die Diamantschnitte der Läufer hingegen wirken flächig, da die hellen Felder nicht dem natürlichen Lichteinfall entsprechen. Die mächtigen, in vier grauen Farbabstufungen sowie dem selten verwendeten Rot dargestellten Quader (vgl. 2.5.14) betonen die Ecklage des Hauses. Sie bilden in Fribourg eine Ausnahme unter den sonst einfachen, monochromen und unperspektivischen Eckquadermalereien (vgl. 2.1.17, 2.1.18).

509 Kallern, Fenstergewände mit den Baudaten 1594 und 1638

unten
510 Kallern, Detail der Eckquader mit malerisch stilisierten Diamantbuckeln
511 Kallern, Bauernhaus Keller, vordere Giebelfront mit Gelbfassung der Steingeschosse um 1638 und rotem Riegelwerk um 1594, erneuert 1995

2.5.16 Kallern-Unterniesenberg (AG)

Bauernhaus Keller. Erbaut im Wesentlichen wohl 1594 (Jzz. am Pfosten links und am Sturz rechts der südseitigen EG-Fenster), Veränderungen u. a. 1638 (Jz. am Pfosten des südseitigen EG-Fensters). Gelbe Eckquadermalerei rekonstruiert 1993, rote Ornamentmalerei in wenigen Originalresten. Aufgenommen 2004.

Bau (Abb. 509–511). Freistehender, stattlicher Massiv- und Fachwerkbau mit vier Geschossen und hohem, über späteren, hölzernen Anbauten abgeschlepptem Satteldach. Hauptfront (Abb. 511) ist die südliche Giebelseite mit drei massiv gemauerten und verputzten Keller- und Wohngeschossen, die neben zwei Kellerfenstern zweimal zwei Fensterpaare bzw. drei Fensterpaare mit spätgotisch abgefasten Gewänden und teilweise klötzchenfriesbesetzten Sohlbänken aufweisen. Hier befindet sich die bemerkenswerte Malerei in Gelb auf Weiss. Bei der jüngsten Restaurierung am Äusseren erhielt die rückwärtige, unbemalte Giebelseite keinen neuen Anstrich.

Bemalungen. Auf z.T. ursprünglichen Verputz wurden an den Ecken sich verzahnende Quader mit gelbem Randschlag, weissen Spiegeln, gelben entfernt diamantähnlichen Bossen und schwarzen Konturen nach Originalresten neu aufgemalt und mit dem gleichen Gelbton und schwarzen Konturlinien die unregelmässigen Gewändesteine der Fenster egalisierend als gleichmässiger Rahmen gefasst. Die gelbe Eckbemalung an den Nebenseiten ist durch die Anbauten weitgehend verdeckt. Von den konservierten Resten einer roten, nicht gleichzeitigen Malerei in Kartuschenform über dem linken, doppelten Fensterpaar und, ohne einem Fenster zugeordnet zu sein, im 1. OG der östlichen Traufseite, sind noch verschlungene bzw. in Voluten endende Bänder zu erkennen.

Bemerkungen. Es handelt sich um eine markante Farbfassung der Massivgeschosse an der Schauseite in heute intensivem Gelb auf Weiss mit urtümlich grossformatigen Eckquadern und absonderlich stilisierten Diamantbossen. Die Farbigkeit setzt sich deutlich von dem rot gefassten Riegelwerk ab, in dem das 3. OG und der Dachgiebel errichtet sind. Typologisch könnten beide Bemalungen mit den beiden Baudaten in Verbindung stehen: Die rote Ornamentik (evtl. abgestimmt auf das rote Riegelwerk) um 1594, die gelben Eckquader um 1638. Eine Erklärung der regional einzigartigen, farblich und formal hervorstechenden gelben Eckquadermalerei könnte der Hinweis geben, dass das äusserst repräsentative und grosse Bauernhaus vermutlich ein ehemaliges Jagdhaus des Klosters Muri war.

Literatur. KDM AG V (Georg Germann), 1967, S. 153 · Hinweise verdanke ich Jürg Bossardt, Denkmalpflege Kt. Aargau.

2.5.17 Botyre-Ayens (VS)

Gemeindehaus, Maison peinte. Stein- und Blockbau, errichtet 1618-1620. Figürliche Dekorationsmalerei mit buntfarbigen Diamantquaderecken am OG der Talseite 1620 (Jz. in der Giebelmitte in römischen und in arabischen Ziffern). Die übrige einfache Architekturbemalung etwas jünger. Ältere Malerei konserviert und ergänzt, jüngere Malerei erneuert 1999/2000. Aufgenommen 2000.

Buntmalerei von Eckquadern mit Diamantbossen (Abb. 512–514). Das am Abhang in zwei bzw. drei Geschossen errichtete Giebelhaus trägt zwei in kurzem Zeitabstand gemalte Dekorationen. Die ältere, bemerkenswerte und weitgehend original konservierte Dekorationsmalerei von 1620/21 umfasst nur die Wohngeschosse der talwärts orientierten Schauseite. (Die jüngere Malerei, die auf allen Fassaden liegt, besteht aus einfachen Eckquadern, gerahmten Scharten und Eingängen sowie bescheidenen Friesen in Dunkelgrau bzw. Gelb, ist gesamthaft

512 Botyre-Ayens, Maison peinte, vielfarbige Diamantquaderung 1620, restauriert 1999

rekonstruiert und wird hier nicht weiter berücksichtigt). Zur älteren Malerei gehören Fensterrahmen und Friese mit Arabesken und Mauresken sowie originellen figürlichen Darstellungen, die von einer höchst dekorativen Eckquaderung eingefasst werden. Diese hier interessierende Quaderung besteht aus heute hellbraunen (ehemals violettbraunen) Läufern und Bindern mit perspektivischen Kanten in Gelb, Weiss, Schwarz und Bossen in Form geböschter Tafeln mit Diamanten in der Mitte. Die Farben der Schliffflächen – Schwarz, Rot, Weiss und Gelb, ehemals auch Grün – sind auf allen Quadern gleich angeordnet. Da die hellste Farbe durchgehend oben und die dunkelste unten liegt, wirken die Quader dreidimensional. Die senkrechten Weissflächen sind zusätzlich mit schwarzen Blattrispen verziert, was vor allem bei den Läufern zur Geltung kommt. Einzelne, im Dachschatten befindliche Steine tragen sogar Sternkristallmuster, Marmorierungen, Zackendekore; die Fusssteine der beiden Hausecken bestehen aus gelben Feldern mit sternförmig eingeritzten Blattmustern. – Die Eckbemalung der Maison peinte gehört mit der in *Willisdorf* (2.5.18) zu den phantasievollsten und farbenprächtigsten Diamantquaderungen in der Schweiz. Das gesamte Haus ist zusammen mit der Herberge in *Lens-Vaas* (1576/77) der Profanbau mit dem reichsten Aussendekor im Wallis.

Literatur. Roland Flückiger-Seiler.- Die Bauernhäuser des Kantons Wallis, 2 (Wilhelm Egloff, Annemarie Egloff-Bodmer), 2000, S. 293-300 (Jz. mit 1622 angegeben, Abbildungen z.T. vor der Restaurierung) · *Auskünfte* zur Restaurierung und Befundfotos von Eric Favre-Bulle, Martigny und Renaud Bucher, Sitten. Archeotech Pully, Untersuchungsbericht November 1991 · Der Buchumschlag bildet den unrestaurierten Zustand eines gemalten Läufers im Obergeschoss an der westlichen Hauskante ab.

513 Botyre-Ayens, Detail eines Läufers, Originalmalerei vor der Restaurierung
514 Botyre-Ayens, Detail eines Binders, Originalmalerei vor der Restaurierung

2.5 GEBÄUDEKANTEN   Scheinquader mit Diamanten, Tafeln, Zylindern und Kugeln

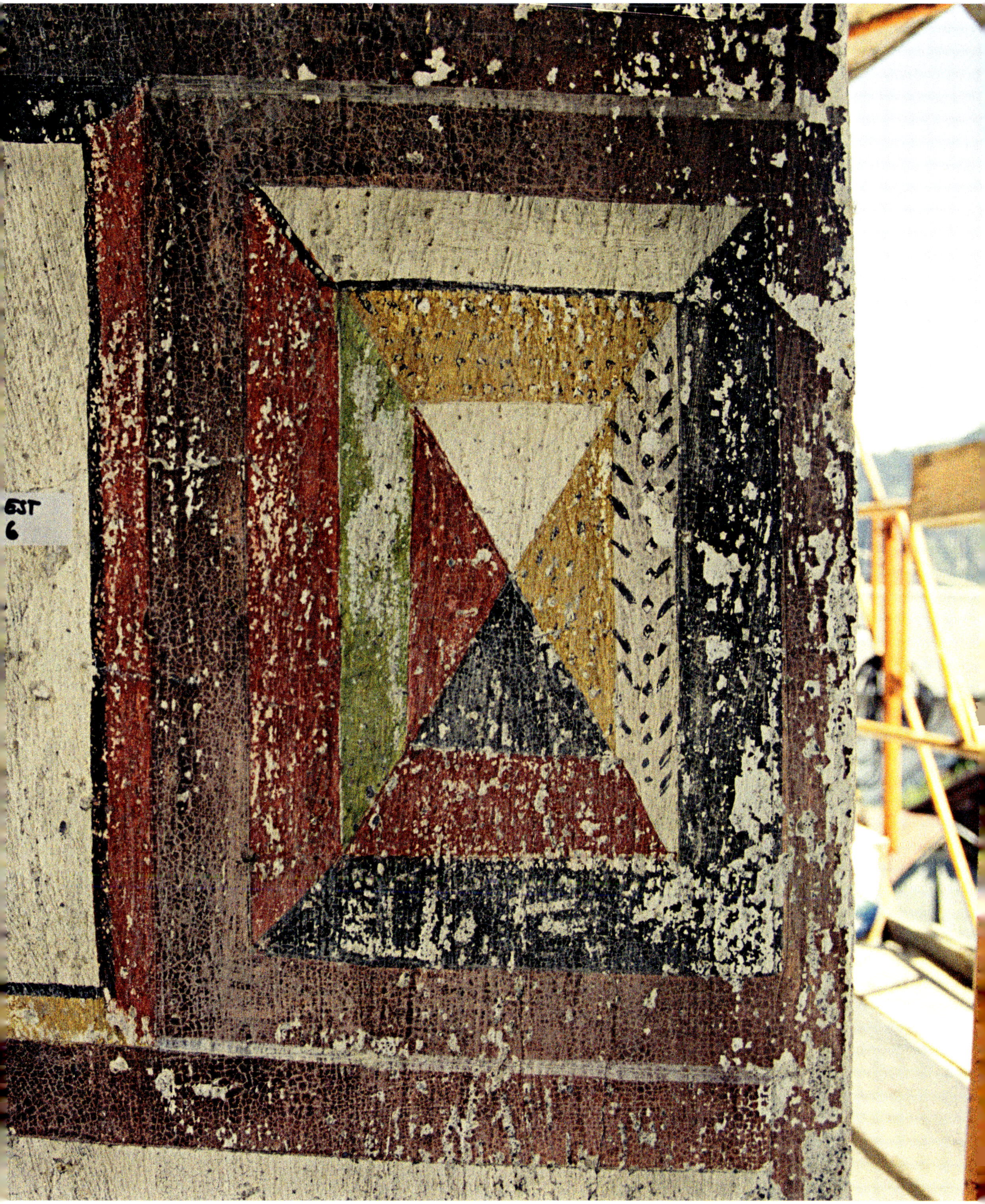

2.5.18 Willisdorf (TG)

Kapelle St. Sebastian, E. 13. Jh., Bemalung 17./18. Jh., originales Putzmuster abgelöst und im Turm der Kirche von Diessenhofen deponiert. Am Bau nach Befund rekonstruiert 1968/70. Aufgenommen 1998.

Buntfarbige Eckquader mit Diamant- und Kugelbossen (Abb. 515). Die mittelalterliche Kapelle mit eingezogenem Rechteckchörlein erhielt an allen Ecken eine barocke, bäuerlich bunte Quadermalerei. Die Spiegel der grossformatigen Quader sind schwarz und weiss umrandet, die breiten Randschläge hellgrau und mit einer schwarzen Linie vom weissen Mauerputz abgesetzt. Es wechseln Diamanten (Läufer) und Kugeln (Binder). Sie erscheinen in vier Farben, nämlich die Diamantfacetten oben gelb, unten hellbraun, seitlich rot- bzw. rotviolett und die Kugelbossen gelb mit schwarzen Ringen in violettem Feld. Zudem ist jede Fläche mit farblich kontrastierenden Tupfern verziert (möglicherweise kann roter Porphyr angedeutet sein, siehe 1.5.8 und Abb. 233).

Bemerkungen. Trotz der Stilisierung und des ländlichen, vorherrschend dekorativen Charakters wirken die Diamantbuckel dank der im oberen Feld platzierten hellsten Farbe dreidimensional. Wie *Botyre-Ayens* (2.5.17) gehört Willisdorf zu den interessantesten Ausführungen der vielfarbigen Diamantquaderungen. Die Bossenfelder der Quader von Botyre-Ayens sind relativ präzise konstruiert, die von Willisdorf hingegen malerisch frei erfunden. Eine ebenfalls mit Diamanten und Kugeln wechselnde, jedoch in weniger auffälligen braunen und grauen Tönen perspektivisch dargestellte, etwas ältere Eckquaderung weist im Thurgau schon das Haus zum Pelikan in *Diessenhofen* auf.

Literatur. Knoepfli Farbe 1981, Abb. 42 · KDM TG V (Alfons Raimann), 1992, S. 310f (Willisdorf), S. 113 (Diessenhofen) · Auskünfte von Jürg Ganz, Frauenfeld.

2.5.19 Sornico (TI, Valle Maggia)

Casa Moretti. Diamantquader am östlichen Hausteil um 1641 (Jz. am Eingang). Ursprünglicher Bestand, aufgenommen 2000.

Dreifarbige Diamantquaderung (Abb. 478, 516). Die dem Kircheneingang gegenüberliegende Ostfassade des Doppelhauses weist eine bemerkenswerte, mehrfarbige Bemalung mit Karyatiden und grotesken Masken (Fenstergewände), einem Wappenbild und Diamantquadern an der vorderen Fassadenkante auf (weitere Malereien siehe 2.1.31 und 3.1.14). Die illusionistisch wiedergegebenen Quader haben hohe Kanten, einen breiten Randschlag und Diamantbuckel in jeweils drei Farbwerten von Grau bei den Läufern und Violett (caput mortuum) bei den Bindern. In Verbindung mit der zugehörigen Bemalung der Fenster ist hier ein sehr beachtliches Beispiel von Architekturmalerei mit Diamantquadern in klassischer Formgebung überliefert, das sich in gut erhaltenem, seltenem Originalzustand befindet.

Literatur. Casa borghese XXVIII, 1936, tav. 119, 120 (Aufrisse der Giebel- und einer der Traufseiten samt Eckquaderung) · Decorazioni Valmaggia 1998, p. 92s.

2.5.20 Elm (GL)

Sogenanntes Suworowhaus (Quartier des Generals Suworow am 5.10.1799). Errichtet 1670/79 (Jz. 167(?) im Fenstergiebel), aufgestockt 1748. Architekturbemalung an der Strassenfassade aus der Bauzeit, an den anderen Fassaden aus der Zeit der Aufstockung. Bemalte Läden um 1800. Alles restauriert 1970/71. Aufgenommen 2000.

Eckquaderung mit Diamantbossen (Abb. 517). Wesentlicher Bestandteil der älteren Bemalung sind die illusionistisch dargestellten Quader in vier Grautönen mit roten, bei den Läufern weiss gespiegelten Kanten sowie z.T. schattierten und gepunkteten Diamantfacetten. Der Quaderlauf endet am Dachrand ungewöhnlicherweise mit stark profilierten Abschlussplatten. Jeder zweite Binder trägt eine Diamantpyramide mit manieristisch geschwungenen Kanten. Recht originelle Illusionsmalerei.

Literatur: Knoepfli Farbe 1981, Abb. 9.

515 Willisdorf, St. Sebastian, Eckquaderung mit dekorativen Diamant- und Kugelbossen 17./18.Jh
516 Sornico, Casa Moretti, graue und violette Diamantquader in exakter Scheinperspektive, Originalmalerei 1641
517 Elm, Suworowhaus, manieristisch groteske Diamantquadermalerei um 1679
518 Bruzella, Wohnhaus, rote Diamantquader in korrekter Scheinperspektive, Originalmalerei um 1800

2.5.21 Bruzella (TI, Valle Muggio)

Wohnhaus östlich der Pfarrkirche S.Siro, erbaut wohl um 1800. Rote Architekturbemalung mit Diamantquaderung. Ursprünglicher Bestand. Aufgenommen 1996.

Eckquader mit Diamantbossen in drei Rottönen (Abb. 518). Zur roten Architekturbemalung, die das 2-gesch. Haus gliedert (s. 3.6.30 mit Literatur), gehört eine besonders sorgsam behandelte Diamantquaderung: Die vorstehenden Unterkanten der Läufer sind zentralperspektivisch, die vom Randschlag abgesetzten Diamantbossen in Lichtperspektive dargestellt. Bemerkenswert sind die ausgewogenen Proportionen der einzelnen Quaderelemente, die handwerklich präzise Ausführung und der ziemlich gut erhaltene Originalzustand. Diese Eckbemalung ist ein Beispiel für die bis ins 19. Jh. reichende traditionelle Fortführung der Diamantquadermalerei (s. auch *Giornico* 2.5.22). Eine gleichzeitige, ebenfalls buntfarbige (ockergelbe) Diamantquaderung befindet sich auch auf dem Schaft eines Eckpilasters in *Morlon* (3.4.46).

2.5.22 Giornico (TI, Leventina)

Casa Robertini-Spadaccini. Erbaut wohl 1754 (Jz. am Türsturz). Gemalte Diamantquader und Gesimse sowie stuckierte Fenstergewände an der Hauptfassade, 19. Jh.; Veränderungen 1910 (Jz. am Türsturz). Aufgenommen 1995.

Bau. Traufseitig zum Platz orientiertes, 6-achsig langgestrecktes Wohnhaus mit drei Geschossen. Fassadendekoration Neurokoko. Die Jz. 1910 dürfte den auf Grautöne reduzierten Anstrich und die Gipsverschalung an der Dachuntersicht der rechten Haushälfte betreffen. Die linke Haushälfte weist noch die bunte Fassung des Neurokoko auf.

Fassadengliederung mit buntfarbigen Diamantquadern. Die Platzfassade schmücken gelb gefasste Stuckaufsätze über dem Haupteingang und den Fenstern beider Obergeschosse, durchgehende gelb und rot gemalte Fensterbankgesimse, eine Feldermalerei zwischen den Konsolen der Sparrenköpfe am Dachansatz in Gelb, Rot und Weiss sowie eine Diamantquaderung an den Hauskanten. Die ursprüngliche Farbgebung der Diamantquaderung in Ocker, Rot, Grau sowie in der hellen Putzfarbe verteilt sich auf die mit tiefen Ritzlinien unterteilten Facetten: Während die unteren Dreiecke durchgehend blaugrau mit putzhellem Fussstreifen und die oberen putzhell mit ockerfarbenem Kopfstreifen erscheinen, sind die seitlichen aussen hell und zur Mitte hin rot gefasst. Die Diagonal- und Umrissritzung ist dunkelgrau nachgezogen, der sonst übliche Randschlag fehlt. Im Witterungsschutz des Dachüberstands erhielt sich die Farbschicht relativ gut, weiter unten (Abb. 519) ist sie abgewittert und hat sich zum Teil verändert.

Bemerkungen. Obwohl schadhaft und mit vielen Putzflicken versehen, ist die Fassade und insbesondere ihre Eckquadermalerei ein aufschlussreiches Beispiel für den Historismus in der 2. Hälfte des 19. Jh., in dem man die traditionelle Diamantquaderung zwar beibehält, aber versucht, die irisierenden Farbbrechungen der Diamantfacetten durch eine auf raffinierte Weise schattierende Farbgebung so weit wie möglich zu imitieren (vgl. *Bruzella* 2.5.21).

Literatur. Casa borghese XXVIII, 1936, tav. 36 (ohne Text) · Decorazioni Tre Valli 2000, p. 71.

519 Giornico, Casa Robertini-Spadaccini, historistische Diamantquadermalerei in schattierender Dreifarbigkeit ohne Randschlag, 2. H. 19. Jh.

Stilisierte Bossen

2.5.23 Pfäffikon (SZ)

Schlosskapelle. Im Wesentlichen errichtet 1566/68. Quadermalerei aus der Bauzeit oder etwas später. Nach Originalresten erneuert 1987. Aufgenommen 1996.

Weisse Eckquaderung mit rotem Kontur- und Binnenlineament (Abb. 520). Die 3-jochige Kapelle mit eingezogenem, dreiseitigem Polygonchor und Torbau unter durchlaufendem Dachfirst weist eine Quaderung an allen Bauecken auf. Die Quader sind in den rustikalen, gelblichen Putz eingeritzt, weiss gestrichen (Keim-Purkristallat), rot lasierend konturiert und gegenläufig auf den unteren Ecken der Spiegel mit drei roten Schräglinien unterteilt. Die Rahmungen der Okuli und der jüngeren Rundbogenfenster erhielten dieselben Farben.

Bemerkungen. Während man 1987 die Putzpilastergliederungen und Klebedächer aus dem Ende des 19. Jh. abnahm, kamen im Chorbereich Reste eines vermutlich schon aus der ersten Bauzeit stammenden Naturputzes von rauer Struktur mit eingeritzten Quaderflächen und roten Farbspuren zum Vorschein. Die gleiche Rotbemalung befand sich auch auf den kalkgeschlämmten Eckverbänden des Torbaus. Diese Befunde dienten als Orientierung für die heu-

520 Pfäffikon, Schlosskapelle, Eckquaderung aus rotem Binnen- und Konturenlineament, erneuert nach Befund des 16. Jh.
521 Sta. Maria Val Müstair, Haus Nr. 89, Pilaster mit stilisierten Diamantquadern 1747

tige Neubemalung mit geometrisch genauem Lineament auf ungeglättetem Verputz. Obwohl stark stilisiert, erinnern die Parallelstriche entfernt an Kanten und schattierte Facetten eines Diamantschliffs. Sofern die Erneuerung dem Original nahekommt, liesse sich die freie Umsetzung der Kristallform in ein geometrisches Ornament vielleicht als spätgotisches, das hiesse zeitlich sehr frühes Beispiel einer Diamantquaderung betrachten.

Literatur. Bamert 1987/88, S.198f · Weitere Informationen und Unterlagen verdanke ich der Helbling & Fontana AG, Jona und Markus Bamert, Denkmalpflege Kanton Schwyz.

2.5.24 Sta. Maria Val Müstair (GR, Münstertal)

Haus Nr. 89. Strassenseitige Eck- und Fensterbemalung sowie Wappenmalerei mit Inschrift «1747 / 1.c. / la vaìra nöeblia veing da virtü / brichia da saìdane da valu». Malerei z.T. original, z.T. erneuert. Aufgenommen 1982.

Eckpilaster mit einbeschriebener Konturquaderung von Diamant- und Tafelschnitten (Abb. 521). Die auf weissem Mauerputz nur schwarz umrissenen Quader tragen auf den Läuferspiegeln zwei rote, diagonale Doppellinien mit roten Blütenblättern im Schnittpunkt und auf den Bindern ein rotes Tafelquadrat. Das blütenförmige Kapitell und die Fenstergewände samt Übergiebelungen zeichnen die gleichen Farben aus. In den Giebeln und beim Wappen kam zusätzlich Gelb hinzu. – Beispiel einer wirkungsvollen Diamantquaderung in stark stilisierendem, ländlichem Malstil.

2.5 GEBÄUDEKANTEN   Scheinquader mit Diamanten, Tafeln, Zylindern und Kugeln

522 Pitasch, Kirchturm, Eckdekor mit Diamantmotiv in Rot und Schwarz, wohl 18. Jh.
523 Andeer, Schlössli, Eckdekor in der Art einer Diamantquaderung, E. 18. Jh.

2.5.25 Andeer (GR, Schams)

Haus Nr. 60, sogen. Schlössli. Erbaut Ende 18. Jh., gleichzeitige Dekorationsmalerei mit Eckquaderung. Erneuert. Aufgenommen 2000.

Gelbe Eckbemalung (Abb. 523). Gedrungener, 3-gesch. Baukubus und integrierter Treppenturm mit Haubendach. Auf dem weissgelben Wandputz liegt an allen Ecken eine eingeritzte Quaderung annähernd quadratischer Läufer und Binder mit diagonaler Viertelung, deren Dreiecke seitlich gelb, oben und unten hingegen hell wie die Wandfarbe gestrichen sind. Am Turm befindet sich ein roter Fries mit Laufendem Hund unter der Dachkante und roten Volutenranken über den Fensterstürzen. – Die rein flächige Eckbemalung ist ein Beispiel abstrahierter Diamantquader mit der Wirkung eines ornamentalen, geometrischen Musterrapports, wie er in dieser Art insbesondere im Bündnerland vorkommt.

Literatur. KDM GR V (Erwin Poeschel), 1943, S. 191.

2.5.26 Pitasch (GR, Ilanz)

Reformierte Kirche, Mitte 12. Jh., Turm nachmittelalterlich zugefügt, seine Eckbemalung wohl 18. Jh., restauriert 1976/81. Aufgenommen 1983.

Stilisierte Diamantquaderung in Rot und Schwarz auf Weiss (Abb. 522). Der der hochmittelalterlichen Kapelle nordwestlich angebaute Turm erhielt möglicherweise bei Erstellung des Zwiebelhelms im 18. Jh. seine buntfarbige Eckquaderung. Sie liegt auf altem, neu geweisseltem Putz: Die Quader sind schwarz konturiert und diagonal in vier Facetten unterteilt, deren schwarze und rote Flächen solcherart wechseln, dass die restlichen zwei Weissflächen bei den Läufern seitlich, bei den Bindern oben und unten liegen. Dadurch entsteht eine zwar systematische, aber kunterbunt wirkende Musterung, die typisch für Graubünden ist.

Literatur. KDM GR IV (Erwin Poeschel), 1942, S.88.

Tafelbossen mit imitierter Krönelung

2.5.27 Rothenbrunnen (GR, Domleschg)

Haus Tscharner. Errichtet wohl 1546 (Jz. auf der Steintafel mit Wappen Capol). Einfache Fensterrahmen- und Eckquadermalerei 1564 (Jz. zwischen OG-Fenstern), figürliche Malerei von Hans Ardüser 1584 (Jz. am gemalten Wappen Tscharner). Freigelegt, konserviert und ergänzt 1983. Aufgenommen 2000.

Eckbemalung mit gepunkteten Tafelquadern in Grisaille (Abb. 524). Die 4-gesch. Giebelfront ist an beiden Ecken mit umrissenen, grauen Steinquaderimitationen und mit zwei Fensterrahmen im 1. OG bemalt, wozu das als Meistersignatur zu deutende Hauszeichen und die Jahreszahl (?)564 zwischen den gerahmten Fenstern gehören dürfte. Die Sichtflächen bestehen aus perspektivisch hervorgehobenen Tafeln, die, schräg unterteilt, mit schwarzen bzw. weissen Tupfern dekoriert sind, wodurch der Eindruck einer gekrönelten Steinoberfläche entsteht. Die obersten Quader sind als Weiterführungen des Motivs anlässlich der Aufstockung des Hauses 1851 gemalt worden. Die wenig später, 1584, hinzugefügten originellen, bunten Bild- und Ornamentmotive von Hans Ardüser sind frei auf der Wandfläche verteilt und haben im Unterschied zu den älteren, grauen Architekturmotiven keine gliedernde Funktion.

Literatur. R. v. Tscharner, Olga Roth.- Ardüser-Malereien am Haus Tscharner in Rothenbrunnen. In: Region Mittelbünden, Jahrbuch 1985, S.59-62.

2.5.28 Andeer (GR, Schams)

Veia Pintga 53. Wohnhaus aus mehreren Bauperioden mit Architekturbemalung von 1579. Freigelegt, konserviert und ergänzt 1999. Aufgenommen 2000.

Bau. Freistehendes, 2-gesch. Giebelhaus auf hohem Eingangsgeschoss. Aus späterer Zeit die rückwärtig einseitige Verbreiterung und mehrere verlegte Fensteröffnungen. Am älteren, zur Ortsmitte orientierten Hausteil unregelmässiges Mauerwerk und ursprünglicher, heute weiss gestrichener Verputz mit freigelegter Architekturbemalung, auf die sich wahrscheinlich der Rest der Beschriftung «1.5.7.9 / 2.5.a» zwischen den Fenstern der Traufseite bezieht.

Eckquader mit Tafelbossen, Fensterädikulen, Ornamentvierecke, Sonne und Tiere in Graumalerei sowie Wappen und Hauszeichen in Rot. Von der Graumalerei fallen am meisten die ungewöhnlich gross dimensionierten Läufer- und Bindersteine an den beiden vorderen Hausecken auf (Abb. 525). Von sich kreuzenden Kantenlinien begleitet, sind die Tafeln auf den Sichtflächen

524 Rothenbrunnen, Haus Tscharner, Illusionsmalerei gekrönelter Tafelquader, datiert 1564

525 Andeer, Veia Pintga 53, Eckquader mit gekrönelten Diamanten in malerischer Stilisierung 1559
526 Valendas, Turmhaus, Detail der Originalmalerei mit Hacklöchern für den später aufgebrachten Besenwurf

diagonal in helle und dunkle Hälften unterteilt und mit Farbtupfern in schwarz auf weiss bzw. weiss auf schwarz dekoriert. Die zum Teil übergiebelte Fenstergewändemalerei entspricht nur noch im Sockel- und Dachgeschoss, aber nicht mehr im Hauptgeschoss den heutigen Fensteröffnungen.

Bemerkungen. Das unperspektivisch flach auf die Wand projizierte Quadermotiv und die optisch von der Imitation einer Steinbearbeitung weit entfernten Oberflächentupfer wirken altertümlich, auffällig und sehr dekorativ. Das Haupthaus (Nr. 66) der Baugruppe *«Bogn»* (nördlich von *Andeer* bei der Abzweigung nach Pignia und Clugin) besitzt eine gleichartige, im 18. und 20. Jh. mit zusätzlichem Fassadendekor ergänzte und 1979 erneuerte Eckquaderung, auf deren Entstehung das erneut aufgemalte Baujahr «ca. MDL» (1550) hinweist. Die Quaderdarstellungen an den beiden Häusern von Andeer sind formal selten, möglicherweise aber regional typisch und gehören zu den frühesten nachgewiesenen Beispielen geometrischer Bossenmalerei.

2.5.29 Valendas (GR, Oberland)

Turmhaus beim Dorfplatz. Eckquadermalereien 17./18. Jh., umfangreiche Reste des ursprünglichen Bestands. Aufgenommen 1997.

Tafelbossen mit abgerundeten Ecken und einer schwarz-weiss-grauen, gepunkteten Quaderung (Abb. 526, 527). Dreigesch. Eckhaus auf hohem Eingangsgeschoss mit Treppenturm und Anbau an der bergan führenden Strasse zur Kirche. Unter abfallendem, bräunlichem Besenwurf kommt der aufgehackte, vermutlich ursprüngliche Verputz mit diversen Arten von Eckquadermalereien zum Vorschein. Es sind schwarz gequaderte Lisenen, weisse und schwarze Läufer und Binder und – an den Ecken des Hauptbaus das originellste Motiv – ein Läufer-Binder-Versatz mit eckiger Umrandung und geschwungen umrissenen, dunkelgrauen Tafelschnitten. Diese liegen jeweils auf oben hellem und unten schwarzem Spiegelgrund und sind in den Binnenflächen mit einem breiten Streifen aus vier konzentrischen weissen Punktlinien verziert.

Bemerkung. Das an prominenter Stelle in der Ortsmitte erbaute, ehemals noble, heute verfallende Wohnhaus hob sich von den Nachbarhäusern zumindest durch die Eckmarkierungen unterschiedlichen Aussehens ab (weitere Motive heute nicht sichtbar). Die witzigste und an der Hauptfront am sorgfältigsten ausgeführte Quadervariante (Abb. 527) zeichnet sich durch die im Sinn eines Ornaments stark stilisierte Imitation eines Tafelsteinquaders mit gekrönelter Steinoberfläche aus.

Perspektivische Tafelquader

2.5.30 Cevio Vecchio (TI, Valle Maggia)

Haus no 17/18, Casa Respini-Traversi. Einfache Architekturgliederung mit gemalten Eckquadern, 17. Jh., ursprünglicher Bestand. Aufgenommen 1982.

527 Valendas, Turmhaus, abstrakt stilisierte Bossenmalerei in Grisaille, Originalbestand 17./18. Jh.

528 Cevio Vecchio, Casa Respini-Traversi, Illusionsmalerei einer Eckquaderung über profiliertem Sockelstein, Originalbestand 17. Jh.

Tafelquader in Ockerbraun (Abb. 528). Dreigesch. Eckhaus, Verputz nur an der giebelseitigen Gassenfront (Süden). Auf dessen heller Naturfarbe liegt eine beachtliche Eckquadermalerei, rechts komplett, links nur noch im 2. OG erhalten (z.T. durch Balkon verdeckt, z.T. wegen Anbau verschwunden). An der freien Ecke rechts beginnt sie in Höhe des 1. OG über weit ausladenden, stark profilierten Fussplatten und besteht aus umrandeten Tafelquadern. In korrekter Lichtperspektive sind die Schattenpartien in zwei Ockertönen und die belichteten Flächen weiss gefasst. Ausserdem gliedern gleichfarbig gemalte, feine Profilgesimse auf Höhe der Fensterbänke und einfache Fensterumrandungen die Wandfläche. Die mittlere der drei Fassadenachsen wird durch zwei locker gebündelte Blumengehänge in Ocker, Rot, Blau und Weiss unter den steinernen Fensterbänken und ein Medaillon mit Mondgesicht in der Giebelspitze malerisch hervorgehoben. An den unverputzten Seiten befinden sich drei Fenster mit schönen alten collarini.

Bemerkungen. Die perspektivische Darstellung von Tafelquadern ist hier mit einer besonders qualitätvollen, noch original und gut erhaltenen Eckbemalung aus dem 17. Jh. belegt. Eine formal und farblich ähnliche Eckquaderung bildet den Rahmen der Architektur- und Bildmalereien aus der Zeit um 1632/33 am Arkadenportikus der Loretokirche in *Lugano* (erneuert 1939).

Literatur. Casa borghese XXVIII, 1936, tav. 112, 116 · Decorazioni Valmaggia 1998, p. 70.

2.5.31 Jona-Wurmsbach (SG)

St. Dionys. Gemalte Kantenquaderung mit unterschiedlichen Stirnflächen, wohl nach 1656. Zuletzt restauriert 1953. Aufgenommen 1996.

Quader mit Tafeln und Scheiben in Grau (Abb. 529). An der Südseite der romanisch-gotischen Kapelle befinden sich noch die Reste einer grossformatigen Quadermalerei. Erhalten etwa ab Augenhöhe bis zum Dachansatz, schmücken sie nur die Vorderseite der südlichen Mauer beim zurückspringenden Choransatz und sind nicht um die Ecke geführt. Die drei Läufer haben die Form von Tafelsteinen mit breiten, abgeschrägten Böschungen; einer von ihnen imitiert in Schwarz und Weiss die Struktur einer mit Scharriereisen bearbeiteten Steinoberfläche. Auf den drei Bindern liegen konzentrische Scheiben. Die Randschläge sind an der mäandrierenden Seite mit kleinen, schwarzen Kugeln besetzt. Die rötliche Farbe am untersten Stein gehört nicht ursprünglich dazu.

Bemerkung. Obwohl perspektivisch dreidimensionale Steinquader dargestellt sind, dominiert die äusserst phantasievolle Wiedergabe geometrischer Bossen, als seien sie einzelne Schmuckstücke.

Literatur. KDM SG IV (Bernhard Anderes), 1966, S. 154 · Anderes Grisaillemalereien 1980, S. 130f.

2.5.32 Bondo (GR, Bergell)

Haus Nr. 33. Eckquadermalerei mit Tafelquadern um 1700. Ursprünglicher Bestand. Aufgenommen 1999.

Tafelquader in Ockergelb (Abb. 530). Viergeschossiges Eckhaus, zwei Gassenfassaden original bemalt (Giebelseite zum Platz jüngst verändert). Ein Eingangssturz bezeichnet mit «A: 1 SA BP FF: 700», Inschrift- und Wappenmalerei im 2. OG der alten Giebelseite nicht mehr erkennbar. Auf dem weisslichen Naturputz liegt, von der erneuerten Sockelkante aufsteigend,

529 Jona-Wurmsbach, St. Dionys, Quadersteine mit unterschiedlichen Sichtbossen nach 1656
530 Bondo, Haus Nr. 33, Tafelquadermalerei in Ocker um 1700, Originalbestand

eine Eckquadermalerei aus regelmässigen, langgestreckten Läufern und Bindern als Tafelquader in drei hellen Ockertönen mit weissen Kanten. Die Oberseiten stellen mit ihren weissen und gelben Tupfern eine gekrönelte Steinoberfläche dar. Die plastische Wirkung entsteht durch konsequente Lichtführung von links oben und zentralperspektivisch gemalte Böschungskanten. Im Giebel ein gelb umringtes Rundfenster.

Bemerkungen. Die sorgfältig und perspektivisch genau dargestellten Tafelquader sowie die differenzierte Farbigkeit mehrerer Gelbtöne sind ein auffallendes, sowohl gliederndes als auch verzierendes Eckmotiv des Hauses. In *Bondo* gibt es eine ganze Reihe vielfältiger Eckquaderungen aus dem 17./18. Jh. (vgl. 2.1.52). Besonders erwähnenswert ist die ebenfalls gegen 1700 entstandene Eckquaderung am Haus Nr. 74, die in gleicher Art perspektivisch, aber nicht in Farbe, sondern in Sgraffitotechnik ausgeführt wurde (Abb. 531). Die Verschiedenartigkeit im Aussehen gleichzeitig entstandener Eckquaderungen kommt durch diese Gegenüberstellung deutlich zum Ausdruck. Schöne Beispiele, beide noch in gutem, originalen Zustand.

2.5.33 Stans (NW)

Winkelriedhaus, Oberdorf. Eckquadermalerei ehemaliger Bilderfassaden, wohl um 1600. Nach Restbefunden rekonstruiert 1989/91. Aufgenommen 1996.

Flache Tafelquader in Grisaille (Abb. 532). Das historisch bedeutende, im Kern auf 1456/57 zurückgehende Herrenhaus und heutige Museum erhielt an der Ostfassade bereits 1456/57, dann in der Zeit um 1563 und schliesslich um 1600 bildliche, ornamentale und heraldische Fassadenmalereien. Im Unterschied zur Ausstattung mit Wandbildern im Inneren gingen sie verloren, abgesehen von wenigen dokumentierten bzw. in der Loggia und am mächtigen Eingangstor der Hofmauer konservierten Resten. Rekonstruiert wurde lediglich die wohl um 1600 hinzugekommene Bemalung an den Hausecken mit Tafelquadern in lageweise wechselnden kleinen und grossen Formaten. Sie liegt zum Teil auf einem mauerbündigen Eckverband aus Sandsteinquadern mit breiten, geglätteten Randschlägen, strukturiert behauenen Spiegeln und lageweise unterschiedlichen Höhenformaten aus der Umbauzeit 1578/1601, an dem sich die heutige rekonstruierte, oben aufliegende Quadermalerei orientiert. Die perspektivische Wirkung ihrer dargestellten Tafeln wird durch den konsequent wiedergegebenen Lichteinfall von oben links mit zwei Grautönen, Schwarz und Weiss erzielt. Die Schrägbegrenzung der Böschungen (analog zum Randschlag der darunter befindlichen Steinquader) beschränkt sich auf die beiden beschatteten Flanken; die belichteten Flanken sind weder farblich noch grafisch voneinander abgegrenzt. Die rudimentären, bei der jüngsten Restaurierung noch vorhandenen, originalen Farbreste belegen Quadermalereien aus verschiedenen Zeiten und mit unterschiedlicher Farbgebung (neben den Bildresten in der Loggia sind noch Spuren bunt marmorierter, perspektivisch dargestellter Tafelsteine vorhanden). Die graue Quadermalerei an den Bauecken war möglicherweise mit Rosetten verziert. – Die einfache, klar umrissene Darstellungsart der heutigen Rekonstruktion ist im Allgemeinen noch nicht um 1600, sondern erst im 18. Jh. gebräuchlich (vgl. 2.3.9 *Zürich* St. Peter, 3.7.23 *Poschiavo* Reformierte Kirche).

Literatur. KDM UW (Robert Durrer), 1899-1928, S.401-428, 1154, bes. Tf. XV (Reste der bildlichen Fassadenmalereien) · Bürgerhaus XXX, 1937, Tf. 24-29 · Das Winkelriedhaus. Geschichte, Restaurierung, Museum. Hg. von Hansjakob Achermann, Heinz Horat. Nidwalden 1993, bes. S.68f, 93-98, 211.

531 Bondo, Haus Nr. 74, Tafelquaderung in Sgraffito um 1700, Originalbestand
532 Stans, Winkelriedhaus, Grisaillemalerei aus einfachen Tafelsteinen, rekonstruiert nach Befund um 1600

2.5.34 St. Urban (LU)

Zisterzienserkloster, Frauenhaus. Bau mit Eckquadermalerei aus der Zeit um 1680/82. Rekonstruktion 1989/92. Aufgenommen 2000.

Tafelquader in Grisaille (Abb. 533). Der äussere barocke Klosterbezirk wird im Südwesten vom Komplex des langgezogenen, 3- bis 4-gesch. Frauen- und Torhauses begrenzt. Die freiliegenden Gebäudeecken des Frauenhauses sind oberhalb der geböschten, grau gestrichenen Stützpfeiler mit extrem grossen Quadern in vier verschiedenen Grautönen bemalt. Ihre Stirnseiten tragen Randschlag und hohe Tafelbossen. Die dreidimensionale Wirkung entsteht durch konsequente Anwendung der Licht- und Zentralperspektiven. Die zum Teil unscharfe Begrenzung der dunklen Partien dürfte moderne Zutat sein; sie entspricht jedenfalls nicht dem historisch Üblichen. An der Eingangsecke ist oberhalb des Stützpfeilers ein buntfarbig gefasstes Steinwappen des Bauherrn Abt Karl Dulliker angebracht.

Bemerkung. Die nachdrückliche Eckbetonung gliedert die Mächtigkeit des Winkelbaus, dessen Fassaden glatt weiss verputzt und nur von uni grau gefassten, schwarz umrandeten, teilweise geohrten Fensteröffnungen unterteilt sind. Lediglich die hofseitige Mitte des Frauenhauses wird wie ein Risalit hervorgehoben durch drei übergiebelte Mittelgeschossfenster zwischen grauen, gemalten Lisenen, die ebenfalls die farbig gefassten Wappen der Bauherrschaft tragen.

Literatur. André Meyer.- Das ehemalige Zisterzienserkloster St. Urban. Bern 1994 (SKF) · Sankt Urban 1194-1994. Ein ehemaliges Zisterzienserkloster. Bern 1994.

2.5.35 Leuk Stadt (VS)

Haus Domherr Peter Allet. Bau 1529 (Jz. in Fensterleibung), Dekorationsmalerei mit Eckquaderung 1745 (Jz. im Giebel). Rekonstruiert 1996. Aufgenommen 1997.

Tafelquader in Grau und Gelb (Abb. 534). Das farblich dominante Motiv an der 3-gesch., weiss verputzten Giebelfront ist die Eckquaderung. Die Quader sind grau gefugt, die grauen Tafel-

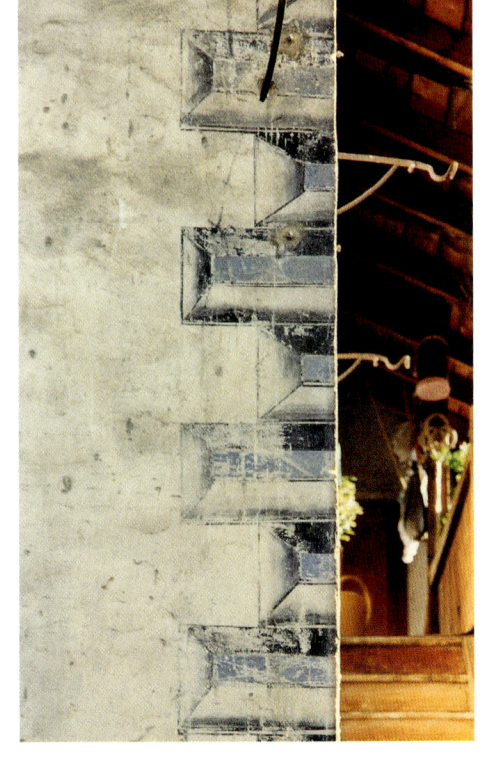

533 St. Urban, Frauenhaus des Klosters, Illusionsmalerei mit mächtigen Tafelbossen über geböschtem Stützpfeiler und Wappenskulptur 1680/82, rekonstruiert
534 Leuk Stadt, Haus Allet, Tafelquadermalerei in Grau und Gelb 1745, rekonstruiert
535 Turtmann, Alte Sennerei, Diamantquadermalerei in Blau, original 1. H. 19. Jh.

bossen haben weisse Konturen und oben weisse Böschungen. Auffallend sind die gelben Senkrechtfugen der Binder. Das Gelb wiederholt sich in der Umfassungslinie der Tor- und Fenstergewände sowie in den Kugeln auf den Fensterstürzen. Es macht die farbliche Besonderheit dieser Fassadengestaltung aus. Die Hauptfassade des Ursprungsbaus in pietra rasa besass bereits eine durch erhabene Mörtelfugen hervorgehobene Eckquaderung (Flückiger S. 289). Der die Quaderung zum Teil überdeckende, bis heute gesunde Rebstock an der Hausecke wurde nach archivalischer Überlieferung 1798 gepflanzt.

Literatur. Kunsthistorisches Inventar der Stadt Leuk. In: Vallesia XXX, Sitten 1975, S.113, Tf. 15 · Bauernhäuser VS 2 (Roland Flückiger), 2000, S. 287-292.

536   Rapperswil, Zum Schwarzen Adler, ungewöhnlich grossformatige Quadermalerei mit Zylinder- und Kugelbossen 1613
537   Bischofszell, Weinstock/Rosenstock, Quadermalerei mit Zylinderbossen von Georg Held 1744/45

2.5.36   Turtmann (VS)

Alte Sennerei, 1. H. 19. Jh., Tafelquader aus der Bauzeit. Ursprünglicher Bestand. Aufgenommen 1997.

Tafelsteinähnlicher Diamantschnitt mit abgeflachter Krone (Abb. 535). Äusserst präzise umrissene, in der hellgrauen Putzfarbe und zwei zusätzlichen Blautönen gemalte Eckquaderung mit irisierend schattierten Facetten in Zentralperspektive ohne Berücksichtigung des Lichteinfalls. Einschliesslich der Fensterumrahmungen sehr dekorative und farblich bemerkenswerte Eckbemalung aus dem 19. Jh. in relativ intaktem Originalzustand (ausführlicher s. 3.6.29).

Zylinder- und Kugelbossen

2.5.37   Rapperswil (SG)

Marktgasse 4, Gasthaus Zum Schwarzen (Goldenen) Adler. Bau mit Eckquadermalerei 1613 (Jz. am Portal). Konserviert und ergänzt 1971. Aufgenommen 1982.

Quader mit illusionistischen Zylinder- und Kugelbossen in Schwarz (Abb. 536). Den gemauerten Eckpfeiler im Sockelgeschoss nach oben fortsetzend, beherrscht eine imposante Quaderung als einzige Fassadenbemalung die freistehende Ecke des 3-gesch. Hauses. Dargestellt sind mächtige Quadersteine mit hohen Seiten und durch Linien abgesetzten Randschlägen. Die Bossen sind auf den Läufern als Halbzylinder und auf den Bindern als Halbkugeln ausgebildet. Trotz inkonsequenter Anwendung der Zentralperspektive wirken die von Weiss bis Schwarz abschattierten Quader optisch dreidimensional. – Unter den ungewöhnlich zahlreichen Eckbemalungen in Rapperswil ist die des Schwarzen Adlers wegen ihrer überdimensionierten Quaderformate von besonders imposanter Wirkung.

Literatur. KDM SG IV (Bernhard Anderes), 1966, S.398f (noch nicht erwähnt, da erst später freigelegt) · Anderes Grisaillemalereien 1980, Abbildungen auf S.126 und 131.

2.5.38   Bischofszell (TG)

Marktgasse, Doppelwohnhaus Zum Weinstock/Zum Rosenstock. Neubau 1744/45 von den Gebrüdern Grubenmann, Fassadenbemalung wohl von Georg Held. Freilegung und Konser-

538 Rapperswil, Pfarrhelferei, Quaderwerk mit eigenwillig dargestellten Zylinder- und Kugelbossen um 1600

539 Mönchaltorf, Hauptmannshof, Quader mit gelben Zylinder- und Kugelbossen 1709

vierung umfangreicher Originalreste, darüber rekonstruierende Neubemalung mit Mineralfarben 1977. Aufgenommen 2000.

Rahmung der Dekorationsmalereien durch Eckquader mit illusionistischen Zylinderbossen in Grisaille (Abb. 537). Dreigesch. Doppelhaus mit zentralem Quergiebel, Strassenfassade weiss verputzt. Zu den architektonisch und ornamental gemalten Fenster- und bemerkenswerten Portalgewänden gehört eine Eckquaderung im Läufer-Binder-Verband. Die Bossen der perspektivisch leicht vorragenden Quaderflächen sind breit umrandet und bestehen aus liegend dargestellten, hohen Halbzylindern. Insgesamt handelt es sich um eine hochdekorative Barockmalerei, die, steinimitierend in drei Grautönen, mit rechtsseitigen Schlagschatten in Ockerbraun dargestellte Werkstücke, Blattranken und Kleinfigürliches innig verbindet und von der Quaderung an den Haus- und Giebelecken eingefasst wird. In Bischofszell sind weitere Eckquaderungen und Fassadenmalereien aus dem 18. Jh. durch zeitgenössische Bildquellen und vor allem durch Originalreste mehrfach nachgewiesen. Georg Held, dem die Bemalung zugeschrieben wird, war Steinmetz und Baumeister in Bischofszell. – Eine farblich und formal vergleichbare, jedoch ältere, wohl schon ins frühe 17. Jh. zu datierende Eckquadermalerei weist der Quellenhof am Engelsplatz in *Rapperswil* auf (rekonstruiert 1968).

Literatur. Hans Peter Mathis.- Fassadenmalereien in Bischofszell. In: UKdm 1978, Heft 1, S. 139-146.

2.5.39 Rapperswil (SG)

Herrenberg 57, Pfarrhelferei. Eckquadermalerei wohl um 1600. Letzte Erneuerung 1993. Aufgenommen 1993.

Eckquaderung mit stilisierten Zylinder- und Kugelbossen in Grisaille (Abb. 538). Die in zwei Grautönen, Schwarz und Weiss gemalten Eckquader tragen auf der Sichtfläche der Binder eine weisse, schwarz konturierte Rundscheibe. Auf der Sichtfläche der Läufer hingegen sind ein Halbzylinder mit schwarzem Rücken und weissem Rundkopf sowie die belichtete obere Quaderkante angedeutet. Die Darstellung folgt nur ungenau den Gesetzen der Perspektive, so dass die geometrischen Körper eher wie ein flächiges Ornament wirken. – Der Bau bildet den Kopf einer markanten historischen Gassenzeile in prominenter Lage auf dem Schlossberg gegenüber der Pfarrkirche. Die wegen ihrer eigenwilligen Darstellungsform auffallende Quadermalerei befindet sich an der linken Hauskante zur Gasse und an den beiden Ecken der freistehenden Front.

Literatur. KDM SG IV (Bernhard Anderes), 1966, S. 315.

2.5.40 Mönchaltorf (ZH)

Lindenhofstrasse 1, Hauptmannshof. Eckquadermalerei um 1709. Nach Befund rekonstruiert 1986. Aufgenommen 1996.

Graue Eckquaderung mit Zylinder- und Kugelbossen in Gelb (Abb. 539). Das weitgehend freistehende, 3-gesch., allseits 3-achsige und weiss verputzte Giebeldachhaus ist an allen Ecken über den Sockelsteinen mit grossen Quadern bemalt. Die Bossen der Läufer sind als Halbzylinder, die der Binder als Halbkugeln ausgeformt. Während die Flächen der Quader hellgrau und die Fuss- und Aussenränder dunkelgrau gefasst wurden, erscheinen die geometrischen Figuren ausnahmsweise gelb und tragen weisse Lichtflächen. Die nur durch die aufgesetzten Lichter perspektivisch wirkende einfache, aber wohlproportionierte Bemalung, die von Fensterumrandungen in den gleichen zwei Grautönen der Quader ergänzt wird, unterstreicht den behäbigen Charakter des Hauses. Eine ähnliche Quadermalerei besass der 1707 erbaute Hof Barenberg in *Bubikon* (wurde bei der jüngsten Restaurierung dokumentiert, aber nicht rekonstruiert).

Literatur. Zürcher Denkmalpflege, 12. Bericht 1987-1990. Zürich/Egg 1997, S. 236-239 und 10f (betr. Bubikon) · Auskünfte von M. Chramosta, Kantonale Denkmalpflege Zürich.

2.5.41 Obstalden (GL)

Alter Pfarrhof, «Höfli». Holzbau, errichtet 1699/1700 (Jzz. an talseitiger Firstpfette und mit Bauherreninschrift in der Kammer des 1. OG). Verputzt wohl um 1768, aus gleicher Zeit u. a. die Eckquaderbemalung. Originalreste z.T. freigelegt und konserviert 1999. Aufgenommen 2000.

Bau (Abb. 540). Ehemaliges Pfarr- und späteres Wohnhaus, giebelständig am Steilhang unterhalb der Kirche in exponierter Lage mit freiem Blick auf den Walensee. Talseitig Wohnteil, bergseitig Wirtschaftsanbauten. Die Bauherreninschrift besagt: «Herr Melchior Zwicky disser/ Zitt Pfarher allhier und fraun Zwicky eingeborne Schmidin Doratea/habent dis haus erbun/ lassen Anno 1700». Es handelt sich um ein Holzhaus, das, da die Holzwände Verwitterungsspuren aufweisen, später verputzt und bemalt wurde, möglicherweise um 1768, als man den neuen Pfarrhof westlich der Kirche baute. Die Malerei umfasst an der Schaufassade zum Tal die Reste einer Bilddarstellung, die einen grossen Mann in roter Uniform (Glarner Söldner), Kirche und Häuser von Obstalden und eine umfangreiche, aber kaum noch lesbare Beschriftung in übergrossen Lettern wiedergibt sowie die hier interessierende Eckquaderung:

Graumalerei von Eckquadern mit geometrischen Bossen (Abb. 541–543). Die beiden konservierten Reste der Eckbemalung befinden sich tal- und bergseitig unter dem Dachvorstand an der Traufwand des Wohnteils zum Garten (Südosten). Weitere, nur dokumentierte Spuren weisen darauf hin, dass alle vier Ecken bzw. Kanten des Wohnteils bis hinab zur Sockelmauerung bemalt waren. Sichtbar sind je ein Läufer und ein Binder mit Kanten, breiten Rändern und einer Zylinder- bzw. Kugelbosse in Grautönen, schwarzen Konturen und perspektivischer Wiedergabe. Die beiden Restbemalungen unterscheiden sich leicht im Farbton; die ältere an der talseitigen Mauerkante liegt direkt auf dem Putz, die jüngere an der bergseitigen Kante auf

540 Obstalden, Alter Pfarrhof, Holzbau aus dem Jahr 1700, verputzt um 1768
541 Obstalden, freigelegter Rest von Quadern mit Zylinder- und Kugelbossen um 1768, an der Talseite, Zustand 1999
542 Obstalden, freigelegte Originalmalerei an der Bergseite, Zustand 1999
543 Obstalden, retuschierte Originalmalerei an der Bergseite, Zustand 1999

544 Ernen, Jost Sigristen-Haus, phantastischer Scheinversatz einer Eckquaderung 1601
545 Ernen, Quaderformen mit und ohne Zylinderbossen

einem Kalkanstrich. Nach Fontana wurden eine in den Putz eingeritzte und al fresco gemalte Erstfassung an der Schauseite des Hauses und eine spätere Secco-Bemalung an den rückwärtigen Kanten festgestellt. Auf den Mauerkronen befinden sich Reste eines gemalten, die Pfetten umlaufenden Dachgesimses in Grau und Schwarz und auf den Holzbrettern der Dachuntersicht Spuren eines dunkelgrauen Farbanstrichs.

Bemerkungen. Der Putzauftrag auf den anfänglich unverputzten Blockbau und seine Bemalung könnte mit einem Besitzer- und Nutzungswechsel in Verbindung gebracht werden, worauf nicht nur der Neubau eines anderen Pfarrhauses im Dorfkern, sondern vielleicht auch das merkwürdig plakative, weithin sichtbare Fassadenbild (Anwerbung von Söldnern?) hinweisen. Abgesehen davon ist die steinimitierende Quadermalerei ein explizites Beispiel für die Inszenierung eines scheinbar massiven Steinbaus.

Hinweis und Informationen zur jüngst erfolgten Restaurierung von Eduard Müller, Denkmalpflege Kanton Uri, und vom Hauseigentümer Peider C. Jenny sowie aus der Dokumentation «Obstalden, Altes Pfarrhöfli, Eckquader und Wandbild an Aussenfassade, Untersuch und Restaurierung September/Oktober 1999» von Fontana & Fontana, Jona.

Scheinquader in illusionistischem Versatz

2.5.42   Ernen (VS)

Jost Sigristen-Haus. Holzbau errichtet 1581, der Richtung Dorfplatz orientierte Hausteil als verputzter Steinbau 1598 hinzugefügt und an der Schaufront mit einer Bemalung aus Scheinquadern versehen, diese datiert 1601 (Jz. unter dem Dachvorstand). An der Seiten- und Rückmauer des Steinbaus schwarze Eckpilaster- und Fensterrahmenmalerei, später (evtl. 1772). Nach Befund rekonstruiert 1953 und 1991. Aufgenommen 2001.

Phantastische Scheinquaderung (Abb. 544, 545). Der schmale, massive, 4-gesch. Mauerrisalit an der talseitigen Schaufront ist hell verputzt und mit Eckquadern, z.T. figürlich übergiebelten

Fenstergewänden, Wappen Jost und Sonnenuhr in zwei Ockertönen mit roten Konturen bemalt. Die abenteuerlich versetzte Eckquaderung ist perspektivisch aus der Unteransicht dargestellt: Zwischen den querliegenden, mit vorgewölbten Halbzylindern versehenen und von der Mauerkante sonderbar abgerückten Läufersteinen sind anstelle der Binder Steinkuben eingefügt, die scheinbar aus der Mauer herausspringen und sich mit einer der Kurzkanten ihrer schmalen Stirnseite genau an der Mauerkante der Hausecke berühren. – Der Dekor gehört zu der phantastischsten Scheinquadermalerei aus der Zeit des Manierismus. In der Schweiz ist sie vergleichbar mit der Eckbemalung am Hofhaus in *Parpan* (vermutlich von Hans Ardüser um 1600, rekonstruiert 1920*),* in Deutschland etwa mit der am Hohen Schloss von *Füssen.*

Literatur. KDM VS II (Walter Ruppen), 1979, S. 72f · Bauernhäuser Kanton Wallis 2 (Roland Flückiger), 2000, S. 270.

546 Schwyz, Ital Roding-Haus, phantastischer Scheinversatz mit Diamantquadern 1609
547 Schwyz, Detail der Quaderung mit Gelb, Aufnahme 1983 vor der jüngsten Restaurierung

2.5.43 Schwyz

Rickenbachstrasse 24, Ital-Reding-Haus. Herrenhaus erbaut 1609 (Jz. am Ostportal) mit gemalten Diamantquadern an den Hausecken; umgestaltet 1663 mit zusätzlicher Architekturmalerei. Farbigkeit verändert im 18. Jh., erneuert im 19. Jh. bzw. 1912. Restauriert 1986ff. Aufgenommen 1983 vor der jüngsten Restaurierung.

Bau. Grosses, in einer weitläufigen und ummauerten Hofstatt freistehendes, 3-gesch. Gebäude mit Klebdächern. Das steile Satteldach mit mehreren hohen Giebeln und Firsttürmchen kam

548 Schwyz, Detail mit Resten der verschobenen originalen Putzritzungen, Befund 1986
549 Schwyz, Detail der nach 1986 restaurierten Quaderung

1663 hinzu. Zum Quaderdekor am Äusseren gehörten 1983 vor allem die hier interessierende Bemalung der Mauerecken, sodann die Bossenquaderung aus Haustein am Rundbogenportal der Nordfassade (beides 1609) und die in steinimitierender Grisaillemalerei dargestellten Diamantquader an den Ecken des Holzerkers über dem Nordportal (1663). Die Malerei auf den Ecken prägt den Bau am meisten und fällt stark ins Auge.

Phantastische Diamantquadermalerei (Abb. 546–549). Die Hauskanten des mächtigen Baus werden von einer grossformatigen Quaderung aus Läufern und Bindern verziert. Die einzelnen Quader sind perspektivisch aus der Untersicht so dargestellt, dass jeweils zwei Quaderseiten sichtbar werden, die bei den Bindern vorne und bei den Läufern sowohl vorn als auch seitlich eine Diamantbosse tragen. Die vier vorderen Kanten der Läufer sind je mit einer Zierkugel beschlagen. Die Kubenkanten waren 1983 in Ockergelb, die Lichtseiten der Diamanten in Weiss und Gelb, die Schattenseiten in zwei Grautönen gefasst. Die Quaderläufe stehen auf Postamenten mit ausladenden Abdeckplatten. Der fiktive Quaderversatz scheint wie selbsttragend vor der Wand hochgemauert zu sein.

Zustände der Fassadenfarbigkeit. Während die Scheinquaderung 1983 auch Gelb aufwies, wurden nach Bamert anlässlich der jüngsten Restaurierung ab 1986 grossflächige Partien des originalen Kalkputzes von 1609 nicht nur mit der Einritzung der Eckquadermalerei, sondern auch deren ursprünglich nur graue Farbigkeit (Abb. 548) sowie eine bräunliche Holzmaserierung auf dem Sandstein der Fenstergewände festgestellt. Überdies kamen insbesondere an den Ost- und Westfassaden Reste grauer Bemalungen aus der späteren Bauzeit von 1663 zum Vorschein (Fensteraufsätze, Einfassungen bemalter Zugläden unterhalb der Fenster, Malereien im Bereich der Klebedächer). Diese hinzugefügte Architekturbemalung verlieh dem Haus eine beträchtlich reichere Oberflächengestaltung als zuvor. Sie wurde wohl schon im 18. Jh. grau überstrichen. Spätestens 1912 erhielten die Fassaden dann einen hellen, wohl weissen Neuanstrich samt Erneuerung der Eckquadermalerei, jetzt vermutlich mit dem zusätzlichen Gelb. Die jüngste Restaurierung stellte die Bemalung und deren Farbigkeit, die das Gebäude in der 2. Hälfte des 17. Jh. hatte, wieder her.

Bemerkungen. Das hier beschriebene der verschiedenen Ital-Reding-Häuser wird als das «qualitätvollste und originellste sowie auch architektonisch interessanteste» aller Innerschweizer Herrenhäuser bezeichnet (KDM S. 371). Der Grund seiner hohen Wertschätzung liegt unter anderem in der Fassadenfarbigkeit mit dem Motiv der überaus phantastischen Illusionsquaderung, die ihre dargestellte Verformung dem Manierismus um 1600 verdankt. Ähnlich, jedoch mit diamant- und kugelbesetzten Tafeln im Wechsel, war auch das *Grosshaus* in *Schwyz* bemalt (nicht mehr erhalten, aber dokumentiert im Bürgerhaus S. 23); vergleichbar im Versatz und in den kubisch ausgestalteten Frontseiten ist ebenso die (erneuerte) Eckbemalung am Pfarrhaus im oberaargauischen *Madiswil* (1607).

Literatur. Bürgerhaus IV, 1914, Abb. S. 28, 29 · KDM SZ Neue Ausgabe I (André Meyer), 1978, S. 369-374 · Rudolf und Esther Guyer.- Zur Restaurierung des Ital-Reding-Hauses in Schwyz (Projekt). In: Schweizer Ingenieur und Architekt 6/82, S. 73-83 · Bamert 1987/88, S. 172-176 und 1989/90, S. 259-266 (ausführlich zu den Befunden) · Zum Pfarrhaus Madiswil: Christian Rümelin, Hubertus von Gemmingen.- Die Pfarrkirche in Madiswil, Kanton Bern. Bern 1996, S. 21 (SKF).

2.5.44 Lichtensteig (SG)

Altes Rathaus, errichtet um 1400. Veränderungen 1683/84, aus dieser Zeit evtl. die Eckquadermalerei. Rekonstruiert 1968. Aufgenommen 2000.

Bau (Abb. 550). Platz und Stadtring dominierendes, 3- bzw. 4-gesch., weiss verputztes Bauwerk. Seine Platzfassade wird von den spätgotischen Gewänden der Eingänge und den zweibis vierteiligen, von Blendmasswerken bekrönten Fenstergruppen sowie von deren schwarzgrauer Fassung charakterisiert, die wohl im 17. Jh. aufgebracht wurde.

Schwarzgraue Farbfassung und Quadermalerei. Die Fassade der leicht geschwungenen, an die Nachbargebäude links anstossenden und rechts leicht vorstehenden Platzseite wird von dunkelgrau gemalten Sockel- und Eckquaderwerken sowie Dachgesimsen eingefasst und von gleichfarbigen Tor- und Fenstergewänden akzentuiert. Die Konturen, die Fugen und die perspektivisch gemalten Unterseiten der ein Stück weit in die Wandfläche hineinragenden Fenstersturzbalken sind schwarz abgesetzt. Die Läufer- und Bindersteine an der Mauerkante links bzw. an der Hausecke rechts erscheinen wie versetzt aufeinandergeschichtete, am oberen Rand profilierte Gesimsstücke mit perspektivisch dargestellten Unter- und Seitenkanten.

Bemerkungen. Vor der Renovierung 1968 waren der Sockel hell, der Wandputz gelb, die Steingewände grau und die Eckquaderung als Diamanten in Grau, Rot und Blau gefasst. Diese Malerei stammte vermutlich aus der Zeit um 1871, als das vormalige Rathaus privatisiert wurde. Sie verlieh dem Haus mit ihrer Buntfarbigkeit ein beträchtlich anderes Gesicht als die heutige ausdrucksstarke Schwarzfassung. Die jetzt sichtbare Eckquaderung, die sich aus einzelnen Gesimsstücken zusammenzusetzen scheint, könnte auf eine lokale Besonderheit des 17. Jh. zurückgehen. Am Haus *Goldener Boden 4* oben am Platz wurde eine ähnliche Eckbemalung neu angebracht (Abb. 551).

Literatur. Daniel Studer.- Das Städtchen Lichtensteig im Toggenburg. Bern 1995, S.35f (SKF).

550 Lichtensteig, Altes Rathaus, schwarze Fensterfassung und Eckbemalung, wahrscheinlich 1683/84
551 Lichtensteig, Goldener Boden 4, gemalte Eckquader in Form von Gesimsstücken, wohl 2. H. 17. Jh.

3 WANDAUFLAGEN

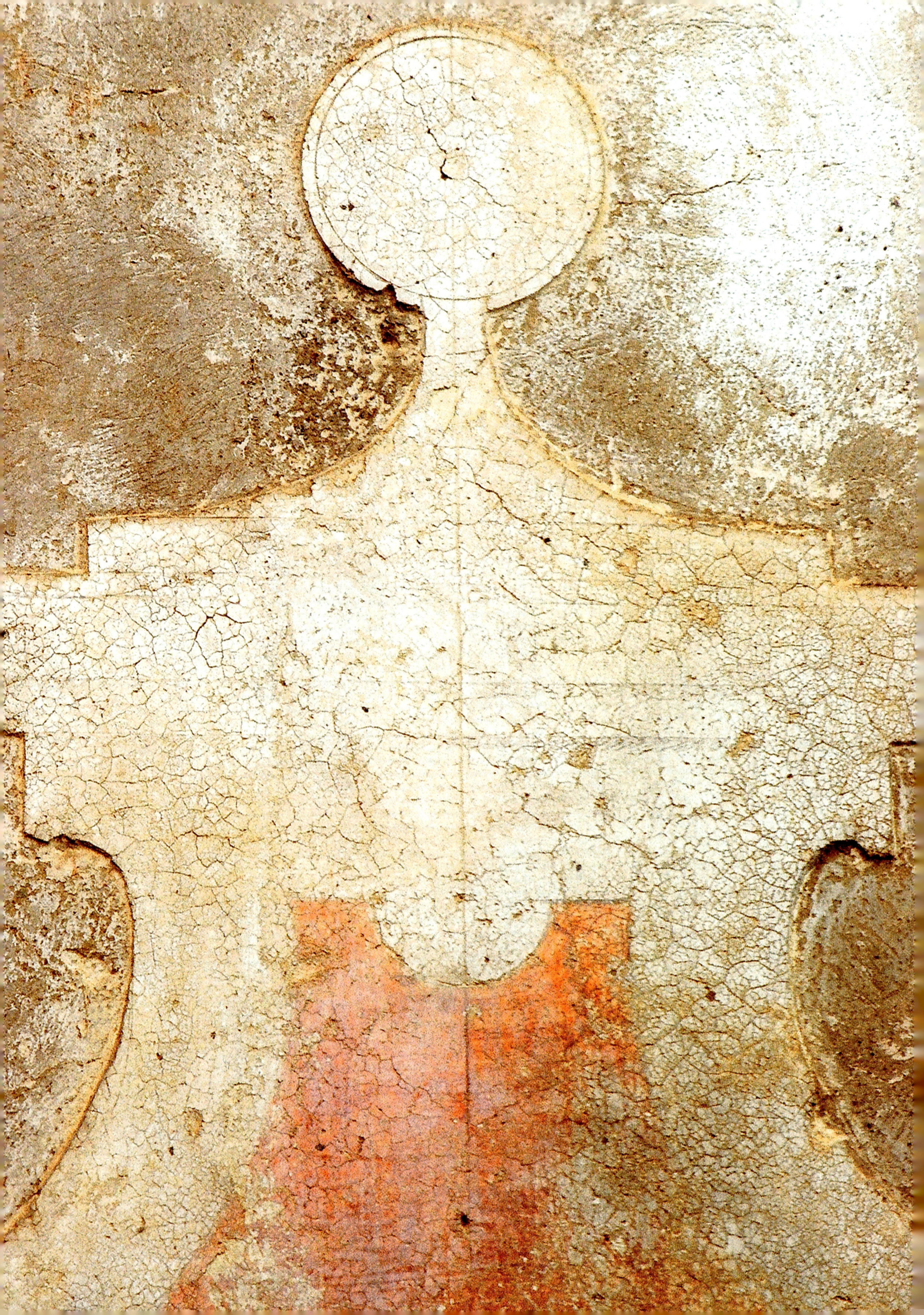

3.1 Fenster mit Putzrahmen (collarino) und Blindfenster

Überblick

Von den vielen Arten, die Fenster so zu gestalten, dass sie ein wesentliches Farbelement der Fassade bilden, werden hier zwei herausgegriffen, die in erster Linie die Aufgabe des architektonischen Bauteils als die reiner Dekoration erfüllen. Es handelt sich einerseits um das Fenster mit dem typischen weissen Putzrahmen im Tessin (collarino) und andererseits um das gemalte Blindfenster und seine strukturelle Funktion innerhalb der Gliederungssysteme gesamter Fassaden. Während die collarini eine regionale, bereits mittelalterlich geübte Rahmungstechnik in der Südschweiz darstellen, sind die Blindfenster ein nachmittelalterliches, weit verbreitetes Phänomen. Die hier ausgewählten, wenn möglich noch ursprünglichen oder authentisch restaurierten Fenster umfassen die Zeit zwischen dem 15. und 19. Jahrhundert.

Die sogenannten collarini sind Rahmen aus Putzmörtel, die das Fenster wie ein Krägelchen einfassen. Sie gehören zu den vorwiegend unverputzten Tessiner Wohn- und Wirtschaftsgebäuden aus Bruchstein (rustici) und entstehen dadurch, dass die im weitgehend trockenen, fast ohne Mörtel errichteten Mauerverband statisch notwendige Vermörtelung der Fensterkanten einen Putzüberzug erhält, der als ungewöhnlich grosses, weiss gekalktes Geviert zugeschnitten ist. Diese hellen, glatten Putzflächen, in deren Mitte die Fensteröffnung sitzt, heben sich markant vom steinsichtigen, ungegliederten, rustikalen Mauerwerk ab, bieten einen idealen Bildgrund für Ziermotive und bilden somit das einzige Farbelement und typische Schmuckmotiv der Tessiner rustici. Jedoch nicht nur profane, auch sakrale Bauten wurden an den Aussenmauern mit vielgestaltigen collarini versehen (3.1.17).

Technisch handelt es sich meistens um eine einzige Putzschicht, die direkt auf dem Mauerwerk liegt. Die in sich geschlossene Oberfläche ist relativ fein strukturiert und wurde mehr oder weniger sorgfältig geglättet. Das Putzfeld hat eine Stärke bis zu 10 mm, auf der Oberfläche liegt eine Kalkschlämme oder ein weisser Anstrich. Die Ränder sind präzise konturiert, das konstruktive Binnenlineament ist eingeritzt, stellenweise sind auch helldunkle Muster (3.1.11, 3.1.12) oder architektonische Details (3.1.15, 3.1.16) in Sgraffitotechnik herausgekratzt. Bei Restaurierungen und Erneuerungen wird die traditionelle Technik in der Regel bis heute angewendet (Abb. 553, 554).

552   Carona, Wohnhaus Piazza della costa, mittlere Giebelpartie des Putzrahmens über einem ehemaligen Fenster. Originalrest mit feiner Putzritzung und Rotfassung 18. Jh. (3.1.19)

553 Brione sopra Minusio, Pfarrkirche 1559, zuletzt umgebaut 1868. Aus der Umbauzeit vermutlich die Fensterrahmung, die sich an älteren Vorbildern orientiert. Leicht vorstehender Rahmen aus drei Putzschichten unterschiedlich feiner Struktur. Abgewitterte Weissfassung und fast verschwundene Binnenritzung (Foto 1994)

554 Brione sopra Minusio, erneuerte Weissfassung und farblich nachgezogene Binnenritzung desselben Fensterrahmens (Foto 1998)

555 Bruson / Val de Bagnes, Nutzbau no 1461. Kleiner 2- bzw. 3-gesch. Bruchsteinbau, Fenster mit gestuften Steingewänden sowie aufgemörtelten Putzrahmen. Steintafel beschriftet mit «IHS/I? (Hauszeichen mit Herz) BF/1629»

Das Charakteristische der Fensterrahmen ist ihre ausladende Grösse, ihre weisse Farbe und das leichte Hervortreten aus der Wandfläche mit schattenwerfenden Kanten. Die Gestaltungsmotive kommen vorwiegend aus der Architektur, Ornamente werden nur zurückhaltend angebracht. Dadurch wirken diese Putzrahmen wie strukturierende Bauglieder, die der Fassade aufgelegt sind. Als Einzelelemente bilden sie typologisch und handwerklich die Vorstufe der im Tessin des 17./18. Jahrhunderts ausgeprägten weissen, ebenfalls aus Putzmörtel hergestellten Architekturgliederungen, die die gesamten Fassadenflächen bedecken (siehe S. 310–329).

Erwähnenswert ist das Vorkommen dieser Putzrahmen auch ausserhalb des Tessins, nämlich im *Val de Bagnes* im Wallis während der 1. Hälfte des 17. Jahrhunderts. Im Aussehen nahezu gleich, unterscheiden sie sich von den Tessiner collarini dadurch, dass die Fenster mit mehrfach gestuften Steingewänden eingefasst wurden, ehe man die Putzrahmen aufmörtelte (Abb. 555, 556).

Einfache weisse collarini (3.1.1–3.1.5), Weisse Putzrahmen mit Architektur- und Schmuckmotiven (3.1.6–3.1.16). Die ältesten Formen sind Viereckrahmen mit geraden Kanten oder ausbuchtenden Ecken, gebogenen Rändern und ab und zu einfachen Aufsätzen. Es gibt sie an schlichten Gebäuden bis heute, manchmal noch original, sonst wiederhergestellt oder neu angefertigt. Aus dieser zeitlosen Urform des collarino entwickelten sich im Lauf der Jahrhunderte auch anspruchsvolle Ausführungen, bei denen die Putzrahmen in Anlehnung an die jeweilige Stilepoche mit klassischen, flach auf das Putzfeld projizierten Gebälken und Zahnschnittfriesen, Giebeln und profilierten Fensterbänken ausgestattet werden. Häufig traten noch Voluten, Akroterien, Kugeln, Zackenbänder oder Kreuze, Wappen, Jahreszahlen und Hauszeichen hinzu. Rahmen mit verschiedenen geometrischen Ornamenten in wandbündiger Sgraffitotechnik, wie gang und gäbe im Bünderland, sind im Tessin hingegen die Ausnahme (3.1.14 *Sornico*).

Weisse Putzrahmen mit Rot (3.1.17–3.1.20). Im Prinzip auch weiss gehalten und von den ursprünglich steinsichtigen oder später naturverputzten Maueroberflächen abgesetzt, wurden die anspruchsvolleren Rahmen zusätzlich mit Rot versehen. Von den wenigen noch erhaltenen Werken sind hier einige besonders bemerkenswerte Beispiele aufgeführt, unter denen das noch recht gut erhaltene originale Chorfenster der Kirche von *Vogorno* aus der Mitte des 17. Jahrhunderts einen hohen Seltenheitswert besitzt (3.1.17).

Das Blindfenster (3.1.21–3.1.26). Die Blindfenster sind für gewöhnlich als komplettes Bauelement flach auf die Wand gemalt oder füllen die Gewänderahmen zugemauerter Nischen mit gemalten Flügeln. Ihre Hauptaufgabe besteht darin, die Symmetrie und den Rhythmus der Wandstruktur am Aussenbau herzustellen, das heisst für ein optisch einheitliches Fassadenbild zu sorgen. Sie stellen Attrappen «echter» Fenster dar, wenn diese aus Gründen der Aufrissdisposition bzw. Raumaufteilung im Inneren der Bauten gar nicht geöffnet werden könnten oder überflüssig sind. Auf Wunsch der Bauherrschaft, des Baumeisters oder Malers werden sie zu Schmuckstücken der Fassade, wobei sie je nach Zeitstil Butzenscheiben, Sprossen, Vergitterungen und Schlagläden wiedergeben, bis hin zum Genremotiv der Hausbewohner, die aus dem offen stehenden Fensterflügel blicken (Abb. 595, 631). Eine unentbehrliche Rolle spielen sie schliesslich in der gesamten Illusionsmalerei als Teil der die Bilder und Bildwerke rahmenden Scheinarchitekturen (3.1.25). Über die hier beschriebenen Beispiele hinaus weisen vor allem die im Kapitel «Bunte Kirchtürme» vorgestellten Turmbemalungen weitere Blindfenster auf.

Literatur: Casa rurale Ct. Ticino 1 (Max Gschwend), 1976, p. 144-147 · Zum Val de Bagnes: Bauernhäuser Kt. Wallis 2 (Roland Flückiger-Seiler), 2000, S. 144 · Zum Fenster allgemein: Adolf Reinle u.a., «Fenster» in RDK VII, 1981, Sp. 1253-1466; Manfred Gerner, Dieter Gärtner.- Historische Fenster, Entwicklung, Technik, Denkmalpflege. Stuttgart 1996 (hier keine Bemerkungen zum Blindfenster) · Zu Blindfenstern: Alles nur Schein. Von Diebschreck, Trompe-l'œil, Finestre finte und anderen Illusionen. In: Schweiz, Herausgeberin Schweizerische Verkehrszentrale Zürich, 3/1983, S. 1–51 (kommentiertes Bildheft, zusammengestellt von Edi Lanners, Peter und Walter Studer).

Einfache weisse collarini

3.1.1 Viona / Brione sopra Minusio (TI, Val Resa)

Rustico. Collarino wohl 1448. Ursprünglicher Bestand. Aufgenommen 1997.

Einfacher collarino (Abb. 557). Kleiner, 2-gesch. urtümlicher Giebelbau auf annähernd quadratischem Grundriss. Mauerwerk aus Bruchstein mit wenig Putzmörtel, mächtige Quader an den Ecken. Auf dem dreieckförmigen Steinsturz des bergseitigen Eingangs ist die Jahreszahl MCCCCXL/VIII (1448) eingemeisselt. An der linken Traufseite befinden sich ein kleines Viereckfenster und eine Lichtscharte, die beide von breiten collarini eingefasst werden. Diese stammen vermutlich aus der Bauzeit, da Material und Struktur der Rahmenputze denen des Mauerputzes gleichen. Auf dem fast vollständig erhaltenen Originalverputz sind bei den Rahmen und in der Leibung des Viereckfensters noch Reste alter weisser Tünche vorhanden. (Zum späteren Fensterrahmen an der rechten Traufseite siehe 3.1.9.) – Sehr frühes, originales Beispiel am ältesten Gebäude der abgelegenen Bergsiedlung.

556 Le Châble / Val de Bagnes, Wohnhaus no 0054. Weitgehend unveränderter Steinbau. Eingangspartie auf altertümlichen Steinsäulen und Holzpfosten, bez. «[16]34 MCM». An der Giebelfront Zwillingsfenster mit gestuftem Steingewände sowie aufgemörteltem Putzrahmen mit Kugelaufsätzen

557 Viona / Val Resa, rustico mit collarino, wohl aus der Bauzeit 1448, original

3.1.2 Broglio (TI, Val Lavizzara)

Wohnhaus. Collarini neu. Aufgenommen 1983.

Einfache collarini (Abb. 558). Dreigesch., ehem. rustico aus Trockenmauerwerk innerhalb eines alten, geschlossenen Bauensembles in Hanglage. Die bergseitige Giebelmauer weist vier Stichbogenfenster mit breiten, undekorierten Fensterrahmen auf. – Sie bieten das Beispiel neuer collarini in einfachster traditioneller Ausprägung. Bau sanft restauriert.

3.1.3 Piano di Campo (TI, Valle di Campo)

Wohnhaus an der Durchgangsstrasse. Collarini, Jz. 1872. Ursprünglicher Bestand. Aufgenommen 1982.

Einfache collarini mit Schmuckkonturen (Abb. 559, 560). An der talseitigen, mit Naturputz bedeckten Giebelwand des schmalen, hohen Baus öffnen sich alle drei Geschosse in je einem hochrechteckigen Fenster mit breiten, weissen Putzrahmen. Während die Ecken durch zusätzliche Ohren verbreitert werden, weisen die unteren Ränder doppelte Zierbögen, die oberen unterschiedlich gebogene Konturen auf. Reste roter und schwarzer Farbe noch erkennbar. Im Giebeldreieck ein rundes Putzfeld, bezeichnet «1872 FP», Wappen erloschen. – Schöne, gut erhaltene collarini.

558 Broglio/Val Lavizzara, alter rustico mit neuen collarini
559 Piano/Valle di Campo, collarino mit Zierrändern und Resten roter und schwarzer Fassung 1872
560 Piano/Valle di Campo, Detail des unteren Randes

3.1.4 Fusio-Còspat (TI, Val Lavizzara)

Wohnhaus. Collarino neu. Aufgenommen 2000.

Collarino mit Giebelaufsatz (Abb. 561). Älterer, renovierter rustico, direkt unterhalb der Autostrasse. Die bergseitige Giebelmauer öffnet sich in einem kleinen Stichbogenfenster, das von einem sehr grossen collarino mit Spitzgiebel und Kugelknopf eingefasst wird. – Neue Anfertigung aus einer dicken, weiss gestrichenen Putzschicht, wahrscheinlich auf einen ähnlichen Fensterrahmen aus der Bauzeit (19. Jh.?) zurückgehend.

3.1.5 Tenero (TI, Locarnese)

Oratorio della B. Vergine della Fraccia. Kapelle und Einsiedelei, deren Türsturz (Granit) bez. «16 IHS 72». Collarini 1666 (Jz. im Putzmörtel), z.T. ursprünglicher Bestand. Aufgenommen 1997.

Bauensemble und einfache collarini (Abb. 563). Kleiner, beachtlicher Zentralbau mit Säulenvorhalle und ostseitig angebauter Einsiedelei in markanter Hanglage mit Weitblick über die Magadinoebene. Der Einsiedleranbau ist in weitgehend unverputztem Bruchstein hochgemauert. Traufseitig öffnen sich zwei grössere und zwei kleine Fenster, ihre Öffnungen sind z.T. alt vermauert, die Putzrahmen dementsprechend verändert. Neben dem breiten und mit wenig Sorgfalt geglätteten hellen collarino des rechten Fensters befindet sich ein Putzfleck mit der eingeritzten Bezeichnung «R.D. A[nno] 1666» (Abb. 562). Die vermutlich gleichzeitigen Putzrahmen der kleinen Fenster weisen einfache, klassisch profilierte Stürze auf.

Bemerkungen. In Technik, Material und Formen gleichen die collarini denen am unteren Eckgebäude des benachbarten Palazzetto Marcacci in *Tenero* derart, dass sie vermutlich von denselben Handwerkern hergestellt wurden (s. Abb. 599). Auffallend ist der Putzfleck mit Jahreszahl. Da er im Material dem Rahmen des benachbarten Fensters gleicht, ist anzunehmen, dass die Jahreszahl auch für dieses gilt. Jahresziffern, direkt in den Mörtel von Wandputzen geritzt, kommen selten vor.

561   Fusio-Còspat/Val Lavizzara, neuer collarino mit Spitzgicbcl
562   Tenero, Oratorio della Fraccia, seltene Beschriftung eines Mauerputzes, bezeichnet «RDA 1666»
563   Tenero, Oratorio della Fraccia, collarini 1666

Weisse Putzrahmen mit Architektur- und Schmuckmotiven

3.1.6 Maggia (TI, Valle Maggia)

Santa Maria delle Grazie in Campagna. Kernbau 1510 (Jz. am Aussenbau), diverse spätere Erweiterungen. Sakristeianbau 1578/91, hier ein Fenster mit Putzrahmen. Ursprünglicher Bestand. Aufgenommen 2004.

564 Maggia, S.Maria in Campagna, originaler Putzrahmen 1578/91
565 Contra, zugemauerte Wandöffnung mit datiertem Rest des originalen Putzrahmens 1670/79
566 Monte Carasso, erneuerter Putzrahmen mit aufgesetztem Kreuz, datiert 1696

Putzrahmen in Architekturformen (Abb. 564). Hochverehrte Kapelle in exponierter Lage ausserhalb des Dorfes mit bemerkenswerter Innenausstattung (Wandmalereien, Stukkaturen, Votivbilder). An der chorseitigen, aussen unverputzten Bruchsteinmauer der Sakristei erhielt das mittlere kleine Hochrechteckfenster der drei übereinander eingelassenen, ehemaligen Maueröffnungen einen sehr breiten, weiss gekalkten Putzrahmen, dem oben ein vielfach profilierter, seitlich ausladender, gerader Sturz aufliegt. Die Binnenzeichnung ist sorgfältig eingeritzt und der äussere Rand deutlich abgekantet. Originaler Verputz mit zahlreichen Schwundrissen. – Der höchstwahrscheinlich gleichzeitig wie der Sakristeibau zwischen 1578 und 1591 zu datierende Rahmen ist ein sehr frühes Beispiel mit klassischen Architekturdetails.

3.1.7 Contra (TI, Locarnese)

Pfarrhaus. Putzrahmen zwischen 1670/1679 (Jz. 167(?) auf der oberen Abschlussplatte). Ursprünglicher Bestand. Aufgenommen 1996.

Putzrahmen in Architekturformen (Abb. 565). Langgestreckter Giebelbau in Hanglage. Originaler Naturputz nur noch an der Strassenseite vorhanden. Hier befindet sich am hinteren Hausteil eine grosse weisse Putzrahmung. Sie umschliesst ein zugemauertes Fenster oder eine ehemalige Bildnische. Der Sturz ist mit gut erhaltener, eingeritzter Binnenzeichnung als sechsteiliges Gebälk, die Sohlbank in fünfstufiger Profilierung ausgebildet. Die unteren, weniger geschützten Partien weisen grosse Schwundrisse auf, oben links ist eine kleine ältere und rechts eine grosse jüngere Fehlstelle zu erkennen. – Originaler Putzrahmen in klassischen Formen und relativ grossem Format, ausnahmsweise datiert.

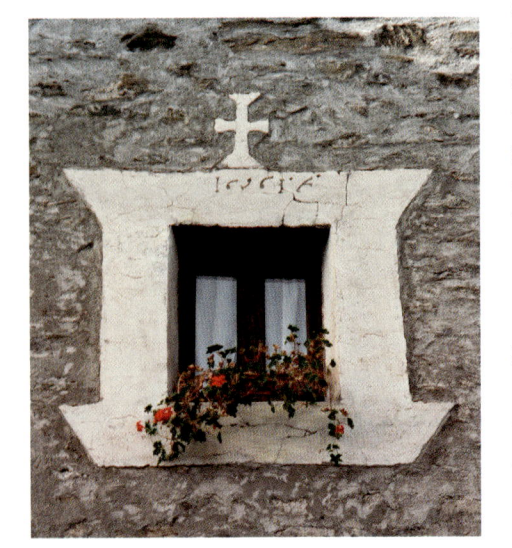

3.1.8 Monte Carasso (TI, Bellinzona)

Casa Spruga. Putzrahmen 1696 (Jz. auf dem Sturz). Im Kern historischer rustico, um 1990 stark erneuert. Aufgenommen 1996.

Architektonischer Putzrahmen (Abb. 566). Mehrgeschossiges Giebelhaus am Berghang. Bruchsteinmauerwerk, in pietra rasa verputzt. Der alte rustico wurde jüngst vergrössert und umfassend erneuert. In der Mitte der Giebelwand sitzt ein auffälliges, annähernd quadratisches Fenster mit breitem Rahmen, dessen oberer Abschluss an ein ausgreifendes Gebälk erinnert, das etwas widersinnig als Sohlbank wiederholt wird. Die Jahreszahl und ein Hauszeichen sind unsorgsam auf dem Sturz eingeritzt, darüber greift ein gleichschenkeliges Kreuz aus Mörtel auf die Mauer über. Der weitgehend alte Rahmen erhielt einen neuen Anstrich. – Altertümliche Rahmung mit heute vergröberten Details.

567 Viona/Val Resa, originaler Putzrahmen mit klassischem Zahnschnittfries am Sturz 17. Jh.
568 Osteno, Putzrahmen mit klassisch ausgebildetem Sturz und profilierter Steinbank 17. Jh.

3.1.9 Viona / Brione sopra Minusio (TI, Val Resa)

Rustico. Putzrahmen 17. Jh., ursprünglicher Bestand. Aufgenommen 1983.

Architektonischer Putzrahmen (Abb. 567). An demselben, unter 3.1.1 beschriebenen, spätmittelalterlichen Bau befindet sich in der rechten Traufwand ein weiteres kleines, quadratisches Fenster mit schräger Leibung in ebenfalls unrestauriertem Zustand, jedoch aus späterer Zeit. Der Putzrahmen ist weiss getüncht und an allen Seiten mit Binnenlinien gegliedert. Unter dem Sturz läuft ein sgraffitierter Zahnschnittfries. Sturz und Sohlbank sind profiliert. Originalbestand mit Fehlstellen vor allem in der Sohlbank, Oberfläche absandend.

Bemerkungen. Gilardoni datiert das Fenster ins 16. Jh., von der Form her dürfte es jedoch später entstanden sein. Bemerkenswertes Fenster in klassischen Formen, sorgfältige Arbeit.

Literatur. MAS TI III (Virgilio Gilardoni), 1983, p. 292s.

3.1.10 Osteno (Italien, Val d'Intelvi)

Piazza Matteotti 2-6. Putzrahmen 17. Jh., ursprünglicher Bestand. Aufgenommen 1983.

Architektonischer Putzrahmen (Abb. 568). Dreigesch., naturverputztes Eckhaus mit zusätzlichem Mezzaningeschoss. Alle Fenster der beiden OG zeigen die gleiche, weisse Putzrahmung. Der Sturz hat die Form eines mehrteiligen Gebälks mit Zahnschnittfries, die seitlichen Putzflächen blieben unverziert. Die Sohlbänke bestehen aus Naturstein, kragen vor und sind dreifach profiliert. Gut erhaltener Originalzustand ohne Fehlstellen, Oberfläche abgewittert, Schwundrisse im Putz. – Schönes Beispiel auf grenznahem italienischem Boden.

3.1.11   Cevio Vecchio (TI, Valle Maggia)

Casa Franzoni (Museo valmaggese). Putzrahmen wohl 1684 (Jz. 16[8?]4 im Putz an der Rückwand des Hauses). Aufnahme des Originalbestands 1982, die Rekonstruktion erfolgte um 1990.

Putzrahmen mit sgraffitierten Zacken (Abb. 569). Dreigeschossiger langgestreckter, naturverputzter Giebelbau mit fünf plus drei Fensterachsen an der zweiteiligen, nach Süden orientierten Hauptfront und zwei Fensterachsen an den Giebelseiten. Die Rahmen samt Leibung sämtlicher Fenster bestehen aus einer zweiten, gut geglätteten, weiss gefassten, linierten und präzise konturierten Putzschicht. Dargestellt ist ein Gewände mit klassisch profilierten Sohlbänken (EG) und Stürzen. Die Rahmenleisten sind seitlich und oberhalb der Fensteröffnung mit einem sgraffitierten Zackenband verziert. Die Sohlbänke in den beiden OG bestehen aus profilierten Granitplatten. Die Fensterrahmen wurden bei der Restaurierung 1990 alle erneuert. Im Original befindet sich nur noch die Quaderung an der Nordwestecke der rückwärtigen Giebelseite, unmittelbar daneben die Jz. im Putz (letzter Augenschein 2004).

Bemerkungen. Tessiner Herrenhaus mit einheitlichen Fensterrahmungen, die über alle Seiten und Geschosse laufen und den Fassaden zusammen mit der in gleicher Technik hergestellten Diamantquaderung an den Bauecken (2.5.7) ein grosszügiges Aussehen verleihen. Die Noblesse des Hauses kommt durch die buntfarbig gemalten Scheingewände der beiden Hauptportale noch zusätzlich zum Ausdruck (vgl. 1.4.9 sowie Abb. 942).

Literatur. Casa borghese XXVIII/II, 1936, tav. 112, 113.

569   Cevio Vecchio, Casa Franzoni, Putzrahmen mit gezackter Einfassung wohl 1684, Foto vor der inzwischen erfolgten Restaurierung
570   Mendrisio, Originalreste eines ungewöhnlichen Rahmendekors aus grobkörnigem, ehemals weiss geschlämmtem, schwarzem Mörtel, 17. Jh.
571   Mendrisio, Detail des Rahmens, die Rautenmusterung liegt auf einem Brüstungsfeld aus Backstein

3.1.12 Mendrisio (TI)

Via Giuseppe Andreoni 22. Putzrahmung 17. Jh., Originalreste. Aufgenommen 1999.

Rundbogige Putzrahmung mit Zierformen (Abb. 570, 571). Zweigesch., an der Strassenfront stumpf gewinkelter Wohn- und Nutzbau mit Rundbogentor und offenem Dachraum (solaio). Naturverputz auf Bruchsteinmauerwerk. Im OG ein Rundbogenfenster, dessen gekehlte Sohlbank mit dem darunter befindlichen Brüstungsfeld aus Backstein besteht. Rings um die Fensteröffnung liegt ein breiter Putzrahmen, der entlang der Fensterkante ungemustert, im Mittelstreifen mit grossen Rauten und am Aussenrand mit einem Perlband verziert ist. Der untere Rand wird von zwei mächtigen gegenläufigen Voluten begleitet, an deren Berührungsstelle ein Tropfen hängt. Für den Rahmen wurde ein sehr grobkörniger, ungewöhnlich dunkler Mörtel verwendet, dessen aufliegende weisse Schlämmschicht weitgehend abgegangen ist. Der in der Rahmenmusterung in kleinen Partien sichtbare Wandputz weist einen sandgelben, mit dem dunklen Rahmenputz stark kontrastierenden Farbton auf.

Bemerkungen. Der Putzrahmen ist sehr abgewittert und beschädigt, u. a. durch einen neuen Fensterdurchbruch unmittelbar rechts daneben. Es handelt sich um eine ehemals prächtige, üppig verzierte und in ihrer Art seltene, rundbogige Rahmung.

3.1.13 Rovio (TI, Valle Mara)

Via V. Magri / Piazzetta del Conza. Fensterrahmen wohl um 1600. Ursprünglicher Bestand. Aufgenommen 1982.

Kleiner Fensterrahmen mit sgraffitierter Ornamentik (Abb. 572). Sehr kleines, rechts neben einer Rundbogentür angebrachtes Rechteckfenster an einem Wirtschaftsgebäude. Das Gebälk, die profilierte Sohlbank und die Seitenpfosten des Gewändes sind mit Sparren, Schraffuren und Bogenläufen verziert. Die Ränder des Rahmens werden an jeder Seite von einer hell auf dunkel bzw. dunkel auf hell sgraffitierten Rosette begleitet (links zerstört). Die handwerkliche Ausführung ist flüchtig. Die weiss gekalkte Putzoberfläche wurde zwecks Haftung einer später aufgebrachten und heute teilweise wieder abgegangenen Putzschicht aufgehackt.

Bemerkung. Dieser Fensterrahmen stellt noch ein in originalen Resten erhaltenes, sehr frühes und seltenes Beispiel für die Sgraffitotechnik im Tessin dar, die eher in Graubünden als hier angewandt wurde (gleich wie 3.1.14 *Sornico*).

Literatur. Casa rurale TI 1 (Max Gschwend), 1976, Abb. 452.

3.1.14 Sornico (TI, Valle Maggia)

Casa Moretti. Fensterrahmen wohl 1634. Ursprünglicher Bestand. Aufgenommen 1983.

Fensterrahmen mit ornamentiertem Sturz in Sgraffito (Abb. 573). Zwei miteinander verbundene 2- bzw. 3-gesch. Häuser aus naturverputztem Bruchstein mit unterschiedlichem Aussendekor (zu den Eckquaderungen s. 2.1.31 und 2.5.19). Das 3-gesch. Haus weist mehrere, z.T. vermauerte Fenster auf, deren Rahmungen in Sgraffitotechnik herausgearbeitet sind. Über den Stichbögen liegen Verdachungen, die durch verschieden zusammengesetzte Friese aus Bögen, Rauten, Mäanderbändern sowie Rosetten verziert werden. Der Sturz des zugehörigen Eingangs trägt die Jz. 1634, die auch für den Fensterdekor gelten dürfte.

572 Rovio, Fensterrahmung in Sgraffito, seltene Technik im Tessin, Bestand um 1600

573 Sornico, Fensterrahmen mit sgraffitiertem Ziersturz, Bestand wohl von 1634

Bemerkung. Sorgfältige Sgraffitoarbeit, erstaunlich gut erhaltener, originaler Bestand. Siehe Schlussbemerkung zu *Rovio* (3.1.13).

Literatur. Casa borghese XXVIII/II, 1936, tav. 119 · Casa rurale TI 1 (Max Gschwend), 1976, Abb. 451 · Decorazioni Valmaggia 1998, p.92s.

3.1.15 Carona (TI, Luganese)

Wirtschaftsgebäude. Putzrahmen 17. Jh., ursprünglicher Bestand. Aufgenommen 1984.

Putzrahmen mit Wappen und Zieraufsatz (Abb. 574). Zweigesch. Nutzbau mit offenem Dachraum (solaio) innerhalb der geschlossenen Häuserzeile zwischen Piazza Montaa und Pfarrkirche. Die gerundete Strassenfront folgt dem Gassenbogen. Im Mauerwerk aus naturverputztem Bruchstein öffnet sich ein Fenster mit weissem Putzrahmen, der aus einer zweiten, relativ groben Putzschicht herausgearbeitet ist. Sein Aufsatz stellt in der Mitte eine Leiter, das Wappenemblem der Familie della Scala, dar, das seitlich von obeliskbesetzten Voluten gestützt und oben von einer Kugel bekrönt wird. Die Sohlbank besteht aus einer einfachen, vorkragenden Granitplatte. Die Putzoberfläche weist Schwundrisse und einige Fehl- bzw. Flickstellen auf (Flicke neuerdings farblich angeglichen). Bemerkenswert ist das sinnfällig und geschickt in die Bauformen integrierte Wappen.

3.1.16 Arogno (TI, Luganese)

Wohnhaus Piazza Adamo da Arogno. Fensterrahmung 17./18. Jh., Aufnahme des originalen Bestands 1983, inzwischen erneuert.

Architektonische Fensterrahmung in Sgraffito (Abb. 575). Mehrgeschossiges Eckhaus in Bruchstein mit grobem Naturputz, baulich stark verändert. Vom Altbestand erhalten ist ein Fenster mit bemerkenswerter, weisser Putzrahmung. Über dem profilierten Sturz befindet sich ein abgeflachter Giebel mit Kugelaufsatz, der auf einem vielteiligen, mit dem oberen Giebelbalken verkröpften Postament steht. Seitlich wird das Gewände von Rahmenleisten begleitet, die in dekorativ ausgeformten Voluten auf der profilierten Sohlbank enden; unter der Sohlbank eine Zierleiste auf Volutenkonsölchen. Die steinerne Sohlbank gehört nicht zum ursprünglichen Fensterrahmen. Der Dekor ist in Sgraffito auf einem unregelmässig aufgetragenen Flecken geglätteten Feinputzes ausgeführt.

Bemerkungen. Die Ornamentformen entsprechen stilistisch noch dem 17. Jh., das Fenster stammt aber wohl erst aus dem frühen 18. Jh., worauf Vergleichbares im Ort hinweist. Der 1983 dokumentierte Originalbestand hatte eine abgeriebene Oberfläche, kurze tiefe Risse, kleine Ausbrüche und eine grob geflickte Fehlstelle, war sonst aber intakt. Bei der jüngst erfolgten, nicht an der historischen Farbigkeit orientierten Erneuerung erhielten der Wandputz und das geglättete Putzfeld einen hellblauen und Letzteres innerhalb des Dekors einen dunkelgrauen Anstrich.

Literatur. Decorazioni Luganese 2002, p. 35 (erneuerter Zustand).

574 Carona, Putzrahmen mit Zieraufsatz und sprechendem Wappen della Scala, weitgehend original 17. Jh.
575 Arogno, architektonischer Fensterrahmen mit aufwändigen Details 17./18. Jh., Originalbestand vor der jüngsten Restaurierung mit veränderten Farben
576 Vogorno, Kirche S.Bartolomeo, Chormauer mit älterem Rechteckfenster und jüngerem Bogenfenster, zusammengeschlossen durch einheitliche Putzrahmen, Originalbestand um 1654
577 Vogorno, aufwändige Bogenfensterrahmung mit Flankenvoluten auf rotem Grund

Weisse Putzrahmen mit Rot

3.1.17 Vogorno (TI, Val Verzasca)

Alte Pfarrkirche S. Bartolomeo. Putzrahmung wohl um 1654. Umfangreicher Originalbestand. Aufgenommen 1997.

Fenstergruppe mit architektonischer Putzrahmung in Weiss und Rot (Abb. 576, 577). Mitten in der wenig verputzten Bruchsteinfassade des Rechteckchors befindet sich ein hochrechteckiges, zugemauertes Fenster, über dem ein breit ausladendes, halbkreisförmiges Bogenfenster liegt. Die beiden Fensteröffnungen wurden optisch durch eine zweifarbige Putzrahmung in Weiss und Rot zusammengefasst, von der bei der unteren Öffnung nur noch Reste eines dreieckigen Giebelaufsatzes und einer grossen, roten Rundscheibe erkennbar sind. Im Gegensatz zum Rechteckfenster hat sich die Putzrahmung des Bogenfensters relativ gut erhalten: Zwischen Sohlbank und auffallend hohem Abschlussgesims mit mehrfacher Profilierung spannt sich zu Seiten des Fensterbogens je eine weisse, gegenläufige Doppelvolute auf rotem Grund. Die Umrandung der weissen Zwickelfüllung zwischen Fensterbogen und Abschlussgesims sowie die der beiden kleinen Rundscheiben unter der Sohlbank sind ebenfalls rot. Der Fensterbogen und seine gestufte Leibung wurden nur weiss gekalkt, die Konturen und Binnenlineamente durch Ritzung klar umrissen bzw. einbeschrieben.

Bemerkungen. Das untere Fenster dürfte früher als das obere, ihre Putzrahmen jedoch gleichzeitig mit der Turmerhöhung von 1654 entstanden sein. Zusammen mit dessen Erhöhung wurde offensichtlich auch der ältere Chor um die obere Partie mit dem Bogenfenster erhöht, die im Mauerwerk dem Turm gleicht. Die Baunaht ist am Unterschied von Steinmaterial und Mauerung gut erkennbar. – Das Motiv des Halbkreisfensters mit flankierenden Doppelvoluten und die Zweifarbigkeit heben diese Fenstergruppe als eine besonders aufwändig ausgeführte Tessiner Putzrahmung hervor.

3.1.18 Losone, Frazione S. Giorgio (TI, Locarnese)

Contrada maggiore. Putzrahmen wohl schon Ende 16. Jh.; unmittelbar nach der Konservierung aufgenommen 1997.

Putzrahmen mit Muschelgiebel in Weiss und Rot (Abb. 578). Dreigesch. Wohnhaus am südlichen Ortsrand. Bruchsteinmauerwerk mit neuem Verputz in pietra rasa. Das Fenster an der linken Hauskante im 1.OG der freistehenden Giebelseite weist einen überaus reichen Putzrahmenschmuck auf. Der allseitig mit Spiegeln verzierte Gewänderahmen wird unten und oben von einer ausladenden Sohlbank bzw. einem Gebälk mit Fries eingefasst. Über dem Gebälk spannt sich ein als Muschelnische ausgebildeter Segmentbogen. Der Innenrahmen (ohne die Ränder seiner Spiegel), der Fries und jede zweite der radialen Muschelrippen sind rot gefasst. Möglicherweise hatte die Abschlussplatte des Gebälks eine gemalte, rot-weisse Marmorierung. Nach Gilardoni war die Rahmung beschriftet: «…1[5?]9[5?]…Loxon…» (nicht mehr lesbar). Es ist das einzige derart hervorgehobene Fenster am gesamten Bau.

Bemerkungen. Das Haus wird zurzeit restauriert, wobei im Bereich des Fensters bis hart an den Umriss seines Putzrahmens ein, nach erstem Eindruck, zementhaltiger Feinputz aufgebracht worden ist. Die Einfassung gehört wegen ihrer Zweifarbigkeit, ihres Formenreichtum, ihrer handwerklichen Präzision und ihrer frühen Datierung zu den bemerkenswertesten Fensterrahmungen im Tessin. Vgl. auch den Fensterrahmen in *Manno* mit Rot in der Giebelfüllung (1.4.5).

Literatur. MAS TI II (Virgilio Gilardoni), 1979, p. 230, ill. 281, 282, 581.

3.1.19 Carona (TI, Luganese)

Piazza della costa, Wohnhaus. Putzrahmen 18. Jh.; ursprünglicher Bestand. Aufgenommen 1982. Später konserviert und ergänzt.

Ädikula-Aufsatz eines Putzrahmens in Weiss und Rot (Abb. 552). Zweigesch. Eckhaus mit gewinkeltem Anbau und solaio in den obersten Geschossen. Es befindet sich im borgo an der bergseitigen Gasse bei Piazza della costa. Strassenfassade aus Bruchsteinmauerwerk mit gut geglättetem Einschichtputz und Resten eines weissen Anstrichs. In beiden Geschossen haben einige der Fenster Putzrahmen mit schwungvoll ausgreifenden, gebogenen Ecken und Lätzen unter den Fensterbänken (Granitplatten). Unter ihnen wurde eins der Fenster im EG durch einen bemerkenswerten Zieraufsatz in Form einer kleinen Ädikula mit Kugelabschluss und rot gefasstem Binnenfeld hervorgehoben. Die sehr feine, zusätzlich mit Konstruktionslinien versehene Binnenzeichnung und der Umriss des Aufsatzes waren von akkurater Präzision.

Bemerkung. Im Zuge von Reparaturen am Haus (vor 2000) wurde auf die zugemauerte Fensteröffnung unterhalb der noch vorhandenen Originalreste der Ädikula ein Genrebild mit fiktiver, vergitterter Tür und illusionistischem Blick auf den (real vorhandenen) Arkadenhof gemalt, auf der Schwelle ein neugieriges Kätzchen (Abb. 579).

578 Losone, Putzrahmen mit Muschelgiebel in Rot und Weiss, wohl E. 16. Jh.
579 Carona, neue Scheinmalerei eines Hauseingangs mit retuschierten Resten des alten Fenstergiebelaufsatzes, 18. Jh.

580 Corippo, collarino mit roter Ornamentik und Beschriftung «G 1838 P», Originalbestand

3.1.20 Corippo (TI, Val Verzasca)

Collarino 1838 (Jz. und Signatur am oberen Rand). Originaler Bestand. Aufgenommen 1996.

Weisser collarino mit rotem Ornament (Abb. 580). Hohes, schmales Wohn- und Wirtschaftsgebäude am Kirchplatz, vorwiegend aus Trockenmauerwerk. An der platzseitigen Giebelwand ein quadratisches Fenster mit breitem collarino. Rand und Leibung sind mit einer roten Blattranke bemalt. Die obere Partie trägt die kaum mehr lesbare, ehemals auch rote Beschriftung «G 1838 P». Ursprünglicher Verputz mit vielen Schwundrissen. An der rechten Traufseite befindet sich ein weiteres Fenster mit collarino in der gleichen roten Musterung. – Schönes zweifarbiges, noch original erhaltenes Beispiel aus dem 19. Jahrhundert mit seltenem, datiertem Monogramm.

Das Blindfenster

3.1.21 Roveredo (GR, Misox)

Kapelle S. Fedele. Errichtet vor 1419, wohl ab 1611 etappenweise umgebaut und 1683 fertiggestellt (Neuweihe). Profaniert 1912 (Lagerraum), restauriert 1945. Aufgenommen 2001.

Weisse Architekturmalerei mit blinden Ochsenaugen (Abb. 581). Die hier interessierende Bemalung der Putzoberfläche des 1-schiffigen Saalbaus, der noch in beträchtlichen Teilen aus dem späten Mittelalter stammt, dürfte zur Zeit der Neuweihe des Umbaus 1683 aufgebracht worden sein. Das zunächst einschichtig glatt verputzte und weiss geschlämmte Buchsteinmauerwerk erhielt sofort oder wenig später eine zweite, relativ dunkle Naturputzschicht, auf die an allen Fassaden eine einfache weisse Gliederung aus Eckpilastern, doppelten Trauf- bzw. Giebelgesimsen und Fensterrahmen aufgemalt wurde. Auf der Giebelwand der Hauptfassade befinden sich zusätzlich zwei grosse blinde, gemalte Ochsenaugen. Sie flankieren das über dem Mittelportal sich öffnende, querovale Fenster und fingieren zusammen mit den Stichbogenfenstern neben dem Portal einen 3-achsigen Fassadenaufbau.

Bemerkungen. Durch die Blindfenster erhielt die Fassade eine symmetrisch betonte und ausgewogene Gliederung. San Fedele ist ein schönes, noch originales Beispiel für den Einsatz von Fensterattrappen zur architektonischen Gestaltung einer Schaufront. Zustand schadhaft.

Literatur. KDM GR VI (Erwin Poeschel), 1945, S.187-189.

581 Roveredo, S.Fedele, Westfassade mit gemalten Ochsenaugen um 1683
582 St. Katharinental, Kornhaus des Klosters mit fingierten Aufzugsöffnungen 1749/50

3.1.22 St. Katharinental, Gemeinde Diessenhofen (TG)

Ehem. Dominikanerinnenkloster. Kornhaus, errichtet 14./15. Jh., umgebaut 1683, erweitert 1749/50 (Dachstuhl). Restaurierung der Fassaden mit Wiederherstellung der blinden Aufzugsöffnungen 1977. Aufgenommen 1999.

Gemalte Aufzugsöffnungen (Abb. 582). Die weit ausladende, westwärts orientierte Giebel- und Frontseite des mächtigen, hell verputzten Gebäudes weist einen leicht aus der Mitte nach rechts gerückten rundenbogigen Toreingang und drei darüber liegende Aufzugsöffnungen auf. Letztere werden von drei gleichen, jedoch fiktiv gemalten Aufzugsöffnungen, die entsprechend nach links verrückt sind, symmetrisch zu einer zweifachen, im Giebel durch ein gemeinsames Klebedach verbundenen Mittelachse ergänzt. Die übrigen gotischen und gotisierenden Fensteröffnungen verteilen sich zwar unregelmässig, aber spiegelsymmetrisch auf der Fassade. Die gesamte Wandgliederung ist das Ergebnis eines Umbaus von 1683, in dem der wieder verwendete, kleine gotische Vorgängerbau weiterlebt («Die belassene ehemalige Südmauer des ursprünglichen Kornhauses ... bedingte eine Verlegung des rundbogigen Eingangs aus der Mittelachse weiter nach Süden und damit auch der drei darüber getürmten, gleichfalls rundbogigen Aufzugsöffnungen. Um die verlorene Symmetrie wiederherzustellen, behalf man sich geschickt dreier, spiegelgleich aufgemalter Pendants. Ein Klebedächlein verklammert oben ‹Sein und Schein›», KDM S.147f). Im frischen, nach Farbbefunden restaurierten

Zustand 1977 sahen die fingierten und die realen Aufzugsöffnungen aus der Entfernung gleich aus. Heute ist bei den Attrappen die ehemals tiefbraune bzw. graue Farbe der Läden und Gewände etwas ausgeblichen.

Bemerkungen. Die Fassade des 1749/50 im Dachstuhlbereich nocheinmal beträchtlich vergrösserten St. Katharinentaler Kornhauses kopierte mit den kleinen Fensteröffnungen die symmetrische Fassadengestalt ihres gotischen Vorgängerbaus und führte die Symmetrie mit Hilfe von Attrappen der grossen Aufzugsöffnungen fort, so dass auch die heute sichtbare Fassade des 18. Jh. wieder spiegelsymmetrisch angelegt ist. Die charaktervolle und unverwechselbare Erscheinung des gesamten Baus ist wesentlich dieser, durch Illusionsmalerei hergestellten Symmetrie der Hauptfront zu verdanken.

Literatur. KDM TG IV (Albert Knoepfli), 1989, S.146-149

583   Neuchâtel, Hôtel Du Peyrou, Seitenpavillon mit Blindfenstern über zwei Geschosse 1765/71
584   Rorschach, Kornhaus der Abtei St. Gallen, Blindfenster über zwei Geschosse 1746/49

3.1.23   Neuchâtel/Neuenburg

Hôtel Du Peyrou. Erbaut 1765/71 von Erasmus Ritter. Aufgenommen 2003.

Blindfenster an der Hofseite (Abb. 583). Der an französischen Anlagen orientierte Bau gilt als das «prunkvollste und am besten durchgebildete» Stadtpalais im Kanton Neuenburg (KF Schweiz 2, 1976, S.78). Es ist als weisser Putzbau mit einer klassischen, alle vier Fassaden umfassenden Architekturgliederung aus gelbem Neuenburger Stein konzipiert und verfügt über bemerkenswerte Blindfenster. Diese befinden an der Hofseite, die sich in einer breit gelagerten, 2-gesch. Schaufront aus Mittelrisalit und Seitenpavillons mit jeweils drei Fensterachsen präsentiert (Nordfassade). Während die drei Fensterachsen des östliche Seitenpavillons reguläre Fenster aufweisen und damit die Raumdisposition im Inneren widerspiegeln, sind beim westlichen Seitenpavillon die Fenster in der Mittelachse blind, da eine Innenwand zwischen Treppenhaus und Eckraum das Öffnen von Fenstern verbietet. So wurden zur Wahrung der regelmässigen Fassadengliederung blinde Fensternischen aufgesetzt und mit Fensterflügeln bemalt, die samt der aufwändigen Fenstergitter im Erdgeschoss den «echten» Fenstern wie Zwillinge gleichen. – Es handelt sich um das Musterbeispiel eines anspruchsvollen barocken Fassadenaufbaus, bei dem die unbedingt erwünschte optische Einheit mit gemalter Scheinarchitektur hergestellt wird, wenn sie baulich nicht realisierbar ist. Besonders signifikant sind hierfür auch die variierenden Blindfenster, die die langen Fensterreihen am Strassenflügel des Palazzo Pollini in *Mendrisio* komplettieren (3.6.19, vgl. auch 3.1.24 *Rorschach*).

Literatur. Maison bourgeoise XXIV, 1932, pl. 49 53 · MAH NE I (Jean Courvoisier), 1955, p. 355-371.

3.1.24   Rorschach (SG)

Kornhaus, ehemaliger Getreidespeicher der Abtei St. Gallen, erbaut 1746/49 von Johann Caspar Bagnato, 1910 Umbau zu einem Lagerhaus. Letzte Aussenrenovation 1985. Aufgenommen 2000.

Blindfenster an der Schaufront des Haupteingangs (Abb. 584). Mächtiges, als «bedeutendster Bau eines Kornspeichers in der Schweiz» bezeichnetes Lagerhaus an der Schifflände des Bodensees. Die weiss verputzten, 4-gesch. Quadersteinfassaden mit elf bzw. dreizehn zu drei Fensterachsen werden durch Werksteinauflagen aus graugrünem Sandstein gegliedert (Ecklisenen, Gesimse, Fenstergewände). Die einer Schlossfassade gleichende Schaufront des 3-gesch. Mittelrisalits zur Stadtseite verfügt über ein Prunkportal, zwei darüber liegende Geschossfenster und einen Giebel, der von einer Steinkartusche mit Füllhörnern, Getreidegarben und der

585 Zug, Claverhaus, Illusionsmalerei mit blinden Butzenfenstern, Melchior Eggmann 1740

Jz. MDCCXLVIII beherrscht wird. Die aufwändig gerahmten Fensternischen sind blind, da die Stiegenführung des Treppenhauses im Inneren nur eine Belichtung von den Seiten her erlaubt. Die Bemalung der Fensternischen mit einer Butzenverglasung erscheint derart realistisch, dass die Vortäuschung realer Fenster nichts zu wünschen übrig lässt.

Bemerkungen. Der fürstäbtliche Nutzbau ist an seiner Eingangsfassade wie ein herrschaftliches Barockpalais konzipiert. Da die Disposition des Treppenhauses im Inneren Fensteröffnungen an der Frontseite verbietet, wurden sie zur Vervollständigung und Harmonisierung des streng symmetrischen Fassadenaufbaus als Blindfenster angebracht (vgl. 3.1.23 *Neuchâtel*).

Literatur. Bürgerhaus III/1, 1913, S.XXVIII, Blatt 42-44.

3.1.25 Zug

St.-Oswaldsgasse 15, Haus der Petrus-Claver-Schwestern, früher Brandenberghaus. Erbaut 1540, barockisiert und 1740 mit einer Illusionsmalerei von Melchior Eggmann versehen. Übermalt 1901, restauriert 1952, zuletzt 1999. Aufgenommen 1999.

Blindfenster innerhalb einer aufwändigen Illusionsmalerei (Abb. 585). Die mit der Gassenzeile fluchtende Strassenfront des Wohnhauses umfasst ein Eingangs- und drei Wohngeschosse und weist zum Teil noch spätgotische, zum Teil barocke Tür- und Fensteröffnungen auf. Die Gruppierung der Fenster bezieht sich spiegelsymmetrisch auf die mittlere Hausachse mit Ausnahme des gotischen Drillingsfensters im mittleren Wohngeschoss, das leicht nach links aus der Achse

586 Léchelles, Schloss Gottrau, Bogenfeld mit blindem Butzenfenster, Melchior Eggmann um 1750

verschoben ist. Im Zuge der Barockisierung erhielt die Fassade nun eine Bemalung über alle drei Wohngeschosse, die sie in eine architektonisch einheitlich gegliederte, prächtige Schauwand verwandelte. Die gemalte Architektur besteht aus einem durchgehenden Brüstungsgesims unter den Sohlbänken der Fenster im 1.OG, Seitenpilastern an den Baukanten und üppigen Rahmungen der Fenster. Eingebunden in dieses einheitliche, mit reichlicher Marmorierung und Zierwerk versehene Architektursystem sind zahlreiche Bilddarstellungen (Krönung Mariens, Heilige, allegorische Figuren, Wappen, Putten und Puttenköpfe). Das hier besonders interessierende Element ist das mit Butzenscheiben versehene Blindfenster im mittleren Wohngeschoss, das das erwähnte Drillingsfenster zu einer Viererguppe ergänzt und in einen illusionistisch gemalten Erker integriert, so dass dieser nun genau die Fassadenmitte beherrscht. Im selben Geschoss sind die gemalten Segmentbögen der beiden, den Mittelerker flankierenden Zwillingsfenster ebenfalls mit blinden Butzenscheiben gefüllt, so dass auch diese an der einheitlichen und symmetrischen Erscheinung des Wandaufbaus mitwirken.

Bemerkungen. Die Bemalung des Brandenberghauses gehört zusammen mit der des Château de Gottrau in *Léchelles* (FR), die ebenfalls Melchior Eggmann schuf, zu den qualitätvollsten,

587　Carona, Casa Cattaneo, Blindfenster und Blindnischen innerhalb der jüngst wiederhergestellten Illusionsmalerei, M. 17. Jh.

barocken Fassadenmalereien in der Schweiz. Auch in Léchelles verwendete Eggmann das Motiv der Blindscheiben im Bogenfeld der gemalten Aufsätze über dem Fensterpaar im Giebel der Gartenseite (Abb. 586, noch im Zustand vor der Restaurierung um 2000). Beide Fassadengestaltungen, insbesondere aber die in Zug, stehen hier als Beispiele für die Rolle des Blindfensters als symmetrisierendes Architekturelement. (Die ikonografische und künstlerische Bedeutung der Malereien sind der angegebenen Literatur zu entnehmen.) Ähnlich wie am Brandenberghaus wird das Blindfenster in den kunstgeschichtlich bemerkenswerten Illusionsmalereien der Casa Cattaneo in *Carona* (Abb. 587) und der Klosterkirche *Fahr* (Abb. 592) verwendet und erscheint in besonders origineller Art innerhalb der streng gegliederten, figuralen Malerei aus dem Jahr 1640 an der Fassade der ehemaligen, auf das frühe 16. Jh. zurückgehenden Lateinschule in *Brugg* (Abb. 210, 588).

Literatur. Georg Carlen.- Der Rorschacher Barockmaler Johann Melchior Eggmann (1711-?) als Fassadengestalter. In: Rorschacher Neujahrsblatt 1978, S.61-78 · Tugium 16, 2000, S.38,

588 Brugg, Lateinschule, vergittertes Scheinfenster in der Umrissform der gemalten Phantasiequaderung, Illusionsmalerei 1640
589 Moudon, gemalter Butzenfensterflügel der Maison de Cerjat, erbaut 1691

Abb. 28 (zur Restaurierung 1999) · Zu Carona: Casa borghese XXVI/I, 1934, tav. 116, 177 · Zu Brugg: Vögelin ASA 1884/87, S. 503f, sowie KDM AG II (Michael Stettler, Emil Maurer), 1953, S. 293-298.

3.1.26 Moudon (VD)

Rue de Grenade 34, Maison de Cerjat, weitgehend neu erbaut 1691 von Jonas Favre. Haustein- und Putzfassaden. Erneuert 1988/90, aufgenommen 2000.

Blindfenster (Abb. 589). Die Gartenseite des unter 3.5.13 aufgeführten Herrenhauses weist Blindnischen mit gemalten, zweiteilig gerahmten und noch im Stil des 17./18. Jh. mit Butzen verglasten Fensterflügeln auf.

Bemerkungen. Die Maison Cerjat bietet eins von vielen Beispielen für den Variantenreichtum der Blindfenster, die illusionsfreudig mit Butzen, Sprossen und Vergitterungen ausgestattet sind bis hin zum herausblickenden Hausherrn. Sie dienen alle dazu, die optische Symmetrie der Wandgliederung zu gewährleisten, bilden überdies aber meistens auch ein erheiterndes Genremotiv unter den zweckdienlichen, der Baustruktur gehorchenden Fenster und Türöffnungen. Die folgenden Blindfenster veranschaulichen die Palette der Gestaltungsmöglichkeiten: *Mammern* (3.6.21), Schlosskapelle, eins der beiden blinden, mit Dekorationsmalerei umrahmten Rundfenster an der Westfassade, farblich und motivisch in den übrigen Fassadendekor integriert, Malerei 1749/50 (Abb. 590); *Pfäfers* (3.6.15), Altes Bad, Blindfenster im Renaissancestil, Gewände mit gesprengtem Giebelaufsatz und holzimitierenden Seitenbärten, Flügel in Butzenverglasung, einziges Gliederungsmotiv am stirnseitig geschlossenen Querbau des Gästehauses und einige Illusionsmalerei am Bau, um 1720 (Abb. 591); *Fahr* (1.1.24), Blindfenster mit geöffnetem Flügel und zerbrochenen Butzenscheiben, die den Blick auf einen Wandpfeiler und ein Altarkreuz im Kircheninneren freigeben, Detail an der Nordapsis der Klosterkirche innerhalb der umfassenden Illusionsmalerei von Giovanni Antonio und Giuseppe Torricelli 1745/47 (Abb. 592); *Magliasina* (TI), Kirche, Blindfenster mit Sprossenflügeln in der Mittelachse des Chors, umrankt von einem ehemals hell hervorgehobenen Kranz aus Blattvoluten, über dem Sturz das Christusmonogramm, unter der Sohlbank der Rest eines Medaillons, einzige Illusionsmalerei am Äusseren, Originalbestand 18. Jh. (Abb. 593); *Olivone-Putello* (3.6.20), Casa Martinali, Blindfenster über profilierter Steinbank mit aufwändigem Gewände und kleinteilig gesprossten Flügeln, Originalbestand 1748/49 (Abb. 594); *Grüsch* (3.6.10),

3.1 WANDAUFLAGEN   Fenster mit Putzrahmen (collarino) und Blindfenster

Gasthaus Krone mit diversen, butzenverglasten Blindfenstern, aus deren einem der Hausherr blickt, wahrscheinlich Albert Dietegen von Salis-Seewis 1698 (Abb. 595); *Melide* (TI), Casa Pocobelli, prächtige Balkontür in Scheinmalerei, am Gitter das Wappen der Hausherrin, die den Vorhang beiseite schiebt und winkt, Giebelaufsatz und Konsole tragen üppigen Blumenschmuck, einziger bildlicher Fassadendekor, Neurokoko unter Einfluss von Giovanni Antonio Vanoni (Abb. 596); *Loco-Pezze* (TI), Hauseingang und fingiertes Oberlicht in Form einer Nische, die mit gesprossten Fensterflügeln und einem für die Zeit des 18./19. Jh. typischen Tessiner Schmiedeeisengitter versehen ist, Bau und Scheinmalerei 19. Jh., recht gut erhaltener Originalzustand, sonst keine Farbfassung auf den Fassaden (Abb. 597).

Literatur. Zu Moudon: Maison bourgeoise XXV, 1933, p.LXIs, pl.60, 61 und MAH VD VI (Monique Fontannaz), 2006, p. 262-267 · Zu den S. 308/309 abgebildeten Fenstern ist die Literatur, soweit vorhanden, unter der beim Ort erwähnten Objektnummer zu finden.

linke Seite, oben

590 Mammern, Blindfenster an der Eingangsfront der Schlosskapelle 1749/50
591 Pfäfers, Altes Bad, Blindfenster mit Seitenbärten am Gästehaus um 1720
592 Fahr, Blindfenster an der Nordapsis der Klosterkirche mit Blick durch zerbrochene Butzenscheiben ins Kircheninnere, Illusionsmalerei der Gebrüder Torricelli 1745/47

linke Seite, unten

593 Magliasina, Kirche, Blindfenster in einem Volutenkranz, Originalmalerei A. 18. Jh.
594 Olivone, Casa Martinali, Blindfenster mit gesprengtem Volutengiebel und profilierter Steinbank, Originalmalerei 1748/49
595 Grüsch, Gasthaus Krone mit Fensterattrappe, aus der der Bauherr Albert Dietegen von Salis-Seewis blickt, wohl 1698
596 Melide, Casa Pocobelli, gemaltes Balkonfenster mit Hausherrin und Wappen am Eisengitter, Neurokoko

rechte Seite

597 Loco, Nei Pezz, Hauseingang mit vergittertem Oberlicht in Illusionsmalerei, Originalmalerei 19. Jh.

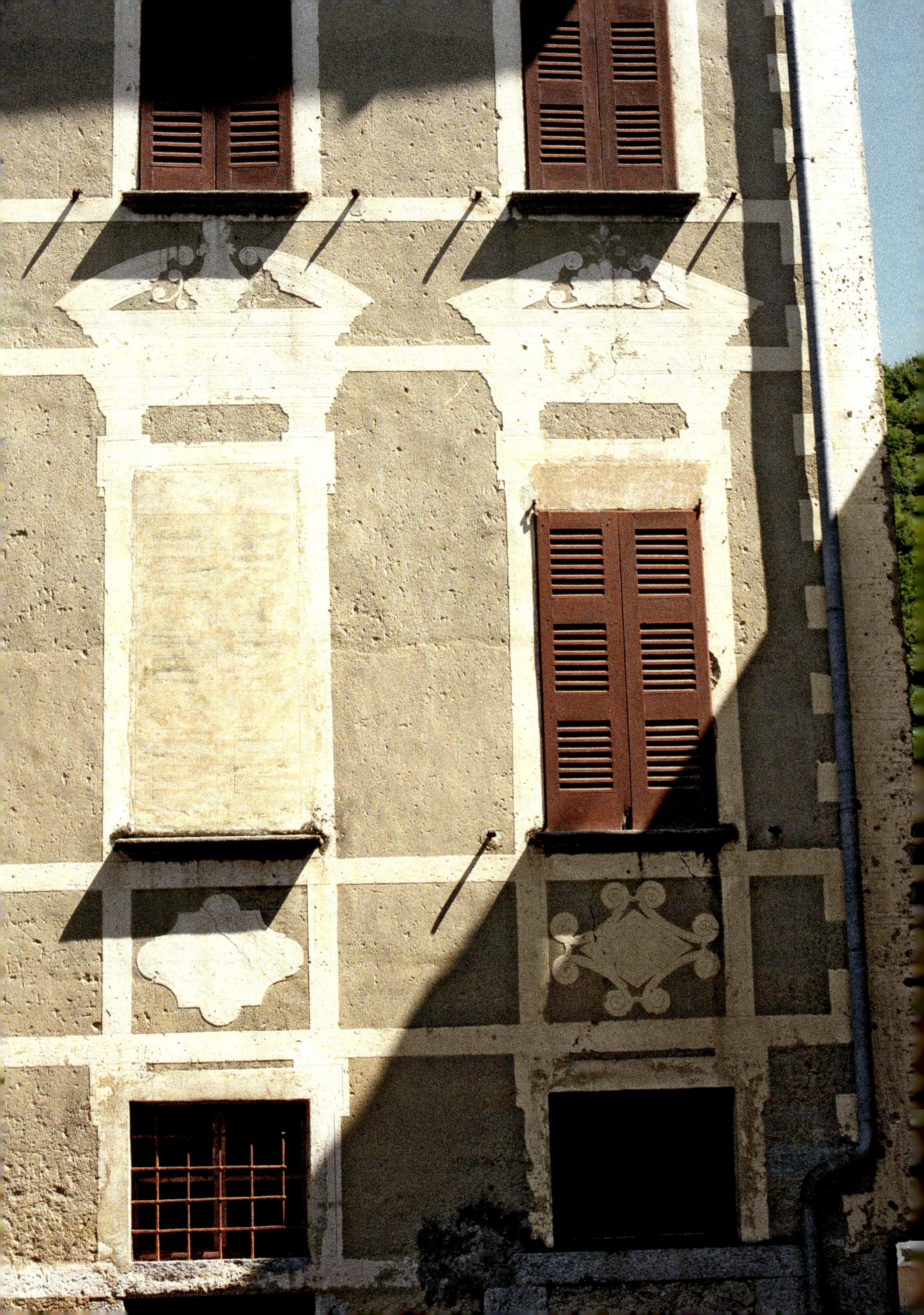

3.2 Putzgliederungen in Weiss

Überblick

Es handelt sich hier um architektonische Gliederungen aus Mörtel, also nicht um eine Farbfassung und Bemalung des Mauerputzes selbst, sondern um eine zusätzliche, deutlich erhaben aufliegende Putzschicht, die Bauelemente aus Werkstein darstellt. Auf die naturverputzte, ungestrichene Mauer wird eine zweite, feinere Schicht Putz aufgetragen, weiss gefasst (meist gekalkt) und durch Konturenbeschnitt und eingeritztes Binnenlineament in den Formen einzelner Werksteinteile zubereitet. Sie kann bis zu 10 mm stark auf dem Mauerputz liegen, so dass die schattenwerfenden Kanten der Wand ein feines Profil verleihen (Abb. 599, 600). Besonders in diesem Charakteristikum der schmalen Schattenlinien unterscheidet sich die hier behandelte Wandgestaltung von anderen Fassungen in Weiss, die im anschliessenden Kapitel über die weisse Architekturmalerei sowie bei den weiss abgesetzten Fassadengliederungen (3.5.52–3.5.61) beschrieben sind.

Die im Folgenden vorgestellte weisse Putzgliederung entwickelte sich im italienischen Piemont. Auf Schweizer Boden ist sie typisch für das Tessin. Ihren Ursprung hat sie in den collarini, das heisst in den weissen Fensterrahmungen der einfachen, aus unverputztem Bruchstein errichteten Wohn- und Wirtschaftsgebäude der südlichen Alpengebiete (S. 288–301). Die Darstellung von weissen Werksteinteilen über die Fensterrahmungen hinaus, mit denen die gesamte, nun geschlossen naturverputzte Fassade über alle Geschosse einheitlich gegliedert wird, begann im schweizerischen Süden um 1600.

Einfache Wandfelder, Wandfelderung mit Füllornamenten (3.2.1–3.2.3, 3.2.7, 3.2.9). Die einfachste Form besteht zunächst nur aus breiten, rahmenden Bändern, die die Mauerkanten und die Fenster hervorheben. Sodann werden Bänder aufgelegt, die waagerecht den Geschossen und senkrecht den Fensterachsen folgen und somit ein Rahmenwerk von Rechteckfeldern bilden, das die Fassaden streng gliedert und sie zusätzlich rhythmisiert, indem jeweils ein einzelnes geometrisches Ornament die Felder an ausgesuchter Stelle, insbesondere unter den Fensterbänken, füllt.

Wandfelderung, dargestellte Werksteinteile, Zierden (3.2.3–3.2.10). Hinzu kommen schliesslich aufwändige, dem Stil der Renaissance entsprechende Bauelemente, nämlich Eckquader, Gesimse und vor allem die vielteiligen profilierten Tür- und Fenstereinfassungen, die die Fassaden im Sinne einer Kolossalordnung achsenweise unterteilen. Ihre kanonisch-klassische Form

598   Carabbia, Casa Laurenti. Fassadengliederung durch eine zweite Putzauflage in Weiss auf Naturputz, originale Oberfläche aus der Zeit um 1620 im Zustand von 1982. Der Bau wurde 1991 restauriert (3.2.3)

erhalten sie durch die feine, eingeritzte Binnenstruktur. Vereinzelt und prägnant werden figürliche Zierden wie Lilie, Muschel, Volute, Obelisk, Girlande, Tropfen, ja sogar eine Fruchtschale in die Gliederungssysteme eingefügt. Diese Putzfassaden erhielten im 17. Jahrhundert ihre schönste Ausprägung, wurden aber auch im 18. Jahrhundert ebenso in ihrer einfachen wie in anspruchsvollen Formen hergestellt und lebten in historisierender Mannigfaltigkeit bis ins 19./20. Jahrhundert fort.

599   Tenero, Palazzetto Marcacci. Unteres Eckgebäude im Wirtschaftshof des Herrenhauses, um 1656. Im kaum verputzten Bruch- und Backsteinmauerwerk öffnen sich strassenseitig zwei mit Putzrahmen eingefasste Fenster. Originale Beispiele für die erste grobe und die zweite feinere, relativ starke, weiss gekalkte Putzschicht sowie für die einfache, aber genaue Kantenprofilierung und Binnenritzung des Sturzgebälks (3.2.4)

600   Locarno, Via Cappuccini 21. Rahmung eines Blindfensters im EG des linken Hausteils, wohl 18. Jh.; originales Beispiel für eine zweite, sehr dünne, leicht bewegte Putzschicht auf dem deckenden und gut geglätteten Mauerputz (Anstriche später) sowie für den feinen Kantenbeschnitt eines vielteilig profilierten Sturzgebälks, dessen Lineament schon im Mauerputz vormarkiert und ohne zusätzliche Farbgebung nachgezogen wurde

601   Muralto, Casa Emilia. Giebelaufsatz des 1725 datierten Fensters. Beispiel für einen gänzlich erneuerten zweiten, weiss gestrichenen Putzauftrag auf einer weitgehend originalen, teilweise abgepulverten Mauerputzpartie. Die rot abgesetzte, nachgefasste Beschriftung ist nur noch fragmentarisch erhalten. Der Oberfläche, dem Profil und der dunkel eingefärbten Linierung fehlen die natürliche Unregelmässigkeit des Materials und der originalen Handschrift (3.2.10)

602   Locarno, Antica Casa Franzoni. Fenstergiebel im 1.OG, 1673. Beispiel einer Restaurierung, bei der der ehemals nuancenreich naturhelle Mauerputz komplett ersetzt wurde und einen kräftigen gelben Anstrich erhielt. Die Binnenzeichnung der Architekturelemente ist samt der Schraffuren nicht eingeritzt, sondern nur aufgemalt. Die typischen Schattenlinien an den Kanten der zweiten Putzschicht kommen wegen der nur hauchdünn bemessenen Schichtstärke kaum zur Geltung (3.2.6)

Neben den architektonisch strukturierten Wandgestaltungen aus Mörtel haben sich im Tessin auch Fassaden in Sgraffitotechnik mit geometrischer Flächenmusterung, mitunter auch eingestreuten kleinen Bildmotiven erhalten. Die bedeutendsten entstanden im 16. Jahrhundert, so beispielsweise die der Casa Caminada in *Gentilino,* der Casa degli Angioli in *Ascona,* der Casa Tettamanti und der Alta Casa Ruggia in *Morcote* (1.1.13, Abb. 41) oder die Seefront des Hauses no 25 in *Bissone* (3.6.3). Da der Akzent im Folgenden auf den architektonisch-strukturellen Gliederungen und nicht auf ornamentalen Dekorationen liegt, soll der Hinweis an dieser Stelle genügen.

Zur Diskussion steht hingegen die restaurierende Behandlung der weissen Putzgliederungen in jüngerer Zeit, wenn diese, oft auf gelb gestrichenem Wandputz, schematisch umrissen und liniert (Abb. 601, 602) oder gar nicht mehr mit Mörtel aufgesetzt, sondern in weisser Farbe flach aufgemalt werden und damit ein verfremdetes Aussehen erhalten. In den Beschreibungen wird auf dieses Vorgehen hingewiesen.

603 Vico Morcote, Kirche 1625/27, Gesamtansicht von Nordwesten
604 Vico Morcote, weiss gefasste Geschossfelder und weisse Fugenmalerei am Turmschaft

Einfache Wandfelder

3.2.1 Vico Morcote (TI, Lago di Lugano)

Kirche SS. Fedele e Simone. Neubau 1625/27. Weisse Putzrahmungen und rote Backsteingesimse an der Kuppel, weisse Putzfassung und weisse Fugenstriche am Turmschaft, beides aus der Bauzeit. Bestand weitgehend ursprünglich. Aufgenommen 1984.

Bau (Abb. 603). Dem 1625/27 erstellten Kirchenbau mit Langhaus, eingezogenem Rechteckchor unter oktogonaler Kuppel und seewärts orientiertem Flankenturm wurde 1720 die heutige Fassade hinzugefügt.

Weisse Putzbänder (Abb. 605). Die naturverputzten Mauerflächen der Kuppel (Backsteinmauerwerk) werden an allen acht Seiten von weissen Putzbändern umrandet. Die vier ovalen Okuli

605 Vico Morcote, Kirche, weisse Putzbänder und rote Backsteingesimse an der oktogonalen Chorkuppel, Originalbestand
606 Bironico, Kirche S. Maria Rosario, weisse Putzbänder am Turm, Originalbestand spätestens 1658 (Foto 1983)
607 Carona, Kirche S. Maria d'Ongero 1624/26, weisse Putzbänder an der Langhauskuppel, erneuert (Foto 2005)

in den Hauptachsen erhielten weisse Putzrahmen und die blinden Okuli in den Schrägachsen sind in Weiss aufgemalt. Das Kranzgesims besteht mit einer dichten Reihe von Konsölchen aus roten Backsteinen. Der ebenfalls naturverputzte, 4-gesch. Turmschaft wies in seinen geschossweise eingetieften Binnenfeldern einen ehemals einheitlichen weissen Anstrich auf. Die dementsprechend vorstehenden Turmecken sind mit weissen Fugen in relativ weiten Abständen bemalt, wodurch der Eindruck von Ecklisenen aus grossformatigen Quadern entsteht (Abb. 604). Die weissen Fensterrahmen in den Bruchsteinmauern des Kirchenschiffs stammen aus jüngster Zeit.

3.2 WANDAUFLAGEN   Putzgliederungen in Weiss

Zustand. Die gesamte Putzoberfläche ist, abgesehen von kleinen Änderungen und Flicken, weitgehender Originalbestand. Sie weist zahlreiche Schwundrisse auf und die weisse Farbe ist, besonders an den Wetterseiten des Turms, nur noch in Resten vorhanden.

Bemerkungen. Die sowohl flächige als auch rahmende weisse Gliederung von Kuppel und Turmschaft hebt diese beiden Bauteile gegenüber dem nur vermörtelten Bruchsteinmauerwerk des Kirchenschiffs hervor, wobei die farbliche Bereicherung der Kuppel über dem Altarraum durch das Kranzgesims aus rotem Backstein die abgestufte Hierarchie der Bauteile noch verstärkt. Eine ähnliche Gliederung in Wandfelder erhielten die Kuppel der gleichzeitig erbauten Wallfahrtskirche S. Maria d'Ongero im benachbarten *Carona* (Abb. 607) und das Glockengeschoss des Turmes von S. Maria del Rosario in *Bironico* (Abb. 606), das gemeinsam mit dem Neubau des Schiffs 1626/1658 erstellt wurde (inzwischen beide erneuert). Auch Wohnbaufassaden wurden vielfach mit weissen Putzbändern gegliedert (*Carona* Casa Adami u.a., *Maggia* Casa Martinelli). Eine Vorstufe dieser Art einfacher, weisser Rahmengliederungen bilden die Feinputzrahmen um die Fenster der Nordkapellen von S. Maria delle Grazie in *Bellinzona*, die schon in der Zeit zwischen 1480 und 1502 entstanden sind (s. 1.2.10).

Literatur. Anderes Kunstführer Tessin 1975/77 (zu den Bauten allgemein) · Edoardo Agustoni.- La chiesa parrocchiale dei Santi Fedele e Simone a Vico Morcote. Bern 1987 (SKF), keine Erwähnung der weissen Putzfassung.

608 Morcote, strecia di Tiravanti, Eckhaus im borgo mit bemerkenswerter originaler Putzgliederung A. 17. Jh., im Hauptgeschoss integrierte Wappenkartusche, vermutlich Isella, Zustand 1982
609 Morcote, dieselbe Fassade 1999 mit Moosbewuchs

Wandfelderung mit Füllornamenten

3.2.2 Morcote (TI, Lago di Lugano)

Strecia di Tiravanti /strecia di Pessatt, Wohnhaus mit Wappen Isella(?), A. 17. Jh.; weisse Putzgliederung aus der Bauzeit, Bestand ursprünglich. Aufgenommen 1982 und 1999.

Bau. Drei- bzw. viergesch. Eckhaus an steiler Gasse im borgo. Beide Gassenfassaden mit ihren vier bzw. sieben ungleich breiten Achsen sind in gelblichem Farbton naturverputzt und tragen eine weisse, breitlinige Putzgliederung mit grossformatigen Füllornamenten.

Putzgliederung (Abb. 608–611). Von der Eckquaderung im Läufer-Binder-Versatz aus führen zwei Gesimsbänder geschossweise in Paaren über die Fassaden. Der Zwischenraum der Bänder wird durch die herabgezogenen Fensterrahmen in ungleich breite Kompartimente unterteilt,

610 Morcote, strecia di Tiravanti, Ornamentdetail einer Lilie, zusätzliche Putzschicht mit Kalkschlämme auf Naturputz (Foto 1982)

die unter den Fenstern jeweils von einer stilisierten Lilie (EG) und offenen Querovalen bzw. Rauten (OG) und in den Zwischenpartien von Rautenfeldern (EG) und Schrägkreuzen (OG) gefüllt werden. Die Ornamente im EG tragen feine Binnenzeichnungen und Schraffuren. Die breiten Fensterumrahmungen ecken oben aus. Das oberste Geschoss (Backsteinmauerwerk) wird nur durch einfache Fensterrahmungen und ein Putzgesims gegliedert. Die darüber befindliche weisse Traufkehle trägt keine Verzierung. Zwischen den beiden mittleren Fenstern des hochliegenden EG befindet sich an der abschüssigen Gasse eine grosse Wappenkartusche in gleicher Putztechnik mit der eingeritzten, nur noch schwach erkennbaren Darstellung einer Burg (wohl Wappen Isella), heute störend verdeckt durch ein Wasserrohr.

Zustände. 1982 war der gesamte Putz weitgehend original erhalten und wenig beschädigt. Die leicht abgewitterten Oberflächen wiesen Schwundrisse auf. Bauliche Veränderungen betrafen das Sockelgeschoss (Eingänge) und den Dachbereich. Im Winter 1999 hatte sich ein beträchtlicher Moosbewuchs auf den Fassaden ausgebreitet und das nicht mehr bewohnte Haus stand zum Verkauf (Abb. 609).

Bemerkungen. Das weisse Dekorationsbild der Mauern ist einheitlich und optisch einprägsam durch die Beschränkung auf wenige Einzelmotive, die sich dank der auffallend tief eingeritzten Konturen vom Mauerputz deutlich abheben und durch die Binnenzeichnungen verfeinert werden. Vergleichbar, wenn auch einfacher und etwas gröber, aber wohl aus gleicher Zeit, stammt die Putzgliederung am Haus gegenüber an der strecia di Pessatt, deren Fensterbrüstungsfelder von gerahmten Vierpässen mit einbeschriebenem Quadrat gefüllt sind (Abb. 612). In der Häuserzeile am Seeufer (Piazza grande / strecia di Raggi) zeigen zwei weitere Fassaden eine motivisch ähnliche, jedoch später entstandene, bzw. erneuerte Putzgliederung. Der Aussendekor des hier aufgenommenen Hauses ist dank seiner Qualität und seines 1982 noch unveränderten und relativ intakten Originalzustands von besonderem historischen Wert. Reste einer ebenfalls originalen Eckquaderung in gleicher Herstellungstechnik sind noch an einem Rückteil des Baukomplexes zwischen der Alta Casa Ruggia und dem Seeufer vorhanden. Das Wandmotiv der Rechteckfelderung mit geometrischen Füllfiguren kommt vermutlich aus dem Piemont, wo ähnliche ältere Fassadendekore noch vielfach erhalten sind (z.B. in *Cuneo*).

Literatur. Decorazioni Luganese 2002, p.194, 195 (hier andere Gassenbezeichnungen).

611 Morcote, strecia di Tiravanti, Detail der oberen Hausecke (Foto 1982)

612 Morcote, strecia di Pessatt, gegenüberliegendes Wohnhaus mit ähnlicher Putzgliederung, Originalbestand 17. Jh.

Wandfelderung, dargestellte Werksteinteile, Zierden

3.2.3   Carabbia (TI, Lago di Lugano)

Casa Laurenti-Ceruti, A. 17. Jh. (angeblich 1620). Weisse Putzgliederung aus der Bauzeit. Originalbestand, aufgenommen 1982. Bausanierung und Rekonstruktion der Putzgliederung 1991.

Bau (Abb. 613). Namhaftes Herrenhaus. Der in Hanglage im borgo freistehende und mit den Nachbargebäuden einen kleinen Platz bildende Baukubus verfügt über zwei Hauptgeschosse

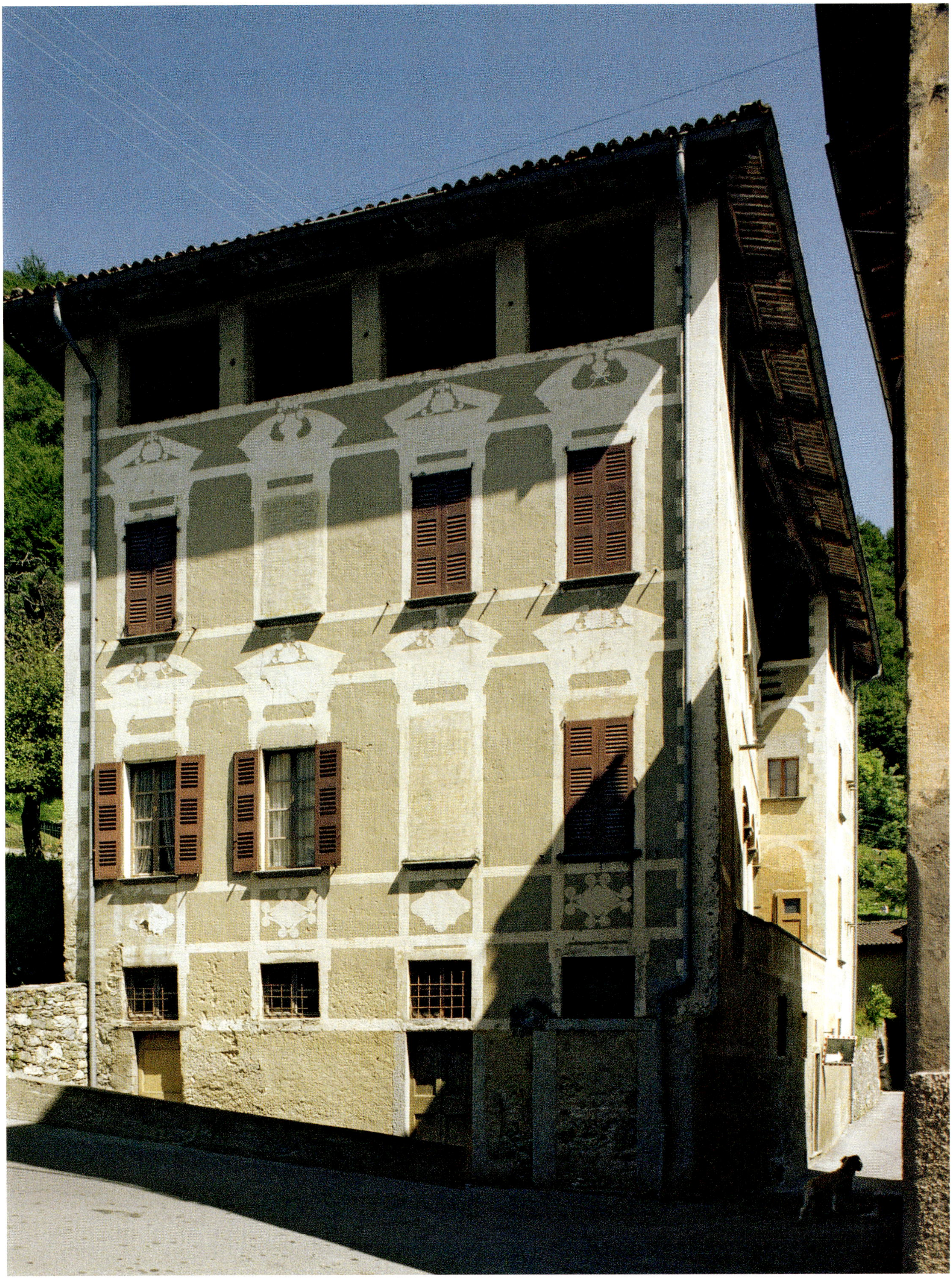

auf talseitig hohem Sockel und ein solaio unter dem Walmdach. An der talseitigen Hauptfront befinden sich in den beiden Hauptgeschossen dreibogige Loggien und seit der Sanierung noch (wieder?) eine weitere Loggia im Sockelgeschoss.

Putzgliederung. Beschreibung des ursprünglichen, bis zur Rekonstruktion im Jahr 1991 vorhandenen Bestands (Abb. 598, 615): Auf dem naturbelassenen Wandputz aus relativ dunklem, ockerbräunlichem Mörtel liegt auf allen Fassaden ringsum eine differenzierte weisse, in einer zweiten Putzschicht leicht erhaben aufgesetzte Architekturgliederung. Sie besteht aus Eckquadern, Gesimsbändern, Fensterahmen mit Giebelaufsätzen und einer Balustrade unter der Loggia im 1.OG der Hauptfront. An den beiden Lang- und an der platzseitigen, frei sichtbaren Schmalseite wurden in der Beletage – an der Hauptfront in beiden Wohngeschossen – die Fensterrahmen nach unten verlängert, so dass Brüstungsfelder entstanden, die mit Zierkartuschen in variierenden Formen gefüllt sind. Die Fensteraufsätze bestehen aus Gebälken mit wechselweise geschlossenen und gesprengten, von unterschiedlichen Muscheln und Vasen besetzten

613 Carabbia, Casa Laurenti, Blick von Nordwesten mit der ursprünglichen Putzgliederung von ca. 1620 (Foto 1982)

614 Carabbia, gleiche Ansicht der restaurierten Fassade (Foto 2000)

615 Carabbia, Casa Laurenti, ursprünglicher Fenstergiebel mit feiner, nur eingeritzter Binnenzeichnung
616 Carabbia, rekonstruierter Fenstergiebel mit aufgetragener Binnenzeichnung

Segment- bzw. Spitzgiebeln. Alle in Putz dargestellten Bau- und Schmuckelemente, insbesondere die Gebälke, besitzen eine feine lineare Binnenritzzeichnung. An der Front- und an der rechten Schmalseite befindet sich im 2.OG je eine Sonnenuhr auf einem weissen Putzfeld.

Zustand. Der Dekor bestand bei der Aufnahme 1982 weitgehend aus unrestauriertem Originalmörtel und Kalkanstrich in handwerklich hervorragender Ausführung. Der Verputz war im Sockelbereich stark abgewittert und z.T. geflickt, nach oben zu jedoch in stabilem Zustand, leicht löchrig und durch Schwundrisse zerfurcht. Mehrere zum Teil alt vermauerte Fenster hatten eingezeichnete Schlagläden. Bauliche Veränderungen betrafen besonders das solaio-Geschoss. Von der Dekoration befand sich einzig die Balustrade nicht mehr in ursprünglichem Zustand, sondern war später erneuert worden. Bei der Rekonstruktion 1991 erhielten die Fassaden einen neuen, grüngelblich gestrichenen Mauerputz und einen, wie vorher, als zweite Putzschicht aufgebrachten Dekor mit weissem Farbanstrich und dunkel nachgezogenem Lineament (Abb. 614, 616).

Bemerkungen. Die Architekturgliederung umfasst die gesamte Wand und betont über die Geschosse hinweg die Regelmässigkeit der Fensterachsen und die Symmetrie des Wandaufbaus. In den Fensterbekrönungen wird ein strenges klassisches Formenvokabular verwendet, das äusserst fein gearbeitete Details aufweist. Somit entsteht im Sinn der italienischen Renaissancefassade eine achsenübergreifende Ordnung, die dem Bau seine Noblesse verleiht. (Zur Deutung der architektonischen Gliederungsmotive als Ausdruck des selbstbewussten und erfolgreichen Bauherrn siehe V. Segre.) Besondere Beachtung verdiente der relativ gut erhaltene Originalbestand, dem eine lebendig bewegte Oberfläche und eine subtile Grafik zu eigen waren, die der heutigen, plan geglätteten und geritzten Rekonstruktion fehlen.

Literatur. Casa borghese XXVI, 1934, tav. 118 · Vera Segre.- Segni di distinzione su alcune dimore private di area ticinese. In: Kunst + Architektur in der Schweiz, 1998, S. 29f · Decorazioni Luganese 2002, p.63.

3.2.4 Tenero (TI, Locarnese)

Gartenhaus des Palazzetto Marcacci Pedrazzini, errichtet wohl um 1656 (Jz. am Brunnen im Hof des Palazzetto). Weisse Putzgliederung aus der Bauzeit. Kompletter Originalbestand. Aufgenommen 1997.

Bau (Abb. 617). Zwei- bzw. dreigesch. Turmgebäude am Steilhang oberhalb des Herrenhauses, errichtet auf annähernd quadratischem Grundriss mit westseitig rückversetztem Anbau in gleicher Traufhöhe. Es stammt vermutlich aus der Bauzeit des dreiflügeligen Palazzetto, wurde im Unterschied zu diesem aber weder baulich noch im Aussendekor verändert.

617 Tenero, Palazzetto Marcacci, Putzgliederung am Gartenhaus, Originalbestand um 1656

Weisse Putzgliederung. Auf den Mauern liegt ringsum ein heller Naturputz mit einer weissen Architekturgliederung als leicht erhabene zweite Putzschicht in Form von Eckquadern, Fensterrahmen und zwei Gesimsbändern an den OG des Haupt- und Anbaus. Die Fenster verfügen im 1. OG über profilierte Stürze, die grösseren Fenster haben zudem gesprengte Segmentgiebel und Sohlbänke mit Hängetropfen. Im 2. OG sind die Fensterrahmen im Läufer-Binder-Versatz gequadert und unter den Sohlbänken mit Girlanden verziert. Die Eckverquaderung steht an der talseitig orientierten Hauptfront auf Konsolen. Sämtliche Werkstückteile tragen Binnenzeichnungen. In der Traufkehle zur Talseite sind noch Reste einer roten Blattwerkmalerei erkennbar.

Zustand. Der ursprüngliche und kaum geflickte Verputz ist an der Oberfläche abgewittert und im unteren Wandbereich zum Teil bis aufs Bruchsteinmauerwerk abgefallen. Das weder benutzte noch unterhaltene Haus befindet sich in schlechtem Bauzustand.

Bemerkungen. Die beträchtliche Grösse und der schöne, ungewöhnlich aufwändige Putzdekor des Gartenhauses, zu dem eine malerische Treppe ansteigt, verleihen dem Bau selbst, aber auch der gesamten, weitläufigen Anlage des Palazzetto ein recht stattliches Aussehen. Wie die Reste

618 Locarno, Antica Casa Orelli Emili, originale Putzgliederung 17. Jh. (Foto 1984)
619 Locarno, gleiche Ansicht der Casa Orelli Emili nach Sanierung um 1990

von gleichartigen Eckquadern am Herrenhaus vermuten lassen, war dieses wohl mit dem gleichen Putzdekor ausgestattet, ehe es im 18. Jh. mit Wappen, Fensterattrappen und Scheinarchitekturen bemalt wurde und wohl gleichzeitig mit diesen eine Farbfassung in Gelb und Rot erhielt. (Die bemerkenswerte emblematische Bilderfolge an den Innenhoffassaden dürfte einer anderen Bauphase des 18. Jh. entstammen, zur Emblematik s. Barelli.) Die Wirtschaftsgebäude südlich des Herrenhauses weisen an einigen Fenstern noch die gleichen, wenn auch im Detail einfacheren Putzrahmen wie das Gartenhaus auf (Abb. 599).

Literatur. MAS TI III (Virgilio Gilardoni), 1983, p. 269 (nur erwähnt als «una torretta dominante il podere») · Stefano Barelli.- Le imprese del palazzetto Marcacci-Plebani Pedrazzini di Tenero. Alcune osservazioni iconologiche. In: Archivio storico ticinese XXXIII, no 120, 1996, p. 305-312.

3.2.5 Locarno (TI)

Via Cittadella 1, Antica Casa Orelli Emili. Weisse Putzgliederung 17. Jh., anlässlich der Sanierung um 1990 abgeschlagen und stark verändert neu aufgebracht. Aufgenommen 1984 und 1995.

Bau. Mehrteiliger, 3-gesch. Bau auf hohem Sockelgeschoss an einer unregelmässigen Strassenverzweigung. Im Wesentlichen 17. Jh., spätere Erweiterungen, insbesondere Hinzufügung des obersten Geschosses. Bedeutende Innenausstattung. Veränderungen 1930 anlässlich Strassenausbau, u. a. mit Rekonstruktion des ursprünglichen Putzdekors am linken Hausteil. Der Dekor des rechten, älteren Hausteils mit einer Strassen- und zwei Hofachsen blieb bis zur Sanierung um 1990 im Originalbestand erhalten (Abb. 618). Seitdem hat das Haus eine neue weisse Putzgliederung mit Veränderung der Wandputzfarbe von Naturhell zu Violettrot (Abb. 619).

620 Gandria, Fassade am Seeprospekt mit originaler Putzgliederung, Bau 17. Jh.
621 Gandria, Fensterrahmung mit Schmuckgiebel derselben Fassade

Die originale weisse Putzgliederung lag auf sandfarbig naturverputzter Wand und umfasste über alle drei älteren Geschosse Ecklisenen und Gesimsbänder sowie Fensterumrahmungen mit flachen Gebälken bzw. gesprengten Segmentgiebeln (in den Giebeln Reste roter Fassung). Die Fensterrahmen der Hofseite waren an den verbreiterten Sohlbänken und an den Ohren der Stürze mit Obelisken bzw. Voluten auf Konsölchen und Hängetropfen verziert.

Bemerkungen zum Original und zur Veränderung um 1990. Die formenreiche Ausführung der Fenstergewände entsprach dem herrschaftlichen Rang des Hauses, wenn auch die hier beschriebene rechte Haushälfte etwas einfacher dekoriert war als der Hauptbau links (s. Aufriss MAS). Obwohl davon noch ein beträchtlich umfangreicher Originalbestand erhalten war, wurde er bei der jüngsten Restaurierung abgeschlagen und durch eine frei erfundene, ahistorische Dekoration in Weiss auf violettrotem Wandputz über schwarzer Sockelbänderung ersetzt. Das neue Aussehen erinnert nicht einmal mehr entfernt an das ursprüngliche Erscheinungsbild des stadtgeschichtlich bemerkenswerten Patrizierhauses. – Mit dem ehemaligen Dekor ist der eines Hauses am Seeufer von *Gandria* vergleichbar, dessen Fensteraufsätze neben Voluten und Fruchtschalen auch Ohren mit Tropfen aufweisen (Abb. 620, 621).

Literatur. MAS TI I (Virgilio Gilardoni), 1972, p.129s (keine Erwähnung des Aussendekors am rechten Hausteil).

3.2.6 Locarno (TI)

Via Valmaggia 10, Antica Casa Franzoni. Erbaut 1673 mit weisser Putzgliederung, 1993 mit gelbem Anstrich und gemaltem Binnenlineament rekonstruiert. Aufgenommen 1995.

Bau. Zweigesch. Wohnhaus mit Satteldach in Hanglage. Die traufseitige, 6-achsige Hauptfassade steht auf einem hohen Sockelgeschoss. Die farbige Architekturgliederung liegt nur auf der Hauptfront.

622 Locarno, Antica Casa Franzoni, Hauptfassade mit der originalen Putzgliederung von 1673 (Foto 1993)
623 Locarno, neuer gelb gestrichener Wandputz und weiss aufgemörtelte Eckquaderung mit gemalter Binnenstruktur
624 Locarno, neue Putzoberfläche und gelber Farbauftrag nach der Restaurierung (Foto 1995)

Architekturgliederung. Die ehemalige weisse Putzgliederung (Abb. 622) bestand aus einer Eckquaderung, je zwei Horizontalgesimsen zwischen den Geschossen sowie aus Fenstergewänden mit profilierten Stürzen im Sockelgeschoss und zusätzlichen Segmentgiebeln im ersten bzw. Kugelaufsätzen im zweiten Obergeschoss. Die Fensterachsen wurden optisch durch jeweils zwei mit Konsölchen über den Gewändeverdachungen korrespondierende Baluster zusammengefasst, die in Verlängerung ihrer seitlichen Rahmenleisten die Fenster von Geschoss zu Geschoss miteinander verbanden. Die dadurch entstehenden Wandfelder erhielten ausnahmsweise keine ornamentale Füllung. Das Sockelgesims und die darüber ansteigende Eckquaderung wurde von einer grösseren Konsole unterfangen. Die Putzfläche der Mauer ist heute im Sockelgeschoss mit grauen Quadern bemalt und in den Obergeschossen gelb gestrichen.

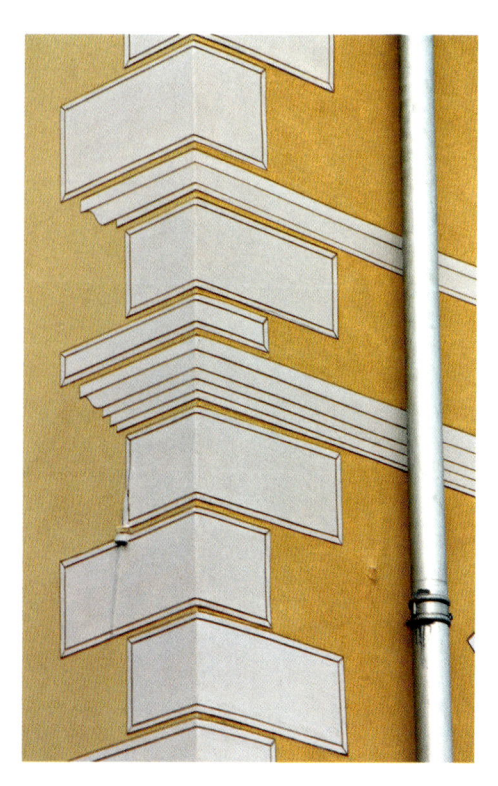

Bemerkungen zur Rekonstruktion (Abb. 602, 623, 624). Sowohl der Verputz als auch das Architekturbild sind gegenüber der ursprünglichen Putzgliederung eine komplette Neuanfertigung, bei der das Bild als sehr dünne zweite Putzschicht aufgetragen wurde. Im Unterschied zur hellen Naturoberfläche des ursprünglich ungestrichenen Wandputzes erhielt der neue Wandputz einen intensiven gelben Anstrich. Die Binnenzeichnung der Architekturteile sind auf der weiss gestrichenen, zusätzlichen Putzauflage nicht eingeritzt, sondern aufgemalt. Die Konsölchen weisen eine Schattenschraffur auf. Das Sockelgeschoss war auch ehemals mit einer steinfarbigen (eventuell jüngeren?) Quaderung bemalt, die mit einem gemalten Steingesims abschloss. Die ursprüngliche Farbigkeit der hellen natürlichen Tonwerte mit dem lebendigen Schattenspiel der Putzränder ist mit der modernen, nur auf einer hauchdünnen Putzauflage reissbrettartig aufgemalten Version und der Wahl harter Farbkontraste verloren gegangen.

Literatur. MAS TI I (Virgilio Gilardoni), 1972, p. 88 · Decorazioni Locarno 1999, p. 84 · Das Foto des Baus vor der Restaurierung (Abb. 622) verdanke ich Elfi Rüsch, Kunstdenkmäler-Inventarisation Bellinzona.

3.2.7 Vico Morcote (TI, Lago di Lugano)

Piazza della cappella, Cà dal Portig. Bau mit Putzgliederung, M. 17. Jh.; Aufnahme 1984, Erneuerung der Fassade 1985.

Bau (Abb. 625, 626). Rechter Teil eines 3-gesch. Doppelhauses mit Walmdach. Der Durchgang im EG (portico) öffnet sich strassenseitig in zwei grossen, das 2. OG (solaio) in fünf kleinen Arkaden. Von den vier Fenstern im 1. OG (Wohngeschoss) ist eines blind. Die Putzgliederung befindet sich im Wesentlichen an der Schauseite zur Strasse.

Weisse Putzgliederung auf gelb gestrichenem Wandputz (vor der Erneuerung 1985). Die Gliederung besteht aus einem Quaderversatz an der freistehenden Hausecke und auf den Kanten der unteren Arkaden, sodann aus den Fenstergewänden, in deren gerade abschliessendes Gebälk die Ohren der Rahmen samt ihrer Hängetropfen integriert sind, und schliesslich aus einfachen Bändern, die die Wandfläche feldern bzw. als Einfassungen der Bogenöffnungen am solaio

625 Vico Morcote, Cà dal Portig, Wohnhaus mit weisser Putzgliederung auf später gelb gestrichenem Wandputz, M. 17. Jh.
626 Vico Morcote, Detail des Fensterrahmens

dienen. Die Felder unter den Steinbänken der Fenster sind mit ungefüllten Rauten verziert. Die einzelnen Architekturelemente tragen eingeritzte Binnenzeichnungen, die Putzränder sind scharf umrissen.

Bemerkungen zum Zustand 1984. Der gelbe Wandanstrich gehört nicht zum ursprünglichen Bestand (vgl. 3.2.6), ebenso dürfte es sich bei der scharfkantig beschnittenen Putzschicht der Architekturelemente samt ihrer Binnenlinierung um eine ältere Erneuerung bzw. Reparatur handeln. Diese führte man in der traditionellen Putztechnik aus und nicht in Flachmalerei wie bei anderen Häusern (vgl. 3.2.8). Die Hausfassade von Vico Morcote steht für die Standardausführung der im 17. Jh. typischen weissen Putzgliederung im Tessin, bei welcher Felder mit Füllfiguren, klassische Fensterrahmen und Quaderläufe zu einem einheitlichen Fassadenbild verbunden werden.

Literatur. Decorazioni Luganese 2002, p. 234.

3.2.8 Locarno (TI)

Via Cittadella 7. Wohn- und Geschäftshaus, wohl 1. H. 18. Jh. mit ehemals weisser Putzgliederung, um 1990 als Malerei frei erneuert. Aufgenommen 1995.

Bau (Abb. 627). Dreigesch. Traufhaus mit leicht abgewinkelter Fassade und sechs unregelmässigen Fensterachsen in geschlossener Gassenzeile. Das EG zu einem Geschäft mit Schaufenstern umgebaut.

Architekturgliederung. Der neue Verputz ist gelb gestrichen und mit weissen Architekturelementen bemalt, so dass die Hauskanten von einer Eckquaderung mit abgeschrägten Läufern markiert, die Geschosse von jeweils zwei Gesimsbändern unterteilt und jede zweite Fensterachse durch ein von Pilastern begrenztes Brüstungsfeld und einen Aufsatz im Hauptgeschoss

627 Locarno, via Cittadella 7, ehemalige weisse Putzgliederung, durch Malerei auf gelb gestrichenem Wandputz ersetzt
628 Locarno, Detail einer Fensterachse

hervorgehoben werden (Abb. 628). Im 1.OG sind die Brüstungsfelder jeweils mit einem Vierpass, im 2.OG mit einer abgekanteten Kartusche gefüllt. Die Aufsätze haben die Form von Gebälken mit merkwürdigen, in deren Fries stehenden Balusterstücken.

Bemerkungen zur Erneuerung. Vermutlich nimmt die heutige Bemalung auf eine ehemalige Putzgliederung Bezug, auch wenn die Herstellungstechnik, der gelbe Wandanstrich und Details wie etwa die Baluster historisch in dieser Art nicht vorkommen (zu Technik und Farbanstrichen vgl. 3.2.6, 3.2.7). Die motivische Ähnlichkeit mit der Wandgliederung der 1726 erbauten und um 1950 abgebrochenen Casa della Dottrina cristiana nördlich der Pfarrkirche Sant'Antonio an der Ecke vicolo dell'Ospedale in *Locarno* legt nahe, die Datierung des wahrscheinlichen Ursprungsdekors in die 1. Hälfte des 18. Jh. zu setzen (s. Casa borghese XXVIII/II, 1936, tav. 46).

629 Fusio, Casa de Rocc, Detail mit Blindfenstern und Zierwerken
630 Fusio, Gesamtansicht der weissen Putzgliederung mit Blindfenstern und farbigem Zierwerk, 17./18. Jh.

3.2.9 Fusio (TI, Valle Maggia)

Casa de Rocc. Bau 17./18. Jh., weisse Putzgliederung aus der Bauzeit. Spätere Veränderungen, jüngst konserviert und restauriert. Aufgenommen 2004.

Bau (Abb. 629, 630). Wohnhaus mit Anbau an der Dorfgasse neben der Kirche, errichtet teils auf Bruchsteinsockel, teils auf Naturfels (Hausname). Die Gliederung befindet sich an der einheitlich verputzten Gassenfassade des Hauptbaus.

Weisse Architekturgliederung mit gelben und roten Details. Die mittelachsig in zwei Fenstern übereinander geöffnete Gassenfassade erhielt eine 3-achsige und 3-geschossige, von Eckquadern eingefasste Putzgliederung in Form einer symmetrischen Architekturordnung. Diese besteht aus Feldern, deren horizontale Teilung in der Mitte ein Architrav und oben eine Galerie mit Balustern bilden. Die natürlichen Fenster werden von Blindfenstern mit gesprossten Fensterflügeln und gesprengten Giebeln flankiert. Über dem unteren Fenster spannt sich ein doppelter Segmentbogen, das obere wurde vergrössert und zerstörte dadurch das Gliederungssystem. Die untersten Wandfelder sind dekorativ mit Ovalscheiben und kleinen Herzen gefüllt. Die Giebel, die profilierten Architrave und die Füsse der Fenstergewände im obersten Geschoss werden von Vasen, Kugeln und Balustern verziert. Diese Zierden sind ebenso wie die Felderfüllungen im Wechsel rot und weiss gefasst. Die gelben Holzrahmen der gemalten Fensterflügel verschwinden unterhalb der Stürze in merkwürdiger Weise hinter roten, sich im Zwickel verbreiternde Balken. – Die Kontur- und Binnenritzungen wurden ebenso wie die einfachen Ziermotive von ungeübter Hand ausgeführt. Der Mauerputz ist weitgehend alt und heute grauweiss gestrichen.

Bemerkung. Die im Wesentlichen ursprüngliche, wiederhergestellte weisse Putzgliederung wurde aufgenommen, weil sie, obwohl handwerklich nicht von hohem Rang, einen ungewöhnlichen Architekturentwurf mit Zierwerken verbindet. Das daraus entstandene Mauerbild stellt eine symmetrisch ausgewogene und gleichzeitig recht originelle Scheinarchitektur dar. Bauherr und Handwerker dürften sich an einem vermutlich italienischen Vorbild orientiert haben.

3.2.10 Muralto (TI)

Vicolo del ponte vecchio 3, Casa Emilia. Weisse Putzgliederung, datiert 1725, und farbige Illusionsmalerei, 2. H. 18. Jh.; mehrmals restauriert. Aufgenommen 1983.

Bau (Abb. 633). Dreigesch. Wohnhaus unter Satteldach mit vier Fensterachsen, eine davon blind. Die Fassadendekoration befindet sich nur an der Schaufront. Reste einer Beschriftung im Sturz des Blindfensters im 1. OG: «… AIO.L. 1725» (Abb. 601). Die ehemalige Umfassungsmauer mit Tor ist weitgehend abgetragen, der Vorplatz asphaltiert, die bauliche Umgebung neu (vgl. Zeichnungen Rahn 1901 und Janssen 1972).

631 Muralto, Casa Emilia, Blindfenster mit herausblickender Hausherrschaft wohl 19. Jh.
632 Muralto, Eingang, Türaufsatz in buntfarbiger Illusionsmalerei 2. H. 18. Jh.

Weisse Putzgliederung und farbige Illusionsmalerei (Abb. 632–634). Die beiden Wohngeschosse sind durch weisse, in Putz aufgesetzte Architekturelemente zusammengefasst: Eckquaderläufe über Konsolen, Gesimsbänder auf Höhe der Fensterbänke sowie Fensterrahmen mit spitzgiebelig gebrochenen bzw. flachen Aufsätzen. Bei den beiden Türeingängen und einem der Kellerfenster im Sockelgeschoss erhielten sich die Bekrönungen von perspektivisch in den Putz geritzten und vierfarbig gefassten Scheingewänden. Die Bekrönungen bestehen aus drei illusionistischen, steinfarbig braunen Gesimsstücken; die seitlichen werden von durchbrochenen Voluten, das mittlere von einer ockergelben Kartusche gestützt. Das dargestellte Oberlicht ist rot, die Kartusche blau gefüllt. Im Blindfenster des 2.OG erscheinen die Hausbewohner als gemaltes Paar, das auf die Strasse blickt (Abb. 631).

Zustand. Maueroberfläche stark restauriert; grosse Putzflicke vor allem im Sockelgeschoss, Putzgliederung erneuert, Buntmalerei weitgehend überarbeitet. Die Mauern der Giebelseiten sind neu verputzt mit stellenweise unschön sichtbar gelassenen Mauersteinen. Das Bild der Hausbewohner ist mehrfach übermalt.

Bemerkungen. Die motivisch gegenüber dem 17. Jh. vereinfachte, aber ausgewogen proportionierte weisse Putzgliederung dieses Hauses dürfte im Tessin für das 18. Jh. typisch gewesen und häufig vorgekommen sein. Heute ist sie eine der wenigen noch erhaltenen Beispiele aus dieser Zeit. Zwei gleiche, noch teilweise originale Fensteraufsätze befinden sich an einer Fassade in *Locarno*, via S. Antonio 12 (Abb. 635). Bemerkenswert und auch ein Grund für die Erhaltung und Wiederherstellung der hier beschriebenen Fassade sind das Zusammentreffen von weisser Putzgliederung und buntfarbiger Illusionsmalerei sowie das amüsante Motiv der gemalten Hausherrschaft, das im angrenzenden Italien noch öfter, im Tessin jedoch nur noch selten anzutreffen ist (vgl. 3.1.26). Aus typologischen und stilistischen Gründen dürfte die Illusionsmalerei erst im späteren 18. Jh. und das Genrebild im 19. Jh. hinzugefügt worden sein.

Literatur und Handzeichnungen. MAS TI I (Virgilio Gilardoni), 1972, p. 347, ill. 422 · Decorazioni Locarno 1999, p. 151 (Muralto), p. 91 (Locarno) · Johann Rudolf Rahn, Pinselzeichnung vom 8.IV.1901, Zentralbibliothek Zürich (zu weiteren Zeichnungen Rahns s. 1.3.16) · Horst Janssen, farbige Zeichnung vom 23.6.72, abgebildet in HJ.- Minusio. Berlin 1973.

633 Muralto, Casa Emilia, zwei verschiedene Fassadendekore des 18. Jh.
634 Muralto, Fenstergewände der weissen, 1725 datierten Putzgliederung
635 Locarno, via S. Antonio 12, weisses Putzgewände 1. H. 18. Jh.

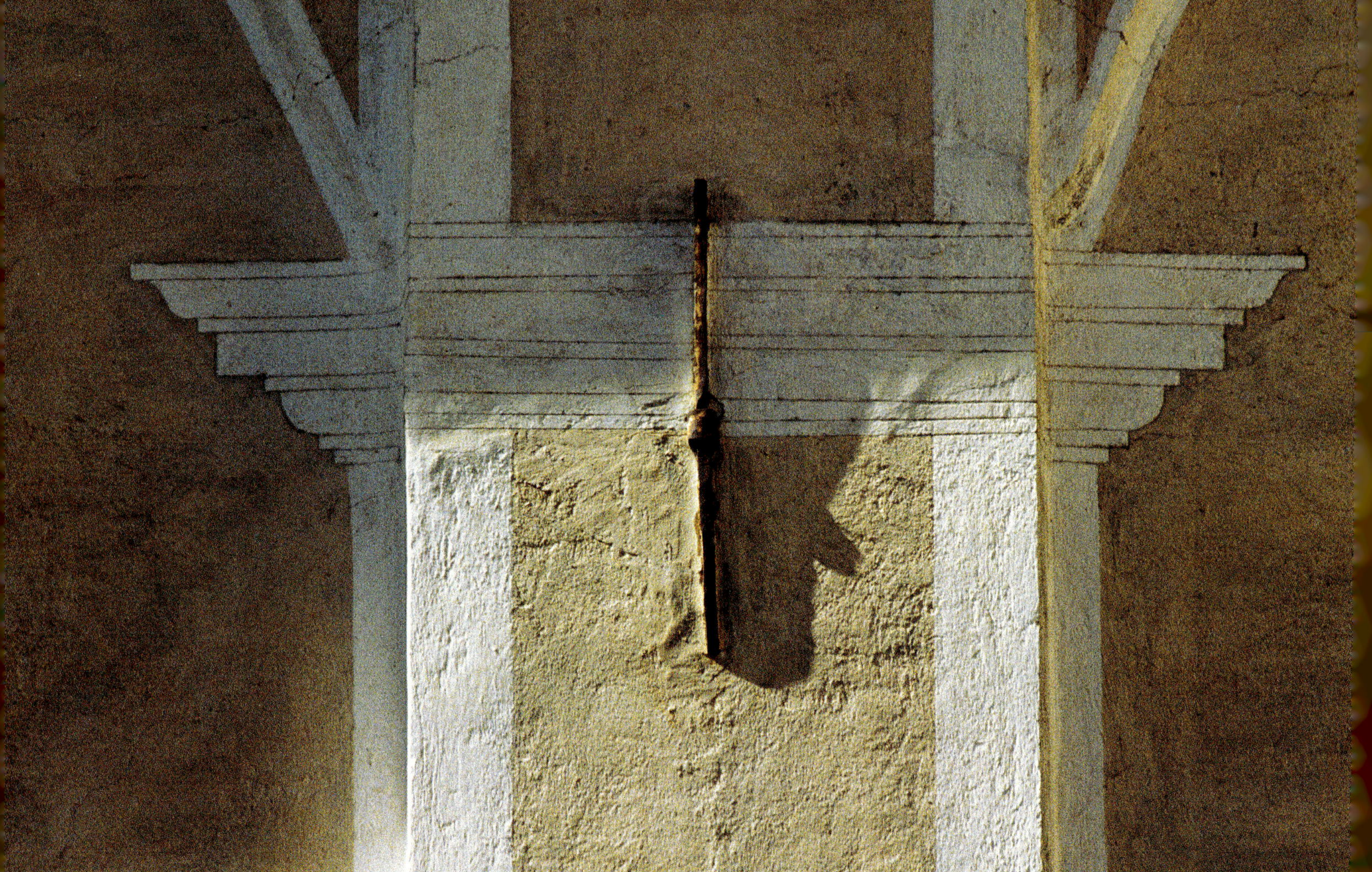

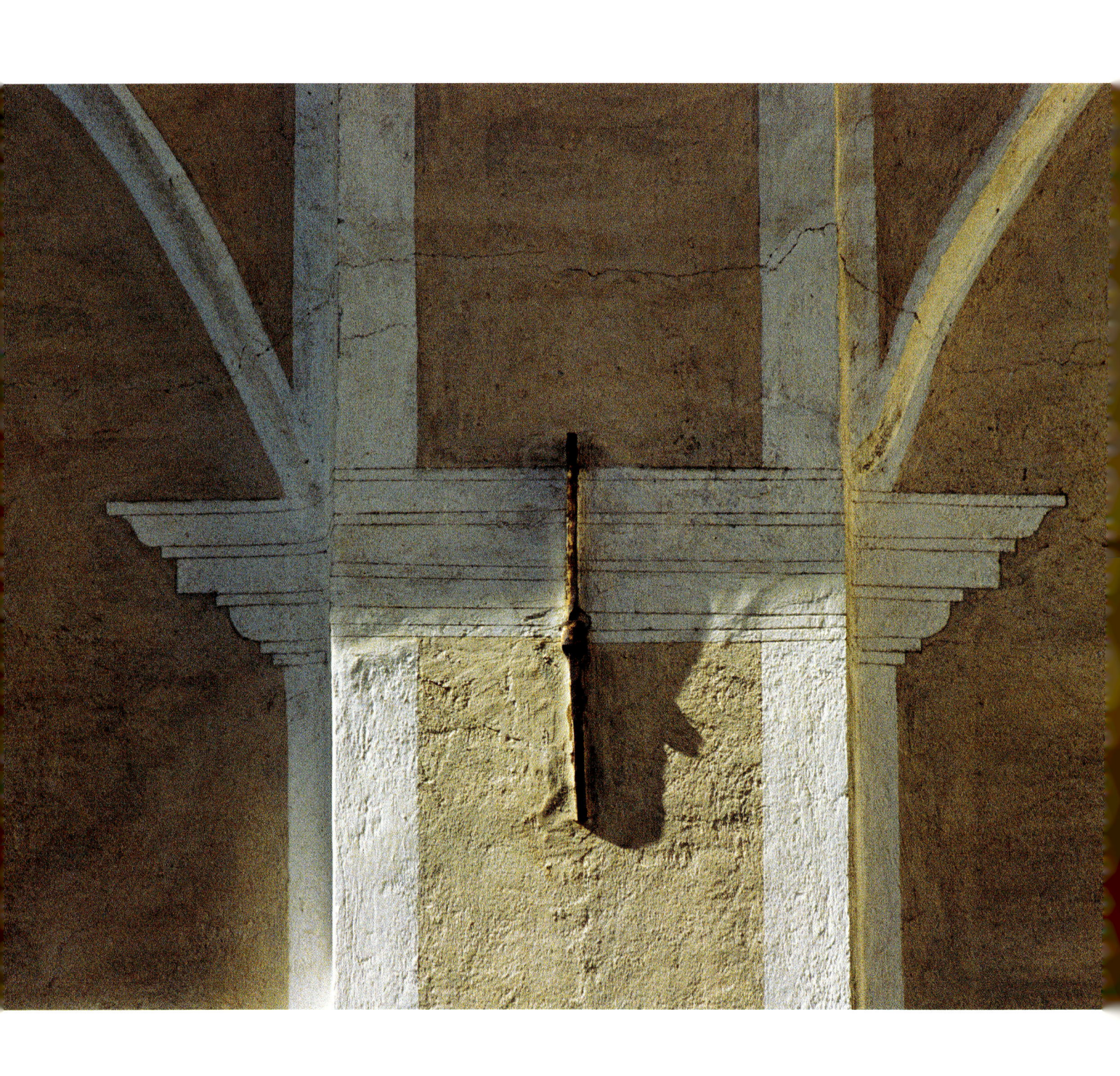

3.3 Die weisse Architekturmalerei zwischen 1650 und 1700

Überblick

Die sogenannte weisse Architekturmalerei stellt Werksteine und Werksteinteile dar, die flach auf die naturverputzte, ungestrichene Wand projiziert und hellweiss gefasst werden. Streng genommen, handelt es sich um dargestellte Architekturen in Putzritztechnik (Nagelrisstechnik) mit Kalkschlämmung oder weissem Anstrich. Da sie jedoch so erscheinen, als seien sie gemalt, wird hier von «weisser Architekturmalerei» (auch «Nagelrissmalerei») gesprochen. Regional und zeitlich eng begrenzt, bildet diese Malerei im Bereich der Aussenfarbigkeit die einzige Art von Wanddekoration in der Schweiz, die am ehesten als Zeitstil, wenn nicht sogar als Modeerscheinung bezeichnet werden kann.

Kirchen und Kapellen in Graubünden (3.3.1–3.3.17), Turmbauten in Graubünden (3.3.18–3.3.21), Profanbauten in Graubünden (3.3.22–3.3.27). Das Vorkommen konzentriert sich auf einige Bündner Talschaften, insbesondere auf das Vorderrheintal (Surselva) und Lugnez, auf Domleschg, Heinzenberg und Rheinwald sowie auf das Misox (Mesolcina) und das Calanca-Tal (val Calanca). Dort taucht diese Dekoration gegen 1650 auf und verschwindet um 1700 wieder. Die älteste der hier aufgeführten Bemalungen ist die an der Pfarrkirche von *Lumbrein* mit der Jahreszahl 1647 (3.3.7), die jüngste entstand wahrscheinlich 1715 in *Fürstenau* (3.3.4). Es ist anzunehmen, dass sie von Baumeistern aus dem Misox, die mit oberitalienischen Baugepflogenheiten vertraut waren, nach Graubünden gebracht wurde. Infrage kommen hierfür die Baumeisterdynastie Barbieri aus Roveredo und ihr Umkreis. Die weisse Architekturmalerei erfreute sich über zwei Generationen grosser Beliebtheit, ehe sie sich verlor und die in Graubünden vorwiegend buntfarbigen Aussenfassungen wieder Platz gewannen. Auf den Zusammenhang mit Oberitalien wurde bei den Fassaden in *Vella* (3.3.18) und *Lionza* (3.3.33) hingewiesen, ohne jedoch der Herkunft dieser Art dekorierter Putzoberflächen im Einzelnen nachzugehen.

Weisse Architekturmalerei ausserhalb von Graubünden (3.3.28–3.3.34). Ausführlich wurde hingegen der Entdeckung nachgegangen, dass die weisse Architekturmalerei auch an etlichen Orten ausserhalb Graubündens auftaucht, wobei hier meistens Bündner, wenn nicht sogar Baumeister aus dem Misox beteiligt waren oder andere Verbindungen dorthin bestanden wie in *Neu St. Johann, Meierskappel, Blatten, Willisau, Jonen, Lionza, Ittingen* und neuerdings auch *Fischingen* (vgl. 3.3.31).

636   Sarn, Pfarrkirche 1678. Vorlage einer Lisene mit weiss aufgemaltem, auf die Wand übergreifendem Pilasterkapitell (3.3.2)

Die beiden wesentlichen Merkmale der weissen Architekturmalerei sind die durch Ritzung (Nagelriss) auf rein grafische Umriss- und Binnenzeichnung reduzierte Darstellung von Baugliedern aus Werkstein und die insgesamt helle, Ton-in-Ton gehaltene Fassadenfarbigkeit. Diese kommt dadurch zustande, dass der Wandputz ohne zusätzlichen Farbanstrich seine eigene, von den Bestandteilen des Mörtels bestimmte, hellgrau oder gelblich changierende Naturfarbe behält, von der sich die Bauglieder in hellem Kalkweiss, weisser Tünche oder weissem Anstrich abheben. Überdies entsteht dieser spezielle Farbeindruck auch dadurch, dass der bildtragende Verputz ab und zu stärker als der Wandputz geglättet wurde, so dass der weisse Fein- und Kalkanteil des Mörtels mehr an die Oberfläche tritt und sich die dargestellten Bauglieder dank ihrer Ebenmässigkeit noch deutlicher von der raueren und dunkleren Mauerfläche unterscheiden. Hin und wieder wurde für das abgebildete Werksteinstück sogar eine zusätzliche, feine Putzschicht aufgebracht, die – anders als bei den Putzgliederungen im Tessin (s. S. 310–329) – hauchdünn war. Den unterschiedlich strukturierten Putzoberflächen ist ausserdem zu verdanken, dass die Fassaden je nach tages- und jahreszeitlichen Wetterverhältnissen und Sonnenständen eine sehr lebendige Farbigkeit stets wechselnder Licht- und Schattentönungen erhalten.

Das Erscheinungsbild der Werksteinstücke, insbesondere das der Fenster- und Türumrahmungen, wurde vom klassischen Formengut der italienischen Renaissance bestimmt. Dargestellt sind Verbände von Quadersteinen an Ecken, auf Pilastern und um Fensteröffnungen, sodann Fenster- und Türeineinfassungen von einfachen Rahmen bis zu prächtigen Ädikulen mit verschiedenartig ausgebildeten Giebeln und schliesslich Gesimse und Gebälke. Eckverstärkungen und Blendarkaden vom Boden bis zum Dachansatz sind meistens um etliche Zentimeter aufgemauert oder -gemörtelt, weiss gefasst und oft sogar mit Quaderzeichnung versehen, sie können aber auch nur als weisses Flachbild aufliegen. Mit weisser Architekturmalerei wurden vornehmlich Kirchen und Kapellen und noble Bürgerhäuser ausgestattet. Meistens gehört sie genuin zum Bau, ab und zu wurde sie im Zuge eines späteren Umbaus aufgebracht.

Dieser ausgesprochen architektonisch geprägte Dekorationsstil verzichtet im Prinzip auf schmückende Ornamentik. Wenn Obelisken, Kugelknäufe, Sonnenräder, stilisierte Blätter oder eine Blumenvase beigefügt sind, ordnen sich diese durch ihre geometrischen Formen der Gliederungsstruktur der Fassade unter. Um bestimmte Bauglieder wirksamer hervorzuheben, werden Einzelheiten wie Kämpfersteine, Triglyphen, Friese oder Quader hin und wieder schwarz gefasst und Konturen in Schwarz oder Rot nachgezogen, wie dies eindrucksvoll in *Cauco* (3.3.13) und besonders am Turm der Kirche von *Lumbrein* (3.3.7) zum Ausdruck kommt. Eine typische Eigenheit sind die in die Dekoration integrierten Jahreszahlen an den Eingangsfassaden der Kirchen, wo sie vorzugsweise die Giebelspitze einnehmen.

Dank der bildlich in Weiss aufgebrachten Werkstücke ist diese Art von Dekor besonders geeignet, Gliederungselemente aus verschiedenen Stilepochen optisch zusammenzuschliessen. Beispiele dafür sind die gotischen Masswerkfenster, die später mit übergiebelten Renaissance-Rahmen in weisser Architekturmalerei in eine harmonische Wandgliederung einbezogen wurden, wie es in *Vella-Pleif* (3.3.11) und in *Ittingen* (3.3.34) geschah. Sogar ganze Bauteile aus unterschiedlichen Epochen wie der mittelalterliche, dem Barockschloss von *Willisau* integrierte, ehemalige Befestigungsturm (3.3.31) wurden dank des weissen Fassadendekors miteinander verbunden.

Nennenswerte, ausgeschmückte Varianten dieses Dekorationsstils zeigen die Fassaden in *Roveredo* (3.3.14) und *Cumbel* (3.3.17), da hier ausnahmsweise die mit Nagelriss nur als Strichzeichnung dargestellten Bauteile mit der für Graubünden typischen Ornamentik in Sgraffitotechnik kombiniert wurden, bei der die tieferliegende, dunklere Putzschicht in flächigen

637   Willisau, Schloss. Spätmittelalterlicher Turm mit verzierter weisser Architekturmalerei aus der Zeit des Schlossbaus 1690/95. Pechnasenkranz mit Palmettenfries und Schartenfenster mit Blattvoluten (3.3.31)

638   Lionza, Casa Tondutti. Fenster an der Schaufront, wohl 1697. Ädikularahmung mit Muschelbogen, Rosettenfries und verzierten Stütz- bzw. Konsolvoluten. Weisse Architekturmalerei von ausserordentlicher Qualität (3.3.33)

Partien freigeschabt wird, so dass zusammen mit dem hellen Deckputz alle Art von Musterungen entstehen. Von dem rein architektonischen Motivkanon noch ein Stück weiter entfernt sind die Weissmalereien im Kanton Luzern, insbesondere in *Blatten* (3.3.30) und in *Willisau* (3.3.31), wo sich dargestellte Hausteinteile und Zierwerke die Waage halten. In diesem Sinn einen zusätzlichen Schritt geht die handwerklich hervorragende weisse Architekturmalerei der Casa Tondutti im tessinischen *Lionza* (3.3.33), bei der sich Ziermotive und klassische Bauglieder zu einer innigen Einheit verbinden (Abb. 637, 638).

Die durch Alterung meistens veränderte Naturfarbe des Mauerputzes, die wegen des häufigen, im Lauf der Zeit oxydierenden Eisengehalts im Mörtel von gebrochenem Weiss zu Gelb wechselte, erweist sich bei Konservierungen als Problem: Denn der heute übliche, aber ahistorische Farbanstrich des Mauerputzes (meistens gelb, manchmal grau) erfolgt aus Not, da sonst die Fehlstellen innerhalb der historischen Putzflächen – geflickt mit neuem, farblich noch unverändertem Mörtel – als helle Flecken in gelber Umgebung unschön herausfallen würden. Die Frage, ob und wie die Wiederherstellung weisser Architekturmalereien gehandhabt werden soll, muss bei jedem Bau neu beantwortet werden.

Literatur. Mane Hering-Mitgau.- Weisse Architekturmalerei. Die Schönheit des Einfachen. In: UKdm 1987, S. 540-547 (nur Beispiele in Graubünden) · Oskar Emmenegger, Roland Böhmer.- Architekturpolychromie und Stuckfarbigkeit in der Schweiz. In: Graubündner Baumeister und Stukkateure. Beiträge zur Erforschung ihrer Tätigkeit im mitteleuropäischen Raum. Hg. Michael Kühlenthal. Locarno 1997, besonders S. 75-92.

Kirchen und Kapellen in Graubünden

3.3.1 Degen-Rumein (GR, Lugnez)

Kapelle St. Antonius von Padua. Neubau 1669/72, Turm um 1700 an der Nordseite zugefügt. Weisse Architekturmalereien, wohl aus den jeweiligen Bauzeiten. Restauriert 1953. Aufgenommen 1983.

Bauglieder in weisser Nagelrissmalerei auf dünnem Zusatzputz über gelb gestrichenem Mauerputz. Die Pilaster der Wandgliederung sind an der Eingangsfront durch ein Gebälk, an den Langseiten jeweils durch zwei Bögen sowie das Dachgesims miteinander verbunden. Die Fensterrahmen werden von aufwändigen Gebälken mit gebrochenen Spitzgiebeln überfangen. An der Nordwand sind die in gleicher Weise eingefassten Fenster blind. Der Turm und der eingezogene Polygonalchor weisen nur Eckquaderungen und einfache Fensterrahmen auf (am Turm heute ohne Nagelrisskontur). Die Wandfläche des fensterlosen Chorhaupts wird von einem grossen Kruzifix in gleicher Putztechnik beherrscht. Die südlich angebaute Sakristei erhielt lediglich weisse Wandrahmen. Die Gliederungselemente bestehen aus einer zweiten, geglätteten, hauchdünn erhabenen und weiss gefassten Putzschicht. Ihre Details sind in handwerklich hervorragender Qualität herausgearbeitet (Abb. 639).

Bemerkungen siehe 3.3.2 *Sarn*.

Literatur. KDM GR IV (Erwin Poeschel), 1942, S. 177 · Hering-Mitgau 1987, S. 545.

639 Degen-Rumein, Kapelle St. Antonius, Blindfenster mit klassisch profilierter Giebelrahmung als weiss gefasste, sehr dünne zweite Putzschicht, 1669/72

3.3.2 Sarn (GR, Heinzenberg)

Reformierte Pfarrkirche. Neubau 1678 (Jz. am Portal), evtl. von Peter Zur aus Thusis. Weisse Architekturmalerei aus der Bauzeit. Turm 1757 hinzugefügt, er ist unbemalt. Restaurierung 1979; aufgenommen 1983 vor der jüngsten Restaurierung 1985/90.

Wandgliederung durch Mörtelvorlagen und weisse Nagelrissmalerei auf gelb gestrichenem Mauerputz (Abb. 636, 640). Die Mauern des Schiffs werden von vorstehenden Lisenen und Blendbögen aus Mörtel gegliedert. Die auf diesen Bauelementen aufgebrachte weisse Nagelrissmalerei markiert deren Kanten und täuscht durch dargestellte Basen und Kapitelle Pilaster vor. Ausserdem fingiert sie an den geöffneten und blinden Fenstern aller Fassaden profilierte Gewände mit geraden Abschlussgesimsen bzw. gesprengten Giebeln. Die Rundfenster sind mit breiten Umquaderungen aus keil- und bogenförmig wechselnden Hausteinimitationen eingefasst. Die Ecken des dreiseitigen Chors weisen eine Quaderung, die Kanten des Westgiebels ein Zackenband auf. Die Zwickel, Giebel und Gesimse werden von verschiedenen Sonnenrädern und Rautenmustern verziert.

Bemerkungen. Das Besondere der Architekturdekoration von Sarn zeichnet sich durch Verwendung von Ziermotiven und die dekorative Wirkung der Quaderrahmung an den Rundfenstern aus. Interessant ist die Gegenüberstellung mit *Degen-Rumein* (3.3.1), wo die gleiche Gliederung mit Blendarkaden nur auf einer hauchdünnen zweiten Putzschicht liegt, das heisst so gut wie flach auf die Mauer gemalt wurde und nicht wie in Sarn auf beträchtlich vorstehenden, aufgemörtelten Mauerauflagen erscheint. Die Zuschreibung an Baumeister Peter Zur erfolgt aufgrund des ähnlichen Aufrisses der von ihm erbauten Kirche in *Splügen* (3.3.5), die ebenso wie Zurs Kirchenbau in *Tersnaus* (3.3.9) weisse Architekturmalereien trägt. Zur stammte wie die Barbieri aus dem Misox und hat offensichtlich auch für die Verbreitung dieses Dekorationsstils gesorgt. Bei der jüngsten Restaurierung 1985/90 wurden der z.T. noch ursprüngliche Verputz weitgehend erneuert und die weisse Nagelrissmalerei mit Abweichungen in einigen Details rekonstruiert.

Literatur. KDM GR III (Erwin Poeschel), 1940, S. 211f · Hering-Mitgau 1987, S. 546.

640 Sarn, Pfarrkirche, zwei Seitenschiffjoche mit weisser Architekturmalerei auf aufgemörtelten Vorlagen, 1678

641 Almens, Chorpolygon der Kirche mit weisser Quadermalerei, 1694

3.3.3 Almens (GR, Domleschg)

Reformierte Kirche. Errichtet 1694 (Jz. am Portal). Weisse Architekturmalerei gleichzeitig. Restauriert 1946. Aufgenommen 1983 vor der jüngsten Restaurierung um 1993.

Weisse Eckquaderung in Nagelrisstechnik (Abb. 641). Auf den zum Teil naturgelben, zum Teil (später) hellgelb gestrichenen, verschiedenartigen Mauerputzen der Schiffs-, Chor- und Turmmauern liegt eine regelmässige Eckquadermalerei. Die eingeritzten Konturen markieren schmale Randschläge und breite Fugen. Die Fensteröffnungen sind weiss gerahmt. Das vorstehende Gesims am Giebelansatz der Westfassade weist eine geritzte Quadereinteilung, aber keine Farbabstufung (mehr?) auf. Gemeinsam mit den weissen Bändern entlang der Dachkante bildet es in der Mitte des Giebelfelds den Rahmen für das grosse, buntfarbige Wappenbild von Salis. – Die weisse Architekturmalerei der Kirche von Almens beschränkt sich auf die Darstellung einer relativ grossformatigen Eckquaderung und erzielt mit diesem einzigen Gliederungsmotiv eine erstaunlich dekorative Wirkung.

Literatur. KDM GR III (Erwin Poeschel), 1940, S. 90 · Hering-Mitgau 1987, S. 547.

642 Fürstenau, aufgemauerte Lisene an der Südseite der Kirche mit eingeritzter und weiss gefasster Quadermalerei auf altem Verputz, nach 1715

643 Splügen, Kirche, nordwestliche Ecklisene, erneuerte weisse Quadermalerei mit ockerfarbenen Fugen auf altem Verputz, 1689

3.3.4 Fürstenau (GR, Domleschg)

Reformierte Kirche. Erste Erwähnung des Baus 1354, wesentlicher Umbau 1715, Erhaltung mittelalterlicher Reste in der Ostpartie. Weisse Eckquaderung am gesamten Bau, entstanden vermutlich im Zuge des Umbaus. Restaurierung 1923, die Quaderdarstellung noch weitgehend in ihrer Ursprünglichkeit. Aufgenommen 2000.

Weisse Eckquaderung in Nagelrisstechnik (Abb. 642). In den ursprünglichen, naturhellen Verputz sind an den Ecken des Polygonalchors, des Turms und der vier am Schiff aufgemauerten Lisenen verzahnte Quader mit einfachen Umrisslinien eingeritzt und weiss gestrichen. Der weisse Farbanstrich ist vermutlich 1923 aufgefrischt worden. Die wandbündigen Fensterrahmungen und das Gesims am Westgiebel wurden nur weiss aufgestrichen. Die Fassung am Glockengeschoss des Turms stammt aus späterer Zeit.

Bemerkung. Wenn auch erst nach 1715 entstanden und damit ein vergleichsweise spätes Beispiel dargestellter weisser Eckquader, vermittelt der Dekor von Fürstenberg in besonders schöner Weise das weitgehend originale Farbspiel der für die weisse Architekturmalerei charakteristischen Ton-in-Ton-Fassung.

Literatur. KDM GR III (Erwin Poeschel), 1940, S.98-100 · Markus Rischgasser.- Fürstenau, Stadt in Kleinstformat. Bern 2001, S.15-17 (SKF). Keine Erwähnung der Fassungsquader.

3.3.5 Splügen (GR, Rheinwald)

Reformierte Kirche. Neubau mit weisser Architekturmalerei, errichtet 1689 von Peter Zur aus Thusis (Jz. am Portal). Letzte Restaurierungen 1932 und 1978/83. Aufgenommen 2000.

Wandgliederung durch Blendarkaden und weisse Quadermalerei in Nagelrisstechnik (Abb. 643, 644). Die in ihrer Höhenlage den Ort dominierende, nach Süden orientierte Kirche mit Chorpolygon und Seitenturm wurde ringsherum durch leicht vorstehende Blendarkaden gegliedert. Ihre Lisenen und Stichbögen tragen ebenso wie die Ecken des Turmschafts eingeritzte, weisse Quader mit umrissenen Spiegeln und ockergelben Fugen. Bei den Bögen wechseln grosse und kleine keilförmige, bei den Lisenen querrechteckige und quadratische Quader. Entsprechend dem Läufer- und Bindersatz greift jeder zweite Quader auf die Wand über. Die Bogenzwickel werden jeweils durch einen kleinen Obelisk verziert. Stichbogen- und Rundfenster sind weiss gerahmt.

Bemerkungen. Splügen repräsentiert eine schlichte, ausgewogene Wandgliederung mit ungewöhnlicher Wirkung auf weite Distanz. Beachtenswert sind überdies die feinen grafischen Details und die ursprüngliche, bewegte Putzoberfläche, die ein lebhaftes Schattenspiel hervorruft. Der Baumeister Peter Zur entstammte einem Misoxer Geschlecht. Er baute auch die ähnlich dekorierte Kirche in *Tersnaus* (3.3.9); ausserdem wird ihm wegen des mit Splügen verwandten Aufrisses die Kirche in *Sarn* (3.3.2) zugeschrieben (KDM GR III, 1940, S. 212 Anm. 1).

Literatur. KDM GR V (Erwin Poeschel), 1943, S. 260-262.

3.3.6 Trun (GR, Oberland)

Katholische Pfarrkirche St. Martin. Bau mit weisser Architekturmalerei, weitgehend neu errichtet 1660 (Jz. im Giebel). Mehrere Renovationen. Aufgenommen 1983.

Wandgliederung durch weisse Blendarkaden und wandbündige Fensterahmen in weisser Nagelrissmalerei (Abb. 645). Chor und Schiff sind ringsum durch vorstehende Blendarkaden gegliedert (Pilasterkapitelle aus Steinplatten). Sie heben sich weiss von den gelb gestrichenen Bogenfeldern ab, in denen jeweils paarweise ein Stichbogenfenster mit weissem Giebelgewände und ein Ochsenauge mit weisser Rahmung sitzen.

Bemerkung. Die Pfarrkirche von Trun ist das Beispiel einer besonders gut proportionierten, gleichmässigen Wandgliederung unter Anwendung der weissen Architekturmalerei. Ähnliche Gliederungen weisen St. Anna in *Trun* (Weihe 1704), St. Placidus in *Disentis* (3.3.8) und das mit der Jahreszahl 1647 bezeichnete Schiff der Kirche in *Lumbrein* (3.3.7) auf.

Literatur. KDM GR IV (Erwin Poeschel), 1942, S. 416, Abb. 481 · Martin Stankowski.- Architekturen der «magistri grigioni» in der Schweiz. In: Graubündner Baumeister und Stukkateure. Beiträge zur Erforschung ihrer Tätigkeit im mitteleuropäischen Raum. Hg. Michael Kühlenthal. Locarno 1997, S. 56.

3.3.7 Lumbrein (GR, Lugnez)

Katholische Pfarrkirche St. Martin. Schiff 1646/47 (Jzz. 1646 am Chor, 1647 am Eingangsgiebel), Turm 1654 (Jz. an der Turmuhr). Hellweisse bzw. grauschwarze Architekturmalerei aus den jeweiligen Bauzeiten. Erneuert 1970 (Jz. Turmuhr). Aufgenommen 1987.

644 Splügen, Kirche, vorstehende Bogengliederung mit weisser Architekturmalerei, Peter Zur 1689

645 Trun, Pfarrkirche, vorstehende, weiss gefasste Bogengliederung und weisse Fensterrahmenmalerei, 1660

646　Lumbrein, oberstes Glockengeschoss des Kirchturms mit wechselweise schwarzer und weisser Architekturbemalung von 1654, erneuert

Bau (Abb. 646, 647). Nach Süden orientiertes, hohes Kirchenschiff mit eingezogenem, dreiseitig geschlossenem Chor, Sakristeianbau und hohem Turm an der Ostseite. Am Schiff weisse, am Turm vorwiegend schwarze Quaderungen. Schwarzgraue Dachdeckung (heute Asbest, ehemals wohl Holzschindeln). Bemerkenswerte Innenausstattung.

Wandgliederung am Schiff durch mehrheitlich hellweisse, am Turm durch mehrheitlich grauschwarze Eckquaderung und andere Werkstücke in Nagelrisstechnik. Die Bauecken der naturweiss verputzten Kirche sind durch eingeritzte, hellweiss gefasste Läufer und Binder mit Randschlag und dunklen Fugen im Putz markiert, die Fenster mit Giebelaufsätzen hellweiss umrahmt, das Traufgebälk mit Quaderfugen und dunkel gehaltenem Fries bemalt. – Der ebenfalls naturweiss verputzte Turmschaft ist mit Rundstäben und profilierten Gesimsen in zwei untere, ein Uhren- und zwei Glockengeschosse unterteilt und schliesst in einer schwarz gestrichenen Zwiebelhaube (Kupferblechdeckung). Seine Ecken sind im Läufer- und Binderversatz nicht wie das Schiff mit weissen, sondern mit schwarzen, weiss verfugten und konturierten Quadern bemalt. Ebenso erhielten die Rahmen der Fensterschlitze in den beiden unteren Geschossen und die Gesimse eine schwarze Quadermalerei, das unterste zusätzlich einen gemalten, schwarzen Tafelsteinfries. Bei den rundbogigen Schallöffnungen der Glockengeschosse wurden kräftige Kämpfer- und Scheitelsteine aus grauem Granit eingesetzt, die Kanten der Öffnungen sind mit weissen, nur in Konturzeichnung aufgebrachten Pilastern und Keilsteinen umrahmt. Der oberste Fries unter dem Kranzgesims der Haube trägt ein graues Volutenmuster auf weissem Grund. – Erneuerte Sonnenuhr am Chor mit der Jz. 1646.

Erhaltung und Zustand. 1970 weitestgehend erneuert mit Konservierung kleinerer Partien des alten Putzes mit weisser Architekturmalerei an der Westfassade (Abb. 647) und geringer Reste am Chor. Am Turm neuer Putz und neue Bemalung.

Bemerkungen. Der Bau und seine wiederhergestellte sowohl weisse als auch schwarze Bemalung stammen quasi aus derselben Zeit und bilden eine stilistische Einheit. Obwohl die Malerei fast nur das Motiv des Quadersteins verwendet, wird durch die vorwiegend weisse, schwarz durchsetzte Architekturmalerei des Kirchenschiffs und die vorwiegend schwarze, weiss durchsetzte des Turms eine gesteigerte dekorative Wirkung erzielt. Durch das ausgewogene Ineinanderspielen dieser beiden Hell- und Dunkel-Töne bewirkt die Fassung eine Gleichwertigkeit beider Bauteile. Die Kirche von Lumbrein stellt mit ihrer halb weissen, halb schwarzen Farbfassung eine besonders differenzierte und sinnreiche Variante der weissen Architekturmalerei dar. Schwarz gefasste Werkstückelemente, wenn auch nur punktuell, finden sich auch in *Cauco* (3.3.13) und *Lantsch* (3.3.26), ähnliche, aber einfachere Turmgestaltungen an den beiden Filialkirchen von *Lumbrein-Sontg Andriu* und *Lumbrein-Surin* (2.4.7, 2.4.8).

Literatur. KDM GR IV (Erwin Poeschel), 1942, S.180f · Georg Berther.- Von der Restaurierung der Pfarrkirche St. Martin in Lumbrein. In: UKdm 1971, H.2, S.103-108 (betr. nur den Innenraum) · Hering-Mitgau 1987, S.544.

647 Lumbrein, weisse Architekturmalerei an der Westfassade der Pfarrkirche, Gebälkfries und Fugen in Schwarz, 1647, weitgehend auf altem Verputz

3.3.8 Disentis (GR, Oberland)

Kapelle St. Placidus. Bau mit weisser Architekturmalerei, errichtet 1655 (Jz. im Giebel) von Domenico Barbieri aus Roveredo. Zerstörung der Sakristei durch Lawinenabgang 1984. Konserviert und wiederhergestellt ab 1985. Fotos aufgenommen vor der Wiederherstellung.

648　Disentis, Kapelle St. Placidus, Bau und weisse Architekturmalerei von Domenico Barbieri 1655, Fotos des Originalbestands vor dem Lawinenunglück 1984
649　Disentis, Detail der originalen Putzoberfläche

Wandgliederung durch gemauerte Vorlagen und weisse Nagelrissmalerei (Abb. 648, 649). Die naturverputzten Aussenmauern an Schiff und Chor werden durch vorstehende, weiss gekalkte Blendarkaden auf Pilastern gegliedert (gleicher Wandaufbau im Innern in Weiss auf Gelb). Die Figurennischen an der Eingangsfassade und sämtliche Stichbogenfenster, Ochsenaugen und Schartenöffnungen erhielten umrissene, weiss gekalkte Gewände bzw. Rahmeneinfassungen, der Chorturm zusätzlich eine Eckquaderung mit auffallend langen Läufern. Das Dachgesims ist weiss abgesetzt und am Giebel mit Fugen versehen. Die 1984 weggerissene Sakristei war in das Gliederungssystem einbezogen.

Bemerkungen. St. Placidus besitzt die älteste datierte, weitgehend komplette Dekoration der sogenannten weissen Architekturmalerei, die sich dank lebhafter Putzoberfläche und handwerklich sicherer Nagelrisszeichnung als ein besonders schöner Originalbestand darstellt. Der ursprüngliche, natürlich belassene Wandputz ohne Farbanstrich wurde bei der Wiederherstellung so weit wie möglich gehalten. Bei der wenig älteren, 1647 datierten weissen Architekturmalerei am Schiff der Kirche von *Lumbrein* (3.3.7) mit ehemals recht differenzierten Einzelmotiven sind von der ursprünglichen Oberfläche nur noch kleine Restpartien vorhanden. Zu den ältesten, aber nur Eckquader darstellenden Oberflächen gehört schliesslich auch die von Schiff und Turm der 1656 fertig gestellten Pfarrkirche in *Lostallo* (Misox). Ein ähnliches Gliederungssystem wie Disentis weist *Trun* auf (3.3.6). Zum Baumeister siehe *Laax* (3.3.10).

Literatur. KDM GR V (Erwin Poeschel), 1943, S.107-111 · Hering-Mitgau 1987, S. 544 · Emmenegger/Böhmer 1997, S.80.

3.3.9 Tersnaus (GR, Lugnez)

Katholische Pfarrkirche. Bau mit weisser Architekturmalerei, errichtet 1670 (Jz. am Giebel) von Peter Zur aus Thusis. Konservierung des weitgehend originalen Bestands 1981. Aufgenommen 1997.

Aufgesetzte und aufgemalte weisse Bauglieder (Abb. 650, 651). Der naturverputzte, 3-jochige Saalbau mit eingezogenem Chor ist ringsherum vom Boden bis zur Traufhöhe durch eingetiefte Rechteckfelder gegliedert, deren gekehlte Umrandung durch Weissfassung und deren oberer Abschluss durch dargestellte weisse Profilplatten hervorgehoben werden. Die Stichbogenfenster in den Feldern an Schiff und Chor sind mit weissen Quader- und Keilsteinen umrahmt. Die Bauecken werden ebenso wie die Ecken des nordseitigen Turms und der südlichen Sakristei mit einer Quaderverzahnung akzentuiert. An der Eingangsfront verläuft entlang der Giebelkante ein ornamentierter Fries in Sgraffito, in die Giebelspitze passt sich eine Sonne zwischen drei Monden ein. Das vorstehende, übergiebelte Hauptportal ist (neu) mit schwarzen und weissen Viereckfeldern eingefasst, der Südeingang mit einem Gewände ummalt, das einen mächtigen gebrochenen Giebel trägt. Die dargestellten Werksteinteile erhielten alle eine Vormarkierung im Putz.

Bemerkungen. Der einheitliche und detailreiche Architekturdekor überliefert auch farblich das weitgehend ursprüngliche Aussehen. Die schöne bauliche Gesamterscheinung der Kirche ist im Wesentlichen ihm zu verdanken. Vom selben Baumeister stammt die Kirche in *Splügen* (3.3.5) und vermutlich auch die in *Sarn* (3.3.2).

650 Tersnaus, Pfarrkirche von Peter Zur 1670, wirkungsvolle Gliederung der Südfassade mit weisser Architekturmalerei

Literatur. KDM GR IV (Erwin Poeschel), 1942, S. 216f · Hering-Mitgau 1987, S.545 · Emmenegger/Böhmer 1997, S.87-89.

3.3.10 Laax (GR, Oberland)

Katholische Pfarrkirche. Neubau mit weisser Architekturmalerei, errichtet 1675/78 von Domenico und Martino II Barbieri aus Roveredo (Jzz. 1675 am Westgiebel, 1678 in der Portalinschrift). Erneuerung um 1980. Aufgenommen 1987.

Weisse Wandgliederung durch Mörtelvorlagen und Bauglieder in Nagelriss- und Sgraffitotechnik (Abb. 652, 653). Das Schiff wird ringsum durch eine Blendarkatur auf Pilastern, der Turm durch eine Eckpilasterung gegliedert. Der Mauergrund ist hellgelb, die Vorlagen sind weiss gestrichen. Die innerhalb der drei Bogenfelder zweigeschossig unterteilte Westfassade erhielt

651 Tersnaus, Pfarrkirche, Giebelspitze der Eingangsfassade mit typischen Zierdetails der weissen Architekturmalerei samt Jahresziffern

eine aufwändige weisse Architekturmalerei. Unten sind es zwei Blindrahmungen mit Sonnenrädern und oben zwei Nischenrahmungen mit gesprengten Giebeln, die jeweils das Mittelportal bzw. die darüber liegende Fenstergruppe flankieren. Die Darstellung der Werksteinteile orientiert sich am aufgemauerten Ädikulagewände des Portals. Die beiden Rundfenster über dem Portal und im Giebel werden von Keilsteinen unterschiedlicher Grösse umrahmt. Die Licht- und Blendscharten an den vier Turmgeschossen erhielten ebenfalls weisse Giebelgewände. Die das Glockengeschoss hervorhebenden Gebälke und Quaderrahmen samt Sonnenrädern entsprechen denen der Westfassade. Die südlich angebaute Sakristei hat eine Eckquaderung. Die Werkstücke sind mit weiss überstrichenen Nagelrisslinien in den Putz gezeichnet, die Fugen der Quaderungen werden hingegen durch freigeschabte (sgraffitierte) Flächen aus dem ockergelben Unterputz gebildet, wodurch sie markant hervorgehoben werden. Der umfangreiche Bestand von originalem Putz und Nagelriss wurde konserviert, der Farbanstrich erneuert.

Bemerkungen. Laax vertritt eine Architekturmalerei mit besonders reichem Formenvokabular. Darüberhinaus trat hier dank der wirkungsvollen, sgraffitierten Quaderfugen das natürliche

652   Laax, Pfarrkirche, Rundfenster und Gebälk des Westgiebels, 1678

653 Laax, Pfarrkirche, 1678 von Domenico und Martino II Barbieri, Westfassade mit differenzierter, weisser Architekturmalerei

Ockergelb des Putzes als dritte Farbe zu dem sonst nur in zwei Tönen üblichen Farbspiel dieser Dekorationsart. – Der aus Roveredo im Misox kommende Domenico Barbieri baute auch St. Placidus in *Disentis* (3.3.8). Derselben Familie entstammte der Baumeister von *Neu St. Johann* (3.3.28).

Literatur. KDM GR IV (Erwin Poeschel), 1942, S.69-72 · Hering-Mitgau 1987, S.546 · Emmenegger/Böhmer 1997, S.76, 86.

3.3.11 Vella-Pleif (GR, Lugnez)

Katholische Pfarrkirche. Bau des heutigen Chors um 1500, Neubau des Schiffs 1661 auf älteren Fundamenten; freistehender, hochmittelalterlicher Turm. Einheitliche Architekturmalerei 1661 (Jz. am Giebel der Eingangsfassade). Restauriert um 1970/80. Aufgenommen 1987.

Architekturvorlagen und -malerei in Weiss (Abb. 654, 655). Die 1-schiffige Kirche ist neu verputzt, ockergelb gestrichen und ringsum durch weisse Architekturen gegliedert. Es handelt sich dabei um jeweils drei Blendarkaden auf Pilastern, die an der Eingangsfassade aufgemörtelt, an den Seitenfassaden aber nur flach aufgemalt sind. Am gotischen Polygonalchor wurden analog zu den Bögen am Schiff die abgetreppten Stützpfeiler weiss gefasst und bis zum Dach durch gemalte weisse Pilaster fortgeführt. Unter der Dachtraufe läuft rings um den gesamten Bau ein klassisches Gebälk mit Triglyphenfries und profiliertem oberen Gesims, das von schwarz gemalten, zu den weissen Triglyphen jeweils versetzten Stossfugen unterteilt wird. In den Binnenfeldern der Blendarkaden sitzen jeweils ein offenes oder blindes rund-, stich- bzw. spitzbogiges Fenster mit weissen Ädikularahmen, deren Giebelaufsätze durchgehend gebrochen sind. Drei der Chorfenster haben gotische Masswerke (Abb. 701). Das Eingangsportal trägt einen gebrochenen Steingiebel, darüber öffnet sich die Mauer in einem grossen, weiss eingefassten Ochsenauge. Die einfach gerahmte Giebelfront der Eingangsfassade weist noch den anfänglichen, ungestrichenen Naturputz auf. Der aus älterem Bauzusammenhang stammende Turm hat keinerlei Dekor.

Bemerkungen. Die gleichzeitig mit der Erstellung des jüngeren Schiffs 1661 aufgebrachte, weisse Architekturmalerei überzieht auch den älteren gotischen Chor und vereinheitlicht damit die Aussengliederung der beiden Bauteile (die Blendbogenvorlagen sind auch im Inneren vorhanden). Es handelt sich um eine rein architektonische, wohlproportionierte und formal ausdrucksstarke Gliederung, die den Rang des bereits vorkarolingisch nachgewiesenen Gotteshauses als Mutterkirche der gesamten Talschaft ausdrückt. Die Kirche liegt stimmungsvoll abseits im Friedhof unterhalb von Vella. – Der Bau zeigt in ähnlicher Weise wie *Ittingen* (3.3.34) das harmonische Zusammenspiel von klassischen, weiss gemalten oder gefassten Architekturelementen und gotischem Formenwerk.

654 Vella-Pleif, Westfassade der Pfarrkirche mit aufgemauerten Blendbögen und aufgemalten Werkstücken
655 Vella-Pleif, südliches Seitenschiff mit direkt aufgemalten Bögen und Werkstücken

Literatur. KDM GR IV (Erwin Poeschel), 1942, S. 249-262 · Hering-Mitgau 1987, S.541 und 544 · Stankowski 1997 (wie 3.3.6), S.53f

3.3.12 Verdabbio (GR, Misox)

Katholische Pfarrkirche. Neubau des Chors 1631/32, Schiff weitgehend und Turm-Obergeschosse gänzlich neu erbaut 1668 (Jz. über dem Portal). Architekturgliederung und Weissfassung wohl aus der späteren Bauphase. Konserviert und restauriert um 1980. Aufgenommen 1998.

Wandgliederungen gemauert, aufgemörtelt und weiss gekalkt (Abb. 656). Auf der grauweissen, ungestrichen naturverputzten Mauer liegen an der Westfassade vier stark vorstehende, mit dem Giebelgebälk verkröpfte Pilaster, auf den übrigen Fassaden und dem Turm hingegen nur ca. 1 cm erhabene Bänder, die die Langhausseiten feldern, die Mauern des Chors und die der Turmgeschosse an den Kanten einfassen und Nischen sowie Fenster umrahmen. Diese Bau- und Gliederungselemente heben sich durch stärkere Abglättung und mehrere weisse Kalkanstriche vom natürlichen Hellgrau des weniger fein strukturierten Mauerputzes deutlich ab.

Bemerkungen. Die ursprüngliche, insgesamt helle Farbfassung wurde evtl. schon im 18., spätestens aber im 19. Jh. zunächst rot und dann gelb überstrichen. Bei der jüngsten Restaurierung wurden die noch umfangreichen ursprünglichen Oberflächen wieder freigelegt, konserviert und die Fehlstellen rekonstruiert. – Es handelt sich um eine weiss gefasste Architekturgliederung, die einerseits stark hervortretende Wandpilaster mit andererseits kaum erhabenen Bandvorlagen aus dünn aufgetragenen, zusätzlichen Putzschichten ohne Nagelrisskonturierungen kombiniert. Die Fernwirkung der einfach disponierten Aussengliederung, die neben der Zweifarbigkeit in Hellgrau und Weiss auch von ihrem unterschiedlich hohen Wandprofil lebt, ist beachtlich.

Literatur. KDM GR VI (Erwin Poeschel), 1945, S. 226 · Oskar Emmenegger, Zizers, Untersuchungsbericht vom 8.12.1976 · Hering-Mitgau 1987, S. 545.

656 Verdabbio, Pfarrkirche, Westfassade mit aufgemauerten, weiss gekalkten Pilastern, 1668

3.3.13 Cauco (GR, Val Calanca)

Katholische Pfarrkirche S.Antonio Abate. Schiff und Chor mit weisser Architekturmalerei wohl 1656/1660, Turm mit anderem Dekor 1683. Renoviert 1922, konserviert und rekonstruiert 1979. Aufgenommen 1987.

Wandgliederung der Kirche im Wesentlichen durch Nagelrissmalerei und Kalkanstrich (Abb. 657– 659). Kleiner kompakter Bau mit mächtigem Turm an der Nordwestecke (Turmdekor siehe 3.7.22). Die freiliegenden West-, Süd- und Ostseiten sind mit hellgrauem Naturputz bedeckt und mit umrissenen, weiss und grauschwarz gefassten Architekturen bemalt. Die Gliederung der Eingangsfassade (Westen) stellt sich als ein bildhaftes Ensemble von Baumotiven dar: Rundportal mit Ädikula, darüber ein Thermen- und ein Ovalfenster mit einfachen Weissrahmungen sowie Eckpilaster und Giebelgebälk, die die rahmenden Elemente bilden. Die Wand des Schiffs und die Kapellen nach Süden sind mit weissen Gesimsen und Fensterrahmen in Weiss und Schwarz bemalt, während die aufgemörtelten Ecklisenen der Ostpartie eine weisse Fassung mit putzfarbigen Binnenspiegeln und sowohl die geöffneten als auch die blinden Bogenfenster glatte Weissrahmungen erhielten.

Zustand und Bemerkungen. Bei der letzten Restaurierung wurden umfangreiche Bestände des bis dahin nicht mehr sichtbaren, originalen Putzes und der Architekturmalerei freigelegt, konserviert und durch eine kopierende Neufassung (Naturputz und Malerei) überdeckt. Besonders erwähnenswert ist die feine Schwarzfassung einzelner Werksteinteile (Kämpfer, Gebälkfries, Stürze und Sohlbänke der Kapellenfenster), die die dekorative Wirkung dieser relativ einfachen Wandgliederung hervorhebt. Schwarze Fugen und Friese weisen auch die Architekturmalereien an der Kirchenfassade von *Lumbrein* (3.3.7) und am Haus Beeli von Belfort in *Lantsch* (3.3.26) auf.

Literatur. KDM GR VI (Erwin Poeschel), 1945, S. 257f · Hering-Mitgau 1987, S. 544 · Emmenegger/Böhmer 1997, S. 82f.

657 Cauco, Pfarrkirche, Pilaster und Portal in weisser Flachmalerei mit schwarzen Kämpfer- und Friespartien, um 1660
658 Cauco, Seitenchörlein mit gemalten Gewänden in Schwarz und Weiss
659 Cauco, aufgemörtelte Pilaster am Chorpolygon in Weissfassung mit Binnenspiegeln

rechts
660   Roveredo, Madonna del Ponte chiuso, erneuerter Weissdekor der Westfassade 1656, Zustand 2001
661   Roveredo, Nordseite, Zustand 2001

unten
662   Roveredo, Blindportal an der Westfassade, Zustand 2001
663   Roveredo, südwestliche Turmecke mit Eckquaderung, Originaloberfläche im Zustand 1983

3.3.14   Roveredo (GR, Misox)

Katholische Kirche La Madonna del Ponte chiuso. Im Wesentlichen erbaut um 1656, evtl. von Giovanni Serro aus Roveredo. Architekturdekor aus der Bauzeit. Restauriert 1941 und 2000. Aufgenommen 1983 und 2001.

Weisse Wandgliederung durch Mörtelvorlagen und Werksteinteile in Nagelriss- und Sgraffitotechnik (Abb. 660–663). Dreijochiges Schiff mit eingezogenem Chor, nordseitigem Turm und südseitiger Sakristei. Schiff und Turm sind verputzt, hellgelb gestrichen und in Weiss durch Lisenen (an West- und Nordseiten aufgemörtelt, an der Südseite aufgemalt), blinde Portale, Nischen, Rund- und Rechteckfenster (Westfront) gegliedert. Ein umlaufendes Traufgebälk mit Triglyphenfries, Thermenfensterrahmungen an den Langseiten sowie doppelt umrandete Eckquaderungen und Fenstereinfassungen am Turm oberhalb des Schiffsdaches vervollständigen den Gesamteindruck. An den beiden Schaufassaden (West und Nord) wurden Pilaster auf die vorstehenden Lisenen gemalt und die Kanten mit sgraffitierten Perl- und Eierstäben verziert. Unter jedem Thermenfenstern erscheinen zwei weit ausgreifende, dekorative Stützvoluten auf kleinen Konsolen (deren rote Konturen stammen von 1941). Das nördliche Seitenportal wird von einer Ädikula mit IHS im Giebelfeld gerahmt. Der Chor blieb gänzlich, der Turm bis auf Höhe des Schiffsdaches unverputzt. An der Sakristei kein Dekor. Am Haupteingang ein schönes wiederverwendetes Steinportal, datiert 1604. An der Nordseite befindet sich auf Augenhöhe die ungerahmte Darstellung einer befestigten Kirche in Weiss, Rot und Grün, bez. «Simon Frick fecit 1814/A.D.» (anhand noch erkennbarer Reste 2000 erneuert).

Zustand nach Restaurierungen. 1941: Das ursprünglich naturfarbige Lineament wurde mit rotem Ocker nachgezogen. Die Westfassade erhielt einen zusätzlichen Rieselwurf auf den Wandpartien und aufgesetzte Rahmenprofile um die gemalten Werkstückteile. Der Turm war unberührt geblieben. 2000: Die Fehlstellen wurden geflickt, der gesamte Putz erhielt einschliesslich Turm einen neuen gelben Anstrich, die Architekturmalerei wurde ausgebessert und frisch geweisst.

Bemerkungen. Die Aussengliederung des auch im Grund- und Aufriss prominenten Baus nimmt unter der weissen Architekturmalerei durch die Kombination von strukturierender Nagelriss- und ornamentierender Sgraffitotechnik eine Sonderstellung ein. Bis zur jüngsten, den Wandputz einheitlich gelb überstreichenden Restaurierung besassen der Turm noch die ursprüngliche, sehr helle Naturputzfarbe mit dem Kalkweiss der Gliederung (Abb. 663) und die Nordseite beträchtliche Reste des ursprünglichen, leicht gelblichen Naturputzes mit der ebenfalls kalkweissen Gliederung. Insgesamt wies die Farbigkeit vor der jüngsten Aussenrestaurierung mehr Nuancenreichtum auf.

Literatur. KDM GR VI (Erwin Poeschel), 1945, S.170-184 · Agustoni Misox 1996, S.56 · Emmenegger/Böhmer 1997, S.83-85.

3.3.15 Malans (GR, Herrschaft)

Reformierte Pfarrkirche. Erbaut 1469, Turm z.T. romanisch. Erweiterung des Schiffs nach Westen 2. H. 17. Jh., Veränderungen, u.a. neue Fensterdisposition 1772/73. Weisse Architekturmalerei. Erneuerungen 1920/21 und nach 1980. Aufgenommen 1992.

Weisse Werksteinteile in Nagelrisstechnik (Abb. 664). Die Architekturglieder an Schiff und Chor umfassen Pilaster, Fenstergewände und ein vielfach profiliertes Dachgesims. Die dargestellten Werkstücke liegen weiss gekalkt auf altem, naturhell getünchtem Verputz. Die Werksteinteile (Basen und Kapitelle, profilierte Sohlbänke und Stürze) sowie die Rahmen der ausgebogten hochovalen Kartuschenfenster im Westgiebel sind präzise umrissen und auf die Fläche projiziert. Der Turm ist unbemalt.

Bemerkungen. Möglicherweise erhielten die Aussenwände schon in der 2. Hälfte des 17. Jh., als die westliche Vorhalle angebaut wurde, eine weisse Architekturgliederung, die man bei der Veränderung der Fenster 1772/73 aus traditionellen Gründen wieder aufbrachte und den neuen Gegebenheiten anpasste. In ihrem Stil orientiert sich die Aussengliederung der Kirche von Malans offensichtlich an der zwischen 1650 und 1700 angewandten Dekorationsart der weissen Architekturmalerei.

Literatur. KDM GR II (Erwin Poeschel), 1937, S.38ff.

3.3.16 Davos-Laret (GR, Nordbünden)

Reformierte Kirche. Erbaut 1793 (gemäss KDM). Weisse Architekturmalerei aus der Bauzeit. Letzte Restaurierung 1993. Aufgenommen 1997.

Weisse Pilaster und Fensterrahmen auf gelb gestrichenem Verputz (Abb. 665). Der kleine, einschiffige Bau mit eingezogenem Polygonalchörlein und Dachreiter erhielt weiss gefasste, in den Putz eingeritzte Pilaster, die an jeder Bauecke auf dem umlaufenden Mauersockel stehen. Zugleich wurden die Leibungen aller runden, halbrunden und Stichbogenfenster weiss gerahmt. Der weitgehend originale Verputz wurde bei der letzten Restaurierung hellgelb gestrichen. Die eingeritzten Konturen der dargestellten Pilaster und der Fensterrahmen sind ebenso wie die Quaderfugen des Rundfensters am Chor schwarz nachgezogen. Die eingeritzten Binnenzeichnungen der Basen und Kapitelle wurden hingegen weiss übertüncht, so dass die dargestellten Werksteinteile als solche nur unzureichend erkennbar sind.

Bemerkungen. Die architektonische Aussendekoration mit der typischen integrierten Jahreszahl auf einer Kartusche am Eingangsgiebel – lesbar ist noch die letzte Ziffer Drei – steht in der Tradition der in der 2. Hälfte des 17. Jh. angewandten weissen Architekturmalerei, so dass zu überprüfen wäre, ob die Baudatierung in den KDM verlesen sein könnte und nicht 1793, sondern 1693 lautet. Der Verzicht bei der jüngsten Restaurierung, auch die Binnenzeichnung des Nagelrisses wieder sichtbar zu machen, beeinträchtigt die Lesbarkeit der an sich wirkungsvollen, obwohl nur aus Pilastern und Fensterrahmen bestehenden Wandgliederung.

Literatur. KDM GR II (Erwin Poeschel), S.168 mit Abb. 160.

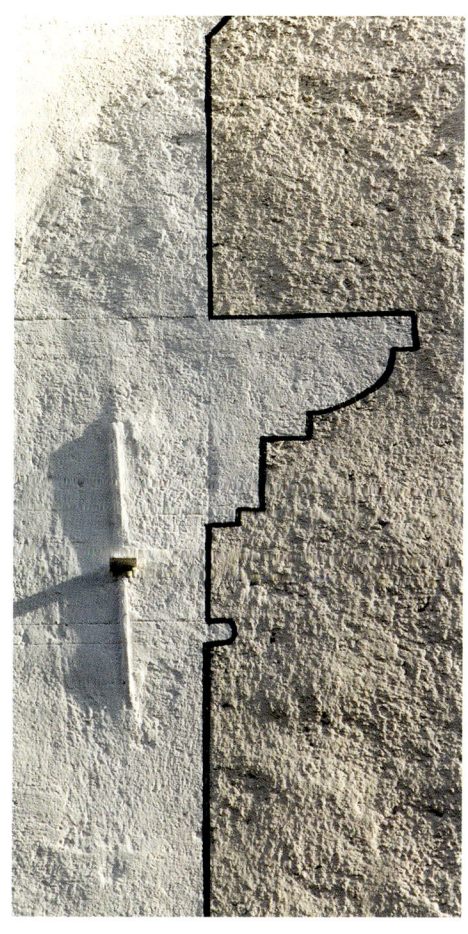

664 Malans, Pfarrkirche, Südwestecke mit dargestelltem Pilasterkapitell, 2.H.17.Jh.
665 Davos-Laret, Kirche, Pilasterkapitell mit fehlender Binnenzeichnung, evtl. 1693

3.3.17 Cumbel (GR, Lugnez)

Katholische Pfarrkirche. Bau A. 16. Jh., Verlängerung nach Ost und West 1689 (Jz. am Südostfenster) mit gleichzeitig aufgebrachtem Architektur- und Ornamentdekor. Restauriert 1903/07 und um 1970/80. Aufgenommen 1983.

Dargestellte Bauglieder in Nagelriss-, Ornamentik in Sgraffitotechnik. Auf dem hellgelb gestrichenen Wandputz sind am Westteil rein architektonische, am Ostteil hingegen üppig ornamentierte Werksteinelemente dargestellt. Sie wurden mit Nagelrisslineament im Putz markiert und weiss gestrichen, die sgraffitierten Ornamente erscheinen hingegen in der hellgrauen Farbe des freigekratzten Wandputzmörtels. Die Westfassade wird durch gequaderte Ecklisenen, drei aufgesetzte Gesimse und einfache Fensterrahmen gegliedert. Die Ädikula des Portals ist vorgebaut und ausnahmsweise schwarz gefasst. Auf den beiden westwärts orientierten Langseiten des Schiffs liegen durch Bögen verbundene Lisenen und zwischen ihnen offene und blinde Fenster mit gebrochenen Giebeln. Die in ihrer Ausdehnung dem Westteil entsprechende Ostpartie mit rechteckigem Chorabschluss und anschliessender Sakristei zeigt über zwei Geschosse hinweg an der übergiebelten Ostfassade eine aufwändige Kolossalordnung mit Pilastern und vorwiegend blinden Fenster- und Nischenrahmungen. Die nördlichen und südlichen Wände weisen aufgemörtelte Pilaster (an den Bauecken mit gemalten Rücklagen) und reich ornamentierte Fenstergruppen auf (Abb. 666). Die sgraffitierten Ziffern der Jz. 1689 sind in die Ornamentik der südöstlichen Fensterumrahmung integriert.

Bemerkungen. Cumbel bietet das seltene Beispiel einer innigen Verbindung weiss dargestellter Werksteinteile in Nagelriss mit phantastischem, ornamentalen Dekor in Sgraffito und eine daraus resultierende, konsequente Dreifarbigkeit von hellem Weiss (Werksteinteile), Gelb (neuer Wandputzanstrich, ursprünglich wohl Naturweiss) und Hellgrau (Putzmörtelfarbe).

Literatur. KDM GR IV (Erwin Poeschel), 1942, S. 146f.

666 Cumbel, Pfarrkirche, weisser Architekturdekor mit Ornamentik in Sgraffito 1689
667 Vella, Schloss Demont, Fensterdetail, Putz weitgehend originaler Bestand (Foto 1987)

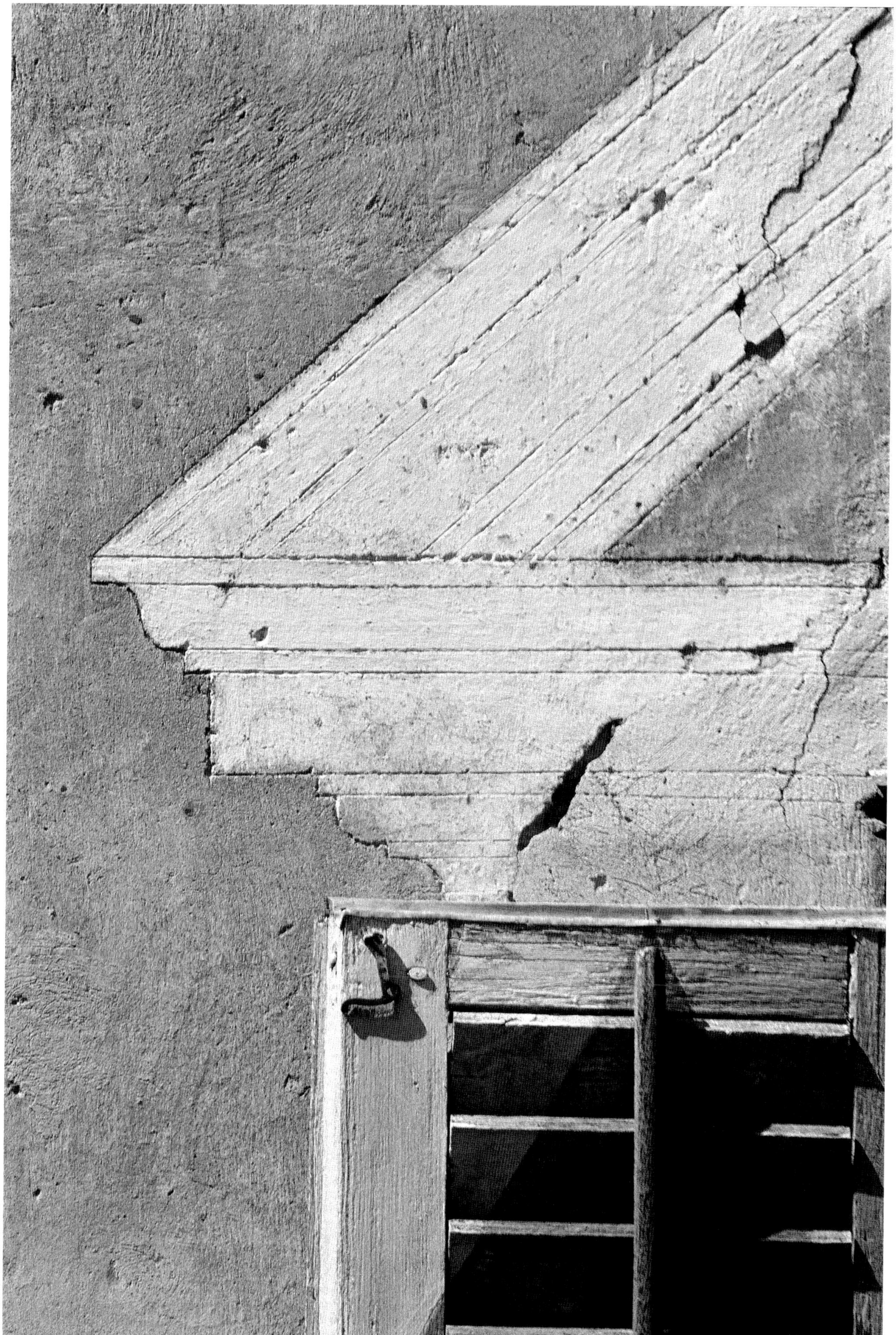

Turmbauten in Graubünden

3.3.18 Vella (GR, Lugnez)

Schloss Demont. Erbaut 1666 unter Verwendung älterer Teile. Weisse Architekturmalerei am Turm um 1666. Putz und Dekor original, weisser Farbanstrich erneuert. Aufgenommen 1987 (Restaurierung mit weitgehender Rekonstruktion 1996).

Weisse dargestellte Werksteinteile in Nagelrisstechnik (Abb. 667, 668). Dem mächtigen Wohnbau lagert ein 6-gesch. Turm mit Kreuzgiebeldach vor, der an seinen drei freien Seiten mit weissen Architekturelementen bemalt ist. Der weitgehend noch ursprüngliche Bestand vor der jüngsten Rekonstruktion zeigte einen relativ dunklen, gelblichen Naturputz, weiss gequaderte Ecken, weisse Giebeleinfassungen und weisse Fenstergewände. Die Gewände der grossen Fenster in den fünf Hauptgeschossen haben profilierte Bänke (die Steinbänke sind jüngeren Datums), auseckende Seitenpfosten und Aufsätze mit gesprengten Giebeln, die obersten kleineren und die Giebelfenster dagegen nur Rahmen mit flachen Abschlüssen. Das Wohngebäude wurde zwar gleichzeitig, aber andersartig dekoriert (u. a. gemalte schwarze Eckquader mit weissem geometrischem Binnenmuster).

Bemerkung. Interessantes Beispiel der weissen Architekturmalerei an einem Profanbau mit Beschränkung auf die Darstellung von Eckverzahnung und klassischen Fenstereinfassungen. Äusserst malerische Wirkung.

668 Vella, Schloss Demont, Turmbau mit weisser Architekturmalerei, 1666
669 Sumvitg, Kirchturm mit weisser Architekturmalerei, 1670

670 Disentis, Pfarrkirche, Turm von 1667 mit weisser Architekturmalerei auf später gelb gestrichenem Verputz
671 Aranco (Piemont), Kirchturm mit weissem Architekturdekor von 1685

Literatur. Bürgerhaus XVI, 1925, Tf. 26-29 (Aufrisse mit unrichtiger Wiedergabe der Turmecken) · KDM GR IV (Erwin Poeschel), 1942, S. 266 · Hering-Mitgau 1987, S. 544.

3.3.19 Sumvitg (GR, Oberland)

Katholische Pfarrkirche. Weihe des noch unfertigen Kirchenneubaus 1633, Neubau des Turms 1670. Weisse Architekturmalerei nur am Turm erhalten. Restauriert 1938 und 1985/86. Aufgenommen 1987.

Weisse Werksteinteile und Sonnenräder in Nagelrisstechnik auf gelb gestrichenem Verputz sowie weiss gefasste Gesimse und Balustraden (Abb. 669). Der hohe, das Kirchendach weit überragende Nordturm mit einer Zwiebelhaube über geschwungenen Giebeln ist gelb verputzt und am gesamten Turmschaft sowie an beiden Glockengeschossen mit weiss dargestellten Werksteinteilen bemalt. Gemauert sind lediglich die zwei geschosstrennenden Gesimse des Schafts und die Balustraden der Schallöffnungen. Die Malerei besteht aus geschossweise übereinanderstehenden Eckpilastern und einer regelmässigen Abfolge offener und blinder Lichtscharten mit aufwändigen Segment- und Spitzgiebelrahmungen. Am üppigsten dekoriert sind die Schallöffnungen der Glockengeschosse, die von Läufern und Bindern eingefasst und auf der Höhe ihrer Bögen von platzgreifenden Sonnenrädern flankiert werden.

3.3 WANDAUFLAGEN   Die weisse Architekturmalerei zwischen 1650 und 1700

672 Degen-Vattiz, Kapelle St. Nikolaus, weisse Wandgliederung um 1700
673 Ilanz, Haus Schmid von Grüneck, Zeichnung Johann Rudolf Rahn 1903, Zentralbibliothek Zürich

Bemerkungen. Der noch in grossem Umfang originale, ursprünglich naturbelassene Verputz erhielt 1938 einen gelben Anstrich. Dieser Anstrich wurde 1985/86 im Zuge der wegen starker Schäden im Sockelbereich erforderlichen Neuverputzung samt rekonstruierter Weissmalerei zugunsten eines einheitlichen Aussehens am gesamten Turm erneuert. An der Sakristei waren noch geringe Originalspuren einer Quaderdekoration vorhanden. Die weissen dargestellten Werksteineelemente kennzeichnen und beleben den signifikanten, hoch aufragenden Turm. Eine ähnliche Gliederungsdisposition weist der Turm der Pfarrkirche von *Disentis* auf (1667), dessen Wandputz später auch einen unhistorischen, starken Gelbanstrich erhielt (Abb. 670). Die Gegenüberstellung mit dem Turm der Pfarrkirche von *Aranco* im piemontesischen Val Sesia (Abb. 671) veranschaulicht die enge Verbindung dieses handwerklich und motivisch speziellen Wanddekors mit Oberitalien, wobei hier im Unterschied zu der betont architektonischen Ausprägung in Graubünden die grössere Schmuckfreudigkeit auffällt. Der heute weitgehend erneuerte Dekor von Aranco entstand 1685 (integrierte Jz. am Glockengeschoss).

Literatur. KDM GR IV (Erwin Poeschel), 1942, S.392f · Hering-Mitgau 1987, S.542, 545 · Emmenegger/Böhmer 1997, S.86f.

3.3.20 Degen-Vattiz (GR, Lugnez)

Kapelle St. Nikolaus und Valentin. Errichtet um 1700, nach Brand 1931 rekonstruiert. Aufgenommen 1983.

Weisse Wandgliederung durch Auflagen und Eckverzahnung (Abb. 672). Der achtseitige, gestreckte kleine Zentralbau und der sechseckige (1931 verkürzte) Turm an der Nordseite tragen geschweifte Haubendächer und sind in einem graugrünlichen Naturton verputzt. Die Wandab-

674 Ilanz, Haus Schmid von Grüneck, weisse Architekturmalerei am Gartenpavillon
675 Ilanz, Detail des Pavillontürmchens mit Jz. 1715

schnitte des Zentralbaus werden an allen Seiten von 2 bis 3 cm hohen, breiten und weiss gestrichenen Mörtelauflagen eingefasst, die Fenster von schmalen Auflagen umrahmt. Auf den Turmecken liegt bis ins Glockengeschoss hinauf eine gemalte, weisse Quaderverzahnung, deren breite Abmessung die dunkle Binnenfläche der Restwand optisch als Negativmuster zur Geltung bringt. Die Konturen sind mit Nagelriss markiert.

Bemerkung. Nicht nur die oktogonale Anlage in einer landschaftlich ausgesucht schönen Umgebung, auch die durch ihre Einfachheit hervortretende weisse Wandgliederung verleihen dem kleinen Bau mit der mächtigen Kuppel und dem schlanken, auffällig über sechs Ecken dekorierten Turm ein unverwechselbares, eigenes Aussehen.

Literatur. KDM GR IV (Erwin Poeschel), 1942, S. 178.

3.3.21 Ilanz (GR, Oberland)

Haus Schmid von Grüneck. Ecktürmchen auf Gartenmauer, erbaut 1715, Jz. in einem Putzfeld der zugehörigen weissen Architekturmalerei. Farbanstrich erneuert. Aufgenommen 1996.

Weisse Eckquader mit Nagelrisskontur (Abb. 674, 675). Das kleine fünfseitig geschlossene Türmchen bekrönt die Strassenecke der hohen Gartenmauer. Es wird von einer Steinplatte auf Konsolen getragen, von einer eingeschnürten Schindelhaube bedeckt und durch Schlüssellochscharten in jedem Wandabschnitt belichtet. Der Verputz ist gelb gestrichen und mit Eckquadern sowie einem Gurtgesims auf halber Höhe weiss bemalt. Die mit «Ilanz 3. Oct. 1903» datierte Zeichnung von Johann Rudolf Rahn (Abb. 673) dokumentiert das dekorative Blindfenster und die Jz. 1715 auf der Stirnseite deutlicher, als es der heutige Bauzustand zeigt. Zudem gibt sie den ehemaligen, jetzt nicht mehr vorhandenen Verputz der Gartenmauer wieder (Beschriftung links: «kleinere Bruchquader», rechts: «Putz»).

Bemerkungen. Die gelb-weisse Farbigkeit, ursprünglich Natur- und Kalkweiss, verstärkt den verspielten heiteren Charakter des kleinen Pavillons. Das Türmchen bietet ein weiteres aufschlussreiches Beispiel, an dem sich die archäologische Genauigkeit der Handzeichnungen Rahns offenbart, die er in den letzten Jahrzehnten des 19. Jh. für die Illustration seiner kunsttopografischen und baugeschichtlichen Schriften erstellte (siehe Notizen bei 1.3.16).

Literatur. Bürgerhaus XVI, 1925, Tf. 4/4 · KDM GR IV (Erwin Poeschel), 1942, S. 62 (keine Erwähnung des Türmchens).

Profanbauten in Graubünden

3.3.22 Masein (GR, Heinzenberg)

Haus Nr. 21. Errichtet 17. Jh., weisse Architekturmalerei und buntfarbiges Wappenbild aus der Bauzeit. Schadhafter Originalbestand. Aufgenommen 2001.

676 Masein, Wohnhaus Nr. 21, Reste weisser Nagelrissmalerei, Originalbestand 17. Jh.

Weisse Eckquader und Fensterrahmungen in Nagelrisstechnik auf hellgrauem Verputz (Abb. 676). Das zur Strasse giebelständige, auf hohem Sockel 2-gesch. errichtete Wohnhaus aus Bruchstein ist mit einer einzigen starken, hellgrau geschlämmten Putzschicht bedeckt und an den Ecken und Fenstern der Giebel- und linken Trauffassade mit weissen Werksteinteilen bemalt. Die Quaderung der Ecken beginnt auf Mannshöhe mit einer profilierten Platte. Die Quaderfugen werden optisch durch den hellgrauen Mauerputz gebildet. Die Holzgewände der kleinen, annähernd quadratischen Fenster werden alle von gleichen Ädikulen eingerahmt, deren Sohlbänke und gesprengte Giebelaufsätze jeweils weit ausladen und mehrfach profiliert sind. In jedem Giebelfeld steht ein Baluster mit Zwiebelkopf. Links an der Giebelfassade befindet sich zwischen den Fenstern ein stark verwitterter, gemalter Wappenschild aus Rollwerk und Blattranken in Violett und Ocker. Vom Wappen selbst ist ausser der Engelfigur in der Helmzier kaum noch etwas zu erkennen.

Bemerkungen. Die flach projizierten Profilleisten, der für die weisse Architekturmalerei typischen klassischen Ädikulen weisen ein handwerklich mit Präzision und Sorgfalt ausgeführtes zweifaches Karnies auf. Die Datierung des weissen Architekturdekors – sollte sie, wie anzunehmen, mit der der Wappenornamentik auf der augenscheinlich selben Putzschicht übereinstimmen – dürfte in die 1. Hälfte des 17. Jh. fallen. Es handelt sich hier um das seltene, frühe Beispiel einer noch original, wenn auch beschädigt erhaltenen, weissen Architekturmalerei an einem Profanbau (vgl. Bemerkungen zu 3.3.23).

3.3.23 Sarn (GR, Heinzenberg)

Haus Nr. 47, Haus von Stecher. Errichtet 1642 (Jz. am Eingang), weisse Architekturmalerei wohl aus derselben Zeit. Spätere Veränderungen, um 1970 weitgehend erneuert. Aufgenommen 1983.

677 Sarn, Haus v. Stecher, weisse Architekturmalerei 1642, erneuert

678 Chur, Dompfarramt, nach Brand 1811 aufgebrachter Dekor, vermutliche Erneuerung einer weissen Bemalung aus der Mitte des 17. Jh.

Weisse Eckquader, Tür- und Fensterrahmungen in Nagelrisstechnik (Abb. 677). Dreigesch. Eckhaus mit Quergiebel an der Eingangsseite und Krüppelwalm über der Giebelseite zum Platz. Die Ecken und die hölzernen Fenstergewände werden an den drei freiliegenden, verputzten und sandfarben gestrichenen Hausfassaden durch weisse, gemalte Quader und Ädikulen hervorgehoben, deren gebrochene Giebel z.T. mit Engelköpfen und Blumenbouquets gefüllt sind.

Zustand und Bemerkungen. Die weisse Architekturmalerei war vor der letzten Restaurierung nicht mehr sichtbar (vgl. Abbildung im Bürgerhaus XVI, 1925, Tf. 53, 1), konnte aber dank vorhandener Reste der ursprünglichen Nagelrisszeichnung rekonstruiert werden. Inseln des Originalputzes mit Nagelrisszeichnung wurden konserviert und in das neue Dekorationsbild integriert. Der neue Weissanstrich ist heute wieder schadhaft. – Typisches Beispiel für den Standard eines Profanbaus mit Eckquaderung und Fensterrahmen mit Sprenggiebeln, den am häufigsten dargestellten Bauelementen der weissen Architekturmalerei (vgl. 3.3.22 *Masein* und 3.3.24 *Chur*).

Literatur. KDM GR III (Erwin Poeschel), 1940, S. 212.

3.3.24 Chur (GR)

Auf dem Hof 14, Dompfarramt. Unter Verwendung älterer Teile wieder errichtet nach Brand 1811. Weisse Architekturmalerei. Rekonstruiert in jüngster Zeit. Aufgenommen 2001.

Neue Eckquaderung und Fensterrahmung in Weiss (Abb. 678). Der platzseitig 3-gesch., 5-achsige Bau mit Krüppelwalmdach ist in die südliche Randbebauung des Domplatzes («Hof») eingebunden. Die Schaufassade zum Platz erhielt eine weisse Nagelrissbemalung auf hellgrau gestrichenem Verputz. Sie besteht aus grossformatigen Läufern und Bindern an den Ecken, regelmässigen Fensterädikulen mit profilierten Sohlbänken, Seitenpfosten, Sprenggiebeln (EG und 1.OG) bzw. profilierten Stürzen (2.OG). Giebel und Bänke überschneiden sich zwischen den Obergeschossen. Die Portalumrahmung in der Fassadenmitte erhielt zusätzlich ausser Kapitellen einen Spiegel im Fries.

Bemerkungen. Der Bau in prominenter Lage unmittelbar bei der Kathedrale beherbergte vermutlich die ehemalige Hofschule. Die nach dem Brand 1811 aufgebrachte und jüngst rekonstruierte Bemalung könnte aus typologischen und stilistischen Gründen bereits an dem zwischen 1641 und 1664 errichteten Ursprungsbau vorhanden gewesen sein. Trotz der wohl baugeschichtlich bedingten Überschneidungen des Dekorationsbildes in den Obergeschossen und der im Detail stereotypen Rekonstruktion wirkt die Platzfassade stattlich und repräsentativ. Auch diese weisse Architekturmalerei beschränkt sich auf die zwei typischen Steinwerkelemente: Eckquaderung und Fensterrahmung (vgl. Bemerkungen bei 3.3.23).

Literatur. KDM GR VII (Erwin Poeschel), 1948, S. 228.

3.3.25 San Vittore (GR, Misox)

Palazzo Viscardi (Museo moesano). Erbaut 1548, Umbau und Architekturmalerei 1680/1700 von Giovanni Antonio Viscardi aus San Vittore. Mehrfach restauriert, zuletzt um 1990. Aufgenommen 1987 und 1998.

Wandgliederungen in Weiss und zwei Gelbtönen mit Nagelrisszeichnung (Abb. 679, 680). Die Hauptfassade des mächtigen 3-gesch. Putzbaus mit fünf regelmässigen Fensterachsen liegt zur Strasse gegenüber der Pfarrkirche. Sie wird durch die drei Töne ihrer Farbfassung bestimmt: Ockergelb im Sockelgeschoss, hellgelb in den Obergeschossen und kalkweiss für die gemalten

679 San Vittore, Palazzo Viscardi, dreifarbige Architekturmalerei um 1700, erneuert (Foto 1998)
680 San Vittore, Detail der Eckquaderung mit originalen, später veränderten Nagelrisskonturen (Foto 1987)

Architekturen. Diese sind in den Obergeschossen jeweils in Rechteckfeldern ockerfarben hinterlegt, so dass sich die Eckquader und die Fensterrahmen, die im Hauptgeschoss mit gegiebelten bzw. geraden Aufsätzen und im Obergeschoss mit seitlichen Ohren ausgestattet sind, von einem dunklen Hintergrund hell abheben. Die heutigen Farbflächen der dargestellten Werksteinteile stimmen nicht exakt mit der originalen Nagelrisszeichnung überein (besonders deutlich bei der Eckquaderung). Im Zuge der jüngsten Restaurierung wurden die vorher weissen Architekturelemente gelblich getönt.

Bemerkungen. Der als Künstlerhaus bemerkenswerte Bau ist das Wohnhaus von Giovanni Antonio Viscardi (1645–1713), der in San Vittore geboren wurde und als namhafter Architekt vor allem in Süddeutschland (München) tätig war. Es wird hier wegen der differenzierten und ausnahmsweise dreifarbigen Architekturmalerei aufgeführt, der die Schaufront ihr vornehmes Aussehen verdankt. Die heutige Bemalung dürfte im Wesentlichen auf das ursprüngliche Fasskonzept zurückgehen.

Literatur. KDM GR VI (Erwin Poeschel), 1945, S. 218f · Agustoni Misox 1996, S. 12f.

681 Lantsch, Haus Beeli v. Belfort, Aufriss der Hauptfassade mit Architekturmalerei von 1694 (Bürgerhaus 1925)

682 Lantsch, Zustand der Originalmalerei an der Hauptfassade 1983

3.3.26 Lantsch/Lenz (GR, Albulatal)

Haus Nr. 26, Haus Beeli von Belfort (Amilcar). Erbaut und buntfarbig von Hans Ardüser 1591 bemalt; aufgestockt und auf einer zweiten Putzschicht mit weisser Architekturmalerei bemalt 1694 (Jz. am Portal). Ursprünglicher Bestand, schadhaft. Aufgenommen 1983.

Umbau von 1694 mit weissen Baugliedern in Nagelrisstechnik (Abb. 681, 682, 685). Mächtiger 3-gesch. Baukubus mit ausgebautem, giebelseitig zur Strasse orientiertem Satteldach. Der Toreingang liegt in der Mittelachse der Strassenfassade, um die die seitlichen Fenster achssymmetrisch in Gruppen angeordnet sind. Der Putz aus der ersten Bauzeit mit der teilweise bildlichen Buntmalerei Ardüsers an der vorderen Giebel- und der rechten Trauffassade wurde beim Umbau 1694 einheitlich hell überstrichen und mit einer neuen, auch die rückwärtige Giebelseite einbeziehenden Dekoration im Stil der weissen Architekturmalerei versehen. Sie ist leicht eingeritzt und stellt differenziert gequaderte Ecklisenen und Gesimse, Fenstergewände und -rahmen in Ädikulaform mit Sprenggiebeln und eingestellten Obelisken dar sowie eine stattliche Portalumrahmung, deren Gebälk auf Pilastern ruht. Die Strassenseite ist als Schaufassade am aufwändigsten behandelt und erhielt unter anderem schwarze Quaderfugen.

Bemerkungen. Der anspruchsvolle Entwurf des Fassadenbildes, die Ausführung der dargestellten weissen Werksteinteile und die feinen Details, zu denen auch die differenzierende Schwarzfassung der Fugen gehört, weisen eine hohe Qualität auf. Trotz starker Beschädigungen der originalen Oberfläche und trotz der Disproportionierung der Hauptfassade, deren Erdgeschoss durch die höher gelegte Strassentrasse teilweise im Boden versinkt, ist die Malerei insgesamt noch relativ gut erkennbar. – Hier handelt es sich um das selten erhaltene Beispiel für eine im Zeitraum von nur etwa hundert Jahren veränderte Fassadendekorierung eines herrschaftlichen Profanbaus. Die ältere Malerei, die heute in grösseren Flächen durchscheint und bei abfallenden Putzpartien sichtbar wird, besteht aus architektonischen, ornamentalen und figürlichen Elementen in lebhafter Buntfarbigkeit (u. a. eine Maria im Strahlenkranz). Sie trägt noch gotische Züge und wurde von dem in der Kunstgeschichte bekannten Bündner Wanderkünstler Hans Ardüser ausgeführt, von dem etliche Fassadenbemalungen erhalten sind, so unter anderem in *Filisur* (1.4.1), *Scharans* (1.4.2), *Rothenbrunnen* (2.5.27) und in *Lantsch* selbst, am Haus Nr. 11. Es erstaunt, dass diese ältere, relativ intakte und ebenfalls ausserordentlich qualitätvolle Fassadenmalerei am Haus Beeli übermalt wurde. Die Neubemalung erfolgte 1694 und besteht aus dem oben beschriebenen reinen, klassischen Architekturdekor in Weiss. Die Erklärung für die dem Zeitgeschmack gemässere Neufassung steht möglicherweise in einem historischen bzw. bauherrschaftlichen Zusammenhang mit dem Haus Deflorin im nahen *Obervaz-Muldain* (3.3.27), das genau im selben Jahr 1694 eine frappant ähnliche weisse Architekturbemalung erhalten hat.

Literatur. Bürgerhaus XVI, 1925, Tf. 77, 78 · KDM GR II (Erwin Poeschel), 1937, S. 370 · Hering-Mitgau 1987, S. 546f · Zu Ardüser: Alfred Wyss in: UKdm 1973/3, S. 176 und Biografisches Lexikon der Schweizer Kunst, Zürich 1998 (Leza Dosch).

683 Obervaz-Muldain, Haus Deflorin, Aufriss der talseitigen Hauptfassade, 1694 (Bürgerhaus 1925)
684 Obervaz-Muldain, Mittelachse der Talseite mit Architekturmalerei, restauriert

685 Lantsch, Haus Beeli v. Belfort, gemaltes Fenstergewände und Gesimsstück im 1. Obergeschoss, Originalbestand (Foto 1983)

3.3.27 Obervaz-Muldain (GR, Vaz)

Gasthof Junkernhaus, Haus Deflorin. Erbaut 1694 (Jz. auf Wappenstein über dem Hauptportal). Weisse Architekturmalerei aus der Bauzeit. Konserviert, teilweise rekonstruiert 1958. Aufgenommen 1983.

Bau (Abb. 683, 684, 686). Das freistehend und breitgelagert am Hang errichtete und mit flachem Giebeldach versehene, herrschaftliche Haus auf annähernd quadratischem Grundriss orientiert seine Schaufassade talwärts nach Süden. Sie verfügt über vier Geschosse, die rechte der drei unregelmässigen Fensterachsen ist rückversetzt. Die Mauerecken sind verstärkt, so dass sich an der östlichen der drei anderen, 3-gesch. Fassaden ein Mauerrücksprung ergibt. Die Fenster sind unterschiedlich gross und unregelmässig verteilt. Auf den Giebelfassaden liegt ein weitgehend original erhaltener, ehemals weisslicher, im Lauf der Zeit hellgelb verfärbter Naturputz. Der gelb gestrichene Putz auf den seitlichen Trauffassaden ist neu und die weisse Malerei hier rekonstruiert.

686 Obervaz-Muldain, Haus Deflorin, Sprenggiebel eines Fensters mit Lilie (Foto 1983)

Weisse Bauglieder in Nagelrisstechnik an allen vier Fassaden. Der ringsum verlaufende weisse Architekturdekor umfasst differenziert gequaderte Ecklisenen, je Geschoss ein glattes Gesimsband sowie Ädikulen mit gebrochenen Giebeln als Rahmung der zahlreichen Fenster und Portale. Die Giebelfelder sind an der Südseite mit Obelisken oder Pyramiden auf Voluten und an der Nordseite mit Lilien oder Blumen in Körben, die Sohlbänke mit Blattgirlanden verziert. Die Ritzlinien wurden bei den pflanzlichen Schmuckformen rot nachgezogen. Die Gebälkstücke der Giebel überschneiden einander bei den Zwillingsfenstern und überdecken mehrmals auch das benachbarte Gesims oder Rahmenwerk.

Bemerkungen. Das höchst beachtliche Mauerbild des ehemalige Herrenhauses besteht aus einer weissen Architekturmalerei, die mit detailreichen Werkstückdarstellungen alle Fassaden entsprechend ihren jeweils verschiedenen Aufrissen baulich sinnvoll gliedert und gleichzeitig mit ornamentalen Motiven belebt. Mit der Form der Werksteinteile steht sie der zweiten, auch 1694 aufgebrachten Architekturmalerei am Haus Beeli von Belfort in *Lantsch/Lenz* so nahe, dass sie wahrscheinlich von derselben Hand entworfen wurde (3.3.26).

Literatur. Bürgerhaus XVI, 1925, Tf. 77, 79 · KDM GR II (Erwin Poeschel), 1937, S. 308f · Hering-Mitgau 1987, S. 546.

Weisse Architekturmalerei ausserhalb von Graubünden

3.3.28 Neu St. Johann (SG, Toggenburg)

Kirche der ehem. Benediktinerabtei. Erbaut 1641-1680 von Alberto Barbieri aus Roveredo. Weisse Architekturmalerei aus der Bauzeit. Rekonstruiert 1967/69, aufgenommen 2000 und nach Erneuerung 2004.

Weisse Bauglieder in Nagelrisstechnik (Abb. 687). Hohe, langgestreckte Basilika mit Polygonalchor und Nordturm. Die Stichbogenfenster der Langseiten und der Chorschultern sowie die Blindfenster der Westfassade und des Chorhaupts erhielten übergiebelte bzw. rechteckig schliessende Fensterrahmungen, die Baukanten, das Eingangsportal und die Glockenfenster verzahnte Umquaderungen. Die Ostpartie wird im unteren Bereich durch Blindfenster und auf Traufhöhe des südlichen Seitenschiffs durch ein gequadertes Gesims untergliedert. Die Architekturele-

687 Neu St. Johann, Benediktinerabtei, Ostpartie der Kirche von Alberto Barbieri mit weisser Quadermalerei um 1680 (Foto 2004)

mente sind in den (neuen) am Schiff hellgrau, an Turm und Chor hellgelb gestrichenen Putz eingeritzt und am Schiff pur weiss, am Chor gelbweiss und am Turm hellgrau gestrichen. Ob diese nuancierende Farbgebung auf älteren Befund zurückgeht, ist nicht bekannt. Sie wurde bei der Erneuerung 2004 nochmals modifiziert.

Bemerkungen. Neu St. Johann ist einer der wenigen monumentalen Bauten mit weisser Architekturgliederung ausserhalb Graubündens. Sie dürfte auf den Baumeister Alberto Barbieri zurückgehen. Er stammte aus dem Misox, das zu den Bündner Talschaften gehört, in denen die Wandgliederung mit weisser Architekturmalerei in der Schweiz ihren Ursprung nahm. Zu vergleichen ist auch die ebenfalls von Barbieri erbaute Pfarrkirche von *Laax* (3.3.10).

Literatur. Bernhard Anderes.- Kloster Neu St. Johann SG. Bern 1988, S. 11 (SKF) · Ders.- Stilstufen des Barocks. In: Das Kloster St. Johann im Thurtal [Ausstellungskatalog]. St. Gallen 1985, S. 130.

688 Meierskappel, Kirche mit weisser Architekturmalerei von 1683/84, rekonstruiert 1963
689 Meierskappel, Originalrest eines Fensteraufsatzes, nicht mehr vorhanden (Foto 1960)

3.3.29 Meierskappel (LU)

Kirche Mariæ Himmelfahrt. Umgebaut 1683/84 und 1872/74 unter Beibehaltung gotischer Teile. Die weisse Architekturmalerei stammt aus der ersten Umbauzeit. Die Rekonstruktion erfolgte 1960/63. Aufgenommen 1992.

Weisse Werksteinteile und Zierden in Nagelrisstechnik. Auf dem ausladenden, 5-jochigen Schiff mit eingezogenem Polygonalchor, Südsakristei und Nordturm liegt ein (neuer) ungestrichener, heller Mauerputz. Die rundbogigen, ovalen und viereckigen Fenster haben glatte weisse Rahmen, denen Kapitelle entwachsen und Giebel aufgesetzt sind. Die Fensterüberdachungen am Schiff werden ausserdem durch Blumenvasen, Blattzweige und Muscheln verziert (Abb. 688, 689). Das Vasenmotiv hält Reinle für eine Anspielung auf den Blumenstrauss des Ortswappens (KDM S. 303). Am Chorpolygon und am unteren Turmschaft sind die Ecken heute mit gelben, weiss gefugten Läufern und Bindern bemalt. Die übrigen Bauecken weisen keine Dekorationen auf.

Bemerkungen. Die weissen Architekturdarstellungen werden Graubündner Wandermeistern zugeschrieben (vgl. Lit. bei 3.3.30). In Meierskappel fällt die Hinzufügung ornamentaler Motive auf, was auch für einige der anderen weissen Architekturmalereien ausserhalb Graubündens zutrifft, so für *Blatten* (3.3.30) und *Willisau* (3.3.31). Weitere, mit Ornamentik durchsetzte weisse Architekturmalereien lassen sich für die Kirche St. Wendelin in *Baar-Allenwinden* (Bauzustand um 1700) und interessanterweise auch für einen Profanbau, nämlich das Gesellenhaus zur Wart in *Hünenberg* erschliessen (die Malereien gehören zum Bauzustand von

690   Blatten, Wallfahrtskirche St. Jost mit weisser Architekturmalerei um 1700, erneuert 1751 und rekonstruiert 1959
691   Blatten, Detail eines ornamentierten Kompositpfeilers

1702/03, an den in den Architekturmotiven die heutige, von Heinrich Appenzeller 1926 gestaltete Fassadenbemalung anknüpft). Die genannten Baudenkmäler liegen in den Kantonen Luzern und Zug, und somit nicht weit voneinander entfernt. Die geografische Nähe wäre möglicherweise eine Erklärung, dass sich offensichtlich hier eine ornamentale Variante der weissen Architekturmalerei hat herausbilden können.

Literatur. KDM LU VI (Adolf Reinle), 1963, S.302f, Abb. 262 · KDM ZG Neue Ausgabe I (Josef Grünenfelder), 1999, S.87 Anm.529 (betr. Allenwinden) · KDM ZG Neue Ausgabe II (Josef Grünenfelder), 2006, S.322 (betr. Hünenberg).

3.3.30   Blatten (LU)

Wallfahrtskirche St. Jost. Errichtet in mehreren Bauetappen des 14., 17. und 18. Jahrhunderts. Die weisse Architekturmalerei wohl um 1700, erneuert 1751 von Stukkateur Franz Xaver Buosinger. Nach Fragmenten rekonstruiert 1959, später am Turm mit etlichen Putzflicken repariert. Aufgenommen 2001.

Weisse, ornamentierte Werksteinteile in Nagelrisstechnik (Abb. 690). Das im Grund- und Aufriss vielteilige Kirchengebäude, das Beichthaus und das Tor in der Umfassungsmauer bilden ein malerisches, in sich geschlossenes Bauensemble. Die hellgrau verputzten Aussenfassaden werden ringsum durch weiss gemalte Werksteinteile gegliedert. Am prächtigsten ist das hohe, 2-jochige und polygonal schliessende Chorhaus mit Pilastern, Gebälk und übergiebelten Tür- und Fensterrahmen ausgestattet. Die Pilaster tragen doppelte Kapitelle, die Giebelfelder sind mit Blumen- und Blattranken gefüllt. Seitenkapellen und Sakristei weisen Vorlagen mit Halbsäulen und ornamentierten Kapitellen auf, Turm und Bethaus gequaderte Ecklisenen, das Schiff einen Seckseckpfeiler mit Halbsäule an der Südwestecke (Abb. 691) und die südliche Sakristeiwand eine reich verzierte Sonnenuhr.

Bemerkungen. Die sehr viel schmuckreicher als im Herkunftsland Graubünden ausgestalteten Werksteinteile scheinen eine Spezialität des Kantons Luzern zu sein (vgl. 3.3.29, 3.3.31), wobei für die zum Teil phantasiereiche, ja verspielte Ornamentik an der Kirche von St. Jost auch die relativ späte Entstehungszeit um 1700 und die Funktion der gesamten, topografisch reizvollen Anlage als Wallfahrts- und Pilgerort eine Rolle gespielt haben können. Die heutige, 1959 rekonstruierte Dekoration lässt sich allerdings nicht im strengen Sinn als weisse Architekturmalerei bezeichnen, da sie schattengebende Schraffuren aufweist, die nicht zum Stil dieser Dekorationsart gehören, wie sie im Kerngebiet Graubünden ausgebildet wurde. Es mag sein, dass die Schraffuren eine Zutat der Restaurierung von 1959 sind oder dass sie schon von Franz Xaver Buosinger stammten, der bereits 1751 eine durch Rechnungen belegte Reparatur am Dekor ausführte (und offensichtlich auch die dem Rokoko verwandte Ornamentik an der Sonnenuhr hinzufügte). – Einen Hinweis auf die hier wohl schon in der Bauphase des mittleren 17. Jh. angewandte weisse Architekturmalerei geben zwei Bilder aus dem 1641 datierten Gemäldezyklus der legendären Vita des hl. Jost im Inneren der Kirche (gemalt von Hans Jakob Wyßhaupt), auf denen die Erbauung der St. Jost-Kapelle mit weiss gequaderten Fassaden dekorativ wirkungsvoll dargestellt ist.

Literatur. KDM LU VI (Adolf Reinle), 1963, S. 296 · André Meyer 1983, S.45 · Adolf Reinle.- St. Jost in Blatten. Bern 1992 (SKF).

692 Willisau, Schlossturm, weisse Architekturmalerei am Pechnasenkranz mit Palmettenfriesen, Muschelbögen und Zierlilien, um 1695 (Foto 1980 während der Restaurierung)

3.3.31 Willisau (LU)

Schloss, ehem. Landvogtei, heute Rathaus. Turm um 1400, Schlossgebäude 1690/95 errichtet. Weisse Architekturmalerei aus der Schlossbauzeit. Konserviert und rekonstruiert 1979/81. Aufgenommen 2001.

Weisse Bauglieder und Ornamente in Nagelrisstechnik (Abb. 637, 692). Die oberhalb der Stadt weitgehend freistehende, kompakte Bauanlage wurde sowohl am mittelalterlichen, ehemaligen Befestigungsturm als auch am barocken Schlossgebäude allseitig mit weissen, reich ornamentierten Werksteinteilen bemalt. Sie umfassen Läufer und Binder an den Bauecken, hohe, gebrochene spitz- und bogenförmige Giebel über den Stürzen bzw. Doppelvoluten unter den Sohlbänken der Fensterreihen am Schlossgebäude sowie Palmettenfriese und Bogenläufe am Pechnasenkranz des Turms. In den Giebelfeldern stehen verschiedenartige Obelisken, die Doppelvoluten laufen in Füllhörnern aus, die Bogenfelder werden von Muscheln gefüllt und mit Lilien verziert und die Turmfenster von Blattvoluten eingerahmt.

Bemerkungen. Der Aussendekor trägt wesentlich dazu bei, dass sich die beiden mächtigen, aus verschiedenen Epochen stammenden Bauteile zu einer relativ einheitlichen Gesamterscheinung verbinden. Das Schloss von Willisau ist der repräsentativste herrschaftliche Profanbau mit ornamental und figural üppiger und vielseitiger, weisser Architekturmalerei ausserhalb Graubündens. Zur Schmuckfreudigkeit dieses Dekorationsstils im Kanton Luzern vgl. *Blatten* (3.3.30). – Jüngst konnte die Aussendekoration der 1687 fertig gestellten Klosterkirche im thurgauischen *Fischingen* ebenfalls mit der weissen Architekturmalerei Graubündens in Verbindung gebracht werden. An der Südseite in den 1940er Jahren rekonstruiert, kamen an der Nordseite vor Kurzem originale Reste zum Vorschein, die sich unter dem Kuppeldach der später angebauten Iddakapelle (vgl. 3.5.35) gut erhalten haben. Nach Beatrice Sendner gehen der Fischinger Kirchenbau und sein Dekor vermutlich auf einen Entwurf von Giovanni Serro aus Roveredo zurück (vgl. 3.3.14). Es handelt sich hierbei um Fensterrahmungen, die in vereinfachter Form denen von Willisau ähneln.

Literatur. Bürgerhaus VIII 1920, Tf. 72 · KDM LU V (Adolf Reinle), 1959, S. 267-274 (keine Erörterung der Aussenmalerei) · André Meyer 1983, S. 51, 81f · Beatrice Sendner.- Die 1685-1687 neu erbaute Klosterkirche. In: Neues Licht auf Fischingen. Die Restaurierung der Klosterkirche 2000-2007 (Denkmalpflege im Thurgau 10). Frauenfeld 2008, S. 32-35. Vorinformationen von Beatrice Sendner.

3.3.32 Jonen (AG)

Wallfahrtskapelle Jonental. Errichtet 1735 (Jz. am Portalsturz) von Werkmeister Hans Georg Urban, wohl gleichzeitig mit weisser Architekturmalerei versehen. Aussenrenovationen 1884, 1956, Reparaturen an der Malerei 2005. Aufgenommen 2005.

Weisse Eckquader und Fensterrahmen auf sandfarbigem Besenwurf (Abb. 693). Grosse Kapelle mit 2-jochigem Schiff und kreuzförmig erweiterter Ostpartie, die im Chor und an den Querflügeln jeweils dreiseitig abschliesst. Daraus ergibt sich, dass die in einer hellen sandfarbigen Rauputzoberfläche weiss markierten, umrissenen Quaderlisenen ringsum auf ungewöhnlich zahlreichen Bauecken erscheinen. Ihre einzelnen Quader bestehen aus Rahmen und Spiegeln in Weiss sowie Fugen und Spiegelrändern in der getönten Farbe des Wandputzes. An der Eingangsfassade schliessen die Lisenen auf Traufhöhe ausnahmsweise mit Kapitellen ab. Das kreuzförmige und die beiden Kleeblattfenster im Westgiebel samt aller Schiffs- und Chorfenster (Stichbogenöffnungen und Ochsenaugen, am Schiff übereinander, an der Ostpartie einzeln wechselnd) sind schlicht weiss umrandet. Das Traufgesims wird von einem weissen Band begleitet. Der stark strukturierte Putz liegt gleichmässig auf allen Wänden.

693   Jonen, Wallfahrtskapelle Jonental mit weissen gequaderten Eckpilastern, 1735

Bemerkungen. Der heutige, neu erstellte Putzdekor steht motivisch der weissen Architekturmalerei nahe und war daher in ähnlicher Art wohl schon bauzeitlich vorhanden. Man kann davon ausgehen, dass der namhafte, hier ebenso wie im benachbarten Bremgarten tätige, und ab 1738 als Stadtwerkmeister in Luzern amtende Hans Georg Urban derartige Aussendekorationen aus seiner nächsten Umgebung gekannt haben dürfte (siehe 3.3.30, 3.3.31). Die Wandoberfläche wurde bei der Renovation 1956, wenn nicht schon bei der von 1884 mit einem gleichmässig stark gekörnten, sandfarbenen Besenwurf erneuert, von dem sich die dargestellten Werkstücke nur durch weissen Anstrich abheben. Somit entstand die vergröberte Variante einer weissen Architekturmalerei ohne die sonst typische Verfeinerung durch die modifizierten Strukturen der Naturputzoberflächen. – Jonental ist ein spätes Beispiel für das Nachleben dieser Art farbig gegliederter Oberflächen ausserhalb von Graubünden.

Literatur. KDM AG IV (Peter Felder), 1967, S. 290-295 · Walter Bürgisser.- Geschichte des Marienheiligtums. Wohlen 1967 (Separatdruck aus der Dorf- und Pfarreigeschichte Jonen).

3.3.33 Lionza-Borgnone (TI, Centovalli)

Casa Tondutti. Älteste Bauinschrift 1658 (Wandbild am Hofeingang), Erstellung der heutigen Bauanlage mit weisser Architekturmalerei und Putzdekor wohl um 1697 (Jz. am hinteren Kaminhut). Ursprünglicher Bestand. Aufgenommen 2001.

Bau (Abb. 694). Herrschaftlicher Baukomplex am Steilhang oberhalb der Kirche. Der am Hang traufständige, langgestreckte Hauptbau verfügt an seiner Schaufassade zum Tal über drei Geschosse und sieben ungleich breite Achsen. Die Mittelachse der Giebelseiten nimmt jeweils ein bemerkenswerter vorgebauter Kamin ein (dessen ungewöhnliche Anlage ist eine Spezialität des Centovalli). Auf dem gesamten Bruchsteinmauerwerk liegt eine starke, gut geglättete, helle Naturputzschicht. Über dem Eingang in der seitlichen Hofmauer ist ein Wandbild der Muttergottes mit Johannes Baptista und Antonius eingelassen und auf dem Rahmen bez. «Andrea & Gio: Anttonio Fratteli [Fi]glioli da/Andrea Tondvtti Fecci Fare Quesstt[a] Opera/Divottione il due di agosto // anno 1658». Da mit dem Eingang und seiner Überdachung nicht achsgerecht positioniert, dürfte das Wandbild aus älterem Bauzusammenhang übernommen worden sein. Bergseitig liegen zwei beachtliche, mit dem Haupttrakt rechtwinklig verbundene Wirtschaftsgebäude.

Ädikulen, Eckquader, Gesimse und Inkrustationen in Nagelrisstechnik sowie steinimitierende Mörtelquader (Abb. 638, 695–697). Die Dekoration umfasst alle Fassaden, am aufwändigsten die talwärts nach Süden orientierte Schaufront. Die Mauerflächen mit den aufgemalten weissen Werksteinteilen werden nur an den beiden hinteren Bauecken durch gleichartig aufgebrachte Eckverzahnungen eingefasst. Die vorderen Bauecken weisen dagegen Verzahnungen aus vorstehenden Mörtelquadern mit tief und regelmässig gelochten Oberflächen, eingeritz-

694 Lionza, Casa Tondutti, Fassadendekor mit Fensterrahmen, Putzquaderungen und Kaminbemalung in Weiss mit Gelb, Originalbestand wohl 1697
695 Lionza, Naturputz und Fensterrahmungen an der Hauptfassade

ten Umrisskonturen und weiss gestrichenen Fugen auf (siehe 2.2.16, Abb. 409). Alle Fenster der beiden Wohngeschosse erhielten eine Rahmung aus Ädikulen mit prächtigen verzierten Segmentbogenaufsätzen und Konsolvoluten in Weiss und ausnahmsweise ockergelber Kontur- und Binnenzeichnung der Details: Die von Voluten gestützten Segmentbögen des 1. OG sind mit einer Muschel, die des 2. OG mit einer Kartusche gefüllt. Die OG-Fenster erhielten Seitenbärte in Form von Blattvoluten. Die unteren Fensterkanten verbindet ein weisses, vierfach unterteiltes Gesimsband. Die teilweise kleineren und weniger zahlreichen Fenster im Sockelgeschoss haben weisse, auseckende Rahmen mit umrissenen, ockergelben Zierrosetten. Die Umrahmungen der Fenster in der vorderen Giebelwand gleichen denen des 1. OG, die an der Rückseite sind einfacher. Bemerkenswert sind die oberen Abschlüsse der Schmiedeeisengitter. – Von den beiden Kaminen weist der vordere eine Farbfassung in Art einer Inkrustation auf. Sie besteht aus einer naturweiss und ockerfarbig wechselnden Felderaufteilung, wobei jedes Feld mit einem eingeritzten kalkweissen Rahmen abgesetzt ist. Das Kaminhaus verfügt zusätzlich über Zierornamente und Randquader in Weiss, der dreiseitige Kaminschaft über eine einbeschriebene weisse Raute auf dem über die Dachkante hinausragenden Mauerstück. Auch hier sind Zierornamente in den ausgesparten ockergelben Zwickeln zu erkennen (Oberflächen im unteren Bereich stark beschädigt). – Das kleinere der Rückgebäude erhielt den gleichen weissen, jedoch etwas vereinfachten Dekor; das grössere wurde, wohl im frühen 18. Jh., mit einem Eingangsgewände in einfacher roter Umrisszeichnung sowie einem qualitätvollen Heiligenbild der Madonna del Carmine bemalt (die gleiche Madonnenfigur befindet sich auch an einer Hausfassade in *Bordei*/Centovalli, dort datiert mit der Stifterinschrift «Gvido Chessi f. f. l'anno 1719»).

Bemerkungen. Die gemalte und aufgemörtelte Architekturgliederung der Casa Tondutti steht der weissen Architekturmalerei in Graubünden zwar nahe, unterscheidet sich von ihr aber in

696   Lionza, Fensteraufsatz mit Muschelsegment und Aufsatz des Schmiedeeisengitters
697   Lionza, hinterer Kaminhut am Hauptgebäude mit Baudatum 1697

mehrfacher Weise: Sie stellt Werksteinteile und Inkrustationen dar, in denen die Bau- und Zierelemente zu einer innigen Einheit verschmelzen, diese erscheinen nicht zwei-, sondern dreifarbig in Naturweiss-Kalkweiss-Ockergelb und werden schliesslich mit einer Eckquaderung aus dressiertem Mörtel kombiniert. Ohne den Umweg über Graubünden, dürfte ihre Entstehung einer direkten Beziehung der Bauherrschaft zu italienischen Handwerkern zu verdanken sein, denn Auftraggeberin war die in Lionza beheimatete und in Parma zu Vermögen gekommene Kaufmannsfamilie Tondù. Insgesamt handelt es sich um eine ausserordentlich qualitätvolle Architekturmalerei von originaler Substanz, deren spezifische Eigenart in der Schweiz bisher ohne Vergleich ist.

3.3.34 Ittingen (TG)

Kartause. Grosser und kleiner Kreuzgang mit Fensterrahmungen in der Art der weissen Architekturmalerei. Grosser Kreuzgang errichtet 1627/29 (Jz. an den Portalen zum Klosterhof), kleiner Kreuzgang 1707; die Malereien wohl um 1703 bzw. 1707. Kleiner Kreuzgang restauriert um 1982. Aufgenommen 1999.

Grosser Kreuzgang: Weiss gemalte Ädikulen als Rahmungen der Masswerkfenster und der Durchgänge (Abb. 698, 699). Die 1629 erstellten Ost- und Südflügel wurden noch mit spitzbogigen Masswerkfenstern im Stil der Spätgotik ausgestattet. Auf den Seiten zum Klosterhof wurden diese durch Ädikulen mit niedrigen Spitzgiebeln rechteckig eingerahmt. Die Malerei ist in drei Weisstönen angelegt und entstand vermutlich erst in Zusammenhang mit dem 1703 errichteten und auf dem Giebelfeld seiner flachen Ostwand ähnlich bemalten Choraltarhaus der Kirche (die Bemalung um das Kleeblattfenster darunter, genannt Gloriolenokulus, kam erst 1764 hinzu). Die Malerei an den beiden Kreuzgangflügeln ist in originalen Resten erhalten und an einem der Fenster am Ostflügel probeweise restauriert worden (Abb. 698). Die bemerkenswerteste Malerei befindet sich in Form einer Ädikulaverdachung über dem rundbogigen, rustizierten Durchgang vom Südflügel in den Klosterhof (Abb. 699). Sie ist so disponiert, dass sie die gemauerte Bogenöffnung und das darüber liegende, an dieser Stelle runde Masswerkfenster zu einer eindrucksvollen Werksteingruppe zusammenschliesst: Der ausladende, profilierte Sturzbalken trägt die kurzen Bogenstücke eines gesprengten Segmentgiebels, in dessen Mitte das Rundfenster von einer Viereckrahmung mit Seitenpfosten eingefasst wird. Die Konturen der unteren Partien sind auffällig rot umrandet. In der Rahmenmitte ist unten noch der Rest einer Vierpassbrosche sichtbar. Die Malerei liegt auf zwei verschiedenen Putzschichten, deren obere (jüngere) besser erhalten ist.

Kleiner Kreuzgang: Weiss gemalte Ädikulen als Fensterrahmen mit gebrochenen Spitz- und Segmentgiebeln samt Zierwerk (Abb. 700). Die erneuerte, aus schmalen Leisten bestehende Rahmenmalerei umgreift die z.T. abgefasten und graugrün gefassten Sandsteingewände. Der Ostflügel wurde 1707 errichtet. Die weisse Architekturmalerei, die sich an beiden Aussenseiten befindet, entstand vermutlich gleichzeitig. Sie führt die weissen Architekturmalereien am Aussengiebel des Kirchenchors und an den Hofseiten des grossen Kreuzgangs fort.

Bemerkungen. Die in der Art der weissen Architekturmalerei aufgebrachten Fensterumrahmungen im grossen Kreuzgang von Ittingen können, kunstgeschichtlich betrachtet, kaum schon zu dessen Bauzeit 1627/29 entstanden sein, da die frühesten Malereien in Graubünden, dem

698 Ittingen, Kartause, spitzbogiges Masswerkfenster (1629) mit weissem Architekturrahmen (wohl 1703) im grossen Kreuzgang, erneuert um 1982
699 Ittingen, rundes Masswerkfenster mit weisser Architektureinfassung über einem der Durchgänge zum Hof des grossen Kreuzgangs, Originalbestand
700 Ittingen, einfache weisse Fensterrahmung im kleinen Kreuzgang, 1707

schweizerischen Ursprungsland dieses Dekorationsstils, erst aus den Jahren um 1650 stammen. Viel eher bieten die mit 1703 datierten weissen Architekturmalereien am Chorhaupt der Ittinger Klosterkirche den zeitlichen Anhaltspunkt, die Malereien im grossen Kreuzgang ins frühe 18. Jh. zu setzen, zumal die des kleinen Kreuzgangs auch aus dieser Zeit stammen. Es ist künstlerisch interessant, dass hier Architekturformen verschiedener Stilepochen zu einer Einheit verschmelzen, nämlich spätgotische Masswerke mit rustizierten Torgewänden und Ädikulen der Renaissance. Die harmonische Verbindung stilprägender Baudetails des Mittelalters einerseits und der frühen Neuzeit andererseits mit Hilfe weisser Architekturmalerei war auch schon bei der Pfarrkirche in *Vella-Pleif* zu beobachten (Abb. 701 und 3.3.11). Dass in Ittingen Bauformen angewandt wurden, die weder in der regionalen Tradition stehen noch stilgeschichtlich zeitgemäss erscheinen, könnte mit den internationalen Beziehungen des Kartäuserordens zu erklären sein.

Literatur. KDM TG I (Albert Knoepfli), 1950, S. 286 · Hans Peter Mathis.- Kartause Ittingen. Bern 1983 (SKF) · Jürg Ganz.- Kartause Ittingen, von einst zu jetzt. Frauenfeld 2002, S.77f, 82f, 120f.

701 Vella-Pleif, gotisches Masswerkfenster um 1500 am Chor der Pfarrkirche mit weisser Umrahmung von 1661

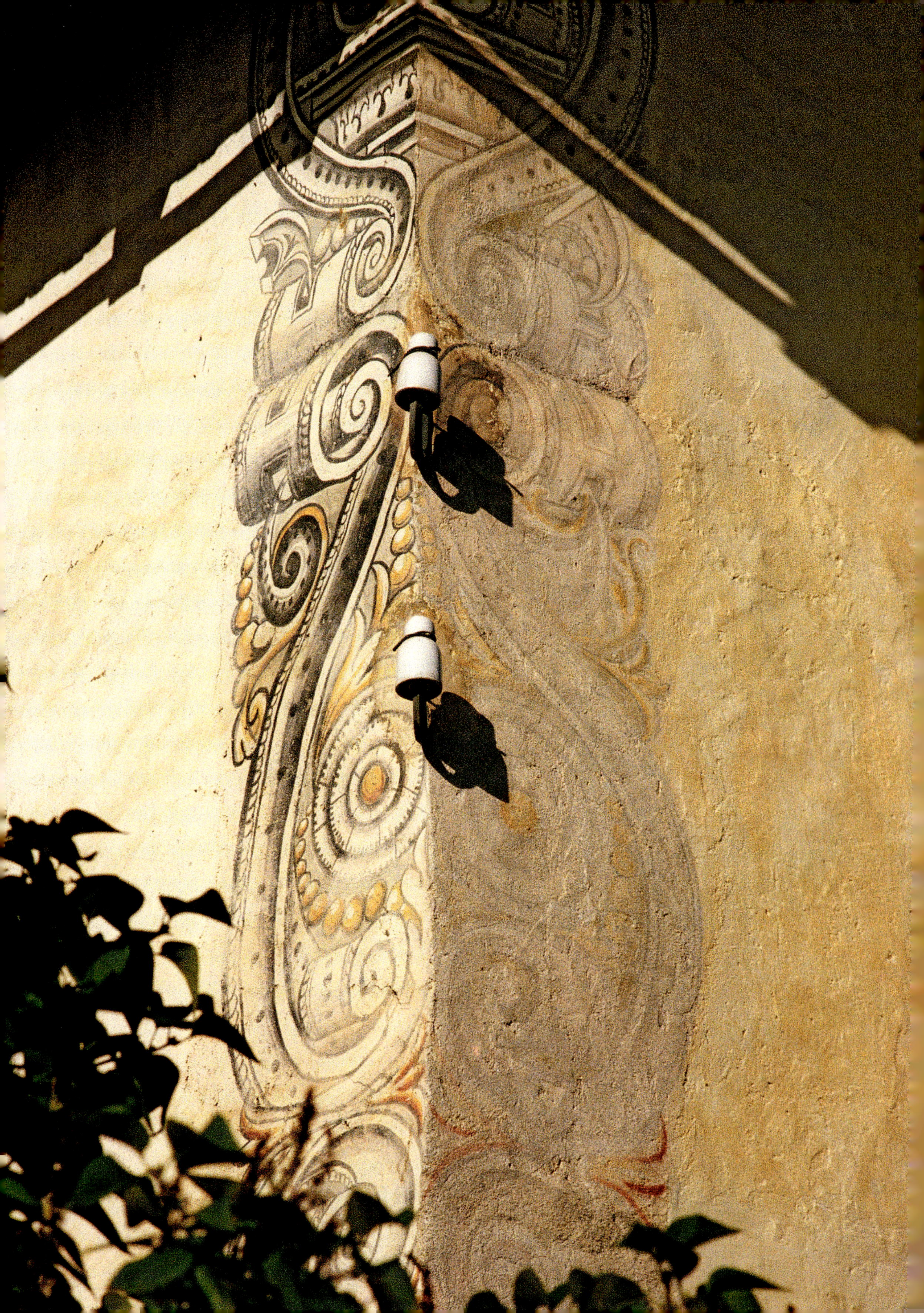

3.4 Lisenen und Pilaster

Überblick

Das folgende Kapitel behandelt Putzfassaden aus der Zeit zwischen 1600 und 1850, die von Lisenen und Pilastern gegliedert werden. Als Wandvorlagen steigen sie vom Boden respektive vom Bausockel bis zum Dachansatz auf und befinden sich an den Ecken der Gebäude (Ecklisene, Eckpilaster), bisweilen auch zusätzlich zwischen den Fensterachsen. Dieses senkrechte Bauelement übernimmt sehr oft allein die Aufgabe der Wandgestaltung. Dabei spielt die Farbigkeit eine wichtige Rolle, da sich die Vorlagen ebenso durch eigene Farbfassungen wie durch das Licht- und Schattenspiel ihrer Kanten vom allgemein hell gehaltenen Mauerputz abheben. So liegt es vor allem an den Farbstufen, dass und wie stark die Wandprofilierung zum Ausdruck kommt.

Die Lisene bildet eine leicht vorstehende, vertikale Auflage in der Form eines Schaftes ohne Basis und Kapitell und besteht üblicherweise aus Mörtel. Der ebenfalls vorstehende Pilaster hingegen weist Schaft, Postament, Basis und Kapitell auf und wird aus Mörtel, Bruchstein oder Steinquadern aufgemauert (daher auch die Bezeichnung Wandpfeiler). Beide Bauelemente haben hin und wieder eine statisch tragende stets aber eine wandgliedernde Funktion, so dass sie ausgeschmückt werden. Das geschieht am wirkungsvollsten bei den Schäften, die glatt, verfugt bzw. gequadert oder sogar kanneliert erscheinen.

Da der gestalterische Aspekt vorherrscht, liegt es nahe, Lisenen und Pilaster nicht nur vorstehend aufzumauern, sondern sie stattdessen auch als Flachmalerei fiktiv darzustellen. Visuell wird damit der gleiche Effekt erreicht. Im Barock war es gang und gäbe, die auf der Hauptfront gemauerten Eckvorlagen auf den Nebenfassaden oder beim Nebengebäude als Farbimitate zu wiederholen. Damit erfüllte sich der Wunsch nach optischer Vereinheitlichung und zugleich hierarchischer Abstufung der Baufronten bzw. der einzelnen Bauwerke untereinander ebenso wie die Absicht, Kosten einzusparen. Nach wie vor war der Transport von Baustein aus weiterer Entfernung teuer.

Bei der gemalten Version, insbesondere beim Pilaster, folgt man nicht immer dem klassischen Formenkanon, sondern vereinfacht die Kapitelle, reduziert die Sockelpartien oder lässt sie gänzlich weg und stellt die Bauglieder gerne bunt- oder mehrfarbig und naheliegenderweise mit unterschiedlichstem Zierwerk dar. Die Grundfarbe der Lisenen bzw. Pilaster wiederholt sich für gewöhnlich in den Fenster- und Türumrahmungen, vielleicht auch im Bausockel und

702   Scharans, Haus Gees, Fassadenmalerei von Hans Ardüser 1605. Detail eines Eckpilasters mit skurrilen und phantastischen Zierornamenten. Originalmalerei, vor der Restaurierung 1987/88 aufgenommen (3.4.54)

Dachgesims, was die gesamte farbliche Erscheinung der Fassade vervollständigt und vereinheitlicht.

Glatte, gequaderte und kannelierte Schäfte in Grautönen (3.4.1–3.4.26). Die Graufassung ist in Anlehnung an die Farbe des vorwiegend grauen Bausteins – je nach regionaler Anwendung etwa Sandstein, Kalkstein oder «marbre de St-Triphon» – die am meisten verbreitete Farbgebung. Bei den hier ausgewählten Fassaden sind die Lisenen bzw. Pilaster meistens gemalt, mit schwarzen Konturstrichen vom hellen Mauerverputz abgesetzt und oft durch einfache schwarzweisse Quaderfugenstriche, seltener durch Kanneluren (3.4.15 *Luzern*) unterteilt. Der heutige, fast durchgehend von jüngeren Restaurierungen stammende Farbton variiert zwischen sehr hellem und fast schwarzem Grau. Welchen Tonwert das Grau jeweils ursprünglich hatte, ist ebenso wie die Abstufung der weissen Töne des Putzes nicht mehr auszumachen.

Unter den aufgeführten Fassungen fallen die Kirchen von Jost Kopp in *Meisterschwanden* und *Seengen* durch ihre feine, in sehr hellen Tonnuancen abgestufte Dreifarbigkeit heraus – ein Farbkonzept, das als persönliche Handschrift des Baumeisters gelten kann (3.4.22, 3.4.23).

Farblich abgesetzte Pilaster aus Steinquadern (3.4.27–3.4.30). Die beschriebenen Fassaden konzentrieren sich auch hier auf gemalte Lisenen- und Pilastergliederungen. Für die französisch sprechenden Landesteile wurden aber zudem einige Beispiele gemauerter Wandvorlagen aufgenommen, da sie für die dortige Aussenfarbigkeit typisch sind und die flache, gemalte Ausführung eher selten auftritt. Je nach der Oberflächenstruktur des Mauerputzes kann sich hier das übliche Dunkel auf Hell in Hell auf Dunkel umkehren, wenn, wie häufig, die Vorlagen aus fast weissem Kalkstein bestehen. Einen besonderen Hinweis verdienen die mit «Ante» bzw. «murs coupe-vent» bezeichneten, bis zur Breite des Dachvorstandes vorgezogenen Windschutzmauern der Bauernhäuser am waadtländischen Südfuss des Juras mit ihren ausgeprägten, farblich zur Maueroberfläche im Kontrast stehenden Pilasterstirnen (3.4.30 *Bassin*).

Lisenen- und Pilastermalerei in Buntfarben (3.4.31–3.4.39, 3.4.45). Buntfarben sind seltener als die Graupalette. Intensives Rot kommt am ehesten im Gebiet von Basel und im Tessin vor. Ein interessanter Nachweis roter Lisenen kam in *Bernhardzell* zutage (3.4.36). Rot oder Gelb treten in dosierter Menge hie und da als zierende Beigabe zusammen mit Grautönen auf, bilden so kombiniert aber keine regionalen Spezialitäten. Grün ist rar und wird hier nur an einer Tessiner Fassade in *Sessa* vorgestellt (3.4.39, vgl. auch 1.5.23–1.5.25).

Eine Sonderstellung nimmt der seit der 2. Hälfte des 18. Jh. im Mittelland und in der Ostschweiz als Mauerdecke nachweislich angewendete Rauputz (Besenwurf) ein. Sein stark vom Reflex des jeweils auffallenden Lichts abhängiger Farbton modifiziert ständig das Farbbild der gesamten Fassade, denn je nach Witterung verändert sich die Farbe des Rauputzes beträchtlich im Gegensatz zu den vergleichsweise konstanten Tonwerten der dargestellten Wandvorlagen, die auf geglätteten Putzflächen liegen (3.4.33 *Risch-Ibikon*, 3.4.37 *Feusisberg*, 3.4.47 *Hütten*). Das gleiche Phänomen ist auch bei Bauwerken mit aufwändigeren Fassadengliederungen zu beobachten (3.5.37 *Bischofszell*, 3.5.61 *Solothurn*).

Illusionistisch gemalte Schaftquaderungen und Ziermotive (3.4.40–3.4.53). Zu den illusionistischen Details gehören Schaftquaderungen und Pilasterkapitelle, zu den Verzierungen zeitübliche Ornamentformen und Marmoroberflächen in erstaunlicher Vielfarbenpracht beispielsweise in *Altendorf-Seestatt* (3.4.51, 3.4.53). Die geometrischen, dreidimensional wiedergegebenen Bossen der Schaftquader werden farblich eher in zurückhaltenden Grautönen gefasst und zeigen nicht die phänomenale Buntheit, die die Eckquadermalerei auszeichnet (besonders S. 261–273). Deshalb bilden die Pilaster und Lisenen, sind sie mit den Mitteln der Illusionsmalerei dargestellt, kostbare Ausnahmen.

Pilaster von besonderer Schmuckhaftigkeit in Graubünden (3.4.54–3.5.58). Die grösste Phantasie in der ornamentalen Ausschmückung der Bauelemente entwickelte Graubünden, wo die ursprünglichen Architekturteile zu reinen Dekorationsmotiven mutieren können und in un-

703 Gais, Dorfplatz 11, Wohnhaus 1781. Typisches Appenzeller Holzhaus mit ausladender Schweifgiebelfassade. Der weisse und steingraue Anstrich der gesamten Platzfront und der ionische, buntfarbig gefasste Pilaster imitieren einen verputzten Steinbau mit gliedernden Werksteinteilen. Häufig in Appenzell Ausserrhoden

gezählten Varianten die Fassaden zieren. Hier wird nur auf wenige, exemplarische Beispiele hingewiesen und Ähnliches in andern Kantonen erwähnt.

Gemalte Pilaster- und Lisenengliederungen gibt es in allen Landesteilen, in denen der verputzte Steinbau anzutreffen ist. Obwohl die Fassaden- und Architekturmalerei der Holzbauten nicht zur Diskussion steht, wurde dennoch eine Pilasterdarstellung aus der Holzbaulandschaft des Bernbiets aufgeführt, um die hier ehemals verbreitete Bemalung der massiven, den Holzaufbau tragenden Sockelgeschosse zu dokumentieren (3.4.44 *Willigen-Schattenhalb*). Ebenso gehört in diesen Zusammenhang der Hinweis auf Pilastergliederungen an Holzfassaden, deren Farbfassungen den Schein von gemauerten, verputzten und architektonisch gegliederten Steinbauwerken hervorrufen wollen. Signifikante Bauten sind dafür beispielsweise das Gasthaus zum Löwen in *Grossdietwil* LU (Abb. 213) oder die klassizistischen, weiss gestrichenen Holzfassaden der Häuserzeilen am Dorfplatz in *Gais* AR, die von bemerkenswerten stein- und buntfarbig gefassten Pilastern gegliedert werden (Abb. 703).

Die Architekturmalerei, die nur Lisenen oder Pilaster darstellt, hinterliess trotz dieser motivischen Beschränkung Polychromfassaden von erstaunlicher Individualität. Die hier vorgestellte Auswahl zeigt die wichtigsten Variationsmöglichkeiten an Bauten aus allen Landesteilen. Das heutige Erscheinungsbild geht in den meisten Fällen auf eine Restaurierung in den letzten zwanzig bis dreissig Jahren zurück. Sofern noch Fassaden mit Oberflächen in einem älteren Zustand vorhanden sind, das heisst dem Original substanziell näher stehen, wurden diese bevorzugt.

704   Sax, Kirche, Architekturmalerei von 1615 im Innern des um 1500 erbauten Chors
705   Sax, Kirche, mittelalterlicher Turm mit grauer Einfassung, wohl 1615

Glatte, gequaderte und kannelierte Schäfte in Grautönen

3.4.1   Sax (SG, Rheintal)

Reformierte Kirche. Hochmittelalterlicher Turm mit Ecklisenen, Farbfassung evtl. um 1615. Restauriert 1960, jüngst neu verputzt und gefasst. Aufgenommen 1997.

Bau. An den hochmittelalterlichen mächtigen Turm fügen sich südseitig der um 1500 erbaute, eingezogene Polygonalchor und das gleichzeitige, barock veränderte Schiff an. Der gesamte Bau ist weiss verputzt.

Hellgraue, glatte Ecklisenen und gleichfarbige Fensterrahmen am Turm (Abb. 705). Die hellgrauen, dunkel konturierten Ecklisenen werden in gleicher Farbe von einem Sockelstreifen und einem Gesims am Glockengeschoss ergänzt, so dass sich eine Wandrahmung ergibt, in welcher die ebenfalls grauen Einfassungen der Schartenfenster am Turmschaft kleine Akzente setzen.

Bemerkungen. Die ungewöhnlich reiche Architekturmalerei im Innern des Chors besteht aus einer ebenfalls vorwiegend hellgrauen Fassung, die an den Sterngewölberippen buntes Zierwerk erhielt. Die Scheinquaderung am Triumphbogen in Rot und Weiss kam später hinzu. Die vier Lanzettfenster im Polygon weisen eine graue, schwarz konturierte Rahmung mit ornamental stilisierten Zierquadern auf, die hier besonders interessiert, da ihre im Scheitel angebrachte Jahreszahl 1615 möglicherweise einen Anhaltspunkt für die Datierung der Aussenfarbigkeit am Turm liefert (Abb. 704). Es könnte sich hier um einen Bau handeln, bei dem die Aussenerscheinung in vereinfachter Weise farblich auf das Innere abgestimmt wurde. Ob vor der Restaurierung Farbreste am Äusseren des Turms vorhanden waren, ist anzunehmen, aber nicht belegt.

706 Erstfeld, Jagdmattkapelle, Lisene am Schiff mit grau gequaderter Oberfläche, 1637/38
707 Zurzach, Zum Goldenen Leuen, Stützpfeiler 16. Jh. mit späterer Quaderfassung

3.4.2 Erstfeld (UR, Unteres Reusstal)

Jagdmattkapelle. Schiff und Chor 1637/38. Aufgesetzte Lisenen mit Quaderbemalung aus der Bauzeit. Rekonstruiert 1978/79. Aufgenommen 1983.

Bau. Dreijochiger Saal mit eingezogenem Rechteckchor, weiss verputzt und durch ca. 10 cm hervortretende Lisenen gegliedert. Nur der ältere Turm und die Sakristei, beide an der Südseite, haben glatte Wände. Die grosse, vor 1646 angebaute Vorhalle im Westen wurde an ihrer Stirnseite mit dem Bild der Gründungslegende bemalt (stark erneuert). Die illusionistisch gemalten Altarretabeln neben dem Westeingang im Raum der Vorhalle sind 1979/80 angefertigte, freie Rekonstruktionen der 1947 entfernten Vorgängergemälde (rechts «Christus am Ölberg», links «Pietà»), die ihrerseits nach dem Hochaltarbild des Giovanni Lanfranco aus dem Jahr 1634 bzw. nach einem Bild aus den Kreuzwegstationen in der Hofkirche Luzern kopiert worden waren.

Lisenen mit hellgrauer Quaderbemalung (Abb. 706). Die Lisenen befinden sich an allen Bauecken und zwischen den drei bzw. zwei Fenstern des Schiffs. Sie korrespondieren mit Wandpilastern im Inneren. Die Lisenen sind hellgrau gestrichen und mit vertieften weissen Fugen so unterteilt, dass jeweils ein langer und zwei halblange Quader übereinander versetzt erscheinen. Auf den Lisenen an der Westwand liegt jeweils eine Kämpferplatte. Alle Fenster- und Türgewände (Sandstein) sowie die Säulen und Arkaden der Vorhalle sind ebenfalls hellgrau gefasst.

Die *Rekonstruktion* von 1978/79 erfolgte nach einem Befund im Dachraum der Vorhalle.

Bemerkungen. Die weiss-graue Aussengliederung von Schiff und Chor findet ihre Fortsetzung in den grau gefassten Bogenöffnungen der wenige Jahre später zugefügten Vorhalle. Während diese mit ihren zusätzlichen buntfarbigen Wandbildern den Blick zunächst besonders auf sich zieht, bewirkt die grau gefasste Gliederung aller Fassaden, dass sich die einzelnen Bauteile zu einem Ganzen zusammenschliessen und die Wallfahrtskapelle, die frei auf einem Geländehügel liegt, als eine ausgewogen proportionierte Gesamtanlage erscheint. Die Bauleute stammten aus dem Tessin und aus Oberitalien (Valsesia / Piemont). Sie dürften mit der frühbarocken Disposition der Kapelle auch die Art ihrer Lisenengliederung mitgebracht haben.

Literatur. Hansjörg Lehner.- Jagdmattkapelle Erstfeld. Landeswallfahrtskapelle zu Unserer Lieben Frau. Basel 1980 (SKF).

3.4.3 Zurzach (AG)

Hauptstrasse Nr. 292, Zum Goldenen Leuen. Wohnhaus im Kern 16. Jh., Stützpfeiler wohl aus der ersten Bauzeit, seine graue Fassung und die graue Scheinlisene neben der Tormauer wurden später aufgebracht. Fassungen rekonstruiert 1972. Aufgenommen 1996.

Eckpfeiler mit Quaderbemalung und gequaderte Scheinlisene in Hellgrau. Das 2-gesch. Eckhaus wurde im 17. und 18. Jh. verändert und vergrössert (Jahreszahlen 1644 am Kellereingang, 1667 im Fachwerkgiebel, 1773 am obersten Türbogen der Fassade zur Hauptstrasse). An den weiss verputzten Steingeschossen der Seitenfassade zur Pfauengasse wurde an der linken Hauskante ein markanter, mit Quadern bemalter Stützpfeiler hochgemauert (Abb. 707) und rechts neben der Tormauer eine wandbündige Scheinlisene als optisches Pendant mit gleichartiger Quaderung dargestellt. Beide Bauglieder enden auf halber Höhe des 1. Obergeschosses. Die Quader, hellgrau mit weissen Randschlägen, sind in versetzten Lagen wiedergegeben.

Bemerkung. Während der Pfeiler selbst der ältesten Bauperiode zuzurechnen ist, kam seine vor der Rekonstruktion 1972 noch in grösseren Partien vorhandene Bemalung höchstwahrscheinlich im 17., vielleicht auch erst im 18. Jh. hinzu. Damit wurde ein ursprünglich nur statisch notwendiges Bauglied (Erdbebenpfeiler) dank aufgemalter Quader in einer späteren Bauperiode auch zu einer dekorativen Wandzierde, die an der anderen Mauerkante ihr symmetrisches Gegenstück erhielt.

Auskünfte zur Baugeschichte verdanke ich Alfred Hidber, Zurzach.

3.4.4 Luzern

Museggstrasse 37, Museggmagazin. Errichtet 1684/86 (Jz. 1686 am Nordportal). Ecklisenenmalerei. Rekonstruiert 1983/84. Aufgenommen 2005.

Gequaderte Ecklisenen in Hellgrau (Abb. 708). Mächtiges 4-gesch. Lagerhaus mit 3-gesch. Stutzwalmdach. Alle Ecken des langgestreckten, weiss verputzten Baukörpers werden vom Boden bis zum Dachansatz von Läufern und Bindern aus grossformatigen grauen Sandsteinquadern gebildet. Die Steinquader sind mit weisser Schlämme der Wandputzfarbe angeglichen und mit hellgrauen Lisenen deckend übermalt. Die gerade verlaufenden Ränder der Lisenen erhielt eine schwarze Markierung, die Schäfte eine Unterteilung mit schwarz-weissen, perspektivisch wirksamen Quaderfugen. Der mäandrierende Randverlauf des Steinverbands ist nur aus unmittelbarer Nähe erkennbar, aus der Entfernung werden die Ecken des sonst schmucklosen Baukörpers von den aufgemalten Lisenen bestimmt.

Bemerkung. «Seit der Renaissance sind regelmässige graue gemalte Eckquaderungen, dem grauen Luzerner Sandstein entsprechend, üblich» (KDM LU VI, Adolf Reinle, 1963, S. 371), wobei die «Eckquaderungen» auch in Gestalt gequaderter Ecklisenen erscheinen. Beispielhaft dafür ist dieses freistehende, das Stadtbild eindrucksvoll beherrschende Vorratshaus, das zur Lagerung von Korn, später auch von Salz errichtet wurde und seit dem 19. Jh. bis heute als kantonales Zeughaus dient.

Literatur. KDM LU III (Adolf Reinle), 1954, S. 61f · Hesse 1999, S. 244.

3.4.5 Diessenhofen (TG)

Hauptstrasse 8, Goldener Leuen. Weitgehend neu errichtet 1685 (Jz. am Erker). Lisenenmalerei wahrscheinlich aus dieser Zeit, neu gemalt 1981. Aufgenommen 2000.

Gequaderte Lisenen in Grau auf gelblich weissem Wandputz (Abb. 709). Schmale 4-gesch., verputzte Hausfassade in geschlossener Bauzeile, seitlich begrenzt von je einer Lisene aus Hausteinquadern. Diese sind grau geschlämmt und mit einer regelmässigen, den Steinfugen nicht entsprechenden Fugenteilung bemalt. Durch die oben weisse, unten und seitlich schwarze Umrandung der fingierten Quader entsteht optisch der Eindruck vertiefter Fugen und leicht erhabener Lisenen. Der angeböschte, grau abgesetzte Sockelbereich erhielt keine Fugenstriche. Die Tür- und Fensterrahmungen sind gleichfarbig gefasst, schwarz umrandet und ebenfalls ungefugt. Sie greifen z. T. in die Quadermalerei ein. Die graue Farbe bestimmt auch den dreiseitigen Sandsteinerker in der Fassadenmitte des 1. Obergeschosses.

Bemerkung. Es handelt sich hier um die ausgewogene Wandgliederung einer einfachen, für das 17. Jh. typischen und heute mit besonderer Sorgfalt wieder neu aufgebrachten Farbfassung.

Literatur. Bürgerhaus XIX, 1928, Tf. 92 (ohne Lisenenmalerei) · KDM TG V (Alfons Raimann), 1992, S. 106f.

708 Luzern, Museggmagazin, Eckbemalung mit gequaderten Lisenen, 1684/86

3.4.6 Eglisau (ZH, Unterland)

709 Diessenhofen, Goldener Leuen, Kantenbemalung mit gequaderten Lisenen, 1685
710 Eglisau, Blaues Haus, Kantenbemalung mit gequaderten Lisenen, 1693

Untergasse 21, Blaues Haus. Erbaut 1693 (Jz. am Wappenstein). Ecklisenenmalerei aus der Bauzeit, neu gemalt 1981. Aufgenommen 1996.

Gequaderte Ecklisenen in Hellgrau (Abb. 710). Viergesch., gebrochen weiss verputztes Eckhaus in geschlossener Gassenzeile auf gestelztem Sockelgeschoss mit angeböschten Ecken. An der Strassenfassade ein zentriertes Rundportal und unregelmässige Fensterreihen über geschossweise durchgehenden Steingesimsen. Die Fassade wird seitlich von Lisenen eingefasst. Sie bestehen aus regelmässig gemalten, den Werksteinformaten darunter nicht entsprechenden Quaderimitaten. Die hellgrau gestrichenen Quader weisen breite Fugen im hellen Fassadenton, konkav beschnittene Zierecken und dunkelgraue Schattenkanten auf. Die noch gotisch abgefasten Steingewände der Fenster, das Portal und die Gesimse sind gleichfarbig getüncht und schwarz umrandet. Im EG neue, eingepasste Ladenfenster.

Bemerkungen. Die Farbfassung bestimmt die Ausgewogenheit der Fassadengliederung und damit den repräsentativen Charakter des gesamten Baus. Die Quadermalerei verfeinert die Eckausbildung; sie wurde nach originalen Farbresten rekonstruiert. Der Name «Blaues Haus» bezieht sich nicht etwa auf einen blauen Anstrich der Fassaden, deren Wandputz laut Untersuchungsbericht auch ursprünglich hell gestrichen war, sondern auf das viergeteilte buntfarbige Wappen der Bauherrschaft (Johannes Wirt, Elisabeth Heuslin, Hans Marti Schmid, Anna Wirt), in dessen oberem linken Geviert das sprechende Emblem eines blauen Hauses (Heuslin) erscheint. Über der ursprünglichen Graufassung der Fenster lagen Reste einer jüngeren Fassung in Rot, mit der ein rosa Anstrich der Mauer korrespondierte (dokumentiert).

Literatur. Zürcher Denkmalpflege, 10. Bericht 1979-1982, 1. Teil. Zürich 1986, S. 30f.

3.4.7 Coppet (VD)

Grand-Rue 73, Maison de couvent, ehem. Dominikanerkonvent. Klostergründung 1490, namhafte Reste aus der ersten Bauzeit. Heutiger Habitus mit Lisenenmalerei 18./19. Jh.; als Wohnhaus umfassend restauriert 1973/1996. Aufgenommen 2000.

Bau. Der 2-gesch., 3-achsige Bau mit Walmdach und seitlichen Tormauern liegt unmittelbar neben der Dominikanerkirche. Die Westfassade der Kirche und die Hauptfassade der ehemaligen Klosteranlage bilden eine gemeinsame Strassenfront, die hart an die Hauptstrasse und gleichzeitige Ortsdurchfahrt stösst.

Gequaderte Eck- und Fassadenlisenen in Dunkelgrau (Abb. 711). Die weiss verputzte Fassade wird von gemalten Lisenen in drei gleich breite Achsen mit unterschiedlichen Tür- und Fensteröffnungen gegliedert. Unter den Ecklisenen liegen Molassequader in unregelmässigem Verband von Läufern und Bindern. Der Flachbogen des linken Mauertors ist gleichartig gefasst. Die z.T. gotisch abgefasten Sandsteingewände des rechten Torbogens und der Seitenfassade neben der Kirche weisen keinen Farbanstrich auf. Die Lisenen sind durch prägnante weisse Quaderfugen gekennzeichnet, die auch das gleichfarbig gestrichene Dachgesims und die Seitengewände der Fenster unterteilen.

Bemerkungen. Die jüngste Restaurierung geht auf einen älteren Zustand zurück, der bereits auf Schwarzweissfotos aus der Zeit vor der Erneuerung die präzise abgemessenen und gequaderten Lisenen erkennen lässt. Ob sich die bei der Bauuntersuchung nach 1973 festgestellten älteren weissen und grauweissen Mörtelreste (Eggenberger, Jaton) auf eine sich farblich vom Mauerputz absetzende Lisenenbemalung beziehen, bleibt offen. – Eine ähnliche dunkelgraue und wohl nach historischem Befund wiederhergestellte Lisenenbemalung ist am Pfarrhaus von *Lutry* vorhanden. Nach deren Vorbild wurde auch das dortige Schloss mit einer gleichen dunklen Graufassung in Form von gemalten Ecklisenen und grau gestrichenen Fensterrahmen restauriert, obwohl am Schloss selber kein entsprechender Befund vorhanden war (Abb. 712). Es scheint, dass diese Art hell- bis dunkelgrauer Fassadenbemalung mit Lisenen und Fensterrahmen in den westlichen Landesteilen schon im 17. Jh. gepflegt wurde. Als eigenartig erweisen sich dabei die Fugenstriche an den Fenstern, die nur auf deren Seitengewänden liegen, auf den Bänken und Stürzen jedoch fehlen. Dieses kleine, aber auffallende Motiv ist offenbar typisch für die Waadt und das Wallis, wo es relativ häufig auftritt (vgl. 3.5.12 *Visp* Altes Spittel).

Literatur. Peter Eggenberger, Philippe Jaton, Marcel Grandjean.- L'église et l'ancien couvent dominicain de Coppet. Lausanne 1996, p.16 (Grandjean), p. 43-45 (Eggenberger, Jaton).

3.4.8 Nyon (VD)

Place du Marché 1, Maison Von Rath. Errichtet M. 16. Jh. verändert M. 18. Jh. (Jzz. «1747/R 1993» am Wappenstein des Turms). Ecklisenen- und Rahmenmalerei vermutlich um 1747. Erneuert 1993. Aufgenommen 2000.

Bau. Der die gesamte westliche Platzseite einnehmende Baukomplex besteht aus einem 3-gesch. vorderen Herrenhaus mit Laubengang und einem vorstehenden, 5-gesch., im Wesentlichen noch aus dem 16. Jh. stammenden Treppenturm (Abb. 713), an den sich ein hinterer Eckbau anschliesst (dieser im 18. Jh. stark verändert).

Malerei gequaderter Ecklisenen sowie in hellen Tönen gefasste Fensterrahmen und Laubenarkaden. Die Bemalung liegt auf dem Quadermauerwerk der älteren Bauteile und umfasst die Bauecken, die Bögen des Laubengangs und die Fenster des Treppenturms. Die Sockelecksteine sind alt und bestehen aus weissem Jurakalk. Die geschlossene, weisse Wandputzschicht verdünnt sich an den Kanten zu einer Schlämmschicht, so dass hier die ungleichmässigen Stein-

711 Coppet, Maison de couvent, Bemalung mit gequaderten Lisenen, Torbögen und Fensterrahmen, 18./19. Jh.
712 Lutry, Schloss, neue Lisenen- und Fensterfassung im Stil des 17./18. Jh.

quader unter der je nach Lichteinfall hellgrau oder hellocker erscheinenden Bemalung sichtbar sind. Die Ecklisenen weisen gleichmässige doppelte Fugenstriche in Weiss und Schwarz und die Arkaden einfache in Dunkelgrau auf. Die Fensterrahmen haben keine gemalten Fugen. Die z.T. gotisch abgefasten Werksteingewände der Fenster und die profilierten Stockwerkgesimse des Wohnbaus sind nicht gefasst, sondern behielten ihre gelbliche Naturfarbe.

Bemerkungen. Das imposante Fassadenbild des platzbeherrschenden Baus wird von der Farbfassung wesentlich mitbestimmt, da sie trotz ihrer formalen Einfachheit die Wanddisposition in hohem Mass akzentuiert. Es handelt sich hier um ein besonders schönes Beispiel der prototypischen, in der Waadt über mehrere Jahrhunderte angewandten Ecklisenenmalerei – vgl. *Coppet* (3.4.7) und für die spätere Zeit um 1800 *Céligny* (3.4.19) sowie das Pfarrhaus von *Villeneuve* (restauriert).

Literatur. Maison bourgeoise XV, 1925, p. XLVII, pl. 19.

713 Nyon, Maison Von Rath, Ecklisenen- und Rahmenmalerei, wohl 1747

3.4.9 Tuggen (SZ, March)

Pfarrkirche. Schiff und Chor 1733 (Jz. am Hauptportal) unter Beibehalt des spät- und nachgotischen Turms. Pilastermalerei an allen Bauteilen 1733. Jüngste Turmerhöhung sowie Verlängerung des Schiffs um ein unbemaltes Joch nach Westen 1958/59. Konservierung und Ergänzung der Pilastermalerei 1993/94. Aufgenommen 2004.

Weisser Putzbau mit gequaderten Pilastern in Grau (Abb. 714, 715). Beim Neubau der Kirche 1733 erhielten alle Ecken, einschliesslich der des älteren Turms hellgraue, gequaderte Pilaster. Am Turmschaft weisen sie, wie meistens, nur einfache Steinlagen auf. Am Schiff, Vorchor und Chorpolygon bestehen die Lagen jedoch aus wechselweise versetzen Quadern, so dass nicht nur Lager-, sondern auch Stossfugen aufgemalt sind. Die Fugen bestehen ebenso wie die Seitenkonturen aus weissen Licht- und schwarzen Schattenlinien. Die Konturlinien setzen sich auf dem profilierten, dunkelgrau gefassten und vom weissen Mauerputz schwarz abgegrenzten Dachgesims fort und verkröpfen scheinbar dadurch die gemalten Pilasterkapitelle mit dem realen Gesims. An den Schmalseiten des Vorchors ist das Gesims z.T. nur aufgemalt. Die Pilaster haben keine Basen, sondern setzen direkt über dem abgeschrägten, aus grüngrauem Sandstein gemauerten Gebäudesockel an. Die Fensteröffnungen an Schiff und Chor haben keine Rahmung. Am Turm hingegen sind die Steingewände der zum Teil gotischen, zum Teil gotisierenden Fenstergruppen und Lichtschachte grau gefasst und mit einer schwarzen Konturlinie versehen, was seinen harmonisch gegliederten Aufbau begünstigt. An der Südseite ist eine dekorative, buntfarbige Sonnenuhr aufgemalt (die angebliche Jz. 1641 nicht sichtbar).

Befunde und Restaurierung 1993/94. Aus der Zeit von 1733 waren insbesondere an Schiff und Chor noch umfangreiche Farbreste samt Licht- und Schattenlinien sowie Reste der Putzritzung vorhanden (Bestätigung durch Fotos von 1900 und 1920); auf den Sandsteinquadern der Turmecken liessen sich noch die ursprüngliche dünne Kalkschlämme und die regelmässige, nicht mit dem natürlichen Quaderversatz übereinstimmende Fugung nachweisen. Eventuell früher vorhandene Pilastersockel konnten aber wegen des stark abgewitterten Putzes an den untersten Wandpartien nicht mehr festgestellt werden. Bei der Restaurierung hat man die

714 Tuggen, Pfarrkirche, gemalte Pilaster, am Chor mit versetzten Steinlagen, 1733
715 Tuggen, Zusammentreffen von Scheinmalerei und profiliertem Dachgesims mit aufgemalten Fugen

Originalsubstanz konserviert, Fehlendes ergänzt und die Pilasterkapitelle auf der 1958/59 neu erstellten obersten Mauerpartie des Turms analog denen des Chors neu aufgemalt.

Bemerkungen. Den Bau zeichnet eine gliedernde Pilastermalerei mit grossformatiger Quaderimitation von beträchtlicher Wirkung aus. Dank der sorgfältig erhobenen Dokumentation und Publikation des interessanten Befunds und der jüngsten denkmalpflegerischen Wiederherstellung ist Tuggen ein aufschlussreiches, datiertes Beispiel für die auch im 18. Jh. verbreitete Pilastermalerei in Grau. Die bei gequaderten Schäften eher seltene Unterteilung in Lagen mit zwei nebeneinanderliegenden Quadern wiederholt sich auf gleiche Art am Rainhof in *Tuggen* und ähnlich in *Preonzo* (3.4.31).

Literatur. KDM SZ Neue Ausgabe II (Albert Jörger), 1989, S.412-416, keine Erwähnung der Aussenmalerei · Bamert 1998/99, S. 281-284.

3.4.10   Arth (SZ)

Turm der Pfarrkirche. Errichtet E. 15. Jh., Aufsatz und Haube 1705 (Jz. am Kranzgesims). Farbfassung und Architekturbemalung am ganzen Turm um 1705. Neu aufgebracht 1989/90 nach Befund und Fotodokumentation des Zustands aus der Zeit nach 1896. Aufgenommen 1993. Zur späteren Architekturbemalung am Kirchenschiff siehe 3.6.27.

716 Arth, Turm der Pfarrkirche, Aufsatz und Gesamtbemalung 1705
717 Beromünster, Turm der Stiftskirche, Bemalung 1707

Turm mit Eckquader- und Pilastermalerei in Grau (Abb. 716). Der spätmittelalterliche, weiss verputzte Turm steht frei vor der Westfassade der 1695/97 erbauten Kirche, mit der ihn nur die Vorhalle verbindet. Er wurde 1705 um ein Glockengeschoss mit ausladendem Kranzgesims und Kuppelhelm über geschweiften Giebeln samt Laterne erhöht und gleichzeitig grau bemalt. Auf den Ecken des Turmschafts liegen Quader im Läufer-Binder-Versatz mit oben weissen, seitlich und unten dunklen Kanten (Putz z.T. alt). Die Ecken des Glockengeschosses werden hingegen durch Pilaster mit Postamenten, Kämpferplatten und glatten Schäften hervorgehoben. Die teilweise gotischen Schacht- und Bogenfenster sind ebenfalls grau umrahmt, die Wappensteine des Alten Landes Schwyz über den Schallöffnungen rot gefasst. Die Helmgiebel werden von einem feinen, grauen Liniennetz aus Hochrechtecken überzogen. An der Südwand, etwa auf Firsthöhe der Vorhalle, befinden sich eine neue Sonnenuhr in Rot, Ocker, Blau und ein Sinnspruch (Rino Fontana).

Bemerkungen. Es handelt sich hier um eine einfache Architekturbemalung mit stark gliedernder Wirkung. Ihr entsprach wahrscheinlich die erste architektonische Farbfassung des 1695/97 erstellten Kirchenbaus, die Ende des 18. Jh. durch die heute vorhandene (wiederhergestellte) Bemalung ersetzt worden ist (3.6.27). Der Turmfassung von 1705 vergleichbar sind die etwas später datierten, ebenfalls grauen Turmbemalungen der Stiftskirche *Beromünster* (Abb. 717 und 3.5.3) und der Klosterkirche *St. Urban* (Abb. 718 und 3.5.3). Die Eckbetonung in Grau ist an Türmen bis ins 19. Jh. üblich (Abb. 719).

Literatur. André Meyer.- Die Pfarrkirche St. Georg und Zeno in Arth SZ. Bern 1986 (SKF), Farbfassung nicht erwähnt · Bamert 1990/91 und 1991/92, S. 140-143 · Weitere Hinweise verdanke ich Markus Bamert, Denkmalpflege Kt. Schwyz.

718 St. Urban, Turm der Klosterkirche, Bemalung 1715
719 Flüelen, Turm der Pfarrkirche mit gemalten Eckpilastern, wohl 1843

3.4.11 Neunkirch (SH, Klettgau)

Obertorturm. Errichtet 1419 (?), am äusseren Torbogen die Jzz. 1572, 1574, an den Uhren die Jzz. 1733, 1839, 1862, 1883, 1916 (auf Mauertafel), 1991. Die Quader- und Pilastermalerei möglicherweise 1733. Letzte Erneuerung der Malerei 1991. Aufgenommen 2000.

Zum *Torturm* und zur *Quaderfugenmalerei am Sockel* siehe 1.1.28.

Hellgraue Pilastermalerei (Abb. 720, 721). Oberhalb des Torgeschosses mit durchgehender Quaderfugenmalerei ist der weiss verputzte Turmschaft an allen vier Ecken mit gequaderten Pilastern bemalt. Die hellgrauen, wandwärts leicht abgerundeten Quader der Pilasterschäfte werden von schwarzen Fugen und Konturen regelmässig umkantet. Die dreiteiligen Basen und Kapitelle aus Wulst, Steg und Kehle sind spiegelgleich. Ihre mit schwarzen Linien umrandeten Teile werden durch Licht (weisse Begleitlinien an den Basen) und Schatten (graue Tönung an den Kapitellen) modelliert. Die Ädikularahmen der beiden grossen Uhren sind an den Seiten mit Pilastern bzw. Rundpfeilern ausgestattet und ebenso wie die profilierten Sohlbank- und Sturzgesimse stadteinwärts gemauert, stadtauswärts gemalt. Die Schachtfenster – stadtauswärts mit sich überkreuzenden Rundstäben und Zierkugeln aus Werkstein, stadteinwärts mit einfach abgeschrägten Steingewänden eingefasst – korrespondieren farbgleich mit der Pilastermalerei an den Turmecken.

Bemerkungen. Der im Fluchtpunkt der Hauptstrasse (Vordergasse) liegende und die geschlossene mittelalterliche Ortsanlage wesentlich mitbestimmende ehemalige Befestigungsturm an der Stadtmauer – der entsprechende Turm am westlichen Gassenende wurde 1825 abgebrochen – erhielt vermutlich im 18. Jh. (1733?) die differenzierte Bemalung mit Scheinpilastern, Uhrenfeldern, Fensterrahmungen und Sockelquaderung. Sie lässt den Turm nicht mehr mittelalterlich trutzig, sondern barock gefällig erscheinen, worin auch die veränderte Funktion vom Wehr- zum Stadtturm ihren Ausdruck findet. Die Eckbetonung durch aufgemalte Pilaster anstelle einfacher Lisenen ist bei Profantürmen eine Ausnahme. An Kirchtürmen kommt der Pilaster hingegen häufiger vor. Das zeigen unter anderem die bei *Arth* aufgeführten Kirchtürme (3.4.10) und *Flüelen* (Abb. 719 und 3.4.21).

Literatur. KDM SH III (Reinhard Frauenfelder), 1960, S. 166-170, Bemalung nicht erwähnt.

3.4.12 Altendorf (SZ, March)

Friedhofskapelle südwestlich der Pfarrkirche. Neu erbaut nach 1503. Pilastermalerei, wohl Mitte 18. Jh., wiederhergestellt 1989. Aufgenommen 2000.

Weisser Putzbau mit gequaderten Pilastern in Hellgrau (Abb. 723). Kleine spätgotische Kapelle mit dreiseitigem Chor. Auf die Chorecken sind Pilaster mit gequaderten Schäften, hohen Postamenten und ausladenden Kapitellen gemalt. Letztere sind mit dem breiten, sich über einem Fries in Hohlkehle und Wulst profilierenden Dachgesims verkröpft, das den gesamten Bau umläuft. Fugen und Konturen samt Schattenwurf erscheinen in dunkler Linierung. Die gotischen Steingewände des Eingangs und der drei kleinen Fenster sind gleichfarbig gefasst.

Bemerkungen. Die erhaltene originale Ritzung wurde konserviert, die Wiederherstellung erfolgte nach Farbbefund (Hinweis von Markus Bamert, Denkmalpflege Kt. Schwyz). Die Kapelle wird 1745 und 1772 als baufällig erwähnt, so dass die Pilasterbemalung wohl im Zuge der Reparaturarbeiten entstand, aus formalen Gründen eher um 1745 als um 1772. Es handelt sich um eine feine und in der Ausbildung ihrer vollständig im Gebälk des Dachgesimses verkröpften Kapitelle motivisch interessante Pilastermalerei.

Literatur. KDM SZ Neue Ausgabe II (Albert Jörger), 1989, S. 60f., Bemalung nicht erwähnt.

720 Neunkirch, Obertorturm, Ansicht von stadtauswärts, älteste Bauteile 1419, Bemalung wohl 1733
721 Neunkirch, Basis eines Eckpilasters, graue Schlämme und schwarze Konturstriche liegen zum Teil direkt auf dem unverputzten Mauerstein

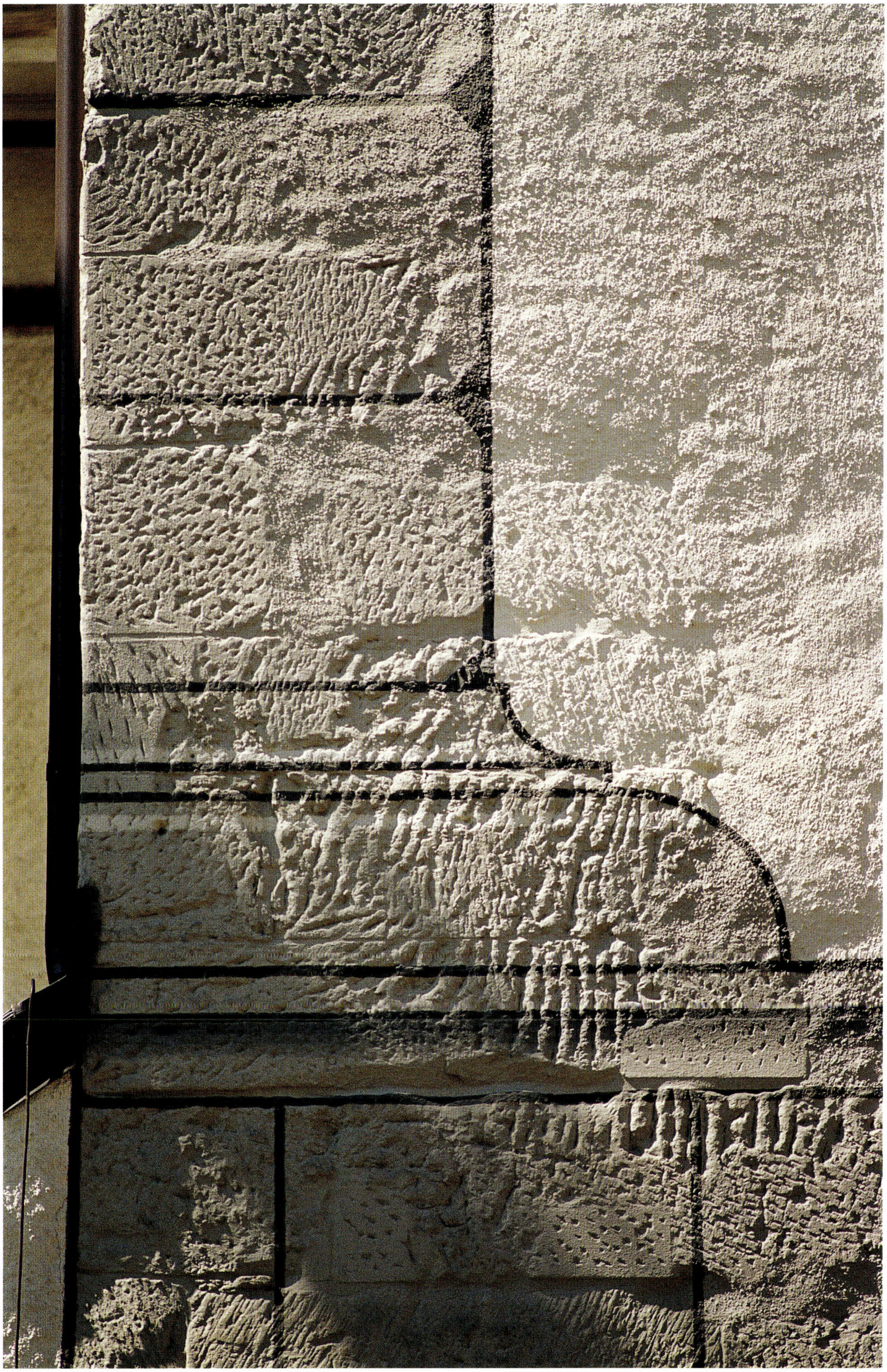

722   Bettwil, Pfarrkirche, Traufgesims mit perspektivisch gemaltem Pilasterkapitell an der Südwestecke, um 1800
723   Altendorf, Friedhofskapelle 1503, Pilastermalerei M. 18. Jh.

3.4.13   Bettwil (AG, Freiamt)

Pfarrkirche. Errichtet 1788/89 von Baumeister Franz Joseph Rey, geweiht 1808. Lisenen- und Pilastermalerei wohl aus der Bauzeit. Letzte Aussenrestaurierung nach 1967. Aufgenommen 2004.

Gequaderte Ecklisenen und Eckpilaster in Steinfarbe. Der 1-schiffige Bau mit eingezogenem Vorchor und dreiseitig schliessendem Chorhaupt ist in gebrochenem Weiss verputzt und an allen Ecken mit Lisenen bemalt. Ihre putzweiss verfugte Schaftquaderung erscheint in zwei steingrauen, schwarz konturierten Farbtönen mit perspektivisch dargestellter Seiten- und Fugenschattierung. Der nur durch einen Anstrich abgesetzte Bausockel, das relativ hohe profilierte Dachgesims sowie die Leibungen und Rahmen der Stichbogenfenster und der darüber angeordneten Ochsenaugen am Chorpolygon wiederholen mit differenzierten Details die Steinfarben der gemalten Architekturglieder. An den Ecken der Eingangsfassade enden die gekehlten Traufgesimse jeweils in einem gemalten Pilasterkapitell (Abb. 722).

Bemerkung. Den KDM zufolge hatte der Bau vor der Restaurierung «toskanische Putzpilaster an den Ecken des Schiffs und an der Stirnwand des Chors». Diese dürften auf Veränderungen im späteren 19. Jh. zurückgehen, bei der jüngsten Restaurierung entfernt und durch die Eckbemalung ersetzt worden sein. Das hübsche Motiv des gemalten Kapitells lässt vermuten, dass sich die neue Malerei an der ursprünglichen Erscheinung aus der Zeit um 1800 mit Hilfe von Anhaltspunkten orientierte (Befunde nicht abgeklärt).

Literatur. KDM AG V (Georg Germann), 1967, S. 75–79.

3.4.14   Rheinau (ZH, Weinland)

Klosterbezirk, ehem. Frauengasthaus, Ostflügel 1740/44 von Michael Beer von Bleichten. Einfache Ecklisenenmalerei aus der Bauzeit. Aussenrestaurierung 1995/96. Aufgenommen 1994 und 1998.

Bau. Langgestreckter, 2-gesch., weiss verputzter Winkelbau innerhalb des Klostervorhofs mit älterem Nordflügel aus den Jahren 1585/88 (im 17. Jh. mehrfach verändert) und jüngerem Ostflügel von 1740/44. Die hier erörterte Malerei betrifft den Ostflügel, dessen südliche Schmalseite gegenüber der Klosterkirche unmittelbar ans Rheinufer stösst.

Grau gemalte, glatte Ecklisenen und Gesimsbänder sowie gleichfarbig gefasste Sandsteingewände (Abb. 724, 725). Die von kräftigen schwarzen Konturlinien begleiteten, auf der Südseite zum Rhein einmal abgestuften Ecklisenen sowie das sehr schmale, zwischen den zwei Wohngeschossen umlaufende Gesimsband und die Fensterrahmen sind die einzigen gliedernden, sich von den weiss verputzten Fassaden grau abgesetzten Architekturelemente. In der Mittelachse der Süd- und Ostfassaden befindet sich jeweils eine relativ grosse Sonnenuhr in Rot, Ocker und Gelb.

Bemerkungen. Die Gegenüberstellung der Ansichten vor und nach der jüngsten Wiederherstellung verdeutlicht die proportionierende Straffung des Fassadenbilds mit Hilfe weniger und einfachster, gemalter Gliederungsmotive. – Für die Anfang des 18. Jh. weitgehend neu errichtete Klosterkirche auf der Rheininsel in unmittelbarer Sichtweite des Frauengasthauses wurde nach archäologischen Sondierungen eine Eck- und Fensterfassung in Ockergelb auf Weiss rekonstruiert und 1710 datiert (Heinz Schwarz). Eine Erklärung, warum der wenig später gebaute Ostflügel des Frauengasthauses nicht in Übereinstimmung mit der Kirche ebenfalls gelb, sondern im weniger auffälligen Grau gefasst wurde, könnte in der Hierarchie der Bauwerke liegen. (Die Graufassungen der Kirche gehören erst dem 19. Jh. an, das ursprüngliche Gelb wurde 1995/96 wieder aufgebracht.)

Literatur. KDM ZH Landschaft 1 (Hermann Fietz), 1938, S. 331 · Zürcher Denkmalpflege, 14. Bericht 1995–1996. Zürich/Egg 2001, S. 228–233 (Thomas Müller) · Zur Klosterkirche siehe Heinz Schwarz.- Untersuchungen von Putzen und Farbfassungen am Aussenbau. In: Die Klosterkirche Rheinau. Der Bau und seine Restaurierung. Zürich/Egg 1997, S. 263–276.

724 Rheinau, Kloster, Rheinfront des Frauengasthauses mit grauer Ecklisenenmalerei und buntfarbiger Sonnenuhr von 1740/44, Zustand vor der Restaurierung 1996 (Foto 1994)

725 Rheinau, restaurierte Rheinfront (Foto 1998)

3.4.15 Luzern

Rütligasse 3, ehem. Gesindehaus des Stadtpalais Segesser v. Brunegg, heute Wohn- und Geschäftshaus. Errichtet 1784/87 von Jakob Singer. Pilastermalerei aus der Bauzeit. Rekonstruiert 1978/79. Aufgenommen 2005.

Kannelierte Eckpilaster in Sandsteinfarbe (Abb. 726). Das grössere der beiden 2-gesch. Rückgebäude im Grundstück des Palais Segesser mit Hauptzugang von der Kesselgasse weist an seinen drei freistehenden Ecken jeweils ein Pilasterpaar in graubraunem Sandsteinton auf. Die Pilaster sind auf den hellen Wandputz in annähernd schwarzer Strichzeichnung über glatter Rücklage mit vielteilig gestuften, überproportional hohen Basen und Kapitellen sowie ionisch kannelierten Schäften aufgemalt. Portal- und Fenstergewände erhielten den gleichen Farbanstrich.

Bemerkungen. Die Architekturbemalung am ehemaligen Gesindehaus des Palais Segesser nimmt farblich und motivisch in vereinfachter Form auf die anspruchsvolle Kolossalordnung an den Fassaden des Herrschaftshauses Bezug (vgl. 3.5.17). Die im Detail beachtlichen Pilasterdarstellungen stehen beispielhaft für eine unperspektivisch flach projizierte Konturmalerei und für die seltene Wiedergabe eines kannelierten Schafts zwischen Basen und Kapitellen nach klassischem Kanon (vgl. 3.6.4 *Carona*).

Literatur. Bürgerhaus VIII, 1920, Tf. 57 (Grundrissplan) · KDM LU III (Adolf Reinle), 1954, S. 216, 221 · André Meyer 1983, S. 27 · Hesse 1999, S. 269.

3.4.16 Mettmenstetten-Herferswil (ZH, Knonauer Amt)

Buchstock. Wohn- und Wirtschaftsbauten, errichtet um 1785 (Jz. am Scheunentor). Graue Pilastermalerei, höchstwahrscheinlich aus der Bauzeit. Rekonstruiert 1983/84. Aufgenommen 1993.

726 Luzern, ehemaliges Rückgebäude des Stadtpalais Segesser von Jakob Singer 1784/87, Eckbemalung mit kannelierten Pilastern
727 Mettmenstetten, Buchstock, Wohn- und Waschhaus mit Eckpilastermalerei 1785
728 Sempach, Kaplanei, gemalter Eckpilaster 1797

729 Mettmenstetten, Buchstock, Detail eines Kapitells, ursprünglicher Bestand vor der Restaurierung

Bauensemble. Freiliegende, repräsentative Baugruppe mit Wohnhaus, Waschhaus und Stallscheune. Sie bilden die drei Seiten eines malerischen Hofes, in dessen Mitte eine mächtige Platane steht. Die gemalten Eckpilaster befinden sich an den weiss gestrichenen Putzbauten des Wohn- und Waschhauses.

Gequaderte Pilaster an den Ecken sowie steinfarbig gefasste Tür- und Fenstergewände mit Klappläden (Abb. 727). Die Pilaster am Wohnhaus steigen vom Boden über zwei Geschosse bis zum Dachvorstand an. Postamente, toskanische Basen, Quaderschäfte und die aus drei profilierten Kämpferplatten bestehenden Kapitelle sind grau gemalt und schwarz umrandet, die Fugen mit zwei Linien in Weiss und Schwarz eingezeichnet. Die Malerei der obersten Kapitellplatte reicht jeweils in das gekehlte Traufgesims hinein; an der Giebelwand haben die Kapitelle kein Gegenlager. Die braungrau gestrichenen Steingewände des Eingangs und der Fenster werden ebenfalls durch einen schmalen schwarzen Strich vom weissen Putzgrund abgesetzt. Die hölzernen Klappläden der Fenster sind grau gefasst und ihre grünen Spiegel, einen imaginären Lichteinfall vortäuschend, links schwarz und rechts weiss abgesetzt. Das Waschhaus erhielt die gleiche Farbfassung (ohne Fensterläden).

Vorzustand und Restaurierung 1983/84. Auf dem grob abgekellten Kalkputz aus der Bauzeit waren die gemalten Pilaster noch gut erkennbar (Abb. 729), ebenso die originalen Farbreste auf den Steingewänden, so dass beides nach dem Original rekonstruiert werden konnte.

Bemerkungen. Die Pilaster spielen sowohl eine fiktiv-strukturelle als auch eine dekorative Rolle und verschaffen der gesamten Anlage gemeinsam mit den fast gleichfarbigen Fensterrahmen und den farblich harmonierenden Läden ein bemerkenswertes Aussehen. Der Buchstock repräsentiert beispielhaft die bei Wohnhäusern des 18. und 19. Jh. meistens grau-schwarz-weisse Farbigkeit gemalter Eckpilaster bzw. Ecklisenen, wobei sich der Grauton an der Naturfarbe des jeweils regional verwendeten, für gewöhnlich grauen Bausteins orientiert und das Weiss dem Anstrich des Wandputzes entspricht. Weitere, restaurierte Beispiele: *Hermetschwil* ehem. Pfisterei des Klosters nach 1713/14, *Sarmenstorf* sogen. Baschihaus 1785, *Sempach* Kaplanei 1797 (Abb. 728), *Pfäffikon SZ* Gasthaus zum Rathaus 2. H. 18. Jh. (Abb. 730), *Bruson, Le Châble, Versegère* (3.4.24–3.4.26); Beispiele in Originalbestand: *Hirzel* Chalbisau 1758 (Bauernhäuser ZH 1, Christian Renfer, 1982, Abb. 461), *St-Légier* um 1786, *St-Saphorin* A. 19. Jh., *Ollon* 1826 (Maisons rurales VD 2, Denyse Raymond, 2002, Abb. 156, Abb. 239, Abb. 306).

Literatur. Christian Renfer.- Der Wohnsitz eines ländlichen Seidenferggers. In: UKdm 1984, H. 2, S. 197-204 · Zürcher Denkmalpflege, 11. Bericht 1983-1986. Zürich/Egg 1995, S. 280-283 (Ottavio Clavuot / Thomas Müller).

730 Pfäffikon SZ, Gasthaus zum Rathaus, gemalter Eckpilaster, 2. H. 18. Jh.
731 Küssnacht am Rigi, vorderes Rathaus (I) mit gemauerter Ecklisene, um 1728
732 Küssnacht am Rigi, hinteres Rathaus (II) mit aufgemalter Ecklisene, neu 1968

3.4.17 Küssnacht am Rigi (SZ)

Rathäuser I und II. Errichtet 1725 bzw. 1728. Gemauerte Ecklisenen am Rathaus I wohl aus der Bauzeit; gemalte Ecklisenen am Rathaus II hinzugefügt bei der Restaurierung 1968. Aufgenommen 1992.

Bauten. Die beiden Rathäuser südlich der katholischen Pfarrkirche sind zwei geschwisterlich ähnliche, in sich geschlossene, weiss verputzte Baukuben mit je drei Geschossen und gewalmten Mansarddächern. Das östlich hinten gelegene Rathaus II war ehemals das Schul- und Pfrundhaus, der anspruchsvollere Bau vorn das ehemalige Pfarrhaus.

Gequaderte Ecklisenen (Abb. 731, 732). Die Fenster, Portale und stark profilierten Traufgesimse bestehen aus grauem Sandstein. Die gequaderten Ecklisenen sind jedoch nur beim vorderen, reicher ausgestalteten Bau aus Sandstein gehauen. Beim hinteren Gebäude wurden sie hingegen in hellem Grauton mit schwarz-weissen Fugenstrichen auf den Putz gemalt. Der Farbklang in Grau auf Weiss wird von blaugrau bzw. grün gestrichenen Fensterläden ergänzt.

Historischer Zustand und Restaurierung 1968. Nur der vordere Bau (Rathaus I) besass die gemauerte Lisenengliederung an den Bauecken. Die gemalten Lisenen an den Bauecken des hinteren Baus (Rathaus II) wurden erst 1968 mit der Absicht hinzugefügt, das Gebäudepaar einander optisch anzugleichen.

Bemerkung. Beispiel von «schöpferischer» Denkmalpflege bei einem reversiblen Detail. Im barocken 18. Jh. war die Praxis verbreitet, gemauerte Eckvorlagen aus Natursteinquadern eines Hauptbaus beim Nebenbau als gemalte Imitate zu wiederholen. Dabei spielten Kostengründe eine ebenso wichtige Rolle wie der Wunsch, das Bauensembles zu vereinheitlichen und zugleich die Einzelbauten untereinander hierarchisch abzustufen.

Literatur. Bürgerhaus IV, 1914, Tf. 97. Informationen zur Restaurierung von Markus Bamert, Denkmalpflege Kt. Schwyz.

3.4.18 Porrentruy (JU)

Faubourg de France 1, Maison Delmas. Heutige Erscheinung A. 18. Jh., im Kern älter. Eck- und Rahmenmalerei. Restauriert 1984. Aufgenommen 2001.

Bau mit scheinbar gequaderten Ecklisenen und auseckenden Gewänderahmen (Abb. 733, 734). Mächtiges, mit der Befestigung am Fuss des Schlossbergs sowie mit dem westlichen Stadttor (porte du Bourg) verbundenes, 3-gesch. Wohnhaus, weiss verputzt. Die stadtseitige Fassade ist mit einer Art hellgrauer Ecklisenen neu bemalt, deren Binnenzeichnung aus horizontalen und senkrechten Linien in Dunkelgrau, Mittelgrau und Weiss vielleicht das Fugenbild eines Quaderversatzes darstellen soll. Um die hellgrau überschlämmten Steineinfassungen der Fenster und des Rundbogeneingangs liegen dunkelgraue, an den Fenstern mit Ohren versehene Konturrahmen.

733 Porrentruy, Maison Delmas A. 18. Jh., Eckbemalung erneuert 1984
734 Porrentruy, Detail der Eck-, Fenster- und Eingangsbemalung

Bemerkung. Obwohl nach Auskunft von Michel Hauser während der letzten Restaurierung noch Reste der vorherigen Bemalung gefunden wurden, orientiert sich die heutige Eckbemalung an keiner historisch überlieferten Erscheinungsform. Während die erneuerte Fensterrahmung auf einen formgeschichtlich durchaus möglichen Vorzustand des 18. Jh. zurückgehen kann, stellt die Farbfassung der Bauecken einen neumodischen Dekor dar, der nichts mehr mit dem Bauglied einer Lisene zu tun hat.

Literatur. Marcel Berthold.- République et Canton du Jura. Berne 1989, p.141, 142 (Arts et monuments). Hinweise verdanke ich Michel Hauser, Denkmalpflege Kt. Jura.

3.4.19 Céligny (GE)

Route des Coudres 1. Wohnhaus um 1800, gewinkelter Anbau evtl. 1867 (Jz. am Brunnen unmittelbar vor dessen Strassenfront). Aussenfarbigkeit erneuert. Aufgenommen 2000.

735 Céligny, Giebelfront des Anbaus, wohl 1867
736 Céligny, route des Coudres 1, Wohnhaus mit gefugter Lisenenmalerei, um 1800

Hellgraue, gequaderte Ecklisenen und Fensterrahmen (Abb. 735, 736). Der kleine, im Winkel zwischen Kirch- und Dorfplatz liegende, 2-gesch. Zweiflügelbau erhielt einen hellgelben Putzanstrich, von dem sich die Bauecken durch eine hellgraue Lisenenmalerei und die Steingewände der Fenster durch eine hellgraue, lasierende Farbfassung abheben (beim jüngeren Anbau liegt sie auf hölzernen Fenstergewänden). Sowohl die Lisenen als auch die seitlichen Fenstergewände sind mit gleichmässigen dunkelgrauen Fugen und Konturlinien versehen.

Bemerkungen. Einfaches Haus aus zwei Bauzeiten des 19. Jh. an prominenter Stelle einer hufeisenförmigen Platzanlage, um die sich das Château de Garengo (1760 / A.19. Jh.), die Kirche samt Pfarrhaus (18./19. Jh.), das ehem. Gasthaus «Au Lion d'Or» (A. 19. Jh.) und das Gemeindehaus (1907) gruppieren. Bei allen Gebäuden sticht die unterschiedliche Betonung ihrer jeweiligen Bauecken hervor. Unter ihnen vertritt das hier beschriebene Haus in anschaulicher Weise die am Ufer des Genfer Sees schon vom 17. Jh. an häufigste Variante der Fassadenfarbigkeit mit grauen Quaderlisenen und Fensterrahmen, die nur auf den Seitengewänden Fugenstriche tragen; vgl. die Bemerkungen zu *Coppet* (3.4.7).

3.4.20 Allweg (NW, Ennetmoos)

Winkelried- oder Drachenkapelle. Errichtet 1671/72, 1798 gebrandschatzt, 1805/08 wiederherstellt mit Pilastermalerei. Jüngst vollständig restauriert. Aufgenommen 2001.

Gequaderte Eckpilaster und Fensterrahmen in Grau (Abb. 737, 738). Kleiner, weiss verputzter Rechteckbau mit dreiseitigem Chorabschluss, Nordsakristei, Vorzeichen und Dachreiter. Die Eckbemalung besteht aus sockellosen Pilastern mit gequaderten Schäften und dreiteiligen, an die leicht geschwungene Hohlkehle des Dachgesimses anstossenden Kämpferkapitellen. Die perspektivisch erscheinenden Fugen der wandwärts abgeeckten Quadersteine werden aus weissen Licht- und schwarzen Schattenlinien gebildet und sind schwarz umrandet. Bei den Fensterrahmen wiederholt sich das schwarz konturierte Grau.

Bemerkungen. Auf einer Lithografie mit der Bezeichnung «Capelle der beiden Winkelrieden am Weg nach Emenmoos, Joh. Heinr. Meijer f. 1800» (Zentralbibliothek Zürich, Graphische Sammlung), die den dachlosen Zustand nach der Zerstörung von 1798 wiedergibt, sind ausser dem 1682 gemalten Giebelbild mit Drachenkampf und Heldentod Winkelrieds auch Portal- und Eckquader zu erkennen. Das lässt die Vermutung zu, dass das Motiv der Eckmarkierung beim Wiederaufbau in den Jahren 1805/08 vom Vorgängerbau übernommen worden ist. Die Bildszene hingegen scheint derzeit oder später im 19. Jh. überputzt worden zu sein, denn Durrer schreibt über diesen «sagenberühmten» Bau: «… zweifellos wären unter dem Besenwurfverputz noch die Façadenmalereien von 1682 zu finden». Heute, wiederum restauriert, ist die Kapelle nur mit den traditionellen grauen Eckpilastern bemalt. Die ehemalige Bildmalerei ist ohne Ersatz verschwunden.

Literatur. Robert Durrer.- Die Kunstdenkmäler des Kantons Unterwalden, 1899-1929, Nachdruck Basel 1971, S. 255-257.

3.4.21 Flüelen (UR)

Alte Kirche. Erbaut 1663/64 von Anton Burtscher. Gemalte Eckpilaster und Fensterrahmen, wohl 1843 zunächst gelb, 1884 dann grau. Restauriert in Grau 1976. Aufgenommen 1995.

Bau (Abb. 719, 739, 740). Einschiffige, 3-achsige Kirche mit eingezogenem, dreiseitig schliessendem Chor und Südostturm, weiss verputzt und grau bemalt (Sakristeianbau ohne Malerei). Im Inneren bedeutende Rokokoausstattung mit Deckenbildern von Josef Ignaz Weiss, 1758.

Gequaderte Eckpilaster und Fensterrahmungen in Grau. Die gemalten Eckpilaster stehen ohne Basis direkt auf dem umlaufenden Bausockel und stützen mit ihren aus vier Platten gebildeten Kapitellen scheinbar das ausladende, profilierte Dachgesims. Die hellgraue Fläche ist schwarzweiss gefugt und schwarz umrandet. Das Glockengeschoss des Turms wird zudem von zwei gemalten Gesimsbändern eingefasst. Die Fenstergewände am Langhaus sind ebenso wie die Rundbögen der Vorzeichen an der West- und Nordseite samt Dachgesims gleichfarbig gefasst. Zwei gegenläufige Doppelvoluten, die die Fenster übergiebeln, bilden das einzige Zierelement.

Restaurierung 1976 und Vorzustand. Die heutige wiederhergestellte Farbigkeit dürfte auf die umfassende Aussenrenovation von 1843 zurückgehen. Diese folgte ihrerseits einer älteren, formal ähnlichen, am Turm jedoch aufwändigeren (gemauerten?) Fassadengestaltung, die bildlich überliefert ist (Abb. bei Müller). Die schriftlichen Quellen von 1843 sprechen im Zusammenhang mit der Renovation vom Kauf grösserer Mengen gelber Farbe, so dass man annehmen kann, die Pilaster und Fenster erschienen anfangs gelb und erhielten erst beim nächsten Anstrich 1884 ihre graue Farbe so wie heute. Die vorbildliche Rekonstruktion von 1976 fusste auf vorhandenen Farbresten. Sie war Teil einer als Pilot-Projekt im Denkmalschutzjahr 1975 durchgeführten Gesamtrestaurierung der Kirche.

737 Allweg, Detail der nordwestlichen Bauecke mit Dachansatz
738 Allweg, Winkelriedkapelle 1671/72, Pilastermalerei an allen Bauecken wohl aus der Bauzeit, 1805/08 erneuert

739 Flüelen, Ostansicht der Pfarrkirche, Fensterrahmen- und sockellose Pilastermalerei, wohl 1843 zunächst gelb, seit 1884 grau

740 Flüelen, Südwestkante mit Scheinpilaster unter dem Dachgesims

Bemerkungen. Die so feine wie schlichte Architekturbemalung verstärkt den ortsbestimmenden Charakter des Bauwerks. Bemerkenswert ist die wahrscheinlich im 19. Jh. erfolgte Farbänderung von Gelb-Weiss zu Grau-Weiss, wobei die ältere Gelbfassung auf die ursprüngliche Aussenfarbigkeit der Kirche zurückgehen dürfte, soweit diese, wie anzunehmen, im Sinn der Barockzeit mit den vorwiegend ockergelben und roten Farbtönen der Innenausmalung im Einklang stand.

Literatur. Hans Muheim.- Die Alte Kirche Flüelen und ihre Restaurierung. In: UKdm 1984, H.2, S.191f · KDM UR II (Helmi Gasser), 1986, S.80-87 · Alfons Müller-Marzohl.- Flüelen UR. Bern 1991 (SFK).

3.4.22 Meisterschwanden (AG, Hallwilersee)

Pfarrkirche. Errichtet 1819/20 von Jost Kopp. Dreifarbige Wandpolychromie mit Pilastergliederung. Restauriert 1977/78. Aufgenommen 2001.

Pilastergliederung gelb, Fensterrahmen und Traufkehle weiss, Wand grau (Abb. 741). Kleinerer, achteckiger, verputzter Querbau mit Walmdach und hohem Turm, der in der Mittelachse der rückwärtigen Langseite steht. Über dem abgesetzten Steinsockel liegen die ca. 2 cm erhabenen Mörtelpilaster auf allen Ecken des Schiffs, sodann zwischen den Stichbogenfenstern an den Langseiten und auf den Ecken des Turmschafts – hier jedoch nur als flach aufgemalte Lisenen. Der Anstoss am zweiteiligen, unter dem Dachvorstand tief gekehlten Kranzgesims wird durch zwei vorstehende Kämpferplatten markiert. Die Wand ist in sehr hellem Grau, die Pilaster bzw. Lisenen und der untere Teil des Hauptgesimses sind hellgelb, die Fensterrahmen und die Dachkehle hingegen pur weiss mit grauen Kontur- bzw. Begleitlinien gefasst.

Bemerkungen. Der Anstrich mit drei im Tonwert nahe beieinander liegenden Farben – Hellgelb, Weissgrau, Purweiss – differenziert die Wandgliederung in subtiler Weise und lässt die Ausgewogenheit der ungewöhnlichen Grund- und Aufrissdisposition des kleinen Kirchenbaus noch stärker zum Ausdruck kommen. Die ebenfalls von Jost Kopp erbaute und geschwisterlich gleich disponierte Kirche in *Seengen* (3.4.23) weist dieselbe Farbskala auf, tauscht jedoch die helleren und dunkleren Werte aus, indem nicht wie in Meisterschwanden gelbe Pilaster auf grauweissem Wandgrund unter weisser Traufkehle, sondern weisse Pilaster auf gelbem Wandgrund unter grauer Traufkehle liegen. Offenbar geht diese raffinierte Art variablen Farbspiels, das stark auf unterschiedliche Lichtverhältnisse reagiert, auf den Baumeister selbst zurück. Für Meisterschwanden werden im Sitzungsprotokoll der Denkmalpflege vom 1.9.1977 zwei originale, bemalte Fassadenpläne des Baumeisters im Museum Beromünster (nicht konsultiert) sowie eine Probe des Anstrichs auf dem Altputz von einem der Westpilaster erwähnt. Es ist anzunehmen, dass die Wiederherstellung beider Bauten in den späten 1970er Jahren auf derartigen Originalplänen und Befunden der ursprünglichen Farbfassung beruht.

Literatur. KDM AG II (Michael Stettler, Emil Maurer), 1953, S.137f ohne Erwähnung der Farbfassung · Informationen verdanke ich Jürg Bossardt, Denkmalpflege Kt. Aargau.

3.4.23   Seengen (AG, Hallwilersee)

Pfarrkirche. Errichtet 1820/21 von Jost Kopp (römische Jz. am Südportal). Dreifarbige Wandpolychromie mit Pilastergliederung. Restauriert um 1980. Aufgenommen 2001.

Pilastergliederung und Fensterrahmen weiss, Traufkehle grau, Wand gelb (Abb. 742). Achteckiger, verputzter Querbau mit Walmdach und Turm, der in der Mittelachse der rückwärtigen Langseite steht. Die ca. 2 cm erhabenen Mörtelpilaster liegen sowohl auf den Bauecken des gesamten Schiffs als auch zwischen den paarweise angeordneten Stichbogen- und Rundfenstern, die die Langseiten belichten und beginnen erst oberhalb des abgesetzten Steinsockels. An den Turmecken sind sie aufgemalt. Unter dem zweiteiligen, am Dachvorstand tief gekehlten Kranzgesims schliessen sie mit einer schmalen Kämpferplatte ab. Die Farbverteilung ist Weiss für die Pilaster, den unteren Teil des Kranzgesimses und die Fensterrahmen, Gelb für die Wand, Hellgrau für die Traufkehle; Fenster und Traufkehle haben braune Kontur- bzw. Begleitlinien.

Bemerkungen siehe *Meisterschwanden* (3.4.22).

Literatur. KDM wie 3.4.22, S.186f, ebenso die Informationen.

741   Meisterschwanden, Pfarrkirche, 1819/20 von Jost Kopp, dreifarbige Fassadenpolychromie mit gelben Pilastervorlagen
742   Seengen, Pfarrkirche, 1820/21 von Jost Kopp, dreifarbige Fassadenpolychromie mit weissen Pilastervorlagen

3.4.24 Bruson (VS, Val de Bagnes)

Wohnhaus in der Dorfmitte. Erbaut 1829 (gemalte Jz. an der Gassenfassade). Pilastermalerei gleichzeitig. Erneuert 1991. Aufgenommen 2003.

Eckpilaster in zwei Grautönen mit roten Konturen (Abb. 743). Dreigesch. Bau unter flachem Giebeldach, mit der Traufseite zur Gasse orientiert. Hellgelb verputzt und in zwei Grautönen mit gequaderten Eckpilastern bemalt, die über einem hohem Sockelstreifen ansetzen und bis an das Kehlgesims unter der Dachkante führen. Während die Pilaster und das Gesims dunkelgrau, die Fugenstriche auf den Schäften schwarz und weiss erscheinen, wurden die Wülste der Basen sowie die Untersichten der Kapitellplatten hellgrau gefasst und rot konturiert, wodurch diese beiden Bauglieder eine gewisse Plastizität erhalten.

Bemerkung. Die dem kleinen Platz zugewandte, freie Giebelseite gibt mit ihren vier unterschiedlichen Fensterpaaren, unter denen die beiden Rundfenster im Dach mit dem dunkleren Grauton eingefasst sind, ein harmonisch gegliedertes Fassadenbild ab. Das Farbenpaar Grau auf Gelb ist auch in den Nachbarorten *Le Châble* (3.4.25) und *Versegère* (3.4.26) anzutreffen, das zusätzliche Rot jedoch nur in Bruson.

Literatur. Bauernhäuser Kt. Wallis 2 (Roland Flückiger-Seiler), 2000, Abb. 231.

3.4.25 Le Châble (VS, Val de Bagnes)

Wohnhaus in Dorfmitte («Place»). Erbaut 1841 (Steintafel mit Jz. über dem Eingang). Eckbemalung gleichzeitig. Jüngst saniert. Aufgenommen 2003.

Eckquaderverband, Pilasterkapitell, Dachgesims und Fenstergewände in Hellgrau (Abb. 744). Das grosse, freistehende, 3-gesch. Gebäude ist heute gelb verputzt und erhielt an allen vier Ecken eine graue Bemalung in Form von Läufern und Bindern sowie aufwändigen Kapitellen, deren oberste Platten an beiden Giebelseiten mit einer Kugel besetzt sind. Die Quader werden durch weisse Fugen gekennzeichnet, ihre seitlichen und unteren Kanten sind perspektivisch mit dunkelgrauen Konturen eingefasst. Die grauen Steingewände der Fenster und des Oberlicht-Eingangs (wohl Granit) weisen an den Trauf- und an der hinteren Giebelseite einen grauen Anstrich auf. Der Sockelstreifen samt seiner geböschten Eckpartie und ein mit weissen Fugenstrichen unterteilter Gesimsstreifen unter dem Dach sind grau aufgemalt. Ob die heutige Melierung der grauen Flächen und der relativ intensive Gelbton des Wandputzes auf einen historischen Zustand zurückgehen, ist nicht geklärt.

Bemerkung. Wohnhaus mit ungewöhnlichem Architekturdekor, bei dem dank Illusionsmalerei aus einer Eckverzahnung und einem Pilaster, das heisst aus zwei funktional verschiedenen Bauelementen ein Zierelement entstand. Das Farbenpaar Grau-Gelb ist auch in den Nachbarorten *Bruson* (2.4.24), *Versegère* (3.4.26) vorhanden.

Literatur. Bauernhäuser Kt. Wallis 2 (Roland Flückiger-Seiler), 2000, Abb. 233 (Aufnahme noch vor der Restaurierung).

3.4.26 Versegère (VS, Val de Bagnes)

Wohnhaus am oberen Dorfrand. Erbaut 1843 (gemalte Jz. am Westgiebel). Pilastermalerei gleichzeitig. Saniert vor 1997. Aufgenommen 2003.

743 Bruson, Wohnhaus 1829, Eckpilastermalerei in zwei Grautönen mit roten Konturen
744 Le Châble, Wohnhaus 1841, Eckquadermalerei mit Pilasterkapitell und Kugelaufsatz

Gequaderte Eckpilaster und Dachgesimse in Hellgrau (Abb. 745). Freistehender, 3-gesch. Bau auf annähernd quadratischem Grundriss mit flachem Giebeldach. Die ockergelb gestrichenen, neu verputzten Wände sind an allen Ecken sowie unter dem Dachansatz mit hellgrauen gequaderten Pilastern und Gesimsen bemalt. Die Fugen sind weiss mit dunkelgrauen Begrenzungslinien bzw. nur mit dunkelgrauen Strichen markiert. Die Kapitelle der sockellosen Pilaster sitzen über weiss hervorgehobenen Schafthälsen. Die dunklen Konturlinien an den Seiten der Schäfte werden zusätzlich von einem Schattenstreifen in dunklem Ockerton begleitet. Die Fenstergewände aus wenig geglättetem grauen Gestein (wohl Granit) erhielten keine Fassung.

Bemerkungen. Bei der Neubemalung des modernisierten Hauses dürften Form und Farbigkeit der steingrauen Bemalung an den Zustand von 1843 anknüpfen. Ob jedoch der heutige intensiv ockerfarbene Wandanstrich dem Ton der ursprünglichen Wandfarbe entsprach, ist fraglich. Weitere Bauten im Val de Bagnes weisen eine typologisch verwandte graue Eckbemalung auf ebenfalls gelbem, aber hellerem Wandputz auf, von denen zwei Beispiele mit formal interessanten Details aufgenommen wurden (3.4.24, 3.4.25). Offenbar bestand im Tal während der 1. Hälfte des 19. Jh., in dem diese Häuser erbaut wurden, eine Vorliebe für das Farbenpaar Grau-Gelb.

Literatur. Bauernhäuser Kt. Wallis 2 (Roland Flückiger-Seiler), 2000, S. 177.

Farblich abgesetzte Pilaster aus Steinquadern

3.4.27 Nods (BE, Jura)

Ehem. Pfarrhaus (cure). Errichtet 1787 (Jz. über dem linken Eingang). Pilaster aus Steinquadern. Letzte Instandsetzung 1981/82. Aufgenommen 2003.

Weiss gestrichener Putzbau mit Pilastern aus hellen Kalksteinquadern (Abb. 746). Zweigesch. Doppelhaus unter ausgebautem Krüppelwalmdach mit langgestreckter Hauptfassade von fünf und drei Fensterachsen samt zwei Eingängen zur Pfarr- bzw. Mesmerwohnung. Die Bauecken sowie die Zweiteilung des Hauses werden mit gequaderten Pilastern markiert, die alle zwischen den beiden Geschossen und unter dem Dachgesims ausladende Plattenkapitelle, jedoch nur am Wandpilaster zwischen den Eingängen auch ein Sockelpostament aufweisen (dem Wandpilaster vorn entspricht an der Hausrückseite nur eine einfache Steinlisene). Bei der rechten Giebelwand sind die Quader der Pilasterschäfte verzahnt. Die regelmässigen Stichbogenfenster und -eingänge werden wandbündig vom selben Baustein eingefasst; nur die Fenster im OG haben Sohlbänke, die am Pfarrteil profiliert, am Mesmerteil abgekantet sind. Den Pfarr- und Haupteingang rahmt ein Portalgewände, das aus Seitenpilastern, Oberlicht mit Scheitelstein und Abschlussgesims sowie einem zusätzlichen Aufsatz besteht. In diesen ist eine Platte aus gelbem Neuenburgerstein eingelassen, die das Relief eines Rebmessers (Ortswappen) zwischen den Jahreszahlen 1787 trägt (Abb. 748). Das Gewände und das darüber liegende, ebenfalls mit einem Scheitelstein versehene Fenster heben die Eingangsachse risalitartig hervor. Auf den Werksteinteilen ist kein Farbstrich erkennbar.

Bemerkungen. Der Bau wird durch die weiss in weiss gehaltene Fassadengliederung aus Putz und Werkstein, die ausgewogene, formal klare, wenn auch zurückhaltende Wandprofilierung und im Detail durch die gute Steinmetzarbeit charakterisiert. Den einzigen Farbakzent der Fassade stellt sinnfälligerweise die mit Wappen und Baujahr bezeichnete, gelbe Steinplatte dar. Es handelt sich um ein typisches und qualitätvolles Beispiel für die Aussenfarbigkeit mit Werk-

745 Versegère, Wohnhaus 1843, Eckpilastermalerei mit weissen Fugen
746 Nods, Pfarrhaus 1787, weisser Putzbau mit Eckpilaster aus weissen Kalksteinquadern

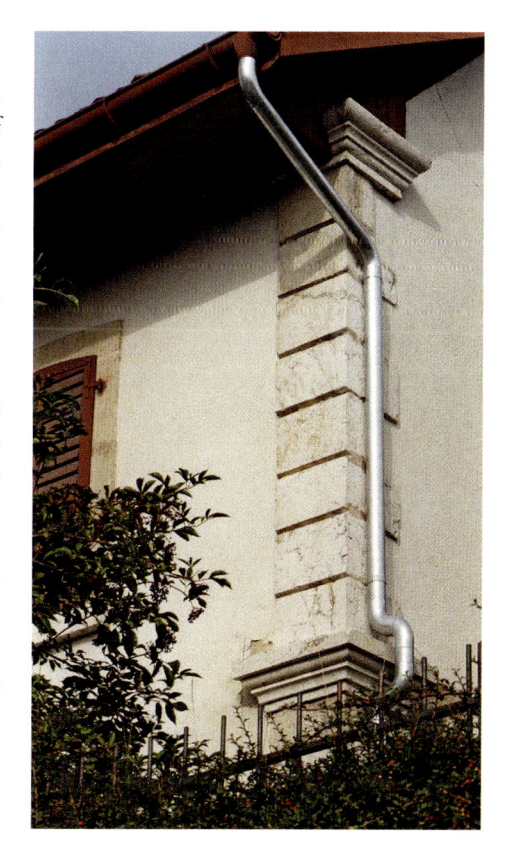

steingliederungen des westlichen Mittellandes im 18. und 19. Jahrhundert. Vergleichbar sind z. B. das Schloss in *Delémont* (2.2.6), verschiedene Bauten in *La Chaux-de-Fonds* (3.4.28) und das Hôtel de Gléresse in *Porrentruy*, bei dem die gequaderte Lisenen- und Gurtengliederung der Hauptfassade an der rechten Nebenfassade zum Teil ausnahmsweise durch Malerei ausgeführt wurde (Abb. 747, 749).

Literatur. Andres Moser, Ingrid Ehrensperger.- Jura bernois, Bienne et les rives du lac. Bern 1983, p.148 (Arts et monuments) · Zu Porrentruy siehe Bürgerhaus V, 1917, S.LXXXVI, Tf. 103-105 und KF Schweiz 3, 1982, S.903.

3.4.28 La Chaux-de-Fonds (NE)

Rue Fritz-Courvoisier 7. Doppelhaus mit Hausteinpilastern, erbaut nach 1794. Aufgenommen 2003.

Bau und Eckpilaster (Abb. 751). Die Beschreibung betrifft den linken, 4-achsigen Teil eines 4-gesch. Doppel- und Eckhauses mit zwei Eingängen über Freitreppe sowie abgewalmter Dachflanke. Das Hochparterre an der strassenseitigen Hauptfront besteht aus weissen Kalksteinquadern, die Obergeschosse sind hellbraun verputzt. Die Eckbegrenzung wird von prägnant ausgearbeiteten Pilastern gebildet, die zwischen den beiden unteren Geschossen und am Dachansatz über ausladende Kapitellplatten verfügen. Auf Erdgeschosshöhe sind die Fugen der Schaftquader stark eingetieft, auf Höhe der drei Obergeschosse hingegen bündig vermörtelt und weiss

747 Porrentruy, Hôtel de Gléresse, Putzfassade mit heller Kalksteingliederung, um 1750
748 Nods, Pfarrhaus, Türaufsätze aus weissem und gelbem Kalkstein
749 Porrentruy, Eckpilaster aus Werkstein an der Hauptkante, aufgemalte Quaderung an der Seitenkante

750 La Chaux-de-Fonds, Hôtel de Ville, heller Putzbau mit Sockelgeschoss, Eckpilastern und Gewänden aus weissem Kalkstein, 1803
751 La Chaux-de-Fonds, rue Fritz-Courvoisier 7, Eckpilaster, Sockelgeschoss und Fensterrahmen aus weissem Kalkstein, nach 1794

gestrichen (neuerer Anstrich). Die Fenster der OG haben ziemlich breite, vorstehende, unten verlangerte und uber dem Sturz mit Gesimsen abschliessende Steinrahmen. Den Stichbogen des vorderen Eingangs schmückt ein schöner klassizistischer Scheitelstein mit Hauszeichen. Die Fassade der rechten Haushälfte ist ähnlich, aber einfacher disponiert.

Bemerkungen. Der Bau repräsentiert die in La Chaux-de-Fonds typische Fassadengliederung und Farbigkeit mit Sockel oder Sockelgeschoss aus weissen Kalksteinquadern, Obergeschossen mit hellem bis ockerfarbigem Verputz und breiten Fensterrahmen sowie mit Eckpilastern aus demselben weissen Baustein. Die nach dem verheerenden Brand von 1794 neu erbaute Innenstadt variierte im Rückgriff auf die Bautradition dieses Fassadenschema während des ganzen 19. Jh., wobei mit Vorzug der farblich ansprechende weisse Kalkstein aus der Umgebung Verwendung fand. Besonders nennenswert sind in diesem Zusammenhang das 1803 errichtete *Hôtel de Ville* (Abb. 750) und die rings um die Place de l'Hôtel de Ville errichteten Häuser wie etwa der Bau *rue du Grenier 1*.

Literatur. Maison bourgeoise XXIV, 1932, pl. 120/1 (Haus in der Mitte links), pl. 120/4 (Hôtel de Ville) · KDM NE III 1968 (Jean Courvoisier), p. 348s (rue Fritz-Courvoisier), p. 346 (Hôtel de Ville) · Bruno Rossi.- Quatre exemples de polychromie de façade en pays neuchâtelois. In: ICOMOS 90. Lausanne 1990, S. 44f.

3.4.29 Léchelles (FR)

Ehem. Pfarrhaus. Erbaut M. 19. Jh., Wohnteil mit Eckpilastern. Aufgenommen 2000.

Eckpilaster und Fenstergewände aus grünlichem Sandstein (Abb. 752). Das zweiteilige Haus mit gemauertem, 2-gesch. Wohnteil und hölzerner Scheune unter gemeinsamem, traufständigen Dach erhielt an der weissen verputzten Fassade des Wohnteils eine farbliche Akzentuierung: Die eckbetonenden Pilaster und die Fensterrahmen samt vorstehender Sohlbänke bestehen aus Hausteinquadern von intensiver mattgrüner Naturfarbe (kein Farbanstrich), während die Klappläden einen kräftigen grünen Ölanstrich erhielten. Für den Treppenaufgang zur Haustür sowie deren Gewändesockel wurde weisser Kalkstein verwendet.

Bemerkung. Der Bau steht stellvertretend für die typische, einfache Fassadenfarbigkeit des 18./19. Jh. in Weiss und Grün, wie sie im Ort selbst und in seiner weiteren Umgebung häufig vorkommt.

Literatur. Maison paysanne fribourgeoise (Jean-Pierre Anderegg), 2, 1987, ill. 688.

3.4.30 Bassin (VD, Jura)

Haus no 42. Bäuerliches Anwesen, fertiggestellt 1849 (Jz. am Hauseingang mit Initialen FTG). Mauerstirn mit Pilaster. Aufgenommen 2000.

Vorgezogenes Mauerstück mit Steinpilaster auf der Stirnseite, sogenanntes Ante (Abb. 754). Hauptgebäude mit 2-gesch. Wohnteil und Scheune unter gemeinsamem Krüppelwalmdach. Die Stirn der an der vorderen Ecke des traufständigen Wohnteils um die Tiefe des Dachvorstands vorstehenden Giebelmauer wird durch einen starken Pilaster aus weissen Kalksteinquadern gebildet.

Die Sockelkanten sind abgesetzt, die Kapitellplatten gut ausgearbeitet. Die Gewände des Eingangs, der Fenster und des Scheunentors bestehen aus demselben weissen Kalkstein. Der an der Giebelmauer zur Strassenseite noch ursprüngliche Naturputz hat einen alten, leicht rosagelben Anstrich, während der der Eingangsfassade in stärkerem Farbton erneuert wurde.

Bemerkungen. Der Bau liefert ein besonders schönes Beispiel des am südlichen Jurafuss in der 1. Hälfte des 19. Jh. typischen «Ante» oder «mur coupe-vent», das heisst, der an einer oder beiden Fassadenecken vorgezogenen Windschutzmauer mit Pilaster- oder Eckquaderstirn aus Kalkstein, der sich weiss von den hell oder manchmal auch in heller Buntfarbe verputzten Wänden absetzt. Ähnliches findet sich in *Bassin* auch beim Hôtel de la Couronne und Gemeindehaus von 1833 (Abb. 753) sowie beim Bauernhaus no 6 von 1822 an der Place de la Tilliette.

linke Seite

752 Léchelles, ehem. Pfarrhaus, weisser Putzbau mit Eckpilaster und Gewänden aus grünem Sandstein
753 Bassin, Hôtel del la Couronne, Windschutzmauer mit Pilasterstirn aus weissem Kalkstein, 1833
754 Bassin, Haus no 42, Windschutzmauer mit Pilasterstirn aus weissem Kalkstein, 1849

rechte Seite

755 Preonzo, Pfarrkirche, Fassadenmalerei 1627, Zustand 1983
756 Preonzo, Fassadenmalerei im Zustand nach der Restaurierung 1995 (Foto 1999)

Lisenen- und Pilastermalerei in Buntfarben

3.4.31 Preonzo (TI, Riviera)

Pfarrkirche. Neubau des Kirchenschiffs 1533, Turm noch hochmittelalterlich. Umbau 2. Viertel 17. Jh. mit Fassadenmalerei von 1627. Jüngste Restaurierungen 1964/66 und um 1995. Aufgenommen 1983 und 1999.

Figürliche Fassadenmalerei mit rot gequaderten Eckpilastern (Abb. 755, 756). Dem weiss verputzten Rechteckbau mit eingezogenem Chor, Nordostturm und Annexen ist im Westen eine bunt bemalte Bilderfassade vorgelegt, deren Mitte ein Portal und ein Thermenfenster bilden. Die in drei Reihen bemalte Fassade – Epiphanie mit den Hll. Kirchenpatronen Simon und Judas, darüber eine Darstellung der Schlacht von Parabiago 1339 und im Giebelfeld die Kreuzigung – weist wie der gesamte Bau vortretende, um die Ecke geführte Lisenen und Traufgesimse auf, so dass die Bildfelder wie eingerahmt erscheinen. Während die Schiffs- und Chormauern samt ihrer Lisenen einheitlich weiss gestrichen sind, erhielten die Lisenen der farbigen Fassade eine Bemalung von Läufern und doppelten Bindern in Rot auf hellgelbem Grund, wobei die Bildmalerei des obersten Feldes auf die Frontlisenen übergreift. Die Bildfelder werden von breiten ornamentalen, z.T. auch mit Karyatiden verzierten Leisten gerahmt. Die Wandpartien seitlich des Portals sind mit je einem roten Paneel bemalt, in dem sich jeweils asymmetrisch ein offensichtlich älteres rotes Kreuz befindet, das auf einer tiefer liegenden Putzschicht in einen Kreisbogen von ca. 30 cm Durchmesser eingezirkelt und als «Sichtfenster» freigelegt ist.

Bemerkungen. Die üppige Barockausstattung im Inneren des Baus findet ihre Fortsetzung in der mit den oben erwähnten, ikonografisch interessanten Szenen und Figuren bebilderten Fassade, deren geometrischer, strenger Aufbau vor allem durch die rote Lisenenquaderung bestimmt ist. Die gesamte, einheitlich konzipierte, buntfarbige Bild- und Architekturbemalung ist typisch für Tessiner Kirchenfassaden des 17. Jh., wobei es in Preonzo um eine hervorragende Gestaltung in malerisch guter Qualität geht (vgl. die etwa zeitgleichen Bemalungen an den Eingangsfassaden in *Monte Carasso* Pfarrkirche, *Monte Carasso* San Bernardo, *Giornico* San Pellegrino). Die Bildmalerei wurde in ihren originalen Restbeständen konserviert, die Architekturmalerei insgesamt rekonstruiert.

3.4.32 Guarda (GR, Unterengadin)

Haus Nr. 40 im oberen Dorf. Rest einer dreifarbigen Pilastermalerei, 2. H. 17. Jh., erneuert 1984. Aufgenommen 1999.

Bau. Das 2-gesch., zur Strasse giebelständige Haus mit Wappenstein Barth-Saluzy (1658) und Staunin (1703) wird grösstenteils von einem Rankendekor in Sgraffito verziert, der in der Zeit der späteren Bauherrschaft nach 1703 entstand. Die freiliegende, östliche Traufseite weist aber noch ältere, buntfarbige Malereien auf, zu denen ausser einem Wirbelrad mit Drachen und dem Rest einer gerahmten Inschrift auch der untere Teil eines Pilasters an der hinteren Hauskante gehört.

Pilaster mit schwarzen und weissen Quadern sowie roten Fugen und Rändern (Abb. 757). Der Pilaster ist vom Boden bis auf Höhe des nebenstehenden EG-Fensters auf den weissen Wandputz gemalt. Die noch vorhandenen sechs Quaderlagen wechseln jeweils zwischen einem Läufer in Schwarz und zwei Bindern in Schwarz bzw. Weiss. Die breiten weissen Fugenabstände sind mit einem roten Strich versehen. Ein roter Strich markiert auch jeweils die Ränder des Schafts und den wandwärts abgerundeten Sockelstein. Nach oben wird der Pilaster durch eine Rankenborte des späteren Sgraffitodekors fortgesetzt.

Bemerkungen. Dieses wiederhergestellte Fragment steht stellvertretend für die Varianten buntfarbig bemalter Bauecken im Engadin, wo die Darstellungen von Läufern und Bindern im Sinn eines gequaderten Pilasterschafts oder einer verzahnten Eckverbindung ineinandergreifen und unterschiedlich gelesen werden können. Das verdeutlicht der Vergleich mit der farblich, formal und zeitlich nahestehenden gequaderten Eckpilastermalerei des Wohnhauses via principale 121 in *Ardez,* die zu einer späteren, um 1660 datierbaren Dekorationsschicht gehören dürfte und 1984 gemeinsam mit den bemerkenswerten älteren Sgraffitofriesen (1591) konserviert und ergänzt wurde (Abb. 759). Die rot eingefassten schwarzen und weissen Flächen er-

757 Guarda, Haus Nr. 40, Rest einer Pilastermalerei in Schwarz, Weiss und Rot, 2. H. 17. Jh.
758 Rüti, ehem. Amtshaus, Südseite, Originalrest der Quadermalerei vor der Restaurierung 1980/84
759 Ardez, Haus Nr. 121, Eckpilaster in Schwarz, Weiss und Rot, um 1660

zielen in ihrer geometrisch klaren Aufteilung an beiden Fassaden eine optisch bestimmende Wirkung.

Literatur. Nott Caviezel.- Guarda. Bern 1985, S. 21f (SKF).

3.4.33 Rüti (ZH, Oberland)

Amthof 2-4, ehem. Amtshaus. Erbaut 1707/10. Ecklisenen und Fensterumrandungen mit Gelb, bauzeitlich. Restauriert 1980/84. Aufgenommen 1995.

Bau. Stattliches, 3-gesch. Giebelhaus mit sieben zu drei Fensterachsen und ausgebautem Dach. Errichtet unmittelbar nach dem Brand des Klosters Rüti im Jahr 1706 mitten auf dem heutigen Kirchplatz als freistehender Bau anstelle des ehemaligen westlichen Klosterflügels.

Perspektivisch gequaderte Ecklisenen sowie Fenstereinfassungen in Dunkelgrau, Schwarz und Gelb (Abb. 760). An allen vier Ecken des weiss verputzten Hauses wurden vom Boden bis zum Dachansatz dunkelgraue, gequaderte Lisenen aufgemalt. Die Ober- und Unterseiten der Quader erscheinen als perspektivisch inkonsequent verkürzte Flächen und sind oben gelb (Lichtpartie) und unten schwarz (Schattenpartie) gestrichen; Verfugungen sind nicht eigens dargestellt. Die Ränder der Lisenen setzen sich deutlich durch einen gelben Strich vom Weiss des Wandputzes ab, an den Eckkanten erhielten sie aber keine Markierung. Die schmalen Sandsteingewände der Fenster werden mit Farbe im selben Grauton und schmaler schwarzer Umrandung verbreitert und zusätzlich an der linken und unteren Seite mit einem gelben, perspektivisch abgeschrägten Farbstreifen eingefasst.

Restaurierung und Vorzustand. Laut Bericht der jüngsten Restaurierung waren «grosse originale Putzflächen von 1706 (sic!) samt Eckbemalung und Fenstereinfassungen noch vorhanden, so dass sich die alten Putzflächen restaurieren liessen und als Muster für die neuen Partien dienen konnten». Eine Sepiazeichnung der Südseite aus dem Jahr 1835 von Ludwig Schulthess (Abb. Bericht S. 307) zeigt Quaderlisenen wie sie heute aufgemalt sind. Der Stich von 1741 aus der Topografie der Eidgenossenschaft von David Herrliberger (Abb. Wüst S. 74), der die Nordseite wiedergibt, stellt hingegen eine gezahnte Eckquaderung im Läufer-Binder-Versatz dar. Nach Fotos zu urteilen, differierten die Nord- und Südseite offenbar bis zur Restaurierung 1980/84, bei der alle vier Ecken gemäss Befund der Südseite (Abb. 758) einheitlich mit dreifarbigen Quaderlisenen bemalt wurden.

Bemerkungen. Die dreifarbigen Lisenen und Fensterrahmen, die die Hausecken betonen und die Fenster vergrössern, tragen zum auffälligen Habitus des an prominentem Ort stehenden Gebäudes wesentlich bei. Durch ihre Buntfarbigkeit besitzt die rein architektonische Farbfassung nicht nur einen wandgliedernden, sondern auch einen beträchtlichen dekorativen Wert. – Mit der Eckbemalung sind sowohl die nach Befund restaurierten, wenig älteren Quaderlisenen am Ökonomiegebäude des Herrenhauses Maihof in *Schwyz* (Bamert 1997, S. 174), die wohl etwas jüngeren am Pfarrhaus in *Neudorf* LU als auch die vermutlich aus der Zeit um 1727 stammenden am Pächterhaus des Klosters *Hermetschwil* AG (Abb. 761) vergleichbar. Ihre Quader weisen ebenfalls alle ein zusätzliches Ockergelb auf. Gänzlich dunkelgelbe Flächen mit schwarzer und weisser Konturierung zeigen die gequaderten Ecklisenen und Fensterrahmen des ins Jahr 1800 datierten Wasch- und Brennhauses Katrinenhof in *Risch-Ibikon* ZG, bei dem ein rauer Verputz für die Flächen und ein glatter Verputz für die bemalten Partien die Farbigkeit der Fassaden zusätzlich differenzieren (nach Originalbefund 1995 restauriert). Weiteres über die im späten 18. Jh. mehrfach nachweisbaren rauen und feinen Putzoberflächen siehe 3.4.37 *Feusisberg* und 3.4.47 *Hütten*.

Literatur. E. Wüst.- Das Amtshaus in Rüti. In: Heimatspiegel, Beilage zum «Zürcher Oberländer», H.10, Oktober 1968, S.74-76 · Zürcher Denkmalpflege, 11. Bericht 1983-1986. Zürich/Egg 1995, S.307-308 · Restaurierungsakten der Denkmalpflege, Kanton Zürich. · Zu Risch-Ibikon s. KDM ZG II Neue Ausgabe (Josef Grünenfelder), 2006, S.426, Abb. 437.

3.4.34 Cham (ZG)

Kloster Frauenthal, Zisterzienserinnenabtei. Kirchenbau 13. Jh., wesentliche Veränderungen 1616, 1731, 1776/77. Gemalte Eckpilaster und Fensterrahmen mit Hellrot, wahrscheinlich M. 18. Jh., letzte Restaurierungen 1972/74 und 1998/2000. Aufgenommen 2004.

Gequaderte Pilaster und Fensterrahmen in hellem Rot (ehem. Ocker), grau gebrochenem Braun und Weiss (Abb. 762, 763). Langgestreckte, die Nordflanke des Klostergevierts bildende Saalkirche mit flach abschliessendem Chor. Auf der Nordwestecke und der östlichen Nordkante des weiss verputzten Baus liegen gemalte Pilaster mit Schäften aus Tafelsteinquadern und Kapitellen in Form klassischer Gebälkstücke, die ausnahmsweise ohne Basen direkt über dem gemauerten Sockel aus grauem Sandstein ansetzen. Quader und Kapitelle sind sowohl frontal

760 Rüti, ehem. Amtshaus, Ecklisenenmalerei mit Quaderung in Grau, Schwarz und Gelb, 1707/10
761 Hermetschwil, Pächterhaus des Klosters, vierfarbige Ecklisene mit Gelb, um 1727

als auch in verkürzter, als Schattenpartie dargestellter Seitenansicht wiedergegeben, so dass der Eindruck eines vorstehenden Bauglieds entsteht, was durch die Wahl der Farben noch verstärkt wird: Tafelstirne hellrot (lachsrot) mit weissen Rahmen, Fugen im Licht hell- und im Schatten mittelbraun, Kontur- und Binnenlinierung dunkelgraubraun. Das Rundbogenfenster über dem Vorzeichen sowie die sechs querovalen Okuli und die darüber angeordneten Rundbogenfenster der Nordseite (1731) wiederholen in ihren Umrahmungen alle drei Farbtöne. Die Keilsteine in den Scheiteln der Rundbögen sowie Mauerabschluss und Dachgesims sind in die Farbdisposition einbezogen, aber nur in den Brauntönen gefasst.

Bemerkungen. Bei früheren Renovationen (infrage kommen die von 1868 oder 1908) erhielt der Aussenbau eine Gliederung aus hellen Rahmen und Bändern auf dunklem Wandputz. Die heutige, jüngste Rekonstruktion der gemalten Pilaster und Fensterrahmungen aus den Jahren 1998/2000 basiert auf einer im Zuge der Restaurierung von 1972/74 neuen, «grau und ocker aufgemalten Eckquadrierung» (Horat S.81). Diese knüpft ihrerseits vermutlich an einen alten, jedoch nicht dokumentierten Zustand des 18. Jh. an, obwohl lediglich Reste von gelbem Wandputz aus der Zeit des Umbaus von 1731 nachgewiesen sind. Die architektonische Bemalung kann den Formen nach bei diesem Umbau von 1731, aber auch bei dem von 1776/77 aufgebracht worden sein. Der heutige helle lachsrote Tonwert des 1972/74 als ockerfarbig bezeichneten Befunds gehört allerdings nicht zur Palette des 18. Jahrhunderts.

Literatur. Rüdiger Rothkegel, mit einem Beitrag von Heinz Horat.- Neue archäologische Untersuchungen am Zisterzienserinnenkloster Frauenthal. In: Tugium 14, 1998, S.67-83 · KDM ZG II Neue Ausgabe (Josef Grünenfelder), 2006, S.195, 199, Abb. 206, 207 · Auskünfte und Unterlagen verdanke ich Josef Grünenfelder, Zug.

3.4.35 Glarus

Oberdorf Nr. 16, Haus Leuzinger-Paravicini. Erbaut um 1560, Umbau 1811, danach mehrere Renovationen. Gemalte Eckpilaster mit Rot. Aufgenommen 2000.

Gequaderte Eckpilaster in Weiss, Grau und Rot auf gelblichem Verputz (Abb. 764). Das freistehende, ehemals spätgotische Haus wurde 1811 von Ratsherr Johann Paravicini umgebaut und vermutlich zur selben Zeit ausser mit Wappen und Sonnenuhr auch mit Eckpilastern bemalt. Basen, Kapitelle und die Tafelsteinquader der Schäfte sind in den Lichtpartien (Stirnseiten) weiss und hellgrau und in den Schattenpartien (Seiten- und Unterkanten) rot dargestellt, während die Fugen in der Putzfarbe erscheinen.

Bemerkungen. Die heutige Fassadenfarbigkeit ist substanziell eine Erneuerung aus der 2. Hälfte des 20. Jh., dürfte aber auf ältere Fassungen zurückgehen. Da es sich bei dem Bau um das Elternhaus des namhaften Glarner Architekten Hans Leuzinger (1887–1971) handelt, der es selber seit seiner Geburt bis 1931 bewohnte und instand hielt, nahm er – autobiografischen Äusserungen zufolge – bauliche Eingriffe mit historischer Kenntnis und grosser Sensibilität vor (neben seiner Tätigkeit als bauender Architekt war er u. a. Begründer des Glarner Heimatschutzes und hat 1937/42 die grosse Restaurierung des Freulerpalasts in *Näfels* geleitet, siehe 2.2.5). Zudem legt die Form des Eckpilasters nahe, dass bereits beim Umbau 1811 an eine vorgängige Architekturbemalung angeknüpft worden ist. Die Eckpilaster stellen aufgrund der Verwendung von Rot eine Rarität dar.

Literatur. Erinnerungen an Dr. h. c. Hans Leuzinger (Nachruf). In: UKdm 1972, S.58f · Dokumente zur modernen Schweizer Architektur. Hans Leuzinger 1887-1971. Hg. Annemarie Bucher, Christoph Kübler. Zürich, 1993, S.17f.

762 Cham, Klosterkirche Frauenthal, Dachgesims und Kapitellpartie des Pilasters an der Nordwestecke
763 Cham, Eck- und Fensterbemalung der Nordseite wohl M. 18. Jh.

3.4.36 Bernhardzell (SG, Fürstenland)

Pfarrkirche. Neubau 1776/78 von Johann Ferdinand Beer unter Beibehaltung des Turms vom spätmittelalterlichen Vorgängerbau. Aufgesetzte Eckpilaster mit Rotanstrich. Umfassende Restaurierung 1955, Rekonstruktion der ursprünglichen roten Farbfassung aber erst 1987. Aufgenommen 2000.

Weisser Putzbau mit hellroten Pilastern und dunkelrotem Dachgesims (Abb. 765). Architekturgeschichtlich bemerkenswerter zentraler Kuppelbau in Form einer Rotunde mit vier Kreuzarmen unter Mansarddächern sowie qualitätvoller Innenausstattung. Der ältere Turm steht mit leicht verschobener Achse an der Ostseite. Alle rechtwinkeligen Ecken werden von knapp vortretenden, sockellos aufsteigenden Putzpilastern eingefasst, die sich mit flachen Kämpferplatten im profilierten Dachgesims verkröpfen. Pilaster und Gesims sind in zwei verschiedenen, mittleren Rottönen gestrichen.

Abklärungen der Farbwechsel am Aussenbau. Die 1987 erfolgte Rekonstruktion der barocken Rotfassung anstelle der vorgängigen hellen Graufassung (Abb. 766) orientierte sich am Fund einer «intensiven roten Bemalung unter dem Grauanstrich am originalen Traufgesims, … die ohne Zweifel ins 18. Jahrhundert zurückreichte» sowie an einem roten Farbmuster aus der Zeit der Putzerneuerung von 1955 in der Nähe eines Pilasters beim Turm, «als hätte man schon damals (1955) den roten Farbbefund gehabt und hier als Farbvorschlag zur Diskussion gestellt. Offenbar scheute man aber vor dem eigenen Mut zur farbigen Tat zurück und einigte sich auf ein unverbindliches Grau, wie es auch anderswo anzutreffen war und ist» (Anderes). In den 1870er Jahren war dem Zeitgeschmack entsprechend sowohl eine Farbveränderung von bunter zu unbunter Farbe als auch eine Umkehrung der Hell-Dunkel-Werte vorgenommen worden, indem die Wandflächen einen dunklen, die Bauglieder aber einen hellen Farbton erhielten. Bei der nächsten Aussensanierung 1955/56 machte man zwar Letzteres wieder rückgängig, blieb aber farblich bei dem unbunten Grau auf Weiss. Ob der ursprüngliche, als ein Besenwurf nachgewiesene Wandputz schon weiss und nicht wie bei anderen zeitgleichen st. gallischen Landkirchen graubraun war, bleibt offen (Grünenfelder 1967, S. 126 und Anm. 171).

764 Glarus, Haus Leuzinger-Paravicini, gemalter Eckpilaster mit Rot wohl 1811
765 Bernhardzell, Pfarrkirche, 1776/78 von Johann Ferdinand Beer, Putzpilaster und Dachgesimse in Hell- und Dunkelrot, ursprüngliche Farbfassung, rekonstruiert 1987
766 Bernhardzell, Graufassung wohl ab 1870 bis 1987

Bemerkungen. Die mit Rot effektvolle Buntfassung des Barockbaus trug beträchtlich dazu bei, den älteren Turm mit dem jüngeren Zentralbau zu einer «monumentalen kubischen Geschlossenheit» (Grünenfelder 1967) zu verbinden. Die im 18. Jh. sonst in naher Umgebung nicht übliche Verwendung von Rot am Aussenbau dürfte vom süddeutschen Barock über Johann Caspar Bagnato (3.5.36 *Zurzach*, 3.5.37 *Bischofszell*) zu Ferdinand Beer nach Bernhardzell gefunden haben.

Literatur. Josef Grünenfelder.- Beiträge zum Bau der St. Galler Landkirchen unter dem Offizial P. Iso Walser 1759-1785. In: Schriften des Vereins für Geschichte des Bodensees und seiner Umgebung 1967, S.40-47 · P. Rainald Fischer, Josef Grünenfelder.- Pfarrkirche St. Johannes Bapt. Bernhardzell. Basel 1977 (SKF) · Bernhard Anderes.- Bernhardzell. Rot, keine Schrulle der Denkmalpflege. Typoskript 1987.

3.4.37 Feusisberg (SZ, Höfe)

Pfarrhaus. Erbaut 1758. Fassadengestaltung mit Pilastern um 1800. Konserviert und restauriert 1995. Aufgenommen 2004.

Pilastermalerei und Fensterrahmen in Gelb auf Glattputz, Wandflächen in Besenwurf (Abb. 767–769). Dreigesch. Haus mit drei zu fünf Fensterachsen und hohem Satteldach über Kehlgesims, freistehend gegenüber der Pfarrkirche. Während auf der Mauerfläche ein hellbraun getönter Besenwurf (Rauputz) liegt, wurden die Bauecken, das Kehlgesims, die Rahmen der grauen Sandsteingewände an den Eingängen und Fenstern und schliesslich das zwischen den beiden unteren Geschossen umlaufende Gesimsband durch einen gut geglätteten und gebrochen weiss gestrichenen Verputz hervorgehoben. Die Ränder sind beim Anstoss der rauen und glatten Putzflächen bzw. zwischen Putzfläche und Werksteinen immer schwarz oder gelb liniert, so dass die Unterschiedlichkeit der Oberflächenstrukturen noch stärker zur Wirkung kommt. Überdies wurde in die weisse Glattputzfläche der Bauecken jeweils ein Pilaster mit geschosshohem Postament und Kapitell schwarz eingezeichnet und farblich sparsam nur mit gelben Profilplatten und einer zweiten gelben Konturlinie versehen. In der Mitte der Südfassade befindet sich eine buntfarbige, gemalte Sonnenuhr mit Muttergottes.

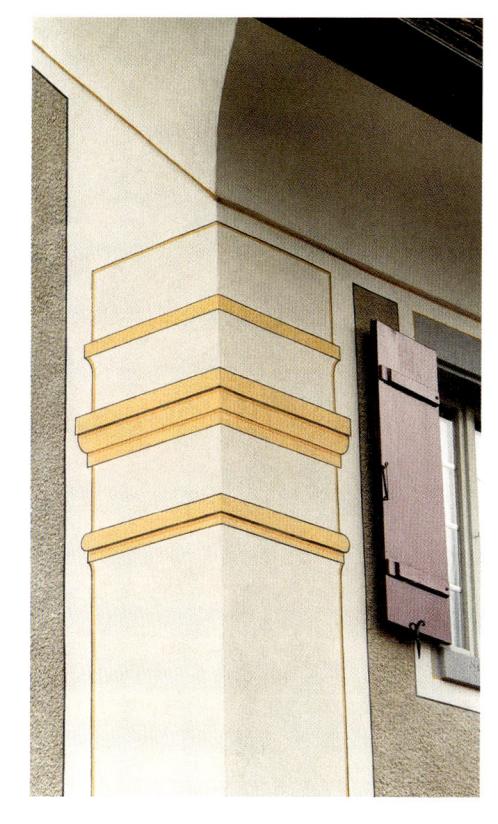

767 Feusisberg, gemalter Eckpilaster auf glattem, hell gestrichenem Wandputz
768 Feusisberg, Pfarrhaus 1758, Fassadengestaltung mit Besenwurf und Pilastermalerei um 1800
769 Feusisberg, fünffarbige Umrandung eines Kellerfensters mit glattem und rauem Wandputz

Bauuntersuchung. Bei der Restaurierung waren noch grosse originale Partien dieses Fassadendekors aus der Zeit um 1800 erhalten. Als darunter liegende Schicht wurde ein rauer, hell gekalkter, offenbar aber undekorierter Putz festgestellt und der Bauzeit von 1758 zugeordnet.

Bemerkungen. Die wirkungsvolle Fassadengestaltung macht sich den helldunklen Wechsel von Rau- und Feinputz zunutze, verstärkt ihn mit hellem bzw. dunklem Anstrich und verfeinert ihn mit schwarzen und gelben Begleitlinien. Um das ältere Pfarrhaus dem unmittelbar benachbarten, 1780/85 nach Plänen von Niklaus Purtschert errichteten Kirchenschiff mit seiner Gliederung aus Sandsteinpilastern und (heute nicht mehr vorhandenen) unterschiedlich strukturierten Putzoberflächen anzupassen, erhielt das Haus gegen 1800 seine heutige Fassadengestaltung. Der Eckdekor am Pfarrhaus orientiert sich zwar an den Sandsteinpilastern des Kirchenschiffs und übernimmt sie samt der Kapitelle formgleich, projiziert aber alles flach auf die Wand und erzielt damit eine zweidimensionale grafische Wirkung, die sich von der plastischen Erscheinung der Werksteingliederung an der Kirche in aufschlussreicher Weise unterscheidet (Abb. 767, 770). – Das Pfarrhaus von Feusisberg ist ein prominentes und besonders schönes Beispiel für die nuancenreichen Farbfassungen, die in Verbindung mit hellem Glattputz und dunklem Besenwurf zustande kommen. Zur Verwendung verschieden strukturierter Putze vgl. die Untere Laubegg in *Hütten* (3.4.47) und die dort genannten, weiteren Profanbauten.

Literatur. Bamert 1995/96, S.121f · Hinweise auf den Bau verdanke ich Josef Grünenfelder, Zug.

3.4.38 Basel

Pfeffergässlein 8, Zum Eichhorn. Bau spätmittelalterlich mit jüngeren Veränderungen. Pilastermalerei wohl 2. H. 18. Jh., restauriert. Aufgenommen 1983.

Bau. Dreigeschossiges, weiss verputztes Wohnhaus in einer geschlossenen Häuserzeile, traufseitig zur Gasse orientiert. Da das linke Nachbarhaus leicht rückversetzt ist, liegt die anschliessende Giebelseite mit einer schmalen Fensterachse frei, so dass die Farbfassung an zwei Hausfassaden zur Geltung kommt.

Gequaderte Pilaster in Rot mit weissen Fugen und Lichtflächen (Abb. 771–773). Die linke Ecke und die rechte Kante der Gassenfassade sind mit Pilastern in einem mittleren und einem helleren Rotton bemalt. Einem fiktiven Lichteinfall von links entsprechend wurden die perspektivisch verkürzten Schmalseiten der weiss verfugten Schaftquader jeweils an der Seite zur Mauerfläche der Hauptfassade am linken Pilaster dunkelschattig und am rechten lichthell dargestellt. Auch die Quaderfugen und Kapitelle erscheinen dreidimensional. Ebenfalls in Rot gemalt sind das gekehlte Traufgesims und ein Fassadensockel samt abschliessender Profilkehle. Die Pilaster sind weder mit dem Sockel noch dem Gesims verkröpft. Auf den roten Sandsteingewänden des Eingangs und der ungleich verteilten Fenster, die rechts den Rand des Pilasters überschneiden, liegt ein roter Anstrich. Die Restaurierung erfolgte vermutlich nach Befund (Auskunft Alfred Wyss, Denkmalpflege Basel).

Bemerkungen. Das Haus besitzt die für Basel seit dem Mittelalter typische rot-weisse Fassadenfarbigkeit, die auf der traditionellen Verwendung des roten Sandsteins aus der Umgebung beruht. Da es sich um einen relativ bescheidenen Bau handelt, wurden die Pilaster nicht in Naturstein hochgemauert, sondern fiktiv aufgemalt. Die grün gestrichenen Fensterläden ergänzen die Bemalung zu dem gängigen Dreiklang von Rot, Grün und Weiss. Die farbige Erscheinung gleicht sich somit den Bürgerhäusern und repräsentativen Stadtpalais in *Basel* an, deren Fassaden seit dem Spätmittelalter bis ins mittlere 18. Jh. mit weissem Putz, naturroten und mit roter Farbe überfassten Werksteinteilen und grünen Holzläden versehen wurden. Beispiele dafür sind etwa der Spiesshof von 1585/90 auf dem Heuberg oder der Holsteinhof

770 Feusisberg, Pfarrkirche, 1780/85 von Niklaus Purtschert, Sandsteinpilaster an der Nordwestecke
771 Basel, Zum Eichhorn, Wohnhaus mit roter Pilaster- und Sockelmalerei, 2. H. 18. Jh.

772 Basel, Kapitell des Eckpilasters
773 Basel, perspektivisch gequaderter Kantenpilaster und durchgezogener Sockelstreifen
774 Sessa, Wohnhaus mit grün und rot gefassten Eck- und Gesimsfeldern, Originalbestand 1791

von 1752, Hebelstrasse 32. Die Rotfassung der Steinteile hellte im 18. Jh. von einem dunkleren zu einem, wie am Haus Zum Eichhorn sichtbar, helleren Rotton auf, bevor gegen Ende des Jahrhunderts das Rot auf Weiss gern in ein Grau auf Weiss verändert wurde. Die dreifarbigen Fassaden in Weiss (Wandputz), Rot (Werksteinteile) und Grün (Klappläden) kennzeichnen auch die Ortsbilder in der Umgebung von Basel (vgl. 3.5.31–3.5.34).

Literatur. Wyss 1979 und Feldges 1999 (Allgemeines zur Basler Farbigkeit).

3.4.39 Sessa (TI, Malcantone)

Wohnhaus an der Abzweigung Monteggio Fornasette. Baudatum 1791 im Eckdekor. Bauliche Veränderungen, Dekor in schadhaftem Originalzustand. Aufgenommen 1982.

Farbig gefasste, eingetiefte Eck- bzw. Wandfelder (Abb. 774). Dreigesch., weiss verputzter Eckbau an einer Strassenkreuzung. Die vordere Hausecke ist abgerundet und von halber Höhe des Erdgeschosses an bis zum gekehlten Dachgesims mit zwei jeweils grossen hochrechteckigen Wandfeldern dekoriert, die zwischen sich ein kleines, annähernd quadratisches Wandfeld einschliessen. Die Felder sind ca. 2 cm eingetieft, rot bzw. grün gestrichen und mit konkav abgeschrägten Ecken wechselfarbig umrahmt. Zwei weitere, ebenso gestrichene Rechteckfelder sind waagerecht zwischen den beiden Obergeschossen auf Höhe des kleinen Rechteckfelds in die schmalere Fassadenseite eingelassen. Sie bilden gemeinsam ein horizontales Dekorband, das wahrscheinlich an der längeren Fassadenseite weiterführte, dort aber wegen eines später angebrachten Balkons verschwand. Unter dem kleinen Feld auf der Stirnkante des Hauses steht die mit Rötel aufgemalte Jahreszahl MDCCLXXXXI (Abb. 775).

Bemerkungen. Origineller Fassadendekor anstelle einer Lisene bzw. eines Gesimses in bunter Dreifarbigkeit von Rot und Grün auf Weiss. Interessant und selten ist zudem die zugefügte Jahreszahl bei einem Dekor ohne Ornamentik. Die unsorgfältig ausgeführten jüngeren Baumassnahmen und der schadhafte Zustand des Hauses gefährden die Zukunft des historischen Farbdekors.

MDCCLXXXXI

Illusionistisch gemalte Schaftquaderungen und Ziermotive

3.4.40 Rapperswil (SG)

Hintergasse 16, Bleulerhaus. Erbaut 1606, weitgehend unverändert. Lisenenmalerei an der Rückfassade, wohl bauzeitlich. Rekonstruiert anlässlich der Gesamtrestaurierung 1973/74. Aufgenommen 2004.

Bau mit illusionistisch gequaderten Lisenen in Grautönen (Abb. 776). Wohnhaus in geschlossener Bauzeile am Steilhang des Schlossbergs. Gassenseitige Fassade auf hohem Sockel mit sechsbogigem Laubengang und drei Wohngeschossen, hangseitige Fassade nur mit drei Wohngeschossen, das oberste und der Dachgiebel in rotem Riegelwerk. Die Vorgängerbauten waren vermutlich ins Vorwerk des Schlosses einbezogen. Der heutige Verputz weist einen einheitlichen hellen, gelblich gebrochenen Anstrich auf. Die Mauerkanten der zum Schlossberg orientierten Fassade erhielten gemalte Lisenen, deren Schäfte wechselweise von Quadersteinen mit quergelagerten Zylindern bzw. mit Kugeln und Tafeln unterteilt sind. Bei dieser Malerei wurden drei Grautöne (mit Schattierungen), das Weiss des Putzes sowie ein Grauschwarz für die Konturen verwendet.

Bemerkungen. Das an prominentem Bauplatz errichtete, ungewöhnlich grosse, nachgotische Stein- und Fachwerkhaus besitzt heute nur an seiner vom Schlossberg frei sichtbaren Rückfassade eine nach Befund rekonstruierte Lisenenmalerei. Die geometrisch originellen Quaderspiegel finden sich motivisch und farblich bei gemalten Eckverzahnungen an mehreren anderen Häusern in *Rapperswil* wieder, so z.B. am Schwarzen Adler (2.5.37), am Quellenhof (Kluggasse 16) und an der Bierhalle (Herrenberg 31). Das Bleulerhaus ist ein bemerkenswertes, frühes Beispiel der illusionistisch gequaderten Lisenenmalerei.

775 Sessa, Detail der Eckfelder mit eingeritzter Jahreszahl MDCCLXXXXI (1791) im weiss geschlämmten Putz, originale Oberfläche mit Flicken
776 Rapperswil, Bleulerhaus, graue Pilastermalerei mit Kugel- und Zylinderbossen neben rotem Riegelwerk, wohl 1606
777 Weiningen, ehem. Gerichtsherrenschloss, graue Pilastermalerei mit Diamantbossen neben blaugrauem Riegelwerk, 1736 (Foto 2008)

Literatur. KDM SG (Bernhard Anderes), 1966, S.394f · Anderes Grisaillemalereien 1980, S.131f · Bernhard Anderes. Ein Leben für die st. gallischen Kunstdenkmäler. St. Gallen 2004, S.18-27.

3.4.41 Sins (AG, Freiamt)

Ehem. Pfarrhaus, seit 1955 Gemeindehaus. Erbaut 1726 (Jz. am Nordportal) von Pater Adelhelm Luidl und Baumeister Paul Rey. Ecklisenenmalerei höchstwahrscheinlich aus der Bauzeit. Umbau 1953/55, Erneuerung von Putz und Farbanstrich 1979. Aufgenommen 2001.

Bau mit gequaderten Ecklisenen in Grautönen (Abb. 778). Grosser freistehender Baukubus mit drei Geschossen, fünf zu drei Achsen, ausgebautem Krüppelwalmdach und Quergiebel über dem Haupteingang in der Mitte der Westfassade sowie einer korrespondierenden Gaupe an der Gegenseite. Die weiss verputzten Bruchsteinmauern werden von Fenstern und Portalen mit grau gestrichenen und schwarz umrandeten Gewänden (grauer Sandstein), grün-weiss geflammten Klappläden und insbesondere von Ecklisenen belebt, deren Schäfte aus sehr breiten, perspektivisch gemalten Tafelsteinen bestehen. Tafeln, Randschlag und schattierte Hohlfugen sind in zwei hellen Grautönen, Schatten- und Lichtseiten in Schwarz und Weiss wiedergegeben.

Bemerkung. Der Bau stammt aus der Zeit als die Pfarrei dem einflussreichen Kloster Engelberg unterstand (1633–1849). Daraus erklärt sich die auffallend stattliche Grösse, der die äussere Farbigkeit, insbesondere die monumentalisierende Scheinquaderung der Ecklisenen entspricht.

Literatur. KDM AG V (Georg Germann), 1967, S.486f · Georg Germann.- Sins. Basel 1973, S.8 (SKF).

3.4.42 Weiningen (ZH, Limmattal)

Ehem. Gerichtsherrenschloss und Schulhaus. Erbaut M. 16. Jh., umfassende Veränderungen 1736 (Jz. am westl. Eingang) und 1838/39. Gemalte Eckpilaster wohl aus der Bauzeit 1736. Rekonstruktion 1983/84. Aufgenommen 1996 und nach neuer Übermalung 2008.

778 Sins, ehem. Pfarrhaus, perspektivische Lisenenmalerei mit Tafelbossen, 1726
779 Weiningen, ehem. Gerichtsherrenschloss, Detail des Pilasters in vorläufigem Restaurierungszustand ohne Schattenflecke und Schwarzkonturen (Foto 1996)

Eckpilaster mit Diamantquaderung in Grautönen (Abb. 777, 779). Der repräsentative, giebelseitig zur Strasse stehende, weiss verputzte Bau mit blaugrau gefasstem Riegelwerk an der hinteren (nördlichen) Traufseite und rotem Ziegeldach wurde an allen vier Ecken mit aufwändigen Scheinpilastern bemalt. Sie verfügen über hohe Postamente mit Spiegeln, Kapitellplatten mit Gesimsstück und Schaftquader mit abgeflachten Diamanten. Der jeweilige Licht- und Schattenwurf wird durch vier abgestufte Grautöne sowie Weiss und Schwarz dargestellt. Die Farbtöne imitieren die grauen, unregelmässig behauenen, mit Mörtel und schwarzer Farblinie rechtwinkelig ergänzten Sandsteinquader der Tür- und Fenstergewände. Klappläden und Holztüren sind rot gefasst. Die nach 1996 vorgenommene Übermalung fügte fleckige Schattenpartien auf den Diamantfacetten und schwarze Konturstriche hinzu. – Der Bau ist im Gebiet von Zürich ein seltenes Beispiel für eine relativ buntfarbige Aussengestaltung.

Literatur. Zürcher Denkmalpflege 11. Bericht 1983-1986. Zürich/Egg 1995, S. 197.

3.4.43 Diessenhofen (TG)

Kirchgasse 18, Klosterhaus. Im Kern 13./14. Jh., umfassend erneuert 1571. Architekturmalerei in Grisaille; Marienbild von Jakob Carl Stauder (1735 datiert und signiert). Freilegung 1928, Restaurierungen 1956 und 1982. Aufgenommen 2000.

Bau und Dekor. Der schon spätmittelalterlich nachweisbare und 1571 zu einem 3-gesch., traufständigen Haus veränderte Bau befand sich im Besitz der Benediktinerinnen von Katharinental. Er erhielt eine barocke Grisaille-Dekoration mit ornamentierten Umrahmungen der Einzel- und Staffelfenster und einem mächtigen Pilaster sowie ein grosses, buntfarbiges Wandbild der Maria Immakulata. Der illusionistisch gemalte Pilaster befindet sich an der linken Hauskante, steigt über die drei Geschosse bis zum Dachansatz und endet in einem einfach profilierten Plattenkapitell. Das Postament und der Schaft aus perspektivisch dargestellten Tafelsteinen werden so realistisch abgebildet, dass sogar Schadstellen wiedergegeben sind (Abb. 780).

Bemerkungen. Vielgestaltige Fassadendekoration mit einem Marienbild des namhaften Konstanzer Barockmalers Carl Stauder. Ob auch die Grisaillemalerei von ihm stammt, ist nicht gesichert. Herausgegriffen wurde hier nur das Detail der Pilasterdarstellung als Illusionsmalerei eines Bauglieds in klassischer Formgebung.

Literatur. KDM TG V (Alfons Raimann), 1992, S. 139-142.

780 Diessenhofen, Klosterhaus, illusionistische Pilastermalerei eines Fassadendekors mit Marienbild von Jakob Carl Stauder, Letzteres datiert 1735

781 Willigen-Schattenhalb, Haus Nr. 79, Holzbau auf Steinsockel mit Eckpilastermalerei, 1773

3.4.44 Willigen-Schattenhalb (BE, Oberhasli)

Haus Nr. 79. Bauernhaus 1773, Sockelmalerei gleichzeitig. Rekonstruiert 1977. Aufgenommen 2003.

Gemalte Pilaster und Gewände in Grau (Abb. 781). Zweigesch. Holzbau auf weiss verputztem, an der giebelseitigen Hauptfassade architektonisch bemaltem Mauersockel: Die Eingänge werden von umrissenen Pilastern flankiert, die in den Leibungen mit Spiegeln besetzt sind. Die Fensterrahmen haben ausladende, profilierte Bänke und Stürze. An den Ecken der Sockelmauer sind Pilaster aus fünf perspektivisch wiedergegebenen Tafelsteinquadern aufgemalt, deren oberster in Form eines Kapitells ausgebildet ist. Darüber liegt ein Gesimsstreifen. Bei der Rekonstruktion wurden zwei Grautöne, Weiss (Lichtpartien der Fugen) und Schwarzgrau (Konturzeichnung) verwendet.

Bemerkungen. Einfache ländliche, recht dekorative Malerei. Typisches Beispiel für die ehemals zahlreichen, heute kaum noch vorhandenen Sockelbemalungen der Bauernhäuser im Berner

Oberland (vgl. 1.1.27 *Saanen*). Ähnliches auch an Bauernhäusern in der Innerschweiz vorhanden, zum Beispiel in *Alpnach* um 1800, *Kerns* um 1775 und an mehreren Bauten zwischen 1795 und 1811 in *Giswil* (s. Bauernhäuser OW, NW, Edwin Huwyler, 1993, S. 237f).

Literatur. Bauernhäuser BE I (Heinrich Christoph Affolter), 1990, S. 490, Abb. 763 (unrestaurierter Zustand).

3.4.45 Schübelbach (SZ, March)

Haus Dobler. Bauernhaus um 1800 mit gemalten Pilastern. Rekonstruiert 1993/94. Aufgenommen 2004.

Eckpilaster mit Diamantquaderung in Gelb, Grau und Weiss (Abb. 782). Dreigesch. Wohnhaus auf massivem Erdgeschoss, die Wohngeschosse teils aus Holz, teils aufgemauert und weiss verputzt. Die beiden Ecken der rückwärtigen massiven Giebelmauer sind vom Boden an mit sockellosen Eckpilastern bemalt. Die Schäfte bestehen aus hellgrau gefugten Quadersteinen mit breitem gelben Randschlag und kräftigen Diamantbossen in drei Grautönen, wobei – entgegen dem natürlichen Lichteinfall von oben – die obere Diamantfacette jeweils dunkelgrau und die untere fast weiss dargestellt sind. Statt mit einem Kapitell schliesst der Schaft über grau verschatteter Fuge nur mit einer gelben Deckplatte ab.

Bemerkung. Seltenes Beispiel einer buntfarbigen Diamantpilasterung, noch in der Tradition des 18. Jahrhunderts.

Literatur. KDM SZ Neue Ausgabe II (Albert Jörger), 1989, S. 352 mit Abbildung · Bamert 1993/94, S. 125f.

3.4.46 Morlon (FR, Gruyère)

Sur Montet, no 24. Wohnhaus (ehem. Pfarrhaus?), erbaut 17./18. Jh.; gemalte Ecklisenen aus der Bauzeit, im 19. Jh. zu Pilastern verändert, Bestand der Pilastermalerei noch ursprünglich. Aufgenommen während der Baurestaurierung 2000.

Eckpilaster mit Diamantquaderung in Weiss, Gelb und Braun auf rosa Wandputz (Abb. 783). Freistehendes, 2-gesch. Wohnhaus mit abgewalmtem Dach. Zum weitgehend noch vorhandenen Ursprungsbestand gehören einfache gemalte Ecklisenen in Schwarz mit weissen Fugen auf hell gestrichenem Wandverputz, die noch an einer rückwärtigen Hausecke zu sehen sind. An den übrigen Ecken wurden sie im Zuge von Bauveränderungen des 19. Jh. mit diamantbesetzten Pilastern übermalt. Die quadratisch bemessenen Quaderflächen auf den Schäften der Letzteren werden ohne Randschlag jeweils von der gesamten Diamantbosse eingenommen. Ihre schwarz konturierten Facetten sind ebenso wie die Kapitellplatten mit Weiss, Gelb und Braun in korrekter Lichtperspektive dargestellt, indem oben die hellste und unten die dunkelste Farbe angelegt ist. Die Illusion der Dreidimensionalität wird durch weisse und braune Höhungen verstärkt. Die Eingangsfassade erhielt zusätzlich ein gleichfarbig gemaltes, profiliertes Dachgesims, eine gelb-weisse Fassung der Fenstergewände und einen rosa Wandanstrich, der ein Stück weit auf die rechte Seitenmauer übergreift.

Bemerkungen. Die besonders an der Eingangsfassade wirksame, gelbe Pilastermalerei verdeutlicht die Stattlichkeit des Hauses beträchtlich. Sie repräsentiert eine typische Illusionsmalerei

782 Schübelbach, Haus Dobler, Scheinpilaster mit gelben Randschlägen, um 1800
783 Morlon, Sur Montet, Pilastermalerei mit Diamantbossen, Originalübermalung 19. Jh.

des 19. Jh., in dem das über dreihundert Jahre verwendete Diamantquadermotiv nicht mehr stilisiert, sondern als geometrisch exakte Diamantpyramide in perspektivisch korrekter Präzision ausgeführt wurde (vgl. 2.5.21 *Bruzella* und 2.5.22 *Giornico*). Eine nicht unähnliche Veränderung einer älteren einfachen (Quader) in eine historistisch anspruchsvollere Eckbemalung (Diamantlisenen) erfuhr auch das 1896 umgebaute Doppelwohnhaus Friedberg in *Meilen* ZH (heute wieder «zurückrestauriert» in den vorletzten Zustand um 1770).

Hinweise auf den Bau verdanke ich Marie-Thérèse Torche, Denkmalpflege Fribourg · Zu Meilen s. Zürcher Denkmalpflege, 12. Bericht 1987-1990. Zürich/Egg 1997, S. 232-235.

3.4.47   Hütten (ZH, Zimmerberg)

Untere Laubegg. Wohnhaus 1777 (Jz. an Türstürzen). Architekturbemalung aus der Bauzeit. Reparaturen am Dachstuhl um 1880. Konserviert und rekonstruiert 1983/84. Aufgenommen 1983 vor der Erneuerung und 1984 nach der Erneuerung.

Bau (Abb. 784). Freistehendes stattliches, 3-gesch. Bauernhaus mit Satteldach, bereits mittelalterlich als Grosshof beurkundet. Das Bruchsteinmauerwerk ist zweischichtig verputzt, die Hausecken sind durch gemalte Pilaster, die Türen und Fenster durch weisse Umrandungen hervorgehoben.

Eckpilastermalerei, Tür- und Fensterumrandungen auf Glattputz, Wandflächen in Besenwurf. Auf einem fein abgeriebenen, hellen Grundputz liegt ein ursprünglich naturbelassener, gelblicher, rauer Besenwurf (Wormserwurfputz), der die Hausecken ausspart, so dass die Eckpilaster auf den glatten Grundputz gezeichnet wurden. Umriss und Gliederung ihrer hohen Sockel, Basen, Schäfte und Kapitelle sind eingeritzt und mit schwarzen Linien nachgezogen (Abb. 785, 786). Das Profil der Basen wiederholt sich im Gegensinn fast gleich an den Kapitellen. Die eingezeichneten Spiegel auf den Schaftflächen erhielten links einen schwarzen Schatten- und rechts einen weissen Lichtrand als wären sie eingetieft. Vom Boden bis zum Dachansatz ist rings um die Pilaster ein 3,5 cm breiter Streifen des hellen glatten Grundputzes sichtbar, der der Profillinie des Pilasters folgt und ebenfalls den Anschein von Räumlichkeit hervorruft. In ähnlicher Weise umrandet ein weisser, schwarz abgesetzter Streifen von etwa gleicher Breite die grauen Fenster- und Türgewände (Bächer Sandstein).

784   Hütten, Untere Laubegg, Fassadengestaltung mit Besenwurf und Pilastermalerei, 1777
785   Hütten, Zustand des weitgehend ursprünglichen Pilasterkapitells vor der Restaurierung
786   Hütten, Details mit Glattputz, Besenwurf und Eckpilaster, konserviert und ergänzt 1983/84

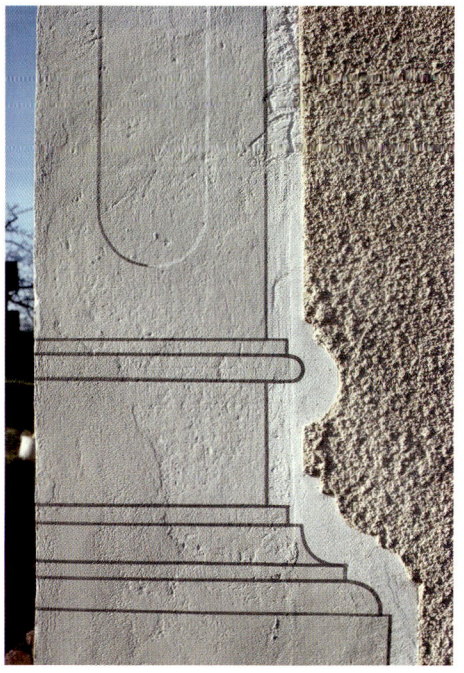

Restaurierung und Vorzustand. Umfangreiche Bestände des Originalputzes konnten bei der Wiederherstellung 1983 erhalten werden. Die neuen Pilastermalereien und Fensterumrandungen sowie die Farbigkeit (dem Wormser waren und sind Jurakalk und Umbrapigmente beigemischt) entsprechen sehr genau dem durch umfangreiche Putzreste gesicherten, ursprünglichen Aussehen. Das Kapitell an der Südecke blieb im Zustand vor der jüngsten Restaurierung sichtbar. Im ca. 1880 veränderten Dachbereich (Umdeckung) sind die Reste eines zweiten Besenwurfs sowie Eingriffe in die ursprüngliche Zeichnung des Kapitellprofils festzustellen (Auskunft Oskar Emmenegger, 2007).

Bemerkungen. Die klassische Formgebung der Pilaster mit der feinen Andeutung von Raumillusion, der raffinierte Kontrast zwischen glattem Grundputz (Eckbemalung) und stark strukturiertem Oberputz (Wandoberflächen) sowie die zurückhaltende, an Türen und Fenstern wiederholte Farbigkeit verleihen dem ehemaligen Grosshof eine vornehme Note. Vergleichbar, wenn auch im Detail weniger differenziert, ist die nach Befund rekonstruierte Eckpilastermalerei am Landhaus Sparrenberg in *Unterengstringen*, um 1760 (Zürcher Denkmalpflege, 12. Bericht 1987-1990. Zürich/Egg 1997, S. 300-307). – Hütten zählt zu den frühen, gut untersuchten Profanbauten, bei denen Rauputz für die unbemalten und Feinputz für die bemalten Wandoberflächen verwendet wurden. Zu weiteren Bauwerken mit ähnlicher Anwendung und Aufteilung von rauen und feinen Putzoberflächen zählen das Haus in der Wies in *Glarus,* 1770 (3.4.50), das Gasthaus Schiff in *Laufenburg,* 2. H. 18. Jh. (hier nicht aufgenommen), das Gasthaus Krone in *Altendorf-Seestatt,* Ende 18. Jh. (3.4.53), das Pfarrhaus in *Feusisberg,* um 1800 (3.4.37) und besonders ausgeprägt die Franziskanerkirche in *Solothurn,* die 1823/25 ihr heute sichtbares Farbkleid erhielt (3.5.61).

Literatur. Bauernhaus ZH I, 1982, Abb. 505 (vor Restaurierung) · Zürcher Denkmalpflege, 11. Bericht 1983-1986. Zürich/Egg 1995, S. 263-265 · Oskar Emmenegger.- Historische Putztechniken an Baudenkmälern (Buchmanuskript in Bearbeitung) · Pläne, Fotos und Hinweise verdanke ich Martin Stampfli, Küsnacht.

3.4.48 Schänis (SG, Linthgebiet)

Rathaus. Erbaut 1613 (Jz. auf Wappenstein im heute vermauerten Portalbogen), barockisiert 1765 (Jz. in der Giebelkartusche). Pilastermalerei aus der späteren Bauperiode. Verändert und mit Mörtelpilastern überputzt 1937, Zustand von 1765 nach Befund rekonstruiert 1978. Aufgenommen 2000.

Gequaderte Eckpilaster und glatte Fensterrahmen (Abb. 787). Freistehender, 3-gesch. Repräsentationsbau mit fünf zu vier Fensterachsen und 2-gesch. ausgebautem Satteldach über breitem gekehlten Traufgesims. Der Wandputz hat einen gelblich gebrochenen, weissen Anstrich. Die vier Bauecken werden von perspektivisch gemalten, sockellosen Pilastern hervorgehoben. Die Tafelsteinquader der Schäfte und die Kapitellplatten weisen zwei helle Grautöne auf, die Fugen und Lichtkanten sind weiss, die Konturen dunkelgrau markiert. Die Kapitelle tragen akroterartige Zieraufsätze in Form von Rokoko-Rocaillen. Die Rahmen der Stichbogenfenster und die der vier Vierpassöffnungen im Frontgiebel sowie das Traufgesims wiederholen den weissgrauen Farbklang der Eckbemalung.

Bemerkungen. Abgesehen vom Erdgeschoss (moderner Ladeneinbau) wirkt die mit wenigen Bauelementen ausgewogen gegliederte Schaufassade auffallend dekorativ, was sie der Bemalung in heller Farbabstimmung zwischen Grau, Weiss und Gelb, der feinen dunklen Konturzeichnung und den Rocaillen verdankt.

Literatur. Bürgerhaus XXIX, 1937, Tf. 15 · KDM SG V (Bernhard Anderes), 1970, S. 270f · Boari 1982, S. 185.

3.4.49 Diessenhofen (TG)

Helfereigasse 2, ehem. Gasthaus Alte Sonne. Historisch älterer Baubestand, 1795 umfassend erneuert, aus dieser Zeit auch die Pilastermalerei. Rekonstruiert 1981/82. Aufgenommen 2000.

Eckpilaster in Grisaille (Abb. 788). Die 3-achsige Schmalseite des 4-gesch., weiss verputzten Eckhauses wurde an der freistehenden Bauecke und an der eingebundenen Mauerkante mit drei dunkelgrauen, schwarz konturierten und weiss gehöhten Pilastern bemalt. Die Pilaster orientieren sich an klassisch kanonischen Formen mit glatten Schäften, Basen auf Postamenten und ionischen, von Festons behängten Kapitellen. Die hölzernen Gewände der teilweise rundbogigen Eingänge und der Fenster sind ebenfalls in steinimitierendem Dunkelgrau mit schwarzer Konturierung gefasst.

Bemerkung. Mächtiger Bau, über lange Zeit städtische Metzg und Taverne. Die in strengem dunklen Steingrau gehaltene Architekturbemalung entspricht stilistisch der Umbauperiode im Jahr 1795. Typisches Beispiel für eine einfache, klassizistische Pilastergliederung.

Literatur. KDM TG V (Alfons Raimann), 1992, S.118.

3.4.50 Glarus

Haus in der Wies. Herrenhaus, errichtet wohl um 1771 mit Architekturbemalung. Wiederherstellung der Malerei als Kopie 1913, diese erneuert um 1980. Aufgenommen 2000.

Bau mit gemalten Eckpilastern und Fensteraufsätzen in Brunaille (Abb. 789, 790). Am Hang freistehender, 3-gesch. Barockbau mit geschweiftem, 2-gesch. Giebeldach. Der helle Besenwurf spart die Hausecken aus, so dass die perspektivisch als mächtige, vorstehende Bauglieder dargestellten Pilaster auf glattem Verputz liegen. Sie setzen sich aus hohen, vielfach profilierten Postamenten samt Basen, glatten Schäften und Doppelkapitellen mit jeweils mehrfachen Abdeckplatten zusammen. Die Sockel an der talseitigen Hauptfassade zeigen das Wappen Tschudi (Bürgerhaus S.XXIV) und die Portraits der Hausherrschaft in grossen Rocaillekartuschen. Kleinere leere Kartuschen zieren darüber hinaus die Schäfte und Kapitelle. Seitlich der Kapitelle verläuft ein weiss gefasster Glattputzstreifen. Binnenzeichnung und Schattierungen sind in drei Brauntönen und Dunkelbraun mit Weisshöhungen aufgebracht (im Bürgerhaus ist 1919 von «gelb aufgemalten Pilastern» die Rede). Über den Kellerfenstern der Hauptfassade befinden sich auf Glattputz gleichfarbig gemalte Giebel mit Voluten und Palmetten, die laut Bürgerhaus auch über den Fenstern vorhanden waren, heute aber fehlen. Ebenso trägt die Dachuntersicht keine Bemalung mehr, sondern ist glatt weiss gestrichen.

Bemerkungen. Das baugeschichtlich interessante Wohnhaus erhält seine zusätzliche Bedeutung durch die Biografie seines Bauherrn Joh. Heinrich Streiff, der Landmajor und gleichzeitig Begründer der Glarner Stoffdruckindustrie war. Die für Aussenfassaden ungewöhnlich aufwändig verzierte Pilastermalerei mit Rocaillen nimmt auf die kunst- und qualitätvollen Rocaille-Stuckdecken im Innern des Hauses bezug, die die Gebrüder Moosbrugger 1771 schufen. Die Kontrastierung von Glatt- und Rauputz sowie die konstruktiven und dekorativen Details der gemalten Architekturelemente dürften, wenn auch in reduzierter Weise und von den heutigen Schraffierungen der Binnenflächen abgesehen, dem 1913 kopierten Erscheinungsbild des späten 18. Jh. entsprechen («… die erst vor kurzem in möglichster Ähnlichkeit mit ihrem früheren Aussehen wiederhergestellten Lisenen …», Bürgerhaus, 1919). Zur Verwendung von Besenwurf an Profanbauten s. *Hütten* (3.4.47).

Literatur. Bürgerhaus VII, 1919, Tf. 30-35, S.XXIII-XXV · Andreas Morel.- Andreas und Peter Anton Moosbrugger. Zur Stuckdekoration des Rokoko in der Schweiz. Bern 1973, S.99 · INSA 4, 1982, S.427f (zur Wiederherstellung von 1913).

787 Schänis, Rathaus, Scheinpilaster mit ornamentalem Zieraufsatz 1765
788 Diessenhofen, Gasthaus Alte Sonne, klassizistische Pilasterkapitelle mit Blattfestons 1795
789 Glarus, Haus in der Wies, erbaut wohl 1771 mit Eckbemalung, diese kopiert 1913 und erneuert 1980
790 Glarus, Postament des Eckpilasters mit Büste der Hausherrin und Wappen Tschudi in Rocaillekartuschen

791 Altendorf, ehem. Gasthaus zum Engel 1686, Scheinarchitektur mit buntfarbig dekorierten Pilastern und Fensteraufsätzen hinzugefügt E. 18. Jh.

792 Altendorf, marmoriertes Postament eines Eckpilasters und Wappen über der Tür

3.4.51 Altendorf (SZ, March)

Seestatt 20, ehem. Gasthaus zum Engel. Errichtet 1686 (Jz. auf Türsturz), später verändert. Architektonische und figürliche Bemalung E. 18. Jh., rekonstruiert im Zug der Bausanierung 1983. Aufgenommen 2000.

Bau (Abb. 791, 792). Am Westufer des Zürichsees entstand an der Anlegestelle der den Jakobsweg via Einsiedeln verbindenden Schiffsüberfahrt die sogenannte Seestatt, eine kleine, von Altendorf abgetrennte Ansiedlung von Herbergen und Sustenhäusern zur Aufnahme der Pilgerscharen. Unter den teilweise bemalten Gebäuden erhielt das Gasthaus zum Engel den prächtigsten Dekor. Es handelt sich um ein 3-gesch., weiss verputztes Haus mit Satteldach und Klebedächern, auf dessen giebelseitiger Hauptfassade die Malereien liegen (Eingangsquerbau zugefügt erst im 19. Jh.).

Buntfarbige Scheinarchitektur mit Pilastern und Fensterrahmen. Die beiden mächtigen, perspektivisch dargestellten Eckpilaster bestehen jeweils aus hohem Postament und Schaft mit Spiegeln, Sockel- und Abschlussplatten sowie einem Kapitell, auf dem Vasen und buntfarbige Blumengirlanden aufsitzen. Die Pilaster sind steingrau, die Platten gelb und die eingelassenen Spiegel rot mit jeweils stark marmorierten Oberflächen wiedergegeben. Gemalt sind auch die von gleichen Vasen- und Blumengirlanden übergiebelten Tür- und Fensteraufsätze im EG und 1. OG (Abb. 793), deren Sandsteingewände ebenso wie die der aufsatzlosen Fenster eine graue Fassung mit schwarzen Konturstrichen und eine zusätzliche Umrandung mit Ohren erhielten. Zwischen dem 2. und 3. OG befindet sich das grosse Wandbild eines Verkündigungsengels, der dem Haus den Namen verleiht.

793 Altendorf, ehem. Gasthaus zum Engel, Detail eines Fensteraufsatzes im Zustand vor der Restaurierung
794 Altendorf, Seraphinahaus A. 18. Jh., Scheinpilaster und Türaufsatz hinzugefügt um 1780

Bemerkungen. Im Unterschied zu den andern beiden Bemalungen am Seraphinahaus (3.4.52) und am Gasthaus zur Krone (3.4.53) in *Altendorf Seestatt* sticht am ehemaligen «Engel» die Schmuckqualität der zwar ebenfalls nach klassizistischem Muster ausgeführten Scheinpilaster hervor, die hier aber reich mit Details ausgestattet und in ländlicher Buntfarbigkeit gefasst wurden.

Literatur. KDM SZ II Neue Ausgabe (Albert Jörger), 1989, S. 77, Abb. 88.

3.4.52 Altendorf (SZ, March)

Seestatt 30, Seraphinahaus. Errichtet wohl im frühen 18. Jh., verändert mit Mansarddach und wahrscheinlich mit gleichzeitiger Architekturbemalung auf Neuverputz um 1780. Malerei verdeckt durch einen Besenwurf nach 1910, wieder freigelegt und rekonstruiert 1999. Aufgenommen 2000.

Scheinpilaster, Türaufsatz und Fensterrahmen in Graumalerei (Abb. 794). Freistehendes 2-gesch. Wohnhaus mit drei zu zwei Fensterachsen und ausgebautem, geschweiftem Mansarddach. Die Malerei umfasst vier Eckpilaster mit hohen Postamenten, Schaftspiegeln und Plattenkapitellen, sodann einen Segmentgiebel auf Konsölchen mit Louis-XVI-Kartusche über dem Oberlicht des Eingangs und schliesslich geohrte Fensterrahmen, die die Fenstergewände aus farbgleichem sowie grau geschlämmtem Sandstein verbreitern. Die farbigen Flächen zeigen zwei helle, die Binnen- und Konturstriche zwei dunkle Grautöne.

Bemerkungen. Das heutige Fassadenbild besteht weitgehend aus einer Rekonstruktion anhand einer um 1910 aufgenommenen Fotografie, die die ursprüngliche Bemalung wiedergibt (Bamert, Abb. 14) sowie aus einigen freigelegten Originalresten an der Seeseite. Es handelt sich um eine zwar einfache, aber sehr noble klassizistische Illusionsmalerei in Grau auf Weiss, die mit dem Grün der ebenfalls nach Befund wiederhergestellten Holzläden eine Fassadenpolychromie in drei Farbtönen mit mehreren, fein abgestimmten Graustufungen aufweist (vgl. die beiden anderen, etwa gleichzeitigen Bemalungen in *Altendorf Seestatt*, 3.4.51 und 3.4.53).

Literatur. KDM SZ II Neue Ausgabe (Albert Jörger), 1989, S. 77, Abb. 88 · Bamert 1999/2000, S. 195f, Abb. 14 (Aufnahme um 1910).

3.4.53   Altendorf (SZ, March)

Seestatt 3, ehem. Gasthaus Krone. Errichtet M. 18. Jh., Architekturbemalung E. 18. Jh., später mit rauem Besenwurf überdeckt. Wieder freigelegt und rekonstruiert 1995. Aufgenommen 2000.

Bau (Abb. 795, 796). Kompakter Baukubus mit zwei Wohngeschossen auf hohem Sockelgeschoss und frontseitig fünf, sonst drei zu drei Fensterachsen; Krüppelwalmdach mit Klebdächern am jeweiligen Giebelfuss, zwei abgewalmte Gaupen, doppelläufige Treppe vor dem Haupteingang. Der die Wand bedeckende, leicht gelbliche Naturputz ist bei der jeweiligen Malerei fein abgeglättet. Diese umfasst nicht nur alle Fassaden sondern auch die Gaupen.

Marmorierte Scheinpilaster, Fensterrahmen und Türwappen. Die Eckbemalung stellt Wandvorlagen mit aufliegenden Pilastern über Doppelpostamenten dar. Das untere Postament und die Vorlagen sind nur in zwei Grautönen, die Spiegel des oberen Postaments und die Schäfte hingegen in einer hellen Marmorierung mit rosa-violetter Äderung wiedergegeben. Die Farben der mit Tuchgehängen verzierten und mit zahlreichen Kämpferplatten abgedeckten Kapitelle weisen eine reiche Skala von Violett- und Naturtönen auf. Auf die grauen Sandsteingewände des Hauseingangs sowie sämtlicher Fenster wurden steinfarbige, konturierte Ohrenrahmen gemalt. Über dem Oberlicht des Eingangs befindet sich ein mit gelben Girlanden übergiebeltes Wappenschild (Letzteres in buntfarbiger Emailmalerei). Die nach Befund erneuerten Klappläden sind mattgrün gestrichen.

Bemerkungen. Die noch in nennenswerten Resten vorhandene Originalmalerei (Bamert, Abb. 8) wurde in ihrer differenzierten und für den Klassizismus typischen strengen Formgebung und kühlen Farbpalette wiederhergestellt. Das matte Grün der Läden bereichert auch hier die dezente Farbabstimmung. Vergleichbar sind die beiden anderen klassizistischen Architekturbemalungen in *Altendorf Seestatt* (3.4.51, 3.4.52) sowie die an der Alten Sonne in *Diessenhofen* (3.4.49), am Alten Sternen in *Rapperswil* (3.6.24) und am Kirchenschiff in *Arth* (3.6.27).

Literatur. KDM SZ II Neue Ausgabe (Albert Jörger), 1989, S. 76 · Bamert 1995/96, S. 112f, Abb. 8 (Originalbefund).

Pilaster von besonderer Schmuckhaftigkeit in Graubünden

3.4.54   Scharans (GR, Domleschg)

Haus Nr. 77, Haus Gees. Bau vor 1543 (Jz. im Innern), Fassadenmalerei von Hans Ardüser, 1605 (Jz. Fassade, 1. OG). Aufgenommen 1983 (vor der Restaurierung 1987/88).

Eckornamentmalerei in dunklen Grau- und Ockertönen, bis zur jüngsten Restaurierung auf Naturputz (Abb. 702, 797, 798). Zu den höchst bemerkenswerten, figürlich-ornamental dekorierten Ädikulen Ardüsers, die die Fenster einrahmen, gehört ein Eckschmuck in der Art eines Pilasters. Er befindet sich an der unverbauten südwestlichen (linken) Hausecke der 3-gesch. Giebel- und Hauptfassade (s. 1.4.2), beginnt auf halber Höhe und ist in der oberen Partie noch

795   Altendorf, ehem. Gasthaus Krone, klassizistisches Pilasterkapitell
796   Altendorf, ehem. Gasthaus Krone M. 18. Jh., Bemalung hinzugefügt E. 18. Jh.
797   Scharans, Haus Gees, Detail der Doppelvoluten, Rosetten und Kugelketten, Hans Ardüser, Originalbestand 1605 (Foto 1983)

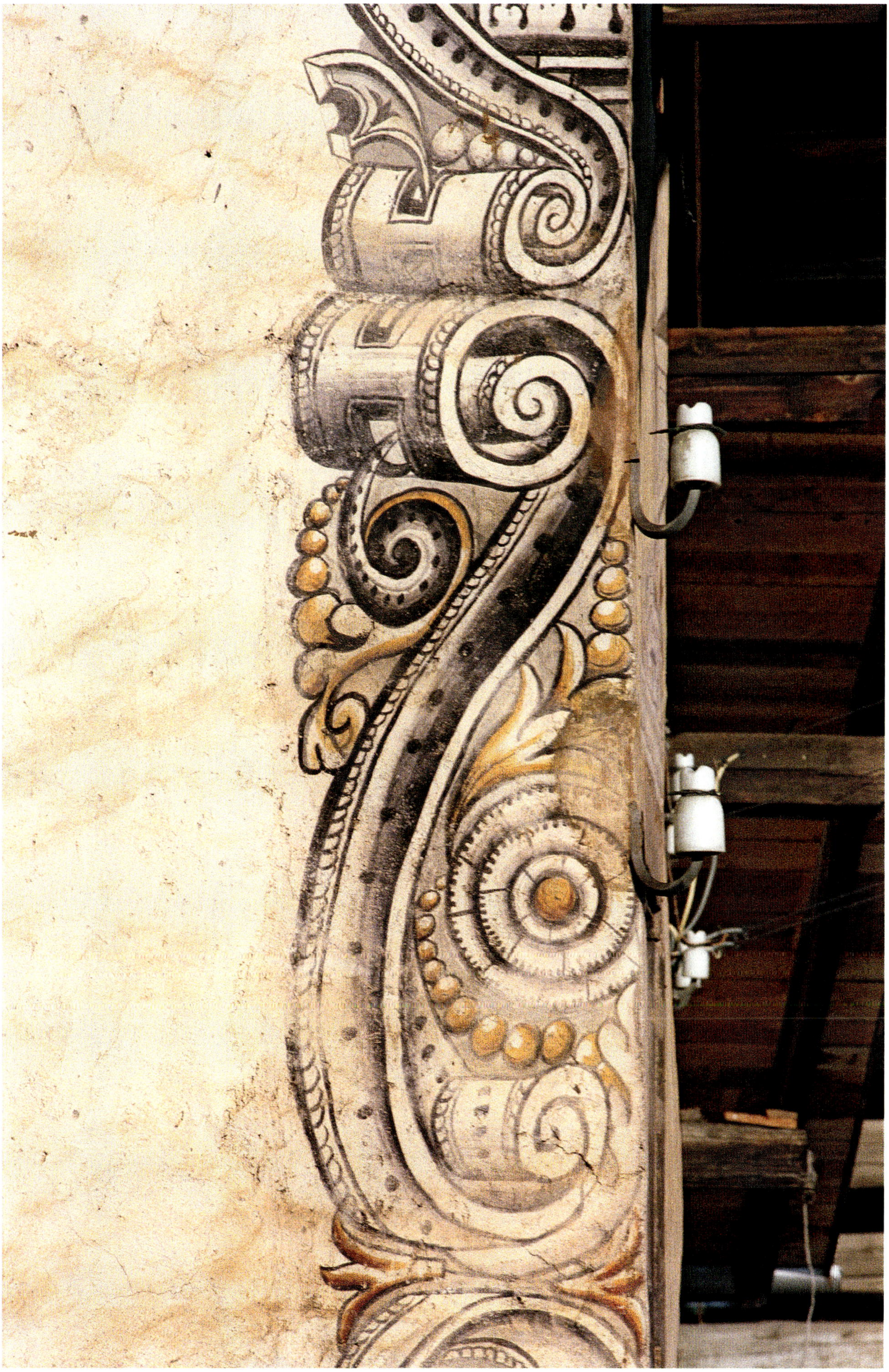

relativ gut erhalten. Während in der Regel der Dekor gemalter Pilaster nicht über Schaftquaderungen und architektonische Kapitellornamentik hinausgeht, bestehen die Schäfte und Kapitelle an diesem Pilaster aus dreidimensional dargestellten, in sich verschraubten Doppelvoluten, deren Zwickel von stilisierten Rosetten, Blättern, Kugelketten und Gesimsstücken aufgefüllt werden. Die einzelnen Zierelemente korrespondieren spiegelbildlich übereck, so dass die vorherrschend ornamentale Erscheinung kaum mehr das zugrunde liegende architektonische Bauglied erkennen lässt. Die ornamentalen Formen selbst sowie ihr illusionistischer Einsatz als konstruktives Bauelement orientieren sich an den sonderbaren Verformungen des zeitgenössischen, internationalen Manierismus, werden aber von Ardüser in einen unverwechselbar eigenen, volkstümlichen Malstil umgewandelt. – Der Zierpilaster am Haus Gees ist in seiner Art bisher einmalig.

Literatur: Vögelin 1884/1887, S. 339 · Bürgerhaus XVI, 1925, Tf. 60, 66 · KDM GR III (Erwin Poeschel) 1940, S. 136f · Paul Zinsli.- Der Malerpoet Hans Ardüser. Chur 1986, S. 24f.

3.4.55 Chur (GR)

Reichsgasse 28, Haus Braun. Erbaut 15./16. Jh., aufgestockt um 1700, Fenster später vergrössert. Mehrere Fassadenbemalungen im 15./16. Jh.(?), um 1600, um 1700 und um 1800. Freilegung, Konservierung und Rekonstruktion der Schicht um 1600 im Jahr 1978. Aufgenommen 2001.

Bau. Wohnhaus und Kopfbau einer geschlossenen Häuserzeile. Auf der 4-gesch. und 4-achsigen, hart an die Reichsgasse stossenden Hauptfassade liegt eine üppige Architektur- und Dekorationsmalerei, die an der freien Seitenfront noch ein einzelnes Fenster einbezieht. Das um 1700 aufgestockte Mezzaningeschoss hat keinen Dekor. Die späteren Vergrösserungen der Fenster an der Strassenfront nehmen keine Rücksicht auf die gemalten Rahmen, was besonders die Umrahmung des ehemals dreiteilig disponierten Doppelfensters im 1. OG beeinträchtigt.

Illusionsmalerei mit Eckpilastern in Grisaille und Ocker sowie Fensterrahmen und Gesimsen in Grisaille (Abb. 799–801). Das fast schwarz mit schwarzen Quaderfugen verputzte Erdgeschoss (Fassung nicht dokumentiert, Ladeneinbau modern) trägt drei Wohngeschosse samt Mezzanin, von denen das erste weiss, die beiden darüber hingegen grau verputzt sind. Mit dieser Farbstufung nehmen sie auf die Kolossalordnung der zwei mächtigen Eckpilaster Bezug. Die Pilaster verfügen über geschosshohe, in ihren Bossen unterschiedlich gequaderte und mit einem profilierten Gesims verkröpfte Postamente, über denen die Schäfte an den Bauecken der beiden obersten Geschosse aufsteigen. Die Basen der Pilaster bestehen aus verschiedenartigen Akantusblättern, die Kapitelle aus rollwerkbesetzten Platten, die sich ihrerseits mit dem oberen Gesims verkröpfen. Als Besonderheit der Pilaster fallen die aufgelegten, ockerfarbigen Halbsäulen mit prächtigen korinthischen Blatt- und Volutenkapitellen auf. Die Fenster in den drei Wohngeschossen werden von Scheingewänden mit ornamentierten Gesimsen, Konsolen und Aufsätzen umrahmt; Letztere fehlen im 3. OG. Von den Fensteröffnungen ist die der Seitenfassade noch original. Die Malerei weist starke Schattierungen auf, so dass die Werte der Grau- und Ockertöne von Hell bis Dunkel reichen.

Zustand vor der Freilegung 1978. Die heute sichtbare, materiell zu etwa 60 Prozent ursprüngliche, 20 Prozent ergänzte und 20 Prozent im Stil der Entstehungszeit neu erstellte Malerei ist aufgrund von Abklärungen die qualitätvollste und vermutlich älteste der insgesamt sechs (oder sieben) Putzschichten, von denen drei (oder sogar fünf) bemalt waren. Es wurde folgende Chronologie festgestellt: Zwei Schichten evtl. mit Dekorationen aus dem 15./16. Jh.; Schicht der heute sichtbaren Malerei um 1600; Schicht mit geritzten, grau ausgemalten Fensterrahmen mit Sprenggiebeln und «bossierten Quaderecklisenen» um 1700; Schicht mit grauen, fein schattierten klassizistischen «Pilasterecklisenen» um 1800; zwei unbemalte Schichten, vermut-

798 Scharans, Haus Gees 1543, Fassadenmalerei Hans Ardüser, Originalbestand 1605 (Foto 1983)
799 Chur, Haus Braun, Baukern 15./16. Jh., konservierte und rekonstruierte Fassung der Malschicht von ca. 1600 mit Architekturen und Ornamenten in Grisaille und Ocker

links
800 Chur, Eckpilaster, Sockel- und Kapitellpartien
801 Chur, Kantenpilaster, Basis und Kapitell der aufliegenden Säule

unten
802 Zürich, Haus Zum Unteren Rech, Fensterbemalung im Lichthof, Girlanden 1534, Architekturen 1574
803 Schaffhausen, Weisse Traube, konservierter Rest der Eckbemalung um 1604

lich 19. Jahrhundert. Die beiden jüngsten dekorierten Putzschichten wurden durch Pläne, Zeichnungen und Fotos dokumentiert, gingen selbst aber 1978 verloren.

Bemerkungen. Während sich die Fensterornamentik an traditionellen Vorbildern orientiert, fallen die zweifarbigen Pilaster mit ihren phantastischen, zum Teil bizarren Einzelformen als neuartig heraus. Ungewöhnlich, aber konsequent ist der Farbwechsel von Hell und Dunkel beim Wandputz in den Wohngeschossen, der mit der Kolossalordnung der Pilaster korrespondiert, indem das weiss verputzte untere Geschoss den Postamenten und die dunkel verputzten oberen Geschosse den Schaftpartien entsprechen. Die Pilastermalerei selber repräsentiert den nördlich der Alpen seit dem späteren 16. Jh. aktuellen Stil des Manierismus und greift möglicherweise auf zeitgenössische grafische Vorlagen zurück. Die manierierten Verformungen der

804 Präz, Haus Nr. 40, originelle Pilastermalerei, Originalbestand 1801
805 Präz, Haus Nr. 58, gemustertes Pilasterkapitell, Originalbestand 1763
806 Pitasch, Haus Nr. 54, Pilaster mit malerisch verfremdeter Schaftquaderung, Originalbestand 18./19. Jh.

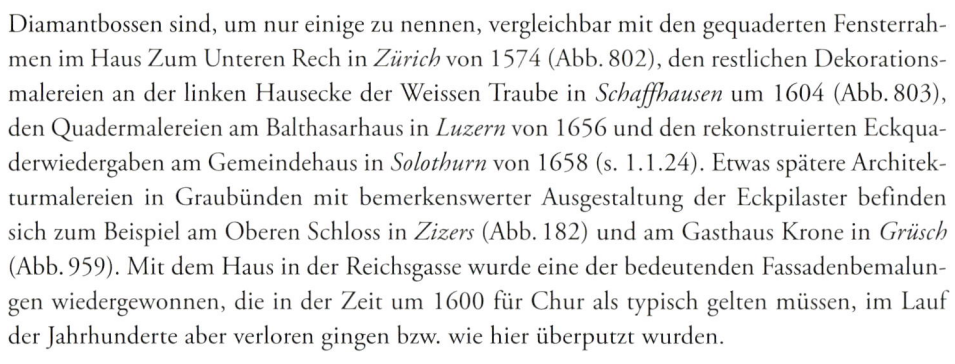

Diamantbossen sind, um nur einige zu nennen, vergleichbar mit den gequaderten Fensterrahmen im Haus Zum Unteren Rech in *Zürich* von 1574 (Abb. 802), den restlichen Dekorationsmalereien an der linken Hausecke der Weissen Traube in *Schaffhausen* um 1604 (Abb. 803), den Quadermalereien am Balthasarhaus in *Luzern* von 1656 und den rekonstruierten Eckquaderwiedergaben am Gemeindehaus in *Solothurn* von 1658 (s. 1.1.24). Etwas spätere Architekturmalereien in Graubünden mit bemerkenswerter Ausgestaltung der Eckpilaster befinden sich zum Beispiel am Oberen Schloss in *Zizers* (Abb. 182) und am Gasthaus Krone in *Grüsch* (Abb. 959). Mit dem Haus in der Reichsgasse wurde eine der bedeutenden Fassadenbemalungen wiedergewonnen, die in der Zeit um 1600 für Chur als typisch gelten müssen, im Lauf der Jahrhunderte aber verloren gingen bzw. wie hier überputzt wurden.

Literatur und Unterlagen. Weder im Bürgerhaus noch in den KDM vermerkt · Untersuchung von Putzproben (Andreas Arnold, Institut für Denkmalpflege, 25. 7. 1978) · Bündner Zeitung vom 2. 11. 1978, S.3 (Carl Bieler) · Für Aktennotizen danke ich der Kt. Denkmalpflege in Chur, für Informationen zur Weissen Traube in Schaffhausen Urs Ganter, Kt. Denkmalpflege Schaffhausen · Jürg Schneider, Jürg Hanser.- Das Haus «Zum Rech» am Neumarkt. In: Zürcher Denkmalpflege, 9. Bericht 3. Teil, Stadt Zürich 1969-1979. Zürich 1989, S.58-61.

3.4.56   Präz (GR, Heinzenberg)

Haus Nr. 40. Erbaut evtl. 1675, verändert 1801 (Jzz. im Spruch des Sebastian Manik an der Platzseite). Dekorationsmalerei wohl von 1801. Originalbestand. Aufgenommen 1983.

Gemalte Eckpilaster und Fensterumrahmungen (Abb. 804). Weitgehend freistehender, 2-gesch. Putzbau mit hohem Eingangssockel und asymmetrischem Satteldach, an den Wohngeschossen weiss getüncht. Zur Farbigkeit der platzseitigen Giebelfront und der linken (westlichen) Traufseite gehören die hölzernen, grün gestrichenen Fenstergewände, die mit schwarzen, geohrten Rahmen und Giebelaufsätzen aus Blätterzweigen ummalt sind sowie ein schwarz gerahmtes Dachgesims. Den Hauptakzent aber bilden drei mächtige Eckpilaster, zusammengesetzt aus schwarzen Schäften mit weissen Spiegeln und weit ausladenden, abwechselnd schwarzen, blauen, gelben und grünlichen Sockel- und Kapitellplatten. Die jeweilige Länge der Pilaster wurde der unterschiedlichen Dachkantenhöhe angepasst.

Bemerkungen. Die originelle volkstümliche Pilastermalerei dieses Hauses kommt in der Gegend mehrfach vor und setzt ältere Traditionen fort. In *Präz* selbst ist beispielsweise die ähnliche, wenn auch nur graue Fenster- und Eckpilastermalerei am rechten Teil des benachbarten Doppelhauses Nr. 58 (Abb. 805) zu nennen, die die Jz. (1)763 trägt. Beide Malereien befinden sich noch in relativ gutem, ursprünglichem Zustand.

3.4.57 Pitasch (GR, Ilanz)

Haus Nr. 54. Erbaut wohl 18./19. Jh., Bemalung aus der Bauzeit. Originalbestand. Aufgenommen 1983.

Eckpilaster, Fensterrahmen und Friese in unbunter Farbigkeit (Abb. 806). Zweigeschossiger, an der Giebelfront 2-achsiger, weiss verputzter Fachwerkbau auf hohem Steinsockel. Die Wohngeschosse tragen an drei Fassaden eine Bemalung in Schwarz, Grau und Weiss. Sie umfasst schwarze Fensterrahmen und Dachfriese mit Laufendem Hund und Wellenband in schöner Zeichnung sowie eckverzierende Pilaster, deren Schäfte sich aus stilisierten, an den Seitenkanten abgerundeten Quadern zusammensetzen. Sie sind in kräftiger Linienführung mit abgestufter Binnentönung aufgemalt und laden unter dem Dachbalken zu einer Art Kapitell aus.

Bemerkung. Pilasterquaderung mit grafischem Charakter in rarer, sehr eigenwilliger Stilisierung. Originalbestand, leider stark beschädigt.

3.4.58 Filisur (GR, Albulatal)

Haus Nr. 84. Erbaut 16. Jh., bemalt von Hans Ardüser 1595 (s. 1.4.1), häufig verändert, u. a. 1666 (Jz. am strassenseitigen Dachsparren), 1801 (Jz. am Wappenstein über dem strassenseitigen Toreingang). Eckpilastermalerei wohl auch 1801. Orginalbestand, stark aufgefrischt. Aufgenommen 1997.

Buntfarbige Eckpilaster (Abb. 807). Die giebelständige Strassenfassade des «Ardüserhauses» weist einen beträchtlich jüngeren Dekor auf, der nichts mit der Bemalung Ardüsers an der traufseitigen Platzfassade zu tun hat (ob darunter und unter dem im späten 19. Jh. aufgebrachten Besenwurf ältere Malereien liegen, ist nicht abgeklärt). An der Strassenmauer gesellen sich zu den einfachen, weiss gefassten und gerahmten Fensternischen, Toreinfassungen und gelb berankten Traufstreifen zwei ungewöhnlich detailliert ausgearbeitete Pilasterdarstellungen. Sie liegen auf der freistehenden Ecke und an der linken Hauskante (an der Gegenkante befindet sich ein Ardüser-Pilaster) und sind in Schwarz, zwei Grau-, zwei Ocker- und zwei Weisstönen wiedergegeben: Ein mächtiger Unterbau aus Postament und Basis mit Wellen und Rauten, darüber der von einem vierteiligen Gesims untergliederte Schaft und schliesslich ein Plattenkapitell. Gesims und Kapitell sind geometrisch gleich gemustert. Die grauschwarzen Schaftseiten tragen helle gerahmte, mit Weinranken und Blütenstengeln verzierte Spiegel. Je nach Tageslicht erhält das Grau einen bläulichen Ton.

Bemerkung. Repräsentatives Beispiel eines Pilasters mit klassizistischen Elementen im Stil einer farb- und dekorationsfreudigen Bauernmalerei. Die Erwähnung einer weiteren, etwas früher datierenden Eckpilastermalerei in *Valchava* im Münstertal deutet die formale und farbliche Variationsbreite der Darstellung dieses Bauelements in Graubünden an (Abb. 808).

Literatur. Bauernhäuser GR II (Christoph Simonett), 1968, S. 144, Abb. 409.

807 Filisur, Haus Nr. 84, Eckpilaster mit Schaftgesimsen und Spiegelornamenten, 1801
808 Valchava, Wohnhaus am südlichen Ortsausgang, Dekorationsmalerei mit Pilastern, E. 18. Jh.

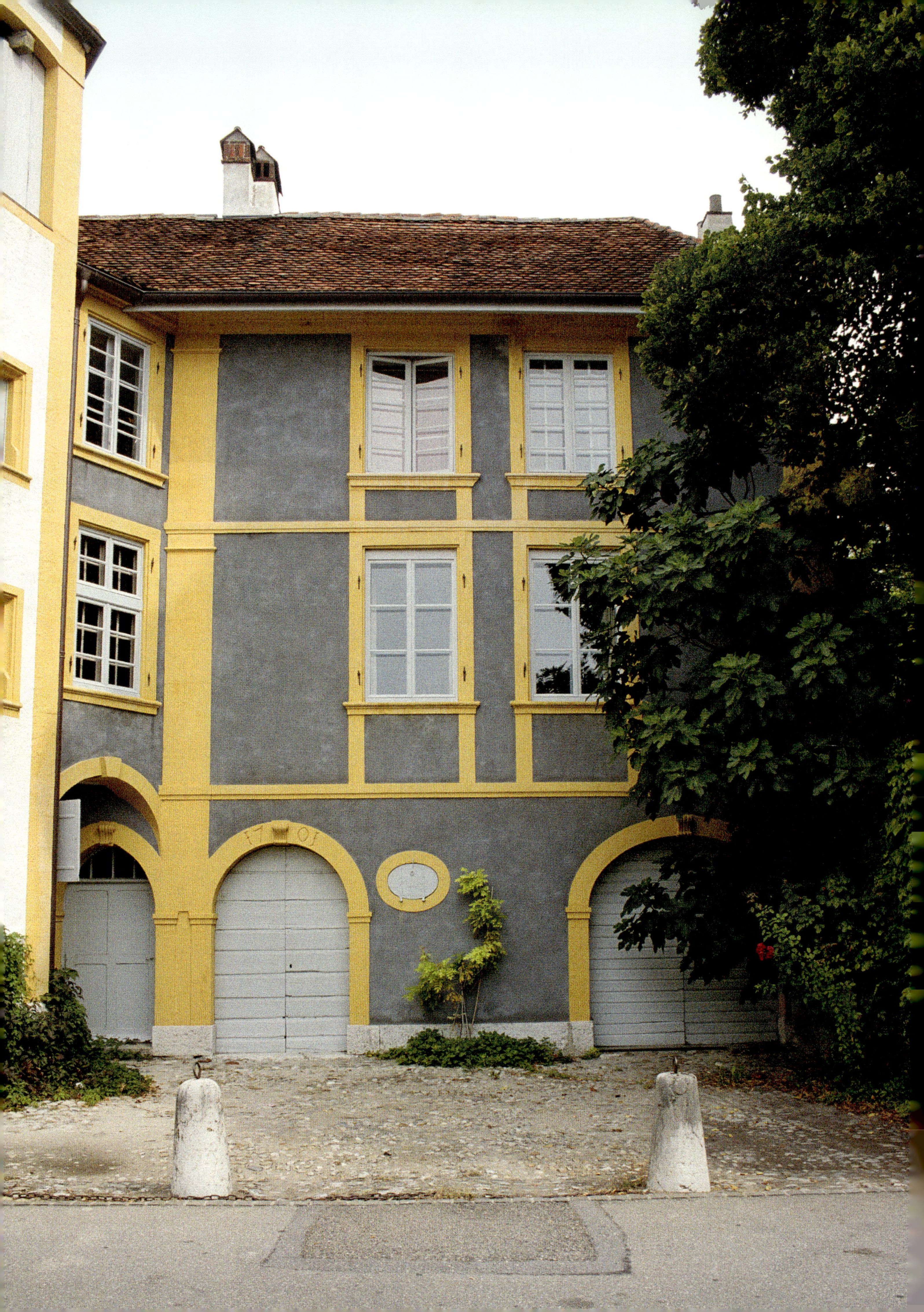

3.5 Farblich abgesetzte Fassadengliederungen

Überblick

Unter Fassadengliederung wird im Folgenden ein Wandaufbau verstanden, bei dem ein einheitlich aufliegendes Architektursystem sämtliche Geschosse und Fensterachsen zusammenschliesst und sich in seiner Farbfassung von der des Mauerputzes deutlich abhebt. Die vertikale Unterteilung übernehmen Pilaster, Lisenen, Wandvorlagen sowie dezidiert ausgeprägte Tür- und Fensterachsen; die horizontale wird im Wesentlichen durch Gesimse und Bänder, ab und an auch durch Gebälke gebildet. Ornamentik spielt im Prinzip keine oder nur eine untergeordnete Rolle.

Da diese Art von Fassadengliederung verbreitet auftritt, sind hier nur Beispiele der wichtigsten, in besonderem Mass durch ihre Farbigkeit bestimmten Erscheinungsbilder ausgewählt und wegen der beträchtlichen Unterschiede in den architektonischen Details nicht nach ihrem formalen Aufbau, sondern nach ihren Farbkombinationen gruppiert:

Steingrau auf heller Putzwand, Kirchen (3.5.1–3.5.10), Steingrau auf heller Putzwand, Profanbauten (3.5.11–3.5.24), Rot auf weisser Putzwand (3.5.25–3.5.38), Gelb auf weisser Putzwand (3.5.39–3.5.51), Weiss auf gelber Putzwand (3.5.52–3.5.57), Weiss und Gelb auf grauer (schwarzer) Putzwand (3.5.58–3.5.61), Historische Vielfarbigkeit, Maurice Vallat junior (3.5.62, 3.5.63).

Die häufigsten Farben dieser Gliederungssysteme sind alle Töne in Grau, denen eine nuancenreiche Palette von Rot und Gelb folgt. Ob unbunt oder bunt, die jeweilige Farbe der Gliederung kontrastiert in der Regel mit einem hellen bis weissen Mauerputz. Daneben gibt es, wenn auch seltener, die umgekehrte Verteilung, indem der Mauerputz farbig erscheint, im Ton also dunkler ist als die gliedernden, weiss oder zumindest hell gefassten Architekturen.

Da das Fassadenbild auf den ersten Blick vom Farbintervall Grau–Weiss, Rot–Weiss, Gelb–Weiss oder eben auch Weiss–Grau, Weiss–Rot und Weiss–Gelb dominiert wird und sich erst aus näherer Distanz flach gemalte von aufgesetzten Architekturgliedern unterscheiden, kommen hier sowohl zwei- als auch dreidimensionale Erscheinungsweisen zur Sprache. Bestehen die Werkstücke aus Stein oder Mörtel, zeigen sie heute sowohl ihre Naturfarbe als auch deckende oder lasierende Anstriche.

809   St-Blaise, Maison Robert, Wohnhaus mit Treppenturm 1649. Gelb gefasste Werkteile aus gelbem Neuenburger Kalkstein und seltener, schwarz durchfärbter Putzmörtel am 1701 hinzugefügten Anbau (3.5.58)

810　Guarda, ehemalige Herberge und Post 1731. Das einzige Schmuckelement der beiden, nur durch zwei zierliche, gelbe Mörtelgesimse unterteilten Schaufassaden ist der weisse Marmorstein mit dem Wappenbild des Bauherrn über dem Portal. Er wird von dem unteren Gesims wie ein Medaillon eingefasst und damit in die Wandgliederung integriert (3.5.42)

811　Hospental, Pfarrkirche 1706/10. Die Zwickel, die sich zwischen der Dachkante, dem aufgemörtelten, grau mit weissen Fugen gefassten Blendbogen und den aufgemauerten, farbgleichen Pilastern ergeben, sind ein kennzeichnendes Detail der Fassaden des Hospentaler Baumeisters Bartholomäus Schmid (3.5.2)

Über die durchgegliederten Fassaden hinaus werden auch Bauwerke aufgeführt, deren Fassaden allein durch farblich abgesetzte Fenster- und Türrahmen oder durch ein einzelnes hervorstechendes Architekturelement ein eigenständiges Gesicht erhielten (3.5.11, 3.5.12, 3.5.39, 3.5.40, 3.5.42 sowie Abb. 810). Denn ebenso wie aufwändige Gliederungssysteme sind auch sie wichtige Beispiele für den individualisierenden Anteil, der den Farben am äusseren Erscheinungsbild zukommt.

Üblich ist hierzulande die Zweifarbigkeit. Ab und an tritt eine dritte Farbe hinzu, sei es als Anstrich kleiner Flächen (Schattierungen), als dunkle Konturlinie oder als Naturfarbe des Bausteins selbst. Ausserdem wurden in der Zeit nach 1750 ebenso wie bei den mit Pilastern und Lisenen bemalten Oberflächen (3.4.33, 3.4.37, 3.4.47) unterschiedlich strukturierte Putze eingesetzt, die wie eine zusätzliche Farbe wirken (3.5.37, 3.5.61). Dreifarbigkeiten entstehen aber auch, wenn an den Fenstern unifarben gestrichene Schlagläden angebracht sind. Meistens grün, bilden sie ein eigenständiges Farbelement, wie es Fassaden aus unterschiedlichen Landesgegenden zeigen (3.5.21–3.5.24). Eine besonders wichtige Rolle kommt den grünen Läden in der Umgebung von Basel zu, wo sie die Farbigkeit der Ortsbilder wesentlich mitbestimmen (3.5.31–3.5.34, 3.5.49–3.5.51). Läden mit ornamentaler oder heraldischer Bemalung stehen historisch in anderem Zusammenhang, so dass sie unter dem Aspekt der Farbkonzepte hier ausser Betracht bleiben.

Der Überblick umfasst alle Landesteile und konzentriert sich auf den für derartige Fassadengliederungen interessantesten Zeitraum des 17. und 18. Jahrhunderts samt einiger Vorläufer und Nachzügler. Auf baugeschichtliche Verknüpfungen mit Italien, Süddeutschland und Frankreich wurde der Übersichtlichkeit halber nur bei einigen, besonders nennenswerten Bauwerken hingewiesen (3.5.15, 3.5.37, 3.5.62, 3.5.63).

Als weiteres Kriterium für die Auswahl gilt, dass sich die Farben der heute fast durchgehend erneuerten Anstriche auf ursprüngliche oder jüngere historische Befunde zurückführen lassen, wie etwa auf die Umkehr von Dunkel auf Hell in Hell auf Dunkel im 19. Jahrhundert. In diesen Zusammenhang gehört auch der Hinweis auf die Farbwiedergaben älterer Bildquellen und deren kritisch zu betrachtende Tauglichkeit als Orientierung für heutige Farbrekonstruktionen (3.5.56, 3.5.57).

Eine topografische oder zeitliche Bevorzugung bestimmter Farbkombinationen ist hierzulande kaum auszumachen. Die Annahme, im Norden oder im 17. Jahrhundert herrschten eher die unbunten, im Süden oder im 18. Jahrhundert eher die bunten Farben vor, ist mit Gegenbeispielen widerlegbar. Feststellen lässt sich aber, dass die Farben im Einzelnen, ähnlich wie bei den Steinimitationen, von der Naturfarbe des jeweils lokal verwendeten Bausteins bestimmt wurden. Zugleich waren sie aber auch abhängig von Zeitmoden am Orte selbst (Basel), von Vorlieben eines Baumeisters («Bagnato-Rot») oder von den Gepflogenheiten wandernder Bauhandwerker (Tessin, Graubünden).

Hervorzuheben ist an dieser Stelle noch ein typisches Gliederungsmotiv, das die Fassaden von Profanbauten des 18. Jahrhunderts in den Kantonen Waadt und Neuenburg beherrschte: Es sind die von meist ungefasstem Naturstein eingerahmten Brüstungsfelder unter den Fensterbänken, die die Fassaden in Verbindung mit den Bauelementen kleinteilig rastern, so dass eine geometrische, im Charakter unarchitektonische Flächenmusterung entsteht (3.5.44).

Einige, durch ihre Farbdisposition besonders auffällige Fassadengliederungen können mit bestimmten Baumeisternamen in Verbindung gebracht werden. So lässt sich offensichtlich die Handschrift von *Bartholomäus Schmid* an der grauen Bogenverblendung mit dem signifikanten Zwickelmotiv in seinen Bauten in Hospental und Andermatt aus der Zeit um 1700 erkennen (Abb. 811 und 3.5.2). Die Innerschweizer Baumeisterfamilien *Singer* und *Purtschert* versahen die einzelnen Wandabschnitte ihrer Kirchenfassaden mit einer von zierlichen Weissrahmungen eingefassten Felderung und wendeten wohl auch die bereits erwähnten, unterschiedlich strukturierten Putzoberflächen an (3.5.6–3.5.10). Es handelt sich dabei um eine Art farbiger Aussengestaltung, die in vielerlei Varianten einen beträchtlichen Einfluss auf den Kirchenbau der Innerschweiz in der 2. Hälfte des 18. bis ins frühe 19. Jahrhundert ausgeübt hat. Neben andern Barockmeistern scheint nachweislich *Johann Caspar Bagnato* die aufliegenden Gliederungssysteme mit Vorliebe in Rot gefasst zu haben (3.5.37) und auch die historischen Bauwerke von *Maurice Vallat junior* weisen eine unverwechselbar eigenwillige Farbgestaltung der Aussenmauern auf, die als äusserst bemerkenswerte Baupolychromien des Kantons Jura gelten dürfen (Abb. 812 und 3.5.62, 3.5.63). Somit lassen sich wie schon die Eckquadermalereien von *Andreas Bühler, Bernhard von Puschlav, Ulrich Ruffiner* und *Hans Rinischer* aus der Zeit um und nach 1500 (S. 153–166) und die subtilen Farbabstimmungen der Pilastervorlagen von *Jost Kopp* aus dem frühen 19. Jahrhundert (3.4.22, 3.4.23) auch einige der farblich abgesetzten Fassadengliederungen als persönliches Stilmittel eines einzelnen Baukünstlers erklären.

Steingrau auf heller Putzwand – Kirchen

3.5.1 Sachseln (OW)

Pfarrkirche mit Wallfahrt zur Grablege des Seligen Bruder Niklaus von der Flue. Neubau 1672/84 mit romanischem, 1742 erhöhtem Turm. Pilastergliederung. Letzte Gesamtrestaurierung 1974/76. Aufgenommen 2001.

Bau (Abb. 814). An den östlich freistehenden, romanischen Glockenturm, dessen Schaft 1742 von Franz Singer um zwei Geschosse mit Achteck-Aufsatz und Kuppelhaube erhöht wurde, schliesst ein zwischen 1672 und 1684 von Steinhauer Hans Winden aus Ruswil neu erbautes, grosses Kirchenschiff an. Es verfügt über Querhaus, Polygonalchor sowie Vorzeichen und wird ringsum von übereinander angeordneten, in Stichbögen schliessenden Fensterpaaren belichtet.

812 Porrentruy, Allée de Soupire 1, Wohn- und Geschäftshaus 1905/06. In den von Buntfarben und materialimitierenden Putzoberflächen beherrschten Fassaden des Pruntruter Architekten Maurice Vallat junior manifestiert sich über den Zeitstil hinaus seine persönliche Handschrift (3.5.63)

813 Sachseln, Pfarrkirche, Sockel und Gesims eines Pilasters aus geädertem Melchtaler Marmor, Schaft aus Mörtel mit gequaderter Graufassung

814 Sachseln, Pfarrkirche, Gliederung aus schwarzem, hellgrau verwittertem Melchtaler Marmor und farblich angepasster Fassung 1672/84
815 Sachseln, Langhausarkaden aus unverwittert schwarzem Melchtaler Marmor, Emporenarkaden aus hellem, schwarz gefassten Tuffstein

Turm und Schiff sind weiss verputzt und durch eine einfache, hellgraue Pilastergliederung optisch miteinander verbunden (ohne Einbezug des 1679 an den Turm angebauten Beinhauses).

Pilaster aus hellgrauen Steinquadern bzw. hellgrau gefassten und gequaderten Mörtelschäften. Sowohl auf allen Bauecken als auch zwischen den Jochen des Langhauses liegen schmale Pilaster mit knapp ausgeprägten Sockel- und Kapitellpartien, die an Westfront, Querhausstirnen und Chor aus grauem, weiss geädertem Stein bestehen. Am Langhaus wurden nur die Sockel aus Steinquadern aufgemauert, die Schäfte hingegen aus Mörtel hochgezogen, hellgrau gestrichen und mit dunkelgrauen Fugen bemalt (Abb. 813). Ausser am Chor sind die Pilaster mit drei profilierten Gesimsen verkröpft. Die Überschneidungen liegen auf Mannshöhe, zwischen den Fensterpaaren und unter dem Dachansatz.

Bemerkungen. Kennzeichnend für die gesamte Farbigkeit der Kirche ist die Verwendung eines weiss geäderten, schwarzen Marmors, der an den Aussenmauern rasch hellgrau verwittert. Im Inneren, wo er für die Gliederungselemente (Säulenarkaden, Balustraden, Wandvorlagen, Gewölbebögen) mit glänzend polierter Oberfläche eingesetzt wurde, dominiert er den weiss gestrichenen Raum durch tiefes Schwarz (Abb. 815). Aus baukünstlerischen Gründen wurden sogar die aus hellem Tuffstein bestehenden Arkaden auf den Emporen schwarz gefasst («in Marmorfarb gemahlet») und Altäre sowie Kanzel in schwarzem Stuckmarmor angefertigt. Beim schwarzen Stein handelt es sich um einen Marmor (Malmkalk) von der Stöckalp im nahegelegenen Melchtal, bekannt als Melchtaler Marmor (die Fehlstellen wurden mit einer Aralditmischung geflickt). Dunkler Marmor unterschiedlicher regionaler Herkunft wurde im 17. Jahrhundert nicht nur in Unterwalden (u. a. Stans, Kerns, Engelberg), sondern auch andernorts verwendet, wie etwa am Äusseren und im Inneren der Klosterkirche *Pfäfers* SG (s. Abb. 399). Für sein Vorkommen in der Zentralschweiz – am Aussenbau verbunden mit farblich dem Naturstein angepasster Steinimitation – ist Sachseln ein herausragendes Beispiel.

Literatur. KDM Unterwalden (Robert Durrer), 1899/1928, S. 460-485, Abb. 284 (älterer, sich von der heutigen Fassung unterscheidender Zustand) · Die Restaurierung der Pfarrkirche in Sachseln. In: Der öffentliche Bau. Schweizer Journal 1977, S. 19 · De Quervain Gesteinsarten Bd. 5, 1983, S. 110-112.

3.5.2 Hospental (UR, Urserntal)

Pfarrkirche. Erbaut 1706/10 von Bartholomäus Schmid. Pilaster- und Bogengliederung gleichzeitig. Letzte Restaurierung 1985/88. Aufgenommen 1999.

Weisser Putzbau mit aufgemauerter Pilaster- und Blendbogengliederung in Hellgrau (Abb. 811, 816). Die Wandgliederung liegt auf allen Fassaden des 3-jochigen Langhauses sowie auf Querhaus und Polygonalchor. Sie umfasst pro Joch bzw. Wandabschnitt mächtige, hellgrau geschlämmte oder gefasste Pilaster auf Rücklagen, die über Kapitellplatten in Rundbogen auslaufen (profilierte Teile und Westfassade in Werkstein, sonst verputzter Mörtelauftrag). Sockel- und Kapitellzonen sind kräftig ausgebildet, Schäfte und Bögen durch regelmässige, weisse Quaderfugen unterteilt. Die Blendbögen am nordostseitig eingestellten, erst 1731 vollendeten Turm wurden nicht grau abgesetzt.

Bemerkungen. Farblich wirkungs- und charaktervolle Aussengliederung in harmonischen Proportionen. Der Innenraum weist zwar die gleiche, etwas reicher ausgeführte Wandgliederung auf, ist jedoch weiss in weiss gestrichen (Gewölbe weiss auf gelb), das heisst ihm fehlt die einprägsame Zweifarbigkeit des Äusseren von Grau und Weiss. Die farbig abgesetzte, architektonisch klare und motivisch knappe Ausformung des Wandprofils am Aussenbau mit der typischen, sich repetierenden Zwickelbildung zwischen Pilasterkapitell und Bogenansatz vereinigen sich zu einem unverwechselbaren Fassadenbild, das als persönliches Stilmittel des Baumeisters gelten kann. Der in Hospental heimische und einflussreiche Baumeister Bartholomäus Schmid (1660–1738) errichtete verschiedene Bauwerke, an deren Aussendisposition ebendiese Handschrift erkennbar ist (Abb. 817, 818): So in *Hospental* am Bauensemble von Kapelle und Pfrundhaus St. Karl aus den Jahren 1718 und 1727 (noch im Zustand vor der 2003 in gleicher

816 Hospental, Pfarrkirche, Westfassade mit den typischen, grau gequaderten Pilaster- und Bogenvorlagen von Bartholomäus Schmid 1710

817 Hospental, Kapelle St. Karl, weiss überstrichene, inzwischen farblich wie die Pfarrkirche rekonstruierte Gliederung von Bartholomäus Schmid 1718 (Foto 1999)

Art wie bei der Pfarrkirche rekonstruierten Farbfassung) und an der mit zusätzlicher Fensterrahmenmalerei bereicherten Hauptfront des Gasthauses St. Gotthard von 1723. Auch die Pfarrkirche von *Andermatt* stattete Schmid anlässlich einer Bauerweiterung 1696 schon mit dem ihm eigenen, dann allerdings später, vor allem 1903/05, veränderten Gliederungssystem aus (KDM Abb. 332). Bartholomäus Schmid ist einer der wenigen, namentlich fassbaren Architekten, deren Baustil an einer farbigen Wandgliederung dingfest zu machen ist (s. S. 431).

Literatur. De Quervain Gesteinsarten Bd. 5, 1983, S. 129 (betr. Kapelle St. Karl) · Thomas Brunner.- Die Restaurierung eines barocken Kleinods als wirtschaftlicher Impuls im Bergdorf. Die Kaplanei St. Karl in Hospental. In: BAK (Bundesamt für Kultur) Journal 10/2003, S. 5-8 · KDM UR IV (Thomas Brunner), 2008, S. 24, 292, 375-378, 391-396, 400f.

3.5.3   St. Urban (LU, Pfaffnau)

Kirche des ehem. Zisterzienserklosters. Neubau fertiggestellt 1715 von Franz Beer von Bleichten (Stiftungsinschrift mit Jz. an der Westfassade). Allseitig umlaufende Pilastergliederungen. Nach Befund rekonstruiert 1988/92. Aufgenommen 2001.

Weisser Putzbau mit aufgemauerter bzw. aufgemalter Pilasterordnung in Hellgrau (Abb. 718, 820–822). Ungewöhnlicher Grund- und Aufriss einer Wandpfeilerhalle in Doppelkreuzform mit Seitenkapellen, Chorhaus und Querschiffen sowie einer übergiebelten Westfassade zwischen mächtigen Zwillingstürmen. Die Aussengliederung besteht im Wesentlichen aus Pilastern mit teilweise hohen Sockelpodesten und ausgeprägten Kapitellen, die ein mehrteiliges Gebälk tragen, sowie aus Bogenfenstern mit geohrten bzw. vereckten Einrahmungen. An der Hauptfassade ist die Gliederung als Wandprofil in 2-gesch. Kolossalordnung aus Haustein aufgemauert und formal sparsam durch zweimal zwei Giebelüberdachungen (EG), Kapitellplatten (Eingangsbögen, Turmoktogone) und zwei Ziervoluten (Frontgiebel) ergänzt. Beim Haustein handelt es sich um ungewöhnlich grosse Quader einer seltenen Art von geröllreichem, grobkörnigem Muschelkalkstein von stark variierender heller Farbigkeit (Muschelnagelfluh), die bei der jüngsten Restaurierung wieder gänzlich mit einem weitgehend deckenden, grauen Farbanstrich versehen wurden. Die vor- und rückspringenden Nord- und Südseiten sowie die östliche flache Chorwand erhielten die gleiche, Letztere um ovale Giebelfenstergruppen erweiterte Gliederung. Diese Gliederung ist jedoch nicht aufgemauert, sondern im Putz umrissen und durchgehend grau mit dunkelgrauer Zeichnung der Strukturen aufgemalt. – Die

818   Hospental, Gasthaus St. Gotthard, Pilaster- und Bogengliederung von Bartholomäus Schmid 1723

819   Beromünster, Stiftskirche, Westfassade mit aufgesetzter, grauer Gliederung 1707

820   St. Urban, Klosterkirche, Westfassade mit Pilasterordnung aus naturhellem, grau gefasstem Muschelkalkstein, Franz Beer von Bleichten 1715

weiteren Klostergebäude weisen ausser dem älteren Frauenhaus (2.5.34) keine nennenswerten Farbfassungen auf.

Bemerkungen. Der imposante, die weitläufige Klosteranlage beherrschende Kirchenbau besitzt eine aussergewöhnlich repräsentative Eingangsfassade, deren Wirkung der grau abgesetzten, klassischen Gliederung zu verdanken ist, die den gesamten Prospekt sowie alle freistehenden Turmseiten bestimmt und einheitlich um das ganze Gebäude herum durch Flachmalerei fortgeführt wurde. Da man die helle Naturfarbe der Hausteinteile, obwohl sie von sich aus sehr ansehnlich ist, durch Farbanstrich nach Grau veränderte und die Hausteinteile in Graumalerei fortsetzte, wurde hier die Farbe Grau zum bewusst eingesetzten Stilmittel. Eine ähnliche, wenn auch weniger monumental disponierte Grau-Gliederung weist die 1707 errichtete Fassadenfront der Stiftskirche *Beromünster* auf (Abb. 717, 819).

Literatur. Die Literatur vor der Wiederherstellung 1992 kennt nur eine steinsichtig naturhelle Gliederung der Hauptfassade, da deren Graufassung abgewittert war · De Quervain Steine 1979, S.17, 175 · André Meyer 1983, S.78 · André Meyer.- Das ehemalige Zisterzienserkloster St. Urban. Bern 1994 (SKF), S.18-21.

3.5.4 Lachen (SZ, March)

Katholische Pfarrkirche. Errichtet 1707/11 im Wesentlichen von Peter Thumb. Farbfassung in Rahmenfeldern. Restaurierungen mit Farbumkehrung 1822/24 und Rekonstruktion der ursprünglichen Farbigkeit 1985/86. Aufgenommen 2004.

Doppelschichtige Wandgliederung mit hellen Rahmen, dunklen Binnenfeldern sowie hell abgesetzten Sandsteinportalen und -fenstern (Abb. 823). Der helle Farbton ist fast weiss, der dunklere liegt zwischen der hellen und der sandgrauen Naturfarbe des für die Steinmetzarbeiten verwendeten Sandsteins. Der 5-jochige Kirchenbau mit Doppelturmfassade (Ostseite) und Rundchor (Westseite) ist ringsum zweigeschossig befenstert und jochweise durch eine einheitliche, aufgemörtelte Rahmenfelderung gegliedert. Die Farbstufung der Felder wechselt im Rhythmus von Hell–Dunkel–Hell. Die beiden unteren Geschosse der Türme sind in die Gliederung einbezogen. An der Hauptfassade werden zudem die Profile der aufwändig in Haustein hergestellten Portal- und Fenstergewände auf der Wand in einer schwarz konturierten Weissrahmung nachgezeichnet, während an Schiff und Chor die ebenfalls schwarz konturierten Weissrahmungen die stich- und rundbogigen Fensterpaare jeweils rechtwinklig umschliessen und nur Eckausbuchtungen aufweisen (auf den jochteilenden Rahmenleisten seien – nach den KDM mindestens seit 1872 – gemalte Lagerfugen vorgesehen gewesen). Die Felderung der oktogonalen, von Zwiebelhauben bekrönten Turmaufsätze ist samt Abschlussgesims aus Sandstein aufgesetzt und steinsichtig belassen; in Farbe weiss hervorgehoben sind nur die Bogenränder der Schallöffnungen und der Fries des Kranzgebälks.

Restaurierung 1985/86. Die Rekonstruktion der Putz- und Farbfassung an Schiff und Chor erfolgte aufgrund von Spuren originaler Farb- und Mörtelreste; für die restlos ihrer ursprünglichen Oberfläche beraubte Westfassade orientierte man sich an Originalplänen süddeutscher Barockbaumeister.

Bemerkungen. Die zweifarbige, an der monumentalen Eingangsfassade durch die dunkleren Sandsteingewände zur Dreifarbigkeit erweiterte Feldergliederung ergibt einen streng strukturierten und geometrisch betonten Wandaufbau, der dem Bau einen «sehr lebhaften Rhythmus» verleiht (KDM, S.189). Den insgesamt hellen Farbtönen und insbesondere dem Merkmal, dass der äusserste Rahmen nicht den dunkleren, sondern den helleren der beiden Töne trägt, verdankt der Bau trotz aller Strenge eine gewisse Leichtigkeit. Er gewann sie bei der letzten Restaurierung zurück, nachdem 1822/24 die Farbenfolge ausgetauscht worden war und «die Lisenen einen Anstrich in ‹etwas graulichter Farbe› erhalten hatten» (KDM S.186).

821 St. Urban, Kapitellpartie der aufgemalten Pilasterordnung an der nördlichen Langhausseite

822 St. Urban, ein aufgemalter und ein gesteinmetzter Pilastersockel an der nordwestlichen Bauecke

823 Lachen, Pfarrkirche von Nordwesten, Farbfassung in Rahmenfeldern, Peter Thumb 1707/11
824 Lachen, Eingangsfassade, Detail mit Weissrahmung in Form des Gewändeprofils

Das heisst, die Farbenfolge zeigte sich damals von aussen nach innen in der Reihenfolge Dunkel–Hell–Dunkel (erkennbar auf Abbildungen vor 1985) und nicht Hell–Dunkel–Hell wie sie heute erscheint und wahrscheinlich auch zur Bauzeit zu sehen war. Die Weissrahmungen an der Westfassade, die die z.T. stark bewegte Profilierung der Werksteingewände auf die Wand projizieren, wurden 1985/86 nach Gutdünken aufgebracht und beruhen nicht auf Baubefund (Abb. 824). – Die hellfarbige Felderrahmung weist eine gewisse Ähnlichkeit mit den späteren Aussenwandgestaltungen der Innerschweizer Baumeisterfamilien Singer und Purtschert auf (s. 3.5.6 *Schwyz*). Lachen könnte somit als eine entwicklungsgeschichtliche Vorstufe der Innerschweizer Fassadengestaltung mit Rahmenfeldern betrachtet werden, wobei allerdings das Motiv der extrem stark profilierten, weissen Silhouettenrahmen bei Singer-Bauten nicht belegt ist. Thumb selbst hat die hellfarbige Felderteilung als Stilelement nach bisheriger Kenntnis nur in Lachen, seinem frühesten Kirchenbau, angewandt.

Literatur. Hans-Martin Gubler.- Der Vorarlberger Barockbaumeister Peter Thumb 1681-1766. Ein Beitrag zur Geschichte der süddeutschen Barockarchitektur. Sigmaringen 1972, S. 20-22 (ohne Bemerkung zur äusseren Farbigkeit) · Bamert 1985/86, S. 266f · KDM SZ Neue Ausgabe II (Albert Jörger), 1989, S. 184-190.

3.5.5 Wädenswil (ZH)

Reformierte Kirche. Errichtet 1764/67 von Bau- und Zimmermeister Joh. Ulrich Grubenmann aus Teufen. Pilastergliederung und Rahmenfelder. Mehrere durchgreifende Veränderungen; jüngste, einen möglichen Originalzustand rekonstruierende Aussenrenovation 1983/84. Aufgenommen 2004.

Gliederung mit Steinpilastern und -gesimsen sowie mehrfarbigen Rahmenfeldern (Abb. 825). Der Putzbau eines queroblongen Saales von fünf zu drei Achsen und zusätzlichem Risalit an der westlichen Langseite mit hohem Turm erhielt Joch für Joch leicht vorstehend aufgemauerte Pilaster aus vorwiegend grünlich grauem, ab und zu leicht rötlichem Sandstein (Oberflächen ersetzt). Die Pilaster verkröpfen sich mit zwei Steingesimsen, die im ungleich hohen, die Geländeneigung ausgleichenden Sockelbereich sowie über den Hauben der Vorzeichen vor den Portalen rings um den Bau laufen. Auf diese Weise wird jedes Joch in drei Felder unterteilt, in deren mittleren und oberen jeweils ein schmales Rundbogen- und ein eckig ausbuchtendes Ovalfenster übereinander liegen. Der 4-gesch. Turmschaft wird durch die gleichen, aber nur von Fensterschlitzen geöffneten Wandfelder gegliedert. Die Farbigkeit dieser Wandunterteilung setzt sich zusammen aus dem hellen, gelblich getönten Mauerputz, den weissen im grünlichen Steinton konturierten Fensterrahmen, der im gleichen Steinton jedes Feld umrandenden Rahmenlinie und der weiss gestrichenen Hohlkehle unter der Dachtraufe. In der Hohlkehle entfaltet sich über jedem Pilasterkapitell eine prächtige, weiss bzw. steinfarbig gefasste Stuckrocaille. An mehreren Bauecken liegen die Regenwassertüllen auf bemerkenswerten, teilvergoldeten Schmiedeeisenträgern. Der dunkelste Ton im ganzen Farbkonzept bleibt den steinsichtigen Pilastern und Gesimsen vorbehalten, die die Wand strukturieren.

Ältere Zustände der Oberflächen. Bei Aussenrenovationen 1895 und 1916 wurden die Werksteinpartien teilweise mit zementgrauem körnigem Verputz bzw. Kunststeinmasse, die Fensterlei-

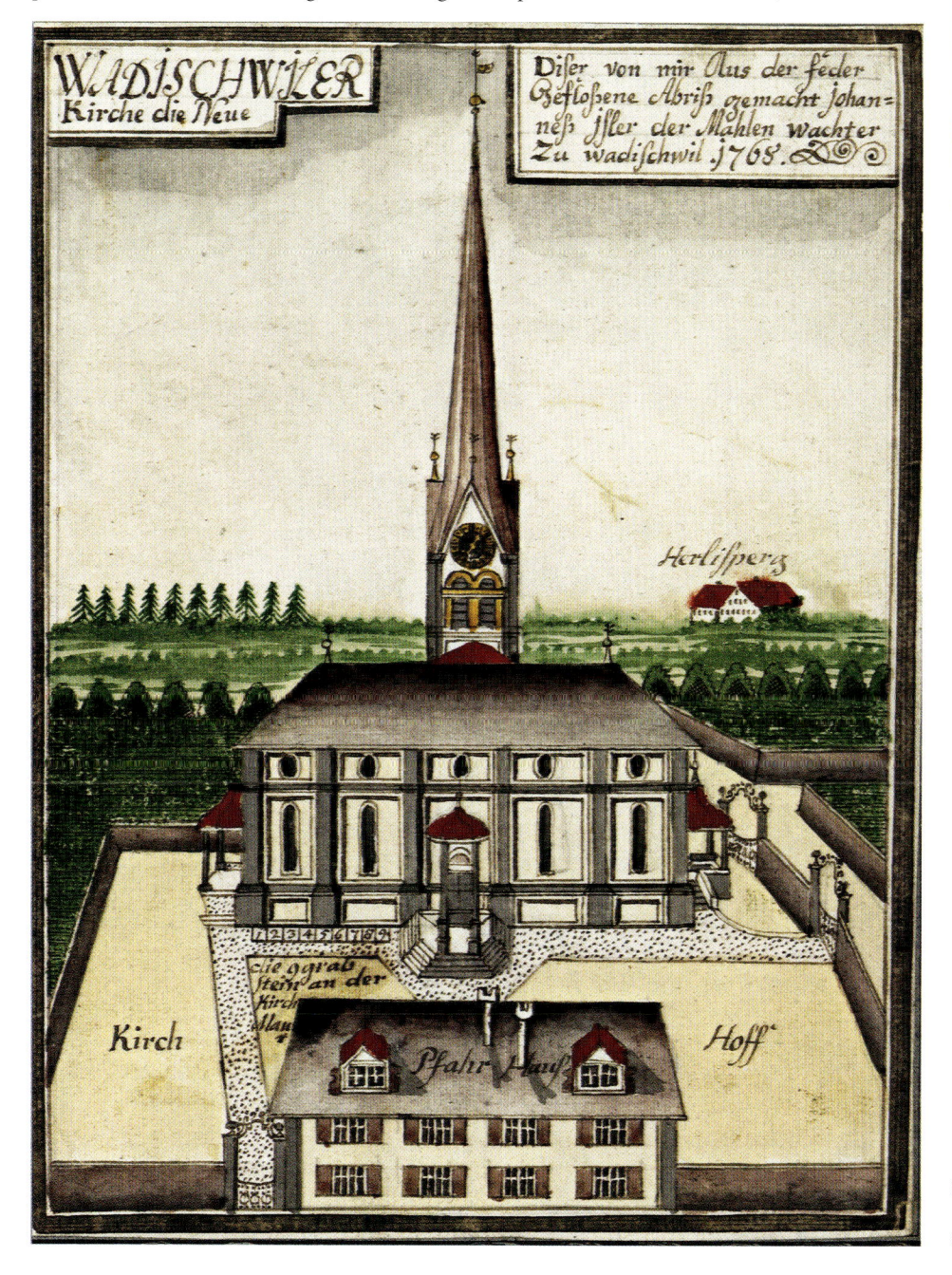

825 Wädenswil, Kirche, Westseite mit Rahmenfelder- und Pilastergliederung, J. U. Grubenmann 1767
826 Wädenswil, Kirchenbezirk, Aquarell J. Isler 1768

3.5 WANDAUFLAGEN   Farblich abgesetzte Fassadengliederungen

bungen und -rahmen mit fein abgeriebenem Verputz überzogen. Nach der Entfernung dieser Oberflächen 1983 erhielt der Bau eine farbliche Neugestaltung, die sich an einem Originalmodell, an Schriftquellen und historischen Bilddarstellungen orientiert, darunter auch an einer, in der Zentralbibliothek Zürich verwahrten, aquarellierten Federzeichnung von Johannes Isler aus dem Jahr 1768 (Abb. 826). Sie gibt das Gliederungsschema mit den Rahmenleisten deutlich wieder, unterscheidet sich nur in den roten Haubendeckungen über den Vorzeichen, die heute grün sind.

Bemerkungen. Der Bau zählt mit seiner weitgespannten Dachkonstruktion und seiner Stuckausstattung im Inneren zu den kunstvollsten Werken des Zimmermanns und Brückenbauers Johann Ulrich Grubenmann und des Stukkateurs Peter Anton Moosbrugger. Er weist eine in der Disposition gesicherte, aber farblich hypothetische, wenn auch historisch mögliche und ansprechende Rekonstruktion seiner ursprünglichen Aussengestaltung auf. Konzeptionell geht sie den gleichen Felderungssystemen der Singer- und Purtschert-Bauten voraus (vgl. 3.5.6–3.5.10).

Literatur. Zürcher Denkmalpflege, 11. Bericht 1983/86. Zürich/Egg 1995, S.323-329 (Thomas Müller, Christian Renfer) · Peter Ziegler.- Reformierte Kirche Wädenswil. Wädenswil 2005.

3.5.6 Schwyz

Pfarrkirche. Errichtet 1769/74 von den Gebrüdern Jakob und Johann Anton Singer aus Luzern. Pilastergliederung und Rahmenfelder. Gesamtrestaurierung 1964/68. Aufgenommen 1983.

827 Schwyz, Pfarrkirche, Pilaster- und Feldergliederung, Jakob und Joh. Anton Singer 1769/74

Aufgesetzte Putzpilaster, Gebälke und gemalte Rahmenfelderung (Abb. 827). Der mit zwei- bis dreifach übereinanderliegenden Fenstergruppen, an der Westfassade in drei Achsen und am Schiff in vier Jochen disponierte Putzbau mit Querhaus, Rundchor und Flankenturm erhielt ringsum eine Gliederung durch Pilaster auf Vorlagen (an Westfassade und Querhaus mit ionischen Kapitellen). Die Pilaster sind mit einem umlaufenden Traufgesims verkröpft, das an den Langseiten die Halbbögen der Thermenfenster in der Jochachsenmitte repetiert. Die Wandfelder erscheinen in einem hellen, die aufgesetzte Architekturgliederung sowie alle Fensterrahmen hingegen in einem dunkleren, brauntonigen Steingrau, wobei die beiden Farbtöne immer mit einem weissen, dunkel konturierten Streifen voneinander abgesetzt sind.

Bemerkungen. Nicht nur die Architekturelemente, auch die Rahmung der Wandfelder sind auf späteren Bildansichten der Kirche erkennbar, so dass die heutige Fassung in ihrer Disposition und Farbabstufung für die Baumeister als gesichert und eigenhändig gelten darf. Das Charakteristische liegt in der Felderung, die den Wandaufbau spannungsvoll strafft und ein so differenziertes, nobles Wandprofil hervorruft, dass man fast sagen kann, die Aussenansicht der «festlichsten Pfarrkirche der Schweiz» beruhe primär auf den farblichen Gegensätzen zwischen dem Steingrau der Bauglieder und dem Hellgrau der Putzflächen mit den weissen Rahmenstreifen. Diese Art von Rahmenfelderung scheint eine Eigenheit von Jakob und Johann Anton Singer zu sein. Aber auch andere Mitglieder dieser überaus tätigen Luzerner Baumeisterfamilie sowie die ihnen nahstehenden Baumeister der Familien Purtschert und Rey wandten Felderunterteilungen an, so dass die Fassadengestaltung des von ihnen beherrschten Innerschweizer Kirchenbaus von ca. 1740 bis in die 1. Hälfte des 19. Jh. vorwiegend diese Art der Aussenfarbigkeit aufweist (vgl. 3.5.7–3.5.10, 3.5.47, 3.5.56).

Literatur. H. Horat.- Die Baumeisterfamilie Singer im schweizerischen Baubetrieb des 18. Jahrhunderts. Luzern/Stuttgart 1980, S. 165-168 (ohne Bemerkungen zur Farbigkeit) · KDM SZ Neue Ausgabe I (André Meyer), 1978, S. 94-105.

828 Näfels, Pfarrkirche, Blick von Nordwesten, Pilaster- und Feldergliederung, Jakob und Joh. Anton Singer 1778/81

829 Wollerau, Pfarrkirche Westfassade, Neufassung einer Feldergliederung, Niklaus Purtschert 1781/87

3.5.7 Näfels (GL)

Pfarrkirche. Errichtet 1778/81 von Jakob und Johann Anton Singer. Pilastergliederung und Rahmenfelder. Wiederhergestellt 1956/57 und 1977/78. Aufgenommen 2000.

Aufgesetzte und gemalte Pilaster, Gebälke und Rahmenfelderung in sandsteinfarbenen Grautönen (Abb. 828). Die Bau- und Gliederungsdisposition ähnelt der der Pfarrkirche von *Schwyz* (3.5.6), die dieselben Gebrüder Singer erbauten. Sie ist jedoch einfacher ausgeführt, was sich in der farbigen Aussengliederung dadurch bemerkbar macht, dass nur an der Hauptfassade die Pilaster aufgemörtelt, an den anderen Fassaden jedoch flach aufgemalt sind.

Bemerkungen. Nachdem anlässlich der Renovation von 1866/68 ein grobkörniger Verputz aufgetragen und eine farbliche Umkehrung in Hell auf Dunkel vorgenommen worden war, wurde zunächst 1956/57 und dann erneut 1977/78 mit einer auf feinerem Putz liegenden Farbfassung wieder das ursprüngliche Erscheinungsbild vom traditionell abgestuften Dunkel auf Hell rekonstruiert. Grundlagen dafür waren Archivquellen und das Vorbild der Pfarrkirche *Schwyz;* zu vergleichen ist auch *Lachen* (3.5.4). Näfels ist ein weiteres Beispiel der Singerschen Rahmenfelderung.

Literatur. Jürg Davatz.- Pfarrkirche St. Hilarius und Kapuzinerkloster in Näfels. Bern 2003, S.11-20 (SKF).

3.5.8 Wollerau (SZ, Höfe)

Pfarrkirche. Errichtet 1781/87 von Niklaus Purtschert aus Luzern. Einfache Rahmenfelderung. Neufassung der Aussenfarbigkeit 1986. Aufgenommen 2000.

Gemauerte bzw. gemalte Quaderlisenen und gerahmte Felderunterteilung (Abb. 829). Das vierjochige Schiff mit inkorporierter Vorhalle, eingezogenem Polygonalchor und Flankenturm («Luzerner Landkirchenschema») erhielt eine Fassadengliederung, die an der Frontseite eine kräftige Eckbetonung aus grauen Sandsteinlisenen mit abgesetzten Sockelpartien und eingetieften Lagerfugen sowie aufsitzenden Obelisken aufweist. An den Chor- und Turmecken setzen sich die Lisenen in weniger ausladenden Dimensionen mit Farbe illusionistisch fort (an der Turmhaube in Kapitelle auslaufend). Der Wandputz ist zart gelblich getönt und mit einem schwarz konturierten weissen Rahmen felderartig eingefasst. Der gleiche weisse Rahmen umschliesst auch sämtliche Eingänge und Fenster, an der Frontseite mit dem Umriss des steinernen Gewändeprofils, an den andern Fassaden nur mit einem zeichnerisch auf die Wand projizierten Scheinprofil von Kämpferplatten, Keilsteinen und Eckausbuchtungen.

Bemerkungen. Wollerau gilt als Beispiel einer Neufassung der insbesondere von Jakob Singer angewandten Rahmenfelderung, hier in der teureren Ausführung mit Naturstein an der Schaufassade und dem weniger kostspieligen, reinen Farbauftrag an den Nebenfassaden. Es handelt sich um ein einfaches, dennoch dreifarbig fein abgestimmtes, unverwechselbares Rahmenfeldersystem. Die Neufassung basiert nicht auf Baubefunden, sondern orientiert sich an Bauten Jakob Singers, dem Lehrmeister und Vorbild von Niklaus Purtschert (vgl. 3.5.6 *Schwyz*). – In ähnlicher Weise wurden die wiederverwendeten, barocken Portale (1787/93) des nach Abbruch 1961 in vergrösserter Form neu aufgebauten Schiffs der Pfarrkirche von *Altendorf* SZ eingefasst.

Literatur. Bamert 1986/87, S.185 · Albert Jörger.- Die Pfarrkirche St. Verena in Wollerau. Bern 1995 (SKF).

3.5.9 Cham (ZG)

Pfarrkirche. Errichtet 1783/96 von Jakob Singer (erste Pläne wohl schon 1755). Pilastergliederung und Rahmenfelder. Ursprüngliche Farbigkeit weitgehend wiederhergestellt 2001. Aufgenommen 2004.

Aufgemauerte Pilaster aus Steinquadern bzw. Mörtel sowie Rahmenfelder (Abb. 830, 831). Der langgestreckte Saalbau und sein Quer- und Altarhaus mit Polygonalchor, aber nicht der z.T. ältere Ostturm, erhielten eine Aussengliederung mit sandsteinfarbenen Pilastern. Sie bestehen an der Westfassade samt Frontispiz und an den Ecken des Quer- und Chorhauses aus graugrünem Sandstein, an den Langhausseiten und am Chor hingegen aus gleichtonig, aber etwas heller gefassten Mörtelauflagen. Sie sind vorstehend hochgemauert und mit dem umlaufenden Gebälk in gestufter, fast wie ein Zierelement wirkender Profilierung verkröpft. Die Fenster, deren Rund- und Stichbögenscheitel vorstehende Keilsteine tragen, schliessen sich an der Westfassade mit Figurennischen und am Langhaus mit eckig ausbuchtenden Ochsenaugen zu Gruppen zusammen. Die Fenstergewände bestehen aus demselben Naturstein wie die steinernen Pilaster. Sämtliche Wandpartien sind lichtgrau-weiss verputzt und an den Rändern durch rein weisse Rahmenstreifen mit schwarzen Begleitlinien in Felder unterteilt, so dass sich gemeinsam mit der Pilastergliederung eine feinteilige, vierfarbige Wandoberfläche von betont geometrischer Struktur ergibt.

Bemerkungen. Das auf einer Gesamtansicht der Kirche von 1872 (Tugium 2002, Abb. 15) wiedergegebene, gleichmässige Fugenbild auf den Schäften der Putzpilaster, das zur spätbarocken Aussenfassung gehörte, wurde 2001 nicht wiederhergestellt (vorhanden z.B. in 3.5.1 *Sachseln*, mit gelb in 3.5.47 *Sarmenstorf* und nachzuweisen vermutlich für 3.5.4 *Lachen*). Ebenfalls nicht wiederhergestellt wurde das wohl erst mit dem neugotischen Helmaufsatz hinzugefügte Quaderfugennetz auf den unteren vier spätgotischen Schaftgeschossen des Turms. Sie wurden 1959 und 1987 unter Aussparung der grauen, unregelmässigen Sandsteinquader an den Ecken glatt weiss verputzt. Der Zustand des Kirchenbaus vor der Wiederherstellung 2001 dürfte auf eine Fassung von 1904/05 zurückgehen. Sie wies das Motiv der Felderung in vergröberter Form,

830 Cham, Pfarrkirche, südliches Querhaus, Pilaster- und Feldergliederung, Jakob Singer 1783/96

831 Cham, Detail der Werkstücke und Feldereinteilung an der Westfront

832　Kerns, Pfarrkirche, Pilastervorlagen mit Fugenmalerei und illusionistischer Kapitellbemalung wohl nach Plan von Jakob Singer 1761/68 (Foto 2008)

das heisst nur mit einem Besenwurf ohne Konturzeichnung auf. Die heutige, sich dem ursprünglichen Aussehen annähernde Rekonstruktion vertritt zusammen mit *Schwyz* (3.5.6) die differenzierteste Spielart der von Jakob Singer entwickelten und in der Innerschweiz bis ins frühe 19. Jh. angewandten Rahmenfelderung.

Literatur. Eduard Müller, Josef Grünenfelder.- Pfarrkirche St. Jakob Cham ZG. Bern 1982 (SKF) · Tugium 3/1987 S.17f (Turmrestaurierung) · Tugium 18/2002, S.33-35 (Restaurierung der Aussenfarbigkeit).

3.5.10　Kerns (OW)

Pfarrkirche und Beinhaus. Beide Bauten 1741 von Franz Singer weitgehend neu geplant, aber nicht realisiert. Sodann nach neuerlichem Plan 1761/68 von Jakob Singer errichtet und nach Brand 1813 von dessen Sohn Joseph im Wesentlichen wie zuvor wieder aufgebaut. Graue gequaderte Pilastergliederung. Restaurierung der Aussenfarbigkeit 1965 und 2004 (Kirche), 1970 und 1997 (Beinhaus). Aufgenommen 2001.

Vorstehende sowie aufgemalte Pilasterordnung in hellgrauer Sandsteinfarbe mit Triglyphenkapitellen (Abb. 832). Die Saalkirche mit ausladendem Chorhaus, Rundapsis und eingestelltem Nordostturm sowie das südlich freistehende und in einem Rundchörlein schliessende Beinhaus sind helle Putzbauten mit Pilastergliederung. Diese ist an Hauptfassade und Schiff der Kirche über einem umlaufenden Sockel in Mörtel aufgesetzt (an den westlichen Jochen auf Vorlagen), am Chorhaus jedoch in gleicher Farbe nur flach aufgemalt und an den Schäften durchweg mit einem weissen Fugennetz versehen. Die Pilaster verkröpfen sich mit dem breiten Gebälk unterhalb des Traufgesimses. Auf der Höhe des Frieses sind ihre Kapitele illusionistisch mit eingekerbten Schlitzen bemalt, die sich an der klassischen Triglyphe des dorischen Gebälks orientieren. Die farbgleiche Gliederung des Beinhauses beschränkt sich nur auf gemalte Pilaster mit den gleichen Kapitellen. Diese enden hier unterhalb des gekehlten Dachgesimses und steigen mit gemalten Konturlinien in die Kehle hinein, so dass sie eine Verkröpfung fingieren.

Bemerkungen. Die 1816 fertiggestellte Kirche weist an den Aussenwänden die gleiche farbige Behandlung wie der abgebrannte Vorgängerbau von 1768 auf (zeitgenössische Wiedergabe in einem Aquarell, erwähnt bei Durrer), entbehrt heute allerdings die für die Singerbauten typische Felderrahmung, mit der sie vermutlich in ähnlicher Art wie die Pfarrkirche von *Cham* ausgestattet war (3.5.9). Mit der Restaurierung 2004 erhielten die steingrauen Fenstereinfassungen dunkle Schatten- und helle Lichtkonturen.

Literatur. KDM Unterwalden (Robert Durrer), 1899-1929, S.347-349 · Daniel Schneller.- Das Beinhaus in Kerns, vom ungeliebten zum geliebten Denkmal: Erinnerungen an eine Restaurierung. In: Kultur- und Denkmalpflege in Obwalden 1997-1999. Jahreshefte für Kultur- und Denkmalpflege Obwalden 1/2000, S.12-15 (betr. die Innenausstattung von 1911/18) · Auskunft und Fotos nach der jüngsten Restaurierung von Peter Omachen, Denkmalpflege Kt. Obwalden.

Steingrau auf heller Putzwand – Profanbauten

3.5.11 Sissach (BL)

Hauptstrasse 61/63. Eckhaus, mehrfach datiert und bezeichnet: 1518 (aufgemalt am Mittelpfosten des Staffelfensters im EG), 1634 (eingemeisselt am Eckstützpfeiler), DVPS 1731 FREI (eingekerbt am Dachbalken des Anbaus), HD 1770 H (eingemeisselt am Scheunentorgewände). Restauriert um 1990. Putz und Farbe neu, die Jz. 1518 war vorher nicht zu sehen. Aufgenommen 2001.

Weisser Putzbau mit schwarz geschlämmten Tor- und Fenstergewänden (Abb. 833). Ehem. Bauernhaus, dreiseitig freistehend. Der Wohnteil verfügt über drei Geschosse auf hohem Sockel, unregelmässige Befensterung und ein steiles Satteldach. Der trauf- und strassenseitig fluchtend angebaute Ökonomieteil ist um ein Geschoss niedriger. Auf den grauen Sandsteingewänden aller sichtbaren Eingänge und Fensteröffnungen, die zum Grossteil gotisch profiliert und abgefast sind, liegt eine dunkelgraue bis schwarze Schlämme. Dies betrifft vor allem drei Rundbogentore, zwei Staffelfenster und drei kleine auffällige Querfenster im Sockelgeschoss, deren

833 Sissach, Hauptstrasse 61/63, wirkungsvolles Fassadenbild mit schwarz eingefassten Tür- und Fensteröffnungen, vermutlich 1518

834 Visp, Altes Spittel 16. Jh., schwarz gefasste Gewände aus gelbem Tuff

hohe Sturzsteine mit schwarzer Farbe zu kompakten Dreiecksgiebelchen umgeformt wurden. Der 1634 an der vorderen Hausecke zugefügte Stützpfeiler aus unterschiedlichem, z.T. geflicktem Steinmaterial (u. a. wohl auch gelblicher Muschelkalk) ist nicht in die Schwarzfassung einbezogen.

Bemerkung. Das «stattlichste spätgotische Haus in Sissach» (KDM) bildet einen Blickfang am südlichen Ortseingang nicht nur durch sein beachtliches Bauvolumen, sondern in hohem Masse auch durch die kontrastreiche Schwärzung seiner unterschiedlichen Eingangs- und Fensterumrahmungen, die zum einen die unterschiedlichen Bauphasen optisch vereinheitlicht und zum andern auf der weissen Putzfläche ein Fassadenbild mit individuellem Charakter herstellt. Die heutige Oberfläche ist neu, geht aber im Aussehen sicher auf einen historischen, vielleicht sogar spätmittelalterlichen Zustand zurück. Zusammen mit dem Spittel in *Visp* (3.5.12) bietet der Bau eine recht wirkungsvolle Anschauung der einfachsten Art farblich abgesetzter Fassadengliederungen, vgl. auch *Lichtensteig* (2.5.44) und *Alchenflüh* (2.1.30).

Literatur. KDM BL III (Hans-Rudolf Heyer), 1986, S. 319.

3.5.12 Visp (VS)

Spittelgasse 1, Altes Spittel. Bau 16. Jh., seit 1751 Spital und zu diesem Anlass wohl um ein Mezzaningeschoss aufgestockt. Restauriert 1989. Putz und Farbe neu. Aufgenommen 2000.

Weisser Putzbau, Tor- und Fenstergewände schwarz gefasst mit weissen Fugenstrichen (Abb. 834). Dreieinhalbgesch. Eckhaus mit flachem Walmdach in der Senke unterhalb der Burgerkirche. Unregelmässiger Grund- und Aufriss mit ungleichmässiger Verteilung der verschiedenen Toreingänge und Fenster an den auf drei Seiten freistehenden Fassaden. Alle z.T. noch abgefasten bzw. gekehlten, gelblichen Tuffsteingewände sind dunkelgrau bis schwarz gefasst, nur die graugrünen Hausteine des dekorativen, in Schlüssellochscharten geöffneten Pecherkers über dem kleineren Tor blieben ohne Farbanstrich.

Bemerkungen siehe *Sissach* 3.5.11. Die zwei einzelnen Fugenstriche, mit denen die seitlichen Fensterrahmen auf Höhe der Sohlbank und des Sturzes versehen wurden, sind ein auffälliges, speziell im Wallis und in der Waadt anzutreffendes Einzelmotiv (vgl. 2.1.51 *Simplon Dorf*, 2.1.59 *Visp* sogen. Cricerhaus, 3.4.7 *Coppet*).

Literatur. Maison bourgeoise XXVII, 1935, pl. 79 · Walter Ruppen.- Visp. Bern 1984, S. 19f (SKF).

3.5.13 Moudon (VD)

Rue de Grenade 34, Maison de Loys de Villardin, dite de Cerjat. Weitgehend neu errichtet 1691 (Jz. an der Hauptfassade, Mittelachse 2. OG), Baumeister Jonas Favre. Graugrüne Haustein- und weisse Putzfassaden. Fassadenerneuerung 1772, Veränderungen A. 20. Jh., restauriert 1988/90. Aufgenommen 2000.

Hauptfassade aus lasierend gestrichenen hellgrauen Sandsteinquadern, Nebenfassaden weiss verputzt mit durchgezogenen Fensterachsen im gleichen Haustein (Abb. 589, 835). Mächtiges Herrenhaus mit drei freistehenden Fassaden in vier Geschossen, sieben zu fünf Achsen und Mansardwalmdach (18. Jh.). Fassadengliederung durch stockwerkweise umlaufende Steingesimse und leicht erhabene Eckpilaster. Das nur mit Ochsenaugen geöffnete EG der Haupt- und Strassenfassade ist über Tuffsteinsockel in der Sandsteinfarbe verputzt, die Geschosse darüber sind komplett aus steinsichtigem, uni grau lasiertem Haustein errichtet. Die leicht vorspringende Mittelachse wird durch einen Säulenportikus aus weissem Kalkstein und einen Dachgiebel betont. Im Unterschied zur Hauptfassade wurden an der Seiten- und Gartenfassade ab 1.OG nur die Fensterachsen aus gleichfarbig behandelten Sandsteinquadern hochgemauert, die übrigen Wandflächen sind weiss verputzt. An der Gartenfassade mehrere Blindfenster (s. 3.1.26).

Bemerkungen. Prominentes Beispiel einer vor allem in der Waadt vom späten 17. Jh. an und besonders im 18. Jh. anzutreffenden Fassadengliederung, die die Wand mit Hilfe von weissen Putz- und steinfarbenen Hausteinflächen geschoss- und achsenweise unterteilt und dabei die Brüstungspartie unter den Fensterbänken als geometrisches Flächenmotiv einbezieht, wodurch ein typisches kleingefeldertes Mauerbild entsteht (vgl. 3.5.14 *Moudon* La Cure). Die Maison de Cerjat beschränkt diesen Gliederungsstil allerdings auf die Nebenseiten und hebt die Hauptfassade durch die ausschliessliche Verwendung von sorgfältig behauenen Steinquadern hervor. Die Noblesse der Aussenerscheinung und «la modernité du style des façades» (Fontannaz 1996) ist dem in Neuenburg tätigen Architekten Jonas Favre und seiner Verbindung nach Paris zu verdanken.

Literatur. Maison bourgeoise XXV, 1933, p.LXIs, pl. 60, 61 · Monique Fontannaz, Gilles Bellmann.- Restauration. Moudon, Maison Loys de Villardin, dite de Cerjat. In: Journal de la construction no.1, 15. janvier 1996 · MAH VD VI (Monique Fontannaz), 2006, p. 262-267.

835 Moudon, Maison de Cerjat 1691, noble Fassadengliederung aus Haustein und Putzfeldern
836 Moudon, La Cure 1690/96, schwarze Rastergliederung mit gerahmten Brüstungsfeldern, typisch für die Waadt

3.5.14 Moudon (VD)

Rue de Grenade 32, La Cure (Pfarrhaus). Weitgehender Neubau 1690/96 (Jzz. am Gebälk und am Portalsturz). Fassadenfarbigkeit wahrscheinlich aus der Bauzeit. Restauriert 1982/84. Aufgenommen 2000.

Bau (Abb. 836). Das ausgebaute Krüppelwalmdach des 3-gesch. und 4-achsigen Wohnhauses überdacht noch eine fünfte Fensterachse, die unmittelbar südlich an das Herrenhaus der Loys de Villardin, dite de Cerjat, anschliesst (3.5.13) und von dessen Vorgängerbau aus dem Jahr 1661 stammt (älteres Wohnhaus der Familie Loys de Villardin, Wappen am Keilstein). Das Wohnhaus rue de Granade 32 gehörte ursprünglich zum Komplex der Herrenhausanlage. Seit 1726 dient es als protestantisches Pfarrhaus.

Weisse Putzfassade mit schwarzer Architekturgliederung. Die Farbfassung betrifft den Neubau von 1690/96: Die Fassade wird horizontal durch regelmässige Fensterreihen mit profilierten

837 Sils im Domleschg, Detail des zierlichen und verspielten Architekturdekors
838 Sils im Domleschg, Herrschaftssitz Donats («Palazzo»), erbaut um 1740 wohl von piemontesischen Baumeistern

Sohlbänken und vorstehenden Steingesimsen und vertikal durch eine mauerbündige, die Seitengewände der Fenster verlängernde Steinquaderung gegliedert. Die Gliederungselemente sind ebenso wie die Fenstergewände in sehr dunklem Grau gefasst. Das Erdgeschoss, welches auf einem hohen Kellersockel aus steinsichtigem, fast weiss gewordenem Tuff steht, wird von einem nicht eingemitteten, aus dem Fassadenprofil hervortretenden Pilasterportal akzentuiert. Dessen hohe Sockelpartie ist in Material und Farbe dem hellen Bau- und Kellersockel zugeordnet. Die Hausrückseite erhielt keine architektonische Gliederung.

Bemerkungen. Strenge Aufteilung durch ein dunkles Lineament, das die Mauerfläche mit einem Raster kleinformatiger Rechtecke belegt, indem besonders die Partien unterhalb der Fenster mit einer dunklen Einrahmung gefeldert werden. Es handelt sich um das frühe Beispiel einer im 18. Jh. verbreiteten Wandgliederung in Kombination von Putz- und Hausteinpartien, die bevorzugt in der westlichen Schweiz auftritt. Vergleichbare Bauwerke dieser Art von Brüstungsfeldrahmungen sind die Maison Piguet in *Yverdon* (3.5.44) oder, in aufwändigerer Ausführung, die nebenstehende Maison de Cerjat (3.5.13).

Literatur. Maison bourgeoise XXV, 1933, pl. 65, 66, p. LXV · MAH VD IV (Monique Fontannaz), 2006, p. 385-387.

3.5.15   Sils im Domleschg (GR)

Sogenannter Palazzo, heute Gemeindeverwaltung. Erbaut um 1740. Fassadengliederung aus der Bauzeit, restauriert 1974/75. Aufgenommen 1983.

Bau (Abb. 838). Freistehender mächtiger Baukörper mit allseitiger, hellgrau gestrichener Fassadengliederung: Auf dem befensterten Kellersockel stehen zwei Haupt- und ein Mezzaningeschoss in sieben zu sechs Achsen. Die Mittelachsen werden auf allen Seiten durch übergiebelte, von Voluten flankierte Gaupen und die Langseiten zusätzlich durch zwei Portale hervorgehoben.

Weisse Putzwände mit aufliegender Stein- und Mörtelgliederung in Hellgrau (Abb. 429, 837, 838). Die Gliederung besteht unterhalb der Fenster aus doppelten Horizontalgurten, deren oberer die Fensterbänke miteinander verbindet. Zwischen den Gurten wurden die Fensterbrüstungen mit seitlichen Rahmenleisten markiert und mit konvex gerundeten Eckfüllungen versehen, so dass sie eine dekorative Reihe von umrahmten Feldern bilden. Die Fenster haben profilierte Kanten, die in den beiden obersten Geschossen in Zierformen ausschwingen. An den Bauecken wurden breite, gequaderte Lisenen mit zierlicher, eingeritzter Binnenornamentik aufgemörtelt (s. Abb. 429). Alle Gliederungselemente sowie die Portale und Gaupen erscheinen einheitlich hellgrau auf weissem Verputz.

Bemerkungen. Bedeutendster, von einem gleichzeitig angelegten Park umgebener Herrschaftssitz im Domleschg. Der Bauherr, Oberst Conradin Donats, der als Generalmajor in piemontesischen Diensten stand, orientierte sich bei der Anlage und Ausführung samt der Ausstattung im Innern an oberitalienischer Bautradition. Die Fassaden zeigen ein ausgewogenes, eher feines und dank des Zierwerks leicht verspielt erscheinendes Mauerbild. Im Charakter sind sie mit denen des ebenfalls italienisch beeinflussten Palazzo Branca in *Brissago* (3.5.28) vergleichbar, haben hierzulande aber sonst keine weitere Parallele.

Literatur. Bürgerhaus XVI 1925, Tf. 66-72, S. XXVIf, XLIV · KDM GR III (Erwin Poeschel), 1940, S. 147f.

3.5.16 Langenthal (BE, Oberaargau)

Ehem. Mühle. Neubau 1754/59 (Jz. 1759 am Keilstein des Haupteingangs), spätere An- und Umbauten, heute Restaurant und Ausstellungsgebäude. Putzbau mit Werksteingliederung. Restaurierung 1992/95. Aufgenommen 2000.

Bau (Abb. 839, 840). Dreiseitig freistehender, mächtiger Baukubus mit giebelständiger Hauptfassade. Diese präsentiert sich in drei Voll- und anderthalb Dachgeschossen mit sieben Achsen unter halb abgewalmtem Ründendach (die qualitätvolle, bunte Ornamentmalerei auf der hölzernen Untersicht ist eine «kongeniale Nachschöpfung» aus der Zeit um 1900). Die sich farblich absetzende Wandgliederung betrifft die vordere Giebel- und die rechte, 5-achsige Langseite (ohne deren Erkervorbau von 1890). Auf der rückwärtigen Giebelseite liegen Reste von Inschriften und figürlicher Malerei, sonst aber keine architektonischen Gliederungen. – Bemerkenswerte Innenausstattung.

Weisse Putzmauern mit Gewänden, Gurtgesimsen, Eckpilastern aus grau überstrichenem grüngrauem Sandstein. Aus dem sorgfältig und kunstvoll bearbeiteten Werkstein bestehen die gesamte Mittelachse der Giebel- und Frontseite, die gequaderten und mit den vier Gurtgesimsen verkröpften Eckpilaster sowie die auseckenden Gewände der Eingänge, Fenster und Ochsenaugen. Bemerkenswert sind die bogenförmig geführten Gesimsstücke in der Mittelachse und vor allem die oberste mittlere Fensterbank, die aus vier mächtigen Rundplatten auf zwei ausladenden Seitenkonsolen besteht. Die Gewände sind stark reliefiert und ihre Fugungen z.T. eingetieft. Auf mehreren Schluss- und Ziersteinen befinden sich Mühlradwappen, Rocaillerosette oder Segenssprüche, die Steinoberflächen sind äusserst dekorativ scharriert. Abgesehen vom weissen Kalkstein für den Sockel, wurde der grüngraue Berner Sandstein verwendet. – Die Fenstergitter im EG gehören zum Ursprungsbau und erhielten nach Befund wieder ihren roten und grünen Anstrich.

Befunde, Zustand und Restaurierung 1992/95. Es wurden zehn, mehrheitlich lichtgraue Ölanstriche auf den Werksteinteilen nachgewiesen. Der erste stammt wohl aus der Bauzeit, woraus sich mehr oder weniger eine Erneuerung von Generation zu Generation ergibt. Diese Pflegemassnahme erklärt die vorzügliche Erhaltung der Steinoberfläche. Die Putzfarbe war zwischen 1930 und 1950 vermutlich ockergelb, danach gebrochen weiss. An Letzterer orientiert sich die farbliche Rekonstruktion mit Neuputz. Die Malerei an der Rückseite wurde nicht restauriert.

839 Langenthal, ehem. Mühle mit bemerkenswerter Werksteingliederung 1759
840 Langenthal, dekorative Oberflächenbearbeitung des grünlichen, grau gefassten Sandsteins

Bemerkungen. Ausserordentlich repräsentativer barocker Neubau einer bereits 1224 erwähnten Mühle, dessen Steinmetzarbeiten und Oberflächenbehandlung eine handwerklich besonders hochstehende Qualität aufweisen. Das eindrucksvolle Fassadenbild mit den nuancenreichen Grautönen und der markanten Gliederungsstruktur ist im Wesentlichen dem feinen Oberflächenrelief und den relativ hohen, schattenbildenden Kanten der Werksteinteile zu verdanken. Entsprechend dieser farblich differenzierten Gesamterscheinung erhielten die Holzteile der Fenster bei der jüngsten Neufassung ein etwas helleres Grau als die Steinoberflächen.

Literatur. Jürg Schweizer.- Denkmalpflegerische Aspekte der Mühle Langenthal. In: Die Mühle Langenthal 1224-1995. Langenthal o.J. · Barbara Frutiger u. a.- Langenthal. Bern 1998, S.35f (SKF) · Dankenswerte Hinweise und Auskünfte von Jürg Schweizer und Ueli Fritz, beide Bern.

3.5.17 Luzern

Rütligasse 1, Fideikommiss-Haus Segesser von Brunegg. Erbaut 1751/52 von Stadtwerkmeister Hans Georg Urban. Architekturgliederung bauzeitlich. Rekonstruktion 1991. Aufgenommen 2002.

Weisser Putzbau mit grauer Pilastergliederung in Werkstein und als Illusionsmalerei (Abb. 841, 842). Das weitgehend freistehende Eckgebäude mit Walmdach erhielt an drei Fassaden eine einheitliche Gliederung aus jeweils vier Pilastern in Kolossalordnung, die das Sockel- und die zwei Wohngeschosse zusammenfassen. Die Pilaster sind an der Schaufront (Burgerstrasse) aus grauem Sandstein aufgemauert und von Wandvorlagen mit markanter Scheinquadermalerei hinterfangen. Von den sieben Fensterachsen der Schaufront treten die drei mittleren als übergiebelter Risalit mit Traufgebälk, Prunkportal und Rocaillenzierwerk über den Fenstern hervor. Ungewöhnlich ist die Disposition der Pilaster mit mächtigen Sockeln, die in Form stark vorstehender, gequaderter Stützpfeiler und zurücktretender Postamente bis auf die Höhe der Fensterbänke im 1.OG reichen, um dann die relativ flach zwischen beachtlich profilierten Basen und Kapitellen aufliegenden Schäfte zu tragen. An den Seitenfassaden zur Rütligasse bzw. zum Garten wiederholt sich die gleiche Aufrissgliederung samt Risalit, jedoch vereinfacht und nur aufgemalt. Die (erneuerte) Farbfassung liegt auf allen Pilastern, auf den Tür- und Fenstergewänden, dem Sockelstreifen sowie den Traufgebälken und -gesimsen. Die Flächen der Werkstückteile und die gekrönelten, mit Eckmuscheln verzierten Quaderspiegel – sowohl die realen als auch die fingierten – weisen heute verschiedene sandsteinfarbige Grautöne auf. Sämtliche Rand- und Binnenkonturen sind dunkel eingezeichnet. An der Hausrückseite befinden sich keine Pilaster. Zur Pilastermalerei am ehem. Ökonomiehaus siehe 3.4.15.

Bemerkungen. Die noble und im Detail ungewöhnliche Aussenerscheinung des Stadtpalais wird weitgehend von der farblich abgesetzten Kolossalordnung der aufwändig und raffiniert disponierten Pilaster bestimmt («die Eckhen sollen unten auff mit quader steinen so vil möglich in die höche auff geführt werden …» Vertragsentwurf des Bauherrn mit dem ausführendem Baumeister, ausführlich in KDM S. 214f). Die Verwendung von kostspieligem Steinmaterial an der Schaufassade und kostengünstigerer Malerei an den Nebenfassaden wurde in sinnvoller, hierarchischer Abstufung vorgenommen. Auf dem Schumacher-Prospekt Luzerns von 1792 (KDM Abb. 195) ist im EG der gartenseitigen Fassade eine horizontale Nutung der Mauerpartien erkennbar, wohl eine Fortführung der Lagerfugen auf den Sockelpfeilern. Sie hebt das Erdgeschoss noch deutlicher als Bausockel der beiden Wohngeschosse hervor, als es

841 Luzern, Stadtpalais Segesser von Brunegg, Gliederung aus Werkstein und Illusionsmalerei 1751/52

842 Luzern, Sockelpartie eines Eckpilasters aus Sandstein mit Farbfassung und als Scheinmalerei

schon die Sockelpfeiler selber tun (am heutigen Bau nicht vorhanden). In den KDM wird das Palais als «das bedeutendste Barockhaus innerhalb der Stadtmauern» bezeichnet.

Literatur. Bürgerhaus VIII, 1920, Tf. 57-59 · KDM LU III (Adolf Reinle), 1954, S. 213-216 · Hesse 1999, S. 268.

3.5.18   Bern

Münsterplatz, ehem. Stifts-, heutiges Regierungsgebäude. Erbaut 1745/48 nach Plänen von Albrecht Stürler. Putzfassade mit Gliederung in Werkstein. Weitgehend abgetragen und neu aufgemauert 1978/80. Aufgenommen 1999.

Hauptfassade weiss verputzt mit Kolossalordnung von Pilastern aus grüngrauem Berner Sandstein in Naturfarbe ohne Anstrich (Abb. 843). Der langgestreckte, auf einem grauweissen Kalksteinsockel errichtete Bau ist an der platzseitigen, 3-gesch. Hauptfassade in fünf Partien annähernd gleicher Abmessungen, aber farblich unterschiedlicher Rhythmisierung unterteilt. Diese fünf Abschnitte bestehen aus dem 3-achsigen übergiebelten und in den beiden Obergeschossen mit gleichmässig verteilten Pilastern versehenen Mittelrisalit, seinen pilasterlosen 3-achsigen Flanken sowie den nur eine Fensterachse breiten und in den Obergeschossen zweimal zwei Dop-

843   Bern, Münsterplatz, ehem. Stiftsgebäude, Architekturgliederung aus grünlichem Berner Sandstein 1745/48, neu erstellt 1980

pelpilaster aufweisenden Eckrisaliten. Die Sockelgeschosse der drei Risalite sind samt ihrer mit Bauplastik ausgestatteten Portale gänzlich aus Werkstein hochgemauert und die durchgehend regelmässigen Korb- und Stichbogenfenster mit Steingewänden eingefasst. Diesem differenzierten, alle drei Geschosse umfassenden Gliederungskonzept entspricht eine optisch ausgewogene Farbverteilung von Putzweiss und grünlicher Sandsteinfarbe. Der grauweisse Streifen des Bausockels fällt als dritte Farbe kaum ins Gewicht.

Bemerkung. Wenn auch neu hergestellt, so ist die Platzfront mit weisser Putzmauer und erhabener Hausteingliederung als ein typischer Repräsentant der herrschaftlichen Baufassaden in der Stadt Bern anzusehen, die von der Zweifarbigkeit des auf hellem Mauerputz liegenden grüngrauen Berner Sandsteins bestimmt werden (vgl. z. B. Erlacher Hof 1746/52, ebenfalls von Albrecht Stürler). Bei den Berner Hausfassaden, die Putzflächen und Werksteinteile aus Berner Sandstein kombinieren, waren im 17./18. Jh. die Werksteinpartien nachweislich entweder steinsichtig oder grau gestrichenen.

Literatur. KDM BE III (Paul Hofer), 1947, S.379-387 · Bernhard Furrer.- La vieille ville de Berne et la restauration des façades. In: ICOMOS 90. Lausanne 1990, p. 22-26 · Informationen von Jürg Schweizer, Denkmalpflege Stadt Bern.

844 Basel, Wendelstörferhof (Weisses Haus) und Reichensteinerhof (Blaues Haus), gemeinsam erbaut 1763/75 (Foto 1984)

3.5.19 Basel

Rheinsprung 16 und 18, Reichensteinerhof und Wendelstörferhof. Herrschaftliches Doppelpalais, erbaut im Wesentlichen 1763/75 von Samuel Werenfels für die Familien der Seidenbandfabrikanten Sarasin. Die Aussenfarbigkeit manifestiert sich in den Bezeichnungen Blaues Haus (Reichensteinerhof) und Weisses Haus (Wendeltörferhof), die erstmals 1823 belegt sind. Blaues Haus restauriert 1943, Weisses Haus 1948, beide 1978-1982. Aufgenommen 1984. Danach neuer, hellerer Anstrich.

Putz- und Werksteinfassaden mit rotem Buntsandstein, gestrichen in Schwarzblau bzw. in Schwarzblau auf Weiss (Abb. 844, 846). Auf den Rhein orientierte, sehr langgestreckte, 3-gesch. Doppelfassade von zweimal neun, im Dreier-Rhythmus gruppierten Achsen unter gemeinsamem First. Die Dachdeckung ehemals mit roten und weissen Ziegeln. In der Fassadenmitte jeweils ein leicht vorstehender 3-achsiger Risalit, durch mehrheitlich gequaderte Pilaster gegliedert und mit Attikabalustrade bzw. Giebel abschliessend. Starke Profilgesimse zwischen den Stockwerken. Am bergauf, links liegenden Wendelstörferhof ist der Wandputz weiss und der Werkstein

845 Basel, Kopfgroteske aus weissem Stuck, Scheitelstein eines Stichbogenfensters am Mittelrisalit des Weissen Hauses (Foto 1984)

846 Basel, graublaue Überfassung des roten Sandsteins am Bausockel (Foto 1984)

in sehr dunkeltonigem Blau gestrichen (nach Befund 1979 rekonstruiert, s. KDM S.569 Anm. 641). Das ebenfalls weiss gefasste Zierwerk der qualitätvollen Bauskulptur aus Stuck befindet sich auf den Werksteinteilen des Mittelrisalits, die ihm einen wirkungsvollen dunklen Hintergrund verschaffen (Abb.845). Am bergab, rechts liegenden Reichensteinerhof sind Putz, Stein und Bauskulptur – darunter vier bemerkenswerte Köpfe der Jahreszeiten aus Blei – einheitlich im gleichen dunklen Blauton gestrichen (seit dem jüngsten Neuanstrich fallen die dunklen Töne bei beiden Gebäuden beträchtlich heller aus als vorher).

Bemerkungen. Bedeutendste Prunkfassade des Basler Spätbarock, disponiert auf Fernsicht in städtebaulich hervorragender Lage am Steilufer des Rheins. Ihr auffälliges Merkmal ist die tiefblaue bzw. blau auf weisse Farbigkeit, die das Naturrot des Sandsteins mit Hilfe eines deckenden Anstrichs zu Schwarzblau verändert. Die beiden Stadtpalais repräsentieren die Gepflogenheit des 18. Jh., den für Basel üblichen roten Sandstein nicht nur steinsichtig rot zu belassen oder rot zu streichen, sondern auch in den unbunten, mehr oder weniger dunklen bzw. bläulichen Grauton («Basler Grau») umzufassen (vgl. das etwa gleichzeitig von Joh. Jakob Fechter erbaute *Wildt'sche Haus* am Petersplatz in *Basel*, das nach Befund 1984/86 in Graublau und Weiss wiederhergestellt wurde). – Wahrscheinlich waren anfangs beide Fassaden am Rheinsprung zweifarbig in Graublau auf Weiss gestrichen, und der Reichensteinerhof (Blaues Haus) erhielt erst im frühen 19. Jh., als die Hausnamen nach den Farben aufkamen, sein einfarbiges Schwarzblau. Die Vermutung der ursprünglichen Einheitsfassung beider Palais legt ein 1762 datierter, farbig aquarellierter Fassadenriss von Werenfels nahe, der beide Fassaden mit blauen Werksteinteilen und hellgrauem Mauerwerk wiedergibt (Müller S.53f). In den KDM (Möhle S.358) wird hingegen angenommen, dass das Blaue Haus «von Anfang an in einem bläulichen Grauton gestrichen war», das Weisse Haus jedoch seinen «einheitlichen [weissen] Fassadenanstrich» vielleicht erst nach 1811 erhalten habe, als die Liegenschaft in neuen Besitz überging.

Literatur. Bürgerhaus XXIII, 1931, S.XXIV-XXVI, Tf. 5-13 · Maya Müller.- Samuel Werenfels. Ein Basler Architekt des 18. Jahrhunderts. In: Basler Zeitschrift für Geschichte und Altertumskunde 71/2, 1971, S.46-62 · Alfred Wyss und andere.- Wiedererweckter Glanz am Rheinsprung. Weisses und blaues Haus (Beilage der Basler Zeitung 9.9.1982) · Feldges 1999, S.12/13 · KDM BS VII, Altstadt Grossbasel I (Anne Nagel, Martin Möhle, Brigitte Meles), 2006, S.354-369.

847 Lausanne, L'Elysée Parkseite, schwarz gefasster, heller Sandstein und gelbliche Putzflächen 1780/83, Steinfassung nach Befund erneuert
848 Coppet, Schloss 1715/25, Seitenflügel mit naturgrauer Sandsteingliederung und rosa Putzflächen
849 Morges, La Gottaz 1795, Parkseite mit naturgrauer Sandsteingliederung auf gelben Putzflächen

3.5.20 Lausanne (VD)

Avenue de l'Elysée 16, Herrenhaus Elysée (Campagne de l'Elysée). Errichtet um 1780/83 unter Bauleitung von Abraham Fraisse. Schwarzanstrich des Werksteins. Farbfassung nach Befund restauriert 1979, Anstrich erneuert 1999. Aufgenommen 1999.

Hellgelbe Putzfassaden mit grauschwarz gefassten Werksteinrisaliten (Abb. 847). Das 2-gesch. Landpalais mit Walmdach verfügt über drei freistehende Schauseiten mit jeweils sieben Fensterachsen, deren drei mittlere als übergiebelte Risalite aus Werkstein vorstehen (Risalit an der Eingangsseite konkav einschwingend). Die Wandpartien der seitlichen Achsen sind verputzt

3.5 WANDAUFLAGEN Farblich abgesetzte Fassadengliederungen

und werden nur durch die aus dem gleichen Stein gehauenen Eckpilaster, Gesimse und Gewände der grossen Stichbogenfenster gegliedert. Hinzu tritt ein zurückhaltender Bauschmuck in Form von Pilastertableaus mit Girlanden und Rosetten anstelle von Kapitellen, einem Schlussstein mit Blumenkorb sowie Vasenaufsätzen, Voluten und Wappenkartuschen im Giebel. Die Werksteinteile aus dem regional üblichen, grünlich hellen Sandstein sind grauschwarz (dunkelgrau), die Putzpartien kontrastierend hellgelb gestrichen.

Bemerkungen. Das als zeitweiliger Wohnsitz der Madame de Staël historisch bemerkenswerte und baulich beachtliche Landpalais präsentiert sich heute am Äusseren in einem dominanten Farbzweiklang von Schwarz auf Gelb, wobei der dunkle Werksteinanstrich überliefert, der gelbe Putzanstrich hingegen ohne Befund analog den zeitgleichen Baugewohnheiten in der Waadt erneuert worden ist (Bory). So wurde z. B. auch das 1795 erbaute Herrenhaus La Gottaz in *Morges* bei der 1984 erfolgten Erneuerung mit Putz in starkem Gelb und einer Gliederung aus steinsichtig grauem Molassesandstein rekonstruiert (Abb. 849). Leicht buntfarbig getönte Wandputze von Fassaden mit naturfarbigen Werksteingliederungen könnten auch schon an Bauten aus dem früheren 18. Jh. vorhanden gewesen sein, wie es der im Jahr 2000 zum Teil wiederhergestellte Verputz in hellem Rosaton am Schloss in *Coppet* nahelegt, das nach neuer Forschung im Wesentlichen schon 1715/25 erstellt worden ist (Abb. 848). Dennoch ist die gelbe Fassung des Putzes beim l'Elysée denkmalpflegerisch umstritten: Es besteht sogar die Meinung, dass die Putzwände weder gelb noch weiss, sondern im gleichen dunklen Farbton wie die Werksteinpartien gewesen seien (Favre-Bulle). Welche Farbe nun auch immer die Putzoberfläche trug, für die Partien aus hellem Sandstein überliefert der Bau mit Sicherheit einen dunklen Farbanstrich, das heisst, er belegt eine markante Farbänderung von Weiss (heller Naturstein) zu Schwarz (grauschwarzer Anstrich) im Waadtland des späten 18. Jahrhunderts.

Literatur. Maison bourgeoise XV, 1926, p. XXVIII, p. 21 · Bory 1993, S. 89 · Zu Morges: MAH VD V (Paul Bissegger), 1998, p. 368-372 · Zu Coppet: Monique Fontannaz.- Deux destinées parallèles. In: ZAK 1998, S. 81-90 (ohne Bemerkung zur Farbigkeit) · Informationen von Eric Favre-Bulle, Martigny und Eric Teysseire, Denkmalpflege Kt. Waadt.

3.5.21 Moudon (VD)

Rue de Grenade 36. Ehemals Scheune im Wirtschaftshof der Maison de Cerjat (3.5.13), erbaut 1768. Spätere Umbauten zu Remise und Gesindehaus, zuletzt 1919–1930. Leichte Ausbesserungen. Aufgenommen 2000.

850 Moudon, Wirtschaftsgebäude der Maison Cerjat 1768, häufige Fassadenfarbigkeit in der Waadt

Weisse Putz- und sandsteinfarbige Werksteinfassaden mit grünen Fensterläden (Abb. 850). Stattlicher, 3-gesch. Bau auf annähernd quadratischem Grundriss mit Mansardwalmdach. Die 5-achsige, zu Vorhof und Strasse orientierte Schaufront weist ein Sockelgeschoss in Werkstein mit heute z.T. verfensterten Toreingängen und zwei weiss verputzte Wohngeschosse mit Steingewänden, -gesimsen und -lisenen an den Eckkanten auf. Während sämtliche Werksteinteile der Schaufront aus grünlichem Sandstein bestehen, sind die Fenstergewände und der sorgfältig behauene, einfache Eckverband der sonst insgesamt hell verputzten Neben- und Rückseiten aus grauem Sandstein verfertigt. An allen Fenstern der Wohngeschosse sind grüne Schlagläden angebracht.

Bemerkung. Schönes Beispiel der einfachen, in der westlichen Schweiz geläufigen Fassadenfarbigkeit durch steinsichtig belassene (oder mit Anstrich in Steinfarbe egalisierte) Werksteinteile auf weisser Putzmauer. Auch wenn die heutigen Läden und ihr grüner Anstrich kaum bauzeitlich, sondern ersetzt sein dürften, sind sie ein bemerkenswertes Fassadenelement, das der zweifarbigen Wandgliederung einen dritten Farbakzent hinzufügt (siehe auch 3.5.22). Meistens gesellt sich dieses Grün zu steinfarbigen Werkteilen, so dass ein Farbakkord aus Weiss–Grau–Grün (siehe 3.5.22–3.5.24), Weiss–Rot–Grün (siehe 3.5.31–3.5.34) oder Weiss–Gelb–Grün (siehe 3.5.49–3.5.51) entsteht. Für die gängigen einfarbigen Fensterladenfassungen wird Grün bevorzugt: «In der Schweiz ist es gebräuchlich, die Laden an den Landhäusern grün anzustreichen, welches einem solchen Gebäude ein fröhliches Aussehen gibt. Diesen Gebrauch sollte man bey uns an dieser Art von Gebäuden nachmachen …» (Christian Ludwig Stieglitz, Encyclopädie der bürgerlichen Baukunst, 1794, zitiert nach Reinle). In der Waadt bewahrten etwa *Lutry* oder *Coppet* Ortskerne, die von grünen Fensterläden noch heute so beherrscht werden, dass allein sie die Farbigkeit der Gassenbilder bestimmen.

Literatur. Maison bourgeoise XXV, 1933, pl. 60 (Lageplan), p. LXI · MAH VD VI (Monique Fontannaz), 2006, p. 267s · Adolf Reinle.- Zur Geschichte des Fensterladens. In: Festschrift Walter Drack zu seinem 60. Geburtstag. Stäfa (Zürich) 1977, S. 264-267.

3.5.22 Genthod (GE)

Maison Barde. Landhaus, errichtet 18. Jh.; einfache aufgemauerte Architekturgliederung. Restauriert um 1990, Aufnahme aus Bory.

Weisser Putzbau, grau gefasste Werksteinteile, grüne Fensterläden (Abb. 851). Zweigesch. Eingangsfassade mit fünf Fensterachsen und Mittelportal. Gliederung durch zwei Gesimse, Fenstergewände und Eckpilaster aus Stein. Die Pilaster sind im EG gequadert, im OG mit jeweils einem Spiegel besetzt und auf Kapitellhöhe mit den Gesimsen verkröpft. An allen Fenstern sind grün gestrichene Schlagläden angebracht. Die Werksteinteile haben höchstwahrscheinlich von Anfang an einen grauen Kalkanstrich getragen. Er wurde im gleichen Farbton, jedoch mit resistenterer Mineralfarbe restauriert.

Bemerkungen. Die Maison Barde ist ein treffendes Beispiel für die in der Region Genf geläufigen, steinfarbigen Werksteingliederungen an weiss (hin und wieder auch gelb, s. *Lausanne* 3.5.20) verputzten Herrenhäusern des 17. und 18. Jahrhunderts. Nach neueren Untersuchungen erhielten diese für gewöhnlich einen vereinheitlichenden Anstrich in der jeweiligen Steinfarbe, vor allem wenn die Farbe des verfügbaren Steinmaterials in sich ungleich war. Zudem fügen auch hier die grünen Schlagläden der zweifarbigen Architekturgliederung eine dritte Farbe hinzu, die die Fassaden in typischer Weise charakterisiert (siehe Bemerkungen bei 3.5.21). Die ursprüngliche grüne Farbgebung der Schlagläden konnte zwar nicht in Genthod, stattdessen aber in dem nicht weit entfernten, 1764/67 erbauten Schloss von *Crans-près-Céligny* nachgewiesen werden (Auskunft Monique Bory).

Literatur. Bory 1993, p. 89, fig. 5.

851 Genthod, Maison Barde, häufige Fassadenfarbigkeit des 17./18. Jh. im Gebiet von Genf

852 Beromünster, Kustorei im Stiftsbezirk, gemauerte und gemalte Werksteingliederung auf gelber Putzwand 1784/88

3.5.23 Beromünster (LU)

Stiftsbezirk, Kustorei. Umgebaut 1784/85 nach Plänen des Stiftsbaumeisters Josef Purtschert. Gelber Putzbau mit Architekturgliederung. Restauriert 1997/99. Aufgenommen 2001.

Hauptfassade mit gemauerter und gemalter Gliederung in graugrüner Sandsteinfarbe auf gelber Putzwand, grüne Fensterläden (Abb. 852). Nur die Vorderfront des kompakten, 3-gesch. Barockpalais erhielt eine die Mittelachse hervorhebende Gliederung: Oberhalb des gemauerten Sockelgeschosses mit Mittelportal und zwei breiten, stichbogigen Nischen in Geschosshöhe werden die fünf Fensterjoche der beiden Wohngeschosse durch Pilaster unterteilt. Während diese in der Mitte vorgemauert sind und mächtige ionische, mit Girlanden behängte Kapitelle tragen, wurden sie zu den Seiten hin nur mit einfachen Kapitellplatten und Schaftspiegeln aufgemalt. Auch die Bauecken werden nur von gemalten Quaderlisenen mit perspektivischen Konturen markiert. Die Steingewände der Fenster bestehen aus mauerbündigen Rahmen mit Konturlinien und im Mitteljoch zusätzlich mit verzierten Stürzen und Ohren. Soweit es das Wandprofil erlaubt, wurden den Fenstern grüne Schlagläden hinzugefügt. Über den beiden Mittelpilastern erhebt sich ein ins abgewalmte Mansarddach eingreifender Segmentbogenaufsatz mit buntfarbigem Wappenbild. Alle Gliederungselemente erscheinen in grüngrauer Sandsteinfarbe, gleich ob sie gemauert oder gemalt sind. Der Wandputz wurde bei der jüngsten Restaurierung wie zuvor wieder gelb gestrichen.

Bemerkungen. Die Schaufassade der von einem Garten umgebenen Kustorei fängt mit ihrer Dreifarbigkeit aus gelbem Putz, grünlicher Steinfarbe und kräftig grünen Fensterläden den Blick ein und bildet gemeinsam mit dem kunstvollen, ziervergoldeten Schmiedeeisengitter in der Gartenmauer einen schlossartigen Gesamtprospekt. Am Kirchplatz übernimmt der Bau mit diesem auch farblich stark ausgeprägten Prospekt die Rolle eines architektonischen Äquivalents zur direkt gegenüberliegenden, weit ausladenden Westfront der Stiftskirche (Abb. 819). Die Kustorei wird damit zum wichtigsten Wohnbau innerhalb der «Freiet», dem in sich geschlossenen Ensemble der historischen Chorherrenhäuser im Stiftsbezirk des Fleckens Beromünster.

Literatur. Bürgerhaus VIII 1920, Tf. 80 · KDM LU IV (Adolf Reinle), 1956, S.136f · Joseph Bühlmann.- Beromünster: Tag der offenen Tür im restaurierten Stiftsgebäude. Kustorei in alter Schönheit erneuert. Luzerner Zeitung vom 30.4.1999, S.33.

3.5.24 Frauenfeld (TG)

Rathaus. Neubau 1790/94 von Joseph Purtscher (Jz. 1793 am Eingangsrisalit). Putzbau mit Architekturgliederung. Restauriert 1979/82. Aufgenommen 1999.

Gliederung in grau gefassten Werksteinen (grauer Sandstein) auf weisser Putzwand, grüne Fensterläden (Abb. 853). Die beiden Sichtfassaden mit drei Geschossen und sieben bzw. drei Fensterachsen erhielten trotz der Vereinfachung gegenüber den ursprünglichen Plänen (statt «kostbahre Steinhauerarbeit» wurde von der Bürgergemeinde nur «wenig zierath» bewilligt) eine bemerkenswerte Gliederung: Während Erd- und Obergeschosse durch ein kräftiges Gesims unterteilt und die Bauecken von gequaderten Lisenen markiert werden, erhielten die Gewände der Fenster, Portale und Rundbogentore eine starke Profilierung mit Ohren, Konsolen und Scheitelsteinen; die Fenster haben grüne Schlagläden. Den eigentlichen Akzent bildet aber der mittlere Portalrisalit an der Hauptfront zur Strasse mit seinem Altan auf toskanischen Säulen und der darüber befindlichen, buntfarbig gefassten Wappenkartusche. Nach Originalbefund wurden sämtliche Werksteinteile wieder grau gestrichen und die Putzoberflächen kalkweiss getüncht. Für die grüne Farbe der Läden gab es keinen Befund.

Bemerkungen. Zeittypisches Fassadenbild mit stark rhythmisierendem Gliederungskonzept in klassizistisch strengen Architekturformen. Die dem Klassizismus gemässe Farbigkeit von Weiss und Hellgrau erhält durch die grünen Fensterläden eine freundliche, heitere Note. Bereits vor 1834 gab es Darstellungen mit grünen Läden (Ansicht einer Aquatinta von J. B. Isenring im Rathaus), die vermutlich schon dem Bau von 1790/94 zugefügt worden waren. Nachdem man auf die achsenweise geplanten Wandvorlagen des ursprünglichen Fassadenentwurfs verzichtet hatte, boten die ebenen Wände des ausgeführten Baus ausreichend Platz zum Öffnen der Schlagläden.

Literatur. Das Rathaus Frauenfeld. Frauenfeld 1983, S. 98-115 (u. a. zur Restaurierung) · Margrit Früh, Jürg Ganz.- Das Rathaus Frauenfeld TG. Bern 1987 (SKF) · Weitere Informationen von Jürg Ganz, Frauenfeld.

853 Frauenfeld, Rathaus, grau gefasste Werksteingliederung auf weisser Putzwand 1790/94

854 Riva San Vitale, ehemaliger Palazzo Della Croce E. 16. Jh., rot gefasste Werksteinteile und Mörtelauflagen

Rot auf weisser Putzwand

3.5.25 Riva San Vitale (TI, Mendrisiotto)

Casa Comunale, ehem. Palazzo Della Croce. Errichtet E. 16. Jh.; rote Architekturgliederung. Anstrich erneuert. Aufgenommen 1982.

Rotfassung von Werkstückteilen und Mörtelauflagen (Abb. 854, 855). Der mächtige, weitgehend freistehende, 3-gesch. Bau reicht um die Tiefe seines 7-achsigen Arkadengangs in den Gassenraum hinein, so dass sich ausser der Strassenfront auch ein Stück der Seiten als Schaufassaden präsentieren. Die auf gebrochen weiss verputzter Wand in Rot gefasste Gliederung besteht aus Eckpilastern, die die Obergeschosse rahmend zusammenfassen und sich mit den beiden Gesimsen oberhalb der Arkadenreihe sowie dem Dachgesims verkröpfen. Das Wandprofil wird im Übrigen von den stark profilierten Fenstergewänden bestimmt. Im piano nobile weisen sie weit vorstehende, von Konsolvoluten gestützte Aufsätze sowie gefüllte Brüstungsfelder unterhalb der Sohlbänke auf, die zwischen die Gesimse eingespannt sind. Die toskanischen Säulen und die Eckpfeiler des Arkadengangs bestehen aus bräunlichgrauem Kalkstein vom Vorkommen in Saltrio (Italien, nahe der Grenze bei Ligornetto). Der weisse und rote Anstrich ist erneuert, geht aber auf eine ältere, möglicherweise sogar auf die ursprüngliche Farbigkeit zurück.

855 Riva San Vitale, ehem. Palazzo Della Croce, Fensterreihe im piano nobile

Bemerkungen. Die Gliederungselemente in Rot auf Weiss mit dem kennzeichnenden Band der umlaufenden Brüstungsfelder sowie der zierliche Arkadengang bilden eine gleichmässige, vertikale und horizontale Unterteilung der Fassade. Sie erhält dadurch ein strenges, klassisches und zugleich elegantes Aussehen. Der Bauentwurf könnte von Giovan Antonio Piotti aus Vacallo stammen, der zur gleichen Zeit im Auftrag desselben Bauherrn die Kirche Santa Croce in *Riva San Vitale* erbaute (3.5.52). Unverkennbar ist der Einfluss italienischer Renaissancepaläste mit ihrer Reihung gerahmter Fenster über durchlaufenden Gesimsen. Die Rotfassung war offenbar besonders in der Südschweiz bevorzugt, wo sie bis heute häufig vorkommt (vgl. 3.5.26–3.5.28). Der Palazzo Della Croce weist unter den hier beschriebenen Beispielen die älteste rot abgesetzte Gliederung auf. Eine neuerliche Restaurierung ist vorgesehen (2002).

Literatur. Martinola 1975, p. 477s.

3.5.26 Locarno (TI)

Casorella (Casa degli Orelli). Errichtet 1580/93. Reste bildlicher Fassadenmalerei aus der Bauzeit (hier unberücksichtigt). Später kam eine Architekturgliederung im Stil des 17. Jh. hinzu, diese wurde wohl im 19. Jh. ersetzt und rot gefasst. Jüngst erneuert. Aufgenommen 1998.

Rotfassung von Werksteinteilen (Abb. 856). Der an der Nordostflanke des Castello sich lang hinstreckende, 3-gesch., weisse Putzbau weist an beiden Lang- und an der freiliegenden Schmalseite sowie an der Torwand eine rot gefasste Architekturgliederung auf: Über der z.T. geböschten Sockelpartie setzen an allen Bauecken und Mauervorsprüngen sehr mächtige Eckquaderungen mit vorstehenden Läufern an. Die Fensterbänke beider OG und die Fensterstürze des obersten Geschosses werden mit aufgesetzten Gesimsen verbunden. Die Fenstergewände sind mit Ohren und im stadtseitigen EG zusätzlich mit Keilsteinen ausgestattet. Fast alle Öffnungen im Mittelgeschoss der drei torseitigen Fensterachsen weisen kräftige, gebrochene und segmentierte Giebel auf. In den Giebelaufsätzen der Fenster und Eingänge im EG der Hofseite sind Dichterbüsten aufgestellt (19. Jh.). Das rundbogige Mauertor zum Hof wiederholt den Rustikazuschnitt der Eckquader. Es trägt einen Spitzgiebel, der die abschliessende Mauergebälkkrone überragt.

Bemerkungen. Die rote, stark profilierte Gliederung ist von imposanter Wirkung und fällt besonders an der stadtwärts orientierten, durch ihre exponierte Lage weithin sichtbaren Südfassade ins Auge. Die heutige Rotfassung «entspricht dem anlässlich der Renovation freigelegten Zustand, doch es scheint, dass sie erst aus dem 19. Jh. stammt» (Rüsch), was auch für die mit 4 bis 6 cm sehr dickleibig aufgemörtelten Gliederungselemente selbst gelten dürfte. Es ist denkbar, dass sie auf eine ähnliche Gliederung des 17. Jh. zurückgreift.

856 Locarno, Casorella, Bau 1580/93, Werksteingliederung und Rotfassung im Stil des 17. Jh., jedoch wohl erst im 19. Jh. aufgebracht

857 Grono, Palazzo del Togni 1721, die rote Wandgliederung verschaffte dem Haus den Namen «Ca' Rossa»

Literatur. Casa borghese XXVIII, 1936, tav. 49-51 · MAS TI I (Virgilio Gilardoni), 1972, p. 75-82 · Elfi Rüsch, Riccardo Carazzetti.- Locarno. Das Schloss und die Casorella. Bern 2002, S. 20 (SKF).

3.5.27 Grono (GR, Misox)

Palazzo del Togni («Ca' Rossa»). Errichtet 1721 (gemäss KDM). Rote Architekturgliederung. Restauriert 1982 und 1987. Aufgenommen 1983.

Sockelputz, Werksteinteile und Flachmalerei in Rot (Abb. 857). Freistehendes, 3-gesch. Walmdachhaus mit fünf zu fünf Fensterachsen. Im Inneren bemerkenswerte Ausstattung. Am EG durchgehend rot gestrichener Putz, genutet zu Putzbändern, die den Bausockel im Sinn einer Rustikamauer kennzeichnet (die extreme Grobstruktur ist nicht original). Fenster und Eingänge sind einheitlich mit steinsichtigen, grauen Granitgewänden eingefasst. Wohn- und Mezzaningeschoss wurden weiss verputzt und optisch durch Ecklisenen sowie ein Gesims über dem Sockelgeschoss und einen mehrfach gestuften Mauerabschluss am Dachrand rot eingerahmt. An Süd- und Ostseite stehen die Bauglieder vor, an Nord- und Westseite sind sie flach aufgemalt. Ebenfalls rot erscheinen die Fenstergewände und im piano nobile die breite Umrahmung der Brüstungsfelder. Zusammengefasst durch das untere Gesims und ein durchgehendes Sohlbankgesims bilden die Felder eine Art Schmuckband, das sich über alle vier Hauswände zieht.

858 Brissago, Palazzo Branca, buntfarbiges Kranzgesims mit qualitätvoller Bauskulptur und Bildmalerei, wohl 1747

Bemerkungen. Der im unteren Mauerbereich vermutlich schon von Anfang an etwas weniger als oben geglättete Verputz und die entsprechende Ein- bzw. Zweifarbigkeit der Wandoberflächen unterteilen den Bau deutlich in ein Sockel- und zwei Obergeschosse. Die knapp vorstehende und nur schmale Schlagschatten werfende Aufmauerung der Gliederungselemente in den OG der beiden Hauptfronten (Süd, Ost) ergibt ein feines Oberflächenprofil, was der Mächtigkeit des Baukubus entgegenwirkt. Der volkstümliche Hausname «Ca' Rossa» bezieht sich auf die charakteristische rote Farbgebung, deren Wiederherstellung angeblich auf Befunden unbestimmten Alters fusst. Die Putzstreifen des Erdgeschosses und der rote Anstrich sind mit dem ebenfalls als «Rotes Haus» bezeichneten Haus Marchion in *Valendas* bei Ilanz vergleichbar (18./19. Jh.).

Literatur. KDM GR VI (Erwin Poeschel), 1945, S.142f (Rotfassung nicht erwähnt) · Agustoni Misox 1996, S.82f.

3.5.28 Brissago (TI)

Palazzo Branca-Baccalà. Im Wesentlichen um 1700 erbaut, später mehrfach verändert. Buntfarbige Architekturgliederungen, Bauskulptur und Malereien an der Hauptfront (hier bezeichnet «1747 BRANCA»). Herrenhaus restauriert, Nebengebäude nach 1990 zum Teil abgebrochen. Aufgenommen 1998.

Bau (Abb. 859). Gross dimensionierte, imposante und durch vorwiegend rote Architekturgliederung hervorgehobene Anlage. Sie bestand ehemals aus drei Baukörpern, von denen der Nordostkomplex nach 1990 abgebrochen wurde, so dass der ehemalige Innenhof heute als offener Parkplatz dient. Die zum See orientierte Fassade des Haupttrakts mit vier vollen Geschossen und einem Mezzaningeschoss bei noch sieben verbliebenen Achsen ist als freiliegende Schauseite am prächtigsten ausgestaltet. Die anderen, 3-gesch. Fassaden stossen an enge Gassen im borgo und sind etwas einfacher gegliedert, mit Ausnahme der bemerkenswerten ehemaligen Architekturmalereien an der Balkontür und der kleinen Loggia über dem südwestlichen Portal, deren Reste jüngst beseitigt wurden (s. 3.6.18).

Architekturgliederung in Hellrot und Grün auf weissem Verputz, Bauskulptur und Malereien. Die hellrot marmorierend gestrichene Gliederung ist mit Mörtel aufgemauert. Sie umfasst geschossweise variierende, mit verschiedenen Mustern verzierte und sich ehemals auf Konsolvoluten abstützende Eckquaderungen (s. Abb. 428), profilierte Gesimse sowie Fensterumrahmungen mit vorspringenden oder im Bogen beschnittenen Ecken (Aufmauerungen zum Teil, Fassung insgesamt erneuert). In der Mitte der Seefassade öffnet sich im 4.OG eine Loggia in fünf Bögen auf grauen Granitsäulen mit roter Ballustrade, flankiert von Fensterbalkons mit bemerkenswerten Schmiedeeisengittern. Zwischen den Fenstern unterhalb der Loggia ist ein Wandbild der Verkündigung Mariens eingefügt (Umkreis Baldassare Antonio Orelli). Das Mezzaningeschoss wird von den Konsolen eines mächtigen Kranzgesimses in fünfzehn ungleich breite Felder unterteilt. In jedem zweiten Feld, den Bauachsen entsprechend, befindet sich ein Fenster. Auf den acht Feldern dazwischen erscheinen männliche und weibliche Halbfiguren in qualitätvoller Grünmalerei, u. a. Allegorien der Jahreszeiten. Sie werden Gian Antonio Caldelli (1721–1791) zugeschrieben. Die Stirnseiten der Konsolen enden in phantastischen Tierköpfen aus Stuck. Das gesamte Gebälk ist rot, grün und weiss gefasst (Abb. 858).

Bemerkungen. Die buntfarbig abgesetzten Architekturen, die vielgestaltigen Baudetails in der Tradition mittelitalienischer Renaissancepaläste (insbesondere das Kranzgesims) und die ebenso künstlerisch wie ikonografisch recht beachtlichen Malereien und Skulpturen heben den Palazzo Branca unter den Barockpalästen der Schweiz hervor. Ungewöhnlich sind vor allem die Dreifarbigkeit (Weiss, Rot, Grün) und die typologisch kaum einzuordnende Gestaltung der Seefassade. Der Baumeister ist bisher unbekannt; in den MAS wird er als «geniale» bezeichnet.

Literatur. Casa borghese XXVIII/II, 1936, tav. 70, 71 · MAS TI II (Virgilio Gilardoni), 1979, p. 323-332 · Decorazioni Locarno 1999, p. 41 · Elfi Rüsch, Annegret Diethelm.- Brissago. Berna 1999, p.10-12 (SKF).

3.5.29 Eyholz-Visp (VS)

Wallfahrtskapelle und Kapellenhaus in der Riti. Um 1673 (Jz. am Kapellenhaus). Letzte Restaurierung 1976/79. Aufgenommen 1997.

859   Brissago, Palazzo Branca Seefassade, Bau um 1700, Farbfassung und Malereien wohl 1747
860   Eyholz, Riti-Kapelle von Nordosten, rot gefasste Langhausgliederung um 1673

Architekturgliederung in Rotfassung auf Weiss und schwärzlichem Naturstein (Abb. 860, 861, 863). Auf dem 1-schiffigen, weiss verputzten Bau mit Rechteckchor, Vorhallenjoch und Fassadenturm liegt ringsum eine rote Architekturgliederung. Sie besteht aus aufgemörtelten, gequaderten Lisenen und Blendbögen. In jedem Joch befindet sich ein hohes Fenster mit Sprenggiebel, das an Langhaus und Chor jeweils mit einem Halbbogenfenster verbunden ist. Alle Fenster- und Türgewände sowie die Kämpfersteine der Blendbögen bestehen aus einem rötlichen und zusätzlich noch rot überstrichenen Gestein (wohl rosa Dolomit). Die oberen Partien der östlichen Bauecken sind mit einem roten Quaderverband bemalt, die Traufkonsolen ebenfalls rot gestrichen. Für die Säulen, Bögen und Wandkapitelle der Vorhalle hingegen wurde ungefasstes, dunkelgraues Gestein, wohl Marmor eingesetzt. – Das weiss verputzte, 2-gesch. *Kapellenhaus* (wohl ehem. Pfrundhaus) westlich der Kapelle hat unregelmässige Fenstergewände aus Kalktuff, die mit braunroter Farbe überstrichen und auf Rechtwinkeligkeit ergänzt sind. Die gleichfarbigen Eckquader wurden hingegen nur aufgemalt.

Bemerkungen. Offensichtlich kam es bei den Bauten dieses Wallfahrtsorts aus naheliegendem Grund darauf an, aussen ein optisch möglichst anziehendes Farbkonzept zu verwirklichen, bei dem die gliedernden Architekturelemente in einheitlicher roter Farbe erscheinen, gleich ob sie aus Naturstein, Mörtelauftrag oder Flachmalerei bestehen. In diesem Sinn bemerkenswert ist auch die zusätzliche schwarze Steinfarbe in der Vorhalle, mit der sich ein Farbendreiklang ergibt, für den zum Beispiel St. Martin in *Visp* und die Pfarrkirche von *Glis* vorbildlich gewesen sein können. Obwohl heute hart an der verkehrsreichen Nationalstrasse gelegen, bildet die kleine Kirche mit dem Kapellenhaus noch immer ein malerisches Ensemble, an dem die weiss-rot-schwarze Farbigkeit beträchtlichen Anteil hat.

Literatur. Maison bourgeoise XXVII, 1935, pl. 85/5 (Kapellenhaus) · Carmela Ackermann-Kuonen.- Wallfahrtskapelle in der Riti Eyholz VS. Bern 1982 (SKF), ohne Bemerkungen zur Architekturfarbigkeit · De Quervain Gesteinsarten Bd. 8, 1983/85, S. 150.

3.5.30 Verdasio (TI, Centovalli)

Pfarrkirche. Erbaut 1578, Eingangsfassade wohl 18. Jh., Schiff verändert 1800/1820. Rotfassung aus der mittleren Bauperiode, restauriert. Aufgenommen 2004.

Rotfassung an der Eingangsfassade (Abb. 862). Putzbau mit gelblichem Weissanstrich. Rot gefasst sind die vier leicht vorstehenden Putzpilaster an der doppelgeschossigen und mit geschweiftem Giebel abschliessenden Eingangsfassade sowie der Fries des mächtigen, knapp unter dem birnförmigen Mittelfenster im Bogen verlaufenden Gurtgesimses. Die übrigen Aussenmauern sind einheitlich hell verputzt, die Zweifarbigkeit liegt ausschliesslich auf der Hauptfassade.

Bemerkung. Einfacher, aber auffälliger, im Wesentlichen vertikaler Farbakzent, der das barocke Fassadenbild ausgewogen proportioniert. In ihrer formalen Einfachheit vergleichbar sind die roten Bauteile an der 1617/18 datierten Eingangsfassade von *Brusio* (Abb. 70 und 1.1.25). Verdasio und Brusio repräsentieren zusammen mit der Riti-Kapelle von 1673 in *Eyholz* (3.5.29) die von Stilepochen unabhängigen, roten Gliederungsfassungen bei Kirchenfassaden.

861 Eyholz, Riti-Kapelle, Detail der Rotfassung mit Werkstücken aus rosa Dolomit
862 Verdasio, Pfarrkirche mit markanter Rotfassung der Eingangsfassade, 18. Jh.
863 Eyholz, Vorhalle mit Säulen aus schwärzlichem Marmor und rot gefassten Architekturteilen

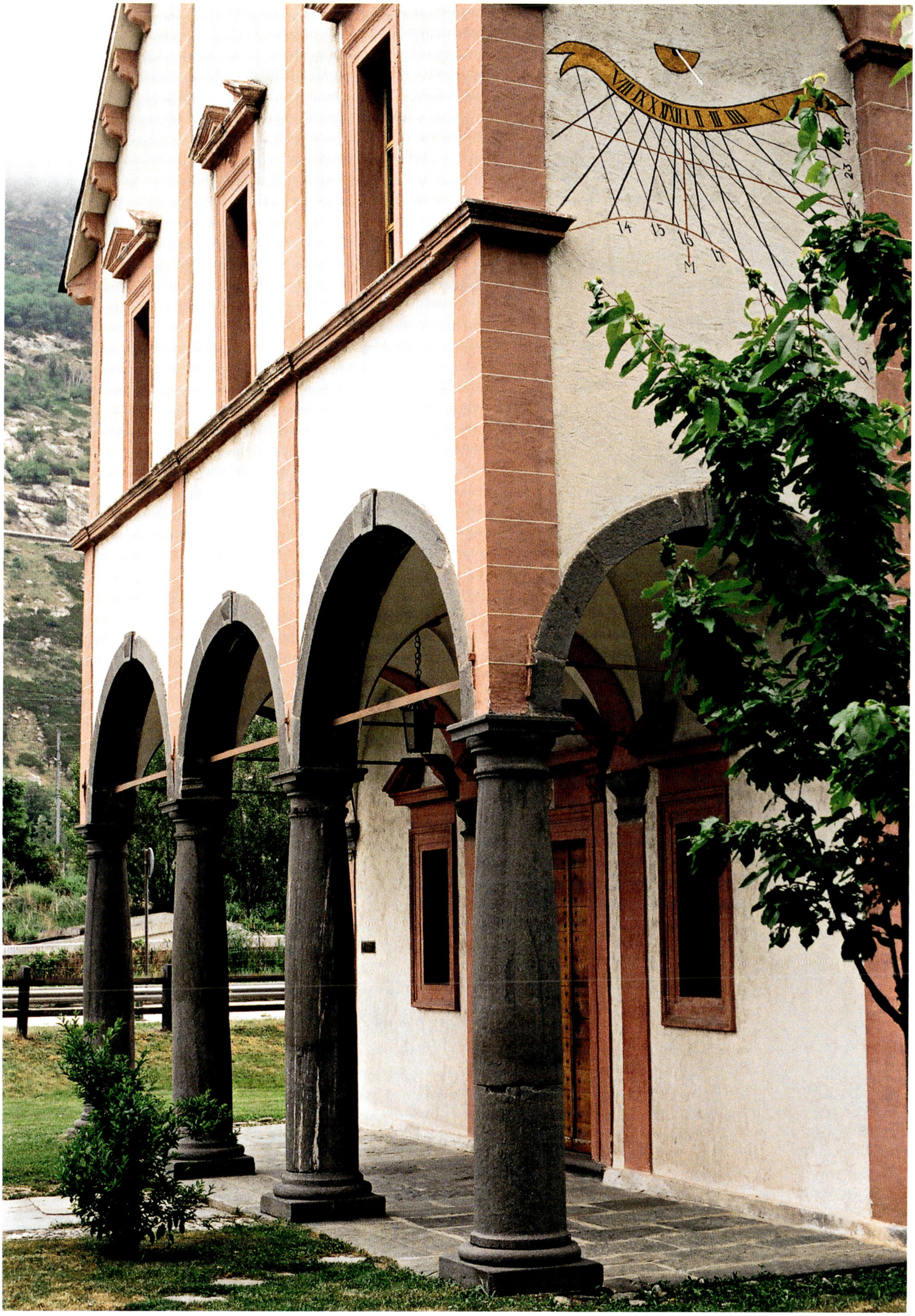
14 15 16 17
M

3.5.31 Liestal (BL)

Kanonengasse 23. Wohnhaus um 1683 (Stichbogenfenster bez. «16 CB 83»). Dreifarbige Gassenfassade, jüngst restauriert. Aufgenommen 2001.

Weisser Putzbau, rote Gewände, grüne Fensterläden (Abb. 864). Dreigesch., 2-achsiger Bau in geschlossener Gassenzeile traufständiger Häuser. Der Türeingang, das stichbogige Ladenfenster und die auf durchgehenden Gesimsen stehenden, spätgotisch abgefasten Doppelfenster in den beiden OG haben rot gestrichene Sandsteingewände. Alle Fenster verfügen über Schlagläden, die mit grüner Ölfarbe gestrichen sind.

Bemerkungen. Der in Stadt und Land Basel über Jahrhunderte für die Gewände von weissen Putzbauten verwendete, meistens rote, aber auch gelbliche oder graue Sandstein wurde grundsätzlich überstrichen, um die Verwitterung der Steinoberfläche zu verzögern und zugleich ein ästhetisch ebenmässiges Farbbild zu gewinnen (vgl. 3.4.38 *Basel* Zum Eichhorn). Die Farbwahl war je nach Wunsch des Bauherrn den Modeströmungen unterworfen. Bei älteren, noch in spätgotischer Tradition errichteten Bürgerhäusern scheint Rot überwogen zu haben, bei Bauwerken des 18./19. Jh. eher Gelb oder Grau, wobei nie eine Farbe ausschliesslich vorherrschte. Zum jeweiligen Farbenpaar Rot–Weiss bzw. Gelb–Weiss kommt Grün hinzu, in dem für gewöhnlich die Holzläden gestrichen waren (bei Grau–Weiss hingegen ist der Ladenanstrich meistens ebenfalls grau oder weiss). Besonders bei den Fassaden der einfachen Bürgerhäuser bilden die grünen Läden ein farblich mitbestimmendes Element und machen aus dem farblichen Zwei- einen Dreiklang. Diese Dreifarbigkeit der sonst schmucklosen Fassaden prägt unverwechselbar die Gassenbilder der Orte in der Umgebung von Basel. Sie ist deren Merkmal und wird hier mit einigen typischen Beispielen aus dem Baselbiet belegt (mit roten Werksteinteilen: 3.5.31–3.5.34; mit gelben Werksteinteilen: 3.5.49–3.5.51). Bauwerke mit grünen Läden als dritte Fassadenfarbe ausserhalb des Baselbiets sind unter 3.5.21–3.5.24 zu finden.

Literatur. KDM BL II (Hans-Rudolf Heyer), 1974, S. 265.

864 Liestal, Kanonengasse 23, Dreifarbigkeit mit grünen Schlagläden, typisch für das Baselbiet
865 Münchenstein, Hauptstrasse 33, Baselbieter Dreifarbigkeit, hier mit deckend rot gestrichenen Gewänden aus grauem Sandstein, 17. Jh.

3.5.32 Münchenstein (BL)

Hauptstrasse 33. Wohnhaus, wohl 17. Jh., spätere Veränderungen. Dreifarbige Fassaden, jüngst restauriert. Aufgenommen 2001.

Weisser Putzbau, rote Gewände, grüne Fensterläden (Abb. 865). Weitgehend freistehendes 2-gesch. Haus auf hohem Kellersockel mit ausgebautem Dach, ein Fenstergewände ist spätgotisch abgefast. Alle Tür- und Fensteröffnungen bestehen aus grauem Sandstein und sind in Abänderung der Naturfarbe deckend rot überstrichen. Mit den grünen Schlagläden an allen drei Sichtseiten repräsentiert der Bau das typische Fassadenbild des Baselbiets in Weiss–Rot–Grün.

Bemerkungen siehe 3.5.31 · In den KDM BL I 1969 nicht erwähnt.

3.5.33 Ziefen (BL)

Oberdorf Nr. 154, sogen. Neuhaus. Errichtet 1780 (Jz. am Türflügel des Hocheingangs). Dreifarbige Strassenfassade. Älterer, z.T. ursprünglicher Bestand. Aufgenommen 2001.

Putzbau, Hauptfassade ehemals wohl weiss mit roter Gliederung und grünen Fensterläden. Stattliches, 3-gesch. Bauernhaus auf hohem Kellersockel, mit (nach 1931) ausgebautem Dachstock und Krüppelwalm. Die stark verschmutzten Wandoberflächen bestehen an der freiliegenden Giebelseite aus einem ehemals hellen, geglätteten Putz, der wohl noch aus der Bauzeit stammt und an der strassenseitigen Hauptfront aus einem wahrscheinlich später aufgebrachten Besenwurf (Abb. 866). Für die leicht stichbogigen Fenstergewände der Hauptfront wurde grauer Sandstein verwendet und mit einem roten Anstrich versehen, den auch die wenig vorstehend aufgemörtelte Lisenenquaderung an den vorderen Baukanten erhielt (Farbreste verblasst). Auf den Fenstergewänden der Giebelseite liegt hingegen keine rote Farbschicht, sie blieben steinsichtig hellgrau. Die Oberfläche der grünen Schlagläden an der Strassenfassade ist stark abgewaschen, der Anstrich der Läden an der Giebelseite hat sich besser erhalten.

Bemerkungen. Die Rotfassung der gesteinmetzten und aufgemörtelten Architekturteile dürfte auf die Bauzeit zurückgehen. Interessantes Objekt wegen seines historisch relativ alten und teilweise originalen Bestands. Weiteres zur Aussenfarbigkeit im Baselbiet siehe 3.5.31.

Literatur. Bürgerhaus XXIII 1931, S.LXXXI, Tf. 145 · KDM BL II (Hans-Rudolf Heyer), 1974, S.429f.

3.5.34 Gelterkinden (BL)

Dorfplatz 11 (KDM: 9), Bürgerhus, ehem. Schmiede, dann Färberei. Erbaut vor 1680, stark verändert 1822 (Steinkartusche mit Jz. am Sturz des Eingangs). Dreifarbige Fassaden, jüngst restauriert. Aufgenommen 2001.

Weisser Putzbau, rote Gewände, grüne Fensterläden (Abb. 867). Zweigesch. Eckbau, mit je einer Trauf- und Giebelseite freistehend. Die leicht stichbogigen Fenstergewände bestehen aus grauem Sandstein und sind deckend rot gestrichen. Das Eingangsgewände samt Zierkartusche (bezeichnet «18 H-Tulpenblüte-W 22») und Zierknöpfen am Sturz wurde hingegen aus rotem, steinsichtig belassenem Sandstein gefertigt. Alle Fensterläden sind neu in Dunkelgrün gestrichen.

Bemerkungen. Beispiel von Fenstergewänden im Baselbiet aus farblich verschiedenem Sandstein, die durch roten Anstrich vereinheitlicht wurden. Weiteres siehe 3.5.31.

Literatur. KDM BL III (Hans-Rudolf Heyer), 1986, S.68.

866 Ziefen, sogen. Neuhaus, Baselbieter Dreifarbigkeit in Weiss–Rot–Grün, teilweise ursprünglicher Bestand von 1780
867 Gelterkinden, Bürgerhus, Fensterpartie vom Umbau 1822, Baselbieter Dreifarbigkeit mit rotem Neuanstrich der grauen Sandsteingewände

3.5.35 Fischingen (TG)

Klosterkirche, Iddakapelle. Neubau 1704/08 von Christian Huber, unter Einfluss von Caspar Moosbrugger. Farbfassung im Wesentlichen nach Befund erneuert 1962/68. Aufgenommen 1997. Jüngste Restaurierungsarbeiten im Inneren 2002–2008.

Bau (Abb. 868). Innerhalb der weitläufigen Klosteranlage mit Bauten aus dem 16. bis 18. Jahrhundert fällt die Kapelle über dem Grab der hl. Idda architektonisch und farblich heraus. Sie ist der älteren, aussen schlichten Kirche als monumentaler Zentralbau nordwestlich angegliedert und als einziges Gebäude mit einer anspruchsvollen roten Wandarchitektur ausgestattet.

Hellrot marmorierend gefasste Architekturgliederung. Der an italienischen Vorbildern orientierte Kuppelbau mit drei dominierenden, an den Kanten abgeschrägten Kreuzarmen wird von einer einheitlichen Ordnung dicht gestellter, breiter und gequaderter toskanischer Pilaster mit hohem Gebälk gegliedert. Während die Wand glatt weiss verputzt ist, sind alle Gliederungselemente aufgemauert und hellrot gefasst (caput mortuum mit Kalk). Ihre heutige Marmorierung geht nicht auf Befund zurück, sondern wurde 1962/68 zugunsten einer gleichmässigen Farbfläche aufgebracht, Genaueres dazu siehe 1.4.15.

Bemerkungen. Zusammen mit der farblich angeglichenen und nach Befund wiederhergestellten Bemalung des Kirchturms (errichtet 1587, erhöht 1727 und 1751, zuletzt restauriert 2000), erzielt der auf einer Anhöhe freiliegende und weithin sichtbare Zentralbau mit seiner Farberscheinung in Rot auf Weiss eine imposante Wirkung, die ihn als Grabstätte und Pilgerort der hochverehrten heiligen Idda hervorhebt. Die Kapelle, deren Äusseres wesentlich von dieser hellroten, monumentalen Architekturgliederung bestimmt wird, zählt zu den schönsten barocken Zentralbauten in der Schweiz (zur roten Eckquadermalerei von 1635/37 an der auch zum Kloster gehörenden Katharinenkapelle siehe 2.1.40).

Literatur. KDM TG II (Albert Knoepfli), 1955, S.125-148 · Fischingen, Klosterkirche Turm. In: Scheunen, ungenutzt – umgenutzt. Frauenfeld 2001, S.102f (Denkmalpflege im Thurgau 2).

868 Fischingen, Iddakapelle, rote Wandarchitektur aus der Bauzeit 1704/08, marmorierend restauriert
869 Zurzach, Stiftskirche St. Verena, 1732/34 von J. C. Bagnato barockisiert und rot-weiss gefasst

3.5.36 Zurzach (AG)

Stiftskirche St. Verena. Barockisierung des mittelalterlichen Verenamünsters 1732/34 durch Johann Caspar Bagnato mit Aussenfassung in Rot und Weiss. Restaurierungen 1964, 1975/76. Aufgenommen 1994.

870   Zurzach, St. Verena mit roter Architekturgliederung, Wandbild aus Kloster St. Georgen in Stein a. Rhein, Ambrosius Holbein und Thomas Schmid 1515/16

Die flach aufgemalte Architekturgliederung in Weiss auf Rot (Abb. 869) am 3-schiffigen Langhaus umfasst den Bausockel, die Eck- und Jochlisenen, die Fensterrahmen und -leibungen, die Traufbänder samt der aufgemauerten Gesimse und die geschweiften, in Voluten endenden Westfronten der Seitenschiffdächer. Der Mauerverputz ist ungewöhnlicherweise hellrot gestrichen (Dispersion).

Bemerkungen. Nach Verlust der Rotfassung im 19. Jh. wurde diese bei der Restaurierung 1964 aufgrund roter Farbbefunde aus der Umbauzeit Bagnatos wieder aufgebracht. Bagnatos Verteilung von Rot und Weiss dürfte gegenüber heute allerdings umgekehrt gewesen sein: Mauerverputz weiss, Baugliederung rot (zur roten Farbe am Äusseren von Bauwerken Bagnatos s. 3.5.37 *Bischofszell* Rathaus). Die Kirche besass wahrscheinlich schon vor dem Umbau im Barock eine Farbigkeit roter Werkstücke auf weisser Putzwand, die Ambrosius Holbein und Thomas Schmid in der Darstellung des Verenamünsters auf ihrem 1515/16 datierten Wandbilderzyklus im Kloster St. Georgen zu *Stein am Rhein* wiedergegeben haben (Abb. 870). Somit ist zu vermuten, dass Bagnato eine bereits vorhandene Farbigkeit aufgriff und sie fortführte.

Literatur. Adolf Reinle.- Die hl. Verena von Zurzach. Legende, Kult, Denkmäler. Basel 1948, S.179f (zu Bagnatos Umbau) · H. R. Sennhauser.- Katholische Kirchen von Zurzach. Zurzach 1991, S.11 (SKF) · Informationen zur farbigen Wiederherstellung von 1964 verdanke ich Alfred Hidber, Zurzach.

3.5.37 Bischofszell (TG)

Rathaus. Erbaut 1747/50 von Johann Caspar Bagnato. Wiederherstellung der Aussenfarbigkeit 1977/78. Aufgenommen 1983.

Architekturgliederung rosa gefasst auf hellgrau durchfärbtem Naturputz (Abb. 871, 872). Der 3-gesch. würfelförmige, fast freistehende Baukubus mit Mansarddach präsentiert sich mit einer rosa gefassten Architekturgliederung auf hellgrauer (annähernd weisser), ungestrichener

871 Bischofszell, Rathaus, rosa gefasste Bauglieder auf hellgrau durchfärbtem Putz, J. C. Bagnato 1747/50, Rekonstruktion der ursprünglichen Farbigkeit 1977/78
872 Bischofszell, Austausch der Hell-Dunkel-Werte 1860, Zustand vor der Rekonstruktion 1977/78

Putzwand. Die am aufwändigsten ausgeführte, 5-achsige Platzfront wird über einem hohen Putzquadersockel durch vier gequaderte Putzlisenen gegliedert, die die Ecken markieren und die drei mittleren Achsen einfassen. Diese schliessen in einem Giebelaufsatz ab, den die Wandlisenen, als würden sie das Dach durchstossen, als Pilaster begrenzen. Die Mittelachse selbst, in der sich über einer doppelläufigen Treppe das prunkvolle Portal und im 1. OG eine Balkontür mit gemaltem Scheingewände und Wappenkartusche (Stuck) befinden, wird von zwei im EG übereck stehenden Pilastern eingefasst, die sich in den OG als leicht eingetiefte Spiegel fortsetzen. Zwischen Erd- und Obergeschossen verläuft ein schmales, am Dachrand ein breites, profiliertes Gesims. Im EG und 1. OG liegen unter den Fenstern rosa gerahmte Brüstungsfelder. Zum reichen Farbkleid gehören auch die weiss gefassten und teilvergoldeten schmiedeeisernen Treppen-, Fenster- und Balkongitter. Die Seitenfronten wiederholen vereinfacht die Gliederung der Schauseite.

Restaurierung 1977/78. Dank der Reste des durchfärbten Naturputzes (sie lagen unter fünf späteren Putzschichten) und bestätigender Textquellen konnte 1977/78 die originale Farbfassung von Grauweiss und Rosa rekonstruiert werden, nachdem 1860 die Hell-Dunkel-Werte nach dem damaligen Geschmack in Graubraun (Besenwurf) und Weiss (Gliederungen) umgekehrt worden waren (Abb. 872).

Bemerkungen. Die gesamte architektonische Gliederung in Mörtel und Sandstein liegt auffallend flach auf der lichtgrau erscheinenden Wandfläche. Die Architekturelemente sind glatt und einheitlich rosa gefasst im Gegensatz zur Oberfläche der verputzten Wand, die schon ursprünglich rauer strukturiert war als die der Auflagen. Diese Fassadengestaltung verleiht dem Gebäude sein farblich nuanciertes, überaus elegantes Aussehen. Ungewöhnlich ist die nachgewiesene Verwendung eines nicht hellweiss gestrichenen, sondern in sich hellgrauen Naturputzes für die Mauerflächen. Die im Bodenseeraum schon im früheren 18. Jh. aufkommenden Rottöne am Aussenbau (vgl. 3.5.35 *Fischingen*) sind dann prominent in der Jahrhundertmitte bei Johann Caspar (Gaspare) Bagnato festzustellen, wie es St. Verena in *Zurzach* (3.5.36) oder die 1739/46 von ihm erstellten Schlossbauten der Deutschordenskommende auf der *Mainau* am Bodensee zeigen (Abb. 873).

Literatur. Bürgerhaus XIX, 1928, Tf. 31, 32 · Hans Peter Mathis.- Das ursprüngliche Farbgewand des Bischofszeller Rathauses von Gaspare Bagnato. In: Von Farbe und Farben 1980, S.139-143 · Ders.- Das Bischofszeller Rathaus und seine Restaurierung. In: UKdm 1981, S.360-373 · Martin Gubler.- Johann Caspar Bagnato 1696-1757 und das Bauwesen des Deutschen Ordens in der Ballei Elsass-Burgund im 18. Jahrhundert. Ein Barockbaumeister im Spannungsfeld von Auftraggeber, Bauorganisation und künstlerischem Anspruch. Sigmaringen 1985, S. 229-233 (Farbigkeit nur am Rande) · Emmenegger 1994, S.36 (mit nochmals differenzierten Befunden).

3.5.38 Vernier (GE)

Landsitz Naville, heute Mairie. Errichtet 1762, mehrfach umgebaut, Aussenfarbigkeit stark verändert. Anlässlich Nutzung als Gemeindeverwaltung umfassend restauriert 1973, Haupttrakt aussen kürzlich erneuert. Aufgenommen 2003.

Weisser Putzbau mit ehemals durchgehend roter Sandsteingliederung (Abb. 874–876). Langgestreckter, 2-gesch. Haupttrakt mit Pavillonflügeln, die strassenseitig leicht vorstehen und parkwärts einen dreiseitigen Hof bilden. Die Mittelachsen des Haupttrakts sind beidseitig als übergiebelte Risalite ausgebildet und durch unterschiedliche Pilasterordnungen aus Werksteinquadern mit qualitätvoll gesteinmetzten Köpfen, Kapitellen und Keilsteinen hervorgehoben. Pilaster befinden sich auch zwischen den Fensterachsen des Mittelbaus und, abgerundet, an den Bauecken der Pavillons. Sie verkröpfen sich mit dem Traufgesims. Ziersteine bilden z.T. auch den oberen Abschluss der rechteckigen und stichbogigen Fenstergewände. Für den umlaufenden Bausockel wurde ein lichtweisser Kalkstein, für die Fensterbänke ein feinkörnig grauweisser Sandstein verwendet. Die zugleich gliedernden und dekorierenden Architekturvorlagen bestehen heute aus viererlei Material: Aus den beiden in Genf üblichen Varietäten des einheitlich grüngrauen und des fleckig violettroten Molassesandsteins, aus weissem Kunststein und, stellenweise, aus demselben hellen Sandstein, der auch für die Fensterbänke verwendet wurde. Die Verteilung der Gesteinssorten ist willkürlich, so dass die einzelnen Bauelemente eine gesprenkelte Farbigkeit aufweisen, die die gliedernde Wirkung empfindlich beeinträchtigt.

Bemerkungen. Landhaus mit herrschaftlichem Habitus in weitläufigem Park oberhalb der Rhône (am Rückeingang die Gedenktafel der Visite Goethes bei seinem Aufenthalt in Genf 1779). Nach der Schwarzweissabbildung in der Maison bourgeoise von 1912 trugen seinerzeit die Steinvorlagen noch ihre einheitlich dunkle, das heisst rote Farbigkeit, die sich deutlich vom

873 Insel Mainau, Schlosskirche mit rot gefasster Baugliederung, J.C. Bagnato um 1740
874 Vernier, Landsitz Naville 1762, strassenseitige Hoffassade, die gliedernden Werkstückteile bestanden ehemals einheitlich aus rotem Sandstein
875 Vernier, Doppelpilaster am Mittelrisalit der Parkseite

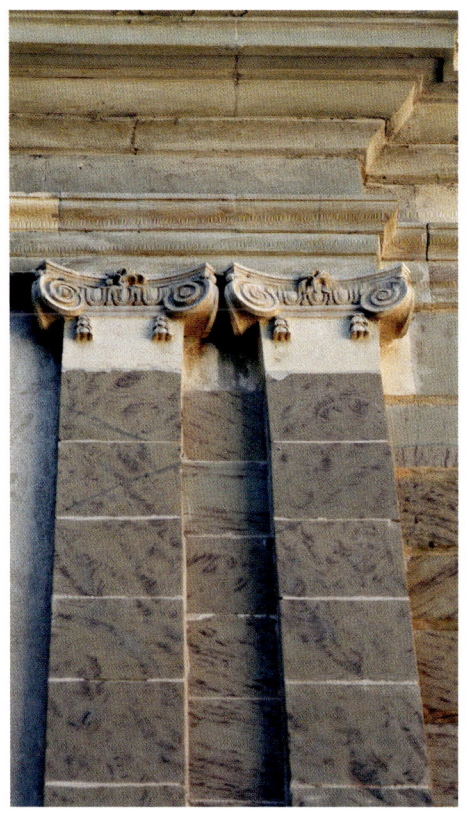

hellen Wandputz abhob. Der beliebige, im Lauf des 20. Jahrhunderts erfolgte Steinaustausch verwandelte die Fassade dann nach und nach in einen gescheckten Flickenteppich und die Gliederungsstruktur erscheint heute entstellt, weil sich Form und Farbe nicht mehr sinnfällig aufeinander beziehen. Kritische Hinweise auf weitere derart restaurierte Fassaden barocker Herrenhäuser im Umkreis von Genf finden sich mit der Bezeichnung «traitées en ‹patchwork›» bei Bory 1993, S. 91–95.

Literatur. Maison bourgeoise II, 1912, p. 81 (Foto Parkseite) · Armand Bulhart, Erica Deuber-Pauli.- Ville et canton de Genève. Wabern 1985, p. 353s (KF) · Charte d'ethique et de bienfacture pour la refection de monuments et de bâtiments. Lausanne o. J. (nach 1997), S. 26. (Association romande des métiers de la pierre, groupe romand des services de conservation du patrimoine bâti, expert-center EPFLausanne).

Gelb auf weisser Putzwand

3.5.39 Môtier (NE, Val de Travers)

Hôtel des six communes, Gemeinde- und Gasthaus, ehem. Markthalle. Errichtet A. 17. Jh. (vor 1612), Fenster im EG 19. Jh., letzte Restaurierungen 1934, 1957, 1994/2001. Aufgenommen 2005.

Weisser Putzbau mit gelb gestrichenen Arkaden, Bauecken und Gewänden (Abb. 877). Dreiseitig freistehender Baukubus auf annähernd quadratischem Grundriss mit zwei Geschossen und mächtigem Walmdach. Während sich die Hauptfront in fünf ausladenden Arkaden mit abgeeckten, balusterförmigen Steinpfeilern aus gelbem, über Sockelsteinen aus weissem Jurakalk

876 Vernier, Landsitz Naville, Pavillonecke der strassenseitigen Hoffassade mit Quadern aus weissem Kalkstein, grünlichem und fleckig rotem Sandstein sowie hellem Kunststein

877 Môtier, Hôtel des six communes, erbaut vor 1612, typische Gelbfassung im Gebiet des gelben Neuenburger Kalksteins

weit öffnet, wird das OG an allen drei Sichtseiten nur durch relativ kleine, unterschiedlich breite Fenstergruppen mit spätgotisch abgefasten Gewänden belichtet. Anstelle von Fensterbänken befindet sich hier ein durchlaufendes, spätgotisch profiliertes Gurtgesims. Das bis zur hinteren Bauecke der westlichen Seitenfassade fehlende Teilstück des Gesimses ist in Farbe ergänzt. Die Eckverbände wurden in Form gelber Lisenen übermalt. Die meisten zugleich ursprünglichen Werksteinstücke bestehen aus gelbem Neuenburger Stein und sind gelb gestrichen (Anstrich erneuert). – Eine gelbe Einfassung der Fensteröffnungen befindet sich auch im Inneren in der salle de justice (erneuert) und in der salle des gouverneurs (hier fünf freigelegte Farbschichten, u. a. in Rot und Gelb), wo sie als Läufer- und Bindermalerei mit schwarzem Konturstrich erscheint.

Bemerkungen. Die gelben Architekturteile verstärken die Wirkung des imposanten, die Dorfmitte beherrschenden Baus und seiner zur Hauptgasse orientierten, malerischen Schaufront beträchtlich. Dass die Aussenwände bereits Anfang des 18. Jh. verputzt und geweisselt waren, ist in Verbindung mit den Namen der nach einem verheerenden Brand im Jahr 1723 am Bau tätigen Maurer überliefert (MAH p.72s). In der Zeit um 1900 scheinen die Werksteinstücke weiss und der Mauerputz wohl grau gefasst gewesen zu sein (Foto im Haus). Ob bei der jüngsten Restaurierung für den neuen gelben Werksteinanstrich ein älterer Farbbefund vorlag, wurde nicht abgeklärt. Heute wieder in Gelb auf Weiss restauriert, vertritt das Hôtel des six communes in hervorragender Weise die historische Aussenfarbigkeit im Gebiet des gelben Neuenburger Kalksteins, bei der die Werksteingliederung in ihrer natürlichen oder durch Anstrich verstärkten und egalisierten gelben Steinfarbe auf weissem Wandputz liegt (weitere Fassaden mit gelbem Neuenburger Stein s. 1.5.14–1.5.22).

Literatur. Maison bourgeoise XXIV, 1932, pl. 109, 112 · MAH NE III (Jean Courvoisier), 1968, p.70-75.

3.5.40   Visp (VS)

Martiniplatz 5, Burgener-Haus, heute Gerichtsgebäude. Errichtet 1699 (Jz. auf Wappenstein Burgener-Lambrien). Nach Erdbeben 1855 Verlust der Turmobergeschosse und Vermauerung des unteren Arkadengeschosses. Bauliche und farbliche Rekonstruktion 1984/86. Aufgenommen 2000.

Weisser Putzbau mit gelb lasierten Werksteinteilen aus gelblichem Kalktuff (Abb. 878, 879). Die Platzfront des breit gelagerten, 3-gesch. Baus besteht aus einem Mittelturm und zwei seitlich anschliessenden Wohntrakten. Während der 2-achsige Trakt zur Bergseite nur befenstert ist, öffnet sich der talwärts orientierte über alle Geschosse in dreibogigen Loggien. Den eigentlichen Akzent der gesamten Fassade bildet neben den gelben Fenstergewänden vor allem die Anlage der Loggien mit ihren Pfeilern, toskanischen Säulen, Stichbögen und profilierten Gesimsen aus Kalktuff, dessen typische, gelblich-poröse Oberfläche, verstärkt durch eine vereinheitlichende Lasur, die Farbwirkung des Bauwerks bestimmt. Die auf den Fassadenansichten in der Maison bourgeoise wiedergegebenen Sockel- und Eckquaderungen dürften Zutaten des 19. Jh. gewesen sein; sie wurden bei der jüngsten Restaurierung nicht wiederhergestellt.

Bemerkungen. Das in seinem Bauvolumen mächtige Patrizierhaus steht an prominentem Ort auf dem Felssporn gegenüber der Pfarrkirche St. Martini und schliesst den Kirchplatz an der nördlichen Flanke ab. Die auffallende Zweifarbigkeit, die vor allem die zierliche Eleganz der Loggienpartie hervorhebt, ist für die einprägsame Fassadenansicht ausschlaggebend. Es handelt sich um ein besonders repräsentatives Beispiel des im oberen Wallis häufigen Farbenpaars von Gelb auf Weiss (vgl. 1.5.13, 2.1.45–2.1.47).

Literatur. Maison bourgeoise XXVII, 1935, p. XXVIII, pl. 81 · Walter Ruppen.- Visp. Bern 1984, S.19 (SKF).

878   Visp, Gerichtsgebäude 1699, Loggia mit Werksteinteilen aus gelb gefasstem Tuff

879 Visp, Gerichtsgebäude 1699, markante Gelbfassung auf gelblichem, porösen Tuffstein

880 Morcote, S. Antonio di Padova, knappe, strukturell wirkungsvolle Gelbfassung, vermutlich aus der Bauzeit 1676

3.5.41 Morcote (TI, Luganese)

Kapelle S. Antonio di Padova. Erbaut 1676, Arkadengang M. 18. Jh.; vermutlich historische ältere Farbfassung. Anstrich renoviert. Aufgenommen 1999.

Weisser Putzbau mit gelber Architekturgliederung (Abb. 880). Der achteckige, in dreifacher Verjüngung ansteigende Kuppelbau mit frontseitigem Arkadengang und kleiner Laterne erhielt im aufgehenden, kaum befensterten Mauerwerk eine Wandgliederung aus Eckpilastern, die sich mit einem Gurtgesims über dichtem Konsolkranz und einem mehrfach profiliertem Traufgesims verkröpfen. Sie sind ebenso wie die Gesimse gelb gefasst. Gelbe Farbe weisen auch das Abschlussprofil der Laterne und die Ovaleinfassung des blinden Okulus in der Kuppelpartie auf.

Bemerkungen. Der kleine Zentralbau steht unmittelbar neben der stattlichen Pfarrkirche, die in imposanter Lage auf einer künstlichen Terrasse am Steilhang oberhalb des Dorfes am Lugansersee errichtet wurde. Mit seiner Fassung in Weiss und Gelb bildet er innerhalb dieses Bauensembles den einzigen, auf Fernsicht wirksamen Farbakzent. Während sich die konstruktive Disposition des Baus an italienischen Vorbildern orientiert, dürfte das Farbkonzept regional bestimmt und wohl ursprünglich sein. Im Innern befindet sich eine beachtliche Ausstattung.

Literatur. Anderes 1975/77, S. 291.

3.5.42 Guarda (GR, Unterengadin)

Haus Nr. 33, ehem. Herberge, dann Post, heute Wohnhaus. Erbaut 1731 (Jz. auf bez. Wappenstein). Älterer Farbanstrich. Aufgenommen 1999.

Weisser Putzbau mit gelben Mörtelsimsen (Abb. 881). Um das stattliche, 3-gesch. und mit Satteldach versehene Eckgebäude ziehen sich zwei relativ schmale Gesimsleisten. Sie sind aufgemörtelt, 3-schienig profiliert und liegen zwischen den Geschossen der beiden auf Platz und

881 Guarda, ehem. Herberge 1731, gelbe Gesimse mit beachtlichem Gliederungs- und Ziereffekt
882 Delémont, Musée jurassien 1740, signifikante Wandgliederung aus verschiedenartigen weissen und mehrfarbigen Bausteinen

Gasse orientierten Schauseiten sowie am schmalen Mauerstück im Winkel zum leicht rückversetzten Anbau der Heubühne. Das untere Sims umrahmt ringförmig den runden, aus weissem Vintschgauer Marmor gefertigten Wappenstein des Bauherrn, der sich über dem Rundbogenportal in der Fassadenmitte der platzseitigen Giebelwand befindet (Abb. 810). Den Gelbanstrich erhielten lediglich die Gesimsleisten und der Portalbogen. Die Aussenmauern weisen sonst keinen weiteren Anstrich auf. Nur die grünen, weiss ornamentierten Fensterläden bilden einen zusätzlichen Farbakzent.

Bemerkungen. Auch wenige Bauelemente können dank Farbfassungen eine stark gliedernde Funktion übernehmen und wie hier einen in sich geschlossenen, mächtigen Baukubus sowohl proportionieren als auch zieren. Letzteres drückt sich in der Integration des Wappensteins als Schmuckmedaillon aus. Es handelt sich bei diesem Haus in Guarda um eine ebenso einfache wie wirkungsvolle, gleichwohl seltene Fassadenbemalung.

Literatur. KDM GR III (Erwin Poeschel), 1940, S.513 (Wappenschild) · Nott Caviezel.-Guarda. Bern 1985, S.19f (SKF). Farbigkeit nicht erwähnt.

3.5.43 Delémont/Delsberg (JU)

Grand'rue 52, Musée jurassien d'art et d'histoire. Erbaut 1740 vermutlich von Hofadvokat und Stadtlieutenand François Gaspard Bennot. Putz- und Werksteinfassade. Restauriert 1997ff. Aufgenommen 2001.

Gliederung aus weissen bzw. gelb-grünen, ungefassten Werksteinen (Abb. 882). Die Schaufassade des 3-gesch. und 3-achsigen Putzbaus mit rosa Anstrich wird von einer regelmässigen horizontalen und vertikalen Aufteilung aus Werkstein gegliedert: Hoher Sockel und Eckverband aus sorgfältig behauenen Quadern mit gekrönelten Oberflächen; Profilgesimse auf Höhe der sich mit ihnen verkröpfenden Fensterbänke; Fensterverdachungen, Portalgewände mit Oberlicht und Segmentgiebel sowie vertikale, in Verlängerung der Gewändepfosten von Sockelkante bis Dachtraufe durchlaufende Vorlagen, die optisch als Rahmenfelder unter den Fenstern zum Ausdruck kommen. Die verputzten Wandpartien schliessen nicht bündig an die Werksteinteile an, sondern liegen ca. 1 cm tiefer.

Bemerkungen. Herrenhaus (evtl. ehem. Chorherrenpalais) mit repräsentativ ausgestalteter Schaufassade am Platzabschluss der Grand'rue («façade ... importante pour l'aspect des sites», Fischer). Für die ausserordentliche Farbwirkung ist die Verwendung zweier unterschiedlicher Baugesteine verantwortlich, und zwar ein hartes, annähernd weisses Gestein für Sockel und Eckquaderung (wohl Kalkstein) sowie ein weiches, in sich gelbes, ockerfarbenes und grünliches Gestein für Gesimse, Tür- und Fenstergewände und Brüstungsfelderrahmung (wohl Sandstein). Werksteinteile heute (und vermutlich auch früher) ohne Anstrich, Putzfarbe heute zart rosa (alter Farbbefund nicht abgeklärt). Die Verwendung des mehrfarbigen Bausteins ist zum Beispiel auch an dem 1696/1700 erbauten Hospice des vieillards in *Delémont* vorhanden (Abb. 883). Die gerahmten Brüstungsfelder unter den Fenstern sind typisch für das westliche Mittelland (vgl. Bemerkungen bei 3.5.44).

Literatur. Bürgerhaus V, 1917, S.LXXIX, Tf. 92, 93 · Fischer, Denkmalpflege Kt. Bern 1962/63, S.53 · Marcel Berthold.- République et Canton du Jura. Bern 1989, p. 34s. Keine Bemerkung zu Stein und Farbe.

3.5.44 Yverdon (VD)

Rue de la Plaine 14, Maison Piguet. Heutiger Baubestand im Wesentlichen 1781. Putz- und Werksteinfassade. Putz erneuert. Aufgenommen 2000.

Weisser Putzbau, Sockelgeschoss und Fassadengliederung in Werkstein aus pierre jaune (Abb. 884). Viergesch. Bau in geschlossener Strassenzeile. Die Schaufassade gliedert sich in das Sockel-

883 Delémont, Hospice des vieillards 1696/1700, Verwendung des gleichen mehrfarbigen Bausteins
884 Yverdon, Maison Piguet 1781, typisches Wandraster des 18. Jh. aus pierre jaune

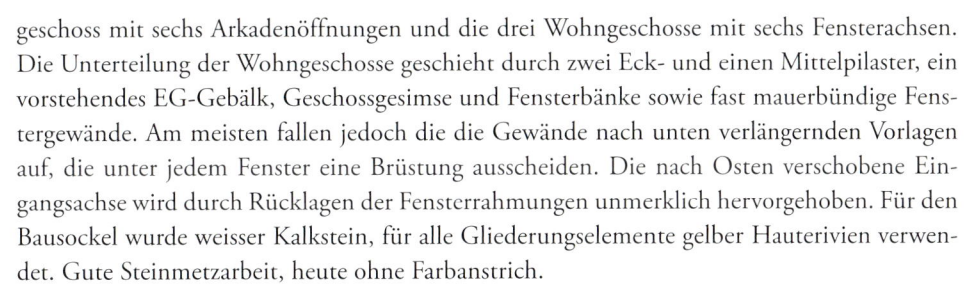

geschoss mit sechs Arkadenöffnungen und die drei Wohngeschosse mit sechs Fensterachsen. Die Unterteilung der Wohngeschosse geschieht durch zwei Eck- und einen Mittelpilaster, ein vorstehendes EG-Gebälk, Geschossgesimse und Fensterbänke sowie fast mauerbündige Fenstergewände. Am meisten fallen jedoch die die Gewände nach unten verlängernden Vorlagen auf, die unter jedem Fenster eine Brüstung ausscheiden. Die nach Osten verschobene Eingangsachse wird durch Rücklagen der Fensterrahmungen unmerklich hervorgehoben. Für den Bausockel wurde weisser Kalkstein, für alle Gliederungselemente gelber Hauterivien verwendet. Gute Steinmetzarbeit, heute ohne Farbanstrich.

Bemerkungen. Die horizontal betonte Art der Flächenunterteilung in ein kleinteilig erscheinendes, geometrisches Gitterwerk mittels relativ flacher Hausteinvorlagen im Farbintervall von gelbem Stein auf weissem Putz kennzeichnet seit Beginn des 18. Jh. die Fassaden anspruchsvoller Bürgerhäuser im westlichen Mittelland, vor allem in den Gebieten, in denen der gelbe Hauterivien (Neuenburger Stein) verwendet wird. Ein auffälliges Motiv bildet hierbei die Rahmung der Brüstungen unter den Fenstern. Ähnlich gegliederte Fassaden in Gelb auf Weiss bieten beispielsweise das Musée jurassien in *Delémont* (3.5.43), die Wohn- und Geschäftshäuser Grand'rue 11 in *St-Blaise* (Abb. 885) und rue du trésor 1 in *Neuchâtel* (Fassade 1759) sowie der Vorderbau des Schlosses von *Auvernier* (Abb. 886). Die gleichen Gliederungsmotive, jedoch schwarz gefasst, weist auch das Pfarrhaus in *Moudon* auf (3.5.14).

Literatur. Maison bourgeoise XXV, 1933, p. XXXVI, pl. 31 · Ebd. XXIV, 1932, pl. 69/5, pl. 80, 81 (St-Blaise, Auvernier) · Zu Neuchâtel s. MAH NE I (Jean Courvoisier), 1955, p. 277s.

3.5.45 Yverdon (VD)

Rue de la Plaine 39 (Buchgeschäft Bernard Nicot). Wohnhaus 2. H. 18. Jh., Putz- und Werksteinfassade. Putz erneuert. Aufgenommen 2000.

Wandgliederung in Werkstein aus pierre jaune (Abb. 887). Dreigesch., mit fünf Fensterachsen in eine geschlossene Häuserzeile eingepasste Fassade. Das EG ist über einer Lage von Sockelquadern aus weissem Kalkstein vollständig aus gelbem Werkstein errichtet, darüber liegen zwei, von Steingesimsen unterteilte Putzgeschosse. Die stichbogigen Türfenstergewände haben profilierte Sohlbänke. Die Hauskanten werden von gequaderten Pilastern eingefasst, deren Kapitelle sich mit dem profilierten Traufgesims verkröpfen. Über dem gerahmten Mittelportal liegt ein profilierter Sturzabschluss. Alle horizontalen Bauglieder stehen relativ weit vor. Die schwarzen, klassizistischen Schmiedeeisengitter der Brüstungen und die grünen Holzläden setzen sich farblich prägnant ab.

885 St-Blaise, Grand'rue 11, Wandgliederung mit Eckbetonung und Brüstungsfeldern aus pierre jaune
886 Auvernier, Vorbau des Schlosses, Kennzeichnung der Brüstungsfelder mit pierre jaune

887 Yverdon, rue de la Plaine 39, beachtliche Wanddisposition des Spätbarock mit pierre jaune
888 Estavayer-le-Lac, Grand'rue 1, verbreiteter Fassadentyp des 18. Jh. im Gebiet des gelben Neuenburger Kalksteins (pierre jaune)

Bemerkungen. Das Fassadenbild wird weitgehend von der Werksteingliederung der ungewöhnlich grossen und relativ dicht gerückten Fensteröffnungen (Türfenster) beherrscht, die wenig Fläche für die verputzten Wandpartien lassen. Der Bau repräsentiert die typische Fassade eines vornehmen, spätbarocken Stadthauses mit klassizistischen Details von hoher handwerklicher Qualität im Verbreitungsgebiet des gelben Neuenburger Bausteins. Der prominenteste Barockbau der Gegend ist das 1771 fertiggestellte Hôtel Du Peyrou in *Neuchâtel* (s. 3.1.23) mit seiner farblich dank der Verwendung desselben Bausteins vergleichbaren Fassadendisposition (heute lasierend gelb gestrichen).

Literatur. KF Schweiz 2, 1976, S. 257 (hier als «Rokokobau M. 18. Jh.» bezeichnet) · Zu Neuchâtel s. MAH NE I (Jean Courvoisier), 1955, p. 355-363.

3.5.46 Estavayer-le-Lac (FR)

Grand'rue 1. Wohnhaus E. 18. Jh., Putz erneuert. Aufgenommen 2000.

Weisser Putzbau mit einfacher Gliederung in Werkstein aus pierre jaune (Abb. 888). Dreigesch., 3-achsiger Bau mit Aufzugslukarne. Die Hauptfassade ist Teil einer gebogenen Gassenzeile, die auf die Strassenkreuzung an der Südwestecke der Kollegiatskirche St. Laurentius stösst. Von der hell gestrichenen Putzwand heben sich die nur leicht vorstehenden, naturfarbig gelb belassenen Werksteinteile ab: Stichbogige Tür- und Fenstergewände, Gesimsbänder auf der Höhe der Sohlbänke, Pilaster an den Baukanten sowie ein gerahmtes Brüstungsfeld zwischen Türsturz und erstem OG-Fenster. Die stärker vorstehenden waagerechten Bauglieder (Fensterstürze, Sohlbänke, Kapitellplatten) sowie die durch das Brüstungsfeld hervorgehobene Eingangspartie rhythmisieren das Fassadenbild.

Bemerkung. Standardbeispiel einer einfachen, häufig vorkommenden Werksteingliederung des späten 18. Jh. im Verbreitungsgebiet des gelben Neuenburger Bausteins.

3.5.47 Sarmenstorf (AG, Freiamt)

Hl. Kreuz. Kirche errichtet 1778/80 von Vitus Rey, Turm und Sakristeien 1784/86 von Jakob Singer. Gemalte Fassadengliederung. Aussenerneuerungen 1965/66 und 1982/83. Aufgenommen 2004.

Putzbau in gebrochenem Weiss; Eckbemalung, Fensterrahmung und Wandfelder in Gelb (Abb. 889). Die Ecken des Langhaussaals und des leicht vorspringenden Chorbereichs sind mit gequaderten Lisenen bemalt. Die Quader haben gelbe Flächen, schwarze Konturen, weisse Fugen mit grauen Schattenlinien und perspektivisch verkürzte Schmalseiten. Die Fenster sind grau und gelb gerahmt, und am Langhaus zusätzlich innerhalb der Leibung mit einem gelben Streifen und im Stichbogen mit einem Keilstein versehen, der sich mit der feinen Konturlinierung des gelben Traufbandes verkröpft. Darüber befindet sich ein grau gefasstes Traufgesims (Langhaus) bzw. ein grauer gemalter Streifen (Chorpartie). Der in der Achse der Ostpartie stehende, hohe Glockenturm mit Zwiebelhaube weist an seinem zweigeteilten Schaft eine einfache gelbe Rahmung der einzelnen Wandflächen auf. Die rot gerahmte Sonnenuhr an der Südsakristei wurde 1965 erneuert.

Bemerkung. Das Fassadenbild mit der gemalten Eckbetonung, der zweifachen Fensterrahmung und dem breiten Traufband ähnelt den gemalten Wandfelderungen der Innerschweizer Kirchenbauten, die die Baumeisterfamilien Singer, Purtschert und ihr Umkreis errichteten (3.5.6–3.5.10). In Sarmenstorf wurden jedoch nicht die üblichen Grautöne verwendet, sondern ungewöhnlicherweise die Farbe Gelb. Gelb gehört auch zur Aussenfassung der Pfarrkirche in *Sarnen* – eine Farbigkeit, die hier wie dort mit dem Baumeister Vitus Rey zusammenhängen könnte (3.5.56).

Literatur. KDM AG IV (Peter Felder), 1967, S.352-356 (das Gelb der Fassung wird nicht erwähnt).

3.5.48 Baar (ZG)

Zugerstrasse 1, Riedhaaren-Pfrundhaus. Errichtet E. 18. Jh., Architekturbemalung A. 20. Jh., erneuert 1979. Aufgenommen 1992.

Hellgelb gestrichener Putzbau mit gemalter Architekturgliederung in zwei Grautönen, Ocker und Weiss (Abb. 890). Freistehendes, 3-gesch. Doppelwohnhaus mit Satteldach. Seine Bemalung umfasst perspektivische Eckpilaster mit gequaderten Schäften, attischen Basen und ionischen, mit Blattfestons geschmückten Kapitellen; an den Eckkanten wurden jeweils Streifen einer gequaderten Rücklage hinzugefügt. Ein gleicher Pilaster unterteilt die Fassadenmitte der Eingangsseite, hat hier aber keine Rücklage. Die Quader sind genutet, die Nuten ockergelb gestrichen. Alle Fensterumrahmungen sind weiss hervorgehoben, die an der Hauptfassade erhielten zusätzliche Akanthusblattgiebelchen im EG und weisse, mit ockergelben Tuchfestons gefüllte Brüstungsfelder im 2.OG. Den Hauptgiebel zieren eine Strahlenglorie mit Wolkenkartusche, bezeichnet «soli deo gloria», ein stilisierter Zinnenrand und ein weisses Kreuz.

889 Sarmenstorf, Kirche, gemalte Gelbfassung in Art der Innerschweizer Wandfelderungen, Vitus Rey und Jakob Singer 1778/86

890 Baar, Riedhaaren-Pfrundhaus, gelbe Architekturbemalung des frühen 20. Jh. nach Vorbild aus der Zeit um 1800, neue Kopie

Bemerkungen. Die Malerei weist klassizistische Einzelformen auf und orientiert sich damit wahrscheinlich an einer Bemalung aus der Bauzeit gegen 1800. Die perspektivische Wirkung wurde bei der Erneuerung 1979 nicht nur linear, sondern auch mit Schattierungen erzielt. Der Bau steht als Beispiel für eine heute in fünf Farben gänzlich erneuerte Kopie einer historisierenden Bemalung aus dem Beginn des 20. Jh., deren klassizistisches Vorbild eine bescheidenere Farbpalette gehabt haben dürfte.

Literatur. Tugium 1/1985, S. 26 Abb. 16 · KDM ZG Neue Ausgabe I (Josef Grünenfelder), 1999, S. 62, Anm. 372.

891 Gelterkinden, Kirchrain 2, typische Dreifarbigkeit des Baselbiets mit gelben Steingewänden, ursprüngliche Fassung von 1814

892 Itingen, Dorfstrasse 7, Wohnhaus 1. H. 19. Jh., Eingangspartie mit Farbproben während des Umbaus 2001

3.5.49 Gelterkinden (BL)

Kirchrain 2. Bauernhaus errichtet 1687, erneuert 1814 (Türsturz bez. «18·FAH·14»). Die 2-gesch. Holzlaube am Ostgiebel wurde später hinzugefügt. Unrestaurierter Bestand. Aufgenommen 2001.

Fassaden mit ehemals hellem Naturputz, ockergelben Tür- und Fenstergewänden, grünen Holzläden (Abb. 891). Das 2-gesch. Wohnhaus mit anschliessendem Stallgebäude unter gleichem, hohen Dach zeigt noch die wohl ursprüngliche helle, inzwischen verschmutzte Putzoberfläche. Das abgefaste, mit ziergerahmter Schriftkartusche zwischen zwei Steinknöpfen gekennzeichnete Eingangsgewände und die stichbogigen Fenstergewände setzen sich davon gelb, die Läden grün ab.

Bemerkung. Typischer Repräsentant der in der Umgebung von Basel üblichen dreifarbigen Fassaden mit hellem Putz, gelber oder roter Gewändefarbe und grünen Schlagläden (Häuser mit roten Fenstergewänden s. 3.5.31–3.5.34). Interessanter Bau dank seiner in noch relativ ursprünglichem Zustand erhaltenen Farbfassung.

Literatur. KDM BL III (Hans-Rudolf Heyer), 1986, S. 68 (hier Kirchgasse 6).

3.5.50 Itingen (BL)

Dorfstrasse 7. Wohnhaus 1. H. 19. Jh., zurzeit im Umbau. Aufgenommen 2001.

Putzbau mit Probeanstrichen (Abb. 892). Der 4-achsige und momentan 2-gesch. Bau in geschlossener Gassenzeile zeigt einen neu aufgebrachten Verputz und Probeanstriche auf den

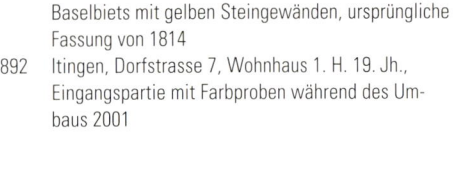

Stichbogengewänden des Eingangs und der Fenster aus gelblichem Sandstein: Auf dem Putz liegen eine helle Unter- und eine weisse Oberfarbe, auf den Steingewänden eine rote Unter- und eine hellgelbe Oberfarbe. Auch hier sind die Holzläden grün gestrichen.

Bemerkung. Die Fassade wurde wegen ihrer verschiedenen Farbproben aufgenommen, da sie das Itinger Gassenbild repräsentiert, wo helle, gelbe, graue und rote Fenster- und Türgewände in hellen Putzfassaden sowie grüne Schlagläden allgemein das Ortsbild prägen. Vgl. die Bemerkungen bei 3.5.31 *Liestal*.

Literatur. KDM BL III (Hans-Rudolf Heyer), 1986, S.90-96 (Haus nicht identifiziert).

3.5.51 Gelterkinden (BL)

Dorfplatz 3, Arzthaus. Erbaut 1843. In jüngerer Zeit restauriert. Aufgenommen 2001.

Weisser Putzbau mit gelb gefasster Architekturgliederung und grünen Fensterläden (Abb. 893). Dreigesch., 5-achsige Fassade mit Säulenportikus in der Mittelachse. Gelb gestrichen sind sämtliche Fensterrahmen mit ihren stark profilierten Stichbogenstürzen und Sohlbänken, sodann die von Pilastern gerahmten und mit Mittelspiegeln belegten Binnenflächen der Brüstungsfelder im EG, das breite Gesims zwischen EG und 1.OG sowie die Konsolen und Kassetten der vorstehenden Dachtraufe. Grün gestrichene Holzläden.

893 Gelterkinden, Arzthaus 1843, aufwändige gelbe Werksteingliederung in der Art eines Stadthauses

Bemerkung. Das Haus bildet zusammen mit dem ehemaligen Gerichtsgebäude (16. Jh., Umbau 19. Jh.) einen traufständigen Doppelbau unter gleichem First, der durch seine beachtliche Grösse, besonders aber durch die markante Gelbfassung eines Teils seiner Fassade den weitläufigen Dorfplatz in der Ortsmitte charakterisiert. Es handelt sich um die anspruchsvollste historische Fassadengestaltung im Dorf. Sie steht formal und farblich in der Nachfolge geläufiger Fassadengliederungen von Stadthäusern aus der 2. H. des 18. Jh., passt sich aber mit den grünen Schlagläden der typischen Dreifarbigkeit der im Basler Umland formal eher schlichten Fassaden an (vgl. 3.5.31 *Liestal*).

Literatur. KDM BL III (Hans-Rudolf Heyer), 1986, S.68.

Weiss auf gelber Putzwand

3.5.52 Riva San Vitale (TI, Mendrisiotto)

Santa Croce. Kirche erbaut 1580/94, vermutlich von Giovan Antonio Piotti aus Vacallo / Piemont für Giovan Andrea Della Croce. Zentralbau mit überkuppeltem Oktogon und zusätzlichem Glockenturm. Seit 1604 etliche Bausanierungen. Letzte Aussenrestaurierung 1973/76. Aufgenommen 1982.

Gelber Putzbau mit weiss gefasster Architekturgliederung (Abb. 894). Der im Zusammenhang mit seiner Bauherrschaft und der beteiligten Künstler historisch bedeutende Zentralbau ist in Verbildlichung des Namens Della Croce kreuzförmig errichtet. Er weist eine von gelbem Verputz weiss abgehobene, markant hervortretende Wandarchitektur auf: Die übergiebelten Stirnseiten der Kreuzarme erhielten an den Ecken eine Pilasterordnung mit hohen Sockel- und Gebälkpartien, die sich im zentralen, achtseitigen Kuppelbau und am östlich angefügten Turm in jeweils etwas vereinfachter Form fortsetzt. Das Oktogon und der Turmschaft öffnen sich in

Fenstern mit Giebeln. Der Haupteingang ist als mächtiger Säulenportikus ausgebildet. Ursprünglich setzten sich die Pilaster des Oktogons im kupfergedeckten Kuppeldach als Rippen aus hellgrauem Kalkstein (Typ Saltrio) fort und schufen somit die farbliche und formale Verbindung zu dem ebenfalls hellen Pilasterkranz des Kuppelaufsatzes. Ein Zwilling dieses Aufsatzes bekrönt auch den Glockenturm. Das Innere erhielt eine reiche, dekorative Ausstattung, u. a. mit ikonografisch bemerkenswerten Wandmalereien.

Restaurierungsbefunde und Bemerkungen. Bereits 1604 wurde wegen eindringenden Regenwassers die ursprüngliche Kupferdeckung abgetragen und die Kuppel mit einem sogenannten tiburio versehen, das heisst mit einer Ummantelung, die ebenso wie der Tambour gegliedert war und mit einem Zeltdach abschloss. Diesen Bauzustand gibt Johann Rudolf Rahn 1885 in einer aquarellierten Zeichnung wieder (Abb. 895; zu weiteren Zeichnungen von Rahn siehe 1.3.16). Um 1940 beseitigte man die wie ein zusätzliches Geschoss wirkende Verkleidung und deckte die Kuppel selbst wieder mit Kupferblech ab, bezog jetzt aber zugunsten einer besseren Abdichtung die Rippen ein. Im Zuge erneuter Baumassnahmen 1973/74 wurden Reste des originalen Mauerputzes aus der Bauzeit um 1590 mit einem al fresco aufgetragenen Anstrich sichergestellt. Er bestand aus einer Mischung von Siena natur (hellgelb) und Siena gebrannt (rotgelb). Die Erneuerung erfolgte mit Kalkanstrich. – Somit stellt Santa Croce einen über die Landesgrenzen hinaus auch für die lombardische Bautradition prominenten Renaissancebau mit einer nachgewiesenen Aussenfarbigkeit aus dem späten 16. Jh. dar.

Literatur. Martinola 1975, p. 457-471 · Anderes 1975/77, S. 310-313 · Rossana Cardani Vergani, Laura Damiani Cabrini.- Riva San Vitale. Das Baptisterium San Giovanni und die Kirche Santa Croce. Bern 2006, S. 22-38 (SKF), die Aussenfarbigkeit ist nicht erwähnt · Unterlagen der Putz- und Farbuntersuchungen aus den Jahren 1972/74, Institut für Denkmalpflege, ETH Zürich.

894 Riva San Vitale, S. Croce, Zentralbau mit weisser Architekturgliederung auf gelbem Wandputz, wiederhergestellt im Zustand von 1580/94

3.5.53 Bellinzona-Daro (TI)

Pfarrkirche S. Quirico. Barockbau, wohl um 1775 (Jz. am Eingang des Pfarrhauses), älterer Turm (Steintafel mit Bauinschrift und den Jzz. 1532, 1537). Erneuerungen 1929 (Jz. an der Tormauer), 1937 (Jz. am Vorzeichen). Heutige Farbfassung der Kirche um 1990. Aufgenommen 1999.

Putzbau, Gliederung an den Schauseiten in Weiss auf Gelb (Abb. 896). Vom gesamten, auf einer schmalen Hangterrasse liegenden Ensemble mit Kirche, Turm, Pfarrhaus und rückwärtigem Messmerhaus erhielten nur die Eingangsfassade samt Vorzeichen und die zum Tal orientierte Seite der Kirche eine neue, herausstechende Farbigkeit aus gelbem Verputz und weissen, aufgemörtelten Architekturelementen. An der Hauptfassade bestehen sie aus Pilastern, geschwungenem Giebelgesims und umlaufenden Rahmenleisten, deren Winkel zum Inneren des Giebelfeldes hin mit einem Karniesbogen dekorativ gefüllt sind. An der Talseite wurden nur gerade aufliegende Randleisten aufgebracht. Berg- und Chorseiten sind naturverputzt.

Bemerkungen. Vor der heutigen Farbfassung waren die Bauglieder nach Augenschein ebenfalls weiss. Der Wandputz entsprach jedoch dem der Schaufassade des anschliessenden *Pfarrhauses* von 1775, das 1929 eine historisierende «Tessiner Putzgliederung» mit weissen Sockel- und Eckquaderungen, Gesimsen und ornamentierten Fensterrahmen auf ungestrichenem dunklem Besenwurf erhalten hatte, so dass die Schauseiten von Kirche und Pfarrhaus farblich einander angepasst waren. Ob der heutige, intensiv gelbe Neuanstrich der Kirchenfassaden auf Farbbefund vor der Erneuerung von 1929 zurückgeht, ist nicht abgeklärt. – Die Fassade der Casa Chicherio in *Bellinzona* weist das fast gleiche Schmuckmotiv der profilierten Eckfüllung auf (s. Bemerkungen bei 3.5.54).

Literatur. Decorazioni Bellinzona 2001, p. 140.

3.5.54 Bellinzona (TI)

Piazza Collegiata 7, Casa Chicherio. Errichtet vor 1773 (Jz. am Wappen im Atrium). EG verändert A. 20. Jh., Gesamtrenovation und Gelbanstrich um 1990. Aufgenommen 1999.

Hellgelbe Putzfassade mit weissen Mörtelvorlagen und Stuckrocaillen (Abb. 897). Die 3-gesch., 5-achsige Fassade wird durch drei Gesimse und vier Lisenen horizontal und vertikal unterteilt, wobei Erstere die Fensterbänke verbinden und den Dachrand bilden, Letztere die Bauecken markieren und die mit Portal und zwei Türfensterbalkonen hervorgehobene Mittelachse risalitartig einfassen. In den Winkeln der Schnittpunkte von Gesimsen und Lisenen liegt eine Füllung im Profil einer abgesetzten Kehle. Die weissen Fensterrahmen im 1.OG sind ebenso wie die Wappenkartuschen zwischen Portal und Balkonfenstern mit Rocaillen und Rosenranken verziert. Am Dachrand befindet sich eine wahrscheinlich später hierher versetzte Stuckkartusche, die aus anderem Zusammenhang stammt. Hervorzuheben sind das geschwungene Portalgewände, die geschnitzten Türflügel und die zierlich profilierten Bodenplatten und Schmiedeeisengitter der Balkone, alles in besonders schöner Ausführung aus der Bauzeit.

895 Riva San Vitale, S. Croce mit ummantelter Kuppel, Zustand von 1604 bis 1940, Aquarell Joh. Rudolf Rahn 1885 (Zentralbibliothek Zürich)

Zustand. Bevor das Haus um 1990 seinen jetzigen Gelbanstrich erhielt, war die Putzoberfläche nach Augenschein sandfarbig hell mit geringen Spuren von Rot gestrichen. Ob vor der Renovation auch gelbe Farbreste festgestellt werden konnten, ist nicht abgeklärt. Die Mörtelauflagen waren vor 1990, ebenso wie heute, weiss.

Bemerkungen. Stattliches, sich in die Tiefe ausdehnendes Bürgerhaus mit integriertem Wohnturm. Die wenig ausladende, aber heute in ihrer Farbigkeit auffällige Fassade beherrscht die geschlossene Platzfront gegenüber dem Treppenaufgang zur Collegiata im Zentrum der Stadt. Obwohl das Schmuckmotiv der Eckfüllungen auch jeweils als Sockel und Kapitell von übereinanderstehenden Pilastern gelesen werden kann, überwiegt der mehr ornamentale als architektonische Charakter des Fassadenbildes, dem die feinen Rocaillen ein im Tessin eher seltenes Gepräge von heiterem Rokoko verleihen. – Die gleichzeitig entstandene Fassadengliederung von S. Quirico in *Bellinzona-Daro* (3.5.53) weist ein ähnliches Motiv von Eckfüllungen und das gleiche Farbintervall Weiss–Gelb auf; ein Zusammenhang in der Ausführung der Fassaden ist anzunehmen.

Literatur. Casa borghese XXVII/II, 1936, p. XXIIs, tav. 12-14.

3.5.55 Klingenzell (TG, Mammern)

Pfarr- und Wallfahrtskirche. Errichtet 1704/05. Aussenrestaurierungen 1936 und 1985/87. Aufgenommen 1999.

Gelber Putzbau mit weissen Ecklisenen und Fensterrahmen (Abb. 898). Das kurze Schiff, das Querhaus und der dreiseitig schliessende Chor mit jeweils springenden Traufhöhen sind mit einem gelb gestrichenen Besenwurf versehen (1986 erneuert, Farbe nach Befund). Auf allen Bauecken liegen flach aufgemörtelte, gut geglättete und weiss gefasste Lisenen, die zusammen mit dem weiss gestrichenen Mauersockel und dem weissen, kräftig profilierten Dachgesims die jeweiligen Wandabschnitte farblich einrahmen. Bei den Stichbogen- und Rundfenstern wird die Weissrahmung wiederholt und durch eine dunkle Konturlinie verstärkt, die bei den Lisenen optisch der Schlagschatten übernimmt. Trotz ihrer Schlichtheit lässt diese «Ausschmückung der Fassaden das Bauwerk grazil und ausgesucht kostbar erscheinen» (Raimann 1995, S. 11).

Bemerkungen. Es handelt sich um die Kapelle einer alten Marienwallfahrt mit dem Gnadenbild einer Vespergruppe, die oberhalb von Mammern und Eschenz frei auf einer Terrasse mit Blick

896 Bellinzona-Daro, Pfarrkirche S. Quirico, Mörtelvorlagen und Rahmen in Weiss auf Gelb, wohl um 1775
897 Bellinzona, Casa Chicherio, Mörtelvorlagen in Weiss auf Gelb, vermutlich um 1775

über den Bodensee (Untersee) liegt und weithin sichtbar ist. Die gelbe Farbe gewinnt dank der rau strukturierten Wandoberfläche an Intensität und verändert vor allem je nach Lichtsituation ihren Tonwert so nuancenreich, dass sie tages- und jahreszeitlich als sehr hell oder als sehr dunkel wahrgenommen wird. Dadurch zieht der Bau auch aus weiter Distanz den Blick auf sich.

Literatur. Alfons Raimann, Beatrice Sendner-Rieger.- Die Pfarr- und Wallfahrtskirche Klingenzell. Bern 1995 (SKF) · KDM TG VI (Alfons Raimann), 2001, S. 212-215.

3.5.56 Sarnen (OW)

Pfarrkirche, Mutterkirche Obwaldens. Errichtet 1739/42 von Vater und Sohn Franz und Johann Anton Singer, Ummantelung des romanischen Ostturms (rechter Fassadenturm) 1784 von den Brüdern Franz Joseph und Vitus Rey. Erneuerung des gesamten äusseren Putzes samt Farbfassung im Zuge des 1881 hochgeführten Westturms. Schäden durch Erdbeben 1964, restauriert 1966/70 und 2000. Aufgenommen 2001.

Architekturgliederung in Weiss auf Gelb (Abb. 899). Der 3-schiffige Hallenbau mit Doppelturmfassade, leicht ausladendem Querhaus, Polygonalchor und Sakristeiannexen erhielt eine Rahmengliederung aus ca. 10 cm starken, aufgemörtelten Vorlagen, die die Wandabschnitte entsprechend den Chorseiten, Langhausjochen und Turmgeschossen voneinander trennen. Die dreiteilige Eingangsfassade zwischen den Fronttürmen, die wegen der Beibehaltung des älteren Ostturms bemerkenswerterweise schräg stehen, trägt einen Giebelaufsatz, bei dem die Dreiteilung von einem Gesims unterbrochen und von kleinen Seitenvoluten eingefasst wird. An den freistehenden Turmgeschossen oberhalb des Dachansatzes sind die Eckvorlagen als Pilaster ausgebildet. Die Architekturgliederung erhielt mitsamt der Fenstergewände und -rahmungen eine weisse Fassung, die sich vom gelben Anstrich des Mauerputzes deutlich absetzt.

Geschichte der Fassadenfarben. Die beiden Bildansichten der Pfarrkirche von Sarnen kurz nach ihrer Erbauung, die sich als Dedikationsbild im Deckenfresko des westlichsten Mittelschiffjochs von 1742 (Abb. 900) und in der Darstellung auf einer Wandtäferbemalung von 1751 im Benediktinerinnenkloster *Sarnen* (Zünd Abb. 5) erhalten haben, zeigen zwar ebenso wie heute weisse Wandgliederungen, geben den Wandputz aber unterschiedlich, nämlich hellgrau im Deckenbild und gelb im Täferbild wieder. Zudem ist auf dem Deckenbild ein Bau mit Doppelturmfassade dargestellt, wie sie zwar von Vater und Sohn Singer projektiert, aber nicht ausgeführt wurde, denn die Baumeister beliessen den einen romanischen, unverkleideten Turm an der Ostseite (rechter Turm), wie es die Ansicht von 1751 dargestellt. Sein heutiges Aussehen mit zwei Türmen erhielt der Bau erst 1784 nach einem von Vitus Rey entworfenen Fassadenriss (Zünd Abb. 6). Dieser Riss lässt auf der dem Schiff angepassten Ummantelung des Ostturms ebenfalls eine Gliederung in Hell auf Dunkel erkennen. Dazu heisst es im Bauvertrag von 1783, man solle den «... Thurm sauber ausbestachen, ales Gemäuhr guot verbutzen mit sambt aller Fass Arbeith an dem gantzen Thurm machen und aus fertigen. ... Die gesimbser Arbeith an dem Thurm aus hauen, und aus schaffen und selbe sauber aus bestächen, und verbutzen, und ales ausfassen ...» (Zünd S.43), wobei unter «Fass Arbeith» und «ausfassen» der Farbanstrich zu verstehen ist. Ob nun schon Vater und Sohn Singer, wie später bei dieser Baumeisterfamilie üblich, die Rahmengliederung in Weiss auf Grau oder ausnahmsweise in Weiss auf Gelb gefasst haben, muss offen bleiben. Die Wahl von Gelb könnte auch vom später tätigen Vitus Rey stammen, der diese Buntfarbe bereits für seine Rahmengliederung in *Sarmenstorf* bevorzugte (3.5.47). Die zeitlich nach dem Turmbau von Rey gemalten Ansichten der Kirche zeigen jedenfalls mehrheitlich Weiss auf Gelb (Abbildungen bei Zünd). – Mit der Fertigstellung des westlichen (linken) Zwillingsturmes 1881 und dem gleichzeitigen Neuverputz des gesamten Kirchenbaus (Dokumente in der Turmkugel, s. von Flüe S.50f) wurde offensichtlich die ursprüngliche Farbigkeit von Hell auf Dunkel in Dunkel auf Hell verkehrt (Durrer Abb. 309), was die Renovation von 1966/70 wieder im Sinne der Originalfassung rückgängig machte.

898 Klingenzell, Wallfahrtskirche, einfache, wirkungsvolle Weiss-Gelb-Gliederung 1704/05

899 Sarnen, Pfarrkirche, Rahmengliederung in Weiss auf Gelb, vermutlich projektiert von Franz und Johann Anton Singer um 1740
900 Sarnen, Kirchenmodell des Bauprojekts Singer, Deckenbild im Mittelschiff von Josef Anton Haffner 1742

Bemerkungen. Schon dieser bereits um 1740 von Vater und Sohn Singer konzipierte und von den Brüdern Rey ausgeführte Kirchenbau weist die typische Felderunterteilung der späteren Singer-Kirchen aus den 1770/80er Jahren auf, wenn auch die Farbwahl in Sarnen eine andere ist und – jedenfalls beim heutigen Zustand – die markanten Begleitlinien fehlen (vgl. besonders 3.5.6 *Schwyz*, 3.5.9 *Cham*). Zudem bietet Sarnen ein anschauliches Beispiel für die kritisch zu hinterfragende Zuverlässigkeit historischer Bilddarstellungen in Hinblick auf die Farbrekonstruktion ursprünglicher Oberflächen, da die Farben bei den Bildern gern zugunsten malerischer Effekte verändert wurden (vgl. auch die Bemerkungen zu 3.5.57 *Arlesheim*).

Literatur. KDM UW (Robert Durrer), 1899-1922, S.516-530 · Alois Hediger.- Die restaurierte Pfarrkirche Sarnen. In: Nidwaldner Kalender 1970. Stans 1969 · Heinz Horat.- Die Baumeisterfamilie Singer im schweizerischen Baubetrieb des 18. Jahrhunderts. Luzern/Stuttgart 1980, S.93-97 · Walter Zünd, Niklaus von Flüe.- Die beiden Türme der Pfarrkirche St. Peter und Paul in Sarnen, ein Beitrag zur Baugeschichte. In: Kultur- und Denkmalpflege in Obwalden 1997-1999. Jahreshefte 1/2000, S.38-52 · Ivo Zemp.- Die Pfarrkirche St. Peter und Paul in Sarnen. Bern 2006, S.16 (SKF).

3.5.57 Arlesheim (BL)

Dom- und Pfarrkirche. Errichtet 1679/81 von Jakob Engel, umgestaltet 1759/61 nach Entwürfen von Johann Michael Feuchtmayr und Johann Caspar Bagnato bzw. nach dessen Tod von seinem Sohn Franz Anton Bagnato. Schaufassade mit dreifarbiger Architekturgliederung. Neuanstriche 1878, 1912, 1954/55, 1979. Aufgenommen 2001.

Bau (Abb. 901) errichtet als Stiftskirche des Domkapitels von Basel, das zwischen 1679 und 1792 in Arlesheim residierte. Bereits der barocke Ursprungsbau von 1679 war ein basilikales Schiff mit Seitenkapellen, Doppelturmfassade und Rundchor. Die neue Bautätigkeit 1759/61 umfasste neben der Verlängerung nach Osten, die reiche Stuck- und Bildausstattung im Inneren sowie wesentliche Veränderungen an der Fassade. Die Farbigkeit des Ursprungsbaus ist ebenso wie die seines Umbaus nicht bekannt. Die Fassung des Umbaus wurde 1878 und 1912 verändert, 1954/55 nach stilistischen Mutmassungen rekonstruiert und 1979 noch einmal erneuert.

Architekturgliederung in heller Steinfarbe sowie in Weiss auf Gelb. Die Westfassade, die den dreiteiligen Grundriss mit fluchtenden Seitentürmen fortführt, wird vertikal durch relativ flache, dreischichtige Architekturvorlagen gegliedert. Sie bilden fünf gleichmässige Abschnitte, indem auf dem Mauergrund eine Felder- und Fensterrahmung aufliegt, der an den Turmkanten bzw. -ecken Pilaster hinzugefügt wurden. Die horizontale Unterteilung entsteht durch zwei durchlaufende Gebälke und zwei Gesimse an den freistehenden Turmschäften sowie durch die Fensterbänke und -aufsätze, die sämtlich stark hervortreten. Die Mittelachse wird durch das vom Ursprungsbau übernommene, ältere Portal und die Figurennische darüber beherrscht. Auf fast allen Baugliedern liegen Stuckzierden. Die Farbfassung korrespondiert mit der Dreischichtigkeit: Wandputz gelb, Rahmenwerk weiss, Pilasterauflagen aus Sandstein in heller, rosa getönter Naturfarbe. Der Sockel besteht aus weissem Kalkstein, die Deckung der Zwiebeltürme aus grün oxydiertem Kupferblech. An den Seiten- und Chorfassaden setzt sich die gleiche Gliederung und Farbigkeit in vereinfachter Form fort.

Bemerkungen. Der baugeschichtlich bedeutende Arlesheimer Dom ist ein frühbarockes und später im Stil des Rokoko verändertes Bauwerk mit imposanter, das Platzgeviert der ehemaligen Domherrenhäuser beherrschender Schaufassade. Um ihrer Repräsentationsaufgabe inner-

901 Arlesheim, Dom, Schaufassade im Wesentlichen 1759/61 von J. M. Feuchtmayr und J. C. Bagnato, dreifarbige Architekturgliederung mit Gelb, neu aufgebracht 1954/55

902 Arlesheim, Kirchenmodell, Hochaltarbild von Joseph Appiani 1760

3.5 WANDAUFLAGEN Farblich abgesetzte Fassadengliederungen

903 St-Blaise, Maison Robert, Detail des gelb gefassten Werksteins aus Hauterivien (gelber Neuenburger Kalkstein) und der rauen Oberfläche des schwarz durchfärbten Mörtels

halb des gesamten Bauensembles gerecht zu werden, erscheint sie in einer auffälligen Farbfassung, die hier nicht nur aus zwei, sondern drei hellen Farbtönen besteht und in kupfergrünen Turmhelmen gipfelt. Die heutige Farbigkeit wurde 1954/55 neu aufgebracht, nachdem die originalen Tonwerte des 18. Jahrhunderts in der Zeit vor und nach 1900 umgekehrt worden waren. Es ist unbekannt, ob man sich 1954/55 an Farbresten aus der Bauzeit von 1759/61 hat orientieren können. Das heutige vorherrschende Farbenpaar Gelb und Weiss entsprach aber dem damaligen Stil des Rokoko.

Jedenfalls griff man für die mutmassliche Farbrekonstruktion 1954/55 offensichtlich nicht auf die Farbigkeit des Kirchenmodells im Hochaltarfresko zurück, bei dem es sich um das von «Josephvs Appiani Pinxit Ao. 1760» signierte Dedikationsbild mit dem zu Füssen der Muttergottes knienden Kirchenstifter handelt (Abb. 902). Die Kirchenfassade ist auf dem Altarbild nicht Gelb-Weiss, sondern einfarbig hell dargestellt. Damit passt sie der Maler dem zurückhaltend helltonigen Farbklima seiner gesamten Bildkomposition an und gibt die reale Baufassade zwar strukturell korrekt, aber höchstwahrscheinlich nicht deren damalige Farbfassung wieder. (Die Helme nicht mehr rot, wie sie im Altarbild erscheinen, sondern grau zu streichen war übrigens ein 1780 gefasster Beschluss des Domkapitels, s. KDM S.69; der Geschichte der heutigen, grün oxydierten Kupferblechdeckung wird hier nicht weiter nachgegangen.) Arlesheim ist wie *Sarnen* (3.5.56) ein weiteres Beispiel, die Authentizität der Farbigkeit zeitgenössischer Bildquellen – will man sich bei der Rekonstruktion einer Fassadenfassung an ihnen orientieren – grundsätzlich zu hinterfragen.

Als weiteres interessantes Beispiel liesse sich im gleichen Zusammenhang auch die Wallfahrtskapelle St. Ottilien in *Buttisholz* erwähnen: Hier handelt es sich um einen barocken, kuppelüberdachten Zentralbau aus dem Jahr 1669, bei dessen Farb-Neufassung von 1924 die Zweifarbigkeit der Aussenmauer vom Abbild der Kapelle im Kuppelscheitel aus dem Jahr 1747 übernommen, dann aber bei der nächsten Restaurierung 1985/86 durch einen einheitlichen Weissanstrich ersetzt wurde, nachdem sich auf den noch vorhandenen Resten des bauzeitlichen Kalkgrunds keine zweite Farbe hatte feststellen lassen.

Literatur. KDM BL I (Hans-Rudolf Heyer), 1969, S.54-82 · Zu Buttisholz s. KDM LU IV (Adolf Reinle), 1956, S.187-191 und Moritz Raeber.- Die Wallfahrtskapelle St. Ottilien bei Buttisholz LU. Bern 1989, S.7 (SKF).

Weiss und Gelb auf grauer (schwarzer) Putzwand

3.5.58 St-Blaise (NE)

Grand'rue 23, Maison Robert. Wohnhaus mit Treppenturm (Jz. 1649 im Wappenstein Bugnot-Dardel am Turmportal) und Anbau (Jz. 1701 an einem der Tore). Anbau in Gelb auf Schwarzgrau gefasst. Farbigkeit wiederhergestellt 1998. Aufgenommen 2003.

Bau (Abb. 809, 904). An den rückversetzten, polygonalen Treppenturm des 3-gesch., weitgehend älteren und mit der Strassenzeile fluchtenden Hauptbaus wurde 1701 ein Wohnflügel in gleicher Höhe angebaut. Die Verbindung zum Treppenturm übernimmt eine schräg gestellte, 1-achsige Galerie über offenem Rundbogen, wodurch eine winkelige Schaufront mit malerischer Hofsituation entsteht. Während der ältere Bau, wie üblich in der Region, weiss verputzt ist und die Werksteinteile der Bauecken und Gewände am Haus helle Steinfarbe und am Turm einen gelben Anstrich aufweisen, fällt beim Anbau der schwarzgraue Verputz ins Auge, der den Farbgrund der gelb gefassten Werksteingliederung bildet.

904 St-Blaise, Maison Robert 1649, Anbau mit gelber Werksteingliederung auf schwarz durchfärbtem Putzmörtel 1701
905 Auvernier, Maison Carrée 1804/05, Südwestecke, ursprüngliche Farbigkeit aus gelbem Neuenburger Stein auf schwarz durchfärbtem Putzmörtel, rekonstruiert 1986

Schwarzgrau durchfärbter Putzmörtel und gelb gestrichene Architekturgliederung aus gelbem Hauterivien. Die aufliegenden Werksteinteile des Anbaus umfassen Ecklisenen, zwei profilierte, sich verkröpfende Gesimse auf Höhe der Geschossböden, vier Torbögen mit Kämpferplatten und Scheitelsteinen in Volutenform (Abb. 903) und vier Fenster in den OG, die durch vertikale Vorlagen in der Verlängerung der Seitengewände vom unteren Gesims bis zum Dach zu einem Geviert gruppiert werden. Die Sohlbänke sämtlicher Fenster sind stark durchgebildet und beleben gemeinsam mit den ausgeprägten Scheitelsteinen an den Torbögen das sonst recht flache Profil der Wand. Der mit Rebschwarz durchfärbte Putzmörtel und seine relativ rau strukturierte Oberfläche wurden nach Befund restauriert.

Bemerkungen. Seltene, nachgewiesene Schwarzfärbung eines historischen Putzes, der optisch, vor allem in Kombination mit dem Gelbanstrich der Hausteingliederung, eine aussergewöhnliche Wirkung erzielt. Darin vergleichbar ist die Maison Carrée in *Auvernier* (3.5.59). Einen nicht traditionellen weissen, sondern ebenfalls grauen Ton, wenn auch eher hell, zeigt heute z. B. auch der erneuerte Rauputz des über vier Geschosse mit Werksteinauflagen aus gelbem Hauterivien gegliederten Eckhauses (mit Jz. 1769) rue des moulins 3 in *Neuchâtel.* Ob bei Letzterem das Grau auf älteren Farbbefunden beruht, ist unbekannt.

Literatur. MAH NE II (Jean Courvoisier), 1963, p. 76-78 · Charte d'éthique et de bienfacture pour la refection de monuments et de bâtiments. Lausanne o. J. (nach 1997), S. 39 (Association romande des métiers de la pierre, groupe romand des services de conservation du patrimoine bâti, Expert-center EPFLausanne).

3.5.59 Auvernier (NE)

Grand'rue 33 (früher 63), Maison Carrée (Maison Neuve). Erbaut 1804/05. Äussere Farbigkeit verändert um 1900 und um 1930, Rekonstruktion der ursprünglichen Farbfassung 1986. Aufgenommen 2003.

Bau (Abb. 905–908). Viergesch., weitgehend freistehendes Haus auf annähernd quadratischem Grundriss mit hohem Sockelgeschoss (Weinlager), vier zu vier Fensterachsen, einer Holzgalerie im 3. OG mit Lauben an der Süd- und Nordseite und einem Walmdach mit ungewöhnlicher Zelthaube.

906 Auvernier, Planzeichnung, erste Farbfassung 1805
907 Auvernier, zweite Farbfassung um 1900
908 Auvernier, dritte Farbfassung um 1930

Schwarzgrau durchfärbter Putzmörtel, Werksteingliederung aus gelbem Hauterivien, Holzteile ockergelb und rot gestrichen. Die heute erneuerte Farbigkeit aus der Bauzeit besteht aus einem mit Rebschwarz durchfärbten Verputz sowie einer Gliederung aus ungestrichenen, steinsichtig gelben Ecklisenen mit regelmässig quadernden Fugen an der Hauptfassade, starken Gesimsen unter- und oberhalb der Wohngeschosse und Steingewänden der Eingänge und Fenster. Die Holzlauben sind ebenfalls gelb, die Schlagläden und Laubennischen hingegen rot gestrichen (Abb. 905, 906).

Farbveränderungen. Bei der ersten Veränderung um 1900 (Abb. 907) wurden die Süd- und Ostseiten neu verputzt, sämtliche Fassaden ockergelb, die Lauben und Schlagläden grau gestrichen; nur die Laubennischen blieben rot. Bei der zweiten Veränderung um 1930 (Abb. 908) erhielten diesmal die West- und Nordseiten einen neuen, sehr rauen Putz und alle Fassaden samt der Lauben und Läden einen Anstrich in drei unterschiedlichen Grüntönen. Nur die Werksteingliederung blieb bei beiden «Umfärbungen» unverändert steinfarbig gelb.

Bemerkungen. Das wegen seiner Würfelform sinnfällig Maison Carrée genannte Haus wird nicht nur als einzigartiger Bautyp des Neuenburger Weinlands eingestuft, sondern bildet mit seinem ungewöhnlichen schwarzen Putzmörtel in Hinblick auf die Aussenfarbigkeit ebenso wie die Maison Robert in *St-Blaise* (3.5.58) eine Besonderheit. Zudem ist sie im hiesigen Zusammenhang wegen der zweimal veränderten und durch differenzierte Putzprobenanalysen nachgewiesenen Vielfarbigkeit ein baugeschichtlich aufschlussreiches Beispiel. Mit der Reihe der farbigen Planzeichnungen, die im Zuge der Restaurierung 1986 erstellt wurden und die verschiedenen Fassungen dokumentieren, wird augenfällig, wie stark die Farben den jeweiligen Baucharakter verändern.

Literatur. MAH NE II (Jean Courvoisier), 1963, p. 266 · Marc Emery (réd.).- Maisons du Littoral Neuchâtelois, histoires et restaurations. La Maison Carrée à Auvernier. (Musée Neuchâtelois 1988 no 3, p.149-155) · Bruno Rossi.- Quatre exemples de polychromie de façade en pays neuchâtelois. In: ICOMOS 90. Lausanne 1990, p. 43s · Informationen und Planzeichnungen von Marc Stähli, Auvernier, Literaturhinweise von Jacques Bujard, Denkmalpflege Kt. Neuenburg.

909　Orbe, Maison Grandjean, Giebelbogen und Dekor in hellem Gelb auf hellem Blau um 1781
910　Orbe, Portalbogen mit gelber und graublauer Steinwechselfassung

3.5.60　Orbe (VD)

Grand'rue 16, Maison Grandjean. Erbaut E. 18. Jh. (wohl um 1781, Jz. am mittleren Balkongitter). Zweifarbig gefasste Werksteinfassade mit Stein- und Stuckdekor. Nach Befund von Farbresten jüngst restauriert. Aufgenommen 2000.

Bau. Dreigesch., 3-achsiges Wohnhaus mit hohem Mansarddach in geschlossener Gassenzeile. Im Sockelgeschoss drei Rundbogeneingänge über zwei durchlaufenden Stufen (Geschäft). Der 2-gesch. Wohnbereich wird durch stark vortretende Gesimse unterteilt und die gesamte Mittelachse durch einen Rundbogengiebel und üppigen Dekor hervorgehoben. Zu Letzterem gehören insbesondere die grosse Wappenkartusche im Giebelfeld, die von einem Akanthusbogen auf rosettenbesetztem Sockel und Blattkonsolen überspannt wird sowie die mehrfach profilierten, geohrten Fensterrahmen mit Supraporten aus gekreuzten Palm- und Olivenzweigen bzw. Festons. Die Türfenster in den Wohngeschossen weisen Balkone und bemerkenswerte klassizistische Schmiedeeisengitter auf. Das mittlere, 1781 datierte Balkongitter unterscheidet sich von den anderen, dürfte aber seit Beginn zum Haus gehören.

Quadermauerwerk hellblau, Werksteinteile und Dekor hellgelb gefasst, z. T. lasiert (Abb. 909, 910). Die mit tiefen Lagerfugen versehenen Steinquadergewände der Bogeneingänge sind wechselweise gelb und blau gefasst, während auf den Quadermauerflächen der Obergeschosse einheitlich hellblaue und auf sämtlichen Werkstein- und Stuckteilen einheitlich hellgelbe Lasuren liegen.

Bemerkungen. Äusserst dekorative Schaufassade, beherrscht von klassizistischer Bauskulptur, ein in dieser Art typologisch seltener Profanbau. Hier aufgenommen wegen der ungewöhnlichen, helltonigen, wohl bauzeitlichen Zweifarbigkeit von Gelb und Blau. Die Farbschicht liegt heute mehr oder weniger deckend auf den Stuckteilen und unmittelbar auf der nicht verputzten Werksteinoberfläche; der Blauton erscheint bei trübem Wetter als helles Grau.

Literatur. Maison bourgeoise XXV, 1933, p. XIII, XIV, pl. 4, 5 · Den Hinweis auf das Haus verdanke ich Eric Teysseire, Denkmalpflege Kt. Waadt.

3.5.61 Solothurn

Christkatholische Pfarrkirche, ehemalige Franziskanerkirche. Errichtet im Wesentlichen um 1290/1299 (Chor) und 1425/27 (Langhaus). Heutige Aussenfarbigkeit aus der Zeit der umfassenden Sanierung und Neuausstattung 1823/25; 1926 abgeschlagen und mit Neuputz ohne Farbdekor versehen; Letzterer erst 1994/96 nach Bildquellen rekonstruiert. Aufgenommen 2003.

Bau. Dreischiffiges 5-achsiges Lang- und eingezogenes 4-achsiges Chorhaus mit dreiseitigem Chorpolygon unter durchgehendem Dach mit Glockenreiter. Die farbige Wandgliederung liegt auf allen sichtbaren Fassaden.

Felderung aus weiss gefassten Glattputz-Rahmen und naturgrauen Rauputz-Füllungen (Abb. 911, 912). Die einzelnen Wandabschnitte von jeder Fassade sind ebenso wie die vorwiegend gotischen Fenster mit weissen, von feinen schwarzen Konturlinien begleiteten Rahmen eingefasst. Die Rahmen bestehen aus einem gut geglätteten und leicht eingetieften Verputz. Von diesem Rahmenwerk setzen sich die Innenflächen der Wandfelder kontrastreich ab, da für sie ein stark strukturierter, natürlicher Besenwurf ohne Anstrich verwendet wurde, dessen Oberflächenfarbe, wie die Abbildungen zeigen, je nach Licht und Witterung zwischen warmen und kalten Grautönen spielt. Am südlichen Langhaus und an den Chorseiten wurden die Wandpartien unterhalb der Fenster zusätzlich in kleine Zierfelder unterteilt. Solche erscheinen auch am Chor, wo sie neben den Rundbögen der Fensterabschlüsse und deren gotischen (wegen Absenkung des Dachstuhls reduzierten) Masswerkfüllungen ein zusätzliches Schmuckmotiv bilden.

Bemerkungen. Seltener Fall einer weitgehend hoch- und spätgotischen Bettelordenskirche, die noch im 19. Jh. einen Aussendekor erhielt. Er entstand 1823/25 im Zuge einer umfassenden Renovation mit klassizistischer Innenausstattung, als der Franziskanerorden in Solothurn nochmals eine kurze Blütezeit erlebte, bevor er 1857 endgültig aufgehoben wurde. Der Bau dürfte vorher keinen Aussendekor getragen haben, es hätte der Ordensregel von Armut und Einfachheit widersprochen. – Für die Farberscheinung spielt der schon in der 2. H. des 18. Jh. beginnende Einsatz von Glatt- und Rauputz eine wichtige Rolle, da hier nicht nur die Farbe selbst, sondern auch die verschiedenen, durch das reflektierte Tageslicht in unterschiedlichen Tonwerten erscheinenden Oberflächenstrukturen zur Wirkung kommen (vgl. die bei 3.4.47 *Hütten* erwähnten Bauwerke). Mit dem Motiv der Felderung führt die Franziskanerkirche Fassadengestaltungen von Innerschweizer Kirchenbauten aus dem Kreis der Singer und Purtschert fort (vgl. 3.5.6–3.5.10). Ähnlich der Franziskanerkirche erhielt auch nahe bei Solothurn die spätmittelalterliche Kirche in *Deitingen* am Äusseren ihres 1816/19 neu errichteten Schiffs eine weissgraue Felderung.

Literatur. Samuel Rutishauser.- Solothurn, ehemalige Franziskanerkirche. In: Archäologie und Denkmalpflege im Kanton Solothurn 2, 1997, S.7-18 (zur letzten Wiederherstellung) · Markus Hochstrasser.- Solothurn, ehemalige Franziskanerkirche. Bericht zu den bauhistorischen Untersuchungen. In: ebd. 6, 2001, S.7-31 (ohne unmittelbare Bemerkungen zur Aussenfarbigkeit) · Stefan Blank, Samuel Rutishauser.- Christkatholische Kirche zu Franziskanern, Solothurn. Bern 1998, S.12 sowie Literatur (SKF) · Zu Deitingen: Denkmalpflege im Kanton Solothurn 1986. In: Jahrbuch für Solothurnische Geschichte 60, 1987, S.278.

911 Solothurn, ehem. Franziskanerkirche, veränderte Putzfarbe bei Sonnenlicht
912 Solothurn, Chorhaus, weisse Glattputzrahmungen auf naturgrauem Rauputz 1823/25

Historistische Vielfarbigkeit   Maurice Vallat junior

3.5.62   Bressaucourt (JU, Ajoie)

Pfarrkirche. Errichtet 1893/94 von Maurice Vallat junior aus Pruntrut. Farbige Steinimitationen. Aussenrestaurierungen 1936, 1986/87. Aufgenommen 2001.

Bau von urbanem Charakter in ländlicher Umgebung, erstellt im Zuge des Wiederaufbaus nach mehreren Bränden, die den bäuerlichen Dorfkern heimgesucht hatten. Die dreischiffige Basilika, deren nach Süden orientierte, monumentale Eingangsseite von einem Turmaufsatz mit zwei säulengetragenen Steinhelmen überhöht wird, entstand unter dem Einfluss von Sacré Cœur in Paris (Abb. 913). Die Chorseite schliesst mit Kapellen und niedriger Apsis ab. Der städtisch gross dimensionierte Kirchenbau hat mit der lokalen Bautradition nichts zu tun.

913   Bressaucourt, Pfarrkirche, Farbigkeit aus Steinimitaten, Maurice Vallat 1893/94

Imitation von gelbem Quadermauerwerk, weisser Architekturgliederung und rotem Backsteindekor auf gut geglättetem Verputz (Abb. 913–915). Über hohem Bausockel aus weissem Kalkstein ist der Bau ringsum ockergelb verputzt und mit einem schwarzen Fugennetz bemalt. Die Wandgliederung – im Wesentlichen gequaderte Stützpfeiler und Blendarkaturen, Lisenen, Fensterrahmungen und Gesimse sowie die oberste Lage des Bausockels – besteht zum grossen Teil aus weissem Kalksteinimitat, dessen naturalistisch unregelmässige Weisstönung auf unebener Oberfläche inzwischen vor allem an den nach Westen ausgesetzten Teilen grau verschmutzt ist. Die dritte Farbe am Bau übernehmen rote Backsteine in Form von Schmuckbögen an den beiden Kopffenstern der Seitenschiffe, Friesen an den Dachtraufen und Ziegeln auf den Dächern. Das Innere der Säulenbasilika wird in eindrucksvoller Weise von weissem Wandputz mit schwarzer Fugenmalerei beherrscht.

Bemerkungen. Der in Pruntrut geborene, in Paris ausgebildete und mit der dortigen Neoromanik vertraute Maurice Vallat junior (1860–1910) schuf insbesondere im Kanton Jura Grossbauten, die durch ihre besonders buntfarbigen Bau- und Backsteinimitate hervortreten. Das auf Gelb (Mauerwerk), Weiss (Gliederungselemente) und Rot (Backsteinzierwerk) abgestimmte Äussere von Bressaucourt wiederholt neben der gesamten Baudisposition auch die Aussenfassung der 1873 von Auguste Emile Vaudremer erbauten Kirche von *Auteuil* bei Paris, deren Farboberfläche heute jedoch weitgehend verloren ist. Die Kirche von Bressaucourt, der interessanteste Sakralbau von Vallat, vertritt innerhalb der Schweiz eine herausragende, sehr eigenwillige Aussenfarbigkeit historistischer Prägung. Ähnliche farbige Fassungen an weiteren Bauwerken desselben Architekten befinden sich in *Pruntrut* und *Immensee* (s. 3.5.63).

Literatur. Marcel Berthold.- République et Canton du Jura. Berne 1989, p.153s (KF Arts et monuments) · Michel Hauser.- L'église de Bressaucourt. Un monument néo-roman dans la campagne jurassienne. In: Nos monuments d'art et d'histoire, 36, 1985, p.165-169 · Den Hinweis auf die Bauten von Maurice Vallat im Kanton Jura verdanke ich Michel Hauser, Denkmalpflege Kt. Jura.

914 Bressaucourt, Detail Eingangsfassade
915 Bressaucourt, Detail Seitenschiff

3.5.63 Porrentruy/Pruntrut (JU)

Allée de Soupire 1. Geschäfts- und Wohnhaus, erbaut 1905/06 von Maurice Vallat junior aus Pruntrut. Farbige Steinimitationen. Restauriert 1986. Aufgenommen 2001.

Bau (Abb. 916). Mächtiger 3-gesch. Kopfbau zweier Strassenzüge mit Stirn zur Place des Bennelats. Das EG öffnet sich über hohem Kellersockel vorwiegend in geschosshohen, stichbogigen Schaufenstern und jedes Wohngeschoss in dichtgereihten, sowohl hohen schmalen als auch breiten Fenstern, die z.T. ebenso wie die Kellerfenster mit dekorativen, orientalisierend aus- und einbuchtenden Stürzen ausgestaltet sind. Die Fassadenmitte der platzseitigen Schaufront weist zwei Balkone und einen Quergiebel, das Dach mehrere Gaupen auf.

Verputz mit eingeritzten Imitaten von Baustein in Blau und Weiss sowie Backstein in Hellgelb und Rot (Abb. 917, 918). Die Wand wird durch grossformatige, weisse Quaderungen an Ecken und Kanten sowie durch breite weisse, vertikal durchlaufende Bänder gegliedert. Diese setzen sich mit schwarz überstrichenen Ritzkonturen von den Restmauerstücken ab, die aus kleinformatigen, hellgelben Backsteinen mit hellen Putzfugen bestehenden (Abb. 812). Die Buntfarben prägen den Bau in besonderem Mass: Blaue Begleitstreifen mit schwarzen Fugen über den Stichbogen, und diese selbst bei der Mehrzahl der Fenster in rotem Backstein. Die Sockelpartien sind uni blau, die Rahmen und Sprossen der Fensterflügel im EG rot und im OG grün gestrichen.

Bemerkungen. Höchst beachtenswerter farbiger Aussendekor an einem Profanbau um 1900. Möglicherweise bestand auch er ursprünglich aus durchfärbtem und in Sgraffitotechnik bearbeitetem Mörtel wie die ähnliche Fassadenoberfläche des vom selben Maurice Vallat 1896

gemeinsam mit dem Franzosen Henri Tarlier aus Bourg errichteten sogenannten Z-Baus des Gymnasiums in *Immensee* bei Küssnacht (SZ). Dessen Originaloberfläche wurde anlässlich der Restaurierung 2000/2001 auf ihre Herstellungstechnik untersucht. Ein weiterer Profanbau von Vallat ist die um 1900 erbaute Villa rue Auguste-Cuenin 1 in *Porrentruy*. Seine noch in originalem Bestand erhaltene Aussenfassaden tragen einen auf die Mauerfläche gemalten bzw. an Fenstergewänden und Kamin eingeritzten roten Backsteindekor. (Die benachbarte Villa, rue Auguste-Cuenin 2, besitzt ebenfalls roten, als Sgraffito restaurierten Backsteindekor von aufwändiger Üppigkeit; sie dürfte unter dem Einfluss von Vallat erbaut worden sein.) – Zur Aussenfarbigkeit von Vallat vgl. *Bressaucourt* (3.5.62).

Literatur. Marcel Berthold.- République et Canton du Jura. Berne 1989, p.147 (KF Arts et monuments) · Zu Immensee s. Bamert 2001, S. 221-223.

916   Porrentruy, Geschäfts- und Wohnhaus, farbige Backsteinimitate und Anstriche, Maurice Vallat 1905/06
917   Porrentruy, Fensterachse der Hauptfront
918   Porrentruy, Fenster der Seitenfassade

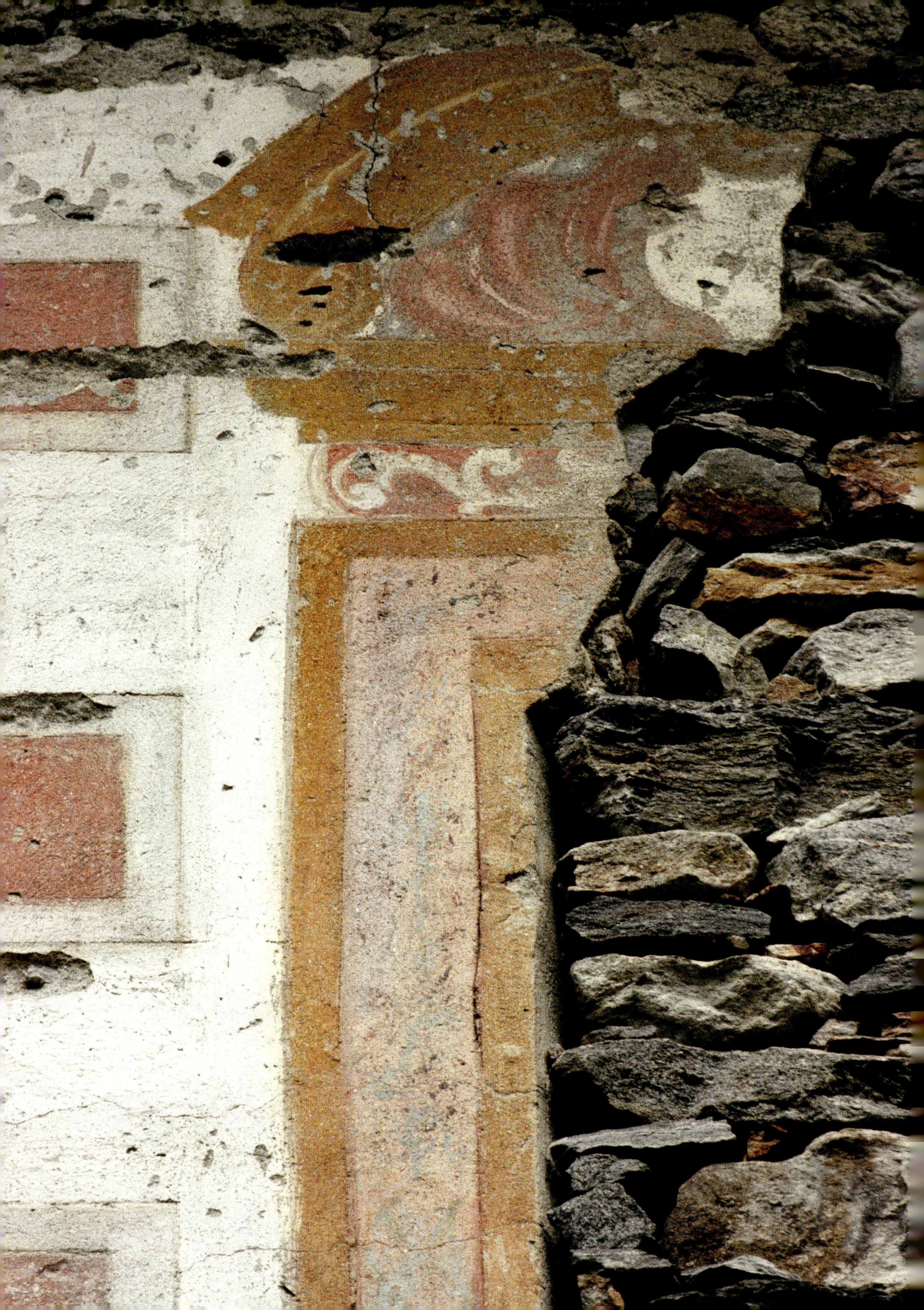

3.6 Gemalte Werkstücke

Überblick

Unter der Bezeichnung «Gemalte Werkstücke» wird im hiesigen Zusammenhang die Bemalung mit einzelnen Hausteinteilen verstanden, das heisst die Darstellung der herkömmlichen, vom Steinmetz zugerichteten Bauglieder mit Pinsel und Farbe. Es sind Gewände und Aufsätze an Fenstern und Türen, Quaderungen an den Gebäudeecken, Gesimse, Balustraden, Pilaster, die entweder flächig oder perspektivisch auf den Mauerputz gemalt werden. Steinfarben überwiegen, Buntfarben sind selten, stechen dann aber als malerische Zutat heraus. Die rein weissen Fassungen bleiben aussen vor, sie werden in den beiden Kapiteln «Putzgliederungen in Weiss» und «Die weisse Architekturmalerei zwischen 1650 und 1700» behandelt.

Im Folgenden geht es also um elementare Bauelemente. Sie gliedern gemeinsam die Fassade als Ganzes, indem sie Geschosse und Fensterachsen betonen und zu grösseren Einheiten horizontal und vertikal zusammenschliessen. In ihren Details folgen sie den jeweiligen Stilepochen. Bildliche, figurale oder ornamentale Bauzier spielt dabei eine geringe Rolle, der streng strukturierte, architektonische Aufbau herrscht vor. Es gelten grundsätzlich dieselben konzeptionellen Voraussetzungen wie bei den Gliederungen durch Pilaster und Lisenen und bei den farblich abgesetzten Fassadengliederungen der vorhergehenden Kapitel.

Hier wie dort ist das Erscheinungsbild einer gemalten oder einer gemauerten Wandgliederung für das Auge oft zum Verwechseln ähnlich und kann auf frappante Weise die gleiche Wirkung hervorrufen. So ist es nicht verwunderlich, dass man sich insbesondere bei einzelnen Werkstücken auf die Gestaltungsmöglichkeiten der Malerei am Bau verliess und sie künstlerisch – unabhängig von den Kosteneinsparungen – als weitgehend ebenbürtige Alternative betrachtete.

Ein prototypisches Beispiel war dafür die Casa Pellanda in *Biasca* aus dem Jahr 1586, bei der die vertikale Gliederung der Hauptfassade mit dem denkbar einfachsten Mittel steinfarbig gemalter Fensteraufsätze erreicht wurde (3.6.1). Der Baumeister übernahm damit den Rhythmus der Fensterreihung zum Beispiel römischer Palastfassaden des Cinquecento und vereinfachte die Ausführung, indem er deren Steingewände in Malerei umsetzte.

Die hier zusammengestellten Bauwerke mit dieser spezifischen Art von Architekturmalerei wurden zeitlich gruppiert: *Einzelne Werkstücke und Gesamtgliederungen 16./17. Jahrhundert (3.6.1–3.6.10), 17./18. Jahrhundert (3.6.11–3.6.21), 18./19. Jahrhundert (3.6.22–3.6.32).*

919   Prato (TI, Val Lavizzara), Wirtschaftsgebäude, Giebel und Seitenpfosten einer buntfarbigen, zum Teil marmorierten Fensterrahmung mit Muschelnische und Rankenfries sowie Eckquader. Rest einer qualitätvollen Originalmalerei 17. Jh., Bau inzwischen abgebrochen (3.6.8)

920 Ramiswil (SO), Mühle, Drillingsfenster im 1. Obergeschoss der bemalten Hauptfassade mit Vogelnest im Giebeldreieck 1596, konserviert 1954/55

921 Schwyz, Grosshaus, Fensteraufsatz mit Huhn und Küken im Giebelfeld, Rest einer ehemals reichen Fassadenbemalung, heute als abgenommenes Wandbild im Hausinneren, um 1604 (Foto 1983)

922 Eglisau (ZH), Gasthaus Hirschen, erbaut 1573, Fensterrahmen mit Kopfmasken, Pinienzapfen und Blattwerken, in der Mitte der Rest einer Justitia, Grisaillemalerei 1662, erneuert 1974

923 Lucens (VD), La Belle Maison, Fensterrahmungen mit efeuumrankten Säulenschäften und Seitenbesatz aus Masken im Profil, Teil einer aufwändigen Grisaillemalerei, datiert 1647, nicht erhalten (vgl. 3.6.10)

924 Aarau (AG), Rathausgasse 22, Staffelfensterreihen eingefasst von Baumotiven in Putztechnik, ornamentiert im Stil gotisierender Flachschnitzerei und barocker Beschlagwerke, integrierte Jahresziffern 1641

In dieser Zeitspanne erscheinen immer wieder die gleichen Bauelemente und ihre jeweilige Auswahl ist pro Fassade erstaunlich klein. Die Kombinationen, die formalen Details, die Art des Illusionismus und die Farbigkeit selbst, die alle natürlichen Steinfarben zwischen Grau, Braun, Rot und Ocker aufweist, sind jedoch in ihrer Gesamterscheinung als Mauerbild von unerhört eindrucksvoller Wirkung. Besonders langlebig war die Darstellung von Werkstücken der Renaissance. Sie wurden als Motiv bis in den Historismus, ja, bis ins frühe 20. Jahrhundert verwendet (3.6.14 *Zug*, Wilder Mann).

Wichtig ist der Hinweis, dass auch an Sgraffitofassaden des 16. und 17. Jahrhunderts neben den üblichen, flächendeckenden Rapportmustern besonders im südlichen Tessin und im bündnerischen Bergell mit Vorzug nur Werkstücke zur Darstellung kamen (Abb. 926). Da die sgraffitierten Fassaden aber im Allgemeinen eher von einem dekorativen denn architektonischen Charakter bestimmt sind, blieben sie hier im Einzelnen unberücksichtigt.

Gänzlich ausgespart wurde wie gesagt auch der weite Bereich rein ornamentaler, buntfarbiger Flachmalereien, die vor allem Fensterrahmen umspielen. Da der Übergang von der streng architektonisch bestimmten zur buntfarbig mit Ornamentik und Figurenwerk bereicherten Malerei aber fliessend ist, soll eine Abbildungsreihe dargestellter Werkstücke anhand von Giebeln und Fenstern veranschaulichen, dass der künstlerischen Phantasie auch für witzige und unterhaltsame Motive kaum Grenzen gesetzt waren (Abb. 920–929).

Einzelne Werkstücke und Gesamtgliederungen 16./17. Jh.

3.6.1 Biasca (TI)

Casa Pellanda. Erbaut 1586 (Steinkartusche mit Jz. und Inschrift über dem Eingang, Wappenstein Pellanda über dem Fenster darüber). An der Hauptfassade gemalte Fensteraufsätze, Malerei anlässlich der umfassenden Sanierung 1983/87 abgeschlagen. Aufgenommen 1983 und 1999.

Bau (Abb. 930–932). Grosser, 3-gesch. Baukubus mit sieben Fensterachsen ungleicher Breite und jeweils einem rundbogigen Portal an beiden Traufseiten, die vorn auf einen Platz und rückseitig auf eine Gartenanlage orientiert sind. Im EG der Platz- und Hauptfassade wurden bei der Sanierung 1983/87 anstelle der zwei weiteren ursprünglichen und des dritten, später hinzugefügten Eingangs Fenster eingebaut. An die westliche Giebelseite schliesst sich ein ebenfalls sanierter, kleinerer Hausteil an mit repräsentativer Giebelfassade, deren ehemalige Giebelfensterummalung nicht erhalten blieb.

925 Fribourg, rue d'Or, Gasthaus zum Storchen, gemaltes Fenstergewände aus Rocaillen mit Giebelaufsatz in Form einer Kartusche samt Storchennest, datiert im Spruchband der Brüstungspartie 1771

926 Bondo (GR, Bergell), Haus am Brunnenplatz mit sgraffitierten Tür- und Fenstergiebeln über klassischem Gebälk, Jahresziffern 1616 in den Metopenfeldern

927 Marolta (TI, Valle di Blenio), Casa Romagnola, bemerkenswerte Illusionsmalerei eines Portalgewändes an der Gartenseite mit Herkules anstelle eines Atlanten, Carlo Martino Biucchi, Mitte 18. Jh., Originalbestand (Foto 1982)

928 Luzern, Kornmarkt 12, Balthasarhaus, Eckfenster im mittleren Obergeschoss der Hauptfassade, Architekturrahmen mit Beschlagwerk an Sturz und Sohlbank, Rekonstruktion der älteren Malschicht von 1656

929 Ligerz (BE, Bieler See), Gaberelhaus, buntfarbige Fensterrahmenmalerei mit architektonischen Versatzstücken, an den Seiten weibliche Halbfiguren zwischen Knorpelwerk, E. 17. Jh., typologisch selten

930 Biasca, Casa Pellanda, Hauptfassade mit gemalten Fenstergiebeln 1586, Originalbestand (Foto während der Bausanierung 1983)

931 Biasca, Hauptfassade nach der purifizierenden Bausanierung (Foto 1999)

932 Biasca, Aufriss der Hauptfassade (Casa borghese 1936)

Ursprüngliche, gemalte Fensterfassungen und -aufsätze (heute nicht mehr vorhanden). Die Bruchsteinmauern des Hauptbaus trugen vor der Sanierung noch auf beiden Traufseiten den ursprünglichen Verputz mit einem rosafarbigen Anstrich, während die rechte Giebelseite einen Naturputz ohne Anstrich aufwies. Der gleiche Verputz überzog samt Farbanstrich auch die Granitsteine der Fenstergewände, die mit einer kräftigen dunklen Konturlinie abgesetzt waren (die Reste eines graugrünen Zweitanstrichs auf den Fenstergewänden am platzseitigen EG stammten aus späterer Zeit). Die Fenster der Hauptfassade wurden durch gemalte Aufsätze in Schwarz, Grau und Weiss mit perspektivisch dargestellten Profilrahmen, Füllungen und Zierkugeln hervorgehoben. Im 1.OG waren die Aufsätze giebelförmig (Abb. 933), im 2.OG schlossen sie flach ab. Während die Fensterreihen in den Obergeschossen der Hauptfassade jeweils durch ein vorstehendes, auf Höhe der Sohlbänke durchlaufendes Steingesims zusammengefasst sind, hat auf der Gartenfassade jedes Fenster seine eigene Sohlbank.

Veränderungen der Maueroberfläche bei der Sanierung 1983/87 (Abb. 931). Die aus der Bauzeit stammende Malerei wurde samt Verputz und Farbanstrich total entfernt und durch einen neuen Putzauftrag von grauer Zementfarbe ersetzt, der auch die Steingewände der Fenster im EG überdeckt. Die ehemals farbig überstrichenen Gewändesteine der Obergeschossfenster wurden freigelegt und blieben ungefasst.

Facciata verso la piazzetta

Bemerkungen. Das stattliche Herrenhaus, das samt Gartenanlage die Ortsmitte dominiert, ist der architektonisch und historisch bemerkenswerteste Profanbau von Biasca. Bauherr war der um Biasca verdiente, politisch einflussreiche Cavaliere Giovann Battista Pellanda (1541–1615). Im Zuge der Baumassnahmen von 1983/87 wurde die wertvolle originale Intarsienausstattung des Ehrensaals im 1.OG wieder eingebaut (Dauerleihgabe des Schweizerischen Landesmuseums Zürich). Das Gebäude gehört heute der Gemeinde und dient kulturellen Zwecken. – Die vierfarbige Fassadengestaltung mit der ehemaligen Fassung in Rosa (Wandputz), Schwarz, Grau und Weiss (Fenster) verlieh dem herrschaftlichen Bau insbesondere durch die gemalten Fensteraufsätze an der Hauptfront ein klar strukturiertes, individuelles Gesicht. Die gemalten Werkstücke täuschten vor, die Fenster seien in Achsen unterteilt, die die Wand scheinbar ebenso profilieren wie die durchlaufenden Steingesimse zwischen den Geschossen, auf denen die Fenster aufstehen. Dadurch bildete sich ein streng aufeinander abgestimmter, horizontal und vertikal gegliederter Wandaufbau, der sich an der Palastfassade des italienischen Cinquecento mit seinen dichten und aufwändig gerahmten Fensterfolgen orientiert (z.B. *Rom* Palazzo Farnese). Die Casa Pellanda war ein herausragendes Beispiel aus dem 16. Jh., an dem sich manifestierte, dass auch allein mit dem Mittel der Malerei die architektonische Wirkung einer klassischen Renaissancefassade hergestellt werden konnte. Die anlässlich der Sanierung verloren gegangene Architekturbemalung ist baugeschichtlich ein bedauernswerter Verlust.

Literatur. Casa borghese XXVIII/II, 1936, p. XXIV, tav. 29-31.

933 Biasca, Fenstergiebel im Hauptgeschoss, Originalmalerei 1586, nicht mehr vorhanden

3.6.2 Bissone (TI, Luganese)

Piazza Francesco Borromini no 27. Bau und Malerei im Wesentlichen 2. H. 16. Jh.; aufgenommen 1984 und 1999.

Gemalte Fenstergewände mit Segmentgiebelaufsätzen, vorwiegend in Braun und Ocker (Abb. 934). Dreieinhalbgesch., 2-achsiges Wohnhaus an der Ecke zu einer der schmalen Gassen (contrada

934 Bissone, Piazza Borromini no 27, Fenstergiebel mit Blumenvase und Zierkugeln, Illusionsmalerei 2. H. 16. Jh. (Foto 1984)

Maderini) innerhalb der einheitlichen, zum Luganersee orientierten Strassenzeile, errichtet über zwei Arkaden des alle Häuser durchlaufenden Bogengangs (portico). Auf dem originalen Wandputz liegt ein ehemals weisser, heute gelb angewitterter Anstrich. Die Gewände aller acht Fenster der beiden Vollgeschosse an Strassen- und Gassenseite sind als Scheinarchitekturen in Ocker und Braun aufgemalt. Die breiten, profilierten Fensterrahmen tragen ausladende, gesprengte Segmentgiebel mit Blumenvasen im Bogenfeld und je einer Zierkugel auf den beiden Giebelstücken. Die Gewände der Mezzaninfenster weisen ausgeprägte Sohlbänke und gerade Verdachungen in gleicher Farbe auf. Bei einem der Fenster auf der Gassenseite ist das Feld des Frieses mit einem roten Tuchgehänge auf blauem Grund bemalt; die Vase im Giebelfeld darüber erscheint nicht braun und ockerfarben wie die anderen, sondern rot.

Bemerkungen. Die in Steinfarbe gemalten Fenstergewände fingieren eine Profilierung der Wand. Es handelt sich um eine anspruchsvolle und detailliert ausgeführte Malerei von hoher Qualität in ungewöhnlich guter Erhaltung des noch aus dem 16. Jh. stammenden originalen Bestands. Sie gehörte zusammen mit der inzwischen übertünchten Bemalung des Nachbarhauses (3.6.3) zu den nennenswerten Resten von Architekturmalereien, mit denen ehemals noch weitere Fassaden des malerischen Uferprospekts von Bissone ausgestattet waren. Ähnliche, klassisch proportionierte Fensteraufsätze weist auch die gemalte, im zugehörigen Wappenbild mit 1615 datierte Scheinarchitektur an der Fassade der Casa Casella in *Carona* auf (Abb. 935). Sie gehört zusammen mit dem gleichzeitigen, aber wohl von anderer Hand hinzugefügten Madonnenbild im Sockelgeschoss zu den bemerkenswertesten Illusionsmalereien der Schweiz. Auch diese Wandoberfläche war bei neuerlichem Augenschein 1999 noch im ursprünglichen, obschon sehr schadhaften Bestand erhalten.

3.6.3 Bissone (TI, Luganese)

Piazza Francesco Borromini no 25. Bau und Malerei im Wesentlichen 2. H. 16. Jh.; aufgenommen 1984. Danach restauriert und rosa übertüncht (Feststellung bei Augenschein 1999).

Gemalte Fenstergewände mit flachen Aufsätzen und Brüstungen in Braun und Ocker (Abb. 936). Linker Teil eines dreieinhalbgesch. Doppelhauses innerhalb der einheitlichen, zum Luganersee orientierten Strassenzeile, errichtet mit zwei Fensterachsen über einer Arkade des sämtliche Häuser durchlaufenden Bogengangs (die Fassade der anderen Haushälfte ist mit Sgraffitodekor überzogen). Die Fenster im 1.OG wurden später nach unten, die im 2.OG nach oben

935 Carona, Casa Casella, klassischer Fenstergiebel innerhalb einer Scheinarchitektur von 1615, Originalbestand (Foto 1982)

936 Bissone, Piazza Borromini no 25, Fensteraufsatz mit geradem Abschluss, Originalbestand 2. H. 16. Jh. (Foto 1984)

vergrössert, so dass die neuen Öffnungen nicht mehr mit der alten Gewändemalerei korrespondieren. Diese war vor 1999, der jüngsten Übertünchung, noch gut sichtbar und stellte in beiden Hauptgeschossen stark profilierte Rahmen mit hohen, flach schliessenden Gebälkaufsätzen als Scheinarchitekturen dar. Um die Mezzaninfenster lag eine ähnliche, etwas schlichtere Gewändemalerei. Je nach Tageslicht hebt sich die zusätzliche, als Bildträger aufgebrachte Putzschicht stellenweise ab.

Bemerkungen. Die Bemalung fasste beide Fensterachsen über die Geschosse hinweg gliedernd zusammen. Bei Streiflicht sind die Konturen unter dem Neuanstrich noch teilweise erkennbar. Die bemerkenswerte Malerei stimmt qualitativ, farblich und stilistisch mit der des Nachbarhauses (3.6.2) überein. – Weitere beachtlich alte Gewändemalereien mit flachen Aufsätzen erhielten sich in *Vico Morcote,* Osteria della fontana (Reste eines in Braun und Ocker gemalten Aufsatzes mit weniger Profilstäben, dafür aber einem Stab in roter Farbe; die blaue Eck- und Fensterbemalung gehört zu einer späteren Aufstockung des Hauses) und in *Rovio,* Oberdorf no 47/48 (zwei Fenster im obersten Geschoss mit breiten, von Flachvoluten bekrönten Seitengewänden und hohem Gebälkaufsatz über den beiden Fenstern des obersten Geschosses, schadhafter Originalbestand).

3.6.4 Carona (TI, Luganese)

Haus no 61. Am älteren Hausteil gemalte Scheinarchitektur mit Wandsäulen, um 1600. Fragmentarischer Originalbestand. Aufgenommen 1982.

Ionische Säulen (Abb. 938). An einem kleinen Platz mitten im borgo erhielt sich an der linken Ecke eines im 19. Jh. umgebauten Hauses der 1-achsige Rest des 2-gesch., jüngst aufgestockten Vorgängerbaus aus dem 17. Jahrhundert. Dessen Gassenseite zeigt auf dem oberen, unbefensterten Wandabschnitt den Rest eines gemalten Mauerwerks aus grossen, im unteren Wandbereich hellblauen, im oberen dunkelblauen Quadern mit breiten, teils weissen, teils blauen Rand-

937   Ravecchia-Bellinzona, Pfarrkirche S. Biagio, Blattkapitell am Westportal, Malerei im Stil von Giotto di Bondone, zugeschrieben an den Maestro di San Biagio um 1350/60 (Foto 1984 vor der Restaurierung von 2000)
938   Carona, Haus no 61, Illusionsmalerei einer kannelierten Säule mit ionischem Kapitell auf blauem Quadermauerwerk, Originalbestand um 1600
939   Moleno (TI, Riviera), Pfarrkirche, Volutenkapitell am westlichen Seitenportal sowie reiche Verzierungen am Pilasterschaft und Gebälkfries, freigelegte Originalmalerei 16. Jh. (Foto 1983)
940   Carona, via Maistra, Scheinarchitektur mit Pfeilergliederung auf blauvioletter Quadermauer, älteste Malschicht um 1600, Zustand 2000, abgeschlagen 2001 (siehe 2.1.54)

rechte Seite, oben

941   Carona, Casa Casella, Scheinarchitektur einer Kolossalordnung mit Pilastern und verkröpftem Gesims, Detail der Verkröpfung, Originalmalerei 1615 (Foto 1982)
942   Cevio Vecchio, Casa Franzoni (Museo), Konsolkapitell vom Gebälk eines Scheingiebels mit Muschelnische über dem Südportal, Originalmalerei 1688, Zustand 1982 vor der jüngsten Restaurierung (siehe 2.5.7)
943   Morcote, Pfarrkirche, antike Säulenordnung mit dorischem Kapitell, Metopen- und Triglyphenfries als Rahmen von Heiligenbildern an der dorfseitigen Nordostmauer, spätbarocke Originalmalerei nach 1758 (Foto 1999)

rechte Seite, Mitte

944   Altenklingen (TG, Märstetten), Schloss, Hofportal mit Scheingewände über zwei Geschosse, Detail eines Seitenpilasters am unteren Giebelansatz, restaurierte Malerei 1586 (Foto 2000)
945   Cevio Vecchio, Casa Franzoni (Vorderhaus), Rahmung des Haupteingangs, Detail eines Seitenpilasters mit marmoriertem Schaft, Akantusbesatz am Kapitell und Doppelvolute beim Oberlicht, restaurierte Malerei 1680/90
946   Münchwilen (TG), Kapelle St. Margaretha, Hauptportal mit Prunkgewände, Detail eines Seitenpilasters und eines Giebelstücks, restaurierte Malerei 1641/42 (Foto 2000)

rechte Seite, unten

947   Léchelles (FR), Schloss Gottrau, Portalgewände der Nordfassade in üppiger Rocaillemalerei von Melchior Eggmann um 1750, Detail eines Säulenkapitells und Giebelstücks mit blauen Zierflächen, Originalbestand (Foto 2000)
948   Maienfeld (GR, Herrschaft), Schloss Salenegg, geöffnetes Scheinportal im Vorhof mit Blick in ein Treppenhaus, Detail der von toskanischen Säulen getragenen Gebälke, Rekonstruktion der Malerei von 1782/84 (Foto 1992)
949   Lausanne, Avenue du Grammont 1, neugotische Masswerkmalerei mit Arkaturen auf Konsolkapitellen an der Gartenseite, Villa erbaut 1906 (siehe auch 1.2.24)

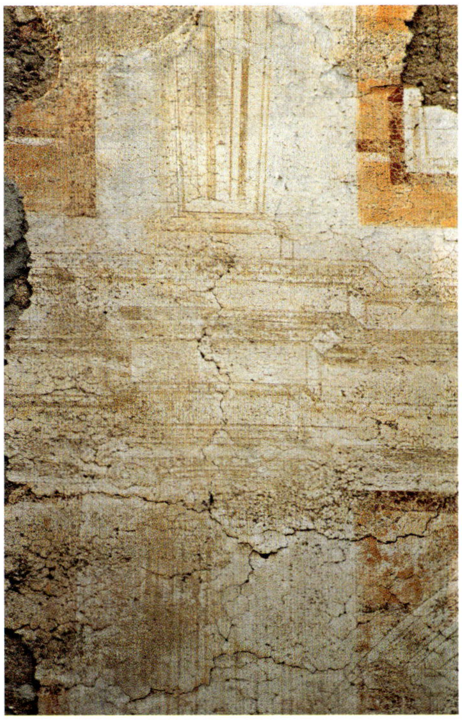
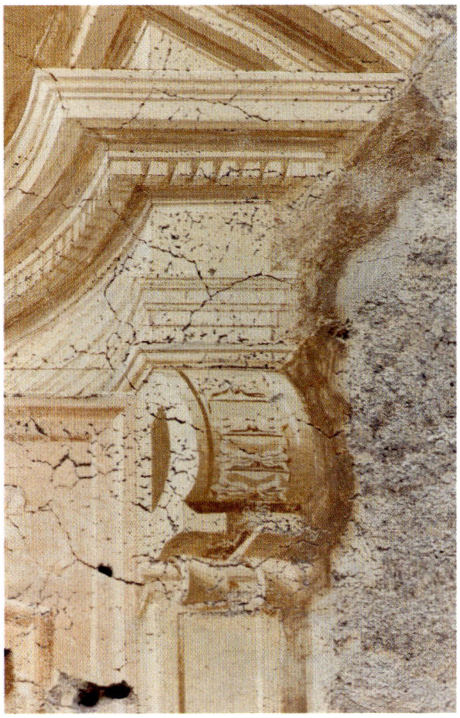
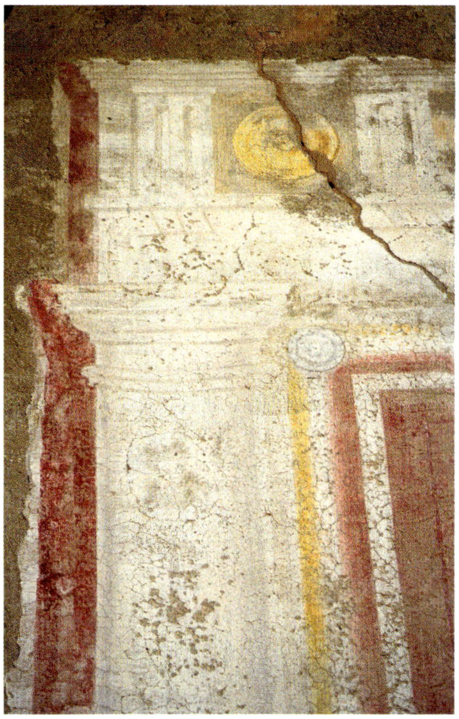
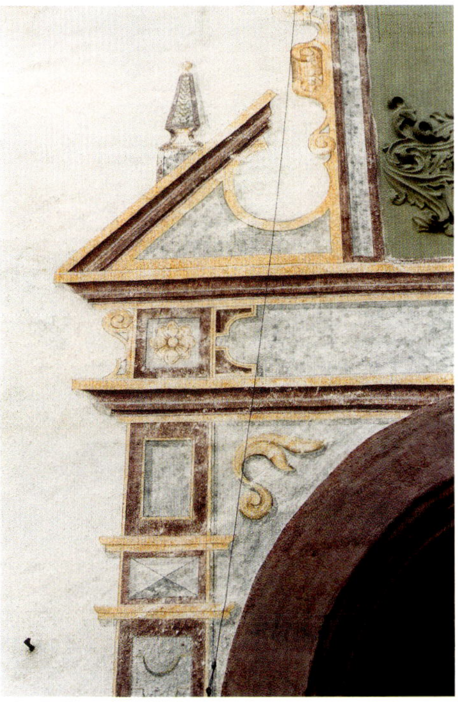
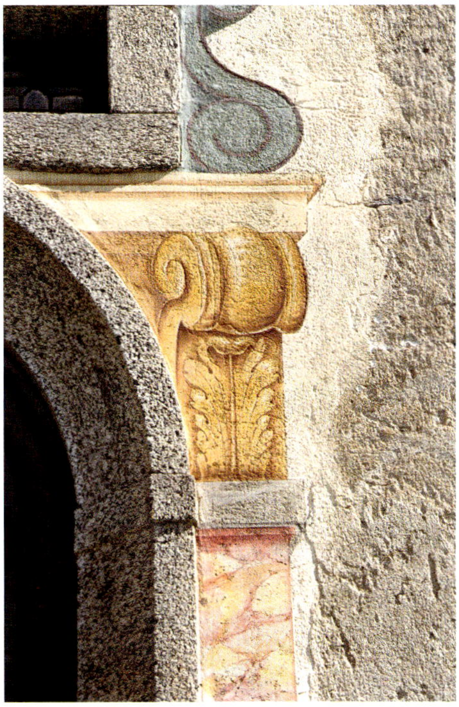
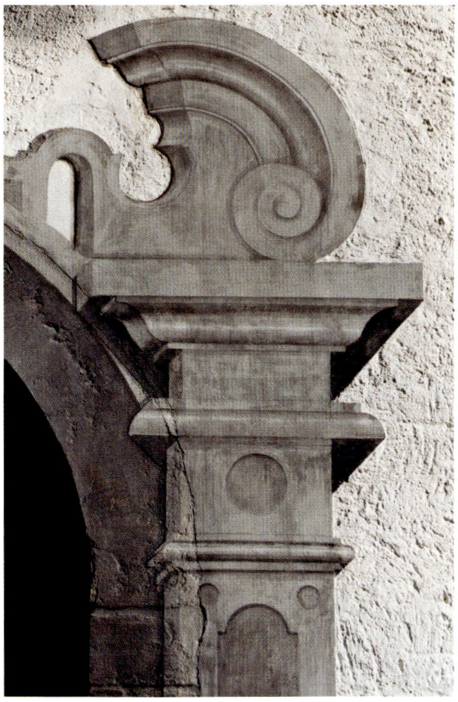
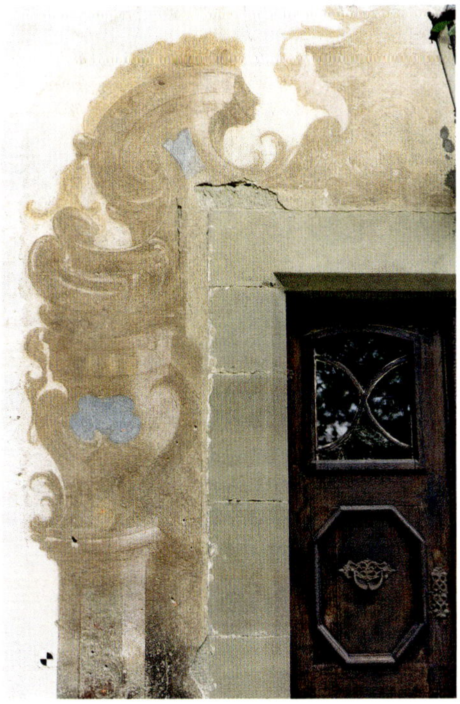
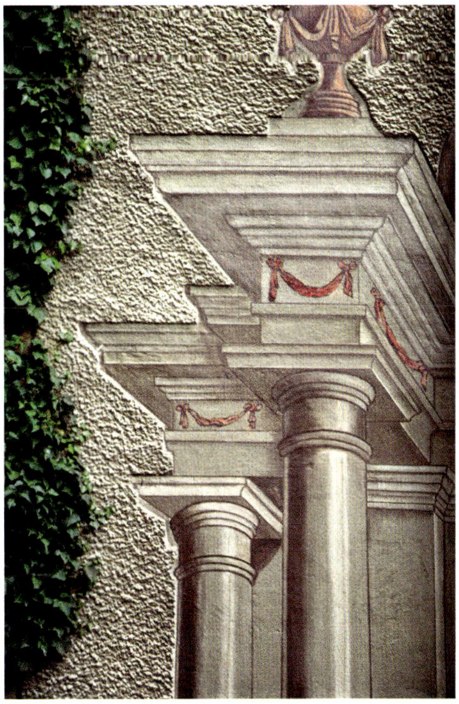
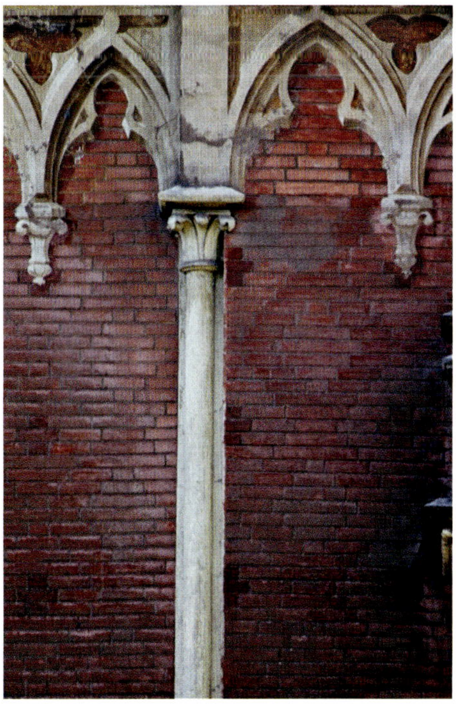

950 Belfaux, ehem. Schmitte, illusionistisch gemalter Seitenpfosten, Fenstersturz und Gesimsgurt
951 Belfaux, ehem. Schmitte, Bemalung mit Quadern und ornamentierten Fenstergewänden in grauer Steinfarbe 1603

schlägen. Die dunkelblauen Lagen weisen zudem eine senkrechte Flächenriefelung auf. Auf der Quadermauer liegen drei ionische Wandsäulen in weisser Steinfarbe, klassisch ausgestattet mit Volutenkapitellen samt Perlstabfries und Schäften mit Stege bildenden Kanneluren. Einen der Wandabschnitte zwischen den Säulen füllt ein breit gerahmtes Muttergottesbild (erhalten sind die Oberkörper von Mutter und Kind vor einem gerafften, grünen Vorhang). Darüber befindet sich ein Scheinfenster mit ornamentierten Rahmenleisten, zwei Konsolen eines ehemaligen Aufsatzes und nach innen geöffnetem Flügel.

Erhaltungszustand. Im Sockelgeschoss ist keine Malerei (mehr?) vorhanden. Bei der jüngsten Aufstockung wurde der obere Rand des bemalten Putzes abgeschlagen. Der bemalte Verputz ist mit vielen Schwundrissen durchsetzt, die Farbe zu grossen Teilen abgewittert.

Bemerkungen. Sehr seltene, noch original erhaltene, kanonisch präzise Darstellung der antiken ionischen Säule aus den Jahren um 1600. Stilistisch und zeitlich steht die Malerei den anderen, mit Scheinarchitektur bemalten Fassaden in *Carona* nahe, so der Casa comunale (Abb. 227), der Casa Casella (Abb. 491, 935, 941) und insbesondere der älteren Bemalung des Hauses via Maistra (Abb. 363 und 2.1.54). – Um die malerische Qualität und Vielfalt dargestellter Kapitelle zu veranschaulichen, folgt eine Reihe von Werken durch die Jahrhunderte (Abb. 937–949). Die formale Ausbildung des einzelnen Werkstücks orientiert sich am jeweiligen Zeitstil, die Farbwahl meistens an den Farben des ortsüblichen Bausteins. Die Verwendung von Buntfarben wie Rot, Ocker und Blau oder Violett entspringt aber auch immer wieder dem Wunsch nach künstlerischer Gestaltung mit den ureigenen Mitteln der Malerei.

Literatur. Decorazioni Luganese 2002, p.15 (Edoardo Agustoni).

3.6.5 Belfaux (FR)

Maison de Gléresse («Forge»/«Schmitte»). Erbaut um 1570 (Rest der Jz. an der Strassenfassade), Erweiterungen mit Architekturmalerei 1603 (Jz. aussen am Stifterbild und innen im Treppenhaus) sowie 1636. Originalreste konserviert und restauriert 1983/84. Aufgenommen 2000.

Gemalte graue Flächenquaderung im EG, Fenstergewände mit Blattfriesen, Eckquader, gemalte und gemauerte Gesimse, buntfarbiges Stifterbild (Abb. 371, 950, 951). Der 3-gesch., heute als Wohnhaus genutzte Hauptbau weist eine Graubemalung auf, von der über dem weiss gefugten Quaderwerk des Sockelgeschosses vor allem die Rahmungen der dreifach gestuften Steingewände an den zum Teil gestaffelten, von Gesimsen eingefassten Fensterreihen im 1.OG bemerkenswert sind: Seitenpfosten mit vertieften Spiegeln tragen einen ausladenden profilierten Sturz, dessen mittlere Rundstableiste mit einem Dreiblattfries verziert ist. Der südseitige Hocheingang trägt an den Gewändekapitellen und am Sturz des Oberlichts die gleiche Verzierung. Die Farbfassung besteht aus Schwarz, Weiss und zwei Grautönen. (Zur Eckquaderverzierung des südlichen Anbaus siehe 2.1.61.) Die gleichzeitige, zum Teil figürliche Wandmalerei im Inneren zeigt in ihren architektonischen Partien eine ähnliche, im Detail jedoch differenziertere Ornamentik, unter anderem eine Rundscheibe mit Mittelknopf.

Bemerkung. Qualitativ besonders schönes Beispiel einer strengen noblen Architekturmalerei, die einfache Werkstück- und Ornamentformen kombiniert und typisch ist für die hiesige Gegend, wo auch das Motiv der Rundscheibe öfter vorkommt (s. 3.6.6 *Estavayer*).

Literatur. Ivan Andrey.- Notice historique sur la «Forge» de Belfaux. (Service des biens culturels du Canton de Fribourg, novembre 1998, 6 S., Maschinenschrift, mit Lit.) – Verena Villiger.- Macht, Moral und Bildung. Zur Ikonografie gemalter Ausstattungen in Freiburger Landsitzen. (ZAK 50, 1993, S.35-43). – Hinweise von Marie-Thérèse Torche und Hermann Schöpfer, Service des biens culturels, Fribourg.

3.6.6 Estavayer-le-Lac (FR)

Rue de Forel 5, Maison Griset. Ehemaliges Wohnhaus, heute Schule. Erbaut im 16./17. Jh. und wohl gleichzeitig mit Architekturmalerei versehen. Restaurierung 1992/94. Aufgenommen 2000.

Bau (Abb. 952). Langgestrecktes, weiss verputztes Traufhaus auf abschüssigem Gelände mit talseitig rückversetztem, später verändertem Anbau. Im unterschiedlich hohen EG des Hauptbaus befindet sich strassenseitig ein mittleres Spitz- und ein seitliches Rundbogenportal mit gotischen, z.T. abgefasten Steingewänden. Das OG wird durch ein breites, grau gefasstes Steingesims untergliedert, auf dem ein dreifaches und ein einzelnes Kreuzstockfenster mit geraden Stürzen sowie ein kleines einfaches Fenster stehen.

Gemalte graue Portal- und Fenstereinfassungen mit Ornamentfriesen. Alle Tür- und Fenstereinfassungen sind wie der Streifen am Dachrand und die (spätere?) Eckquaderung an der rechten Hausecke hellgrau gestrichen und dunkelgrau umrandet. Aus dieser einfachen Farbgliederung von Bauelementen sticht die Behandlung einiger der profilierten, in drei Grautönen gemalten Fensterstürze hervor, die wechselweise mit Friesen aus dreieckigen Klötzen und Rundscheiben mit Mittelknöpfen verziert sind (Abb. 953).

Bemerkungen. Bei der Wiederherstellung hat man an drei Stellen der Fensterstürze kleine Reste der vorherigen Fassung erhalten und sichtbar gemacht. Die partielle Dunkeltönung von Schattenpartien bei den Klötzchen und Scheiben dürfte eine Interpretation der Restaurierung sein. Die Reihung dieser spezifischen Art von Scheiben ist auch an anderen Orten der Gegend zu finden, so zum Beispiel in *Belfaux,* Maison Gléresse (3.6.5) oder im Inneren der Auberge de Zähringen in *Fribourg.* Es scheint sich bei diesem Ornamentmotiv um eine regionale Besonderheit der Zeit um 1600 zu handeln.

3.6.7 Castagnola (TI, Lugano)

Villa Favorita. Herrschaftshaus am Ufer des Luganersees. Errichtet 1687 für Konrad von Beroldingen, Landschreiber der Vogtei Lugano. Flügelanbauten und Erneuerung der Architekturmalerei 1919. Rekonstruktion der Malerei vor 1970. Aufgenommen 1982.

Gemalte Fenstergewände mit Aufsätzen sowie Eckquaderung in Braun und Ocker (Abb. 954). Die Fenster der 5-achsigen Seefassade sind mit aufwändigen Gewänden versehen: In der Beletage

952 Estavayer-le-Lac, Maison Griset, Kreuzstockfenster mit gemalten Gewänden, 16./17. Jh.
953 Estavayer-le-Lac, Fenstersturz mit typischem Rundscheibenfries
954 Castagnola, Villa Favorita 1687, gemalte Fenstergewände im Stil des römischen Barock, Rekonstruktion schon 1919 (Foto 1982)

werden die profilierten Fensterrahmen von Ädikulen mit wechselnden Spitz- und Segmentgiebeln eingefasst. Die Giebel sitzen auf Konsolen und tragen im Feld eine Muschel. Die seitliche Ausbuchtung der Sohlbänke ist mit je drei Tropfen (guttae), die Brüstung mit einer Lilie zwischen zwei Voluten verziert. Die gleichen, aber kleineren Fenstergewände im OG tragen Gebälke statt Giebel. Wie die Gewände, sind auch die Eckquader perspektivisch gemalt, real vortretend gemauert hingegen die beiden geschosstrennenden Gesimse sowie die Konsolreihe der Dachtraufe.

Bemerkungen. Die heutige, vollständig neu, im Stil des 17. Jh. gemalte Fensterrahmung könnte durchaus auf eine ursprüngliche, allerdings restlos verschwundene Malerei von 1687 zurückgehen. Ähnliches lässt sich in unmittelbarer italienischer Nachbarschaft finden, zum Beispiel bei den vermutlich nach einer Originalmalerei rekonstruierten Fensterrahmen in grauer Steinfarbe in der via Odescalchi 28-34 in *Como* (Abb. 955). Die Konzeption derartig bemalter Fassaden orientiert sich an Fassaden mit Werksteingliederungen des römischen Barock (z.B. Palazzo Madama), die sie perspektivisch präzise in Malerei umsetzt. Zur Austauschbarkeit von Steinmetzarbeit und Malerei vgl. auch die Casa Pellanda in *Biasca* (3.6.1).

Literatur. Casa borghese XXVI/I, 1934, tav. 108-110.

955 Como, via Odeschalchi, barockes Scheingewände, Rekonstruktion
956 Prato, Kantenquaderung und Fensteraufsatz mit Muschelnische und Rankenfries, Binnenflächen rot und rosa marmoriert, gut erhaltene Oberfläche

3.6.8 Prato (TI, Val Lavizzara)

Wirtschaftsgebäude mit späteren Veränderungen. Reste einer Architekturmalerei, 17. Jh., Originalbestand. Aufgenommen 1983. Bau inzwischen abgebrochen.

Eckquaderung und Fenstergewände mit Giebel, Muschelnische und Rankenverzierungen in Rot, Ocker, Rosa und Blau, z.T. marmoriert (Abb. 919, 956, 957). Ein am oberen Dorfrand vereinzelt liegendes, im linken Teil 2-gesch. Wirtschaftsgebäude wies gut erhaltene Reste einer bemerkenswerten Bemalung auf. Während das ursprüngliche Mauerwerk nur von einem rauen Einschichtputz bedeckt war, lag an der Ecke des oberen Geschosses auf einer zweiten, hell geschlämmten Putzschicht eine eingeritzte Malerei von Eckquadern mit roten, bläulich marmorierten Stirnflächen und hellem, konturierten Randschlag. Daneben war noch der linke obere Teil eines Fenstergewändes vorhanden, das aus einem ockergelben Rahmen mit rosa/hellblau marmoriertem Innenspiegel und einem Giebelaufsatz bestand. Der Fries des Giebelgebälks war mit weissen Blattranken verziert und das Binnenfeld mit einer perspektivisch in Rot und Rosa gemalten Muschel gefüllt, deren weisse Mittelpartie vielleicht als Wappenkartusche diente.

Bemerkungen. Der unberührte, noch ursprüngliche Bestand war beachtlich. Er wies dank vorzüglicher Freskotechnik trotz vieler Fehlstellen eine relativ intakt erhaltene Oberfläche intensiver Farbtöne auf. Die Einfachheit des Gebäudes stand in merkwürdigem Widerspruch zu der formal, farblich und handwerklich differenzierten Malerei. Weder im Dorf selbst noch im Tal gibt es eine vergleichbar anspruchsvolle Fassadenbemalung. Es ist denkbar, dass es sich um die Hinterlassenschaft eines der vielen talentierten Tessiner, auch aus Prato stammenden Baukünstler handelt, die wie üblich in der Fremde tätig waren. Ähnliches lässt sich auch für den einfachen Wohnstall in der abgelegenen Siedlung *Prato-Lovalt* vermuten: Zwei ungewöhnlich aufwändige, mit grossen Stifterfiguren, separatem Wappenbild und längeren Inschriften aus dem 17. Jh. versehene Fassadenbilder der Madonna von Re und der Maria von Einsiedeln heben ihn aus der Nachbarschaft reiner Wirtschaftsbauten hervor. – Bei einer Kontrollfahrt im Oktober 2000 stand an der Stelle des alten Wirtschaftsgebäudes ein neues Wohnhaus. Der Verlust des alten Baus ist insbesondere seiner qualitätvollen Bemalung wegen bedauernswert.

957 Prato, Wirtschaftsgebäude mit Resten einer bemerkenswerten buntfarbigen Bemalung an der linken Mauerkante, Originalbestand 17. Jh., Bau kürzlich abgebrochen
958 Luzern, Liebenauhaus, Architekturmalerei an der Fassade zum Franziskanerplatz um 1650

3.6.9 Luzern

Franziskanerplatz 14/Burgerstrasse 15, Liebenauhaus. Architekturmalerei um 1650. Platzfassade restauriert, Strassenfassade rekonstruiert 1980/82. Aufgenommen 1983.

Eckquaderung und Fensterrahmung in drei Grautönen (Abb. 958). Die perspektivisch gemalte Eckquaderung stellt einen Versatz von Läufern und Bindern mit geringem Steinlängenunterschied dar, so dass der gesamte Lauf das Aussehen einer rhythmisch gequaderten Ecklisene erhält. Als Perspektivmalerei erscheinen auch die mächtigen, durchprofilierten Fensterverdachungen über den grau gefassten, schwarz umrandeten und mit Ohren versehenen Steingewänden der Kreuzstock-Doppel- und Drillingsfenster: In den Hauptgeschossen sind es je nach Fenstergrösse geschlossene und gesprengte Spitzgiebel, im obersten Geschoss flache Gebälkaufsätze. In den grösseren Giebelfeldern sind Blumenkörbe eingestellt. An der platzseitigen Fassade befinden sich zwei buntfarbige Wappenbilder (Sonnenberg und Pfyffer von Altishofen).

Befund und Zustand. An der Platzfassade, die geringfügige Reste einer älteren Eckbemalung des 16. Jh. aufwies, orientierte sich die Restaurierung an den sehr viel umfangreicheren Resten der Malschicht aus der Zeit um 1650, die im 19. Jh. übermalt worden war. Die Strassenseite hingegen wies so gut wie keine Reste mehr auf und wurde analog rekonstruiert.

Bemerkungen. Das Liebenauhaus besitzt nicht nur im Inneren eine bedeutende Wandbilderausstattung, auch die Aussenbemalung gilt als «eine der ausgewogensten architektonischen

959 Grüsch, Gasthaus Krone, Architekturmalerei an der Hauptfassade, 3. Drittel 17. Jh.

Fassadenmalereien Luzerns» (Meyer). Meyer und Hesse weisen in diesem Zusammenhang bereits auf die Architekturdekorationen in den Traktaten des Joseph Furttenbach und deren Vorbildlichkeit für das Liebenauhaus hin (das betrifft insbesondere dessen «Architectura privata», Augsburg 1641; Faksimile sämtlicher Traktate Hildesheim 1971). Der Bau steht hier als prototypisches Beispiel gemalter, Werkstein imitierender Fensterverdachungen und Eckverbände, die sowohl die klassischen Formen der Renaissance (Fenster) als auch Verformungen mit manieristischen Zügen (Ecken) wiedergeben.

Literatur, Unterlagen. KDM LU III (Adolf Reinle), 1954, S.157ff · Hugo Flory, Oskar Emmenegger, Dokumentation des Baubefundes 1975, 2.1.1.6, 2.1.3.2 · André Meyer 1983, S.51, 69 · Hesse 1999, S.22, 149f.

3.6.10   Grüsch (GR, Prättigau)

Gasthaus Krone. Unter Einbezug älterer Teile im Wesentlichen 1676 errichtet. Architekturmalerei gleichzeitig oder kurz nach 1698. Fassadenrestaurierung und Wiederherstellung der Malerei 1965/66 und 1990. Aufgenommen 1997.

Eckpilaster, Fenstereinrahmungen, Blindfenster (Abb. 959). Die alle vier Fassaden umfassende, einheitliche Architekturmalerei des fast freistehenden, 4-gesch. Herrenhauses stammt entweder aus der Bauzeit 1676 oder, wahrscheinlicher, aus der Zeit nach 1698, als das Haus in den Besitz von Albert Dietegen von Salis-Seewis überging, der wahrscheinlich in dem vornehm gekleideten Herrn im Blindfenster der Ostseite dargestellt ist (Abb. 595). Die Giebel- und Schauseite zum Platz erhielt die reichste Bemalung: An den Hausecken stehen hoch gesockelte Pilaster, überzogen von Maureskenornamentik auf den Schäften und Kopfgrotesken an den Kapitellen. Die zahlreichen, auch den Giebel belichtenden Fenster haben annähernd quadratische Formate und eine gemalte Einrahmung aus Seitengewänden mit Kämpfern sowie profilierten Sohlbänken und Stürzen. Blindfenster mit Butzenscheiben vervollständigen die Fensterreihen nicht nur an der vorderen, sondern auch an der rückwärtigen Hausfassade. Rundbogenportal und Balkonfenster sind leicht aus der vorderseitigen Mittelachse verschoben und mit einem Architrav bzw. einem gebrochenen Segmentgiebel mit Zieraufsätzen aus Kugeln und Vasen bemalt. Die Sonnenuhr im Giebel kam später hinzu (Jz. 1727). – Für die Eckpilaster vgl. die Bemerkungen bei 3.4.55, *Chur* Haus Braun.

Bemerkungen. Die vor allem dekorativ eingesetzten Scheinarchitekturen stimmen nur teilweise mit den Funktionen ihrer realen Vorbilder überein: Die Pilaster «tragen» nur an der Rückfassade das darüber liegende Gesims, an der Hauptfassade enden sie weit unterhalb des Dachgesimses. Zudem stellen die ausgreifenden Verdachungen von Hauptportal und Balkonfenster optisch keine Verbindung zwischen diesen beiden Bauelementen her, wie es für die Mittelachse an der Hauptfassade zu erwarten wäre. Sodann fällt die unzeitgemässe Ornamentik der Mauresken und Grotesken auf, die in der 2. Hälfte des 16. Jh., aber nicht mehr zur Bauzeit gegen Ende des 17. Jh. üblich war. Es ist denkbar, dass diese Unstimmigkeiten auf bau- oder eigentumsgeschichtliche Umstände zurückzuführen sind. Im Zusammenhang mit der Ornamentierung einzelner Werkstücke lohnt sich der Hinweis auf die bemerkenswerte, 1647 datierte Architekturmalerei der «Belle Maison» in *Lucens* (VD). Auch hier waren die Pilaster- und Säulenschäfte ornamentiert und ausserdem die Seitenpartien und Giebelaufsätze der Fenster, Hof- und Scheuneneingänge mit üppigstem Besatz ausgestattet (Abb. 923). Von der gesamten, gegenüber Grüsch beträchtlich reicheren Bemalung sind heute nur noch die Wappen des ehemaligen Bauherrn übrig; ansonsten ist der Bau modern verputzt.

Literatur. Bürgerhaus XVI, 1925, Tf. 84-88 · KDM GR II (Erwin Poeschel), 1937, S.77f (Aussenbemalung nicht erwähnt) · Neue Zürcher Zeitung 5.12.1991, Nr. 283, S.65f · Zu Lucens s. Maison bourgeoise XXV, 1933, p.LXXI, pl. 77, 78.

Einzelne Werkstücke und Gesamtgliederungen 17./18. Jh.

3.6.11 Salouf (GR, Oberhalbstein)

Haus Nr. 26. Über dem Eingang Inschrift mit Jz. 1672. Diverse spätere Veränderungen (Fenster, Portal). Architekturmalerei aus der Bauzeit. Aufgenommen 1997.

*Torbogen und Fenstergiebel in hellem Steingrau mit Rosetten in Gelb und Rot (*Abb. 960). Die zur Strasse orientierte Traufseite des auf hohem Sockel stehenden, 2-gesch. Wohnhauses weist im 1.OG noch spärliche Reste von grau gemalten, gesprengten Giebeln auf. Die Mittelfelder sind jeweils von einer Rosette mit gelben und roten Blättern, die unteren Ränder der Gebälkstücke von einem Klötzchenfries verziert. Die Giebel befinden sich über den Fenstern, sind aber nicht auf sie abgestimmt. Die ehemalige Gewändemalerei, von der noch das zugehörige, gemalte Sturzprofil an dem kleinen, schräg eingetieften Fenster in der Hausmitte zeugt, ist verloren. Weiterhin sind über der später eingesetzten, rechteckigen Eingangstür Reste des ursprünglichen, in zwei Grautönen mit weissen Fugen gemalten Torbogens erhalten. Den Scheitel der Bogenmalerei bildet ein perspektivisch vorkragender und mit rotem Randschlag versehener Keilstein. Dieser und ein weiterer Quaderstein auf halber Höhe an der rechten Seite werden durch ihre marmorierende Äderung in mehreren Rot- und Gelbtönen hervorgehoben.

960 Salouf, Haus Nr. 26, Fensteraufsatz in klassischer Giebelform mit gelber und roter Zierrosette, Originalmalerei 1672

Zustand, Entstehung und Zusammenhang. Die beim späteren Einbau der Tür aufgebrachte zweite Putzschicht ist heute zum Teil abgefallen, so dass die Malerei darunter sichtbar wird. Deren Entstehungszeit dürfte mit der 1672 datierten Inschrift beim Eingang übereinstimmen («ihs maria/soiten.ma ?/gompagnia/b.b/1672»), denn Schrift und Malerei liegen auf derselben, ersten Putzschicht. Vermutlich gehörten die Tor- und Giebelmalereien zum selben Dekorationsprogramm.

Bemerkenswert sind die klassisch-antiken Giebelformen und die Vielfarbigkeit von Grautönen, Gelb, Rot und gelb-roter Marmorierung. Im Unterschied zu den klassischen, direkt nach italienischen Mustern dargestellten Werkstückteilen zum Beispiel an der Fassade der Villa Favorita in *Castagnola* (3.6.7) weist diese weniger auf Perspektivwirkung angelegte Architekturmalerei einen ländlichen, dekorativen Zug auf. Die Gegenüberstellung macht die verschiedenen Erscheinungsformen zwar gleichzeitig entstandener, aber regional voneinander entfernter Architekturmalereien deutlich. Zur Rolle der Ornamentik vgl. Bemerkungen bei 3.6.12.

3.6.12 Arogno (TI, Luganese)

Via Dott. Camponuovo. Wohnhaus 1723 (Inschrift), ehemaliges Pfarrhaus. Architekturmalerei in Ockertönen. Aufgenommen 1982.

Gemalte Fenstereinrahmung, Eckquaderung und Gesimse (Abb. 961). Dreigesch. Hausfassade in enger Gasse. Auf dem ockergelben Putzanstrich liegt eine einfache Eckquader- und Gesimsmalerei in hellerem Ton mit schwarzer Kontur. Von den zweimal zwei Fenstern der Wohngeschosse erhielt das Fenster nahe der Hausecke im 1.OG einen merkwürdig gestelzten Aufsatz, der scheinbar vor einem gemalten Gesimsband liegt und aus zwei von Pilasterstücken mit Kapitellen getragenen Giebelvoluten besteht. Auf der Gesimspartie mitten im Giebelfeld befindet sich ein detailliert ausgestalteter Keilstein mit herabhängenden Girlanden, die seitlich an den Deckplatten der Pilaster befestigt sind. Die Binnenflächen sind hellgelb, die z.T. eingeritzten Kontur- und Binnenzeichnungen braun und grau gehalten. Die Kartusche neben dem Fenster trägt die Bezeichnung «ioannes ant/caratvs rector/(a)ronn. fecit aedie/anno 1723». Das 2.OG weist keine besonderen Fensterrahmen auf.

961 Arogno, Haus via Dott. Camponuovo, Fensteraufsatz mit dekorativ verwendeten Baumotiven, Originalmalerei 1723
962 Melano, Tordurchgang Piazza Giuseppe Motta, Fenster mit Aufsatz in ornamentaler Giebelform, Originalmalerei 1. H. 18. Jh.
963 Stans, Zelgerhaus, Wandgliederung in Kolossalordnung, über den Fenstern Imperatorenbüsten, erneuerte Malerei von 1723

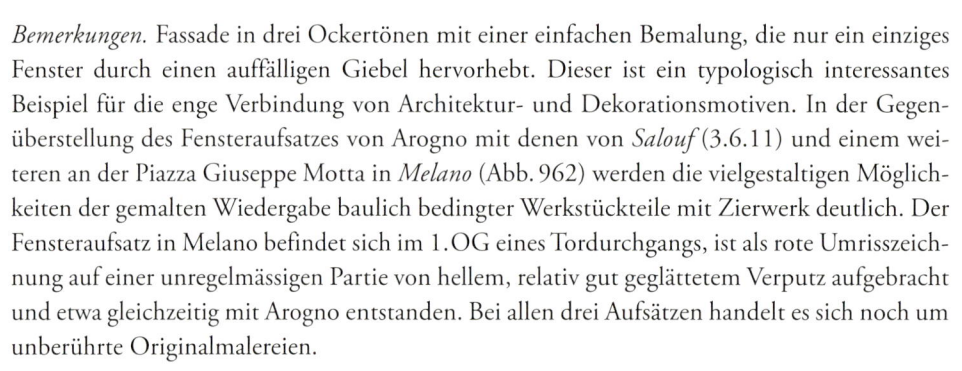

Bemerkungen. Fassade in drei Ockertönen mit einer einfachen Bemalung, die nur ein einziges Fenster durch einen auffälligen Giebel hervorhebt. Dieser ist ein typologisch interessantes Beispiel für die enge Verbindung von Architektur- und Dekorationsmotiven. In der Gegenüberstellung des Fensteraufsatzes von Arogno mit denen von *Salouf* (3.6.11) und einem weiteren an der Piazza Giuseppe Motta in *Melano* (Abb. 962) werden die vielgestaltigen Möglichkeiten der gemalten Wiedergabe baulich bedingter Werkstückteile mit Zierwerk deutlich. Der Fensteraufsatz in Melano befindet sich im 1. OG eines Tordurchgangs, ist als rote Umrisszeichnung auf einer unregelmässigen Partie von hellem, relativ gut geglättetem Verputz aufgebracht und etwa gleichzeitig mit Arogno entstanden. Bei allen drei Aufsätzen handelt es sich noch um unberührte Originalmalereien.

Literatur. Decorazioni Luganese 2002, p. 32 (jüngere Abbildung des inzwischen weniger gut erhaltenen Bestands).

3.6.13 Stans (NW)

Rathausplatz 7, Zelgerhaus. Errichtet mit Architekturmalerei 1715 (Jz. am Portalwappen und im Chronogramm). Die 1923 erneuerte Malerei wurde um 1980 wiederhergestellt. Aufgenommen 1996.

Gemalte Eckpilaster und Fensteraufsätze in Gelbtönen (Abb. 963). Dreigesch. Baukubus mit fünf zu vier Fensterachsen, giebelseitig zum Platz orientiert. Im EG sind die Hausecken mit Diamantquadern bemalt. Über diesen erheben sich Eckpilaster, die auf hohen, mit Diamantspiegeln versehenen Postamenten stehen und mit zweifachen Kapitellen abschliessen. Die Pilaster fassen beide Obergeschosse zusammen. Sämtliche Fensterrahmen tragen Aufsätze, in den beiden unteren Geschossen mit abwechselnd gesprengten Spitz- und Segmentgiebeln, im obersten Geschoss mit profilierten Architraven auf Konsolen. In den Giebelfeldern stehen jeweils antike Imperatorenbüsten, Blumenvasen oder Muscheln auf kleinen Sockeln. Die Büste in der platzseitigen Mittelachse trägt das Chronogramm der Bauinschrift (s. Bürgerhaus, S. LXIII). Im Giebel der Platzfassade setzt sich über dem umlaufenden Traufgesims die Fensterbemalung fort. Das Gewände des Eingangsportals weist die gleichen Einzelformen auf, hier sind sie jedoch nicht gemalt, sondern in Werkstein ausgeführt.

Bemerkungen. Das Zelgerhaus als mittleres der nach dem Stadtbrand von 1713 in einheitlicher Reihung neu errichteten und gleichartig bemalten Häuser am oberen Rathausplatz repräsentiert eine für seine Zeit typische Fassadengliederung: Deutliche Unterscheidung von Sockel- und Obergeschossen durch Quader bzw. kolossale Pilasterordnung sowie durch Fensterrahmungen, die geschossweise nach oben weniger aufwändig ausfallen. Ob die Werksteinteile aus

Haustein hergestellt oder in grauen und braunen Steintönen flächig oder in Umrissen gemalt waren, hing jeweils von den lokalen Gegebenheiten, den Traditionen und den vorhandenen Finanzmitteln ab. Wie am Zelgerhaus führte man auch an den Nachbarhäusern (Deschwandenhaus, Busingersches Haus) und insbesondere vis-à-vis am Hotel Linde (Haus Durrer) die Portale in kostspieliger Steinarbeit aus, während alle anderen Werksteinteile in variierender Steinfarbe gemalt wurden (Abb. 964). Die Architekturmalerei am Zelgerhaus und die am Hotel Linde (ursprünglich von 1714, erneuert 1907 und um 1980) sind Beispiele für das motivische Fortleben der älteren Giebelformen in der Art des Liebenauhauses in *Luzern* (3.6.9). In *Stans* sind sie nicht mit einer in allen Geschossen gleichmässigen Eckquaderung verbunden, sondern mit dem anspruchsvolleren Motiv der kolossalen, den Fassadenaufriss rhythmisierenden Pilasterordnung.

Literatur. KDM UW (Robert Durrer), 1899/1928, S. 842, 932f · Bürgerhaus XXX, 1937, Tf. 64-67.

3.6.14 Zug

Neugasse 26, Wilder Mann. Erbaut 1489 (Jz. am Relief über dem spitzbogigen Eingang), aufgestockt 1774. Bildkartusche und Wappen 1751/1773. Restaurierung mit neuer Architekturmalerei 1916, konserviert 1980. Aufgenommen 2001.

Bau und Bildkartusche (Abb. 965). Das in geschlossener Gassenzeile eingebundene, 4-gesch., weiss verputzte Geschäfts- und Wohnhaus ist in der Fassadenmitte mit dem Gnadenbild der Innsbrucker Madonna bemalt. Dieses wird von einem Rundrahmen eingefasst, von einem gerafften Vorhang mit Sternen und Marienkrone umfangen und durch das Allianzwappen des

964 Stans, Hotel Linde, Wandgliederung durch Eckpilaster auf geschosshohen Postamenten, erneuerte Malerei von 1714
965 Zug, Wilder Mann, spätgotisches Haus mit spätbarockem Madonnenbild und historisierender Architekturmalerei von 1916

966 Pfäfers, Altes Bad, Blick auf den Querbau des Gästehauses mit gemalten Fensterrahmen um 1718

Johann Jakob Michael Brandenberg und seiner Ehefrau Maria Barbara Moos datiert, demzufolge es zwischen der Eheschliessung 1751 und dem Tod des Ehemanns 1773 entstand.

Architekturmalerei. Die gemalten Fenstereinfassungen mit Konsolen und gesprengten Giebeln sowie die Kantenquaderung kamen erst 1916 dazu. Formal knüpfen sie an Fenstergewändeformen und Eckbemalungen des 16./17. Jh. an. Mit dem Farbdreiklang in Gelb–Grau–Schwarz orientieren sie sich an der Farbigkeit des Madonnenbilds, die ihrerseits wahrscheinlich die des älteren, spätgotischen Steinreliefs über dem Hauseingang fortführt. Dargestellt ist hier ein «Wilder Mann» von hoher künstlerischer Qualität (Hausname), dessen Bildgrund und datierte Inschrift heute gelb und dessen Figur und Rahmen in grauen und schwarzen Tönen gefasst sind – eine Farbkombination, die durchaus schon als ursprüngliche spätgotische Fassung in Gold (Gelb), Grau und Schwarz denkbar ist.

Bemerkungen. Die späthistoristische Architekturmalerei aus dem Jahr 1916 ist ein signifikantes Beispiel für die äusserst langlebige Tradition, die insbesondere die klassischen Formen von Fenstergewänden und Eckverbänden des 16./17. Jh. erfahren haben. In Zug selbst knüpft die Bemalung des «Wilden Mann» an die um 1900 wiedererwachte Fassadenmalerei an, wo man neben Neubauten vor allem auch Bauwerke des 16./17. Jh. mit Architekturmalereien aus dieser Zeit historisierend restaurierte (Rathaus) oder weitgehend mit Hinzufügung grossformatiger Historienbilder neu bemalte (Altes Stadthaus, heute Rathauskeller). Die neue Beliebtheit der Zuger Fassadenmalerei um 1900 stand unter dem Einfluss der zu gleicher Zeit neu auflebenden Fassadenmalerei in Luzern.

Literatur. KDM ZG II (Linus Birchler), 2.Aufl.1959, Abb. 311, S.448-451 (Bemalung unrichtigerweise 1774 datiert) · Auskünfte verdanke ich Josef Grünenfelder, Zug · Zur historistischen Fassadenmalerei in Zug siehe Melchior Fischli.- Zwischen Denkmalpflege und Wirtshausdekoration. Der Zuger Rathauskeller und die Fassadenmalerei des Historismus. In: Tugium 23/2007, S.147-160 · Zu Luzern siehe Jochen Hesse.- Die Luzerner Fassadenmalerei. Luzern 1999, S. 26-31.

3.6.15 Pfäfers (SG)

Altes Bad. Errichtet 1704–1718. Architekturmalerei an allen erhaltenen Gebäuden aus der Bauzeit oder kurz danach. Umfassende Veränderungen im 19./20. Jh., nach Befund im Wesentlichen rekonstruiert 1983–1995. Aufgenommen 2003.

Bauensemble. Am Eingang der felsigen, schwer zugänglichen Taminaschlucht standen nahe der vermutlich schon seit dem 13. Jh. genutzten und dann durch Theophrastus Paracelsus (1493–1541) berühmt gewordenen Thermal- und Heilquelle ältere Gebäulichkeiten, die 1704 abgebrochen und durch eine barocke Grossanlage ersetzt wurden. Bauherrin der Barockanlage war die Abtei Pfäfers unter den Fürstäbten Bonifaz I Tschupp und Bonifaz II zur Gilgen, Baumeister der Tiroler Andreas Mefenkopf mit Sohn und Schwiegersohn. Von den ehemals drei, miteinander verbundenen Hauptgebäuden erhielten sich das lange 3-gesch. Gästehaus (sogen. Vorderhaus oder Grosses Haus) und die Kapelle; das firstparallel anschliessende, an der Westseite ursprünglich auch 3-gesch. Badhaus (sogen. Hinterhaus oder Kleines Haus) wurde wegen Baufälligkeit 1974 abgebrochen. Die Malereien befinden sich an den drei Sichtseiten der Anlage (Norden, Westen, Süden).

Weiss gestrichene Putzbauten mit Eckquaderung, Loggienrahmung, Blendarkaden, Fenstergewänden und Quaderwerk in Grisaillemalerei (Abb. 966, 967). Das 3-gesch., langgestreckte Gästehaus, das in seinen vierzehn (9+5) Achsen von einem Querbau («Anstoss») in zwei Flügel unterteilt wird, erhielt an allen Ecken eine graue Bemalung aus Läufern und Bindern. Die Fugen sind weiss, die Konturen schwarz markiert, die Fuss- und Kopfsteine als Platten ausgebildet. Die weiten Rundbögen der bemerkenswerten Loggien, in denen sich die gesamte west-

967 Pfäfers, Altes Bad, Blick von Südwesten auf die Kapelle und den hinteren Flügel des Gästehauses, Bemalung um 1718

liche Traufseite des Hauptbaus öffnet, sind mit gleicher Fugung grau gerahmt und die in den beiden OG eingestellten Balustraden im gleichen Grau gefasst. Der Mauersockel ist glatt grau gestrichen und der Stützpfeiler an der oberen Bauecke mit grauem Quadermauerwerk bemalt. Die gemalten Fenstergewände des Querbaus haben gebrochene Giebel und dekorative Seitenbärte; am Blindfenster der Westfassade (Abb. 591) sind Reste alten Verputzes erkennbar. Der oben anschliessende, kleine reizvolle Kapellenbau mit Zwiebeltürmchen wird von einer Bogenreihe auf sockellosen, gequaderten Pilastern mit Kapitellen gegliedert, die an der Westseite in drei Bögen vorgeblendet und an den Süd- und Nordseiten in zwei bzw. einem Bogen aufgemalt ist.

Bemerkungen. Mit der Erneuerung der ursprünglichen Architekturmalerei und der Beseitigung der Umbauten des 19. Jh. – das Hauptgebäude war aufgestockt und mit Eckpilastern bemalt, die markante Fensterrahmung getilgt worden – wurde die Anlage eines Heilbads aus der Barockzeit im Wesentlichen wiedergewonnen. In der Funktion als Hospiz und Herberge mit sowohl schlossartigem als auch klösterlichem Charakter ist es bautypologisch einzigartig. Die hellgraue, weitgehend aus dargestellten Werkstücken und Anstrichen bestehende Wandgestaltung betont die Fassadengliederungen und hebt besonders das im nordalpinen Raum ungewöhnliche Baumotiv der Loggien hervor. Auch die fingierte und gefasste Blendarkatur ist in dieser klassischen, einheitlichen Verwendung an einem barocken Kapellenbau äusserst selten. Das abgebrochene Badhaus wies nach historischen Stichen drei Nischenfiguren auf; zur Bauzeit war es am Äusseren vermutlich auch grau auf weiss gefasst.

Literatur. KDM SG I (Erwin Rothenhäusler), 1951, S. 236-244 · Bernhard Anderes.- Bad Pfäfers, vom Wildbad zum Kulturdenkmal. In: UKdm 1978, 4, S. 484-488 · Boari 1988, S. 147-149 · Bernhard Anderes. Ein Leben für die st. gallischen Kunstdenkmäler. St. Gallen 2004, S. 120-123 · Hinweise verdanke ich Bernhard Anderes.

3.6.16 Malans (GR, Herrschaft)

Schloss Bothmar. Hauptgebäude mit Mitteltrakt um 1520, zwei Seitenflügeln (S, W) und Turm um 1732 und 1752/62; Gartenanlage und Gärtnerhaus M. 18. Jh.; später diverse Veränderungen. Architekturmalerei im Wesentlichen M. 18. Jh., 1925 erneuert und ausgedehnt; Befunde älterer Malerei (16. Jh.). Umfassende Aussenrestaurierung, Teilabschluss 2000. Aufgenommen 1992, vor der jüngsten Restaurierung.

968 Malans, Schloss Bothmar, im Wesentlichen Mitte 18. Jh., Gärtnerhaus im Zustand nach der Übermalung 1925

Baukomplex. Die am Hang oberhalb des Ortes liegende Schlossanlage umfasst drei grosse, 3-gesch. Wohntrakte, einen einbezogenen Turm mit Zwiebelhaube und einen vorgelagerten Barockgarten mit Gärtnerhaus unmittelbar beim Eingangstor. Zur Hauptbauzeit Mitte 18. Jh. erhielten alle vorderseitigen Schlossfassaden eine einheitliche Architekturbemalung, die 1925 erneuert und gleichzeitig auch auf Teilen der bis dahin unbemalten Rückfassaden fortgeführt wurde. Ob das Gärtnerhaus ebenfalls schon zur Bauzeit oder erst 1925 die gleiche Bemalung erhielt, ist noch nicht abgeklärt. Am Staffelgiebel des älteren Mitteltrakts wurden unter der Barockmalerei Reste mehrerer Bemalungen aus dem 16. Jh. festgestellt (nicht sichtbar).

Gequaderte Eckpilaster und Fenster mit geschwungenen Giebeln in Grisaillemalerei (Abb. 968). Die in drei Grautönen perspektivisch gemalten, breiten Eckpilaster werden durch leicht erhabene, quadratische Tafelquader unterteilt und von Kapitellplatten abgedeckt. Die gemalten Pilaster wiederholen in Form und Farbe die gequaderten Steinpilaster des stattlichen Eingangstors zum Schloss. Die Giebel der gemalten Fensterrahmen schliessen in Bogenfeldern mit verkröpften Keilsteinen, während deren Sohlbänke an den beiden Flügelbauten sowie dem Gärtnerhaus aus Stein gefertigt und durch Malerei scheinbar profiliert und verbreitert sind. Am älteren Mitteltrakt sind die in gleicher Art übergiebelten, spätgotischen Fensteröffnungen durch ein Attrappenfenster mit Butzen über dem Haupteingang zu einer Fensterreihe verbunden (jüngst freigelegt). Die Übermalung von 1925 legte über den ursprünglich hellen Putzanstrich ein dunkles Ockergelb und über die ehemals hellgrauen Werkstückteile ein dunkles Schwarzgrau. Im Zuge der jüngsten, noch nicht abgeschlossenen Restaurierung wird die barocke Oberfläche wieder freigelegt und ergänzt.

Bemerkungen. Herrschaftliches, weitläufig dimensioniertes Bauensemble mit spätbarocker Innenausstattung und einer viel beachteten Gartenanlage. Die relativ helle, dreitonige Grisaillemalerei ergibt mit dem ursprünglichen hellen, schrittweise wiederhergestellten Putzgrund einen zurückhaltenden, differenzierten Farbklang. Mit der Konzentration auf lediglich zwei Bauelemente, nämlich Eckpfeiler und Fenstergiebel, die auf allen Fassaden in einer gleichen vereinfachten, klassischen Formgebung erscheinen sowie der insgesamt relativ hellen Farbigkeit entspricht die Architekturmalerei dem ländlich-vornehmen Charakter des Schlosses.

Literatur. Bürgerhaus XIV, 1924, Tf. 79–84 · KDM GR II, 1934, S. 46–51 (keine Erwähnung der Architekturmalerei) · Hinweise und Informationen verdanke ich Oskar Emmenegger, Zizers, und dem Architekturbüro Fortunat Held, Malans.

3.6.17 Zurzach (AG)

Hauptstrasse 21. Als Haus «Zur Blume» erwähnt 1709. Rote Architekturmalerei um 1730/40. Umbenennung anlässlich eines Besitzerwechsels in «A la fleur» 1780, wohl gleichzeitig Veränderung der Fenster und einfarbiger Weissanstrich. Reste der roten Malerei freigelegt 1994, insgesamt erneuert 1996, in beiden Jahren aufgenommen.

Gequaderte Eckpilaster und Fenstergiebel in drei Rottönen (Abb. 970). Wohnhaus mit 3-gesch. und 5-achsiger Trauffassade in geschlossener Häuserzeile. Die erneuerte Bemalung in Rosa, Rot und Braunrot liegt auf weitgehend neuem, hellem Mauerputz. Die Pilaster an den Hauskanten mit Schaftquaderung, Kapitellen, Basen (nur rechts) sowie die einander gleichenden Fenstergiebel mit dekorativ geschweiften Gesimsrändern, Voluten, Binnenspiegel und stilisierten Blattzweigen in den beiden OG sind perspektivisch dargestellt. Die im EG gelbliche und in den OG rote Eigenfarbe der Gewändesteine an Türen und Fenstern sind mit einem rosa Anstrich farblich vereinheitlicht und der Architekturmalerei angepasst (nicht das Garagentor).

Befunde. Die insbesondere bei den Pilasterquadern der rechten Hauskante noch erhaltenen grösseren Originalreste von 1730/40 wurden freigelegt, konserviert (Abb. 969) und mit Retuschen in die rekonstruierte Malerei integriert. Von den Giebelaufsätzen waren noch die deutlich konturierten Putzfelder, aber nur minimale Reste der farbigen Ausführung vorhanden. Die Giebelmalereien gehörten ursprünglich zu anderen, vermutlich kleineren Fensteröffnungen, da die mit Keilsteinen besetzten und in Ohren auseckenden Stichbogenfenster, denen sie heute zugeordnet sind, erst später gegen 1780 entstanden, als die gesamte Fassade einen einheitlichen, leicht grau gebrochenen Weisston erhielt. Reste dieses Anstrichs waren 1994 noch sichtbar. Dass die jüngeren Fenster nicht mit den älteren Giebelaufsätzen rechneten, ist aus der Unstimmigkeit ihrer Formen und Proportionen zu entnehmen.

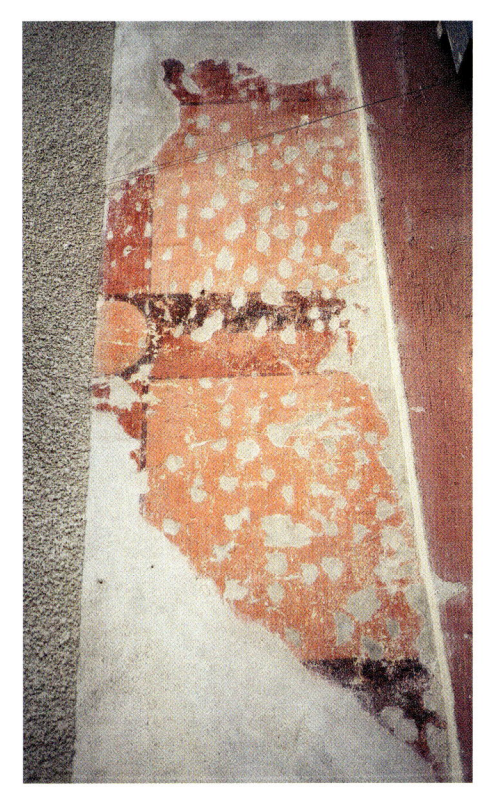

969 Zurzach, Partie der Pilasterquaderung rechts, freigelegte und konservierte Originalmalerei, Zustand 1994
970 Zurzach, Haus Zur Blume, rote Architekturmalerei um 1730/40 über später veränderten Fensteröffnungen, nach Originalresten erneuert 1996

Bemerkenswert an der um 1730/40 zu datierenden Architekturmalerei ist die eher seltene Farbwahl roter Töne, die möglicherweise darin ihre Erklärung findet, dass Zurzach über Jahrhunderte ein bedeutender Wallfahrtsort und Messeplatz war. Sie entstand zur selben Zeit, als das Verenamünster von Giovanni Gaspare Bagnato barockisiert und aussen in einem hellen Rotton gefasst wurde (vgl. 3.5.36). Beziehungen zwischen dem Auftraggeber der Hausbemalung und Kunsthandwerkern um Bagnato sind denkbar.

Auskünfte zur Hausgeschichte verdanke ich Hans Rudolf Sennhauser, Zurzach.

3.6.18 Brissago (TI)

Palazzo Branca-Baccalà. Im Wesentlichen erbaut um 1700, später mehrfach verändert, u. a. 1747 (bez. an der Hauptfront «1747 BRANCA»). Eingangsachse an der Südwestfassade mit gemalten, gemeisselten und aufgemörtelten Architekturteilen. Sanierung 1990ff unter Verlust der Malerei. Aufgenommen 1998.

In Malerei dargestellt waren die Gewände der Balkontür und die Balustrade der Arkadenloggia (Abb. 971, 972). An der 4-gesch. Eingangsachse der Südwestfassade erfolgte der Zusammenschluss vom Boden bis zur Dachkante im Wesentlichen durch ein grosses, gemaltes Gewände mit Seitenpilastern, einem volutenflankierten Muschelaufsatz und einer hinterlegten Rahmung um die Balkontür sowie durch gemalte Baluster unterhalb der doppelbogigen Loggia. Die gemalten Werksteinteile verbanden optisch alle vier Geschosse vom Portal mit seiner breiten, geschwungenen Steineinfassung, den beiden feinteiligen Schmiedeeisengittern im Bogenfeld des Portals und beim Balkon und der darüber liegenden Zwillingsloggia bis zum Mezzaninfenster mit seinem rot gefassten, breiten Mörtelkragen. Diese Achse bildete in der sonst zurückhaltend gegliederten Seitenfassade ein architektonisches Schmuckstück.

Bemerkungen. Der Palazzo Branca wurde neben der Beschreibung seiner roten Fassadengliederung (3.5.28) und Eckquadergestaltung (Abb. 428) hier nochmals angeführt als Beispiel dafür, wie kunstvoll gemalte Darstellungen von Werksteinteilen in Kombination mit anderen farblich eigenständigen Gliederungselementen eine einzige Bauachse zusammenschliessen und hervorheben können. Bis zur Renovation des Baus in den 1990er Jahren waren noch nennenswerte

971 Brissago, Palazzo Branca, westliche Eingangsachse, Planzeichnung mit der ehemals gemalten Balkontürrahmung und Balustrade (MAS ill. 419)
972 Brissago, Palazzo Branca, Blick von Südwesten, seit der letzten Restaurierung ohne Architekturmalerei an der westlichen Eingangsachse

Reste der Malereien vorhanden. Sie wurden abgeschlagen und nicht rekonstruiert, so dass heute die Eingangspartie der Südwestfassade ihren repräsentativen Charakter verloren hat. Zum Teil unverbaut freiliegend, führte diese Seitenfassade den reichen Dekor der südöstlichen, zum See orientierten Hauptfassade in variierter und phantasievoller Weise fort.

Literatur. Casa borghese XXVIII/II, 1936, tav. 71 · MAS TI II (Virgilio Gilardoni), 1979, p. 326, ill. 419 (Planzeichnung) · Decorazioni Locarno 1999, p. 41 · Elfi Rüsch, Annegret Diethelm.- Brissago. Berna 1999, p. 10-12 (SKF).

3.6.19 Mendrisio (TI)

Palazzo Pollini. Mehrteilige Bauanlage samt Architekturmalerei 1719/20. Erneuert 1981 ff, aufgenommen 1999.

Bau. Der 3- und 4-gesch. Monumentalbau mit einem Strassenflügel zu dreizehn, einem platzseitigen Flügel zu sechs und einem rückversetzten Gartenflügel zu zehn Fensterachsen umschliesst einen weiten Innenhof und ehemaligen Park. Alle sichtbaren Fassaden waren auf sämtlichen Geschosse bemalt. Die jüngste Gesamtrestaurierung rekonstruierte die gesamte Malerei.

Fenster- und Gesimsmalereien in jeweils zwei Blau-, Violett-, Rot- und Gelbtönen mit weissen Höhungen sowie gemörtelte Ecklisenen; Hofmauer mit Scheinloggia. Die hohen Fenster der Hauptgeschosse und die Ochsenaugen im Mezzanin stehen auf graublauen, steinimitierenden Gesimsen und werden geschossweise von graublau, rotviolett oder ockergelb imitierten Steingewänden samt mehrfarbiger, fassaden- und geschoss-, z.T. auch fensterweise unterschiedlich verzierten Aufsätzen und Brüstungen umrahmt. Die Aufsätze und Brüstungen bestehen im Wesentlichen aus Gebälkstücken, Muschelkartuschen sowie Voluten mit stilisiertem Blattwerk. Einige der mit Sprossen versehenen Fensterflügel erscheinen als gefällige Attrappen. Die beiden, eine Brunnennische aus Tuffstein flankierenden Steinportale der platzseitigen Eingangsfassade werden durch Architekturmalerei mit eingefügten Kriegstrophäen verbreitert (Abb. 973), die Zwillingsportale an der Innenfassade des Gartenflügels mit phantastischen, durch Malerei illusionistisch vergrösserten Steingewänden eingefasst. Auf einigen Bauecken liegen hellfarbige, gelochte Mörtellisenen. Die im Eingangsbereich sich scheinbar zum Hof öffnenden, gemalten Arkaden werden von Blattornamentik begleitet. Die Illusionsmalerei auf der flachen Hof-Rückwand stellt eine offene, dreibogige Loggia mit Galerie dar, auf deren Balustrade Blumenvasen stehen; im Hintergrund öffnet sich der Blick auf einen blauen Wolkenhimmel (Abb. 974). Über vergleichbare mit

973 Mendrisio, Palazzo Pollini, Illusionsmalerei über alle Geschosse, 1719/20
974 Mendrisio, Hofmauer mit der Scheinarchitektur einer offenen Loggia, erneuert 1981

975 Olivone, Casa Martinali, dargestellte Werksteinstücke in drei Rottönen, bemerkenswerte Originalmalerei von 1748/49 (Foto 1982)

bemerkenswerten Scheinloggien bemalte Hofmauern im Tessin verfügen noch die Casa Franzoni in *Cevio* (2.5.7) und der Palazzetto Marcacci in *Tenero* (3.2.4).

Bemerkungen. Die Architekturmalerei gliedert die Fassaden in übersichtlicher Strenge nach Geschossen und Fensterachsen, belebt sie aber gleichzeitig durch ihre grosse Formenvielfalt im Detail und ihre zahlreichen Buntfarben. Obwohl Baumeister und Maler unbekannt sind, handelt es sich beim Palazzo Pollini samt seiner Aussenbemalung um einen der grössten und beachtlichsten Barockpaläste im Tessin.

Literatur. Casa borghese XXVI, 1934, tav. 4, 5 · Martinola, S. 305-307 mit Abb.

3.6.20 Olivone-Petullo (TI, Valle di Blenio)

Casa Martinali. Errichtet 1748/49, Bauherr war Luigi Barera. Gemalte Architekturgliederung in drei Rottönen, Originalbestand. Aufgenommen 1982.

Bau (Abb. 975–977). Am Berghang freistehendes, stattliches Haus auf annähernd quadratischem Grundriss mit drei Geschossen in fünf zu fünf Achsen, Mezzanin und Walmdach (alte Gneisplatten). An der Hangseite sind die drei Mittelachsen eingezogen und mit Holzgalerien versehen. Der ursprüngliche, weiss gekalkte Einschichtputz über dem Bruchsteinmauerwerk hat Fehl- und Flickstellen aus verschiedenen Zeiten.

Architekturmalerei in Rot. Alle vier Seiten sind mit einfachen Eckquadern, profilierten Gesimsen und übergiebelten Fenster- und Türgewänden bemalt. Die Gesimse verlaufen auf der Höhe der steinernen Sohlbänke und sind unter diesen jeweils zweistufig abgetreppt, so dass sich Fensterbrüstungen ergeben. Die Fenstergewände laden oben seitlich aus, tragen im 1. OG einen gesprengten Volutengiebel mit eingestelltem Ziersockel und darüber, im piano nobile, einen von Voluten flankierten Aufsatz in Form einer Vase. Die Blindfenster der unbelichteten hinteren Seitenachsen weisen die gleichen Formen auf (Abb. 594). An der Talseite sind das mittlere und die seitlichen Fenster im Hauptgeschoss zu Türen mit Zierbalkonen ausgebildet. Die Hausmitte wird durch eine zweiläufige Treppe, eine Tür mit Oberlicht und reichere Bemalung hervorgehoben. Im Mezzanin haben die Fensterrahmen oben konkav abgeschrägte Ecken, aber keine Aufsätze. Unter dem Dachvorstand ruhen die Köpfe der Sparrenbalken auf Konsolen (Stuck), die ihrerseits weiss mit roten Spiegeln gefasst sind und das Traufgesims in weiss gerahmte und rot bzw. über den Fenstern hell gefüllte Felder unterteilen. Um die mit eingeritzten Konturen und Binnenzeichnungen unperspektivisch dargestellten Architekturmotive zu verdeutlichen, wurden drei verschiedene, ins Ocker spielende Rottöne verwendet.

Bemerkungen. Das in der ländlichen Bautradition des Bleniotals stehende Bürgerhaus verfügt noch über eine in der Talschaft sonst nicht mehr erhaltene, recht bemerkenswerte Architekturmalerei des 18. Jahrhunderts. Besonders hervorzuheben sind die harmonischen Proportionen der Wandgliederung, der feine Malstil und die die Werksteinteile zwar flach projizierende, aber geschickt mit den drei Rottönen modellierende Darstellungsweise sowie das originelle Dachgesims. Hier ist die ehemalige Farbintensität dank des schützenden Dachvorstands noch erstaunlich gut erhalten. Trotz ihrer Schadhaftigkeit besitzt die originale Malerei noch immer den ganzen Charme ihrer ungewöhnlich hohen handwerklichen Qualität. Eine vergleichbare, wenn auch einfachere rote Eckquader- und Fenstermalerei war 1983 noch in Originalresten am Haus Piazzetta del Commercio in *Melide* vorhanden.

Literatur. Casa borghese XXVIII/II, 1936, p. XXXIII, tav. 35 · Decorazioni Tre Valli 2000, p. 104.

976 Olivone, Detail der Hangseite mit Eckquadern, Gesimsen, blindem Sprossenfenster und Trauffeldern zwischen Sparrenköpfen auf Stuckkonsolen
977 Olivone, Bauecke der Hauptfassade mit differenzierten Fenstergewänden

3.6 WANDAUFLAGEN Gemalte Werkstücke

3.6.21 Mammern (TG)

Schlosskapelle. Errichtet 1749/50 von Johann Michael Beer von Bildstein. Architekturmalerei aus der Bauzeit. Aussenrenovation mit Neuverputz, Originalmalerei zerstört 1896. Rekonstruktion nach Farbspuren und Bildquellen 1984. Aufgenommen 1999.

Bau. Kunsthistorisch bedeutende, kleine Dreikonchen-Anlage mit geschweifter Giebelfassade und einer der «gelungensten illusionistischen Ausmalungen des frühen Rokoko» im Inneren von Franz Ludwig Herrmann. Der Innenausstattung entspricht eine zwar einfache, aber wirkungsvolle gelbe Architekturmalerei am Äusseren, die die verlorene Originalfassung rekonstruiert.

Perspektivisch gemalte Pilaster, Giebelkanten und Fensterrahmungen in vier Gelbtönen und Weiss (Abb. 978). Auf allen Ecken des weiss verputzten Baus liegen Pilaster, die durch Licht- und Schattendarstellung eine starke Plastizität vorgeben. Ihre Basen stehen auf einem illusionistisch gestuften Bausockel. Die von Gebälkstücken überhöhten, ionischen Kapitelle verkröpfen sich auf schmuckvolle Weise mit dem gemörtelten Traufgesims. Die Eingangsfassade erhielt ihre farbigen Gliederungsakzente durch den Portalrundbogen, auf dem eine von Volutengebälkstücken flankierte Muschel aufsitzt, sodann durch zwei ovale, zierumrahmte Attrappenfenster (Abb. 590) und insbesondere durch den gelb gefassten, zweifachen Volutenrand der Giebelkanten. Die Bögen und Brüstungen der Fenster an den übrigen Seiten weisen die gleichen Ziermotive wie das Portal auf, jedoch mit zusätzlichen Blütengehängen. Für die Flächenfarben wurde Dunkel- und Hellgelb, für die Konturen und Schatten Dunkel- und Hellbraun, für die Lichthöhungen Weiss verwendet.

Bemerkung. Die in den KDM als «kunsthistorisches Kleinod» bezeichnete Kapelle bildet das Zentrum des sich zum Park am Ufer des Bodensees öffnenden, ehemaligen Schlossbauensembles (heute erweitert zu einer Klinikanlage) und ist als einziger Bau farbig gefasst und bemalt.

Literatur. Beatrice Sendner-Rieger.- Die Schlosskapelle von Mammern. Bern 1989 (SKF) · KDM TG VI (Alfons Raimann), 2001, S. 203-205 · KF Schweiz Bd. 1, 2005, S. 687.

978 Mammern, Schlosskapelle, 1749/50 Joh. Michael Beer v. Bildstein, Scheinpilaster und ornamentierte Fensterrahmungen an der hofseitigen Chorecke, am Chorhaupt ein Blindfenster, rekonstruiert 1984

Einzelne Werkstücke und Gesamtgliederungen 18./19. Jh.

3.6.22 Sion/Sitten (VS)

Rue du Grand Pont 29/rue Ambüel 1, Maison Ambüel. Wohnhaus mit vorgotischen und gotischen Bauteilen. Vielfach umgebaut und erweitert. Nachweis von mehreren Farbschichten mit Eckquaderungen an der Hauptfassade. Reste der Schicht Ende 17. Jh. siehe unter 1.5.27. Neue Architekturmalerei nach Stadtbrand 1788. Letztere gemäss Befund erneuert 1989/90. Aufgenommen 2000.

Bau (Abb. 264, 979). Das in Erscheinung und Volumen vorwiegend aus dem 16./17. Jh. stammende Eckhaus wurde nach Beschädigung des 1788 ausgebrochenen Stadtbrands wiederhergestellt und an der verputzten Strassenfassade mit einer neuen Architekturmalerei versehen. Die ein wenig aus der Gassenflucht vorragende, in sich leicht gewinkelte Anlage besteht aus drei Hausteilen unter gleicher Traufhöhe, die in der Mitte drei und an den Seiten vier versetzte Geschosse zu jeweils zwei Fensterachsen umfassen. Die beiden seitlichen Hausteile entsprechen einander durch je zwei Rundbogeneingänge und je zwei grosse geschlossene Holzerker auf Steinplatten und -konsolen mit Kopfgrotesken (17. Jh.).

979 Sion, Maison Ambüel, dreiteilige Fassade eines im Kern gotischen Hauses mit gliedernder Architekturmalerei in Buntfarben, aufgebracht nach Stadtbrand 1788

Architekturmalerei in Grau, Ockergelb, Rot und Weiss. Die Hierarchie der Dreiteilung wird an der Strassenfassade durch die Malerei betont. Den einfacheren Mittelteil bedeckt nur eine durchgehende ockergelbe Quadermalerei mit weissen, rot abgesetzten Fugen, die die Fensterleibungen einschliesst und wie Eckpfeiler auch um die Hausecken greift. Auf den anspruchsvoller disponierten Seitenteilen hingegen liegt eine perspektivische Scheinarchitektur in mehreren, steinimitierenden Grautönen. Die einzelnen Werksteinelemente bestehen im EG aus einer Quaderstreifung mit weissen, schwarz schattierten Lagerfugen und einer im 1. OG beginnenden Eckquaderung mit eingetieften Feldern und rotem Begleitrand. Dazu gehören Fensterrahmen mit rot-weissen Einlagen, Ohren und Gebälkaufsätzen, über deren Friespartien jeweils ein rotes, durch Mittelring und Seitenkonsolen gefädeltes Tuchfeston hängt. Schliesslich verläuft zwischen dem ersten und zweiten OG ein fein profiliertes Gesims. Die Rahmen der queroblongen Fenster im 3. OG winkeln an allen vier Ecken aus. In den OG ist der Wandputz wie im Mittelteil ebenfalls ockergelb, jedoch ohne Fugen gestrichen.

Bemerkungen. Die seitlichen Hausteile erscheinen durch die Architekturmalerei wie vorstehende Risalite, deren Fensterachsen unten durch Bogenöffnungen und Erkerbalkone, oben aber durch die Malerei zusammengefasst werden. Es handelt sich um eine eigenwillige, klassizistische Architekturmalerei in delikater Farbkombination aus einer grauen, in den Obergeschossen weiss geäderten Imitation des sogenannten schwarzen Marmors von St-Triphon (siehe dazu 1.5.26–1.5.29), roten dekorativen Tuchfestons sowie weissen und roten Begleitlinien auf einem ehemals evtl. rosafarbigen, heute ockergelben Wandputz. Die Eckquaderung kopiert eine Quaderung des späten 17. Jh., von der Reste an der linken Ecke der Strassenfassade erhalten sind (Abb. 264). Die gebaute und die gemalte Architektur bilden eine geschlossene Einheit. Die Entstehungszeit der im Zuge der Reparaturen nach dem Stadtbrand von 1788 erstellten und 1990 rekonstruierten Malerei lässt sich nicht genau ausmachen, möglicherweise ist sie erst ins 19. Jh. zu datieren (Renaud Bucher).

Literatur. Maison bourgeoise XXVII, 1935, XXs, pl. 35s, 42 · Renaud Bucher.- La maison Ambuel. (Sedunum nostrum 51, 1993) · Weitere Informationen mit Unterlagen der Farbschichtuntersuchung 1989 (Eric Favre-Bulle, Atelier Saint-Dismas, Martigny) verdanke ich Renaud Bucher, Denkmalpflege Kt. Wallis.

980 Wil, Baronenhaus 1795, anspruchsvolle, die Bauachsen betonende Fenstereinfassungen des Klassizismus, Joseph Keller zugeschrieben

3.6.23 Wil (SG)

Baronenhaus am Hofplatz. Grosses Stadtpalais, im Wesentlichen 1795 errichtet. Architekturmalerei aus gleicher Zeit, Joseph Keller zugeschrieben. Malerei nach Befund rekonstruiert 1954/55. Aufgenommen 2000.

Bau. Dreiseitig freistehender, monumentaler Bau mit Walmdach und Turm an dominantem Ort mitten im historischen Stadtkern. Die beiden 6- und 5-achsigen Schaufassaden zum Platz haben vier Geschosse; an der Langseite öffnet sich das EG in sechs Säulenarkaden, während der Schmalseite eine Parterre-Estrade mit dem Haupteingang vorgelagert ist. Die auf hohem Sockel 4-geschossig errichtete Rückfassade ist mit drei zu vier Achsen stumpf gewinkelt. Die Bemalung umfasst alle Fenster sowie die Arkaden und Bauecken.

Perspektivisch gemalte Fensterädikulen mit Medaillons sowie Quaderungen an Ecken und Bögen (Abb. 980). Die Architekturmalerei liegt in zwei Grau- und zwei Ockertönen auf weissem Putz, die Medaillons sind in caput mortuum (rotviolett) dargestellt. Die Ecklisenen bestehen aus gleichmässig wechselnden grösseren und kleineren Quadern mit und ohne Randschlag, ebenso die Arkadenbögen, bei denen nur die Scheitelsteine durch Randschlag und besonders durch den Aufsatz einer grotesken Maske bzw. einer Vase hervorgehoben werden. Die grau gefassten Steingewände der über alle drei Geschosse gleich grossen Fenster erhielten durch ausladende Seitenpartien auf Konsolen und gemalte Giebelaufsätze eine beträchtliche Verbreiterung. Die Unter- und Oberkanten dieser Ädikulen werden von Tuchgehängen miteinander verbunden. Die zwischen Blattfestons an den Giebelaufsätzen der beiden Hauptgeschosse angebrachten Medaillons antiker Herrscherportraits verleihen dem Bau zusätzlich Würde und Bedeutung.

Bemerkungen. Die Architekturmalerei an dem «bedeutendsten Herrschaftsbau des Klassizismus im Kanton» betont ausschliesslich die vertikale Wandgliederung, da durch das Verklammern der Fensterädikulen nicht die horizontalen Geschossreihen, sondern die vertikalen Bauachsen und an der Platzseite auch jeweils eine Laubenarkade zusammengeschlossen werden. Die Ecklisenen verdeutlichen zusätzlich die beträchtliche Höhenausdehnung des Baukubus. Den Malstil beherrscht eine kühle Farbigkeit und eine vornehme, klassizistische Formensprache. Die Zuschreibung an den aus Pfronten/Allgäu gebürtigen Joseph Keller, der 1797 im Inneren beachtliche Malereien ausführte und diese signierte, liegt auf der Hand, zumal er sich kurz vorher, 1795, bereits als Fassadenmaler des Gasthauses Hirschen in *Zug* einen Namen gemacht hatte (Bau 1959 abgebrochen, Grünenfelder S. 499). Als Vorlage der Medaillons diente nach dem Bürgerhaus (S. XXXI) die 1675 in Nürnberg herausgegebene Schrift «Die deutsche Bau-, Bild- und Mahlereikunst».

Literatur. Bürgerhaus III, 1910, Tf. 55 (Fotos vor der Rekonstruktion) · Bernhard Anderes.- Wil, Baronenhaus. Bern 1983 (SKF) · Josef Grünenfelder.- Die Werke der Pfrontener Maler Joseph Keller (1740-1823) und Alois Keller (1788-1866) in der Schweiz. In: Herbst des Barock. Studien zum Stilwandel. Die Familie Keller (Ausstellungskatalog). München/Berlin 1998, S. 491-502 · Hans Peter Mathis und andere.- Der Hofplatz zu Wil. Bern 2007, S. 37-39 (SKF).

3.6.24 Rapperswil (SG)

Engelplatz 2, ehem. Gasthaus Alter Sternen. Errichtet 1568, mehrfach verändert 1630, Ende 17. Jh., 1790 und Mitte 19. Jh., Architekturmalerei aus der Bauphase von 1790. Rekonstruiert 1966/67. Aufgenommen 2004.

Bau (Abb. 981–983). Mächtiger 4-gesch. Eckbau mit Walmdach über fünfseitigem, nur teilweise rechtwinkeligem Grundriss in platzbeherrschender Lage am östlichen Rand der Altstadt (einst Teil der Stadtbefestigung). Der noch weitgehend spätgotische Bau erhielt Ende des 18. Jh.

981 Rapperswil, Alter Sternen, erbaut 1568, bemalt 1790, Platzecke mit violettrotem Putz vor der Restaurierung (Foto 1966)

unter anderem eine klassizistische Fassadenbemalung. Der Akkord von 1790 für «bauliche und malerische Erneuerung» mit dem aus der Umgebung von Kempten stammenden Stukkateur Johannes Haggenmüller ist erhalten.

Im Grundton helle steinfarbige Eckpilaster und Fenstergewände auf rotem Verputz. Der ehemals raue und violettrot, heute relativ glatte und gelbrot gestrichene Wandputz ist an vier der fünf Bauecken mit Pilastern und um die Fenster mit aufwändigen Rahmungen bemalt. Die in vier Farbtönen perspektivisch wiedergegebenen Pilasterkapitelle haben die Form eines antiken dorischen Gebälks, dessen Triglyphenfries dunkelrot foliiert ist (Abb. 982). Die breiten und allseitig profilierten Fensterrahmen stehen auf Konsolen, tragen flache Gebälke mit ebenfalls dunkelroten Friesen und werden von Seitenpfosten eingefasst, die oben in einer zierlichen, gestreckten Volute auslaufen. Die Kanten der Werkstücke werden entweder unten, rechts oder links, oder an beiden Seiten von einer dunkelroten Schattenlinie begleitet. An der freien Ecke zum Platz befinden sich auf Höhe des Kapitellansatzes zwei gemalte Sonnenuhren.

982　Rapperswil, rekonstruierter Pilasterabschluss an der Platzecke

983　Rapperswil, Alter Sternen, spätmittelalterlicher Bau mit klassizistischer Werkstückmalerei in Steinfarbe auf rotem Mauerputz 1790 (Foto 2004)

Bemerkungen. Strenge und monumentale Fassadengliederung. Die Darstellung der Werkstückteile als Steinimitat mit einer Rotfassung der tiefer liegenden Partien bringt die Höhenunterschiede des Reliefs in raffinierter und kunstvoller Weise zur Wirkung. Das Farbintervall von Weiss (Hell) auf rotem Grund ist heute in Rapperswil einzigartig und kommt auch sonst eher selten vor.

Literatur. KDM SG IV (Bernhard Anderes), 1966, S. 444-447 · Bernhard Anderes. Ein Leben für die St. gallischen Kunstdenkmäler. St. Gallen 2004, S. 38f · Dokumentationsfotos vor der letzten Restaurierung verdanke ich Bernhard Anderes.

3.6.25　Valendas (GR, Oberland)

Dorfplatz, Graues Haus. Steinwappen Casutt-Finer mit Jz. 1663. Über dem Torbogen Jz. 1792, aus dieser Zeit wohl die heute rekonstruierte Architekturmalerei, die im 19. Jh. mit Besenwurf überputzt worden war. Rekonstruktion 1986/87 gemäss Befund. Aufgenommen 1997.

Kolossalordnung durch weisse Pilaster (Abb. 984). Der 3-gesch., mit der 3-achsigen Giebelfront zum Dorfplatz orientierte Bau ist mit hellgrauem Mörtel, ohne Farbanstrich, verputzt. Die völlig ornamentlose weiss-schwarze Architekturmalerei untergliedert die Fassade in Sockel- und Obergeschosse, indem das EG von zwei Eckpilastern und einem breiten profilierten Gurtgesims wie eingerahmt erscheint und die beiden OG durch insgesamt vier Pilaster zusammengeschlossen werden. Letztere sind im Kapitellbereich mit den geschosstrennenden Gesimsen verkröpft. Die fast quadratischen, schwarz und weiss gerahmten OG-Fenster stehen auf achsbreiten Gesimsen und durchschneiden zum Teil die Gurtgesimse auf Sturzhöhe. Das Rundbogenportal ist mit einer eigens aufgemauerten, schwarzen Ädikula umgeben; ebenfalls schwarz gestrichen sind der Innenrahmen des einzigen EG-Fensters und die Pilastersockel. Das dreiseitig schliessende Aufzugsfenster in der Giebelmitte wird von weissen Pilastern und Leisten eingefasst und der Giebelrand von einem schwarz unterteilten, weissen Streifen begleitet. Die Malerei setzt sich in vereinfachter Form an der linken Hausseite fort, soweit diese nicht durch Anbauten wie die andern Seiten verdeckt ist.

Bemerkungen. Die auffällige Farbigkeit von Weiss und Schwarz auf grauem Naturputz (daher der Hausname) zeigt eine gewisse Verwandtschaft mit der sogenannten weissen Architekturmalerei, die hier aber nicht durch Ritztechnik wie bei dieser, sondern durch Flachmalerei zustande kam (S. 331–333). Ungewöhnlich sind die prononcierten schwarzen Konturstriche, mit denen die Gesimse und Kapitelle ohne Scheinperspektiven wiedergegeben werden sowie die Vereinheitlichung des gesamten Fassadenbildes durch die strenge, horizontale und vertikale Ordnung der Bauglieder. Die rekonstruierte Fassung war von einem Besenwurf und einer Bemalung mit barockisierenden Eckpilastern überdeckt (s. Abb. 148 in den KDM GR IV, 1942).

984 Valendas, Graues Haus 1663, später bemalt mit weissen Pilastern auf grauem Naturputz wohl 1792
985 Diessenhofen, Zum Schneggen, im Kern mittelalterlicher Bau mit gemalter Architekturgliederung in klassizistischer Ausprägung um 1789

3.6.26 Diessenhofen (TG)

Kirchgasse 23, Zum Schneggen. Wohnhaus im Kern mittelalterlich, prägender Um- und Ausbau um 1560. Eingreifende Renovation mit Architekturmalerei um 1789. Diese rekonstruiert 1986. Aufgenommen 2004.

Kolossalordnung mit Pilastern, Säulenportal und Kartuschen in perspektivischer Grisaillemalerei (Abb. 985). Die unregelmässige, einer der frühen Bauperioden entstammende Achsenteilung der 3-gesch., hell verputzten Hauptfassade wurde durch die später hinzugefügte Pilastermalerei in einen 3-achsigen Mittel- und zwei 1-achsige Seitenrisalite unterschiedlicher Breiten gegliedert. Die im EG gequaderten Pilaster verkröpfen sich mit dem abgesetzt gemalten Sockel und einem geschosstrennenden Gesims und setzen sich über beide OG mit glatten Schäften fort. Die Kapitelle unter der Dachkante bestehen aus einem klassischen Triglyphenfeld dori-

986 Arth, Pfarrkirche, klassizistische Pilastergliederung am südwestlichen Schiffsjoch E. 18. Jh., rekonstruiert nach historischen Fotos und Materialbefunden 1989/90

scher Ordnung. Die Mitte der OG wird je Risalit durch eine Kartuschenbrosche betont, deren Rand ebenso wie der der glatten Pilasterschäfte und der oberen Gesimskante weiss abgesetzt ist. Um das korbbogige, grau gestrichene Steinportal in der Hausmitte liegt die lichte Architekturmalerei einer Säulenrahmung mit geschwungenem Architrav und Kapitellaufsätzen aus Pinienzapfen. Durch die zwei hochovalen, schräg versetzten Okuli mit grau gefassten Gewändesteinen seitlich des Eingangs wird der Portalbereich auf gefällige Weise komplettiert. Die Fenstergewände sind gleichfarbig grau gestrichen. Insgesamt besteht die Architekturmalerei aus zwei Grautönen, schwarzen Konturen und Schattenstrichelung.

Bemerkung. Interessante Fassadenbemalung mit einer einfachen kanonisch-klassizistischen, aber farblich raffiniert dargestellten Kolossalordnung und Portalanlage.

Literatur. KDM TG V (Alfons Raimann) 1992, S.142f.

3.6.27   Arth (SZ)

Pfarrkirche. Neubau des Schiffs 1695/97. Turm noch vom Vorgängerbau E. 15. Jh., Aufsatz mit Haube sowie Architekturmalerei am ganzen Turm um 1705 (zu dieser s. 3.4.10). Architekturmalerei am Schiff E. 18. Jh.; Putz weitgehend abgeschlagen 1956. Malerei des Schiffs rekonstruiert nach Fotodokumentation von 1893 und originalen Farbresten 1989/90. Aufgenommen 1993.

Perspektivisch gemalte Pilaster und Fensterrahmungen in drei Grautönen und Weiss auf weissem Wandputz (Abb. 986). Die sieben Joche des Kirchenschiffs, die sich jeweils in einer Gruppe übereinanderliegender Rechteck-, Rundbogen- und Rundfenster öffnen, sind mit einer bemerkenswerten Kolossalordnung von Pilastern auf Vorlagen und verzierten Fensterrahmungen bemalt. Die Pilaster ruhen auf hohen, mit Spiegeln besetzten Postamenten, haben ausgeprägte Schaftbasen und antikisierende Kapitelle, deren Abdeckplatten sich im Gesims verkröpfen. Die Rahmenzier umfasst verbreiterte und als Söckelchen ansteigende Sohlbänke sowie Diamantquader am Bogenansatz und im Scheitel, über dem zusätzlich jeweils ein Zapfen- oder Vasenaufsatz bzw. Blattfestons angebracht sind. Das ehemals entsprechend bemalte Chorpolygon, an dem die Rundfenster wabenverglaste Attrappen waren, erhielt nach 1956 einen Sgraffitodekor mit Heiligenfiguren (Hans Schilter). – Auf dem roten Ziegeldach steht ein nach Befund rot gestrichener, kleiner Dachreiter.

Bemerkungen. Es handelt sich hier um das Beispiel einer monumentalen, klassizistischen Gesamtgliederung, bei der sich die Architekturmalerei am Äusseren dem Aufriss mit Wandpfeilern im Inneren anschliesst. Der Neubau von 1695/97 hatte, wie bildlich überliefert, aussen auch schon eine Pilastergliederung, die vermutlich ebenfalls aufgemalt war und die mit der heute am Turm wiederhergestellten Bemalung von 1705 harmonierte. Die wiederhergestellte Bemalung aus dem späten 18. Jh. am Kirchenschiff ist im Grossen und Ganzen zwar eine Fortführung dieser älteren Bemalung, erhält ihren eigenen Charakter aber durch die typischen, im Zeitstil des Klassizismus ausgeprägten Zierformen der Werkstücke.

Literatur. André Meyer.- Die Pfarrkirche St. Georg und Zeno in Arth SZ. Bern 1986 (SKF). Farbfassung nicht erwähnt · Bamert 1990/92, S.140-143 · Weitere Hinweise verdanke ich Markus Bamert, Denkmalpflege Kt. Schwyz.

3.6.28   Galgenen (SZ, March)

Fuchsronsstrasse 43, Haus Krieg. Teilverputzter Holzbau um 1761 (Jz. an der Kellertür). Reste einer Diamantquadermalerei aus der Bauzeit, darüber liegend eine klassizistische Aussenbema-

987 Galgenen, Gebälkaufsatz über dem Eingang mit Rosenbouquet
988 Galgenen, Haus Krieg, Strassenfront mit aufwändiger Architekturfassung von 1801 auf älterer Malschicht aus der Bauzeit 1761, Originalmalerei

lung von 1801 (Jz. am Kellerzugang). Schadhafte, aber unberührte Originalmalerei. Aufgenommen 2000.

Bau (Abb. 988). Wohnhaus auf hohem Kellersockel mit zwei Wohngeschossen und Giebeldach, traufständig zur Strasse orientiert. Zum leicht aus der Mitte verschobenen Eingang führt eine doppelläufige Treppe. Die Fenster sind nicht axial verteilt. Bemalt ist nur die Strassenfassade. Die Giebelfassaden des um 1761 errichteten Baus wurden an der Bergseite 1914, an der Talseite nach 1926 verändert. Zur ersten Diamantquadermalerei aus der Bauzeit (s. 2.5.9) gehörte vermutlich eine nicht mehr vorhandene, buntfarbige Ornamentmalerei an der Holzwand der talwärts orientierten Giebelfassade (KDM SZ II, S. 143). Die Strassenfassade wurde 1801 mit einer bemerkenswerten Architekturmalerei neu dekoriert.

Perspektivmalerei klassizistischer Architekturen von 1801. Die Bemalung bedeckte ursprünglich die gesamte, hell verputzte Strassenfassade vom Boden bis zum Dachansatz. Ausser zahlreichen Fehlstellen ist heute vor allem die verlorene Partie um den linken Kellereingang zu bedauern (beim linken Treppenaufgang Reste von gemaltem Flächenquaderwerk, wohl späteres 19. Jh.). Die Hauskanten werden durch eine Lisenenmalerei mit Diamantquadern markiert (Abb. 495, 496), die beiden Wohngeschosse von einem profilierten Gesims unterteilt. Rechts ist die Lisene so gut wie verschwunden.

Die verputzten Holzrahmen aller Eingänge und Fenster waren über ihre Ränder hinaus mit fingierten Steingewänden übermalt, deren Sturzpartien im 1. OG aufwändige und mit dem Gesims verkröpfte Werksteinarbeiten darstellen. Besonders auffällig ist der als klassisches Gebälk samt vorstehender Pfosten ausgebildete Aufbau über dem hochliegenden Hauseingang (Abb. 987). Die Fenster im 2. OG haben nur detailliert ausgebildete Sohlbänke und Gewändeohren. Hier sind die Wandabschnitte seitlich des mittleren Fensters mit je einer Rundbogennische bemalt, in der eine grosse, schattenwerfende Deckelvase steht. Eine Girlande mit jeweils einem herabhängenden Rosenbouquet verbindet die Fenster und Nischen. An den drei gelochten Konsolen der Sohlbänke sind weitere Girlanden befestigt. Im 1. OG wird die Mitte

989 Galgenen, Haus Krieg, Sturzgesims über dem Kellereingang mit Jahreszahl 1801 und einem Hundekopf auf dem Keilstein

990 Beromünster, Rynacherhof, Maske mit Türklopfer zwischen Tuchfestons einer Fensterbrüstung im 1. Wohngeschoss, um 1800, konserviert und retuschiert 1996/97

der Sturzgebälke von einem Blumenbouquet mit Rosenblüten verziert. Vom Kellerzugang im rechten Hausteil ist noch der hohe profilierte Sturz erhalten, auf dem zwischen Keilstein mit Hundekopf und Vasenaufsatz eine Kugel mit züngelnden Flämmchen von der Jz. 1801 flankiert wird (Abb. 989).

Alle dargestellten Werksteinteile haben schwarzgraue Konturen. Die Binnenflächen sind je nach Lichteinfall in dunkel- und hellgrauer (bläulicher) sowie gelber Steinfarbe, die Spiegel der Gebälkfriese in auffälligem Rot gestrichen. Die Dekorationsmotive setzen sich dagegen durch ein kräftiges Gelb in drei Tonstufen deutlich von den hellfarbigen Steinmetzarbeiten ab.

Bemerkungen. Überraschend ist die recht anspruchsvolle Neubemalung eines bereits ursprünglich nicht nur aussen bemalten, sondern auch im Inneren mit beachtlichen Rokoko-Malereien ausgestatteten, in Grund- und Aufriss aber eher einfachen, ländlichen Hauses. Es handelt sich um eine farblich delikate, handwerklich hochstehende und vor allem motivisch eigenwillige Architekturmalerei des Klassizismus. Nach den KDM ist es die letzte noch erhaltene profane Aussenbemalung dieser Art in der March (das 1780/1800 ähnlich bemalte Gasthaus zur Blume in *Galgenen* wurde 1979 abgebrochen, s. KDM 1989, Abb.16). – Aus etwa gleicher Zeit stammt die ebenfalls beachtliche, buntfarbige Architekturmalerei des Rynacherhofs in *Beromünster* mit einer Reihe von Masken in den Tuchfestons der Fensterbrüstungen aus den Jahren seiner Nutzung als Theater (Abb. 990); der Bau selbst geht auf das 16. Jh. zurück. Als weiteres, bedeutendes Beispiel einer profanen Architekturmalerei klassizistischen Stils ist neben dem Baronenhaus in *Wil* (3.6.23) die Aussenfassung der weitläufigen, bereits 1764 errichteten Schlossanlage Hauteville in *St-Légier* (VD) zu erwähnen, die die gesamten Fassadenwände mit strenger, einheitlich steinfarbiger Scheingliederung bedeckt.

Literatur. Bürgerhaus IV, 1914, Tf. 100 («gehört mit zu den hübschesten Bautypen der dortigen Gegend», S.XLVIII) · KDM SZ I (Linus Birchler), 1927, S.328 und KDM SZ Neue

991 Turtmann, Alte Sennerei, Architekturbemalung mit Blau, Originalbestand 1. H. 19. Jh.
992 Turtmann, Fensterrahmung mit Diamantquader im Giebelfeld, oben der Rand einer Muschel

Ausgabe II (Albert Jörger), 1989, S. 142f, Abb. 144 (Foto von 1910 noch mit der heute abgegangenen Bemalung im linken Sockelbereich und der Eckbemalung an der rechten Hauskante) · Zu St-Légier: Maison bourgeoise XV, 1925, pl. 46–49 und Bory 1993, S. 91 fig. 8.

3.6.29 Turtmann (VS)

Alte Sennerei. Bau samt Originalmalerei 1. H. 19. Jh., nicht restauriert, jedoch schadhaft. Aufgenommen 1997.

Eckquader und Fensterumrahmung in Schwarz, Weiss, Grau und Blau (Abb. 991). Die Malerei liegt auf einem gekalkten Einschichtputz über Bruchsteinmauerwerk und umfasst die zur Strasse orientierte Giebelfront sowie beide Traufmauern des dreiseitig freistehenden, 3-gesch. Baus. Auf drei der Hausecken sind perspektivisch in grau schattierte, als Läufer und Binder versetzte Diamantquader mit abgeflachten Kronen aufgemalt (Abb. 535). Alle Fenster an der Hauptfront und auch die im 2. OG an den Traufseiten haben breite Rahmen mit ausladenden Ecken und Sturzbalken, jedoch auffallend kleine Giebelaufsätze, die in leicht geschwungenen Volutenstegen auslaufen. In die dunkelgrundigen Giebelfelder sind im 1. OG der Strassenfassade ein einzelner, querliegender Diamantquader (Abb. 992) und im 2. OG aller drei unverbauten Fassaden eine Muschel eingefügt. Diese Füllungen erscheinen in perspektivischer Wiedergabe. Die Flächen der Diamantkronen, die Rahmen der Fenster und die Volutenstege der Giebel sind blau gestrichen. – Zu den Eckquadern siehe 2.5.36.

3.6 WANDAUFLAGEN Gemalte Werkstücke

Bemerkungen. Die Eckquaderung und die Fenstereinfassungen orientieren sich an historischen Vorbildern des 17./18. Jh., in Details weichen sie jedoch auffallend von diesen ab: So in den dunklen Umrisslinien, die als Kontur zu breit und als perspektivische Kante zu schmal erscheinen, in der tief ansetzenden Fenstergiebelnische mit ihrer an gedrechselte Holzarbeiten erinnernden Volutenzier und in dem einzelnen, quer gestellten und fast gänzlich eine darunter liegende Muschel verdeckenden Diamantquader als Füllung eines Giebelfeldes (übermalend korrigiert während der Ausführung?). Hinzu kommen die stellenweise ausserordentlich gross bemessenen Werkstückteile und insbesondere die ungewöhnliche Farbkombination mit Blau. Diese Merkmale weisen auf eine nachbarocke Entstehung und machen die Alte Sennerei zu einem interessanten, in Hinblick auf die Fassadenbemalung typologisch seltenen Bau.

3.6.30 Bruzella (TI, Valle Muggio)

Wohnhaus östlich der Pfarrkirche S. Siro, erbaut wohl um 1800. Gemalte Steinwerkstücke in Rot. Ursprünglicher Bestand. Aufgenommen 1996.

Fenstergewände mit Brüstungen, Dachgesims mit «guttae» und Diamantquader (Abb. 993). Das Eckhaus mit zwei Wohngeschossen und hohem Sockelgeschoss (Letzteres unterhalb der heutigen Strasse) ist hell verputzt und an Trauf- sowie freistehender Giebelseite rot bemalt. Zwei verzahnte Quaderläufe befinden sich an den Hausecken (Abb. 518), ein dritter unterteilt die Trauffassade in eine zu zwei Fensterachsen. Die Fenstergewände und Brüstungsrahmen bilden, auch dank ihrer insbesondere an den oberen Ecken weit ausbuchtenden Ohren, eine Einheit und binden die Achsen über alle drei Geschosse zusammen. Am roten Dachgesims hängen «guttae» (Tropfen) in den antik-klassischen Dreiergruppen. Auf beiden trauf- und giebelseitigen Fassaden des rechten Hausteils verläuft zwischen den Obergeschossen ein rotes Gurtgesims, das an der Giebelseite als Sohlbank zweier rechteckiger Scheinfenster dient. Gemeinsam mit einer dritten, runden Fensterattrappe in der Giebelspitze gliedern diese die fensterlose, geschlossene Giebelmauer. Die Diamantflächen der Quader sind in drei Rottönen, die Konturen in Rotbraun und Ocker gehalten (Genaueres dazu s. 2.5.21).

Bemerkungen. Die weisse und rote Farboberfläche ist durch starke Schwundrissbildung im Verputz verblasst und durch Moosbewuchs geschwärzt, blieb aber unterhalb des schützenden

993 Bruzella, Wohnhaus mit typischer, roter Architekturbemalung im Tessin um 1800, qualitätvoller Originalbestand

Dachvorstands und unter den Fensterläden in ihren ursprünglichen, bemerkenswert frischen Tonwerten noch gut erhalten. Das Haus besitzt eine schöne, originale Architekturmalerei des frühen 19. Jh. mit fassadengliedernder Wirkung in historistisch-traditioneller Form (s. auch 3.6.31). Lediglich die weichen, etwas teigig abgerundeten Ausbuchtungen an den Fenstern vertreten ein typisches Motiv der Bauzeit.

Literatur. Decorazioni Mendrisio, 2003, p. 34 (südseitig beschriftet «Postale»).

3.6.31 Pura (TI, Malcantone)

Via Cantonale 66, Nebengebäude der Osteria del Milo. Im 17. Jh. erbaut, im 19. Jh. verändert und mit Architekturmalerei versehen. Ursprünglicher Bestand. Aufgenommen 1982.

Gewände und Balusterbalkone an den Türfenstern, Eckquader und Gesimse (Abb. 994). Das dreiseitig freistehende, 3-gesch. Haus zeigt an der schmalen Stirnfront noch den oberen Teil einer putzumrahmten, dekorierten Nische mit dem Rest eines künstlerisch beachtlichen Wandbilds der Muttergottes aus dem 17. Jh. sowie eine Sonnenuhr, 18. Jh.(?). Die Architekturmalerei sowohl an dieser als auch an der Schauseite zur Hauptstrasse ist hingegen jünger und dürfte aus der Zeit um 1800 stammen. Es handelt sich um perspektivische Eckquaderungen und Gesimse zwischen den Geschossen in Hellgrau mit braunen Fugen. Am aufwändigsten aber erscheinen die Fensterrahmen aus profilierten Leisten, Gesimsen mit Palmettenfriesen, Konsolen mit Muschelbesatz und fingierten Balusterbalkonen in Rotbrauntönen und Ocker. Die Hausteinmotive verbinden visuell alle drei Geschosse. Am besten erhalten ist dieser Zustand noch bei der linken Fensterachse. In der Mitte des Hauptgeschosses befindet sich das Bild einer Nixe in einem schildförmigen Blattkranzrahmen. Es wird von einem Vorhang hinterfangen und ist als Hauszeichen oder Wappen in die Disposition der Architekturmalerei integriert.

Bemerkungen. Besonders hervorzuheben sind die Farbverbindung von Grau, Rot und Ocker und die herrschaftlich anmutende Fenstergestaltung mit den gemalten Balkonbalustraden. Pura und *Bruzella* (3.6.30) stehen repräsentativ für die Fortführung traditioneller Architekturmalerei im 19. Jh., die über die Darstellung der über Jahrhunderte üblichen Architekturmotive von Fenstergewänden, Eckquadern und Gesimsen hinaus auch antikische Bauornamentik aufnimmt wie hier etwa die «guttae» und Palmettenfriese.

Literatur. Decorazioni Malcantone, 1997, p.12s, 87.

994 Pura, Wohnhaus mit Betonung der Fensterachsen in traditioneller Formensprache, Originalmalerei aus der Zeit um 1850

3.6.32 Loco (TI, Valle Onsernone)

Wohnhaus oberhalb der Piazza Prof. Giovanni Nizzola. Habitus und Architekturmalerei Ende 19. Jh., Bau im Kern wohl älter. Malerei von Giovanni Meletta im ursprünglichen Bestand. Aufgenommen 1999.

Bau (Abb. 995). Der 4-gesch., 2-achsige Putzbau im Dorfzentrum am Steilhang oberhalb der Durchgangsstrasse gehört zu einer verschachtelten Häusergruppe aus unterschiedlichen Bauzeiten und bildet die Mitte von drei Gebäuden mit annähernd fluchtenden Vorderfronten. Seine rote und hellgelbe Bemalung macht ihn zum Blickfang des gesamten Bauensembles. Die ungewöhnlich grossen Fenster unten und oben (das 3.OG wohl ein ehemaliges solaio) und die Verschiebung der Achsen lassen einen grösseren Umbau unmittelbar vor der Fassadenbemalung vermuten.

Illusionistische Architekturmalerei in Ziegelrot und Steingelb. Die Malerei beginnt erst über dem bedrängt engen Erd- und Eingangsgeschoss und umfasst alle drei Obergeschosse bis zum

Dachansatz. Die Wand ist als Ziegelmauerwerk aus illusionistischen, scheinbar vor- und rückspringenden, von Schicht zu Schicht versetzten Ziegelsteinen in vier Rottönen dargestellt. Darauf liegt eine steinfarbene Scheinarchitektur mit Schattierungen in sechs Gelb- und Ockertönen. Sie umfasst Eckpilaster mit Schäften aus quer- und hochformatigen Diamantquadern, ein Gesims zwischen dem 1. und 2.OG mit gotisierender Arkatur in Dreipässen und aufwändige Fenstereinfassungen. Während die ungewöhnlich grossen Fenster im 1. und 3.OG mit einfachen, profilierten, in Ohren auseckenden Gewänden versehen sind, wurden die Fenster des Mittelgeschosses in eine reich verzierte Rahmenarchitektur gesetzt und durch Balkone mit Balustraden zu scheinbaren Fenstertüren vergrössert. Die Pfosten der Balustraden sind mit Löwenköpfchen und Schuppen verziert, die auf einwärts gedrehten Konsolvoluten ruhenden Fensterabschlüsse mit phantastischer Bauskulptur in Form von Pokalen, Muscheln, Kartuschen und Volutenstücken bekrönt. Die Fenster des 3.OG werden in der Mitte von einem gemalten Löwenkopf mit Greifring als Türklopfer verklammert (Abb. 996) und seitlich durch eine profilierte Rundbogenblende mit dem Pilasterkapitell verbunden.

995 Loco, Haus Piazza Nizzola, flächendeckende Architekturmalerei von Giovanni Meletta, E. 19. Jh., Originalbestand

996 Loco, Haus Piazza Nizzola, Löwenkopf mit Türklopfer, einzelnes Ziermotiv in der Mittelachse

Bemerkungen. Es handelt sich um eine äusserst wirkungsvolle Architekturmalerei in Rot und Gelb, die in der gesamten Talschaft einzigartig ist. Die Fassadengliederung in Achsen und Geschosse sowie die anspruchsvoll dekorierten Werksteinteile orientieren sich motivisch im Wesentlichen an Renaissancevorlagen, während das illusionistische rote Ziegelmauerwerk und die Integration des gotischen Dreipasses typische Neuerfindungen des 19. Jh. sind. Das vorzüglich ausgeführte Werk schuf der einer Künstlerfamilie aus Loco entstammende Maler Giovanni Meletta (1850–1929), dem auch die Bemalung des Quellenhauses («grotto») oberhalb der Pfarrkirche (1.2.21) zu verdanken ist. Die weiteren, von ihm mit Schablonenmalerei ausgestatteten Hausfassaden in Loco entstanden erst nach 1900 und erreichen bei Weitem nicht die Qualität der hier beschriebenen Fassade, bei der sich traditionelle und neue Stilelemente zu einer überraschenden Einheit verbinden.

Literatur. Decorazioni Locarno 1999, p. 112.

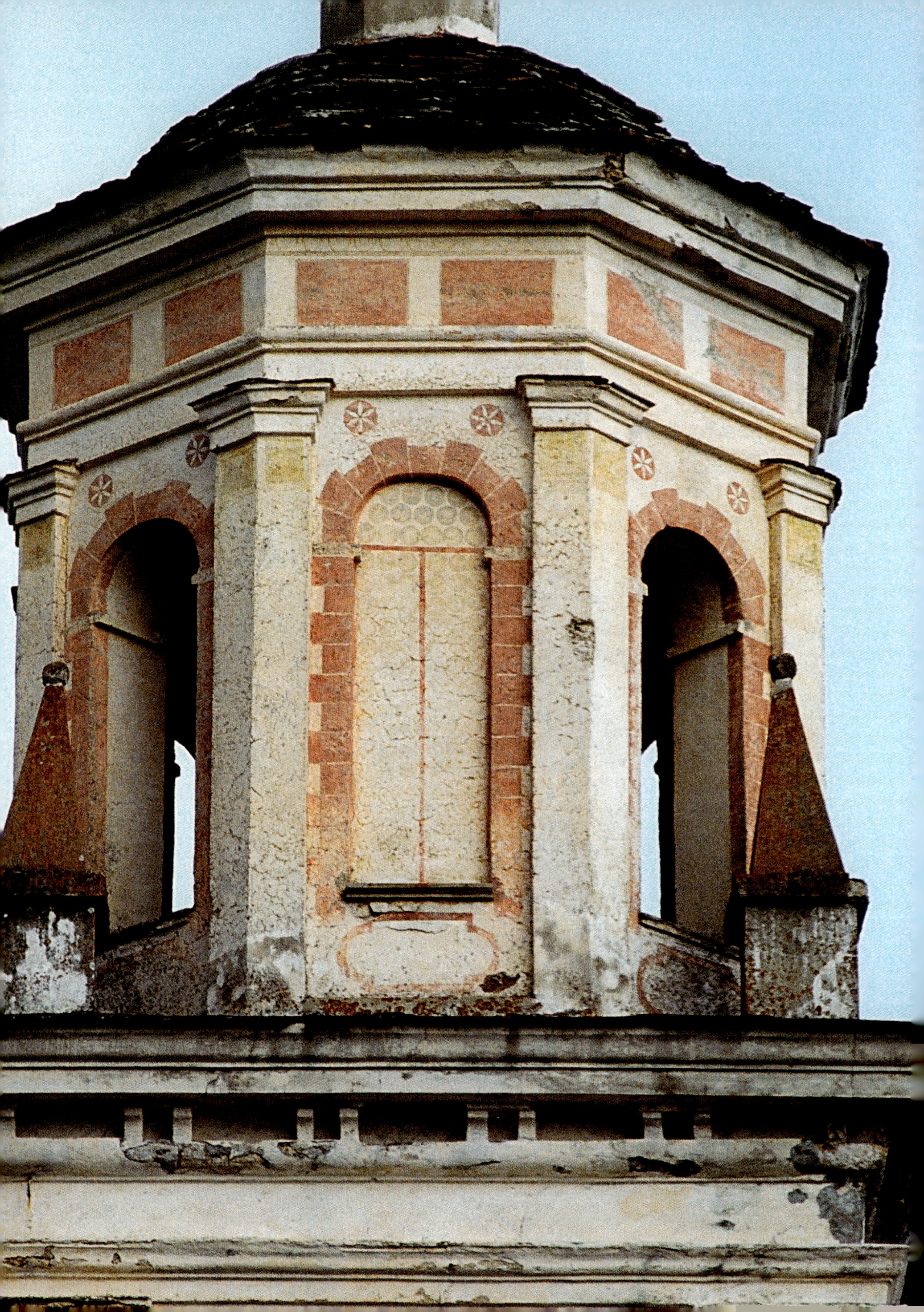

3.7 Bunte Kirchtürme im 17. und 18. Jahrhundert

Überblick

Das Thema der farbig gefassten Türme wurde bereits unter den Gesichtspunkten der Quaderungen in Schwarzweiss (S. 238–247) sowie der Eckquaderungen (2.1.2, 2.1.14, 2.1.15) und der Pilastergliederungen in Grau (3.4.8–3.4.11) berührt. In diesem Kapitel soll es mit Gestaltungen in Buntfarben vervollständigt werden.

Bei buntfarbig bemalten Türmen des späten Mittelalters und der frühen Neuzeit – gemeint sind ebenso die hier berücksichtigten Kirchtürme wie Stadttor- und Burgtürme – spielen über die architektonischen Farbfassungen hinaus auch figürliche Darstellungen eine Rolle. Dazu gehören Stifterpersönlichkeiten und ihre Wappen sowie Kirchen- und Stadtpatrone. Zu diesen gesellt sich oft der Nothelfer Christophorus, der von Pilgern und anderen Reisenden beim Verlassen der Stadt um Schutz vor Gefahren in der Fremde und um eine gute Rückkehr angerufen wurde.

Ein weiteres Farbelement an den Turmmauern sind die Zifferblätter mechanischer Uhren. Meistens von beträchtlichen Abmessungen und bunt gefasst, dominieren sie die Türme an zwei, wenn nicht an allen vier Seiten. Wurden Sonnenuhren aufgemalt, befinden sie sich natürlich auf den Südseiten, sind kleineren Formats und zugunsten der Lesbarkeit relativ weit unten am Turmschaft angebracht. Einen eigenen Farbakzent bilden sodann die Turmhelme. In der Regel mono- oder polychrom mit Ziegeln, grün oxydierendem Kupferblech (Abb. 999) oder farbig gestrichenen Schindeln (Abb. 1000) gedeckt, können sie ausnahmsweise auch einen mehrfarbigen Putzanstrich aufweisen wie etwa der Helm in *San Carlo* (Abb. 1002).

Einige besonders bemerkenswerte Turmbemalungen in der Schweiz und im süddeutschen Raum sollen hier herausgegriffen werden, um die vielfältigen Möglichkeiten zu veranschaulichen. Es sind dies der bereits 1478 als «gemalter Turm» bezeichnete, heute wiederhergestellte Wehrturm an der Nordwestecke der Stadtbefestigung von *Ravensburg* am Bodensee oder der 1505 errichtete und mit seiner ersten Bemalung in der Luzerner Bilderchronik von Diebold Schilling im Jahr 1513 dargestellte Rathausturm von *Luzern* (Abb. 998). Nennenswert sind sodann die von den Brüdern Asam im Jahr 1724 rundum bemalten Domtürme im oberbayerischen *Freising* (Abb. 1001) oder der jüngst in seiner spätbarocken Fassung von 1773 wiederhergestellte Kirchturm von *Samedan* im Oberengadin. Sie alle bieten unterschiedliche, für ihre Epoche jeweils typische Bemalungen, die über die hier begrenzte Auswahl hinausweisen (siehe Literatur).

997 Parsonz, Kirchturm 1672. Bemalung am Oktogon in Rot mit gelben Kapitellpartien, weitgehend ursprünglicher Bestand (3.7.7)

998 Luzern, Rathausturm. Ausschnitt aus einer Miniatur der Luzerner Bilderchronik von Diebold Schilling 1513, fol. 281b (Zentralbibliothek Luzern). Dargestellt ist eine Versammlung von Bürgern vor dem Rathaus mit dem Schaft des 1505 erbauten Turms und seiner ersten, bald danach erneuerten und veränderten Bemalung. Erkennbar sind unten ein wilder Mann, darüber ein Engel mit Laterne und Sanduhr und das von Engeln gehaltene Zifferblatt einer Uhr mit Zürcher Wappenschilden sowie schwarzes Maureskenwerk und rote Eckquader

Im Folgenden kommen *Kirchtürme des 17. und 18. Jahrhunderts in Graubünden (3.7.1–3.7.12)* und *Kirchtürme des 18. Jahrhunderts im südlichen Sopraceneri des Tessins (3.7.13–3.7.20)* zur Sprache. Ihre Buntfassungen konzentrieren sich auf flächige Farbanstriche und Architekturbemalungen, deren interessanteste Epoche hierzulande die Zeit des 17. und 18. Jahrhunderts ist. Es gibt sie vielerorts, besonders imposant treten sie aber an Kirchtürmen vor allem im Bündner Puschlav, Albulatal und Oberhalbstein sowie im südlichen Sopraceneri, das heisst in den Tessiner Bergtälern des Locarnese auf.

In den Bündner Tälern sind die zugehörigen Kirchengebäude in der Regel weiss verputzt und farblich gar nicht oder nur zurückhaltend gefasst, so dass die bunte Farbigkeit allein auf den Türmen liegt. Im Tessin gehörte es, vorzugsweise im 18. Jahrhundert allenthalben zur lokalen Bautradition, die oberen Turmteile zu verputzen und farblich zu gestalteten. Dort waren, vor allem im Sopraceneri die Turmabschlüsse überhaupt die einzigen Maueroberflächen am Aussenbau, die eine farbige Fassung erhielten. Dadurch treten auch sie gegenüber dem Kirchenschiff hervor, heben sich aber von den für gewöhnlich nicht einmal mit einer Putzschicht bedeckten, sondern steinsichtig «roh» belassenen Turmschäften noch mehr ab und bilden die Schmuckkrone der sonst eher einfachen und unauffälligen Bauanlagen.

Die Farben umfassen hier wie dort die gesamte Palette von Weiss, Rot, Ocker, Grün, Blau und Grau (Schwarz) und steigern sich in ihrer Anzahl und Intensität vom Uhrengeschoss an aufwärts über Glockengeschoss, Oktogon und Laterne. Sie verdeutlichen sowohl die nach oben reicher werdenden Mauergliederungen (eingetiefte Fensterfelder, Eckverbände, Kranzgesimse) als auch die bewegten Silhouetten der Turmabschlüsse (Rückstufung beim Oktogonansatz, Zwiebelhauben) und setzen die Bauelemente sogar in fiktiver Malerei, zum Teil mit marmorierten Oberflächen fort (Blindfenster, Pilaster, Friese, Konsolen, Baluster). Häufig wurden buntfarbige, von Kartuschen gerahmte oder direkt auf den Putz gemalte Jahreszahlen hinzugefügt, die sich nicht unbedingt auf den Turmbau, wohl aber auf dessen Farbfassung beziehen.

Ornamentmalerei, Kirchturmuhren (3.7.21–3.7.25). Ornamentaler Dekor gehört selten zu den Farbkonzepten auf den Turmmauern (3.7.13, 3.7.14), umso mehr findet er sich aber auf den gemalten Zifferblättern der Uhren. Da die Turmuhren ihre eigene Entwicklungsgeschichte haben, meistens aus anderer Zeit als die Turmbemalung stammen und ebenso farblich wie auch formal nicht unbedingt integriert sind, werden sie hier nur mit den zwei repräsentativen Stücken in *Solduno* und *Loco* vorgestellt. Weitere Turmuhren sind in anderem Zusammenhang erwähnt (2.1.14 *Naters,* 2.4.8 *Almens,* 3.4.11 *Neunkirch,* 3.7.11 *Rhäzüns*).

Kirchtürme beherrschen schon von sich aus durch ihre Bauhöhe die Stadtsilhouetten und Gebirgslandschaften. Ihre farbige Bemalung aber, angebracht ringsum auf allen vier, respektive acht Seiten der oberen, das Kirchendach beträchtlich überragenden Turmpartien, macht sie darüber hinaus zu baulichen Wahrzeichen sondergleichen, die den Blick aus weiter Entfernung und aus allen Himmelsrichtungen auf sich ziehen.

Literatur. Die Baudaten stützen sich hauptsächlich auf die Kunstdenkmäler von Graubünden (KDM GR) und auf Bernhard Anderes.- Kunstführer Kanton Tessin. Hg. Gesellschaft für Schweizerische Kunstgeschichte. Bern 1977 sowie auf dessen Neubearbeitung in: KF Schweiz 2, 2005 · Hans Gerhard Brand.- Der Gemalte Turm in Ravensburg. Bericht über eine Restaurierung. In: Zeitschrift für Kunsttechnologie und Konservierung 1, 1987, H.1, S.156-164 · Zum Rathausturm Luzern s. KDM LU III (Adolf Reinle), 1954, S.5-9 · Zu Luven s. Archäologischer Dienst Graubünden, kantonale Denkmalpflege Graubünden, Jahresberichte 1996. Chur 1997, S.114-121 · Zur Freisinger Turmbemalung der Gebrüder Asam siehe «Freising, 1250 Jahre Geistliche Stadt». Ausstellungskatalog Diözesanmuseum Freising. München/Dillingen 1989, L19 · Marc Antony Nay.- Zur Restaurierung der Dorfkirche Plaz in Samedan. In: Archäologischer Dienst Graubünden, kantonale Denkmalpflege Graubünden, Jahresberichte 1999. Chur 2000, S.97-101.

999 Zurzach (AG), Reformierte Pfarrkirche. Querbau mit Frontturm, erbaut 1717. Vierkantiger, kupfergedeckter Zwiebelhelm über Giebeln mit Uhrenzifferblättern zwischen Volutenmalerei in Rot auf weissem Putz

1000 Luven (GR), Reformierte Pfarrkirche. Romanischer Turmschaft mit achtkantiger, barocker Zwiebelhaube. Die Schindeldeckung nach älteren Farbresten 1996 wieder rot gestrichen

1001 Freising (Oberbayern), nördlicher Turm des Doms. Öl auf Papier 1907 (Diözesanmuseum Freising). Wiedergegeben ist die 1724 bei der Barockisierung des Doms nach Entwürfen der Brüder Egid Quirin und Cosmas Damian Asam an den romanischen Türmen aufgebrachte Bemalung; ihr gotisierender Stil knüpft an die vermutlich vorausgehende Bemalung von 1563 an. Stark verwittert, wurde sie 1907 wiederhergestellt, ihr geringer, nicht mehr haltbarer Restbestand aber bei der Aussenrenovation 1962/65 entfernt

Kirchtürme des 17. und 18. Jahrhunderts Graubünden

3.7.1 San Carlo (GR, Puschlav)

Katholische Pfarrkirche. Kirchenschiff 1612/13, Turm 1616 beigefügt und bunt bemalt. Bauliche Eingriffe und farbliche Veränderungen im 19. und 20. Jh., am Turm insbesondere 1910. Untersuchung und Rekonstruktion der weitgehend aus der Bauzeit stammenden Bemalung erfolgten nach 1977. Aufgenommen 1983.

Bau. Der Turm wurde kurz nach Errichtung der Kirche an der Nordseite des Chores angebaut; die westlich des Turms anschliessende polygonale Heiliggrab-Kapelle kam ebenso wie zwei weitere Kapellen wenig später hinzu. Während der weiss verputzte Kirchenbau im Wesentlichen nur eine schwarze Eckquaderbemalung aufweist, sticht der Turm durch seine starke Buntfassung, die sich farblich und formal nach oben hin steigert, hervor.

Turmbemalung (Abb. 1003). Das Schiff, der Chor, die Kapellen und der untere Turmschaft sind an allen Ecken mit ausladenden, lediglich schwarzen, weiss gefugten Quadern bemalt. Der in fünf Geschossen hochragende Turm hingegen weist von der Traufhöhe des Schiffs an zunächst rote, in den zwei Geschossen darüber gelbe und schliesslich im Uhren- und im Glockengeschoss dunkelrote Eckquaderungen auf. Die unterschiedlich grossen Fenster sind geschossweise korrespondierend von gleichfarbigen Gewänden mit Kapitellen, flachen oder dreieckigen Giebeln bzw. Kugel- und Kreuzaufsätzen umrahmt. In den drei unteren Geschossen erhielten alle Werksteinoberflächen eine imitierte Scharrierung aus weissen Bogenstrichlein. Das Glockengeschoss wurde zusätzlich mit einem feinen, roten Fugennetz sowie einer roten Sockelquaderung versehen, über der sich die rundbogig gekuppelten, ebenfalls mit Bindern und Läufern samt profilierten Kämpfern umsäumten Schallfenster öffnen (schwarze Schattenlinien an den Quadern). Die Eck- und Schallfensterquaderungen greifen hier ineinander. Das rot gefasste Kranzgesims wird von einer ausgeprägten, rot und ocker gemalten Arkatur auf Konsolen begleitet. Sie wiederholt sich an der Traufe des Schiffs. An der Nord- und Südseite des Uhrengeschosses befinden sich gemalte Zifferblätter in Schwarz und Rot auf Weiss. Das gemauerte und verputzte Faltdach des spitzen Turmhelms (Abb. 1002) trägt auf jeder Faltung ein breitliniges, regelmässiges Muster von ineinandergreifenden, weiss, rot und schwarz wechselnden Sparren; über den Fensteröffnungen am Dachfuss ist ein kleines Zierornament aus roten konzentrischen Ringen angebracht (nach Abnahme des späteren Kupferdachs kam ein gut erhaltener Originalbestand zum Vorschein). Die Konturen der gemalten Werksteine waren in den Putz geritzt.

Bemerkungen. Die Bauuntersuchung 1977 brachte umfangreiche Farbreste des frühen 17. Jh. zutage, so dass eine im Wesentlichen ursprüngliche Farbfassung rekonstruiert werden konnte (die Chronologie der farblichen Veränderungen in den beiden letzten Jahrhunderten wurde im Einzelnen nicht untersucht). Es zeigt sich ein Turm mit ungewöhnlich buntfarbiger, rustikaler Architekturmalerei und einer sehr schmuckfreudigen, auf ihre Weise einzigartigen Bemalung des Helmdachs. Die Motive der schwarzen Eckquader und des Arkadenfrieses knüpfen noch im Sinne der Gotik an die über hundert Jahre ältere Aussengliederung von S. Vittore in *Poschiavo* an (2.1.1). Das Puschlav verfügt über weitere, in ihrem farbenfreudigen Charakter vergleichbare Türme, so z. B. die der Reformierten Kirche (1.4.10, 3.7.23) und der Kirche von S. Maria Assunta (3.7.10) beide in *Poschiavo*.

Literatur. KDM GR VI (Erwin Poeschel), 1945, S. 94-98 (älterer Zustand) · Informationen über die Farbbefunde von Oskar Emmenegger, Zizers.

1002 San Carlo, Turmhelm
1003 San Carlo, Kirchturm mit mehrfarbiger Architekturbemalung 1616, nach umfangreichen Putz- und Farbbefunden rekonstruiert

3.7.2 Mon (GR, Albulatal)

Katholische Pfarrkirche St. Franziskus. Kirche 1648 fertiggestellt (Jz. am Hauptportal), Baumeister Giulio Rigaglia aus Roveredo. Turmbemalung M. 17. Jh., nach Blitzschlag 1911 neue Haube und Laterne. Gemäss Farbbefund rekonstruiert vor 1980. Aufgenommen 1983.

Bemalung der Turmspitze (Abb. 1004). Der nordseitig zwischen Schiff und Chor eingestellte, hell verputzte Turm trägt über undekoriertem Schaft eine Architekturbemalung in Rot, Ocker und Schwarz: Das Glockengeschoss und der oktogonale Aufsatz sind an den Ecken schwarz und um die Rundbogenöffnungen rot bzw. schwarz gequadert, wobei die Fensteröffnungen am Oktogon in Nischen liegen, die sich mit einem roten Anstrich absetzen. Da hier die Fenster in den Schrägachsen blind blieben und die Eck- und Bogenquaderungen ineinander übergehen, ergaben sich am Oktogon ungewöhnlich grosse Schwarz- und Rotflächen. Im Glockengeschoss übernehmen zwei schwarz gefasste Steingesimse und ein weit auskragendes, von einem dichten Konsolfries in weiss vor rotem Grund abgestütztes Kranzgesims die horizontale Gliederung. Die Steingesimse werden unten von einem rot und auf Kämpferhöhe von einem ockerfarbig aufgemalten Gurtstreifen begleitet. Auf drei der vier Schaftseiten befinden sich unterhalb des Glockengeschosses gemalte Zifferblätter, die die Farben der Architekturbemalung wiederholen. – Der mit kupfergedeckter Haube und Laterne abschliessende Turm gewinnt durch die schmuckvolle, im Wesentlichen dreifarbige Fassung seiner oberen Partien beträchtlich an Fernwirkung. Die Kirche selbst ist nicht bemalt.

Literatur. KDM GR II (Erwin Poeschel), 1937, S. 284-290 (Farben unerwähnt).

1004 Mon, dreifarbig bemalte Kirchturmspitze 1648, nach Farbbefunden rekonstruiert
1005 Alvaschein, Kirchturmspitze mit rot und gelb gefasster Architekturgliederung 1653/57, erneuert
1006 Obervaz-Zorten, Bemalung des gesamten Kirchturms in Rot und Gelb 1667, erneuert

1007 Bever, Bemalung des gesamten Kirchturms in Grau und Gelb, im Uhrengeschoss die Jahreszahl 1672, Zustand nach Erneuerung 2008
1008 Bever, Kirchturm, Zustand 1997

3.7.3 Alvaschein (GR, Albulatal)

Katholische Pfarrkirche. Erbaut 1653/57, Farbfassung am Turm bauzeitlich, mehrfach erneuert. Aufgenommen 1983.

Buntfassung der Turmspitze (Abb. 1005). Der nördlich des Chors angefügte Turm überragt den kleinen kompakten Kirchenbau um ein geschlossenes Schaftgeschoss, ein Glockengeschoss und einen oktogonalen Kuppelaufsatz mit Laterne. Während die von Lisenen gegliederten Baufassaden uni hell gestrichen sind, erhielt die detaillierte Architekturgliederung der beiden obersten Turmgeschosse eine Fassung in den Buntfarben Rot und Gelb: Rotfarbig sind die rundbogigen Rahmen um die Schallöffnungen, die teils befensterten, teils blinden Blendnischen und die Schafthälse der Pilaster am Oktogon sowie ein gemalter Rautenfries am Kranzgesims; ockergelb gefasst sind hingegen die Konsolen unter dem Kranzgesims sowie die Kämpferplatten und die Nischenzwickel am Oktogon.

Bemerkungen. Die reiche architektonische Gliederung des Turmabschlusses und deren Buntfassung kennzeichnen den sonst schlichten und farblich eher unauffälligen Kirchenbau. Der Turmaufbau selbst, aber auch die schmückende Farbigkeit der oberen Geschosse erinnern an die Kirchtürme in den Nachbarorten *Mon* (3.7.2) und *Obervaz-Zorten* (3.7.4).

Literatur. KDM GR II (Erwin Poeschel), 1937, S. 275 f.

3.7.4 Obervaz-Zorten (GR, Vaz)

Katholische Pfarrkirche. Heutiger Bau aus dem 19. und 20. Jh., aus älterer Zeit blieb nur der Turm erhalten. Schaft spätromanisch, Glockengeschoss und Aufsatz samt Turmbemalung wohl 1667 (Jz. auf altem Verputz an der Ostseite). Jüngst erneuert. Aufgenommen 1983.

Buntfassung des Turms (Abb. 1006). Der vor der Eingangsfassade stehende, leicht auswärts gerückte, weiss verputzte Turm ist nicht nur in seinen oberen Partien, sondern insgesamt bemalt. Der geschlossene Schaft erhielt bereits vom Boden an eine Eckquaderung und geschosstrennende Gesimse in Ockergelb, das Uhrengeschoss vier rote Zifferblätter. Die aufgesetzten Eckpilaster des Glockengeschosses, die wandbündigen Quaderrahmen der Schallöffnungen und Teile des Kranzgesimses sind ebenfalls ockergelb gefasst bzw. aufgemalt. Die Kämpferzone fällt rot heraus. Das ockerfarbige Rautenmotiv erscheint an allen drei oberen Turmteilen als Kapitellschmuck ebenso wie als Fries.

Bemerkungen siehe *Alvaschein* (3.7.3).

Literatur. KDM GR II (Erwin Poeschel), 1937, S. 292 f.

3.7.5 Bever (GR, Oberengadin)

Reformierte Kirche. Im Jahr 1667 (Jz. am Portal der Ostfassade) wurde das spätmittelalterliche Schiff weitgehend und der Turm gänzlich von den Baumeistern Francesco Pancera und Giovanni Caserin aus der Valle Maggia (TI) neu errichtet. Turmbemalung 1672 (Jz. dreimal am Uhrengeschoss), nach Befund erneuert 1968 und 2008. Aufgenommen 1997.

Turmbemalung in Grisaille mit Gelb (Abb. 1008). Stattlicher Zwiebelturm an der Nordseite der Kirche in der Flucht ihrer gerade abschliessenden Ost- und Eingangsfassade. Die Putzwände sind weiss gestrichen. Die aufgemauerten, am Schiff mit derselben weissen Putzfarbe überstrichenen Eck- und Wandlisenen dienen auch an den Turmecken als Gliederungselemente, erhielten hier jedoch die Form von Pilastern mit grauer, weiss gefugter Quadermalerei, so dass sie sich dank Farbkontrast visuell abheben. Am Oktogonaufsatz setzen sich diese Pilaster als Flachmalerei fort. Die Friese der beiden Kranzgesimse an Turmschaft und Oktogon werden mit weissen Palmetten- bzw. Wellenbändern auf schwarzem Grund, die Bogenzwickel der Schallöffnungen jeweils mit einer liegenden schwarzen Raute verziert. Gesimse, Kapitellplatten und Profilleisten sind gelb gefasst, ebenso die Konturen der Zifferblätter samt ihrer Sonnen im Drehpunkt der Zeiger. Auch die Rahmen und Sprossen der mit Butzenscheiben versehenen Blindfenster an den Schrägachsen des Oktogons tragen gelbe Farbe. Die Zwiebelhaube war 1997 mit Kupferblech gedeckt. Jüngst wurden ausser der Deckung mit Schindeln drei unterschiedlich in Schwarzweiss gesprenkelte Steinimitate rekonstruiert (Abb. 1007)

Bemerkungen. Der ausgewogen proportionierte, reich gestaltete Kirchturm erhält durch seine schwarze, mit wenig Gelb verfeinerte Fassung ein nobles Aussehen und bildet eine Ausnahme unter den sonst vielfarbig bunten Bündner Türmen des 17. Jahrhunderts. Es ist denkbar, dass die Baumeister aus dem Locarneser Maggiatal sich durch den dort verwendeten, ihnen geläufigen schwarzgrauen Granitgneis veranlasst sahen, den Turm nicht bunt, sondern in ebendieser dunkelgrauen Farbe zu bemalen, wobei der zurückhaltend hinzugefügte Gelbton als farbliche Anpassung an den naturgelben Tuffstein des Westportals gelten kann (zum Tessiner Granitgneis s. 1.5.30, 1.5.31). Die heutige Oberflächenstrukturierung war 1997 nicht mehr erkennbar.

Literatur. KDM GR III 1940, S.318-320.

3.7.6 Tinizong (GR, Oberhalbstein)

Katholische Pfarrkirche. Kirchenschiff neu errichtet und 1663 geweiht. Romanischer Turmschaft 12. Jh., Turmspitze samt Farbfassung hinzugefügt 1671 (Jz. nach den KDM am östl. Schallfenster noch bis zur Renovation von 1917 vorhanden). Putz und Farbfassung in den 1960er Jahren neu aufgebracht. Aufgenommen 1983.

Buntfassung der Turmspitze (Abb. 1009). Der hohe Turm steht auf der Nordseite der weiss verputzten Kirche, nahe dem nach Westen orientierten Chor. Die Farbigkeit betrifft ausschliesslich das Glockengeschoss und den mit Laterne versehenen Oktogonaufsatz. Diese werden von rundbogigen Fenstern und Eckpilastern (Schäfte gemalt, Kapitelle aufgemauert) bzw. von Halbsäulen gegliedert und von detailliert ausgestatteten Kranzgesimsen abgeschlossen. Zu den architektonischen Einzelmotiven kommen vier steinerne Sockelpyramiden hinzu, die am Übergang zum Oktogon die freien Ecken des Schafts besetzen. Zur Farbigkeit gehören die rot-gelbe Marmorierung der Schallöffnungen, der Säulen und der schwarz konturierten Pilaster (weitgehend verblasst) sowie die schwarz-weisse Marmorierung an den Kranzgesimsen. Letztere bildet am unteren Gesims die Folie des weissen Konsolfrieses und verziert am oberen Gesims die Zwischenfelder des bunten Triglyphenfrieses, hier im Wechsel mit roten Diamantquadern. Auch die Pilaster- und Säulenkapitelle sowie die eingetieften Brüstungsfelder der Oktogonfenster sind marmoriert. Schliesslich erhielt der Fries des Hauptgesimses eine üppige Rosetten- und Volutenranke in Rot, Gelb und Schwarz. In den Fensternischen der weiss gefassten Laterne sind noch Reste einer weissen Rankenmalerei auf schwarzem Grund erhalten.

Bemerkungen. Den Turm weist eine vielfältige und kleinteilige Marmorfassung in Rot–Gelb und Schwarz–Weiss auf hellem Putzgrund aus. Sie ist dekorativ und fällt auf, da sich sonst keine Farbe am Bau befindet. Die West- und Südseiten sind stark verblasst. Fast zeitgleich entstand die formal und farblich ähnlich konzipierte Turmspitze der Kirche in *Parsonz* (3.7.7).

Literatur. KDM GR III (Erwin Poeschel), 1940, S.303-306.

1009 Tinizong, buntfarbig gefasste Architekturgliederung mit Marmorierungen und Ornamentfriesen 1671, erneuert
1010 Parsonz, Fassung und Bemalung 1672, nach dem Konzept von Tinizong, Oberfläche weitgehend ursprünglich

1011 Obervaz-Muldain, Kirchturm mit differenzierter Rot-Bemalung, ergänzt durch Ocker und Grün, datiert 1676, umfangreicher Originalbestand (Foto 1983)

1012 Obervaz-Lain, Kirchturm in ähnlicher Struktur wie Obervaz-Muldain mit Rot-Bemalung im Glockengeschoss, datiert 1681, Pilaster teilweise freigelegt (Foto 1983)

3.7.7 Parsonz (GR, Oberhalbstein)

Katholische Pfarrkirche. Neubau mit Weihe 1663. Turm und Farbfassung 1672 (Jz. an Ostseite). Farbe z.T. erneuert, Putz und Bemalung des Oktogons wohl ursprünglich. Aufgenommen 1983.

Buntfassung der Turmspitze (Abb. 997, 1010). Mächtiger Turm, Baudisposition sowie architektonische Wandgliederung und farbliches Konzept ähnlich dem im benachbarten *Tinizong* (3.7.6). Die Wandgliederung ist jedoch im Unterschied zu Tinizong auf aufgemauerte Pilaster und die Farbigkeit vorwiegend auf Rot und wenig Gelb (Kapitelle) beschränkt. Alle Fenster sind rot umquadert. Die Fenster am Oktogon sind in den Hauptachsen blind und mit Butzenverglasung bemalt; in den Bogenzwickeln sitzen rote Zierrosetten. Der hohe Fries des oberen Kranzgebälks ist mit umrissenen, rot marmorierten Feldern und einem roten Perlstab verziert. Der Turmschaft ist lichtweiss gestrichen, ebenso die Laterne (Reste). Die Farboberfläche des Oktogons – leicht verwittert und im Bereich der Plattform stellenweise beschädigt – dürfte weitgehend ursprünglich sein.

Literatur. KDM GR III (Erwin Poeschel), 1940, S. 251-253.

3.7.8 Obervaz-Muldain (GR, Vaz)

Kirche St. Johannes Baptista. Baubeginn 1673, Weihe 1677. Turmbemalung 1676 (Jz. in den Zwickeln oberhalb der Schallöffnungen). Restauriert um 1990. Aufgenommen 1983 und 1992.

Turmbemalung (Abb. 206, 1011). Der Turm der weiss verputzten Kirche steht im Winkel zwischen südlichem Seitenschiff und Chor. Er hat ein abgesetztes Glockengeschoss und ein geschweiftes Spitzdach. Die Turmbemalung beginnt etwa auf Dachtraufenhöhe des Kirchenschiffs. Sie besteht aus einem geschosstrennenden Gesimsstreifen und Eckquadern in Rot. Die Rotflächen sind mit weissen Tupfern aufgelockert und von einer perspektivischen Konturierung in Ocker umzogen; der Gesimsstreifen trägt zusätzlich eine Spiralbänderung (Abb. 232). Am Glockengeschoss befinden sich breite aufgemauerte Eckpilaster, deren Schäfte ebenso wie die Rahmen der rundbogigen Schallöffnungen rot marmoriert erscheinen, während die Pilasterkapitelle grün (Abb. 1013) und die Profilleisten ihrer mächtigen Kämpferpartie wechselweise ocker und weiss gefasst sind. Auf dem roten Fries des Dachgesimses verläuft ein helles, gewelltes Blatt- und Blütenband.

Bemerkungen. Die Farbigkeit des Baus befindet sich einzig am Turm. Bemerkungen zur möglichen Steinimitation von rotem Porphyr siehe 1.5.7. Die 1681 datierte Bemalung des architektonisch geschwisterlich ähnlichen Turms der benachbarten Kirche St. Luzius in *Obervaz-Lain* (Abb. 1012) ist zwar vereinfacht und weist vor allem nicht das ungewöhnliche Grün wie die Kapitelle von Muldain auf, dürfte aber in direkter Abhängigkeit von Muldain entstanden sein.

Literatur. KDM GR II (Erwin Poeschel), 1937, S. 296-302 (Turmbemalungen unerwähnt).

1013 Obervaz-Muldain, Kirchturm nach der Wiederherstellung um 1990 (Foto 1992)

3.7.9 Vrin (GR, Lugnez)

Katholische Pfarrkirche. Neubau 1689/94 von Antonio und Giovanni Broggio aus Roveredo (Misox). Bemalung aus der Bauzeit. Jüngste Restaurierung mit Mineralfarben nach Originalbefunden 1981. Aufgenommen 1983.

Bemalung der Eingangsfassade und des Turms (Abb. 1014). Vom glatt weiss verputzten Kirchenschiff ist nur die übergiebelte, durch Pilaster, Gesimse und Wandrahmen in zwei Geschosse und drei Achsen unterteilte *Eingangsfassade* bemalt: Die aufwändig ausgebildeten Portal- und Fenstergewände in der Mittelachse sowie alle vier Blendnischen in den seitlichen Achsen erhielten Einfassungen, deren vorwiegend grauweisse Marmorierung der Rahmenleisten mit den ockerfarbig gefassten Flächen der Werkstückteile (Ädikulen, Kapitellplatten, Keilsteine, Zwickelquader mit Diamantschnitt) wechseln. Die unteren Nischen sind zudem mit Bildern der Heiligen Martin und Georg, die oberen mit Fenstersprossen und Butzenscheiben bemalt. Der Fries des Gurtgesimses wird von grauen Ranken mit Engelköpfen und der des Kranzgesimses von einer rotgelben Marmorierung verziert. Im Giebel befinden sich zwei Rundmedaillons mit den Monogrammen Mariens und Jesu, darüber ein rotgelber Stern.

Ausserdem erhielt der nordseitig freistehende, mit einer geschweiften Schindelhaube abschliessende *Turm* ringsum vom geböschten Sockel an eine Architekturbemalung in Ockergelb, Rot und Grau (zur Kirchenseite etwas einfacher ausgeführt). Sie liegt auf allen vier Schaft- und zwei Glockengeschossen, die durch breite Gesimse voneinander abgesetzt sind. Die Malerei auf den geschlossenen Mauerflächen des kaum befensterten Schafts besteht aus ockergelben, rot gefugten Eckquadern und gelb gerahmten schwarzen Füllfeldern auf weissem Wandputz. In den Feldern des obersten Schaftgeschosses befinden sich die gemalten Zifferblätter der Turmuhr. Die beiden, sich in grossen rundbogigen Schallfenstern weit öffnenden Glockengeschosse sind an den Eckmauerstücken durch aufgemauerte Pilasterpaare mit hohen Sockeln gegliedert. Dabei wurden Sockel und Pilaster ebenso wie die Einfassung der Bogenöffnungen weiss, die Wand hinter den Pilastern jedoch nicht weiss, sondern grau gestrichen und die Wandzwickel der Rundbogen mit roten, gelb unterteilten Diamanten gefüllt. Die Postamente und die Keilsteine der Bögen erhielten rotgelb marmorierte Zierfelder und die Kapitellplatten eine Verzierung aus horizontal gereihten, verschiedenfarbigen Sparren (die gleichen Motive finden sich auch an der Eingangsfassade der Kirche). Die unteren Partien der Schallöffnungen sind zugemauert und mit einem fiktiven roten Balustergeländer bemalt. Die wandbündigen Schaftgesimse erscheinen als gelbe Gurte mit roten Linierungen, und die stark profiliert vorstehenden Gesimse des Glockengeschosses wurden mit einer äusserst lebendig geäderten, schwarzweissen Marmorierung bemalt.

Bemerkungen. Der weit sichtbare, mächtige Turm steht wie ein italienischer Campanile frei und überrascht durch seine vielfarbige, geometrisch-ornamentale Architekturmalerei. Die optisch starke Wirkung kommt nicht nur durch die beigegebenen Ziermotive (Schmuckfelder,

1014 Vrin, komplett bemalter Kirchturm 1689/94, nach Originalbefunden restauriert (Foto 1983)

Diamanten, Marmorierungen), sondern vielmehr noch dadurch zustande, dass die Wand in farblich gleichmässig wechselnden, relativ gleich grossen Teilflächen bemalt ist und das Fassadenbild deshalb auch als eine Art geometrisches Muster gesehen werden kann. Das geschieht insbesondere am Turmschaft, wo die weissen Partien zwischen der Eckquaderung und den Mittelfeldern als negatives Gegenmuster zum Ausdruck kommen. Somit wird das Weiss – am Schaft die Farbe des hintergrundbildenden Wandputzes, an den Glockengeschossen die Farbe der gliedernden Architekturteile – zum Äquivalent der Ocker-, Rot- und Grautöne, das heisst zur gleichberechtigten vierten Farbe. Die Turmbemalung von Vrin weist als Farbgestaltung am Aussenbau eine hohe Qualität auf und ist hierzulande in dieser Form bisher einzigartig.

Literatur. KDM GR IV (Erwin Poeschel), 1942, S. 267-269 (Farbigkeit nicht erwähnt) · M. Fontana jun.- Mit Rucksack, Farbe und Pinsel in Vrin zu Gast. In: applica 24, 1986, S.12f · Putz- und Farbuntersuchungen, Institut für Denkmalpflege, ETH Zürich 1979.

1015 Poschiavo, S.Maria Assunta, Zentralbau 1708/11 mit Bemalung von Kuppel und Turm

3.7.10 Poschiavo (GR, Puschlav)

S. Maria Assunta. Heutiger Bau im Wesentlichen 1708/11 erstellt. Farbige Architekturgliederung gleichzeitig. Erneuert und verändert 1939/40, Originalfassung rekonstruiert 1979/80. Aufgenommen 1983.

Turm und Vierungskuppel mit dreifarbiger Bemalung (Abb. 1015). Der auf annähernd zentralem Grundriss mit achtseitiger Vierungskuppel und Nordturm errichtete, weisse Putzbau hat eine aufgemauerte, leicht erhabene Gliederung aus Eckpilastern und -lisenen, Traufbändern und Dachgesimsen, die alle einheitlich in einem hellen grünlichen Grau mit weisser Fugenquaderung gefasst sind. Die Dekoration wird nach oben zu farblich reicher. Sie besteht vor allem aus hervorstechenden Friesen mit fetten Blattvoluten in Rot auf Ocker, die auf den Gebälken der Eingangsfassade, der Vierungskuppel, des Glockengeschosses und des achtseitigen Turmaufsatzes sowie auf den Pilasterkapitellen des Glockenstuhls liegen. Die beiden Buntfarben wiederholen sich in den Blindfenstern der Schrägachsen am Turmaufsatz (ohne gemalte Butzenscheiben) und als Begleitlinien in den beiden Laternen. Auch die beiden Engelfiguren im Giebel der Hauptfassade wurden farbgleich gemalt. Bei den Muschelnischen der Vierungskuppel sind die Öffnungen der radial angeordneten Rippenbögen an den äusseren und inneren Rändern schwarz verschattet.

Bemerkungen. Stattliche Barockanlage von eindrucksvoller Wirkung dank zentralisierter Baudisposition und freier Lage in einer imposanten Berglandschaft. Die den gesamten Bau umfassende und im Turm gipfelnde Farbigkeit ist ein wesentlicher Bestandteil der ausgesprochen schönen Erscheinung. Der leichte Grünstich des rekonstruierten grauen Farbtons geht auf Originalbefunde mit Grünpigmenten zurück. Die grüngraue Fassung der Bauglieder dürfte sich auch hier an dem im Puschlav als Baustein verwendeten grünlichen Serpentin orientieren (vgl. 1.5.23, 1.5.24). In unmittelbarer Nachbarschaft weist die gleichzeitig aufgebrachte Fassung am Turm der Reformierten Kirche *Poschiavo* ebenfalls eine starke Buntfarbigkeit inklusive Grün auf (1.4.10 und 3.7.23).

Literatur. KDM GR VI (Erwin Poeschel), 1945, S. 53-57 (Farbigkeit unerwähnt, da nicht mehr sichtbar).

3.7.11 Rhäzüns (GR, Chur)

Katholische Pfarrkirche. Zentralbau mit nördöstlichem Chorturm errichtet 1697/1701. Turmbemalung ehemals wohl bauzeitlich. Restaurierungen 1914, 1968 und 1995/97. Aufgenommen 2003.

Turmbemalung (Abb. 1016). Am hohen Rechteckschaft des hell verputzten, mit kupfergedeckter Zwiebelhaube schliessenden Turms wurden im Uhrengeschoss die Zifferblätter bei der jüngsten Restaurierung an allen vier Seiten fast wandfüllend in Rot- und Gelbtönen neu gemalt. Das Zifferblatt an der Eingangsseite weist einen zusätzlichen Volutenrahmen auf. Das Glockengeschoss und der befensterte Oktogonaufsatz sind beide durch Eckpilaster gegliedert, doch nur das Oktogon wurde mit einer hellroten Marmorierung und die Blindfenster in seinen Hauptachsen mit einer grauen Butzenverglasung bemalt. Das Kranzgesims ist mit einer schwarzen Marmoräderung und einem Fries weisser Blattvoluten auf gelbem (vor 1995/97 rotem) Grund verziert.

Bemerkung. Die Rhäzünser Pfarrkirche gilt als ein architektonisch beachtlicher barocker Zentralbau mit auch farblich sehr qualitätvoller Originalausstattung im Inneren (Wandmalerei 1973 wieder freigelegt und ergänzt). Am Äusseren hat er sein ursprüngliches farbliches Aussehen durch mehrmalige Erneuerungen verloren. Die Turmbemalung wurde vermutlich schon bei der Restaurierung von 1914 in Anlehnung an eine, vielleicht damals noch in Resten vorhandene barocke Farbfassung weitgehend erneuert. Bemerkenswert ist die durchgehende Marmorierung des Oktogons, sicher ein Element der Ursprungsbemalung im Gegensatz zu dem Blattvolutenornament am Kranzgesims mit Motiven aus dem frühen 20. Jahrhundert. Bei der jüngsten Restaurierung wurden Putz und Malerei des Turmes gänzlich erneuert und die historistischen Heiligenstatuen in den Nischen der Fassade freigelegt, nachdem sie 1968 übermalt worden waren (es wurde nicht abgeklärt, ob die Statuen barocke Vorgänger besassen).

Literatur. KDM GR III (Erwin Poeschel), 1940, S.67-70 · Armon Fontana.- Die Kirchen in Rhäzüns, Bern 2004, S.7-15 (SKF).

1016 Rhäzüns, Pfarrkirche, rote und schwarz geäderte Marmorierungen am Turmoktogon um 1700, mehrmals erneuert
1017 Zizers, Pfarrkirche, Turm mit grauer und roter Architekturfassung 1767/69

3.7.12 Zizers (GR, Rheintal)

Katholische Pfarrkirche. Bau 15. Jh., der Turm nach Brand 1767/69 über romanischem Erdgeschoss neu errichtet (Jzz. seitlich von einem der oberen Glockenhausfenster und auf der Wetterfahne). Turmfarbigkeit aus der Bauzeit, nach Befund erneuert 1993. Aufgenommen 2004.

Farbfassung des Turms (Abb. 1017). Auf dem hell verputzten Turm liegt eine dunkelgraue Ecklisenenmalerei mit schwarzen Schatten- und weissen Lichtkanten. Sie beginnt oberhalb des vorspringenden, romanischen Erdgeschosses und führt bis zum Gesims, mit dem das erste Glockengeschoss abschliesst. Am zweiten, um weniges rückversetzten Glockengeschoss sind die Ecken abgeschrägt und auffällig rot gefasst. Sie werden von leicht vorstehenden, das Grau der

1018 Campo, Palazzo Giovanni Battista Pedrazzini, Kapelle mit buntfarbigen Scheinarchitekturen am Glockengeschoss des Dachreiters 1749, weitgehende Originalmalerei (Foto 1982)

Ecklisenenmalerei fortführenden Pilastern flankiert. Im gleichen Grau gefasst sind auch alle Schallöffnungen samt Kämpfern und Keilsteinen sowie die umlaufende verkröpfte Sockelzone am oberen Glockengeschoss, die ungewöhnlichen Blendbögen über den Schallöffnungen und das geschweifte Bogengesims am Fuss der Haube. Die Rotfassung der oberen Bauecken wiederholt sich in beiden Gesimsen, beim unteren im Fries und beim oberen in der geschweiften Profilkehle. Über dem Bogengesims, das jeweils einem Zifferblatt der Turmuhr Raum gibt, gipfelt der Turm in einer sich mehrgeschossig verjüngenden, kupfergedeckten Zwiebelhaube.

Bemerkung. Der ausgewogen proportionierte Kirchturm von Zizers erhält seine Eigenheit durch die nach oben zunehmende Rundung der Kanten und rechten Winkel einzelner Bauteile. Diese den Spätbarock kennzeichnende Formensprache wird von der noblen und dezenten Farbfassung, insbesondere von dem markant gesetzten Rotton wirksam unterstützt.

Literatur. KDM GR VII (Erwin Poeschel), 1948, S.403-406.

Kirchtürme des 18. Jahrhunderts Tessin, südliches Sopraceneri

3.7.13 Campo (TI, Valle di Campo)

Palazzo Giovanni Battista Pedrazzini, Privatkapelle. Bemalung des Dachreiters 1749 (Jz. über dem Kapellenportal). Die Malerei vermutlich von Giuseppe Mattia Borgnis, von dem die gleichzeitige Innenausmalung der Kapelle stammt. Aufgenommen 1982.

Dachreiter mit Architekturmalerei (Abb. 1018). Der Dachreiter auf der bergseitig mit dem Palazzo durch eine Brückengalerie verbundenen Kapelle wird durch ein Steingesims in zwei Geschosse unterteilt und trägt über dem vorkragenden Walmdächlein eine kleine Laterne. Der weiss verputzte Schaft ist allseitig gelb, rot, blau und violett bemalt. Am kompakten Sockelgeschoss befinden sich eine gelbmarmorierte Eckquadermalerei, gelb- bzw. rotmarmorierte Steingesimse und ein bekröntes Zifferblatt auf violettem Tuchgehänge. Die Eckmauerstücke des in vier Rundbögen weit geöffneten Glockengeschosses sind mit rotmarmorierten Spiegeln und einer blauen Quaste zwischen gelben Voluten unterhalb der eingelassenen Kämpferplatten verziert. In den Wandpartien über der Kämpferzone setzen sich die roten Spiegel fort bis in die blau gefasste Traufkehle hinein, in der sie breit auslaufen. Die Öffnungsbrüstungen werden von eleganten Vasenbalustern in Rot und verblasstem Violett scheinbar durchbrochen. An der Laterne ist keine Bemalung (mehr?) erkennbar.

Bemerkungen. Recht qualitätvolle Architekturmalerei an einem herrschaftlichen Kapellentürmchen mit Ziercharakter. Die Art der kleinflächigen Vielfarbigkeit und Marmorierung entspricht der malerischen Behandlung von Portalen und Fenstern im Tessin, aber auch der besonders noch in *Campo* erhaltenen Tradition bemalter Kamine (s. 1.2.16). – Die Malerei ist weitgehend im Originalbestand erhalten und wurde im Zuge der 1972 erfolgten Wiederherstellung der Wandmalerei im Inneren nicht oder kaum restauriert.

Literatur. Casa borghese XXVIII/II, 1936, tav. 121 (Plan), 123 (Abb.).

3.7.14 Lionza-Borgnone (TI, Centovalli)

Kirche S. Antonio di Padova. Schiff errichtet 1660/1664, Turm angebaut und bemalt 1770 (Jzz. allseitig am obersten Schaftgeschoss), Baumeister des Turms Giovanni Maggini von Intragna. Aufgenommen 2001.

Turmbemalung (Abb. 1019). Der südseitig mit der Eingangsfassade fluchtende Turm ist gelbweiss verputzt und am Schaft mit Steingesimsen über geböschtem Sockel in drei Geschosse unterteilt. Er verjüngt sich über Glockengeschoss und Oktogon bis zur kleinen Laterne, die sich jeweils mit weit ausladenden Kranzgesimsen voneinander absetzen. Die allseitig gleiche Bemalung liegt auf den oberen drei Geschossen. Sie täuscht rote, gelb-blau geäderte, sockellose Pilasterschäfte mit kapitellähnlichen Abschlüssen vor, die von den Bauecken abgerückt stehen und weder unten noch oben die Gesimskanten berühren. Sodann gehören gelbe, weiss geäderte Friese auf allen Kranzgesimsen dazu und schliesslich rote, im Wechsel wandbündig butzenverglaste bzw. vertiefte Blindfenster am Oktogon. Die Binnenornamentik besteht bei den Pilastern und Blindfenstern aus blau-weissen Rosetten, beim unteren Kranzgesims aus zweireihigen Bollen mit Wellenranke und am Oktogon aus queroblongen, von grossen Rosetten flankierten Broschen. Die dekorative Jz. 1770 erscheint an allen vier Turmseiten in roten Ziffern jeweils oben in der Wandmitte des obersten Schaftgeschosses.

Bemerkungen. Farbenfreudige ländliche Malerei in einem abgelegenen Ort am Steilhang des Tals. Noch recht umfangreicher alter, weitgehend originaler Bestand. Beachtenswert sind die

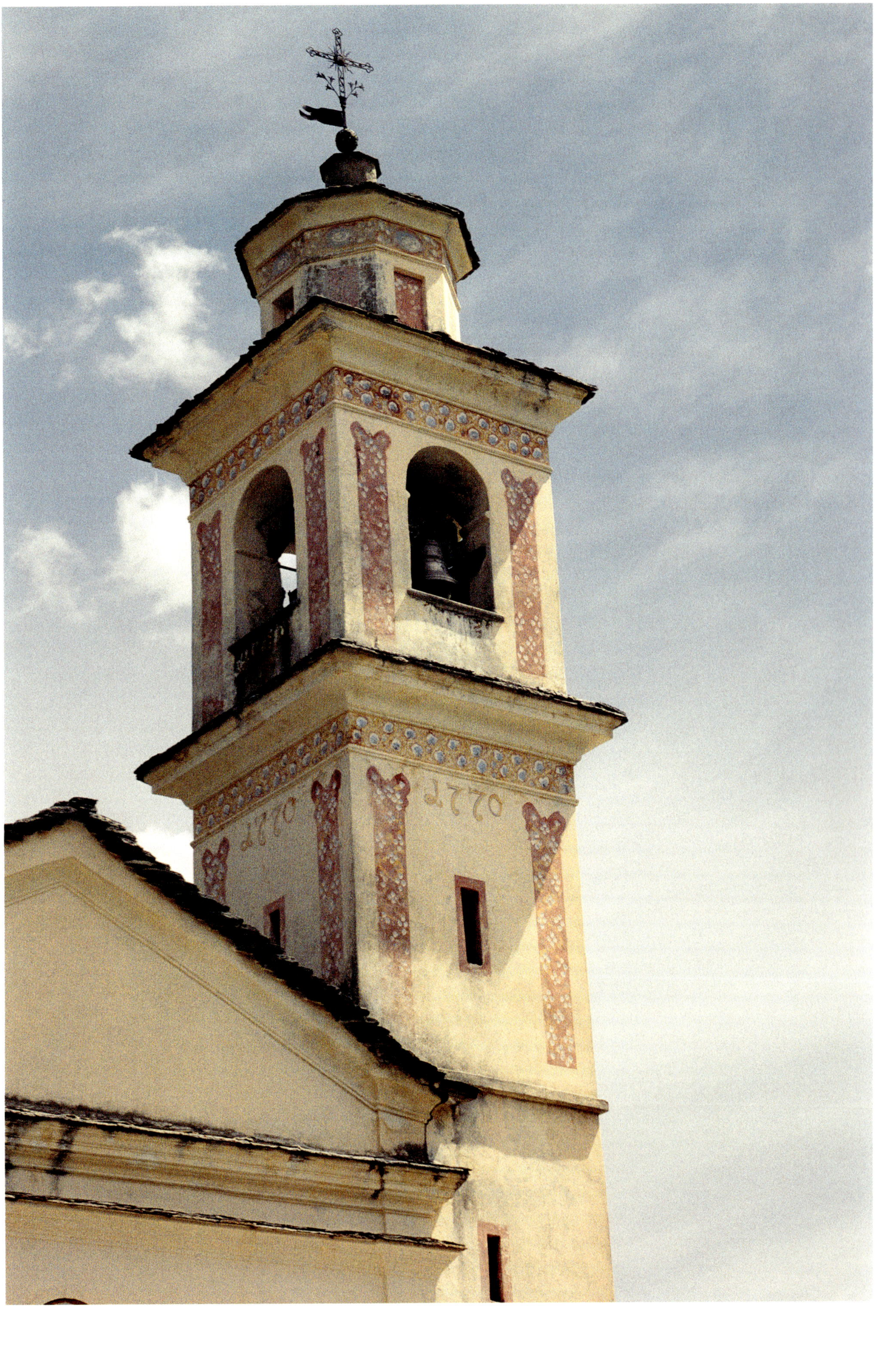
1770
1770

1019 Lionza-Borgnone, Kirchturm mit ornamentierter Scheinarchitektur, Originalmalerei datiert 1770
1020 Corippo, Kirchturm mit einfacher Rot-Weiss-Fassung am Glockengeschoss, datiert 1794
1021 Vogorno, Kirchturm mit ähnlicher Fassung wie in Corippo, E. 18. Jh.

unbekümmert und augenfällig angebrachten, grossen Jahreszahlen sowie die seltene Verwendung von Blau. Eine Ornamentierung der Bauteile in der Art von Lionza ist an Tessiner Kirchtürmen bisher weiter nicht bekannt. Zur Disposition des Turmaufbaus siehe die Bemerkungen bei *Rasa* (3.7.18).

3.7.15 Corippo (TI, Val Verzasca)

Pfarrkirche. Bau mit freistehendem Campanile, dieser datiert 1791 und 1794 (Jzz. am Sturz des Eingangs und bergseits am Glockengeschoss). Restaurierungen 1887 und 1987 (Jzz. an den Zifferblättern). Turm ehemals am Kranzgesims bezeichnet «L'ANNO DEL SIGNORE 1794 A DI 27 GIUGNO» (Foto vor der letzten Restaurierung). Aufgenommen 1996.

Farbfassung des Glockengeschosses (Abb. 1020). Campanile mit Zeltdach. Der weitgehend steinsichtige, nur in pietra rasa verputzte Turmschaft wird auf halber Höhe unterhalb des Glockengeschosses von zwei Gesimsen unterteilt. Das in vier rundbogigen Schallfenstern sich öffnende Glockengeschoss darüber ist hingegen ringsum deckend verputzt, weiss gestrichen und sowohl auf den Eckmauerstücken als auch in den Bogenzwickeln der eingetieften Fenster mit roten, oben und unten zum Teil bogig verlaufenden Füllungen bemalt. An Tal- und Bergseite befinden sich oben am Schaft je ein Zifferblatt der Turmuhr in gleicher Zweifarbigkeit.

Bemerkungen. Nach älteren Farbfotos waren vor der jüngsten Restaurierung die Seitenwände der Rundbogenöffnungen nicht rein weiss, sondern rot abgesetzt und die Zwickel nicht rot, sondern grau gefasst, so dass die frühere Fassung farblich differenzierter zu sein schien. – Es handelt sich hier um einen der typischen einfachen Kirchtürme des späten 18. und 19. Jh. im südlichen Sopraceneri, bei denen als einziger Bauteil der gesamten Kirche nur das Glockengeschoss samt Turmuhr farblich hervorgehoben war. Bevorzugt wurden Weiss und Rot, so zum Beispiel auch im benachbarten *Vogorno* Sant'Antonio Abate (Abb. 1021), in *Someo* (3.7.16) und in *Avegno* (3.7.17).

3.7.16 Someo (TI, Valle Maggia)

Pfarrkirche. Grundbestand von Kirche und Campanile 1536, mehrmals im 18. Jh. verändert. Turmbemalung und Oktogonaufsatz 1789 (römische Jz. mit Spruchinschrift an der Westseite). Aufgenommen 1983.

Farbfassung an den oberen Turmpartien (Abb. 1022). Die oberste Partie des älteren, unverputzten und ungegliederten Turmschafts ist als Uhrengeschoss mit einem Gesims abgesetzt und weiss verputzt. Darauf liegt eine, die gesamte Wandfläche füllende Zifferblattrahmung aus Palmetten, Akanthusblättern und Kapitellstücken mit Kugelaufsätzen (West) bzw. Volutenbändern und Blüten (Ost) in Rot, Rosa und Gelb. Im aufsitzenden Glockengeschoss erhielten die rückversetzten Wandpartien der rundbogigen Schallöffnungen an der Frontseite (West) eine rotgelbe Marmorfassung und an den andern Seiten einen glatt gelben (später roten?) Anstrich. Am gedrungenen, später aufgesetzten Oktogon, das den Spitzhelm trägt, wurden nur die kleinen, abgeeckten Fensterquadrate rot umrahmt. Die eingeritzte und mit Farbe nachgezogene, jedoch verblasste Inschrift befindet sich unter dem Gesims des Uhrengeschosses an der Westseite auf einem gekalkten, mit Schwundrissen durchsetzten Putzfeld.

Bemerkung. Typische Farbfassung eines spätbarocken Kirchturms im südlichen Sopraceneri, siehe Bemerkung bei 3.7.15. Die Fassung ist alter, farblich wohl originaler Bestand mit schöner Marmorierung und für die Gegend interessanter Zifferblattmalerei (vgl. 3.7.24, 3.7.25).

3.7.17 Avegno (TI, Valle Maggia)

Pfarrkiche. Im Ursprung mittelalterlicher Bau, vollständig verändert E. 16. Jh., Umgestaltungen 17. Jh., E. 18. und 19. Jh., mehrere Renovationen im 20. Jh.; Turmfarbigkeit wahrscheinlich aus dem 19. Jh., aufgenommen 1983.

Farbfassung des Glockengeschosses (Abb. 1023). Schlanker Turm mit Pyramidendach an der nordöstlichen Chorschulter der Kirche. Das hohe, rundbogig geöffnete Glockengeschoss ist rosa verputzt und durch aufliegende Eckpilaster über hohen Postamenten sowie ein mehrfach unterteiltes Kranzgesims gegliedert. Sockel, Kapitelle, Kämpfer- und Scheitelsteine bestehen aus grauem gekörnten, vermutlich Tessiner Granit. Die Bauglieder erhielten mit Ausnahme des rosa Gesimsfrieses einen weissen Anstrich.

Bemerkung. Avegno repräsentiert die traditionelle Fortführung der barocken Turmgliederung und Farbfassung nur des Glockengeschosses bis ins 19. Jahrhundert (siehe die Bemerkungen bei 3.7.15).

3.7.18 Rasa (TI, Centovalli)

Pfarrkirche. Neubau 1747/53, Glockenturm an der talseitigen Chorflanke, seine Bemalung datiert 1764 (Jz. am Kranzgesims). Fassung unrestauriert. Aufgenommen 2004.

Farbfassung am Glockengeschoss und Oktogon (Abb. 1024). Der Turmschaft besteht aus unverputztem Bruchstein. Darüber erheben sich das oben und unten mit zwei einfachen Steingesimsen abgesetzte Glockengeschoss, das weit ausladende, von Konsolen getragene Kranzgesims

1022 Someo, Kirchturm mit Farbfassung am Glockengeschoss und Ornamentmalerei beim Zifferblatt, datiert 1789
1023 Avegno, Kirchturm mit Architekturgliederung in Weiss auf Rosa am Glockengeschoss, wahrscheinlich 19. Jh.

und der zierliche oktogonale Aufsatz samt Laterne. Alle Bauteile oberhalb des Schafts waren verputzt (Naturputz?). Ausserdem weisen das Glockengeschoss und der friesartige Mauerstreifen zwischen Glockengeschoss und Kranzgesims ein regelmässiges weisses Fugennetz auf, von dem noch beträchtliche Reste an der Eingangs- und der Chorseite vorhanden sind. In der Mitte des Mauerstreifens befand sich an jeder Turmseite eine rote Kartusche, deren weisses Rahmenfeld über das darunter liegende Steingesims bis zum Bogen der Schallöffnungen reichte. Die noch vorhandene Kartusche an der Eingangsseite trägt in weissen Ziffern die Jz. 176(?)4. Am Oktogon sind die abgeeckten Blendnischen, von denen sich nur die zwei berg- und talseitigen in Fenstern öffnen, rot gestrichen und weiss gerahmt. An der Laterne darüber lassen sich noch rote Farbreste erkennen (Fensterattrappen?). Unter dem Glockengeschoss wurden in neuerer Zeit an den Eingangs- und Chorseiten die Ziffern und Zeiger einer Uhr auf weiss verputzten Wandpartien angebracht.

Bemerkungen. Es handelt sich um die Kirche eines Bergdorfs ohne Strassenverbindung zum Tal (Seilbahnverbindung seit 1957). Diese Abgeschiedenheit ist wohl einer der Gründe, weshalb sich hier der originale Bestand der Farboberfläche, wenn auch schadhaft, erhalten hat. Die Buntfassung weist die übliche Farbkombination von Rot und Weiss auf. Das Fugennetz hingegen, eine auf Bruchsteinmauerwerken im Mittelalter und während der früheren Neuzeit häufig geübte Technik (S. 21–23), kommt an Bauten im 18. Jh. kaum vor. Rasa scheint eine Ausnahme zu sein. Interessant ist die Feststellung, dass die etwa gleichzeitigen Kirchtürme im benachbarten *Intragna* und *Lionza* zwar über eine ähnlich anspruchsvolle Disposition mit zweiteiligem Oktogon verfügen und möglicherweise vom selben Baumeister errichtet wurden, aber farblich nicht übereinstimmen: Intragna besitzt gar keine Farbfassung, Lionza ist mit Architekturdekorationen bemalt (3.7.14). Baukonzept und Oberflächengestaltung gehen hier offensichtlich nicht Hand in Hand.

1024 Rasa, Kirchturmspitze in Rot, Weiss und mit gemaltem Fugennetz, Originalbestand datiert 1764
1025 Peccia, Oktogon in Weiss und Rot auf Grün gefasst, Fries ehemals schwarz marmoriert (Foto 1983)
1026 Peccia, Kirchturm mit vierfarbiger Originalfassung von 1767 (Foto 2000)

3.7.19 Peccia (TI, Valle Maggia / Lavizzara)

Pfarrkirche. Kleiner Kirchenbau und mächtiger Kirchturm wohl 17. Jh., Turm 1767 erhöht und bemalt, Fassung unrestauriert. Aufgenommen 1983.

1027 Bosco-Gurin, Kirchturm 1789 in baulicher Tradition errichtet, Fassung 1993 mit moderner Farbgebung erneuert

Farbfassung am Glockengeschoss und Oktogon (Abb. 1025, 1026). Der bergseitig neben dem Eingang stehende Turm hat einen Schaft aus weitgehend unverputztem Bruchstein, ein Glockengeschoss mit weiten Rundbogenöffnungen in leicht vertieften Blendnischen und ein kleines Oktogon mit steingedeckter Haube. Auf den oberen Bauteilen liegt Naturputz, der am Glockengeschoss ehemals naturweiss mit Kalk geschlämmt, am Oktogon grün (!) und an den Blendnischen und Traufkehlen hellweiss gestrichen war. Die achteckigen, in den Haupt- und Schrägachsen offenen bzw. blinden Fenster des Oktogons erhielten weisse Rahmen, die Blindfenster zudem rote Füllungen. Der Abschlussfries ist oberhalb eines glattweissen Rundstabs mit einer grauen Marmorierung verziert.

Bemerkungen. Dank der Erhaltung des ursprünglichen, wenn auch beschädigten Bestands (Fehlstellen im Putz, verblasste Farben) ist die ehemalige, differenzierte Vielfarbigkeit mit zwei Weisstönen, Rot, Grün (selten) und einer heute grau gewordenen Schwarzmarmorierung des oberen Turmabschlusses noch erkennbar und besonderer Beachtung wert.

3.7.20 Bosco Gurin (TI, Valle Maggia/Bosco)

Pfarrkirche. Um- oder Neubau der Kirche samt Turm 1581 (Jz. am Portal), später verändert. Obere Teile des Turms und seine Farbfassung wahrscheinlich 1789 (Jz. am Glockengeschoss West). Jüngste Neufassung 1993 (Jz. am Glockengeschoss Ost). Aufgenommen 2004.

Turmbemalung (Abb. 1027). Die Kirche und der südlich des Eingangs eingestellte Glockenturm erreichen beträchtliche Ausmasse. Der Turmschaft samt Uhrengeschoss, das Glockengeschoss mit geschweiftem, weit ausladendem Kranzgesims und das Oktogon mit steingedeckter Haube sind insgesamt vom Boden an weiss verputzt und farbig gefasst: Die Ecklisenen in Grau, die an allen Seiten angebrachten Zifferblätter in Rot und Ockergelb, die Randeinfassungen der Schallöffnungen und der Gesimsprofile in Rot, die Randeinfassungen der Bauecken am Glockengeschoss sowie der offenen und blinden Fenster am Oktogon in Rot und Blau. Über zwei der Schallöffnungen befinden sich rot umrandete Kartuschen mit Palmettenzier und den obigen Jahreszahlen; unten am Turmschaft ein Muttergottesbild mit Sonnenuhr (Sgraffito von Hans Tomamichel, gest. 1984). Das Kirchenschiff selbst weist keine Farbfassung auf.

Bemerkungen. Die für ein Bergdorf ungewöhnliche Grösse des Baus erklärt sich aus der besonderen, bis ins 13. Jh. zurückreichenden Geschichte der einzigen, weitgehend autonomen und ständig bewohnten Walsersiedlung im Tessin mit deutscher statt italienischer Mundart. Trotz der historischen Eigenständigkeit des Dorfes stehen der Turmaufbau und sein Farbdekor unverkennbar in der regionalen Bautradition. Die jüngste Restaurierung setzte jedoch, zumindest in den Tonwerten, eine veränderte, ortsfremde Farbskala ein.

Ornamentdekor, Kirchturmuhren

3.7.21 Danis (GR, Oberland)

Katholische Pfarrkirche. Ostpartie mit Chor und eingestelltem Südturm noch aus der Bauzeit 1656/1658 (Jzz. an der Turmuhr bzw., wieder neu, am Turm). Modernes Kirchenschiff, gleichzeitig errichtet mit der Restaurierung der Ostpartie 1958 (Jz. an der Turmuhr). Letzte Gesamtrestaurierung 1996ff. Aufgenommen 1983 und 2005.

1028 Danis, Kirchturm 1656/58, Fassung mit differenzierten Ornamentfriesen, Zustand vor der Restaurierung 1958 (Foto 1983)
1029 Danis, Kirchturm nach der Restaurierung 1996 (Foto 2005)
1030 Cauco, Kirchturm, Fassung der Schallöffnungen in Putzweiss, Grau und Rot mit Marmorierung 1683

Graue Eckquadermalerei an Turm und Chor, buntfarbige Ornamentfriese am Turm-Oktogon (Abb. 1028, 1029). Der Turmschaft inklusive Glockengeschoss und der Chor zeigen eine einfache graue Eckquadermalerei mit eingeritzten Konturen. In gleicher Farbe sind auch die Stichbögen der Schallöffnungen umrandet. Die graue Malerei ist insgesamt erneuert. Die ornamentale Buntbemalung befindet sich nur am Kranzgesims und dem leicht verjüngt aufsitzenden, eine Zwiebelhaube tragenden Oktogon. Die vor der jüngsten Restaurierung hier auf z.T. altem hellen Verputz konservierten Friese umfassten am Kranzgesims ein Wellenband mit Trauben und Blüten und ein Spiralband, beides in Rot und Grau, sodann am Haubengesims eine Doppelspirale und eine Kugelkette; die beiden letzten nur in Rot. Ebenfalls rot gestrichen waren die Rahmen der Bogenfenster und die Mauerkanten. Bei der letzten Restaurierung kamen ein neuer (rekonstruierter?) Fries mit Kreuzen und Sternen, grau gefasste Profilleisten sowie die vorher nicht mehr sichtbare Jahreszahl 1658 hinzu. An der Westseite des Schafts gesellt sich zur Rotfarbigkeit noch das gemalte Zifferblatt der Turmuhr.

Bemerkungen. In der Zeit des 17. und 18. Jh. treten feinteilige Ornamentfriese an Türmen, noch dazu farblich differenziert wie in Danis, selten auf. Es handelt sich um eine dekorationsfreudige Erscheinung, die seit der jüngsten Restaurierung noch stärker als vorher zur Wirkung kommt (Befundlage im Einzelnen nicht abgeklärt).

Literatur. KDM GR IV (Erwin Poeschel), 1942, 372-374 (keine Erwähnung des Dekors).

3.7.22 Cauco (GR, Val Calanca)

Katholische Pfarrkirche. Schiff um 1656/1660, Turm 1683. Restauriert 1979. Aufgenommen 1983.

Architektur- und Dekorationsmalerei an den Glockengeschossen (Abb. 1030). Mächtiger, naturverputzter Turm mit Zeltdach an der Nordwestecke des kleinen, wenig älteren Kirchenbaus (zu dessen Aussenfassung s. 3.3.13). Der hohe ungegliederte Schaft endet in zwei, von Steingesimsen unterteilte Glockengeschosse. Die vergleichsweise kleinen, rundbogigen Schallöffnungen liegen in vertieften Nischen mit farbigem Dekor aus rot marmorierten Scheinbalustern, roten Zwickelfüllungen, rot gefassten Kämpfersteinen und einem doppelten Rahmungsbogen in Putzweiss und Grau.

Bemerkungen. Der durch die Zwickelfüllung und die Marmorierung mehr ornamentale als architektonische Farbdekor berücksichtigt nur die Schallöffnungen des sonst unverzierten Turms. Er nimmt weder formal noch farblich, geschweige in der Herstellungstechnik Bezug auf die weisse Architekturmalerei am Kirchenbau. Interessantes Dekorationsdetail, das typologisch eher einem Profanbau als einem Kirchturm zuzuordnen ist.

Literatur. KDM GR VI (Erwin Poeschel), 1945, S. 257f.

3.7.23 Poschiavo (GR, Puschlav)

Reformierte Kirche. Turm mit erster Farbfassung bereits 1677/85. Zweite Farbfassung 1708, diese wurde anhand umfangreicher Originalreste 1971/72 wiederhergestellt. Aufgenommen 1983.

Schaft, Glockengeschoss und Aufsatz mit buntfarbiger Architektur- und Ornamentmalerei (Abb. 188, 1031–1033). Der weiss verputzte, am Schaft mit roten Eckquadern bemalte Turm erhielt vom Glockengeschoss an aufwärts eine stark ornamentalisierte, im Wesentlichen rot betonte Architekturbemalung: Die fiktiven Säulen, die optisch das Kranzgesims tragen, haben mehrfarbig marmorierte Schäfte sowie rote Basen und rote bzw. grüne Doppelkapitelle von ungewöhnlicher Grösse. Die Basen sind perspektivisch wiedergegeben, die Kapitelle in korinthischer und ionischer Gestalt mit Akanthusblättern bzw. Voluten (zur interessanten Herkunft der spiralförmigen Schäfte siehe 1.4.10). Die anfangs durch Ritzung nur dreigliedrig konzipierten Basen wurden während der Ausführung in Farbe offensichtlich durch einen weiteren Wulst und eine zusätzliche Platte erhöht, wie es der Originalbefund ausweist (Abb. 1031, 1032). In die Schallöffnungen sind rot und weiss gestrichene Holzbalustraden eingestellt. Das bekrönende, haubengedeckte Oktogon und seine Laterne wurden in den offenen Fensternischen rot und in den blinden Fensternischen sowohl rot als auch grün gestrichen. Die Wandpartien unter dem Dachgesims sind seitenweise wechselnd mit einem jeweils roten und grünen Blattfries bemalt und die Profile mit einer Marmoräderung überzogen. Bei der gesamten Turmbekrönung fällt besonders die rückversetzte Mauerbrüstung zwischen Kranzgesims und Oktogon ins Auge. Sie ist an ihren vier Eckpfosten mit breitblättrigem rotem Rankenwerk und auf den Zwischenstücken mit roten Henkelkandelabern dekoriert, aus denen grüne Zweige mit roten Blüten ran-

1031 Poschiavo, originales Detail einer Säulenbasis mit farbigen Flächenpartien, weissen perspektivisch wirksamen Höhungen und dunklen Konturen, Foto im Auflicht vor der Restaurierung

1032 Poschiavo, originales Detail derselben Säulenbasis mit Ritzzeichnung im Putz und Korrekturen beim Profil, Foto im Streiflicht vor der Restaurierung

1033 Poschiavo, Reformierte Kirche, Turm mit buntfarbiger und originell stilisierter Architekturbemalung, zweite wiederhergestellte Farbfassung von 1708

ken. – Die am Schaft aufgemalten Uhren bestehen aus roten Ringen, grauen Ziffern und einer roten Sonne.

Bemerkungen. Den Turm zeichnet eine phantasievolle, ländliche Buntmalerei aus, die sowohl die architektonischen Einzelformen als auch die Wiedergabe verschiedener Steinmaterialien auf witzige Weise stilisiert und dadurch ausserordentlich dekorativ wirkt. Ungewöhnlich ist die Mitverwendung von Grün (zur Steinimitation siehe 1.4.10). Ein Turmdekor in dieser Art von Bauernmalerei ist hierzulande bisher einzigartig. Die vom Turm unabhängige Farbigkeit der älteren Kirchenfassade wird unter 1.5.11 besprochen.

Literatur. KDM GR VI (Erwin Poeschel), 1945, S.69-71 (keine Bemerkung zur Farbigkeit) · Oskar Emmenegger, Albert Knoepfli.- Das Farbgewand der reformierten Kirche von Poschiavo. In: UKdm 1973, Heft 2, S.131-137 · Emmenegger 1994, S.34.

1034 Solduno, Kirchturmuhr mit ornamental dekoriertem Zifferblatt, Malerei 1922 nach einem Vorbild des 19. Jahrhunderts (Foto 1983)

1035 Solduno, Kirchturmuhr nach der Restaurierung (Foto 1989)

1036 Loco, Kirchturmuhr mit figürlich ummaltem Zifferblatt und Sinnspruch der Vergänglichkeit nach Ovid

3.7.24 Solduno (TI, Locarno)

Pfarrkirche. Neubau des Kirchenschiffs 1778/89. Vom Vorgängerbau erhalten geblieben sind Chor und unterer Teil des nordseitig freistehenden Turms. Baubeginn dieses Turms 1711, heutiges Uhren- und Glockengeschoss später, wohl gleichzeitig mit dem Kirchenschiff erstellt. Uhrengeschoss bemalt 1922, restauriert 1989 (Jzz. an allen vier Zifferblättern). Aufgenommen 1983 vor und 1989 nach der Restaurierung.

Bemaltes Uhrengeschoss (Abb. 1034, 1035). Unverputzter Glockenturm mit Zeltdach. Nur das hohe, von Steingesimsen eingefasste Uhrengeschoss ist allseitig hell verputzt und bemalt: Die Zifferblätter werden von einem aufwändigen, untersockelten Rahmen mit ornamentierten Leisten in Ockergelb, Rot und Blau eingefasst. Alle Uhren tragen eine Beschriftung in der Sockelpartie, am ausführlichsten ist die im Westen: «Città di Locarno per gomo fusione con Solduno», «A.D. 1989/‹Anno/Mazzoni Pietro/1922›/Impresa/Pasinelli/Solduno».

Bemerkungen. Die historisierende Malerei entstand anlässlich des Zusammenschlusses der Gemeinden Solduno und Locarno. Die heutige, 1989 wiederhergestellte Fassung geht auf die Neubemalung von 1922 zurück, die ihrerseits einem Vorbild (evtl. am Turm selbst) aus der zweiten Hälfte des 19. Jh. folgt. Die Zifferblattrahmung der Kirche von Solduno ist ein repräsentatives Beispiel für die Kontinuität der traditionellen malerischen Ausgestaltung von Turmuhren mit Bauelementen und ornamentalem Zierwerk.

Literatur. MHS TI I (Virgilio Gilardoni), 1972, p. 327-330 (Uhr nicht erwähnt).

3.7.25 Loco (TI, Valle Onsernone)

Pfarrkirche. Mutterkirche des Tals, bereits 1228 erwähnt. Am Turm Jz. 1546 (Quaderbeschriftung an Südwestecke auf der Traufhöhe des Schiffs). Schiff und Chor im Wesentlichen 17. Jh., Eingangsfassade um 1800. Zifferblatt der Turmuhr bez. «Rinovato / A.D. MDCCXXX [sic!] / MCMXXXIV // Fvgit fræno non remorante hora» (frei übersetzt: «Unaufhaltsam flieht die Stunde»).

Grosses gemaltes Zifferblatt (Abb. 1036, 1037). Der mit hohem Pyramidenhelm abschliessende Turm steht an der Nordwestseite der Kirche und fluchtet mit der übergiebelten Eingangsfassade. Er ist über sieben Geschosse in unverputztem Bruchstein hochgemauert. Einige der Eckquader weisen schöne, geglättete Bossen auf. Das Zifferblatt der Uhr ist die einzige Malerei am Bau und nimmt die gesamte Mauerfläche an der Frontseite unter dem Glockengeschoss ein. Auf einer von grauen Konsolen fiktiv gestützten, steingelben Sockelplatte, die die oben zitierte Inschrift trägt, liegt die bärtige und geflügelte Gestalt des Chronos mit Sanduhr und Sense, ihm gegenüber ein geflügelter Putto. Gemeinsam zeigen sie auf die grosse Uhr und gemahnen an den unaufhaltbaren Fortgang der Stunde. Rings um das leicht eingetiefte Zifferblatt läuft ein Blattkranz. Bei den Ziffern XII und VI ist er mit zwei dargestellten grauen Steinspangen befestigt. Den Hintergrund der gesamten Darstellung bildet ein faltenreich geraffter Vorhang, der oben von zwei Trompetenengeln des Jüngsten Gerichts gehalten wird. Die Bildfarben konzentrieren sich vor allem auf Rot, durchsetzt von Ockergelb, Grau und dem hellen Ton des Putzes, bei den Figuren in Rosa modelliert.

Bemerkungen. Ungewöhnlich aufwändig gemalte Uhr mit emblematisch figürlichem Beiwerk und Sinnspruch. Den oben zitierten römischen Jahreszahlen zufolge entstand die Malerei 1730 und wurde 1934 renoviert. Aus stilistischen Gründen ist sie aber kaum 1730, sondern frühestens ins späte 18. Jh. zu datieren und könnte im Zuge der um 1800 vorgesetzten Eingangsfassade aufgebracht worden sein. Es ist denkbar, dass die Buchstaben des Entstehungsjahres unleserlich geworden waren und infolgedessen bei der Restaurierung 1934 ein Schreibfehler unterlief. Während die Bildoberfläche relativ wenig überarbeitet erscheint, wurde die Inschrift, die einen Schriftduktus aus dem 1. Drittel des 20. Jh. zeigt, offensichtlich komplett neu angefertigt. Das im Kunstführer durch die Schweiz (Bd. 2, 2005, S. 637) mit 1830 angegebene Entstehungsjahr ist unrichtig gelesen und die Zuschreibung der Malerei an Carlo Agostino Meletta (1800–1875) eher unwahrscheinlich. – Der Sinnspruch fusst auf den Versen der Fasti VI, 771s von Ovid: «Tempora labuntur, tacitisque senescimus annis, et fugiunt freno non remorante dies» / «Die Zeit vergeht, unmerklich werden wir alt und die Tage fliehen dahin, ohne dass ein Zügel sie hält».

1037 Loco, geflügelter Chronos mit Sanduhr und Sense

ANHANG

Verzeichnis der Bauwerke

Die Bauwerke und ihre Farbfassungen sind nach Themen in derselben Reihenfolge wie im Buch aufgelistet.
Die mit * versehenen Nummern bezeichnen Werke im Kontext.
Die in Klammern gesetzte Jahreszahl bezieht sich auf die Farbfassung.

Abkürzungen

A	Österreich	BL	Basel Landschaft	GL	Glarus	NW	Nidwalden	TG	Thurgau
AG	Aargau	BS	Basel Stadt	GR	Graubünden	OW	Obwalden	TI	Ticino/Tessin
AI	Appenzell Innerrhoden	CH	Schweiz	I	Italien	PL	Polen	UR	Uri
		D	Deutschland	JU	Jura	SG	Sankt Gallen	VD	Vaud/Waadt
AR	Appenzell Ausserrhoden	F	Frankreich	LU	Luzern	SH	Schaffhausen	VS	Valais/Wallis
		FR	Fribourg/Freiburg	NE	Neuchâtel/ Neuenburg	SO	Solothurn	ZG	Zug
BE	Bern	GE	Genève/Genf			SZ	Schwyz	ZH	Zürich

1 Fassadenflächen

1.1 Fugen- und Quadermalerei

Überblick

* TI Curogna, Oratorio S. Cristoforo, Putzoberfläche (nach 1578)
* D Quadermauer «gefarbt», Holzschnitt (Augsburg um 1490)

Ritzfugen 14. Jahrhundert

1.1.1 ZH Bubikon, Johanniter-Komturei (um 1200)
1.1.1* SG Sargans, Schlossturm (wohl 13. Jh.)
1.1.2 TI Chironico, Torre dei Pedrini (wohl 14. Jh.)
1.1.2* TI Chironico, Zeichnung (Joh. Rudolf Rahn 1889)

Weisse Putzfugen 13.–15. Jahrhundert

1.1.3 GR Susch, Gefängnisturm (12./13. Jh.)
1.1.4 TI Castel San Pietro, Chiesa rossa (1343)
1.1.5 GR Celerina, San Gian, Turm (1478)
1.1.5* I Brixen/Südtirol, Pfarrkirche (1503)
1.1.5* I Laatsch/Vintschgau, Calvenschlachtkapelle (1519)
1.1.5* TI Locarno, S. Maria in Selva, Wandbild (1460/80)
1.1.5* A St. Wolfgang, Wolfgangaltar (Michael Pacher 1471)
1.1.5* I Brixen/Südtirol, Jakobsaltar (Marx Reichlich 1506)

Weisse Putzfugen 16./17. Jahrhundert

1.1.6 JU St-Ursanne, Mauerturm (16. Jh.)
1.1.7 VS Salgesch, Karengasse 10 (1616)
1.1.7* VS Susten, Haus in Ortsmitte (um 1620)
1.1.7* VS Gampinen, Haus in Ortsmitte (um 1600)
1.1.7* VS Leuk Stadt, Mageranhaus (A. 17. Jh.)
1.1.8 NE St-Blaise, Maison Neuve (1660)
1.1.8* NE Auvernier, Grand'rue 3 (1615)
1.1.8* NE Neuchâtel, Ancienne cure (1682?)
1.1.9 VD Fiez, Maison bernoise (1683)

Weisse Fugenstriche 16./17. Jahrhundert

1.1.10 FR Fribourg, Jesuitenkollegium (1585/86)
1.1.11 GR Cumbel, Porclas (14. Jh., wohl 17. Jh.)
1.1.11* GR Cumbel, Zeichnungen (Joh. Rudolf Rahn 1906)

1.1.12 GE Genève, Maison Tavel (1334, nach 1680)
1.1.12* GE Genève, Kathedrale (1643)

Quaderwände in Sgraffito 17. Jahrhundert

1.1.13 TI Lugano, S. Lorenzo, Borghetta (1670)
1.1.13* TI Morcote, Casa Tettamanti (16. Jh.)
1.1.13* TI Morcote, Palazzo Paleari (16. Jh.)
1.1.13* TI Morcote, Alta Casa Ruggia (16. Jh.)
1.1.13* TI Ascona, Casa degli Angioli (16. Jh.)
1.1.13* PL Poznan/Posen, Rathaus (1550/55)
1.1.14 GR Guarda, Haus Nr. 51 (1613)
1.1.15 GR Zuoz, San Bastiaun, Haus Willi (17. Jh.)

Rote Fugenstriche 16. Jahrhundert

1.1.16 BE Utzenstorf, Kirche ehem. St. Martin (1522, 1557)
1.1.17 VD La Sarraz, Schloss (wohl 16. Jh.)
1.1.17* VD Romainmôtier, Klosterkirche, Gewölbe (11. Jh.)
1.1.17* VD Chéserex, Abtei Bonmont (12. Jh.)
1.1.17* ZH Kappel am Albis, ehem. Kloster, Zwinglisaal (14. Jh.)
1.1.17* BS Basel, Predigerkirche (14. Jh.)
1.1.17* ZH Zürich, Haus zur Hohen Eich (14. Jh.)
1.1.18 VD Nyon, Schloss, Turm (um 1576/77)

Buntfarbige Quader 15.–17. Jahrhundert

1.1.19 TI Giubiasco, S. Maria Assunta (1. H. 15. Jh., 1943)
1.1.19* TI Giubiasco, Zeichnung (Joh. Rudolf Rahn 1885)
1.1.19* TI Ravecchia-Bellinzona, S. Biagio, Christophorus (15. Jh.)
1.1.19* I Musso/Comasco, Chiesa parrocchiale (vor 1507)
1.1.20 TI Curogna, Oratorio S. Cristoforo (nach 1578)
1.1.20* I Cavalese/Trentino, Wohnhaus (14./15. Jh.)
1.1.21 GR Scuol, Haus à Porta (1613)
1.1.21* I Bormio/Altavaltellina, Wohnhaus (16./17. Jh.)
1.1.22 TI Arosio, Pfarrkirche (17. Jh.)

Perspektivische Darstellungen

1.1.23 TI Mendrisio, Palazzo Torriani (15. Jh.)
1.1.23* VD Chillon, Schloss, Innenräume (14. Jh.)
1.1.23* TI Bissone, Häuser der Uferstrasse (16./17. Jh.)

1.1.24	AG	Fahr, Kloster, Kirchturm (Gebrüder Torricelli 1746/48)		1.2.20	BL	Arlesheim, Eremitage, Öl- und Tabakstampfe (1817, 1860)
1.1.24*	SO	Solothurn, Gemeindehaus (1658)		1.2.21	TI	Loco, «grotto», ehem. Quellenhaus (Giov. Meletta 2. H. 19. Jh.)

Gequaderte Sockelgeschosse

1.1.25　GR　Brusio, Pfarrkirche, Westfassade (1617/18)
1.1.26　TI　Ascona, Casa Serodine (1620)
1.1.27　BE　Saanen-Underbord, Kastlan-Haldi-Haus (1743)
1.1.27*　VD　Rougemont, Les Allamans (1767)
1.1.28　SH　Neunkirch, Obertorturm, Sockelbemalung (wohl 1733)
1.1.29　VS　Mörel, Haus de Sepibus (1793)
1.1.30　TI　Linescio, Ristorante Bronz-Zanolini (E. 19. Jh.)
1.1.30*　TI　Sornico, Casa Moretti, südliche Talseite (2. H. 19. Jh.)
1.1.31　JU　Delémont, Maison de Grandvillers (E. 19. Jh.)

1.2.22　GR　Poschiavo, Casa Matossi-Lendi (Giov. Sottovia 1856)
1.2.23　TI　Bellinzona, ehem. Lackfabrik (2. H. 19. Jh.)
1.2.24　GR　Stampa-Coltura, Palazzo Castelmur (um 1854)
1.2.24*　VD　Lausanne, Avenue du Grammont 1, Backstein (1906)

1.2　Mauerwerke und Friese aus Backstein und Farbe

Überblick

*　VD　Vufflens-le-Château, Schloss, Innenhof (1415/30)
*　I　Gera Lario/Comasco, Kirche (14. Jh.)

15./16. Jahrhundert

1.2.1　TI　Locarno, S. Maria in Selva, Chorhaus (1399/1400)
1.2.1*　I　Rom, S. Maria Maggiore, campanile (romanisch)
1.2.1*　TI　Ascona, S. Maria della Misericordia, Collegio (1399/1442)
1.2.1*　ZH　Zürich, Kloster Oetenbach (A. 14. Jh.)
1.2.1*　I　Como, Via Francesco Muralto 39 (15./16. Jh.)
1.2.2　VD　Vufflens-le-Château, Schloss (1415/30, 1530/44)
1.2.3　VD　Oron-le-Châtel, Schloss, Wehrgang (14./15. Jh.)
1.2.4　TI　Morcote, S. Antonio Abate, Gesims (E. 15. Jh.)
1.2.4*　GE　Genève, St-Gervais (1435/46, 1902/04)
1.2.5　TI　Pura, Casa Crivelli (um 1500)
1.2.6　TI　Coldrerio Costa di spora, Landhaus Malacrida (15. Jh.)
1.2.6*　TI　Bellinzona, S. Maria delle Grazie, Westfassade (1480/1502)
1.2.6*　TI　Vico Morcote, Kirche, Kuppel (1625/27)
1.2.7　TI　Locarno, Castello, Innenhof (15. Jh.)
1.2.7*　TI　Morcote, S. Antonio Abate, Fenster (E. 15. Jh., 19. Jh.)
1.2.7*　TI　Locarno, Palazzo Giovanni Rusca (15. Jh.)
1.2.8　GR　Poschiavo, S. Vittore, Turm (E. 15. Jh.)
1.2.8*　TI　Lugano, S. Maria degli Angeli (1499/1515)
1.2.8*　I　Villar San Costanzo/Piemont, Kirchturm (romanisch)
1.2.9　TI　Miglieglia, Beinhaus (um 1500)
1.2.9*　TI　Miglieglia, S. Stefano, Chorhaus (um 1500)
1.2.10　TI　Bellinzona, S. Maria delle Grazie, Nordseite (1480/1502)
1.2.11　TI　Giornico, S. Pellegrino (1589)

Zur Ikonografie der Casa Santa 16./17. Jahrhundert

1.2.12　TI　Sonvico, Santa Casa Lauretana (1636)
1.2.13　GR　Monticello, S. Maria della Neve, Wandbild (nach 1513)
1.2.13*　GR　Roveredo, Madonna del Ponte chiuso, Wandbild (1524)
1.2.14　I　Bormio, Via Roma 82, Fassadenbild (1. H. 16. Jh.)
1.2.15　TI　Lugano, S. Maria di Loreto, Bildstock (E. 15. Jh.)
1.2.15*　TI　Carona, Via Maistra, Fassadenbild (um 1600)
1.2.15*　TI　Carona, S. Maria d'Ongero, Portal, Marienbild (2. V. 17. Jh.)
1.2.15*　TI　Morcote, Pfarrkirche, Wandbild (1614)

18./19. Jahrhundert

1.2.16　TI　Campo, Palazzo G. B. Pedrazzini, Kamin (um 1750)
1.2.17　TI　Prato, Wohnhaus (19. Jh.,1822?)
1.2.18　TI　Dongio, landwirtschaftliches Anwesen (19. Jh.)
1.2.19　TI　Arogno, S. Rocco (19. Jh.)

1.3　Farb- und Steinwechsel im Mittelalter

Überblick

*　GR　Müstair, Klosterkirche, Hochschiffwand (um 800)
*　ZH　Fraumünster, Leinenstickerei (1539)
*　A　St. Wolfgang, Altartafel (Michael Pacher 1481)

Karolingische Rot-Weiss-Malerei

1.3.1　GR　Müstair, Klosterkirche (um 800)
1.3.1*　I　Ravenna, Mausoleum Gala Placidia (424/25)
1.3.1*　I　Ravenna, San Vitale (525/547)
1.3.1*　I　Brescia, San Salvatore (um 800)
1.3.1*　D　Aachen, Münster (800)
1.3.2　GR　San Vittore, Kapelle S. Lucio (2. H. 8. Jh.)
1.3.2*　GR　Mistail, Kirche (um 800)
1.3.2*　TI　Miglieglia, S. Stefano, Südseite (romanisch)

Arkaden und Fenster

1.3.3　VD　Romainmôtier, Klosterkirche, Fensterbögen (11. Jh.)
1.3.3*　D　Konstanz, Münster (romanisch)
1.3.4　BS　Basel, St. Alban, Kreuzgang (nach 1100)
1.3.4*　D　Speyer, Kaiserdom (1030/1106)
1.3.4*　D　Reichenau-Mittelzell, Benediktinerabtei (1030/48)
1.3.4*　SH　Schaffhausen, Münster (1087/1103)
1.3.5　TI　Muralto, S. Vittore (1090/1100)
1.3.5*　I　Gravedona/Comasco, S. Vicenzo (um 1072)
1.3.5*　I　Como, S. Abbondio (1095)
1.3.6　GR　Chur, Kathedrale, Südseite (1171/78)
1.3.6*　GR　Chur, Kathedrale, Westfenster (13. Jh.)

Torbögen in Steinversatz

1.3.7　TI　Carona, S. Maria di Torrello, Hoftor (1217/1349)
1.3.8　TI　Mendrisio, Via Nobili Rusca 5 (14./15. Jh.)
1.3.9　TI　Coldrerio, Palazzo Cigalini (14. Jh.)
1.3.10　TI　Locarno, Castello, Tordurchgang (nach 1342)
1.3.10*　TI　Ravecchia-Bellinzona, S. Biagio, Fenstereinfassung (13. Jh.)

Rot-Weiss, Rot-Schwarz

1.3.11　TI　Bellinzona, S. Maria delle Grazie, Turm (1480/1502)
1.3.12　VD　Vufflens-le-Château, Schloss, Bergfried (1415/30)

Mehrfarbige Rundfenster

1.3.13　TI　Morcote, S. Antonio Abate, Rundfenster (E. 15. Jh.)
1.3.14　GR　Celerina, S. Gian, Radfenster (1478)
1.3.14*　GR　Chur, Kathedrale, Rundfenster (um 1200)
1.3.15　TI　Arosio, Pfarrkirche, Rundfenster (17. Jh.)

Streifungen im Mauergefüge

1.3.16　GR　Prugiasco-Negrentino, S. Carlo, Chorapsis (um 1100)
1.3.16*　GR　Prugiasco-Negrentino, Zeichnung (Joh. Rudolf Rahn 1898)
1.3.17　TI　Locarno, Nischengrab Orelli (1347)
1.3.17*　I　Como, Broletto (um 1215)

1.3.17*	I	Gravedona/Comasco, Baptisterium (um 1200)		*	LU	Luzern, Wasserturm (1669)
1.3.18	GR	Cazis, Pfarrkirche (Andreas Bühler 1504)		*	LU	Grossdietwil, Gasthaus zum Löwen (1810)
1.3.18*	I	Como, Palazzo Pantera (15. Jh.)		*	AI	Appenzell, Bleiche (1756,1809)
				*	ZG	Hünenberg (Ballenberg), Gasthaus Degen (1891)

1.4 Gemalte Marmorierungen

Überblick

* GR Grono, SS. Rocco e Sebastiano, Putzoberfläche (vor 1633)
* I Cavalese/Trentino, Wohnhaus (14./15. Jh.)
* TI Monte Carasso, S. Bernardo, Innendekor (um 1480)

Imitationen um und nach 1600

1.4.1 GR Filisur, Haus Nr. 84 (Hans Ardüser 1595)
1.4.2 GR Scharans, Haus Gees, Marmorierung (Hans Ardüser 1605)
1.4.2* GR Lantsch/Lenz, Haus Nr. 11 (Hans Ardüser 1592)
1.4.2* GR Lantsch/Lenz, Haus Beeli v. Belfort (Hans Ardüser um 1600)
1.4.2* GR Parpan, Schlössli, Innendekor (Hans Ardüser 1588/1591)
1.4.3 TI Broglio, Casa Pometta, Fenstergewände (1622/23)
1.4.4 TI Lodano, Bildstock (wohl A. 17. Jh.)

Imitationen 17. Jahrhundert

1.4.5 TI Manno, strada bassa, Mauer mit Durchgang (17. Jh.)
1.4.6 GR Grono, SS. Rocco e Sebastiano (1615/1633)
1.4.7 BE Büren an der Aare, Schloss, Stadtseite (Joseph Plepp 1623)
1.4.7* GR Zizers, Oberes Schloss (vor 1694)
1.4.7* AG Fahr, Klosterkirche, Nordanbau (Gebrüder Torricelli 1748)
1.4.8 TI Cevio Piazza, Casa Respini-Franzoni (2. H. 17. Jh.)
1.4.9 TI Cevio Vecchio, Casa Franzoni, Südportal (wohl 1688)
1.4.9* TI Cerentino, Kirche, Wandbild (1707)
1.4.10 GR Poschiavo, Ref. Kirche, Säulenschäfte am Turm (1708)
1.4.10* TI Monte Carasso, Pfarrkirche, Eingangsfassade (um 1600)
1.4.11 GR Sevgein, Pfarrkirche, Hauptportal (1687/91)
1.4.11* GR Sevgein, Wallfahrtskapelle Heilig Grab (1679/83)
1.4.12 GR Cunter, Pfarrkirche, Westfassade (1672)

Imitationen 18. Jahrhundert

1.4.13 TI Orselina, Madonna del Sasso (17./18. Jh.)
1.4.14 GR Luzein, Sprecherhaus (Grosses Haus), Hoftor (1708)
1.4.15 TG Fischingen, Kloster, Iddakapelle, Farboberfläche (1962/68)
1.4.16 GR Scharans, Haus Nr. 48, Giebelseite (1668, 1702)
1.4.17 GR Splügen, Haus Albertini (1719)
1.4.18 TI Campo, Palazzo Martino Pedrazzini (1746)
1.4.19 TI Peccia, Haus Nr. 28 (E. 18. Jh.)

Imitationen 19. Jahrhundert

1.4.20 TI Melide, Lungolago Giuseppe Motta 64 (2. H. 19. Jh.)
1.4.21 TI Linescio, Bildstock (19. Jh.)
1.4.22 GR Poschiavo, Casa Fanconi (Giov. Sottovia 1856)
1.4.22* GR Poschiavo, Spaniolenviertel, Villa (Giov. Sottovia 19. Jh.)
1.4.23 TI Ponto Valentino, Villa (1897)
1.4.23* TI Gentilino, Casa S. Abbondio (19. Jh.)

1.5 Farbigkeit von Naturstein und Steinimitationen

Überblick

* GR Obervaz-Muldain, Filialkirche, Turmecke (1676)
* D Altartafel (R. Stahel, Konstanz 1522)
* BS Basel, Münster, Georgsturm (E. 11. Jh., 1597)
* TI Carona, S. Maria di Torrello, Kirchenfassade (1217)
* AG Brugg, Lateinschule, Illusionsmalerei (1640)

Roter Sandstein

1.5.1 SH Neunkirch, Kirche, Turm (1484)
1.5.1* SH Neunkirch, Oberer Brunnen (1767)
1.5.2 SH Hallau, Bergkirche (1491,1751)
1.5.3 BL Liestal, Stadtkirche (1619/20)
1.5.4 NE Neuchâtel, Notre Dame (1897/1906)
1.5.4* D Freiburg/Breisgau, Münster (13./16. Jh.)
1.5.4* F Strassburg, Münster (12./15. Jh.)

Roter Porphyr

1.5.5 TI Carona, Pfarrkirche (1598)
1.5.5* TI Carona, S. Maria d'Ongero, Vorzeichen, Loggia (2. V. 17. Jh.)
1.5.5* TI Carona, S. Maria di Torrello, Hauptportal (1217)
1.5.5* TI Carona, Casa comunale, «La Loggia» (1591/92)
1.5.6 TI Comprovasco, Villa (1890)
1.5.7 GR Obervaz-Muldain, Filialkirche, Eckquader (1676)
1.5.8 TG Willisdorf, Kapelle St. Sebastian, Eckquader (17./18. Jh.)

Gelbe und graugelbe Rauwacken und Kalktuffe

1.5.9 GR Sta. Maria Val Müstair, Haus Nr. 97 (1676)
1.5.10 VS Mörel, Kath. Pfarrkirche, Chor (1527/1547)
1.5.11 GR Poschiavo, Ref. Kirche, Westfassade (1642/49)
1.5.11* SO Solothurn, Schloss Waldegg (um 1690, 1. H. 18. Jh.)
1.5.12 GR Thusis, Schlössli, Turm (1670?, vor 1727)
1.5.13 VS Stalden-Neubrück, Kapelle (1727)
1.5.13* VS Binn, Kapelle St. Antonius (1690)
1.5.13* VS Stalden, Kirchturm (18. Jh.)

Gelber Jurakalk
(Neuenburger Stein, pierre jaune, Kalkstein des Hauterivien)

1.5.14 FR Estavayer-le-Lac, Kollegiatskirche (A. 16. Jh.)
1.5.15 VD Cossonay, Maison de Banneret (1654)
1.5.16 VD La Sarraz, Rue du château 2 (1662)
1.5.17 BE Gampelen, Pfarrhaus (1666/68)
1.5.18 VD Thierrens, Pfarrhaus (1732)
1.5.19 BE Ligerz, Aarbergerhus (1740)
1.5.20 VD Allens (Cossonay), Haus Nr. 348 (2. H. 19. Jh.)
1.5.21 SO Solothurn, Kathedrale, Bauskulptur (J. B. Babel 1772/75)
1.5.22 BE Nidau, Rathaus (1756/58)

Grüne Serpentine und Gneise

1.5.23 GR Brusio, Pfarrhaus (17. Jh.)
1.5.23* GR Poschiavo, Ref. Kirche, Portal (1642/49)
1.5.23* GR Brusio, Casa Trippi (1606)
1.5.24 GR Prada-Annunziata, Haus Nr. 668 (17./18. Jh.)
1.5.24* GR Poschiavo, Vecchio Monastero S. Maria (2. H. 17. Jh.)
1.5.24* GR Müstair, Kloster, Südstall (1707)
1.5.25 GR Soglio, Casa Max, «Stalazzo» (1695)
1.5.25* GR Soglio, Casa Battista (1701)

Sogenannter Schwarzer Marmor
(Kalkstein von Saint-Triphon)

1.5.26 VD Chillon, Schloss, Rundtürme (14./15. Jh.)
1.5.27 VS Sion, Maison Ambüel, Eckquader (E. 17. Jh., nach 1788)

1.5.27* VS Sion, Hôtel de Ville (1657/67)
1.5.28 VD Ollon, Hôtel de Ville (1782)
1.5.28* VD Ollon, Place du Cotterd no 421 (1818)
1.5.29 VD Vevey, La Grenette (1808)

Graugekörnter Tessiner Granitgneis

1.5.30 TI Cevio Vecchio, Pfarrkirche (17. Jh., um 1848)
1.5.30* TI Cevio Rovana, S. Maria del Ponte (um 1668, M. 19. Jh.)
1.5.30* GR Bever, Kirchturm, Granitimitat (1672)
1.5.31 TI Prato-Sornico, Casa Gagliardi (um 1600)
1.5.31* TI Peccia, Casa Bazzi (1609)

2 Gebäudekanten

2.1 Gemalte Quader an Ecken, Fenstern und Gesimsen

Überblick

* TI Broglio, Casa Pometta, Eckquadermalerei (1622/23)
* CH Eckquaderungen, Holzschnitt (Urs Graf?, Basel 1510)
* SH Hausgiebel, Wandbild (Stein a. Rh., St. Georgen 1515/16)

Quadermalerei an Kirchen um 1500 in Graubünden
Die Baumeister Andreas Bühler, Bernhard von Puschlav und ihr Umkreis

2.1.1 GR Poschiavo, S. Vittore (Andreas Bühler 1497)
2.1.2 GR La Punt-Chamues-ch, St. Andreas (Bernhard v. Puschlav 1505)
2.1.3 GR Ilanz, Ref. Pfarrkirche (Umkreis Bühler 1483/1520)
2.1.4 GR Stierva, Kath. Pfarrkirche (Lorenz Höltzli 1519/21)
2.1.5 GR Flims, Ref. Kirche (Andreas Bühler 1512)
2.1.6 GR Salouf, Kath. Pfarrkirche (Petrus v. Bamberg nach 1501)
2.1.7 GR Zuoz, St. Katharina (Bernhard v. Puschlav 1511)
2.1.7* GR Casaccia, S. Gaudenzio (Bernhard v. Puschlav 1518)
2.1.8 GR Zillis, St. Martin, Chor (Andreas Bühler 1509)
2.1.9 GR Sta. Maria Val Müstair, Ref. Pfarrkirche (Andreas Bühler 1492)
2.1.10 GR Scuol, Ref. Kirche (Bernhard v. Puschlav 1516)
2.1.11 GR Ilanz, Alte Pfarrkirche St. Martin (1662, 1663)

Quadermalerei an Kirchen nach 1500 im Wallis
Die Zusammenarbeit von Baumeister Ulrich Ruffiner und
Maler Hans Rinischer

2.1.12 VS Naters, Beinhaus (1514)
2.1.13 VS Raron, Burgkirche (1518)
2.1.13* VS Raron, Wohnturm auf der Burg (1. H. 16. Jh.)
2.1.14 VS Naters, Kath. Pfarrkirche, Turm (1514)
2.1.14* VS Ernen, Kath. Pfarrkirche, Masswerk (1510/18)
2.1.15 VS Mörel, Kath. Pfarrkirche, Turm (1527/47)

Schwarze und graue Quaderungen

2.1.16 ZH Zürich-Witikon, Burenweg 18 (um 1500)
2.1.17 FR Fribourg, Stalden 16 (1515)
2.1.17* FR Fribourg, Planche supérieur 2-8 (16./17. Jh.)
2.1.18 FR Fribourg, Rue de la Samaritaine 40 (16./17. Jh.)
2.1.18* FR Fribourg, Place Jean François Reyff 25 (16./17. Jh.)
2.1.19 GR Fürstenau, Stoffelhaus (1545)
2.1.20 VD Chillon, Schloss, Südostturm Hofseite (nach 1586)
2.1.21 TG Sommeri, Kirche (15. Jh.)
2.1.22 TG Roggwil, Schloss (18. Jh.)
2.1.23 ZH Flaach, Schloss (17./18. Jh.)
2.1.24 BE Lauperswil, Ref. Kirche (evtl. 1645/46, 1967)
2.1.25 VD Chillon, Schloss, Eingang Warenmagazin (1643)
2.1.26 ZH Regensdorf-Watt, Zehntenspeicher (1626)
2.1.26* AG Spreitenbach, Speicher (A. 17. Jh.)
2.1.27 SO Balsthal, Kapelle St. Ottilien (1511, 1662)
2.1.27* SO Niedergösgen, Speicher im Mühledorf (16./17. Jh.)
2.1.28 GR Zernez, Schloss Wildenberg (wohl um 1630)
2.1.29 LU Gelfingen, Schloss Heidegg, Turm (1665)
2.1.29* LU Gelfingen, Schloss Heidegg, Lehenmannshaus (1704)
2.1.30 BE Alchenflüh, Mühle (1637)
2.1.31 TI Sornico, Casa Moretti, nordwestlicher Hausteil (1646)
2.1.32 SH Stein am Rhein, «No-e-Wili-Huus» (1567, 1580)
2.1.32* SH Stein am Rhein, Brotlaubegass 14 (17./18. Jh.)
2.1.33 BE Steffisburg, Kirche (evtl.1681, 1980/83)
2.1.34 BE Einigen-Ghei, Heidenhaus (1685)
2.1.35 ZH Rorbas, Ref. Pfarrkirche (1686)
2.1.36 ZH Unterengstringen, Meierhof des Klosters Fahr (um 1700)
2.1.36* ZG Oberwil, Nikolauskapelle (1619)
2.1.37 SG Wattwil, Kloster Maria der Engel, Pächterhaus (1756)

Rote Eckquader

2.1.38 VS Brig, Altes Stockalperhaus (17. Jh.)
2.1.38* VS Naters, Junkerhof (wohl 1675)
2.1.39 GR Leggia-Roveredo, Kapelle S. Remigio (17. Jh.)
2.1.39* GR Soazza, Kath. Pfarrkirche (1626/39)
2.1.39* GR Soazza, S. Rocco, Turm (1. H. 17. Jh.)
2.1.39* GR Cabbiolo, S. Nicolao (1611)
2.1.40 TG Fischingen, Kloster, Katharinenkapelle (1635/37)
2.1.40* ZG Risch-Buonas, Kapelle St. German (1631/35)
2.1.41 VS Visperterminen, Kapellenweg, Kapelle IX (vor 1731)

Gelbe Eckquader

2.1.42 NE St-Blaise, Maison de la Dîme (1581)
2.1.42* NE St-Blaise, Hôtel du Cheval Blanc (um 1600)
2.1.42* GE La Coudre-Céligny, rue de la Dîme 77 (um 1600)
2.1.42* VD Hauterive, Maison Court (um 1600)
2.1.42* NE Valangin, Maison Touchon (um 1600)
2.1.43 NE Peseux, Maison Sergeans (1597, 1685)
2.1.44 BE Gals, Britschmattstrasse 2 (1609/10)
2.1.45 VS Naters, Pfarrhof (1566/1661)
2.1.46 VS Visp, Blatterhaus (1760)
2.1.47 VS Evolène, Haus am Kirchplatz (1767)
2.1.47* VS Les Haudères, diverse Häuser (18. Jh.)

Gelb und Schwarz am selben Bau (Wallis)

2.1.48 VS Naters, Beinhaus, Zweifarbigkeit (1514)
2.1.49 VS Visp, Burgerkirche, Schiff (1710/30)
2.1.50 VS Naters, Kaplanei (1701)
2.1.51 VS Simplon Dorf, Alter Gasthof (1684/1782)

Abgeeckte Schmalseiten

2.1.52 GR Bondo, Haus Nr. 71 (1696)
2.1.52* GR Soazza, Casa Ferrari-a Marca (1642)
2.1.52* I Isola di Madèsimo/Spluga, Albergo Cardinello (1722)
2.1.53 GR Nufenen, Rothuus (1789)
2.1.54 TI Carona, Via Maistra, Eckbemalung (wohl 18. Jh.)
2.1.54* TI Vico Morcote, Osteria della fontana (wohl 18. Jh.)
2.1.55 TI Sornico, Haus no 2 (wohl 18. Jh.)
2.1.56 TI Carabbia, Wohnhaus (wohl 18. Jh.)
2.1.57 TI Piano di Campo, Wohnhaus (1783)

Zierkonturen, Ornamente und Grotesken

2.1.58	ZG	Zug, Unter Altstadt 11 (wohl 1528)
2.1.59	VS	Visp, «Cricerhaus» (wohl 1577)
2.1.60	BE	Büren an der Aare, Schloss, Aareseite (wohl 1590)
2.1.60*	BS	Basel, Zum grossen Christoffel (2. H. 15. Jh.)
2.1.60*	BS	Basel, St. Albantal, Papiermühle (1554)
2.1.60*	BS	Basel, Bischofshof (16. Jh., 1921/22)
2.1.60*	FR	Fribourg, Stalden 2 (wohl 2. H. 16. Jh.)
2.1.61	FR	Belfaux, Maison de Gléresse, Eckzier (1603/36)
2.1.61*	FR	Tafers, Kapelle Maggenberg, Fenster (A. 17. Jh.)
2.1.62	TI	Broglio, Casa Pometta (1622/23)
2.1.63	ZG	Zug, Burg (nach 1550)
2.1.64	GR	Zuoz, Haus Nr. 51 (1820)

2.2 Eckquader aus Stein, Mörtel und Farbe

Überblick

*	TI	Verdasio, Casa Bertulla, Putzquader (um 1695)
*	GE	Altartafel aus der Kathedrale Genf (Konrad Witz 1444)

Regelmässige rechtwinkelige Werksteinquader

2.2.1	TG	Steckborn, Turmhof (um 1282)
2.2.2	SG	Schänis, Kirchturm (1486)
2.2.3	TG	Diessenhofen, Siegelturm (1545)
2.2.3*	TG	Diessenhofen, Chronik Johannes Stumpf (1548)
2.2.3*	SG	Rorschach, Mariaberg (M. 16. Jh.)
2.2.4	TG	Kreuzlingen, Klosterkirche, Turm (um 1659/75)
2.2.5	GL	Näfels, Freulerpalast (1642/48)
2.2.6	JU	Delémont, Château, Stallgebäude (1716/21)
2.2.7	SG	St. Gallenkappel, Pfarrkirche (1754/64)
2.2.7*	SG	Bürg, Kirchturm (1743)

Unregelmässige Werksteinquader – rechtwinkelig verputzt

2.2.8	VS	Ernen, Tellehüs (1576/78)
2.2.9	FR	Fribourg, Klosterkirche Montorge (1626/28)
2.2.9*	FR	Fribourg, Kapuzinerkirche (1610/17)
2.2.10	LU	Neudorf, Kirche (1677/78)
2.2.10*	SG	Pfäfers, Klosterkirche (1698)
2.2.11	BE	Nidau, Ref. Kirche (1678/82)

Unregelmässige Werksteinquader – vermutlich auf Sicht

2.2.12	ZG	Zug, Unter Altstadt 8 (1647 oder 1667)
2.2.12*	ZG	Zug, Altes Stadthaus (1497)
2.2.12*	ZG	Zug, Rathaus (1505)
2.2.12*	ZG	Zug, ehem. Kornhaus (1530)
2.2.13	SH	Stein am Rhein, Stadtkirche, Turm (1597/1600)
2.2.14	BE	Gampelen, Fanel (1646)
2.2.15	NE	Le Maley (St-Blaise), Bauernhaus (1780)
2.2.15*	NE	St-Blaise, Chemin de Mureta 5 (17./18. Jh.)

Mörtelquader in Steinfarbe

2.2.16	GR	Lostallo, Haus Nr. 10 (1600/1603)
2.2.17	VS	Turtmann, Haus Meyer (1655)
2.2.17*	VS	Turtmann, Tourellier (1662)
2.2.18	TG	Ittingen, Kartause, Kirche, Chor (1703)
2.2.19	GR	Savognin, Haus Amilcar (z.T. wohl 1638)
2.2.19*	GR	Savognin, Zeichnung (Joh. Rudolf Rahn 1908)

Mörtelquader mit Buntfarben und Ornamentierungen

2.2.20	TI	Cevio Vecchio, Case Franzoni, Kelter (2. H. 17. Jh.)
2.2.20*	TI	Cevio Vecchio, Case Franzoni, Toreingang (um 1680)
2.2.21	TI	Cevio Vecchio, Wohn- und Ökonomiegebäude (1620)
2.2.22	TI	Verdasio, Casa Bertulla (um 1695)
2.2.23	GR	Cinuos-chel, Haus Nr. 272 (wohl 1618)
2.2.23*	GR	Ardez, Haus Nr. 119 (1610)
2.2.23*	GR	Guarda, Haus Nr. 43 (1705)
2.2.23*	GR	Guarda, Haus Nr. 74 (1706)
2.2.24	GR	Ardez, Haus Nr. 124 (1671)
2.2.25	GR	Scuol, Haus Nr. 86 (1723)
2.2.25*	I	Claino-Osteno/Comasco, Piazza beta 2/4 (17. Jh.)
2.2.26	TI	Brissago, Palazzo Branca, Bauecken (um 1700)
2.2.26*	GR	Sils im Domleschg, sogen. Palazzo, Bauecken (1740)

2.3 Mittelalterliche Eckverbände mit späteren Farbfassungen

Überblick am Beispiel der Stadt Zürich

*	ZH	Zürich, Haus Zum Spiegel, Holzmodell (1722)
*	ZH	Zürich, Haus Zum Raben, Altarbild (Hans Leu d. Ä. 1492/96)
*	ZH	Zürich, Schaffhauser Haus, Zeichnung 1576 (J. Jakob Wick)
*	ZH	Zürich, Stadelhofen, Zeichnung 1605/06 (H. Thomann)
*	ZH	Urdorf, Badhaus (18. Jh.)

Steinquader, Bossenbehau, Farbfassungen

2.3.1	ZH	Zürich, Haus Zum Hohen Brunnen (14. Jh.,16./17. Jh.)
2.3.1*	ZH	Zürich, Haus Zum Schwarzen Horn (wohl 14. Jh.)
2.3.2	ZH	Zürich, Haus Zum Höfli (13. Jh./1557)
2.3.3	ZH	Zürich, Haus Zum Hinteren Rehböckli (1310, 16. Jh.)
2.3.4	ZH	Zürich, Haus Zum Strumpf (Strumpfband) (Spätmittelalter)
2.3.5	ZH	Zürich, Gesellschaftshaus Zum Rüden (M. 14. Jh.,19. Jh.)
2.3.5*	ZH	Zürich, Stadtplan, Jos Murer (1576)
2.3.5*	ZH	Zürich, Storchengasse 7 (15./16. Jh.)
2.3.6	ZH	Zürich, Haus Zum Spiegel (13./16. Jh.)
2.3.6*	ZH	Zürich, Holzmodell, Haus Zum Spiegel (1722)
2.3.7	ZH	Zürich, Gesellschaftshaus Zum Blauen Himmel (1300,16. Jh.)
2.3.8	ZH	Zürich, Haus Zum Lämmli (1629)
2.3.9	ZH	Zürich, St. Peter, Kirchenschiff (1705/06)
2.3.9*	ZH	Zürich, St. Peter, Zeichnung Gerold Escher (um 1700)

2.4 Quaderungen an Türmen in Schwarzweiss

Überblick

*	TI	Contra, Kirchturm (1682)
*	SH	Stadtturm, Wandbild (Stein a. Rh., St. Georgen 1515/16)

Putzwände mit Quaderdarstellungen in Farbe und in Mörtel 16./17. Jh.

2.4.1	GR	Schmitten, Ref. Pfarrkirche (1522, 1672)
2.4.2	VS	Binn-Willern, Kath. Pfarrkirche (1561)
2.4.3	VD	Lutry, Ref. Pfarrkirche (wohl 16. Jh.)
2.4.4	GR	Brusio, Kath. Pfarrkirche, Turm (1618)
2.4.5	GR	Cinuos-chel, Ref. Kirche (1615)
2.4.6	GR	Poschiavo, Torre comunale (1651)
2.4.7	GR	Lumbrein-Sontg Andriu, Kapelle St. Andreas (1660)
2.4.8	GR	Lumbrein-Surin, Kapelle St. Nikolaus (1695)
2.4.8*	GR	Almens, Kath. Pfarrkirche (1702)
2.4.9	TI	Contra, Kath. Kirche (1682)
2.4.9*	TI	Mergoscia, Kath. Kirche (1694)

2.5 Scheinquader mit Diamanten, Tafeln, Zylindern und Kugeln

Überblick

* TI Sornico, Casa Moretti, Ostfassade (1641)
* BE Bern, Zeitglockenturm, Miniatur (Diebold Schilling 1513)
* SH Schaffhausen, Neue Abtei (1484)

Flächige Diamantquader in Grautönen

2.5.1 ZH Knonau, Meyerhaus (wohl 16. Jh.)
2.5.1* VS Mayoux, Bauernhaus (1667)
2.5.2 LU Ettiswil, Schloss Wyher (A. 17. Jh.)
2.5.3 GR Flims-Waldhaus, «Alte Post» (1588)
2.5.3* GR Flims-Waldhaus, Zeichnung (Joh. Rudolf Rahn 1906)
2.5.4 AI Gonten, Kapelle Maria Loreto (1686, M. 18. Jh.)
2.5.4* SO Lommiswil, Alte Kirche St. German (17. Jh.)

Perspektivische Diamantquader in Grau und Braun

2.5.5 SG Rapperswil, Haus zur Schmitte (um 1581)
2.5.6 FR Tafers, Kapelle Maggenberg (A. 17. Jh.)
2.5.6* BE Steffisburg, Höchhus (1610)
2.5.6* TI Carona, Casa Casella, Gesims (1615)
2.5.7 TI Cevio Vecchio, Casa Franzoni, Bauecken (1684/1688)
2.5.8 SG Bütschwil, sogen. Weisses Haus (M. 17. Jh.)
2.5.9 SZ Galgenen, Haus Krieg, Bauecken (1760, 1801)
2.5.10 VS Turtmann, Ilumstrasse (1602 und später)
2.5.11 TG Bischofszell, Michaelskapelle (17. Jh.)
2.5.11* SG Werdenberg, Altes Rathaus (wohl 17. Jh.)
2.5.12 UR Seedorf, Benediktinerinnenkloster (nach 1722)
2.5.13 TI Vira, Casa Antognini (18. Jh.)

Diamantquader in Buntfarben

2.5.14 BS Basel, Stapfelberg 6 (nach 1589)
2.5.15 FR Fribourg, Stalden 20 (um 1550)
2.5.16 AG Kallern-Unterniesenberg, Haus Keller (1594/1638)
2.5.17 VS Botyre-Ayens, Maison peinte (1620)
2.5.17* VS Lens-Vaas, Herberge (1576/77)
2.5.18 TG Willisdorf, Kapelle St. Sebastian (17./18. Jh.)
2.5.18* TG Diessenhofen, Haus zum Pelikan (16./17. Jh.)
2.5.19 TI Sornico, Casa Moretti, östlicher Hausteil (um 1641)
2.5.20 GL Elm, Suworowhaus (1670/79)
2.5.21 TI Bruzella, Wohnhaus bei Kirche, Bauecken (um 1800)
2.5.22 TI Giornico, Casa Robertini-Spadaccini (19. Jh.,1910)

Stilisierte Bossen

2.5.23 SZ Pfäffikon, Schlosskapelle (1566/68)
2.5.24 GR Sta. Maria Val Müstair, Haus Nr. 89 (1747)
2.5.25 GR Andeer, Schlössli (E. 18. Jh.)
2.5.26 GR Pitasch, Kirchturm (wohl 18. Jh.)

Tafelbossen mit imitierter Krönelung

2.5.27 GR Rothenbrunnen, Haus Tscharner (1564, Hans Ardüser 1584)
2.5.28 GR Andeer, Veia Pintga 53 (1579)
2.5.28* GR Andeer, «Bogn», Wohnhaus (1550)
2.5.29 GR Valendas, Turmhaus (17./18. Jh.)

Perspektivische Tafelquader

2.5.30 TI Cevio Vecchio, Casa Respini-Traversi (17. Jh.)
2.5.30* TI Lugano, S. Maria di Loreto (1632/33)
2.5.31 SG Jona-Wurmsbach, St. Dionys (nach 1656)
2.5.32 GR Bondo, Haus Nr. 33 (um 1700)
2.5.32* GR Bondo, Haus Nr. 74 (um 1700)

2.5.33 NW Stans, Winkelriedhaus (um 1600)
2.5.34 LU St. Urban, Kloster, Frauenhaus (1680/82)
2.5.35 VS Leuk Stadt, Haus Peter Allet (1745)
2.5.36 VS Turtmann, Alte Sennerei, Bauecken (1. H. 19. Jh.)

Zylinder- und Kugelbossen

2.5.37 SG Rapperswil, Zum Schwarzen Adler (1613)
2.5.38 TG Bischofszell, Weinstock/Rosenstock (Gg. Held? 1744/45)
2.5.38* SG Rapperswil, Quellenhof (17. Jh.)
2.5.39 SG Rapperswil, Pfarrhelferei (um 1600)
2.5.40 ZH Mönchaltorf, Hauptmannshof (um 1709)
2.5.40* ZH Bubikon, Hof Barenberg (1707)
2.5.41 GL Obstalden, Alter Pfarrhof «Höfli» (wohl 1768)

Scheinquader in illusionistischem Versatz

2.5.42 VS Ernen, Jost Sigristen-Haus (1601)
2.5.42* GR Parpan, Hofhaus (Hans Ardüser? um 1600)
2.5.42* D Füssen/Allgäu, Hohes Schloss (16. Jh.)
2.5.43 SZ Schwyz, Ital-Reding-Haus (1609, 1663, 18. Jh., 1912)
2.5.43* SZ Schwyz, Grosshaus, Quadermalerei (A. 17. Jh.)
2.5.43* AG Madiswil, Pfarrhaus (1607)
2.5.44 SG Lichtensteig, Altes Rathaus (wohl 1683/84)
2.5.44* SG Lichtensteig, Goldener Boden 4 (17. Jh.)

3 Wandauflagen

3.1 Fenster mit Putzrahmen (collarino) und Blindfenster

Überblick

* TI Carona, Piazza della costa, Fensteraufsatz (18. Jh.)
* TI Brione sopra Minusio, Kirche (wohl 1868)
* VS Bruson, Nutzbau no 1461 (1629)
* VS Le Châble, Wohnhaus no 0054 (1634)

Einfache weisse collarini

3.1.1 TI Viona/Brione s.M., Rustico, Rückseite (wohl 1448)
3.1.2 TI Broglio, Rustico (neu)
3.1.3 TI Piano di Campo, Wohnhaus (1872)
3.1.4 TI Fusio-Còspat, Rustico (neu)
3.1.5 TI Tenero, Oratorio B. Vergine della Fraccia (1666)

Weisse Putzrahmen mit Architektur- und Schmuckmotiven

3.1.6 TI Maggia, S. Maria in Campagna (1578/91)
3.1.7 TI Contra, Pfarrhaus (1670/79)
3.1.8 TI Monte Carasso, Casa Spruga (1696)
3.1.9 TI Viona/Brione s.M., Rustico, Eingangsseite (17. Jh.)
3.1.10 I Osteno/Comasco, piazza Matteotti 2-6 (17. Jh.)
3.1.11 TI Cevio Vecchio, Casa Franzoni, Fenster (2. H. 17. Jh.)
3.1.12 TI Mendrisio, Via Giuseppe Andreoni 22 (17. Jh.)
3.1.13 TI Rovio, Via V. Magri, Wirtschaftsgebäude (wohl um 1600)
3.1.14 TI Sornico, Casa Moretti, Sgraffitofenster (wohl 1634)
3.1.15 TI Carona, Dorfmitte, Wirtschaftsgebäude (17. Jh.)
3.1.16 TI Arogno, Piazza Adamo, Wohnhaus (17./18. Jh.)

Weisse Putzrahmen mit Rot

3.1.17 TI Vogorno, Alte Pfarrkirche S. Bartolomeo (wohl um 1654)

3.1.18	TI	Losone, Contrada maggiore, Wohnhaus (E. 16. Jh.)
3.1.19	TI	Carona, Piazza della costa, Wohnhaus (18. Jh.)
3.1.20	TI	Corippo, Kirchplatz, Wohn- und Wirtschaftsgebäude (1838)

Das Blindfenster

3.1.21	GR	Roveredo, Kapelle S. Fedele (vor 1683)
3.1.22	TG	St. Katharinental (Diessenhofen), Kornhaus (1683)
3.1.23	NE	Neuchâtel, Hôtel Du Peyrou (1765/71)
3.1.24	SG	Rorschach, Kornhaus (J.C. Bagnato 1746/49)
3.1.25	ZG	Zug, Claverhaus (1540, M. Eggmann um 1740)
3.1.25*	FR	Léchelles, Schloss Gottrau, Giebel (M. Eggmann um 1750)
3.1.25*	TI	Carona, Casa Cattaneo (M. 17. Jh.)
3.1.25*	AG	Brugg, Lateinschule, Fensterattrappe (1640)
3.1.26	VD	Moudon, Maison de Cerjat, Gartenseite (1691)
3.1.26*	TG	Mammern, Schlosskapelle, Westfassade (1749/50)
3.1.26*	SG	Pfäfers, Altes Bad, Querbau (um 1720)
3.1.26*	AG	Fahr, Klosterkirche, Querhaus (Gebrüder Torricelli 1646/48)
3.1.26*	TI	Magliasina, Kirche, Chor (18. Jh.)
3.1.26*	TI	Olivone-Putello, Casa Martinali, Rückfassade (1748/49)
3.1.26*	GR	Grüsch, Gasthaus Krone, Seitenfassade (wohl 1798)
3.1.26*	TI	Melide, Casa Pocobelli (2. H. 19. Jh.)
3.1.26*	TI	Loco, Nei Pezz, Wohnhaus (19. Jh.)

3.2 Putzgliederungen in Weiss

Überblick

*	TI	Carabbia, Casa Laurenti, Fassadengliederung (um 1620)
*	TI	Tenero, Palazzetto Marcacci, Wirtschaftsgebäude (um 1656)
*	TI	Locarno, Via Cappuccini 21 (wohl 18. Jh.)
*	TI	Muralto, Casa Emilia, Fensterrahmendatierung (1725)
*	TI	Locarno, Antica Casa Franzoni, Fenstergiebel (1673, 1993)
*	TI	Gentilino, Casa Caminada (17. Jh.)

Einfache Wandfelder

3.2.1	TI	Vico Morcote, Kirche (1625/27)
3.2.1*	TI	Carona, S. Maria d'Ongero, Kuppel (2. V. 17. Jh.)
3.2.1*	TI	Bironico, S. Maria del Rosaio (spätestens 1658)
3.2.1*	TI	Carona, Casa Adami (17. Jh.)
3.2.1*	TI	Maggia, Casa Martinelli (1685)

Wandfelderung mit Füllornamenten

3.2.2	TI	Morcote, Strecia di Tiravanti, wohl Casa Isella (A. 17. Jh.)
3.2.2*	TI	Morcote, Strecia di Pogott, Wohnhaus (A. 17. Jh.)
3.2.2*	TI	Morcote, Strecia di Raggi, Wohnhaus (17. Jh.)
3.2.2*	I	Cuneo/Piemont, diverse Häuser (16./17. Jh.)

Wandfelderung, dargestellte Werksteinteile, Zierden

3.2.3	TI	Carabbia, Casa Laurenti (um 1620)
3.2.4	TI	Tenero, Palazzetto Marcacci, Gartenhaus (um 1656)
3.2.5	TI	Locarno, Antica Casa Orelli Emili (17. Jh.)
3.2.5*	TI	Gandria, Haus am Seeufer (17. Jh.)
3.2.6	TI	Locarno, Antica Casa Franzoni (1673)
3.2.7	TI	Vico Morcote, Cà dal Portig (M. 17. Jh.)
3.2.8	TI	Locarno, Via Citadella 7 (1. H. 18. Jh., um 1990)
3.2.8*	TI	Locarno, Casa della Dottrina cristiana (1726, abgebrochen)
3.2.9	TI	Fusio, Casa de Rocc (17./18. Jh.)
3.2.10	TI	Muralto, Casa Emilia (1725, 2. H. 18. Jh.)
3.2.10*	TI	Locarno, Via S. Antonio 12, Wohnhaus (18. Jh.)

3.3 Die weisse Architekturmalerei zwischen 1650 und 1700

Überblick

*	GR	Sarn, Ref. Pfarrkirche, Pilasterkapitell (1678)
*	LU	Willisau, Schlossturm, Fenster (1690/95)
*	TI	Lionza-Borgnone, Casa Tondutti, Fenster (wohl 1697)

Kirchen und Kapellen in Graubünden

3.3.1	GR	Degen-Rumein, Kapelle (1669/70, 1700)
3.3.2	GR	Sarn, Ref. Pfarrkirche (1678)
3.3.3	GR	Almens, Ref. Kirche (1694)
3.3.4	GR	Fürstenau, Ref. Kirche (wohl 1715)
3.3.5	GR	Splügen, Ref. Kirche (1689)
3.3.6	GR	Trun, Kath. Pfarrkirche (1660)
3.3.6*	GR	Trun, Kapelle St. Anna (1704)
3.3.7	GR	Lumbrein, Kath. Pfarrkirche (1646/47, 1654)
3.3.8	GR	Disentis, Kapelle St. Placidus (1655)
3.3.8*	GR	Lostallo, Kath. Pfarrkirche (1656)
3.3.9	GR	Tersnaus, Kath. Pfarrkirche (1670)
3.3.10	GR	Laax, Kath. Pfarrkirche (1675/78)
3.3.11	GR	Vella-Pleif, Kath. Pfarrkirche (1661)
3.3.12	GR	Verdabbio, Kath. Pfarrkirche (wohl 1668)
3.3.13	GR	Cauco, Kath. Pfarrkirche, Schiff (1656/60)
3.3.14	GR	Roveredo, Madonna del Ponte chiuso (1656, 1941)
3.3.15	GR	Malans, Ref. Pfarrkirche (2. H. 17. Jh., 1773)
3.3.16	GR	Davos-Laret, Ref. Kirche (wohl 1693)
3.3.17	GR	Cumbel, Kath. Pfarrkirche (1689)

Turmbauten in Graubünden

3.3.18	GR	Vella, Schloss Demont (1666)
3.3.19	GR	Sumvitg, Kath. Pfarrkirche (1670)
3.3.19*	GR	Disentis, Kath. Pfarrkirche (1667)
3.3.19*	I	Aranco/Piemont, Kirchturm (1685)
3.3.20	GR	Degen-Vattiz, Kapelle (um 1700)
3.3.21	GR	Ilanz, Haus Schmid v. Grüneck, Gartenhaus (1715)
3.3.21*	GR	Ilanz, Zeichnung (Joh. Rudolf Rahn 1903)

Profanbauten in Graubünden

3.3.22	GR	Masein, Haus Nr. 21 (17. Jh.)
3.3.23	GR	Sarn, Haus von Stochor (1642)
3.3.24	GR	Chur, Hof 14, Domptarramt (1641, 1811)
3.3.25	GR	San Vittore, Palazzo Viscardi (1680/1700)
3.3.26	GR	Lantsch/Lenz, Haus Beeli (Hans Ardüser 1600, neu 1694)
3.3.26*	GR	Lantsch/Lenz, Haus Nr. 11 (Hans Ardüser A. 17. Jh.)
3.3.27	GR	Obervaz-Muldain, Junkernhaus (1694)

Weisse Architekturmalerei ausserhalb von Graubünden

3.3.28	SG	Neu St. Johann, Klosterkirche (1641/1680)
3.3.29	LU	Meierskappel, Kirche Mariae Himmelfahrt (1683/84)
3.3.29*	ZG	Baar-Allenwinden, St. Wendelin (um 1700)
3.3.29*	ZG	Hünenberg, Gesellenhaus zur Wart (1702/03)
3.3.30	LU	Blatten, St. Jost (um 1700, 1751)
3.3.31	LU	Willisau, Schloss (1690/95)
3.3.31*	TG	Fischingen, Klosterkirche, Schiff (1687, 1940)
3.3.32	AG	Jonen, Wallfahrtskapelle Jonental (H. G. Urban 1735)
3.3.33	TI	Lionza-Borgnone, Casa Tondutti (1697)
3.3.34	TG	Ittingen, Kartause, Kreuzgänge (nach 1700)

3.4 Lisenen und Pilaster

Überblick

* GR Scharans, Haus Gees, Eckpilaster (Hans Ardüser 1605)
* AR Gais, Dorfplatz 11 (1781)

Glatte, gequaderte und kannelierte Schäfte in Grautönen

3.4.1	SG	Sax, Ref. Kirche, Turm (wohl 1615)
3.4.2	UR	Erstfeld, Jagdmattkapelle (1637/38)
3.4.3	AG	Zurzach, Zum Goldenen Leuen (17./18. Jh.)
3.4.4	LU	Luzern, Museggmagazin (1684/86)
3.4.5	TG	Diessenhofen, Goldener Leuen (1685)
3.4.6	ZH	Eglisau, Blaues Haus (1693)
3.4.7	VD	Coppet, Maison de couvent (wohl 18./19. Jh.)
3.4.7*	VD	Lutry, Pfarrhaus (17./18. Jh.)
3.4.7*	VD	Lutry, Schloss (neu)
3.4.8	VD	Nyon, Maison Von Rath (wohl 1747)
3.4.8*	VD	Villeneuve, Pfarrhaus (wohl um 1800)
3.4.9	SZ	Tuggen, Pfarrkirche (1733)
3.4.9*	SZ	Tuggen, Rainhof (18. Jh.)
3.4.10	SZ	Arth, Pfarrkirche, Turm (1705)
3.4.10*	LU	Beromünster, Stiftskirche, Turm (1707)
3.4.10*	LU	St. Urban, Klosterkirche, Turm (1711/15)
3.4.11	SH	Neunkirch, Obertorturm, Pilastermalerei (wohl 1733)
3.4.12	SZ	Altendorf, Friedhofkapelle (wohl M. 18. Jh.)
3.4.13	AG	Bettwil, Pfarrkirche (1788/1808)
3.4.14	ZH	Rheinau, Kloster, Frauengasthaus (1740/44)
3.4.15	LU	Luzern, Rütligasse 3 (Jakob Singer 1787)
3.4.16	ZH	Mettmenstetten, Buchstock (1785)
3.4.16*	AG	Hermetschwil, Kloster, ehem. Pfisterei (1713/14)
3.4.16*	AG	Sarmenstorf, sogen. Baschihaus (1785)
3.4.16*	LU	Sempach, Kaplanei (1797)
3.4.16*	SZ	Pfäffikon, Gasthaus zum Rathaus (wohl 2. H. 18. Jh.)
3.4.16*	ZH	Hirzel, Chalbisau (1758)
3.4.16*	VD	St-Légier, Bauernhaus (um 1786)
3.4.16*	VD	St-Saphorin, Bauernhaus (A. 19. Jh.)
3.4.16*	VD	Ollon, Bauernhaus (1826)
3.4.17	SZ	Küssnacht, Rathäuser I (wohl 1725) und II (neu)
3.4.18	JU	Porrentruy, Maison Delmas (A. 18. Jh., 1984)
3.4.19	GE	Céligny, route des coudres 1 (um 1800 oder 1867)
3.4.20	NW	Allweg (Ennetmoos), Winkelriedkapelle (1671/72, 1809)
3.4.21	UR	Flüelen, Alte Kirche (wohl 1843 und 1884)
3.4.22	AG	Meisterschwanden, Pfarrkirche (Jost Kopp 1819/20)
3.4.23	AG	Seengen, Pfarrkirche (Jost Kopp 1820/21)
3.4.24	VS	Bruson, Dorfmitte, Wohnhaus (1829)
3.4.25	VS	Le Châble, Place, Wohnhaus (1841)
3.4.26	VS	Versegère, oberes Dorf, Wohnhaus (1843)

Farblich abgesetzte Pilaster aus Steinquadern

3.4.27	BE	Nods, Pfarrhaus (1787)
3.4.27*	JU	Porrentruy, Hôtel de Gléresse (um 1750)
3.4.28	NE	La Chaux-de-Fonds, Rue Fritz-Courvoisier 7 (nach 1794)
3.4.28*	NE	La Chaux-de-Fonds, Hôtel de Ville (1803)
3.4.28*	NE	La Chaux-de-Fonds, Rue du Grenier 1 (1860)
3.4.29	FR	Léchelles, ehem. Pfarrhaus (um 1850)
3.4.30	VD	Bassin, Haus no 42 (1849)
3.4.30*	VD	Bassin, Hôtel de la couronne (1833)
3.4.30*	VD	Bassin, Haus no 6 (1822)

Lisenen- und Pilastermalerei in Buntfarben

3.4.31	TI	Preonzo, Pfarrkirche (1627)
3.4.31*	TI	Monte Carasso, S. Bernardo, Vorhalle (2. H. 16. Jh.)
3.4.31*	TI	Monte Carasso, Pfarrkirche (um 1600)
3.4.31*	TI	Giornico, S. Pellegrino (1589)
3.4.32	GR	Guarda, Haus Nr. 40 (2. H. 17. Jh.)
3.4.32*	GR	Ardez, Haus Nr. 121 (1591 und um 1660)
3.4.33	ZH	Rüti, ehem. Amtshaus (1707/10)
3.4.33*	AG	Hermetschwil, Kloster, ehem. Pächterhaus (1727)
3.4.33*	SZ	Schwyz, Maihof, Wirtschaftsgebäude (E. 17. Jh.)
3.4.33*	LU	Neudorf, Pfarrhaus (E. 18. Jh.)
3.4.33*	ZG	Risch-Ibikon, Kathrinenhof, Wasch- und Brennhaus (1800)
3.4.34	ZG	Cham, Frauenthal, Klosterkirche (M. 18. Jh.)
3.4.35	GL	Glarus, Haus Leuzinger-Paravicini (wohl 1811)
3.4.36	SG	Bernhardzell, Pfarrkirche (Joh. Ferd. Beer 1776/78)
3.4.37	SZ	Feusisberg, Pfarrhaus (1758, 1800)
3.4.37*	SZ	Feusisberg, Pfarrkirche (Niklaus Purtschert 1780/85)
3.4.38	BS	Basel, Zum Eichhorn (2. H. 18. Jh.)
3.4.38*	BS	Basel, Spiesshof (1585/90)
3.4.38*	BS	Basel, Holsteinhof (1752)
3.4.39	TI	Sessa, Wohnhaus (1791)

Illusionistisch gemalte Schaftquaderungen und Ziermotive

3.4.40	SG	Rapperswil, Bleulerhaus (wohl 1606)
3.4.40*	SG	Rapperswil, Bierhalle (17. Jh.)
3.4.41	AG	Sins, ehem. Pfarrhaus (1726)
3.4.42	ZH	Weiningen, ehem. Gerichtsherrenschloss (1736)
3.4.43	TG	Diessenhofen, Klosterhaus (J. K. Stauder wohl 1735)
3.4.44	BE	Willigen-Schattenhalb, Haus 79 (1773)
3.4.44*	OW	Alpnach, Kerns, Giswil, Bauernhäuser (E. 18./A. 19. Jh.)
3.4.45	SZ	Schübelbach, Haus Dobler (um 1800)
3.4.46	FR	Morlon, Sur Montet no 24 (17./18. Jh., 19. Jh.)
3.4.46*	ZH	Meilen, Haus Friedberg (um 1770, 1896)
3.4.47	ZH	Hütten, Untere Laubegg (1777)
3.4.47*	ZH	Unterengstringen, Landhaus Sparrenberg (um 1760)
3.4.47*	AG	Laufenburg, Gasthaus Schiff (2. H. 18. Jh.)
3.4.48	SG	Schänis, Rathaus (1765)
3.4.49	TG	Diessenhofen, Alte Sonne (1795)
3.4.50	GL	Glarus, Haus in der Wies (um 1771, 1913)
3.4.51	SZ	Altendorf-Seestatt, Gasthaus zum Engel (1686, E. 18. Jh.)
3.4.52	SZ	Altendorf-Seestatt, Serafinahaus (um 1780, 1910)
3.4.53	SZ	Altendorf-Seestatt, ehem. Gasthaus Krone (E. 18. Jh.)

Pilaster von besonderer Schmuckhaftigkeit in Graubünden

3.4.54	GR	Scharans, Haus Gees, Eckzier (Hans Ardüser 1605)
3.4.55	GR	Chur, Haus Braun (um 1600)
3.4.55*	ZH	Zürich, Haus Zum Unteren Rech (1574)
3.4.55*	SH	Schaffhausen, Haus zur Weissen Traube (um 1604)
3.4.55*	LU	Luzern, Balthasarhaus, Quadermalerei (1656)
3.4.55*	SO	Solothurn, Gemeindehaus (1658)
3.4.56	GR	Präz, Haus Nr. 40 (wohl 1801)
3.4.56*	GR	Präz, Haus Nr. 58 (um 1800)
3.4.57	GR	Pitasch, Haus Nr. 54 (18./19. Jh.)
3.4.58	GR	Filisur, Haus Nr. 84, Strassenseite (1801)
3.4.58*	GR	Valchava, östl. Ortsausgang, Bauernhaus (2. H. 18. Jh.)

3.5 Farblich abgesetzte Fassadengliederungen

Überblick

* NE St-Blaise, Maison Robert, Anbau (1701)
* GR Guarda, ehem. Herberge, Wappenstein (1731)
* UR Hospental, Pfarrkirche, Westfassade (1706/10)
* JU Porrentruy, Allée de Soupire, Bauecke (1905/06)

Steingrau auf heller Putzwand – Kirchen

3.5.1	OW	Sachseln, Pfarrkirche (1672/84)
3.5.2	UR	Hospental, Pfarrkirche (Barth. Schmid 1706/10)
3.5.2*	UR	Hospental, St. Karl Pfrundhaus (Barth. Schmid 1718, 1727)
3.5.2*	UR	Hospental, Gasthaus St. Gotthard (Barth. Schmid 1723)
3.5.2*	UR	Andermatt, Pfarrkirche (Barth. Schmid 1696, 1903/05)
3.5.3	LU	St. Urban, Klosterkirche (F. Beer v. Bleichten 1715)
3.5.3*	LU	Beromünster, Stiftskirche, Westfassade (1706/07)
3.5.4	SZ	Lachen, Pfarrkirche (Peter Thumb 1707/11, 1822/24)
3.5.5	ZH	Wädenswil, Ref. Kirche (J. Ulrich Grubenmann 1764/67)
3.5.5*	ZH	Wädenswil, Ref. Kirche, Aquarell (Johannes Isler 1768)
3.5.6	SZ	Schwyz, Pfarrkirche (Gebrüder Singer 1769/74)
3.5.7	GL	Näfels, Pfarrkirche (Gebrüder Singer 1778/81)
3.5.8	SZ	Wollerau, Pfarrkirche (Niklaus Purtschert 1781/87)
3.5.8*	SZ	Altendorf, Pfarrkirche (1787, 1961)
3.5.9	ZG	Cham, Pfarrkirche (Jakob Singer 1783/96)
3.5.10	OW	Kerns, Pfarrkirche und Beinhaus (Joseph Singer 1814/16)

Steingrau auf heller Putzwand – Profanbauten

3.5.11	BL	Sissach, Hauptstrasse 61/63 (1518, 1634)
3.5.12	VS	Visp, Altes Spittel (16. Jh., 1751)
3.5.13	VD	Moudon, Maison de Cerjat, Fassaden (Jonas Favre 1691)
3.5.14	VD	Moudon, La Cure (1690/96)
3.5.15	GR	Sils i. D., sogen. Palazzo, Fassaden (um 1740)
3.5.16	BE	Langenthal, Mühle (1754/59)
3.5.17	LU	Luzern, Palais Segesser v. Brunegg (H. G. Urban 1751/52)
3.5.18	BE	Bern, ehem. Stiftsgebäude (Albrecht Stürler 1745/48)
3.5.18*	BE	Bern, Erlacher Hof (Albrecht Stürler 1746/52)
3.5.19	BS	Basel, Blaues und Weisses Haus (Samuel Werenfels 1763/75)
3.5.19*	BS	Basel, Wildt'sches Haus (Joh. Jakob Fechter 1762/64)
3.5.20	VD	Lausanne, L'Elisée (Abraham Fraisse 1780/83)
3.5.20*	VD	Morges, La Gottaz (1795)
3.5.20*	VD	Coppet, Schloss (1715/25)
3.5.21	VD	Moudon, Rue de Grenade 36, (1768, 1919/30)
3.5.22	GE	Genthod, Maison Barde (18. Jh.)
3.5.22*	VD	Crans-près-Céligny, Schloss (1764/67)
3.5.23	LU	Beromünster, Stiftsbezirk Kustorei (Josef Purtschert 1784/88)
3.5.24	TG	Frauenfeld, Rathaus (Joseph Purtscher 1790/94)

Rot auf weisser Putzwand

3.5.25	TI	Riva San Vitale, Palazzo della Croce (evtl. E. 16. Jh.)
3.5.26	TI	Locarno, Casorella (17. Jh., 19. Jh.)
3.5.27	GR	Grono, Palazzo dei Togni, «Ca' Rossa» (wohl 1721)
3.5.27*	GR	Valendas, Haus Marchion, «Rotes Haus» (18./19. Jh.)
3.5.28	TI	Brissago, Palazzo Branca, Hauptfassade (um 1700, 1747)
3.5.29	VS	Eyholz-Visp, Riti-Kapelle, Kapellenhaus (1673)
3.5.29*	VS	Visp, Pfarrkirche St. Martin, Vorhalle (1650/55)
3.5.29*	VS	Glis, Pfarrkirche Mariae Himmelfahrt, Vorhalle (1642/59)
3.5.30	TI	Verdasio, Pfarrkirche (18. Jh., 1800/1820)
3.5.31	BL	Liestal, Kanonengasse 21/23 (1683)
3.5.32	BL	Münchenstein, Hauptstrasse 33 (17./18. Jh.)
3.5.33	BL	Ziefen, sogen. Neuhaus (wohl 1780)
3.5.34	BL	Gelterkinden, Bürgerhus (wohl 1822)
3.5.35	TG	Fischingen, Kloster, Iddakapelle, Rotfassung (1704/08)
3.5.36	AG	Zurzach, St. Verena (J. C. Bagnato 1732/34, 1964)
3.5.36*	AG	Zurzach, Wandbild (Stein a. Rh., St. Georgen 1515/16)
3.5.37	TG	Bischofszell, Rathaus (J. C. Bagnato 1747/50, 1860)
3.5.37*	D	Insel Mainau, Schlosskirche (J. C. Bagnato 18. Jh.)
3.5.38	GE	Vernier, Landsitz Naville, Mairie (1762, 20. Jh.)

Gelb auf weisser Putzwand

3.5.39	NE	Môtier, Hôtel des six communes (vor 1612)
3.5.40	VS	Visp, Gerichtsgebäude (1699)
3.5.41	TI	Morcote, S. Antonio di Padova (evtl. 1676)
3.5.42	GR	Guarda, Haus Nr. 33, ehem. Herberge (1731)
3.5.43	JU	Delémont, Musée jurassien (1740)
3.5.43*	JU	Delémont, Hospice des vieillards (1696/1700)
3.5.44	VD	Yverdon, Maison Piguet (1781)
3.5.44*	NE	Auvernier, Schloss, Vorderhaus (2. H. 18. Jh.)
3.5.44*	NE	St-Blaise, Grand'rue 11 (2. H. 18. Jh.)
3.5.44*	NE	Neuchâtel, Rue du trésor 1 (1759)
3.5.45	VD	Yverdon, Rue de la Plaine 39 (2. H. 18. Jh.)
3.5.46	FR	Estavayer-le-Lac, Grand'rue 1 (E. 18. Jh.)
3.5.47	AG	Sarmenstorf, Kirche Hl. Kreuz (Vitus Rey, Jak. Singer 1778/86)
3.5.48	ZG	Baar, Riedhaaren-Pfrundhaus (um 1800, A. 20. Jh.)
3.5.49	BL	Gelterkinden, Kirchrain 2 (1814)
3.5.50	BL	Itingen, Dorfstrasse 7 (1. H. 19. Jh.)
3.5.51	BL	Gelterkinden, Dorfplatz 3, Arzthaus (1843)

Weiss auf gelber Putzwand

3.5.52	TI	Riva San Vitale, S. Croce (G. A. Piotti?, 1580/94)
3.5.52*	TI	Riva San Vitale, Zeichnung (Joh. Rudolf Rahn 1885)
3.5.53	TI	Bellinzona-Daro, S. Quirico, Kirche (1775)
3.5.53*	TI	Bellinzona-Daro, S. Quirico, Pfarrhaus (1775, 1929)
3.5.54	TI	Bellinzona, Casa Chicherio (vor 1773)
3.5.55	TG	Klingenzell, Wallfahrtskirche (1704/05)
3.5.56	OW	Sarnen, Pfarrkirche (F. und J. A. Singer 1739/42, 1881)
3.5.56*	OW	Sarnen, Pfarrkirche, Deckenbild (Jos. Anton Haffner 1742)
3.5.57	BL	Arlesheim, Dom (u. a. Bagnato 1759/61)
3.5.57*	BL	Arlesheim, Dom, Altarbild (Joseph Appiani 1760)
3.5.57*	LU	Buttisholz, Kapelle St. Ottilien, Kuppelbild (1747)

Weiss und Gelb auf grauer (schwarzer) Putzwand

3.5.58	NE	St-Blaise, Maison Robert (1649, 1701)
3.5.58*	NE	Neuchâtel, Rue des moulins 3 (1769)
3.5.59	NE	Auvernier, Maison Carrée (1805, 1900, 1930)
3.5.60	VD	Orbe, Maison Grandjean (um 1781)
3.5.61	SO	Solothurn, Franziskanerkirche (1823/25)
3.5.61*	SO	Deitingen, Kirche (1816/19)

Historistische Vielfarbigkeit (Maurice Vallat junior)

3.5.62	JU	Bressaucourt, Pfarrkirche (1893/94)
3.5.62*	F	Auteuil bei Paris, Kirche (A. E. Vaudremer 1873)
3.5.63	JU	Porrentruy, Allée de Soupire 1 (1905/06)
3.5.63*	SZ	Immensee, Gymnasium Immensee, Z-Bau (1896)
3.5.63*	JU	Porrentruy, Rue Auguste-Cuenin 1 (um 1900)
3.5.63*	JU	Porrentruy, Rue Auguste-Cuenin 2 (um 1900)

3.6 Gemalte Werkstücke

Überblick

*	TI	Prato, Wirtschaftsgebäude, Fenstergewände (17. Jh.)
*	SO	Ramiswil, Mühle, Fenstergiebel (1596)
*	SZ	Schwyz, Grosshaus, Fenstergiebel (um 1604)
*	ZH	Eglisau, Gasthaus Hirschen, Fensterrahmen (1662)
*	VD	Lucens, La Belle Maison, Fensterrahmen (1647)
*	AG	Aarau, Rathausgasse 22, Fensterrahmung (1641)
*	FR	Fribourg, Gasthaus zum Storchen, Fensterummalung (1771)
*	GR	Bondo, Haus am Brunnenplatz, Türgiebel (1616)
*	TI	Marolta, Casa Romagnola, Türgewände (M. 18. Jh.)

	LU	Luzern, Balthasarhaus, Fensterrahmen (1656)
*	BE	Ligerz, Gaberelhaus, Fensterrahmen (E. 17. Jh.)

Einzelne Werkstücke und Gesamtgliederungen 16./17. Jahrhundert

3.6.1	TI	Biasca, Casa Pellanda (1586)
3.6.2	TI	Bissone, Piazza F. Borromini no 27 (2. H. 16. Jh.)
3.6.2*	TI	Carona, Casa Casella, Fenstergiebel (1615)
3.6.3	TI	Bissone, Piazza F. Borromini no 25 (2. H. 16. Jh.)
3.6.3*	TI	Vico Morcote, Osteria della fontana (17. Jh.)
3.6.3*	TI	Rovio, Oberdorf, Haus no 47/48 (16./17. Jh.)
3.6.4	TI	Carona, Haus no 61 (um 1600)
3.6.4*	TI	Ravecchia-Bellinzona, S. Biagio, Westportal (1350/60)
3.6.4*	TI	Moleno, Pfarrkirche (16. Jh.)
3.6.4*	TI	Carona, Via Maistra, Pfeilergliederung (um 1600)
3.6.4*	TI	Carona, Casa Casella, Pilasterverkröpfung (1615)
3.6.4*	TI	Cevio Vecchio, Casa Franzoni, Museo (1688)
3.6.4*	TI	Morcote, Pfarrkirche, Säulenkapitell (nach 1758)
3.6.4*	TG	Altenklingen, Schloss, Hoftor (1586)
3.6.4*	TI	Cevio Vecchio, Casa Franzoni, Vorderhaus (1680/90)
3.6.4*	TG	Münchwilen, Kapelle St. Margaretha (1641/42)
3.6.4*	FR	Léchelles, Schloss Gottrau, Portal (M. Eggmann um 1750)
3.6.4*	GR	Maienfeld, Schloss Salenegg (1782/84)
3.6.4*	VD	Lausanne, Avenue du Grammont 1, Masswerke (1906)
3.6.5	FR	Belfaux, Maison de Gléresse, Fassaden (1603)
3.6.6	FR	Estavayer-le-Lac, Maison Griset (16./17. Jh.)
3.6.6*	FR	Fribourg, Auberge de Zähringen (um 1600)
3.6.7	TI	Castagnola, Villa Favorita (1687, 1919)
3.6.7*	I	Como, Via Odeschalchi 28/34 (16./17. Jh.)
3.6.8	TI	Prato, Wirtschaftsgebäude (17. Jh.)
3.6.8*	TI	Prato-Lovalt, Wohnstall (17. Jh.)
3.6.9	LU	Luzern, Liebenauhaus (um 1650)
3.6.10	GR	Grüsch, Gasthaus Krone, Hauptfassade (1676, 1698?)

Einzelne Werkstücke und Gesamtgliederungen 17./18. Jahrhundert

3.6.11	GR	Salouf, Haus Nr. 26 (1672)
3.6.12	TI	Arogno, Via Dott. Camponuovo (1723)
3.6.12*	TI	Melano, Piazza Giuseppe Motta, Tor (18. Jh.)
3.6.13	NW	Stans, Zelgerhaus (1715, 1923)
3.6.13*	NW	Stans, Deschwandenhaus (18. Jh.)
3.6.13*	NW	Stans, Busingersches Haus (18. Jh.)
3.6.13*	NW	Stans, Hotel Linde (1714, 1907)
3.6.14	ZG	Zug, Wilder Mann (1751/74, 1916)
3.6.15	SG	Pfäfers, Altes Bad (1704/18)
3.6.16	GR	Malans, Schloss Bothmar (M. 18. Jh., 1925)
3.6.17	AG	Zurzach, Haus Zur Blume (um 1730/40, 1780)
3.6.18	TI	Brissago, Palazzo Branca, Südwestfassade (um 1700, 1747)
3.6.19	TI	Mendrisio, Palazzo Pollini (1719/20)
3.6.20	TI	Olivone-Putello, Casa Martinali, Fassaden (1748/49)
3.6.20*	TI	Melide, Piazzetta del Commercio, Wohnhaus (wohl 18. Jh.)
3.6.21	TG	Mammern, Schlosskapelle (1749/50)

Einzelne Werkstücke und Gesamtgliederungen 18./19. Jahrhundert

3.6.22	VS	Sion, Maison Ambüel, Fassaden (nach 1788)
3.6.23	SG	Wil, Baronenhaus (Joseph Keller nach 1795)
3.6.23*	ZG	Zug, Gasthaus Hirschen (Joseph Keller 1795)
3.6.24	SG	Rapperswil, Gasthaus Alter Sternen (1790)
3.6.25	GR	Valendas, Graues Haus (1792)
3.6.26	TG	Diessenhofen, Zum Schneggen (um 1789)
3.6.27	SZ	Arth, Pfarrkirche, Schiff (E. 18. Jh.)
3.6.28	SZ	Galgenen, Haus Krieg, Fassade (1801)
3.6.28*	SZ	Galgenen, Gasthaus zur Blume (1780/1800)
3.6.28*	LU	Beromünster, Rynacherhof (um 1800)
3.6.28*	VD	St-Légier, Château d'Hauteville (1764)
3.6.29	VS	Turtmann, Alte Sennerei, Fassade (1. H. 19. Jh.)
3.6.30	TI	Bruzella, Wohnhaus bei Kirche, Fassade (um 1800)
3.6.31	TI	Pura, Osteria del Milo, Nebengebäude (19. Jh.)
3.6.32	TI	Loco, Piazza G. Nizzola, Wohnhaus (Giov. Meletta um 1900)

3.7 Bunte Kirchtürme im 17. und 18. Jahrhundert

Überblick

*	GR	Parsonz, Kath. Kirche, Turmaufsatz (1672)
*	D	Ravensburg, «Gemalter Turm» (1478)
*	LU	Luzern, Rathausturm, Chronik (Diebold Schilling 1513)
*	AG	Zurzach, Ref. Kirche, Turmhaube (1717)
*	GR	Luven, Ref. Kirche, Turmhaube (wohl 18. Jh.)
*	D	Freising/Bayern, Domtürme (Gebrüder Asam 1724)
*	GR	Samedan, Kirchturm (1773)

Kirchtürme des 17. und 18. Jahrhunderts (Graubünden)

3.7.1	GR	San Carlo, Kath. Pfarrkirche (1616)
3.7.2	GR	Mon, Kath. Pfarrkirche (nach 1648)
3.7.3	GR	Alvaschein, Kath. Pfarrkirche (1653/57)
3.7.4	GR	Obervaz-Zorten, Kath. Pfarrkirche (wohl 1667)
3.7.5	GR	Bever, Ref. Kirche (1672, 2008)
3.7.6	GR	Tinizong, Kath. Pfarrkirche (1671)
3.7.7	GR	Parsonz, Kath. Pfarrkirche (1672)
3.7.8	GR	Obervaz-Muldain, Filialkirche (1676, 1990)
3.7.8*	GR	Obervaz-Lain, Filialkirche (1681)
3.7.9	GR	Vrin, Kath. Pfarrkirche (1689/94)
3.7.10	GR	Poschiavo, S. Maria Assunta (1708/11)
3.7.11	GR	Rhäzüns, Kath. Pfarrkirche (1697/1701)
3.7.12	GR	Zizers, Kath. Pfarrkirche (1767/69)

Kirchtürme des 18. Jahrhunderts (Tessin, südliches Sopraceneri)

3.7.13	TI	Campo, Palazzo G. B. Pedrazzini, Kapelle (1749)
3.7.14	TI	Lionza-Borgnone, Kirche (1770)
3.7.15	TI	Corippo, Pfarrkirche (1794)
3.7.15*	TI	Vogorno, S. Antonio Abate (E. 18. Jh.)
3.7.16	TI	Someo, Pfarrkirche (1789)
3.7.17	TI	Avegno, Pfarrkirche (wohl 19. Jh.)
3.7.18	TI	Rasa, Pfarrkirche (1764)
3.7.19	TI	Peccia, Pfarrkirche (1767)
3.7.20	TI	Bosco Gurin, Pfarrkirche (wohl 1789, 1993)

Ornamentdekor, Kirchturmuhren

3.7.21	GR	Danis, Kath. Pfarrkirche (1656/58, 1996)
3.7.22	GR	Cauco, Kirchturm (nach 1683)
3.7.23	GR	Poschiavo, Ref. Kirche, Turm (1708)
3.7.24	TI	Solduno, Pfarrkirche (wohl 2. H. 19. Jh., 1922)
3.7.25	TI	Loco, Pfarrkirche (wohl E. 18. Jh., 1934)

Literaturverzeichnis

Das Literaturverzeichnis umfasst die häufig benutzten Sammelwerke sowie ausgewählte Titel zum Thema «Farbige Fassaden», die die Schweiz direkt oder indirekt betreffen.

Das Schlagwort bzw. Kürzel über den Titeln (z. B. «Bürgerhaus», «KDM») entspricht der jeweiligen Abkürzung im Textteil.

Die Titel zur Baugeschichte und zu Restaurierungen der einzelnen Bauwerke erscheinen nicht im Literaturverzeichnis, sondern werden vollständig an der betreffenden Textstelle zitiert.

A

Agustoni, Edoardo.- Guida all'arte della Mesolcina/Kunstführer Misox. Herausgegeben von der Gesellschaft für Schweizerische Kunstgeschichte. Locarno 1996.

Anderes, Bernhard.- Kunstführer Kanton Tessin. Herausgegeben von der Gesellschaft für Schweizerische Kunstgeschichte. Wabern 1975/1977.

Anderes, Bernhard.- Grau ist auch eine Farbe. Grisaillemalereien im Kanton St. Gallen. In: Von Farbe und Farben. Albert Knoepfli zum 70. Geburtstag. Zürich 1980, S. 125-132. (Veröffentlichungen des Instituts für Denkmalpflege an der Eidgenössischen Technischen Hochschule Zürich, Bd. 4).

Archäologischer Dienst Graubünden und kantonale Denkmalpflege Graubünden, Jahresberichte. Erschienen 1993-1997 als Sonderdrucke aus: Jahrbuch der Historisch-antiquarischen Gesellschaft von Graubünden, ab 1998 als selbstständige Hefte, Chur [Restaurierungsberichte].

Autenrieth, Hans Peter.- Das Baumaterial des Mittelalters in Oberitalien. In: Jahrbuch für Hausforschung [Münster/Westfalen] 42, 1994, S. 147-164.

Autenrieth, Hans Peter.- Unser Bild vom mittelalterlichen Bauwerk (Oberflächen, Farbfassung, Wandmalerei). Zum Stand der Forschung. In: Pursche, Jürgen (Hrsg.).- Historische Architekturoberflächen, Kalk – Putz – Farbe. Internationale Fachtagung des Deutschen Nationalkomitees von ICOMOS und des Bayerischen Landesamtes für Denkmalpflege München November 2002. München 2003, S. 52-75. (ICOMOS. Hefte des Deutschen Nationalkomitees XXXIX).

B

Bamert, Markus.- Denkmalpflege im Kanton Schwyz. In: Mitteilungen des Historischen Vereins des Kantons Schwyz. Heft 77/1985 – Heft 95/2003 [Restaurierungsberichte].

Bauernhäuser/Maison rurale/Casa rurale
Die Bauernhäuser der Schweiz. Herausgegeben von der Schweizerischen Gesellschaft für Volkskunde. Basel 1965ff.

Baur-Heinhold, Margarete.- Bemalte Fassaden. Geschichte, Vorbild, Technik, Erneuerung. München 1975, 3. Edition 1981.

Becker, Maria.- Architektur und Malerei. Studien zur Fassadenmalerei des 16. Jahrhunderts in Basel. Basel 1994. (172. Neujahrsblatt der Gesellschaft für das Gute und Gemeinnützige).

Bissegger, Paul.- Noir, brun, rouge, violet et jaspé: les marbres du Chablais vaudois. In: Von Farbe und Farben. Albert Knoepfli zum 70. Geburtstag. Zürich 1980, S. 79-84. (Veröffentlichungen des Instituts für Denkmalpflege an der Eidgenössischen Technischen Hochschule Zürich, Bd. 4).

Boari, Benito (Bearbeitung).- Denkmalpflege im Kanton St. Gallen 1975-1980. Herausgegeben vom Amt für Kulturpflege des Kantons St. Gallen. St. Gallen 1982 [Restaurierungen].

Boari, Benito (Bearbeitung).- Denkmalpflege des Kantons St. Gallen 1981-1985. Herausgegeben vom Amt für Kulturpflege des Kantons St. Gallen. St. Gallen 1988 [Restaurierungen].

Bornheim gen. Schilling, Werner.- Fugenmalerei im Mittelalter. In: Deutsche Kunst und Denkmalpflege 1961, S. 5-21.

Bornheim gen. Schilling, Werner.- Bemalte und gemalte karolingische Architektur. In: Deutsche Kunst und Denkmalpflege 1978, S. 7-20.

Bory, Monique.- Des goûts et des couleurs en restauration. Le rôle du maître de l'ouvrage. In: Zeitschrift für Schweizerische Archäologie und Kunstgeschichte 50, 1993, S. 85-98.

Bürgerhaus
Das Bürgerhaus in der Schweiz/La Maison bourgeoise en Suisse/La Casa borghese nella Svizzera. Herausgegeben vom Schweizerischen Ingenieur- und Architektenverein. 30 Bände. Basel 1910-1937.

C

Casa borghese siehe Bürgerhaus.

Casa rurale siehe Bauernhäuser.

Les couleurs dans la ville. Etude sur les façades de Genève. Réalisation: Pierre Baertschi, Georges Corsat, Richard Quincerot. Département des Travaux Publics du Canton de Genève, Service des Monuments et des Sites, 1985.

D

De Quervain, Francis.- Gesteinsarten an historischen Bau- und Bildwerken der Schweiz. Aufzeichnungen 1954-1983. Herausgegeben vom Institut für Denkmalpflege an der Eidgenössischen Technischen Hochschule Zürich, 10 Bände 1983-1985 [vervielfältigtes Typoskript, Datenbank als Teil des Geotechnischen Umweltatlasses der Schweiz in Vorbereitung].

De Quervain, Francis.- Die nutzbaren Gesteine der Schweiz. Bern 1969.

De Quervain, Francis.- Steine schweizerischer Kunstdenkmäler. Zürich 1979. (Veröffentlichungen des Instituts für Denkmalpflege an der Eidgenössischen Technischen Hochschule Zürich, Bd. 3).

Decorazioni Bellinzona 2001
Decorazioni pittoriche nel distretto di Bellinzona. Inventario promosso dall'Ufficio dei musei etnografici Bellinzona, 2001. (Inventario delle decorazioni pittoriche nel Cantone Ticino, vol. 5).

Decorazioni Locarno 1999
Decorazioni pittoriche nel distretto di Locarno. Inventario promosso dall'Ufficio dei musei etnografici Bellinzona, 1999. (Inventario delle decorazioni pittoriche nel Cantone Ticino, vol. 3).

Decorazioni Luganese 2002
Decorazioni pittoriche nel Luganese. Centro di dialettologia e di etnografia Bellinzona, 2002. (Inventario delle decorazioni pittoriche nel Cantone Ticino, vol. 6).

Decorazioni Malcantone 1997
Decorazioni pittoriche nel Malcantone. Inventario promosso dall'Ufficio dei musei etnografici. [Mostra e catalogo]. Museo del Malcantone Curio, 1997. (Inventario delle decorazioni pittoriche nel Cantone Ticino, vol. 1).

Decorazioni Mendrisio 2003
Decorazioni pittoriche nel distretto di Mendrisio. Centro di dialettologia e di etnografia Bellinzona, 2003. (Inventario delle decorazioni pittoriche nel Cantone Ticino, vol. 7).

Decorazioni Tre Valli 2000
Decorazioni pittoriche nelle Tre Valli ambrosiane. Inventario promosso dall'Ufficio dei musei etnografici Bellinzona, 2000. (Inventario delle decorazioni pittoriche nel Cantone Ticino, vol. 4).

Decorazioni Valmaggia 1998
Decorazioni pittoriche in Valmaggia. Inventario promosso dall'Ufficio dei musei etnografici Bellinzona, Museo di Valmaggia Cevio, 1998. (Inventario delle decorazioni pittoriche nel Cantone Ticino, vol. 2).

E
Eltgen, Ulrich.- Steinimitation in Putz und Farbe in Deutschland. Bonn 1995 (Diss. Univ. Bonn 1995)

Emmenegger, Oskar; Roland Böhmer.- Architekturpolychromie und Stuckfarbigkeit in der Schweiz. In: Graubündner Baumeister und Stukkateure. Beiträge zur Erforschung ihrer Tätigkeit im mitteleuropäischen Raum, Hrsg. Michael Kühlenthal. Locarno 1997, S. 75-109.

Emmenegger, Oskar.- Historische Putztechniken. In: Die Burgenforschung und ihre Probleme. Ergrabung, Konservierung, Restaurierung. Symposion Krems 1992. Horn 1994, S. 23-41. (Fundberichte aus Österreich, Materialhefte Reihe A, Heft 2, herausgegeben vom Bundesdenkmalamt Wien 1994).

F
Von Farbe und Farben. Albert Knoepfli zum 70. Geburtstag. Zürich 1980. (Veröffentlichungen des Instituts für Denkmalpflege an der Eidgenössischen Technischen Hochschule Zürich, Bd. 4).

Farbe und Fassade, Handwerk und Denkmalpflege. Herausgeber Arbeitsgemeinschaft der Handwerkskammern Rheinland-Pfalz. Mainz 1982.

Fassadenmalerei/Painted Façades. Forschungsprojekt Eurocare 492 Muralpaint. Klosterneuburg/Wien o. J. [1995]. (Restauratorenblätter Bd. 16. Herausgeber Österreichische Sektion des IIC, International institute for conservation of historic and artistic works).

Feldges, Uta.- Die Farben der Basler Altstadt. In: Basler Magazin Nr. 17, 8. Mai 1999, S. 12/13.

Fischer, Hermann von.- Denkmalpflege im Kanton Bern. Sonderdrucke aus: Berner Zeitschrift für Geschichte und Heimatkunde, 1960ff [Restaurierungshinweise].

G
Genua Picta. Proposte per la scoperta e il recupero delle facciate dipinte. (Genova, Commenda di S. Giovanni di Prè, 15 aprile-15 giugno 1982). Sagep Editrice, Genova 1982 [Catalogo della mostra].

Grimm, Wolf-Dieter.- Bildatlas wichtiger Denkmalgesteine der Bundesrepublik Deutschland. München 1990. (Arbeitsheft 50. Bayerisches Landesamt für Denkmalpflege).

H
Hammer, Ivo.- Symptome und Ursachen: Methodische Überlegungen zur Erhaltung von Fassadenmalerei als Teil der Architekturoberfläche. In: Zeitschrift für Kunsttechnologie und Konservierung 10, 1996, no 1, S. 63-86.

Hering-Mitgau, Mane.- Weisse Architekturmalerei: Die Schönheit des Einfachen. In: Unsere Kunstdenkmäler 38, 1987, S. 540-547.

Hering-Mitgau, Mane.- Das Forschungsprojekt über die Aussenfarbigkeit historischer Architektur in der Schweiz. In: Pursche, Jürgen (Hrsg.).- Historische Architekturoberflächen, Kalk – Putz – Farbe. Internationale Fachtagung des Deutschen Nationalkomitees von ICOMOS und des Bayerischen Landesamtes für Denkmalpflege München November 2002. München 2003, S. 120-123, Tf. X. (ICOMOS. Hefte des Deutschen Nationalkomitees XXXIX).

Hermann, Claudia; Jochen Hesse.- Das ehemalige Hertensteinhaus in Luzern: Die Fassadenmalerei von Hans Holbein d. J.. In: Unsere Kunstdenkmäler 44, 1993, S. 173-186.

Hesse, Jochen.- Die Luzerner Fassadenmalerei. Herausgegeben vom Stadtarchiv. Luzern 1999. (Beiträge zur Luzerner Stadtgeschichte, Bd. 12).

Heydrich, Christian.- Die Wandmalereien Hans Bocks d. Ä. von 1608-1611 am Basler Rathaus. Zu ihrer Geschichte, Bedeutung und Maltechnik. Bern/Stuttgart 1990.

Historische Architekturoberflächen, Kalk – Putz – Farbe/Historical Architectural Surfaces, Lime – Plaster – Colour. Internationale Fachtagung des Deutschen Nationalkomitees von ICOMOS und des Bayerischen Landesamtes für Denkmalpflege München 20.-22. November 2002. München 2003. (ICOMOS. Hefte des Deutschen Nationalkomitees XXXIX).

Hüttmann, L..- Der Gipser als Zementierer, Tüncher und Stuckateur wie auch als Maler, Lackierer, Vergolder, Versilberer und Tapezierer. Weimar 1883, Reprint 1996.

I
ICOMOS
International Council on Monuments and Sites/Conseil international des monuments et des sites.

ICOMOS 90 siehe Restauration, Conservation.

ICOMOS 2002 siehe Historische Architekturoberflächen.

ID/ETHZ
Institut für Denkmalpflege, Eidgenössische Technische Hochschule Zürich (1972 bis 2005).

IDB/ETHZ
Institut für Denkmalpflege und Bauforschung, Eidgenössische Technische Hochschule Zürich (ab 2005).

INSA
Inventar der neueren Schweizer Architektur/Inventaire Suisse d'Architecture/Inventario Svizzero di Architettura, 1850–1920. Herausgegeben von der Gesellschaft für Schweizerische Kunstgeschichte, Bern. 10 Bände und Registerband. Bern 1984-2004.

K

KDM
Die Kunstdenkmäler der Schweiz. Herausgegeben von der Gesellschaft für Schweizerische Kunstgeschichte/Les monuments d'art et d'histoire de la Suisse [MAH]. Publiés par la Société d'histoire de l'art en Suisse/I monumenti d'arte e di storia della Svizzera [MAS]. Editi della Società dell'arte in Svizzera. Basel/Bâle/Basilea 1927ff [bis 2008 erschienen 114 Bände].

KF (Arts et monuments/Guida all'arte)
Kunstführer. Herausgegeben von der Gesellschaft für Schweizerische Kunstgeschichte Bern [betrifft einzelne Städte, Regionen oder Kantone].

KF Schweiz
Kunstführer durch die Schweiz. Begründet von Hans Jenny, herausgegeben von der Gesellschaft für Schweizerische Kunstgeschichte. Zürich/Wabern, Bd. 1: 6. Auflage 1975, Bd. 2: 5. Auflage 1976, Bd. 3: 5. Auflage 1982. Vollständig neu bearbeitete Ausgabe, Bd. 1 und 2: Bern 2005, Bd. 3: Bern 2006.

Klein, Heinrich-Josef.- Marmorierung und Architektur. Ein Beitrag zur Frage der Musterung. Diss. phil. Köln 1976. (Druck Walter Kleikamp, Köln).

Klemm, Christian.- Fassadenmalerei. In: Reallexikon zur deutschen Kunstgeschichte, Bd. 7 Lieferung 1978. München 1981, Sp. 690-742.

Knoepfli, Albert.- Die Farbe in der Denkmalpflege: Nach Mass mit Mass. In: applica, Zeitschrift für das Maler- und Gipsergewerbe 88, 1981, Nr.11.

Knoepfli, Albert.- Farbillusionistische Werkstoffe. Palette, herausgegeben von Sandoz AG Basel, H. 34, 1970.

Knoepfli, Albert.- Ein Wort zum Zusammenwirken von Malerhandwerk und Denkmalpflege. In: Die Mappe. Deutsche Maler- und Lackiererzeitschrift 93, 1979, Nr. 12, S. 849-855 und S. 876f.

Kobler, Friedrich.- Mauerfugen – ihre Erscheinung zwischen Funktion und Gestaltung. In: Pursche, Jürgen (Hrsg.).- Historische Architekturoberflächen, Kalk – Putz – Farbe. Internationale Fachtagung des Deutschen Nationalkomitees von ICOMOS und des Bayerischen Landesamtes für Denkmalpflege München November 2002. München 2003, S. 76-80. (ICOMOS. Hefte des Deutschen Nationalkomitees XXXIX).

Kobler/Koller
Kobler, Friedrich; Manfred Koller.- Farbigkeit der Architektur. In: Reallexikon zur deutschen Kunstgeschichte, Bd. 7 Lieferungen 1974, 1975. München 1981, Sp. 274-428.

Koepplin, Dieter.- Ausgeführte und entworfene Hausfassadenmalereien von Holbein, Stimmer und Bock. In: Tobias Stimmer 1539-1584. Spätrenaissance am Oberrhein. Ausstellungskatalog Basel 1984, S.35-96 [betrifft u.a. Schaffhausen, Haus zum Ritter].

Koller, Manfred.- Historische Architekturfarbigkeit: Befunde und Bedeutung. In: Probleme und Konservierungstechniken in der Baudenkmalpflege. Wien November 1980, S. 109-129. (Restauratorenblätter Bd. 4) [Vervielfältigung].

Koller, Manfred.- Historische Fassadenmalereien in Österreich. Denkmalpflegebedarf und internationale Forschungskooperation. In: Österreichische Zeitschrift für Kunst und Denkmalpflege XLVI, 1992, S. 58-64.

Koller, Manfred.- Material und Farbe in der Architekturoberfläche – Begriffe und Bedeutung. In: Pursche, Jürgen (Hrsg.).- Historische Architekturoberflächen, Kalk – Putz – Farbe. Internationale Fachtagung des Deutschen Nationalkomitees von ICOMOS und des Bayerischen Landesamtes für Denkmalpflege München November 2002. München 2003, S. 114-119. (ICOMOS. Hefte des Deutschen Nationalkomitees XXXIX).

Koller, Manfred.- «Steinfarbe» und «Ziegelfarbe» in der Architektur und Skulptur vom 13.-19. Jahrhundert. Quellen und Befunde. In: Restauro 109, 2003, Nr. 1, S. 32-38; Nr. 2, S. 123-129; Nr. 3, S. 188-193.

Konservierung und Restaurierung von verputzten Mauerflächen. Vorträge des Symposiums mit Denkmalpflegern aus der Republik Ungarn und der Bundesrepublik Deutschland in Seeon vom 15.-20. November 1987. München 1990. (Arbeitsheft 45. Bayerisches Landesamt für Denkmalpflege).

Könz, Iachen Ulrich; Eduard Widmer.- Sgraffito im Engadin und Bergell. Zürich 1977.

Kreisel, Heinrich.- Die Farbgebung des Äußeren alter Bauwerke. In: Deutsche Kunst und Denkmalpflege 1963, S. 111-136; als Anhang S. 137-142: Rudolf Pfister. Die Farbe in der Architektur, 1925.

Kühn, Hermann.- Farbmaterialien, Pigmente und Bindemittel. In: Reclams Handbuch der künstlerischen Techniken Bd. 1. Stuttgart 1984, S. 7-54.

Kunst + Architektur in der Schweiz, [vorher:] Unsere Kunstdenkmäler, siehe UKdm.

M

MAH siehe KDM.

Maison bourgeoise siehe Bürgerhaus.

Maison rurale siehe Bauernhäuser.

Martinola, Giuseppe.- Inventario delle cose d'arte e di antichità del distritto di Mendrisio. (Dipartimento delle pubbliche costruzioni del Cantone Ticino. Commissione cantonale dei monumenti storici e artistici). Vol. I, II. Edizione dello Stato 1975.

MAS siehe KDM.

Maurer, Emil.- Holbein jenseits der Renaissance. Bemerkungen zur Fassadenmalerei am Haus zum Tanz in Basel. In: Emil Maurer, Fünfzehn Aufsätze zur Geschichte der Malerei. Basel 1982, S. 123-133.

Meyer, André.- Architekturpolychromie, farbige Interieurs und Wandmalereien zwischen Spätmittelalter und Neuzeit. Luzernische Neuentdeckungen seit 1973. In: Jahrbuch der historischen Gesellschaft Luzern 1/1983, S. 24-83.

Michler, Jürgen.- Hochgotische Fassadenmalereien am Bodensee. In: Jahrbuch der Staatlichen Kunstsammlungen in Baden-Württemberg 22, 1985, S. 7-26.

Mineralfarben. Beiträge zur Geschichte und Restaurierung von Fassadenmalereien und Anstrichen. Zürich 1998. (Veröffentlichungen des Instituts für Denkmalpflege an der ETH Zürich, Bd. 19).

Möller, Roland.- Natürliche Steinfarbe und Oberflächenstrukturen als Dekorationssysteme an Bauwerken in vorromanischer Zeit bis zur Mitte des 13. Jahrhunderts. In: Geologie und Denkmalpflege, Beiträge zur Verwitterung und Konservierung von Gesteinen in Architektur und Plastik der DDR. Abhandlungen des Staatlichen Museums für Mineralogie und Geologie zu Dresden 35, 1988, S. 99-127.

Möller, Roland.- Steinstrukturbilder in Bauwerken, Wand- und Glasbildern in der Spätromanik und Gotik. In: Bau- und Bildkunst im Spiegel internationaler Forschung. Festschrift zum 80. Geburtstag von Edgar Lehmann. Berlin 1989, S. 101-113.

Moser, Andres.- Zur Farbwirkung des ockergelben Neuenburgersteins. In: Von Farbe und Farben. Albert Knoepfli zum 70. Geburtstag. Zürich 1980, S. 73-78. (Veröffentlichungen des Instituts für Denkmalpflege an der Eidgenössischen Technischen Hochschule Zürich, Bd. 4).

N
Niklaus Manuel Deutsch. Maler, Dichter, Staatsmann. Ausstellungskatalog Bern 1979, S. 293-296 [betrifft Bern, Nollsches Haus].

P
Pfister, Rudolf.- Die Farbe in der Architektur. In: Technische Mitteilungen für Maler (München) 41, 1925, S. 79-86 [Auszug siehe Kreisel].

Phleps, Hermann.- Das ABC der farbigen Aussenarchitektur. Berlin 1926.

Phleps, Hermann.- Farbige Architektur. In: Wasmuths Lexikon der Baukunst, Bd. 2. Berlin 1930, S. 420-423, eine Abbildungstafel.

Phleps, Hermann.- Die farbige Architektur bei den Römern und im Mittelalter. Berlin o. J. [1930].

Pursche, Jürgen.- Architekturoberfläche. Betrachtungen zu historischen Putzbefunden. In: Pursche, Jürgen (Hrsg.).- Historische Architekturoberflächen, Kalk – Putz – Farbe. Internationale Fachtagung des Deutschen Nationalkomitees von ICOMOS und des Bayerischen Landesamtes für Denkmalpflege München November 2002. München 2003, S. 7-28. (ICOMOS. Hefte des Deutschen Nationalkomitees XXXIX).

Q
Quervain siehe De Quervain.

R
Rahn, J[ohann] R[udolf].- Zur Statistik Schweizerischer Kunstdenkmäler. Die mittelalterlichen Kunstdenkmäler des Cantons Tessin. Beilage in: Anzeiger für Schweizerische Alterthumskunde 1890-1893 [Sonder-Abdruck der Beilage, Zürich 1893]/I Monumenti Artistici del Medio Evo Nel Cantone Ticino. Bellinzona 1894.

RDK
Reallexikon zur Deutschen Kunstgeschichte.

Restauration, Conservation: Quelques aspects de la protection du patrimoine architectural en Suisse. ICOMOS 90 [Conserver – Restaurer]. Lausanne 1990.

S
Schmidt, Friedrich Christian.- Von der Farbe oder dem äusserlichen Anstrich der Häuser. In: Ders., Der bürgerliche Baumeister. Teil I. Gotha 1790, S.157-161. Kommentiert und mit einem Nachwort versehen von Urs Boeck. In: 1. Deutsche Kunst und Denkmalpflege, 1971, S. 35-41; 2. applica 86, 1979, Heft 4, S. 14-18.

Schreiber, Emanuel.- Der erfahrene Gehülfe für Haus- u. Stubenmaler und Firmaschreiber bei Ausführung aller Arten von Anstrichen, Nachahmungen der Farbe, Naturzeichnung und Maserung seiner Möbelhölzer, aller Arten von Marmor, Porphyr, Granit ect. … Weimar 1865

Schweikhart, Gunter.- Fassadenmalerei in Verona vom 14. bis zum 20. Jahrhundert. München 1973.

SKF
Schweizerische Kunstführer, herausgegeben von der Gesellschaft für Schweizerische Kunstgeschichte, Bern [betrifft einzelne Bauwerke, Orte, technische Denkmäler].

T
Tafelmaier, Walter; Georg Donauer; Gerhard Jehl.- Architekturmalerei an Fassaden. Anregungen, Vorlagen, Techniken. Stuttgart 1988, 2. erweiterte Auflage 1998.

Taverne, Ed; Cor Wagenaar (Hrsg.).- Die Farbigkeit der Stadt. Alte und neue Farbmuster in europäischen Städten. Basel/Berlin/Boston 1992.

Tugium. Jahrbuch des Staatsarchivs des Kantons Zug, des Amtes für Denkmalpflege und Archäologie, des Kantonalen Museums für Urgeschichte Zug und des Museums in der Burg Zug [Restaurierungsberichte].

U
UKdm
Unsere Kunstdenkmäler/Nos monuments d'art et d'histoire/I nostri monumenti storici. Mitteilungsblatt für die Mitglieder der Gesellschaft für Schweizerische Kunstgeschichte/Bulletin destiné aux membres de la Société d'Histoire de l'Art en Suisse/Bollettino per i membri della Società di Storia dell'Arte in Svizzera, 1949-1993. [Seit 1994:] Kunst + Architektur in der Schweiz/Art + Architecture en Suisse/Arte + Architettura in Svizzera.

Zur Untersuchung und Rekonstruktion von historischer Architekturfarbigkeit. In: Restaurierte Kunstwerke in der Deutschen Demokratischen Republik. Ausstellung im Alten Museum, Staatliche Museen zu Berlin, 1980 [Ausstellungskatalog]. Leipzig/Berlin 1979, S. 173-192 [betr. Aussenfarbigkeit].

V
Vögelin, Salomon.- Façadenmalerei in der Schweiz. In: ASA (Anzeiger für schweizerische Alterthumskunde) 3. Bd. 1876/79, S. 931f, 955-957; 4. Bd. 1880-1883, S. 33-35, 50-56, 75-79, 111-115, 136-141, 165-170, 201-206, 270-275, 301-305, 331-338, 411-416, 444f, 468f; 5. Bd. 1884/87, S. 65-67, 95-98,122-124, 155-161, 180-184, 212-217, 299-309, 336-343, 402-404, 500-504.

W
Wyss, Alfred.- Von Befunden und von Farben. Aus der Arbeit der Öffentlichen Basler Denkmalpflege. In: Basler Stadtbuch. Basel 1979, S. 273-280 [Farben in der Altstadt].

Z
ZAK
Zeitschrift für Schweizerische Archäologie und Kunstgeschichte. Herausgeber Schweizerisches Landesmuseum Zürich.

Abbildungsnachweis

Aargauer Kantonsbibliothek, Aarau   460
Amt für Kulturpflege, Schwyz   548, 549, 793
Anderes, Bernhard   16, 981
Atelier St-Dismas SA, Eric Favre-Bulle, Lausanne   513, 514, Buchumschlag vorn
Baugeschichtliches Archiv, Zürich   435, 440, 444, 447, 455, 459
Bildungs- und Kulturdepartement Luzern, Denkmalpflege Archiv   212, 689 (Peter Ammon)
Bundesdenkmalamt Wien   140
Das Bürgerhaus der Schweiz XVI, 1925, Tf. 77, 78 (Repro)   681, 683
La Casa borghese XXVIII/II, 1936, tav. 30 (Repro)   923
ETH Zürich, Institut für Denkmalpflege und Bauforschung, Fotoarchiv   35, 145, 162, 275, 462, 477, 479, 692, 766, 872, 998
Fachstelle für Kultur- und Denkmalpflege Obwalden, Sarnen   813, 814, 832
Fontana & Fontana AG, Rapperswil-Jona   541-543
Grünenfelder, Josef, Cham   374, 585, 924
Historisches Museum Kanton Thurgau, Frauenfeld   274
Kantonale Denkmalpflege Zürich, Fotoarchiv   482-484, 729, 758
La Maison bourgeoise XXV, 1933, pl. 77 (Repro)   923
Mayer-Rosa, Dieter, Zürich   69, 183, 439, 443, 448, 453, 454, 592, 777
I monumenti d'arte e di storia della Svizzera [MAS] TI II, 1979, ill. 419 (Repro)   971
Musée d'Art et d'Histoire, Ville de Genève   380
Photo atelier M. Stähli, Auvernier   342, 343, 345-348, 906-908
Restaurierungsatelier Oskar Emmenegger und Söhne, Zizers   59, 60, 102, 103, 138, 142, 143, 376, 471, 1031, 1032
Rosgartenmuseum Konstanz   207
Rüsch, Elfi, Minusio   622
Schweizerische Landesmuseen   139, 431; 430, 452 (Mane Hering-Mitgau)
Sommer, Peter, Bolligen   544
Stampfli, Martin, Küsnacht   784, 786
Zeitschrift für Schweizerische Archäologie und Kunstgeschichte 50, 1993, S. 89, Abb. 5 (Repro)   851
Zentralbibliothek Zürich, Graphische Sammlung   8, 31, 34, 53, 163, 414, 487, 673, 895
Zentralbibliothek Zürich, Handschriftenabteilung   432, 433, 826

Alle anderen Aufnahmen Mane Hering-Mitgau, Zürich

Orts- und Künstlerregister

Das Register verzeichnet die Orte der Bauwerke, nicht hingegen die in anderem Zusammenhang genannten Orte. Zudem enthält es die Namen der am Bau beteiligten Künstler, aber nicht die der Bauherren.

Im Verzeichnis der Bauwerke (S. 563) findet man die Orte und Gebäude nach ihrer Nummerierung wie im Buch.

Fette Ziffern: Seitenzahlen der Haupteinträge
Normale Ziffern: Seitenzahlen der Erwähnungen im Kontext
Rote Ziffern: Abbildungsnummern

A

Aachen Münster   86
Aarau AG
   Rathausgasse   22, 924
Alberti, Leone Battista, Architekt (1404–1472)   98
Alchenflüh BE
   Mühle   174f, 444, 326, 327
Allens (Cossonay) VD
   Haus Nr. 348   139, 255, 256
Allenwinden (Baar) ZG
   Kirche St. Wendelin   365
Allweg (Ennetmoos) NW
   Winkelriedkapelle   395, 737, 738
Almens GR
   Kath. Pfarrkirche, Turm   246, 536, 474
   Ref. Kirche   335, 641
Alpnach OW
   Bauernhaus (um 1800)   416
Altendorf SZ
   Friedhofkapelle   386, 723
   Pfarrkirche   440
Altendorf-Seestatt SZ
   Gasthaus zum Engel   376, 420f, 422, 491–493
   Gasthaus Krone   376, 418, 421, 422, 795, 796
   Serafinahaus   376, 421f, 422, 794
Altenklingen TG
   Schloss, Hoftor   944
Alvaschein GR
   Kath. Pfarrkirche, Turm   540, 1005
Andeer GR
   «Bogn», Wohnhaus   274
   Schlössli   272, 523
   Veia Pintga   53, 273f, 525
Andermatt UR
   Pfarrkirche   431, 434
Antonio da Tradate, Maler (15./16. Jh.)   101, 172
Appenzell AI   10, 123, 255
   Bleiche   122, 214
Appenzeller, Heinrich, Maler (1891–1956)   366
Appiani, Joseph Ignaz, Maler (1706–1785)   486, 902
Aranco / Piemont
   Kirchturm   354, 671

Ardez GR
   Haus Nr. 119   221, 424
   Haus Nr. 121   404, 759
   Haus Nr. 124   222, 223, 425
Ardüser, Hans, Maler (1557– nach 1614)   14, 101, 103, 273, 283, 360, 361, 422, 424, 427, 173, 174, 702, 797, 798
Arlesheim BL
   Dom- und Pfarrkirche
      Altarbild, Fassadenmodell   486, 902
      Fassade   10, 484f, 901
   Eremitage, Öl- und Tabakstampfe (Waldhaus)   60, 76f, 77, 128–130
Arogno TI
   Piazza Adamo, Wohnhaus   298, 575
   S. Rocco   76, 77, 127
   Via Dott. Camponuovo, Wohnhaus   509f, 961
Arosio TI
   Pfarrkirche
      Giebel   22, 48f, 129, 62–65
      Rundfenster   83, 95, 161
Arth SZ
   Pfarrkirche
      Schiff   422, 526, 986
      Turm   384f, 386, 716
Asam, Cosmas Damian, Architekt, Maler (1686–1739)   535, 536, 1001
Asam, Egid Quirin, Architekt, Bildhauer (1692–1750)   535, 536, 1001
Ascona TI
   Casa degli Angioli   38, 313
   Casa Serodine   38f, 52f, 72–74
   S. Maria della Misericordia, Collegio   62
Auteuil bei Paris
   Kirche von Auguste Emile Vaudremer   492
Auvernier NE
   Grand'rue 3, Wohnhaus   32
   Maison Carrée   487f, 905–908
   Schloss, Vorderbau   475, 886
Avegno TI
   Pfarrkirche   551, 552, 1023

B

Baar ZG
   Riedhaaren-Pfrundhaus   477f, 890
Baar-Allenwinden ZG
   Kirche St. Wendelin   365
Babel, Johann Baptist, Bildhauer (1716–1799)   139

Bagnato, Franz Anton, Architekt (1731–1810)   484
Bagnato, Johann Caspar (Giovanni Gaspare), Architekt (1696–1757)   17, 303, 409, 431, 467, 469, 484, 516, 869, 871, 873, 901
Ballenberg (Hofstetten bei Brienz) BE, Schweizerisches Freilichtmuseum
    Gasthaus Degen aus Hünenberg ZG   123
Balsthal SO
    Kapelle St. Ottilien   173, 321
Bamberg, Petrus von, Architekt (tätig um 1500)   157
Barbieri, Alberto, Architekt (2. H. 17. Jh.)   364, 365, 687
Barbieri, Baumeisterdynastie aus Roveredo   331, 334
Barbieri, Domenico, Architekt (2. H. 17. Jh.)   339, 340, 342, 344, 648, 653
Barbieri, Martino II, Architekt (2. H. 17. Jh.)   342, 653
Basel   11, 14, 18, 126, 152, 207, 376, 411, 430, 431, 464, 478, 485, 274
    Bischofshof   195
    Blaues Haus (Reichensteinerhof)   451f, 844–846
    Holsteinhof   410
    Münster   22, 128, 208
    Papiermühle   195
    Predigerkirche   42
    Rathaus   119
    Reichensteinerhof (Blaues Haus)   451f, 844–846
    Spiesshof   410
    St. Alban   83, 89, 149
    Stapfelberg 6, Wohnhaus   261f, 505, 506
    Wendelstörferhof (Weisses Haus)   451f, 844–846
    Weisses Haus (Wendelstörferhof)   451f, 844–846
    Wildt'sches Haus   452
    Zum Eichhorn, Wohnhaus   410f, 464, 771–773
    Zum grossen Christoffel   195
Bassin VD   376
    Haus no 6 (1822)   403
    Haus no 42 (1849)   376, 402f, 754
    Hôtel de la couronne (1833)   403, 753
Beer (von Au), Johann Ferdinand, Architekt (1731–1789)   408, 409, 765, 766
Beer von Bildstein, Johann Michael I, Architekt (1696–1780)   520, 978
Beer von Bleichten, Franz II, Architekt (1660–1726)   434, 820
Beer von Bleichten, Johann Michael II, Architekt (1700–1767)   388
Belfaux FR
    Maison de Gléresse (Forge / Schmitte)   52, 168, 195f, 504, 505, 309, 371, 950, 951
Bellinzona TI
    Casa Chicherio   480, 481f, 897
    Ehem. Lackfabrik   60, 78f, 133, 134
    S. Maria delle Grazie
        Backsteinfriese Westfassade   65
        Bogenfriese   59, 69f, 110–112
        Fensterrahmen   315
        Turmfassung   83, 93, 157
Bellinzona-Daro TI
    S. Quirico, Kirche und Pfarrhaus   480, 482, 896
Bellinzona-Ravecchia siehe *Ravecchia-Bellinzona*
Bern
    Ehem. Stiftsgebäude   450f, 843
    Erlacher Hof   451
    Zeitglockenturm, Chronik Diebold Schilling 1513   479
Bernhard von Puschlav (Poschiavo), Architekt (tätig um 1500)   15, 151, 153, 154, 155, 158, 160, 161, 162, 240, 431, 279, 286, 291
Bernhardzell SG
    Pfarrkirche   376, 408f, 765, 766
Beroggio (Broggio), Antonio und Giovanni, Architekten (tätig 1689/94)   543
Beromünster LU
    Kustorei, Stiftsbezirk,   456, 852
    Rynacherhof   528, 990
    Stiftskirche   385, 435, 717, 819
Berthoud, Abraham, Architekt (tätig um 1755/65)   140

Bettwil AG
    Pfarrkirche   388, 722
Bever GR
    Ref. Kirche, Turm   146, 540f, 1007, 1008
Biasca TI   75
    Casa Pellanda   495, 497–499, 506, 930–933
Binn-Schmidigenhäusern VS
    Kapelle St. Antonius   134
Binn-Willern VS
    Kath. Pfarrkirche, Turm   239, 242, 465, 466
Bironico TI
    S. Maria del Rosario   315, 606
Bischofszell TG
    Michaelskapelle   259, 499
    Rathaus   376, 409, 467, 467–469, 871, 872
    Zum Weinstock / Zum Rosenstock, Doppelhaus   279f, 280, 537
Bissone TI   50, 500
    Piazza F. Borromini no 25, Wohnhaus   313, 500f, 936
    Piazza F. Borromini no 27, Wohnhaus   499f, 934
Biucchi, Carlo Martino, Maler, (1702– um 1752)   927
Blank, Johann Konrad, Maler (tätig 1751)   124
Blatten LU
    Wallfahrtskirche St. Jost   331, 333, 365, 366f, 368, 690, 691
Bock, Hans d. Ä., Maler (1550–1624)   11
Bondo GR
    Haus am Brunnenplatz   926
    Haus Nr. 33   276f, 530
    Haus Nr. 71   111, 190f, 277, 359
    Haus Nr. 74   277, 531
    Palazzo Salis   142
Bonmont (Chéserex) VD
    Abtei   42
Bordei Centovalli TI
    Fassadenbild   371
Borel, Jacques III, Architekt (1725–1776)   140
Borgnis, Giuseppe Mattia, Maler (1701–1761)   74, 549
Borgnone-Lionza TI
    Casa Tondutti (Palazzo Tondù)   214, 331, 333, 370f, 409, 638, 694–697
    Kirche S. Antonio di Padova, Turm   549f, 551, 553, 1019
Bormio / Altavaltellina
    Wohnhaus   47, 60
    Via Roma 82, Fassadenbild Maria Loreto   60, 73, 120
Bosco Gurin TI
    Pfarrkirche   554, 1027
Botyre-Ayens VS
    Maison peinte   15, 251, 265f, 268, 512–514, Umschlagbild
Bremgarten AG   369
Brescia / Lombardei
    S. Salvatore   86
Bressaucourt JU
    Pfarrkirche   491f, 492, 493, 913–915
Brig VS
    Altes Stockalperhaus   180f, 182, 338
Brione sopra Minusio TI
    Kirche   553, 554
Brione sopra Minusio siehe *Viona*
Brissago TI
    Palazzo Branca
        Hauptfassade   223, 447, 460f, 428, 858, 859
        Südwestfassade   516f, 971, 972
Brixen / Südtirol
    Pfarrkirche   29
Broggio (Beroggio), Antonio und Giovanni, Architekten (tätig 1689/94)   543

Broglio TI
   Casa Pometta
      Eckquadermalerei **196f**, 273, 372, 373
      Marmorierungen 102, **103f**, 108, 175
   Rustico **292**, 558
Brugg AG
   Lateinschule, Illusionsmalerei 306, 210, 588
Brusio GR
   Casa Trippi 141
   Kath. Pfarrkirche
      Turm 239, **243f**, 469
      Westfassade **52**, 462, 70, 71
   Ref. Pfarrhaus 120, **141**, 259
Bruson VS 291
   Nutzbau no 1461 (1629) **392**, 555
   Wohnhaus (1829), Dorfmitte 392, **398**, 743
Bruzella TI
   Wohnhaus, östlich der Kirche
      Bauecken **269**, 270, 417, 518
      Fassade **530f**, 531, 993
Bubikon ZH
   Hof Barenberg 281
   Johanniter-Komturei 22, **23f**, 3–6
Bühler, Andreas, Architekt (tätig 1478–1512) 15, 67, 84, 99, 151, 153, 154, 156, 157, 158, 159, 160, 161, 162, 168, 240, 276, 281, 284, 288, 289, 431, 168, 276, 281, 284, 288, 289
Buonas (Risch) ZG
   Kapelle St. German 182
Buosinger (Businger), Franz Xaver, Maler (tätig 1751) 366, 367
Büren an der Aare BE
   Schloss
      Aareseite (wohl 1590) 107, **195**, 370
      Stadtseite (1623) 102, **106f**, 180, 181
Bürg (Eschenbach) SG
   Kirchturm 208, **391**, 392
Burtscher, Anton, Architekt (gest. 1683/84) 395
Bütschwil SG
   Sogen. Weisses Haus **257**, 494
Buttisholz LU
   Kapelle St. Ottilien 486

C

Cabbiolo GR
   S. Nicolao 181
Caldelli, Gian Antonio, Maler (1721–1791) 461
Campo TI
   Palazzo Giovanni Battista Pedrazzini
      Kamin 74, **549**, 124
      Kapelle, Dachreiter 102, **549**, 1018
   Palazzo Martino Pedrazzini 102, **113**, 198
Carabbia TI
   Casa Laurenti **317–320**, 598, 613–616
   Wohnhaus **193f**, 366
Carona TI 48
   Casa Adami 315
   Casa Casella
      Fenstergiebel **500**, 935
      Gesims **256**, 491
      Pilasterverkröpfung 941
   Casa Cattaneo **306**, 587
   Casa comunale, («La Loggia») 129, **504**, 227
   Haus no 61 390, **502**, 504, 938
   Pfarrkirche **128f**, 228
   Piazza della costa
      Wohnhaus, Türrahmung **300**, 552, 579
   S. Maria d'Ongero
      Langhauskuppel **315**, 607

      Lauretanisches Marienbild 74
      Vorzeichen und Pfeilerloggia 129, 229
   S. Maria di Torrello
      Hoftor 83, **91**, 152, 153
      Kirchenfassade 120f, 209
      Westportal 129, 230
   Via Maistra (Maria-Loreto-Haus)
      Eckbemalung (wohl 18. Jh.) **192**, 363, 364
      Fassadenbild Maria Loreto 74, 122
      Pfeilergliederung (um 1600) **504**, 363, 940
   Wirtschaftsgebäude, Dorfmitte (17. Jh.) **298**, 574
Casaccia GR
   S. Gaudenzio 158
Caserin, Giovanni, Architekt (tätig 1665/67) 540
Castagnola TI
   Villa Favorita **505f**, 954
Castel San Pietro TI
   Chiesa rossa 22, 25, 27, **28**, 13–15, 29, 30, 42
Castiglione d'Olona / Lombardei 47
Cauco GR
   Kath. Pfarrkirche
      Schiff und Chor 332, 339, **347**, 657–659
      Turm **555f**, 1030
Cavalese / Trentino
   Wohnhaus 46, **101**, 57, 171
Cazis GR
   Pfarrkirche, Portal 84, **99**, 168
Celerina GR, San Gian
   Turm 22, 25, 27, 28, **29f**, 30, 16, 17
   Westfassade, Radfenster 83, **94f**, 160
Céligny GE
   Route des coudres 1, Wohnhaus 382, **394**, 735, 736
Cerentino TI
   Kirche, Wandbild mit Marmorierung 108, 190
Cevio Piazza TI
   Casa Respini-Franzoni **107f**, 184–187
Cevio Rovana TI
   S. Maria del Ponte 146
Cevio Vecchio TI
   Casa Franzoni (museo valmaggese), Bauensemble
      Hauptgebäude, Bauecken, Sgraffitodekor **257**, 493
      Hauptgebäude, Fensterrahmen **296**, 569
      Hauptgebäude, Südportal **108f**, 115f, 189, 942
      Hofmauer, Toreingänge 218, **418**, 419
      Kelter, Bogenquader **218f**, 417
      Vorderhaus, Portalrahmung 945
   Casa Respini-Traversi 121, **275f**, 528
   Pfarrkirche 146, 190, **269**, 270
   Wohn- und Ökonomiegebäude **219**, 420
Cham ZG
   Frauenthal, Klosterkirche **406f**, 762, 763
   Pfarrkirche **440f**, 442, 830, 831
Chéserex VD
   Abtei Bonmont 42
Chillon (Veytaux) VD
   Schloss
      Innenräume, Gerichtssaal 50, 143
      Rundtürme, Pechnasenkränze 142–144, 263
      Südostturm (Uhrenturm) 97, **169**, 311, 312
      Warenmagazin 169, **171**, 318, 319
Chironico TI
   Torre dei Pedrini 11, 22, 24, **25f**, 97, 7–10
Chur GR 168
   Dompfarramt **358**, 678
   Haus Braun **424–426**, 508, 799–801
   Kathedrale
      Obergadenfenster Südseite 83, **90**, 151

Rundbogenfenster Westfassade   90
Rundfenster Chorwand   95
Cinuos-chel GR
Haus Nr. 272   **221**, 223, 423
Ref. Kirche, Turm   **244**, 470
Claino-Osteno / Comasco siehe auch *Osteno*
Piazza beta 2/4, Wohnhaus   223, 427
Coldrerio TI
Palazzo Cigalini, Tor   83, **92**, 155
Coldrerio Costa di sopra
Landhaus Malacrida   59, **65**, 96, 97
Coltura (Stampa) GR
Palazzo Castelmur   60, **79f**, 135, 136
Como / Lombardei   46, 92
Broletto   98
Kirche S. Abbondio   90
Palazzo Pantera   98, 99, 169
Via Francesco Muralto 39   62, 66, 99
Via Odeschalchi 28/34   506, 955
Comprovasco TI
Villa (1890)   121, **129f**, 231
Contra TI
Kath. Kirche, Turm   239, **246f**, 461, 475, 476,
Pfarrhaus   **294**, 565
Coppet VD   455
Maison de couvent   381, 382, 394, 444, 711
Schloss   **454**, 848
Corippo TI
Pfarrkirche, Turm   **551**, 1020
Wohn- und Wirtschaftsgebäude, Kirchplatz   **301**, 580
Corrodi, Johann Felix, Maler (18. Jh.)   225
Cossonay VD
Maison de Banneret   **135f**, 246
Cossonay-Allens VD
Haus Nr. 348   139, **255, 256**
Cotti, Abraham, Architekt (1560–1615/16)   34, 209, 210
Crans-près-Céligny VD
Schloss   455
Cumbel GR
Kath. Pfarrkirche   332, **350**, 666
Porclas (Frauentor)   11, 22, **35f**, 97, 31–34
Cuneo / Piemont   317
Cunter GR
Pfarrkirche, Westfassade   **110**, 192
Curogna TI
Oratorio S. Cristoforo   22, **45f**, 1, 55, 58

D
Danis GR
Kath. Pfarrkirche, Turm   **554f**, 1028, 1029
Davos-Laret GR
Ref. Kirche   **349**, 665
Degen-Rumein GR
Kapelle St. Antonius   **333**, 334, 639
Degen-Vattiz GR
Kapelle St. Nikolaus und Valentin   **354f**, 672
Deitingen SO
Kirche (1816/19)   490
Delémont / Delsberg JU
Château, Stallgebäude   **207**, 400, 388
Hospice des vieillards   **474**, 883
Maison de Grandvillers   23, **56f**, 82
Musée jurassien   **473f**, 475, 882
Diessenhofen TG siehe auch *St. Katharinental*
Alte Sonne   **419**, 422, 788
Goldener Leuen   **379**, 709
Haus zum Pelikan   268

Klosterhaus   **415**, 780
Siegelturm   **204f**, 205, 383
Stadtprospekt, Chronik Johannes Stumpf   205
Zum Schneggen   **525f**, 985
Disentis GR
Kapelle St. Placidus   337, **339f**, 344, 648, 649
Kath. Pfarrkirche   **354**, 670
Dongio TI
Landwirtschaftliches Anwesen, Werkstatt der Bleniotalbahn   **75f**, 126
Dünz, Abraham I, Architekt (1630–1688)   177

E
Eggmann, (Johann) Melchior, Maler (1711– nach 1751)   304, 305,
306, 585, 586, 947
Eglisau ZH
Blaues Haus   **380**, 710
Gasthaus Hirschen   922
Einigen-Ghei BE
Sogen. Heidenhaus   **178**, 333
Elm GL
Suworowhaus   262, **268f**, 517
Engel, Jakob, Architekt (tätig 1679/81)   484
Engelberg OW   414, 432
Ennetmoos (Allweg) NW
Winkelriedkapelle   **395**, 737, 738
Ernen VS   134
Jost Sigristen-Haus   **282f**, 544, 545
Kath. Pfarrkirche, Nischenrahmung   **165**, 302
Tellehüs (Tellenhaus)   **208f**, 393
Erstfeld UR
Jagdmattkapelle   **378**, 706
Escher, Gerold, Zeichner (1665–1738)   225, 232, 236, 460
Estavayer-le-Lac FR
Grand' rue 1, Wohnhaus   **476f**, 888
Kollegiatskirche   **134f**, 242, 243
Maison Griset   504, **505**, 952, 953
Ettiswil LU
Schloss Wyher   **252f**, 485
Evolène VS
Haus am Kirchplatz   **187**, 352
Eyholz-Visp VS
Riti-Kapelle und Kapellenhaus   **461f**, 462, 860, 861, 863

F
Fahr AG (Unterengstringen ZH)
Kloster   179
Kirche Querhaus, Blindfenster   **306**, 592
Kirche Westanbau, Illusionsmalerei   102, 106, 107, 306, 183
Kirchturm   22, 23, **51**, 307, 69
Meierhaus siehe *Unterengstringen* ZH
Faini, Luigi, Maler (tätig um 1900)   129
Favre, Jonas, Architekt (um 1630–1694)   307, 444, 445
Fechter, Johann Jakob, Architekt (1717–1797)   452
Feuchtmayr, Johann Michael, Bildhauer (1709–1772)   484, 901
Feusisberg SZ
Pfarrhaus   376, 406, **409f**, 767–769
Pfarrkirche   **410**, 770
Fiez VD
Maison Henri Gilliard (Maison bernoise)   22, **32f**, 26–28
Filisur GR
Haus Nr. 84
Platzseite (Hans Ardüser 1595)   101, **103**, 103, 361, 173
Strassenseite (1801)   **427**, 807
Fischingen TG
Kloster
Iddakapelle   112, **466**, 468, 195, 868

    Katharinenkapelle   181f, 466, 340
    Kirche, Schiff und Turm   331, 368, 466
Flaach ZH
    Schloss   170f, 316
Flims GR
    Ref. Kirche   157, 284
Flims-Waldhaus GR
    Alte Post   97, 253, 486, 487
Florenz, Medicikapelle   53
Flüelen UR
    Alte Kirche   386, 395f, 719, 739, 740
Fontana, Rino, Maler (geb. 1935)   385
Fraisse, Abraham, Architekt (1724–1797)   145, 453
Frauenfeld TG
    Rathaus   457, 853
Frauenthal (Cham) ZG
    Klosterkirche   406f, 762, 763
Freiburg / Breisgau
    Münster   128
Freiburg / Üchtland siehe *Fribourg*
Freising / Bayern
    Domtürme   535, 1001
Fribourg / Freiburg
    Auberge de Zähringen   505
    Gasthaus zum Storchen   925
    Jesuitenkollegium St. Michael   22, **34**, 210, 29, 30
    Kapuzinerkirche   210
    Klosterkirche Montorge / Bisemberg   159, **209**f, 394–396
    Place Jean François Reyff 25   168, 308
    Planche supérieur 2-8   34, 167, 243, 263
    Rue de la Samaritaine 40   34, **167**f, 263, 307
    Stalden 2   195
    Stalden 16   34, **167**, 168, 306
    Stalden 20   262, **263**, 507, 508
Fürstenau GR
    Ref. Kirche   331, **336**, 642
    Stoffelhaus   168, 243, 310
    Vorburg   24
Furttenbach, Joseph, Architekt (1591–1667)   508
Fusio TI
    Casa de Rocc   **327**f, 629, 630
Fusio-Còspat TI
    Rustico   292, 561
Füssen / Allgäu
    Hohes Schloss   283

G
Gais AR
    Dorfplatz 11, Wohnhaus   377, 703
Galgenen SZ
    Gasthaus zur Blume   528
    Haus Krieg
        Bauecken (1760, 1801)   258, 495, 496
        Fassade (1801)   526–529, 987–989
Gals BE
    Britschmattstrasse 2   185, **185**f, 349
Gampelen BE
    Fanel, ehem. Fährhaus am Zihlkanal   213, **213**, 405, 406
    Pfarrhaus   137, 249, 250
Gampinen VS
    Haus um 1600   31

Gandria TI
    Haus am Seeufer   323, 620, 621
Gelfingen LU
    Schloss Heidegg
        Lehenmannshaus   174
        Turm   174, 324, 325
Gelterkinden BL
    Bürgerhus   465, 867
    Dorfplatz 3, Arzthaus   479, 893
    Ehem. Gerichtsgebäude   479
    Kirchrain 2, Bauernhaus   478, 891
Genève / Genf   455, 469, 470
    Kathedrale St-Pierre   37, 202, 380
    Kirche St-Gervais   64, 93
    Maison Tavel   22, **36**f, 35–38
Genthod GE
    Landhaus Maison Barde   455, 851
Gentilino TI
    Casa S. Abbondio   117
    Casa Caminada   313
Gera Lario / Comasco
    Kirche S. Vincenzo Martire   59, 68, 84, 85
Gianella, Ferdinando, Architekt (1837–1917)   129
Giornico TI
    Casa Robertini-Spadaccini   269, **270**, 417, 519
    S. Pellegrino, Kirche   59, **70**f, 404, 113
Giotto di Bondone, Maler (um 1266–1337)   937
Giswil OW
    Bauernhäuser um 1800   416
Giubiasco TI
    Kirche S. Maria Assunta   11, 22, **43–45**, 46, 53, 54
Glarus
    Haus Leuzinger-Paravicini   407, 764
    Haus in der Wies   418, **419**, 789, 790
Glis VS
    Pfarrkirche, Vorhalle   462
Gonten AI
    Kapelle Maria Loreto   **254**f, 488
Graf, Urs, Maler (1485–1528)   274
Gravedona / Comasco
    Baptisterium S. Maria del Tiglio   98
    Kirche S. Vicenzo   90
Grono GR
    Palazzo del Togni, «Ca' Rossa»   **459**f, 857
    SS. Rocco e Sebastiano   105, **170**, 178, 179
Grossdietwil LU
    Gasthaus zum Löwen   122, 377, 213
Grubenmann, Jakob, Architekt (1694–1758)   207, 279, 389
Grubenmann, Johann Ulrich, Architekt (1709–1783)   279, 436, 438, 825
Grüsch GR, Gasthaus Krone
    Blindfenster   307, 595
    Hauptfassade   426, **508**, 959
Guarda GR   223
    Haus Nr. 33, ehem. Herberge   **472**f, 810, 881
    Haus Nr. 40   **404**f, 757
    Haus Nr. 43   221
    Haus Nr. 51   22, **39**, 42
    Haus Nr. 74   221
Gulielm de Plurio (Plurs b. Chiavenna), Architekt (tätig 1478)   29

H
Haffner, Josef Anton, Maler (1709–1756)   900
Haggenmüller, Johannes, Architekt, Stukkateur (tätig 1790)   523
Hallau SH
    Bergkirche   120, 124, **124**f, 218–220
Hauterive VD
    Maison Court   183

Heintz, Daniel II, Werkmeister (1574–1633)   106
Held, (Hans) Georg, Steinmetz (18. Jh.)   279, 280, 537
Hermetschwil AG
    Kloster
        Ehem. Pächterhaus   406, 761
        Ehem. Pfisterei   392
Herolfingen BE   123
Herrliberger, David, Kupferstecher (1697–1777)   212, 406
Hinterrhein GR   191
Hirzel ZH
    Chalbisau, Bauernhaus   392
Holbein, Ambrosius, Maler (um 1494– um 1519)   186, 467, 275, 462, 870
Holbein, Hans d. J., Maler (1497/98–1543)   11
Höltzli, Lorenz, Architekt (tätig 1519/21)   156, 157
Hospental UR
    Gasthaus St. Gotthard   17, 431, 434, 818
    Pfarrkirche   17, 431, **433f**, 811, 816
    Pfrundhaus St. Karl   17, 431, 433, 817
Huber, Christian, Architekt (1657– nach 1713)   112, 466
Hünenberg ZG
    Gasthaus Degen (Freilichtmuseum Ballenberg)   123
    Gesellenhaus zur Wart   365
Hütten ZH
    Untere Laubegg   376, 406, 410, **417f**, 419, 490, 784–786

I

Ibikon (Risch) ZG
    Kathrinenhof, Wasch- und Brennhaus   376, 406
Ilanz GR
    Alte Pfarrkirche St. Martin   **161**, 292
    Haus Schmid v. Grüneck, Gartenpavillon   97, **355f**, 673–675
    Ref. Pfarrkirche S. Margarethen   156, 281, 282
Immensee SZ
    Gymnasium Immensee, Z-Bau   492, 493
Insel Mainau / Bodensee
    Schlossbauten   469, 873
Intragna TI
    Kirchturm   553
Isenring, J. B., Maler (Aquatinta 1834)   457
Isler, Johannes, Maler (Aquarell 1768)   438, 826
Isola di Madèsimo / Spluga (Splügenpass, Italien)
    Albergo Cardinello   190, 361
Itingen BL
    Dorfstrasse 7   **478f**, 892
Ittingen TG
    Kartause
        Kirche, Chorhaus   217, 373, 412
        Kreuzgänge   331, 332, 345, **372f**, 698–700

J

Janssen, Horst, Zeichner (1929–1995)   328
Jona-Wurmsbach SG
    St. Dionys, Kapelle   276, 529
Jonen AG
    Wallfahrtskapelle Jonental   331, **368f**, 693

K

Kallern-Unterniesenberg AG
    Haus Keller, ehem. Jagdhaus Kloster Muri   264, 509–511
Kappel am Albis ZH
    Kloster, Amtshaus, Zwinglisaal   42
Katharinental siehe *St. Katharinental*
Keller, Joseph, Maler (1740–1823)   522, 980
Kerns OW
    Bauernhaus um 1775   416
    Pfarrkirche und Beinhaus   **442f**, 832

Klingenzell TG
    Pfarr- und Wallfahrtskirche   **482f**, 898
Knonau ZH
    Sogen. Meyerhaus   **251f**, 481–484
Konstanz / Baden, Bodensee
    Münster   88
Kopp, Jost, Architekt (1759–1830)   17, 376, 396, 397, 431, 741, 742
Kreuzlingen TG
    Klosterkirche, Turm   205, 385
Küssnacht am Rigi SZ
    Rathaus I und II   **392f**, 731, 372

L

La Chaux-de-Fonds NE
    Hôtel de Ville   400, 401, 750
    Rue Fritz-Courvoisier 7   **400f**, 751
    Rue du Grenier 1   401
La Coudre-Céligny GE
    Rue de la Dîme 77   183
La Punt-Chamues-ch GR
    Kirche St. Andreas   **155f**, 158, 279, 280
La Sarraz VD
    Rue du château 2, Wohnhaus   120, **136f**, 247, 248
    Schloss   22, **42**, 63, 135, 49, 244
Laatsch / Vintschgau, Südtirol
    Calvenschlachtkapelle   29, 18
Laax GR
    Kath. Pfarrkirche   340, **342–344**, 365, 652, 653
Lachen SZ
    Pfarrkirche   **435f**, 440, 441, 823, 824
Lain (Obervaz) GR
    Kirche St. Luzius   543, 1012
Lambelet, Abraham, Bildhauer (1720–1773)   140
Langenthal BE
    Mühle   **447f**, 839, 840
Lantsch / *Lenz* GR
    Haus Beeli von Belfort   103, 339, 347, **360f**, 363, 681, 682, 685
    Haus Nr. 11   103, 361
Laret (Davos) GR
    Ref. Kirche   349, 665
Laufenburg AG
    Gasthaus Schiff   418
Lauperswil BE
    Ref. Kirche   171, 317
Lausanne VD
    Avenue du Grammont 1, Villa   60, 81, **137**, 949
    L'Elisée, Landpalais   **453f**, 455, 847
Le Châble VS   291, 392
    Place, Wohnhaus (1841)   **398**, 744
    Wohnhaus no 0054 (1634)   556
Le Maley (St-Blaise) NE
    Bauernhaus (1780)   **214**, 407
Les Haudères VS
    Wohnhäuser (18. Jh.)   187
Léchelles FR
    Ehem. Pfarrhaus   **402**, 752
    Schloss Gottrau   305, 306, 586, 947
Leggia-Roveredo GR
    Kapelle S. Remigio   **181**, 339
Lens-Vaas VS
    Herberge   266
Lenz siehe *Lantsch*
Leu, Hans d. Ä., Maler (um 1460–1507)   226, 431
Leuk Stadt VS
    Haus Peter Allet   **278f**, 534
    Mageran-Haus   31, 23
Leuzinger, Hans, Architekt (1887–1971)   407

Lichtensteig SG
    Altes Rathaus **284f**, 444, 550
    Goldener Boden 4, Wohnhaus 285, 551
Liestal BL
    Kanonengasse 21/23, Wohnhaus **464**, 479, 864,
    Stadtkirche 120, **125f**, 210, 221–223
Ligerz BE
    Aarbergerhus 120, **138f**, 253, 254
    Gaberelhaus 929
Linescio TI
    Bildstock, Marmorierung **115f**, 202
    Ristorante Bronz-Zanolini 23, **55f**, 80, 81
Lionza (Borgnone) TI
    Casa Tondutti (Palazzo Tondù)
        Architekturmalerei 331, 333, **370f**, 638, 694–697
        Mörtelquader 214, 409
    Kirche S. Antonio di Padova, Turm **549–551**, 553, 1019
Locarno TI 558
    Antica Casa Franzoni **323f**, 322–324, 602
    Antica Casa Orelli Emili **322f**, 618, 619
    Casa della Dottrina cristiana 327
    Castello
        Innenhof, Fenster 59, 63, **66f**, 97, 98
        Tordurchgang 83, **92**, 156
    Casorella **458f**, 856
    Nischengrab (arca) Orelli 84, **97f**, 99, 166, 167
    Palazzo Giovanni Rusca 59, 67, 101
    S. Maria in Selva
        Chorhaus (1399/1400) 60, **61f**, 86–88
        Wandmalerei im Inneren (1480/90) 30, 19
    Via Cappuccini 21, Wohnhaus 600
    Via Citadella 7, Wohn- und Geschäftshaus **326f**, 627, 628
    Via S. Antonio 12, Wohnhaus 329, 635
Loco TI
    Ehem. Quellenhaus («grotto») 60, **77f**, 131
    Hausfassaden, Schablonenmalerei 533
    Nei Pezz, Hauseingang mit blindem Oberlicht 309, 597
    Pfarrkirche, Turmuhr 536, **558f**, 1036, 1037
    Piazza G. Nizzola, Wohnhaus 77, 78, **531f**, 995, 996
Lodano TI
    Bildstock, Marmorierung **104**, 176
Lommiswil SO
    Alte Kirche St. German 255
Loreto / Ancona 13, 60, 71
Losone TI
    Contrada maggiore, Putzrahmen **300**, 578
Lostallo GR
    Haus Nr. 10 97, **214f**, 217, 408
    Kath. Pfarrkirche 340
Lucens VD
    La Belle Maison **508**, 923
Lugano TI
    Kathedrale S. Lorenzo, Borghetta 22, **38f**, 39, 40
    S. Maria degli Angeli 68, 104
    S. Maria di Loreto
        Fassade, Arkadenportikus 276
        Wandbild Maria Loreto 30, 60, **74**, 121
Luidl, Adelhelm, Pater, Architekt (1681–1748) 414
Lumbrein GR
    Kath. Pfarrkirche 240, 245, 331, 332, 337, **337–339**, 340, 347, 646, 647
Lumbrein-Sontg Andriu GR
    Kapelle St. Andreas 240, **245f**, 339, 472
Lumbrein-Surin GR
    Kapelle St. Nikolaus 239, **246**, 339, 473

Lutry VD 455
    Pfarrhaus 381
    Ref. Pfarrkirche, Turm 239, **243**, 467, 468
    Schloss 381, 712
Luven GR
    Ref. Kirche, Turmhaube 208, 1000
Luzein GR
    Sprecherhaus («Grosses Haus») 102, **111**, 190, 194
Luzern 9, 11, 333, 366, 368, 378, 512
    Balthasarhaus **426**, 928
    Hofkirche 378
    Liebenauhaus **507f**, 511, 958
    Museggmagazin **379**, 708
    Palais Segesser v. Brunegg **448–450**, 841, 842
    Rathausturm, Chronik Diebold Schilling 535, 998
    Rütligasse 3 (ehem. Palais Segesser) 376, **389f**, 726
    Wasserturm 122, **211**, 212

M

Madiswil AG
    Pfarrhaus 284
Maestro di San Biagio, Maler (tätig um 1350/60) 937
Maienfeld GR
    Schloss Salenegg 948
Maggia TI
    Casa Martinelli 315
    S. Maria in Campagna **293f**, 564
Maggini, Giovanni, Architekt (tätig 1770) 549
Magliasina TI
    Kirche, Chor 307, 593
Mailand
    Castello Sforzesco 66
    Sant'Ambrogio 92
Mainau / Bodensee
    Schlossbauten **469**, 873
Malans GR
    Ref. Pfarrkirche **349**, 664
    Schloss Bothmar **513–515**, 968
Mammern TG
    Schlosskapelle
        Blindfenster 307, 590
        Fassaden **520**, 978
Manno TI
    Strada bassa, Mauer mit Durchgang 102, **104f**, 300, 177
Manuel, Niklaus, Maler (um 1484–1530) 11
Marolta TI
    Casa Romagnola 927
Mascin GR
    Haus Nr. 21 **356f**, 358, 676
Mayoux VS
    Bauernhaus (1667) 252
Mazzoni, Pietro, Maler (1879–1967) 558
Mefenkopf, Andreas, Architekt (tätig 1703) 512
Meierskappel LU
    Kirche Mariae Himmelfahrt 331, **365f**, 688, 689
Meilen ZH
    Haus Friedberg 417
Meisterschwanden AG
    Pfarrkirche 17, 376, **396f**, 397, 741
Melano TI
    Piazza Giuseppe Motta, Tor **510**, 962
Meletta, Carlo Agostino, Maler (1800–1875) 559
Meletta, Giovanni, Maler (1850–1929) 77, 78, 531, 533, 131, 995, 996
Melide TI
    Casa Pocobelli 309, 596
    Lungolago Giuseppe Motta 64 **114**, 200, 201
    Piazzetta del Commercio, Wohnhaus 519

Orts- und Künstlerregister

Mendrisio TI
    Palazzo Pollini   303, **517f**, 973, 974
    Palazzo Torriani   22f, **49f**, 65, 66–68
    Via Giuseppe Andreoni 22, Fenster   **297**, 570, 571
    Via Nobili Rusca 5   22, 23, 28, 33, 83, **91**, 154
Menzinger, Johann Jakob, Kupferstecher (Chronik 1662)   212
Mergoscia TI
    Kath. Kirche, Turm   239, 247, 477
Merian, Matthäus, Kupferstecher (1593–1650)   212
Mettmenstetten-Herferswil ZH
    Buchstock, Bauernhausanlage   **390f**, 727, 729
Michelangelo Buonarotti, Architekt, Bildhauer, Maler (1475–1564)   53
Miglieglia TI
    Beinhaus (um 1500)   59, **68f**, 106–108
    S. Stefano
        Chorhaus (um 1500)   69, 109
        Südseite (romanisch)   88, 147
Mistail GR
    St. Peter   14, 83, 86, 88, 146
Moleno TI
    Pfarrkirche   939
Mon GR
    Kath. Pfarrkirche, Turm   **539**, 540, 1004
Mönchaltorf ZH
    Hauptmannshof   **280f**, 539
Monte Carasso TI
    Casa Spruga   **294f**, 566
    Kapelle S. Bernardo
        Fassade   404
        Marmorinkrustation im Inneren   101, 172
    Pfarrkirche, Fassade   110, 404
Monticello GR
    S. Maria della Neve, Wandbild Maria Loreto   60, **72f**, 118
Moosbrugger, Andreas, Stukkateur (1722–1787)   419
Moosbrugger, Caspar, Bruder, Architekt (1656–1723)   112, 260, 466
Moosbrugger, Peter Anton, Stukkateur (1732–1806)   419, 438
Morcote TI
    Alta Casa Ruggia   38, 313, 317, 41
    Casa Tettamanti   38, 313
    Casa Isella (?), strecia di Tiravanti   **315f**, 608–611
    Palazzo Paleari   38
    Pfarrkirche
        Säulenkapitell, Nordostmauer   943
        Wandbild Maria Loreto im Inneren   74, 123
    Piazza grande (Seeufer), palazzi   316
    S. Antonio Abate, Kapelle und Hospiz
        Gesims   59, **64**, 92
        Rundfenster   83, **94**, 159
        Spitzbogenfenster   67, 100
    S. Antonio di Padova   **472**, 880
    Strecia di Pessatt, Wohnhaus   316, 612
    Strecia di Raggi, Wohnhaus   316
    Strecia di Tiravanti, Casa Isella (?)   **315f**, 608–611
Mörel VS
    Haus de Sepibus   23, **55**, 79
    Kath. Pfarrkirche
        Chor, Strebepfeiler   121, **131**, 234
        Turm   162, 163, **166**, 180, 303
Morges VD
    La Gottaz, Herrenhaus   454, 849
Morlon FR
    Sur Montet no 24, ehem. Pfarrhaus (?)   269, **416f**, 783
Môtier NE
    Hôtel des six communes, Gemeindehaus   138, **470f**, 877

Moudon VD
    La Cure, rue de Grenade 32   445, **445f**, 475, 836
    Maison de Cerjat, rue de Grenade 34
        Blindfenster, Gartenseite   **307f**, 589
        Fassaden   **444f**, 835
        Gesindehaus, rue de Grenade 36   **454f**, 850
Muldain (Obervaz) GR
    Haus Deflorin (Junkernhaus)   361, **362f**, 683–686
    Kath. Kirche St. Johannes Baptist
        Eckquadermalerei   **130f**, 131, 206, 232
        Turmfassung   **543**, 1011, 1013
Münchenstein BL
    Hauptstrasse 33, Wohnhaus   **464f**, 865
Münchwilen TG
    Kapelle St. Margaretha   946
Muralto TI
    Casa Emilia   **328f**, 601, 631–634
    S. Vittore   83, **89f**, 150
Murer, Jos, Kartograf (1530–1500)   226
Müstair GR
    Kloster
        Kirche (um 800)   14, 83, **85f**, 87, 88, 138, 141–143
        Südstall (1707)   142
Musso / Comasco
    Chiesa parrocchiale   44, 46, 52, 56

N

Näfels GL
    Freulerpalast   119, 122, **205f**, 407, 386, 387
    Pfarrkirche   **439f**, 828
Naters VS
    Beinhaus   97, **161–163**, 164, 165, 166, 187, **188**, 189, 293–296, 353
    Junkerhof   180
    Kaplanei   180, **189**, 356, 357
    Kath. Pfarrkirche, Turm   162, 163, **164f**, 166, 240, 536 (Turmuhr), 300, 301
    Kramladenhaus   188
    Pfarrhof   **186**, 187, 350
Negrentino (Prugiasco) GR
    S. Carlo, Chorapsis   14, 84, 90, **95–97**, 162–165
Neu St. Johann SG
    Klosterkirche   331, 344, **364f**, 687
Neuchâtel / *Neuenburg*   14, 17, 119, 152, 186, 431
    Hôtel Du Peyrou   303, 304, 476, 583
    Notre Dame («Eglise Rouge»)   121, **126f**, 224–226
    Rue de la Collégiale 2/4 (ancienne cure)   32
    Rue des moulins 3   487
    Rue du trésor 1   475
Neudorf LU
    Kirche   119, 159, 206, 210, **210f**, 397, 398
    Pfarrhaus   406
Neuenburg siehe *Neuchâtel*
Neunkirch SH
    Bergkirche, Turm   **123f**, 215, 216
    Oberer Brunnen   123, 217
    Obertorturm
        Pilastermalerei   386, 536, 720, 721
        Sockelbemalung   **54f**, 78
    Stadtkirche   125
Nidau BE
    Rathaus   121, **140f**, 258
    Ref. Kirche   **211**, 400, 401
Niedergösgen SO
    Speicher im Mühledorf   173
Niederwindegg (Schänis) SG
    Burg   204
Nods BE
    Pfarrhaus   **399f**, 746, 748

Nufenen GR
    Sogen. Rothuus   **191f**, 362
Nyon VD
    Maison Von Rath   **381f**, 713
    Schloss, Nordwestturm   22, 42, **43**, 51

O

Obervaz-Lain GR
    Kirche St. Luzius   543, 1012
Obervaz-Muldain GR
    Haus Deflorin (Junkernhaus)   361, **362f**, 683, 684, 686
    Kath. Kirche St. Johannes Baptist
        Eckquadermalerei   **130**, 131, 206, 232
        Turmfassung   543, 1011, 1013
Obervaz-Zorten GR
    Kath. Pfarrkirche   540, **540**, 1006
Oberwil ZG
    Nikolauskapelle   179
Obstalden GL
    Alter Pfarrhof («Höfli»)   **281f**, 540–543
Offleter, Hans d. J. (Maler, gest. nach 1628)   255
Olivone-Putello TI
    Casa Martinali   307, **518f**, 594, 975–977
Ollon VD
    Bauernhaus (1826)   392
    Hôtel de Ville   **144f**, 266
    Place du Cotterd no 421, Wohnhaus   145
Orbe VD
    Maison Grandjean   **489**, 909, 910
Orelli, Baldassare Antonio, Maler (1669–1731)   461
Oron-le-Châtel VD
    Schloss, Wehrgang   60, 63, **63**, 64, 67, 90, 91
Orselina TI
    Madonna del Sasso   **111**, 193
Osteno / Comasco, siehe auch *Claino-Osteno*
    Piazza Matteotti 2-6   **295f**, 568

P

Pacher, Michael, Maler (um 1435–1498)   30, 140
Palagnedra TI
    Parrocchiale   101
Pancera, Francesco, Architekt (tätig 1665/67)   540
Parma / Emilia Romagna   371
Parpan GR
    Hofhaus, Aussendekor   283
    Schlössli, Innendekor   103
Parsonz GR
    Kath. Pfarrkirche, Turmaufsatz   541, **542**, 997, 1010
Peccia TI
    Casa Bazzi   147
    Haus Nr. 28   **113f**, 199
    Pfarrkirche, Turmaufsatz   **553f**, 1025, 1026
Peseux NE
    La Maison Sergeans   183, **184f**, 186, 346–348
Pfäfers SG
    Altes Bad (Taminaschlucht)
        Fassaden   **512f**, 966, 967
        Querbau, Blindfenster   307, 591
    Klosterkirche   119, 206, 211, 432, 399
Pfäffikon SZ
    Gasthaus zum Rathaus   392, 730
    Schlosskapelle   **270f**, 520
Piano di Campo TI
    Wohnhaus (1783)   **194**, 367
    Wohnhaus (1872)   **292**, 559, 560
Piano di Peccia TI   147

Piotti, Giovan Antonio, Architekt (tätig E. 16. Jh.)   458, 479
Pisoni, Gaetano Matteo, Architekt (1713–1782)   139
Pitasch GR
    Haus Nr. 54   **427**, 806
    Ref. Kirche, Turm   **272f**, 522
Ponto Valentino TI
    Villa (1897)   **117**, 204, 205
Porrentruy JU
    Allée de Soupire 1   **492f**, 812, 916–918
    Hôtel de Gléresse   400, 747, 749
    Maison Delmas   **393f**, 733, 734
    Rue Auguste-Cuenin 1   493
    Rue Auguste-Cuenin 2   493
Poschiavo GR
    Casa Fanconi   14, 102, **116f**, 203
    Casa Matossi-Lendi   60, **78**, 102, 117, 146, 132
    Ref. Kirche
        Portal   141, 260
        Turm   102, **109f**, 241, 277, 546, **556f**, 188, 1031–1033
        Westfassade   121, **132**, 133, 237
    S. Maria Assunta   538, **546**, 1015
    Stiftskirche S. Vittore
        Turm   59, **67f**, 70, 102, 103
        Fassaden   **153–155**, 156, 157, 158, 159, 538, 276–278
    Spaniolenviertel   117
    Torre comunale (Rathausturm)   239, **244f**, 471
    Vecchio Monastero Santa Maria   142
Posen siehe *Poznan*
Poznan / *Posen,* Polen
    Rathaus   39
Prada-Annunziata GR
    Haus Nr. 668   120, **141f**, 261
    Kapelle S. Annunziata   141
Prato (Lavizzara) TI siehe *Prato-Sornico*
Prato-Lovalt TI
    Wohnstall, Fassadenmalereien   507
Prato-Sornico TI
    Casa Gagliardi   **146f**, 190, 271, 272
    Wirtschaftsgebäude   **507**, 919, 956, 957
    Wohnhaus, Kamin   **75**, 125
Präz GR
    Haus Nr. 40   **426f**, 804
    Haus Nr. 58   **427**, 805
Preonzo TI
    Pfarrkirche   384, **403f**, 755, 756
Prugiasco Negrentino GR
    S. Carlo, Chorapsis   14, 26, 84, 90, **95–97**, 162–165
Pura TI
    Casa Crivelli   59, **64f**, 65, 69, 94, 95
    Osteria del Milo, Nebengebäude   **531**, 994
Purtscher, Joseph, Architekt (1749–1809)   457
Purtschert, Innerschweizer Baumeisterdynastie   17, 431, 436, 438, 439, 477, 490
Purtschert, Josef, Architekt (1751–1809)   456
Purtschert, Niklaus, Architekt (1750–1815)   410, 440, 770, 829
Puschlav (Poschiavo), Bernhard von, Architekt (tätig um 1500)   15, 151, 153, 154, 155, 158, 160, 161, 162, 240, 431, 279, 286, 291

Q

Quadro, Giovanni Battista, Architekt (gest. 1590/91)   39

R

Rahn, Johann Rudolf, Kunsthistoriker (1841–1912)   10, 26, 35, 44, 66, 96, **97**, 161, 165, 169, 214, 218, 253, 328, 355f, 480, 8, 31, 34, 53, 163, 414, 487, 673, 895

Ramiswil SO
    Mühle, Fenstergiebel   920
Rapperswil SG   16, 251
    Bierhalle   413
    Bleulerhaus   **413f,** 776
    Gasthaus Alter Sternen   422, **522f,** 981–983
    Gasthaus Zum Schwarzen Adler   279, 413, 536
    Haus zur Schmitte (Haus Elsener)   255, 489
    Pfarrhelferei   **280,** 538
    Quellenhof   280, 413
Raron VS
    Burgkirche St. Romanus   **163f,** 165, 166, 297–299
    Wohnturm auf der Burg   162
    Zentrigenhaus   164
Rasa TI
    Pfarrkirche, Turm   22, 551, **552f,** 1024
Raufft, Melchior, Maler (1635– nach 1674)   122, 211
Ravecchia-Bellinzona TI
    S. Biagio
        Christophorus Westfassade   44
        Fenstereinfassung Westfassade   92
        Westportal, Architekturmalerei   937
Ravenna / Emilia Romagna
    Mausoleum Gala Placidia   86
    San Vitale   86
Ravensburg / Baden, Bodensee
    Wehrturm («Gemalter Turm»)   535
Regensdorf-Watt ZH
    Zehntenspeicher   172, 173, 320
Reichenau-Mittelzell / Baden, Bodensee
    Benediktinerabtei   89
Reichlich, Marx, Maler (1460– um 1520)   30
Rey, Baumeisterfamilie (18./19. Jh.)   439
Rey, Franz Joseph, Architekt (1732–1806)   388, 483, 484
Rey, Paul, Architekt (tätig 1726)   414
Rey, Vitus (Vital), Architekt (tätig 1778/1784)   477, 483, 484, 889
Rhäzüns GR
    Kath. Pfarrkirche   536, **546f,** 1016
Rheinau ZH
    Kloster, Frauengasthaus   **388f,** 724, 725
Rigaglia (Rigaia), Giulio, Architekt (tätig 1642–1648)   539
Rinischer, Hans, Maler (gest. 1529/30)   15, 151, 161,162, 163, 164, 165, 166, 188, 431, 300, 302
Risch-Buonas ZG
    Kapelle St. German   182
Risch-Ibikon ZG
    Kathrinenhof, Wasch- und Brennhaus   376, 406
Ritter, Erasmus, Architekt (1726–1805)   303
Ritter, Guillaume, Architekt (1835–1912)   126
Riva San Vitale TI
    Casa Comunale (Palazzo della Croce)   **457f,** 854, 855
    S. Croce   97, 458, **479f,** 894, 895
Roggwil TG
    Schloss   **170,** 315
Rom   38
    Circo di Massenzio   62
    Palazzo Farnese   499
    S. Maria Maggiore, Turm   62
    S. Peter   110
Romainmôtier VD
    Klosterkirche
        Bogenläufe aussen   83, **88f,** 148
        Fugenmalerei innen   42, 50
Rorbas ZH
    Ref. Pfarrkirche   **178f,** 334, 335

Rorschach SG
    Kornhaus   303, **303f,** 584
    Mariaberg, Benediktinerkloster   205, 384
Rothenbrunnen GR
    Haus Tscharner   273, 361, 524
Rougemont VD
    Les Allamans   54
Roveredo GR   69
    Kapelle S. Fedele   **301f,** 581
    Madonna del Ponte chiuso
        Fassaden   332, **348f,** 660–663
        Wandbild Maria Loreto   73, 119
Roveredo (Leggia) GR
    Kapelle S. Remigio   **181,** 339
Rovio TI
    Oberdorf, Haus no 47/48   501
    Via V. Magri, Wirtschaftsgebäude   **297,** 298, 572
Ruffiner, Ulrich, Architekt (gest. um 1549)   15, 131, 151, 161, 162, 163, 164, 165, 166, 188, 240, 431, 293, 298, 300, 302, 303
Rumein (Degen) GR
    Kapelle St. Antonius   **333,** 334, 639
Rüti ZH
    Ehem. Amtshaus   **405f,** 758, 760

S

Saanen-Underbord BE
    Kastlan-Haldi-Haus   23, **54,** 75–77
Sachseln OW
    Pfarrkirche   119, 206, 211, **431f,** 441, 813–815
Salgesch VS
    Karengasse Haus Nr.10   22, **31,** 21, 22
Salouf GR
    Haus Nr. 26   **509,** 510, 960
    Kath. Pfarrkirche   **157f,** 285, 287
Samedan GR
    Kirchturm   535
San Carlo GR
    Kath. Pfarrkirche, Turm   535, **537f,** 1002, 1003
San Vittore GR
    Kapelle S. Lucio   14, 83, 86, **86–88,** 88, 144, 145
    Palazzo Viscardi   **358f,** 679, 680
Sargans SG
    Schlossturm   24
Sarmenstorf AG
    Kirche Hl. Kreuz   441, **477,** 483, 889
    Sogen. Baschihaus   392
Sarn GR
    Haus von Stecher   **357f,** 677
    Ref. Pfarrkirche   333, **334,** 337, 341, 636, 640
Sarnen OW
    Pfarrkirche
        Deckenbild, Kirchenmodell   483, 900
        Fassaden   10, 477, **483f,** 486, 899
    Benediktinerinnenkloster   483
Savognin GR
    Haus Amilcar   97, **217f,** 413–416
Sax SG
    Ref. Kirche, Turm   **377,** 704, 705
Schaffhausen
    Haus zur Weissen Traube   426, 803
    Münster   89
    Neue Abtei   480
Schänis SG
    Rathaus   **418,** 787
    Stiftskirche, Turm   **203f,** 382

Scharans GR
   Haus Gees
      Eckpilaster, Hans Ardüser   103, **422f, 702, 797, 798**
      Marmorierung, Hans Ardüser   101, 103, **103,** 361, **174**
     Haus Nr. 48, Giebelfront   103, **112, 196**
Schattenhalb (Willigen) BE
   Haus 79, Sockelmalerei   377, **415f, 781**
Schilling, Diebold, Chronist (um 1460– vor 1522)   535, **479, 998**
Schloss Chillon (Veytaux) VD
   Innenräume, Gerichtssaal   50, 143
   Rundtürme, Pechnasenkränze   **142–144, 263**
   Südostturm (Uhrenturm)   97, **169, 311, 312**
   Warenmagazin   169, 171, **318, 319**
Schmid, Bartholomäus, Architekt (1660–1738)   17, 431, 433, 434, **811, 816–818**
Schmid, Thomas, Maler (um 1490–1555/60)   186, 467, **275, 462, 870**
Schmitten GR
   Pfarrkirche Allerheiligen, Turm   239, **241f, 463, 464**
Schübelbach SZ
   Haus Dobler   **416, 782**
Schwyz   385
   Grosshaus   284, **921**
   Ital-Reding-Haus   **283f, 546–549**
   Maihof, Wirtschaftsgebäude   406
   Pfarrkirche   436, **438f,** 440, 442, 484, **827**
Scuol GR
   Haus à Porta   22, **46f,** 50, **59, 61**
   Haus Nr. 86   **222f, 426**
   Ref. Kirche   158, **160, 291**
Seedorf UR
   Benediktinerinnenkloster   **260, 500**
Seengen AG
   Pfarrkirche   17, 376, 396, **397, 742**
Sempach LU
   Kaplanei   **392, 728**
Serlio, Sebastiano, Architekt (1475–1554), Serlio-Fenster   52
Serodine, Cristoforo, Architekt (1550–1631)   53
Serodine, Giovanni, Maler (tätig 1600–1633)   53
Serodine Giovanni Battista, Bildhauer, Stukkateur (um 1587– um 1626)   53
Serro, Giovanni, Architekt (tätig M. 17. Jh.)   348, 368
Sessa TI
   Wohnhaus (1791)   376, **411, 774, 775**
Sevgein GR
   Pfarrkirche, Hauptportal   **110, 191**
   Wallfahrtskapelle Heilig Grab   110
Sils im Domleschg GR
   Sogen. Palazzo   223, **446f, 429, 837, 838**
Simplon Dorf VS
   Alter Gasthof   **189f,** 444, **358**
Singer, Baumeisterdynastie   17, 431, 436, 438, 440, 442, 477, 490
Singer, Franz, Architekt (1701–1757)   431, 442, 483, **899, 900**
Singer, Jakob, Architekt (1718–1788)   389, 439, 440, 442, 477, **726, 756, 827, 828, 830, 832, 889**
Singer, Johann Anton, Architekt (1721–1795)   438, 439, 440, **483f, 827, 828, 899, 900**
Sins AG
   Ehem. Pfarrhaus   **414, 778**
Sion / Sitten VS
   Hôtel de Ville   144, **265**
   Maison Ambüel   134, **143f, 520f, 264, 979**
Sissach BL
   Hauptstrasse 61/63   **443f,** 444, **833**
Soazza GR
   Casa Ferrari-a Marca   190, **360**
   Parrocchiale (Kath. Pfarrkirche)   181
   S. Rocco, Turm   181

Soglio GR
   Palazzo Salis
     Casa Battista   142
     Casa Max, «Stalazzo»   120, **142, 262**
Solduno TI
   Pfarrkirche   536, **558, 1034, 1035**
Solothurn
   Franziskanerkirche   376, 418, **490, 911, 912**
   Gemeindehaus   51, 426
   Kathedrale, Bauskulptur   122, **139f, 257**
   Schloss Waldegg   132
Someo TI
   Pfarrkirche, Turm   551, **552, 1022**
Sommeri TG
   Kirche   **169f, 313, 314**
Sonvico TI
   Santa Casa Lauretana   39, 60, **71f,** 73, 74, **114–117**
Sornico TI
   Casa Moretti
     Diamantquadermalerei (1641)   262, **268, 478, 516**
     Eckquadermalerei mit Jz. 1646   **175f, 328, 329**
     Sgraffitofenster (wohl 1634)   290, 297, **297f, 573**
     Sockelquadermalerei (2. H. 19. Jh.)   56
   Haus no 2   **193, 365**
Sottovia, Giovanni, Maler (geb. 1830/35)   78, 116, 117, 217, **203**
Speyer / Rheinland-Pfalz
   Kaiserdom   89
Splügen GR
   Haus Albertini   102, **113, 197**
   Ref. Kirche   334, **337,** 341, **643, 644**
   Rotes Haus   191
Spreitenbach AG
   Speicher   172
St-Blaise NE
   Chemin de Mureta 5   214
   Grand'rue 11   475, **885**
   Hôtel du Cheval Blanc   183
   Maison de la Dîme 2   **183f,** 385, 386, **342–345**
   Maison Neuve   22, **32, 24, 25**
   Maison Robert   **486f,** 488, **809, 903, 904**
St. Gallenkappel SG
   Pfarrkirche   **207f, 289, 390**
St. Katharinental (Diessenhofen) TG   415
   Kornhaus   **302f, 582**
St-Légier VD
   Bauernhaus (um 1786)   392
   Schloss d'Hauteville   528
St-Saphorin VD
   Bauernhaus (A. 19. Jh.)   392
St. Urban LU   59
   Kloster
     Frauenhaus   278, 385, **533**
     Kirche   59, 385, **434f, 718, 820–822**
St-Ursanne JU
   Rue basse 8, Rundturm   22, **30, 20**
St. Wolfgang / Oberösterreich
   Wolfgangaltar 1481 (Michael Pacher)   30, **140**
Sta. Maria Val Müstair GR
   Haus Nr. 89 (1747)   **271, 521**
   Haus Nr. 97 (1676)   121, **131, 235, 236**
   Ref. Pfarrkirche   **159, 289, 290**
Stahel, Rudolf, Maler (vor 1473–1528)   **207**
Stalden VS
   Kirchturm   134
Stalden-Neubrück VS
   Kapelle   120, **133f,** 187, **240, 241**
Stamm, Johannes, Steinmetz (18. Jh.)   123

Stampa-Coltura GR
    Palazzo Castelmur   60, **79f**, 135, 136
Stans NW
    Busingersches Haus   511
    Deschwandenhaus   511
    Hotel Linde (Haus Durrer)   511, 964
    Winkelriedhaus, Oberdorf   **277**, 532
    Zelgerhaus   **510f**, 963
Stauder, Jakob Carl, Maler (1694–1756)   415, 780
Steckborn TG
    Turmhof   **203**, 381
Stefano da Vellate, wohl Architekt (Inschrift 1347)   97
Steffisburg BE
    Höchhus   **256**, 492
    Kirche   **177f**, 332
Stein am Rhein SH   9, 177
    Brotlaubegass 14   **177**, 331
    Kloster St. Georgen, Wandbilder   186, 240, 467, **275, 462**, 870
    «No-e-Wili-Huus»   **177**, 330
    Stadtkirche, Turm   **212f**, 213, 403, 404
Stierva GR
    Kath. Pfarrkirche   **156f**, 158, 283
Stimmer, Tobias, Maler (1539–1584)   11
Strassburg / Elsass
    Münster   128
Stumpf, Johannes, Chronist (1500–1577/78)   205
Stürler, Albrecht, Architekt (1705–1748)   450, 451
Susch GR
    Gefängnisturm   22, 25, **27**, 28, 29, 30, 11, 12
Susten VS
    Haus (um 1620)   31

T
Tafers FR
    Kapelle Schloss Maggenberg   196, **255–257**, 490
Tenero TI
    Oratorio Beata Vergine della Fraccia   **293**, 562, 563
    Palazzetto Marcacci
        Gartenhaus   **320f**, 518, 617
        Innenhoffassaden   322
        Wirtschaftsgebäude   **293**, 599
Tersnaus GR
    Kath. Pfarrkirche   334, 337, **341f**, 650, 651
Thierrens VD
    Pfarrhaus   **137f**, 251, 252
Thomann, Heinrich, Maler (tätig um 1600)   433
Thumb, Peter, Architekt (1681–1766)   435, 436, 823, 824
Thusis GR
    Schlössli, Turm   121, 132, **132f**, 238, 239
Tinizong GR
    Kath. Pfarrkirche   **541**, 542, 1009, 1010
Tomamichel, Hans, Maler (gest. 1984)   554
Torricelli, Gianantonio, Maler (1719– nach 1811)   51, 106, 107, 307, **183**, 592
Torricelli, Giuseppe, Maler (1710–1880)   51, 106, 107, 307, **183**, 592
Torrello (Carona) TI
    S. Maria di Torrello siehe *Carona*
Tradate, Antonio da, Maler (tätig 15./16. Jh.)   101, 172
Tuggen SZ
    Pfarrkirche   **383f**, 714, 715
    Rainhof   384
Trun GR
    Kapelle St. Anna   337
    Kath. Pfarrkirche   **337**, 340, 645

Turtmann VS
    Alte Sennerei   279, **529f**, 535, 991, 992
    Haus Meyer   **216**, 217, 410
    Ilumstrasse, Wohnhaus   **259**, 260, 497, 498
    Tourellier   216, 411

U
Underbord (Saanen) BE
    Kastlan-Haldi-Haus   23, **54**, 75–77
Unterengstringen ZH siehe auch *Fahr* AG
Unterengstringen ZH
    Landhaus Sparrenberg   418
    Meierhof des Klosters Fahr (AG)   **179**, 336
Urban, Hans Georg, Werkmeister (tätig 1729–1759)   368f, 448
Urdorf ZH
    Meierhof des Klosters St. Blasien   225
Utzenstorf BE
    Kirche ehem. St. Martin   22, **40–42**, 42, 45–48

V
Valangin NE
    Maison Touchon   183
Valchava GR
    Bauernhaus östl. Ortsausgang   **427**, 808
Valendas GR
    Graues Haus   **524f**, 984
    Haus Marchion, «Rotes Haus»   460
    Turmhaus   **274f**, 526, 527
Vallat, Maurice junior, Architekt (1860–1910)   17, 429, 431, 491–493, **812**, 913–918
Vanoni, Giovanni Antonio, Maler (1810–1886)   115, 309
Vattiz (Degen) GR
    Kapelle St. Nikolaus und Valentin   **354f**, 672
Vaudremer, Auguste Emile, Architekt (1829–1914)   492
Vella GR
    Schloss Demont   331, **352f**, 667, 668
Vella-Pleif GR
    Kath. Pfarrkirche   332, **344f**, 373, 654, 655, 701
Vellate, Stefano da, wohl Architekt (Inschrift 1347)   97
Verdabbio GR
    Kath. Pfarrkirche   **345f**, 656
Verdasio TI
    Casa Bertulla, Putzquader   **220**, 379, 421, 422
    Pfarrkirche   **462**, 862
Vernier GE
    Landsitz Naville, Mairie   **469f**, 874–876
Versegère VS
    Wohnhaus (1843)   392, 398, **398f**, 745
Vevey VD
    La Grenette, Markthalle   121, **145f**, 267, 268
Veytaux VD
    Schloss Chillon
        Innenräume, Gerichtssaal   50, 143
        Rundtürme, Pechnasenkränze   **142–144**, 263
        Südostturm (Uhrenturm)   97, **169**, 311, 312
        Warenmagazin   169, **171**, 318, 319
Vico Morcote TI
    Cà dal Portig   **325f**, 625, 626
    Kirche   65, **313f**, 603–605
    Osteria della fontana   192, 501
Villar San Costanzo / Piemont
    Kirchturm (romanisch)   **68**, 105
Villeneuve VD
    Pfarrhaus   382

Viona / Brione sopra Minusio TI
   Rustico
      Eingangsseite, Fenster 17. Jh. **295,** 567
      Rückseite, Fenster, wohl 1448 **291,** 557
Vira TI
   Casa Antognini **260f,** 501–504
Viscardi, Giovanni Antonio, Architekt (1645–1713) 358f
Visp VS 134
   Altes Spittel 381, 444, **444,** 834
   Blatterhaus **186f,** 351
   Burgerkirche 134, 187, **189,** 354, 355
   «Cricerhaus» 180, **195,** 444, 369
   Gerichtsgebäude 134, 187, **471,** 878, 879
   Pfarrkirche St. Martin, Vorhalle 462
   Riti-Kapelle und Kapellenhaus *(Eyholz)* **461f,** 462, 860, 861, 863
Visperterminen VS
   Kapellenweg, Kapelle IX **182,** 341
Vogorno TI
   Alte Pfarrkirche S. Bartolomeo 290, **299f,** 576, 577
   S. Antonio Abate, Turm 551, 1021
Vrin GR
   Kath. Pfarrkirche **543–545,** 1014
Vufflens-le-Château VD
   Schloss 13, 60, 63
      Bergfried 83, **93,** 158
      Innenhof **62f,** 122, 135, 140, 83, 89, 245

W

Wädenswil ZH
   Ref. Kirche **436–438,** 825, 826
Wattwil SG
   Kloster Maria der Engel, Pächterhaus **179f,** 337
Weiningen ZH
   Ehem. Gerichtsherrenschloss **414f,** 777, 779
Werdenberg (Grabs) SG
   Altes Rathaus 259
Werenfels, Samuel, Architekt (1720–1800) 451, 452
Westtolf, Sebold, Architekt (tätig 1497) 153
Wick, Johann Jakob, Chronist (1522–1588) 230, 432
Wil SG
   Baronenhaus **522,** 528, 980
Willigen-Schattenhalb BE
   Haus 79, Sockelmalerei 377, **415f,** 781
Willisau LU
   Schloss 331, 332, 333, 365, **368,** 637, 692
Willisdorf TG
   Kapelle St. Sebastian 121, 130, **131,** 251, 266, **268,** 233, 515
Winden, Hans, Steinhauer (gest. 1677) 431
Witz, Konrad, Maler (um 1400–1446) 201, 380
Wollerau SZ
   Pfarrkirche **440,** 829
Wurmsbach (Jona) SG
   St. Dionys, Kapelle **276,** 529
Wyßhaupt, Hans Jakob, Maler (tätig 1612–1687) 367

Y

Yverdon VD 135
   Maison Piguet 446, **474f,** 884
   Rue de la Plaine 39, Wohnhaus **475f,** 887

Z

Zernez GR
   Schloss Wildenberg **173,** 322, 323
Ziefen BL
   Sogen. Neuhaus **465,** 866

Zillis GR
   St. Martin, Chor 157, 158, **159,** 288
Zizers GR
   Kath. Pfarrkirche, Turm **547f,** 1017
   Oberes Schloss 102, 106, 426, 182
Zorten (Obervaz) GR
   Kath. Pfarrkirche 540, **540,** 1006
Zug 15, 202, 212, 366
   Altes Stadthaus (Rathauskeller) 212
   Burg **197f,** 374–376
   Claverhaus (Brandenberghaus) 107, 304–306, 585
   Ehem. Gasthaus Hirschen 522
   Ehem. Kornhaus 212
   Haus der Petrus Claver-Schwestern (Brandenberghaus) 107, **304–306,** 585
   Rathaus 212
   St.-Oswaldsgasse 16/18, Konsolstein 198
   Unter Altstadt 8 **212,** 213, 402
   Unter Altstadt 11 **194,** 368
   Wilder Mann 496, **511f,** 965
Zuoz GR
   Haus Nr. 51 **198f,** 377, 378
   Kapelle St. Katharina **158,** 159, 160, 286
   San Bastiaun 18 (Haus Willi) 22, **40,** 43, 44
Zur (Zurr), Peter, Architekt (tätig 1677/1792) 334, 337, 341, 644, 650
Zürich 15, **225–237,** 415
   Fraumünster, Leinenstickerei 1539 139
   Kloster Oetenbach 62
   Schaffhauser Haus, Zeichnung Wick 1576 226, 432
   Stadelhofen, Zeichnung Thomann 1605/06, Chronik Bullinger 226, 230, 433
   Stadtplan, Jos Murer 1576 226, 232
   Storchengasse 7, Wohnhaus **233,** 450
   St. Peter
      Kirchenschiff 226, **236f,** 277, 458–460
      Zeichnung, Gerold Escher um 1700 460
   Zum Blauen Himmel, Gesellschaftshaus 226, **234f,** 453–455
   Zum Hinteren Rehböckli, Wohnhaus 226, 228, **230f,** 434, 442–444
   Zum Höfli, Wohnhaus 228, **228f,** 438–441
   Zum Hohen Brunnen, Wohnhaus **227f,** 434–436
   Zum Lämmli, Wohn- und Geschäftshaus 226, **235f,** 456, 457
   Zum Raben, Altarbild H. Leu 1492/96 226, 431
   Zum Roten Strumpf (Zum Strumpfband), Wohnhaus **231,** 445, 446
   Zum Rüden, Gesellschaftshaus **232f,** 447–449
   Zum Schwarzen Horn, Wohnhaus 228, 437
   Zum Spiegel
      Hausmodell (Holz, 1722) 15, 226, 230, **430,** 452
      Wohn- und Geschäftshaus **233f,** 235, 451
   Zum Strumpfband (Zum Roten Strumpf), Wohnhaus **231,** 445, 446
   Zum Unteren Rech (Stadtarchiv) 426, 802
   Zur Hohen Eich, Wohnhaus 42
Zürich-Witikon
   Burenweg 18 (Vordere Eierbrecht) **166f,** 304, 305
Zurzach AG
   Haus Zum Goldenen Leuen **378f,** 707
   Haus Zur Blume **515f,** 969, 970
   Rathaus 22
   Ref. Pfarrkirche, Turmhaube **535,** 999
   Stiftskirche St. Verena
      Fassaden 409, **467,** 469, 869
      Wandbild, Stein a. Rh., Kloster St. Georgen 467, 870